Alberto Mario
BANTI

TempieCulture 1

Storia dal 1000 al 1650

EDITORI LATERZA

TempieCulture

un manuale che innova il racconto della Storia attraverso una scrittura avvincente e una sensibilità spiccata per gli affreschi di società e per le testimonianze dirette dei protagonisti.

Il racconto, organizzato per moduli e per capitoli, segue uno schema narrativo agile. In apertura di **Modulo**, una selezione di date cruciali per l'epoca considerata suggerisce un primo orientamento.

Nei **Capitoli**, i **paragrafi** sono supportati da un solido **apparato infografico** – tabelle, carte storiche e tematiche, grafici – e da due rubriche che completano il testo: **le Parole della Storia**, un glossario dei termini chiave del linguaggio storiografico, e **il Personaggio**, brevi ritratti di figure storiche di rilievo.

Nei capitoli la rubrica **le Fonti** offre una lettura d'Autore di documenti scritti e iconografici e accompagna il racconto della "grande storia", lasciando emergere i pensieri, le azioni e l'immaginario delle generazioni passate. A corredo della rubrica i quesiti di **Guida alla lettura** permettono allo studente di impadronirsi del metodo di analisi delle fonti.

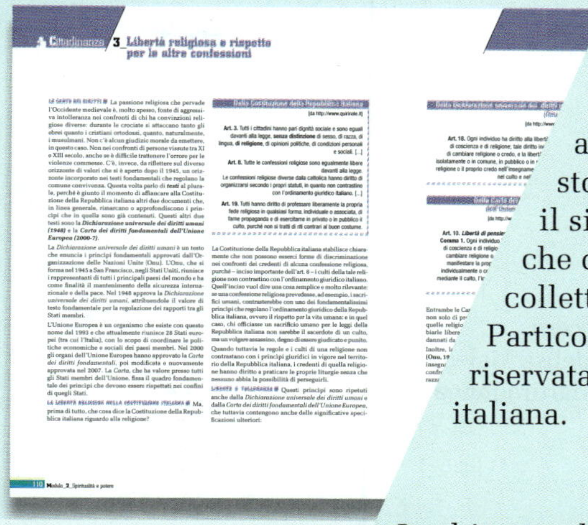
Cittadinanza 3_Libertà religiosa e rispetto per le altre confessioni

La rubrica **Cittadinanza** getta un ponte fra passato e presente dando rilievo ai nessi fra le esperienze storiche oggetto di studio e il sistema di regole e diritti che disciplina oggi la vita collettiva.
Particolare attenzione è riservata alla Costituzione italiana.

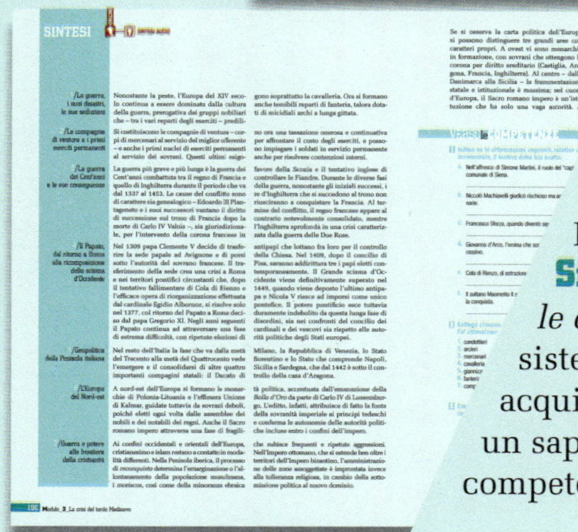
SINTESI

In chiusura di paragrafo, la sezione **Lavora sul testo** è di stimolo allo studio attivo e alla selezione di informazioni e contenuti fondamentali.
In chiusura di capitolo, la **Sintesi** e gli **esercizi** (*Verso le competenze*) permettono di sistematizzare le conoscenze acquisite e di tradurle in un sapere "operativo" per competenze.

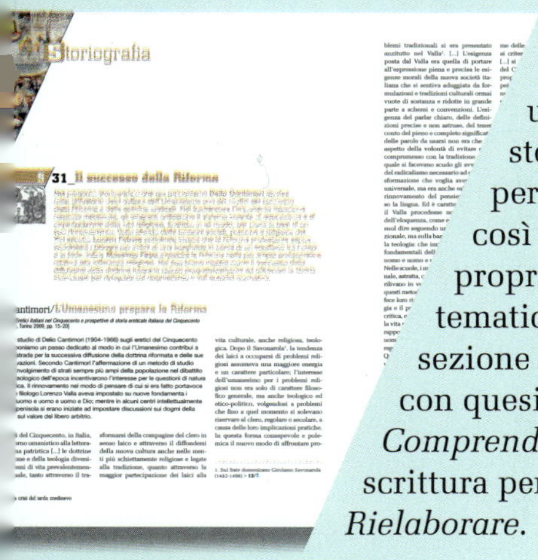
Storiografia
31_Il successo della Riforma

In chiusura di Modulo la rubrica **Storiografia** propone una ricca antologia di brani storiografici organizzata per temi: lo studente può così dare spessore critico al proprio sapere. Ogni percorso tematico è chiuso da una sezione operativa di studio con quesiti per *Analizzare e Comprendere* ed esercizi di scrittura per *Confrontare e Rielaborare*.

libro + internet

TempieCulture

è un manuale in **duplice versione, cartacea e digitale**: **libro più eBook**, con contenuti integrativi richiamati nel testo cartaceo e linkati nell'eBook (**modalità mista di tipo B**, D.M. 781/2013).
L'eBook in formato epub, scaricabile dal sito **www.laterzalibropiuinternet.it**, permette una **fruizione ottimale dei contenuti in digitale**.

L'eBook è:
- **multipiattaforma e aperto**: funziona su tutti i device (pc, tablet, smartphone) con l'e-reader gratuito scelto dal lettore;
- **multimediale e interattivo**: specifici link rinviano ai contenuti digitali integrativi.

Sul sito **www.laterzalibropiuinternet.it** i **contenuti di apprendimento integrativi** utili per l'approfondimento, la personalizzazione dei percorsi, l'interazione collaborativa, la didattica interattiva:
- Temi in discussione
- Guida alla prova d'esame
- Lezioni in PowerPoint
- Test
- Sintesi audio dei capitoli

Per il docente:
- Lezioni di storia Laterza
- Il Risorgimento nelle testimonianze
- Percorsi tematici sul Risorgimento
- Corso di aggiornamento sul Risorgimento
- Materiali per la LIM
- Materiali per la didattica e la verifica

Tutti i contenuti integrativi sono trasferibili nell'**Aula digitale Laterza**, una piattaforma di apprendimento e fruizione con funzione di caricamento, scambio, condivisione di contenuti diversi (reperibili in Rete, personali, autoprodotti), didattica interattiva.

Nell'Aula digitale Laterza è inoltre attiva la **Biblioteca digitale**, per leggere in streaming una selezione di eBook dal Catalogo Laterza.

Prima edizione 2015
Prima ristampa 2017

Le sezioni di *Storiografia* sono a cura
di **Alessandra D'Alessandro** e di **Angelica Zazzeri**.
I *Temi in discussione* online sono a cura di **Adelisa Malena**.
Gli apparati didattici sono a cura di **Maricla Martiradonna**,
Elena Musci e **Francesco Valentini**.

Copertina e progetto grafico
a cura di **Silvia Placidi**/Grafica Punto Print s.r.l.

Questo libro è stampato
su carta amica delle foreste.

Finito di stampare nell'aprile 2017
da SEDIT - Bari (Italy)
per conto della Gius. Laterza & Figli Spa

ISBN 978-88-421-1213-6

Questo prodotto è stato realizzato nel rispetto delle regole
stabilite dal Sistema di gestione qualità conforme ai requisiti
ISO 9001:2008
valutato da Certi W
e coperto dal certificato numero IT.12.0160.QMS

Editori Laterza
Piazza Umberto I, 54   70121 Bari
e-mail: redazione.scol@laterza.it
http://www.laterza.it

Indice del volume

Modulo 1

Una nuova Europa

ONLINE
GUIDA ALLA PROVA D'ESAME

Spiritualità e potere

Cap_4 Riforma della Chiesa e lotta per le investiture

ONLINE
SINTESI AUDIO

ONLINE
GUIDA ALLA PROVA D'ESAME

Modulo_3 La crisi del tardo Medioevo

ONLINE: GUIDA ALLA PROVA D'ESAME

Cap_10 Società e sensibilità

ONLINE

SINTESI AUDIO

Storiografia

Modulo_4

ONLINE

GUIDA ALLA PROVA D'ESAME

Il potere e il sapere nel Rinascimento

Cap_11 Le monarchie dell'Europa moderna

ONLINE
TEMI IN DISCUSSIONE
2. Rituali di regalità, rituali di corte
SINTESI AUDIO
LEZIONI
5. Le monarchie moderne: concezioni plurime e nuovi assetti
TEST

Cap_12 Gli Stati, le alleanze, le guerre tra XV e XVI secolo

ONLINE
SINTESI AUDIO
LEZIONI
5. Le monarchie moderne: concezioni plurime e nuovi assetti
TEST

Cap_13 Una rivoluzione culturale?

ONLINE
SINTESI AUDIO

ONLINE

GUIDA ALLA PROVA D'ESAME

Le riforme religiose e il sogno di un nuovo Impero

Modulo_6

ONLINE
GUIDA ALLA PROVA D'ESAME

Guerre, Stati, viaggi e spazi aperti

Cap_19 Una lunga stagione di guerre

ONLINE
SINTESI AUDIO

Cap_20 Gli Stati moderni

ONLINE
TEMI IN DISCUSSIONE
5. Lo Stato moderno
SINTESI AUDIO
LEZIONI
8. Il governo degli Stati moderni
TEST

Cap_21 Economie e società

ONLINE

SINTESI AUDIO

LEZIONI
9. Terra e nobiltà
10. Commerci, nuove visioni e nuovi imperi

TEST

Storiografia

Modulo_1
Una nuova Europa

962 ■ Ottone I emana il *Privilegium Othonis*, stabilendo il diritto per l'imperatore di approvare l'elezione del nuovo pontefice e per il pontefice l'obbligo di giurare fedeltà all'imperatore.

987 ■ Ugo Capeto si impone come re di Francia e stabilisce l'ereditarietà della corona nel suo regno.

1130 ■ Il normanno Ruggero II ottiene dal papa il riconoscimento del titolo di re di Sicilia per sé e i suoi eredi.

1158 ■ L'Università di Bologna ottiene dall'imperatore un riconoscimento formale della sua esistenza.

1215 ■ Giovanni Senza Terra, re d'Inghilterra, sottoscrive la *Magna Charta Libertatum*, riconoscendo natura contrattuale al potere regio.

Leone III incorona Carlo Magno imperatore del Sacro Romano Impero
[miniatura da un manoscritto di scuola francese del XIV sec.; Biblioteca Municipale, Castres]

Capitolo_1 / La società feudale

ONLINE
GUIDA ALLA PROVA D'ESAME

1/ Il sistema curtense

UN LUNGO PERIODO DI INVASIONI ■ Dal IV al IX secolo grandi invasioni barbariche si abbattono, a ondate successive, sull'Europa centro-occidentale. Sotto il loro primo impatto l'Impero romano si spezza. Nel 395 l'imperatore Teodosio (379-95) lo divide in due aree, una occidentale e una orientale, governate da due distinti sovrani. La parte orientale riesce a resistere molto meglio e molto più a lungo: ha la sua capitale a Bisanzio-Costantinopoli; istituzionalmente prende le forme di un Impero autonomo (Impero bizantino); ha un dominio territoriale centrato sui territori che circondano il Mar Egeo; ha un'estensione geopolitica mutevole, che per lunghi periodi di tempo include anche parti della Penisola italiana. La parte occidentale dell'Impero romano, invece, cede subito.

Nel **476 Odoacre** (476-93), un capo militare di origine germanica, depone dal trono l'imperatore romano d'Occidente, Romolo, soprannominato "Augustolo" per la giovane età, sancendo ciò che è ormai già evidente a chiunque, ovvero il **crollo definitivo delle istituzioni imperiali nell'area occidentale**.

Non per questo si chiude la stagione delle invasioni. Nel VI secolo sono i Longobardi a insediarsi nella Penisola italiana; a est del Reno, si stabiliscono invece Sassoni, Frisoni, Turingi, Bavari. E ancora, sul finire del VI secolo si muovono tri-

Arles nel Medioevo

Un esempio della contrazione dei centri abitati in epoca medievale ci è fornito da questa incisione del 1686 che ritrae la città di Arles, nella Francia meridionale. Nei secoli successivi alla caduta dell'Impero romano, devastata dalle guerre e dalle epidemie di peste, Arles perde moltissimi abitanti, tanto che la popolazione superstite, dinanzi alle invasioni saracene, si arrocca all'interno dell'anfiteatro romano, trasformato all'uopo in fortezza. L'antico edificio, dotato di quattro torri, protegge con le sue mura circa 200 case e diventa una vera e propria cittadina con la piazza al centro dell'arena e due cappelle (una ben visibile anche nel disegno accanto alla torre perimetrale in alto; l'altra, più nascosta, di fronte la stessa torre verso il centro). La nuova funzione abitativa dell'anfiteatro di Arles continua fino alla fine del XVIII secolo. Solo all'inizio del secolo successivo le case vengono espropriate e la struttura restaurata e dichiarata monumento storico nazionale.

bù slave che fino al IX secolo si spostano nell'area del fiume Elba, verso il Baltico, verso i monti della Boemia e nella zona settentrionale dei Balcani.

L'EUROPA CENTRO-OCCIDENTALE NELL'ALTO MEDIOEVO ■ Il paesaggio sociale, economico e istituzionale costruito nei secoli dall'Impero romano ne esce sconvolto. Le famose strade romane sono state devastate, le città dell'Impero saccheggiate. L'artigianato e il commercio sono inesorabilmente rovinati. Le strutture amministrative, progressivamente distrutte [▷**S1**].

Molti hanno cominciato a pensare che le città siano il posto peggiore in cui vivere: in effetti sono state spesso facile preda delle aggressioni barbariche. E poi i beni alimentari vi arrivano ormai a stento, sia perché molte strade non sono più percorribili, sia perché la presenza dei pirati **saraceni** rende difficilmente praticabili anche le rotte marittime. Non resta che rifugiarsi in campagna, là dove si producono beni e alimenti che possono consentire di tirare avanti alla meglio.

È da questa dinamica che prendono forma due tratti essenziali dell'alto Medioevo (V-X secolo):

a **la ruralità**, cioè il fatto che la popolazione europea è prevalentemente dispersa nelle campagne;

b **la costante diminuzione della popolazione**, che colpisce soprattutto le aree urbane.

Ed ecco quindi lo spettacolo di città un tempo prospere che si sono ormai quasi del tutto spopolate. Molte case abbandonate diventano un diroccato ricovero nel quale i pastori tengono le loro pecore, le loro capre, i loro maiali, mentre interi quartieri vanno in rovina, invasi da erbacce o da orti di fortuna.

Ma anche in campagna le cose non vanno meglio: la diminuzione globale della popolazione significa che pure lì ci sono pochi uomini che possono lavorare la terra. E così molte zone un tempo coltivate adesso vengono abbandonate, mentre i boschi estendono la loro superficie, a volte per ettari ed ettari: e lì, in quei boschi, ormai ci vivono solo i lupi.

IL SISTEMA CURTENSE ■ In questo quadro di crisi generale, le aziende agricole che sopravvivono diventano i centri essenziali della vita economica e sociale. Sono aziende che si organizzano in una forma che è stata definita *curtense*, da ***curtis*, 'corte'** [▷**A1**].

lePAROLEdellaSTORIA

Saraceni
Termine che identifica genericamente le popolazioni islamiche che nel Medioevo occupano le coste africane settentrionali, la Penisola iberica e la Sicilia, e che sono molto attive nella pirateria marittima nel bacino del Mediterraneo.

ATLANTE 1

Una *curtis* e le sue dipendenze

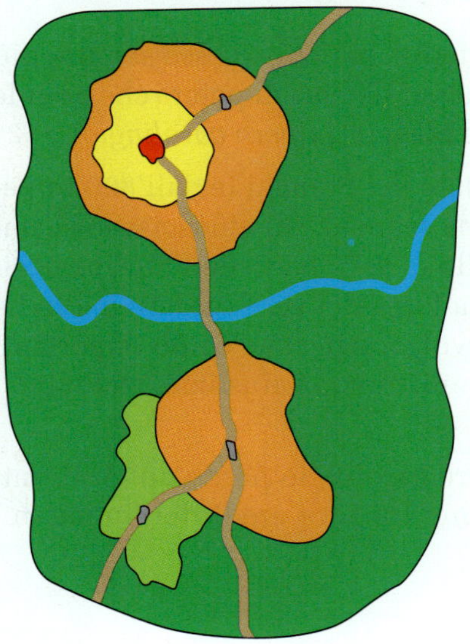

- il villaggio nel quale si trova il *caput curtis*, cioè il centro della corte, con la dimora del signore, gli edifici amministrativi, i magazzini, la chiesa
- la *pars domìnica*
- la *pars massaricia*
- villaggi di contadini
- terre di proprietari e di contadini non dipendenti dalla *curtis*
- bosco non coltivato
- fiume
- strade e sentieri

Nella *curtis* la proprietà terriera è divisa in due parti:

a la *pars massaricia* (parte riservata ai contadini), che è frazionata e affidata a contadini liberi con vari tipi di contratti di affitto; l'affitto di solito è pagato in natura, cioè cedendo al signore una quota dei beni coltivati (cereali, vino, ecc.);

b la *pars domìnica* (parte riservata al signore), che è l'area più vicina alla residenza padronale. Quest'area è gestita direttamente dal signore ed è coltivata da servi che ricevono da lui vitto e alloggio. Nei momenti in cui è necessario, il lavoro dei servi è integrato dal lavoro dei coloni della *pars massaricia*, che sono obbligati a compiere *corvées*, cioè un certo numero di giornate di lavoro non retribuite nelle terre della *pars domìnica*.

Il sistema curtense ai suoi inizi – secoli VIII-X – ha come obiettivo economico primario l'**autosufficienza**: ovvero, la produzione dei beni agricoli deve bastare alla sopravvivenza degli abitanti del ***caput curtis***, cioè del villaggio dove ha sede la dimora del signore – che è anche il centro amministrativo ed economico del sistema – e di tutti i villaggi che gli gravitano intorno. Tuttavia, in alcuni casi, le aziende così organizzate riescono a produrre anche qualcosa in più rispetto a ciò che serve all'autosufficienza della *curtis*.

Sono soprattutto i signori che possono gestire questo ***surplus*** (cioè il 'di più' prodotto). I beni agricoli coltivati sulla *pars domìnica*, o pagati dai contadini della *pars massaricia* come affitto, vengono accumulati nei magazzini del signore. I prodotti che non sono usati per le esigenze della famiglia del signore, dei suoi soldati e dei suoi dipendenti, vengono venduti localmente agli artigiani o ai contadini dei villaggi circostanti. Se ancora restano delle scorte, queste vengono vendute sui mercati delle città più vicine. Particolarmente attraenti sono i mercati di quelle città dove risiede un vescovo o che sono centri di funzioni amministrative (sede temporanea di un sovrano, sede dei suoi funzionari), perché ovviamente queste autorità e le attività a loro collegate sollecitano la domanda di beni alimentari. Ma fino all'XI secolo queste attività di scambio sono ancora poco sviluppate, in ragione anche del ridotto numero di abitanti delle città.

LAVORA SUL TESTO

1. Sottolinea nel testo le cause che determinarono lo spopolamento delle città nell'alto Medioevo. **2.** Evidenzia il significato del termine *curtis*.

2/ Il sistema feudale

LE ORIGINI ■ Inizialmente distinto dal sistema curtense, ma poi ad esso sempre più strettamente collegato, quello feudale è un complesso sistema di potere che prende forma sin dalla costituzione dell'Impero di Carlo Magno (*Impero carolingio*) [> S2].

Alla fine dell'VIII secolo **Carlo Magno** (742-814), re dei Franchi (e dall'800 imperatore per incoronazione pontificia), grazie ad una sequenza di efficacissime campagne militari è riuscito ad assicurarsi il controllo di gran parte dell'Europa occidentale. Carlo ha costruito il suo dominio con la forza dei suoi soldati; ma lo ha rafforzato istituendo una rete di **funzionari** che svolgono per suo conto importanti compiti civili e militari: riscuotono tributi, amministrano la giustizia, reclutano i soldati.

Tuttavia, dopo la morte di Carlo Magno, l'Impero carolingio perde unità: il trattato di Verdun dell'843 ne stabilisce la divisione fra i tre eredi dell'imperatore ponendo la premessa per un grave ulteriore indebolimento della compagine imperiale [> A2]. All'interno di tutte e tre le nuove aree politiche i sovrani non riescono a imporsi con la stessa autorevolezza con la quale si era imposto Carlo Magno sul territorio dell'Impero. Nei nuovi regni i re franchi hanno un disperato bisogno di assicurarsi la piena lealtà dei loro **funzionari**. Ma devono conquistarsi anche il sostegno dei **signori, cioè dei grandi proprietari terrieri**. Infatti in caso di guerra i sovrani hanno necessità di disporre anche delle milizie private dei signori. Inoltre vogliono pure che i signori non ostacolino il lavoro amministrativo svolto dai funzionari regi. E allora i re franchi fanno ciò che anche Carlo Magno aveva già iniziato a fare: e cioè cercano di legare a sé funzionari e signori con rapporti di fedeltà personale e reciproca, rapporti che vengono minuziosamente formalizzati e istituzionalizzati. È in questo modo che si costruisce il **sistema feudale** [> S3].

le PAROLE della STORIA

abate
Titolo che spetta al capo di una comunità monastica raccolta in un'abbazia, che è un monastero dotato di una propria autonomia economica e amministrativa.

LO SVILUPPO Tale sistema si sviluppa attraverso due diverse procedure:

a il re induce un **funzionario**, che comincia ad esser chiamato ***vassallo***, a giurargli fedeltà; in cambio il *vassallo* riceve la promessa di essere protetto dal sovrano; inoltre, come compenso per le attività amministrative svolte, può anche ricevere delle terre, o altre forme di reddito, o il titolo e la funzione di conte o di marchese. Queste garanzie che il signore concede al vassallo si chiamano ***beneficio* o feudo**;

b per conquistare la fedeltà di **grandi proprietari terrieri**, non di rado ecclesiastici – come vescovi o **abati** –, il sovrano può concedere loro l'**immunità**, ovvero il diritto a rendere le loro proprietà terriere immuni dal controllo svolto dai

ATLANTE 2

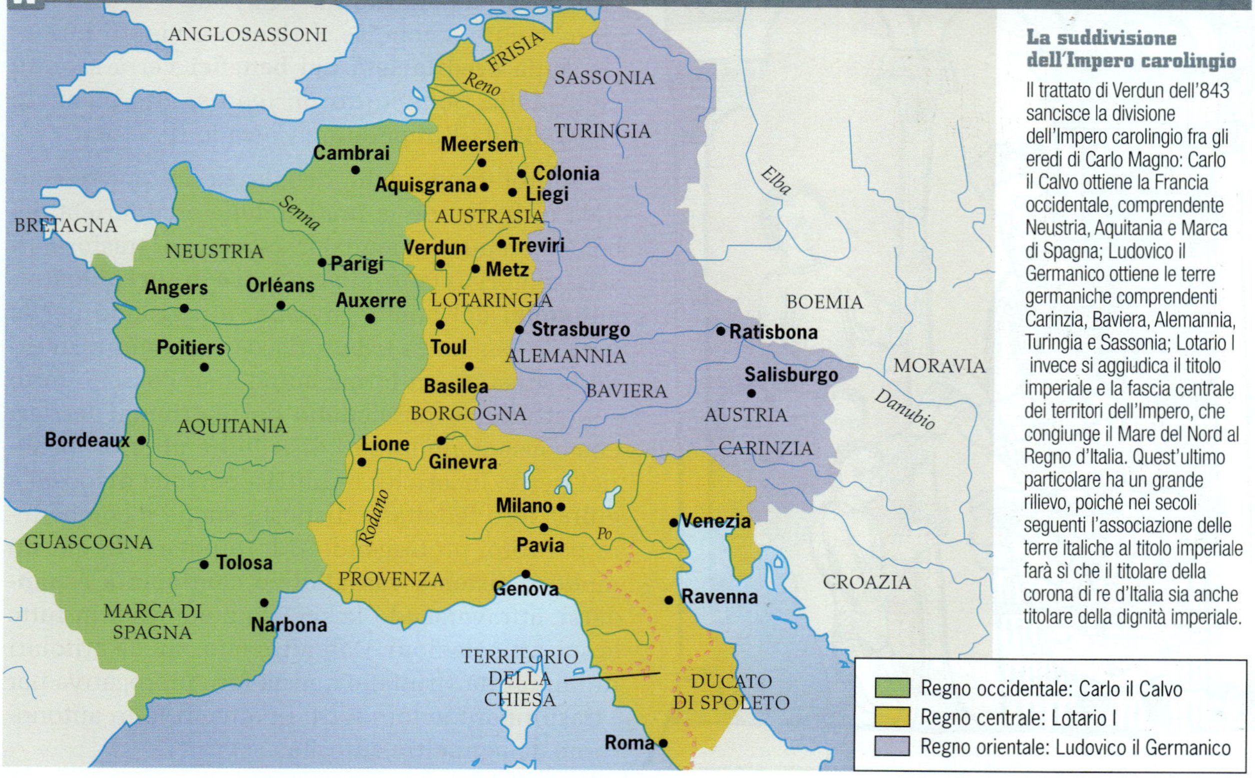

La suddivisione dell'Impero carolingio
Il trattato di Verdun dell'843 sancisce la divisione dell'Impero carolingio fra gli eredi di Carlo Magno: Carlo il Calvo ottiene la Francia occidentale, comprendente Neustria, Aquitania e Marca di Spagna; Ludovico il Germanico ottiene le terre germaniche comprendenti Carinzia, Baviera, Alemannia, Turingia e Sassonia; Lotario I invece si aggiudica il titolo imperiale e la fascia centrale dei territori dell'Impero, che congiunge il Mare del Nord al Regno d'Italia. Quest'ultimo particolare ha un grande rilievo, poiché nei secoli seguenti l'associazione delle terre italiche al titolo imperiale farà sì che il titolare della corona di re d'Italia sia anche titolare della dignità imperiale.

Il rituale dell'omaggio, XII sec.

[da un manoscritto del *Liber feudorum major*, Archivio della Corona d'Aragona, Barcellona]

Il rapporto che si stabilisce tra un signore e il suo vassallo è reciproco e personale e viene sancito da un rituale articolato in due momenti: in primo luogo c'è l'omaggio che il vassallo rivolge al suo signore, inginocchiandosi davanti a lui, ponendo le sue mani nelle mani del signore e giurando fedeltà su un libro sacro o su una reliquia; come risposta, il signore accetta l'omaggio, baciandolo in segno di amicizia e donandogli un oggetto simbolico (un'arma, un guanto, ecc.) come segno dell'avvenuta investitura.

funzionari regi responsabili del territorio nel quale si trovano quelle proprietà; in questo caso, ai proprietari terrieri si riconosce per esempio il diritto di non pagare le tasse; oppure il diritto di amministrare autonomamente la giustizia sulle loro terre; in cambio, di nuovo, il re si aspetta la fedeltà dei destinatari dell'immunità.

VERSO IL RAFFORZAMENTO DEI POTERI LOCALI ■ Inizialmente, dunque, i rapporti che strutturano il sistema feudale hanno un'origine varia. Tuttavia la loro evoluzione successiva li conduce a un medesimo esito: fare dei titolari di benefici feudali o di immunità i massimi proprietari terrieri e al tempo stesso le massime autorità politiche e amministrative dell'area sulla quale esercitano le loro prerogative. Questa evoluzione è scandita da tre processi fondamentali:

a in origine, i benefici feudali sono attribuiti alla singola persona alla quale il sovrano li elargisce, e non a tutti i suoi familiari. Così, di norma, alla morte di un conte o di un marchese il titolo non passa necessariamente a suo figlio, poiché il sovrano può scegliere di attribuirlo a un'altra persona, priva di legami di parentela col conte o col marchese deceduto. Tuttavia, nell'877 il **Capitolare di Quierzy** emesso da Carlo il Calvo stabilisce che, in caso di morte improvvisa del titolare di un beneficio feudale in una spedizione militare, la titolarità sia ereditata da suo figlio. Si tratta di una norma transitoria. E tuttavia viene considerata dai feudatari come una forma di generale legittimazione a trasmettere ereditariamente i benefici feudali ai propri figli, anche quando il titolare del beneficio muore a casa sua e non nel corso di una spedizione militare. Nella prassi la trasmissione ereditaria si impone e si diffonde largamente, anche se il riconoscimento formale della **ereditarietà dei benefici** verrà sancito solo dalla *Constitutio de feudis*, atto emanato nel **1037** dall'imperatore Corrado II;

b approfittando della debolezza del potere centrale e sfruttando la pratica della ereditarietà dei benefici feudali, i feudatari cercano di trasformarsi in signori di fatto, cioè in **veri e propri potentati autonomi** dal potere sovrano, utilizzando per le proprie esigenze i tributi riscossi, o amministrando la giustizia in forma autonoma. Possono farlo soprattutto se possiedono dei patrimoni terrieri che consentano loro di distribuire ulteriori benefici (terre, incarichi, redditi) a persone disposte a giurar loro fedeltà, e disposte anche a combattere per loro, proteggendo il loro potere. In questo modo **il sistema vassallatico comincia a espandersi**, attraversando la società medievale in tutte le sue articolazioni. Dall'altro lato, anche i titolari di immunità sfruttano questa loro prerogativa per trasformare le loro terre in aree di fatto autonome da ogni altra autorità.

Questo doppio processo parallelo di emancipazione politica dei titolari di feudi e di immunità si accompagna poi al collegamento che molto spesso si instaura tra *curtis* e sistema dei benefici feudali e delle immunità: detto in altri termini, avviene molto spesso che **il titolare di un feudo o di un'immunità sia anche il padrone di una *curtis***, poiché questa è la forma dominante di organizzazione della proprietà terriera nell'Europa centro-settentrionale; e così i suoi poteri politici e amministrativi si esercitano in primo luogo sulle terre da lui possedute;

c la territorializzazione del sistema feudale [> **S6**] è resa particolarmente evidente dall'**incastellamento**: ogni titolare di un feudo o di un'immunità, appena se lo può permettere, fa costruire un fossato e delle mura intorno a un'altura o a un terrapieno; all'interno viene costruito il castello, che ospita la dimora signorile, i magazzini, una chiesa, le abitazioni dei servi, dei soldati e degli artigiani. Posto in posizione soprelevata, il castello domina le terre del signore e la sua funzione è duplice: proteggere tutte le terre della *curtis* da invasori o da predoni; rimarcare il potere che il signore esercita sull'area che circonda il castello. Il processo è espressione del rafforzamento dei poteri dei feudatari locali rispetto all'autorità dei sovrani, che fra l'altro molto spesso si mostrano incapaci di organizzare adeguate forme di difesa contro la nuova grande ondata di invasioni che si scatena tra il IX e il X secolo [> **3/1**].

LAVORA SUL TESTO

Evidenzia i provvedimenti legislativi attraverso i quali fu riconosciuta progressivamente l'ereditarietà dei benefici feudali.

Veduta aerea di Martailly-lès-Brancion in Francia

Martailly-lès-Brancion è un villaggio che domina il dipartimento della Saona e Loira in Borgogna, regione della Francia centrale. Il Castello dei signori di Brancion fu edificato su questa altura per tappe successive, fra il X e il XIV secolo, a partire dal mastio (il nucleo centrale del castello visibile in basso a destra nella foto), proseguendo con le abitazioni di tutti coloro che erano al servizio del signore, fino alla chiesa romanica, eretta all'estremità opposta della residenza signorile. Per garantire la sicurezza del castello e dei suoi abitanti furono costruite diverse torri e ben tre cinte murarie, la più ampia delle quali circondava tutto l'abitato e aveva una sola porta d'ingresso (in basso al centro), ancora oggi l'unica via per accedervi. Questa piazzaforte era strategica per il controllo della strada che collegava la cittadina di Chalon-sur-Saône al monastero di Cluny percorsa da numerosi pellegrini e mercanti.

3/ Signoria fondiaria e signoria territoriale

IL POTERE DEI SIGNORI ■ Che tipo di potere è quello esercitato da un signore titolare di un feudo o di un'immunità? Innanzitutto è un **potere di tipo militare**. Un signore che si rispetti deve avere dei soldati alle sue dipendenze: gli sono indispensabili per proteggere le sue terre, anche se ha un castello, perché un castello senza soldati non servirebbe a niente. Ma ne ha bisogno anche per costringere i contadini dell'area che circonda il castello a obbedire ai suoi ordini e alle sue disposizioni.

Questi ordini riguardano gli obblighi economici e lavorativi dei servi e dei contadini oppure mirano a garantire che tutti coloro che sono sottoposti al potere di un signore feudale gli paghino le imposte senza troppo protestare. Ma l'autorità di un signore feudale riguarda anche altro: per esempio l'**amministrazione della giustizia** e la **cura dell'ordine pubblico**.

Facciamo un esempio: se una domenica in una taverna costruita nei pressi del castello scoppia una rissa tra due contadini che sono andati lì a bere un po' di birra in un momento di riposo, il signore, una volta informato del fatto, ha il potere di mandare i suoi uomini d'arme per riportare la calma. Inoltre, se durante quella stessa rissa uno dei due contendenti accoltella e uccide l'altro, i familiari della vittima vanno dal signore a chiedere giustizia; e il signore (o qualche persona delegata da lui) si sente in diritto di istruire un processo. Non che la procedura sia del tutto regolare: i processi dovrebbero essere celebrati davanti a magistrati nominati dal re: ma spesso questi magistrati abitano lontano da un feudo e chiedono di essere pagati per il giudizio che emettono. Per tutte queste ragioni, tutto considerato, gli stessi abitanti di una *curtis* preferiscono affidarsi

L'esposizione alla gogna, XIII sec.

Una gogna medievale conservata nel villaggio di Wadsley in Inghilterra

Uno dei mezzi con cui il signore amministrava la giustizia nei suoi possedimenti era la gogna, uno strumento di contenzione che immobilizzava la testa e le mani, o i piedi, del malcapitato, solitamente un criminale di poca importanza, per ore o per giorni. La gogna, come altri strumenti simili, era posta solitamente al centro del villaggio, o nei crocevia più frequentati, proprio per esporre l'imputato a subire le vessazioni della folla: dal solletico alle ustioni, qualsiasi tortura era concessa.

alla giustizia signorile, piuttosto che fare chilometri e chilometri per cercare un magistrato che, fra l'altro, farà fatica a raccogliere notizie certe ed emanare un giudizio giusto.

In questo modo, il potere economico di un proprietario (il suo essere a capo di una *curtis*) da un lato, e la titolarità di un feudo o di un'immunità dall'altro, si sovrappongono, dando vita a un sistema di poteri più complesso, per indicare il quale si parla di **signoria fondiaria**.

L'AMPLIAMENTO DEL POTERE SIGNORILE ■ Col passare del tempo, un signore con molti soldati e molte ricchezze può estendere la sua autorità anche su aree territoriali vicine alla sua signoria fondiaria, ma che non sono parte del suo patrimonio: ciò significa che anche su queste terre egli pretende di amministrare la giustizia e – cosa fondamentale – di riscuotere tributi o tasse che gli consentano di curare meglio le sue proprietà e che gli servono a retribuire i suoi soldati, a ampliare o riparare il castello, a costruire ponti, a tracciare sentieri e strade, ecc. Questa più ampia forma di potere signorile viene definita **signoria territoriale** [> **A3**].

LAVORA SUL TESTO
Schematizza in una tabella le differenze esistenti tra una signoria fondiaria e una signoria territoriale.

4/ Nobiltà feudale e cavalleria

ORATORES, BELLATORES, LABORATORES ■ Le articolazioni essenziali della società feudale che si impongono in questi secoli trovano espressione in una particolare concezione della struttura sociale, di cui è autore un vescovo francese vissuto tra il X e l'XI secolo, Adalberone di Laon. Si tratta di una concezione che immagina la società divisa in tre ordini o ceti: **coloro che pregano, coloro che combattono e coloro che lavorano** (ovvero gli ecclesiastici, i cavalieri e la residua popolazione). Si tratta di una **struttura fortemente gerarchizzata**: all'apice della gerarchia ci sono coloro che dispongono del potere spirituale (gli ecclesiastici) e coloro che dispongono del potere politico e militare (i nobili cavalieri); alla base, privi di potere e dotati di scarso prestigio, ci stanno coloro che lavorano, che all'epoca in cui Adalberone di Laon scrive sono essenzialmente i contadini.

le PAROLE della STORIA

ceti, ordini
Con il termine *ceto* (in latino *status*, in tedesco *Stand*, in francese *État*, in inglese *Estate*), o *ordine*, si indica un insieme di persone che, per la loro comune condizione economico-sociale, o per diritto di nascita, godono della medesima posizione riguardo ai diritti e ai doveri politici.

ATLANTE 3
Schema di una signoria territoriale

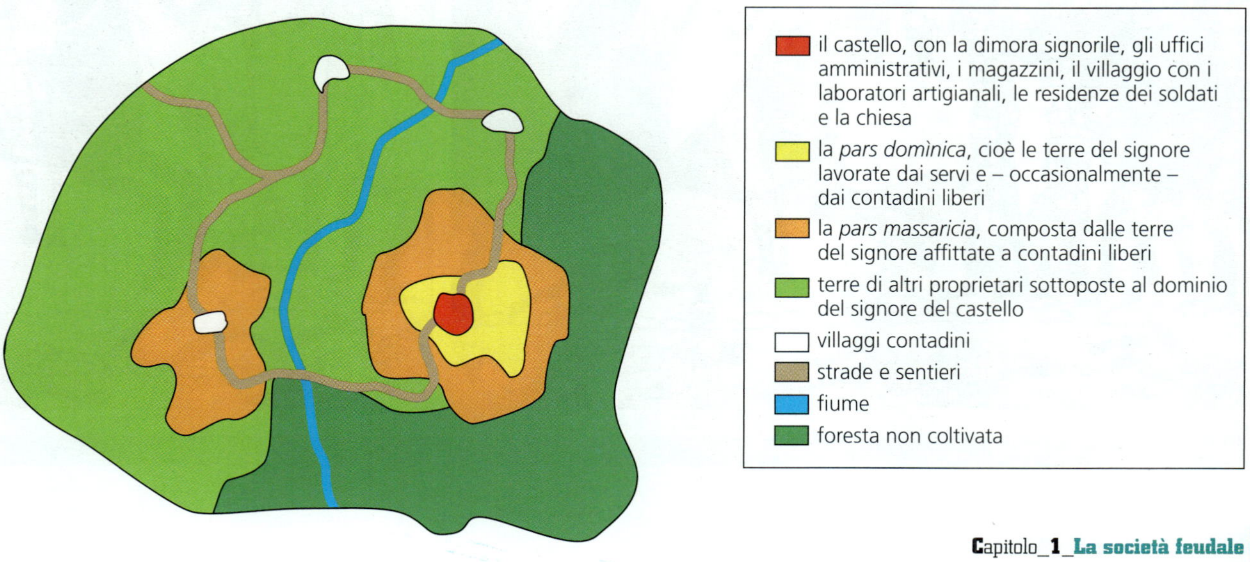

È un'immagine che descrive con spregiudicata durezza la natura dei **rapporti di forza**; ed è un'immagine destinata ad avere un grande e duraturo successo.

LO *STATUS* DI NOBILE CAVALIERE ■ Ma quale origine hanno i cavalieri? Lentamente il potere economico e politico che i signori concentrano nelle loro mani aumenta. Ed essi diventano una delle più importanti élite sociali dell'epoca: la nobiltà feudale [▷ **S4**].

Una delle loro prerogative è di guidare i propri soldati, e di farlo quasi sempre in prima persona: saper combattere è segno sia di coraggio virile, sia della legittimità del potere e dell'autorevolezza posseduta. I signori, tuttavia, non combattono con le stesse armi di tutti i loro soldati. La gente più umile, che deve imbracciare le armi per battersi al loro fianco, combatte a piedi, con asce, spade e scudi, e con protezioni sommarie (elmi o maglie di ferro di modesta qualità). I signori, i loro figli e i loro più fedeli servitori combattono invece con armi più potenti: intanto vanno a cavallo, una risorsa costosissima, che solo i più ricchi si possono permettere; poi dispongono di staffe per restare ben saldi in sella, di una lancia e di un buono scudo; e infine anche il resto dell'attrezzatura (spada, elmo, maglia di ferro, calzature, speroni) è di buona qualità [▷ **F1**].

Essere **cavaliere** diventa dunque un **segno di potere e di distinzione sociale**. E così avviene che – **tra XI e XIII secolo** – questo modo di combattere si trasformi

LE FONTI 1

Cavalieri e fanti nell'*Arazzo di Bayeux*

L'*Arazzo di Bayeux*, lungo oltre 70 m, illustra episodi della conquista normanna dell'Inghilterra. In questo particolare è raffigurato un momento della battaglia di Hastings, avvenuta nel 1066, con i cavalieri normanni che si lanciano contro i fanti anglosassoni. La tessitura dell'arazzo mostra il diverso modo di combattere di

in un vero e proprio modo di essere. Combattere da cavaliere significa, di norma, appartenere alla nobiltà, un gruppo sociale che si ritiene superiore a tutti gli altri, e in effetti molto spesso lo è, sia per le risorse economiche, sia per il potere di cui dispone.

Nobiltà e cavalleria sono condizioni sociali preziose, non alla portata di tutti. È vero che si può anche diventare nobile, percorrendo una trafila che può condurre un individuo a passare dallo *status* di vassallo a quello di signore fondiario, fino anche a quello di signore territoriale: passaggi a volte propiziati dalla concessione di benefici da parte di un sovrano o di un grande signore, a volte conquistati con la violenza, armi alla mano, usurpando i possedimenti altrui.

Allo stesso modo è anche vero che si può diventare cavaliere, prima trovando un'occupazione da scudiero, cioè da assistente di un cavaliere già affermato, e poi magari, al momento opportuno, mostrando le proprie grandi qualità in combattimento.

Ma ben presto entrambi i gruppi cominciano a chiudersi e questi passaggi di condizione sociale diventano più difficili. Della nobiltà, infatti, si comincia a far parte solo per **diritto di sangue**: cioè, in genere si è nobili perché si è figli di nobili. E parallelamente anche nella cavalleria – specie dal XIII secolo – entrano solo i figli dei cavalieri.

cavalieri e fanti e le loro diverse attrezzature. I fanti anglosassoni combattono armati di terribili asce, mentre i cavalieri normanni vanno all'assalto scagliando lance. Le altre armi offensive in uso presso i Normanni erano costituite da un piccolo arco, una spada lunga e una grande scure. L'armamento difensivo, invece, era costituito da uno scudo allungato a forma di mandorla, una corazza di cuoio rivestita di scaglie di metallo lunga fino alle gambe, l'elmo conico con nasale metallico. Completavano l'equipaggiamento la sella, assicurata al cavallo mediante delle cinghie, e gli speroni, che garantivano stabilità al cavaliere.

GUIDA ALLA LETTURA

1. Quali sono, in questo particolare dell'arazzo, i soldati normanni e quali quelli anglosassoni? Da cosa li riconosci? **2.** Segna sulle immagini, con colori diversi, gli elementi che componevano l'equipaggiamento normanno: le armi offensive, gli strumenti difensivi, e i rimanenti elementi che caratterizzano i cavalieri. **3.** I soldati rappresentati appartengono allo stesso gruppo sociale? Perché? **4.** La battaglia è la tappa conclusiva del racconto della lotta per il trono d'Inghilterra: ti sembra sia stata descritta come uno scontro facile da vincere per i Normanni? Quali elementi rafforzano la tua ipotesi?

Particolari dell'*Arazzo di Bayeux*, XI sec.
[Musée de la Tapisserie de Bayeux, Bayeux (Francia)]

ÉLITE SOCIALI CHIUSE ■ La **chiusura degli accessi alla nobiltà e alla cavalleria** si accompagna a un mutamento importante, che nei secoli che vanno dall'XI al XIII trasforma drasticamente l'organizzazione delle **famiglie signorili**.

In origine, la successione ereditaria dei possedimenti, delle ricchezze e dei titoli di un nobile signore non è ancorata all'identificazione di un primogenito a cui destinare la maggior parte dei propri beni. Ciò significa che i beni e i titoli vengono suddivisi – più o meno equamente – fra i figli e, talora, anche fra le figlie del signore. Ben presto, però, appare chiaro che dividere terre e poteri fra tutti i figli rende la famiglia progressivamente più debole, e suscita liti a non finire tra gli eredi. Così, per ovviare a questi gravi inconvenienti e per rendere più solido un casato, si adotta un sistema di successione dei beni che privilegia la **primogenitura maschile**: cioè i beni di una famiglia passano integralmente (o quasi) al primogenito maschio. Il nuovo sistema di successione è incentivato anche dalla ereditarietà dei feudi [▷ **1/2**], che incoraggia il passaggio alla primogenitura.

Il sistema funziona in collegamento a un'altra abitudine propria delle nobiltà medievali, ovvero quella dei **matrimoni combinati**: le famiglie decidono di far sposare le proprie figlie e i propri figli per ragioni di convenienza, alleandosi con famiglie vicine e potenti, o ricche e in ascesa. In tutto ciò, i sentimenti dei futuri sposi – che spesso vengono fatti sposare da giovanissimi – non vengono assolutamente tenuti in considerazione.

Coerentemente con i mutamenti avvenuti nel sistema ereditario, normalmente il figlio che si fa sposare è il maggiore, cioè quello destinato a ereditare il patrimonio e a far continuare con i propri figli l'albero genealogico della famiglia.

Qual è invece il destino che spetta ai **figli minori**, i cosiddetti **"figli cadetti"**, cioè quelli che non si sposano e che non ereditano le terre e i poteri signorili?

A costoro non resta che cercar fortuna altrove, praticando la professione alla quale sono stati educati sin da piccoli nel castello paterno: la cavalleria.

Di rado si muovono da soli. Spesso si uniscono ad altri cavalieri della loro stessa condizione, formando delle compagnie che si spostano da una signoria all'altra, da una città all'altra. Molti di questi **cavalieri erranti** non riescono a costruirsi un loro solido patrimonio, e per questa ragione non di rado le compagnie dei cavalieri girovaghi si abbandonano ad atti di violenza, a saccheggi, a rapine o ad aggressioni.

LAVORA SUL TESTO
Evidenzia tre parole-chiave che descrivano le caratteristiche del cavaliere medievale.

5/ L'etica cavalleresca

IL RUOLO DELLA CHIESA ■ Sono le autorità ecclesiastiche che intervengono attivamente per indurre i cavalieri girovaghi a comportarsi in modo più civile e controllato. Per dissuaderli da violenze gratuite, i vescovi e gli abati affidano ai cavalieri la difesa delle chiese o delle proprietà ecclesiastiche dalle minacce provenienti da bande di predoni o – in qualche caso – da altri cavalieri erranti. La Chiesa cerca anche in ogni modo di inculcare nelle menti dei cavalieri al suo diretto servizio, e più in generale nella mente di tutti i cavalieri, un **codice etico** che intende chiamare questi uomini alla difesa delle chiese, alla protezione dei deboli e degli umili, alla salvaguardia delle donne, e infine anche – come si vedrà [▷ **5/2**] – alla lotta contro gli infedeli. La Chiesa cerca anche di convincere i cavalieri ad astenersi dagli scontri in particolari periodi dell'anno: nelle feste solenni, nei giorni sacri e nelle domeniche, giornate riservate al Signore (si tratta delle cosiddette "tregue di Dio").

RITUALITÀ GUERRIERA ■ Disciplinando in questo modo la cavalleria, la Chiesa contribuisce alla ulteriore **formalizzazione dello *status* di cavaliere**. Tale formalizzazione viene rimarcata anche dal ricorso al rito dell'***adoubement***, ovvero della **vestizione**, che consiste nella consegna delle armi e nell'attribuzione della qualità di cavaliere a un giovane aspirante. Parte importante del rituale è la benedizione che un'autorità ecclesiastica deve dare al futuro cavaliere, impegnandolo al rispetto del codice etico della cavalleria [>F2].

LE FONTI 2

Simone Martini/*L'investitura a cavaliere di san Martino*

La storia narrata negli affreschi che Simone Martini (1284 ca.-1344) dipinge ad Assisi è questa: Martino, nato nel 315 e morto nel 397, è figlio di un ufficiale dell'esercito romano. Diventato adulto, intraprende anch'egli la carriera militare. Un giorno, mentre si trova nei pressi di Amiens (in Francia) dona metà del suo mantello a un povero infreddolito; la notte seguente sogna che è Gesù a indossare il mantello regalato al mendicante. Considerando il sogno come un presagio, Martino decide di farsi battezzare e di abbandonare il mestiere delle armi. Successivamente fonda un monastero e diventa vescovo di Tours.
Simone Martini narra la storia di san Martino ambientandola ai suoi tempi: Martino diventa così un cavaliere medievale, e l'imperatore Giuliano, che è il personaggio che gli sta cingendo la spada, diventa un cavaliere più anziano, o un sovrano medievale. Il personaggio inginocchiato sta sistemando gli speroni di Martino, altro simbolo essenziale della condizione di cavaliere. Le mani giunte del protagonista vogliono sottolineare il carattere religioso del rituale. Da notare che il pittore attribuisce a Martino l'aureola, anche se egli viene rappresentato in una fase della vita in cui ancora è lontano da atti di santità: è tuttavia un segno che serve a riconoscere il personaggio, e al tempo stesso suggerisce che la vocazione alla santità è una sorta di originario destino a cui Martino è votato.
L'*adoubement*, come si vede dall'immagine, è anche occasione di festeggiamenti che permettono al cavaliere e alla sua famiglia di ostentare lusso e ricchezze, utili a rimarcarne l'appartenenza a un gruppo sociale superiore.

GUIDA ALLA LETTURA

1. Chi sono i principali soggetti raffigurati nel dipinto? **2.** Quali ruoli hanno e con quali segni l'artista li rende espliciti? **3.** L'evento rappresentato, nelle intenzioni dell'autore, ha valore religioso o sociale? Prima di rispondere cerchia con colori diversi i particolari che mettono in rilievo il valore sociale dell'evento e quelli che rimandano al mondo religioso. Quindi rispondi indicando quali particolari dell'affresco sostengono la tua ipotesi.

Simone Martini, *L'investitura a cavaliere di san Martino*, 1317 ca.
[Basilica Inferiore di S. Francesco, Cappella di S. Martino, Assisi]

le PAROLE della STORIA

***chansons de geste* (canzoni di gesta)**
Si tratta di una serie di poemi epici, prodotti nella Francia settentrionale tra la fine dell'XI e il XIII secolo. Le storie narrate sono ambientate ai tempi di Carlo Magno e dei suoi successori, e hanno per protagonisti i coraggiosi cavalieri dell'imperatore (i cosiddetti "paladini"). Questi poemi traggono spunto da fatti storici reali, che gli autori reinterpretano con l'aggiunta di vicende frutto della loro fantasia. Una delle *chansons* più famose, e la più antica, è la *Chanson de Roland* (Canzone di Orlando), scritta da ignoto alla fine dell'XI secolo.

Intorno alle gesta dei cavalieri, inoltre, si costruiscono narrazioni di grande e duraturo successo – alimentate da opere letterarie come le ***chansons de geste*** –, che accettano in pieno l'etica che la Chiesa ha cercato di imporre; con questi racconti trionfa l'idea dei cavalieri come guerrieri dotati di un altissimo **codice etico**, pronti a difendere la fede cristiana, i deboli, gli oppressi, le donne indifese.

Questa immagine fa spesso a pugni con la realtà. Molti cavalieri sono duri, rozzi, violenti, avidi. E, in effetti, il **tentativo di disciplinare la cavalleria** riesce solo in parte. I cavalieri sono l'anima guerriera di una società violenta, e nonostante gli sforzi in contrario profusi dalla Chiesa, questa loro "naturale" inclinazione alla violenza viene istituzionalizzata con l'organizzazione di spettacoli pubblici che appassionano spettatori di tutte le estrazioni sociali: le **giostre** e i **tornei**. «Questi tornei – scrive Jean Flori, grande storico della cavalleria –, fino alla fine del XII secolo, non sono diversi dalle vere guerre, di cui sono solo la replica codificata. Come nella guerra feudale, due parti s'oppongono in combattimenti collettivi fatti di cariche compatte e di imboscate destinate a separare dal gruppo qualche individuo, possibilmente nobile o prestigioso, per catturarlo e ottenere il riscatto, o per disarcionarlo e impadronirsi del cavallo. Lo scopo consiste più nell'accumulare bottino e accrescere la propria gloria che nell'uccidere l'avversario, anche se incidenti del genere non sono rari tanto è completa la similitudine fra tornei e combattimenti bellici. È anche l'occasione per i cavalieri poveri di attirare l'attenzione di qualche ricco patrono o di entrare nella sua "squadra", al suo servizio. Il prestigio del valore cavalleresco può anche far guadagnare i favori d'una ricca vedova e, attraverso il matrimonio, permettere la promozione sociale dell'eroe. Questo almeno è il sogno dei cavalieri poveri». Ed è anche attraverso spettacoli di questo tipo che il **fascino della cavalleria** si impone in forme durature, contribuendo a esaltare la forza e il prestigio della nobiltà feudale.

LAVORA SUL TESTO

Elenca i compiti e i valori che costituivano il codice etico dei cavalieri.

Una damigella premia il vincitore di un torneo, 1304 ca.

[dal *Codex Manesse*, f. 11*v*; Universitätsbibliothek, Heidelberg]

Questa miniatura mostra il momento finale del torneo: il cavaliere vincitore, scortato da aiutanti e musici, si avvicina al palco dal quale quattro damigelle stavano ammirando i "giochi" per ricevere in premio da una di esse una ghirlanda di fiori. Quello di conquistare il cuore e i favori di una dama era certamente un possibile obiettivo dei partecipanti ai tornei. Dall'immagine appare chiaro un altro aspetto della società medievale, ovvero la netta distinzione di ruoli tra uomini e donne: mentre a queste ultime compete il ruolo di spettatrici passive, agli uomini, e solo a loro, è riservato il mestiere delle armi.

SINTESI AUDIO

ONLINE

LEZIONE 1
Curtes, signori e cavalieri
TEST

SINTESI

1/Il sistema curtense

Il crollo dell'Impero romano determina una profonda trasformazione del paesaggio e una diversa distribuzione della popolazione che, nell'alto Medioevo, tende ad abbandonare le città e a vivere nelle campagne, dove domina la *curtis*. Qui la proprietà terriera è divisa in due parti, una riservata al signore, la *pars domìnica*, e una affidata ai contadini liberi, la *pars massaricia*. Se l'obiettivo primario del sistema curtense è l'autosufficienza, la produzione di *surplus* di beni agricoli rende possibili gli scambi commerciali.

2/Il sistema feudale

I sovrani carolingi inaugurarono la pratica di concedere benefici ai funzionari e ai grandi proprietari terrieri per garantirsi il loro appoggio e la loro fedeltà. In origine, i benefici feudali erano personali e revocabili; in seguito venne progressivamente riconosciuta la loro ereditarietà, prima con il Capitolare di Quierzy (877), poi con la *Constitutio de feudis* (1037). In questo modo i feudatari cominciarono a esercitare la loro autorità politica e amministrativa a livello locale. Un simbolo del sistema feudale è il castello che, da una parte, proteggeva la *curtis* dai predoni, dall'altra, rimarcava il potere del signore sul territorio circostante.

3/Signoria fondiaria e signoria territoriale

La sovrapposizione del potere economico (derivato dalla proprietà della *curtis*) alla titolarità di un feudo o di un'immunità (divenuta ereditaria) dà origine alle cosiddette signorie fondiarie. Il potere del signore è innanzitutto militare, in quanto dispone di uomini armati capaci di difendere le sue terre e di far rispettare le sue disposizioni, ma si esprime anche nell'amministrazione della giustizia, nella riscossione delle imposte e nella cura dell'ordine pubblico. Può accadere, inoltre, che l'autorità del signore si estenda anche al di fuori della signoria fondiaria, su terre che non fanno parte del suo patrimonio, in un sistema di poteri più complesso, definito signoria territoriale.

4/Nobiltà feudale e cavalleria

Ecclesiastici e cavalieri, cioè coloro che pregano e coloro che combattono, occupano il vertice della società tripartita, alla cui base, secondo Adalberone di Laon (X-XI secolo), vi è la maggioranza degli uomini che lavorano, privi di potere e di prestigio.
Forti dei loro poteri i signori feudali si trasformano in un ceto superiore, la nobiltà feudale, tra le cui prerogative c'è anche quella di combattere a cavallo: per la nobiltà feudale la cavalleria non è solo un modo di combattere, che distingue i signori dalla gente più umile, ma un modo di essere e un segno della propria superiorità sociale e politica. Tale superiorità viene rimarcata rendendo sempre più rigide e chiuse le categorie sociali, a cui si accede per diritto di sangue. Anche il sistema di successione si modifica, privilegiando la primogenitura maschile, in modo da non disperdere il patrimonio e i privilegi accumulati.

5/L'etica cavalleresca

Il mondo dei cavalieri è un mondo dominato dalla guerra e dalla violenza; per questo le autorità ecclesiastiche sollecitano l'adozione di un codice etico cavalleresco, cioè di un sistema di valori che tende a disciplinare e a formalizzare lo *status* di cavaliere. Nelle *chansons de geste* i cavalieri appaiono come i campioni della fede e i paladini degli umili e degli indifesi.

VERSO le COMPETENZE

1 Collega i termini elencati alle rispettive definizioni:

1. Saraceni
2. *Caput curtis*
3. *Surplus*
4. Beneficio
5. Immunità

a. Diritto, concesso originariamente dal sovrano, che rendeva le proprietà del signore esenti dal controllo regio
b. Spettacoli pubblici in cui i cavalieri esibivano il loro valore militare scontrandosi individualmente o a squadre
c. Giorni sacri in cui i fedeli dovevano astenersi dal combattere
d. Termine con cui si indicavano genericamente le popolazioni islamiche che vivevano sulle coste africane, in Spagna e in Sicilia
e. Gruppi sociali caratterizzati da una comune condizione economico-sociale

6. *Corvées*
7. Tregue di Dio
8. *Adoubement*
9. Tornei
10. Ordini

f. Sistema di garanzie, comprendenti terre, titoli o particolari funzioni, che un sovrano concede al proprio vassallo
g. Il villaggio dove ha sede la dimora del signore
h. Parte del raccolto destinato alla vendita
i. La cerimonia di vestizione del cavaliere, davanti ad un'autorità ecclesiastica
j. Prestazioni di lavoro gratuite che i contadini liberi eseguivano nelle terre del signore

2 Completa le frasi seguenti scegliendo una delle opzioni proposte.

a. È possibile definire l'economia curtense come un'economia di tipo **chiuso/aperto** poiché **non vi erano/vi erano** scambi commerciali con l'esterno.
b. Nell'alto Medioevo la popolazione europea, in **aumento/diminuzione** rispetto all'età romana, viveva prevalentemente nelle **città/campagne**.
c. La *Constitutio de feudis* emanata nel 1037 da **Carlo il Calvo/Corrado II** sanciva la **revocabilità/ereditarietà** dei benefici feudali.
d. Tra XI e XIII secolo il sistema di successione patrimoniale delle famiglie signorili privilegia la primogenitura **maschile/femminile**.
e. Le cosiddette *chansons de geste* **accettano/rifiutano** il codice etico con cui **il sovrano/la Chiesa** cercò di disciplinare i comportamenti dei cavalieri.
f. Secondo la concezione di Adalberone di Laon, al vertice della gerarchia sociale vi erano coloro che pregano e coloro che **lavorano/combattono**.

3 Completa la legenda del disegno che schematizza la struttura di una signoria territoriale, inserendo negli appositi spazi le lettere corrispondenti alle definizioni elencate:

a. Bosco, terre non coltivate; b. Dimora del signore; c. Terre di altri proprietari; d. *Pars massaricia*; e. *Pars domìnica*; f. Villaggi contadini.

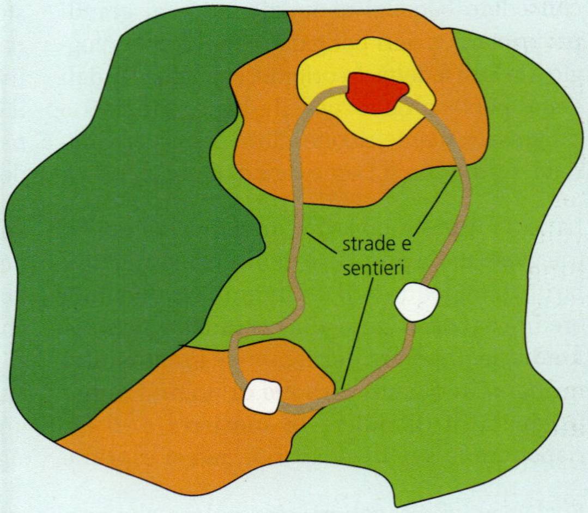

Rispondi quindi alle seguenti domande:

a. Le proprietà terriere del signore erano necessariamente contigue?
b. Dove sorgevano i villaggi contadini? Erano collegati tra loro?
c. Come si chiama l'area coltivata più vicina alla residenza padronale?
d. Il potere del signore si estendeva, a tuo avviso, anche sulle aree non coltivate?

4 Osserva con attenzione lo schema proposto e utilizzalo come traccia per spiegare oralmente il processo di costituzione e di trasformazione del sistema feudale:

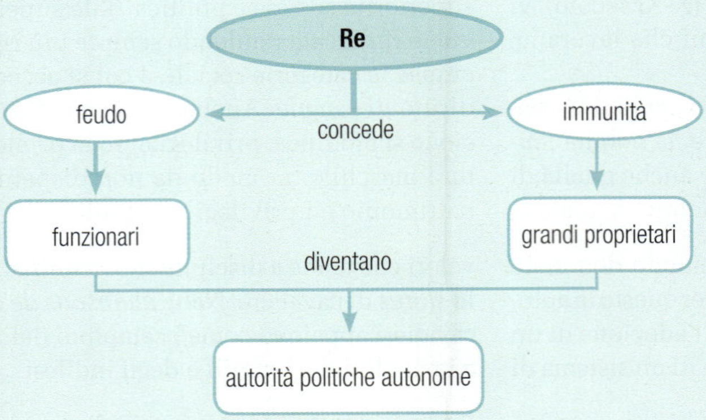

5 Scrivi un breve testo (max 20 righe) sulla trasformazione del paesaggio nell'alto Medioevo, seguendo l'ordine espositivo indicato:

a. Eredità dell'Impero romano: che cosa resta e che cosa va in rovina
Le invasioni delle popolazioni germaniche avevano causato...
b. Lo spopolamento delle città: le ragioni e gli effetti del fenomeno
Le città si spopolano perché la popolazione teme...
c. L'abbandono degli spazi coltivati e l'estensione dell'incolto
La diminuzione della popolazione fa diminuire anche la manodopera disponibile e quindi...
d. Le aziende agricole: i nuovi centri della vita economica e sociale
La produzione agricola viene organizzata dalla "curtis", dove la proprietà terriera è...
e. Incastellamento e protezione del territorio
Per proteggere le terre della "curtis", il signore...

Capitolo_2 / Monarchie e Impero tra X e XII secolo

1/ Processi di costruzione delle monarchie

LA DIFFICILE AFFERMAZIONE DELLA FIGURA DEL RE ■ Le strutture sociali ed economiche che prendono forma tra IX e XIII secolo sono caratterizzate da una grande **dispersione e frammentazione delle autorità e dei poteri**. I molti signori feudali, con i loro castelli e i loro armigeri, e a volte anche qualche città, con le sue mura, i suoi mercanti, il suo piccolo esercito, ambiscono a diventare padroni assoluti dei territori sui quali riescono a far sentire la loro autorità.

In questo contesto, tuttavia, la **figura dei re** non scompare del tutto e mantiene intorno a sé caratteristiche che gli conferiscono autorevolezza e prestigio. Un re è tale se sa presentarsi come il supremo **dispensatore di giustizia** in un particolare territorio. Ma soprattutto deve essere il **primo tra i suoi guerrieri**: e qui, nella valorizzazione e nobilitazione della violenza bellica, sta un'importante eredità di lungo periodo che le tribù germaniche "donano" alla cultura occidentale. L'aura di prestigio che deriva da queste qualità è guardata con enorme rispetto.

Tuttavia, è anche controbilanciata da notevoli limiti, il principale dei quali è che molti sovrani del periodo che va dal IX al X secolo e oltre sono **sovrani eletti da altri grandi signori**. La partita che si ingaggia allora tra un re e i grandi signori del territorio su cui il sovrano vuole esercitare il suo potere consiste, innanzitutto, nel tentativo di rendere ereditario il titolo regio, scrollandosi di dosso l'ipoteca imposta dalla procedura elettorale. Riuscirci è una grande impresa. Ma spesso anche questo successo ha dei limiti, poiché, normalmente, i **poteri di un sovrano sono territorialmente assai circoscritti**.

IL CASO DELLA DINASTIA CAPETINGIA IN FRANCIA ■ Prendiamo l'esempio di **Ugo Capeto (987-96)**, che nel **987** riesce a imporsi come re di Francia e a stabilire l'ereditarietà familiare della corona di Francia. Per lui e per i suoi discendenti questo è certamente un grandissimo risultato, visto che la dinastia capetingia riesce a mantenere la corona fino al XIV secolo. Ma nel X secolo il potere di Ugo Capeto appare ancora abbastanza indeterminato dal punto di vista territoriale, e limitato quasi solo alle terre che appartengono al suo **patrimonio personale**, cui va aggiunto qualche altro lembo di terra vicina su cui è stato in grado di imporre la sua autorità. Uno sguardo alla carta [▷ **A4**] mostra chiaramente quanto circoscritto sia questo suo Regno di Francia, che appare come una specie di isola all'interno di un mare feudale, dove nobili signori, conti, duchi, marchesi esercitano un potere largamente autonomo dalla sovranità del re di Francia.

COSTANTI NEI PROCESSI DI COSTRUZIONE DELLE MONARCHIE TERRITORIALI ■ Oltre al tentativo dei Capetingi, anche altre esperienze di riunificazione territoriale dei poteri sotto un'unica autorità attraversano l'Europa occidentale. In un caso – la Germania – esse si affermano nel quadro di un più ampio progetto di ricostruzione di un'entità imperiale [▷**2/2**]. In due casi – Inghilterra e Italia meridionale – sono la conseguenza di invasioni compiute dai Normanni, che danno come esito la costruzione di più soli-

le PAROLE della STORIA

Normanni
Popolazioni di origine germanica, i Normanni ('uomini del Nord') si stabiliscono dal VI secolo in Scandinavia e sono noti talora col nome di Vichinghi ('guerrieri'). Nel VII secolo si spingono sino all'Irlanda. Dall'VIII secolo cominciano a compiere scorrerie e incursioni colonizzando l'Islanda e da lì, nel X secolo, giungono in Groenlandia. Sin dal IX secolo compiono anche numerose incursioni in Francia, risalendo il corso dei fiumi navigabili e stabilendosi nel nord della Francia, dove, nel 911 il re di Francia, Carlo il Semplice, è costretto ad attribuirgli il Ducato di Normandia. Nell'XI secolo il duca di Normandia, Guglielmo il Conquistatore, attacca l'Inghilterra e vi si impone come re. Sin dall'XI secolo, infine, contingenti normanni si stabiliscono nell'Italia meridionale, costituendo una locale monarchia normanna.

de monarchie territoriali. Nella Penisola iberica, infine, le nuove formazioni statuali sono il frutto di un'azione militare volta a cacciare i musulmani dalla regione [▷ **2/3**].

Il processo di ricostruzione di un sistema di potere che fonda l'autorità di un re su ambiti territoriali più ampi passa attraverso **quattro dinamiche** [▷ **S5**]:

a in ciascuno di questi processi la forza delle armi è essenziale. Nessuno dei nuovi e più ampi Stati monarchici che sanno imporsi sulla frammentazione feudale può fare a meno dell'**aggressione militare come atto fondativo**. Ne fanno le spese tanto i titolari di poteri territoriali relativamente vasti (conti, duchi, ecc.), quanto i minori signori territoriali;

b inoltre, è essenziale che le popolazioni governate da un re si convincano che costui possiede qualità superiori alle persone comuni, tanto da fare della sua persona qualcosa di speciale e di **sacro**. Fondamentale è il **rituale dell'incoronazione**, il cui modello originario va trovato nel gesto di papa Leone III che a Roma, nel Natale dell'800, incorona imperatore Carlo Magno. È allora che prende forma una **configurazione dualistica del potere** che pone l'autorità del papa e dei vescovi (potere spirituale) di fronte all'autorità dell'imperatore e dei re (potere temporale). In questo sistema di relazioni è fondamentale che siano il capo della Chiesa e i suoi delegati (i vescovi) ad avere il compito di riconoscere e sancire la **sacralità del sovrano**, proiettando la figura di colui che regna all'interno di una dimensione sacra [▷ **C1**].

Il rituale dà certamente una grande autorità ai sovrani. Ma è fonte anche di tensioni, poiché il fatto che sia un'autorità ecclesiastica a conferire il titolo di sovrano nel corso di una sontuosa cerimonia di incoronazione, mostra – secondo i **teorici della**

ATLANTE 4

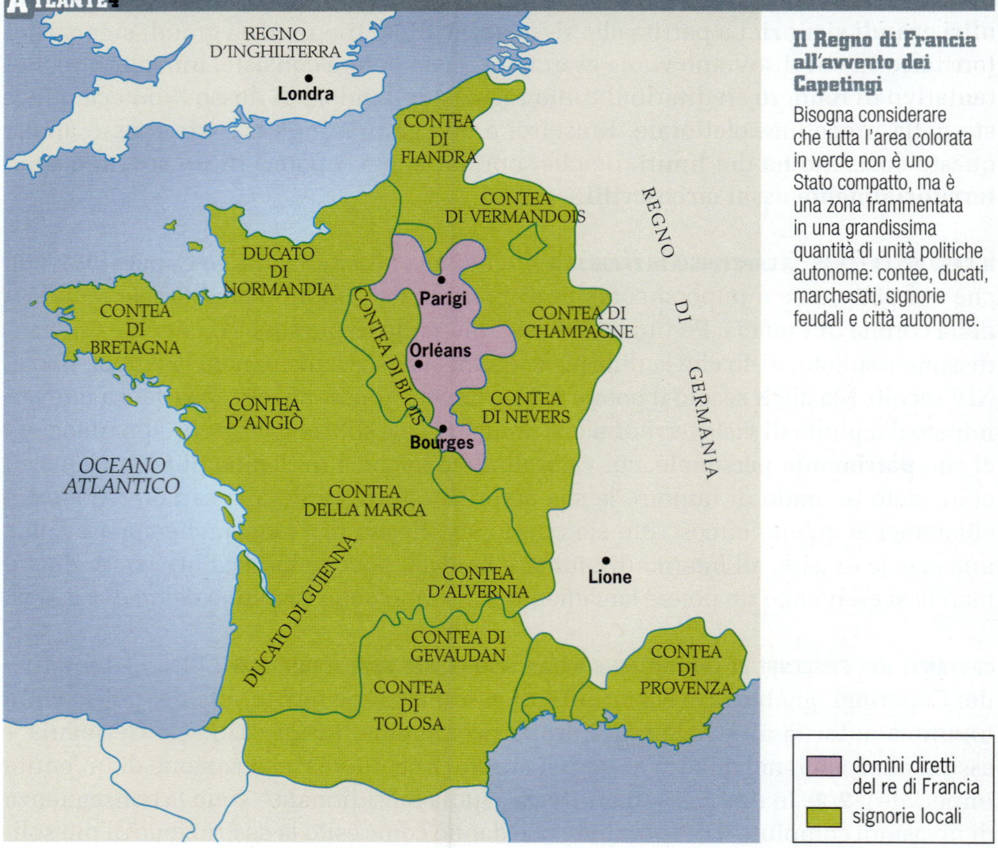

Il Regno di Francia all'avvento dei Capetingi

Bisogna considerare che tutta l'area colorata in verde non è uno Stato compatto, ma è una zona frammentata in una grandissima quantità di unità politiche autonome: contee, ducati, marchesati, signorie feudali e città autonome.

supremazia papale – che il papa è superiore a chiunque altro in virtù della maggiore prossimità che può vantare nei confronti di Dio. D'altro lato, gli **intellettuali filomonarchici** ribattono che il papa non fa che riconoscere e sancire la santità di un potere che già appartiene a un sovrano per virtù propria. E proprio per testimoniare tale autonoma sacralità, in Inghilterra e in Francia, sin dall'XI secolo, si incoraggia la convinzione popolare secondo la quale i re sono dotati di **poteri quasi magici**, che li rendono capaci di guarire particolari malattie con la sola imposizione delle mani.

Ecco la matrice originaria di una costante tensione tra i due poteri, che tra XI e XII secolo si trasformerà in un gravissimo scontro [▷ **4/2-3**];

c particolarmente dure sono le tensioni con i signori feudali: una causa di conflitto importante è quella che scaturisce dall'**amministrazione della giustizia**. Le corti locali – gestite dai signori feudali – devono sottostare all'organizzazione di tribunali regi, di grado superiore: ciò significa che le corti regie, dove la giustizia è amministrata da magistrati nominati dal sovrano, non solo giudicano reati di particolare gravità, ma trattano anche procedimenti già discussi da un qualche tribunale locale, nei quali il giudizio non abbia soddisfatto qualcuna delle persone coinvolte: e allora si ricorre a una **giustizia "superiore"**, che è quella del sovrano e delle sue corti giudiziarie;

d una delle partite più decisive giocate dai sovrani medievali riguarda la **fiscalità**. Tutto il loro potere "sacrale" sarebbe privo di senso se essi non fossero in grado di riscuotere tasse e contributi dai signori feudali, dalle città, dagli ecclesiastici e dalla popolazione nel suo complesso. Normalmente i re ritengono che le contribuzioni siano un atto dovuto, sia per diritto di conquista, sia come compenso per il riconoscimento dei benefici di cui si fanno garanti (siano tali benefici di natura feudale, o riguardino le autonomie amministrative di una città, o abbiano a che fare con le libertà spirituali di un vescovo o di un qualche monastero). L'efficace risoluzione della questione fiscale è all'**origine del potere delle monarchie in formazione**, poiché è attraverso le risorse così accumulate che un sovrano può reclutare eserciti, dotarsi di un corpo di funzionari, conquistarsi il sostegno di potentati o di signori autonomi. Ma la **questione fiscale** è

Il re Luigi IX compie una guarigione miracolosa, 1332-50

[dalle *Croniques de France* di Mahiet e del Maestro di Cambrai, f. 424*v*; British Library, Londra]

Ai sovrani medievali, in particolare a quelli francesi e inglesi, viene spesso attribuito un potere sovrannaturale, come attesta questa miniatura che racconta una prodigiosa guarigione ad opera di Luigi IX: al monarca basta sfiorare la parte malata con le mani perché questa guarisca. Il tocco taumaturgico (miracoloso) del re è solitamente applicato a persone affette da una malattia della pelle, l'adenite tubercolare, detta scrofola ma anche nota come "male del Re", che ha generalmente una remissione spontanea. Luigi IX il Santo, re di Francia dal 1226 al 1270, è considerato già dai suoi contemporanei come un personaggio straordinario per le sue qualità di sovrano e per i poteri curativi che si dice possieda. Nel 1297, a soli 27 anni dalla sua morte (avvenuta nel corso di una crociata), viene fatto santo da papa Bonifacio VIII e le sue ossa sono sepolte nella chiesa di Saint-Denis, nei pressi di Parigi, per essere offerte al culto dei pellegrini.

LAVORA SUL TESTO
Riassumi oralmente le condizioni di costruzione di una monarchia territoriale.

anche uno dei più duraturi e tenaci motivi di **contenzioso** e di **contrasto** tra i singoli gruppi sociali (nobili, cittadini, corporazioni, contadini) e i re.

2/ La rifondazione dell'Impero: la dinastia degli Ottoni

Anche in Germania la disgregazione politico-territoriale ha raggiunto livelli comparabili a quelli del resto dell'Europa centro-occidentale. Tuttavia lì, nel X secolo, emerge con Ottone I la dinastia Sassone, che si rende protagonista di un ambiziosissimo piano, consistente nella ricostruzione di un'unità statale che abbia le dimensioni e la forza dell'antico Impero carolingio.

OTTONE I ■ Nel **936** il duca di Sassonia, Ottone I (936-73), viene eletto **re di Germania**. Le terre su cui esercita la sua autorità non sono un Regno compatto, ma una sorta di fragile e indeterminata federazione di principati, ducati, contee, vescovati e signorie tedesche che possiedono larghe autonomie, e che solo formalmente riconoscono la sua autorità di re.

Il potere di Ottone I, dunque, non è solidissimo. Si regge sulle sue grandi **capacità diplomatiche**, che egli cerca di impiegare per allearsi, di volta in volta, a signori territoriali diversi, in modo da avere sempre in Germania una buona base di consenso e di cooperazione militare. La sua forza, peraltro, si appoggia anche a una buona rete di sostegno tra numerosi vescovi tedeschi, i cosiddetti **vescovi-conti**, che Ottone I ha saputo farsi amici concedendo loro immunità e benefici feudali. Inoltre, in ragione di tali concessioni, alla morte di un vescovo-conte Ottone I ritiene di avere il pieno diritto di nominare il suo successore.

Muovendo da questa base di potere, consegue successi che non sono affatto trascurabili. Nel 955 [> A9] riesce ad esempio a sconfiggere gli **Ungari** sul fiume

Nel 951 Ottone I scende in Italia in aiuto di Adelaide di Borgogna, figlia del re di Borgogna e vedova di Lotario II, re d'Italia morto l'anno precedente. Adelaide era stata infatti imprigionata da Berengario II del Friuli, proclamatosi re d'Italia, in quanto si era rifiutata di sposarne il figlio. Ottone I riesce a sedare la disputa, sposa Adelaide e cinge la corona d'Italia nominando Berengario governatore. Donna colta e molto istruita, Adelaide continua anche alla morte del marito a esercitare una grande influenza sulla politica imperiale servendo prima da consigliera al figlio Ottone II e poi, alla morte di questi, da reggente fino alla maggiore età del nipote, Ottone III. È molto attiva in opere caritatevoli e fonda diverse chiese e monasteri in Italia come in Germania. Morta nel dicembre 999, viene proclamata santa nel 1097.

Adelaide di Borgogna e Ottone I, 1260
[Cattedrale di Meissen (Germania)]

Particolare di Adelaide
[Cattedrale di Meissen (Germania)]

Lech (in Baviera), un'impresa militare che circonda la sua persona di un enorme prestigio.

Inoltre, già dal 951 è intervenuto con il suo esercito anche nelle lotte che dividono i signori italiani, i quali, tra IX e X secolo, col decadere dell'autorità imperiale, si sono lungamente combattuti per disputarsi la corona di re d'Italia.

L'intervento in Italia offre a Ottone I l'occasione per la realizzazione di una strategia di più ampio respiro: egli cerca di presentarsi come l'**erede spirituale di Carlo Magno**, e come il rifondatore del perduto Impero carolingio. Infatti, sedati i conflitti tra i signori italiani, nel 951 Ottone sposa Adelaide di Borgogna, vedova dell'ultimo re d'Italia, diventando egli stesso re d'Italia. Forte di questo titolo, nel **962** Ottone I si impone sul papa Giovanni XII (955-63), **facendosi incoronare imperatore a Roma** [▷ **A5**].

Da questo momento il Regno d'Italia è unito a quello di Germania, ed entrambe le corone, pur rimanendo separate, sono associate al titolo imperiale. Inoltre, da allora fino al 1806, esisterà nel centro dell'Europa una grande federazione di Stati riuniti all'interno dei confini dell'Impero, che dalla metà del XIII secolo prenderà il nome di **Sacro romano impero**.

Il titolo di imperatore accresce il prestigio di Ottone I, ma non stabilizza definitivamente il suo potere. In prima battuta occorre trovare un'efficace forma di convivenza – se non di accordo – con il papa e con la Chiesa.

La questione viene affrontata con grande determinazione con l'emanazione, nel **962**, del cosiddetto ***Privilegium Othonis*** ('Privilegio di Ottone'), un atto col quale l'imperatore stabilisce il suo diritto di approvare l'elezione di ogni nuovo pontefice e l'obbligo per il nuovo pontefice di giurare fedeltà all'imperatore. Sembra una risoluzione definitiva del **rapporto tra potere imperiale e Papato**, tutto a favore dell'Impero: ma in realtà non è altro che l'atto iniziale di una plurisecolare serie di lotte e di tensioni.

le PAROLE della STORIA

Ungari

Popolazione originariamente insediata nell'area del fiume Volga, che alla fine del IX secolo viene spinta verso Occidente dal sopraggiungere di altre bellicose popolazioni provenienti dall'Asia. Verso la fine del IX secolo gli Ungari si stabiliscono nel bacino del Danubio, e da lì compiono numerose e devastanti incursioni militari verso la Germania, la Borgogna, l'Italia e la Francia.

ATLANTE 5

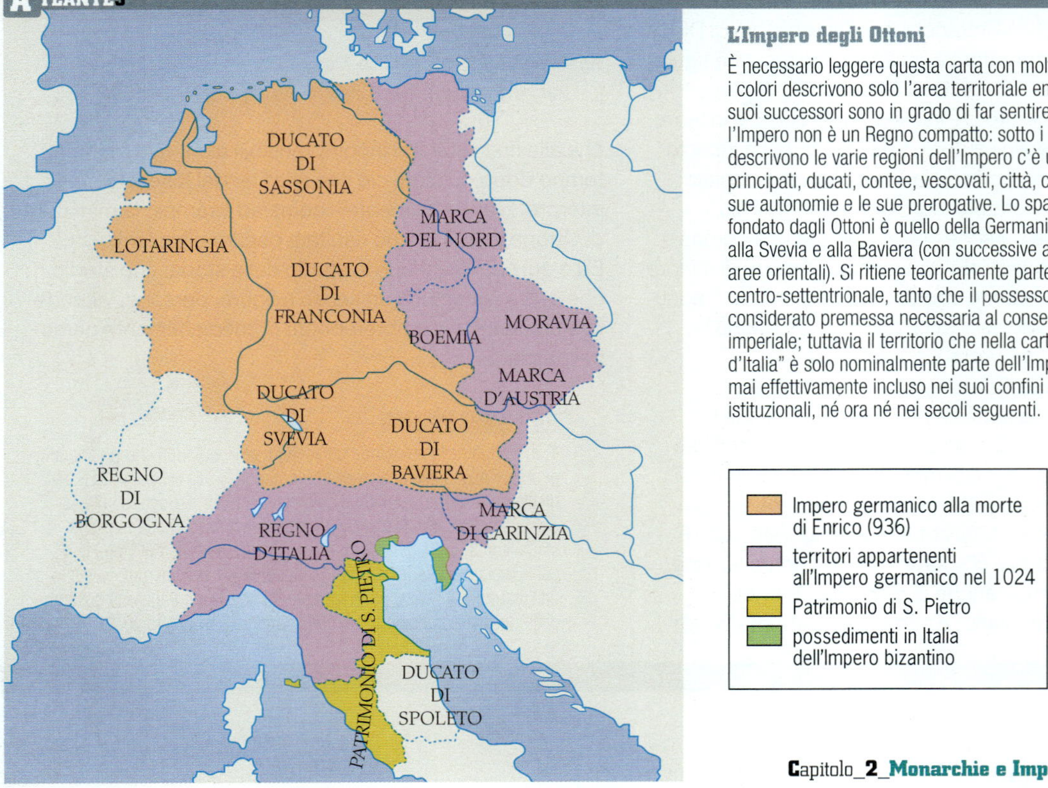

L'Impero degli Ottoni

È necessario leggere questa carta con molta attenzione: i confini e i colori descrivono solo l'area territoriale entro la quale Ottone I e i suoi successori sono in grado di far sentire la loro autorità. Tuttavia l'Impero non è un Regno compatto: sotto i colori omogenei che descrivono le varie regioni dell'Impero c'è una grandissima varietà di principati, ducati, contee, vescovati, città, ciascuno dei quali con le sue autonomie e le sue prerogative. Lo spazio territoriale dell'Impero fondato dagli Ottoni è quello della Germania, dal Mare del Nord fino alla Svevia e alla Baviera (con successive aggiunte, specie nelle aree orientali). Si ritiene teoricamente parte dell'Impero anche l'Italia centro-settentrionale, tanto che il possesso del titolo di re d'Italia è considerato premessa necessaria al conseguimento della dignità imperiale; tuttavia il territorio che nella carta è descritto come "Regno d'Italia" è solo nominalmente parte dell'Impero: di fatto non viene mai effettivamente incluso nei suoi confini e nelle sue dinamiche istituzionali, né ora né nei secoli seguenti.

L'apoteosi di Ottone III

Questa è l'immagine di un potente. Un imperatore. L'imperatore Ottone III (980-1002), all'epoca giovane e ambiziosissimo. L'autore della miniatura ha voluto rendergli omaggio sottolineando la sua autorità e la sua potenza. Ma guardate i dettagli: non vi sembrano strani? L'imperatore sta seduto su un trono: e questo uno se lo aspetta senz'altro. Ma è un trono che sembra sospeso a mezz'aria. E poi subito, a valanga, altri strani enigmi ci si parano davanti: di chi è la mano che tocca la corona di Ottone III? chi sono quei quattro personaggi alati (tre animali e un uomo) che gli fanno corona? che cosa tiene in mano Ottone III? che cos'è quella fascia bianca che attraversa il suo corpo? e chi sono gli altri personaggi?
Cominciamo con ordine. La mano che tocca la corona è la mano di Dio, che in quel modo trasforma il sovrano in una persona superiore e quasi divina. Fra l'altro, che sia una persona superiore si capisce anche dalla sua statura, notevolmente maggiore rispetto a quella di tutti gli altri personaggi. Ma le figure alate? Sono i simboli dei quattro evangelisti. E la fascia bianca? È il velo del tabernacolo che, nella cultura medievale, è un simbolo che separa la terra dal cielo.
Quindi Ottone III ha sia la testa che la corona, simbolo del potere, nell'«alto dei cieli»; ed è raffigurato con i simboli che all'epoca si usano per rappresentare Cristo: il riferimento ai Vangeli, attraverso i simboli dei quattro evangelisti; le braccia aperte; il globo sormontato dalla croce nella mano destra, simbolo del dominio della cristianità sul mondo; la "mandorla" che lo racchiude, una sorta di aureola, che si intreccia con l'aureola blu di Dio, a significare che l'imperatore è un *alter Christus*, una figura che quasi possiede la dignità di Cristo.
Se la testa dell'imperatore è in cielo, il suo corpo è in terra, e per ricordarlo meglio l'autore della miniatura ha inserito nell'immagine un'allegoria della Terra che, rannicchiata sotto i piedi dell'imperatore, sorregge il trono. Ai lati l'imperatore ha due persone che indossano una corona e che si inchinano davanti alla sua maestà: sono re di minore importanza, che lo stanno onorando. Sotto, infine, ci sono due guerrieri e due ecclesiastici, che rappresentano i signori e i vescovi leali verso il potere imperiale.
Che strana rappresentazione, no? e che fantasia scatenata! Ma è una fantasia che serve a dirci che i sovrani e i potenti medievali si sentono investiti del loro potere da Dio, e sono quasi tanto autorevoli quanto lo è stato Cristo. Nessun potente di oggi, nemmeno il più ambizioso e protervo, si farebbe mai raffigurare così. E questa considerazione ci suggerisce una prima lezione: col passare dei tempi, anche le mentalità, i simboli e i comportamenti cambiano; e cambiano talmente tanto che alla fine risultano incomprensibili a chi vive molto tempo dopo. E infatti ciò che alla fine del X secolo molti interpretavano facilmente – come ad esempio la miniatura di Ottone III – a noi può risultare oscuro e bizzarro.
Ed è qui che interviene lo studio della storia: uno studio che serve a restituire un senso a figure, persone, vicende che altrimenti ci sembrerebbero irrimediabilmente perse nel passato.

Apoteosi di Ottone III, fine X sec.
[dai *Vangeli di Liuthar*, f. 16*r*, Cattedrale, Aquisgrana]

GUIDA ALLA LETTURA

1. Individua nell'immagine i personaggi e gli elementi che rimandano al potere laico/politico e quelli che rimandano alla religione. **2.** Scrivi gli elementi individuati in due colonne distinte e per ognuno di essi indica il segno grafico che ti permette di riconoscerne la funzione simbolica. **3.** Immagina di essere il biografo ufficiale di Ottone III e costruisci un breve testo (max 10 righe) in cui esalti il ruolo assunto dall'imperatore nel rapporto fra potere imperiale e Papato. A sostegno della ricostruzione biografica, cita i dati desunti dalla fonte.

Inoltre, per completare la ricostruzione del dominio imperiale su tutta la penisola, Ottone tenta un attacco militare ai **possedimenti bizantini** nel Sud d'Italia, senza tuttavia un pieno successo. Apparentemente più efficaci sono le manovre diplomatiche, che inducono nel 972 l'imperatore bizantino a concedere sua nipote Teofano in moglie al figlio di Ottone I, che porta lo stesso nome del padre. Il matrimonio, celebrato nel 972, pare aprire le porte dell'Italia bizantina al dominio imperiale.

OTTONE II ■ Le cose, però, prendono un'altra piega dopo la morte di Ottone I (973) e la successione sul trono di Germania e su quello imperiale di suo figlio col nome di **Ottone II (973-83)**. Infatti nel 976 il nuovo imperatore bizantino disconosce l'alleanza stabilita con l'Impero attraverso il matrimonio del sovrano con Teofano. Contemporaneamente, oltre a dover fronteggiare la resistenza bizantina, Ottone II deve guardarsi dalle incursioni dei Saraceni [▷ **1/1**], contro i quali tenta una spedizione militare che non ha alcun successo.

Nel 983, quando ha meno di trent'anni, Ottone II muore. La situazione che lascia non è rosea. L'Italia meridionale non è affatto conquistata. L'Italia centro-settentrionale non è pacificata. E la lunga assenza dalla Germania rischia di indebolire anche lì il prestigio imperiale.

OTTONE III ■ Nel 983, poco prima di morire, Ottone II stabilisce che il figlio, che all'epoca ha solo tre anni e si chiama anche lui Ottone, venga incoronato a Verona come re d'Italia; inoltre, pochi giorni dopo la morte del padre, il piccolo **Ottone III (983-1002)** viene incoronato re di Germania ad Aquisgrana. I due titoli gli danno diritto ad aspirare al trono imperiale. Ma è solo un bambino, esposto alle ambizioni di altri pretendenti, così prima sua madre, Teofano, e poi sua nonna, Adelaide di Borgogna, assumono la reggenza.

Finalmente nel 996, Ottone III, ormai sedicenne, viene incoronato imperatore a Monza e assume i pieni poteri [▷ **F3**]. Orgoglioso e colto, il giovane imperatore è educato al culto della tradizione imperiale da diversi intellettuali della sua corte, tra i quali spicca il suo precettore, Gerberto d'Aurillac. Nel 999 Ottone III riesce a farlo eleggere papa, col nome di Silvestro II (999-1003). Insieme a lui elabora un progetto di ricostruzione dell'Impero (la *Renovatio Imperii*) che tuttavia fallisce miseramente. Troppo vasto lo spazio territoriale che Ottone III vorrebbe controllare. Troppo scarse le sue capacità diplomatiche e militari per riuscire nell'impresa. Dopo una rivolta scoppiata a Roma contro di lui, Ottone III si rifugia in un monastero, dove muore nel 1002 a soli ventidue anni, senza eredi.

LIMITI STRUTTURALI DEL PROGETTO IMPERIALE ■ Il tentativo messo in atto dai tre Ottoni è stato ambizioso, e sebbene non si sia veramente stabilizzato, ha fatto comunque rinascere la forma istituzionale imperiale nel centro dell'Europa. Tuttavia, per quanto l'Impero si riveli un'istituzione duratura nella storia dell'Europa moderna, esso ha sin da queste sue origini tre notevoli limiti strutturali:

a il **collegamento tra il titolo di re d'Italia, quello di re di Germania e la corona imperiale**, in particolare dopo la cerimonia di incoronazione imperiale di Ottone I da parte del papa nel 962, a Roma. Questo collegamento ha sistematicamente proiettato i sovrani della dinastia sassone verso la **penisola**, nel tentativo di ricostruire l'antico dominio imperiale carolingio. La tendenza non si chiude con Ottone III: anche i suoi successori cercheranno di dominare le terre italiane; e, come nel caso degli Ottoni, anche i successori si troveranno di fronte a tenacissime resistenze;

le PAROLE della STORIA

Dieta
È l'assemblea nella quale i principi laici ed ecclesiastici, i signori feudali e i rappresentanti delle città discutono con l'imperatore delle principali questioni politiche relative all'Impero. Il termine deriva dalla parola latina *dies* ('giorno'), e traduce alla lettera il termine tedesco *Tag*, che significa sia 'giorno' sia 'assemblea'.

b il peculiare **rapporto tra il titolo di re di Germania e quello di imperatore**. In origine sono due titoli disgiunti: il primo è conseguito attraverso il meccanismo elettorale, con un corpo elettorale composto dai maggiori principi e signori tedeschi; il secondo è conseguito attraverso il rito dell'incoronazione officiato dal papa o da un vescovo delegato. Nei decenni successivi alla morte di Ottone III i due titoli si fondono, e l'elezione a re di Germania (o anche a *Rex romanorum*, titolo che col tempo sostituisce l'altro) diventa il prerequisito necessario per essere incoronato imperatore. Col che si stabilisce la regola secondo la quale **il titolo imperiale è – in effetti – un titolo elettivo**; e nonostante vi siano brevi sequenze dinastiche che, come nel caso degli Ottoni, vedono il figlio succedere al padre, il titolo imperiale non è una dignità ereditaria;

c le **concessioni che gli aspiranti imperatori devono fare ai principi e ai signori** dai quali vogliono farsi eleggere. Questa dinamica rafforza le autonomie delle numerose unità statali che costituiscono l'Impero. Il meccanismo rende sempre piuttosto **debole la struttura dell'Impero**, che è e rimane una sorta di federazione di unità statali autonome che conferiscono all'imperatore eletto un'autorità solo simbolicamente superiore. La forza di un imperatore dipende solo dalle sue capacità di conquistarsi il **consenso** della maggior parte dei principi o signori del territorio imperiale, mentre i rapporti tra l'imperatore e i rappresentanti degli Stati inclusi nei confini dell'Impero sono regolati dall'istituto della **Dieta**.

LAVORA SUL TESTO

Evidenzia, nel paragrafo, con due colori diversi i risultati di breve e di lungo periodo ottenuti dalla dinastia degli Ottoni.

3/ Nuove forme monarchiche

Nel resto dell'Europa i principali processi di costruzione di Stati monarchici si osservano in Inghilterra, in Francia, nell'Italia meridionale e nella Penisola iberica.

IL REGNO D'INGHILTERRA ■ Il regno normanno in Inghilterra ha origine dalla **battaglia di Hastings**, combattuta nel **1066**, nella quale le truppe di Guglielmo, duca di Normandia, sconfiggono l'esercito della preesistente monarchia anglosassone di Aroldo II. I nuovi dominatori normanni e il loro re – **Guglielmo, detto "il Conquistatore" (1066-87)** – procedono a una riorganizzazione radicale delle forme del potere.

I punti essenziali di questa riorganizzazione sono due:

a la costruzione di una serie di castelli, ***manors***, posti su aziende terriere, e concessi dal re in beneficio feudale a suoi fedeli;

b la redazione, nel **1086**, di un documento che censisce analiticamente tutte le proprietà terriere del Regno, per ciascuna delle quali sono indicati l'ubicazione, l'estensione e i nomi dei possessori di beni. Lo scopo di questo documento, il ***Domesday Book*** ('Libro del giorno del giudizio'), è di assicurare una base certa per l'imposizione di tributi fiscali che siano commisurati alle proprietà e ai benefici dei titolari.

All'estinzione della discendenza di Guglielmo, si impone sul trono d'Inghilterra la **dinastia dei Plantageneti**, con il matrimonio tra Enrico II (1154-89) ed Eleonora d'Aquitania, che porta in dote il feudo francese di Aquitania. L'agenda politica di Enrico II e dei suoi successori è caratterizzata da una dura lotta combattuta su due fronti: da un lato contro i baroni, cioè i più potenti signori feudali, che qui, come altrove, vogliono ampliare le proprie autonomie a scapito del potere regio; dall'altro contro la **Chiesa d'Inghilterra**, anch'essa desiderosa di mantenere privilegi e autonomie. In questo secondo caso, il conflitto ha un esito drammatico, perché nel 1170 Enrico II ordina l'assassinio dell'arcivescovo di Canterbury, Thomas Beckett, che si era opposto alla limitazione dei privilegi della Chiesa inglese: con ciò il sovrano riesce effettivamente a imporre la sua autorità sulle strutture ecclesiastiche.

LA *MAGNA CHARTA LIBERTATUM* All'inizio del XIII secolo i successi conseguiti da Enrico II vengono rimessi in discussione, in particolare dopo la morte di Riccardo Cuor di Leone (1189-99), e durante il debole regno di Giovanni Senza Terra (1199-1216): è in questa fase che la Chiesa, i baroni e le città inglesi riescono a riconquistare un buon numero dei privilegi in precedenza perduti, giungendo nel **1215** a costringere il re a sottoscrivere un documento, la *Magna Charta Libertatum*, che riconosce esplicitamente le loro prerogative [>**F4**]. Il sovrano, inoltre, riconosce il diritto del Consiglio dei Lords (cioè dell'organismo di rappresentanza dei grandi signori feudali) di approvare preventivamente le imposizioni di nuove tasse.

L'importanza di queste misure può essere difficilmente trascurata. Con esse viene sancita l'idea secondo la quale **il potere del sovrano non ha una natura assoluta**, ma è in qualche modo frutto di un accordo o di un contratto con le diverse componenti sociali del suo regno, che sono chiamate a collaborare attivamente alla produzione delle regole che devono disciplinare la vita collettiva. La **natura contrattuale del potere regio** ottiene un'ulteriore importante conferma nel 1339, quando al Consiglio dei Lords si affianca anche un altro organo di rappresentanza, la Camera dei Comuni, nella quale siedono rappresentanti del clero, della piccola nobiltà e della borghesia cittadina. Insieme, **Camera dei Comuni** e **Camera dei Lords** costituiscono il **Parlamento** – questa la denominazione che si è introdotta sin dal **1242** per designare questa istituzione.

L'omicidio di Thomas Beckett

[particolare della pala d'altare nella Chiesa di S. Maria, Waase (Germania)]

Durante il regno di Enrico II emerge la figura di Thomas Beckett, prima cancelliere d'Inghilterra e poi arcivescovo di Canterbury. Nonostante la sua iniziale fedeltà a Enrico II, cui deve l'elezione arcivescovile, Beckett si oppone alle ingerenze del sovrano nelle attività della Chiesa inglese, difendendo con forza le libertà ecclesiastiche. Diventato ostile al re plantageneto a seguito delle *Costituzioni di Clarendon* (l'insieme di articoli promulgati da Enrico II nel 1164 per limitare i privilegi e il potere del clero in Inghilterra), viene ucciso da alcuni fedeli del re nel 1170. A tre anni dalla morte, l'arcivescovo viene canonizzato come martire e lo stesso Enrico II deve fare pubblica penitenza sulla sua tomba. La cattedrale di Canterbury, che conserva le spoglie del santo, diventa uno dei santuari più popolari d'Europa, meta di numerosi pellegrinaggi, fino a quando la tomba non viene distrutta nel XVI secolo.

La *Magna Charta Libertatum*

[da *Le carte dei diritti (dalla Magna Charta alla Carta del Lavoro)*, a cura di F. Battaglia, Sansoni, Firenze 1934, pp. 11-15]

La *Magna Charta Libertatum* viene concessa da Giovanni Senza Terra nel 1215, e viene poi confermata da Enrico III nel 1225, e da Edoardo I nel 1297. Il preambolo mostra come gli interlocutori di re Giovanni siano in primo luogo i grandi ecclesiastici e i grandi signori, di cui vengono riconosciuti privilegi e libertà; ciò nonostante, le libertà sancite dalla *Magna Charta* sono estese a tutti gli abitanti del Regno. Da questo punto di vista sono particolarmente importanti quegli articoli che riconoscono libertà specifiche a particolari gruppi sociali come gli abitanti di Londra e delle altre città, borghi e villaggi (art. 9), gli abitanti dei villaggi rurali (art. 15) o i mercanti (art. 30). Fondamentale, inoltre, l'articolo 29, che stabilisce che un individuo può essere arrestato o imprigionato solo sulla base delle norme di legge, e non in modo arbitrario, per capriccio del sovrano o dei suoi funzionari.
Il testo qui presentato è quello redatto in occasione della conferma concessa da Enrico III, nel 1225.

Enrico, per grazia di Dio re d'Inghilterra, [...] saluta gli arcivescovi, i vescovi, gli abati, i priori, i conti, i baroni, i visconti, i preposti, gli ufficiali e i balivi, e tutti i suoi fedeli che vedranno la presente carta.
Sappiate che noi [...] abbiamo dato ed accordato, di nostra propria e buona volontà, agli arcivescovi, vescovi, abati, priori, conti, baroni e a tutti del nostro regno, le libertà qui sotto specificate, per essere da essi possedute nel nostro regno d'Inghilterra, in perpetuità.
1. – Abbiamo, in primo luogo, accordato a Dio e confermato con la presente Carta, per noi e i nostri eredi in perpetuità, che la Chiesa d'Inghilterra sia libera, abbia integri i suoi diritti e le sue libertà non lese. Abbiamo anche accordato a tutti gli uomini liberi del nostro regno, per noi e i nostri eredi in perpetuo, tutte le libertà specificate qui sotto, per essere possedute e conservate da essi e dai loro eredi come provenienti da noi e dai nostri eredi in perpetuo. [...]
9. – La Città di Londra godrà di tutte le sue antiche libertà e libere consuetudini. Noi vogliamo anche che tutte le altre città, borghi, villaggi, i baroni dei cinque porti, e tutti i porti godano di tutte le loro libertà e libere consuetudini. [...]
14. – Un uomo libero non potrà essere colpito da ammenda per un piccolo delitto che proporzionatamente a questo delitto; non potrà esserlo per un grande delitto che proporzionatamente alla gravità di questo delitto, ma senza perdere il suo feudo. Ugualmente sarà per i mercanti ai quali si lascerà il loro negozio. I villici dei signori altri da noi stessi saranno nello stesso modo colpiti da ammenda, senza perdere i loro strumenti di lavoro, e ognuna di queste ammende sarà imposta dietro giuramento di uomini probi e a ciò legalmente idonei del vicinato.
I conti e i baroni non potranno essere colpiti da ammenda che dai loro pari, e proporzionalmente al delitto commesso.
Nessuna persona ecclesiastica sarà colpita da ammenda secondo il valore del suo beneficio ecclesiastico, ma secondo [...] l'importanza del suo delitto.
15. – Nessun villaggio o uomo libero potrà essere costretto a costruire ponti sui passaggi dei fiumi, a meno di esservi obbligato giuridicamente o in virtù di un'usanza immemorabile. [...]
29. – Nessun uomo libero sarà arrestato, imprigionato, spossessato della sua dipendenza, della sua libertà o libere usanze, messo fuori dalla legge, esiliato, molestato in nessuna maniera, e noi non metteremo né faremo mettere la mano su lui, se non in virtù di un giudizio legale dei suoi pari e secondo la legge del paese.
Noi non venderemo, né rifiuteremo o differiremo a nessuno il diritto o la giustizia.
30. – Tutti i mercanti potranno, se non ne avranno anteriormente ricevuto pubblico divieto, liberamente e in tutta sicurezza uscire dall'Inghilterra e rientrarvi, soggiornarvi e viaggiarvi, sia per terra che per acqua, per comprare e vendere, seguendo le antiche e buone consuetudini, senza che si possa imporre su loro alcuna esazione indebita, eccettuato in tempo di guerra o qualora essi fossero di una nazione in guerra con noi. E, se si trovano di questi mercanti nel regno al principio di una guerra, saranno internati, senza alcun danno alle loro persone e alle loro mercanzie, fino che noi, o il nostro gran giustiziere siamo informati della maniera con cui i nostri mercanti sono trattati presso il nemico; e, se i nostri sono ben trattati, quelli del nemico lo saranno anche sul nostro territorio.

GUIDA ALLA LETTURA

1. A chi è rivolta la *Magna Charta Libertatum*? **2.** Quali sono i gruppi sociali nominati espressamente negli articoli citati e quali libertà vengono loro accordate? **3.** Quali sono le eccezioni alle libertà e ai diritti concessi? **4.** Chi aveva il potere di giudicare l'innocenza o la colpevolezza di un individuo? **5.** In che modo viene vincolato l'arbitrio del sovrano?

IL REGNO DI FRANCIA ■ Dal nucleo originario costituito dai possessi patrimoniali della dinastia capetingia, il Regno di Francia si consolida e si espande attraverso due dinamiche:

a l'essenziale **dialogo-conflitto con i signori feudali**: i sovrani Capetingi riescono a far riconoscere formalmente ai signori la superiorità del re, considerato come la fonte dei benefici feudali, e quindi come il primo destinatario della loro lealtà. Al tempo stesso riescono anche a imporsi come la principale autorità giudiziaria nella soluzione delle controversie tra i grandi signori;

b l'**espansione territoriale**, condotta attraverso manovre diplomatico-matrimoniali o attraverso campagne militari, che fanno sì che il Regno di Francia acquisisca principati e signorie circostanti [▷ **A6**].

ATLANTE 6

— all'avvento di Filippo Augusto
- domìni diretti del re di Francia
- altri feudi francesi e signorie ecclesiastiche
- domìni diretti e indiretti del re d'Inghilterra
- domìni indiretti del re d'Aragona

— all'avvento di Filippo VI
- domìni diretti del re di Francia
- feudi della corona di Francia
- feudi del re d'Inghilterra

La Francia nel 1180 e nel 1328

Le carte mostrano sia l'espansione dei territori direttamente amministrati dai re di Francia, sia l'ampliamento dei feudi di cui essi si fanno garanti: come si vede nella prima carta, dal piccolo nucleo territoriale sul quale Ugo Capeto era in grado di esercitare la sua autorità alla fine del X secolo i domìni diretti o indiretti dei re di Francia si sono allargati, sino a coprire tutto il territorio della Francia. È importante osservare anche che i cospicui domìni diretti o indiretti dei re di Inghilterra o di Aragona, ancora molto vistosi nel tardo XII secolo, si sono molto ridotti o sono del tutto scomparsi, tanto che all'inizio del XIV secolo è il solo feudo di Aquitania a dipendere dall'autorità del re d'Inghilterra. Questa variazione territoriale è frutto di una serie di guerre vittoriose condotte in primo luogo da Filippo II Augusto (1180-1223), che strappa ai sovrani inglesi (Riccardo Cuor di Leone e Giovanni Senza Terra) i ducati di Normandia, Angiò, Bretagna, Maine e Turenna. Come reazione Giovanni Senza Terra si allea con l'imperatore Ottone IV di Brunswick, le cui forze si scontrano con l'esercito di Filippo II Augusto nella battaglia di Bouvines (1214) [▷ **6/2**]: la vittoria in questa battaglia consente a Filippo II Augusto di consolidare definitivamente il suo potere sui territori strappati ai sovrani inglesi. Con Filippo II Augusto, e poi con Luigi IX il Santo (1226-70), la repressione degli eretici albigesi, presenti soprattutto nella Francia meridionale, è l'occasione anche per impadronirsi della Contea di Tolosa e delle terre limitrofe.

IL REGNO NORMANNO NELL'ITALIA MERIDIONALE ■ Sin dai primi anni dell'XI secolo gruppi di guerrieri normanni giungono sulle coste dell'**Italia meridionale**. Tra i capi normanni, si distinguono in particolare gli Altavilla che, prima con Guglielmo Braccio di Ferro e poi soprattutto con **Roberto il Guiscardo** ('l'Astuto'), riescono a costruirsi una base di potere intorno a Melfi, poi progressivamente ampliata.

Riconosciuto tale potere dal pontefice, in due decenni – dal 1059 al 1082 – Roberto il Guiscardo sconfigge a più riprese le forze armate bizantine, imponendo la sua autorità sul Mezzogiorno continentale. Nel 1061 suo fratello, **Ruggero d'Altavilla**, dirige le sue truppe verso la Sicilia, all'epoca occupata dai Saraceni; dopo una campagna durata trent'anni, anche la Sicilia, nel **1091**, è sotto il controllo normanno.

All'inizio del XII secolo Ruggero II d'Altavilla riunifica i due territori, costruendo una nuova monarchia, il Regno di Sicilia [▷ **A7**]. Nel 1130 **Ruggero II** ottiene dal papa il riconoscimento del titolo di re per sé e per i suoi eredi, stabilendo formalmente il carattere dinastico del suo potere.

ATLANTE 7

L'espansione normanna in Italia meridionale

La carta descrive il progressivo ampliamento del potere territoriale normanno, dall'area di originale insediamento, intorno a Melfi, fino alla progressiva conquista di tutta l'Italia meridionale, Sicilia compresa.

Nonostante questi successi, anche i sovrani normanni devono fronteggiare il desiderio di autonomia dei loro vassalli, i grandi signori, molti dei quali di estrazione normanna, che li hanno accompagnati nella conquista dell'Italia meridionale. Ruggero II, in particolare, tenta un'operazione simile a quella compiuta da Guglielmo il Conquistatore in Inghilterra, riconoscendo i privilegi feudali, ma redigendo anche un catalogo dei baroni e dei loro possedimenti, in modo da monitorarne meglio poteri e obblighi.

L'operazione non è del tutto indolore. Dopo la morte di Ruggero II, scoppiano ribellioni di baroni, che mettono in discussione l'autorità regia. Nondimeno i successori di Ruggero II riescono a conservare l'integrità del Regno, senza nemmeno dover cedere alle pretese dei baroni, così come deve fare Giovanni Senza Terra in Inghilterra.

LE MONARCHIE NELLA PENISOLA IBERICA ■ Nella Penisola iberica tra X e XIV secolo, a seguito di una poderosa ***reconquista*** **militare cristiana** che abbatte uno a uno i vari Stati islamici esistenti, si formano i **grandi regni cristiani**, che cancellano quasi del tutto la presenza di formazioni statali islamiche. Tra i nuovi regni cristiani il più importante è quello che occupa l'area centrale della penisola, il Regno di Castiglia e León, che ingloba il precedente Regno delle Asturie; dal Regno di Castiglia

Questo prezioso mantello fu commissionato da Ruggero II d'Altavilla qualche anno dopo la sua incoronazione a re di Sicilia. Fu realizzato con seta, lino, fili d'oro e pietre preziose da maestranze islamiche presenti presso la manifattura di corte e raffigura al centro l'albero della Vita e ai lati, simmetricamente, due leoni che dominano due cammelli. Il leone, simbolo del re, oltre che simbolo araldico della dinastia degli Altavilla, atterra senza ferirlo il cammello, che indica le popolazioni musulmane presenti in terra di Sicilia. Il messaggio che il mantello veicola è chiaro: Ruggero II vuole governare pacificamente, creando le condizioni per una convivenza serena dei diversi gruppi etnici presenti nel suo Regno.

Il mantello di Ruggero II, 1133-34

[Kunsthistorisches Museum, Vienna]

si separa il Regno del Portogallo, mentre a est si forma il Regno di Aragona, che include la Contea di Barcellona [▷ **A8**].

Anche in questi regni, e anche nelle terre di nuova conquista, si impiantano le strutture relazionali di tipo feudale che già abbiamo visto costituire l'intelaiatura essenziale delle monarchie occidentali. Il che significa che anche in questi regni uno dei problemi essenziali che si pone ai sovrani è il **disciplinamento dei rapporti con i baroni feudali**. In Catalogna, sin dal 1068, il conte Raimondo Berenguer ha imposto gli ***Usatges*** ('Usanze'), un testo di legge che stabilisce formalmente che l'autorità dei signori deriva dal conte. In Castiglia è Alfonso VII (1126-57) che impone ai signori del Regno il riconoscimento della superiorità della monarchia come fonte di legittimità dei privilegi di cui essi dispongono.

Inoltre, sia in Castiglia che in Aragona le monarchie si adoperano per l'introduzione di ***Cortes*** ('Parlamenti'), organismi che ospitano le rappresentanze di varie componenti delle società iberiche (signori, ecclesiastici, rappresentanti delle città), e almeno inizialmente tale innovazione è incoraggiata dai sovrani, che vedono i Parlamenti come istituzioni che possono aiutare a limitare le pretese e le prerogative delle aristocrazie feudali.

LAVORA SUL TESTO

1. Evidenzia i nomi dei luoghi in cui si costituirono monarchie territoriali. **2.** Elenca i principali motivi di contrasto tra i diversi gruppi sociali e il re.

ATLANTE 8

La *reconquista*

All'altezza del X secolo la Penisola iberica è ancora quasi integralmente sotto il controllo islamico, unificato nel Califfato di Cordova. All'inizio dell'XI secolo dalle aree territoriali che avevano resistito all'invasione islamica – il Regno delle Asturie e León, il Regno di Navarra, la Contea di Barcellona – partono spedizioni e razzie all'interno del territorio del califfato. Tali incursioni sono rese possibili dallo stato di debolezza interna del califfato, e nel corso del tempo si trasformano in vere e proprie operazioni di *reconquista* territoriale, che nel XIV secolo portano alla occupazione quasi completa della Penisola iberica.

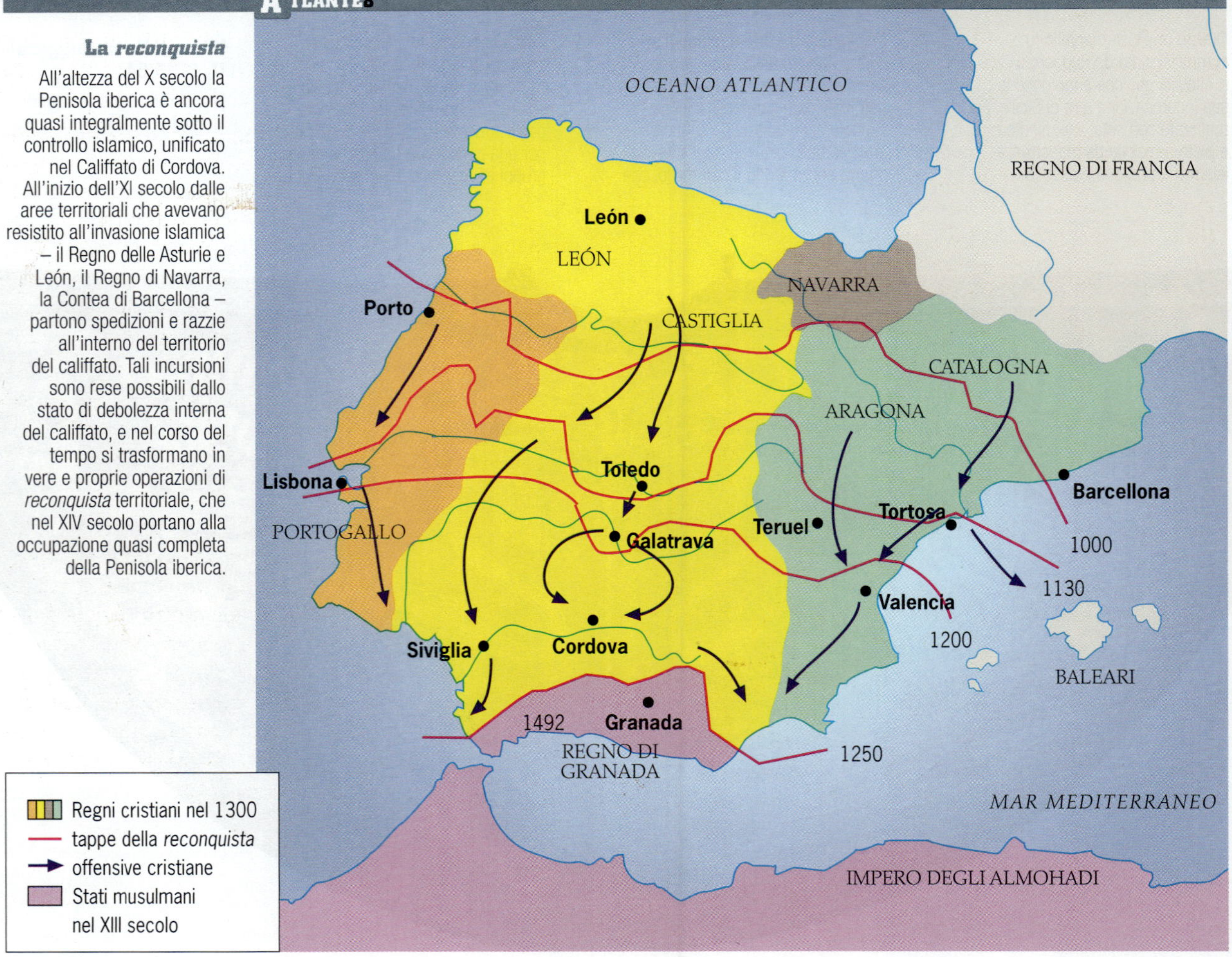

Cittadinanza / 1_Cittadini o sudditi?

UNA NUOVA CONCEZIONE DELLA SOVRANITÀ ■ Cominciamo dall'inizio. Che in questo caso sarebbe un tempo abbastanza vicino a noi. Poi, state tranquilli, ci riproietteremo rapidamente nel passato medievale dal quale siamo appena venuti.

L'inizio, allora. L'inizio sta nella nascita della concezione moderna della **cittadinanza** e dei **diritti individuali**. È un lungo processo, che avremo modo di studiare nel secondo e nel terzo volume di questo libro. Diciamo però sin da ora che sono idee che nascono in Europa e si diffondono nel Nord America tra XVII e XVIII secolo. Nel corso di due grandi trasformazioni politiche – la Rivoluzione americana (1774-83) e la Rivoluzione francese (1789-99) – queste idee vengono incorporate in testi politici fondamentali: le **Costituzioni**.

La Costituzione americana viene approvata nel 1787 e da allora non è mai stata cambiata (ad eccezione delle modifiche apportate nel corso del tempo attraverso gli "emendamenti", cioè nuovi articoli aggiuntivi o sostitutivi). La Costituzione francese del 1791 dura invece meno di due anni: la Francia ha infatti cambiato innumerevoli volte sia i regimi politici che le costituzioni che li fondavano. Tuttavia, con queste due Costituzioni viene offerto all'Europa e al mondo un modello formidabile, poiché allora nasce una nuova concezione della **sovranità politica**.

In precedenza, sin dal Medioevo, si pensava che la sovranità politica discendesse dall'alto, dalla divinità, e si depositasse sul sovrano attraverso elaborati riti che gli conferivano effettivamente il pieno potere politico. Questi riti erano officiati dai rappresentanti in terra della divinità: il papa o i vescovi. Questa concezione dura a lungo nella storia d'Europa, almeno fino al XVII-XVIII secolo. Ma alla fine del Settecento si impone un'idea molto diversa di sovranità: è una sovranità che sale dal basso verso l'alto, ed è posseduta da tutti coloro che vivono nei confini di uno Stato, cioè dal "popolo", come spesso si dice. È il "popolo" che con le sue scelte dà legittimità alle istituzioni dello Stato. Lo fa eleggendo i suoi rappresentanti che vengono inviati in un luogo che si chiama **Parlamento**, dove questi rappresentanti svolgono il loro compito fondamentale: scrivere le leggi che devono disciplinare la vita collettiva.

Mutamenti nella concezione della sovranità politica

Divinità
⇩
Re
⇩
Funzionari e istituzioni

Rappresentanti
⇧
Popolo

LE COSTITUZIONI ■ Una delle novità fondamentali imposte dalla Rivoluzione americana e da quella francese consiste nella pratica di scrivere una Costituzione: si tratta di una specie di "legge delle leggi"; un testo, cioè, che stabilisce quali sono i fondamentali diritti dei singoli e come debbono funzionare le istituzioni che regolano la vita pubblica.

Negli ultimi due secoli l'Italia ha avuto due Costituzioni: lo Statuto Albertino, una Costituzione concessa dal sovrano del Regno di Sardegna, Carlo Alberto, il 4 marzo 1848, ed estesa poi al Regno d'Italia al momento della sua formazione (1861); e la Costituzione della Repubblica italiana, scritta da un'Assemblea Costituente eletta il 2 giugno 1946 a **suffragio universale** (ovvero da un elettorato composto da tutti gli italiani adulti, sia uomini che donne).

Il 22 dicembre 1947 questa Assemblea Costituente ha approvato la Costituzione, che è entrata in vigore il 1° gennaio 1948 e – salvo alcune modifiche – ancora regola la vita dei cittadini e delle cittadine della Repubblica italiana.

ESSERE CITTADINI SECONDO LA COSTITUZIONE ■ Sin dall'inizio la Costituzione ci spiega molto bene che cosa significhi essere cittadino: ogni singola persona che sia in possesso della nazionalità italiana, e quindi faccia parte del "popolo" italiano, possiede la sovranità politica e il diritto di esercitarla liberamente. Inoltre ogni singolo individuo ha diritti inviolabili e ha pari dignità sociale. E quindi, essere cittadino significa essere libero di scegliere ed essere uguale nei diritti a tutti gli altri cittadini.

Ma ascoltiamo il testo della Costituzione:

Dalla Costituzione della Repubblica italiana

[da http://www.quirinale.it]

Art. 1. L'Italia è una Repubblica democratica, fondata sul lavoro.
La sovranità appartiene al popolo, che la esercita nelle forme e nei limiti della Costituzione.

Art. 2. La Repubblica riconosce e garantisce i diritti inviolabili dell'uomo, sia come singolo sia nelle formazioni sociali ove si svolge la sua personalità, e richiede l'adempimento dei doveri inderogabili di solidarietà politica, economica e sociale.

Art. 3. Tutti i cittadini hanno pari dignità sociale e sono eguali davanti alla legge, senza distinzione di sesso, di razza, di lingua, di religione, di opinioni politiche, di condizioni personali e sociali.
È compito della Repubblica rimuovere gli ostacoli di ordine economico e sociale, che, limitando di fatto la libertà e l'eguaglianza dei cittadini, impediscono il pieno sviluppo della persona umana e l'effettiva partecipazione di tutti i lavoratori all'organizzazione politica, economica e sociale del Paese.

Art. 48. Sono elettori tutti i cittadini, uomini e donne, che hanno raggiunto la maggiore età.
Il voto è personale ed eguale, libero e segreto. Il suo esercizio è dovere civico.
La legge stabilisce requisiti e modalità per l'esercizio del diritto di voto dei cittadini residenti all'estero e ne assicura l'effettività. A tale fine è istituita una circoscrizione Estero per l'elezione delle Camere, alla quale sono assegnati seggi nel numero stabilito da norma costituzionale e secondo criteri determinati dalla legge.
Il diritto di voto non può essere limitato se non per incapacità civile o per effetto di sentenza penale irrevocabile o nei casi di indegnità morale indicati dalla legge.

UN CONFRONTO COL PASSATO ■ Ora confrontate solo per un momento queste norme con le regole che fondano la società feudale. Lì non ci sono tanto diritti individuali, quanto dipendenza da un nobile e potente signore. Non c'è libertà di scelta individuale, ma c'è l'obbligo di fedeltà nei confronti del potente al quale si sia reso omaggio. Non c'è pari dignità sociale e nemmeno eguaglianza davanti alla legge. Perché il principio che struttura le società medievali è proprio quello delle differenze tra le persone, che si manifestano attraverso enormi disuguaglianze nei diritti e nelle possibilità: un signore feudale, sulle sue terre e dentro l'ambito della sua giurisdizione, ha pieni diritti; un artigiano che viva in un villaggio sottoposto alla giurisdizione del signore ha diritti che sono limitati dalle decisioni di quel signore; e un servo della gleba o uno schiavo non hanno quasi alcun diritto, essendo trattati dai loro padroni alla stregua di animali, o poco più di così.

E poi la sovranità non è certo nelle mani del popolo, ma di Dio, che si pregia di riversarla sulla testa dell'uno o dell'altro sovrano. Naturalmente questa affermazione non va presa alla lettera: i re o gli imperatori si impongono sugli altri signori in ragione della loro abilità e della loro forza, non in ragione di una scelta di Dio. Ma certo l'ideologia che dice che la sovranità concessa dalla divinità si posa sulla testa di un singolo mortale, trasformandolo in re – cioè in un essere speciale e superiore –, serve a dargli una grandissima autorità che si aggiunge a quella che ha già conquistato con le armi o con l'astuzia.

Noi siamo diversi, no? La nostra Costituzione ci dice che siamo diversi, non è vero?

Sì, è così. Non c'è dubbio. Ma questa constatazione non deve indurci a giudicare le società medievali. Almeno non in prima battuta. Poiché il nostro primo compito, intanto, è quello di capire. E ciò che possiamo capire è che una grande distanza ci separa dal Medioevo. Anche uomini o donne vissute nella penisola novecento o mille anni fa, proprio negli stessi luoghi dove viviamo noi ora, erano incredibilmente differenti da noi quanto alla concezione della sovranità politica e dei diritti. Allora era più facile essere **sudditi**, cioè sottoposti al potere di qualcuno, che **cittadini**, cioè dotati di libertà individuali.

Una società diversa, allora. Incredibilmente diversa. Anche se, come vedremo fra poco, la concezione e la pratica della cittadinanza fioriscono proprio da dove uno meno se lo aspetterebbe; e cioè dalle città medievali...

SINTESI

1/Processi di costruzione delle monarchie

Tra IX e XIII secolo, in un quadro complessivo di frammentazione dei poteri, si assiste al progressivo rafforzamento del ruolo delle monarchie territoriali: i sovrani, pur con notevoli limiti, tendono infatti ad accrescere l'aura di prestigio che li circonda e a rendere ereditario il titolo regio. In Europa si vanno formando nuove monarchie, attraverso un processo comune che vede la compresenza di alcune componenti essenziali: il predominio della forza militare; la sacralità del potere sovrano, cui si attribuiscono poteri quasi magici; il primato dell'amministrazione della giustizia sulle corti locali gestite dai signori feudali; il diritto di riscuotere imposte.

2/La rifondazione dell'Impero: la dinastia degli Ottoni

In Germania, alla fine del X secolo, la dinastia sassone, inaugurata da Ottone I, riesce da un lato a imporre la sua autorità sui feudatari tedeschi, dall'altro a ricostruire le strutture del Sacro romano impero: si tratta di entità politiche autonome, concentrate nell'area tedesca e sottoposte all'autorità formale dell'imperatore. I tentativi di estendere e stabilizzare tale autorità all'Italia si riveleranno tuttavia fallimentari a causa delle continue ribellioni dei feudatari italiani, del ruolo della Chiesa e della difficoltà di impadronirsi dell'Italia meridionale.

3/Nuove forme monarchiche

In Inghilterra, la costituzione del regno originata dal successo militare di Guglielmo, duca di Normandia, su Aroldo II, si fonda su un esteso controllo del territorio e delle proprietà terriere mediante la redazione del *Domesday Book*. Il confronto tra monarchia e signori feudali conduce tuttavia, nel 1215, all'emanazione di un testo, la *Magna Charta Libertatum*, che concedendo ampie autonomie e libertà ai ceti del regno, mette in discussione la natura assoluta del potere sovrano, che diventa ora limitato dal Parlamento, a sua volta composto da due organi politici di rappresentanza: il Consiglio dei Lords e la Camera dei Comuni. Il Regno di Francia si consolida e si estende a partire dal 987 sotto la sovranità della dinastia capetingia: i re francesi riescono, per via diplomatica, a farsi riconoscere come principale autorità giudiziaria nella soluzione delle controversie tra i grandi signori e, per via militare, a estendere i propri domini. Nel sud della Penisola italiana un'altra invasione normanna porta alla formazione di un regno che unifica Sicilia e Mezzogiorno continentale. Anche qui i sovrani tentano di limitare l'autonomia dei loro vassalli, redigendo un catalogo dei baroni e dei loro possedimenti, in modo da monitorarne i poteri. Nella Penisola iberica, sin dall'XI secolo, è in corso una guerra che oppone diversi regni cristiani al Califfato di Cordova, islamico: la *reconquista* dei territori propizia la formazione dei regni di Portogallo, di Castiglia e León, di Aragona.

1 Ricerca nel capitolo i termini o le espressioni che si riferiscono alle frasi elencate:

a. Serie di castelli che Guglielmo il Conquistatore concesse in beneficio ai suoi fedeli: ....
b. Atto con cui l'imperatore sanciva il suo diritto di approvare l'elezione di ogni nuovo pontefice: ....
c. Organismo di rappresentanza inglese che riuniva i grandi signori feudali: ....
d. Parlamenti che ospitavano le varie componenti delle società iberiche: ....
e. Progetto di Ottone III e Silvestro II che mirava alla ricostruzione dell'Impero: ....
f. Processo di espansione degli Stati cristiani contro gli Stati islamici della Spagna: ....
g. Ottennero da Ottone I la concessione di immunità e benefici feudali: ....
h. Documento in cui venivano censite le proprietà terriere del Regno d'Inghilterra: ....

2 Seleziona nel capitolo il nome di tutti gli atti e i documenti formali di cui si parla e classificali seguendo l'esempio proposto:

Documenti	Luogo (paese in cui sono emessi)	Lingua (in cui è scritto il documento)	Significato letterale
Usatges	Catalano	Catalogna	Usanze

Rispondi ora alle seguenti domande:
a. C'è sempre corrispondenza tra la lingua del documento e il luogo in cui esso veniva emanato?
b. Perché alcuni dei documenti che hai selezionato sono scritti in latino ed altri nelle lingue nazionali?

3 Collega le date, i luoghi, i personaggi e gli eventi elencati nella tabella. Attenzione! Un personaggio è protagonista di due eventi diversi:

Quando	Dove	Chi	Che cosa
936	Sicilia	Guglielmo il Conquistatore	riesce ad imporsi come re e a stabilire l'ereditarietà familiare della corona
962	Roma	Giovanni Senza Terra	sconfigge i Saraceni
987	Francia	Ottone I	sconfigge l'esercito del re sassone Aroldo II
1066	Germania	Ugo Capeto	viene eletto re dai principi e dai signori tedeschi
1091	Hastings	Ruggero d'Altavilla	emana la *Magna Charta Libertatum*
1215	Inghilterra		si fa incoronare imperatore da papa Giovanni XII

4 Completa la carta dell'Europa occidentale tra XI e XII secolo, indicando con frecce, scritte e aree di diverso colore le località e i fenomeni elencati:

Stati: Impero romano-germanico; Regno di Sicilia; Regno di Francia alla fine del XII secolo; Inghilterra; Regni cristiani nella Penisola iberica.

Fenomeni: la direzione del processo di *reconquista*; le spedizioni normanne nell'XI secolo.

Rispondi quindi alle seguenti domande:

a. Quali popolazioni e quali fedi convivevano in Europa occidentale dopo il Mille?
b. Ai danni di quali popoli si realizza l'espansione dell'Europa cristiana?

5 Rileggi con attenzione il paragrafo 1 e completa lo schema inserendo le informazioni mancanti. Utilizza quindi lo schema come traccia per spiegare oralmente il processo di costruzione del potere monarchico nell'Europa medievale:

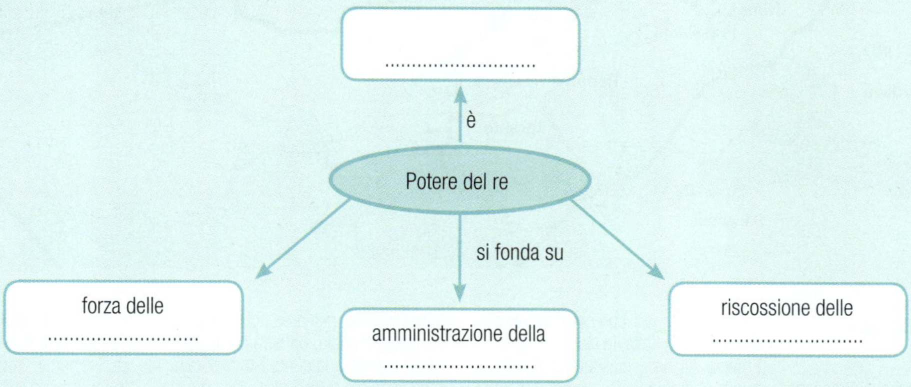

Capitolo_3 / L'Europa dopo l'anno Mille

1/ I mutamenti nelle campagne

ALLE ORIGINI DI UNA NUOVA EUROPA ■ Tra il IX e il X secolo si sono scatenate nuove e pericolose invasioni barbariche che hanno messo a dura prova la struttura già di per sé abbastanza fragile dell'Europa feudale, rendendo, fra le altre cose, molto pericolose e complicate le comunicazioni via terra e via mare [> **A9**].

ATLANTE 9

Le invasioni nell'Europa del IX e X secolo

Da nord sono i Normanni che attaccano a più riprese, sin dal IX secolo, non solo le coste baltiche o atlantiche, ma anche le coste mediterranee. Da sud sono i Saraceni a imperversare nel Mediterraneo, conquistando la Sicilia nel IX secolo. Da est sono dilagati gli Ungari, che nel X secolo si sono spinti in Italia, in Germania e in Francia. All'inizio, ciascuna di queste nuove ondate appare con i sembianti di un vero incubo: razzie, saccheggi, uccisioni si ripetono dovunque arrivino i Normanni, o gli Ungari, o i Saraceni. Ma tra il X e l'XI secolo tutti questi attacchi sono fermati. Una parte dei Normanni, nell'XI secolo, si stabilizza nella Francia settentrionale, nell'area nota da allora come Normandia; un'altra parte dal 1029 comincia la conquista dell'Italia meridionale e della Sicilia, dalla quale vengono scacciati i musulmani; un'altra parte nel 1066 conquista l'Inghilterra; e in tutte queste nuove aree i Normanni si stabiliscono permanentemente, creando regni importanti per i nuovi equilibri che si formano nell'Occidente medievale [> **2/3**]. Gli Ungari sono fermati definitivamente nel 955 dal re di Germania, Ottone I, e si stabilizzano in un'area da allora nota col nome di Ungheria [> **2/2**]. Le incursioni saracene nel Mediterraneo, infine, sono contrastate con successo in parte dai Normanni, e in parte dalle flotte di fiere città marinare che sorgono sulle coste italiane (Genova, Pisa, Amalfi, Venezia).

Alla fine dell'XI secolo, però, questa sorta di assedio è, in qualche modo, interrotto [▷ S7]. Il mare torna ad essere quello che era stato secoli prima: una fondamentale via di traffico. Le vie di comunicazione interne, strade e fiumi, sono esposte a pericoli minori, e quando le signorie terriere producono beni in **sovrappiù** rispetto alle esigenze degli abitanti locali, più facilmente di prima tali beni possono essere trasportati e venduti sui mercati delle città vicine.

Già, perché in effetti accade anche questo: che le aziende agrarie riescono a produrre una quantità di beni alimentari superiore a quella prodotta nei secoli precedenti: e tali beni in parte soddisfano le esigenze degli abitanti del castello e dei villaggi vicini, in parte (ed è una quota crescente della produzione agricola) possono essere venduti.

CRESCITA E INNOVAZIONE TECNOLOGICA ■ Quali sono le ragioni di questa crescita? Intanto, dal IX secolo c'è stato un mutamento climatico, non clamoroso, ma significativo: la temperatura media è leggermente cresciuta; le stagioni dei raccolti si sono fatte più lunghe; le messi sono più rigogliose e mature; il grano da trasformare in farina e pane è più abbondante di prima.

Ma questo mutamento, pure importante, non basterebbe, se non venisse aiutato da significative **innovazioni nelle tecniche e nei sistemi di coltivazione e di produzione**. I mutamenti principali sono tre:

a il primo riguarda la **rotazione delle colture sui campi**. In precedenza la modalità normale di coltivazione dei campi era basata sulla **rotazione biennale**: un campo coltivabile veniva diviso in due sezioni, di cui una era coltivata a grano, mentre l'altra era lasciata a maggese, cioè non era seminata, in modo che la terra recuperasse la composizione chimica che la rendeva fertile. Dopodiché l'anno seguente le due sezioni erano invertite: quella in precedenza coltivata era lasciata a riposo e viceversa.

Adesso si introduce un nuovo sistema, la **rotazione triennale** [▷ A10], con la quale le aree coltivabili sono divise in tre sezioni, di cui una sola viene lasciata a maggese (cioè non viene seminata); le altre due sezioni sono coltivate una a grano e l'altra a leguminose (fagioli, piselli, fave, lupini).

Nell'anno seguente la distribuzione delle terre viene fatta slittare: quella in precedenza coltivata a grano viene coltivata a leguminose; quella coltivata a leguminose viene lasciata a maggese, cioè viene lasciata a riposo; e quella lasciata a riposo viene coltivata a grano. E così via, con uno spostamento circolare (da cui il termine rotazione) effettuato ogni nuovo anno.

La nuova rotazione offre molteplici **vantaggi**: solo 1/3 della terra resta non coltivata (invece della metà come nella rotazione biennale); le coltivazioni di leguminose conferiscono azoto al terreno e in tal modo funzionano da fattore di ulteriore rigenerazione della sua **fertilità**; e così, nel complesso, **la quantità di beni prodotti è assai maggiore** rispetto a prima e tali beni possono essere destinati sia all'alimentazione degli uomini, sia all'alimentazione delle bestie (buoi, cavalli, mucche).

ATLANTE 10

La rotazione triennale

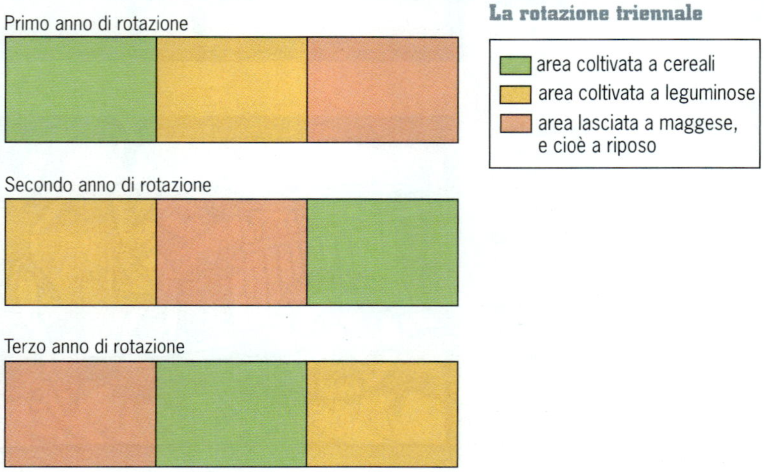

L'aumento dei capi di bestiame che ne consegue è un miglioramento niente affatto trascurabile, poiché significa disporre di animali da tiro (per i carri o – come vedremo subito – anche per un aratro di nuovo tipo); ma significa anche disporre di maggior letame per concimare meglio i campi, altro fattore che aumenta ancora la fertilità delle terre. Inoltre significa anche disporre di maggiori quantità di latte, con cui si possono fare formaggi, utilissima variazione nella non ricca dieta delle popolazioni dell'epoca;

b la seconda innovazione – diffusa in particolare nell'Europa centro-settentrionale, dove i terreni sono normalmente più compatti e resistenti – è costituita dall'**aratro a ruote** o **aratro pesante**, dotato di coltro e vomere, cioè di due lame di metallo che scavano in profondità il terreno, tagliandolo in verticale e in orizzontale, mentre il versoio (una specie di coltello metallico laterale) rovescia la zolla frantumandola. L'adozione di questo aratro è resa possibile dall'introduzione di nuovi sistemi di bardatura degli animali da traino: l'attacco frontale dei buoi al giogo che trascina l'aratro; o, se si usa il cavallo, un collare a spalla e la ferratura degli zoccoli;

c il terzo miglioramento, infine, riguarda la notevole diffusione – sin dal IX-X secolo – dei **mulini ad acqua**, e poi – dal XII secolo – anche dei **mulini a vento**. Si tratta di macchine che trasformano l'energia dell'ambiente (in questo caso l'energia idrica ed eolica) in energia utilizzabile dall'uomo.

LA CRESCITA DEMOGRAFICA ■ La maggiore disponibilità di beni alimentari che deriva da tutte queste innovazioni consente una **migliore alimentazione**. E alimentarsi meglio significa essere più capaci di resistere alle malattie e alle intemperie. Ne consegue che **la mortalità diminuisce**. Cioè: sono relativamente meno i bambini che muoiono poco dopo essere nati; e tra coloro che sopravvivono sono di più coloro che riescono a restare in vita relativamente a lungo. L'effetto combinato di

L'aratura e la semina, X sec. ca.

[Cotton ms Tiberius B.V., f. 3*v*; British Library, Londra]

Nella miniatura è raffigurato un aratro pesante, riconoscibile sia per la ruota frontale, sia per le due lame che scavavano in profondità il suolo, tagliandolo in verticale e in orizzontale: **1.** coltro; **2.** vomere; **3.** versoio.

Operazioni di disboscamento, 1025-50

[British Library, Londra]

Nel X secolo iniziano i grandi disboscamenti che ebbero il loro apogeo nel XII secolo e permisero l'estensione dei terreni coltivabili favorendo la crescita della popolazione.

questi due fenomeni è che nell'arco di un anno i nati sono spesso più numerosi dei morti: e il saldo positivo tra nati e morti determina **un significativo aumento di popolazione** [▷ G1].

La crescita demografica ha, a sua volta, altre due importanti conseguenze:

a la maggior disponibilità di lavoratori induce i signori a far **occupare nuove terre** precedentemente incolte, spingendo i contadini a tagliare gli alberi che vi erano cresciuti, a dissodare la terra così conquistata e a coltivarla. Per incoraggiare i lavori di dissodamento i signori promettono ai contadini speciali ricompense, che possono essere esenzioni fiscali o il riconoscimento di una condizione non servile. I villaggi che sorgono sui terreni dissodati sono le cosiddette "villenove" o "borghi franchi" (cioè 'liberi');

b la nuova disponibilità di manodopera spinge i signori a **concedere in affitto anche parti significative della riserva signorile**, cosicché gli obblighi legati alla condizione servile (le *corvées*, per esempio) diminuiscono, e le terre affittate ai contadini possono essere meglio coltivate [▷ A11].

GRAFICO 1

Numero di abitanti in Europa dal 700 al 1300 (i valori sono espressi in milioni di individui)

[dati tratti da P. Malanima, *Economia preindustriale. Mille anni: dal IX al XVIII secolo*, Bruno Mondadori, Milano 2000, p. 10]

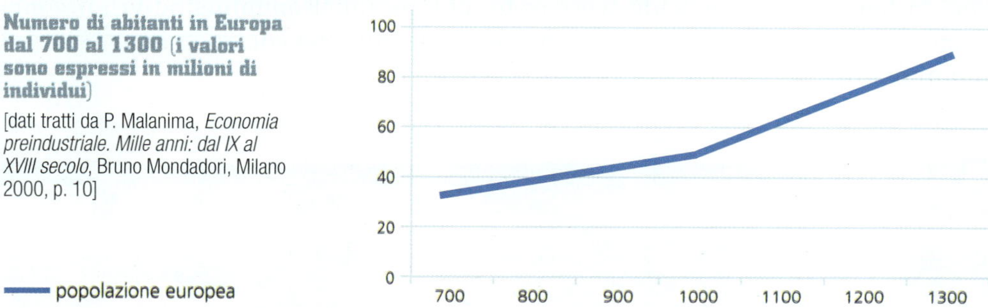

ATLANTE 11

Una signoria territoriale e i mutamenti intervenuti dopo l'XI secolo

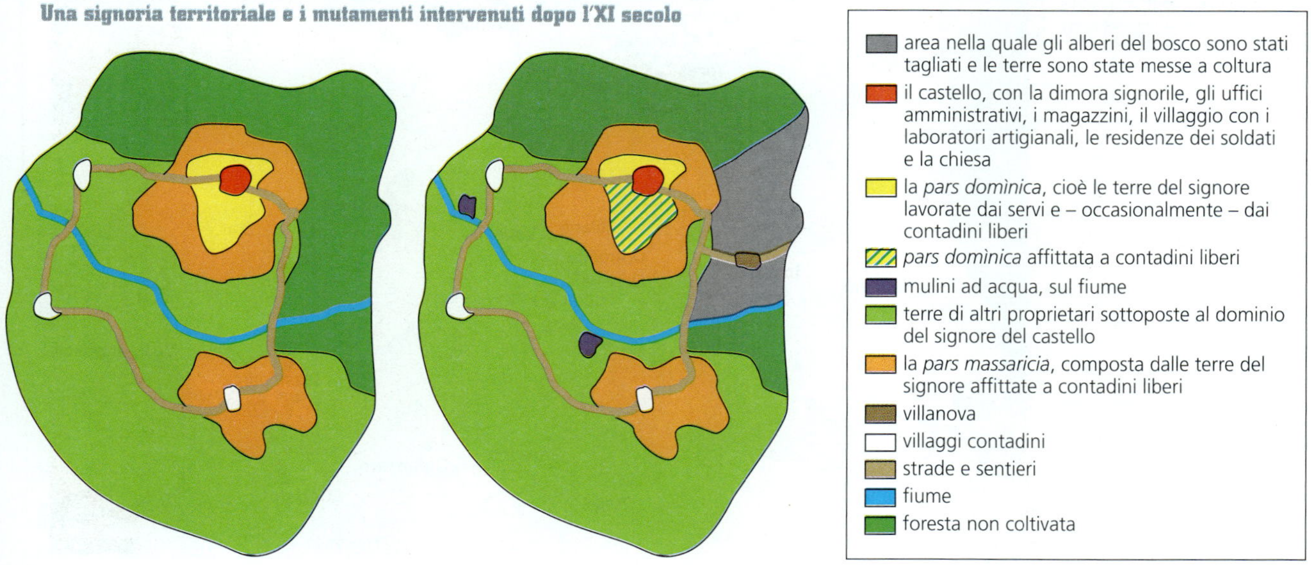

LAVORA SUL TESTO
Cerchia nella didascalia dell'Atlante 9 il nome delle popolazioni che invasero l'Europa tra il IX e il X secolo. Sottolinea con due colori diversi le cause e le conseguenze della crescita della produzione agricola dopo il Mille.

Queste trasformazioni, peraltro, non toccano affatto i poteri feudali: i signori continuano come prima a esercitare un controllo politico, giuridico e amministrativo sulle terre da loro dominate, con la possibilità di esigere imposte o pedaggi dagli abitanti, di reclutare armati o di amministrare la giustizia.

2/ La vivace ripresa dei poli cittadini

NUOVE OPPORTUNITÀ La fine delle invasioni, la sicurezza dei trasporti a media e lunga distanza e la nuova prosperità delle campagne finiscono per riflettersi positivamente anche sulle **città**. Anche lì gli abitanti crescono, come mai era successo da molti secoli. Si costruiscono nuove case. Si riadattano quelle vecchie e diroccate. Si rafforzano le opere di difesa (mura, torri di avvistamento, porte di ingresso) [▷ S8].

La nuova prosperità delle città comincia ad **attrarre le famiglie contadine** che vi si trasferiscono sempre più numerose, anche perché le città – per incoraggiare l'arrivo di nuovi abitanti – offrono la libertà ai servi che emigrano dalle campagne.

Ma che cosa trovano in città i nuovi arrivati? Ci trovano numerose nuove opportunità di **lavoro**. Possono lavorare come inservienti presso qualcuna delle istituzioni che da tempo vi hanno sede (vescovato, chiese, uffici amministrativi), o come manovali presso i fondaci (magazzini) dei mercanti, che adesso si fanno sempre più numerosi.

ATLANTE 12

I centri tessili nell'Europa del XIII secolo

La distribuzione delle più importanti manifatture dell'epoca, quelle tessili, mostra chiaramente l'emergere di due aree dove la ripresa economica ha carattere più intenso: l'Italia centro-settentrionale e l'Europa del Nord.

Chi emigra in città, infine, può anche trovare lavoro come operaio presso uno dei numerosi **laboratori artigianali** che vi si stanno concentrando, e che producono vari tipi di manufatti, tra cui particolarmente importanti sono i tessuti per vestiti o per arredi: stoffe di lana, ma anche di lino o di fustagno – un tessuto fatto col lino e col cotone [▷ **A12**].

Adesso i mercanti portano in città merci nuove e disparate, che sono vendute durante le fiere o i mercati, occasioni periodiche di scambio che attirano acquirenti e curiosi anche dalle campagne circostanti. **Le rotte commerciali più importanti sono quelle marittime** [▷ **A13**]: per mare si viaggia più velocemente che via terra, anche se in entrambi i casi si corrono ancora molti pericoli. Sulle vie di terra, quando le strade attraversano zone disabitate o boscose, si può essere assaliti dai briganti. Per mare, se la minaccia dei pirati saraceni diventa meno assillante di un tempo, ci sono comunque numerose navi di **pirati** cristiani che incrociano il Mediterraneo, le aree costiere dell'Atlantico, o il Baltico. Per questo, riescono a imporsi i mercanti di quelle città marittime che sanno **proteggere militarmente le proprie navi**.

LE CITTÀ MARINARE ITALIANE E L'HANSA GERMANICA ■ Nella **Penisola italiana** spiccano alcune importanti città marinare, capaci di dotarsi di autonome istituzioni politiche e in grado di imporsi più o meno a lungo sia dal punto di vista commerciale, sia dal punto di vista militare:

a **Amalfi**, prospera e autonoma fino al 1131, quando – dopo essere stata già attaccata dai Normanni – viene definitivamente annessa al Regno di Sicilia da Ruggero II, perdendo in tal modo la sua autonomia [▷ **2/3**];

ATLANTE 13

Vie commerciali in Europa nei secc. XI-XIII

Tra XI e XIII secolo le vie di comunicazione – terrestri e marittime – si sono moltiplicate a dismisura. A quest'epoca le principali vie terrestri corrono sull'asse Sud/Nord dell'Europa: da Venezia alla Germania, attraverso il valico del Brennero; da Genova alla Germania, attraverso Milano e le Alpi; da Marsiglia al Nord Europa attraverso la valle del Rodano. Lungo quest'ultima via fioriscono nel XII secolo le "fiere della Champagne" (sulla cartina: Bar, Provins, Troyes, a cui andrebbe aggiunta anche la fiera di Lagny) che per molto tempo costituiscono il principale punto di incontro e di scambio tra area mediterranea e area baltica. Ancora più importanti sono le rotte marittime, che adesso possono essere percorse con relativa sicurezza, permettendo collegamenti più rapidi che via terra.

b **Genova e Pisa**, che inizialmente collaborano nella lotta contro i pirati saraceni [▷ **5/1**]. Poi, però, una volta debellati i Saraceni, le due città si combattono aspramente per assicurarsi il controllo esclusivo delle rotte di traffico che solcano il Mar Tirreno. Nel 1284, Pisa subisce infine una sconfitta navale pesantissima al largo delle coste toscane, nei pressi dello scoglio della Meloria, e da allora è Genova a dominare indisturbata le rotte tirreniche;

c **Venezia**, i cui mercanti hanno conservato rapporti commerciali con Costantinopoli e con l'Oriente, da dove importano spezie, seta, cotone, merci preziose, e dove vendono gli schiavi catturati sulle coste della Dalmazia, il legname che arriva dall'entroterra veneto o dal Centro Europa e manufatti di vetro o di ferro [▷ **A**14].

Anche sulle coste dell'**Europa settentrionale** emergono attivissime città commerciali, tra cui spiccano, in particolare, Lubecca e Amburgo; nel XIII secolo queste due città, insieme ad altre dell'area baltica, fondano una forte **associazione commerciale**, l'**Hansa**, che nel XIV secolo include anche città situate più ad est, tra cui Danzica e Riga.

LA CIRCOLAZIONE MONETARIA ■ La ripresa delle attività commerciali, specie di quelle a lunga percorrenza, riattiva la circolazione monetaria anche nelle aree continentali. **Le monete**, in precedenza, erano quasi del tutto sparite dall'uso, perché le attività economiche fondamentali che si svolgevano prevalentemente all'interno della *curtis* non sollecitavano particolari scambi commerciali, che – in ogni caso – potevano essere compiuti ricorrendo al baratto. Adesso, quando si tratta di trasportare beni alimentari o manufatti a distanze grandi o medie, la moneta diventa

ATLANTE14

Rotte dei convogli navali delle Repubbliche marinare italiane

assolutamente necessaria: quando si arriva in una città sede di mercato si vendono le proprie merci a chi le desidera in cambio di monete e si va poi ad acquistare le merci che si vogliono portare indietro dai venditori locali, pagando di nuovo in moneta. Il sistema è semplice e rende gli **scambi rapidi ed efficienti**.

Le attività commerciali possono aver bisogno di **finanziamenti**; un mercante può non avere tutti i soldi che gli servono per armare una barca, preparare un convoglio, acquistare le merci da vendere; ma se la sua impresa sembra promettente, se la rotta commerciale che vuole seguire sembra potergli rendere dei buoni profitti, può trovare chi, avendo dei soldi a disposizione ma non volendo svolgere l'attività commerciale in proprio, è tuttavia disposto ad anticipargli i soldi per organizzare la spedizione commerciale. In cambio dei **prestiti** effettuati questi finanziatori chiedono al mercante finanziato dei tassi di interesse che possono variare molto: dal 7 al 30%, a seconda che il beneficiario sia un concittadino o uno straniero, e naturalmente a seconda dei rischi comportati dall'impresa commerciale che il mercante che chiede il prestito vuole intraprendere.

LE ARTI O CORPORAZIONI ■ Tutte queste attività portano prosperità, ricchezza, orgoglio per i successi raggiunti. E ciò che colpisce nelle più vivaci città medievali è la capacità di organizzare la crescita in **forme istituzionali originali** e – almeno entro certi limiti – anche piuttosto efficaci.

Dal punto di vista economico, la soluzione che si impone **dal XII secolo** in avanti è quella della organizzazione delle svariate attività economiche in associazioni di settore, che prendono il nome di **arti** o **corporazioni**: si tratta di associazioni che **raggruppano gli attivi nei diversi settori merceologici e produttivi**, cosicché si formano corporazioni dei mercanti, dei tessitori, dei tintori, dei calzolai, dei cordai, e così via.

Le istituzioni che regolano la vita di una corporazione sono guidate da funzionari eletti dai mastri (che sono i proprietari dei laboratori artigiani). Il che significa che la struttura interna delle corporazioni non è certo egualitaria: dal diritto di eleggere i funzionari sono esclusi, infatti, sia gli operai sia gli apprendisti (che sono i ragazzini e i giovani accolti nelle botteghe affinché imparino il mestiere attraverso un lungo tirocinio).

Le botteghe di mercanti e artigiani in una città medievale
[Biblioteca di Rouen, Rouen (Francia)]

Le corporazioni hanno come obiettivo primario la **definizione delle regole che disciplinano l'attività economica** in questione. Il principio fondamentale è che le attività produttive di un certo settore possano essere svolte solo da coloro che sono autorizzati dalla corporazione. Quindi gli organi direttivi della corporazione stabiliscono, innanzitutto, chi e quando può aprire una nuova bottega; e quali sono le norme che disciplinano la **concorrenza** tra i proprietari delle botteghe artigiane, concepite in modo da evitare che ci sia un'eccessiva disparità di fortune tra i vari proprietari delle diverse botteghe. Le corporazioni si occupano, tuttavia, anche di controllare la **qualità delle merci** prodotte dalle botteghe affiliate. E, infine, svolgono pure attività di **mutuo soccorso**, provvedendo a raccogliere fondi per aiutare i membri infortunati o ammalati, o le vedove e gli orfani, in caso di morte prematura di un socio.

LE UNIVERSITÀ ■ Un'altra importante forma associativa che nasce in alcune città è quella che collega studenti e docenti all'interno di una ***universitas***, termine che, all'epoca, significa genericamente 'associazione'. A Bologna gli studenti si associano per pagare docenti che insegnino loro le regole fondamentali del diritto; a Parigi sono i docenti di teologia ad associarsi fra di loro per svincolarsi dal controllo dell'arcivescovo sulle loro attività di insegnamento. Tra **XI e XII secolo** da questi nuclei originari nascono le università come **luoghi istituzionalizzati di studio superiore**, riconosciuti formalmente dalle autorità politiche: nel 1158 l'Università di Bologna ottiene dall'imperatore Federico Barbarossa un riconoscimento formale della sua esistenza e delle sue prerogative; la stessa cosa accade a Parigi, dove nel 1200 il re Filippo II Augusto concede un analogo riconoscimento. Negli anni seguenti diverse altre città italiane ed europee (tra cui Pavia, Padova, Napoli, Oxford, Salamanca, Coimbra ed altre) cominciano a dotarsi di università nelle quali si impartiscono corsi relativi a diverse materie.

LAVORA SUL TESTO

Evidenzia le parole-chiave che descrivono le caratteristiche del processo di urbanizzazione e fioritura dei commerci avviatosi dopo l'anno Mille.

3/ I comuni

LA NASCITA DI ISTITUZIONI CITTADINE AUTONOME ■ Ancor più significative sono le trasformazioni politiche che, sin dall'XI secolo, accompagnano la rinascita economica delle città. Man mano che i centri urbani smettono di essere luoghi semi-abbandonati, e riacquistano popolazione, prosperità economica e importanza come centri di scambio commerciale, cominciano anche a modulare le proprie istituzioni interne in forme originali e ambiziose.

I residenti all'interno delle città si riconoscono reciprocamente il diritto di prendere decisioni vincolanti per tutti e si riuniscono in **assemblee, arenghi** o **consigli,** per eleggere dei **magistrati** (termine che in questo caso indica i leader politici della città), ai quali viene affidato il potere di eseguire le deliberazioni prese dall'assemblea [▷ C2]. Nelle città italiane questi incaricati prendono il nome di **consoli**, eletti in numero molto vario da luogo a luogo.

È in tal modo che le città assumono la forma di **comuni**, cioè di entità politiche autonome, capaci di raccogliere imposte tra i cittadini, di costituire un proprio piccolo esercito, di finanziare la costruzione di edifici pubblici e di opere di difesa [▷ F5].

IL CASO DELL'ITALIA CENTRO-SETTENTRIONALE ■ Se il fenomeno della nascita di autonome istituzioni cittadine riguarda un po' tutta l'Europa centrale, è in Italia – e in particolare nell'Italia centro-settentrionale – che il fenomeno ha **il massimo dello sviluppo**, in ragione di tre fattori principali:

a la **scarsa influenza dell'autorità imperiale** [> **2**/**2**] lascia un largo spazio politico ai comuni dell'Italia centro-settentrionale, che in tal modo diventano delle piccole entità statali autonome;

b i comuni italiani riescono ad **organizzarsi militarmente** così da proiettarsi fuori dalle mura cittadine, alla conquista dei contadi circostanti. Conquistare i contadi circostanti (cioè le aree rurali che circondano la città comunale) significa **sottomettere i signori feudali** che vi si trovano e piegarli alle norme che vengono decise dalle assemblee comunali. Significa anche imporre a signori e contadini delle terre conquistate delle contribuzioni fiscali, che vengono incamerate dal comune cittadino e impiegate nel modo che i consoli e l'assemblea del comune ritengono più opportuno;

c come conseguenza di questo processo si attiva un doppio movimento:

1. numerose famiglie di signori terrieri si trasferiscono in città, dove prendono residenza e dove costruiscono il loro palazzo, con lo scopo di partecipare alla vita politica cittadina, piegandola verso i loro interessi;

2. al tempo stesso i più ricchi mercanti o maestri artigiani della città, con i soldi che hanno accumulato nelle loro attività economiche, comprano proprietà terriere nell'area del contado circostante, portando nelle campagne feudali uno spirito imprenditoriale che non tutti i signori feudali mostrano di avere.

Questi processi creano **vincoli forti tra le città e le aree rurali** che le circondano, mentre tra XII e XIII secolo la mappa politica dell'Italia centro-settentrionale si

Il palazzo della Ragione di Bergamo

Il Palazzo della Ragione di Bergamo, anche noto come Palazzo Vecchio, fu costruito alla fine del Duecento per ospitare le assemblee del Consiglio cittadino. La mole del palazzo da una parte lambisce Piazza del Duomo, simbolo del potere religioso, dall'altra chiude un lato di Piazza Vecchia, per secoli cuore politico della città. Come molti altri palazzi comunali italiani edificati in epoca medievale, l'edificio mostra ancora oggi intatte le sue peculiarità: il piano terra porticato (che metteva in comunicazione le due piazze) e, al primo piano, la sala consiliare, detta *Sala delle Capriate*, dove si apriva l'importante balcone dal quale i magistrati cittadini comunicavano al popolo le decisioni prese nel corso delle loro riunioni. Non tutti i residenti di una città avevano diritto a partecipare a un Consiglio: ne erano esclusi i servi, coloro che non avevano un'occupazione, gli appartenenti a confessioni religiose minoritarie (per esempio gli ebrei) e le donne. Nemmeno gli abitanti del contado soggetto al comune avevano diritto di rappresentanza nel Consiglio.

LE FONTI 5

Ambrogio Lorenzetti/*Allegoria del Buon Governo*

Siena. Palazzo Pubblico. Sala dei Nove. È la stanza dove i membri del governo cittadino, al potere dal 1287 al 1355, incontrano le delegazioni di altre città o di altri poteri. È lì che vogliono che i visitatori vedano quali sono i princìpi che guidano la loro azione. E per questo hanno affidato a un grandissimo pittore, Ambrogio Lorenzetti, il compito di affrescare le pareti della Sala. E Lorenzetti ci lavora dal 1337 al 1339 mentre molte istituzioni comunali dell'Italia centro-settentrionale sono travolte da violenti scontri interni per il potere.
Su due lati Lorenzetti ci dipinge le *Allegorie del Buono e Cattivo Governo e dei loro Effetti in Città e in Campagna*, che sono due bellissime rappresentazioni di due diversi Stati, l'uno ben amministrato e l'altro mal amministrato: sono tra le prime opere medievali che hanno un soggetto integralmente profano. Ma quando si guarda alla parete di fondo si torna nel cuore della mentalità medievale: lì c'è l'*Allegoria del Buon Governo*, nella quale Lorenzetti illustra in forme simboliche le qualità fondamentali di una buona amministrazione.
È difficile trovare qualcosa che eguagli l'orgogliosa sicurezza con la quale la città di Siena celebra se stessa e la sua prosperità: l'*Allegoria del Buon Governo* è un affresco di grandi dimensioni, complesso e ricco di simboli, che ricorda che anche qui, dentro le stanze del governo di una Repubblica, il Cielo e la Terra si incontrano, come si incontrano anche nelle sale del trono dei re e degli imperatori. Anche in una Repubblica come quella di Siena sono gli uomini che devono agire, certo; e tuttavia è dall'alto dei Cieli che deve venire la buona ispirazione. Di nuovo, ecco all'opera una topografia della sovranità che va dall'alto al basso e che fa sì che la legittimità venga dal benvolere divino, piuttosto che dalla sola qualità delle scelte umane.
Guardate un po' il particolare che abbiamo riprodotto, la maestosa figura della Giustizia, un'immagine che sta sulla sinistra dell'affresco. È una donna con uno sguardo rapito verso l'alto, dove una divina Sapienza alata veglia sulle sue scelte, reggendo in effetti tutto il peso della bilancia. Alla sinistra della Giustizia un angelo, posto su uno dei piatti della bilancia, amministra la *giustizia commutativa*, ovvero quella che regola i rapporti tra Stato e cittadini (tradotto dal linguaggio medievale sarebbe il nostro diritto penale): è un angelo severo, perché punisce un uomo, che evidentemente si è macchiato di qualche reato, tagliandogli la testa; ma è anche generoso perché ne premia un altro, evidentemente un benemerito della città, ponendogli sulla testa una corona. Dall'altro lato un altro angelo amministra la *giustizia distributiva*, che regola i rapporti tra i privati (si tratterebbe del nostro diritto privato), e dà a due cittadini uno staio per misurare le quantità del grano e due pertiche che servono per misurare terreni, stoffe e quant'altro: è l'anima commerciante della città che Lorenzetti sapientemente evoca qui.
Intanto due corde partono dalla vita degli angeli e finiscono nella mani dell'allegoria della Concordia, una donna seduta con in mano una pialla, simbolo dell'eguaglianza che deve regnare tra i cittadini; nel suo pugno le corde della giustizia si intrecciano e passano dalla sua mano a quelle di una fila di cittadini che si muovono verso l'altra parte dell'affresco (qui non riprodotta), dov'è ritratta la personificazione del Comune nei sembianti di un vecchio saggio circondato dalle virtù cardinali (Prudenza, Fortezza, Temperanza e Giustizia), da quelle teologali (Fede, Speranza e Carità), oltre che dalla Magnanimità e dalla Pace.

GUIDA ALLA LETTURA

1. Osserva con attenzione il particolare dell'affresco e descrivi le figure femminili presenti: come sono vestite, cosa hanno in mano, cosa stanno facendo? **2.** Per ogni figura descritta individua la funzione simbolica e ciò che consente di riconoscerla. **3.** Che differenza esiste fra la giustizia commutativa e quella distributiva? **4.** In che modo Lorenzetti rende esplicita la differenza fra le due forme di giustizia? **5.** In quale sala del Palazzo Pubblico di Siena si trova questa allegoria? Perché? **6.** Quale messaggio doveva trasmettere l'affresco?

Ambrogio Lorenzetti, ***Allegoria del Buon Governo***, part., 1337-39
[Sala dei Nove, Palazzo Pubblico, Siena]

complica enormemente, per la pluralità di città comunali che emergono e riescono a imporre la loro autorità sui contadi circostanti [▷ A15].

Una compresenza di soggetti sociali così diversi nelle città e all'interno del territorio dei comuni – mercanti, artigiani, operai, feudatari, cavalieri ed anche ecclesiastici e vescovi – trasforma i comuni italiani in luoghi di durissimo **conflitto politico e sociale**, che non di rado trascende in scontri violenti tra opposte fazioni per il dominio del consiglio e delle cariche comunali.

LA FIGURA DEL PODESTÀ ■ È **per attenuare gli scontri** feroci che insanguinano le città comunali che in molte di esse – tra XII e XIII secolo – si decide di sostituire i consoli elettivi con un unico magistrato, il **podestà**. Costui di norma non è originario della città: ciò perché si ritiene che l'**estraneità geografica** sia garanzia di maggiore equità e imparzialità. I podestà vengono scelti, inoltre, tra persone con una buona esperienza in campo giuridico e politico.

Un podestà resta in carica per un **limitato periodo di tempo** (da sei mesi a un anno). Può essere confermato o allontanato. E capita che i più bravi tra i podestà vengano richiesti da diversi comuni, tanto che finiscono per diventare dei professionisti che svolgono questa funzione in molte città diverse.

Ma per quanto bravi siano, non sempre i podestà riescono a controllare le tensioni interne alle città comunali; e tanto meno sono in grado di tenere a freno le rivalità che oppongono una città contro l'altra vicina; anzi, nell'Italia centro-settentrionale, i conflitti armati tra città e città diventano la regola, poiché ogni comune desidera espandere quanto più possibile il suo dominio territoriale, e per far ciò deve sconfiggere le altre città che controllano i territori confinanti con il proprio contado.

LAVORA SUL TESTO

Elenca i motivi che resero possibile l'affermazione delle istituzioni comunali nell'Italia centro-settentrionale.

ATLANTE 15

I comuni dell'Italia centro-settentrionale (XII-XIII sec.)

La cartina mostra con chiarezza l'enorme frammentazione territoriale che deriva dall'espansione delle numerose città comunali nell'Italia centro-settentrionale.

2_Essere cittadini

DIRITTI E DOVERI DEI CITTADINI DELLA REPUBBLICA ITALIANA ■ Partiamo un'altra volta dall'oggi. E partiamo dal termine ***cittadinanza***, parola che dà il titolo anche a questa nostra rubrica. Possedere la cittadinanza di uno Stato significa possedere i pieni **diritti civili e politici** che vengono riconosciuti in quel paese.

I diritti civili sono quelli che sono regolati dalle leggi che disciplinano i rapporti tra le singole persone. I diritti politici sono quelli che sono regolati dalle norme che disciplinano la partecipazione dei cittadini alla elaborazione delle leggi e alla determinazione delle azioni del governo: fondamentali tra questi ultimi, il diritto di votare per eleggere i rappresentanti in Parlamento; il diritto di candidarsi per essere eletti come rappresentanti; il diritto di fondare un'associazione o un partito politico; il diritto di esprimere liberamente le proprie opinioni politiche.

Peraltro, essere parte di una comunità politica significa avere non solo dei diritti, ma anche dei **doveri**. E infatti la *Parte prima* della Costituzione della Repubblica italiana è dedicata proprio alla descrizione dei «Diritti e doveri dei cittadini»:

Dalla Costituzione della Repubblica italiana

[da http://www.quirinale.it]

Art. 13. La libertà personale è inviolabile. [...]

Art. 17. I cittadini hanno il diritto di riunirsi pacificamente e senz'armi. [...]

Art. 19. Tutti hanno il diritto di professare liberamente la propria fede religiosa [...].

Art. 21. Tutti hanno il diritto di manifestare liberamente il proprio pensiero con la parola, lo scritto e ogni altro mezzo di diffusione. [...]

Art. 49. Tutti i cittadini hanno diritto di associarsi liberamente in partiti per concorrere con metodo democratico a determinare la politica nazionale.

Art. 52. La difesa della Patria è sacro dovere del cittadino. [...]

Art. 53. Tutti sono tenuti a concorrere alle spese pubbliche in ragione della loro capacità contributiva. [...]

Art. 54. Tutti i cittadini hanno il dovere di essere fedeli alla Repubblica e di osservare la Costituzione e le leggi.
I cittadini cui sono affidate funzioni pubbliche hanno il dovere di adempierle con disciplina ed onore, prestando giuramento nei casi stabiliti dalla legge.

CITTADINANZA/«CONTADINANZA» ■ Certo, se ci pensate un attimo, si pone subito un problema: come si fa a diventare *cittadini* di uno Stato? E più in particolare, come si diventa cittadini della Repubblica italiana? Domanda fondamentale, sicuro. Ma per adesso lasciamola da parte: avremo bisogno di ritornarci più avanti. Per ora cerchiamo di capir bene un punto: essere cittadino di uno Stato è possedere un profilo giuridico che riconosce i diritti e i doveri previsti dalla Costituzione di quello Stato: il diritto di votare, di partecipare alla vita politica, di esprimersi liberamente, di muoversi, di essere tutelato dalle leggi contro prepotenze o prevaricazioni; ma anche il dovere di rispettare la Repubblica e la Costituzione, di osservarne scrupolosamente le leggi e di pagare onestamente le tasse.

Cittadino/cittadinanza, dunque, sono termini importanti, che si riferiscono alle libertà e alle responsabilità fondamentali di coloro che vivono nell'intero territorio dello Stato, senza distinguere se risiedono in città o in campagna, se svolgono una professione o un'altra, se sono uomini o donne.

Questo carattere ampio e inclusivo del concetto di cittadinanza è frutto delle stesse trasformazioni che abbiamo ricordato nella prima scheda: dalla Rivoluzione americana e da quella francese in avanti si ritiene – **almeno teoricamente** – che tutti gli individui che appartengono a una comunità politica debbano godere dello *status* di cittadini. Inoltre, sin da allora vige il principio secondo il quale il diritto di cittadinanza debba estendersi a tutte le zone di uno Stato; anche a chi non vive in città, anche a chi vive in campagna, o in montagna, o in piccoli villaggi isolati.

Se le cose stanno così, non vi sembra strana la scelta del termine che designa i diritti: *cittadinanza*? Se quell'insieme di diritti riguarda anche chi vive in case isolate in campagna, o in montagna, o comunque fuori da una città, perché si parla solo di diritto di cittadinanza, e non, per dire, di diritto di *"contadinanza"*? (Badate bene, questa è una parola che non esiste, e che ho creato adesso per sottolineare il contrasto col termine sul quale stiamo ragionando.)

LE ORIGINI ANTICHE DEI DIRITTI DI CITTADINANZA ■ Il punto è che già nell'Antichità classica, prima in Grecia, ma poi anche nella cornice dello Stato romano, vivere all'interno di una città dava diritto al possesso di uno statuto giuridico privilegiato, descritto a Roma col termine ***civitas*** **('cittadinanza')**, qualifica posseduta dal **civis ('cittadino')**, cioè da colui che poteva ricoprire incarichi e ruoli amministrativi all'interno della città. La cittadinanza era prerogativa dei liberi: quindi i servi che vivevano in città non avevano diritti di cittadinanza. Né avevano diritti di cittadinanza gli stranieri. Né, infine, ne avevano coloro che vivevano permanentemente fuori da una città, come i contadini o i servi rurali.

Questo statuto speciale delle città non si perse nemmeno nei secoli di crisi dei centri urbani, dopo la caduta dell'Impero romano e durante le invasioni barbariche. Anzi, nel Medioevo, in modo vario, la differenza tra chi abitava in una città e chi abitava fuori dalla città, nelle aree rurali, si accentuò perfino. Quando le città diventarono nuovamente centri economicamente e politicamente dinamici, i diritti di cittadinanza vennero fissati in Statuti o in testi che descrivevano il costituirsi delle città in organismi politici collettivi e autonomi. Anche nelle città medievali vigeva la distinzione tra chi possedeva pieni diritti di cittadinanza e chi era solamente ammesso a vivere dentro le mura della città: tra costoro vi erano, di nuovo, i servi e gli stranieri; né gli uni né gli altri potevano partecipare alla vita pubblica cittadina, che era riservata solo ai cittadini liberi.

I cittadini delle città comunali, poi, erano gelosi custodi dei loro diritti. E non li cedevano tanto facilmente. Quando la forza economica e demografica della loro città consentì loro di dotarsi di forze armate sufficientemente ben attrezzate da marciare verso le campagne circostanti e sottometterle, sottraendole al dominio di un signore, lo fecero senza pensarci due volte. Nei territori rurali sottomessi da una città – il cosiddetto contado – la condizione dei *rustici* o dei *villici*, cioè dei contadini, non migliorò per niente: al posto del signore adesso c'erano i rappresentanti della città, che chiedevano tasse che a volte erano anche più pesanti di quelle che erano state richieste in precedenza; e i contadini dovevano pagare senza avere voce in capitolo su come le loro contribuzioni – in denaro o in natura che fossero – sarebbero state amministrate dai cittadini. E ciò avveniva perché ai contadini non si estendeva il diritto di cittadinanza.

Ecco, non vi pare che di nuovo ci si trovi di fronte a una profonda differenza rispetto all'oggi?

Il termine *cittadinanza* ha oggi **un valore universale e ampio**; riguarda la maggior parte di coloro che abitano sul territorio di uno Stato e non distingue tra liberi e servi (distinzione non prevista dalla cultura politica contemporanea). Certo, è un termine che **deriva dall'esperienza delle città antiche e medievali** e da lì trae tutto il suo antico prestigio; ma con una profonda differenziazione: i confini delle libertà, che in quelle città erano segnati dalle mura che le circondavano, adesso si sono ampliati. Il germe originario dell'idea di cittadinanza sta nella lontanissima esperienza delle città antiche e medievali: solo che dal nucleo urbano quell'idea si è proiettata più in là; ha oltrepassato i confini della città fino a includere l'intero territorio di uno Stato, nel corso di un processo che – lo vedremo – avrà il suo primo impulso nel periodo compreso tra i secoli XVII e XVIII.

COMUNI VECCHI E NUOVI ■ Qualcosa di simile va ripetuto anche per il concetto di ***comune***. In epoca medievale, e in particolare nell'Italia centro-settentrionale, il termine indicava l'associazione prodotta dal patto che legava i cittadini di una città e che li obbligava (almeno in linea di principio) a cooperare per difendere e rafforzare la libertà della loro città.

Adesso il termine non indica più solo lo spazio urbano. Un **comune** è l'unità territoriale fondamentale nella quale si articola la struttura amministrativa della Repubblica italiana, e include il capoluogo – la città più importante di quell'area territoriale –, così come i centri minori e tutte le abitazioni sparse sul territorio insieme ai loro abitanti.

Il comune non è un ente distinto dallo Stato, ma ne costituisce il primo nucleo amministrativo e organizzativo. E coloro che abitano nel territorio di un comune sono – al tempo stesso – cittadini della Repubblica italiana e cittadini di quello specifico comune. In qualità di cittadini della Repubblica, votano per l'elezione dei rappresentanti da mandare al Parlamento nazionale. In qualità di cittadini del comune, votano per eleggere il **sindaco** – che è il capo del governo del Comune – e il **Consiglio comunale**, che è l'insieme dei rappresentanti dei cittadini, ed è l'organo che ha il compito di discutere le norme comunali approvando o respingendo gli atti compiuti dal sindaco e dai suoi collaboratori (gli **assessori**, membri della **Giunta comunale**, che è – per così dire – il governo del comune).

Anche in questo caso, la passata esperienza medievale è ancora ricordata dall'uso di una parola così carica di storia come *comune*: ma il significato di quel termine, di nuovo, ha mutato talmente tanto i suoi contorni da conservare solo un'eco lontana delle vicende vissute dai "cittadini" dei "comuni" medievali.

SINTESI AUDIO

ONLINE

LEZIONE 2
Un mondo che cambia: l'Europa all'alba del secondo millennio

TEST

SINTESI

1/I mutamenti nelle campagne

Successivamente alle invasioni del IX e X secolo ad opera di Normanni, Saraceni e Ungari, l'Europa occidentale ritrova, dopo il Mille, una maggiore stabilità politica che consente la ripresa dei traffici commerciali, sia per mare che lungo le principali vie di comunicazione terrestri.
La ripresa dei commerci è determinata principalmente dalla maggiore disponibilità di beni alimentari, che se da una parte viene utilizzata per soddisfare le esigenze interne, dall'altra può essere destinata alla vendita. Le ragioni di questa crescita sono legate alle innovazioni tecnologiche introdotte nei sistemi di coltivazione e di produzione: la rotazione triennale, l'aratro pesante, i mulini ad acqua e a vento. La maggiore disponibilità di beni alimentari si traduce inoltre in un significativo aumento della popolazione, e quindi di manodopera agricola in grado di mettere a coltura nuove terre, fondare nuovi villaggi e affrancarsi dalla condizione servile.

2/La vivace ripresa dei poli cittadini

L'aumento della popolazione coinvolge anche le città, dove affluiscono nuovi abitanti dalle campagne, per trovare impiego nell'artigianato e nel commercio. Le città che si impongono maggiormente sul piano commerciale sono quelle capaci di proteggere militarmente le loro navi, come i centri di Amalfi, Pisa, Genova e Venezia in Italia e le città dell'Hansa nell'Europa settentrionale. Il commercio riattiva la circolazione della moneta e la nascita di forme di finanziamento ad interesse. Lo sviluppo dell'artigianato porta invece alla costituzione di associazioni di mestiere che prendono il nome di arti o corporazioni, finalizzate a definire le regole che disciplinano l'attività e a regolare la concorrenza tra le botteghe. Altre forme di associazione che legano studenti e docenti sono le *universitas*, che progressivamente si configurano come luogo istituzionalizzato di studio superiore e ottengono il riconoscimento formale da parte di sovrani e pontefici.

3/I comuni

L'aumento della popolazione urbana si traduce in una significativa trasformazione politica delle città, dove nascono le istituzioni comunali. Tale processo interesserà in particolare i centri dell'Italia centro-settentrionale, in cui la scarsa influenza dell'autorità imperiale consentirà ai comuni di configurarsi come entità statali autonome e di assoggettare militarmente il contado. All'aggressività esterna delle città fa eco una forte conflittualità tra i diversi gruppi sociali, che porterà alla sostituzione degli originari consoli, eletti dalle assemblee dei cittadini, con un unico magistrato, il podestà. Anche il ricorso a questa nuova figura di professionista della politica non riuscirà tuttavia a tenere a freno le rivalità, interne ed esterne, che attraversano i comuni.

VERSO le COMPETENZE

1 Definisci sinteticamente i termini e le espressioni seguenti e indica, dove possibile, un'immagine del capitolo che li raffigura:

1. Rotazione triennale > A10 Sistema di coltivazione che prevede la divisione delle aree coltivabili in tre parti: una coltivata a grano, una a leguminose e l'altra lasciata a maggese.
2. Corporazione ....
3. Hansa ....
4. Podestà ....
5. Aratro pesante ....
6. *Universitas* ....
7. Arenghi ....
8. Magistrati ....

2 Indica se le affermazioni seguenti sono vere o false. Correggi quindi le affermazioni false e riscrivile al posto dei puntini:

a. I nuovi villaggi fondati dai contadini sui terreni dissodati vengono detti "villenove" o "borghi franchi".

....

b. Dopo l'XI secolo, le *rotte commerciali* più importanti sono le vie terrestri che dall'Europa occidentale conducono ad Oriente.

....

c. Venezia, una delle principali *città marinare* italiane, vendeva schiavi e materie prime sia all'Impero bizantino sia agli Stati arabi.

....

d. Nonostante la ripresa delle attività commerciali a lunga distanza, la forma di scambio prevalente resta quella basata sul *baratto*.

....

e. Nei comuni italiani, i magistrati eletti dalle assemblee dei cittadini prendono il nome di *consoli*.

....

f. Con il termine *contado* si indica l'insieme del comune e delle aree limitrofe che circondano la città.

....

3 Dopo aver completato le frasi seguenti con i termini mancanti, riporta le informazioni sulla cartina. Un metodo efficace può essere quello di cerchiare o sottolineare le città menzionate ed evidenziare con colori diversi le vie di comunicazione che le mettono in relazione.

a. Una delle principali vie di comunicazione va da Venezia alla Germania, attraverso...

b. Da Genova alla..., il tragitto passa attraverso... e le Alpi.

c. Da... nella Francia meridionale, una via terrestre attraversa la valle del Rodano per giungere nelle regioni settentrionali dell'Europa: lungo tale percorso fioriscono nel XII secolo le "fiere della Champagne", nelle località di...

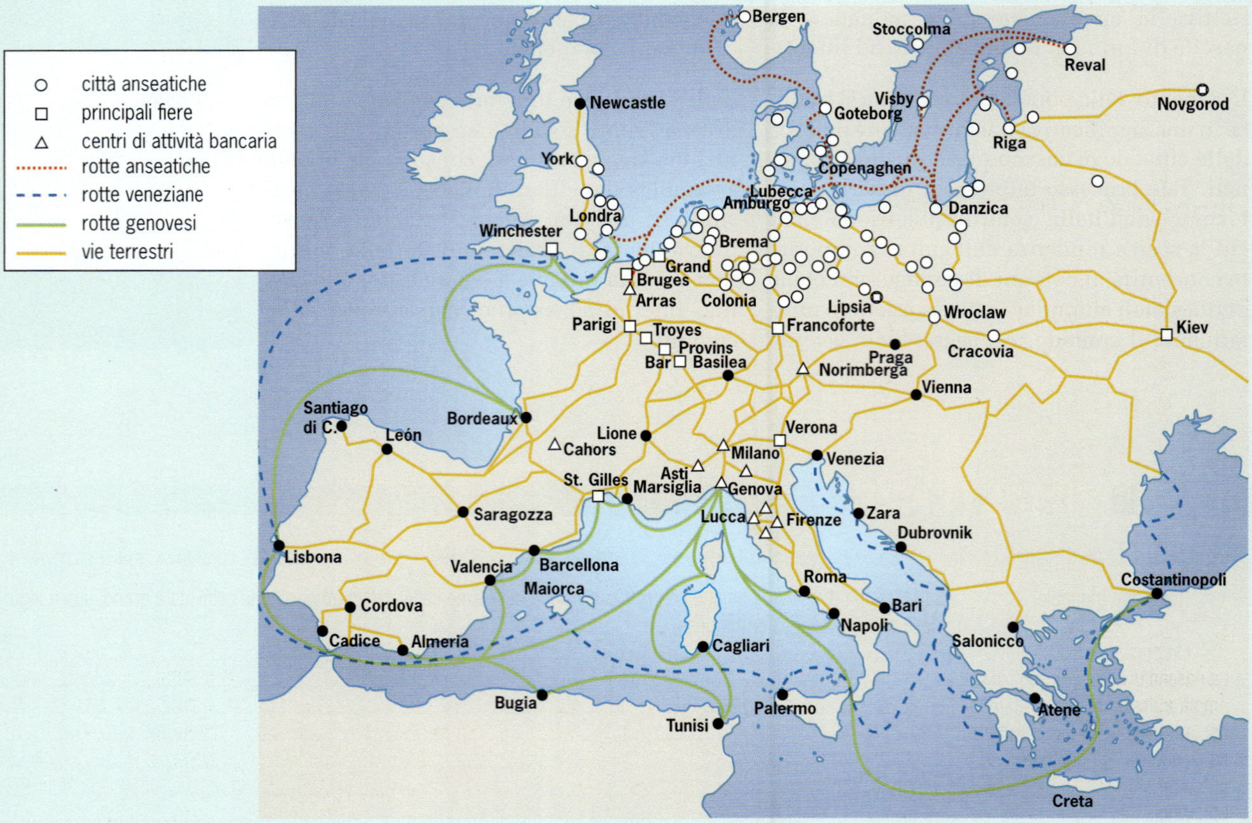

4 Completa lo schema seguente, relativo alla dinamica dello sviluppo economico che si realizza in Europa dopo il Mille, inserendo negli appositi spazi le lettere corrispondenti ai termini o alle espressioni elencati:

a. alimentazione; **b.** trasferimento della popolazione nelle città; **c.** cereali; **d.** triennale; **e.** clima; **f.** aumentano le terre coltivate; **g.** aratro pesante; **h.** diminuisce; **i.** tecnologie; **j.** campo industriale; **k.** commercio; **l.** si riducono; **m.** mulino; **n.** si allunga.

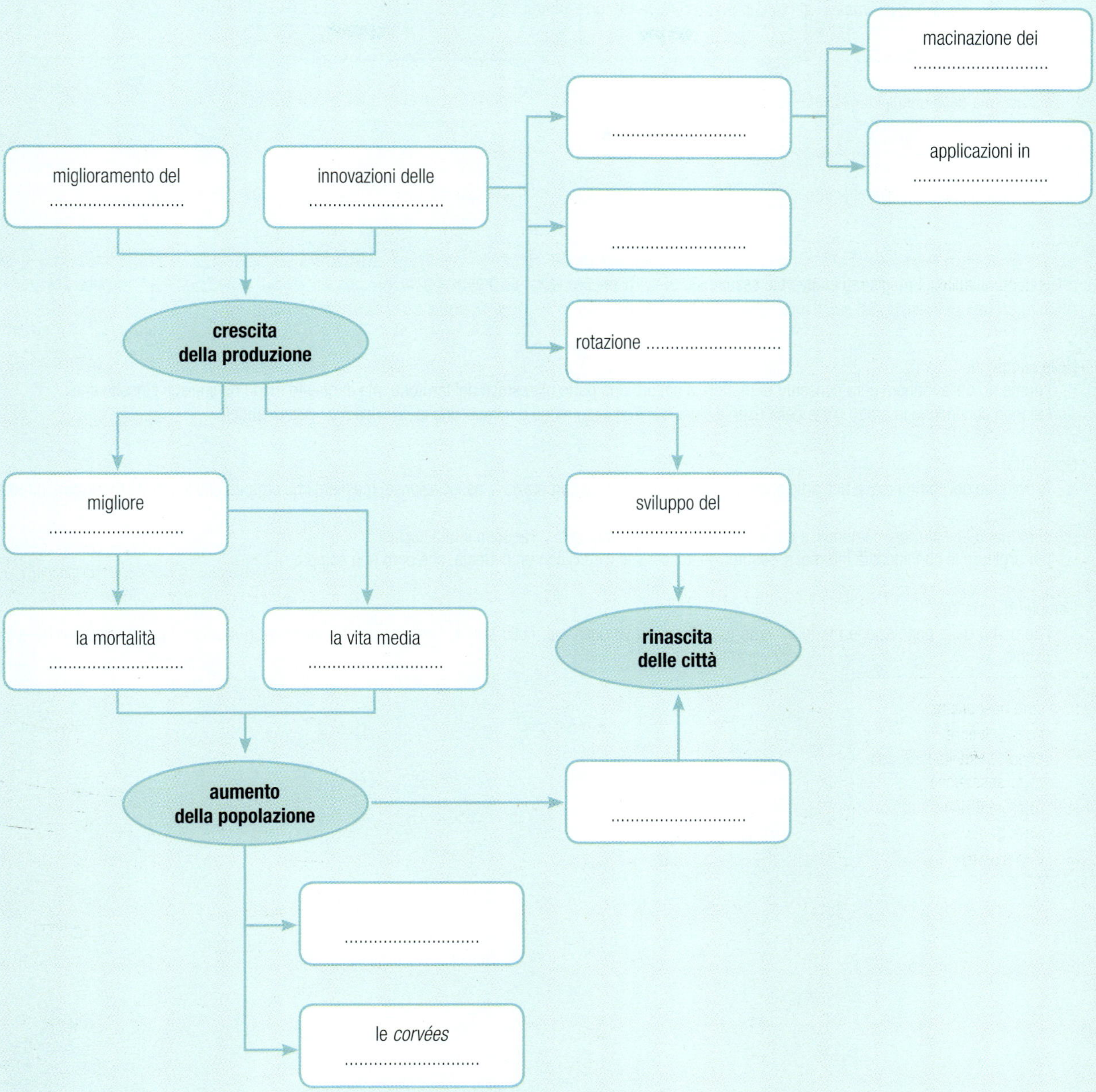

5 Sintetizza il brano seguente, che riprende alcune informazioni contenute nel paragrafo 3 in merito alla nascita dei comuni in Italia, nello schema a pagina seguente. Ricorda: puoi inserire le informazioni sia nei nodi sia lungo le frecce, come etichette del processo.

La nascita di autonome istituzioni cittadine in Italia centro-settentrionale può essere spiegata sia con la scarsa influenza dell'autorità imperiale, che lasciava ampia autonomia alle città, sia con la capacità dei comuni italiani di organizzarsi militarmente così da conquistare i contadi circostanti. Conquistare il contado significa sottomettere i signori feudali che vi si trovano e imporre loro delle contribuzioni fiscali che vengono incamerate dal comune. Come conseguenza di questo processo, numerose famiglie di signori terrieri si trasferiscono in città, con lo scopo di partecipare alla vita politica cittadina e, al tempo stesso, i più ricchi mercanti o maestri artigiani della città comprano con i soldi accumulati proprietà terriere nell'area del contado circostante, portando nelle campagne feudali il loro spirito imprenditoriale. Questi processi creano vincoli forti tra le città e le aree rurali che le circondano.

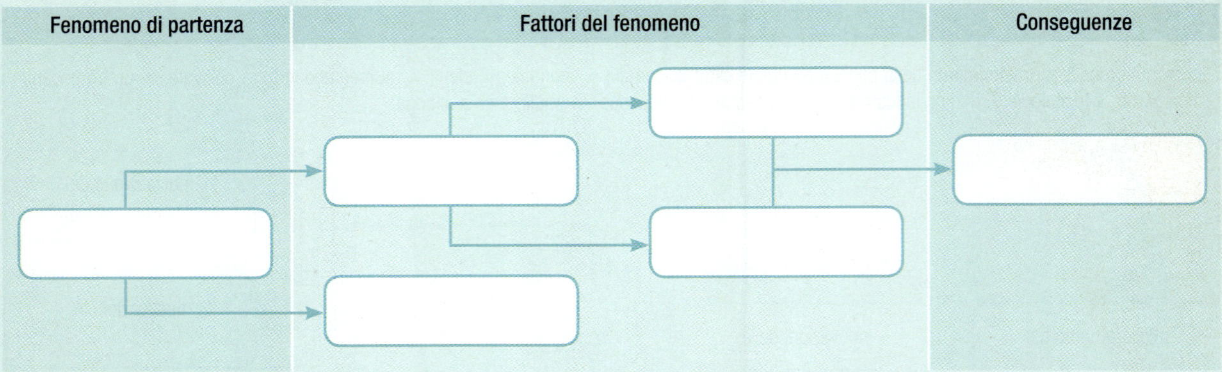

6 **Scrivi un breve testo espositivo, dal titolo *I lati oscuri dello sviluppo europeo*, mettendo in evidenza le contraddizioni e gli aspetti problematici della crescita economica e demografica dell'Europa occidentale dopo il Mille. Oltre a recuperare le informazioni presenti nel capitolo, prova ad avanzare delle ipotesi e delle soluzioni personali.**

Nelle campagne:

a. l'aumento della manodopera consente di mettere a coltura una parte più estesa del territorio, ma in questo modo diminuisce l'incolto che...
b. i signori concedono in affitto parte della riserva signorile. In questo modo diminuiscono le *corvées* ma i poteri feudali...

Nelle città:

c. lo sviluppo del commercio e dell'artigianato porta alla nascita delle corporazioni, associazioni di mestiere che organizzano le attività produttive in modo tuttavia...
d. si formano le istituzioni comunali, a cui possono però partecipare solo... Ne sono infatti esclusi...
e. per arginare le conflittualità interne, si sostituiscono i consoli elettivi con un podestà, che però non sempre riesce...

Complessivamente:

f. l'aumento della popolazione mette in moto una dinamica virtuosa ma, nello stesso tempo, non può avvenire in maniera incontrollata poiché c'è il rischio...

Storiografia

S 1_I caratteri originali del Medioevo

Nei brani che qui proponiamo riportiamo alcune delle posizioni più influenti assunte dagli studiosi nel dibattito sui caratteri originali del Medioevo e sul rapporto di continuità o rottura con l'Antichità. Per **Giuseppe Sergi** occorre anzitutto liberarsi dalle rappresentazioni faziose per cogliere il senso del Medioevo e per studiarne gli aspetti specifici. Per questo motivo lo studioso sollecita una riflessione di natura metodologica e concettuale sul modo in cui una convenzione cronologica, quella di Medioevo appunto, è stata ripetutamente usata con finalità strumentali differenti nel corso dei secoli. Un'attenzione particolare è invece dedicata da **Claudio Azzara** al mondo barbarico: il vasto processo migratorio segnò un punto di rottura definitivo con l'Antichità e pose le basi per l'avvento di una nuova epoca, caratterizzata da dinamiche ed equilibri scaturiti direttamente dall'incontro tra la cultura latina e quella barbarica. In una prospettiva più ampia e integrata, attenta a combinare gli aspetti sociali, politici, religiosi ed economici sul lungo periodo, le specificità del Medioevo sono state infine riscoperte da **Giovanni Vitolo** per la loro portata innovativa: il Medioevo fu infatti una fucina di sperimentazione, contenente i primi germi dell'Europa moderna e della nostra civiltà.

Giuseppe Sergi/Le idee di Medioevo

[G. Sergi, *L'idea di Medioevo. Tra senso comune e pratica storica*, Donzelli, Roma 1998, pp. 11-14]

Riscoprire le peculiarità del Medioevo confutando i tanti "luoghi comuni" diffusi da pubblicazioni divulgative e da interpretazioni storiografiche tendenziose è il filo conduttore del saggio *L'idea di Medioevo* di Giuseppe Sergi (nato nel 1946). Nel brano che riportiamo, lo studioso sottolinea che una così vasta proliferazione di immagini del Medioevo è frutto di una «deformazione prospettica» affermatasi già durante l'Umanesimo. Fu infatti allora che per la prima volta si guardò ai secoli precedenti, non per cogliere le loro peculiarità originali ma per contrapporli alla rinascita culturale in corso. Successivamente, il Medioevo è stato letto in modo strumentale come «residuo», «altrove» mitico, «generica premessa dei secoli successivi», divenendo di volta in volta uno spazio ideale in cui collocare paure, sogni e origini mitiche.

Quella di «medioevo» è una convenzione cronologica che si è andata consolidando nella cultura comune dell'età moderna e contemporanea. Essa trae origine dalle riflessioni degli umanisti del Quattro e del Cinquecento, animati dalla speranza di una nuova era di rinascimento culturale e di ripresa complessiva.
La tendenza di quegli intellettuali a dare un'immagine «buia» di tutto il medioevo [...] è comprensibile ricordando proprio la durezza degli anni da cui erano appena usciti. La mente umana ha una naturale tendenza prospettica. Nel guardare al passato vede in primo luogo ciò che è più vicino, quindi il passato recente, e immagina spontaneamente tutti i secoli anteriori simili a quel passato recente. [...] La fama negativa del medioevo dipende molto da questa deformazione, e molto dalla «crisi» del Trecento: fu

arbitrario per gli umanisti com'è arbitrario oggi immaginare i secoli VIII-XIII del tutto simili allo scenario apocalittico determinato dalle pestilenze e dalle carestie del Trecento. [...]

Ma è dall'idea attuale di medioevo che occorre partire, in particolare dal «luogo comune medioevo» così come è riscontrabile nella cultura diffusa, sia quella alta della manualistica e della divulgazione, sia quella bassa del giornalismo e del linguaggio corrente. La già accennata deformazione prospettica nel rapporto con il passato agisce fortemente nel determinare quel luogo comune. [...]

Un grande esempio di questa deformazione prospettica del passato è il concetto, oggi abusato, di feudalesimo. L'astratto «feudalesimo»[1] è un termine ambiguo che non appartiene al lessico medievale e risulta coniato solo in età moderna. Nel Settecento, i borghesi rivoluzionari definivano in modo spregiativo il feudalesimo come un «residuo medievale». Dal loro punto di vista poco importava che il feudalesimo che essi constatavano non fosse quello «classico» (vassallatico-beneficiario) più tipicamente medievale (privo di una gerarchia piramidale, senza deleghe di potere connesse con l'investitura), ma fosse invece nato da sviluppi ulteriori, estranei alla dissoluzione dell'Impero carolingio e legati piuttosto alla nuova Europa degli Stati nazionali. [...]

Ai nostri giorni il medioevo funziona come un «altrove» (negativo o positivo), o come una «premessa». Nell'altrove negativo ci sono povertà, fame, pestilenze, disordine politico, soperchierie dei latifondisti sui contadini, superstizioni del popolo e corruzione del clero. Nell'altrove positivo ci sono i tornei, la vita di corte, elfi e fate, cavalieri fedeli e principi magnanimi. Ma è anche discutibile l'uso del medioevo come generica premessa (di diversità o di preparazione) dei secoli successivi al XV e di aspetti come il capitalismo, lo Stato moderno, l'ascesa della borghesia, le nuove forme associative. [...]

Sempre alla strumentalizzazione del medioevo come «premessa» è da ascrivere il ricorso ai secoli premoderni per rintracciarvi le «radici», ovvero la fase costitutiva di identità nazionali, regionali, locali. In polemica con l'universalismo settecentesco e con l'internazionalismo novecentesco (perseguito sia nel capitalismo avanzato sia nel cosiddetto socialismo reale), nazionalismi grandi e piccoli, corrispondenti a culture consolidate oppure reinventati per rivendicazioni politiche, trovano nel medioevo «immaginato» (frazionato e confuso, non più romano e non ancora inquadrato nei grandi Stati moderni) lo spazio ideale per collocarvi tradizioni speciali, origini mitiche, spunti di identità etniche, nazionali o anche soltanto regionali. [...]

Dobbiamo constatare dunque che il medioevo dell'odierna cultura diffusa [...] è un medioevo essenzialmente tre-quattrocentesco (un medioevo «finale», dunque), cupo o luccicante a seconda dell'orientamento ideologico di chi lo evoca, teatro di eroi mitici, dinastie ambiziose e popoli oppressi. La ricerca storica del Novecento fa fatica a intaccare nozioni che si sono forgiate attraverso i secoli, accompagnando passo passo il formarsi dell'idea stessa di medioevo.

1. Struttura sociale e amministrativa caratterizzata dal rapporto gerarchico di vassallaggio e dall'economia curtense. Sul feudalesimo > **1**.

Claudio Azzara/L'incontro romano-barbarico alle origini del Medioevo

[C. Azzara, *Le invasioni barbariche*, il Mulino, Bologna 1999, pp. 145-147]

Per il medievista Claudio Azzara (nato nel 1964), le invasioni barbariche giocarono un ruolo di primo piano nell'avvento di un mondo nuovo, irriducibilmente differente rispetto a quello antico. Come illustra il brano che abbiamo scelto, l'incontro dell'Occidente romano con le popolazioni provenienti dai territori euro-asiatici cambiò in profondità gli assetti vigenti: si instaurarono nuovi equilibri socio-politici, si organizzarono nuove forme di solidarietà e nuovi modi di cooperazione. L'espressione più completa di queste trasformazioni furono i regni romano-barbarici che, sostituitisi all'Impero romano d'Occidente, realizzarono una fusione sul piano etnico, politico e ideologico del mondo latino con quello barbaro.

A partire dalla fine del IV secolo rilevanti masse umane rimasero coinvolte, negli immensi spazi euroasiatici, in un vasto fenomeno migratorio, le cui cause di fondo restano nella sostanza imprecisabili e che, spingendole verso occidente con una serie di spostamenti a catena, portò molte di esse ad abbattersi, da ultimo, sui confini dell'impero romano. Molte di queste popolazioni, di natura quanto mai eterogenea [...], non erano del tutto estranee all'ecumene romana, bensì ne costituivano una sorta di periferia, capace di dialogare con il centro e di subirne gli influssi e le suggestioni. [...]

La deposizione dell'ultimo imperatore occidentale[1], nel 476, fu evento meno traumatico per i contemporanei di quanto non sia diventato significativo termine di cesura nella convenzione dei moderni; l'impero, pur mutilato territorialmente, proseguì di fatto la sua esistenza senza soluzione di continuità nella *pars orientis* [parte orientale]. Per i romani dell'Occidente si trattò piuttosto di perseguire nuovi equilibri all'interno dei regni che si erano venuti a creare e di accettare nuovi modi di cooperazione con quei

1. Flavio Romolo Augusto fu deposto dal generale germanico Odoacre.

barbari che la cultura romana, pagana e cristiana, della tarda antichità aveva in larga misura identificato con lo strumento (se non la causa) della fine della propria civiltà. I regni che vengono abitualmente chiamati romano-barbarici[2], a rimarcarne la fisionomia mista sui piani etnico e politico, furono, più che il prodotto di modelli istituzionali tradizionali dei barbari, una creazione scaturita dal determinante incontro con le strutture della romanità e con il bagaglio ideologico di questa e tradirono un carattere di accentuata sperimentazione, nella non facile ricerca di assetti efficaci per situazioni prive di precedenti; proprio a causa di tale empiria e della difformità delle situazioni specifiche, i percorsi e gli esiti furono diversi caso per caso. [...]

L'estremo tentativo esperito da Giustiniano[3], attorno alla metà del VI secolo, di ripristinare l'antica unità dell'impero, ideologica e politica prima ancora che meramente territoriale, recuperando le province mediterranee dell'Occidente, rappresentò un disegno tanto ambizioso quanto destinato a un inevitabile fallimento, dal momento che non sussistevano ormai più le condizioni materiali e le risorse per mantenere sotto un'unica autorità un ambito così esteso; l'immediata perdita di quanto era stato appena conquistato, in seguito all'arrivo dei longobardi in Italia e degli arabi nell'Africa del nord, contribuì a una complessiva contrazione della compagine imperiale – manifesta anche in Oriente – che accelerò il processo di allontanamento politico e culturale del mondo di lingua greca dall'Occidente latino, destinato ad approfondirsi nel tempo. Proprio l'esperienza del regno dei longobardi in Italia, a lungo impropriamente considerata come una semplice parentesi nella storia della penisola, è invece parte integrante e significativa della stessa, si configura come un interessante esperimento di evoluzione (sul piano sociale, oltre che delle istituzioni) della dominazione di una stirpe barbarica [...] nel cuore stesso della romanità; un esperimento che venne però interrotto, sotto il profilo politico, dall'emergere della nuova convergenza di interessi tra il papato, in via di sganciamento da Costantinopoli, e la dinastia dei Pipinidi[4], che andava allora imponendosi sul mondo franco. La progressiva cristianizzazione delle antiche stirpi barbariche giocò un ruolo determinante sia nello stimolare i meccanismi dell'acculturazione delle *gentes* [i clan familiari] sia nel modellare l'ideologia politica e gli assetti istituzionali dei loro regni, fino a dar vita a una nuova solidarietà dell'Occidente nel segno della fede comune e a promuovere l'allargamento dei suoi stessi confini.

---

2. Sulle rovine dell'Impero romano prendono corpo, a partire dal V secolo, una serie di piccole formazioni politiche, i cosiddetti "regni romano-barbarici": romani perché l'amministrazione resta quasi ovunque quella romana; barbarici perché fondati sul predominio della casta guerriera germanica e perché i nuovi arrivati mantengono parte dei propri costumi. Tra i principali ricordiamo quelli dei Franchi, dei Visigoti, dei Vandali, degli Ostrogoti, degli Anglosassoni.
3. Tra il 535 e il 562 l'imperatore Giustiniano I di Bisanzio (482-565) cercò di riconquistare l'Italia. Dopo vicende alterne la penisola fu strappata ai Goti, ma si trattò di una riconquista effimera perché già nel 568 i Longobardi la invasero.
4. I Pipinidi furono una dinastia di nobili franchi che nel corso dell'VIII secolo riuscì ad imporre la sua autorità su tutti i regni dei Franchi. Capostipite dei Pipinidi fu Pipino di Landen, detto "il Vecchio", mentre l'ultimo dei suoi esponenti fu Carlo Martello, fondatore della dinastia carolingia. La convergenza di interessi a cui si allude in questo passo riguarda sia il sostegno che la Chiesa garantì a Carlo Martello nel riorganizzare i regni franchi sotto il suo dominio, sia la vittoriosa battaglia di Poitiers del 732 con cui fu respinta l'avanzata saracena.

Giovanni Vitolo/I caratteri originali di un'età di transizione

[G. Vitolo, *Medioevo. I caratteri originali di un'età di transizione*, Sansoni, Milano 2000, pp. XXXII-XXXV]

Per Giovanni Vitolo (nato nel 1948) il Medioevo fu un'età di trasformazione e un laboratorio di sperimentazione. Pur limitando la sua prospettiva all'Europa di tradizione latino-germanica, e pur non rinunciando a notare come molti degli elementi costitutivi del Medioevo siano ancora oggi parte dell'universo mentale e materiale degli europei, Vitolo nei suoi studi restituisce a quei secoli la loro lontananza e la loro specificità. Le pagine che presentiamo si soffermano sull'individuazione dei caratteri originali complessivi dell'Europa medievale. L'autore li rintraccia nell'importanza dei simboli e del cristianesimo, nella società multietnica e prevalentemente rurale, nella solidarietà latino-germanica e nella prevalenza della società civile sullo Stato.

Il Medioevo ebbe una sua ben precisa identità, grazie alla permanenza in tutta la sua durata di elementi assai significativi. [...]

Il Medioevo fu innanzitutto un'età profondamente religiosa, in cui il messaggio di Cristo permeò tutta la vita pubblica e privata: si giunse così, da un lato, alla diffusione di sentimenti di solidarietà e alla nascita di istituzioni finalizzate all'esercizio della carità, che costituivano una novità assoluta rispetto all'Antichità (diaconie, confraternite, ospizi-ospedali), dall'altro alla compenetrazione, anch'essa del tutto originale, tra autorità politica e autorità religiosa. Nel mondo romano l'autorità politica assorbiva in sé quella religiosa, per cui l'imperatore era anche il pontefice massimo del culto pagano, mentre in età moderna le due autorità sono distinte. Nel Medioevo esse si sostengono a vicenda per un fine che complessivamente è di carattere sacrale, trattandosi della salvezza eterna dei cristiani, della quale i governanti non potevano disinteressarsi, anche se la responsabilità di essa ricadeva soprattutto sui sacerdoti. [...]

L'influenza del messaggio cristiano sulle istituzioni politiche e sociali fu, a sua volta, rafforzata da un'altra compo-

nente della società medievale: lo spirito comunitario delle società germaniche. I Germani, infatti, quando vennero a contatto con il mondo romano, erano portatori di una civiltà che, per quanto influenzata da quella più evoluta dei vicini, era pur sempre improntata a valori diversi da quelli dei Romani. Essi erano sostanzialmente popoli di uomini in armi che, pur ammettendo al loro interno la preminenza di taluni individui e famiglie, non conoscevano le rigide gerarchie sociali dei Romani. [...] Con l'insediamento all'interno dell'impero e il formarsi di estesi patrimoni fondiari ad opera dei capi militari l'originario spirito comunitario dei Germani si affievolì progressivamente, ma non scomparve del tutto o, meglio, non scomparve senza lasciare traccia. Diversamente non ci spiegheremmo lo sviluppo lungo tutto l'arco del Medioevo e a tutti i livelli sociali di istituzioni ispirate a un forte spirito comunitario. Nelle campagne le comunità di villaggio fissavano il calendario delle attività agricole [...] e regolavano l'uso degli spazi incolti destinati all'allevamento del bestiame e alla raccolta dei frutti spontanei. In ambiente urbano le comunità cittadine [...] mantennero, nonostante l'esplodere frequente di lotte intestine, una loro coesione interna. [...] Ma è soprattutto ai livelli intermedi dell'organizzazione sociale che si dispiega appieno lo spirito solidaristico del Medioevo attraverso tutta una serie di istituzioni. [...] A rafforzare la coesione al loro interno contribuiva in primo luogo la parrocchia, i cui confini coincidevano spesso con quelli del quartiere. [...] Quartiere e parrocchia erano per lo più anche l'ambito all'interno del quale operavano confraternite e clan familiari. [...] Un raggio di azione più ampio avevano invece le arti o corporazioni, che riunivano tutti coloro che svolgevano lo stesso mestiere. [...]
A cementare lo spirito di appartenenza contribuivano non solo riti religiosi e manifestazioni pubbliche, ma anche segni esteriori di ogni tipo, quali bandiere, gonfaloni, stemmi, divise, nonché edifici religiosi e civili. Innanzitutto la cattedrale, simbolo per eccellenza della comunità cittadina. [...] Il simbolismo non riguarda però solo alcuni elementi materiali, ma caratterizza il modo complessivo di porsi dell'uomo medievale nei confronti della realtà che lo circonda, nella quale egli vede dappertutto l'impronta della mano di Dio. [...] Il Medioevo fu inoltre [...] un mondo essenzialmente rurale, nel quale la stragrande maggioranza della popolazione traeva dalla terra i mezzi di sostentamento e viveva inserita in rapporti sociali ed economici regolati soprattutto dalla consuetudine. Nelle campagne aveva la base del suo potere e della sua ricchezza il ceto sociale che ebbe un'egemonia incontrastata: la nobiltà, la quale trovò a partire dalla fine del secolo VIII la sua espressione più completa e originale nel feudalesimo. La funzione originaria dei feudatari fu quella di prestare al sovrano un servizio militare altamente qualificato. [...] Col tempo però i feudatari [...] finirono con il diventare anche signori degli uomini che vivevano sia sulle terre avute in feudo sia su quelle vicine, configurandosi nei loro confronti come titolari di poteri di natura pubblica: poteri che i sovrani finivano prima o poi con il riconoscere, non avendo i mezzi per far sentire in altro modo la loro presenza sul territorio. L'elemento infatti che meglio caratterizza il Medioevo è la scarsa incidenza dello Stato nella vita della società. [...] In altri termini, i fenomeni di patrimonializzazione delle cariche dello spazio del potere [...] non comportarono affatto la perdita della nozione di ordinamento pubblico, ma solo forme peculiari del suo funzionamento. Le istituzioni politiche dell'Europa medievale di tradizione latino-germanica, lontane da quelle antiche e da quelle statuali moderne, non sono assimilabili a quelle che allora cominciavano a nascere in territori che mai avevano conosciuto in precedenza forme di ordinamento politico, ma erano piuttosto l'adattamento delle istituzioni a nuovi bisogni. [...]
Tutti questi elementi [...] costituirono [...] un cosmo, le cui diverse componenti – sociali, politiche, religiose, economiche – si combinarono tra di loro in modo assai vario e dando vita di volta in volta a equilibri sempre dinamici.

ANALIZZARE E COMPRENDERE

1 **In cosa consiste, secondo Sergi, la «deformazione prospettica» messa in atto dagli umanisti verso la civiltà dei secoli precedenti? Quali sono le conseguenze di un approccio storiografico miope e parziale sulla periodizzazione e sulla comprensione di eventi e civiltà?**

2 **Qual è stato, secondo Azzara, un fattore significativo per l'assimilazione dei popoli barbari nel tessuto politico-culturale della civiltà occidentale?**

3 **Quali sono i segni materiali e i simboli culturali del nuovo spirito comunitario espresso dalla società medievale secondo Vitolo?**

CONFRONTARE E RIELABORARE

4 **Indica (in un testo di max 20 righe) gli ambiti di indagine, studio e ricerca a cui secondo te dovrebbe fare riferimento lo storico per pervenire a una visione dei caratteri originali del Medioevo che sia il più possibile aderente alla realtà storica.**

5 **Elabora un testo (max 20 righe) in cui illustri gli elementi ideologici, politici, economici e sociali che differenziano la civiltà medievale da quella romana attraverso i quasi mille anni della sua durata.**

S/2_Le basi della società medievale

In questo percorso storiografico si analizzano alcuni caratteri ritenuti costitutivi della società e della mentalità medievale. Nel primo brano **Régine Pernoud** si focalizza sul sistema delle consuetudini, intese come usanze divenute, col passare del tempo e attraverso la pubblica accettazione, vere e proprie norme sociali, e sui legami di tipo personale che legano di norma i componenti della società. La spiritualità cristiana, che pervade tutti gli aspetti della società medievale, è invece al centro del secondo brano, tratto da un libro di **Paolo Delogu,** in cui tuttavia si mette in dubbio la visione tradizionale di un Medioevo compattamente cristiano per riportare alla luce le continue tensioni e conflittualità a cui la Chiesa fu sottoposta. Nel terzo brano, infine, **Vito Fumagalli** mette in relazione tra loro le condizioni di vita materiali dei primi secoli del Medioevo con la formulazione di nuovi sistemi di valori. "Decadenza" economica e regressione agricola da un lato, guerre, epidemie e cataclismi climatici dall'altro, non poterono che influenzare il pensiero degli uomini e delle donne verso un cupo pessimismo.

Régine Pernoud/Consuetudini e legami personali: le basi su cui si fonda la società medievale

[R. Pernoud, *Medioevo. Un secolare pregiudizio* (1977), trad. it. di M. Bianchi, Bompiani, Milano 2005, pp. 70-73]

In questo passo Régine Pernoud (1909-1998) individua nel diritto consuetudinario una delle componenti basilari della società medievale. Una serie di usanze, accettate per un certo periodo, divennero vere e proprie consuetudini che, consacrate dal tempo, finirono per acquistare un'autorità non più discutibile. Accanto alle consuetudini, la società feudale si basa poi su rapporti di tipo personale, su impegni, cioè, presi tra uomo e uomo e non trasmissibili automaticamente ad altri. In questa ottica, la storia medievale trascorre tra continue alleanze che si annodano e si snodano.

È un altro ordine, diverso dall'ordine imperiale, quello che va instaurandosi in questi secoli che vengono considerati i più bui di un'epoca di tenebre – i secoli che vanno all'incirca dalla caduta dell'Impero romano (V secolo) alla restaurazione dell'Impero d'Occidente operata da Carlomagno circa trecento anni dopo. Durante tutto questo periodo, e nonostante le trasformazioni, tra cui la più importante fu la grande convulsione verificatasi in tutto il mondo conosciuto con l'irruzione dell'Islam – il «terrore saraceno» sovente menzionato nelle carte, l'ordine feudale sostituisce dappertutto in Europa l'antico ordine imperiale. L'autorità che Carlomagno tenta di restaurare non può che sancire uno stato di fatto: ossia questo, che il potere un tempo concentrato in un preciso luogo, espressione di una determinata volontà, non esiste più. Ora regnano soltanto i poteri locali; quel che viene chiamato potere pubblico s'è frammentato e disseminato in una moltitudine di cellule, che vorremmo dire indipendenti se questo termine non significasse per noi la facoltà di agire ognuno secondo il proprio capriccio individuale. Mentre ogni volontà individuale viene ora a trovarsi limitata e determinata da quella che fu la grande forza dell'Età feudale: la *consuetudine*. A misconoscerne la consuetudine, non si capirà mai che cosa esattamente fosse questa società feudale; consuetudine: ossia l'insieme di usanze nate da fatti concreti e che derivano la loro autorità e potere dal tempo che le consacra; la sua dinamica è quella della tradizione: la quale è un dato, ma un dato vivente, non impietrito, sempre suscettibile di evoluzione senza essere mai sottomesso a una singola volontà particolare. [...]

Appunto di questo era fatta la consuetudine medievale: le usanze sono introdotte sotto la pressione delle circostanze, alcune cadono in disuso, altre sono immediatamente combattute, altre ancora, infine, sono accettate, o anche solo tollerate, dall'insieme del gruppo, e ben presto acquistano la loro forza di *consuetudine*. Fu così che i tributi censuari, per esempio, canoni e fitti, furono assai presto fissati, in maniere diversissime, a seconda dei fondi e dominii. Ora, una volta accettati dalle parti, e una volta percepiti per un certo periodo di tempo, non si poteva più trattare la loro abolizione: bisognava attendere che sparissero da sé. La consuetudine, l'usanza vissuta e tacitamente approvata, reggeva la vita del gruppo umano e opponeva le sue barriere ai capricci del singolo. [...]

Tali, molto sommariamente delineate, le basi di quella società feudale così radicalmente diversa da tutto ciò che conosceremo in seguito come forme sociali. Per esempio, essa ammette la guerra privata, ossia il diritto per il gruppo di vendicare l'offesa subita da uno dei suoi membri e ottenere riparazione. Tanto che nell'evocare la società feudale, è bene prendere l'abitudine di pensare piuttosto per lignaggi, casate e famiglie, anziché per singoli individui. Nondimeno, questa stessa società si basa proprio su dei legami personali, da uomo a uomo; con essi ci si impegna verso un dato signore; se un incidente sopraggiunge, l'impegno preso va rinnovato. E così scorre la storia dei tempi feudali, fatta di giochi di alleanze che si annodano e snodano; qui un vassallo [...] ha prestato l'omaggio al suo signore, ma in seguito si rende colpevole d'infedeltà; là un altro, dopo aver prestato l'omaggio al padre, rifiuta di fare lo stesso con il figlio... Le guerre feudali, che non somigliano affatto alle guerre della nostra èra moderna, traggono origine da questo tessuto, estremamente intricato e complesso, di impegni personali che, con le tradizioni comunitarie, costituiscono la società del tempo.

Paolo Delogu/Medioevo cristiano

[P. Delogu, *Introduzione alla storia medievale*, il Mulino, Bologna 2003, pp. 87-90]

In questo passo Paolo Delogu (1938-1997) pone al vaglio la definizione comunemente accettata di un Medioevo inteso come età della fede, in cui la Chiesa cattolica riuscì a guidare e ad influenzare facilmente non solo le coscienze dei fedeli, ma anche gli indirizzi sociali e la produzione culturale. Dopo aver illustrato come le concezioni cristiane della creazione, del peccato e della salvezza ultraterrena abbiano effettivamente permeato tutte le espressioni e le azioni umane, l'autore passa a mettere in luce i diversi campi di tensione e le numerose conflittualità che il cristianesimo medievale si trovò ad affrontare e che rimasero in parte irrisolti.

Il Medioevo viene spesso definito l'età della fede; l'età in cui la religione cristiana diffusa dalla chiesa cattolica guidò le anime e le menti e influenzò senza contrasti l'organizzazione della società e l'elaborazione della cultura. E dunque il Medioevo sarebbe stato un'epoca di certezze e di coerenza spirituale, ancorché a prezzo di una mancanza di critica e di una ingenuità fiduciosa, rispetto alla quale l'età moderna si caratterizzerebbe per lo spirito critico, che riconosce solo la ragione come strumento e metro della verità, ma con i corollari della mancanza di riferimenti assoluti e dell'individualismo.

Questa concezione è attendibile nel senso che effettivamente le concezioni cristiane sulla creazione, il peccato, la redenzione resa possibile dal sacrificio di Cristo e la salvezza ultraterrena come fine supremo di ogni attività e ogni istituzione umana, costituirono i riferimenti essenziali della vita intellettuale e morale dell'epoca medievale, non solo nel campo delle credenze propriamente religiose, ma anche nell'interpretazione del mondo fisico, dell'ordine sociale, del potere politico, nella riflessione sulla storia e sui destini dell'umanità. E forse l'influenza del cristianesimo fu ancor più profonda nel campo dell'educazione morale e sentimentale, attraverso la raccomandazione della virtù spirituale della carità, intesa non solo nel senso di commiserazione o elemosina, ma soprattutto, secondo il precetto evangelico, di amore del prossimo, che deriva dal riconoscimento pratico della fraternità di tutti gli uomini, in quanto figli di un unico padre e tutti riscattati da Cristo. [...] Illustrata e predicata dalla chiesa, l'etica della carità ebbe un ruolo fondamentale nella mitigazione dei costumi e nella definizione, almeno teorica, dei fini delle organizzazioni sociali e politiche medievali.

Questo non significa però che nel Medioevo l'esperienza della vita cristiana sia stata facile o consolante. Al contrario, la pratica religiosa, la vita della chiesa, tutto ciò che aveva attinenza con l'esercizio della vita cristiana e il conseguimento della salvezza, furono materia di continue, preoccupate verifiche e persino di conflitti, che rendono la storia del cristianesimo medievale tormentata e spesso drammatica.

La possibilità di condurre una vita conforme alle indicazioni di Gesù nei vangeli si pose come problema fin dai primi tempi del cristianesimo. La pratica del monachesimo fu una risposta che indicava nella separazione dal mondo e nell'adozione di regole di vita particolari la condizione per realizzare la vocazione cristiana. [...]

Lo stesso monachesimo fu continuamente percorso da un'inquieta riflessione su se stesso, sulla congruenza dei mezzi al fine, che si espresse nelle successive riforme dell'ordine benedettino, nella sperimentazione di nuove forme di ascesi, nella discussione sulla funzione del monaco all'interno della società cristiana. D'altra parte nella tradizione cristiana la pratica delle virtù spirituali non è da sola sufficiente alla salvezza: un complemento indispensabile è costituito dai sacramenti, atti rituali attraverso cui il credente riceve lo Spirito Santo e con esso la grazia divina. I sacramenti peraltro possono essere impartiti solo da persone che hanno ricevuto una particolare consacrazione – anch'essa un sacramento – grazie alla quale diventano mediatori dello Spirito. [...]

La funzione sacramentale del clero costituì però un fattore di turbamento per la cristianità medievale. Ci si interrogò sulle condizioni che rendono il sacerdote capace di impartire validamente i sacramenti, ravvisandole nella purezza della vita e nella competenza dottrinale. Ma si giunse anche a mettere in discussione la necessità della mediazione ecclesiastica, sia nella predicazione del messaggio evangelico, sia nell'amministrazione dei sacramenti, ritenendo sufficiente l'osservanza dei precetti evangelici per la realizzazione della vita cristiana. Posizioni estreme giunsero a negare la funzione dei sacramenti per la salvezza del credente. [...]

A queste difficoltà la chiesa cercò una soluzione, nella seconda metà del Medioevo, organizzandosi come apparato giuridico, politico, economico, culturale chiuso, separato all'interno della società cristiana, su cui cercò di esercitare un ferreo controllo ideologico, rivendicando la funzione non solo di guida in materia spirituale, ma anche di sindacato e governo in campo politico e sociale. [...]

Anche il sistema dottrinale basato sulla fede fu soggetto a incertezze e inquietudini. Quando con la più larga circolazione dell'informazione culturale si diffuse un complesso di concezioni risalenti alla filosofia greca, riguardanti la natura, il mondo, l'uomo, che finivano per configurare un sistema di interpretazione dell'universo alternativo a quello cristiano, si affermò il problema dell'uso di tali conoscenze. La chiesa compì uno sforzo poderoso per assorbirle nella propria dottrina, cristianizzandole. Tuttavia esse conservarono il loro carattere eteronomo e la loro suggestione per la speculazione filosofica e scientifica, dando luogo in molti casi alla singolare dottrina della doppia verità, una fondata sulla ragione, l'altra sulla fede, che non era un espediente ipocrita per fuggire le responsabilità del pensiero, ma l'affermazione dell'esistenza di due sistemi di conoscenza paralleli, inconciliabili ed egualmente validi, che peraltro metteva in crisi l'unità della coscienza cristiana.

La caratterizzazione del Medioevo come età della fede può insomma essere mantenuta, ma solo per dire che l'epoca fu caratterizzata dalla continua e tormentata ricerca dei modi di realizzare la vita cristiana, senza però approdare a una conclusione definitiva o a soluzioni istituzionali soddisfacenti.

Vito Fumagalli/**Strutture materiali e sistemi di valori**

[V. Fumagalli, *Ad Occidente. L'entità Europa nell'alto Medioevo*, in *Storia d'Europa*, vol. III, *Il Medioevo. Secoli V-XV*, a cura di G. Ortalli, Einaudi, Torino 1994, pp. 341-344]

In questo passo Vito Fumagalli (1938-1997) mette in relazione la decadenza delle strutture materiali che gli uomini e le donne dell'alto Medioevo incontrarono nella loro esperienza quotidiana con la formazione di un nuovo sistema di valori, che ci permette di parlare di un vero e proprio cambiamento di civiltà rispetto all'epoca antica. La regressione degli spazi coltivabili, l'avanzare delle foreste e delle paludi, l'abbandono delle città, un brusco peggioramento climatico, guerre ed epidemie rappresentarono per diversi secoli il contesto naturale con cui uomini e donne si trovarono a fare i conti quotidianamente. Da qui quel senso perenne di paura e di incertezza che caratterizza il pensiero medievale.

Nei secoli che segnano il passaggio dall'Antichità al Medioevo si definisce e matura in tutto l'Occidente una diversa civiltà, in cui domina sotto tanti aspetti la campagna. [...]

L'agricoltura regredisce e le terre si coprono di nuovo (come non erano da secoli) di foreste, brughiere, paludi. All'interno delle stesse città si insinuano alberi, cespugli selvatici, prati; le mura, le case vanno in rovina, la popolazione diminuisce. Molte città scompaiono. Le strade che le univano sono invase dalla vegetazione, dissestate. Il paesaggio assume sempre più l'aspetto di una landa desolata, con insediamenti piccoli, solitari, impoveriti. È, tuttavia, un cambiamento di civiltà: non solo decadenza ma anche nuovo modo di affrontare le cose. Gli uomini abbandonano le città: a quel tempo anche il monachesimo ha soprattutto il significato di un esodo, alla ricerca del diverso e del nuovo, nella volontà di ricominciare fuori dalle mura urbane (gli ambiti tradizionali che vanno sempre più perdendo di valore e significato).

La «decadenza» economica si intreccia con quella culturale, con il venir meno progressivo di un già complesso sistema di vita associata espresso soprattutto dalle città, parallelamente all'affacciarsi di nuovi valori, economie, società, nei quali l'antico era fortemente assorbito. La nascita di nuove credenze pagane e il rafforzarsi delle antiche sono anche conseguenze e cause del mutamento. L'età di trapasso, nell'incertezza dei sistemi di valori e delle strutture, rende gli uomini paurosi, a vari livelli; ciò si verifica anche di fronte ad una natura ritornata selvaggia, difficilmente controllabile. Si spiano, più che nel passato, nei fenomeni celesti i segni annunciatori delle calamità che un'economia ancora debole e in gestazione non può che favorire. Gregorio, vescovo di Tours, nel secolo VI, scrive: «i primi giorni di Ottobre, il sole si oscurò e non ne rimase luminoso nemmeno un quarto... la stella, che chiamano cometa, dotata di una coda a forma di spada, brillò un intero anno sopra la regione e si vide il cielo in fiamme e molti altri segni straordinari». E «ci fu una tale epidemia in tutto il territorio che non si riuscì a stimare quanti furono i morti».

Del resto, l'ambiente fisico, in gran parte, insieme agli avvenimenti politici e militari, rafforzavano il pessimismo degli uomini di chiesa, già inclini ad esso per professione. Il clima era peggiorato già da molto tempo, dalla tarda Antichità fino ai primi secoli del

Medioevo. Al freddo si accompagnò la piovosità, che favorì l'espansione del faggio e degli alberi in genere su aree vastissime, favoriti dallo spopolamento e dall'abbandono in grandi spazi dell'agricoltura.
Questi fenomeni climatici toccarono il fondo nel secolo VI, quando altri, di più o meno lunga durata, si assommarono ad essi.
In Italia divampò la guerra fra Goti e Bizantini (dal 535 al 553), seguita dall'invasione dei Longobardi (568 o 569) e dal conflitto, lungo e ostinato, fra questi e i Bizantini, sino all'anno 600 circa, e oltre pur con punte meno alte. In Gallia, le lotte tra i re franchi non avevano quasi fine. La peste colpì l'Europa centromeridionale dalla metà circa del secolo VI, con un'ondata tremenda subito, e poi in modo intermittente e con ritorni della malattia nei due secoli successivi. Pavia, divenuta capitale militare e amministrativa dell'Italia dal 540, quando i Goti presero Ravenna, rimasta poi tale per tutto l'alto Medioevo per il territorio prima longobardo e poi carolingio, nel secolo VII fu abbandonata dagli abitanti in occasione di un'epidemia gravissima di peste inguinale (ce ne parla a lungo Paolo Diacono). Calamità, guerre, fenomeni sovrannaturali spiati nel cielo e sulla terra e, soprattutto, quel senso di paura e di colpa che spinge a propiziarsi le reliquie dei santi, riempiono le cronache dei primi secoli medievali. Al di là del moralismo degli ecclesiastici che le scrivono, delle ripetizioni stilizzate, delle analogie bibliche, delle esagerazioni, esse hanno rispondenza con la realtà costantemente osservata, da un'alluvione ad una siccità ad una guerra disastrosa.

ANALIZZARE E COMPRENDERE

1 **In quale modo la legge non scritta della consuetudine (già norma per la società romana dei primi secoli e per i popoli germanici) riusciva ad arginare gli arbitri e le prevaricazioni dei singoli?**

2 **In cosa consiste la teoria della doppia verità e quale conflitto dottrinale tenta di risolvere?**

3 **Quali sono le cause per le quali, tra V e VI secolo, gli uomini abbandonano le città, fino ad allora poli di attrazione propulsivi e dinamici?**

CONFRONTARE E RIELABORARE

4 **In un testo di max 20 righe illustra le criticità che minavano la compattezza del cristianesimo medievale e i modi in cui la Chiesa le affrontò.**

5 **I brani di Pernoud e Fumagalli qui proposti concentrano la loro attenzione sui secoli V-VI dell'alto Medioevo. Prova a integrare, in un testo di max 20 righe, gli aspetti essenziali individuati dai due autori nel periodo, evidenziando le diverse sfumature interpretative.**

S 3_I rapporti clientelari nella società feudale

Negli ultimi sessant'anni alcuni dei contributi più importanti alla discussione sui rapporti clientelari nella società feudale sono venuti dall'esperienza delle «Annales», rivista francese di storia di cui **Marc Bloch** è stato uno dei fondatori nel 1929. Isolando con chiarezza i rapporti vassallatico-feudali e circoscrivendoli al Medioevo occidentale, Bloch li distingue sia dal moltiplicarsi dei poteri di origine regia, sia dai vincoli di subordinazione delle classi inferiori. Egli inoltre nota che alla base dei rapporti feudali si collocavano legami di dipendenza personale, che rispondevano ai bisogni di un particolare ambiente sociale e si esprimevano in cerimonie come quella dell'«omaggio». Muovendo da questi presupposti e ispirandosi alla lezione di Bloch, **Robert Boutruche** riprende la definizione di feudalesimo analizzandola in una stretta comparazione con i rapporti signorili. A seguire il rinnovamento tematico e metodologico promosso dalla storiografia francese delle «Annales» è anche **Giovanni Tabacco**. Nei suoi studi i rapporti clientelari sono messi in corto circuito con la sfera giuridico-sociale, con le strutture politico-istituzionali e con le situazioni socio-economiche della società feudale.

Marc Bloch/L'«omaggio», il fondamento del rapporto vassallatico

[M. Bloch, *La società feudale* (1939), trad. it. di B.M. Cremonesi, Einaudi, Torino 1987, pp. 172-174]

Nella sua opera più complessa, *La società feudale*, Marc Bloch (1886-1944) studia il feudalesimo all'interno di un quadro globale sulla società francese del IX-XIII secolo. Del suo capolavoro riportiamo alcune pagine relative alla descrizione dell'«omaggio», del suo rituale e della sua funzione specifica. L'«omaggio» era l'atto che creava la relazione di vassallaggio, nel suo duplice aspetto di dipendenza e di protezione. I gesti compiuti durante la cerimonia rimarcavano la sottomissione di un uomo al suo «signore», il dovere di aiuto e di obbedienza a cui giurava di adempiere. Se in un primo momento il rito, di origine germanica, era privo di alcun riferimento a Dio, tale aspetto venne introdotto in età carolingia e divenne uno dei momenti salienti dell'«omaggio».

Ecco, l'uno di fronte all'altro, due uomini: l'uno che vuol servire, l'altro che accetta e desidera d'essere capo. Il primo congiunge le mani e le pone, così unite, in quelle del secondo: chiaro simbolo di sottomissione, il cui senso era talvolta ancor più accentuato dall'atto d'inginocchiarsi. Il personaggio che offre le mani pronuncia nel medesimo tempo alcune parole, molto brevi, con le quali si riconosce «uomo» di colui che gli sta davanti. Quindi, capo e subordinato si baciano sulla bocca: simbolo di accordo e di amicizia. Questi i gesti – molto semplici e, appunto per ciò, supremamente adatti a commuovere animi tanto sensibili alle apparenze – che servivano ad annodare uno dei più forti legami sociali che abbia conosciuto l'età feudale. La cerimonia, cento volte descritta o ricordata nei testi, sui sigilli, su miniature, su bassorilievi, si chiamava *omaggio* (in tedesco, *Mannschaft*). Per designare il superiore che essa creava, si usava il semplice nome, assai generale, di «signore». Il subordinato è spesso chiamato, semplicemente, «l'uomo» di questo signore. Talvolta, con maggior precisione, il suo «uomo di bocca e di mani». Ma vengono usati anche termini più specifici: *vassallo* o [...] *accommendato*.

Così concepito, il rito era privo di qualsiasi impronta cristiana. Una simile lacuna, spiegabile in forza delle lontane origini germaniche del suo simbolismo, non poteva sussistere in una società in cui non era quasi più possibile ammettere come valida una promessa che non avesse per garante Dio. Lo stesso omaggio, nella sua forma, non venne mai modificato; ma, a quanto pare, sin dall'età carolingia, gli si sovrappose un secondo rito, propriamente religioso: con la mano stesa sul Vangelo o sulle reliquie, il nuovo vassallo giurava fedeltà al signore. Era la cosiddetta «fede» (in tedesco *Treue* e, anticamente, *Hulde*). Il cerimoniale si svolgeva dunque in due tempi. Le due fasi, tuttavia, avevan tutt'altro che lo stesso valore.

La «fede», infatti, nulla aveva di specifico. Mille erano le ragioni che esigevano il giuramento di fedeltà, in una società sconvolta, dove la diffidenza costituiva una regola e l'appello alle sanzioni divine sembrava uno dei rari freni aventi una certa efficacia. Veniva prestato, all'atto di entrare in carica, dagli ufficiali regi o signorili di qualsiasi classe. Era volentieri richiesto dai prelati ai chierici; talvolta dai signori terrieri ai contadini. A differenza dell'omaggio che, impegnando di colpo l'uomo tutto intero, era ritenuto generalmente non rinnovabile, questa quasi banale promessa poteva esser ripetuta più volte nei confronti della stessa persona. C'erano dunque parecchi atti di «fede» senza omaggi. Ma non conosciamo omaggi senza «fede». Inoltre, quando i due riti erano congiunti, la superiorità dell'omaggio risaltava altresì dal posto che occupava nella cerimonia: avveniva sempre per primo. Era, d'altronde, il solo a far intervenire, in stretta unione, i due uomini; la fede del vassallo costituiva un obbligo unilaterale, a cui raramente rispondeva, da parte del signore, un giuramento parallelo. L'omaggio, in una parola, era il vero creatore della relazione di vassallaggio, sotto il suo duplice aspetto di dipendenza e di protezione.

Il nodo stretto in tal modo durava, teoricamente, quanto le due vite che congiungeva. Si dissolveva, invece, appena la morte poneva fine all'una o all'altra delle due esistenze. Per vero, vedremo che in pratica il vassallaggio si convertì ben presto in una condizione generalmente ereditaria. Questo stato di fatto permise tuttavia, alla regola giuridica, di sussistere intatta sino alla fine. Poco importava che il figlio del vassallo morto prestasse ordinariamente il suo omaggio al signore che aveva accolto quello del padre; che l'erede del signore precedente ricevesse, quasi sempre, gli omaggi dei vassalli paterni: non era necessario rinnovare il rito ogni volta che si modificava la composizione della coppia. L'omaggio, inoltre, non poteva essere offerto né accettato per procura: gli esempi opposti datano tutti da un'epoca assai tarda, quando s'era ormai quasi perduto il significato dei vecchi gesti. In Francia, nei confronti del re, questa facoltà acquistò valore legale solo sotto Carlo VII[1], e per giunta non senza molte esitazioni. Tanto inseparabile appariva il legame sociale dal contatto quasi fisico che la formalità dell'atto stabiliva tra i due uomini.

Il generale dovere di aiuto e di obbedienza, imposto al vassallo, era

1. Carlo VII (1403-1461) fu re di Francia dal 1422 al 1461.

comune a chiunque fosse divenuto «l'uomo» di un altro uomo. Vi si introducevano tuttavia obblighi speciali. [...] La loro natura rispondeva a condizioni di classe e di genere di vita determinate assai rigidamente. I vassalli, infatti, nonostante grandi diversità di ricchezza e di prestigio, non venivano reclutati indifferentemente in qualsiasi ceto della popolazione. Il vassallaggio era la forma di dipendenza propria delle classi superiori, caratterizzate anzitutto dalla vocazione guerriera e di comando.

Robert Boutruche/Signoria e feudalesimo

[R. Boutruche, *Signoria e feudalesimo. Ordinamento curtense e clientele vassallatiche* (1968), trad. it. di M. Sanfilippo, il Mulino, Bologna 1974, pp. 24, 295-299]

In uno studio comparato tra feudalesimo e signoria l'allievo di Marc Bloch, Robert Boutruche (1904-1975), ripercorre la genesi e la strutturazione di queste due diverse relazioni di potere e afferma che a contraddistinguere la società medievale furono i poteri signorili. Da alcuni passi significativi, che abbiamo qui riportato, si evince che i rapporti signorili non erano delegati dall'alto, bensì si formavano più o meno spontaneamente dal basso. Essi inoltre promossero relazioni economiche e sociali peculiari, basate su uno stretto legame con la terra e su un vincolo impersonale con il signore. Il feudalesimo, viceversa, metteva in gioco una relazione eminentemente personale, fondata sulla dedizione, sull'onore, sulla vendetta, e si strutturava come un'organizzazione peculiare della classe aristocratica.

La signoria rurale è nata prima del feudalesimo e gli è sopravvissuta. Inoltre la sua area d'estensione in tutto il mondo fu molto più vasta, poiché i signori esercitavano il loro potere su gruppi di contadini senza essere essi stessi impegnati in legami personali. Signoria e feudalesimo differiscono per la loro stessa natura, per gli obblighi che comportano, per i rapporti sociali che mettono in gioco. Meno radicato nella terra della signoria, il feudalesimo è stato maggiormente sottoposto alle fluttuazioni dell'ambiente e alle influenze esterne; ma non avrebbe potuto durare senza la base materiale offertagli dalla signoria. I due organismi si sono aiutati e sorretti reciprocamente per un lungo periodo di tempo; essi hanno incrociato le loro linee e ricevuto l'uno dall'altro forza e caratteristiche nuove. [...]

In epoca romana, delle proprietà avevano l'aspetto di immense riserve lavorate da schiavi e salariati, come i *latifundia*. [...]

Tuttavia, un altro metodo ha prevalso durante l'Alto Medio Evo in numerose regioni francesi, tedesche e italiane: la fornitura non soltanto di canoni ma di servizi che imponevano ai contadini un andirivieni tra le loro terre e quelle dei proprietari.

È principalmente su questo tipo che si è inizialmente innestata la signoria rurale: gruppo economico subordinato a un signore che reclamava il soccorso delle sue braccia e una parte delle sue entrate; gruppo sociale e politico legato a lui da vincoli personali e reali, derivanti di solito dall'eredità e dalla consuetudine, piuttosto che da contratti individuali. Sua caratteristica originale è che la signoria pone gli uomini sotto un'autorità privata; essa si sostituisce al potere pubblico in proporzioni che variano con l'estensione delle sue prerogative e con lo stato giuridico dei contadini sottomessi alla sua legge. [...]

La signoria rurale lega dei contadini a un signore. Il feudalesimo va oltre: esso unisce i signori tra loro con vincoli che colpiscono sempre le loro persone, spesso anche i loro beni e i loro poteri; prende inoltre nel suo ingranaggio uomini senza terra impegnati soltanto dal loro giuramento. [...]

Il feudalesimo è successo a due regimi: quello della tribù, importato dai Celti e dai Germani; quello dello stato secondo le concezioni romane, poi carolinge. Esso è sorto in parte per il loro sgretolamento, ha mescolato le loro sopravvivenze e si è impregnato delle loro lezioni, adattandosi ai bisogni degli uomini per i quali era fatto; ha preso in prestito dalla civiltà della tribù e del clan un carattere fondamentale: le solidarietà di lignaggio, e alcuni sentimenti primitivi: repugnanza per lo scritto, attaccamento al formalismo e ai riti simbolici, gusto dei contatti personali e della vita in comune. Dallo stato ha ereditato la nozione, invero fluttuante, di un potere superiore, vestigio dell'autorità pubblica; si è costruito sulle sue rovine dopo aver accelerato la sua caduta. [...]

Il regime feudale ha ispirato metodi fondati non sulla «legge», ma sulla dedizione personale, sull'onore, sulla vendetta: lasciato a se stesso, ha fornito ai suoi capi un'autorità fragile e limitata, capeggiato dalla monarchia si è rivelato uno strumento efficace di potere. [...]

Il feudalesimo infine è una organizzazione di classe, una «solidarietà verticale», una società in maggioranza aristocratica, stretta intorno a capi locali: società di uomini socialmente ineguali ma distinti dagli uomini «comuni» grazie alla loro vocazione militare, al loro patrimonio, ai loro diritti di comando; società di potenti i quali «sia direttamente, sia anche tramite terzi ai quali sono notoriamente vincolati, sono in grado di intimidire o di sedurre con la promessa di un beneficio». Per la maggior parte incolti, sensibili al prestigio, amanti della caccia, della buona tavola, delle belle stoffe e delle armi riccamente ornate, praticanti il reciproco aiuto bellico e conducenti una esistenza collettiva, essi hanno attinto nella cavalleria una coscienza di classe, un codice d'onore e un modo di vivere. Al di sotto di questi, vincolati al loro destino e faticando per loro, i contadini dipendenti si abbarbicano alla signoria.

Giovanni Tabacco/Il vassatico: un istituto clientelare dell'età franca

[G. Tabacco, *Il feudalesimo*, in L. Firpo, *Storia delle idee politiche, economiche e sociali*, vol. II/2, *Il Medioevo*, a cura di O. Capitani, M. Delle Piane *et al.*, Utet, Torino 1983, pp. 62-64]

Il tema della dissoluzione dell'autorità pubblica è al centro degli studi sul feudalesimo condotti da Giovanni Tabacco (1914-2002), uno dei più grandi medievisti italiani. Delle sue ricerche riportiamo un passo relativo all'origine delle clientele vassallatiche dell'età franca. Nate dal vuoto istituzionale lasciato dalla caduta dell'Impero romano, forme di clientelismo come il vassatico si rafforzarono rapidamente durante l'VIII secolo. In mezzo alle inquietudini e alle trasformazioni socio-politiche dell'epoca, il vassatico si impose come collegamento stabile e intimo, capace non solo di garantire una forma di aiuto e di assistenza bilaterale, ma anche di ripristinare la solidarietà militare, attraverso un giuramento di fedeltà che impegnava totalmente la persona.

Nel VI e nel VII secolo il rapporto personale di grado più elevato era la *trustis*, prosecuzione franca su suolo gallo-romano dell'antico *comitatus*, largamente diffuso fra le stirpi germaniche: la comitiva di guerrieri scelti, per lo più giovani, che seguiva ovunque il re ed era normalmente mantenuta alla sua corte. [...] Altri uomini, di origine talvolta assai umile, entravano nel patrocinio personale – il *mundeburdium* – del re o di singoli potenti, promettendo obbedienza e servizio a condizione di ricevere aiuto e assistenza, con specificazione talvolta del mantenimento [...] in forma [...] per lo più contrattuale. Era questa la normale *commendatio* che un uomo faceva di sé nelle mani di un altro, impegnandosi a un servizio non preliminarmente definito, e a tale *commendatio* appartenne in età merovingia anche il vassatico, che non era dunque, in origine, collegato necessariamente a un servizio nobile, come quello delle armi. Ma nel corso dell'VIII secolo, nell'intima crisi della dinastia merovingia e nel trapasso alla dinastia carolingia, l'uso della *trustis* regia scomparve, e la clientela regia più alta, quella aristocratico-militare, apparve spesso nella forma del vassatico. Il quale subì in tal modo un'evoluzione. [...] Parrebbe a tutta prima che un vassatico così innalzato nella funzione sociale non dovesse differire dalla *trustis* se non nel nome. Ma non fu affatto così. Si consideri anzitutto l'importanza dell'elemento formale, espressione di un *ethos* e di una peculiare mentalità. Il vassatico, pur non incrinando – per lo meno nell'VIII secolo – [...] la *nobilitas* del commendato, esprimeva l'assoggettamento di tutta la sua persona al signore: e ciò non era un paradosso, perché avveniva in forma di obbligazione bilaterale all'assistenza e all'aiuto, nonostante la predominanza del protettore sul commendato. Questo assoggettamento vassallatico, combinandosi con la fedeltà militare giurata, eredità della *trustis* scomparsa, divenne l'istituto clientelare nuovo, applicabile ai gradi più alti della società senza perdere il carattere di *commendatio*. Divenne un legame giuridico notevolmente complesso. Fra nobili posti a gradi diversi di potenza, ad esempio fra il re ed i suoi collaboratori politici, esaltò una particolare *amicitia* [vincolo], che esigeva la dedizione del *vassus* [vassallo] e la generosità del *senior* [signore] ed implicava una loro attività convergente, in strettissima unione. Assunse cioè la funzione di un collegamento stabile, intimo e solenne all'interno di una società militare irrequieta.

La spontanea formazione di un tale istituto fu evidentemente suggerita dall'incapacità del mondo franco di ritrovare il proprio equilibrio esattamente nel solco delle istituzioni anteriori. La crisi della solidarietà etnico-militare di tipo germanico era in Gallia ben anteriore che in *Langobardia*: perché di gran lunga anteriore era stata l'adesione dei Franchi e dei Burgundi alle consuetudini religiose della popolazione romana, entro le medesime chiese, sotto i medesimi santi, e profonda era stata [...] la convergenza dell'aristocrazia franca e burgunda e del ceto senatorio gallo-romano in una medesima classe dominante armata, che condizionava il potere regio, possedeva latifondi e abbazie, monopolizzava i vescovati. Non mancò nella corte merovingia [...] il proposito di sostituire la dominazione di carattere etnico con un inquadramento politico-territoriale di tutte le genti della Gallia, fuori di ogni distinzione di origine, affidando a *comites*[1] di nomina regia l'amministrazione delle province: un orientamento che era nel solco della *res publica* romana. Ma appunto questa esperienza si rivelò di per sé insufficiente: donde la potenza dei Carolingi e la fortuna delle loro clientele vassallatiche.

1. Figure amministrative nate dalla commistione fra tradizione istituzionale imperiale e sfera militare germanica.

ANALIZZARE E COMPRENDERE

1 Quali sono le differenze più rilevanti tra «omaggio» e «fede» esposte da Bloch? Da quale ceto sociale proveniva il vassallo?

2 Quali analogie ravvisa Boutruche tra l'organizzazione feudale e quella tribale? E quali eredità derivano all'organizzazione feudale da quella statale?

3 In quale fase della storia dell'età franca il vassatico assurge allo *status* di forma clientelare più alta e complessa? Argomenta la tua risposta.

CONFRONTARE E RIELABORARE

4 Bloch, Boutruche e Tabacco condividono, in diversa misura, l'adesione ai presupposti metodologici della scuola delle «Annales», che includendo e integrando più studi (della mentalità e dei costumi, della geografia e dell'agraria, sociologici, economici) tenta una ricostruzione storica globale. Individua, nei tre brani presentati, i luoghi in cui gli apporti interdisciplinari sono più evidenti e presentali in un testo di max 20 righe.

S/4_La cavalleria

In questo percorso proponiamo alcuni brani sul fenomeno sociale e culturale di lungo periodo che va sotto il nome di cavalleria. Nel primo brano **Franco Cardini** ne indaga le radici, evidenziando come le sue componenti ideologiche essenziali, tra cui, prima di tutte, la valorizzazione positiva dei valori guerreschi, siano derivate dalla cultura guerriera germanica, che vedeva nell'esercizio delle armi un diritto e un piacere piuttosto che un dovere. Nel secondo **Alessandro Barbero** illustra come, pur indicando originariamente una tipologia sociale (quella dei possidenti armati), la cavalleria sia passata ben presto ad indicare uno stile di vita e uno specifico sistema di valori destinati a durare molto a lungo nei secoli a venire. Nel terzo, infine, **Jean Flori** mette in luce le contraddizioni tra la perdurante fortuna dell'etica cavalleresca e le reali pratiche guerresche di molti cavalieri soprattutto nel corso del Tre e Quattrocento, nel momento cioè in cui iniziarono a svilupparsi metodi di guerra più moderni.

Franco Cardini/Le radici germaniche della cavalleria medievale

[F. Cardini, *Alle radici della cavalleria medievale*, La Nuova Italia, Firenze 1997, pp. 245-247]

In poche altre epoche si è avuta una valorizzazione positiva delle azioni guerresche del combattere, dell'uccidere e del morire lottando come nell'alto Medioevo. Questa valorizzazione, secondo Franco Cardini (nato nel 1940), affonda le sue radici nella cultura guerriera germanica. Mentre presso i Romani dell'ultimo periodo imperiale combattere era un'incombenza che si cercava di accantonare facendo arruolare barbari e persone di bassa estrazione, presso le popolazioni germaniche portare le armi era invece un titolo d'onore e di dignità. Quello che per i Romani era il dovere delle armi, per i Germani era piuttosto un diritto e un piacere.

Anche se la storia dell'umanità ha conosciuto molte epoche dominate dalla triste bùccina guerriera, in poche altre il portare le armi, il combattere, l'uccidere o il cadere uccisi, ha costituito un valore altrettanto pregnante e determinante nel quadro della vita associata che in quella altomedievale; in poche altre il comune pericolo e il *bellum omnium contra omnes* hanno inciso di più sulla sensibilità collettiva; in poche altre si è arrivati al punto di modellare non le forme della guerra sulle esigenze della società, bensì le strutture della società stessa sulle esigenze della guerra.

Dal crogiolo bassoimperiale e romano-germanico esce insomma, in tutto l'Occidente cristiano, una *Kriegerkultur*, una civiltà nella quale il guerriero è tutto (governante, giudice, gestore della ricchezza) e il non guerriero vive in funzione sua e grazie a lui, ricevendone protezione e mantenendolo in cambio col proprio lavoro. Per i Romani della decadenza l'esercizio delle armi era una noiosa necessità alla quale si cercava di ovviare riempiendo gli eserciti di barbari e di gente d'umile condizione: quindi presso di loro il termine *miles* aveva acquistato un significato semiservile, nel senso almeno che includeva un'i-

dea di servizio. Per i Germani, al contrario, il portare le armi era un titolo di onore e di dignità, nonché al tempo stesso [...] una fonte di autentica gioia. Il poter andare armato, l'essere *miles*, costituiva tra loro la prova della libertà personale e la condizione per il godimento dei diritti civili; l'uso delle armi era anzi considerato ristretto ai liberi in maniera addirittura sacrale. Paolo Diacono narra che, essendo una volta i Longobardi costretti a far combattere degli schiavi causa un'estrema carenza di guerrieri, li affrancarono prima con un rito solenne: tanto forte era l'idea che il servo non potesse usare le armi. [...]
Se i capi germani ripresero dai ricchi Romani l'uso di circondarsi di guardie del corpo, i cosiddetti *buccellarii*, vero è altresì che quest'uso era assai vicino a quello del *comitatus* guerriero o addirittura identificabile con esso; è vero inoltre che i Romani l'avevano appunto originariamente tratto a loro volta dai costumi dei Germani. Vero soprattutto, infine, che passando dal mondo bassoimperiale a quello romano-germanico tale costume assunse un valore più alto e una più importante funzione di quanto prima non avesse. Nel contesto romano, il seguito di guardie del corpo non aveva alcuna vera tradizione né alcuna autonoma dignità: era semplicemente la triste, necessaria risposta alle carenze o all'inesistenza della pubblica autorità, al momento di congiuntura insomma.
Nel contesto germanico il *comitatus* era la secolare fucina dei migliori e più nobili guerrieri, un'occasione d'arricchimento morale e professionale oltreché economico. Solo guerrieri liberi e magari d'illustre schiatta vi accedevano; ma, per quanto talvolta anche *laeti* e servi vi figurassero, esso restava pur sempre un elemento di obiettiva promozione sociale. Il dovere delle armi era in realtà, per i Germani, piuttosto un diritto e un piacere alle armi. Ed era logico che, all'etica romana basata sulla coscienza d'essere *civis*, cioè d'appartenere ad una società ordinata rispetto alla quale esercitare diritti e adempiere doveri, si sostituisse la coscienza d'essere *fidelis*, cioè d'appartenere a un gruppo differenziato e privilegiato rispetto al resto della società, e di conoscere nella fedeltà al capo il massimo dei doveri.
Rispetto alla totalità dei Germani liberi e quindi armati (il *populus-exercitus*), i membri dei *comitatus* dei re o dei capi costituivano dunque un gruppo separato temibile per la perizia tecnica e la qualità dell'equipaggiamento, un gruppo insomma di guerrieri specialisti ch'erano permanentemente tali, per professione.

Alessandro Barbero/La cavalleria come sistema di valori e modo di vita

[A. Barbero, *La cavalleria medievale*, Jouvence, Roma 1999, pp. 11-13]

La cavalleria non fu soltanto un ceto sociale (il ceto dei possidenti armati). Secondo Alessandro Barbero (nato nel 1959), pur rimanendo intimamente connesso con l'esercizio delle armi, il termine passò ben presto ad indicare un vero e proprio stile di vita, esplicitamente riconoscibile e dotato di grande fascino, accompagnato da un proprio sistema di valori. Tra questi vi erano ovviamente i valori del coraggio, dell'abilità e della forza fisica; ma anche il cameratismo in battaglia e il rispetto del nemico. La cavalleria elaborò poi precise occasioni sociali, come i tornei e l'*adoubement*, platealmente messi in scena all'interno di una cornice rituale.

La cavalleria è innanzitutto un ceto di possidenti armati, legati da solidarietà vassallatiche oltre che parentali, e persuasi d'essere destinati a dirigere l'intera società. Ma questa definizione non basta a rendere pienamente conto della sua importanza per la civiltà medievale. La cavalleria, infatti, è anche un sistema di valori, largamente condiviso, che nasce direttamente dall'esercizio delle armi e dalla pratica del vassallaggio, e contribuisce a cementare dall'alto in basso la società aristocratica: dai re e principi che ne costituiscono il vertice, ai padroni di castelli che gestiscono il potere sul piano locale, fino ai detentori di feudi che rappresentano l'ossatura di notabili della società rurale, e ai guerrieri senza terra che servono nelle masnade padronali.
Fra quei valori, il primo posto spetta senza dubbio, e spetterà sempre, al coraggio fisico e alla forza del braccio. Il termine stesso di cavalleria si trova usato come sinonimo di valore guerriero, di abilità militare, di *exploits* bellici o sportivi, per la durata d'un buon mezzo millennio. [...]
Ma ci sono componenti quasi altrettanto importanti dell'ideale cavalleresco, prima fra tutte il cameratismo tra compagni d'arme. È una solidarietà virile, o se si vuole una complicità di classe, che contribuisce in modo decisivo alla considerazione sociale dei cavalieri, compresi quelli che non possiedono nulla se non le armi e i cavalli regalati dal padrone: giacché principi e signori, essendo cavalieri essi stessi, si considerano obbligati a dimostrare il proprio cameratismo verso tutti i commilitoni. [...]
A questo cameratismo si accompagna il rispetto d'un codice d'onore che influisce, fra l'altro, sul comportamento dei cavalieri in battaglia, educati a mostrarsi un reciproco rispetto e a ridurre per quanto possibile gli inutili spargimenti di sangue. L'aneddoto per cui all'indomani della battaglia di Hastings (1066) un cavaliere, colpevole di aver mutilato il cadavere del re Harold, venne scacciato dalla cavalleria («*militia pulsus est*») per ordine del duca Guglielmo può non essere autentico, ma riflette comunque le aspettative correnti cinquant'anni più tardi, al tempo di Guglielmo di Malmesbury che lo ha

tramandato. Il profondo radicamento dell'ethos vassallatico spiega poi l'importanza cruciale attribuita alla lealtà e al mantenimento della parola data. [...]
Oltre a un sistema di valori, la cavalleria elaborò un proprio modo di vita, incentrato su peculiari occasioni sociali. Fra le più importanti c'era la consegna pubblica e solenne delle armi, l'*adoubement*, che chiamiamo in italiano addobbamento o vestizione. Questo rituale non tarderà a complicarsi di motivi religiosi e cerimoniali, e resterà una delle più sfarzose occasioni di pompa e orgoglio cavalleresco, almeno fino a quando Francesco I si farà armare cavaliere da Baiardo sul campo di battaglia di Marignano. Ma già al tempo della Prima Crociata l'addobbamento era indispensabile perché un uomo potesse legalmente dirsi cavaliere, e rappresentava un decisivo rito di passaggio nella vita d'ogni nobile: non esclusi i re e i principi.
Altrettanto importante era il torneo, che secondo una leggenda circolante già in epoca medievale fu inventato nell'XI secolo da un certo Geoffroy de Preuilly: dove non è importante l'informazione, certamente spuria, quanto la coscienza diffusa ch'essa testimonia. [...] E poco importa che il torneo dei primi tempi, mischia confusa in campo aperto tra squadre rivali, votate innanzitutto al bottino, fosse uno sport assai meno formalizzato delle giostre individuali che via via lo sostituiranno: al di là del mutare delle forme, i giochi d'arme costituiranno sempre una delle manifestazioni più tipiche della vita cavalleresca e cortese, dalle origini fino a tutto il Cinquecento.

Jean Flori/La cavalleria tra mito e realtà

[J. Flori, *La cavalleria medievale* (1998), trad. it. di R. Riccardi, il Mulino, Bologna 2002, pp. 150-151]

Al centro di questo brano di Jean Flori (nato nel 1936) ci sono le contraddizioni tra i valori cavallereschi, ampiamente trasmessi e celebrati dalla tradizione letteraria, e le operazioni effettive che i cavalieri compirono durante le guerre del Tre e Quattrocento, con tutto il bagaglio di brutalità e di violenza, talvolta anche gratuita, che un conflitto reale porta con sé. Fu così che durante la guerra dei Cent'anni, combattuta dal 1337 al 1453 sul suolo francese tra le truppe del re di Francia e quelle del re d'Inghilterra, cavalieri di una parte e dell'altra si abbandonarono a massacri e saccheggi. Queste contraddizioni sottolineano il divario che secondo l'autore separa in ogni epoca l'ideale dalla realtà.

Ciò che colpisce [...], nel Tre-Quattrocento, è la giustapposizione, nel seno stesso dei conflitti causati dalla guerra dei Cent'anni, di consuetudini e costumi della cavalleria e di operazioni guerresche di tipo più moderno, con obiettivi più utilitaristici. Tutto avviene come se la cavalleria, constatando lo svilupparsi di nuovi metodi di guerra nei quali essa non gioca più il ruolo principale (evoluzione della fanteria, dei reparti di arcieri, comparsa delle bande di mercenari, presenza degli ingegneri, sviluppo delle macchine d'assedio, poi della moderna artiglieria), cercasse di mantenere, in guerra, «zone» dove i suoi valori e la sua preponderanza potessero perpetuarsi. Ma non si può affermare che si tratta di un fenomeno totalmente nuovo: già nel XII secolo Giraldo Cambrense denunciava l'inadeguatezza dei metodi e delle consuetudini della cavalleria nel combattimento contro i celti d'Irlanda e del Galles. Questi combattevano per la libertà e non risparmiavano nessuno. Nel XIV e XV secolo, gli svizzeri combattono come mercenari per la loro sopravvivenza economica, e nemmeno loro risparmiano i vinti. La cavalleria, nondimeno, ha trionfato e Francesco I, vittorioso sugli svizzeri a Marignano, ma battuto a Pavia, può ancora pronunciare questa frase che riassume in parte l'etica cavalleresca: «Tutto è perduto, fuorché l'onore». La ricerca dell'efficacia e lo spirito cavalleresco hanno dunque coabitato fino ai tempi moderni.
Un'altra contraddizione viene spesso sottolineata dagli storici allo scopo di sostenere il declino della cavalleria alla fine del Medioevo: i massacri e i saccheggi così frequenti nella guerra dei Cent'anni, durante la quale numerose sono le operazioni militari che hanno come unico fine il bottino e la spoliazione, e dove i soldati, nei periodi di pace, si lasciano andare ad abominevoli depredazioni. Ma non si tratta, neppure in questo caso, di fatti nuovi: il bottino [...] ha costituito sempre un mezzo di sostentamento della cavalleria, e solo le particolari circostanze della guerra dei Cent'anni amplificano questi aspetti. Infatti, la lunghezza stessa dello stato di guerra, che alternava operazioni militari (retribuite soltanto al loro termine) e periodi di pace (non retribuiti), obbligava in qualche modo i professionisti della guerra al bottino, alla razzia e al saccheggio. I «moderni» tendono a vedervi un'incompatibilità con l'ideale cavalleresco. Ma era proprio questo lo spirito del tempo? È lecito dubitarne: Du Guesclin, per esempio, ha forgiato la propria reputazione di cavaliere modello in Spagna alla testa di una compagnia di mercenari e soldati di ventura, saccheggiatori, stupratori e incendiari. Quanto ai massacri, se ne conoscono numerosi esempi nell'XI e XII secolo. Del resto, questi oltraggi all'etica cavalleresca, purtroppo ben reali, sottolineano il divario che, in ogni epoca, separa l'ideale dalla realtà, ma anche il suo innestarsi in alcuni spiriti. Anche in questo caso, la letteratura ha giocato probabilmente un ruolo preponderante, radicando nella cavalleria valori che essa venera senza poterli sempre assumere nella realtà quotidiana.

ANALIZZARE E COMPRENDERE

1 Che cosa significa il vocabolo tedesco *Kriegerkultur*? Argomenta la tua risposta.

2 Su quali presupposti etici si basava il «codice d'onore» dei cavalieri secondo Barbero?

3 Quali particolari condizioni indussero i cavalieri, secondo Flori, a contravvenire al loro «codice d'onore» durante la guerra dei Cent'anni? Era realmente applicabile il «codice d'onore» durante i conflitti?

CONFRONTARE E RIELABORARE

4 Il coraggio e la forza fisica erano i requisiti principali del perfetto cavaliere e contribuivano a incrementarne fama e fascino personali. Descrivi in un testo di max 15 righe i modi in cui si estrinsecarono ben presto anche al di fuori di guerre e battaglie.

5 Jean Flori sostiene che la pratica reale della guerra spesso portava i cavalieri alla violazione del loro sistema di valori, alimentato e idealizzato a suo parere dalla letteratura. Esponi in un testo di max 20 righe le tue riflessioni in merito, impostando un breve confronto con i mass media (o mezzi di comunicazione di massa) odierni e il loro potere di "creare miti", mitizzare eventi o persone.

S/5_Le diverse forme del potere politico

Nel primo brano di questo percorso storiografico **Georges Duby** concentra l'attenzione sulla mentalità degli uomini e delle donne dell'epoca. I grandi processi di trasformazione politica sono analizzati alla luce del protagonismo dei sovrani, del tessuto socio-culturale e delle peculiarità locali. L'idea del Medioevo come laboratorio sperimentale ha invece guidato la ricerca di **Giovanni Tabacco,** che ci restituisce l'immagine di un'Europa del X-XII secolo come cosmo dinamico e in continuo divenire. Concentrandosi sullo specifico caso italiano, Tabacco conduce un'indagine di ampio raggio sulle componenti giuridiche e strutturali della società: la loro evoluzione riflette le trasformazioni riguardanti le forme del potere politico. Il terzo brano, ancora di **Giovanni Tabacco**, ricostruisce le complesse fasi che portarono, in concomitanza ad una progressiva crisi del potere regio in età postcarolingia, le alte sfere ecclesiastiche ad elaborare un'ideologia teocratica.

Georges Duby/Luigi VII tra immagine pubblica e politica personale

[G. Duby, *Una società francese nel Medioevo. La regione di Mâcon nei secoli XI e XII* (1982), trad. it. di M. Dolcibelli, il Mulino, Bologna 1985, pp. 592-594]

Tra le grandi sintesi di storia rurale e civile di Georges Duby (1919-1996) vi è lo studio della vicenda sociale e istituzionale del Mâconnais, una piccola regione nel ducato francese della Borgogna. Il brano che abbiamo scelto analizza la conquista della regione ad opera di Luigi VII, prestando attenzione alla mentalità e alle strategie comunicative dell'epoca. L'azione politico-militare del sovrano fu sostenuta da un'accurata propaganda, che fece della sua campagna personale una guerra di pacificazione generale e una vendetta dei soprusi e delle ingiustizie. In realtà Luigi agì unicamente per rafforzare il suo potere personale e non si comportò in maniera dissimile rispetto agli altri signori: si limitò a punire o indebolire i suoi nemici e a rafforzare i vincoli con i suoi alleati.

Nell'*entourage* capetingio la spedizione del 1166 fu reputata un'azione assai proficua alla corona, quasi un'opera buona di cui Luigi VII[1] fu ricompensato con l'arrivo di quel figlio che da tanto tempo aspettava. Nel Maconese, per celebrare il viaggio del sovrano, dopo il 1171 fu modificata l'iscrizione dedicatoria di un bellissimo altare della chiesa di Avenas. Ad una prima valutazione quell'entusiasmo appare esagerato, dato che l'azione del re si era svolta entro limiti ristretti.
Le terre borgognone – si legge nei preamboli dei diplomi di Luigi VII

1. Luigi VII (1120-1180) fu re di Francia dal 1137.

– da lungo tempo soffrivano a causa dell'assenza dei re, che consentiva una situazione di disordine. Il sovrano era giunto con l'esercito a vendicare i reati, a punire la malizia dei malvagi, a por fine alle guerre e a far regnare la pace nel paese. Con maggiore esattezza si espressero quanti notarono che egli aveva risposto all'appello dei chierici, che era venuto a difenderli da coloro che li opprimevano e che aveva dato aiuto e consiglio a tutti i deboli, agli uomini di chiesa, alle vedove, agli orfani. Così facendo, il re adempiva a uno dei doveri essenziali della sua funzione. Tuttavia, se fu visto come un vendicatore di torti, il re – è bene ricordarlo – sposò di fatto una causa particolare: chi aveva attaccato quanti si erano posti sotto la sua protezione lo aveva personalmente offeso e, quindi, il re si schierò con una delle parti in lotta e le guerre da lui combattute furono guerre private. Ecco allora nel 1166 Luigi VII capeggiare la faida delle famiglie «borghesi» di Cluny e dei monaci contro i massacratori [...] e colui che li aveva assoldati. Non si curò invece di punire altri crimini e, nell'azione, lo aiutarono soltanto gli amici [...] poiché non si trattava di una spedizione «pubblica». Il suo esercito passò alla larga dei castelli in cui i cavalieri si erano prudentemente rinserrati. [...] In quanto vincitore, il re si limitò a punire i nemici personali, fece impiccare i mercenari, confiscò i beni allodiali[2] del conte di Chalon ripartendoli tra coloro che lo accompagnavano, il conte di Nevers e il duca di Borgogna. Sta di fatto che le tre assemblee successive che, a Vézelay, posero volta a volta termine alle tre campagne di guerra non furono riunioni pubbliche che preparassero una pacificazione generale. Avendo anch'esse carattere privato, mirarono solo a ristabilire la pace tra il re e i suoi avversari. I baroni furono arbitri del litigio particolare, fissarono i termini dell'aggiustamento e il re, una volta soddisfatto, restituì i beni confiscati e, a supporto della riconciliazione, pretese delle garanzie: per esempio, nel 1172 Gerardo di Mâcon[3] dovette prestare giuramento solenne di pace, dare mallevadori, che furono suo fratello Stefano, suo cognato Gaucerio di Salins, i suoi vassalli principali e cioè i signori di Brancion e di Beaujeu. Una volta accordatosi con i suoi nemici, il re si preoccupò di regolare le divergenze che potevano porre questi in contrasto con altri suoi alleati: nel 1167, l'abate di Cluny fece a sua volta pace a Vézelay con il conte di Chalon; nel 1172 il conte Gerardo si accordò alla presenza di Luigi VII con il signore di Beaujeu e con la chiesa di Mâcon. [...] Dopo avere sedato i litigi che lo interessavano direttamente il re ripartì. Dunque, per i suoi obbiettivi, i suoi metodi, le sue conclusioni la guerra del re fu simile a tutte quelle che facevano i singoli signori privati. In verità, quella guerra fu di molto più facile e le tre spedizioni[4], non avendo incontrato resistenza alcuna, si ridussero ad essere delle brevi passeggiate militari. Eppure, se la presenza dell'armata regia bastava a far chinare il capo a tutti i potentati locali, questi poi rialzavano la testa e, partito il re, tornavano alle loro solite brighe. Si aveva a che fare con gente riottosa e la pace del re era di breve durata.

2. In età franca e carolingia l'allodio designava la libera e piena disponibilità di un bene fondiario, che ha le sue limitazioni solo nei diritti che la famiglia del proprietario rivendica. Successivamente definì la proprietà libera da diritti signorili.
3. Gerardo I fu conte di Mâcon e di Vienne.
4. Sono quelle del 1166, 1171, 1180.

Giovanni Tabacco/L'Italia degli Ottoni: una fucina di sperimentazione del potere politico

[G. Tabacco, *Sperimentazioni del potere nell'alto medioevo*, Einaudi, Torino 1993, pp. 114-118]

L'originalità delle esperienze istituzionali medievali è il tema centrale di questo passo tratto dagli studi di Giovanni Tabacco (1914-2002). Ripercorrendo gli aspetti salienti della disgregazione politica che caratterizzò l'Italia sotto l'Impero degli Ottoni, Tabacco individua nel processo di smembramento territoriale la più intensa sperimentazione delle diverse forme del potere politico dell'epoca. L'amministrazione e la prassi giudiziaria centralizzate furono rimpiazzate da una struttura policentrica ed eterogenea. Parallelamente le istituzioni religiose, i poteri signorili e cittadini, nonché l'affermazione di egemonie regionali indebolirono l'ordinamento pubblico imperiale.

L'intera età degli Ottoni[1] si configura, in Italia con maggior evidenza che altrove, come definitiva trasformazione del regno in una struttura disordinatamente policentrica, eterogenea nei suoi elementi costitutivi, che furono egemonizzati dagli interventi imperiali con profonda discontinuità nello spazio e nel tempo. Certo il potere regio, ammantato di solennità imperiale, si procurò più o meno occasionali spazi di intervento, tutt'altro che inefficaci, quando riusciva a far leva sull'alleanza con forze dinastiche od ecclesiastiche in lotta con altre, ma senza una prospettiva d'insieme che non fosse una preponderanza aleatoria. Una preponderanza, sia pure aleatoriamente, pacificatrice, rispetto all'età anteriore: per lo meno nel senso che i consueti contrasti fra i grandi non furono aggravati da rovinosi conflitti fra più pretendenti alla corona, come prima degli Ottoni era avvenuto. Era una pacificazione sempre provvisoria, fondata su un equilibrio di forze, in cui gli interven-

1. Seconda metà del X secolo.

ti imperiali con un consistente nucleo militare d'oltralpe [...] erano non di rado decisivi: non era una pacificazione risultante dal funzionamento di una gerarchia di ufficiali pubblici, qualunque fosse il nome con cui i potenti di maggiore rilievo, laici ed ecclesiastici, erano rivestiti.

Persino quel vertice giurisdizionale che almeno per un'area centrale della *Longobardia* aveva pur funzionato in decenni anteriori nel *palatium* di Pavia, era ormai in declino, con una crescente localizzazione di *iudices sacri palatii* [giudici del sacro palazzo] o *iudices imperatoris* [giudici dell'imperatore] a tendenza ereditaria, attraverso il regno, specie dal tempo di Ottone II. Ci fu, a quanto pare, il tentativo di riforma del palazzo pavese al tempo di Ottone III, ma per volontà dell'imperatrice reggente, la greca Teofano, [...] in un momento dunque in cui alla corte imperiale e nel palazzo di Pavia emerse, come ragionevolmente è stato supposto, un riflesso dell'esperienza bizantina: ma fu appunto un breve episodio, subito riassorbito nel tempestoso mare latino-germanico. Il declino dell'amministrazione centrale palatina non riduce in verità l'importanza storica della diffusione di un ceto di giudici legittimato dall'autorità imperiale: lo svolgimento di placiti[2] pubblici presieduti da messi e giudici dell'imperatore [...] valse come modello all'esercizio della giustizia signorile, sia nelle città soggette al *districtus* [giurisdizione] episcopale, sia nelle dominazioni rurali includenti lavoratori liberi. Ma ciò equivale appunto a porre l'accento sulla trasformazione dell'ordinamento pubblico in un vasto policentrismo di autonomie. Né soltanto vi fu imitazione signorile della prassi giudiziaria pubblica: è stata sottilmente studiata l'utilizzazione della denominazione comitale, già alla fine del X secolo, nell'interpretare un distretto territoriale di nuova formazione intorno a una chiesa potente. [...]

Questo policentrismo politico-signorile non può essere rappresentato semplicemente come un'articolazione più o meno spontanea del regno: come frazionamento irregolare – per le dimensioni e la natura dei suoi elementi – in aree di potere accostate le une alle altre per tutta la sua estensione. Il cosiddetto particolarismo postcarolingio, avviato in Italia al suo culmine sul finire appunto del X secolo, fu qualcosa di assai più complesso di un qualsiasi smembramento territoriale. Fu un processo inarrestabile – sollecitato prima dalle contese per la corona e dalle grandi incursioni, poi dalla lontananza della base transalpina delle preponderanze militari ottoniane – verso una sperimentazione del potere politico in tutte le sue possibilità, in tutte le forme offerte da una società in cui ogni costrittivo apparato unitario riusciva inoperante, e in cui la cultura dello scritto, associata al dispiegarsi delle consuetudini di ceti e di comunità, suggeriva l'impegno di definire comunque le situazioni di fatto sul piano giuridico. [...]

In quell'intreccio di affermazioni militari e giurisdizionali, in cui brandelli di ordinamento pubblico coesistevano con irradiazioni politiche di entità religiose, con aggregazioni e disaggregazioni signorili e con alcune ardite iniziative cittadine, emergevano qua e là egemonie regionali, dalla marca di Ugo di Tuscia a quella arduinica di Torino, a quella veronese del duca di Baviera e poi del duca di Carinzia, alla dominazione arcivescovile irradiantesi da Milano e rafforzata dall'arricchimento procurato alla clientela vassallatica: ma in ciascuna di queste regioni il fulcro politico funzionava nello stesso modo che nel più ampio teatro del regno, con una analoga eterogeneità di mezzi di pluriforme collegamento clientelare. E il regno stesso, nella sua configurazione territoriale, vedeva sfumare certi suoi contorni geografici, sia per l'imposto ritrarsi dalle Alpi orientali in ambigua unione con ducati germanici, sia per l'insistita presenza imperiale dalla laguna veneta al Ravennate e a Roma e per l'attività politico-militare più volte esercitata nel Mezzogiorno. Eppure questo regno imperiale così poco afferrabile ormai nella sua consistenza politica, questa aberrante *res publica* a dominante partecipazione privata, continuava a condizionare la mente di tutti i protagonisti del potere politico in gran parte della penisola: la condizionava come orizzonte mentale in cui si collocavano le ambizioni dei grandi e, con le ambizioni dei grandi, i travagliati esuberanti sviluppi civili in atto nelle popolazioni.

2. Nell'Antichità, era il parere del giudice in merito ad una lite; in età franca e carolingia, i giudici furono sostituiti da messi, conti e visconti, che facevano le veci dell'imperatore, e le dispute riguardarono sempre più questioni di carattere immobiliare.

Giovanni Tabacco/Le origini del progetto teocratico

[G. Tabacco, *Le ideologie politiche del medioevo*, Einaudi, Torino 2000, pp. 50-54]

In questo passo Giovanni Tabacco (1914-2002) tenta di spiegare la complessa dinamica storica che dalla piena supremazia imperiale arrivò a generare un progetto teocratico di dimensioni europee. Le premesse politiche di questa ideologia teocratica sono certamente nel generale indebolimento del potere regio in età postcarolingia, per un certo periodo paradossalmente bilanciato dalla fedeltà al sovrano di molti vescovi da lui nominati. Ma quando la riforma gregoriana arrivò a mettere in dubbio la legittimità degli interventi regi sull'ordinamento ecclesiastico, il potere dei sovrani mostrò tutta la sua debolezza. A quel punto la Chiesa, attraverso i suoi diversi ordinamenti ecclesiastici, poteva ormai contare su una base di potere temporale enormemente accresciuta.

Le premesse politiche, lontane e prossime, di questa ideologia teocratica del papato sono nelle crisi del potere regio in età carolingia e postcarolingia. Le solenni procedure penitenziali [...] imposte a Ludovico il Pio nell'833 e la conseguente sospensione dell'imperatore da ogni attività di governo manifestarono orientamenti ierocratici strettamente connessi con i turbamenti violenti dell'apparato politico: fu la prevalenza dei grandi, armati contro Ludovico, che indusse i vescovi a lui avversi a elaborare un procedimento giuridico destinato a sconvolgere anche ideologicamente l'autorità regia e imperiale. Si trattò allora soltanto di un episodio, ben presto superato. Ma furono i grandi processi storici in graduale e capillare sviluppo in tutto l'Occidente a determinare le condizioni propizie per un'affermazione ierocratica di dimensioni europee e di duratura efficacia. [...]

Questo generale indebolimento dell'assetto pubblico dei regni convergeva per altro, in età postcarolingia, con la persistente capacità di intervento dei re nella scelta dei vescovi, titolari di dignità e patrimoni non trasmissibili ereditariamente. Ne risultò il paradosso che l'autorità regia fosse sostenuta sempre più chiaramente dalla fedeltà dell'episcopato piuttosto che dal funzionamento normale di una gerarchia di ufficiali pubblici.

Il paradosso fu aggravato dal fatto che i sovrani, per consolidare la fedeltà dei loro vescovi, furono generosi di donazioni alle chiese, né soltanto di beni fondiari, bensì anche di giurisdizioni temporali sulle città di residenza vescovile e sui territori contermini, talvolta anzi su intere contee, sottratte in tal modo al controllo delle dinastie comitali: tutto ciò in aggiunta a quelle immunità dal controllo pubblico normale, delle quali le chiese potenti godevano fin dall'età carolingia nelle zone rurali in loro possesso economico. Si può allora intendere come la potenza ecclesiastica, ben prima che avvenisse la rivoluzione ideologica operata da Gregorio VII, già invadesse la sfera della vita temporale e dell'attività politica in dimensioni non mai prima vedute, pur se all'ombra dell'autorità regia e in consonanza con essa. E questa potenza di fatto, giuridicamente legittimata da gran copia di diplomi regi, e anche di documenti notarili [...], preparò nelle chiese le basi temporali per la rivoluzione ideologica.

Perché ciò avvenisse fu però necessario che si precisassero i movimenti riformatori e che nell'XI secolo si complicassero [...] con una riflessione sistematica sulla natura delle istituzioni ecclesiastiche. Di per sé infatti un movimento per la riforma morale del clero poteva manifestarsi, nell'orizzonte politico postcarolingio, anche in consonanza con il potere regio o imperiale: basti considerare quanto questo fosse condizionato dalla presenza ecclesiastica in corte regia e dalla stretta alleanza fra i sovrani e i vescovi. [...] Ma quando i riformatori della critica ai costumi del clero passarono alla critica, di principio, degli interventi regi nell'ordinamento ecclesiastico, giudicandoli fonte di deviazione e corruzione e in ogni caso illegittimi, ne fu turbata la struttura stessa che la regalità aveva assunto in connubio con l'episcopato. Quella debolezza istituzionale dei regni che era rimasta coperta, almeno parzialmente, dalla fedeltà sostitutiva offerta dai vescovi, si rivelò in tutta la sua gravità. [...]

La novità, nell'XI secolo, fu nella constatazione che il papato era ormai in possesso di mezzi d'azione virtualmente di estrema efficacia, per due ordini di fatti, indipendenti fra loro ma simultanei. Il papato era infatti il vertice tradizionale di un ordinamento ecclesiastico che aveva fruito per due secoli di un processo per lo più costante di accrescimento della sua base temporale e di coinvolgimento nella sfera politica; ed era il centro ideale in cui potevano convergere i movimenti ascetici e gli sviluppi intellettuali che percorrevano la cristianità dell'Occidente per la riforma delle istituzioni religiose.

ANALIZZARE E COMPRENDERE

1 **Quali furono i risultati concreti della campagna militare di Luigi VII nel Mâconnais secondo Duby? Perché?**

2 **Quale specifica esigenza di definizione inizia ad affiorare accanto alla «consuetudine», secondo Tabacco, nell'Italia policentrica degli Ottoni?**

3 **Quali sono i due punti di forza del Papato nell'XI secolo, individuati da Tabacco?**

CONFRONTARE E RIELABORARE

4 **In base alle analisi proposte ricostruisci, in un testo di max 15 righe, la reale incidenza del potere regio e di quello papale sul tessuto sociopolitico e amministrativo dell'Europa dei secoli X-XII.**

S/6_Istituzioni medievali

In questo percorso storiografico proponiamo degli approfondimenti su alcune istituzioni politiche che nel periodo postcarolingio hanno caratterizzato il processo di indebolimento del potere centrale a favore delle periferie. Nel primo brano **Ovidio Capitani** si concentra sul fenomeno comunemente noto come "incastellamento". Le motivazioni difensive secondo l'autore non bastano da sole a spiegare la fioritura un po' ovunque in Europa di castelli e fortificazioni, che lasciano piuttosto intuire ragioni di tipo egemonico da parte dei castellani. **Mario Ascheri** illustra invece le caratteristiche delle città vescovili, impostesi in una fase di disgregazione del potere imperiale nel tentativo di porre un argine alle pretese autonomistiche delle città, ma di fatto rappresentando un momento fondamentale di passaggio del potere alle periferie. **Giuseppe Sergi**, infine, focalizza la sua attenzione sulle immunità, quelle isole di autonomia rispetto alla giurisdizione feudale che divennero sempre più numerose man mano che il potere centrale si indeboliva. E anche quando i feudatari tentarono di rendere ereditario il loro *status*, di fatto il loro effettivo potere politico continuò a svuotarsi.

Ovidio Capitani/L'incastellamento

[O. Capitani, *Storia dell'Italia medievale, 410-1216*, Laterza, Roma-Bari 1986, pp. 195-197]

L'incastellamento fu tra i fenomeni più vistosi del Medioevo italiano. A partire dal X secolo un po' ovunque in Italia centro-settentrionale sorsero castelli, fortificazioni e mura difensive. Ovidio Capitani (1930-2012) illustra come questo processo rispondesse da un lato a ragioni difensive, dall'altro alla volontà sempre più esplicita di signori e potenti di allargare la propria rete egemonica sulle popolazioni che proteggevano. In altre parole, la protezione degli abitanti finì ben presto per determinarne l'assoggettamento simbolico, ma anche economico, al signore del castello. In questo senso la paura delle incursioni dei Saraceni e di altre popolazioni straniere determinò una accelerazione del processo di accentramento del potere.

È probabilmente difficile stabilire se si tratti di fenomeno che oggi si definirebbe di emergenza: ma è incontestabile che esso si colloca in una tendenza che è già in atto. È il caso degli incastellamenti, che spesseggiano in Italia settentrionale e centrale: in quest'ultima, addirittura, come forma di insediamento prevalente, nel periodo che stiamo prendendo in considerazione. Esigenze di difesa certo possono spiegare le concessioni fatte al vescovo di Bergamo per la costruzione di difese nelle mura pubbliche, o a quello di Reggio per l'erezione di un castello, o a quello di Padova, del 916, circa il riconoscimento della giurisdizione vescovile sui castelli eretti a difesa delle terre e degli uomini pertinenti alla Chiesa episcopale: ma non sempre – e spesso avviene il contrario – la preoccupazione momentanea spiega la straordinaria larghezza di concessioni dei re italici. Ci sono enti ecclesiastici che nel volgere di cinquanta, sessanta anni assorbono tutta la proprietà fondiaria, erigono, senza alcuna autorizzazione, un castello nel momento dell'emergenza, destinato a costituire un polo di attrazione per successivi insediamenti. L'azione parte dalla base della proprietà fondiaria e si combina con una chiara volontà di esercizio di potere. Il che è vero anche per liberi alloderi e rustici, in genere dell'Italia superiore: villaggi, chiese, monasteri vennero incastellati, per paura ma anche per avere un punto di coagulo dell'esercizio di una forma di autorità, magari inconsapevolmente al principio del fenomeno, sempre più coscientemente quando l'aspetto e la preoccupazione militari lasciarono il posto a forme egemoniche di altra e più profonda natura. La protezione implicava, prima o poi, il dominio sulle persone e sulle cose che erano protette: e se è vero che molte costruzioni di castelli ebbero una durata effimera [...] è anche vero che vaste regioni dell'Italia centrale conobbero una fisionomia sostanzialmente dominata dall'incastellamento. C'entravano i Saraceni, ma c'entravano anche processi di assorbimento di divisioni di territorio in un sistema di *pertinentia* dei vari castelli. I due elementi poterono anche determinare modificazioni del modello insediativo, come avvenne nel territorio di Valva [...]: senza dire, peraltro, della fisionomia accentrata che l'incastellamento determinò in maniera nettissima, con fenomeni di regresso della conquista di terre non coltivate. [...] Tra il X e l'XI secolo – ed ovviamente oltre, in tanti casi, per ricostruzioni, adattamenti successivi, alternarsi in luoghi «strategici» di famiglie signorili, specie nella zona della Romagna – il controllo di un castello era ormai elemento diffusissimo nelle varie forme che l'esercizio di un potere politico indipendente da ogni ordinamento carolingio assunse per l'organizzazione di territori piccoli e men piccoli del *Regnum*; *castra* appartennero a signori laici ed ecclesiastici, a vescovati e a monasteri, a comunità, a corti, a chiese. La resistenza di queste forme – che sono ad un tempo militari, politiche e sociali – non è uniforme man mano che si scenda dall'Italia settentrionale a quella centrale, al Lazio, e non è possibile esprimere un giudizio univoco circa il valore che poté assumere – come forma prevalente di insediamento – l'accentrarsi della popolazione intorno o entro il castello, assunto come «tipo» per il volto dell'Italia sullo scorcio dell'Alto Medioevo. [...] Rimane che il fenomeno arrecò un altro colpo alla distrettuazione carolingia.

Mario Ascheri/Le città vescovili

[M. Ascheri, *Istituzioni medievali*, il Mulino, Bologna 1994, pp. 165-167]

Nel corso del X secolo, nel pieno del processo di indebolimento del potere centrale, il vuoto lasciato dai feudatari fu colmato in molte città dell'Italia centro-settentrionale dalla figura del vescovo, che divenne il riferimento morale e politico dei cittadini. Questa situazione di fatto fu sfruttata dagli imperatori, che da un lato cercarono di assicurarsi la fedeltà dei vescovi attraverso concessioni di privilegi e immunità, dall'altro provarono ad usarli come argine alle pretese autonomistiche cittadine. Sta di fatto che le città vescovili rappresentarono secondo Mario Ascheri (nato nel 1944) un momento importante di trasferimento del potere dal centro alle periferie.

Si rafforzava enormemente il potere pubblico dei vescovi nelle città, in cui l'assenza dei conti e dei marchesi si faceva sempre più marcata. Con l'ulteriore conseguenza, dato che il potere vescovile non poteva dinastizzarsi, di far emergere più nettamente nelle città, accanto ad esso, un potere laico espressione dell'aristocrazia locale, più o meno non coincidente con le famiglie tradizionalmente titolari di *honores*, intente a consolidarsi signorilmente nelle campagne.

Perciò è epoca di emersione dei poteri locali, che ha fatto parlare di epoca «precomunale». Che volendo si può fare anche risalire all'età carolingia, quando ad esempio si videro i cremonesi superare la mediazione degli ufficiali regi e collegarsi direttamente al re per ottenere un privilegio su «quicquid ad *Rem publicam* pertinere noscitur» dalla foce dell'Adda al porto di Vulpariolo, e dotarsi di una flotta per la navigazione sul Po. Ebbene, questa cittadinanza, che si era dimostrata capace di autogoverno come gli enti immunitari, fu bloccata nelle sue aspirazioni dalla presenza di un vescovo che assai presto, già nel 916, dal re ottenne in dono, con un privilegio famoso per la sua enormità, tutti i diritti pubblici sulla città e sul territorio circostante per cinque miglia con piena immunità da interventi di ufficiali regi.

Può meravigliare forse che in tanto marasma del potere pubblico ufficiale, a Bergamo, nel 904, nella riparazione delle torri e delle mura cittadine i *cives* compaiano accanto al vescovo, che ottiene in concessione dal re di esercitare con i suoi *concives* «districta vero ipsius civitatis, quae ad *Rei publicae* pertinent potestatem»?

Più tardi, ma qui si può solo spigolare in un campo ampio e variegato, si presenta il privilegio reale (945) al vescovo di Mantova di coniare monete per tre città (la sua, ma anche per Verona e Brescia!) con l'assenso dei *cives* delle stesse; ancora, agli *habitatores* genovesi nel 958 si garantisce di continuare a usare la *consuetudo* ch'era stata dei «vestri priores parentes».

In modi diversi da luogo a luogo, quindi, è questo nell'Italia del regno il secolo della città vescovile, la sede urbana (ormai più chiaramente separata dal territorio circostante del comitato) del vescovo, che diviene unico centro morale e politico della collettività locale, anche se concettualmente si sapeva distinguere tra prerogative temporali, civili, – esercitate per mezzo di *cives*, di *vassi* e di *famuli*, di *ministeriales* –, e religiose, utilizzando canonici, monaci e pievani.

Città vescovile e non del vescovo, si badi, nel senso che le attribuzioni pubbliche conferite in generale dalle leggi e in particolare dai privilegi specifici luogo per luogo non sono della persona fisica che ricopre pro tempore l'ufficio, ma della chiesa cattedrale, cui sono conferiti poteri che si tramandano nel tempo, rimanendo incorporati per sempre (vorrebbe il tenore dei diplomi) nella chiesa madre locale. I cui diritti, peraltro, potevano trovare un limite al loro esercizio in altri poteri immuni di chiese e di monasteri esistenti nella stessa città, creando una commistione e un intreccio che difficilmente si poteva razionalizzare, perché si trattava per tutti di *res sacrae*, in linea di principio giuridicamente inalienabili.

Una situazione estremamente complessa, ma anche diversificata, quindi, al limite del caos per l'occhio moderno abituato all'uniformità amministrativa, eppure estremamente fertile di sviluppi futuri, perché non può sfuggire che in questo modo si assisteva ad un disordinato e disuguale (ma colossale) trasferimento di poteri dal centro alle singole realtà locali.

Giuseppe Sergi/Immunità di diritto e immunità di fatto

[G. Sergi, *I confini del potere. Marche e signorie fra due regni medievali*, Einaudi, Torino 1995, pp. 267-268]

In questo brano Giuseppe Sergi (nato nel 1946) descrive come in età postcarolingia i feudi abbiano significativamente cambiato la loro fisionomia. Accanto alle immunità di diritto che gli imperatori concedono ai vescovi e ai monasteri in cambio della loro fedeltà, esistono anche delle immunità di fatto, che si impongono sulla base del diritto consuetudinario laddove i signori locali diventano tanto potenti da instaurare una vera e propria signoria sui contadini delle terre circostanti, a cui per altro garantiscono protezione con le proprie fortificazioni. In questo panorama così disgregato, i feudatari tentano di imporre l'ereditarietà del loro titolo, e per farlo hanno bisogno di appoggi e consenso, per ottenere i quali finiscono per aumentare la concessione di autonomie.

Immunità di diritto e immunità di fatto, nella prima età postcarolingia, rendono tutt'altro che compatte le marche e i comitati. È vero che conti e marchesi fanno ogni sforzo, spesso con buon esito, per rendere ereditari i loro poteri, ma è vero altresì che rendono ereditario un potere molto diverso da quello dei loro antenati: non possono entrare nei territori del vescovo e dei monasteri immuni, non possono entrare in latifondi i cui proprietari, forti della consuetudine e della capacità di proteggere i contadini con fortificazioni, ormai non sono solo ricchi ma anche potenti. A ciò si aggiunga che i conti si sono frattanto procurati collaboratori, hanno costruito un funzionariato interno, con compiti militari e spesso giudiziari: i *custodes castri*. Ebbene, anche costoro rendono progressivamente ereditario il controllo dei castelli pubblici e dei poteri connessi: così a quelle degli immunisti di diritto e di fatto si aggiungono anche le isole giurisdizionali dei castellani comitali. Le eccezioni ai poteri del conte sono ormai tante da aver trasformato la fisionomia stessa del comitato.

Ciò avviene [...] mentre la famiglia del conte sta cercando di diventare una dinastia, di rendere ereditari i poteri esercitati un tempo per delega del re. La famiglia dei conti infatti non si oppone strenuamente a tutte quelle eccezioni al potere comitale. Intravede anzi la possibilità di perseguire più facilmente i suoi scopi (l'insostituibilità, il radicamento territoriale, l'ereditarietà del potere) se concentra i propri sforzi sulle zone dove può contare su un maggior numero di possessi: a tal fine funzionano sia le terre di proprietà sia le terre beneficiarie. E poiché non è detto che tutti i possessi della famiglia siano all'interno dell'antica circoscrizione, spesso la nuova, più piccola ma ereditaria dominazione dei conti si sviluppa a cavallo dei confini distrettuali carolingi, disegnando una nuova geografia politica della regione.

Quella è la situazione più normale intorno al Mille. Per l'esito successivo è da introdurre una distinzione importante fra regioni d'Europa. Dove (in Francia, in Germania), pur con ridefinizione dei confini, le dinastie d'ufficio riescono a rendere ereditario un potere di ampiezza riconducibile alla circoscrizione governata dagli antenati, troviamo i principati territoriali. Dove invece, come in Italia, la maggior parte delle famiglie comitali e marchionali si deve accontentare di territori più piccoli, nascono ambiti di potere che sono in sostanza normali signorie rurali, strutturalmente identiche ai normali *dominatus* ma definite dalle fonti *comitatus* o *marcae* solo perché a quei territori si applica per consuetudine il titolo dinastico della famiglia. È appunto per agevolare la distinzione che [...] molti specialisti definiscono «contee» e «marchesati» le nuove costruzioni dinastiche (siano esse principati o signorie), rendendole così distinguibili, anche sul piano terminologico, dai «comitati» e dalle «marche», cioè dalle precedenti vere circoscrizioni pubbliche.

ANALIZZARE E COMPRENDERE

1 **In cosa consiste secondo Capitani il duplice significato reale e simbolico dell'incastellamento per l'Italia altomedievale? Argomenta la tua risposta.**

2 **In quale senso, secondo Ascheri, è necessario non considerare la «città vescovile» come «città del vescovo»?**

3 **Quali sono, in età postcarolingia, le eccezioni al potere di conti e marchesi? Qual è la differenza tra principati territoriali e signorie rurali?**

CONFRONTARE E RIELABORARE

4 **Riassumi in un testo di max 15 righe le forme in cui si manifesta il graduale indebolimento del potere centrale in Europa nel corso del X secolo.**

S/7_La "rivoluzione" economica

L'importanza primaria giocata dall'ambito agrario nell'espansione economica dell'anno Mille è il filo conduttore del passo tratto da *I caratteri originali della storia rurale francese* di **Marc Bloch**. Esponente di punta della storiografia delle «Annales», egli propone un percorso interdisciplinare capace di fondere antropologia, geografia ed economia. Pur influenzato dal successo di questo approccio metodologico, **Roberto Sabatino Lopez** privilegia una duplice prospettiva, che connette la storia della mentalità a quella delle innovazioni agrarie e tecnologiche: furono l'individualismo e lo spirito associativo i veri protagonisti dei cambiamenti dell'anno Mille. L'irreversibilità dei processi di trasformazione socio-economica è invece al centro della riflessione di **Robert Fossier**. Lo studioso francese non esita a parlare di «rivoluzione» e a sottolineare l'importanza cruciale che essa ebbe nel forgiare un «comune spirito europeo». Nell'interrogarsi sulle ragioni di queste trasformazioni pone in primo piano le condizioni di vita materiale e la concomitanza dei processi economici di espansione.

Marc Bloch/La «civiltà del Settentrione» e la «civiltà del Mezzogiorno» nella tradizione rurale europea

[M. Bloch, *I caratteri originali della storia rurale francese* (1931), trad. it. di C. Ginzburg, Einaudi, Torino 1973, pp. 38-41]

La diffusione di differenti sistemi agrari nell'Europa medievale fu determinata non solo dalle condizioni ambientali e naturali, ma anche dalle consuetudini rurali e da fattori socio-culturali profondi e transnazionali: è questa la tesi proposta da Marc Bloch (1886-1944) nel brano che qui riportiamo. Stendendo una mappatura geografica della rotazione biennale e di quella triennale nella Francia medievale, Bloch riconduce la diffusione delle due pratiche all'esistenza di due grandi civiltà agrarie, quella del Settentrione e quella del Mezzogiorno. La prima, presente anche nell'Inghilterra e nell'Europa nordica, aveva adottato un sistema triennale che da secoli conviveva già a fianco di quello biennale. La seconda invece aveva ereditato l'antica rotazione mediterranea, praticata dai Greci e dai Romani, e ignorava i vantaggi della rotazione delle colture.

Esaminiamo [...] più da vicino le aree di diffusione dei due sistemi principali: il biennale e il triennale. La carta – se potessimo disegnarne una – non sarebbe fatta soltanto di ampie zone in tinta unita: non mancherebbe anche qualche settore punteggiato. A dire il vero, sembra che nel Mezzogiorno il sistema triennale sia stato sempre estremamente raro, se pure vi esisté mai. Al contrario, nelle regioni più settentrionali la rotazione triennale occupò per molto tempo larghe estensioni di terreno, accanto al sistema antagonista. Un'intera zona della pianura alsaziana, delimitata a sud dalle porte di Strasburgo e a nord da Wissembourg, si mantenne fedele fino alla rivoluzione agraria alla rotazione biennale. Lo stesso fecero diversi villaggi delle montagne della Franca Contea e non pochi territori situati lungo le coste settentrionali della Bretagna. In un periodo più antico, queste isole erano molto più frequenti. [...] Gli inventari carolingi segnalano l'esistenza di tre «stagioni» e la distinzione fra grano invernale e grano marzuolo sulle riserve signorili situate a nord della Loira; tuttavia [...] i grani d'inverno occupavano sempre una zona molto più estesa di quella occupata dai grani marzuoli; o perché una parte del *dominico* restava sottoposta a un ciclo biennale, o piuttosto perché alcune parcelle rimanevano in sodo per due anni, mentre su quelle vicine le semine primaverili precedevano, secondo la regola, l'unica annata di riposo. In ogni modo si trattava di una rotazione in tre tempi in fase ancora embrionale. Nelle regioni settentrionali la rotazione triennale era senza dubbio molto antica; ne abbiamo già attestazioni nell'età franca, e senza dubbio le sue origini risalgono a tempi ancor più remoti. Per secoli, tuttavia [...] la rotazione triennale si mescolò con quella biennale, dando origine a forme ibride.

Ma non inganniamoci: queste osservazioni non mitigano affatto il contrasto fondamentale fra le grandi aree di diffusione dei due tipi di rotazione. Il sistema triennale, nato nelle regioni settentrionali, vi si è diffuso a macchia d'olio. Il Mezzogiorno l'ha sempre rifiutato, quasi con ostinazione, come se si trattasse di un elemento estraneo. È chiaro che nelle regioni settentrionali, via via che la popolazione cresceva, si preferiva ricorrere a un metodo che permettesse di mantenere ogni anno sgombro di messi soltanto un terzo dei terreni, anziché la metà. Senza dubbio le stesse esigenze si fecero sentire anche nel Mezzogiorno. Sembra tuttavia che prima della rivoluzione agraria non si sia mai pensato ad accrescere la produzione introducendo la rotazione in tre tempi: a tal punto aveva messo radici quella che potremmo definire «abitudine biennale». Tale antitesi pone alla storia agraria un vero e proprio enigma da risolvere. Evidentemente le motivazioni geografiche in senso stretto non valgono: le aree di diffusione sono troppo estese, e le rispettive caratteristiche naturali troppo diverse. In realtà, ambedue le aree oltrepassavano, e di molto, i confini della Francia. Il ciclo in due tempi non era se non l'antica rotazione mediterranea, praticata dai Greci e dagli Italioti. [...] La rotazione triennale copriva la maggior parte dell'Inghilterra, e tutte le grandi pianure dell'Europa settentrionale. La loro opposizione nel nostro paese esprime lo scontro di due grandi tipi di civiltà agraria, che possiamo chiamare, in mancanza di termini più precisi, civiltà del Settentrione e civiltà del Mezzogiorno. Entrambe si formarono sotto l'azione di influssi che costituiscono tuttora un mistero: influssi di carattere etnico e storico, senza dubbio, ma anche di carattere geografico. Infatti, se circostanze di ordine fisico si mostrano insufficienti a spiegare, senza l'aiuto di cause concomitanti, la distribuzione geografica definitiva dei sistemi di rotazione, è tuttavia probabile che esse chiariscano l'origine del punto di irradiazione del ciclo triennale, così lontano dal Mediterraneo. L'agronomia romana non ignorava i vantaggi della rotazione delle colture, che veniva anzi intensificata sui terreni più ricchi al punto da non lasciare mai il suolo in riposo. Ma si trattava soltanto di leguminose o di lino che venivano coltivati fra un raccolto e l'altro: non si ricorreva ad alternanze regolari fra le varie specie di cereali. Si conosceva il grano di primavera, ma lo si considerava semplicemente un utile ripiego nel caso che le semine effettuate prima dell'inverno fossero andate male. Indubbiamente, perché l'alternanza delle semine primaverili con le semine autunnali potesse essere posta come base di un intero sistema agricolo, occorrevano estati ben più immuni dalla siccità di quanto non fossero le estati mediterranee. Dobbiamo limitarci alle ipotesi; un fatto, comunque, è indubbio [...]: la coesistenza di due grandi tipi di istituzioni agrarie – il tipo meridionale e quello settentrionale – è ad un tempo una delle peculiarità più evidenti della nostra vita rurale, e una delle rivelazioni più preziose forniteci dallo studio dell'economia rurale sulle radici più profonde della nostra civiltà in generale.

Roberto Sabatino Lopez/L'individualismo anarchico e le associazioni volontarie

[R.S. Lopez, *La nascita dell'Europa. Secoli V-XIV* (1962), Einaudi, Torino 1966, pp. 153-158]

Nell'ampio quanto ricco volume che lo studioso di storia economica Roberto Sabatino Lopez (1910-1986) dedica al Medioevo europeo, la svolta socio-economica dell'anno Mille è ripercorsa nei suoi snodi cruciali: i cicli di lavorazione delle campagne, lo sfruttamento di nuove forme di energia, il progresso promosso dalle innovazioni tecniche. Tuttavia, affinché una rivoluzione sia messa in moto, sottolinea Lopez nel passo che riportiamo, occorrono individualismo, spirito di associazione e assenza di freni governativi. La compresenza di questi tre fattori stimola da un lato l'affermazione dell'individualismo anarchico che fomenta l'intraprendenza dei singoli, dall'altro la proliferazione di associazioni volontarie e corporative capaci di tutelare i propri membri e imporre uniformità di comportamenti.

Lo strumento vale soltanto per la mano che lo adopera e per il cervello che lo dirige. Una macchina può accelerare una rivoluzione, ma non provocarla; è piuttosto la rivoluzione che mette in valore la macchina, o la inventa quando ne ha bisogno. Il mondo ellenistico si era accorto della forza motrice insita nell'espansione del vapore, ma se n'era servito soltanto per fabbricare giocattoli; il mondo del basso medioevo conobbe soltanto la forza motrice dell'acqua, ma la usò per ogni sorta di processi industriali. Ciò che conta è la complicità dell'ambiente.

Abbiamo veduto come nei primi secoli dell'alto medioevo l'Europa si sia irretita in una singolare depressione morale, non soltanto una decadenza dell'attrezzamento mentale ma una crisi dell'iniziativa e della volontà. [...] A partire dal secolo X, l'espansione demografica ed economica dell'Europa offrì combustibile abbondante per ogni nuova scintilla. Era l'età del particolarismo; i sovrani non erano più in grado di dirigere le iniziative locali, anzi non riuscivano nemmeno a mantenere l'ordine e la pace. Alcuni individui si ritennero abbastanza forti per agire senza aiuto, affermando la propria volontà; altri si strinsero insieme come meglio potevano: coi giuramenti o i contratti, secondo i vincoli di parentela o di vicinato, in conformità con aspirazioni e interessi comuni. Così, tra il secolo X e il XII, due tendenze in apparenza contraddittorie si fecero avanti: da un lato, l'individualismo anarchico; dall'altro, le associazioni volontarie.

Individualismo, spirito di associazione, assenza di freni governativi: tali, almeno fino al sorgere degli stati pianificatori moderni, sono i lineamenti caratteristici e immancabili di tutte le economie in via di rapida espansione. [...] Soltanto in Europa le tre condizioni fondamentali si trovano riunite, una prima volta all'inizio della rivoluzione commerciale del medioevo, una seconda alle origini della rivoluzione industriale moderna. Nell'uno e nell'altro caso questo insieme di circostanze sembra aver aiutato l'Europa

(e, in un secondo tempo, l'America) a balzare all'avanguardia del movimento economico mondiale.
Nei contratti del commercio marittimo, l'individualismo concede allo spirito di associazione soltanto il minimo indispensabile per riunire temporaneamente i capitali e dividere i rischi. L'accordo più tipico è senza dubbio la *commenda*. [...] Questo contratto riunisce per una sola avventura commerciale – un viaggio di andata e ritorno – il datore di capitale e il commerciante che compie il viaggio. Il primo trattiene la maggior parte dell'eventuale guadagno (per solito, tre quarti) ma prende a suo carico ogni eventuale perdita sul capitale; il secondo rischia il suo lavoro per ottenere un quarto dell'eventuale guadagno. Questa divisione dei profitti e delle perdite introduce un elemento associativo in un accordo che altrimenti non si distinguerebbe dal prestito puro e semplice, dato che il finanziatore non assume parte diretta alla gestione e non si fa nemmeno conoscere da coloro che trattano col commerciante viaggiatore. [...]
Oltre ai contratti individuali [...] bisogna ricordare le associazioni professionali. Anche nelle città più sviluppate i grandi mercanti e i capitalisti internazionali formavano soltanto un'aristocrazia. [...] Ora, i «grandi» non amavano confondersi con i «piccoli», né sottomettersi a una disciplina di gruppo. Al massimo facevano fronte comune quando si recavano all'estero, nella rassicurante promiscuità delle carovane e dei convogli, o nei cartelli[1], nelle «anse»[2], nelle gilde[3] che formavano per trattare con le potenze straniere. Peraltro si sbarazzarono di tali organismi collettivi non appena poterono trasformare le loro città in potenze politiche autonome, utilizzando il governo comunale per la protezione dei loro interessi particolari. La gilda o corporazione rimase invece in generale l'organizzazione tipica dei piccoli mercanti e fu per eccellenza l'organizzazione degli artigiani. [...]
Per apprezzare giustamente la funzione delle corporazioni artigiane non bisogna dimenticare che se il mercante poteva aumentare all'infinito il proprio volume d'affari, l'artigiano era invece limitato dal mediocre rendimento del lavoro manuale. Rendimento che non poteva accrescere né sfruttando una mano d'opera a buon mercato, inesistente ormai dopo la scomparsa della schiavitù, né impiegando su vasta scala macchine complesse. Anche in un'economia in piena espansione, l'artigiano arrivava presto al massimo della sua capacità produttiva e rischiava di essere sfruttato da un mercante capitalista che desse lavoro e capitale alle botteghe di parecchi artigiani alla volta. Se l'industria entrava in crisi, rischiava la concorrenza di altri artigiani che lavorassero frettolosamente o usassero materie prime di qualità inferiore. La corporazione si sforzò di proteggerlo salvando l'autonomia della bottega, ma imponendo di mestiere regole uniformi e una linea di condotta comune. Vi riuscì solo in parte, a prezzo di restrizioni che da certi punti di vista intralciarono l'iniziativa dei singoli e il progresso dell'arte. Ma nella misura in cui riuscì evitò che la rivoluzione commerciale infliggesse ai lavoratori le sofferenze che dovevano invece accompagnare gli inizi della rivoluzione industriale.

1. Accordo finalizzato a perseguire una politica commerciale comune ed eliminare la concorrenza.
2. Il termine è qui utilizzato come estensivo di Hansa, un'associazione di mercanti tedeschi residenti in una città straniera e volta a tutelare i suoi membri da possibili eccessi delle autorità o delle popolazioni locali.
3. Associazioni di mutua assistenza a carattere mercantile e artigianale, diffuse soprattutto nell'Europa settentrionale.

Robert Fossier/L'infanzia dell'Europa

[R. Fossier, *L'infanzia dell'Europa. Economia e società dal X al XII secolo* (1982), trad. it. di T. Capra, il Mulino, Bologna 1987, pp. 515, 519-521]

La grande cesura socio-politico-economica che si realizzò tra il 900 e il 1200 gettò le basi per la nascita dell'Europa. Questo è il tema sviluppato negli studi di uno dei più autorevoli medievisti francesi, Robert Fossier (1927-2012), di cui qui presentiamo alcune pagine relative alla svolta economica dell'anno Mille. Definita come una vera e propria rivoluzione, Fossier si chiede se all'origine di questa fase di sviluppo sia possibile scorgere una «politica economica» definita e attentamente pianificata. Confrontando le fonti relative a quattro secoli di storia, egli individua la nascita di una consapevole progettualità attorno alla metà del XII secolo: prima di allora lo sviluppo economico rispondeva esclusivamente a bisogni immediati e quotidiani ed era totalmente sprovvisto di una visione organica e programmatica del futuro.

«Due scuri, una marra, due succhielli, un'ascia, un sarchio, una pialla, un coltello a doppio manico, due falci, due falcetti, due badili ferrati e arnesi di legno a sufficienza»: così scrive all'inizio del IX secolo un intendente scrupoloso, che ad Annapes, terra regia, ha redatto l'inventario dell'utensileria di «corte» di 700 ettari coltivati, come minimo. È già grave che per seminare si scavi ancora la terra con un bastone; ma come si fa ad abbattere un albero con simili strumenti? In queste condizioni non c'è da aspettarsi, nel migliore dei casi, rendimenti unitari superiori al 2 o 2,5 e si arriva addirittura all'assurdo di raccolti pari al grano seminato; il che significa vivere dei prodotti del bosco e delle bestie che vi pascolano. Fu la rottura di questo quadro a dare i natali all'Europa, consentendole un aumento della produzione alimentare che presto si tradurrà in uno sviluppo generalizzato. E poiché si trattò di una frattura decisiva [...] la parola rivoluzione non mi pare eccessiva in questo campo.

Prima di esaminare i diversi aspetti si impone però un'indagine tecnica: [...] lo storico dell'età medievale urta contro una difficoltà permanente e pressoché insuperabile fino al XIII secolo: lo sviluppo è un fatto sicuro, si nota dappertutto; ma nessun documento consente di scoprire un piano, una volontà o un'organizzazione che ad esso presiedano. Mentre nel marasma carolingio i principi o altri personaggi più umili regolamentano, sorvegliano, riformano, indagano, e riempiono così i nostri archivi di canoni[1], di capitolari[2], di polittici[3] e di ammonizioni, apparentemente senza conseguire alcun risultato serio, al contrario l'indiscutibile sviluppo dei secoli XI e XII avviene in una completa assenza di attività normativa. [...] Ci si trova dunque davanti una questione preliminare: questa conquista della terra, questa produzione triplicata, questo pullulare degli scambi si sono forse verificati all'insaputa o almeno senza la volontà deliberata di coloro che ne furono i testimoni e i beneficiari? In altri termini, vi è o no una «politica economica» all'origine di questa fase di sviluppo?

Bisogna evidentemente intendersi prima di tutto sul significato delle parole: quando un signore fonda un villaggio nuovo, quando un abate strappa al bosco delle terre da coltivare, quando un principe percepisce un pedaggio nuovo, è perché hanno capito che potevano farlo, che dovevano farlo anzi nell'interesse proprio e in quello dei loro uomini; se nel 1060 Conan II, conte di Rennes, si propone di graduare a Redon le tasse di sua spettanza secondo la crescita della città, è perché ne prevede l'espansione; [...] se a Chiaravalle dopo il 1120 si scava e si sterra per deviare il corso dell'Aube sino al monastero omonimo è per saggia economia domestica. Ma in ciascuna di queste decisioni conta solo l'utilità immediata o a breve termine: non esiste alcuna programmazione, come non ve n'è quando dalle campagne della Piccardia o dalla zona di Namur scompare il vecchio farro, cereale resistente ma di scarso rendimento. Si ricerca il progresso, certo, ma senza nessuna visione d'insieme del futuro. Praticamente bisogna attendere il XII secolo inoltrato, o addirittura la sua metà, perché qua e là traspaiano disegni capaci di andare oltre il quotidiano: si fa fatica a distinguerli perché solo eccezionalmente hanno lasciato tracce. [...] Due elementi tuttavia attestano che si avvicina lentamente il momento della redazione di manuali o dell'elaborazione di una politica. Gli incroci di razze animali hanno lasciato alcune tracce, forse perché l'arrivo di tori o di stalloni, i cui servizi furono probabilmente circondati da tutto un cerimoniale, colpì la fantasia popolare: prima del 1130 san Bernardo importa dall'Italia riproduttori bovini, e alcuni signori della Perche, del Vendôme, del Rossiglione e in seguito il sire di Rohan fanno ricorso a cavalli di Spagna o d'Oriente: qui il miglioramento auspicato richiede preveggenza e pazienza. Allo stesso modo non si possono non attribuire a una valutazione di lungo periodo i trasferimenti brutali di centri economici, per quanto alti siano i prezzi da pagare. In questo campo furono all'avanguardia i Cistercensi, per lo meno nella Chiesa, da cui derivano tutte le nostre fonti; contravvenendo alla volontà di un primo donatore o alle prescrizioni generali i monasteri si insediano altrove, là dove, come spera con qualche esagerazione san Bernardo, «la spiga renderà il cento per uno»; Valloires in Piccardia, Villers nel Brabante, Huerta in Castiglia, Ford presso Exeter. E in Germania è dal 1160 che sulle terre più fertili si verifica l'intollerabile abuso della distruzione di un villaggio a vantaggio di una grangia cistercense. Politica odiosa, ma dettata dalle solide ragioni economiche.

Questi segni sono tardivi: a metà del XII secolo la produzione è da molto tempo sotto controllo; ma probabilmente la coscienza che ormai bisogna contenerla è all'origine di un nuovo atteggiamento.

1. Norme di carattere giuridico regolanti la vita ecclesiastica.
2. Disposizioni legislative emanate dai Carolingi.
3. Registri o inventari in cui venivano descritti i beni di un signore.

ANALIZZARE E COMPRENDERE

1 Quali cause ipotizza Bloch per spiegare la diffusione nell'Europa medievale di due distinti sistemi agrari?

2 In quale modo individualismo e spirito associativo convergono nel contratto della *commenda*? Da quali rischi le corporazioni artigiane tentano di proteggere i lavoratori?

3 Quali sono i due elementi che Fossier individua come prime tracce della maturazione di una «politica economica»?

CONFRONTARE E RIELABORARE

4 Esamina e confronta i diversi approcci di Bloch, Lopez e Fossier al problema storiografico della «rivoluzione economica» e riassumi in un testo di max 15 righe i tre diversi punti di vista.

S 8_La rinascita delle città

Strettamente collegata con la rivoluzione economica fu, secondo gli storici, la rinascita delle città. Un po' ovunque in Europa antiche città abbandonate rimaste a lungo disabitate iniziarono a ripopolarsi, altre sorsero *ex novo*. Nel primo brano **Jacques Heers** ricostruisce le prime fasi di popolamento dei nuovi nuclei urbani, sorti in genere intorno a una chiesa o a un castello fortificato per esigenze di difesa e per la necessità di bonificare altre terre da coltivare. Sulla figura emergente del mercante di professione si concentra invece **Henri Pirenne.** Lo storico francese mette in diretta corrispondenza l'aumento della popolazione nelle campagne, la necessità per molti di trovare nuovi sbocchi per la sussistenza e l'approdo nelle città di una massa di individui senza mezzi pronti a far leva solo sulla propria abilità e intraprendenza per emergere. Nel terzo brano, infine, **Marco Tangheroni** illustra il caso di due città marinare, Genova e Pisa, che tra XI e XII secolo conobbero un'ascesa economica senza precedenti in area mediterranea.

Jacques Heers/Le nuove città

[J. Heers, *La città nel Medioevo in Occidente. Paesaggi, poteri e conflitti* (1990), Jaca Book, Milano 1995, pp. 104-105]

In questo passo sono ricostruite le prime fasi della formazione delle città nuove. Secondo Jacques Heers (1924-2013) il primo impulso venne quasi certamente dal desiderio di rendere coltivabili nuovi terreni e dall'esigenza di difendersi. Così quasi ovunque in Europa iniziarono a sorgere i primi insediamenti, spesso nelle vicinanze di castelli fortificati o di una chiesa. A parte questi elementi iniziali, poi, in ogni realtà i primi insediamenti ebbero sviluppi diversi. In alcuni casi, come nel Lazio, dopo un periodo di prosperità furono destinati a decadere. In altri, come nella Francia sud-occidentale, divennero una realtà duratura.

In un primo momento, non appena cominciarono a manifestarsi i segni dell'espansione demografica, la principale preoccupazione fu quella di assicurare, nelle grandi distese di lande incolte o di foreste, la sicurezza dei viaggiatori e dei pionieri impegnati a dissodare e a seminare i campi appena conquistati. Di qui il ruolo essenziale, persino quasi esclusivo, dei castelli dei signori o delle grandi abbazie protette da alte mura.

Il popolamento di buona parte del Lazio, ad esempio, verificatosi intorno al Mille o un po' dopo, si è realizzato soprattutto stanziando degli uomini in grossi insediamenti fortificati (*castra*), a volte protetti anch'essi da una rocca in cui abitava il signore (*rocca castri, domus maior castri*). I coloni giunsero a intere famiglie o a comunità guidate da un prete assistito dai fratelli o dai nipoti. Questi nuovi agglomerati presentavano un vero e proprio paesaggio «costruito», sviluppato intorno alla chiesa e al castello. La toponimia (*mons, poggio, castro*) insisteva sempre sulla presenza di un luogo elevato; in genere si tracciava una cinta e la si muniva di palizzate o di mura; le famiglie ricevevano dei lotti edificabili di uguali dimensioni, degli orti e dei campi. Così che ognuna di queste comunità (*congregatio populi, amasamentum hominum*) possedeva anche la sua area agricola, le sue *pertinenciae*, e con la sua esistenza era sufficiente a produrre una ricomposizione dello spazio coltivato (*consolidati fundorum; coherentia pertinentium*). Eretti a decine, questi castelli controllavano tutto lo spazio agricolo disponibile. Ma in questo caso il successo fu effimero: il piccolo agglomerato non si è mai sviluppato molto; al contrario, furono parecchi quelli che si andarono gradualmente indebolendo e finirono a volte con lo scomparire.

Nella Francia sud-occidentale, questi nuovi centri di popolamento resistettero meglio. Qui i romani avevano colonizzato soltanto le rive della Garonna, e negli anni intorno al Mille c'erano ancora delle immense foreste che si stendevano a nord-est di Tolosa e soprattutto a sud, dove quella di Bouconne, tristemente famosa, era solo una vasta solitudine che si spingeva molto lontano, fino a Muret e a Saint-Gaudens. A partire dai primi decenni del XII secolo, le fondazioni furono le *sauvetés* degli Ospitalieri, centri di dissodamento posti sotto la loro tutela, che offrivano un rifugio sicuro contro i malfattori e le bande armate. Gli abitanti dei villaggi si stabilirono intorno a modeste chiese. [...] Molti erano i villaggi di questo tipo: almeno cinquanta fondazioni per la sola commenda di Tolosa, che a ciò destinava tutte le terre donate dai signori laici; quaranta *sauvetés* sulle colline del basso Comminges su una fascia che non arrivava a venti chilometri di larghezza per nemmeno quaranta di lunghezza. Un po' più tardi, cioè a partire dal 1130 circa, furono sostituiti dai Templari, che attaccarono anch'essi le foreste sulla riva sinistra della Garonna.

Henri Pirenne/I nuovi ricchi: i mercanti

[H. Pirenne, *Le città del Medioevo* (1927), trad. it. di E. Romeo, Laterza, Roma-Bari 1977, pp. 78-79, 84]

Strettamente legato alla crescita demografica e alla necessità di trovare altre occupazioni che spinse molti uomini ad abbandonare le terre, divenute ormai insufficienti, è per Henri Pirenne (1862-1935) il fenomeno di rinascita di un ceto di mercanti di professione. Masse di sradicati abbandonarono le campagne e iniziarono a vagabondare prima di approdare nei nuovi centri urbani, luoghi di aggregazione e di maggiore ricchezza. Qui alcuni sfruttarono le occasioni offerte dalla città, e i più abili e scaltri riuscirono ad arricchirsi enormemente con il commercio, incontrando talvolta la diffidenza delle popolazioni urbane per il loro carattere di *parvenus*.

Nel corso del X secolo, nell'Europa continentale si è ricostituita una classe di mercanti di professione che dapprima progredisce lentamente e in modo più rapido nel secolo successivo. L'aumento della popolazione che comincia a manifestarsi nella stessa epoca è sicuramente in relazione con questo fenomeno, e provoca l'allontanamento dalla terra di un numero sempre più grande di individui, spingendoli a quell'esistenza errabonda e precaria che nelle civiltà agricole è la sorte di coloro che non trovano più sistemazione sulla terra. Essa ha moltiplicato la massa di vagabondi che si aggirano nella società, e che vivono di giorno in giorno delle elemosine dei monasteri, offrono la loro opera durante la mietitura, si mescolano agli eserciti in tempo di guerra e non indietreggiano davanti alla rapina e al saccheggio, quando se ne presenta l'occasione. Tra questa massa di sradicati e di avventurieri bisogna cercare i primi adepti del commercio. La loro vita li spingeva naturalmente verso i luoghi dove l'affluenza della gente permetteva di sperare qualche guadagno o qualche accidente fortunato. Essi frequentavano assiduamente i pellegrinaggi, ma erano ugualmente attratti dai porti, dai mercati e dalle fiere, dove offrivano i propri servigi come marinai, barcaioli, scaricatori o facchini. Tra di loro dovevano abbondare i caratteri energici, temprati dall'esperienza di una vita colma d'imprevisti. Molti conoscevano lingue straniere ed erano a conoscenza dei costumi e dei bisogni di paesi diversi, e quando si presentava un'occasione favorevole (e le occasioni sono numerose nella vita di un vagabondo) erano meravigliosamente adatti a profittarne, con intelligenza e abilità. Un piccolo guadagno può trasformarsi in un grosso guadagno; e doveva essere così soprattutto in una epoca in cui l'insufficienza degli scambi e la rarità relativa delle mercanzie offerte al consumo dovevano mantenere i prezzi ad un livello molto alto. Le carestie, che questa scarsezza degli scambi moltiplicava in Europa, ora in una provincia ora in un'altra, aumentavano le possibilità di arricchirsi per chi sapeva approfittarne. Erano sufficienti alcuni sacchi di grano trasportati al momento giusto nel luogo adatto per realizzare magnifici guadagni. Per un uomo sagace e che non si risparmiava, la fortuna riservava dunque fruttuose operazioni. E certamente dal seno di questa massa miserabile di pezzenti erranti per il mondo non tardarono ad emergere nuovi ricchi. [...]

Questo essere errante, questo vagabondo del commercio dovette certamente stupire fin dall'inizio, per la stranezza della maniera di vivere, la società agricola di cui urtava tutte le abitudini e in cui non vi era posto per lui. Egli portava il movimento fra gente attaccata alla terra, rivelava, a un mondo fedele alla tradizione e rispettoso di una gerarchia che fissava le funzioni e il rango di ciascuna delle classi, un'attività calcolatrice e razionalista nella quale la fortuna, invece di misurarsi alla condizione dell'uomo, dipendeva solamente dalla sua intelligenza e dalla sua energia. Non ci si deve quindi sorprendere se fece scandalo. La nobiltà disprezzò sempre questi *parvenus* venuti fuori chissà da dove e di cui non poteva tollerare la fortuna insolente.

Marco Tangheroni/Il decollo del commercio marittimo: il caso di Genova e Pisa

[M. Tangheroni, *Commercio e navigazione nel Medioevo*, Laterza, Roma-Bari 1996, pp. 137-139, 141, 143-144]

Il decollo del commercio marittimo mediterraneo portò alla ribalta alcune città che imposero, grazie alla potenza della loro flotta, una vera e propria egemonia economica e militare. Fu questo il caso di Genova e Pisa, che secondo il medievista Marco Tangheroni (1946-2004) incontrarono tra XI e XII secolo un'ascesa economica senza pari in area mediterranea. La molla fu probabilmente un meccanismo di «sfida e risposta» intrapreso con la flotta islamica per l'egemonia sul mare. In questa sfida, Genova e Pisa alternarono una prima fase di collaborazione contro il nemico comune islamico e una seconda di aperta conflittualità reciproca.

Il decollo del commercio nella Cristianità latina e lo stesso sviluppo urbano non avrebbero potuto avere le dimensioni e i ritmi che in effetti ebbero senza la rapida esplosione del commercio marittimo ed in primo luogo di quello mediterraneo. Esso non solo contribuì all'allargamento degli spazi [...], ma determinò un nuovo orientamento dei traffici ed un loro mutamento quantitativo e qualitativo. L'intero sistema economico di questa parte del mondo cambiò radicalmente assetto e connotati. Il Mediterraneo tornò ad esserne il centro: il *medium Terrae tenens*, come scriveva, alla fine del Duecento, il domenicano genovese Giovanni Balbi nel suo *Catholicon*. [...]

Di fronte all'esplosione straordinaria della città ligure [Genova] e di quella tirrenica [Pisa], lo storico, e con lui il lettore, devono recuperare un certo qual senso di meraviglia per non affogare nel fluire della continuità salti qualitativi assolutamente straordinari. [...]

Fin verso la fine dell'XI secolo le due città operarono spesso congiuntamente, pur con qualche precoce contrasto, appena accennato nelle fonti, ma già all'inizio del XII secolo, quando i loro interessi si erano rivolti anche al Mediterraneo orientale, esse entrarono in conflitto: a partire da allora Genova e Pisa si scontreranno per la supremazia nel Mediterraneo, in un duello fatto di ripetuti periodi di guerra dichiarata e di incerte tregue, sempre caratterizzate, comunque, dallo stillicidio della guerra di corsa. [...]

Ad una prima fase, marcata soprattutto da azioni militari, tese insieme all'annientamento della pirateria islamica, al saccheggio e all'imposizione di condizioni privilegiate per i propri mercanti, seguì una seconda fase di stabilizzazione dei rapporti, attraverso la stipula di regolari trattati. Una fonte araba, il cosidetto *Livre des deux jardins*, distingue bene, appunto, un primo periodo in cui pisani e genovesi «erano a volte guerrieri temibili che facevano seri danni e bruciavano di un odio inestinguibile, a volte viaggiatori che si imponevano all'Islam con il commercio e sfuggivano al rigore dei regolamenti», ed un secondo periodo, nel quale erano stati conclusi trattati vantaggiosi, sì che essi «ci portano come merci quelle stesse armi con cui prima ci combattevano». [...]

La molla scatenante dell'esplosione quasi improvvisa ci sembra dover essere individuata [...] in un meccanismo di «sfida e risposta» nei confronti della pressione musulmana, la quale si fece più minacciosa e diretta proprio all'inizio del nuovo millennio, capace di dare a Pisa e Genova, con la prospettiva di partecipazione alle imprese militari e ai conseguenti benefici, una straordinaria forza di attrazione nei confronti delle forze esterne. I ceti dirigenti che si vennero rapidamente affermando nelle due città e che animarono il movimento comunale furono, così, ceti misti, formati da elementi interni alla dinamica sociale urbana e da elementi esterni, provenienti dalla società signorile e feudale delle regioni circostanti, i quali potevano mettere a disposizione le risorse umane necessarie ad arricchire la consistenza delle realtà marinare preesistenti.

Certo, a Genova, presto padrona delle due Riviere e tutta «gettata sul mare» [...] l'assoluta centralità del mare è più evidente che a Pisa, costretta a preoccuparsi della vicina Lucca e, più tardi, di Firenze e delle altre città toscane. Ma anche per Pisa il mare fu il fattore decisivo della sua storia. [...]

La rapidità dello sviluppo delle due città, ben diversa ai nostri occhi dalla plurisecolare evoluzione di Venezia, non può essere compresa senza por mente all'altissimo livello dei profitti, che consentì una crescita capace di autoalimentarsi grazie al loro reinvestimento. Tale livello dipese da due diversi fattori: il primo costituito dalle possibilità di procurarsi enormi risorse con il bottino della guerra di corsa e delle spedizioni organizzate, il secondo dall'opera di mediazione svolta tra aree a minore e anche quasi nulla attività commerciale, come la Sardegna e la Corsica, e le regioni dell'interno, o le stesse coste francesi ed iberiche.

ANALIZZARE E COMPRENDERE

1 **Perché secondo Heers nella Francia sud-occidentale i primi nuclei di coloni riuscirono a insediarsi stabilmente?**

2 **Quali erano i poli di attrazione per gli «sradicati» pronti a sfruttare ogni occasione per far fortuna? Perché?**

3 **Qual era la composizione sociale dei ceti dirigenti che promossero la straordinaria avventura di Genova e Pisa? Quali furono i due fattori decisivi per il decollo economico delle due città?**

CONFRONTARE E RIELABORARE

4 **Riassumi in un testo di max 15 righe i fattori che, dopo la lunga crisi dei secoli precedenti, concorsero a riattivare intorno al Mille la funzione propulsiva dei centri urbani nell'economia e nei commerci.**

Modulo_2
Spiritualità e potere

Urbano II ordina la prima
ociata nel corso del concilio
di Clermont-Ferrand
[Biblioteca dell'Arsenal, Parigi]

1054 ■ Si verifica lo scisma fra la Chiesa occidentale e la Chiesa orientale.

1096 ■ Una spedizione di nobili, in particolare normanni e francesi, parte per la Terrasanta: questa può considerarsi la prima vera crociata "ufficiale", e si conclude con la riconquista di Gerusalemme nel 1099.

1122 ■ L'imperatore e il pontefice stipulano il Concordato di Worms, stabilendo che l'investitura religiosa dei vescovi sia – in generale – riservata al pontefice e che, tuttavia, in Germania l'elezione di un vescovo possa avvenire in presenza del sovrano, che conferisce subito al vescovo anche gli eventuali benefici laici.

1216-23 ■ L'ordine dei domenicani e quello dei francescani vengono formalmente riconosciuti dal pontefice. Il primo nel 1216, il secondo nel 1223.

1232 ■ Papa Gregorio IX istituisce il tribunale dell'Inquisizione per reprimere le eresie.

1250 ■ Muore l'imperatore Federico II di Svevia e il baricentro dell'Impero si sposta nel cuore dell'Europa centrale.

1302 ■ Con la pace di Caltabellotta il Mezzogiorno d'Italia passa nelle mani degli Aragonesi e la Sicilia in quelle dei d'Angiò.

1309 ■ Il Papato viene trasferito ad Avignone in territorio francese.

Capitolo_4 / Riforma della Chiesa e lotta per le investiture

ONLINE

GUIDA ALLA PROVA D'ESAME

1/ Per una riforma della Chiesa

CATTIVI COMPORTAMENTI: SIMONÌA E CONCUBINATO ■ La società medievale è profondamente pervasa di spiritualità. E tuttavia è anche una società nella quale molti aspetti dell'organizzazione ecclesiastica sembrano portare i loro rappresentanti lontano dal dettato delle Scritture, lontano da quella purezza e da quel rigore morale che il messaggio di Cristo richiede.

Nel corso del tempo, infatti, molti vescovi sono diventati funzionari pubblici, oppure si sono trasformati in potenti feudatari: e nei loro confronti le accuse di **simonìa** si sprecano, e spesso non sono prive di fondamento. Così come si sprecano le accuse di **comportamenti immorali** come il concubinato, anche queste largamente giustificate: numerosi sono infatti i prelati che si costruiscono delle famiglie, convivendo con una donna da cui hanno figli, i quali poi possono anche vantare diritti sui benefici e le cariche ecclesiastiche del padre. Non è questa la linea "ufficiale" della Chiesa. Il concilio di Elvira (306) ha deciso che «i vescovi, i sacerdoti, i diaconi e tutti i membri del clero che hanno a che fare con la liturgia devono astenersi dai rapporti coniugali e dal generare figli»; e alla fine del VI secolo è stata introdotta la norma secondo la quale le mogli di coloro che successivamente al loro matrimonio sono stati ordinati sacerdoti o vescovi, devono essere allontanate dalle abitazioni dei loro mariti. Ma nonostante ciò il concubinato ecclesiastico è ancora assai diffuso.

La stessa autorevolezza della figura del papa è messa in discussione. Politicamente deboli, esposti alle pressioni di re, imperatori, aristocratici romani, cardinali e

L'Abbazia cistercense di Fontenay

1. Chiesa; **2.** chiostro; **3.** cappella dei pellegrini; **4.** piccionaia; **5.** sala capitolare (al pianterreno, per le riunioni); **6.** dormitorio (primo piano); **7.** scaldatoio (unica stanza con camino); **8.** refettorio e cucina; **9.** sala dei copisti; **10.** infermeria; **11.** fucina e mulino; **12.** ospizio (per l'accoglienza dei poveri e dei pellegrini).

Fondata da Bernardo di Chiaravalle in Borgogna (Francia) nel 1118, l'Abbazia di Fontenay offre uno degli esempi meglio conservati di architettura cistercense. Ispirati ai valori cristiani dell'umiltà e della semplicità e improntati a un principio di sobrietà che abolisce ogni forma di decorazione, gli edifici cistercensi risultano spogli ed essenziali, ma soprattutto funzionali allo spirito della Regola di san Benedetto (*Ora et labora*, 'prega e lavora'), che esalta il valore del lavoro manuale dei monaci. Come gli altri complessi monastici cistercensi, anche questo fu costruito in una zona boscosa e incolta che fu bonificata e messa a coltura per provvedere al sostentamento dei monaci.

vescovi, i papi spesso stentano a presentarsi come figure autorevoli non solo da un punto di vista politico, ma anche da un punto di vista spirituale.

ISTANZE DI RINNOVAMENTO ■ Sin dai secoli X e XI un simile stato di cose sollecita la formazione di centri religiosi che si fanno promotori di un profondo rinnovamento. In questa direzione si orientano soprattutto vari **nuovi ordini monastici** [▷A16], dai cluniacensi (ordine fondato a Cluny, in Borgogna, nel 910), ai camaldolesi (eremo di Camaldoli, 1012), ai vallombrosani (eremo di Vallombrosa, 1012-15 ca.), ai certosini (ordine fondato a Isère nel 1084), ai cistercensi (ordine costituitosi nel monastero di Cîteaux, nel 1098).

Punto essenziale sostenuto da questi gruppi monastici è un **ritorno alla purezza delle origini**: una purezza dello spirito, attraverso un contatto più intenso e prolungato con la divinità, propiziato da preghiere collettive e da solitarie meditazioni; e una purezza del corpo, attraverso una rivendicazione dell'imperativo della **verginità**, considerata un necessario requisito per chi davvero voglia farsi seguace e imitatore di Cristo.

Il modello offerto da questi ordini soddisfa effettivamente una **domanda di spiritualità** delle società medievali: e ciascuno di questi ordini ottiene rispetto e attenzione, attirando donazioni da parte dei fedeli, che permettono l'ampliamento delle case-madri e la costruzione di altri monasteri collegati, in una rete diffusiva che attraversa tutta l'Europa.

A tali esperienze, sempre mantenute all'interno dell'organizzazione della Chiesa, se ne affiancano anche altre, promosse da individui almeno inizialmente esterni all'ordine ecclesiastico. Si tratta di esperienze che assumono toni globalmente

le PAROLE della STORIA

simonìa
Il termine indica l'acquisto delle cariche ecclesiastiche. La carica di vescovo è talmente allettante dal punto di vista economico o politico da sollecitare gli interessi di famiglie in grado di procurarla a un loro esponente, talvolta acquistando l'investitura presso l'imperatore o presso quel sovrano che abbia il potere di effettuare la nomina. Il termine "simonia" deriva dal personaggio di Simon Mago, descritto nel Nuovo Testamento (Atti degli Apostoli, 8, 9-24) come un individuo che tentò di acquistare da Pietro il potere di trasmettere lo Spirito Santo con l'imposizione delle mani.

ATLANTE 16

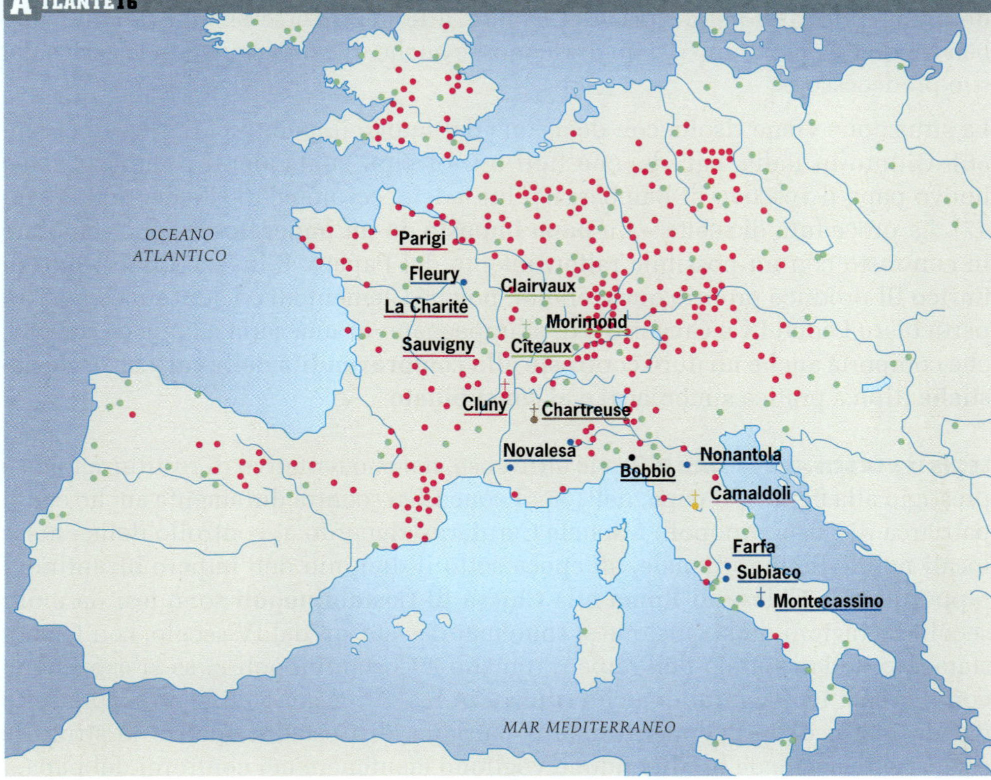

Il movimento di riforma (X-XI sec.)
L'ordine cluniacense ha una fortissima diffusione in Francia, nella Spagna settentrionale e nell'Europa centrale; il cistercense, pure radicato in Francia, ha una buona presenza in Portogallo, ma ha nel complesso una diffusione molto meno significativa del cluniacense.

- ☨ Monasteri case madri
- ● Cistercensi
- ● Cluniacensi
- ● Benedettini
- ● Certosini
- ● Camaldolesi

più critici nei confronti della struttura ecclesiastica, poiché i movimenti che le promuovono si appellano all'**ideale evangelico di povertà**, predicando la rinuncia ai poteri e ai beni secolari a favore di un più radicale e sostanziale ritorno alla purezza delle origini.

Tra di essi, uno dei primi a formarsi è il **movimento dei *patarini*** ('straccioni'), che si costituisce a Milano nell'XI secolo, e che contesta duramente la ricchezza e l'avidità dell'alto clero cittadino [▷**A23**].

Un altro movimento importante e duraturo viene fondato alla fine del XII secolo da **Valdo**, un ricco mercante di Lione, che decide di rinunciare a tutti i suoi beni per vivere in perfetta povertà evangelica. Il radicalismo delle sue posizioni gli conquista seguaci, ma gli costa anche una condanna papale, nel 1184, e poi una scomunica formale, nel 1215. Il punto più recisamente condannato dalla Chiesa è la pretesa avanzata da Valdo e dai suoi seguaci di predicare e discutere di questioni teologiche, nonostante l'esplicito divieto delle gerarchie ecclesiastiche.

LAVORA SUL TESTO

Cerchia, in blu, i nomi dei diversi ordini monastici che si costituirono tra X e XI secolo, in rosso, i nomi dei movimenti per la riforma della Chiesa (XI-XII secolo). Infine sottolinea le frasi (o porzioni di testo) che ritieni possano spiegare le principali differenze tra ordini monastici e movimenti.

2/ Nuovi pontefici

CLEMENTE II E LE SCELTE RIFORMATRICI ■ Le critiche alimentate dalle aspirazioni a una rinnovata spiritualità investono direttamente anche la figura del pontefice. In effetti, molte volte il papa è stato scelto non tanto per le sue qualità, quanto per le pressioni di una delle fazioni nelle quali si dividono le più importanti famiglie dell'aristocrazia romana. Ma la situazione creatasi nel 1045 sembra segnare uno dei punti più bassi nella storia del Papato: a Roma diverse fazioni promuovono ben tre diversi papi, uno dei quali riconosce anche di aver acquistato la carica dal suo predecessore.

La situazione viene risolta con decisione dal nuovo imperatore, Enrico III (1046-56). Giunto in Italia, egli depone tutti e tre i papi contendenti e impone come nuovo papa il vescovo di Bamberga, a lui fedele, col nome di Clemente II (1046-47). La procedura di scelta – un **papa imposto da un imperatore** – può sembrare in contrasto con un possibile rafforzamento del Papato. E invece l'intervento di Enrico III produce proprio quest'effetto, poiché Clemente II e i suoi successori, in particolare Leone IX e Gregorio VII, si impegnano in una seria azione di riforma, che comporta anche un duro **contrasto alla compravendita delle cariche ecclesiastiche** (tipica pratica simoniaca) **e al concubinato**.

LEONE IX E LO SCISMA D'ORIENTE ■ Tra le altre cose, nel suo tentativo di restituire forza e prestigio alla figura del papa, nel 1054 Leone IX si scontra duramente anche con il patriarca di Costantinopoli, Michele Cerulario, riguardo al controllo delle chiese locali nell'Italia meridionale, all'epoca sotto il dominio dell'Impero bizantino. I rapporti tra la **Chiesa di Roma** e la **Chiesa di Costantinopoli** sono tesi da molti secoli. Le ragioni della tensione si sono manifestate sin dal IV secolo, con lo spostamento della capitale dell'Impero romano a Costantinopoli e, se si esprimono con dissensi teologici di qualche rilievo, in realtà traggono alimento soprattutto dal desiderio di indipendenza che il patriarca di Costantinopoli e le strutture ecclesiastiche che da lui dipendono vogliono mantenere nei confronti del papa.

La controversia del **1054** si trasforma in una rottura definitiva, con uno **scisma religioso**, lo scisma d'Oriente, che dopo di allora non si è più ricomposto: le due Chiese, quella ortodossa di Oriente e quella cattolica di Roma, diventano totalmente indipendenti l'una dall'altra, e col passare del tempo sviluppano pratiche rituali e convinzioni teologiche talora anche piuttosto diverse. Alla Chiesa di Oriente aderiscono man mano le Chiese cristiane di quei paesi che hanno rapporti più diretti con Costantinopoli che con Roma, e quindi le Chiese dell'area greca, balcanica e russa.

le PAROLE della STORIA

scisma religioso
Frattura che divide una comunità spirituale, prima unita, in comunità confessionali diverse. Le ragioni che alimentano la frattura possono essere varie, ma trovano comunque espressione in divergenze di ordine teologico. Nel caso dello scisma d'Oriente il dissidio teologico riguarda la natura della Trinità e in particolare la derivazione dello Spirito Santo, che nella tradizione della Chiesa occidentale è fatto discendere dal Padre e dal Figlio, mentre nella tradizione della Chiesa orientale è fatto discendere dal solo Padre.

NICCOLÒ II E LA SUPERIORITÀ DEL PAPA ■ Alla morte dell'imperatore Enrico III (1056), la situazione sembra farsi di nuovo confusa. Nondimeno, nel 1059, l'elezione di papa **Niccolò II (1059-61)** restituisce alla Chiesa un pontefice determinato a procedere sulla via delle riforme, sebbene in una direzione diversa da quella originariamente tracciata da Enrico III. Nel **1059**, infatti, Niccolò II promulga il ***Decretum in electione papae*** ('Decreto relativo all'elezione del papa') nel quale sovverte radicalmente il *Privilegium Othonis* [▷ **2/2**], stabilendo che il diritto di scegliere il papa spetta esclusivamente ai cardinali (ovvero a tutti i vescovi delle basiliche di Roma e dintorni); la scelta effettuata dai cardinali dev'essere poi confermata per acclamazione dalla popolazione romana. In tutta questa procedura **l'imperatore non ha più alcun ruolo**: e questo naturalmente è il nucleo politico più rilevante del decreto.

Con la mossa di Niccolò II i nodi arrivano al pettine. La questione fondamentale consiste nel rapporto tra il papa e l'imperatore, e più in generale tra il papa e tutti gli altri sovrani. Il ragionamento teorico che sottostà al *Decretum* è il seguente: se l'imperatore riceve la sua piena legittimità dall'incoronazione effettuata dal papa, è evidente che è il papa la figura superiore e veramente sacra [▷ **2/2**]. Se, dunque, la sacralità dell'imperatore è – per così dire – una sacralità riflessa, perché gli viene trasmessa dal papa attraverso il rito dell'incoronazione, com'è possibile che egli voglia anteporsi al papa nella scelta dei vescovi?

LAVORA SUL TESTO

Perché maturò lo scisma tra Chiesa cattolica di Roma e Chiesa ortodossa d'Oriente? Qual è il contenuto politico più rilevante affermato all'interno del *Decretum in electione papae*? Sottolinea le risposte nel testo.

Il papa Niccolò II conferisce il titolo di Duca di Puglia, Calabria e Sicilia a Roberto il Guiscardo, XIV sec.

[da Giovanni Villani, *Nuova cronica*, ms Chigiano L V 19, f. 53*v*, Biblioteca Vaticana, Roma]

Nel 1059, papa Niccolò II assegna ai comandanti normanni Roberto il Guiscardo e Riccardo di Capua i territori che avevano conquistato nel Sud d'Italia e li accoglie come vassalli nella Chiesa romana. Così facendo il papa legittima le conquiste compiute dai Normanni a danno dei Bizantini. In cambio della garanzia del riconoscimento di territori non ancora conquistati (Bari, ancora in mano a Bisanzio, e la Sicilia, occupata dai musulmani), Roberto il Guiscardo si impegna a proteggere e aiutare il pontefice, a corrispondere una rendita annuale, a trasferire nelle mani del papa il potere giurisdizionale su tutte le Chiese di quei territori, e infine a giurare fedeltà alla sola Chiesa di Roma.

3/ La lotta per le investiture

L'UMILIAZIONE DI ENRICO IV A CANOSSA ■ Passano pochi anni e lo scontro tra papa e imperatore intorno a queste questioni esplode in tutta la sua virulenza. Ne sono protagonisti l'imperatore **Enrico IV (1056-1105)**, figlio di Enrico III, e il monaco Ildebrando di Soana, papa col nome di **Gregorio VII (1073-85)**. Procedendo con grandissima decisione, nel **1075** Gregorio VII dichiara nulle tutte le investiture vescovili effettuate dall'imperatore negli anni precedenti. Probabilmente nello stesso anno fa pubblicare un documento – il ***Dictatus papae*** ('Dichiarazione del papa') – nel quale si afferma chiaramente che solo il papa può nominare o deporre i vescovi; che il papa è superiore a ogni altra carica al mondo, imperatore compreso; che può sciogliere i sudditi dal giuramento di fedeltà fatto a superiori che si comportino ingiustamente; e che le decisioni della Chiesa sono infallibili.

Lo scontro è totale. L'imperatore Enrico IV reagisce convocando nel 1076 a Worms, in Germania, un concilio dei vescovi tedeschi, che depone Gregorio VII. A sua volta Gregorio VII reagisce scomunicando Enrico IV: il gesto ha un valore non solo spirituale, ma anche politico, perché scioglie i sudditi dall'obbligo di obbedienza nei confronti dell'imperatore. Il che significa che signori feudali o città in conflitto con l'imperatore per un qualunque motivo possono appellarsi al **decreto di scomunica** per dare legittimità alla loro ribellione [> S9].

Per Enrico IV la situazione si fa complessa. Per evitare conseguenze davvero lesive della sua autorità, egli si sottomette a un rituale di umiliazione diventato famosissimo: nell'inverno del 1077 **Enrico IV, vestito come un umile pellegrino, chiede udienza al papa**, ospitato nel castello di Canossa (che si trova sull'Appennino emiliano) da una sua protettrice, la contessa Matilde di Canossa; insieme a loro, significativamente, si trova anche Ugo di Cluny, l'abate del monastero da cui è partito il movimento per la riforma della Chiesa. Enrico IV deve aspettare tre giorni e tre notti prima di essere ammesso al cospetto del papa per manifestargli tutto il suo pentimento: il papa, dopo questo gesto di umiliazione, ritira il decreto di scomunica.

PAPA *VERSUS* ANTI-PAPA ■ Il pentimento dell'imperatore è solo una mossa tattica. Una volta riconsolidata la sua autorità, Enrico IV riprende a nominare vescovi esattamente come prima. Alle rimostranze del papa, questa volta decide di reagire col massimo della determinazione. Nel 1080 convoca un altro sinodo di vescovi filo-imperiali, che di nuovo depone **Gregorio VII** ed elegge al suo posto il vescovo di Ravenna, col nome di Clemente III. Pochi giorni dopo, di nuovo, Gregorio VII scomunica l'imperatore. Questa volta, però, **Enrico IV non si fa intimidire**: assicurato il suo potere in Germania, nel 1084 cala in Italia con un esercito, entra in Roma, costringe Gregorio VII ad asserragliarsi in Castel Sant'Angelo, insedia ufficialmente al suo posto l'**anti-papa Clemente III** e da lui si fa incoronare imperatore a Roma.

Gregorio VII chiede aiuto ai Normanni di **Roberto il Guiscardo**, che intervengono per liberarlo. L'imperatore con le sue truppe evita lo scontro e si ritira da Roma, accompagnato dall'anti-papa Clemente III. I Normanni liberano Gregorio VII, ma si abbandonano a saccheggi di una violenza tale da spingere la popolazione di Roma a ribellarsi e a cacciare dalla città lo stesso Gregorio VII, che è costretto a riparare a Salerno, dove muore un anno più tardi, nel 1085.

IL CONCORDATO DI WORMS La morte del pontefice che ha scatenato il conflitto non attenua le tensioni tra la Chiesa e l'Impero. Per decenni il contrasto tra l'imperatore, con il suo anti-papa, e i papi eletti dai cardinali continua, fino a che nel **1122** il nuovo imperatore, **Enrico V (1106-25)**, figlio di Enrico IV, riesce a sottoscrivere un compromesso risolutivo con il papa allora in carica, **Callisto II (1119-24)**.

Si tratta del **Concordato di Worms (23 settembre 1122)**, che stabilisce che l'**investitura religiosa dei vescovi** è – in generale – riservata al pontefice; tuttavia in Germania l'elezione di un vescovo può avvenire in presenza del sovrano, che conferisce subito al vescovo anche gli eventuali benefici laici; fuori dalla Germania, l'investitura di un vescovo ha carattere solo spirituale, e l'eventuale concessione di benefici laici ha luogo dopo, e comunque entro sei mesi dall'investitura spirituale [>**F6**].

LAVORA SUL TESTO

Individua nel testo gli eventi principali (max 10) e, all'interno di questi, distingui con colori differenti le iniziative compiute dall'imperatore da quelle promosse dal papa.

LE FONTI 6

Il Concordato di Worms

[da *Documenti storici*, vol. I, *Il Medioevo*, a cura di R. Romeo e G. Talamo, Loescher, Torino 1971, pp. 73-74]

Il Concordato di Worms è diviso in due parti: nella prima (*Privilegium imperatoris*) è l'imperatore Enrico V che fa le sue concessioni alla Chiesa; nella seconda (*Privilegium pontificis*) è il pontefice che fa le sue concessioni all'Impero. Mentre il rituale dell'investitura spirituale prevede che al nuovo vescovo siano conferiti i simboli dell'anello e del pastorale (bastone dall'estremità ricurva, che indica che il vescovo è la guida del suo gregge di fedeli), il rituale di concessione delle regalie (cioè dei compiti laici e dei diritti che l'imperatore attribuisce al vescovo) prevede che al vescovo sia conferito uno scettro, come in una tradizionale investitura feudale.
Il Concordato apre la strada a un sistema duplice, all'interno del quale i vescovi tedeschi mantengono con l'imperatore un rapporto istituzionale privilegiato; viceversa, la superiorità del papa nelle questioni di carattere spirituale e nella nomina dei vescovi è riconosciuta fuori dalla Germania.

Privilegium imperatoris (Privilegio dell'imperatore).
In nome della santa ed indivisibile Trinità. Io, Enrico, per grazia di Dio augusto imperatore dei Romani, per amore di Dio e della Santa Chiesa Romana e del nostro papa Callisto e per la guarigione della mia anima cedo a Dio e ai suoi santi apostoli Pietro e Paolo e alla Santa Chiesa Cattolica ogni investitura con anello e pastorale, e concedo che in tutte le chiese esistenti nel mio regno e nel mio impero vi siano elezioni canoniche e libere consacrazioni. [...]

Privilegium pontificis (Privilegio del pontefice).
Io, Callisto vescovo, servo dei servi di Dio, concedo a te, diletto figlio Enrico, per grazia di Dio augusto imperatore dei Romani, che abbian luogo alla tua presenza, senza simonia e senza alcuna violenza, le elezioni dei vescovi e degli abati di Germania che spettino al regno; sì che se sorga qualche ragione di discordia tra le parti, secondo il consiglio e il parere del metropolita e dei comprovinciali[1] tu dia il consenso ed aiuto alla parte più sana. L'eletto riceva da te le regalie per mezzo dello scettro e per esse eseguisca secondo giustizia i suoi doveri verso di te. Colui che è consacrato nelle altre regioni dell'Impero invece riceva da te le regalie entro sei mesi, per mezzo dello scettro, e per esse eseguisca secondo giustizia i suoi doveri verso di te, salve restando tutte le prerogative riconosciute alla Chiesa Romana.

1. *Metropolita e comprovinciali*: arcivescovo e altri vescovi della provincia.

GUIDA ALLA LETTURA

1. Quali sono le concessioni fatte da Enrico? **2.** Quali sono gli oggetti simbolici conferiti al nuovo vescovo durante l'investitura spirituale e quali quelli conferitigli durante il rituale della concessione delle regalie? Cosa rappresentano? **3.** Cosa vuol dire l'espressione «senza simonia» e a chi si riferisce? **4.** L'investitura di un vescovo è sempre riservata al pontefice o ci sono delle eccezioni? Perché? Argomenta la tua risposta facendo riferimento al documento e al paragrafo nel quale è richiamato.

4/ Lo Stato della Chiesa

Alla fine di questo lungo periodo di conflitto è il Papato che ne esce rafforzato: si tratta di una forza spirituale priva di eserciti, localmente sfidata dai baroni e signori terrieri del territorio su cui il papa esercita un'autorità politica, internazionalmente sfidata o minacciata dall'imperatore o da vicine monarchie, come quella normanna: e nonostante ciò, anche grazie al poderoso impegno di figure-simbolo come Gregorio VII, il Papato acquista autorevolezza e forza; e in effetti i risultati del Concordato di Worms rovesciano una situazione che di fatto si era istituzionalizzata sin dal X secolo, con l'azione politica dell'imperatore Ottone I [> **2/2**].

La "celebrazione" del Concordato di Worms

[Cappella della Fiducia nel Pontificio Seminario Romano Maggiore, Roma]

Dopo la firma del Concordato di Worms, Callisto II commissiona un'opera d'arte per celebrare la fine del conflitto con l'imperatore e la vittoria, sua e dei sei papi che lo avevano preceduto, sulle pretese imperiali di nominare i vescovi. L'affresco, fatto realizzare dal papa proprio dietro l'altare della Cappella della Fiducia nel Seminario romano, rappresenta, in alto, la Vergine in trono col Bambino, in basso, ai lati di san Nicola, i sei papi in gloria, accompagnati da san Leone Magno e da Gregorio Magno (entrambi Dottori della Chiesa). Nonostante non tutti questi papi fossero stati all'epoca canonizzati, hanno l'aureola sul capo, segno di santità, come pure il fatto che siano raffigurati benedicenti sopra l'altare. Questo testimonia come la lotta sostenuta da questi pontefici sia vissuta dagli stessi come una missione divina, sentimento ben espresso da Gregorio VII quando nel suo *Dictatus papae* scrive: «Che il Romano Pontefice, se è stato canonicamente eletto, per i meriti del beato Pietro diventa indubitabilmente santo».

LA QUESTIONE DELL'ELEZIONE DEL PAPA ■ Nel corso del XII e del XIII secolo diversi papi intervengono sulle modalità di elezione al pontificato, che nei decenni precedenti si era rivelato uno dei momenti di maggiore debolezza nella vita della Chiesa. Nel 1179 il papa Alessandro III (1159-81) corregge ciò che era già stato deciso da Niccolò II nel 1059 [▷ **4/2**], stabilendo che l'**elezione del pontefice spetta ai soli cardinali**, i quali si devono esprimere con una maggioranza di due terzi: né l'imperatore, né il popolo di Roma, né altre autorità esterne alla Chiesa devono avere voce in capitolo.

Nel **1274** papa **Gregorio X (1271-76)** emana un atto (la costituzione apostolica *Ubi periculum*) con il quale si precisano le norme che i cardinali devono rispettare nell'elezione di un nuovo papa. Ad evitare che la procedura elettorale duri troppo a lungo, lasciando la Chiesa per molto tempo senza una guida, la costituzione apostolica di Gregorio X stabilisce che per tutta la durata delle elezioni i cardinali siano costretti a risiedere in uno spazio chiuso a chiave, il **conclave**, al quale nessun altro può accedere; col passare del tempo il cibo a loro disposizione deve essere progressivamente ridotto; inoltre, per tutta la durata delle elezioni, i cardinali non possono godere delle entrate loro riservate.

L'IMPORTANZA DEI CARDINALI ■ Le norme introdotte da Gregorio X non devono esse-

Gregorio X emana la costituzione apostolica *Ubi periculum* sulla scorta dell'esperienza personale. La sua elezione al soglio pontificio, infatti, aveva richiesto quasi tre anni, durante i quali i diciannove cardinali riuniti a Viterbo avevano dibattuto lungamente scontrandosi su questioni politiche. Dopo un anno e mezzo di elezioni nulle, i cittadini di Viterbo, indignati e insofferenti per la situazione di stallo, segregarono i cardinali in una grande sala del Palazzo papale (l'Aula del conclave), rendendo loro impossibile ogni contatto con l'esterno (da cui l'espressione *clausi cum clave*, 'chiusi a chiave'). Ciò nonostante, i cardinali impiegarono ancora altri quindici mesi per concordare il nome del nuovo pontefice. Successivamente i conclavi si sono spostati in altre sedi, fino a quella definitiva usata ancora oggi, la Cappella Sistina in Vaticano a Roma.

◂ **L'Aula del conclave nel Palazzo dei papi a Viterbo**

▸ **Il conclave nella Cappella Sistina per l'elezione del successore di Benedetto XVI**, marzo 2013

le PAROLE della STORIA

potere temporale
L'espressione indica il potere che il pontefice esercita come sovrano di uno Stato territoriale. Di solito è affiancata dall'espressione "potere spirituale", che indica l'autorità che il pontefice esercita come vicario di Cristo. Il termine "temporale" significa, in questo caso, 'temporaneo, destinato a finire', com'è proprio di tutte le cose che appartengono alla vita terrena.

re considerate come lesive dell'autorità dei cardinali. In effetti, tra XI e XIII secolo, i cardinali emergono come i **principali collaboratori del pontefice** e in particolare sono membri del **concistoro**, che è l'organo della Curia romana che, insieme al papa, tratta le più importanti questioni spirituali e temporali. Inoltre sono membri di speciali commissioni delegate a trattare questioni di particolare rilevanza.

I cardinali sono nominati a vita dal papa, e il loro numero in questo periodo oscilla tra dieci e più di trenta. Naturalmente ogni pontefice conferisce il titolo cardinalizio a persone che sono legate a lui da rapporti di clientela o di collaborazione. Tuttavia, si trova davanti un collegio di cardinali che in larga misura è composto da membri nominati dai papi precedenti, e tra di essi possono esserci persone che non condividono gli orientamenti del pontefice in carica: per questo motivo i rapporti tra un pontefice e il suo collegio cardinalizio sono estremamente importanti per determinare la forza della sua azione.

Oltre a consolidare le strutture organizzative della Curia di Roma, in questi anni si rafforzano anche le strutture territoriali dello Stato della Chiesa. Il nucleo principale è costituito dalle aree territoriali acquisite dalla Chiesa nel corso dell'VIII secolo [> **A17**]. Tra XI e XII secolo si precisano poi le forme amministrative dei territori dipendenti dal **potere temporale** dei papi: le diverse aree dello Stato sono poste sotto il controllo di cardinali, che presiedono i parlamenti locali, a cui partecipano i maggiori signori feudali e i rappresentanti delle città. Come in altri Stati coevi, anche nello Stato della Chiesa le autonomie giudiziarie, fiscali e militari riconosciute a signori e città sono piuttosto ampie, e sono legittimate da concessioni di privilegi elargiti in cambio di giuramenti di fedeltà.

LAVORA SUL TESTO
Elenca le norme che, tra XI e XIII secolo, rafforzarono l'autorità dei cardinali.

ATLANTE 17

Il Patrimonio di S. Pietro
Nel corso dell'VIII secolo, con la sconfitta dei Longobardi per mano dei Franchi, la Chiesa di Roma entra in possesso degli ex territori bizantini occupati dai Longobardi – l'Esarcato, l'Emilia, la Pentapoli e Roma –, che vanno a costituire la base del potere temporale dei papi. Nella seconda metà dell'VIII secolo viene elaborata anche la "donazione di Costantino": si tratta di un falso documento secondo il quale l'imperatore Costantino avrebbe attribuito al papa Silvestro I (314-35) e ai suoi successori l'autorità e i simboli del potere imperiale, e insieme a ciò anche «il Palazzo del Laterano e la città di Roma e tutte le province, tutti i paesi e tutte le città d'Italia e anche tutte le regioni d'Occidente». Nonostante sia falsa, la "donazione" è estremamente importante, perché è su di essa che si basa non solo la pretesa superiorità spirituale del papa su tutti gli altri vescovi, ma anche la sua ambizione a godere di un effettivo potere politico su Roma e sulle regioni circostanti [> **13/2**].

SINTESI AUDIO ONLINE

SINTESI

1/Per una riforma della Chiesa

Sin dal X e XI secolo, il diffuso malcontento per i comportamenti immorali attribuiti ad esponenti ecclesiastici sollecita la nascita in tutta Europa di nuovi centri religiosi gestiti da vari ordini monastici. Questi ultimi, affiancati dai movimenti per la riforma, promuovono un profondo rinnovamento della Chiesa, sostenendo la necessità di un ritorno alla purezza delle origini.

2/Nuovi pontefici

Le critiche rivolte ai rappresentanti della Chiesa non risparmiano la figura del pontefice e portano all'intervento dell'imperatore Enrico III. Egli impone un nuovo papa, Clemente II, che si impegna, insieme al suo successore Leone IX, in una politica di riforma e di contrasto delle pratiche simoniache e del concubinato. Questo tentativo di riforma ha tuttavia un prezzo: nel 1054 la Chiesa di Roma e la Chiesa d'Oriente rompono definitivamente i loro rapporti (scisma d'Oriente). Anche il pontefice Niccolò II prosegue sulla strada delle riforme, ma in una direzione diversa, ovvero rafforzando a discapito dell'imperatore la supremazia del papa.

3/La lotta per le investiture

Il conflitto fra potere imperiale e papale ha come protagonisti l'imperatore Enrico IV e il papa Gregorio VII. Tra il 1075 e il 1085, essi si scontrano duramente, per determinare a quale autorità spetti la nomina dei vescovi.
Il *Dictatus papae* del 1075 rappresenta il primo passo nella lotta per le investiture, che rimane irrisolta anche dopo il pentimento pubblico dell'imperatore e che si conclude, invece, solo nel 1122, quando Enrico V e il papa Callisto II sottoscrivono il Concordato di Worms.

4/Lo Stato della Chiesa

Nel corso del XII e del XIII secolo la Chiesa consolida le sue strutture organizzative interne e rafforza l'autorità del papa sullo Stato della Chiesa. Il papa Gregorio X, in particolare, emana un atto *Ubi periculum* con il quale si precisano le norme che i cardinali dovevano rispettare nell'elezione di un nuovo papa. Questi ultimi emergono come i principali collaboratori del pontefice.

VERSO le COMPETENZE

1 Riordina gli eventi riguardanti la lotta per le investiture inserendo progressivamente i numeri nei riquadri dell'ultima colonna.

Personaggi		Eventi	n...
Pontefici	Gregorio VII	scomunica nuovamente l'imperatore	
		emana il *Dictatus papae*	
		viene liberato dai Normanni, che però si abbandonano a saccheggi	
		scomunica Enrico IV	
	Niccolò II	promulga il *Decretum in electione papae*	
Imperatori	Enrico IV	convoca un concilio dei vescovi tedeschi, che depone Gregorio VII	
		chiede udienza al papa, ospitato nel castello di Canossa	
		costringe con un esercito Gregorio VII ad asserragliarsi in Castel Sant'Angelo e si fa incoronare da Clemente III	
		elegge papa il vescovo di Ravenna, col nome di Clemente III	
	Enrico V	sottoscrive un compromesso risolutivo con il papa Callisto II	

2 **Collega i personaggi elencati alle frasi che li descrivono. Infine completa le descrizioni del ruolo svolto da ognuno di essi con le informazioni che ritieni opportune.**

Personaggi	Descrizioni
a. Clemente II	1. Abate del monastero da cui...
b. Enrico IV	2. Contessa protettrice del...
c. Enrico V	3. Fece pubblicare il *Dictatus papae*, all'interno del quale si stabilì...
d. Clemente III	4. Il papa che per primo sostenne la superiorità del papa sull'imperatore. Infatti...
e. Gregorio VII	5. Il papa del conclave, in quanto...
f. Ugo di Cluny	6. Il papa imposto dall'imperatore, quando...
g. Michele Cerulario	7. Il patriarca di Costantinopoli che...
h. Niccolò II	8. L'anti-papa che...
i. Matilde di Canossa	9. L'imperatore promotore del compromesso. Infatti...
j. Gregorio X	10. L'imperatore protagonista nel conflitto per le investiture. Egli...

3 **Indica se le seguenti affermazioni sono vere o false:**

a. I vescovi vennero accusati di *simonia* in quanto molti di loro decisero di costruirsi delle famiglie.
b. Diversi ordini monastici e movimenti per la riforma sostennero, tra X e XII secolo, la necessità di un ritorno alla *purezza delle origini*.
c. Gli *ordini monastici* assunsero una posizione più critica nei confronti della struttura ecclesiastica rispetto a quella assunta dai movimenti.
d. I *patarini* contestarono la ricchezza accumulata dalle alte cariche ecclesiastiche.
e. La pratica del *concubinato* fu duramente condannata da Clemente II e da Leone IX perché rendeva di fatto acquistabile una carica religiosa.
f. Lo *scisma d'Oriente* segnò la costituzione di due Chiese: quella ortodossa d'Oriente e quella cattolica di Roma.
g. La *lotta delle investiture* ebbe come protagonisti il papa e l'imperatore. Entrambi intendevano affermare il proprio potere in merito alle nomine dei principi.
h. L'espressione *potere spirituale* indica l'autorità che il pontefice esercita come vicario di Cristo.

4 **Completa la tabella selezionando all'interno del capitolo gli avvenimenti che ritieni siano causa o conseguenza dell'evento riportato nella colonna centrale. Poi inserisci le date mancanti ed esercitati nell'esposizione orale servendoti della tabella.**

Causa/e	Evento	Conseguenza/e
	1046-47 Elezione di Clemente II	
	.... scisma d'Oriente	
	.... *Dictatus papae*	
	1080 Clemente III viene eletto papa	
	1122	
	.........: Gregorio X emana la costituzione apostolica *Ubi periculum*	

5 **Rispondi sul quaderno alle seguenti domande sulla Chiesa tra X e XII secolo. Puoi ricavare le informazioni necessarie sia dal testo che dalle immagini.**

1. Quali aspetti della società medievale divennero oggetto di critica da parte dei nuovi ordini religiosi e movimenti che invocavano un profondo rinnovamento?
2. Elenca e descrivi gli ordini religiosi e i movimenti che si fecero portatori di istanze di riforma. Su quali princìpi si fondò il modello morale e spirituale che essi contrapposero a quello a quel tempo diffuso?
3. Quali episodi inerenti alla elezione del nuovo papa suscitarono durissime critiche, in quanto espressione del malcostume che riguardava anche le più alte cariche ecclesiastiche? Come reagì Enrico III?
4. In che modo l'azione di riforma di papa Niccolò II si differenziò rispetto a quella portata avanti da Clemente II? Quale strada seguì papa Gregorio VII?
5. Cosa si affermava nel *Dictatus papae* in merito alle investiture dei vescovi e ai poteri attribuiti al papa? Come reagì Enrico IV?
6. In cosa consistette il rituale di umiliazione a cui si sottopose Enrico IV? Quali motivazioni lo portarono a questa scelta?
7. Il pentimento dell'imperatore segnò la fine del conflitto? Quale atto compiuto da Enrico IV conferma la tua risposta?
8. Quale compromesso chiuse il conflitto? In che modo?

Capitolo_5 / Paladini crociati e predicatori del Vangelo

1/ Il Mediterraneo tra Occidente e Oriente

L'area del Mediterraneo è da secoli luogo di incontri e di scontri tra popolazioni, comunità religiose e formazioni statali molto diverse. È uno spazio al quale le monarchie o le città-Stato europee guardano con un crescente interesse. Ma è uno spazio a lungo presidiato dai fedeli di una religione che si pone come diretta antagonista del credo cristiano: l'islam.

L'ESPANSIONE DELL'ISLAM E IL *JIHAD* ■ La religione islamica nasce nella Penisola arabica nella prima metà del VII secolo, dalla predicazione del suo fondatore, **Maometto (570-632)**. I fondamentali princìpi religiosi sono fissati nella *Sharia* (legge islamica) che è l'insieme di norme etiche e di comportamento derivate dal Corano – il testo che riporta la voce di Allah, così com'è stata ascoltata dal suo profeta, Maometto – e dalla Sunna, ovvero l'insieme di testimonianze relative a ciò che il profeta Maometto ha fatto e detto nella sua vita. Tra i molti precetti religiosi contenuti nella elaborazione di Maometto, **assume** ben presto una notevole importanza il concetto di ***jihad*, guerra santa**. Il termine significa 'sforzo verso la via di Dio' e implica una molteplicità di attività che hanno a che fare con la fede del credente musulmano. Maometto infatti distingue un *jihad* maggiore (la lotta etica contro il male, che impegna per tutta la vita un musulmano virtuoso) da un *jihad* minore (la difesa armata della propria comunità contro i politeisti, o contro i seguaci di altre religioni).

ATLANTE 18

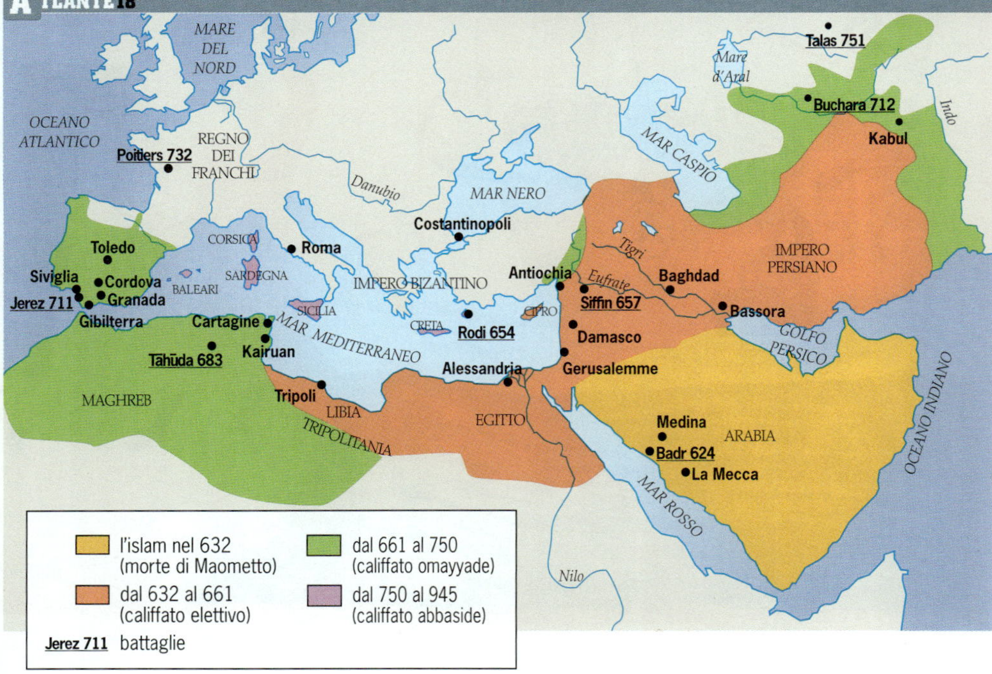

L'espansione dell'islam tra VII e X sec.

I successori di Maometto – i califfi delle dinastie omayyade e abbaside – lanciano una serie di campagne militari che portano gli Arabi, nell'arco di un secolo, alla creazione di un vasto Impero islamico, esteso dalla Penisola iberica fino all'India settentrionale. Nei territori conquistati gli Arabi esercitano il loro dominio in forme moderate, stipulando accordi a livello locale con le varie comunità; contemporaneamente instaurano contatti di natura economica e culturale con l'Occidente. Questo legame si rafforza ulteriormente nel corso del IX secolo, in seguito alla conquista della Sicilia e della Sardegna.

Dopo la morte di Maometto si impone una versione aggressiva del *jihad* minore: la guerra santa contro gli infedeli deve puntare alla **diffusione della fede musulmana** (anche se la conversione degli infedeli non deve essere forzata). Si tratta di un'idea importante, che fa dell'islam una religione guerriera e che porta i successori di Maometto – i califfi delle dinastie omayyade e abbaside – al **controllo progressivo di una vastissima area** che comprende l'Afghanistan, le regioni dell'India settentrionale, buona parte del Medio Oriente (Siria, Palestina, Mesopotamia), le coste settentrionali dell'Africa, quasi tutta la Penisola iberica e la Sicilia [▷**A18**]. Peraltro, nei territori conquistati gli Arabi islamici esercitano con saggezza il loro dominio, stipulando localmente degli accordi con le varie comunità sottomesse, che ne consentono una amministrazione relativamente pacifica.

I MUSULMANI NEL MEDITERRANEO OCCIDENTALE TRA IX E X SECOLO ■ Nella seconda metà del IX secolo e nel corso del X secolo, però, il califfato abbaside non riesce a governare le tensioni religiose e politiche che scuotono il mondo islamico, né è in grado di controllare le tendenze autonomistiche delle élite locali, che frantumano il califfato in numerosi e **diversi organismi politici locali**, spesso divisi da attriti e da scontri [▷ **A19**]. L'indebolimento interno del califfato propizia l'inizio della *reconquista* della Penisola iberica e l'occupazione della Sicilia da parte dei Normanni [▷ **2/3**]. Queste gravi perdite territoriali non allontanano definitivamente i musulmani dal Mediterraneo occidentale. Infatti, tra il IX e il X secolo dilaga la **pirateria saracena**: le spedizioni partono dall'Andalusia o dal Maghreb e puntano ripetutamente alle coste della Calabria, della Campania, dell'Italia centrale, della Provenza, dell'Adriatico, alla ricerca di ricchezze e di schiavi. Solo dall'inizio dell'XI secolo le città marinare italiane (Genova, Pisa, Amalfi) reagiscono con successo alle incursioni, limitando progressivamente l'area di azione dei Saraceni, distruggendone gli avamposti in Sardegna, in Corsica, alle Baleari, e organizzando ripetuti attacchi a porti musulmani nel Maghreb.

Assalto dei Saraceni sulle coste dell'Italia meridionale

[da Giovanni Villani, *Nuova cronica*, ms Chigiano L VIII 296, f. 42*r*, Biblioteca Vaticana, Roma]

Questo disegno acquerellato raffigura un gruppo di Saraceni appena giunti su un veliero, pronti ad attaccare una cittadina sulle coste del Sud Italia. I musulmani sono riconoscibili sia per la pelle leggermente scura, sia per il leone nero rampante (raffigurato sulla bandiera e su uno scudo), tradizionalmente attribuito dalle fonti medievali al sultano Saladino. Mentre dall'imbarcazione si lanciano frecce, un saraceno è già sbarcato e, con la spada levata, è pronto a decapitare il primo di un gruppo di persone, che, inginocchiate, chiedono invano pietà. L'edificio alle loro spalle, che rimanda all'idea della città, potrebbe essere una chiesa, riconducendo così simbolicamente la morte dei cristiani a un atto di fede.

LE SORTI DELL'IMPERO DI BISANZIO ■ In definitiva, dunque, a Occidente, dal IX all'XI secolo, la pressione islamica si attenua. Nel bacino orientale del Mediterraneo e nelle terre circostanti, invece, le cose vanno diversamente. Lì, sino alla fine dell'XI secolo, le popolazioni islamiche dominano indisturbate. L'estensione territoriale dello stesso Impero di Bisanzio è progressivamente ridotta dalle incursioni successive di popoli di religione islamica, l'ultima delle quali vede come protagonisti i **turchi selgiuchidi**, una popolazione di origine asiatica, da tempo convertita all'islam, che, dopo aver sconfitto le truppe dell'Impero bizantino a **Manzikert** (1071), ha occupato progressivamente tutto l'altopiano anatolico fino alle coste occidentali che si affacciano sul Mar Egeo. D'altronde i Bizantini hanno perso anche il controllo dell'Italia meridionale, da cui sono stati scacciati dai Normanni [▷ **2/3**]. Di conseguenza alla fine dell'XI secolo l'**estensione dell'Impero bizantino si è molto ridotta** e corrisponde ai confini attuali della Grecia, della Macedonia e della Bulgaria.

LAVORA SUL TESTO

1. Elenca le fasi principali della espansione musulmana. **2.** Sottolinea la definizione di *jihad* e le evoluzioni del concetto. **3.** Individua nel testo l'estensione territoriale di Bisanzio nell'XI secolo.

2/ Il pellegrinaggio armato

Quelli consolidati tra Oriente e Occidente sono rapporti continui e di varia natura. Tra potentati europei, islam e Bisanzio gli scontri militari sono frequenti. Ma non mancano contatti di carattere commerciale. I mercanti di Venezia, Amalfi, Pisa e Genova alimentano un traffico costante di merci da e verso est, e da Venezia – in particolare – non ci si fa scrupolo di esportare prigionieri slavi verso i mercati del mondo islamico: probabilmente da *slavus* viene la parola *sclavus*, 'schiavo'. Inoltre, come capita spesso nel Medioevo, anche in questo caso sacro e profano si confondono, e ai mercanti occidentali diretti ad oriente in cerca di ricchezze materiali si affiancano spesso numerosi devoti cristiani in cerca di ricchezze spirituali. Molti di loro vanno alla ricerca delle spoglie o delle tombe dei santi affrontando lunghi e faticosi pellegrinaggi.

ATLANTE 19

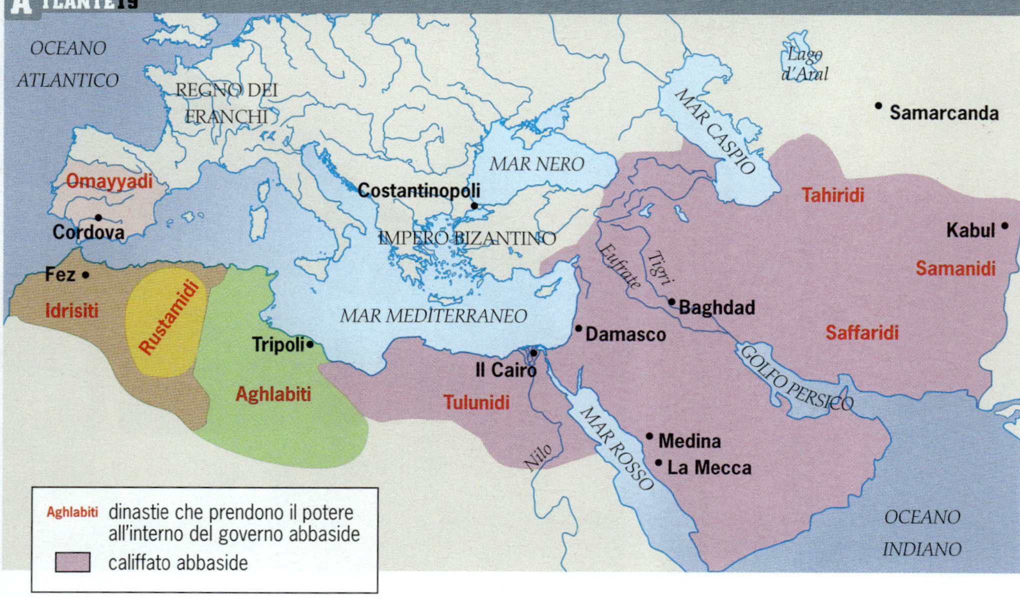

La frammentazione dell'islam

A partire dalla seconda metà del IX secolo e per tutto il X secolo, il califfato abbaside non riesce a controllare le tensioni etniche e religiose interne al mondo islamico e a contenere le spinte autonomistiche dei governatori locali, frammentandosi in numerosi potentati locali, spesso contrapposti da guerre insanabili.

le PAROLE della STORIA

apostolato
Azione di propaganda e diffusione delle verità fondamentali di una confessione religiosa. Il termine, naturalmente, fa riferimento all'azione originaria di predicazione svolta dagli apostoli di Cristo (apostolo = 'colui che viene inviato').

LA SVOLTA NEI RAPPORTI FRA OCCIDENTE E ORIENTE ■ Alcuni importanti eventi determinano tuttavia, in questi secoli, una svolta politico-culturale nelle relazioni tra l'Oriente e l'Occidente del Mediterraneo che va nel senso di una rottura:

a da un lato lo scisma tra Chiesa di Roma e Chiesa d'Oriente sancito nel 1054, spinge le autorità cattoliche a considerare i cristiano-orientali non più come dei fratelli in spirito ma come dei pericolosi eretici [▷**4/2**]. La rottura culturale è accentuata anche dall'invasione normanna del Sud Italia che spazza via i presìdi bizantini dall'area rompendo definitivamente una tradizione di collaborazione che, seppur faticosamente, aveva attraversato i secoli;

b dall'altro lato, l'inizio della *reconquista* in Spagna e le guerre contro i Saraceni nel Mar Tirreno e in Sicilia alimentano storie – orali e scritte [▷**1/5**] – che esaltano le grandissime virtù fisiche e spirituali dei cavalieri cristiani contro la primitiva brutalità degli islamici, descritti come irrevocabilmente corrotti nell'animo proprio dalla loro diversa fede religiosa;

c la vera e propria svolta politico-culturale si compie nel **1064**, quando papa **Alessandro II (1061-73)** emana un atto col quale concede l'indulgenza, ovvero la cancellazione completa dei peccati, a coloro che partecipino alla guerra contro i "Mori" (cioè contro gli islamici), che si combatte nella Penisola iberica. Con ciò **l'idea che l'apostolato possa essere compiuto con le armi** ottiene una sanzione

▼ **Un pellegrino**, XIII sec. [affresco nella Chiesa del Santo Sepolcro, Villeneuve d'Averyon (Francia)]

▶ **L'Ospedale dei Pellegrini a San Ginesio (Macerata)**, XIII sec.

Compiuti a piedi, i viaggi dei pellegrini possono durare molte settimane. Durante il cammino il pellegrino è sottoposto a dure prove: deve affrontare intemperie e condizioni climatiche che possono essere assai rigide, attraversa aree geografiche impervie e va incontro al rischio di essere assalito dai briganti. Ciononostante la "ricompensa" della salvezza eterna o della guarigione da una malattia spinge molti cristiani a mettersi in marcia per raggiungere i luoghi di culto più importanti. I pellegrini, quasi sempre dotati di un cappello a tesa larga adatto al sole e alla pioggia, portano con sé solo un bastone e una bisaccia a tracolla. Quest'ultima, spesso decorata con il simbolo distintivo del pellegrinaggio (in questo caso la conchiglia di Compostela), contiene il minimo indispensabile per la sopravvivenza; per il resto il pellegrino si affida alla misericordia e alla generosità di coloro che incontra e agli ospizi che costellano il suo cammino.

ufficiale; e così in Occidente si radica la convinzione che possano esserci guerre "giuste" perché "sante", cioè perché combattute in nome della "vera fede". Con ciò si attenua drammaticamente uno degli aspetti essenziali del cristianesimo delle origini, ovvero il suo messaggio pacifico e non violento. Fronteggiando l'islam, il cristianesimo finisce per assorbirne uno dei suoi connotati fondativi, ovvero un **esaltato bellicismo religioso**.

VERSO IL PELLEGRINAGGIO ARMATO ■ È in questo contesto che il concetto di pellegrinaggio verso la Terrasanta cambia di significato. Nato attorno al **culto dei santi** e diffuso sin dalle origini del cristianesimo, il pellegrinaggio offre ai fedeli la possibilità di mettere in relazione terra e cielo attraverso la mediazione e l'intercessione di persone eccezionali per la loro vita o per la loro morte. In effetti, si ritiene che uno dei momenti cruciali nella vita dei santi sia stata proprio la loro morte, spesso spiacevole e dolorosa, un martirio sofferto in nome della fede cristiana, paragonabile a quello patito originariamente da Cristo. Per questo il culto della santità è un **culto funerario**, il cui oggetto sono le tombe e soprattutto le reliquie, parti del corpo dei santi o delle sante che, conservatesi nel tempo, sono prova della natura speciale delle persone onorate. Poiché i santi non sono morti comuni, presso i loro sepolcri si ritiene si moltiplichino miracolose guarigioni, cosicché i santuari – **tombe o reliquiari** – dove si celebra il loro culto diventano luoghi di pellegrinaggio, una delle principali forme di mobilità collettiva praticata nel Medioevo.

Il **pellegrinaggio** è una **durissima prova fisica**, un viaggio da compiere a piedi o con mezzi di fortuna, in terre e tra genti estranee, che dura settimane, se non mesi. Al tempo stesso è una prova spirituale, segno dell'inflessibile volontà che guida il pellegrino a purificarsi presso un santuario. È un "andare verso un altrove" della geografia e dello spirito: si va a **Roma**, dove riposano i santi Pietro e Paolo e dove si trovano numerose tombe di martiri cristiani; oppure a **Santiago di Compostela**, nella Galizia spagnola, che a partire dal X secolo, dopo il ritrovamento di quelli che vennero ritenuti i resti corporei di san Giacomo, diventa un importantissimo luogo di pellegrinaggio; e poi ancora verso molte altre località, grandi e piccole, visitate con viaggi a lungo o a breve raggio, alla ricerca di una guarigione, di un aiuto materiale o di un'illuminazione spirituale.

Spesso il pellegrinaggio è anche un "andare davvero lontano": a **Gerusalemme**, la Città Santa, il luogo della Passione, Morte e Resurrezione di Cristo, che diviene meta di pellegrinaggio sin dal IV secolo. Fino alla metà dell'XI secolo questo itinerario santo nelle terre degli infedeli non è mai ostacolato dalle autorità islamiche, né ci sono mai grandi occasioni di conflitto tra pellegrini e popolazioni locali. Ma – come abbiamo visto – nel corso dell'XI secolo l'atteggiamento dell'Occidente cristiano di fronte alle altre confessioni religiose cambia radicalmente.

LA PRIMA CROCIATA ■ Nel **1095**, durante un concilio tenutosi in Francia, a Clermont, papa **Urbano II (1088-99)**, già priore di Cluny, rivolge un appello ai nobili cavalieri cristiani perché cessino le violenze fratricide alle quali spesso si abbandonano [> **1/5**]. Non è veramente chiaro che cosa Urbano II abbia detto in quell'occasione. È probabile che abbia invitato i cavalieri a compiere un pellegrinaggio espiatorio verso la Terrasanta. Ma ciò che è certo è che questo invito viene inteso, sia dai ceti popolari sia dai nobili cavalieri, come un invito a compiere un nuovo e diverso tipo di pellegrinaggio: un pellegrinaggio armato. Ed è così che nasce la prima **crociata**.

le PAROLE della STORIA

crociata
Nel Medioevo il termine "crociata" si è imposto nell'uso comune relativamente tardi; sino al XIII secolo, infatti, esso non compare nelle fonti, che si riferiscono a queste spedizioni armate con i termini latini *peregrinatio* ('pellegrinaggio'), *iter* ('cammino'), *expeditio* ('spedizione'). Secondo alcuni studiosi, il termine deriva dallo spagnolo *cruzada*, che designa i proventi di una tassa imposta dalla corona per finanziare la guerra contro i nemici della fede cristiana; secondo altri, dall'espressione *cruce signati*, cioè 'segnati con la croce, crociati', con riferimento all'usanza invalsa tra i pellegrini diretti in Terrasanta di indossare, come segno distintivo, una croce di stoffa cucita sull'abito.

L'invito al pellegrinaggio collettivo lanciato dal papa trova una positiva accoglienza tra i ceti popolari di diverse città europee, a cui si uniscono i cavalieri poveri, effettivi destinatari dell'appello di Urbano II. Tutti costoro danno vita alla cosiddetta **"crociata popolare"**, una spedizione caotica e molto mal organizzata, ma animata da un particolare spirito di intolleranza religiosa: sul loro cammino, in particolare nell'area tedesca, i pellegrini si abbandonano a violenti atti di aggressione verso tutti coloro che siano percepiti come nemici della Chiesa, tra cui in primo luogo gli ebrei. Giunti in Anatolia, stremati e privi di organizzazione, i pellegrini di questa prima ondata sono facilmente sbaragliati dalle truppe dei turchi selgiuchidi.

Contemporaneamente, anche per l'intervento di Urbano II, viene organizzata un'altra spedizione, di tutt'altro spessore, con la partecipazione dei più importanti nomi della nobiltà francese e normanna. La spedizione ha ben altro impatto militare: partita nel 1096, giunge a destinazione e nel **1099** riesce nell'obiettivo di **espugnare e riconquistare Gerusalemme** dopo combattimenti violentissimi, che travolgono in sanguinosi massacri anche la locale popolazione saracena ed ebraica.

CONQUISTA E DIFESA DEL TERRITORIO ■ Dopo la vittoria cristiana, in Palestina vengono creati alcuni **Regni crociati** di impianto feudale, che si suddividono il territorio riconquistato. All'interno di questi regni trovano ospitalità anche numerosi nuovi **ordini monastico-cavallereschi** fondati per la difesa dei luoghi santi e delle strade che conducono in Terrasanta: tra i più importanti vi sono l'ordine degli Ospitalieri, riconosciuto nel 1113, che prende nome dall'Ospizio costruito a Gerusalemme per accogliere i pellegrini cristiani; e l'ordine dei Templari, così chiamato dal Tempio di Salomone a Gerusalemme, presso cui si trova la sua sede: fondato nel 1118-20 da un gruppo di cavalieri francesi, l'ordine viene formalmente riconosciuto nel 1139 [▷S12].

Si tratta di veri e propri ordini monastici, i cui membri sono tenuti a rispettare i voti fondamentali di povertà, obbedienza e castità, e a lasciare all'ordine tutte le ricchezze di cui vengano in possesso; tuttavia i membri di questi ordini sono al tempo stesso dei guerrieri, il cui compito principale è di combattere per la difesa della vera fede. L'esperienza degli ordini monastico-cavallereschi è estremamente

Cavalieri templari difendono una fortezza, XII sec.

[Cappella dei Templari, Cressac-Saint-Genis (Francia)]

In questi affreschi gli studiosi hanno riconosciuto la rappresentazione della Battaglia dei Gonfaloni intercorsa tra i musulmani e i cavalieri templari nel 1163 nel corso della quinta crociata. Gli eventi ebbero luogo nella piana di Bocquée in Siria, ai piedi del cosiddetto Krak dei cavalieri, una delle numerose imponenti fortezze costruite dai signori dei regni crociati per controllare il territorio.

importante, perché mostra quanto profondamente e quanto rapidamente si radichi l'idea di una **santità combattente**, che ammette come positiva la violenza bellica perché la considera nobilitata dalle finalità superiori per cui è impiegata.

LAVORA SUL TESTO

1. Cerchia nel testo i soggetti e le azioni che cambiarono la natura dei rapporti fra Oriente e Occidente. **2.** Cerchia le parole-chiave che servono a definire le caratteristiche dei nuovi ordini monastico-cavallereschi.

3/ Le crociate

RADICALISMO RELIGIOSO E INTERESSI ECONOMICI ■ **Tra il 1147 e il 1270** vengono organizzate **altre sette crociate**, combattute in genere per difendere o per recuperare le terre liberate durante la prima spedizione [> A20]. Spesso nell'organizzazione e nell'attuazione delle crociate sono coinvolte le **massime autorità politiche e spirituali** dell'epoca, imperatori, sovrani, papi, e le aristocrazie guerriere del loro seguito. Sempre sono sostenute e finanziate da gruppi mercantili e da importanti **città marinare**, come Genova o Venezia, che sperano di trarre profitti dalla conquista di avamposti commerciali lungo le strade che portano verso il lontano Oriente [> S11].

Condotte con l'assenso delle autorità religiose, che dispensano indulgenze a chi vi partecipi o a chi le sostenga finanziariamente, le crociate vengono sempre più nettamente pervase da una religiosità radicale e intollerante che le indirizza non soltanto **contro gli eserciti islamici, ma anche contro altri cristiani, i bizantini**.

ATLANTE 20

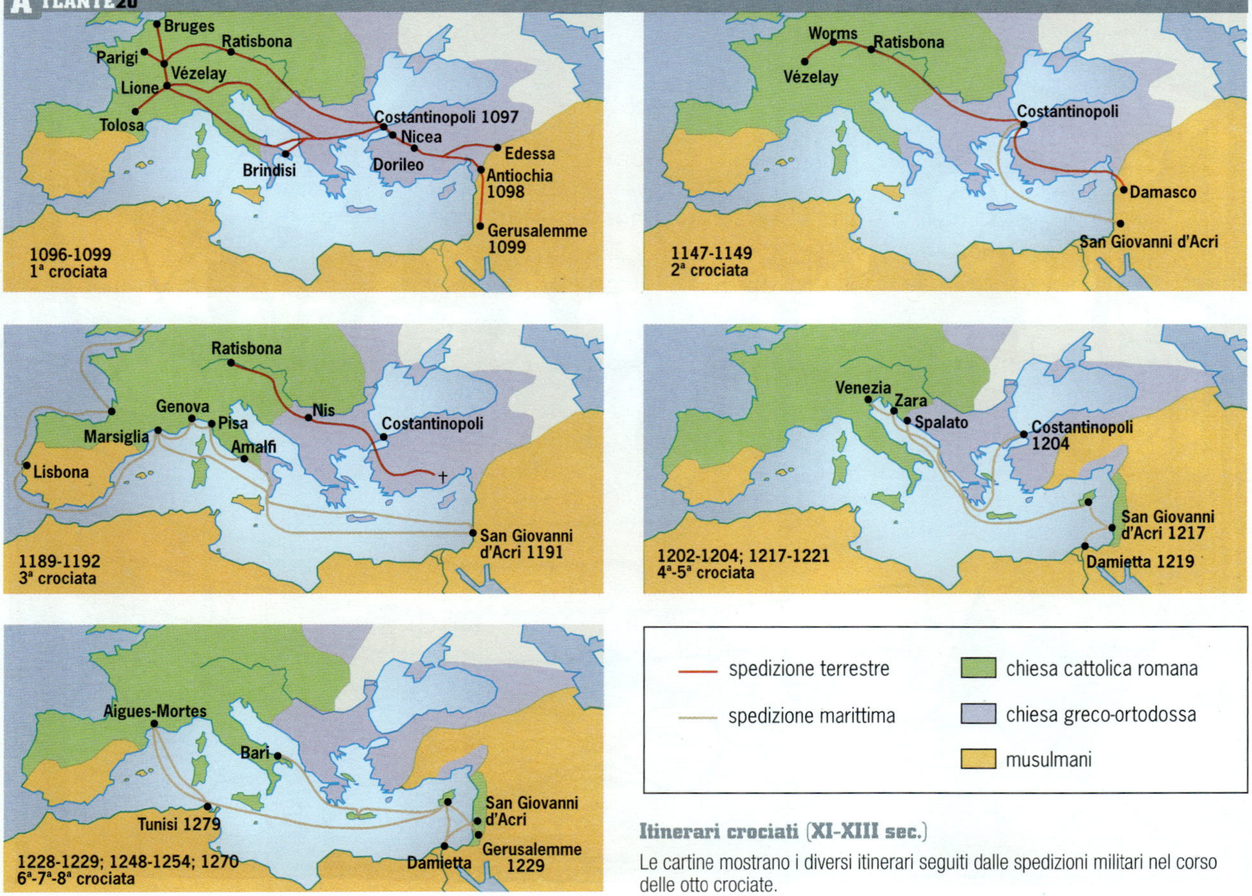

Itinerari crociati (XI-XIII sec.)
Le cartine mostrano i diversi itinerari seguiti dalle spedizioni militari nel corso delle otto crociate.

È ciò che accade in particolare nel corso della **quarta crociata (1202-4)**, sollecitata da papa **Innocenzo III (1198-1216)**. Se l'obiettivo iniziale di questa spedizione è quello classico – attaccare e riconquistare Gerusalemme –, questa volta i cavalieri che si sono imbarcati su navi veneziane non arrivano a destinazione, poiché si rivolgono verso obiettivi intermedi, uno dei quali è quello di **attaccare l'Impero bizantino**, cacciando e uccidendo i cristiani ortodossi: le autorità cattoliche autorizzano la deviazione, poiché, in seguito allo scisma del 1054, i greco-ortodossi sono considerati sostanzialmente degli eretici, cioè pericolosi sostenitori di dottrine teologiche del tutto estranee alla fede cattolica. E così **Costantinopoli**, posta sotto assedio, cade nelle mani dei crociati nel **1204**; i soldati si abbandonano a violenze inaudite, sterminando uomini, donne e bambini, e saccheggiando e distruggendo edifici di culto e biblioteche.

LA BREVE VITA DEL DOMINIO CRISTIANO IN ORIENTE ■ Il frutto della vittoria è la costruzione di un **Impero Latino d'Oriente**, economicamente sostenuto dai **mercanti veneziani** che hanno propiziato l'attacco a Costantinopoli e che contano di fare della città un preziosissimo avamposto commerciale verso est. Intanto l'aristocrazia bizantina abbandona Costantinopoli e si rifugia a Nicea, dove costituisce un più piccolo

Un prete e un gruppo di cavalieri in partenza per la Terrasanta, XIII sec.

Le crociate non rivelano solo una finalità spirituale, ma hanno come presupposto e conseguenza il forte sviluppo delle flotte delle città marinare italiane. Queste ultime incoraggiano il succedersi delle spedizioni in Oriente poiché, oltre a trarre considerevoli vantaggi dall'attività di trasporto delle truppe e dalla gestione dei rifornimenti, si procurano importanti postazioni e privilegi commerciali nelle aree strappate ai musulmani e all'Impero bizantino.

Impero bizantino [>A21]. Altri territori dell'ex Impero bizantino si rendono autonomi sia dall'Impero Latino d'Oriente sia da quello bizantino di Nicea.

Sembra la fine dell'Impero bizantino. Ma già intorno al 1230 l'Impero Latino mostra tutta la sua fragilità, perdendo parti importanti del suo territorio, fino a che nel 1261 il generale bizantino Michele Paleologo, proclamatosi imperatore col nome di **Michele VIII (1261-82)**, riesce a condurre le truppe dell'Impero di Nicea contro Costantinopoli, che viene espugnata e riconquistata. Negli anni seguenti Michele VIII riesce a riconquistare buona parte dei territori perduti e a **ricostituire un nuovo Impero bizantino**.

I **Regni cristiani** costruiti in Palestina dopo la prima crociata seguono lo stesso destino dell'Impero Latino d'Oriente. Sopravvivono a stento, vengono perduti e riconquistati, e alla fine dell'intero arco delle crociate vengono definitivamente cancellati. La distruzione degli Stati crociati è compiuta dalle truppe islamiche guidate da un grande condottiero curdo, **Salâh al-Dîn**, noto in Occidente come

ATLANTE 21

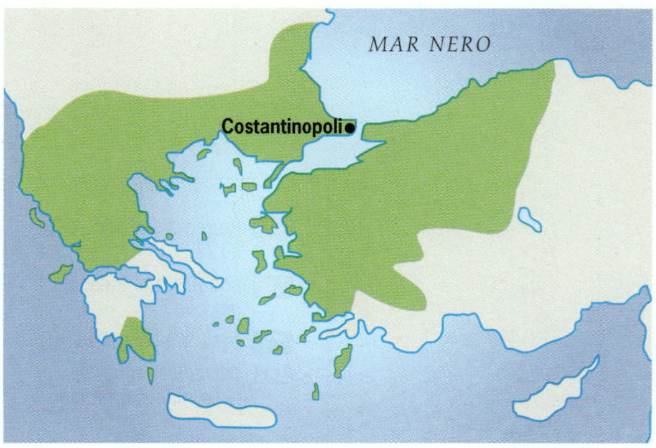

Territori bizantini dopo il 1204 e nel 1270

Dopo l'attacco crociato del 1202-4 all'Impero bizantino (in verde nelle due carte) la geografia della zona muta profilo (carta in alto): Costantinopoli, gran parte della Grecia, e un lembo di terra anatolica che fronteggia Costantinopoli vanno a far parte del nuovo regno crociato, l'Impero Latino d'Oriente; le élite bizantine trovano riparo a est, dove fondano l'Impero di Nicea; altre aree precedentemente appartenenti all'Impero bizantino diventano autonome.
Questa frammentazione territoriale viene ricomposta dopo il 1261, quando comincia l'offensiva militare di Michele VIII Paleologo, che nel giro di dieci anni conduce alla ricostituzione di un ampio Impero bizantino (carta in basso).

Saladino, che tra **1174 e 1187** riconquista gran parte della Palestina, entrando in Gerusalemme e costruendo un ampio Stato autonomo che comprende l'Egitto, la costa occidentale dell'Arabia fino alla Mecca, la Palestina e parte della Siria [▷ **A22**]. Dopo la sua morte, avvenuta nel 1193, e dopo decenni di divisioni e contrasti tra i suoi eredi, intorno al 1250 il potere viene conquistato dai **Mamelucchi**, una casta di guerrieri prevalentemente di origine turca, ma comprendente anche Curdi, Georgiani e Circassi: sono loro che tra 1265 e 1291 riconquistano definitivamente tutte le residue piazzeforti cristiane, Cesarea (1265), Jaffa e Antiochia (1268), Tripoli (1289), Tiro, Sidone e San Giovanni d'Acri (1291), cancellando anche il ricordo dell'effimero dominio cristiano nella zona.

QUALE SIGNIFICATO DARE ALLE CROCIATE? ■ Gli **storici** hanno discusso a lungo sul significato sociale, politico ed economico delle crociate: aree di sfogo per una nobiltà cavalleresca in cerca di ricchezze da accumulare; prime esperienze coloniali compiute in grande stile da potenze occidentali; imprese militari dettate dal desiderio di rafforzare i punti di appoggio per le vie commerciali verso l'Oriente. Ciascuna di queste considerazioni ha il suo valore. Ma ad esse va aggiunta anche la grandissima eredità culturale lasciata da queste esperienze militari, poiché esse creano

ATLANTE 22

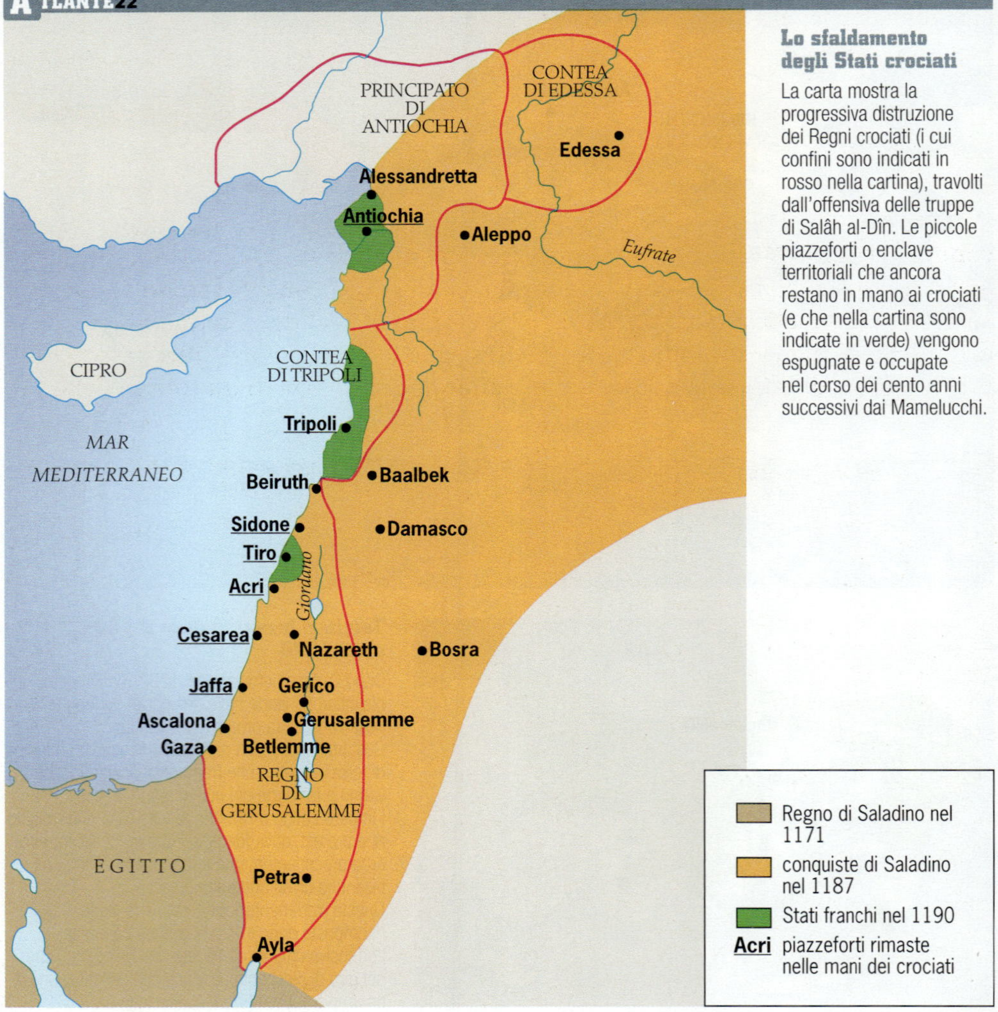

Lo sfaldamento degli Stati crociati

La carta mostra la progressiva distruzione dei Regni crociati (i cui confini sono indicati in rosso nella cartina), travolti dall'offensiva delle truppe di Salâh al-Dîn. Le piccole piazzeforti o enclave territoriali che ancora restano in mano ai crociati (e che nella cartina sono indicate in verde) vengono espugnate e occupate nel corso dei cento anni successivi dai Mamelucchi.

un mito di lunghissima durata che modifica in profondità un aspetto essenziale delle culture occidentali.

Fondamentale frutto delle crociate è infatti l'assorbimento nella cultura cristiano-occidentale dell'**idea di guerra santa**, che non è più la "giusta" guerra difensiva di sant'Agostino, ma è una guerra di aggressione che si ritiene motivata dal possesso di ragioni etiche e spirituali superiori a quelle dei nemici. Altrettanto importante è l'assimilazione dell'idea del **martirio bellico**; il sacrificio del **soldato di Cristo** viene infatti avvicinato direttamente alle esperienze dei santi martiri e alla stessa figura di Cristo: essere pronti a sacrificare la propria vita combattendo per una "giustissima" causa diventa un passaporto immediato per la conquista della santità (o se non proprio della santità in senso stretto, almeno del prestigio e del rispetto che si deve a chi compie una nobile azione). Da qui scaturiscono innumerevoli pratiche rituali: fra queste, il culto degli eroi caduti, delle loro spoglie e delle loro tombe, che dev'essere considerato come una delle più importanti proiezioni della cultura della santità nella dimensione della pratica bellica.

In nessun modo si può trascurare l'importanza di questa svolta, poiché due componenti originali della civiltà medievale – il **bellicismo barbarico** e la **tradizione cristiana** – vi si fondono in un abbraccio indissolubile e mortifero; fino ai tempi più recenti, con la benedizione o meno delle autorità ecclesiastiche, quasi nessuno Stato combatterà guerre che non vogliano fregiarsi del titolo di "giuste" e "sante".

le PAROLE della STORIA

eterodossia
Interpretazione di princìpi, dogmi, o rituali di una religione, che va in una direzione diversa rispetto a quella ufficialmente stabilita dalle autorità riconosciute di quella stessa religione. La nuova elaborazione dottrinale che ne deriva conduce spesso alla costituzione di gruppi religiosi che si staccano dal corpo della Chiesa ufficiale, sviluppando proprie credenze, proprie strutture organizzative e proprie pratiche liturgiche.

LAVORA SUL TESTO
Elenca le tappe dello scontro avvenuto all'interno dell'Impero bizantino e in Palestina.

4/ Crociate antieretiche

L'ERESIA CATARA E LA STRAGE DEGLI ALBIGESI I pellegrinaggi, le crociate, l'intolleranza nei confronti di altre religioni sono altrettanti segni di un'esasperata spiritualità che in altri gruppi sociali prende tutt'altre forme, con la diffusione di **versioni eterodosse della dottrina cristiana** [> S10]: è, per esempio, il caso della **setta *càtara*** che si diffonde in Francia e in Italia tra XII e XIII secolo [> A23]. I *catari* ('puri') professano una religione di impianto dualistico che afferma l'esistenza di due eterni princìpi,

ATLANTE 23

Diffusione territoriale delle principali comunità eretiche tra XI e XIII secolo
Eretici sono considerati dalla Chiesa di Roma anche molti movimenti ispirati all'ideale evangelico di povertà, come quello dei pàtari e dei valdesi [> 4/1]. Mentre la patarìa è un fenomeno circoscritto alla sola Milano, le eresie valdese e catara trovano ampia diffusione anche al di fuori delle zone d'origine, in particolare nella Pianura Padana e nella Francia meridionale. In effetti, la massima concentrazione di comunità catare si colloca nel Sud della Francia, nell'area compresa tra Albi, Tolosa, Narbona, Béziers e Avignone: ed è lì che si scatena la devastante crociata antieretica.

- patarini (1060-1080)
- valdesi (1100-1200)
- catari (1200)

radicalmente contrapposti, che si scontrano in una lotta senza fine. Per liberarsi dal male e far trionfare il bene in questa lotta, è necessario compiere una costante opera di purificazione con forme di ascetismo estremo che, attraverso la vittoria sui bisogni corporei, conduca a una vittoria dello spirito sul corpo, e dunque del bene sul male.

La religione catara attrae l'attenzione di gruppi sociali molto diversi in varie aree urbane, e riesce addirittura a strutturarsi in una Chiesa organizzata, dotata di suoi "vescovi", di un suo "papa", e capace perfino di celebrare un suo concilio. In ragione di questa forza diffusiva e di queste capacità organizzative, la Chiesa cattolica vede l'eresia catara come una minaccia particolarmente pericolosa. E quello stesso pontefice che ha chiamato alla tragica quarta crociata – **Innocenzo III** –, non si fa alcuno scrupolo di promuovere una vera e propria **crociata militare contro i numerosissimi catari della città di Albi** (gli *albigesi*) e della Contea di Tolosa (nel Sud della Francia). L'azione militare, a cui partecipano nutrite squadre di nobili cavalieri francesi, dura a lungo, **dal 1209 al 1229**, ed è spesso di una terribile violenza. Danno un decisivo sostegno militare anche i re di Francia, che alla fine sfruttano la circostanza per imporre la loro egemonia sui territori della Francia meridionale ancora estranei al loro controllo.

Innocenzo III contro gli eretici, 1332-50
[dalle *Chroniques de France* di Mahiet e del Maestro di Cambrai; British Library, Londra]
In questa miniatura il papa Innocenzo III è ritratto mentre scomunica gli albigesi (a sinistra) e poi fa partire contro di loro la crociata (a destra).

ATLANTE 24

Stato dell'ordine Teutonico in Prussia-Livonia

Una prima ondata di colonizzazione dei territori baltici risale al XII secolo, quando i signori tedeschi, in conseguenza della crescita demografica del Mille, incoraggiano i contadini a spingersi al di là delle frontiere dell'Impero. Anche in quella circostanza, la colonizzazione dei territori è accompagnata dall'evangelizzazione forzata delle popolazioni locali.

L'AZIONE DELL'ORDINE TEUTONICO NEL NORD EUROPA ■ Altre azioni religioso-militari di tipo analogo vengono condotte nelle regioni baltiche da un altro ordine monastico-cavalleresco che è nato a seguito delle crociate in Terrasanta, l'ordine Teutonico, costituito nel corso della terza crociata (1189-92). Agli inizi del XIII secolo l'ordine abbandona la Terrasanta, trasferendosi in Germania, dove si impegna in una sequenza di spedizioni di colonizzazione e di **evangelizzazione violenta contro le popolazioni pagane** dei Balti, dei Livoni e dei Lettoni [▷ **C3**]. Il successo delle operazioni militari è tale da permettere ai Cavalieri teutonici di costruire un proprio **Stato autonomo** in Prussia e in Livonia [▷ **A24**].

LAVORA SUL TESTO
Quali caratteristiche della religione catara vennero avvertite come una minaccia dalla Chiesa cattolica? Rintracciale e sottolineale all'interno del testo.

5/ Gli ordini mendicanti

A lungo andare il ricorso alla violenza repressiva ed "evangelizzatrice" non può essere sufficiente. È per questo motivo che la Chiesa cattolica accetta al suo interno **due nuovi ordini religiosi** che si formano all'inizio del XIII secolo, intravedendo in essi e nei loro membri – ispirati, determinati e motivatissimi – altrettanti veicoli di una nuova **predicazione pacificamente evangelizzante**.

L'ORDINE DEI DOMENICANI ■ Il primo di questi due nuovi ordini viene fondato da **Domenico di Guzmán (1170-1221)**. Sacerdote castigliano, decide ben presto di dedicarsi alla evangelizzazione pacifica degli eretici attraverso la formazione di una comunità itinerante di sacerdoti suoi amici, che opera soprattutto nella Francia meridionale. Stabilitosi a Tolosa, nel 1213 ottiene l'approvazione vescovile del suo ordine; e nel 1216 ottiene anche l'approvazione del papa, Onorio III (1216-27). Il compito affidato ai seguaci del suo ordine è quello di muoversi di città in città predicando e convertendo coloro che – per un motivo o per l'altro – si siano allontanati dalla vera fede.

L'ordine riscuote un notevole successo, anche in ragione del **voto di povertà** che Domenico impone ai suoi seguaci. In quel modo la predicazione, effettuata da frati che vivono integralmente gli ideali della povertà evangelica, acquista una grande forza e una profonda credibilità, tanto da fare dell'ordine uno dei principali strumenti di consolidamento e diffusione della fede cattolica nell'Europa medievale.

L'ORDINE DEI FRANCESCANI ■ L'altro ordine che si forma negli stessi anni è promosso da **Francesco di Assisi (1182-1226)**. Figlio di una famiglia di ricchi mercanti, all'inizio del XIII secolo Francesco si unisce a una comunità monastica benedettina sul Monte Subasio, scegliendo una vita di integrale povertà, castità e religiosità. Sulla base di queste premesse, Francesco raccoglie intorno a sé un piccolo gruppo di seguaci, ai quali è preclusa l'accumulazione di ogni anche minima ricchezza; in segno di umiliazione il loro sostentamento è affidato in primo luogo alle elemosine dei fedeli.

Per la sua radicale esaltazione della povertà integrale, l'ordine di Francesco è vicino allo spirito di altri gruppi religiosi eterodossi, come i patarini o i valdesi [▷ **4/1**]; diversamente da questi, tuttavia, non assume mai posizioni teologicamente dissonanti, né manifesta atteggiamenti polemici nei confronti della gerarchia ecclesiastica: anzi, l'**obbedienza alla Chiesa** è uno degli imperativi a cui si sottomettono i suoi membri. Per questo papa Onorio III, che vede nella loro presenza e rapida diffusione un altro efficace strumento di propaganda ed evangelizzazione, riconosce formalmente l'ordine francescano nel 1223 [▷ **A25**].

I DOMENICANI E L'ISTITUZIONE DEL TRIBUNALE DELL'INQUISIZIONE ■ I domenicani e i francescani sono largamente presenti nelle città, dove trovano il luogo e il pubblico adatti alla

Pedro Berruguete, *Autodafé presieduto da san Domenico di Guzmán*, part., 1490

[Museo del Prado, Madrid]

Grazie al loro accanito operare nella lotta contro le eresie, l'immagine dei domenicani si confonde presto con quella dell'Inquisizione, o meglio, l'Inquisizione prende il volto dei domenicani. Lo dimostra bene questa tela quattrocentesca in cui è raffigurato un *autodafé* (in spagnolo 'atto di fede'), la proclamazione solenne della sentenza dell'inquisitore nella cattolicissima Spagna, presieduta proprio da san Domenico, morto ormai da più di due secoli. Il richiamo è alla veste di repressore dell'eresia del santo, ma la struttura del tribunale e i costumi dei personaggi sono quelli dell'Inquisizione spagnola ai tempi del pittore. Si notino nell'immagine, in basso a destra, due eretici condannati già avvolti nelle fiamme: il rogo, il massimo della pena erogata agli eretici per verdetto delle autorità scolastiche, è considerato strumento di integrale purificazione dei mali commessi.

loro attività di predicazione. Almeno inizialmente essi affrontano in modo originale la questione della eterodossia religiosa: al volto arcigno di una fede combattente e incline alla repressione violenta dei dissenzienti, contrappongono quello benigno di persone pronte a vivere in povertà e a condividere pacificamente con gli altri le loro più profonde convinzioni spirituali.

Tuttavia la tentazione di affrontare gli eretici col pugno di ferro non abbandona la Chiesa. Già nel 1215 il IV concilio Lateranense, che si riunisce a Roma, rilancia la necessità di una lotta all'eresia attraverso la riattivazione di **commissioni giudiziarie per la scoperta e la punizione degli eretici**. Nel **1232** papa **Gregorio IX (1227-41)** conferma l'attività di questi organismi e li riorganizza in un sistema giudiziario chiamato **Inquisizione**: nelle attività dell'Inquisizione cominciano ad avere un ruolo significativo proprio i domenicani; loro, come gli altri ecclesiastici coinvolti, dal 1252 sono autorizzati a ricorrere alla **tortura** per strappare confessioni di colpevolezza a presunti eretici. I rei confessi di eresie particolarmente gravi, o i recidivi, coloro cioè che sono condannati per due volte da un tribunale dell'Inquisizione, sono destinati alla **pena di morte**, normalmente attraverso il **rogo**: l'esecuzione delle pene capitali è comunque affidata alle autorità laiche della città o della zona nella quale il tribunale dell'Inquisizione opera.

E alla fine il volto benigno e il volto arcigno della Chiesa si confondono nelle fattezze dei domenicani, impegnati sia in una vita di candore spirituale e di integrale povertà, sia nei violenti processi dell'Inquisizione contro gli eretici.

LAVORA SUL TESTO
Elenca le caratteristiche dei due nuovi ordini: domenicano e francescano.

ATLANTE 25

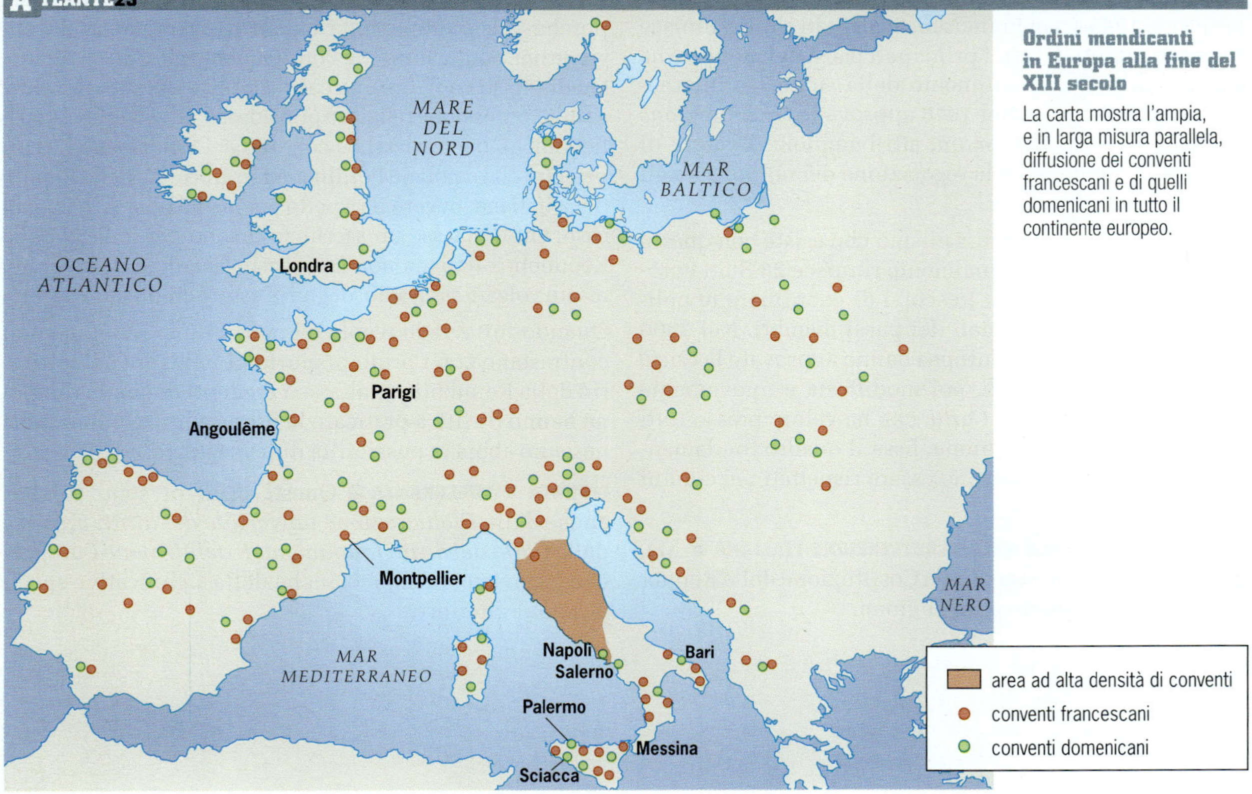

Ordini mendicanti in Europa alla fine del XIII secolo
La carta mostra l'ampia, e in larga misura parallela, diffusione dei conventi francescani e di quelli domenicani in tutto il continente europeo.

3_Libertà religiosa e rispetto per le altre confessioni

LE CARTE DEI DIRITTI La passione religiosa che pervade l'Occidente medievale è, molto spesso, fonte di aggressiva intolleranza nei confronti di chi ha convinzioni religiose diverse: durante le crociate si attaccano tanto gli ebrei quanto i cristiani ortodossi, quanto, naturalmente, i musulmani. Non c'è alcun giudizio morale da emettere, in questo caso. Non nei confronti di persone vissute tra XI e XIII secolo, anche se è difficile trattenere l'orrore per le violenze commésse. C'è, invece, da riflettere sul diverso orizzonte di valori che si è aperto dopo il 1945, un orizzonte incorporato nei testi fondamentali che regolano la comune convivenza. Questa volta parlo di ***testi*** al plurale, perché è giunto il momento di affiancare alla Costituzione della Repubblica italiana altri due documenti che, in linea generale, rimarcano o approfondiscono i princìpi che in quella sono già contenuti. Questi altri due testi sono la ***Dichiarazione universale dei diritti umani (1948)*** e la ***Carta dei diritti fondamentali dell'Unione Europea (2000-7)***.

La *Dichiarazione universale dei diritti umani* è un testo che enuncia i princìpi fondamentali approvati dall'Organizzazione delle Nazioni Unite (Onu). L'Onu, che si forma nel 1945 a San Francisco, negli Stati Uniti, riunisce i rappresentanti di tutti i principali paesi del mondo e ha come finalità il mantenimento della sicurezza internazionale e della pace. Nel 1948 approva la *Dichiarazione universale dei diritti umani*, attribuendole il valore di testo fondamentale per la regolazione dei rapporti tra gli Stati membri.

L'Unione Europea è un organismo che esiste con questo nome dal 1993 e che attualmente riunisce 28 Stati europei (tra cui l'Italia), con lo scopo di coordinare le politiche economiche e sociali dei paesi membri. Nel 2000 gli organi dell'Unione Europea hanno approvato la *Carta dei diritti fondamentali*, poi modificata e nuovamente approvata nel 2007. La *Carta*, che ha valore presso tutti gli Stati membri dell'Unione, fissa il quadro fondamentale dei princìpi che devono essere rispettati nei confini di quegli Stati.

LA LIBERTÀ RELIGIOSA NELLA COSTITUZIONE ITALIANA Ma, prima di tutto, che cosa dice la Costituzione della Repubblica italiana riguardo alla religione?

Dalla Costituzione della Repubblica italiana

[da http://www.quirinale.it]

Art. 3. Tutti i cittadini hanno pari dignità sociale e sono eguali davanti alla legge, **senza distinzione** di sesso, di razza, di lingua, **di religione**, di opinioni politiche, di condizioni personali e sociali. [...]

Art. 8. Tutte le confessioni religiose sono egualmente libere davanti alla legge.
Le confessioni religiose diverse dalla cattolica hanno diritto di organizzarsi secondo i propri statuti, in quanto non contrastino con l'ordinamento giuridico italiano. [...]

Art. 19. Tutti hanno diritto di professare liberamente la propria fede religiosa in qualsiasi forma, individuale o associata, di farne propaganda e di esercitarne in privato o in pubblico il culto, purché non si tratti di riti contrari al buon costume.

La Costituzione della Repubblica italiana stabilisce chiaramente che non possono esserci forme di discriminazione nei confronti dei credenti di alcuna confessione religiosa, purché – inciso importante dell'art. 8 – i culti della tale religione non contrastino con l'ordinamento giuridico italiano. Quell'inciso vuol dire una cosa semplice e molto rilevante: se una confessione religiosa prevedesse, ad esempio, i sacrifici umani, contrasterebbe con uno dei fondamentalissimi princìpi che regolano l'ordinamento giuridico della Repubblica italiana, ovvero il rispetto per la vita umana: e in quel caso, chi officiasse un sacrificio umano per le leggi della Repubblica italiana non sarebbe il sacerdote di un culto, ma un volgare assassino, degno di essere giudicato e punito.

Quando tuttavia le regole e i culti di una religione non contrastano con i princìpi giuridici in vigore nel territorio della Repubblica italiana, i credenti di quella religione hanno diritto a praticare le proprie liturgie senza che nessuno abbia la possibilità di perseguirli.

LIBERTÀ E TOLLERANZA Questi princìpi sono ripetuti anche dalla *Dichiarazione universale dei diritti umani* e dalla *Carta dei diritti fondamentali dell'Unione Europea*, che tuttavia contengono anche delle significative specificazioni ulteriori:

Dalla Dichiarazione universale dei diritti umani (Onu, 1948)

[da http://www.ohchr.org]

Art. 18. Ogni individuo ha diritto alla libertà di pensiero, di coscienza e di religione; tale diritto include la libertà di cambiare religione o credo, e la libertà di manifestare isolatamente o in comune, in pubblico o in privato, la propria religione o il proprio credo nell'insegnamento, nelle pratiche, nel culto e nell'osservanza dei riti.

Dalla Carta dei diritti fondamentali dell'Unione Europea (Ue, 2007)

[da http://www.europarl.europa.eu/charter/]

Art. 10. ***Libertà di pensiero, di coscienza e di religione***
Comma 1. Ogni individuo ha diritto alla libertà di pensiero, di coscienza e di religione. Tale diritto include la libertà di cambiare religione o convinzione, così come la libertà di manifestare la propria religione o la propria convinzione individualmente o collettivamente, in pubblico o in privato, mediante il culto, l'insegnamento, le pratiche e l'osservanza dei riti.

Entrambe le Carte garantiscono esplicitamente il diritto non solo di professare le proprie convinzioni, ed anche quelle religiose; ma prevedono anche il diritto di cambiarle liberamente, senza dover per questo essere condannati da nessuno.

Inoltre, la ***Dichiarazione universale dei diritti umani* (Onu, 1948)** afferma anche che i sistemi educativi devono insegnare il rispetto, la comprensione e la tolleranza nei confronti di coloro che sono diversi da noi per nazione, razza o religione:

Dalla Dichiarazione universale dei diritti umani (Onu, 1948)

[da http://www.ohchr.org]

Art. 26. Comma 2. L'istruzione deve essere indirizzata al pieno sviluppo della personalità umana ed al rafforzamento del rispetto dei diritti dell'uomo e delle libertà fondamentali. Essa deve promuovere la comprensione, la tolleranza, l'amicizia fra tutte le Nazioni, i gruppi razziali e religiosi, e deve favorire l'opera delle Nazioni Unite per il mantenimento della pace.

Mentre nella *Carta dei diritti fondamentali dell'Unione Europea* si aggiunge che:

Dalla Carta dei diritti fondamentali dell'Unione Europea (Ue, 2007)

[da http://www.europarl.europa.eu/charter/]

Art. 22. ***Diversità culturale, religiosa e linguistica.*** L'Unione rispetta la diversità culturale, religiosa e linguistica.

Sebbene non sempre i governi rispettino sino in fondo queste prescrizioni, è certo, tuttavia, che in linea generale i princìpi che le animano hanno guidato sinora l'azione delle élite dirigenti dei principali paesi europei. Tuttavia le spinte alla sopraffazione degli "altri da noi" o perfino gli appelli a "nuove crociate" di tanto in tanto riemergono, sia tra leader politici dei paesi cristiani, sia tra leader politici di paesi nei quali si seguono altre confessioni (quella musulmana e quella indù in modo particolare). Una riflessione storica sui disastri e i dolori delle crociate può aiutare a comprendere quanto pericolosi siano appelli di questo genere, e quanto benefiche, aperte e accoglienti siano invece le prescrizioni contenute nelle Carte dei diritti.

SINTESI

ONLINE

SINTESI AUDIO

LEZIONE 3
Le crociate, dai pellegrinaggi alle lotte contro le eresie

TEST

1/Il Mediterraneo tra Occidente e Oriente

Una delle spinte più forti all'espansione dell'islam matura dopo la morte di Maometto (VII secolo). Si tratta dell'interpretazione aggressiva di una delle due accezioni del concetto musulmano di *jihad* o guerra santa: il concetto di *jihad* minore, fondato sulla difesa armata dell'islam contro i seguaci di altre religioni. L'islam diviene allora una religione guerriera e i domìni musulmani si espandono fino a comprendere territori vastissimi tra l'Oriente e l'Occidente del Mediterraneo sottoponendo i cristiani d'Occidente a una pressione costante che si allenta soltanto intorno all'XI secolo. Alla fine di questo secolo, a Oriente, anche l'Impero bizantino vede ridursi i propri domìni a vantaggio di popolazioni islamiche di origine asiatica: i turchi selgiuchidi. Per i Bizantini, le perdite in Oriente si sommano a quelle nell'Italia meridionale a vantaggio dei Normanni.

2/Il pellegrinaggio armato

Nel Medioevo il termine pellegrinaggio assume due diversi significati: da una parte esso consiste in una prova spirituale da svolgersi presso un santuario; dall'altra, a partire dall'XI secolo, inizia ad affermarsi l'idea del pellegrinaggio armato per riconquistare la Terrasanta e liberarla dalle mani degli "infedeli". Diversi avvenimenti, infatti, assumono un ruolo determinante nel modificare l'atteggiamento dell'Occidente cristiano nei confronti delle altre confessioni religiose: lo scisma d'Oriente del 1054, l'invasione normanna dei presìdi bizantini nel Sud Italia, la *reconquista* in Spagna, le guerre contro i Saraceni e l'atto con cui papa Alessandro II concede l'indulgenza a coloro che partecipino alla guerra contro i "Mori".
Nel 1095 papa Urbano II invita a un pellegrinaggio di espiazione in Terrasanta che molti interpretano come un invito ad organizzare una spedizione armata. Parte così la prima crociata, una spedizione caotica e mal organizzata in cui i pellegrini si abbandonano a violenti atti di aggressione verso tutti coloro che vengono considerati nemici della Chiesa. La spedizione successiva riesce nell'intento di riconquistare la città di Gerusalemme e, in Palestina, vengono creati alcuni Regni crociati all'interno dei quali trovano ospitalità nuovi ordini monastico-cavallereschi, fondati per la difesa dei luoghi santi.

3/Le crociate

Tra 1147 e 1270 vengono organizzate altre sette crociate in cui sono spesso coinvolte le principali autorità politiche e spirituali dell'epoca. Nella quarta crociata (1202-4) i soldati cristiani attaccano non gli islamici ma i cristiano-ortodossi di Bisanzio, portando a una temporanea cancellazione dell'Impero bizantino.
I risultati delle crociate in termini territoriali sono presto annullati dalla riconquista compiuta dalle truppe dell'Impero di Nicea e da quelle islamiche. Esse tuttavia lasciano come eredità nella cultura cristiano-occidentale l'idea di guerra santa, ovvero di una guerra d'aggressione motivata dal possesso di ragioni etiche e spirituali ritenute superiori a quelle dei nemici.

4/Crociate antiereticche

La forza diffusiva e le capacità organizzative della religione catara, che predicava forme di ascetismo estremo, determinano l'intervento di papa Innocenzo III. Egli promuove una crociata militare nel Sud della Francia, tra 1209 e 1229, che porta alla distruzione dell'eresia catara. Altre azioni militari di questo tipo vengono condotte dall'ordine Teutonico contro le popolazioni pagane.

5/Gli ordini mendicanti

Agli inizi del XIII secolo nascono nuovi ordini religiosi – i domenicani e i francescani –, ispirati da un voto di integrale povertà. La Chiesa accetta al suo interno i due nuovi ordini. Essi, infatti, rappresentano un efficace strumento di propaganda e di evangelizzazione che non poteva essere ottenuta unicamente attraverso la violenza repressiva. I domenicani però, oltre ad impegnarsi in un'intensa attività di predicazione, partecipano anche ai processi organizzati dal tribunale dell'Inquisizione, istituito nel 1232.

VERSO le COMPETENZE

1 **Riordina gli eventi riguardanti le crociate inserendo progressivamente i numeri nei riquadri e le date, dove possibile. Infine utilizza l'elenco degli avvenimenti come scaletta per una breve esposizione orale.**

- ■ .... Nascita di nuovi ordini monastici e in particolare dell'ordine dei Templari
- ■ .... Costruzione dell'Impero Latino d'Oriente
- ■ .... Appello di papa Urbano II a Clermont
- ■ .... Riconquista di Costantinopoli da parte delle truppe dell'Impero di Nicea
- ■ .... Quarta crociata
- ■ .... Crociata popolare
- ■ .... Creazione dei primi Regni crociati
- ■ .... Riconquista di gran parte della Palestina da parte delle truppe islamiche di Saladino
- ■ .... Crociata militare contro gli albigesi
- ■ .... Seconda spedizione, che riesce a riconquistare Gerusalemme

2 **Collega i nomi dei soggetti storici elencati alle motivazioni che li spinsero a sostenere o a partecipare alle crociate. Infine fai un esempio concreto, per ciascuna delle sei voci, di eventi che dimostrino la relazione esistente fra i soggetti e le loro motivazioni.**

Soggetti storici	Motivazioni
a. I nuovi ordini monastico-cavallereschi	1. Ottenere le indulgenze
b. Gruppi mercantili e città marinare	2. Trarre profitti dalla conquista di avamposti commerciali lungo le strade che portano verso Oriente
c. I ceti popolari	3. Conquistare nuovi territori da sfruttare e sottrarre forza ad altri soggetti politici, come imperi e regni
d. Papa Innocenzo III	4. Combattere per la difesa dell'unica vera fede, dei luoghi santi e della strade che conducono alla Terrasanta
e. Imperatori e sovrani	5. Accumulare nuove ricchezze
f. Nobiltà cavalleresca	6. Affermare la supremazia della fede e della Chiesa cattolica sulle altre fedi e confessioni religiose

3 **Completa il seguente brano dal titolo *Dal pellegrinaggio alla guerra santa* utilizzando i termini elencati:**

Guerra santa • pellegrinaggio • pellegrinaggio armato • santuario • spirituale • la Terrasanta • Regni crociati • la crociata popolare • indulgenze • ordini monastico-cavallereschi

Nel Medioevo il termine .... assume due diversi significati: da una parte esso consiste in una prova .... da svolgersi presso un..................................., un luogo lontano presso cui purificarsi; dall'altra, a partire dall'XI secolo, inizia ad affermarsi l'idea del .... per riconquistare ...., ovvero Gerusalemme, e liberarla dalle mani degli "infedeli".
La sua prima vera attuazione fu ...., una spedizione caotica e disorganizzata in cui i pellegrini si abbandonarono a violenti atti di aggressione verso tutti coloro che venivano considerati nemici della Chiesa. Seguirono altre numerose crociate in cui furono spesso coinvolte le principali autorità politiche, economiche e spirituali dell'epoca. Queste ultime garantivano la cancellazione dei peccati (..............................) a chi avesse partecipato o sostenuto le spedizioni.
Nei ...., frutto delle vittorie dei crociati in Palestina nacquero nuovi ...., che avevano l'obiettivo di difendere i luoghi santi e le strade che conducono in Terrasanta. I risultati in termini territoriali delle crociate furono presto annullati dalla riconquista compiuta da Michele VIII e dalle truppe islamiche, ma esse lasciarono come eredità nella cultura cristiano-occidentale l'idea di ...., ovvero di una guerra d'aggressione motivata dal possesso di ragioni etiche e spirituali ritenute superiori a quelle dei nemici.

4 **Completa lo schema con le informazioni che ritieni opportune.**

5 Completa lo schema con le voci elencate e descrivilo attraverso una breve esposizione orale. Infine rispondi alle domande sul quaderno.

La predicazione • la diffusione della "vera" fede • il tribunale dell'Inquisizione • ordine domenicano • ordine francescano

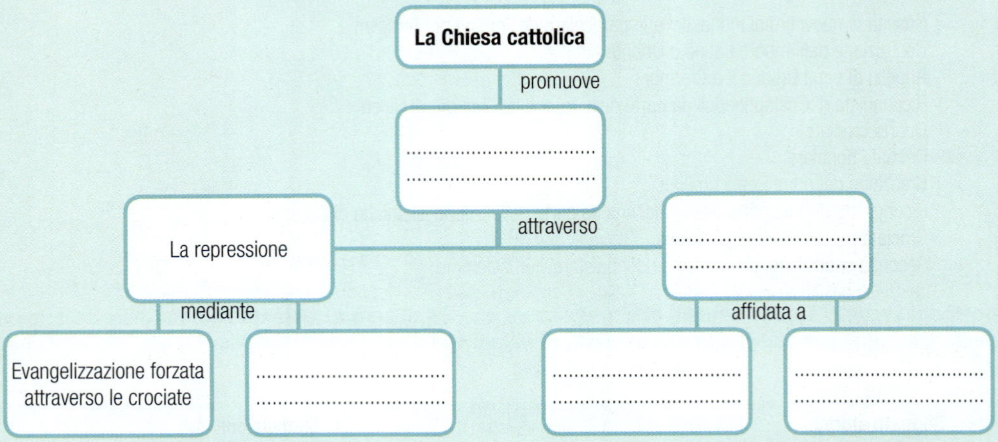

a. Quali caratteristiche differenziano l'ordine dei domenicani da quello dei francescani?

b. Quale principio accomuna l'ordine di san Francesco ad altri gruppi religiosi eterodossi?

6 Organizza in una breve esposizione orale la storia dei pellegrinaggi armati da due punti di vista diversi: quello di un crociato che, spinto da diverse motivazioni, vi prende parte e quello di un cristiano ortodosso di Costantinopoli.

Nei due testi descrivi i seguenti eventi:

a. la quarta crociata;
b. la riconquista di Costantinopoli da parte di Michele VIII;
c. la distruzione degli Stati crociati compiuta dalle truppe islamiche.

Capitolo_6 / Lotte di potere tra XII e XIII secolo

1/ Federico I di Svevia

FEDERICO I IMPERATORE ■ Dopo la conclusione del Concordato di Worms (1122) [▷**4/3**], il ruolo e il peso dell'imperatore sembrano notevolmente ridimensionati. L'impressione sembra confermata anche dalle lotte che contrappongono due importanti case nobiliari tedesche, i Welfen di Baviera e gli Hohenstaufen di Svevia, che si contendono per decenni l'elezione al trono imperiale, senza che nessuna delle due riesca a imporsi.

Tuttavia, **nel 1152**, quando il duca di Svevia, **Federico I di Hohenstaufen, detto il Barbarossa**, viene eletto **re di Germania**, il quadro cambia nettamente, per la determinazione con la quale costui – che nutre l'ambizione di diventare imperatore – vuole far sentire il suo peso sulle terre italiane, tradizionalmente collegate alla dignità imperiale [▷**2/2**]. Nel 1154 Federico I scende in Italia con i suoi soldati, chiamato da alcune città comunali lombarde e dal papa, Adriano IV (1154-59). In Lombardia Federico I interviene efficacemente ridimensionando le pretese espansionistiche della città di Milano. **Il 24 aprile 1155 a Pavia** viene incoronato **re d'Italia**. Poi va a Roma per sedare la ribellione antipapale alimentata da Arnaldo da Brescia, un religioso vicino a gruppi eretici: Arnaldo viene catturato e giustiziato nel 1155. E **a Roma, il 18 giugno 1155**, Federico viene incoronato **imperatore** da papa Adriano IV.

LE *CONSTITUTIONES* E IL TENTATIVO DI PIEGARE L'ITALIA ■ Milano, tuttavia, non è del tutto piegata. Per questo, **nell'estate del 1158** Federico I prepara un'altra spedizione in Italia; prima sconfigge Brescia, poi ad agosto assedia Milano che dopo un mese di resistenza si arrende. Forte di questi successi, **nel novembre del 1158** Federico I convoca a **Roncaglia**, presso Piacenza, una Dieta nel corso della quale emana la ***Constitutio de regalibus*** ('Costituzione relativa alle prerogative regie'), con cui definisce con precisione quali sono le "regalie", ovvero le prerogative che spettano al sovrano (in questo caso all'imperatore): controllo delle vie di comunicazione, diritto di riscuotere le imposte, di amministrare la giustizia e di promuovere o chiudere le guerre. Al tempo stesso emana anche la ***Constitutio pacis*** ('Costituzione relativa alla pace'), con la quale si erge a unico responsabile e garante della pace e della guerra, proibendo sia la costituzione di leghe tra città comunali, sia gli scontri armati tra privati e rivendicando alla dignità imperiale il diritto esclusivo di dichiarare guerre o proclamare paci.

Si tratta di atti importanti, diretti sia contro i vivacissimi comuni cittadini dell'Italia centro-settentrionale [▷**3/3**], sia contro i signori feudali italiani e tedeschi. Ma se nel caso della Germania l'autorità di Federico I è abbastanza solida, in Italia deve affrontare la pronta reazione di una serie di città comunali che non vogliono sottostare al controllo imperiale sulle loro politiche; queste città ottengono anche il sostegno del papa Alessandro III (1159-81), che considera le pretese imperiali sull'Italia minacciose per l'autonomia spirituale e temporale del Papato.

LO SCONTRO CON LA LEGA LOMBARDA E LA SCONFITTA ■ Federico I non vuole lasciar spazio ad alcuna resistenza. Nel 1159 assedia e distrugge Crema; nel 1162 anche Milano viene sconfitta. In queste operazioni Federico I si può avvalere del sostegno di alcuni comuni lombardi (Cremona, Lodi, Como) ostili a Crema e a Milano. Tuttavia la supremazia conquistata da Federico I si traduce nella pretesa di nuove imposizioni fiscali sulle città comunali: e ciò fa sì che un numero crescente di città lombarde e venete guardi all'iniziativa di Federico I con un'ostilità che, nel **1167**, si traduce in un concreto atto politico, ovvero la costituzione in funzione anti-imperiale della **Lega lombarda**, atto che ottiene anche il sostegno del pontefice.

Federico I ritiene che la Lega possa essere piegata solo con la forza. Dopo diversi scontri di minor significato, la battaglia decisiva tra le forze imperiali e quelle della Lega viene combattuta **a Legnano nel 1176**. Le truppe imperiali sono sconfitte. Federico I è costretto a sottoscrivere un accordo col papa, secondo il quale egli rinuncia a intervenire negli affari interni dello Stato della Chiesa. Inoltre, dopo estenuanti trattative, nel **1183** si arriva anche alla **pace di Costanza** [> F7], con la quale l'imperatore riconosce solennemente l'autonomia delle città comunali italiane, in cambio di una loro formale sottomissione al potere imperiale.

LE FONTI 7

La pace di Costanza

[da *Documenti storici*, vol. I, *Il Medioevo*, a cura di R. Romeo e G. Talamo, Loescher, Torino 1971, pp. 91-92]

Con la pace siglata a Costanza le città comunali che hanno combattuto contro l'imperatore si impegnano a riconoscere la sua sovranità, in una forma tuttavia piuttosto generica. Viceversa, le garanzie che Federico I riconosce alle città della Lega sono molto precise, e con esse l'imperatore sancisce la loro sostanziale autonomia politico-militare.
Qui di seguito si riporta la parte del documento nella quale Federico I espone le concessioni che riconosce alle città della Lega.

15. Da parte nostra [cioè da parte di Federico I] rimettiamo senza alcun onere [cioè perdoniamo] tutti i danni e le sottrazioni e le ingiurie che noi e i nostri soffrirono dalla Lega nel suo insieme o da qualcuno della Lega o dagli alleati della Lega e diamo ad essi la pienezza della nostra grazia.
16. Non faremo soggiorni superflui in città o nelle diocesi, che rechino danno alla città.
17. Sia lecito ad essi [cioè ai cittadini] fortificare le città e costruire fortificazioni fuori di esse.
18. Inoltre sia lecito ad essi conservare la Lega che hanno adesso e rinnovarla quante volte vorranno.
19. I patti stipulati per timore nostro e sotto la pressione dei nostri messi siano ritenuti nulli, né si riscuota alcunché in seguito da essi.
20. [...] le sentenze che furono pronunciate di diritto e secondo le leggi e le consuetudini contro qualcuno o alcuni della Lega, restino valide. Quelle però che furono pronunciate contro qualcuno o alcuni della Lega in occasione di guerra o di discordia ecclesiastica, siano annullate.
21. Se i possessi che ciascun membro della Lega aveva legittimamente prima del tempo di guerra sono stati presi con la forza da coloro che non appartengono alla Lega, siano restituiti senza interessi e senza danni [...].
24. A causa delle concessioni predette non si rechi alcun pregiudizio al diritto e alla consuetudine di qualsiasi città della Lega, né si acquisti alcun diritto a danno di qualsiasi città della Lega.
25. I patti fatti in passato tra le città della Lega rimangano fermi e validi.

GUIDA ALLA LETTURA

1. Quali sono le azioni compiute dai cittadini delle città appartenenti alla Lega dichiarate lecite da Federico I? **2.** Quali sentenze e quali patti sono confermati e quali ritenuti nulli? **3.** Quali limiti Federico riconosce a sé stesso nei confronti della Lega e delle città che la compongono? **4.** Quale rapporto viene definito complessivamente, attraverso la pace di Costanza, fra Federico e la Lega?

L'ennesimo sforzo di ricostruzione di un impero che includa anche l'Italia oltre alla Germania è fallito. Né Federico I ha il tempo di elaborare nuove strategie, poiché nel 1190, nel corso della terza crociata, da lui stesso condotta, muore in Anatolia nel tentativo di attraversare un fiume [▷ S13].

LAVORA SUL TESTO

1. Sottolinea le parti di testo in cui vengono spiegate le seguenti voci: *Constitutio de regalibus*, *Constitutio pacis*, *Lega lombarda*, *pace di Costanza*. **2.** Elenca i principali avvenimenti riguardanti l'ascesa politica di Federico I e i conflitti tra quest'ultimo e la Lega lombarda.

2/ Il pontificato di Innocenzo III

LA TUTELA DEL PICCOLO FEDERICO EREDE DEL REGNO DI SICILIA ■ Nel 1186, poco prima di morire, Federico I ha comunque conseguito un risultato diplomatico potenzialmente molto brillante: ha fatto sposare suo figlio **Enrico VI (1191-1197) con Costanza d'Altavilla**, figlia di Ruggero II (fondatore della dinastia normanna meridionale), e zia del re di Sicilia Guglielmo II (1166-89). Nel 1191 Enrico VI è riuscito a farsi eleggere imperatore. Inoltre, quando Guglielmo II muore, privo di eredi legittimi (1189), si apre una grave crisi di successione al trono normanno: alla fine nel 1194 Enrico VI riesce a imporsi come nuovo sovrano del **Regno di Sicilia**. Il suo potere

Il 10 giugno 1190, la morte coglie inaspettatamente Federico Barbarossa nel corso della terza crociata. L'imperatore, quasi settantenne, sta guidando il suo esercito verso la Terrasanta, dove dovrebbe unirsi ai francesi guidati da Filippo II Augusto e agli inglesi di Riccardo Cuor di Leone per combattere Saladino. Prima di giungere alla meta, però, annega in circostanze poco chiare nel fiume Salef nel Regno di Cilicia (chiamato oggi Göksu, in Turchia). La sua improvvisa morte lascia l'esercito nel panico e, nonostante i tentativi del figlio di continuare la spedizione, l'evento segna in parte gli esiti della crociata che sono deludenti.

La morte di Federico Barbarossa, XIII sec.
[Biblioteca Nazionale, Ghota (Germania)]

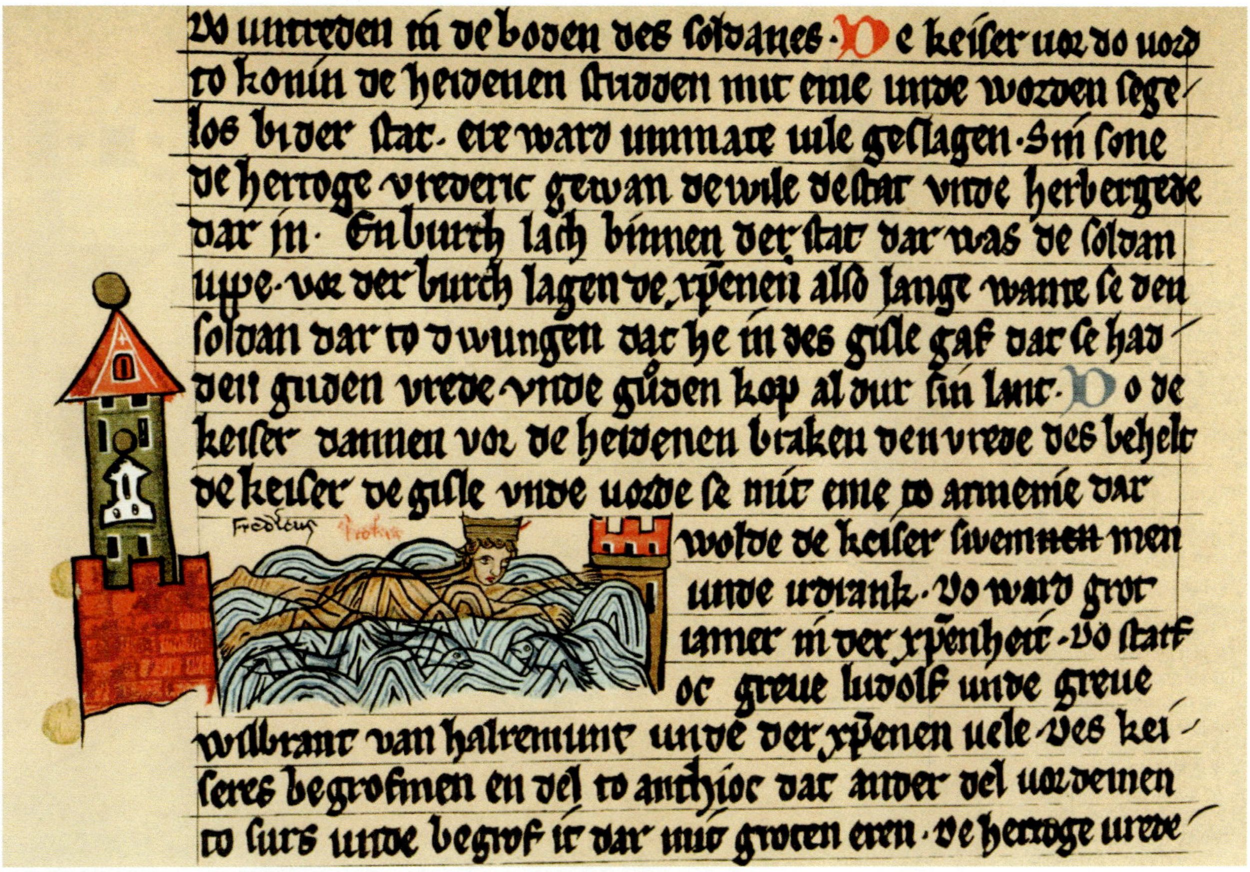

sembra considerevole, riunendo in sé da un lato le prerogative che l'imperatore esercita o rivendica su Germania e Italia, e dall'altro l'effettiva sovranità sul Regno di Sicilia. Però, sebbene sia pieno di ambiziosi progetti, nemmeno lui fa in tempo ad attuarli, poiché nel 1197 improvvisamente muore.

L'anno successivo muore anche Costanza d'Altavilla: a Enrico VI e a Costanza sopravvive il figlioletto **Federico**, che ha appena **quattro anni**. Prima di morire, Costanza si è premurata di affidare Federico alla tutela del papa **Innocenzo III (1198-1216)**, in nome di un rapporto di vassallaggio formale che lega i re normanni ai pontefici romani.

L'IMPEGNO PER CONSOLIDARE LO STATO DELLA CHIESA ■ Abbiamo già incontrato Innocenzo III come promotore della quarta crociata, che si risolve nell'attacco a Costantinopoli [▷ **5/3**]; e come promotore della crociata antieretica diretta a sterminare i catari albigesi [▷ **5/4**]. Uomo di grandissima determinazione, è sostenitore convinto della teoria della **superiorità del Papato su qualsiasi altro potere laico**, re o imperatore che sia. Tuttavia è anche un politico accorto, e realizza perfettamente l'importanza dell'esistenza di **uno Stato della Chiesa sul quale il papa regni come un sovrano**: gli è perfettamente chiaro che tale Stato può servire da importante risorsa e da solido baluardo per proteggere il potere spirituale del pontefice.

Per consolidare lo Stato della Chiesa, dunque, Innocenzo III agisce su un doppio livello:

a da un lato, nell'**Italia centrale**, protegge signorie e città comunali contro le

La nascita di Federico II

[da Giovanni Villani, *Nuova cronica*, ms Chigiano L VI 16, f. 65*v*; Biblioteca Vaticana, Roma]

Costanza d'Altavilla sposa Enrico VI nel 1186, a 32 anni. Otto anni più tardi concepisce il suo primo e unico figlio, Federico II. Intorno alla nascita di questo bambino si sollevano numerose dicerie: Costanza ha ormai quarant'anni (e, nel Medioevo, partorire in età avanzata era un evento raro); inoltre, si rumoreggia che prima di sposarsi l'imperatrice sia stata monaca. Di qui l'ipotesi che l'erede al trono sia l'Anticristo, che una leggenda medievale sosteneva sarebbe nato da una vecchia monaca. Per non far sorgere sospetti, Costanza decide di partorire in pubblico: trovandosi in viaggio verso il Sud Italia, si ferma a Jesi (nelle Marche) e fa allestire in piazza una tenda dove dà alla luce Federico II, invitando con un bando «qual donna volesse v'andasse a vederla».

pretese imperiali, inducendo signori e rappresentanti cittadini a giurargli sottomissione e fedeltà;

b dall'altro lato, interviene attivamente nelle **dispute tra i pretendenti alla corona imperiale**, facendo pesare la sua autorità, e incoronando imperatore nel 1209 Ottone di Brunswick (Ottone IV). In cambio, ottiene che il nuovo imperatore riconosca formalmente l'acquisizione allo Stato della Chiesa dei territori dell'Italia centrale che negli anni precedenti avevano prestato giuramento di sottomissione.

Con questa operazione Innocenzo III dà allo Stato della Chiesa dei confini che – salvo alcuni ulteriori ampliamenti e minori modifiche – saranno mantenuti essenzialmente fino al 1859 [▷A26].

LE CONSEGUENZE DELLA SCOMUNICA DI OTTONE IV ■ Mantenendo l'impegno preso con Costanza d'Altavilla, nel **1208** Innocenzo III fa incoronare il quattordicenne **Federico come re di Sicilia**.

Chi non sta ai patti è invece l'imperatore Ottone IV, che dopo aver propiziato l'acquisizione allo Stato della Chiesa dei nuovi territori, torna sui suoi passi e avanza pretese non solo su quelle terre, ma perfino sul Regno di Sicilia. Innocenzo III risponde alla minaccia nel **1210** scomunicando Ottone IV; il gesto non ha solo un valore religioso, ma politico; posto che l'imperatore è incoronato tale dal papa, una scomunica del papa equivale al disconoscimento del valore del titolo. Intanto, nel **1212**, **Federico viene incoronato re di Germania**, ponendo così la sua candidatura al trono imperiale in alternativa a Ottone IV.

ATLANTE 26

Province dello Stato della Chiesa nel XIII secolo

I territori acquisiti da Innocenzo III sono il Ducato di Spoleto, l'area intorno a Rieti e la zona meridionale del Marchesato di Ancona (Camerino, Fermo, Ascoli).

Alla fine la partita politica decisiva si gioca su un campo di battaglia. Poiché il re di Francia, Filippo II Augusto [▷A6], è il principale alleato politico-militare di Innocenzo III, Ottone IV, alleatosi col re d'Inghilterra Giovanni Senza Terra, lo sfida e lo affronta militarmente **nella battaglia di Bouvines**, una città delle Fiandre **(27 luglio 1214)**. Ottone IV si augura che una sua vittoria militare sul re di Francia lo metta in condizione di piegare definitivamente l'opposizione del papa. E invece l'esercito di Ottone IV viene rovinosamente travolto dai soldati del re di Francia. L'imperatore, costretto a ritirarsi nei suoi territori ereditari e ormai abbandonato dai suoi sostenitori, viene deposto. La strada per il trono imperiale è aperta: nel 1215 Federico viene incoronato di nuovo re di Germania ad Aquisgrana, e infine **nel 1220** viene **incoronato imperatore a Roma** da papa Onorio III (1216-27), col nome di **Federico II**.

LAVORA SUL TESTO

Elenca gli interventi politici di cui si fece promotore Innocenzo III.

3/ La parabola di Federico II e le sorti dell'Impero

Grazie a questa fortunata combinazione di circostanze, così com'era capitato per pochi anni a suo padre, Enrico VI, anche il giovane imperatore (Federico II nel 1220 ha 26 anni) può dunque esercitare la sua autorità su una vastissima area territoriale, che dal Mare del Nord arriva fino al cuore del Mediterraneo [> **A27**].

GLI INTERVENTI NEL REGNO DI SICILIA ■ Impegno prioritario di Federico II (1220-50) è il rafforzamento militare, politico e istituzionale del suo Regno di Sicilia. A tal fine promuove operazioni militari **contro i signori feudali**, facendo distruggere i castelli costruiti sui loro possedimenti; riafferma la superiorità del potere regio sulle autonomie amministrative delle città; interviene militarmente in Sicilia, per

ATLANTE 27

Impero e Regno di Sicilia al tempo di Federico II

I territori controllati da Federico II sono quelli colorati in giallo e in verde: tuttavia, mentre l'autorità esercitata nel Mezzogiorno d'Italia come re del Regno di Sicilia è più forte e diretta, l'autorità esercitata sui territori dell'Impero è assai più aleatoria. Di nuovo bisogna ricordare che la coloritura verde non indica un impero compatto, ma solo l'area territoriale sulla quale l'imperatore esercita la sua sovranità. In realtà il territorio tedesco dell'Impero è frammentato in una grandissima varietà di principati, ducati, contee, vescovati, città, ciascuno dei quali con le sue autonomie e le sue prerogative: e anche Federico II – come ogni altro imperatore – deve conquistarsi il consenso della maggioranza delle autorità politiche che governano questa miriade di Stati tedeschi. Inoltre, mentre l'autorità dell'imperatore è ormai largamente riconosciuta nell'area tedesca, essa continua a essere duramente contestata nell'Italia centro-settentrionale dalle città comunali, che hanno già difeso le loro autonomie contro l'azione politico-militare di Federico I Barbarossa.

spazzare via le **ultime sacche di resistenza dei musulmani**, qua e là ancora presenti sull'isola; rafforza il **controllo regio sul territorio**, promuovendo la costruzione, e in misura maggiore, la ristrutturazione e il potenziamento di tutta una serie di **castelli** nei quali vengono insediati corpi militari direttamente dipendenti da funzionari regi. Naturalmente, per realizzare tutta questa azione di governo, Federico II ha bisogno di risorse costanti, che egli si procura riorganizzando e aggravando la **tassazione** di ogni attività produttiva.

Tutta questa azione è riassunta in un imponente testo normativo, le ***Constitutiones Melfitanes* o *Liber Augustalis*** ('Costituzioni di Melfi' o 'Libro Imperiale'), promulgato nel **1231** a Melfi. Si tratta di un **testo che riassume e riordina le regalie sovrane**, sia per quanto riguarda l'amministrazione della giustizia, sia per quanto riguarda il sistema fiscale.

Se nel Regno di Sicilia Federico II cerca di rafforzare le strutture del potere centrale, in Germania si comporta diversamente; consapevole della difficoltà di controllare un territorio così vasto e così frammentato come quello incluso nei confini dell'Impero, egli riconosce le autonomie e le prerogative dei principi e dei signori tedeschi, ai quali chiede in cambio fedeltà e sostegno militare. Anche in questo caso, comunque, cerca di fissare formalmente i rapporti istituzionali tra il potere imperiale e le autonomie locali, emanando nel **1235** un'altra **Costituzione** con la quale riassume e riordina le norme che disciplinano il rapporto tra l'imperatore e i numerosi Stati tedeschi.

IL CONFLITTO CON I COMUNI ITALIANI ■ Federico II – come già prima di lui Federico I – incontra le più tenaci resistenze nell'**Italia centro-settentrionale**, dove le città comunali non vogliono cedere niente delle autonomie precedentemente conquistate. E così si riaccende lo scontro con le città, che si sono riorganizzate in una rinnovata **Lega comunale** [> S14].

Castel del Monte, Andria

Costruito fra il 1240 e il 1250, Castel del Monte è certamente il più noto dei castelli fatti edificare da Federico II in Terra di Bari (Puglia) per creare un sistema difensivo fra i più funzionali d'Europa. Esso, infatti, è in stretta comunicazione con i principali castelli della zona: Barletta, Canosa, Trani, ma anche Ruvo, Corato, Terlizzi, Bari, Gravina, il Garagnone. La struttura ottagonale del castello e delle sue torri è stata realizzata secondo accurate misure e proporzioni, che testimoniano la passione dell'imperatore per gli studi matematici e la geometria. Nonostante il carattere militare dell'edificio, la purezza della sua struttura architettonica e la raffinatezza dei materiali utilizzati conferiscono al castello una forma esteticamente molto suggestiva.

Federico II tenta di piegare le resistenze con una spedizione militare, che sembra risolvere facilmente il contrasto: nel **1237** i suoi soldati sconfiggono a Cortenuova, nei pressi di Bergamo, i soldati della Lega, e Federico II sembra in grado di sottomettere le città comunali ribelli. Tuttavia la resistenza dei comuni è tenace, e trova appoggio anche nei **pontefici**, che temono che il rafforzamento di Federico II sia a Sud che a Nord schiacci lo Stato della Chiesa e ne minacci l'autonomia: prima Gregorio IX (1227-41) e poi Innocenzo IV (1243-54) scomunicano l'imperatore, invocando una crociata contro di lui. Nel 1248 e nel **1249** le milizie imperiali subiscono gravi sconfitte prima a Parma e poi a Fossalta, dove viene **catturato Enzo**, figlio di Federico II. Infine, il 13 dicembre 1250, mentre sta preparando una controffensiva, l'imperatore muore improvvisamente, senza che la struttura imperiale – specie nell'Italia centro-settentrionale – abbia ricevuto dalla sua grande attività un vero rafforzamento.

L'IMPERO NEL CUORE DELL'EUROPA CENTRALE ■ Una delle conseguenze più importanti provocate dalla morte di Federico II è la netta separazione delle vicende dell'Impero da quelle italiane: con lui, infatti, muore l'idea di un impero universale che unifichi sotto un solo simbolo i territori della Germania e dell'Italia.

Dopo una lunga fase nella quale la corona imperiale non è assegnata ad alcun pretendente, nel 1273 viene eletto un nuovo imperatore, che è **Rodolfo I d'Asburgo (1273-91)**. I domìni personali sui quali Rodolfo esercita la sua autorità sono originariamente concentrati tra l'Alsazia e la Svizzera; ma adesso si arricchiscono di un'altra importante area, composta dall'Austria, dalla Stiria, dalla Carniola e dalla Carinzia, che Rodolfo sottrae al re di Boemia [▷ A28].

Con un baricentro così saldamente ancorato nel cuore dell'Europa centrale, appare comprensibile che l'imperatore si concentri esclusivamente sulle **questioni tedesche** e sui rapporti con gli altri principi dell'area, abbandonando ogni progetto di dominio sulla Penisola italiana.

LAVORA SUL TESTO

Cerchia le parole-chiave che permettono di descrivere le *Costituzioni di Melfi* e, con un colore diverso, quelle che spiegano cosa venne sancito con la *Costituzione* del 1235.

ATLANTE 28

Territori degli Asburgo, XIV sec.

Le aree in verde sono i possedimenti diretti degli Asburgo; le terre acquisite da Rodolfo I d'Asburgo sono quelle più orientali. Le une e le altre si collocano comunque nel cuore della parte tedesca dell'Impero.

4/ L'Italia dopo la morte di Federico II

L'AZIONE POLITICA DI MANFREDI IN ITALIA ■ Nel **Regno di Sicilia**, intanto, **nel 1258** si impone come sovrano **Manfredi, uno dei figli di Federico II**, che oltre a manovrare diplomaticamente per assicurarsi alleanze con altri sovrani, cerca di proseguire la strategia abbozzata dal padre per l'Italia centro-settentrionale.

Nel farlo può avvalersi dei contrasti che da tempo separano una città comunale dall'altra, e spesso anche gruppi in contrasto all'interno delle stesse città. Capita di frequente che i **conflitti interni ai comuni** abbiano delle ragioni di carattere sociale: fazioni di ricchi mercanti e di signori feudali che si scontrano con fazioni dalla composizione analoga; o anche fazioni "popolari", che cioè difendono gli interessi delle classi inferiori (artigiani, lavoranti, minori commercianti), contro fazioni "magnatizie", che cioè difendono gli interessi dei ricchi mercanti e dei più prosperi mastri artigiani (detti "magnati", parola che deriva dal termine latino *magnates*, che significa 'potenti').

In ogni caso, dall'inizio del XIII secolo, il contrasto ha preso anche un'altra coloritura politica: le parti in conflitto si dividono tra sostenitori delle ragioni degli Hohenstaufen e sostenitori delle ragioni dei Welfen, la dinastia bavarese che contende spesso agli Hohenstaufen la corona imperiale:

a) i primi prendono nome di **ghibellini**, nome che deriva dal castello di Waiblingen, di proprietà degli Hohenstaufen, e che designa quei gruppi politici che sostengono le **ragioni dell'Impero**, così come le ha delineate Federico II e come Manfredi cerca di riaffermarle, sebbene egli non sia imperatore;

b) gli altri si chiamano **guelfi**: il termine è un adattamento del nome Welfen, ma designa, più che i sostenitori della casa Welfen, quei gruppi che si fanno **promotori dell'autonomia dei comuni e della Chiesa** contro le pretese imperiali.

Manfredi cerca di sfruttare questa complessa geografia conflittuale dei comuni italiani, alleandosi ai gruppi ghibellini, con i quali conta di imporre la sua autorità anche sulla riottosa Italia dei comuni. Gli inizi dell'impresa sono promettenti: insieme ai ghibellini senesi e ai ghibellini fiorentini usciti dalla città, Manfredi distrugge le truppe di Firenze, città dominata dai guelfi, nella battaglia di **Montaperti** del **1260**.

CARLO D'ANGIÒ CONTRO MANFREDI ■ In effetti questo potrebbe essere l'inizio di una strategia vincente. Vincente, ma anche estremamente pericolosa per lo Stato della Chiesa, che – nel caso di un successo di Manfredi – si troverebbe di nuovo stretto tra due aree territoriali (il Regno di Sicilia, e un ipotetico nuovo Stato nell'Italia centro-settentrionale), controllate dallo stesso sovrano. A scongiurare questo pericolo per lo Stato della Chiesa provvede l'intervento di uno spregiudicatissimo pontefice, **Clemente IV (1265-68)**, che scomunica Manfredi e proclama re di Sicilia **Carlo d'Angiò**, **fratello del re di Francia**. Base fondamentale dell'operazione è un accordo tra il papa e Carlo d'Angiò, secondo il quale costui si impegna a pagare un fortissimo tributo annuo alla Chiesa e a mantenersi fedele alleato dei pontefici. Con queste premesse Carlo d'Angiò allestisce un esercito col quale attacca il **Regno di Sicilia**. L'operazione è resa più facile da una ribellione contro Manfredi dei baroni meridionali, duramente critici nei confronti della linea politica di rafforzamento del potere centrale attuata da Federico II, e proseguita appunto anche da Manfredi.

Le truppe di Manfredi vengono affrontate a **Benevento nel 1266** e sbaragliate dai francesi. Manfredi stesso è ucciso. Un estremo tentativo di reazione dell'ultimo discendente della casa sveva, il giovanissimo **Corradino**, nipote di Manfredi, risulta altrettanto fallimentare: l'esercito che egli riesce a mettere insieme viene affrontato e sbaragliato dalle truppe angioine a **Tagliacozzo**, in Abruzzo, nell'agosto del **1268**. Corradino riesce a mettersi in salvo, ma poco più tardi viene catturato e condotto a Napoli, dove, per ordine di Carlo d'Angiò, viene decapitato il 29 ottobre del 1268. La traiettoria della dinastia sveva finisce dunque qui, nel sangue di un coraggioso sedicenne (poiché questa è l'età di Corradino al momento della sua morte).

I D'ANGIÒ E GLI ARAGONESI SI DIVIDONO IL MEZZOGIORNO D'ITALIA ■ Dopo aver occupato il Regno di Sicilia, Carlo I d'Angiò e i nobili del suo seguito si comportano non tanto come una nuova classe dirigente, ma come una potenza che si sia impadronita di un territorio straniero. I seguaci degli Svevi vengono perseguitati e spossessati dei loro beni, ceduti dal nuovo re ai nobili francesi che lo hanno accompagnato nella guerra. La capitale del Regno viene spostata da Palermo a **Napoli**, mentre la **pressione fiscale** diventa anche più pesante di prima, perché Carlo d'Angiò ha l'esigenza di pagare i debiti che ha contratto con alcune famiglie di banchieri fiorentini per preparare la campagna militare che lo ha portato a conquistare il nuovo Regno.

Il consolidamento del potere angioino viene tuttavia duramente scosso da una ribellione che scoppia **a Palermo** nel **1282**. Sostenitori degli Svevi e nobili locali prendono contatti con Pietro III d'Aragona, marito di Costanza, figlia di Manfredi: per questa parentela Pietro III è considerato l'erede legittimo di Manfredi. A Palermo, prima del Vespro che si deve celebrare il **lunedì di Pasqua del 1282**, scoppia una violenta **ribellione anti-angioina**, che segna l'inizio della campagna militare di Pietro III: poco dopo lo scoppio della rivolta le truppe aragonesi sbarcano in Sicilia e avviano una guerra che dura ben vent'anni, **la guerra del Vespro**.

La sconfitta dell'esercito di Manfredi a Benevento

[da Giovanni Villani, *Nuova cronica*, ms Chigiano L VIII, f. 103*v*, Biblioteca Vaticana, Roma]

Nel corso della battaglia di Benevento Manfredi viene ucciso. In questa immagine, le sue truppe si ritirano nelle mura della città, passando sui cadaveri dei compagni d'arme rimasti sul campo, inseguiti a brevissima distanza dai francesi.

La conclusione del conflitto è siglata dalla **pace di Caltabellotta**, del **1302**, con la quale **la Sicilia** viene posta sotto il governo di **Federico d'Aragona (1302-37)**, figlio di Pietro III e fratello dell'attuale re d'Aragona, Giacomo II (1291-1327), mentre il Mezzogiorno continentale – che prende il nome di **Regno di Napoli** – resta a **Carlo II d'Angiò** – figlio di Carlo I d'Angiò. E così l'unità del Regno meridionale viene spezzata, mentre prosegue la tradizione di interventi politico-militari di dinastie straniere nelle vicende della parte meridionale della Penisola italiana [▷ A29].

LAVORA SUL TESTO

Costruisci uno schema utilizzando le seguenti voci contemplate in questo paragrafo e nel precedente: morte di Federico II; fine dell'idea dell'Impero universale; Rodolfo I si concentra sulle questioni tedesche; Manfredi diventa sovrano del Regno di Sicilia; lotta fra guelfi e ghibellini.

5/ Il Papato, da Bonifacio VIII al trasferimento ad Avignone

LO SCONTRO CON IL RE DI FRANCIA ■ Superata la lunga e grave crisi che contrappone l'Impero e il Papato, la Chiesa si trova tuttavia di fronte un'altra potenza politica in ascesa che vuole piegarne l'autonomia: il Regno di Francia.

ATLANTE 29

Il quadro politico italiano tra Duecento e Trecento

Si ricordi che i territori imperiali (zona colorata di verde) sono solo nominalmente sottoposti all'autorità dell'imperatore. In realtà la zona è suddivisa in numerose entità politiche autonome che fanno capo ad altrettante città comunali.

le PAROLE della STORIA

bolla
Originariamente il termine (dal latino *bulla*) indicava un sigillo in ceralacca, in piombo o in oro applicato ai documenti pontifici o imperiali; per estensione, il termine ha finito per designare il documento stesso. Normalmente i documenti pontifici, redatti in latino, vengono indicati con le prime parole del testo.

Nel 1296 il re di Francia, **Filippo IV, detto il Bello (1285-1314)**, per far fronte all'esigenza di denaro necessario all'amministrazione del suo regno, decreta l'imposizione di tasse sugli ecclesiastici, senza alcuna autorizzazione preventiva da parte del pontefice. Il papa – **Bonifacio VIII (1294-1303)** – protesta con decisione, e lo scontro che ne segue dà vita a un duello teorico-istituzionale di grande rilievo.

Dal canto suo, il re di Francia convoca per la prima volta gli **Stati generali**, una sorta di Parlamento del regno, composto dai rappresentanti di tre "stati" o "ordini" [▷**1/4**], il clero, la nobiltà e la borghesia (detta anche "terzo stato"): questa assemblea afferma che **i poteri del sovrano derivano direttamente da Dio**, senza la mediazione del papa; e che ciò autorizza il re a prendere le decisioni che ritiene più opportune sul territorio del suo regno.

Bonifacio VIII risponde emanando la **bolla** *Unam Sanctam*, nella quale si sostiene la teoria opposta, ovvero che il papa è l'unico capo della Chiesa, e che – in qualità di vicario di Cristo – è superiore a qualunque altra autorità terrena.

La contesa si conclude con un atto di violenza: il **7 settembre 1303** un rappresentante del re di Francia, Guglielmo di Nogaret, aiutato dai Colonna, una famiglia della nobiltà romana nemica del papa, cattura Bonifacio VIII nella sua residenza di Anagni: **durante la cattura il papa viene schiaffeggiato** da Sciarra Colonna, capo di quel clan nobiliare. Bonifacio VIII non resiste all'affronto e **muore un mese più tardi** (11 ottobre 1303). A quel punto il re di Francia ha in pugno le sorti del Papato.

IL PERIODO AVIGNONESE ■ E infatti, dopo la morte di Bonifacio VIII, il re di Francia riesce a imporre l'elezione al pontificato di un francese, **Clemente V** (1305-14), che

Cattura di papa Bonifacio VIII ad Anagni, XIV sec.
[da Giovanni Villani, *Nuova cronica*, ms Chigiano L VIII 296, f. 175*v*; Biblioteca Vaticana, Roma]

nel 1309 decide di trasferire la sede papale ad **Avignone in Francia**: si tratta di un segno evidente di sottomissione del Papato al Regno di Francia.

Fino al 1376 ad Avignone si succedono **sette papi**, tutti **francesi**, che sotto la protezione dei sovrani di Francia si adoperano per consolidare le **strutture amministrative e burocratiche** della Curia. Ciò comporta la necessità di disporre di risorse, cui si fa fronte attraverso una notevole intensificazione delle richieste di contributi e di **decime**, non solo nell'area avignonese o nei confini dello Stato pontificio (i

le PAROLE della STORIA

decima
Il termine indica una quota dei prodotti agricoli o industriali che il titolare di un'attività deve pagare come imposta ad autorità laiche o ecclesiastiche. Originariamente questo tipo di contribuzione era pari alla decima parte della produzione, pagata come tributo; in seguito il termine diventa genericamente sinonimo di imposta fiscale.

Il cortile di Benedetto XII nel Palazzo dei Papi ad Avignone
[foto Levork]
Il Palazzo dei Papi ad Avignone viene costruito, con grande dispendio economico, a partire dalla commissione di Benedetto XII nel 1334. L'imponente edificio, che domina la città del Sud della Francia, è ampliato in diverse riprese fino a coprire una superficie di 11.000 m^2.

possedimenti territoriali controllati dal papa nell'Italia centrale: > **4/4** e **6/2**), ma dovunque si fosse diffuso il cattolicesimo.

Il rafforzamento delle strutture amministrative della Curia di Avignone non deve tuttavia nascondere la **grave crisi di prestigio e di credibilità** attraversata dal Papato in questi decenni di inizio XIV secolo.

LA FINE DI UN'EPOCA ■ E così, in definitiva, **dalla dura lotta tra Impero e Papato nessuno esce vincitore**. Così come l'Impero sembra rinchiudersi nel centro d'Europa, senza più avanzare pretese di potere universale, allo stesso modo anche la Chiesa, sotto la tutela dei re di Francia, sembra essere diventata un'istituzione scarsamente autonoma da un punto di vista politico e non più così autorevole nemmeno da un punto di vista spirituale.

LAVORA SUL TESTO
Individua otto avvenimenti che permettono di descrivere il rapporto fra Bonifacio VIII e Filippo II.

Scena di caccia, 1342-52
[particolare degli affreschi della Sala del cervo; Palazzo dei Papi, Avignone]
Nel periodo della cosiddetta "cattività avignonese", i papi danno vita a una delle corti più sfarzose del Medioevo, animata dalla presenza di importanti personalità del mondo dell'arte e della cultura provenienti da tutta Europa (fra questi anche Francesco Petrarca e Simone Martini). Nel campo dell'arte, la corte papale diventa uno dei centri più attivi di irradiazione dello stile cortese: un linguaggio prezioso e raffinato adatto non solo alle immagini di carattere sacro, ma anche, e forse soprattutto, alle opere che traducono in immagini i costumi della ricca committenza avignonese.

SINTESI

1/Federico I di Svevia

A metà del XII secolo il nuovo imperatore, Federico I di Hohenstaufen, cerca di restituire maggiore peso al proprio ruolo politico, tentando di sottomettere alla sua autorità l'Italia centro-settentrionale. Questa sua determinazione si esprime nella *Constitutio de regalibus* e nella *Constitutio pacis*, due importantissimi atti contro i signori feudali e i comuni cittadini dell'Italia centro-settentrionale. Ma nel 1167 le città comunali lombarde e venete, per ostacolare i piani di Federico, si uniscono in una confederazione, la Lega lombarda. Essa, attraverso le sue forze armate, sconfigge l'esercito imperiale nel 1176 e costringe Federico I a sottoscrivere la pace di Costanza (1183).

2/Il pontificato di Innocenzo III

Alla morte di Federico I gli succede il figlio Enrico VI, che per un breve periodo riunisce in sé la corona imperiale e quella del Regno di Sicilia. Il figlio di Enrico VI e Costanza d'Altavilla, Federico II, rimasto orfano, viene affidato al papa Innocenzo III. Quest'ultimo, con l'obiettivo di consolidare lo Stato della Chiesa, svolge un ruolo politico determinante: incorona imperatore Ottone IV e lo induce a concedere nuovi territori alla Chiesa. Nel 1210 Innocenzo III scomunica Ottone IV, reo di aver nutrito mire espansionistiche nei confronti dei nuovi territori dello Stato della Chiesa e del Regno di Sicilia. Il posto di Ottone IV viene preso dal giovane Federico di Svevia, che nel 1208 viene incoronato re di Sicilia, e nel 1220 viene incoronato imperatore col nome di Federico II.

3/La parabola di Federico II e le sorti dell'Impero

Federico II riesce a consolidare il suo potere nell'Italia del Sud sia promuovendo operazioni militari finalizzate al rafforzamento del controllo regio del territorio, sia riorganizzando il sistema fiscale e l'amministrazione della giustizia (attraverso le *Costituzioni di Melfi*). Nei territori tedeschi dell'Impero egli attua una politica differente volta al riconoscimento delle prerogative dei principi e dei signori e alla formalizzazione dei rapporti fra questi ultimi e il potere imperiale (con la Costituzione del 1235). Anche Federico II, come Federico I, trova il più grande ostacolo alla realizzazione dei propri progetti politici nelle resistenze dei comuni italiani. Così alla sua morte nel 1250, l'impero risulta ancora fragile, in particolare in Italia centro-settentrionale. Con la morte di Federico II l'unità dell'impero e dello stesso Regno di Sicilia si spezzano. Il nuovo imperatore Rodolfo I d'Asburgo si concentra esclusivamente sulle questioni tedesche.

4/L'Italia dopo la morte di Federico II

In Sicilia si impone come sovrano Manfredi, uno dei figli di Federico. Egli cerca di proseguire la politica messa in atto dal padre per l'Italia centro-settentrionale. Dopo una lunga fase di conflitti, che si conclude nel 1302 con la pace di Caltabellotta, la Sicilia viene posta sotto il governo di Federico d'Aragona, mentre il Regno di Napoli è attribuito a Carlo II d'Angiò.

5/Il Papato, da Bonifacio VIII al trasferimento ad Avignone

La Chiesa deve fronteggiare una nuova potenza politica in ascesa: il Regno di Francia. Il re Filippo IV il Bello e papa Bonifacio VIII sono i protagonisti di questo durissimo scontro che si conclude con un atto di violenza: il papa viene schiaffeggiato dal capo di un clan nobiliare. Dopo la morte di Bonifacio VIII, nel 1309, papa Clemente V trasferisce la sede papale ad Avignone e si pone sotto l'autorità del sovrano francese.

VERSO le COMPETENZE

1 Collega i personaggi storici a due eventi di cui sono protagonisti.

Innocenzo III
Federico I Barbarossa
Federico II di Svevia
Ottone IV
Enrico VI
Manfredi

a. convoca la Dieta di Roncaglia
b. sposa Costanza d'Altavilla
c. riconosce l'acquisizione di nuovi territori allo Stato della Chiesa
d. promuove la quarta crociata
e. muore nel 1197, quando suo figlio Federico aveva tre anni
f. emana le *Costituzioni di Melfi*
g. avanza pretese sui nuovi territori della Chiesa e sul Regno di Sicilia
h. promuove la costruzione di una rete di castelli
i. distrugge le truppe fiorentine nella battaglia di Montaperti
j. viene scomunicato e, al suo posto, diventa re di Sicilia Carlo d'Angiò
k. fa incoronare Federico II re di Sicilia
l. si scontra con la Lega lombarda a Legnano

2 Completa il seguente brano di sintesi del capitolo utilizzando i termini elencati.

1208 • il figlio Enrico VI • comuni italiani • 1167 • nell'Italia del Sud • Carlo II d'Angiò • Federico I di Hohenstaufen • Bonifacio VIII • 1176 • Lega lombarda • la pace di Costanza • il figlio Federico II • imperatore • la pace di Caltabellotta • Avignone • Federico d'Aragona

A metà del XII secolo il nuovo imperatore, ..., cerca di sottomettere alla sua autorità l'Italia centro-settentrionale. Nel ...., per ostacolare i suoi piani, si forma la ...., confederazione di città comunali lombarde e venete. Le forze armate della Lega sconfiggono, nel ...., l'esercito imperiale e costringono Federico I a sottoscrivere, nel 1183, ... Alla morte di Federico I gli succede ...., che per breve periodo riunisce in sé la corona imperiale e quella del Regno di Sicilia. Alla morte di Enrico VI gli succede ...., che, nel ...., viene incoronato re di Sicilia e, nel 1220, diventa .... Egli riesce a consolidare il suo potere .... e nei territori tedeschi dell'Impero; ma nemmeno lui riesce a piegare le resistenze dei .... Alla sua morte l'unità del Regno di Sicilia si spezza: dopo una lunga fase di conflitti, che si conclude nel 1302 con ...., la Sicilia viene posta sotto il governo di ...., mentre il Regno di Napoli è attribuito a .... Dopo lo scontro tra Filippo il Bello e ...., nel 1309, papa Clemente V trasferisce la sede papale ad .... e si pone sotto l'autorità del sovrano francese.

3 Indica se le seguenti affermazioni sono vere o false e rispondi alle domande finali:

a. Bonifacio VIII proclamò re di Sicilia Carlo d'Angiò.
b. Carlo d'Angiò fece perseguitare i seguaci degli Svevi.
c. Nella ribellione di Palermo del 1282, i sostenitori degli Svevi contrapposero a Carlo d'Angiò Pietro III d'Aragona, che avviò in Sicilia la guerra del Vespro.
d. Filippo IV autorizzò l'imposizione di tasse sugli ecclesiastici.
e. Bonifacio VIII convocò gli Stati generali, composti dai rappresentanti del clero, della nobiltà e della borghesia.
f. La *Unam Sanctam* rappresentò la risposta del papa, sul piano teorico, a quanto stabilito dagli Stati generali.
g. Nel 1303 papa Bonifacio VIII fu schiaffeggiato.
h. Il trasferimento della sede papale ad Avignone rappresentò la manifestazione evidente della sottomissione del Papato al re di Francia.

a. In che modo il Concordato di Worms segnò il ridimensionamento dei poteri imperiali?
b. Attraverso quali atti Federico I cercò di sottrarre potere politico ai comuni?
c. Perché la Lega lombarda fu sostenuta dal papa? Quale risultato ottenne?

4 Confronta nella tabella la politica messa in atto da Federico I Barbarossa, Federico II e Manfredi.

	Federico I	Federico II	Manfredi
Testi normativi emanati			–
Cosa sanciscono?			–
Conflitti/battaglie contro le città comunali			
Come si concludono?			

Rispondi ora alla seguente domanda:
Quali elementi di continuità riconosci?

5 Elabora un testo dal titolo *Il conflitto fra Impero, Chiesa e città comunali tra XII e XIII secolo*. Nel testo inserisci le seguenti voci:

regalie • comuni cittadini dell'Italia centro-settentrionale • Lega lombarda • Innocenzo III • Lega comunale • guelfi • ghibellini • battaglia di Montaperti • Clemente IV • Carlo d'Angiò

6 Completa lo schema con le voci elencate e descrivilo attraverso una breve esposizione orale. Infine rispondi alle domande sul quaderno.

Federico I eletto re di Germania • nuovo peso politico dell'imperatore • pace di Costanza • costituzione della Lega lombarda • *Constitutio de regalibus* • Federico I incoronato imperatore • peso politico dell'imperatore ridimensionato • battaglia di Legnano

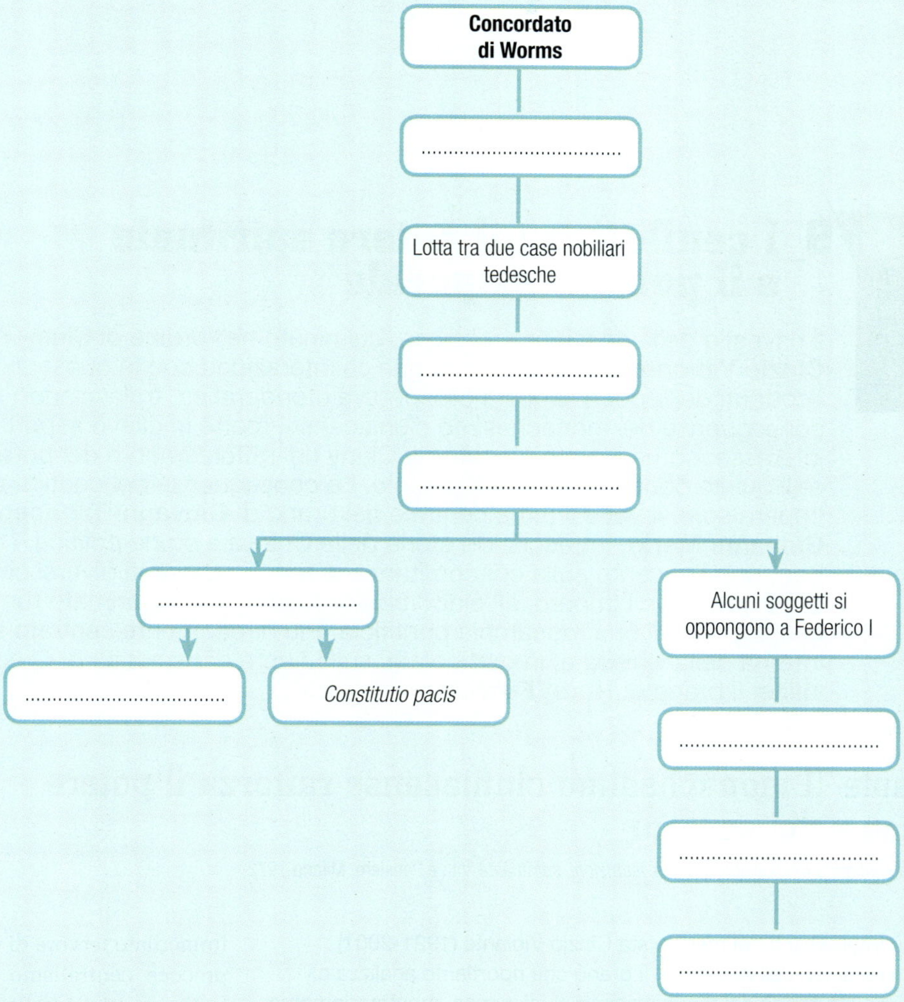

Storiografia

S/9_I conflitti tra il potere spirituale e il potere temporale

Il risveglio della coscienza religiosa, culminato nell'ordine di Cluny, è riletto da **Cinzio Violante** alla luce di un'organica interazione con le questioni politiche più scottanti dell'epoca. Questa prospettiva storiografica, tralasciando le cause e le conseguenze del monachesimo cluniacense, mette in rilievo aspetti di grande interesse, come il ruolo giocato da Cluny nel rafforzamento del potere dei sovrani e di quello pontificio tra X e XI secolo. Le conseguenze dei conflitti tra Papato e Impero sono invece il tema centrale del brano di **Giovanni Tabacco** e di **Grado Giovanni Merlo**. Intrecciando storia della Chiesa e storia politica, i due studiosi pongono l'accento sulla concomitanza di fattori ed eventi diversi che portarono alla rottura con l'Impero, all'elaborazione ideologica del primato romano e alla costituzione di una monarchia pontificia. Più direttamente centrato sulla riforma interna della Chiesa e, in particolare, sulla figura carismatica di Gregorio VII è, infine, il brano di **Horst Fuhrmann**.

Cinzio Violante/Il monachesimo cluniacense rafforza il potere del pontefice e dei sovrani

[C. Violante, *Studi sulla cristianità medioevale. Società, istituzioni, spiritualità*, Vita e Pensiero, Milano 1972, pp. 30-34]

Uno degli studi più interessanti del medievista Cinzio Violante (1921-2001) riguarda le correnti religiose dell'XI secolo. Il brano che riportiamo analizza gli aspetti organizzativi e strutturali del monachesimo cluniacense, mostrando come essi giocarono un ruolo di primo piano nel consolidare il potere del pontefice e quello dei sovrani. Da un lato la specifica esenzione (privilegio che liberava un ente ecclesiastico dalla sottomissione ad un superiore) di cui godevano i monasteri indebolì i vescovi a vantaggio del pontefice. Dall'altro il successo del movimento cluniacense e la sua espansione in Francia, Inghilterra e Italia lo resero più dipendente dalle diverse autorità sovrane, alle quali conferì, a sua volta, autorevolezza e prestigio.

Il germe [...] dello sviluppo organico e unitario del movimento cluniacense in un Ordine va rintracciato alle origini stesse di Cluny e in una particolare esigenza e concezione spirituale, che tuttavia non può essere intesa al di fuori delle condizioni concrete della società contemporanea. Un immediato fervore di espansione e un precoce centralismo di Cluny sono testimoniati già nella vita di Oddone[1] scritta dal suo discepolo Giovanni da Roma, nella quale troviamo notate anche le aspre critiche mosse ai Cluniacensi di piombare sulle province del mondo come avvoltoi per raccogliervi possessi. Se non ci limitiamo a considerare l'aspetto giuridico-formale ma intendiamo cogliere la real-

1. Oddone da Cluny (878-942) fu il secondo abate dell'Abbazia di Cluny.

tà storica, dobbiamo concludere che l'organizzazione unitaria e accentrata di un vasto movimento monastico e – in correlazione – l'incrinarsi della compattezza dell'ambito diocesano e la crisi del potere vescovile entro i limiti della diocesi precedono lo svilupparsi della esenzione monastica. Ma è d'altra parte indubbio [...] che l'esenzione accelera e rafforza a sua volta la crisi del potere vescovile permettendo l'intervento giurisdizionale del pontefice entro la circoscrizione diocesana. Resta in tal modo acquisita la tesi [...] per cui i movimenti riformatori monastici (specialmente quello cluniacense) rafforzano – con l'esenzione – il potere pontificio fino a trasformare le strutture ecclesiastiche; anche se [...] non si può affermare decisamente che al termine del processo di sviluppo, cioè al principio del secolo XII, facciano capo al papa due distinte gerarchie, sacerdotale e monastica, meglio controllabili con la contrapposizione dell'una all'altra secondo l'opportunità dei casi. Non bisogna infatti trascurare la molteplicità e la varietà, a volte contrastante, dei movimenti e degli Ordini come dei centri di riforma: all'interno stesso dell'Ordine cluniacense, alcuni priorati, forniti di grande prestigio e di una certa autonomia, diventano a loro volta centri di un nuovo sviluppo di vita e di attività monastiche.

Dopo il pontificato di Gregorio VII, durante il quale il papa e l'abate cluniacense Ugo[2] – nonostante una grande amicizia spirituale – furono a volte divisi da un diverso atteggiamento nei riguardi di Enrico IV e da contrasti circa i modi e i limiti della penetrazione dell'Ordine nei regni cristiani di Spagna, il movimento cluniacense trovò nuove zone di sviluppo nell'Italia settentrionale, nell'Île-de-France, nella Normandia, in Inghilterra. Ma questi nuovi nuclei (tranne quello italiano, non molto sviluppato alla fine del secolo XI), pur dipendendo ancora strettamente – dal punto di vista giuridico – dall'abate di Cluny, realizzano nei suoi riguardi una certa effettiva autonomia, favorita dallo stabilirsi di concreti legami con l'autorità politica delle singole regioni. Infatti l'infittirsi di fondazioni cluniacensi nell'Île-de-France e nell'Orleanese è secondato dal ricostituirsi e dal rafforzarsi dei domini regi in quelle regioni, nel rinnovato prestigio della dinastia capetingia. [...]

I nuovi nuclei in territorio capetingio e normanno si sviluppano – oltre che per dinamica interna del movimento – per il favore regio, ma – quel che più conta – essi cominciano ad accettare dall'autorità sovrana protezione ed aiuti finanziari che si rivelano presto indispensabili e stabiliscono in pratica legami per l'avanti sconosciuti a Cluny. Soprattutto, nuove esigenze e tendenze religiose compaiono nella Chiesa occidentale, nuovi movimenti di riforma sorgono e si diffondono accanto al movimento riformatore monastico, del quale il Cluniacesimo non è più l'unica né la più significativa espressione. Dopo aver subìto l'indubbio influsso cluniacense per una maggiore accentuazione dell'accentramento gerarchico, negli ultimi due decenni del secolo XI i pontefici tendono a infondere spirito nuovo e nuove funzioni a istituzioni antiche, o cercano soluzioni originali al problema di assicurare la cura d'anime, di promuovere la pietà dei fedeli e inquadrarne le manifestazioni, di contrastare l'ingerenza dei laici nella vita periferica della Chiesa: pertanto l'Ordine cluniacense non costituisce più l'intelaiatura in cui il Papato intende inquadrare la sua opera di riforma e di riorganizzazione capillare della Chiesa, specie nelle zone più pervicacemente enriciane e quindi bisognose di una riconquista gregoriana.

2. Ugo di Cluny (1024-1109) divenne abate di Cluny nel 1048 e rimase in carica per oltre sessant'anni.

Giovanni Tabacco • Grado Giovanni Merlo/Gli esiti della lotta tra Papato e Impero

[G. Tabacco e G.G. Merlo, *Medioevo V-XV secolo*, il Mulino, Bologna 1981, pp. 291-295]

La lotta tra Papato e Impero incise profondamente sugli aspetti ideologici e strutturali interni alla Chiesa. Questa tesi è sviluppata dai due medievisti italiani Giovanni Tabacco (1914-2002) e Grado Giovanni Merlo (nato nel 1945) in un'efficace sintesi interpretativa sul Medioevo, da cui abbiamo estratto il presente brano. Frutto della concomitanza di eventi e fattori differenti, la lotta tra Papato e Impero vide un riordinamento radicale della Cristianità attorno alla figura del pontefice. Il punto più alto di questo processo di costruzione di una monarchia pontificia fu raggiunto con Gregorio VII, che, sviluppando la valenza politico-sacerdotale del Papato, orientò anche le aristocrazie politiche verso una maggiore autonomia dagli apparati ecclesiastici.

In poco più di un decennio la Chiesa di Roma si era [...] trasmutata in un centro di raccordo fra disparati movimenti di riforma religiosa, di agitazione sociale, di ricomposizione politica, dalle correnti spirituali lorenesi a quelle monastico-eremitiche di varia ispirazione, dagli sviluppi politici di grandi dinastie di Germania e del regno italico alle spinte eversive milanesi e all'avventurosa espansione normanna nel Sud: un centro di raccordo che dai pericoli che lo minacciavano era indotto ad utilizzare spregiudicatamente le forze più diverse per affermarsi in una forma nuovissima di piena autonomia istituzionale, in nome di una esigenza universale di rinnovamento; un centro romano di potere, agitato al suo interno dal dibattito teologico fra concezioni riformatrici variamente orientate, ma sempre più disciplinato intorno alla figura del pontefice romano, solennizzata da un più accentuato ricorso alla dottrina del primato di Pietro. Un potere papale siffatto si avviava a divenire il vertice di un grande schieramento eterogeneo, di forze ecclesiastiche e laiche, contro uno schieramento opposto ed eterogeneo esso pure, dove prelati colpiti nei loro interessi e vescovi riformatori di ispirazione moderata, avversi a certo radicalismo romano [...], si trovarono a fianco dei più diversi gruppi politici laici. La lotta fra i due schieramenti si scatenò quando ad un papato intransigente fu possibile contrapporre un vertice altrettanto prestigioso: e questo fu l'impero, paradossalmente quel medesimo impero che con gli Ottoni e con Enrico III, in virtù della sua ispirazione universale, della sua forza politica e dell'incidenza su di esso, esercitata dal movimento culturale di monaci e di prelati riformatori, aveva avviato il papato a farsi una nuova coscienza delle proprie responsabilità.

Come ciò poté avvenire? Nel decreto del 1059 sulle elezioni papali il privilegio ottenuto dagl'imperatori per il controllo di tali elezioni non era stato ignorato, ma vi si era accennato in un modo alquanto sfumato: l'orientamento era ormai verso una piena indipendenza della chiesa di Roma da qualsiasi potere secolare. E questo orientamento, ben manifesto nell'accentuazione del primato di Pietro, si traspose anche nella discussione del problema dell'episcopato e del clero. La lotta contro la simonia divenne una più radicale polemica contro l'intervento dei laici nell'ordinamento ecclesiastico [...] e in special modo contro il tradizionale rapporto fra il regno e il sacerdozio. Il potere regio e imperiale si vide non soltanto ritolto di fatto il controllo di Roma, ma messo in pericolo il più robusto fondamento rimastogli dopo la crisi postcarolingia dell'ordinamento pubblico: la fedeltà dei vescovi [...] e la possibilità di incidere sulla loro scelta. [...]

Il duplice schieramento cominciò a farsi palese dopo Niccolò II, allorché [...] la simbiosi politico-ecclesiastica che il movimento riformatore romano combatteva come offesa alla *libertas ecclesiae* veniva [...] respinta nella forma tradizionale della supremazia regia e imperiale, ma riaffermata di fatto nella graduale costruzione di una supremazia papale non meno fluida ed ambivalente.

La successione ad Alessandro II del grande Ildebrando, col nome di Gregorio VII (1073-1085), sviluppò definitivamente l'ambivalenza politico-sacerdotale del papato, poiché la frequenza con cui il nuovo pontefice, spesso trascurando in nome della supremazia romana le autorità intermedie dei metropoliti e dei vescovi, interveniva all'interno delle province ecclesiastiche e delle diocesi e sospendeva i sospetti di simonia o di concubinato, esigeva obbedienza alle convocazioni, scomunicava prelati e sacerdoti giudicati colpevoli, offese tanti interessi e tali consuetudini da rendere sempre più necessario il sostegno, per l'esecuzione degli ordini e delle sentenze, di una fitta rete di amicizie politiche e di un laicato consenziente. Tanto più grave fu quindi la decisione papale di proibire espressamente ogni investitura regia, anche gratuita, dei vescovati: lo scopo era di impedire per sempre scelte dettate da ragioni non religiose, ma gli effetti del divieto si prospettavano come dirompenti per tutti i regni della cristianità, fondati sullo stretto connubio tra il potere regio e l'episcopato e su interferenze codificate e reciproche dell'un potere nella sfera dell'altro. [...] La coerenza e l'audacia con cui Gregorio VII combatté l'intervento imperiale nel funzionamento dell'episcopato trasformò il movimento per la riforma del clero e per la restaurazione di un'ordinata vita delle chiese in un grande progetto di ristrutturazione gerarchica di tutti i poteri spirituali e temporali della cristianità intorno al pontefice romano: un progetto che con l'ultima disavventura di Gregorio VII sembrò concludersi in un fallimento e neppure in seguito fu mai rigorosamente realizzato, ma che ebbe tuttavia un'efficacia decisiva nell'orientare il cattolicesimo, in quanto ordinamento strettamente ecclesiastico, verso una soluzione monarchico-papale e nel costringere, per reazione polemica, le aristocrazie politiche di tradizione militare o cittadina a interpretare la propria funzione civile in modo più autonomo rispetto all'organismo ecclesiastico, continuando nei secoli a convivere con esso ma in modo più articolato.

Horst Fuhrmann/Gregorio VII e la «seconda cristianizzazione»

[H. Fuhrmann, *Guida al Medioevo*, Laterza, Roma-Bari 1989, pp. 69, 71-72]

Sulla figura rivoluzionaria di Gregorio VII è incentrato il passo dello storico Horst Fuhrmann (1926-2011). Animato dalla salda convinzione di essere lo strumento mandato da Dio sulla terra, Gregorio VII non ebbe timore di dichiarare guerra ad alcuni malcostumi diffusi presso il clero e in precedenza implicitamente tollerati dai suoi predecessori. Le lotte contro la simonia e contro il matrimonio dei sacerdoti furono due delle sue principali campagne per la riforma interna della Chiesa. Verso l'esterno fu altrettanto irremovibile nel vietare ogni tipo di investitura da parte dei laici. Per tutte queste ragioni la riforma gregoriana rappresentò una sorta di «seconda cristianizzazione», un momento cioè di riscoperta dei precetti della Chiesa.

La figura di Gregorio VII, come provocò una divisione degli spiriti, così riunì in sé, quasi uno specchio ustorio, le tendenze fondamentali della riforma. La sua convinzione di essere lo strumento di Dio sulla terra e di dover operare per un mondo retto in funzione della salvezza gli diede la coscienza di una missione che si sentiva libera da qualsiasi regola e tradizione. Se in lui, il papa, era ben salvaguardato l'antico retaggio, Cristo non aveva però detto «io sono la tradizione», bensì «io sono la verità». Gregorio fece propria questa sepolta citazione dei padri della Chiesa, che da quel momento in poi si diffuse per ogni dove. Gregorio, consapevole di affiancarsi all'opera creatrice dei padri, affermò: «Non proponiamo nostri decreti, anche se possiamo pur sempre farlo, ma rinnoviamo i dettami dei santi padri». Tenne fede a entrambi i propositi: seguì i decreti salvifici dei padri della Chiesa e ne emanò altri di propria iniziativa, per l'autorità a lui trasmessa da Dio. Non tutto ciò che Gregorio rivendicava era nuovo: nuova era la radicalità del suo atteggiamento.

Prendiamo alcuni dei punti qualificanti della riforma. [...] In tutti e tre i casi che possono valere come esempi – lotta contro la simonia, matrimonio dei sacerdoti e investitura da parte dei laici – il momento culminante è legato all'azione e all'opera di Gregorio VII. È verosimile pensare che le concezioni riformatrici si sarebbero imposte anche senza di lui, ma certo in un lasso di tempo maggiore. Infatti, al di là di queste esigenze riformatrici interne alla Chiesa, c'era l'aspirazione sempre più sentita dai laici e dagli stessi avversari di Gregorio VII a indirizzare l'esistenza terrena in vista della salvezza. Giustamente si parla per quell'epoca di una «seconda cristianizzazione», in cui si ricominciò a considerare seriamente i precetti della Chiesa, sino ad allora trascurati. Anche gli avversari di Gregorio non intendevano certo opporsi alla creazione di un mondo in accordo con la volontà di Dio: anche per loro erano in gioco l'efficacia del sacramento, la purezza dei chierici, l'integrità del sacerdozio. Gli avversari di Gregorio hanno forse compreso il papa meglio dei suoi stessi seguaci e collaboratori.

ANALIZZARE E COMPRENDERE

1 **Quali interessi in comune tra cluniacensi e monarchia capetingia favorirono, dopo il pontificato di Gregorio VII, la diffusione dei monasteri affiliati a Cluny nelle regioni strategiche dell'Île-de-France e dell'Orleanese secondo le riflessioni di Violante? E quali furono, al contrario, le cause che determinarono il ridimensionamento del prestigio cluniacense presso il Papato?**

2 **Quali interessi regi e imperiali intaccava la lotta contro la simonia intrapresa dal Papato nella lettura di Tabacco e Merlo? Argomenta la tua risposta.**

3 **A quale dichiarazione di Cristo trasmessa dai padri della Chiesa si ispirava la radicale azione riformatrice di Gregorio VII, secondo Fuhrmann? E in quale senso si può riconoscere nell'epoca del suo pontificato il momento di una «seconda cristianizzazione»?**

CONFRONTARE E RIELABORARE

4 **Focalizza gli aspetti caratterizzanti del pontificato di Gregorio VII indicati da Fuhrmann, Tabacco e Merlo e integrali in un testo di max 20 righe, soffermandoti sul ruolo di questo pontificato nel processo di costituzione di una monarchia papale.**

S 10_Movimenti ereticali

In questo percorso storiografico proponiamo brani sui principali movimenti ereticali che si diffusero in Italia e in alcune aree europee tra l'XI e il XIII secolo. **Gioacchino Volpe** tenta di ricostruire la percezione e gli stati d'animo degli uomini e delle donne che si trovarono a vivere un'epoca di grandi cambiamenti religiosi e sociali, spesso neanche troppo distinguibili tra loro dalla gente comune. Il secondo brano, di **Giovanni Miccoli**, si concentra invece sulla pataria milanese e, in particolare, sull'aspetto dottrinale essenziale del movimento, quello della lotta ai preti simoniaci. Proprio la particolare concezione dei comportamenti simoniaci, considerati eretici dai patari, e dunque necessariamente da estirpare, ne ha determinato le modalità radicali di predicazione e di lotta. Infine, **Cinzio Violante,** indagando la composizione sociale degli aderenti all'eresia catara, ne evidenzia alcune caratteristiche: il radicamento cittadino ed il carattere itinerante dei suoi adepti.

Gioacchino Volpe/La base del movimento riformatore

[G. Volpe, *Movimenti religiosi e sette ereticali nella società medievale italiana (secoli XI-XIV)* (1922), Donzelli, Roma 1997, pp. 18-20]

In questo suggestivo passo, uno dei maggiori medievisti italiani del secolo scorso, Gioacchino Volpe (1876-1971), compie una fine analisi dello stato psicologico degli uomini e delle donne comuni che si trovarono a vivere la temperie culturale di una riforma religiosa. Stretti nel fuoco incrociato di predicatori gregoriani e antigregoriani e nello stesso tempo legati alle difficoltà materiali della vita di tutti i giorni, furono in un certo senso obbligati a prendere una posizione all'interno di un movimento in cui istanze religiose e sociali si fusero insieme.

Il moto sociale e religioso della riforma ebbe una estensione enorme; non un angolo dell'Europa romano-germanica rimase tranquillo. «Tutta la Cristianità è divisa... Fin dal principio, ogni città si è scissa in due, una di Dio, l'altra del Demonio, e da per tutto sono oppositori e difensori della causa della Chiesa». «Non vi è vescovado, monastero, cenobio, non un qualunque ricettacolo di vita sociale, in cui la contesa non sia giunta e non regni l'incertezza nei fedeli». Papa Ildebrando è il Dio o il Satana di questi opposti partiti, oggetto di inestinguibile odio e di amore indomito. «È diviso il popolo cristiano in due parti; gli uni chiamano Gregorio buono, gli altri impostore, antimonaco, anticristiano». Dove era «un solo corpo della Chiesa e dello Stato» e «un solo cuore della moltitudine dei fedeli, un'anima sola ossequiente alla disciplina della Chiesa», ora si è messo «Re contro Re, popolo contro popolo, Vescovo contro Vescovo; ora sono tanti uomini, altrettante sentenze». I libelli polemici volano per il mondo, vanno per le piazze, portati da monaci gregoriani, da Benedettini che fuggono i vecchi monasteri in dissoluzione, da giocolieri, da «chierici vaganti», da gente d'affari e di politica. E li legge o si sforza di leggerli anche il popolo, quello appunto che all'agitazione, in quanto fu anche agitazione religiosa o su cose attinenti strettamente alla religione, portò più contributo di forze materiali, di passioni, di speranze, di aspirazioni non del tutto impure. Per esso le questioni politiche ed economiche prendevan subito coloritura religiosa, e le questioni religiose si allargavano a toccar tutta la vita e tutti i suoi rapporti. In mezzo ad esso la propaganda fu più attiva, i predicatori e demagoghi raccolsero la lor mèsse più abbondante. «Sorgono nella Chiesa pseudo-maestri che consigliano profane novità, distogliendo la plebe dalla disciplina ecclesiastica». Così gli antigregoriani. Son questi pseudo-maestri, cioè monaci e gregoriani, che esortano i fedeli a non battezzare i fanciulli; a rifiutar la confessione, il viatico, la sepoltura dai chierici messi al bando dell'ortodossia romana; a non pagare le decime, e calpestare il Crisma. I seguaci e gli esecutori vanno forse oltre le intenzioni del maestro e signore; il popolo, già di per sé profondamente agitato contro i chierici, va oltre le intenzioni e le esortazioni degli uni e dell'altro. Ad un certo punto, si direbbe che le plebi battano una via propria; che il moto sia innanzi tutto in esse e da esse; che Roma tolleri per non poter frenare, e per volgere a suo profitto quella enorme forza di sentimenti che in segreto guarda non senza diffidenza. Sforziamoci un momento di indovinare lo stato psicologico della massa minuta dei fedeli, in questi decenni, nei paesi più battuti dalla tempesta, l'Italia media e settentrionale, la regione renana, l'Olanda e il Belgio, la Francia settentrionale ed orientale. Passione religiosa eccitata sino al fanatismo settario; visione e aspettativa sicura di una Chiesa migliore, più madre e meno matrigna al popolo, più sollecita della sua salute spirituale e del suo bene terreno, più onesta amministratrice e dispensiera dei beni ecclesiastici, delle decime, delle offerte volontarie, più misericordiosa nel farne parte ai poveri, agli infermi, agli orfani, secondo le prescrizioni evangeliche e dei Padri e Pontefici primitivi; coscienza anche nei più umili di esser parte viva ed essenziale della Chiesa, di avervi dei diritti accanto agli obblighi, di potere e dovere aver voce nella amministrazione del suo patrimonio, nella elezione dei suoi rettori, espressione diretta della comunità dei fedeli, più che imposti dal di fuori; odio al cattivo clero e disconoscimento del suo ufficio e del suo carattere sacerdotale, cioè tendenza netta, determinata e corroborata anche dagli insegnamenti o, per lo meno, dalla condotta pratica di Roma e dei suoi ministri per due o tre decenni, di far dipendere il valore dei sacramenti dalle qualità morali delle persone che li somministrano; abitudine contratta di fare a meno, in molte circostanze e per periodi di tempo abbastanza lunghi, delle cerimonie del culto, del battesimo, della confessione ed eucarestia, degli intermediari fra sé e Dio; persuasione di essere arbitri della capacità professionale degli uomini di Chiesa e di poterli liberamente trarre dal proprio seno; velleità di rifiutare le decime se queste non sono rivolte ai veri usi a cui sarebbero destinate.

Ed oltre a ciò, primi barlumi di una coltura che trae vita dall'eccitamento stesso della lotta e dagli scopi pratici che essa si propone.

Giovanni Miccoli/La pataria milanese e la simonia

[G. Miccoli, *Per la storia della Pataria milanese*, in O. Capitani (a cura di), *Medioevo ereticale*, il Mulino, Bologna 1977, pp. 133-136]

La pataria milanese venne strutturandosi come movimento di protesta radicale contro la pratica simoniaca. Attraverso i precetti del suo animatore Arialdo, che accostavano la simonia all'eresia, e che come tale doveva essere estirpata anche con la forza dal corpo della Chiesa, il movimento assunse immediatamente un carattere radicale e arrivò a negare la validità dei sacramenti officiati da preti simoniaci. Fu proprio questo particolare rapporto con la simonia-eresia che secondo Giovanni Miccoli (nato nel 1933) ne determinò l'estremismo e la violenza della lotta.

La dottrina ecclesiologica che emerge dai versetti di san Paolo [...] e le conseguenze che Arialdo ne ricava richiamano aspetti già rilevati; dove la nozione tutta teologica e non temporale della purezza, della Chiesa tutta santa, «sine macula aut ruga», dell'integrità della sua fede legata in certo qual modo a quella di ogni suo singolo membro, viene applicata con assoluta radicalità anche sul piano temporale, e si pretende l'esclusione dalla comunità dei simoniaci sulla base della concezione [...] che affermava la necessità del rigetto anche visibile di chi già col cuore da essa si era staccato: solo così si può spiegare infatti questa pretesa nei confronti dei simoniaci, sia pure ritenuti eretici ma con argomentazioni tutte opinabili, non sancite cioè da alcuna condanna ecclesiastica in questo senso. Il veicolo di infezione altrimenti rappresentato da essi sarebbe inevitabile per i fedeli. [...] È questo un altro tipico aspetto della spiritualità medioevale, così poco studiato e tanto presente in Umberto nella giustificazione della sua dottrina sacramentaria, che attribuisce al contatto materiale, probabilmente sulla base di un fortissimo senso della simbologia liturgica, una possibilità ed una significanza spirituale immensa. Entrare in contatto con un immondo significa rendersi partecipi della sua immondezza, frequentare un eretico porta all'eresia; per Umberto, ma anche per i patarini, subire gli atti liturgici di un simoniaco riduce ad una irrimediabile partecipazione all'antichiesa, quella retta da Satana, di cui i simoniaci sono i ministri, che con le loro funzioni gli tributano atto di culto. Prima conseguenza infatti delle parole di Arialdo sarà, sulla linea di tante disposizioni conciliari contro gli eretici, che i patarini «non solum deinceps symoniacorum actus omnes contemnerent, sed etiam cum eis nullo modo in oratorio orare vellent». Alla luce di questa considerazione teologica, e di una illimitata fiducia nella provvidenzialità divina, Arialdo afferma la necessità di un'assoluta coerenza fra concezione e applicazione della verità, tra fede e prassi, ed invita perciò a persistere «constanter» nel rifiuto dei falsi pastori.

Su questa linea, sempre più a fondo perseguita, si muove tutta la successiva azione della pataria; è di qualche tempo posteriore all'aprile 1068 la missione milanese che si reca a Vallombrosa col fine specifico di procurarsi veri ministri. Molti erano infatti coloro che per sfuggire il pericolo di mettersi in contatto con un simoniaco avevano evitato di accostarsi negli ultimi anni ai sacramenti. Da ciò l'urgenza di ottenere un nuovo clero che potesse «christianitatem iam pene deletam... renovare». Si deve supporre che la morte di Arialdo avesse portato una notevole dispersione tra le file del clero seguace della pataria. Da ciò l'atteggiamento dei fedeli che il passo in questione ci rivela, di rifiuto ad accostarsi ai sacramenti, nell'impossibilità di fruire delle funzioni sacramentali di una gerarchia immune da eresia. Perfetta corrispondenza quindi con l'insegnamento di Arialdo, fino a quelle estreme conseguenze che già il dilemma propostogli dai *fideles* avevano, come si è visto, messo in luce. Né si possono considerare solo «eccessi di linguaggio e gesti violenti», indice «di qualche confusione fra dignità del ministro e validità dei sacramenti» provocata dall'ardore della lotta, alcuni fatti testimoniatici dalle cronache e promossi dai capi patarini. Considerare le messe dei simoniaci «canina stercora», le chiese da essi consacrate «praesepia iumentorum», disprezzare, come li accusa Arnolfo, insieme ai ministri simoniaci, gli stessi uffici divini, calpestare, come farà nel 1074 Erlembaldo, gli olii sacri e l'acqua battesimale perché consacrati da uno scomunicato, rifiutare di riconoscere Guido come vero vescovo, sono tutte affermazioni ed atti che trovano la loro piena giustificazione e legittimità nell'interpretazione da essi data del peccato di simonia come eresia, nella loro visione dei rapporti tra Chiesa ed eretici.

Cinzio Violante/I catari

[C. Violante, *Eresie urbane e eresie rurali in Italia dall'XI al XIII secolo*, in O. Capitani (a cura di), *Medioevo ereticale*, il Mulino, Bologna 1977, pp. 200-203]

Il movimento cataro è l'oggetto di questo passo tratto da un saggio sulle eresie urbane e le eresie rurali dello storico Cinzio Violante (1921-2001). L'eresia catara attecchì negli ambienti cittadini e in particolare presso i ceti sociali artigiani e piccolo-borghesi, anche se la composizione degli adepti è piuttosto variegata, contando anche esponenti dell'alta borghesia e dell'aristocrazia urbana. All'interno di questa varietà sociale, però, l'autore individua una caratteristica che in un certo senso accomuna tutte le categorie che subirono il fascino dell'eresia, ovvero la mobilità, che senza dubbio finì per favorire lo scambio e la diffusione delle idee catare.

L'eresia catara non ebbe influenze rilevanti sulla costituzione dell'autonomia comunale, che era già una realtà viva nelle città in cui si diffuse, a partire dalla metà del secolo XII. [...] Ma i catari parteciparono attivamente alle lotte sociali e politiche che scoppiarono nelle città italiane in questo secolo; si allearono e si confusero spesso con i ghibellini ma operarono anche, soprattutto in particolari circostanze, come quelle della lotta delle città lombarde contro Federico II, nell'ambito delle città guelfe. I catari insomma, proprio a causa della complessa composizione sociale dei loro gruppi, non costituirono sempre e dovunque una forza d'opposizione e rottura in città nelle quali il potere politico del vescovo era o andava facendosi nullo: d'altra parte [...] si è verificato con una certa frequenza che gli eretici abbiano potuto assumere importanti funzioni e incarichi nelle magistrature comunali.
Sembra che le zone delle città in cui si ebbero i maggiori stanziamenti di eretici siano state quelle suburbane, fuori della prima cerchia di mura comunali, comprese in seguito entro la nuova cerchia costruita per far fronte all'incremento demografico prodottosi nei secoli XII e XIII. [...]
Se consideriamo ora la composizione sociale degli ambienti catari, le nostre ipotesi trovano un'ulteriore conferma; nelle fonti infatti non si trova alcuna allusione ad una diffusione del catarismo fra i contadini, o anche soltanto a semplici rustici divenuti «perfetti» o almeno «credenti». Numerosi sono invece fra i sospetti di catarismo i lavoratori praticanti tutti i mestieri che si fanno generalmente in città: tessitori [...], sarti, fabbri, varie categorie di lavoratori del cuoio (conciatori, pellicciai, sellai, fabbricanti di borse, calzolai), mugnai, tavernieri, osti, carrettieri, venditori ambulanti. Sono in genere artigiani che hanno una bottega: praticamente non si riscontra fra i catari la presenza di coloro che appartengono a quel piccolo nucleo di lavoratori salariati, spesso di estrazione contadina, che nelle città italiane della fine del secolo XII divengono sempre più numerosi.
Numerosi sono al contrario i catari appartenenti a quella che oggi chiamiamo l'alta borghesia cittadina: proprietari di beni immobili in campagna e di terreni e costruzioni nelle città, mercanti (sono menzionati soprattutto dei mercanti di drapperie fiorentini), imprenditori e banchieri; tanto che, a volte, gli inquisitori vengono accusati di perseguire gli eretici allo scopo di confiscarne i beni (due terzi dei quali andavano alla Chiesa, contro un terzo soltanto al comune). Un buon numero di sostenitori e simpatizzanti dell'eresia lo si trova fra i rappresentanti della nobiltà urbana d'origine feudale, ormai molto vicina al patriziato cittadino per legami matrimoniali o per la pratica di attività commerciali e d'imprese bancarie: spesso le case e i castelli del contado in cui si rifugiano i catari appartengono ai patrizi e al ceto gentilizio feudale della città.
Il credo dei catari non contemplava l'ideale di povertà apostolica e mai la comunione dei beni fu proposta come obiettivo del movimento. Il catarismo non possedeva dunque una carica di rinnovamento sociale capace di sollevare i rustici, in numero sempre crescente e mossi da aspirazioni diverse (soprattutto a trasferirsi in città) fra il XII e il XIII secolo. Il vigoroso e travolgente balzo dell'economia cittadina, artigianale, commerciale e bancaria non incontrava anzi nessun ostacolo nella religione catara, che liberava i patrizi attivi dal tradizionale scrupolo cattolico relativo ai guadagni ricavati dal commercio e dal credito. Ciò che più sorprende, quando si studia il tessuto sociale degli ambienti catari, è la vita itinerante di molti di questi eretici. In effetti, parecchi dei mestieri poco sopra indicati come i più frequentemente praticati dai catari erano veramente itineranti: è il caso non solo – ovviamente – dei venditori ambulanti e dei carrettieri, ma anche dei tessitori e dei vari lavoratori del cuoio. [...] Tutta questa gente in movimento s'incontrava spesso, soprattutto nelle località generalmente molto frequentate: locande e taverne, botteghe di maniscalchi, mulini. (A Modena, nel 1192, furono fatti demolire i mulini in cui si riunivano gli adepti all'eresia catara. [...])
Ma erano incontri rapidi e occasionali: più stabile, o almeno periodica, doveva essere la presenza dei catari nelle accoglienti case del patriziato e della nobiltà feudale urbana. [...]
Ma vorrei ora insistere sul grande, sorprendente carattere di mobilità proprio di tutti gli ambienti catari d'Italia. [...]
Questa mobilità non era soltanto un elemento capace di agevolare la diffusione delle dottrine eretiche e di permettere, in tempo di persecuzione, la pratica del culto in luoghi in cui potessero tenersi dei rapidi incontri. Mi sembra che la grande mobilità che, dal secolo XI al XIV, caratterizza in modo particolare tutta la società dell'Italia centrale e settentrionale, specialmente la società urbana, si traducesse anche in uno stato d'animo, in attitudini mentali che non s'inquadravano nelle strutture ecclesiastiche tradizionali e già costituivano, per se stesse, un pericolo; come tali furono riconosciute subito dagli uomini della Chiesa più accorti.

ANALIZZARE E COMPRENDERE

1 Quali erano i paesi europei più agitati dalle polemiche e dalla confusione seguite alla riforma gregoriana nella ricostruzione di Volpe?

2 Di quale significato simbolico era investito il contatto fisico nella spiritualità medievale secondo Miccoli? E a quale estrema conseguenza giungevano spesso i fedeli, pur di sfuggire la vicinanza con sacerdoti che potevano essere simoniaci?

3 Quale profilo dei catari ricostruisce Violante?

CONFRONTARE E RIELABORARE

4 Componi un testo di max 15 righe sul bisogno di rinnovamento espresso in vario modo dalle eresie medievali approfondendo il caso dei patari e della loro percezione della simonia o quello dell'eresia urbana dei catari.

S 11_Le crociate: sentimenti, immaginari e simboli

Durante tutto il XX secolo le crociate sono state studiate ricostruendo dettagliatamente i loro eventi e le loro problematiche. A questa profonda rilettura contribuiscono **Paul Alphandéry** e **Alphonse Dupront**, che valorizzano la loro dimensione di massa e il coinvolgimento spirituale che le accompagnò. L'attenzione che i due studiosi riservano ai differenti attori sociali e agli aspetti di storia della mentalità riportano alla luce i sentimenti profondi che animarono i pellegrini. Un posto di rilievo in questo percorso storiografico è occupato anche da **Franco Cardini**, che studia la crociata da una prospettiva prettamente ideologica. Pur non tralasciando le vicende, i momenti e i protagonisti di quegli eventi, l'interesse principale del medievista si dirige sulla molteplicità dei modi d'intendere la crociata, sugli immaginari costruiti attorno ad essa, sui significati racchiusi nel mito e nell'idea della crociata. **Jean Flori**, infine, che ha dedicato molti lavori alle crociate, nel brano che proponiamo si sofferma in modo specifico su Gerusalemme e il suo particolare statuto simbolico di città sacra per tutte e tre le grandi religioni monoteiste: ebraismo, cristianesimo e islam.

Paul Alphandéry • Alphonse Dupront/Lo «spirito di crociata»

[P. Alphandéry e A. Dupront, *La cristianità e l'idea di crociata* (1954), trad. it. di B. Foschi Martini, il Mulino, Bologna 1974, pp. 9-12]

Scritto dallo storico delle religioni Paul Alphandéry (1875-1932) e dal medievista Alphonse Dupront (1905-1990), il brano che proponiamo è tratto dal volume *La cristianità e l'idea di crociata*, un affascinante studio del religioso collettivo e delle sue manifestazioni. La vicenda delle crociate è qui presentata e analizzata nei suoi aspetti contraddittori, ricondotti a sentimenti profondi e al subconscio delle masse. Concentrandosi sulle crociate dei poveri dei secoli XIII-XIV, Alphandéry e Dupront mostrano il profondo abisso che separava l'affarismo dei mercanti e l'interesse degli ecclesiastici per la gestione della politica ierocratica dalla trascinante spiritualità popolare. Ad animare le masse fu lo «spirito di crociata», un miscuglio di speranze misteriose, di violenti fanatismi e di aspettative escatologiche destinato a sopravvivere a lungo.

Folco di Neuilly[1], strano tipo di eremita secolare avrebbe – secondo una notizia [...] che ha serie probabilità di essere esatta – predicato una crociata rigorosamente riservata ai poveri. L'importanza di questo semplice fatto può essere grandissi-

1. Predicatore della quarta crociata, bandita da Innocenzo III nel 1198.

ma per ricostruire attorno all'idea di crociata la vita interiore del nostro medioevo, la sua esaltazione della povertà evangelica e la sua escatologia. Pensiamoci bene, infatti: con l'obbligo di essere povero per compiere l'opera più santa di tutte, un'opera che, come affermano i papi, assicura il paradiso a chi la compie, i poveri vengono costituiti in una posizione privilegiata. [...]
Se d'altra parte associamo questa testimonianza a ciò che sappiamo dei fatti della storia delle crociate, quello di Folco di Neuilly cessa di essere un caso isolato. Ai primi appelli di Roma, e senza un'azione pontificia sensibile, si era messa in cammino la crociata popolare, la crociata di Pietro l'Eremita[2], per designarla col nome di colui che mise in moto le più folte colonne senza una precisa disciplina. In Occidente, intorno a Gualtiero Senza Averi, a Guglielmo il Ciambellano, a Gotescalco, al conte Emico[3], al prete Volcmaro, si organizzano, come intorno a Pietro, un po' dovunque in Francia e nella parte occidentale della Germania, vere e proprie bande popolari: procedono, massacrando gli ebrei, saccheggiando, devastando, verso quella Gerusalemme che non raggiungeranno mai. Indescrivibili folle mosse dal sentimento più complesso – e insieme il più raramente analizzato – che abbia spinto massa umana: speranza misteriosa in un maggior benessere, fiducia in certe reliquie, escatologia popolare, sopravvivenze pagane, bisogno quasi fisico di espansione, sete di saccheggio, desiderio dell'ignoto, aspirazione ad una nuova fede nell'ambito della quale la folla dei fedeli [...] voleva condurre una propria vita di chiesa, prendersi una sua parte di vita religiosa. Tutto ciò era amalgamato, indistinto nei suoi elementi: una grande illusione, a cui gli uomini di quattro secoli si attaccheranno disperatamente. La Seconda crociata, alla fine di dicembre del 1145, è soltanto un'impresa regia, forse il risultato di una specie di voto espiatorio di Luigi VII[4] [...] e, forse il solo san Bernardo[5] concepisce il disegno di una crociata universale. Ma quando andò a predicarla in Germania [...] la crociata universale era già stata predicata da un monaco profeta, Rodolfo, fuggito da Citeaux, che incitava fanaticamente le folle delle regioni renane, annunciava un regno degli ultimi tempi riservato ai crociati, consigliava, o almeno tollerava, il massacro degli ebrei, come era avvenuto ai tempi di Pietro l'Eremita. San Bernardo arriva solo in un secondo momento, dopo la predicazione e, quasi, dopo la partenza della crociata popolare.
Anche la Terza crociata ha avuto il suo preludio. Sembra un paradosso: infatti la Terza crociata, per la storia, è essenzialmente la crociata dei re[6]. [...] Tuttavia, se si esaminano le cose più da vicino, la vita della crociata popolare non si interrompe. [...] Sin dal 1188 [...] una crociata popolare era stata predicata in Inghilterra, nel Galles, dall'arcivescovo Baldovino di Canterbury[7] [...] per reclutare contadini e pastori e, ciò che sembra essere la consacrazione necessaria per il buon esito della predicazione di ogni crociata popolare, massacri di ebrei ebbero luogo in Inghilterra nello stesso periodo. Vi è dunque una oscura e profonda tradizione che unisce coi suoi potenti legami le crociate le une alle altre, o, piuttosto, che non ammette le divisioni astratte che siamo soliti porre fra le crociate ufficiali: è lo spirito di crociata, sempre vivo nel cuore del popolo cristiano.
Allo stesso modo [...] tutti i testi che parlano degli inizi della Quarta crociata affermano che Folco di Neuilly mendicò sussidi per la crociata, e lanciò in seguito una spedizione tumultuosa che finì per annientarsi sulle coste della Spagna, mentre la crociata dei baroni, la crociata ufficiale, la crociata che era stata intrapresa per liberare la tomba del Salvatore, trattava coi veneziani, faceva la famosa digressione su Zara, terminava nel saccheggio di Costantinopoli e nella spartizione di un favoloso bottino di feudi orientali. [...]
Innocenzo III, che morì nel 1216, non poté vedere la Quinta crociata: però almeno la preparò, e nessuna preparazione ebbe un carattere altrettanto popolare. [...] Roberto di Courçon, legato della Santa Sede, e molti altri che erano con lui e sotto di lui, predicavano pubblicamente la crociata in tutta la Francia, nell'anno 1215, dando la croce indistintamente ai bambini, ai vecchi, alle donne, agli zoppi, ai ciechi, ai sordi, ai lebbrosi. [...] Due anni dopo questa predicazione, iniziava la crociata di Giovanni di Brienne; nel 1219 [...] arrivarono, con Roberto di Courçon ed il legato Pelagio, dei rinforzi disciplinati, che non avevano più lo slancio delle crociate popolari. La crociata mediata, preparata, diventa la crociata differita, e definitivamente rimandata a più tardi o a mai.
Così, la crociata popolare precede quella ufficiale, fintanto che la crociata sembra dover riuscire o avere come meta Gerusalemme. Ma la crociata popolare si distacca da quella ufficiale, si costituisce in crociata a parte, quando lo scopo iniziale è troppo palesemente dimenticato, come dopo la crociata di Costantinopoli, o quando l'impotenza delle spedizioni regie o signorili è chiaramente dimostrata da ripetuti insuccessi. Da qui nascono le crociate popolari indipendenti, o le crociate di sette, distribuite lungo i secoli XIII, XIV e XV. La fede popolare mantiene vivo, pone in rilievo, proclama, il suo ideale di crociata.

2. Pietro d'Amiens (1050-1115) fu tra i promotori della prima crociata, indetta da papa Urbano II nel 1095.
3. Presero tutti parte alla prima crociata: Gualtiero Senza Averi era signore di Boissy-sans-Avoir; Gotescalco era un prete tedesco; il conte Emico fu alla guida di un gruppo di persone partite dalla Francia orientale.
4. Luigi VII (1120-1180), detto il Giovane, fu re di Francia dal 1137.
5. San Bernardo di Chiaravalle (1090-1153) fu monaco e abate. Predicò la seconda crociata tra i francesi e i tedeschi e giustificò il suo fallimento con i peccati dei crociati.
6. Il riferimento è a Federico Barbarossa, Filippo II, Riccardo Cuor di Leone.
7. Teologo inglese cistercense, nacque intorno al 1120 e morì a Tiro di Siria nel 1190.

Franco Cardini/L'idea e il mito della crociata

[F. Cardini, *Studi sulla storia e sull'idea di crociata*, Jouvence, Roma 1993, pp. 181-184]

Il mito politico della crociata è il tema centrale del saggio di Franco Cardini (nato nel 1940). Tra i più ricorrenti nella storia dell'Occidente, questo mito è stato sottoposto nel corso dei secoli a modificazioni e variazioni semantiche, che lo studioso individua a partire dal lessico nato attorno alla crociata.
Fino al XIII secolo il pellegrinaggio penitenziale e armato nella Terrasanta era indicato prevalentemente con i termini di *iter* o *passagium*, che ben alludevano al viaggio da compiere verso l'Oriente. La fortuna del termine "crociata" fu tardiva, e derivò dall'enfasi posta sui privilegi accordati dalla Santa Sede ai pellegrini, contraddistinti dalla croce disegnata sopra l'abito (*crucesignatus*).
Con l'avvento del termine "crociata" la dimensione del pellegrinaggio si affievolì progressivamente a vantaggio dell'idea di una guerra santa e privilegiata.

Oggi [...] la comprensione del fenomeno crociato vero e proprio ha fatto notevoli progressi. Quel che appare da approfondire [...] è il ruolo delle modificazioni e deformazioni subite e delle influenze esercitate dall'idea di crociata nel corso dei lunghi secoli durante i quali essa è stata una «idea-forza» dell'Occidente. [...] Ormai lo storico delle strutture, non meno di quello delle idee o delle mentalità o del sociologo, saranno spinti a chiarire perché la lunga agonia e la morte, per troppi versi ingloriosa, dell'ideale e del movimento crociato abbiano dato luogo al permanere d'un ricordo, anzi d'un mito, o d'una serie di miti, tanto profondamente radicato nella coscienza e nella cultura dell'Occidente. [...]
Ci sembra, per cominciare, abbastanza evidente che la storia del movimento crociato e quella dell'idea di crociata e del mito di crociata coincidano solo in piccola parte e si svolgano in tempi qualitativamente non meno che cronologicamente differenti: nei «tempi brevi» dell'XI-XIII secolo la prima (sia pure con vari postumi e saltuari *revivals* fino alla metà del Settecento), nei «tempi lunghi» (tanto lunghi da apparire ancora in atto) la seconda. Ancora, ambiguo e multiforme è il rapporto tra le varie crociate (cioè tra le spedizioni militari che assunsero tale nome) e la crociata, cioè la «costante» vuoi canonistica vuoi *lato sensu* [in senso lato] «ideologica» che a tutte era sottesa e nella quale ciascuna di esse variamente si riconosceva. Del resto, la stessa avventura semantica del termine *cruciata* [...] indica tali sfasature. Esso non comparve nel latino medievale se non nel XIII secolo inoltrato e all'inizio per giunta in funzione aggettivale, come esito degli aggettivi *crucesignatus* o *cruce signatus*. [...] Solo lentamente e tardivamente si sostituì a parole quali *iter* o *passagium* che al principio indicavano quel che appunto noi moderni intendiamo con «crociata», cioè la spedizione militare in Terrasanta associata al pellegrinaggio, insomma quella nuova e, sotto il profilo disciplinare, paradossale esperienza che era il «pellegrinaggio armato». L'estensione e la deviazione della crociata e dei privilegi relativi da parte della Santa Sede (privilegi spirituali e temporali del diritto ai quali, dipendente dalla formulazione di un voto, la croce era appunto il *signum super vestem* [segno sopra l'abito]), sviluppatesi in accordo con l'evoluzione teologica e canonistica del voto, fecero la fortuna del termine *cruciata*, preferito sia per il suo contenuto che rinviava appunto alla normativa canonistica e ai *signa* [segni] che la rappresentavano, sia perché – a differenza di *iter* e di *passagium* – non conteneva più nel suo tessuto lessicale l'idea d'inseparabilità rispetto alla dimensione del pellegrinaggio ed era pertanto meglio applicabile ai nuovi tipi di crociate volute dalla Curia pontificia, le antiereticali e le politiche. Insomma, quando le «crociate» presero a chiamarsi come noi le chiamiamo oggi, erano già al tramonto.
La crociata, nata come pellegrinaggio penitenziale, si sviluppò come guerra privilegiata; originariamente volta ad Oriente, finì col conoscere un ben più frequente teatro d'azione in Occidente; strettamente connessa all'inizio con il movimento della *pax Dei* [pace di Dio] e pertanto inscindibile dall'idea di concordia all'interno del *corpus christianorum* [corpo dei cristiani], divenne, a partire dalla fine del XII secolo, una di quelle che i contemporanei non esitarono a scorgere fra le più scandalose cause di guerra fratricida tra fedeli in Cristo. Intanto, alla lotta dei pubblici poteri per appropriarsi della gestione della crociata, si accompagnava una diversa considerazione di essa a seconda dei ceti sociali che ne erano chiamati a protagonisti: occasione di *aventure* cavalleresca per le aristocrazie militari europee, essa era invece motivo di aspirazioni palingenetiche ed escatologiche nei *pauperes* [poveri], e come tale collegata ad istanze millenaristiche; anche se, beninteso, ogni tentativo di distinguere troppo nettamente una dimensione dall'altra o l'una aspirazione dall'altra non potrà che approdare in questo campo a un artificioso schematismo. Nella realtà, istanze e tendenze confluivano e si confondevano.
A una tale molteplicità di modi d'intendere la crociata corrispondeva una relativa molteplicità di tecniche e di temi di propaganda; e vi corrispondeva altresì una molteplicità di accoglimenti o di reazioni negative da parte e al livello della sensibilità collettiva. Quindi, una molteplicità e polivalenza di miti, di malintesi, di mistificazioni.

Jean Flori/Gerusalemme: città sacra per ebrei, cristiani e musulmani

[J. Flori, *Gerusalemme e le crociate*, in *Dizionario dell'Occidente medievale. Temi e percorsi* (1999), trad. it. di L. Provero, a cura di J. Le Goff e J.-C. Schmitt, vol. I, Einaudi, Torino 2003, pp. 445-446]

In questo brano Jean Flori (nato nel 1936) ricostruisce con ricchezza di particolari le motivazioni che fecero di Gerusalemme la Terrasanta per eccellenza. Per gli ebrei era la città di Davide ed il luogo in cui sorgeva il tempio di Erode prima che i romani lo distruggessero. Per i cristiani rappresentava i luoghi della nascita, morte e resurrezione di Cristo. Per i musulmani era la città da cui era avvenuto il viaggio in cielo di Maometto. Legata strettamente alle origini delle tre religioni, e per questo meta di pellegrinaggio e luogo con forte valenza simbolica, si trovò a costituire il centro della più feroce guerra di religione dell'epoca: le crociate.

Per ragioni diverse, Gerusalemme occupa un posto eccezionale nel pensiero e nel cuore dei credenti delle tre religioni monoteiste: l'Ebraismo, il Cristianesimo e l'Islam. Per gli Ebrei, resta la città di Davide, il luogo d'elezione della regalità teocratica, il centro politico e religioso che unisce tutti i membri del popolo di Dio. La conquista di Gerusalemme da parte dei Romani nel 70 d.C. e la rovina del Tempio di Erode, seguita dalla distruzione completa, ordinata da Adriano, degli edifici religiosi e delle mura della Città santa, profanata e dedicata ad Apollo, poi la dispersione del popolo ebraico in tutto l'impero, hanno lasciato sopravvivere nei credenti esiliati solo dei ricordi legati unicamente ai resti intatti del Tempio, ovvero le fondamenta del muro di sostegno della spianata, meglio noto come «Muro del pianto». Ma questo ricordo devotamente conservato, che collega il popolo ebreo alle sue radici e alla sua gloria passata, perpetua la sua identità. Al contempo proietta il popolo ebreo nel futuro, quello della «ricostituzione di Israele» a cui aspirano i credenti di tutte le epoche. Questa attesa dei tempi messianici, unita all'attenzione meticolosa alla perpetuazione delle tradizioni, assicura la salvaguardia dell'identità etnica e religiosa del popolo ebraico, nonostante la dispersione e le persecuzioni. Il pellegrinaggio a Gerusalemme, legato a questi due poli del passato e del futuro, resta una costante nelle comunità ebraiche medievali, anche in quelle meglio integrate nella società del paese che le ospita.

Per i cristiani della Chiesa primitiva, in maggioranza d'origine ebrea, Gerusalemme aggiunge a questi caratteri una nuova sacralità, portata da Gesù; questa sacralità sostituisce la precedente, pur senza farla sparire del tutto, quando il cristianesimo, sottolineando la sua distanza dall'ebraismo, diventa universale, sovranazionale e multietnico, comprendendo ormai una netta maggioranza di fedeli provenienti dal paganesimo. Gerusalemme, per i cristiani, resta un po' la città di Davide, ma un po' di più è la città santa degli ultimi giorni, quando il Messia glorioso tornerà su questa terra per sconfiggere Satana e l'Anticristo, prima di instaurare il suo regno di giustizia. Ma è prima di tutto la città di Gesù Cristo: dove, grazie alla saggezza delle sue affermazioni, ha stupito i dottori della Legge nel Tempio; dove ha predicato con potenza e miracoli, per tre anni, per ricondurre a Dio il suo popolo; dove ha celebrato l'ultima cena con i suoi dodici discepoli, prima di essere consegnato da uno di essi alle autorità ebree e romane; dove è stato arrestato, condannato, flagellato, disprezzato, crocifisso sulle colline della città, sul Calvario; dov'è morto sulla croce per la salvezza di tutti coloro che credono in lui come loro Salvatore; e anche dove il suo corpo ucciso è stato deposto in una tomba scavata nella roccia, da cui è uscito vivo, resuscitato, all'alba del primo giorno della settimana, in quella domenica di Pasqua che segna la sua vittoria sulla morte e prefigura quella di tutti i fedeli chiamati, grazie a lui, a un'analoga resurrezione vittoriosa nel giorno del Giudizio. Si vede bene il ruolo fondamentale di Gerusalemme nelle credenze cristiane, e in particolare quello dei luoghi legati alla predicazione di Gesù, alla sua passione e alla sua resurrezione: il Tempio (o almeno ciò che si credeva lo fosse); il Giordano, dove fu battezzato a trent'anni, prima del suo ministero; il Calvario sul Golgota; la tomba vuota dove, dall'inizio del IV secolo, si costruì una prima chiesa del Santo Sepolcro, in seguito spesso ricostruita o modificata. Tutti questi luoghi santi sono mete di pellegrinaggio. Nella spiritualità cristiana, la sacralità di Gerusalemme è incomparabile, supera infinitamente quella degli altri santuari.

Per l'Islam, in particolare nel Medioevo, la sacralità di Gerusalemme è certo minore. Il primo di tutti i luoghi santi è evidentemente La Mecca, centro del pellegrinaggio alla Kaaba; poi viene Medina, la città del Profeta, da cui Maometto dovette fuggire. Gerusalemme, poco menzionata nell'Islam dell'alto Medioevo, arriva solo in terza posizione, sulla base di una tradizione piuttosto tardiva, secondo cui il viaggio notturno del Profeta verso il cielo si sarebbe effettuato a partire dall'area che sarà della moschea di Gerusalemme, costruita da Omar dopo la conquista della città nel 638. Anche in questo caso non sono comparabili La Mecca, centro universale dei pellegrinaggi, e gli altri luoghi santi, anche se Medina occupa un posto privilegiato in questa gerarchia. Città santa per tutti, strettamente legata alla storia delle loro origini, Gerusalemme è in più, per gli ebrei e i cristiani, una città di pellegrinaggio a connotazione religiosa e mistica, con risonanze soteriologiche ed escatologiche.

ANALIZZARE E COMPRENDERE

1 Contro quale popolo le masse partecipanti alle crociate popolari sfogavano spesso una disordinata e sanguinaria aggressività? E quando le crociate popolari diventarono indipendenti da quelle ufficiali nella ricostruzione di Alphandéry e Dupront?

2 Quale trasformazione sostanziale ha segnato, secondo Cardini, la sostituzione del termine *cruciata* alle parole *iter* e *passagium*? Quando si è verificata e perché?

3 Per quali motivi Gerusalemme è legata, per il popolo ebraico, sia al passato sia al futuro, secondo Flori?

CONFRONTARE E RIELABORARE

4 In un testo di max 20 righe ricostruisci un quadro storico delle crociate. Argomenta anche con il ricorso a quanto studiato nel capitolo sulle crociate e poni l'accento sullo «spirito crociato», sull'importanza di una città, Gerusalemme, sacra non solo per i cristiani, ma anche per gli ebrei e i musulmani.

S/12_Gli ordini monastico-cavallereschi

Gli ordini monastico-cavallereschi hanno da sempre colpito l'immaginario occidentale: in parte perché furono presentati fin dalla loro formazione come depositari dei valori cavallereschi, in parte perché furono gli artefici per eccellenza della guerra santa. In parte per il destino in alcuni casi molto cruento a cui andarono incontro. Nel primo brano **Jean Flori** ripercorre brevemente la storia dei tre principali ordini che agirono in Terrasanta tra il XII e il XIII secolo: i Templari, gli Ospitalieri e i Teutonici. Nel secondo **Alessandro Barbero** analizza le motivazioni, spesso tutt'altro che nobili, che spinsero molti giovani ad entrare nell'ordine dei Templari. Nel terzo brano, infine, **Peter Partner** si sofferma sul processo che portò nei secoli successivi all'elaborazione di un vero e proprio mito dei Templari, descrivendone le modalità ed avanzando alcune proposte che spieghino il fascino esercitato per secoli da questi monaci-cavalieri.

Jean Flori/Templari, Ospitalieri e Teutonici

[J. Flori, *Le crociate* (2001), trad. it. di N. Muschitiello, il Mulino, Bologna 2003, pp. 95-97]

Jean Flori (nato nel 1936), storico francese che si è a lungo occupato di cavalleria medievale e di storia delle crociate, in questo passo delinea un breve ma preciso profilo dei tre principali ordini monastico-cavallereschi. Fondati tutti nel corso del XII secolo per proteggere i pellegrini in Terrasanta e ampiamente appoggiati dalle alte sfere ecclesiastiche, combatterono al fianco degli eserciti crociati e raggiunsero il culmine della loro potenza nel XIII secolo, quando arrivarono a controllare numerose fortezze. Nel 1291 furono richiamati in patria e lì andarono incontro a destini molto diversi.

Nel 1119 Ugo di Payns decide, insieme con altri cavalieri, di mettersi al servizio dei canonici del Santo Sepolcro, per proteggere i pellegrini. Costoro vorrebbero condurre una vita religiosa, sicché fondano per la prima volta un ordine di monaci combattenti, e fanno voto di obbedienza, povertà e castità. E si chiamano «poveri Cavalieri di Cristo». Re Baldovino II concede loro come sede una parte della moschea al-Aqsa, sulla spianata del Tempio di Salomone. E per questo vengono poi chiamati Templari. Gli statuti del loro Ordine sono accettati nel 1120 dal concilio di Troyes. San Bernardo cerca di stimolare le vocazioni, che all'inizio sono piuttosto rare e deboli, scrivendo un Elogio della nuova cavalleria dove egli contrappone i cavalieri secolari – così mondani, indisciplinati e avidi, legati alle glorie di questo mondo, con il rischio di dannarsi se muoiono in battaglia combattendo contro dei cristiani – alla nuova milizia tanto austera e sobria, i cui componenti si guadagnano la salvezza eterna combattendo contro gli infedeli. Se costoro uccidono, egli dice, lo fanno per Cristo: non sono omicidi, ma «malicidi». E se muoiono, sono dei martiri. L'autorità di san Bernardo risulta efficace: sono in parecchi a prendere i voti, e ancor più sono le donazioni al nuovo Ordine, il quale istituisce in Occidente le sedi dei propri commendatari, allo scopo di raccogliere fondi e uomini da mandare periodicamente a Gerusalemme.

Seguono il loro esempio gli Ospitalieri di san Giovanni di Dio. Dal 1070 circa, essi avevano vicino al Santo Sepolcro un ospizio dove i pellegrini venivano accolti e soccorsi, ed eventualmente curati. Il loro Ordine, riconosciuto come Ordine ospitaliere nel 1113, diventa a poco a poco un Ordine militare, fra il 1130 e il 1136, senza abbandonare il suo carattere originale.

Diventa militare anche l'Ordine di san Lazzaro, che raccoglie e cura i cavalieri lebbrosi; e questo avviene alla fine del XII secolo, durante l'assedio di Acri (1192), quando anche i cavalieri lebbrosi si impegnano nella battaglia. In quella stessa circostanza, alcuni crociati germanici fondano ad Acri una casa ospitaliera che diventa a sua volta l'Ordine di santa Maria dei Teutoni, ossia dei Cavalieri Teutonici, riconosciuto da Innocenzo III nel 1199.

Tutti questi Ordini sono ormai impegnati soprattutto nella difesa degli Stati latini: formano un esercito permanente, ben addestrato e in genere disciplinato, che può contare sui rinforzi delle truppe dei feudatari d'Oltremare e dei crociati che occasionalmente vengono in Terrasanta, di loro iniziativa o rispondendo a un appello del papa. I componenti prendono parte alle battaglie, e soltanto loro possono costruire, tenere e difendere le fortezze a guardia dei territori, grazie a un continuo ricambio delle persone in servizio e alle ricchezze di cui dispongono. [...]

Queste fortezze, costruite sul modello dei castelli occidentali, con qualche elemento orientale mutuato dai tanti bastioni antichi che c'erano ancora in Oriente, a loro volta servirono poi di modello alle rocche occidentali, fra cui Château-Gaillard, il capolavoro di Riccardo Cuor di Leone.

Nel XII secolo questi Ordini, con l'ausilio di mercenari [...], partecipano a quasi tutte le battaglie, a fianco dei crociati e degli eserciti feudali. A Hittin (1187), perdono quasi tutti i loro uomini, ma fanno presto a rimettere insieme un esercito. Nel XIII secolo raggiungono il culmine della loro potenza e governano numerose fortezze; dopo il 1260, come abbiamo visto, perdono la maggior parte di esse. E nel 1291 sono costretti a lasciare la Terrasanta . [...]

I Cavalieri Teutonici, richiamati in Prussia nel 1230, dove vanno a combattere contro i pagani, rappresentano il miglior esempio di una «riconversione» cominciata già prima del 1291: si insediano appunto in Prussia e in Livonia, e fondano un principato indipendente con a capo il Maestro dell'Ordine. Gli Ospitalieri, invece, vanno alla conquista di Rodi, e si trovano così in prima linea nella difesa della cristianità. Rodi diventa una potenza navale e resiste ai turchi fino al 1522: sicché gli Ospitalieri si rifugiano a Malta. Per i Templari questa «riconversione» non c'è stata: accusati di eresia, stregoneria e lussuria, vengono arrestati in Francia nel 1307 per ordine di Filippo il Bello, e condannati a morte in base a confessioni estorte con i tormenti. Papa Clemente V, cedendo alle istanze del re, abolisce nel 1312 l'Ordine, i cui beni vengono incamerati dagli Ospitalieri.

Alessandro Barbero/Le motivazioni dell'arruolamento dei Templari

[A. Barbero, *Motivazioni religiose e motivazioni utilitarie nel reclutamento degli ordini monastico-cavallereschi*, in *«Militia Christi» e Crociata nei secoli XI-XIII*, Miscellanea del Centro di studi medioevali, Vita e Pensiero, Milano 1992, vol. 13, pp. 720-724]

Indagando una fonte molto suggestiva quali i verbali degli interrogatori fatti ai Templari accusati in Francia di eresia, stregoneria e lussuria, Alessandro Barbero (nato nel 1959) prova a ricostruire le motivazioni personali, sociali ed economiche che spinsero uomini talvolta molto giovani a lasciare la famiglia, la casa ed il proprio paese per arruolarsi in un ordine monastico-cavalleresco di stanza in Terrasanta. Salvo poche eccezioni, la maggior parte dei Templari era stata spinta a entrare nell'ordine da interessi familiari, come dimostra l'alto numero di figli cadetti che si contano tra le sue fila. E anche all'interno dell'ordine, più che le scelte e le capacità individuali, erano le consorterie e le reti parentali a determinare la carriera dei singoli.

Gli interrogatori dei templari offrono un quadro piuttosto ricco e articolato delle motivazioni di ordine economico e sociale che avevano indotto gli imputati ad entrare nell'ordine del Tempio, mentre tacciono quasi completamente sulla presenza di motivazioni di ordine intimo e spirituale. E questo tanto nel caso di imputati disposti a confessare almeno una parte delle colpe loro addossate, quanto in quello, almeno altrettanto frequente, di imputati decisi a respingere ogni accusa; tanto nel caso dei frati cavalieri e perfino dei dignitari dell'ordine, quanto in quello dei frati sergenti, i più numerosi, e dei sacerdoti; tanto nel caso di imputati che rievocano il proprio ingresso nell'ordine, quanto in quello di testimoni interrogati sulle vicende di altre persone.

Qualche accenno a motivazioni di ordine religioso ovviamente si incontra, e sarebbe sorprendente il contrario, data l'ampiezza del campione. L'esempio forse più significativo è di quel sergente che respinge sdegnato l'accusa di essere stato coinvolto in pratiche abominevoli al momento della sua ammissione nell'ordine, perché, afferma, avendo rinunciato a una rendita di duecento lire tornesi di cui avrebbe goduto «existens in seculo, ut existens in ordine salvaret animam suam», non avrebbe mai potuto acconsentire a simili turpitudini. In qualche altro raro caso l'ingresso nell'ordine è presentato come il frutto di un evento giunto a sconvolgere una vita precedentemente tutta orientata verso le cure del secolo, secondo un modello ben noto della letteratura agiografica, come nel caso di quel tale Nicolas, di Laon, che decise di farsi templare dopo la morte della moglie. [...]

Ma di fronte a questi pochi casi, numerosissimi risultano quelli in cui la scelta appare dettata da considerazioni del tutto estranee alla sfera religiosa. Al posto d'onore, soprattutto tra i frati cavalieri, provenienti da uno strato sociale superiore, appaiono le considerazioni di interesse familiare, prima fra tutte l'opportunità di sistemare i figli cadetti evitando di dover assegnare loro una quota dell'eredità. Un teste ricorda che il secondogenito del signore di Illins, nel Delfinato, entrò nell'ordine dopo la morte del padre per volontà dei familiari, così che l'eredità potesse conservarsi intatta nelle mani del primogenito. Un altro cavaliere, secondogenito di una famiglia di Lione, entrò al Tempio «propter voluntatem amicorum qui hoc desiderabant» e in particolare per le pressioni del fratello maggiore, che gli acquistò di buon grado armi e cavalli pur di farlo mandare al più presto in Terrasanta. L'idea che l'ingresso nell'ordine rappresentasse una sistemazione ideale per i cadetti senza terra era anzi così radicata nei modi di pensare collettivi che un cavaliere, al momento di prendere l'abito, si sentì chiedere dagli altri frati «quare hoc volebat, cum esset nobilis et dives et haberet terram sufficientem».

Sotto l'influenza degli interessi familiari, la regola secondo cui il Tempio non doveva accogliere se non uomini fatti, in grado di portare le armi, era caduta largamente in disuso: così un cavaliere, Guy, figlio del conte di Clermont, ricorda di essere entrato nell'ordine a soli undici anni di età. Quando i genitori lo condussero al convento, un amico di famiglia lo armò cavaliere, quindi secondo il rituale gli venne chiesto che cosa voleva, «et cum ipse nesciret respondere propter teneritudinem etatis», coloro che lo interrogavano gli chiesero se voleva essere frate del Tempio: allora il bambino rispose «quod volebat esse frater, ex quo pater et mater eius volebant». [...]

Un fattore determinante nella decisione di destinare un giovane alla vita religiosa era rappresentato in molti casi dall'esistenza di appoggi all'interno dell'ordine. La presenza di uno o più consanguinei ben collocati nel Tempio era giudicata un motivo più che sufficiente perché un giovane aspirasse alla medesima sistemazione: così un sergente ricorda di essere entrato al Tempio su pressione di un cugino che ne faceva già parte, il quale «volebat quod ipse testis esset frater dicti ordinis, quia erat consanguineus suus germanus». In generale, non si può non restare colpiti dal numero di templari che dichiarano di essere stati ricevuti direttamente per mano di un parente entrato nell'ordine prima di loro, o almeno in sua presenza. I frati stessi non esitavano a sottolineare questa caratteristica, presentandola come una prova della bontà del loro ordine: «Il padre vi attirava il figlio, il fratello il fratello e lo zio il nipote; per cui noi diciamo che se l'ordine fosse stato cattivo, non li avrebbero chiamati con sé». Senonché un'analisi dettagliata mostra che la compresenza di padre e figlio, o di due fratelli, è relativamente rara: la grande maggioranza dei casi riguarda una relazione trasversale zio-nipote, che sembra indicare un peso decisivo delle strategie familiari rispetto alle vocazioni individuali. All'interno dell'ordine si creavano così vere e proprie consorterie, il cui peso era poi decisivo nel decidere le possibilità di carriera dei singoli. Un esempio fra tutti: nel 1267 Ymbert de Pairaud, precettore d'Inghilterra, aveva ricevuto nell'ordine il nipote Hugues de Pairaud; asceso a sua volta a una carica di primissimo piano, quella di visitatore di qua dal mare, Hugues procurò l'ammissione di due nipoti, Pierre de Pairaud e Hugues de Chalons; quest'ultimo fece a sua volta carriera come uomo di fiducia dello zio e al momento dell'arresto aveva già ricevuto nell'ordine un nipote.

Più che una scelta individuale, l'ingresso nel Tempio era dunque spesso una questione di famiglia, per cui si mobilitava tutta una rete di parentele e di amicizie.

Peter Partner/I Templari: la creazione di un mito

[P. Partner, *I Templari* (1987), trad. it. di L. Angelini, Einaudi, Torino 2005, pp. X-XIII]

In questo brano Peter Partner (nato nel 1924) parte dal fatto storico – un processo per stregoneria ed eresia nel corso del quale, secondo l'uso del tempo, furono estorte confessioni sotto tortura che ovviamente portarono alla messa a morte dei colpevoli e allo scioglimento dell'ordine – per poi analizzare come questo stesso fatto storico fu riletto e reinterpretato dalle epoche successive dando vita ad un vero e proprio mito dei Templari: da monaci-soldati incolti e fanatici furono trasformati in «saggi cavalieri veggenti» che avevano saputo carpire dall'Oriente il segreto della Saggezza ed erano stati perseguitati dal governo francese per pura avidità, per poterne cioè confiscare le enormi ricchezze.

Una parte delle origini del mito templare deve essere ricercata nelle intricate tradizioni dell'occultismo, e non è semplice riportarle in superficie. Ma le radici del mito affon-

dano anche nell'ambigua solidarietà tributata alla vecchia cavalleria crociata. Ed è su un singolo, triste episodio della storia delle crociate che il mito si impernia: la storia del processo, della persecuzione e della caduta dei cavalieri templari. Un Ordine, come verrà più ampiamente spiegato in seguito, di monaci-soldati vincolati dai voti religiosi di povertà castità e obbedienza, e che era impegnato nella guerra religiosa in Terrasanta. Dopo il loro ritiro dalla Siria, alla fine del secolo XIII, i Templari divennero le vittime manifestamente innocenti di una terribile campagna di diffamazione e persecuzione messa in piedi contro di loro dal governo francese. Molti furono orribilmente torturati durante l'interrogatorio; altri vennero arsi vivi allo scopo di spingere i rimanenti a confessare. Alla fine di un breve periodo di crisi (1307-12) l'Ordine dei Templari venne sciolto per sempre. [...] D'altro canto, a partire dal secolo XVI in poi, molti scrittori hanno smesso di assegnare ai Templari il ruolo passivo di semplici monaci-soldati traditi e condannati dal governo e dalla Chiesa che servivano. Al tempo del loro processo i Templari furono accusati di pratiche magiche e di stregoneria. Benché alla maggior parte degli storici sia parso improbabile che i Templari fossero, in quanto gruppo, colpevoli, alcuni hanno cercato di rovesciare i termini della questione, asserendo che i Templari detenevano, in realtà, veri e importanti poteri magici, poteri anche maggiori di quelli che erano accusati di possedere. Lungi dal considerarli innocenti e sprovveduti monaci e soldati, tali scrittori hanno ritenuto i Templari degli istruiti maghi ricchi e pieni di potere, non tanto grazie alle considerevoli proprietà ecclesiastiche in loro dotazione, quanto perché in possesso di conoscenze segrete e dediti a pratiche occulte. Dal momento che il mondo dell'occulto è un continuum che per molti versi trascende il tempo e lo spazio, i Templari non possono essere considerati, da questo punto di vista, mere carogne con cui nutrire i professori universitari, ma una tradizione vivente di conoscenze segrete che può essere condivisa dagli eletti. E, dato che l'occultamento delle proprie grandi ricchezze è una azione tipica dei maghi secolari, anche i Templari potrebbero, allora, avere occultato ingenti depositi di ricchezza, che solo chi è in grado di decifrare i loro misteri può recuperare. Dall'inizio dei processi contro i Templari in poi, il denominatore comune nella storia dei Templari è l'accusa di magia. [...] Molti contemporanei ascrissero l'intera responsabilità delle accuse contro i Templari all'avidità senza scrupoli del governo francese, che desiderava confiscare le terre e il denaro dell'Ordine. Questo punto di vista era condiviso non solo da cinici politici, ma anche dal grande poeta Dante Alighieri. [...]
I Templari, secondo tale modo di vedere, erano una società segreta in totale opposizione alla Chiesa medievale, la cui speciale abilità era stata appunto quella di istallarsi in seno alla cristianità stessa; esternamente, insomma, un Ordine religioso ligio ai dettami della Chiesa, benché segretamente in opposizione a essa. In ogni modo gli appigli cui agganciare tali fantasie furono forniti da certi accenni riscontrabili tanto in opere di magia ed Ermetismo che in scritti patristici. Secondo questa nuova versione della storia, che si serviva del concetto rinascimentale di Oriente (in cui i Templari avevano operato), inteso come luogo di misteriosi segreti esoterici, essi apparvero effettivamente colpevoli di avere trattato la religione cristiana con blasfemo disprezzo. La loro indipendenza spirituale dalla Chiesa non si era basata su alcun potere di cospirazione magica, rozzo o di basso livello, ma sul possesso di un veritiero ricettacolo di conoscenza, un Tempio di saggezza simboleggiato dal nome stesso del loro Ordine.
In questo contesto si verificò la metamorfosi dei Templari che passarono dal loro apparente stato di incolti e fanatici monaci-soldati a quello di illuminati e saggi cavalieri veggenti, che avevano approfittato del loro soggiorno in Oriente per carpirne i più profondi segreti e per emanciparsi dalla credulità cattolica medievale.

ANALIZZARE E COMPRENDERE

1 **Chi diede il primo impulso alle monacazioni nella nuova forma di cavalleria e su quali argomentazioni basò il suo appello? Quale profilo puoi ricostruire dei tre principali ordini monastico-cavallereschi a partire dal brano di Flori?**

2 **Nello studio condotto da Barbero sugli interrogatori subiti dai Templari in Francia, quali sono le due motivazioni principali per l'arruolamento nell'ordine? Argomenta la tua risposta.**

3 **Quali sono i fattori che, nel corso dei secoli, hanno determinato, secondo Partner, la diffusione di un «mito dei Templari», presente ancora ai nostri giorni, anche nella letteratura d'evasione? Argomenta la tua risposta.**

CONFRONTARE E RIELABORARE

4 **Nel corso dei secoli XI-XIII si manifestarono all'interno della Chiesa fenomeni di intolleranza e belligeranza contro le altre religioni, che ben presto sfociarono nella repressione armata contro gli stessi cattolici dissidenti. Delinea, in un testo di max 20 righe, le fasi di questo percorso, illustrandone le premesse ideologiche, nate soprattutto dal contatto con la religione islamica, e il ruolo svolto dagli ordini monastico-cavallereschi. Prova anche a evidenziare le conseguenze storiche di lungo periodo per la civiltà occidentale.**

S/13_Gli imperatori svevi

Le biografie degli imperatori della casata sveva degli Hohenstaufen rappresentano uno dei modi privilegiati per studiare le lotte di potere del basso Medioevo. Abbracciando questo approccio, **Ferdinand Opll** ripercorre la vicenda di Federico Barbarossa e isola gli snodi storici che hanno portato al rafforzamento del suo potere politico. **Ernst Kantorowicz** propone invece un percorso più audace, che unisce all'attenzione per l'ambiente economico, sociale e politico la storia della mentalità e quella della cultura. Confrontando le carte giuridiche e diplomatiche con le cronache d'epoca e con i materiali letterari e iconografici, l'efficace sintesi biografica che Kantorowicz conduce su Federico II mostra il modo in cui le lotte di potere furono vissute e percepite nei termini di uno scontro tra il bene e il male. Infine **Raffaello Morghen** congiunge la storiografia italiana con quella tedesca e avanza un bilancio sulle lotte di potere tra Papato e Impero: il tramonto della casata sveva pose fine all'ideale medievale dell'Impero e gettò le basi per il successivo avvento di una confederazione in Germania.

Ferdinand Opll/La diplomazia politica di Federico Barbarossa

[F. Opll, *Federico Barbarossa* (1990), trad. it. di R. Castrucci, Ecig, Genova 1994, pp. 305-306, 316-318, 320-322]

Nella sua biografia di Federico Barbarossa, Ferdinand Opll (nato nel 1950) ripercorre in modo diacronico sia la vita e le opere dell'imperatore, sia le forme, le modalità e le strutture del suo regno. Passati in rassegna i rapporti con il Papato, con la nobiltà e i principi, si concentra sulle vicende delle città comunali tedesche, italiane e borgognone. Proprio le pagine relative allo specifico ruolo giocato dai comuni all'interno dell'Impero sono di grande interesse per cogliere il consolidamento del potere di Federico. Secondo Opll la diplomazia politica dimostrata dall'imperatore e la sua volontà di giungere ad accordi di compromesso gli permisero di integrare la forza autonoma dei comuni nella struttura di governo dell'Impero.

Fin dagli inizi della sua sovranità [Federico Barbarossa] aveva rivolto particolare attenzione alle città e ai loro problemi. La pace presto raggiunta nella parte tedesca dell'impero aveva fatto sì che anche le città episcopali divenissero di nuovo oggetto privilegiato dei provvedimenti dell'imperatore, il quale, allo stesso tempo, riprese con energia e successo i contatti già avviati sotto i suoi predecessori con le città palatine e del territorio imperiale, distinguendosi come fondatore di nuovi centri urbani non solo nell'area sveva di propria sovranità ma anche nei territori che vennero costituiti come distretti imperiali. L'appoggio di Enrico il Leone[1] permise poi a Federico [...] di ampliare e intensificare le sue attività politiche, fino a trasformare le città in uno dei supporti del suo potere.
A sud delle Alpi, nel regno d'Italia, le relazioni dell'autorità imperiale con il mondo comunale [...] avevano una tradizione molto più antica rispetto all'ambito tedesco. La prima metà del XII secolo fu l'epoca in cui si assistette al consolidamento in ampie parti del paese del nuovo modello di costituzione comunale, apparso già nell'XI secolo. La sovranità della città sul contado, il potere discrezionale sempre maggiore sui diritti di sovranità dell'impero – le regalie – erano tratti essenziali nell'operato delle nuove forze. [...] Le relazioni tra il primo sovrano svevo e le città italiane si limitarono alla distribuzione di alcuni diplomi, certo di non poco valore, fra i quali in particolare il conferimento del diritto di batter moneta alle città di Genova, Piacenza ed Asti. Di un'intensa penetrazione non si poteva certo parlare, visti i tumulti interni al territorio tedesco e le lotte con l'opposizione guelfa. [...]
Negli anni successivi [...] l'alleanza con Milano e il compromesso raggiunto con la Lega lombarda procurarono all'imperatore un'importante libertà d'azione anche riguardo ai tentativi di inserire più saldamente sotto la sua sovranità i beni matildini e gli assicurarono l'appoggio dei comuni in quelle manovre politiche. Benché anche a tale riguardo si aprisse un ennesimo conflitto con il papato, il pericolo di un'alleanza fra le forze comunali e quelle della Chiesa era ormai allontanato. Anche nelle regioni dell'Italia centrale, che guadagnarono importanza grazie al patto nuziale con la Sicilia normanna, Federico riuscì ad imporre con maggiore forza la sovranità dell'impero. [...]

1. Enrico il Leone (1129-1195) fu duca di Baviera e di Sassonia.

Federico I fu dunque il primo sovrano medioevale che riuscì a integrare l'autonoma forza politica ed economica dei comuni italiani nella struttura di governo dell'impero e a utilizzarla per i suoi obiettivi politici. [...] Nei confronti delle città della Borgogna il Barbarossa si attenne, di principio, al modello [...] del potere episcopale sulla città; eppure certi suoi provvedimenti mostrano che egli era anche disposto in singoli casi a lasciare spazio alle decisioni politiche delle ambiziose forze cittadine, se ciò poteva evitare crisi pericolose per la posizione del vescovo o ripristinare rapporti vantaggiosi per tutta la compagine imperiale. [...]
Proprio i provvedimenti politici del Barbarossa in ambito comunale devono essere ritenuti caratteristici delle sue doti di sovrano e della sovranità in genere. Nel confronto con le nuove forze sociali, rilevanti sia in campo economico sia in campo politico, egli rivelò tutto il suo grande talento. Flessibile nell'agire, pronto a prendere in esame realtà politiche localmente assai differenziate, adattando di volta in volta i suoi provvedimenti, egli seppe affermarsi anche nel conflitto con il mondo delle città.

Ernst Kantorowicz/Federico II nella lotta escatologica fra il bene e il male

[E. Kantorowicz, *Federico II imperatore* (1927-31), trad. it. di G. Pilone Colombo, Garzanti, Milano 2009, pp. 526-529]

Uno dei maggiori storici del Novecento, Ernst Kantorowicz (1895-1963), è il principale studioso dell'imperatore Federico II. Ritenendo che per comprendere la storia del sovrano svevo sia indispensabile tener conto degli elementi leggendari elaborati dalla cultura del XII-XIII secolo, Kantorowicz si interessa all'immaginario degli uomini e delle donne dell'epoca e ne ricostruisce i complessi intrecci con i costumi e le tradizioni. Le lettura che lo studioso offre delle lotte di potere ingaggiate col Papato è dominata dalla rappresentazione divulgativa di Federico II che viene paragonato ora al messo divino, al Salvatore, all'incarnazione del Dio cristiano, ora al re-tiranno, all'anticristo e a Satana. In tal modo le lotte con il Papato da semplice conflitto politico si trasformarono in uno scontro fra il bene e il male.

«Quand'anche la presenza nostra corporale non sia in ogni luogo, si estendono tuttavia le redini nostre sino ai lontani confini dell'orbe»: il motto caratterizza, per molti versi, Federico II e il modo della sua signoria sul *sacrum imperium* che abbraccia il mondo.
Mentre condensava politicamente sempre più l'impero attorno al suo nucleo d'origine, l'Italia, attraeva a sé nel contempo il mondo intero con briglie invisibili e forze arcane, trascinandolo nel vortice delle sue lotte con Roma. Il colpo di mano sulla città delle città, il cui possesso prometteva la magica signoria del mondo, era fallito: cosa sarebbe accaduto se fosse riuscito, nessuno era in grado di dirlo, ma il fatto stesso dell'imperatore davanti a Roma e del papa in estremo pericolo, aveva improvvisamente riempito di agitazione il mondo, destandone l'attesa per tutto quello di inimmaginabile che ci si poteva ancora attendere dal monarca scomunicato, maledetto dalla chiesa come anticristo e al quale i suoi preparavano la strada come a un messia e salvatore.
Per questa volta papa Gregorio aveva scongiurato il fato incombente, ma tutta la cristianità era ormai tenuta in agitazione e tensione costante di fronte a ciò che il domani, con questo imperatore, avrebbe portato. [...]
In tutti i campi si riconobbe la portata mondiale della missione dell'imperatore: con giubilo o con paralizzante terrore il mondo vedeva delinearsi sempre più nettamente la potenza del divo Augusto, le altezze vertiginose a cui egli s'innalzava e gli abissi di pericolo in cui il papa sprofondava; e tanto gli amici quanto i nemici erano forzati a credere che chi portava il diadema era mandato da Dio a recare salute o maledizione alla cristianità.
Ognuno percepiva l'aspetto straordinario del fenomeno, e l'interpretazione dell'avvento di Federico occupò per decenni il mondo: era dunque, in quanto colui che compiva i tempi, il re-tiranno e l'anticristo venuto a confondere le genti, o l'imperatore della pace benedetto e il salvatore, che portava il regno della giustizia? Quell'epoca non conobbe che queste immagini mitiche per un sovrano di tal misura, di maniera che tutto ciò che Federico II faceva, diceva, era, rientrò sempre in queste formule fisse; a quel modo che in ogni evento si vedeva il verificarsi di una profezia biblica o di un vaticinio sibillino, e ogni fatto veniva riferito contemporaneamente al Salvatore o all'anticristo.
Persino la dicitura solenne: *Dominus mundi*, ora sempre più usata, era a doppio senso, perché con «signore del mondo» s'intendeva anche Satana. E così si vedeva in Federico II, a seconda del punto di vista, il portatore del bene assoluto o del male assoluto: riconoscendo tuttavia sempre in lui «l'atteso», *quell'atteso* che rimase per secoli nella memoria dei popoli.
Se ognuno dei suoi nemici avvertiva la peculiarità della missione di Federico II: il principe del quale anche la creatura più infima sapeva non esservi il maggiore [...] allora soltan-

to si comprende la venerazione che i suoi gli tributavano, a lui che già amava elevare la propria persona a immagini e similitudini altissime. Così chiudeva le sue minacce contro Roma: «A noi è serva la terra, rende omaggio il mare; a un nostro cenno tutto s'avvera quello che è desiderato». [...]
Nel grande manifesto di Gerusalemme, al tempo della crociata, Federico II aveva celebrato il Dio che comanda ai venti e alle acque, e a cui essi ubbidiscono: adesso queste medesime lodi son rivolte a lui, «che lega le zone e annoda gli elementi», come se egli fosse l'incarnazione di Dio. Quella forza sovrumana nel male che già i suoi avversari gli attribuivano, godeva presso i suoi di una venerazione divina: «La tua forza, o Cesare, non conosce limiti, e supera quella dell'uomo, simile a forza di un dio» scrive un cortigiano; «Porta la corona come si addice alla tua condizione sovrumana» dice un altro; e un terzo lo celebra come «*cooperator Dei*» [cooperatore di Dio].
Certo, tali espressioni appartengono allo stile cortigiano; eppure servono a connotare Federico II, perché dagli sperticati elogi dei cortigiani traluce infine pure la verità, cioè il modo con cui l'imperatore voleva esser visto e soprattutto il modo in cui i suoi lo vedevano. [...]
La cosa più notevole era intanto il contenuto di queste adulazioni e adorazioni, le quali si muovevano tutte nella medesima cerchia e svelavano abbastanza chiaramente in quale sfera essa ponesse e fosse in grado di porre l'imperatore. L'elemento satanico e terribilmente pericoloso per la chiesa consisteva nel fatto che questo Staufen[1] non tanto era celebrato, al modo alquanto innocente e denotativo di certa cultura antiquaria degli Staufen precedenti [...], quanto piuttosto era concepito come «l'edotto dei disegni divini», «l'incessantemente illuminato dall'occhio di Dio», e, tornando indietro di un passo, molto più realisticamente e cristianamente e in apparente umiltà, come emanazione, come strumento del Dio vero, come figlio di Dio; di modo che si osava collocarlo a lato del redentore.

1. Staufen è una variante di Hohenstaufen, il casato svevo a cui apparteneva Federico II.

Raffaello Morghen/Il tramonto dell'Impero e la fine delle lotte di potere

[R. Morghen, *Il tramonto della potenza sveva in Italia. 1250-1266*, Tumminelli, Roma-Milano 1936, pp. 7-9]

Il declino della potenza sveva in Italia ebbe una risonanza a livello europeo perché coincise con la fine delle lotte di potere e dell'ideale dell'Impero. Attorno a questo tema si sviluppa il brano di Raffaello Morghen (1896-1983), che nei suoi studi delinea i tratti peculiari della politica dei diversi imperatori svevi. Le motivazioni e i presupposti che avevano ispirato l'Impero e animato le lotte con il Papato vennero meno con l'ultimo grande esponente della casata degli Hohenstaufen, Federico II. Inoltre, nota Morghen, il tramonto della potenza sveva in Italia evidenziò il fallimento della politica tedesca e avviò una profonda trasformazione della Germania, conclusasi con la nascita di una confederazione di principi.

Il declinare della potenza sveva in Italia è un avvenimento che trascende i limiti della pura storia italiana, per assurgere all'importanza di momento saliente di tutta la storia dell'Europa medievale. Con la battaglia di Benevento, la morte di Manfredi, il trionfo angioino nel mezzogiorno d'Italia, si chiude infatti tutta un'età e nell'aspra lotta, ingaggiata dagli Svevi con la Chiesa, non solo s'inizia la parabola discendente del regno di Sicilia e di Puglia che, sotto Federico II, tanto splendore di cultura aveva irraggiato in tutta l'Europa dalla corte di Palermo; ma il regno di Germania matura quella sua profonda trasformazione costituzionale che sostituirà definitivamente all'unità del potere monarchico una confederazione di principi, e porterà come primo suo frutto il marasma del grande interregno; vengono meno le forze ideali che avevano fino allora dato vigore e significato al contrasto dell'Impero e del Papato, ambedue ormai intimamente logorati; la storia della Germania si differenzia finalmente dalla storia d'Italia con la quale era stata indissolubilmente unita dagli Ottoni in poi; cessa di esistere, come fattore vivo e movente primo di quella storia stessa, la politica italiana degli imperatori che, da Carlo Magno a Federico II, aveva volto e attratto verso il sud, con la necessità di un destino, le aspirazioni e i conati di conquista delle popolazioni germaniche.
E appunto il venir meno dell'ideale dell'Impero, che per secoli aveva rappresentato una delle più alte espressioni dello spirito medioevale, e la catastrofe di tutta una politica, perseguita per secoli dagli imperatori tedeschi con tenace costanza, attraverso vittorie e sconfitte clamorose che segnano quasi le pietre miliari della storia d'Europa nell'età di mezzo, conferiscono alla figura di Federico II, così proteso verso l'avvenire e legato nello stesso tempo a un passato ormai inesorabilmente condannato a morire, quel risalto drammatico, quell'alone di poesia e di leggenda che gli stessi con-

temporanei le attribuirono: poiché, proprio con Federico II, il maggiore degli Svevi, cade in effetti la potenza degli Hohenstaufen e dell'Impero. Manfredi, nell'ambito più ristretto della vita italiana, non sarà che un continuatore dell'opera di Federico II, re di Sicilia; più abile del padre nel sapersi destreggiare nel difficile intrico della politica italiana, ma senza nuovi né originali atteggiamenti [...]

Il tramonto della potenza sveva in Italia ci si presenta perciò come uno dei maggiori problemi della storia italiana del sec. XIII: problema che non attinge la sua spiegazione solo in cause contingenti della lotta politica del momento, ma anche e piuttosto in ragioni molto più complesse, generali e remote, che [...] condizionano addirittura ogni giudizio d'insieme sulla civiltà medioevale.

Come problema storico, anzi, esso s'identifica con l'altro, di assai più vasta portata, del fallimento della politica imperiale tedesca in Italia. Poiché una continuità ideale senza soluzioni appare raccogliere intorno a uno stesso essenziale programma le figure pur così diverse degli Ottoni, del Barbarossa, di Federico II, di Manfredi; e la rotta di Stilo, l'umiliazione di Canossa, le battaglie di Legnano, di Cortenuova, di Benevento si presentano, sotto un certo aspetto, come episodi di una stessa titanica lotta della quale è indispensabile conoscere i dati e i caratteri, per rendersi adeguatamente conto delle cause che hanno portato in Italia, col tramonto della potenza sveva, al fallimento definitivo della *italianische Kaiser-politik* [politica imperiale italiana].

ANALIZZARE E COMPRENDERE

1 **In quale modo le città sono diventate, secondo Opll, uno dei «supporti del potere» di Federico Barbarossa?**

2 **In quale modo Federico II voleva essere percepito dai sudditi nel brano di Kantorowicz? E quali strategie comunicative mise in atto per indurre tale visione?**

3 **Perché il declino della potenza sveva in Italia è un avvenimento che trascende i limiti della pura storia italiana secondo Morghen? Argomenta la tua risposta.**

CONFRONTARE E RIELABORARE

4 **Ricostruisci, in un testo di max 20 righe, il modo in cui fu divulgata e percepita la figura di Federico II, l'aura che l'avvolse nella lotta con il pontefice e l'esito delle ambizioni imperiali della dinastia sveva determinato dalla sua morte.**

S/14_L'Italia comunale

Le origini delle istituzioni comunali sono da sempre al centro dell'interesse degli storici. Avvenute in un periodo di trasformazioni delle forme di potere che per altro ha lasciato poche fonti capaci di renderne testimonianza, a lungo ci si è chiesti da quando sia lecito parlare effettivamente di Comune. A dare una risposta a questa domanda prova **Renato Bordone**, che individua la nascita di vere e proprie istituzioni comunali nel momento in cui l'assemblea dei cittadini assume potere decisionale. Nel secondo brano, invece, **Paolo Grillo** illustra con precisione le peculiarità dei comuni italiani e la carica sovversiva rispetto al potere imperiale che rappresentarono, tale da renderne urgente agli occhi di Federico Barbarossa una rapida repressione. Nel terzo brano, infine, **Gioacchino Volpe** mette in evidenza la rapidità con cui i comuni italiani portarono ad una piena maturità politica le proprie istituzioni. Tale maturità è incarnata dalla figura del podestà, che nella propria persona rappresenta non i singoli cittadini, ma il comune stesso inteso come unica persona giuridica.

Renato Bordone/Le origini del comune

[R. Bordone, *La città comunale*, in P. Rossi (a cura di), *Modelli di città. Strutture e funzioni politiche*, Einaudi, Torino 1987, pp. 349-351]

In questo brano Renato Bordone (1948-2011) ricostruisce nella complessità delle sue dinamiche il passaggio dalla città vescovile al comune. Secondo l'autore fu all'interno della città vescovile che la collettività cittadina sperimentò per la prima volta una vera e propria forma di collaborazione attiva con il regime, soprattutto con l'istituto dei maggiorenti con la funzione di rappresentare gli interessi propri e dei concittadini. Ma solo da quando l'assemblea assunse capacità di deliberazione in nome della *civitas* è possibile parlare effettivamente di istituzioni comunali. Le istituzioni vescovili rimangono formalmente intatte ancora a lungo, ma a quel punto sono svuotate del potere effettivo che è ormai passato di fatto nelle mani dei *cives*.

L'ultima fase della città vescovile aveva portato in Italia la collettività cittadina a una parziale forma di collaborazione con il regime, costituita dall'inserimento dei maggiorenti nelle strutture organizzative della chiesa episcopale, sia tramite vincoli di natura giuridicamente definita – quali gli istituti vassallatico-beneficiari – sia tramite il ricorso, occasionale o consueto da parte del vescovo, alle competenze specializzate di quelle categorie di esperti cittadini che detenevano, come notai e giudici, gli strumenti di legittimazione o che, come i mercanti, erano in grado di provvedere ai rifornimenti e di regolare l'attività commerciale. Proprio il controllo dei mercati forniva al vescovo un cespite non secondario di reddito nella congiuntura di generale ripresa economica urbana che caratterizza il secolo XI.

È fuori dubbio che la presenza di questi *cives* eminenti, collocati nei nodi nevralgici della vita cittadina – esercito, giustizia, economia –, abbia anche la funzione di rappresentare gli interessi collettivi dei concittadini, oltre che quelli della propria categoria di appartenenza. Se pure non ci furono in Italia, si direbbe, veri e propri organi di rappresentanza presso il vescovo, come accadde più tardi all'estero, l'esercizio amministrativo e militare fu un'efficace palestra per un ceto dirigente in via di formazione che ben presto avrebbe assunto il governo. Proprio la mancanza di funzionari cittadini nominati dal vescovo e istituzionalmente ben individuati come nelle città teutoniche [...] sembra denunciare la particolare situazione della città vescovile italiana, dove il peso della cittadinanza, che si esprime in modo non ufficiale nei suoi maggiorenti, controbilancia il potere del vescovo, predisponendo l'affermazione dell'autonomia.

Non si deve poi trascurare l'atteggiamento assunto nella seconda metà del secolo XI dall'autorità imperiale nei confronti delle *civitates* del Regno che, sebbene condizionato forse dalla necessità di fronteggiare il Papato con il ricorso ad alleanze di segno contrario, denuncia un riconoscimento abbastanza esplicito della singolare condizione giuridica della città, trasferendo ai *cives* la protezione particolare che tradizionalmente l'Impero riservava al vescovo identificato con la sua *civitas*. Esempi come quello dei cittadini di Mantova, che ottengono alla metà del secolo il riconoscimento di *illam iustam et bonam consuetudinem... quam quelibet civitas Imperii nostri obtinet*, costituiscono il presupposto indispensabile per il successivo affermarsi di una precisa volontà degli abitanti di amministrare per conto proprio tale consuetudine: una *consuetudo*, si badi, che al principio del secolo seguente verrà dall'imperatore indicata come *libertas* nella concessione fatta da Enrico V ai Torinesi, anche se proprio in tale occasione se ne limitava l'estensione con la clausola *salva solita iustitia episcopi*.

Precocemente orientata verso l'autonomia, prima di approdare al tipo comunale la città italiana attraversa un periodo di incubazione sotto il segno di una formale soggezione al vescovo, ma con il chiarirsi del significato pubblico del concetto di *civitas*. Soltanto con la comparsa dei consoli, di una magistratura elettiva che rappresenta la totalità dei *cives*, si è soliti però parlare di instaurazione del regime comunale. Di fatto il consolato esprime già una forma di raggiunta maturità nell'elaborazione di modelli istituzionali, cosicché occorrerebbe forse anticipare la nascita del nuovo tipo di città al momento in cui diviene relativamente stabile l'assemblea degli abitanti, riconosciuti in modo implicito o esplicito depositari del *publicum* in quanto *cives* e organizzati collettivamente, e attuare qui la cesura con la città vescovile. [...]

In Italia il comune nasce nel momento in cui l'assemblea assume facoltà deliberanti: non per delega vescovile ma in quanto si identifica con il concetto di *civitas* che si è andato sviluppando nella speculazione giuridica del tempo come espressione locale del Regno, dotata di *libertas* politica. A questo punto il vescovo appare escluso dal gioco, anche se l'apparato burocratico e la cultura notarile tendono a presentarlo, secondo un'immagine conservatrice, come il vertice politico-religioso di forze urbane subordinate: un'immagine – si deve sottolineare – che con sfumature diverse rimarrà a lungo formalmente paradigmatica nella città comunale, ancorché svuotata di effettivo potere.

Paolo Grillo/Peculiarità dei comuni italiani

[P. Grillo, *Legnano 1176. Una battaglia per la libertà*, Laterza, Roma-Bari 2010, pp. 8-13]

Secondo Paolo Grillo (nato nel 1968) i comuni italiani presentavano rispetto ai comuni del resto d'Europa alcune caratteristiche peculiari che resero urgente l'intervento di Federico Barbarossa. In questo brano l'autore riesce a mettere bene in luce quali dovettero essere le preoccupazioni del giovane imperatore di fronte ad una sovranità popolare così consapevole di sé e ad un'apertura sociale che non avevano eguali nelle altre esperienze comunali europee. Nel giro di pochi decenni i comuni italiani non si erano dotati soltanto dei magistrati, ma anche di tutto un apparato cerimoniale (giuramenti collettivi, bandiere, assemblee aperte, processioni) volto ad esaltare il senso di appartenenza al comune e la legittima partecipazione attiva di tutta la popolazione all'esercizio del potere.

Anche se il problema delle città nel 1154 non era urgente, Federico sapeva sicuramente che nella penisola accadevano grandi novità. Da almeno mezzo secolo le maggiori città del Centro e del Settentrione si erano date una nuova forma di autogoverno, in cui la possibilità di esercitare il potere pubblico non derivava dall'alto, da un'investitura regia o da un diritto ereditario, ma veniva attribuita dal basso, grazie al consenso della collettività dei cittadini. Ogni anno, infatti, veniva eletto un collegio di ufficiali, i quali avevano il compito di assicurare il governo della cittadinanza, l'amministrazione della giustizia e la difesa del territorio urbano. Il nome di questa nuova istituzione era «comune».

L'Italia centro-settentrionale non era l'unica regione europea dove le città erano in fermento. [...]

Regno di Francia, regno Teutonico, Fiandre rappresentavano solo la punta dell'iceberg. Da oltre un cinquantennio le città erano in subbuglio nell'intera Europa, ma ciò nonostante in queste regioni sembrava possibile imbrigliare il movimento comunale o quanto meno indirizzarlo verso il rafforzamento e la crescita della potenza regia: le comunità ribelli venivano represse e punite, le associazioni sciolte oppure poste sotto il controllo e la protezione particolare del sovrano, che se ne serviva per contrastare il potere della nobiltà locale. In Italia non era così: a partire dagli ultimi anni dell'XI secolo, i comuni urbani avevano acquisito incontrastati un peso e una forza enormi, conquistando una piena autonomia di governo e proiettando il loro potere su gran parte delle campagne circostanti. [...]

Per cercare di comprendere cosa potevano pensare l'imperatore e la sua corte della situazione che si era andata definendo in Italia, disponiamo fortunatamente di una testimonianza importantissima. Al seguito di Federico vi era una figura particolare, Ottone, arcivescovo di Frisinga, zio paterno dello stesso imperatore. [...] Personaggio di grande cultura e di altrettanto grande curiosità, Ottone si vide attribuire nel 1157 l'incarico ufficiale di narrare le gesta del nuovo sovrano, compito che espletò fino alla sua morte, avvenuta nel 1158. Le parole di Ottone ci restituiscono, dunque, ciò che degli eventi italiani poteva colpire un colto nobiluomo tedesco, che guardava con interesse misto a perplessità quello che accadeva nelle città della penisola. [...]

Sovranità popolare, mobilità e apertura sodale, proiezione del potere cittadino sulle campagne, emarginazione dell'antica aristocrazia territoriale: nelle pagine di Ottone sfilano lucidamente percepite. L'ex monaco cistercense vedeva chiaramente ciò che lo circondava, forse più chiaramente di alcuni storici più recenti, i quali si sono affannati a spiegare che l'autogoverno delle città italiane non era poi stata questa grande novità e a ricondurre l'esperienza comunale nell'alveo del «mondo feudale». I contemporanei, invece, non la pensavano affatto così, come dimostrano la curiosità dell'arcivescovo di Frisinga e l'allarme dell'imperatore per l'inconcepibile maniera in cui le comunità cittadine si autogovernavano, in modo totalmente contrario al buon ordine gerarchico voluto da Dio in persona.

Se, infatti, in tutta Europa, fra XI e XII secolo, gli intellettuali andavano elaborando teorie che prospettavano una funzionale disuguaglianza dell'umanità, divisa fra chi comandava (chierici e nobili cavalieri) e chi obbediva (i lavoratori), nei comuni italiani, invece, tutti gli uomini erano liberi e uguali di fronte alla legge. I cittadini, ossia i maschi adulti che vivevano in città, pagavano le imposte, prestavano servizio militare e garantivano la sorveglianza delle mura e l'ordine pubblico, non erano sottoposti all'autorità di nessuno, se non del re in persona. Comunità di uomini liberi per eccellenza, le città erano di conseguenza soggetti politici, in grado di interloquire direttamente con i rappresentanti del regno. In quanto tali, esse erano anche in grado di autogovernarsi e autodeterminarsi, fatta salva la loro lealtà nei confronti del legittimo sovrano.

Dato che la radice della libertà cittadina era nella collettività dei suoi abitanti, questi ultimi erano direttamente responsabili del governo. Benché il potere esecutivo fosse affidato a un gruppo di magistrati eletti annualmente, i consoli, la popolazione era direttamente coinvolta nella vita pubblica grazie a cerimonie di grande impatto simbolico e di rilevante peso politico, quali giuramenti collettivi, assemblee aperte, di solito svolte nelle piazze, consegne delle bandiere militari, processioni in onore del santo patrono: in queste e altre occasioni le fonti dell'epoca ci consentono di considerare la massa dei cittadini quale protagonista attiva, consenziente o dissenziente nei confronti del governo in carica, sempre comunque conscia di rappresentare la base legittima dell'esercizio del potere all'interno delle mura urbane.

Gioacchino Volpe/Il podestà

[G. Volpe, *Medio Evo italiano*, Laterza, Roma-Bari 1992, pp. 234-235]

In questo brano uno dei maggiori studiosi delle forme politiche comunali, Gioacchino Volpe (1876-1971), spiega come la figura del podestà abbia rappresentato la piena maturità delle istituzioni comunali. Se nella sua prima fase il comune si è fondato sull'impegno personale e volontario di alcuni cittadini, nella seconda fase la base cittadina che partecipa attivamente all'esercizio del potere si è allargata enormemente, e soprattutto si configura sempre più come organismo unitario in cui gli interessi dei singoli sono indissolubilmente intrecciati. È da questa nuova fase di piena consapevolezza politica che viene fuori la figura del podestà, che nella sua persona non rappresenta gli *omnes et singuli cives*, ma la comunità intera intesa come corpo unico.

Il Podestà segna il pieno formarsi del Comune come persona giuridica, cioè un passo grande verso lo Stato, nel senso in cui noi lo intendiamo. [...] Alla fine del XII secolo, il Comune ha allargato assai la sua base; altre classi di persone si sono formate, ormai vicine a partecipare alla vita pubblica; il rapporto personale e volontario di pochi – fondamento primo del Comune – si è mutato in un rapporto reale e necessario che unisce in una organizzazione politica di diritto pubblico tutta la cittadinanza, dall'aristocrazia all'artigianato; l'antica associazione di individui si è identificata ora con la città materiale, le ha imposto i propri interessi ed ha assunto la tutela dei suoi; si è divisa topograficamente in quartieri e cappelle, base dell'organamento fiscale, militare e politico; i diritti, i privilegi, le consuetudini, l'attività di questo primo nucleo comunale son diventati diritti, privilegi, consuetudini, attività prevalenti della città. Ora, subietto di diritto non sono più solo gli *omnes et singuli cives* ma è il Comune; il governo si avvia a diventar sempre più emanazione delle varie forze organizzate ed equilibrantisi della città mentre i primi Consoli agivan quasi per conto proprio, si obbligavan personalmente, eleggevano essi i successori ecc.

Il Podestà si trova in fondo ad un lento processo di separazione del diritto pubblico e privato, ancora troppo confusi – eredità delle monarchie barbariche e del feudalesimo – sotto i Consoli; separazione che è conseguenza del decadere della prevalente economia terriera, dello svigorirsi degli istituti feudali, della emancipazione dei rustici, del passare la terra nelle mani della borghesia cittadina, per cui i diritti signorili si trasformano in diritti patrimoniali, e la proprietà immobiliare assume un valore ed una funzione puramente privati ed economici; conseguenza ancora del formarsi di saldi ordini di governo nella città a scapito della famiglia. Esso Podestà alla fine del XII secolo, è quasi corollario al pieno acquisto che il Comune ha fatto di tutti i diritti di sovranità mediante usurpazioni, privilegi imperiali, conquiste – e di tutto il suo contado, la cui tradizione si era perpetuata nella diocesi vescovile. Quest'ultimo fatto è certo fondamentale nella storia del Comune e fonte di tutte le modificazioni che la città e le sue istituzioni subiscono dal XII secolo in poi. Le prime guerre fra città son dovute a contrasti territoriali; ed anche quando le rivalità di commercio son le determinanti, si tratta sempre, innanzi tutto, di escludere dal proprio contado la concorrenza altrui, di riservarsene lo sfruttamento. Il Comune di per sé solo sarebbe stato incapace di ogni svolgimento; sarebbe rimasto la *compagna* o la *societas* dell'XI secolo. È dovuto all'enorme arricchimento di forze che portò il contado alla città se si accrebbe il numero dei partecipi al Comune, se fecesi sentire la necessità di più forti organi coordinatori ed unificatori. Ed ecco il Podestà nel quale si esprime questa più compiuta unità giurisdizionale e territoriale.

Il Palazzo del Podestà a Castell'Arquato (Piacenza)
[foto di Massimo Telò]

ANALIZZARE E COMPRENDERE

1 **Quale particolare differenza tra le istituzioni delle città vescovili tedesche e italiane ha favorito, secondo Bordone, la tendenza autonomistica dei comuni italiani?**

2 **Quali erano per Grillo i diritti e i doveri in cui si esprimevano i criteri di libertà e uguaglianza fra i cittadini nella vita associata dei comuni? E in quali occasioni pubbliche tale spirito di coesione e collaborazione si manifestava?**

3 **Quali fattori hanno portato alla graduale separazione tra diritto pubblico e privato e alla conseguente affermazione, secondo Volpe, della figura del podestà alla fine del XII secolo?**

CONFRONTARE E RIELABORARE

4 **In un testo di max 15 righe indica e discuti i caratteri più innovativi che distinsero le istituzioni dei comuni italiani da quelle delle città europee.**

Modulo_3
La crisi del tardo Medioevo

1309-76 ■ La sede del Papato viene trasferita in Francia, ad Avignone.

1337-1453 ■ Si combatte in Francia la guerra dei Cent'anni, che termina con la sconfitta degli inglesi.

1347-50 ■ L'epidemia di peste uccide in Europa un terzo della popolazione.

1358 ■ In Francia esplode una grande rivolta di contadini, detta *jacquerie*.

1378-82 ■ A Firenze gli operai della lana, i ciompi, chiedono istituzioni più democratiche.

1453 ■ L'esercito del sultano turco ottomano Maometto II conquista Costantinopoli.

Ambrogio Lorenzetti, ***llegoria del Cattivo Governo,*** part., 1338-39
[Sala dei Nove, Palazzo Pubblico, Siena]

ONLINE
GUIDA ALLA PROVA D'ESAME

1/ La "morte nera"

UNA POPOLAZIONE INDEBOLITA Gli scontri, le guerre, le lotte di potere che incessantemente scuotono l'Europa medievale non devono far dimenticare che i secoli che vanno dall'inizio dell'XI all'inizio del XIV sono parte di una fase storica caratterizzata da una crescente prosperità economica e sociale. È quello un periodo di vivace ripresa dei traffici commerciali, anche a lunga distanza; di messa a coltura di terre nuove nelle campagne; di maggiore disponibilità di prodotti agricoli e di risorse alimentari; e quindi di costante crescita della popolazione [▷ **3**].

Però sin dal **1320** si manifestano segni che ci dicono che i tempi stanno cambiando [▷ **S15**]. Intanto le cronache contemporanee testimoniano di un certo **peggioramento delle condizioni climatiche**: gli inverni si fanno più freddi e più lunghi e le piogge diventano sempre più violente e rovinose. Di conseguenza, anche i **cattivi raccolti** sono sempre più numerosi. Il grano e la farina si trovano con più difficoltà sui mercati e il prezzo dell'alimento base, il pane, cresce a livelli mai visti prima.

Per gli strati poveri della popolazione, quindi, comprare i beni alimentari diventa più difficile; e più arduo diventa anche alimentarsi in modo adeguato. Di conseguenza i corpi, provati dalla fatica, sono debilitati da un'**alimentazione insuf-**

Monaci appestati vengono benedetti da un prete, 1360-80 [dal codice *Omne Bonum*; British Library, Londra]

Giovanni di Paolo, *Allegoria della peste*, XIV sec. [Gemäldegalerie, Berlino]

Il sintomo più evidente della peste sono i bubboni, ben raffigurati nella miniatura di sinistra. Nella tavola di destra, invece, è ritratta un'altra figura assai frequente nelle immagini dell'epoca: un personaggio alato (la morte, solitamente una donna), completamente vestito di nero, che procedendo sul suo cavallo colpisce con le sue frecce e la sua falce chiunque incontri sul suo cammino, senza distinzioni di classe, di età o di sesso. Si tratta della rappresentazione allegorica della peste.

ficiente, sia dal punto di vista quantitativo, sia dal punto di vista dietetico, con pochi carboidrati (pane), pochissimi grassi e proteine (formaggi, carne) e pochissime vitamine (verdura, frutta).

L'EPIDEMIA DI PESTE BUBBONICA ■ È su una popolazione spossata da tre decenni di crisi che nel **1347** si abbatte una malattia epidemica quasi sconosciuta in Europa, di una virulenza assolutamente inaudita: la peste bubbonica.

La peste bubbonica è una malattia che si manifesta con attacchi di febbre, conati di vomito, sete, diarrea, macchie sulla pelle e con un ingrossamento delle ghiandole linfatiche dell'inguine e delle ascelle, che provoca i "bubboni" da cui la malattia prende il nome. Il vettore di trasmissione del **bacillo della peste** sono le **pulci parassite dei ratti neri** le quali, passando dai topi agli umani, iniettano il bacillo nel sangue con la loro puntura.

L'Europa aveva conosciuto la peste nel II secolo d.C. e di nuovo, in forma endemica, tra il VI e l'VIII secolo. Dopo di allora si erano registrati solo episodi localizzati, mentre non si erano più manifestate pandemie. Quindi, quando la peste torna in Europa, a metà del Trecento, non se ne ha quasi più memoria.

La peste trecentesca ha origine da un tenace **focolaio di infezione attivo in Cina**. Da lì i topi e le pulci si spostano verso ovest, con le carovane dei mercanti o con le truppe dei soldati mongoli. Nel **1347** una colonia di mercanti genovesi insediata a Caffa, in Crimea, viene contagiata, probabilmente a causa della tecnica di guerra adottata dai **Mongoli** che stanno assediando la città, i quali gettano cadaveri di appestati al di là delle mura [▷ **A30**].

le PAROLE della STORIA

Mongoli
Popolazione asiatica di cavalieri e cacciatori nomadi, stanziata originariamente nella zona del lago Bajkal, tra Siberia e Mongolia che, dall'inizio del XIII secolo, sotto la guida di Gengis Khan (1167-1227), inizia una poderosa espansione militare verso est e verso ovest: a est i Mongoli arrivano a dominare la Cina; a ovest, all'inizio del XIV secolo sono in grado di dominare perfino le coste del Mar Baltico, l'Ungheria, le coste del Mar Nero e l'Anatolia. Uno dei capi mongoli, Kubilay Khan (1214-1294), fonda in Cina la dinastia Yuan, che domina la regione fino al 1368. Presso di lui vive per diciassette anni il viaggiatore veneziano Marco Polo (1254-1324).

ATLANTE 30

Diffusione della peste in Europa
La cartina mostra con grande chiarezza la impressionante rapidità della diffusione della peste, trasportata facilmente dai marinai, dai mercanti, dalle carovane di nomadi.

Infettati, in fuga da Caffa, i genovesi portano con loro la peste e la diffondono nei porti mediterranei nei quali sbarcano. I tempi di diffusione sono incredibilmente rapidi. Nel dicembre del 1347 la peste ha contagiato la Sicilia, la Sardegna, la Corsica e Marsiglia. Sei mesi più tardi si è diffusa in Aragona, in Italia, nei Balcani e in buona parte della Francia. Poi la malattia si sposta verso nord, in Germania, in Inghilterra e in Scandinavia, raggiungendo la Russia nel 1350 [▷ **F8**].

UN FLAGELLO IMPROVVISO E INCOMPRENSIBILE ■ Ciò che colpisce molto i contemporanei è il **carattere improvviso del contagio e della morte**. Scrive Giovanni Boccaccio

LE FONTI 8

Giovanni Boccaccio/La peste

[da Giovanni Boccaccio, *Il Decameron*, a cura di Carlo Salinari, Laterza, Bari 1966, vol. I, pp. 8-9, 12-13, 15-16]

Giovanni Boccaccio (1313-1375) è autore di opere fondamentali della letteratura italiana, tra cui particolare rilievo ha il *Decameron* (1349-53), raccolta di 100 novelle collegate da una cornice, nella quale si narra come sette donne e tre uomini si rifugino in una villa nel contado di Firenze per sfuggire alla peste; lì, per dieci giorni, ciascuno racconta una novella al giorno per passare il tempo in modo dilettevole. È proprio nell'*Introduzione* alla prima giornata che Boccaccio descrive brevemente, ma vividamente, il diffondersi del contagio a Firenze.
Il testo di Boccaccio offre le stesse chiavi esplicative che altri davano per le catastrofi naturali che si erano abbattute su Firenze nei decenni precedenti: la peste bubbonica è l'effetto di sfavorevoli congiunzioni astrali o anche di un castigo mandato da Dio per punire i peccati degli uomini.
Da sottolineare anche la buona consapevolezza del tipo di cammino seguito dalla peste: scoppiata in Asia (nell'Oriente) si è poi trasmessa rovinosamente all'Occidente, e quindi anche alla città di Firenze.
Come altri attenti osservatori coevi che hanno descritto l'impatto della peste, anche Boccaccio sottolinea efficacemente gli effetti dirompenti che l'epidemia produce sui legami sociali, sciogliendo e devastando anche quelli più intimi.

Dico adunque che già erano gli anni della fruttifera Incarnazione del Figliuolo di Dio al numero pervenuti di milletrecentoquarantotto, quando nell'egregia città di Firenze, oltre ad ogni altra italica nobilissima, pervenne la mortifera pestilenza, la quale o per operazion de' corpi superiori o per le nostre inique opere da giusta ira di Dio a nostra correzione mandata sopra i mortali, alquanti anni davanti nelle parti orientali incominciata, quelle d'innumerabile quantità di viventi avendo private, senza ristare d'un luogo in uno altro continuandosi[1], inverso l'Occidente miserabilmente s'era ampliata. [...]
Nascevano nel cominciamento d'essa a' maschi ed alle femmine parimente o nell'anguinaia o sotto le ditella certe enfiature[2], delle quali alcune crescevano come una comunal mela[3] ed altre come uno uovo, ed alcuna più ed alcuna meno, le quali li volgari nominavan «gavoccioli»[4]. E dalle due parti predette del corpo infra brieve spazio di tempo cominciò il già detto gavocciolo mortifero indifferentemente in ogni parte di quello a nascere ed a venir; ed appresso a questo, si cominciò la qualità della predetta infermità a permutare in macchie nere o livide, le quali nelle braccia e per le cosce ed in ciascuna altra parte del corpo apparivano a molti, a cui grandi e rade ed a cui minute e spesse. E come il gavocciolo primieramente era stato ed ancora era certissimo indizio di futura morte, e così erano queste a ciascuno a cui venivano.
A cura delle quali infermità né consiglio di medico né vertù di medicina alcuna pareva che valesse o facesse profitto; anzi, o che la natura del malore nol patisse o che l'ignoranza de' medicanti[5] [...] non conoscesse da che si movesse e per conseguente debito argomento non vi prendesse[6], non solamente pochi ne guerivano, anzi quasi tutti infra il terzo giorno dall'apparizione de' sopradetti segni, chi più tosto e chi meno, ed i

1. *senza... continuandosi*: senza fermarsi, trasmettendosi da un luogo all'altro.
2. *nell'anguinaia... enfiature*: nell'inguine o sotto le ascelle certi gonfiori.
3. *comunal mela*: normale mela.
4. *«gavoccioli»*: bubboni.
5. *medicanti*: medici.
6. *e per... prendesse*: e di conseguenza non prescrivesse il rimedio appropriato.

nell'*Introduzione* del suo *Decameron*: «Quanti valorosi uomini, quante belle donne, quanti leggiadri giovani, [...] la mattina desinarono co' lor parenti, compagni ed amici, che poi la sera vegnente appresso nell'altro mondo cenaron con li lor passati!»; una epidemia così improvvisa e così letale merita davvero di esser chiamata la **"morte nera"**.

Ma colpisce anche il **carattere non selettivo** della malattia, che si abbatte allo stesso modo sui poveri come sui ricchi (sebbene questi ultimi possano ritirarsi nelle loro ville fuori città, soluzione che, tuttavia, non sempre si rivela efficace).

più senza alcuna febbre o altro accidente, morivano.

E fu questa pestilenza di maggior forza per ciò che essa dagl'infermi di quella per lo comunicare insieme[7] s'avventava a' sani, non altrimenti il faccia il fuoco alle cose secche o unte quando molto vi sono avvicinate. E più avanti ancora ebbe di male: ché non solamente il parlare e l'usare[8] con gl'infermi dava a' sani infermità o cagione di comune morte, ma ancora il toccare i panni e qualunque altra cosa da quegli infermi stata tócca[9] o adoperata pareva seco quella cotale infermità nel toccator trasportare. [...]

E lasciamo stare che l'un cittadino l'altro schifasse e quasi niun vicino avesse dell'altro cura ed i parenti insieme rade volte o non mai si visitassero e di lontano, era con sì fatto spavento questa tribulazione entrata né petti degli uomini e delle donne, che l'un fratello l'altro abbandonava ed il zio il nepote e la sorella il fratello e spesse volte la donna il suo marito, e che maggior cosa è e quasi non credibile, li padri e le madri i figliuoli, quasi loro non fossero, di visitare e di servire schifavano. [...]

A questo ne seguì la morte di molti che per avventura, se stati fossero atati, campati sarieno[10]; di che, tra per lo difetto degli opportuni servigi, li quali gl'infermi aver non poteano, e per la forza della pestilenza, era tanta nella città la moltitudine di quegli che di dì e di notte morieno[11], che uno stupore era ad udir dire, non che a riguardarlo. [...]

Ed infinite volte avvenne che, andando due preti con una croce per alcuno, si misero tre o quattro bare, da' portatori portate, di dietro a quella[12]; e dove un morto credevano avere i preti a sepellire, n'avevano sei o otto, e talfiata[13] più. Né erano per ciò questi da alcuna lagrima o lume o compagni onorati, anzi era la cosa pervenuta a tanto, che non altramenti si curava degli uomini, che ora si curerebbe di capre. [...]

Alla gran moltitudine di corpi mostrata, che ad ogni chiesa ogni dì e quasi ogni ora concorreva portata[14], non bastando la terra sacra alle sepolture, e massimamente volendo dare a ciascun luogo proprio[15] secondo l'antico costume, si facevano per li cimiteri delle chiese, poi che ogni parte era piena, fosse grandissime nelle quali a centinaia si mettevano i sopravvegnenti; ed in quelle stivati, come si mettono le mercatantìe nelle navi a suolo a suolo[16], con poca terra si ricoprieno infino a tanto che della fossa al sommo si pervenia.

Ed acciò che dietro ad ogni particolarità le nostre passate miserie per la città avvenute più ricercando non vada, dico che così inimico tempo correndo per quella, non per ciò meno d'alcuna cosa risparmiò il circostante contado; nel quale, lasciando star le castella[17], che simili erano nella loro piccolezza alla città, per le sparte ville[18] e per li campi i lavoratori miseri e poveri e le loro famiglie, senza alcuna fatica di medico o aiuto di servidore, per le vie e per li cólti[19] e per le case, di dì e di notte indifferentemente, non come uomini ma quasi come bestie morieno.

7. *per lo... insieme*: per contatto.
8. *l'usare*: il frequentare.
9. *tócca*: toccata.
10. *per avventura... sarieno*: se per caso fossero stati aiutati, sarebbero sopravvissuti.
11. *morieno*: morivano.
12. *a quella*: alla croce.
13. *talfiata*: talvolta.
14. *concorreva portata*: veniva portata.
15. *a ciascun... proprio*: a ognuno una sepoltura appropriata.
16. *le mercatantìe... suolo*: le merci nelle navi, uno strato sopra l'altro.
17. *castella*: borghi.
18. *sparte ville*: villaggi sparsi.
19. *li cólti*: i campi.

GUIDA ALLA LETTURA

1. Quali sono le cause della peste secondo Boccaccio? **2.** Qual è il percorso di diffusione dell'epidemia? **3.** In che modo la gente viveva la paura del contagio? Perché? **4.** Dove venivano sepolti i cadaveri? **5.** Vi erano luoghi in cui era possibile evitare il contagio? **6.** Perché la peste bubbonica viene considerata come un flagello divino?

Già all'epoca è chiaro che la trasmissione della malattia avviene **per contatto** o comunque per contiguità con gli ammalati, ma a nessuno viene in mente che le responsabili del contagio possano essere le pulci.

Si pensa a miasmi fetidi, a congiunzioni astrali sfavorevoli o – come scrive Matteo Villani nella sua continuazione della *Cronica* del fratello Giovanni – a una pioggia di bisce con del sangue corrotto. La **mancata identificazione del vettore patogeno**, ossia del bacillo responsabile della trasmissione dell'infezione, fa sì che nessuna delle misure adottate (mangiare poco; o viceversa mangiare molto; sottoporsi a salassi; aspirare il profumo di erbe odorose; rinchiudersi in casa) sia veramente efficace.

E così, il contagio si diffonde particolarmente tra gli abitanti delle **città**, dove l'**affollamento** e le **sommarie abitudini igieniche** favoriscono il proliferare dei topi e delle pulci.

Nella prima epidemia Firenze perde quasi due terzi dei suoi abitanti (30.000 persone circa); la maggior parte delle altre città europee contagiate vede morire almeno la metà della sua popolazione; e nemmeno le aree rurali sono veramente risparmiate.

I NUMERI DI UNA CATASTROFE ■ Gli effetti demografici del diffondersi della malattia sono spaventosi. Osservando l'insieme dell'Europa negli anni **tra il 1347 e il 1350**, si può stimare che **sia stato falciato** dalla peste almeno **un terzo della popolazione**. Ma la devastazione della prima epidemia non è che l'inizio. La peste rimane presente in focolai latenti che di tanto in tanto scoppiano in nuove, gravissime, epidemie. Ce ne sono ancora nel 1360-63, 1366-69, 1374-75, 1400, 1407, 1414-17, 1424, 1427, 1432-35, 1438-39, 1445, 1464 e così via, fino all'ultima epidemia che si registra sul continente europeo, nel 1720-21, a Marsiglia e dintorni.

I dati disponibili confermano la **catastrofe demografica**: in tutta Europa la popolazione scende da poco meno di 90.000.000 di abitanti circa nel 1300 a 65.000.000 circa nel 1400 [> G2]. E da una flessione demografica di queste proporzioni l'Europa comincia a riprendersi solo nel corso del Quattrocento, quando – dopo molti decenni di stagnazione – si registra di nuovo una tendenza all'aumento della popolazione.

LAVORA SUL TESTO

1. Quali furono le cause della diffusione della peste bubbonica? Sottolineale nel testo. **2.** Elenca le tappe che segnarono il fenomeno della diffusione della peste.

GRAFICO 2

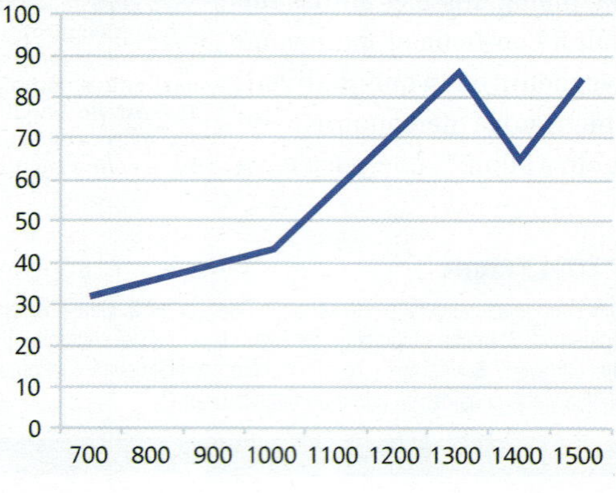

Numero di abitanti in Europa dal 700 al 1500 (i valori sono espressi in milioni di individui)

[dati tratti da P. Malanima, *Economia preindustriale. Mille anni: dal IX al XVIII secolo*, Bruno Mondadori, Milano 2000, p. 10]

Il grafico mostra bene la violenza con la quale si interrompe un ciclo demografico favorevole, avviatosi sin dall'alto Medioevo. A metà XIV secolo, nel giro di pochi decenni, la mortalità causata dalla peste riporta la popolazione europea ai livelli quantitativi di uno o due secoli prima, e per recuperare queste perdite ci vuole almeno un secolo e mezzo.

2/ Reazioni di fronte alla peste

LA PESTE: UN CASTIGO DI DIO ■ Chi sopravvive reagisce alla catastrofe in modi molto diversi, talora opposti [▷ S16]. Molti per esempio pensano che la malattia non sia altro che un castigo che Dio ha voluto infliggere agli uomini e alle donne e che, per liberarsene davvero, sia necessario fare **pratiche di penitenza**. In alcuni casi i rituali penitenziali sono organizzati dalle autorità ecclesiastiche: nel 1348 papa Clemente VI (1342-52) indice un pellegrinaggio straordinario a Roma, mentre dovunque si tengono **processioni e preghiere collettive** per allontanare il contagio (un'iniziativa che in realtà lo moltiplica a dismisura, aumentando le occasioni di contatto tra le persone).

Ma in altri casi le iniziative penitenziali sono spontaneamente prese da gruppi di laici. Nel 1349 per le strade della Germania meridionale si cominciano a incontrare gruppi di uomini e donne che, coi vestiti a brandelli, vanno in processione fustigandosi fino a sanguinare. Sono i **flagellanti**, che man mano cominciano a spostarsi, nei loro itinerari di penitenza, verso altre aree del Centro Europa. Il successo di questa iniziativa diviene notevole: i gruppi crescono, fino a riunire anche centinaia di persone. Il rituale seguito prevede che, all'arrivo in una località, ci si rechi nella chiesa principale cantando inni e flagellandosi; non di rado, se nella città visitata c'è una comunità ebraica, il rituale si conclude con una selvaggia aggressione agli ebrei, considerati i veri responsabili della malattia.

EBREI: AVVELENATORI DI POZZI? ■ Perché proprio gli **ebrei**? L'ostilità contro le comunità ebraiche non è una novità di questi anni. Sin dall'XI secolo l'entusiasmo per le crociate, e al tempo stesso il culto tributato alla passione del Cristo crocifisso, delle cui sofferenze gli ebrei sono ritenuti responsabili, provoca una prima ondata di virulente **ostilità antiebraiche**.

Nel XII e nel XIII secolo altri miti si associano a questo originario motivo di ostilità: si diffonde la voce che gli ebrei rapiscano i bambini cristiani e li uccidano nel corso di rituali sacrificali, li si ritiene responsabili di pratiche nel corso delle quali vengono profanate le ostie consacrate... Miti che si radicano in profondità e che si diffondono anche nei secoli seguenti [▷ F9].

L'**antigiudaismo cristiano** si associa al risentimento dovuto alla professione cui molti ebrei sono costretti: a loro è riservata l'attività di **prestatori di denaro**, ritenuta degradante per un cristiano, e in questa attività alcuni ebrei

Flagellanti
[illustrazione dalle *Cronache di Norimberga*, 1493, di H. Schedel]

Paolo Uccello/*Il miracolo dell'ostia profanata*

Il dipinto di Paolo Uccello (1397-1475), commissionato dai francescani durante la lotta contro il prestito a interesse praticato dagli ebrei, è una testimonianza dell'accusa della profanazione di ostie consacrate. L'episodio a cui il dipinto si riferisce si sarebbe verificato a Parigi nel XIII secolo, ma il pittore lo trasferisce nel contesto italiano, che conosce direttamente. Nel primo dei sei pannelli che compongono la predella, Paolo Uccello raffigura un banco ebraico di prestito su pegno. L'interno del banco è ampio e spazioso, con un grande bancone che separa il prestatore dai clienti. La donna dell'immagine è cristiana e in cambio della restituzione del suo mantello, precedentemente dato a prestito,

Paolo Uccello, *Il miracolo dell'ostia profanata*, 1465-69
[Galleria Nazionale delle Marche, Urbino]

sta consegnando all'ebreo un'ostia consacrata, sottratta durante la comunione. Nel secondo pannello il prestatore ebreo ha posto sul fuoco, nel camino, un pentolino rosso con l'ostia, che comincia a sanguinare. Negli altri pannelli l'ostia, recuperata, viene consacrata di nuovo; un angelo indica la donna responsabile del trafugamento e della vendita dell'ostia; l'ebreo e i suoi familiari vengono bruciati vivi; due angeli e due diavoli si contendono il corpo della donna colpevole del trafugamento dell'ostia.

GUIDA ALLA LETTURA

1. Numera i sei pannelli da sinistra a destra e dall'alto in basso. Leggi le descrizioni dei particolari dei dipinti e indica nelle parentesi il numero del pannello di riferimento: ( ) nessun angelo, segno di possibile redenzione, presenzia il supplizio; ( ) i diavoli si aggrappano alle gambe della peccatrice per tirare a sé il corpo; ( ) un personaggio che indossa un mantello decorato e la tiara (il papa?) sostiene l'ostia; ( ) è rappresentato uno scorpione, simbolo dispregiativo per indicare gli ebrei; ( ) la sacrilega viene scortata verso l'albero dove sarà impiccata; ( ) un angelo, simbolo di possibile redenzione, presenzia all'impiccagione. **2.** Quali sono i pregiudizi e le condanne sociali e religiose di cui la predella si fa portavoce? Perché?

accumulano cospicui patrimoni che suscitano l'**invidia** di molti e la rabbia cieca di coloro che ai prestatori ebrei devono dei soldi.

Talora le ostilità sfociano in vere e proprie aggressioni, che le autorità tollerano e a volte incoraggiano perfino; nel 1321, per esempio, in Francia, gruppi di ebrei sono accusati, insieme con i lebbrosi, di aver avvelenato l'acqua dei pozzi: in realtà dietro a questa accusa c'è un vero e proprio **complotto, ordito dal re di Francia**, Filippo V (1316-22), desideroso di impadronirsi delle ricchezze degli ebrei per far fronte alle proprie esigenze finanziarie.

Nel 1348, e negli anni seguenti, queste **due componenti dell'antigiudaismo – religiosa ed economico-sociale** – convergono nuovamente e spingono molti a credere, in buona o in mala fede, che gli ebrei siano i responsabili della peste. Di nuovo si diffonde la notizia di una cospirazione ebraica con finalità anticristiane: a guidarla sarebbe il capo della comunità di Toledo, che avrebbe mandato i suoi avvelenatori in Francia, in Svizzera e in Italia. Sulla base di queste accuse, in diverse località della Francia gli ebrei sono aggrediti e messi a morte. Per ordine di Amedeo VI (1343-83), conte di Savoia, un certo numero di ebrei che vivono nei pressi del Lago di Ginevra sono imprigionati: sottoposti a tortura, confessano ciò che le autorità vogliono sentirsi dire, e cioè che il complotto esiste davvero. Il testo della loro confessione viene inviato alle autorità delle città svizzere e di quelle dell'area renana; la conseguenza è che in un gran numero di città e di villaggi della Germania e della Svizzera migliaia di ebrei sono massacrati o messi al rogo.

Gli ebrei, colpevoli di avere diffuso la peste nera, sono condannati al rogo, 1349-53
[da Gilles Li Muisis, *Chronique*; Bibliothèque Royale, Bruxelles]

I TERRIBILI FATTI DI STRASBURGO ■ Come si diceva, la mitologia antiebraica si mescola al **risentimento economico-sociale**: è ciò che, per esempio, capita a Strasburgo nel **1349**, secondo la descrizione che ne viene offerta dalle cronache locali. Lì,

nell'anno in cui comincia a diffondersi la peste, l'offensiva contro gli ebrei viene guidata dai nobili proprietari terrieri insieme con il vescovo e con numerosi altri notabili indebitati con i prestatori. L'accusa che viene rivolta agli ebrei della città è di nuovo quella di aver avvelenato i pozzi d'acqua con sostanze che hanno scatenato il contagio.

Il borgomastro (capo del Consiglio cittadino) e i membri del Consiglio in carica si rifiutano di dar credito alle accuse e di **arrestare o giustiziare gli ebrei**, che – dicono chiaramente – non si sono macchiati di alcun reato. Ma la voce diffusa trova credito presso la folla, che costringe il borgomastro e il Consiglio alle dimissioni; i commercianti delle arti cittadine, allettati dall'ipotesi di una **redistribuzione delle ricchezze degli ebrei**, danno sostegno al **"partito antiebraico" dei signori e del vescovo** (che adesso controllano il Consiglio cittadino) e insieme partecipano all'aggressione contro gli ebrei. Ne vengono presi forse 2000; denudati e portati al cimitero, vengono poi chiusi in una sorta di gabbia di legno, dentro la quale sono **bruciati vivi**. Si salvano solo quelli che accettano di **ricevere il battesimo**, i bambini piccoli e un certo numero di belle ragazze, che vengono battezzate a forza. Il nuovo Consiglio cittadino annulla tutti i debiti con gli ebrei e requisisce le loro ricchezze, che vengono redistribuite tra i lavoratori delle arti.

Il caso di Strasburgo non è isolato: in moltissime altre città della Germania si procede nello stesso modo. Occasionalmente gli ebrei vengono **espulsi** dalle città, ma la sorte di costoro sembra che sia stata spesso egualmente infelice: catturati dai contadini dei dintorni, vengono bruciati sui roghi o **uccisi** a coltellate o affogati nei corsi d'acqua.

Come avremo modo di vedere, questa ondata di antigiudaismo non è che l'inizio di una serie di aggressioni che le comunità ebraiche europee dovranno subire, a più riprese, fino al XX secolo. Nel corso del tempo le giustificazioni che si daranno agli atti di aggressione antiebraica cambieranno anche profondamente ma, come ha scritto lo storico francese Jacques Le Goff, le prime radici dell'antisemitismo europeo vengono poste proprio in quest'epoca dalla società cristiana medievale.

LAVORA SUL TESTO

1. Sottolinea una sintetica definizione di *flagellanti* e la risposta alla seguente domanda: perché si misero in atto rituali penitenziali in seguito alla diffusione della peste? **2.** Costruisci un grafico a stella con al centro la voce «ostilità antiebraica». Intorno inserisci le diverse «ragioni» che, nei secoli, determinarono tale risentimento.

3/ Le conseguenze economiche e sociali della peste

LE DINAMICHE DELLA DOMANDA ■ La peste fa sentire i suoi effetti anche sulle strutture economiche e sociali delle società europee tardomedievali.

Il primo aspetto che occorre sottolineare è che, diminuendo la popolazione, **diminuisce anche il volume complessivo della domanda** per beni alimentari, per tessuti e per strumenti:

meno persone ⇨ meno bocche da sfamare ⇨ minore richiesta di beni.

Poi si deve osservare che una mortalità così elevata porta a una notevole **concentrazione dei patrimoni** e delle fonti di reddito. Proprietà terriere, case o merci che appartenevano a più persone, fratelli o soci, vanno ora a concentrarsi nelle mani dei pochi che sono sopravvissuti alla terribile ecatombe.

Queste trasformazioni si traducono in altre due tendenze assai peculiari:

a in termini assoluti, la domanda di beni di prima necessità (pane e alimenti essenziali, tessuti di lana per vestiti) tende a diminuire; con ciò, nella seconda metà del XIV secolo e all'inizio del XV secolo, anche il prezzo di questi beni ha la tendenza a scendere;

b viceversa non flette la domanda di beni alimentari più sofisticati (burro, latticini, carne, birra, vino), né la domanda per beni di consumo di lusso (vestiti di stoffe più costose, cavalcature, carri).

Questa seconda tendenza – che potrebbe sembrare strana – è il risultato congiunto di diverse dinamiche:

a da un lato conta, almeno in una certa misura, la **reazione psicologica alla morte di massa**; per allontanare la paura della morte si vuole subito vivere nel modo migliore possibile, e quindi si vuole consumare beni relativamente più sofisticati (sempre che se ne abbiano le possibilità);

b dall'altro, la concentrazione dei patrimoni e delle fonti di reddito, almeno per un paio di generazioni, crea improvvisamente uno **strato di acquirenti più ricchi** e potenzialmente capaci di permettersi consumi più articolati e più costosi;

c infine, la **flessione della domanda e del prezzo dei beni di consumo primari** (come i cereali, la farina, il pane, le pezze di lana) lascia margini di reddito maggiori da indirizzare verso altri impieghi, che possono essere consumi di lusso, ma che possono anche essere il risparmio o il reinvestimento.

Un oste preleva il vino dalla botte, 1330-40

[dal *Codice Cocharelli*; British Library, Londra]

La stabilità della domanda di beni alimentari di pregio induce alla conversione di molti terreni verso colture maggiormente remunerative: fra queste la vite per la produzione del vino ha senz'altro un posto di rilievo. I vini che hanno maggior successo nel Trecento sono quelli forti, come quelli liquorosi, un tempo importati dal Mediterraneo orientale, ora prodotti in alcune regioni europee dal clima favorevole, come l'Andalusia, la Provenza, la Borgogna, e in Italia la Liguria, la Lombardia e la Campania.

I CAMBIAMENTI NELLE CAMPAGNE ■ Un quadro così mutato, dal punto di vista delle dimensioni demografiche e delle dinamiche della domanda, sollecita importanti mutamenti anche nelle modalità della produzione.

In campo agricolo, la trasformazione più vistosa concerne l'**abbandono di numerose terre** relativamente meno redditizie, che erano state dissodate nei secoli precedenti, in una fase di crescita della domanda per beni agricoli di consumo primario (cereali) [▷ **3/1**]. Ora che quella domanda è in flessione, conviene abbandonare queste terre marginali e concentrarsi solo su quelle che appaiono più redditizie per la migliore qualità del suolo o per la migliore posizione geografica nei confronti dei luoghi di mercato.

D'altro canto, vi sono anche numerosi villaggi rurali che sono del tutto decimati dalla peste: i pochi sopravvissuti decidono di abbandonarli per trasferirsi altrove, e con ciò abbandonano anche le terre che li circondano: è il **fenomeno dei villaggi abbandonati**, particolarmente vistoso in Germania e in Inghilterra, ma non sconosciuto altrove.

Nelle terre coltivate, invece, si registra una tendenza alla **riconversione produttiva**: si riduce la superficie destinata ai cereali, mentre si ampliano le zone destinate a **colture specializzate e maggiormente remunerative** (il luppolo, la vite, il lino o il gelso), all'allevamento ovino (in Spagna, in Inghilterra, o nell'Italia meridionale) o bovino (per la produzione di burro e latticini, che godono adesso di una domanda relativamente favorevole).

Inoltre la diminuzione della manodopera rurale fa sì che i contadini o gli affittuari chiedano ai proprietari terrieri **migliori condizioni nei contratti**.

Le risposte sono molto diverse. In alcune aree, per esempio in Germania o nell'Europa dell'Est o del Sud, numerosi proprietari terrieri rispondono alla diminuita disponibilità di manodopera riorganizzando la **signoria feudale secondo il modello originario** [▷ **1/1**], e cioè costringendo i contadini – non di rado con la violenza – ad accettare di nuovo di compiere prestazioni di lavoro gratuite (*corvées*) sulle loro terre.

Altrove, invece, dove il sistema delle *corvées* obbligatorie è già stato quasi del tutto abbandonato, le proprietà terriere vengono concesse ai contadini con contratti d'affitto, specie in Francia e Inghilterra, o con contratti di **mezzadria**, diffusi soprattutto nelle campagne dell'Italia centrale.

le PAROLE della STORIA

mezzadria
Contratto agrario in base al quale il proprietario concede al coltivatore la terra, la casa colonica, il bestiame, gli attrezzi da lavoro e le sementi, ricevendo in cambio, come pagamento dell'affitto, la metà o un terzo del raccolto.

I CAMBIAMENTI NEL SETTORE MANIFATTURIERO ■ Anche nel settore manifatturiero la diminuzione della manodopera produce un discreto numero di tensioni. I lavoratori salariati chiedono, e talora ottengono, **retribuzioni più alte**. Le corporazioni [▷ **3/2**] stabiliscono norme più rigide per l'ammissione di nuovi mastri artigiani, cercando in tal modo di limitare la concorrenza e la produzione, e di mantenere alti i prezzi nel settore produttivo di competenza. Ciò nonostante, la generale diminuzione della domanda produce una **vistosa crisi di diversi settori artigianali**, fra cui in particolare il settore tessile. Interi distretti produttivi impegnati nella produzione dei tessuti, come le **Fiandre** o **Firenze** [▷ **3/2** e **A**12], sono costretti a diminuire i quantitativi di tessuti prodotti, ad abbassarne il prezzo e a ridurre le retribuzioni dei lavoranti, tutte misure che causano gravissime tensioni sociali, acuite dai disagi fisici e psicologici dovuti alla peste, alle guerre che ancora si combattono e alla povertà che colpisce strati considerevoli della popolazione.

LAVORA SUL TESTO
Schematizza la dinamica economica che dalla diminuzione della popolazione condusse alla riconversione produttiva nelle campagne.

SINTESI

ONLINE

SINTESI AUDIO

LEZIONE 4
La peste nera: la crisi e i cambiamenti

TEST

1/La "morte nera"

Nel 1347, in un'Europa già colpita da una lunga serie di carestie, scoppia una gravissima epidemia di peste bubbonica che, dall'Asia, si sposta verso Occidente sulle navi dei mercanti genovesi. Se oggi sappiamo che la peste è trasmessa dalle pulci, che ne passano il bacillo dai topi alle persone, gli uomini del Trecento attribuivano la causa della propagazione della "morte nera" a congiunzioni astrali sfavorevoli o a un castigo divino. Ogni rimedio o tentativo di limitare il contagio fallisce e alla prima epidemia, che dura dal 1347 al 1350, ne seguono altre. L'effetto complessivo è un drammatico aumento della mortalità e un'eccezionale diminuzione della popolazione.

2/Reazioni di fronte alla peste

Tra le reazioni collettive suscitate dall'epidemia di peste, un ruolo importante rivestono i rituali religiosi che vogliono esorcizzarne la minaccia. In alcuni casi sono le autorità ecclesiastiche ad organizzare processioni e preghiere collettive, in altri casi sono iniziative prese spontaneamente da gruppi di laici, i flagellanti, che praticano l'autoflagellazione in pubblico in segno di penitenza. Spesso anche l'aggressione alle comunità ebraiche fa parte di questi rituali. L'odio contro gli ebrei ha ragioni religiose: sono ritenuti responsabili della passione di Cristo e si attribuiscono loro rapimenti e uccisioni di bambini cristiani o profanazioni di ostie consacrate. L'antigiudaismo ha pure ragioni socio-economiche: diversi ebrei, che sono costretti a svolgere attività di prestito, si sono molto arricchiti, suscitando perciò invidie e rancori.

3/Le conseguenze economiche e sociali della peste

Dal punto di vista economico, la diminuzione della popolazione causata dalla peste da un lato produce una caduta della domanda dei beni di prima necessità, e quindi una discesa dei prezzi dei prodotti agricoli (soprattutto dei cereali) e vistose difficoltà delle economie rurali; dall'altro offre ai sopravvissuti maggiori risorse, sia perché i patrimoni si concentrano in poche mani, sia perché la diminuzione nell'offerta di forza lavoro porta contadini o artigiani a ricevere compensi migliori di prima. Anche per questi motivi, nei periodi immediatamente successivi alle gravi crisi epidemiche, diversi fra i sopravvissuti si abbandonano a spese e a un tenore di vita che prima non potevano assolutamente permettersi.

VERSO le COMPETENZE

1 Completa la mappa concettuale costruita intorno alla parola «crisi», inserendo negli appositi spazi le lettere corrispondenti ai termini o alle espressioni elencati:

a. popolazione; **b.** clima; **c.** economico-sociale; **d.** terre coltivate; **e.** religiosa; **f.** riconversione produttiva; **g.** patrimoni; **h.** penitenziali; **i.** raccolti; **j.** antigiudaica; **k.** peste bubbonica.

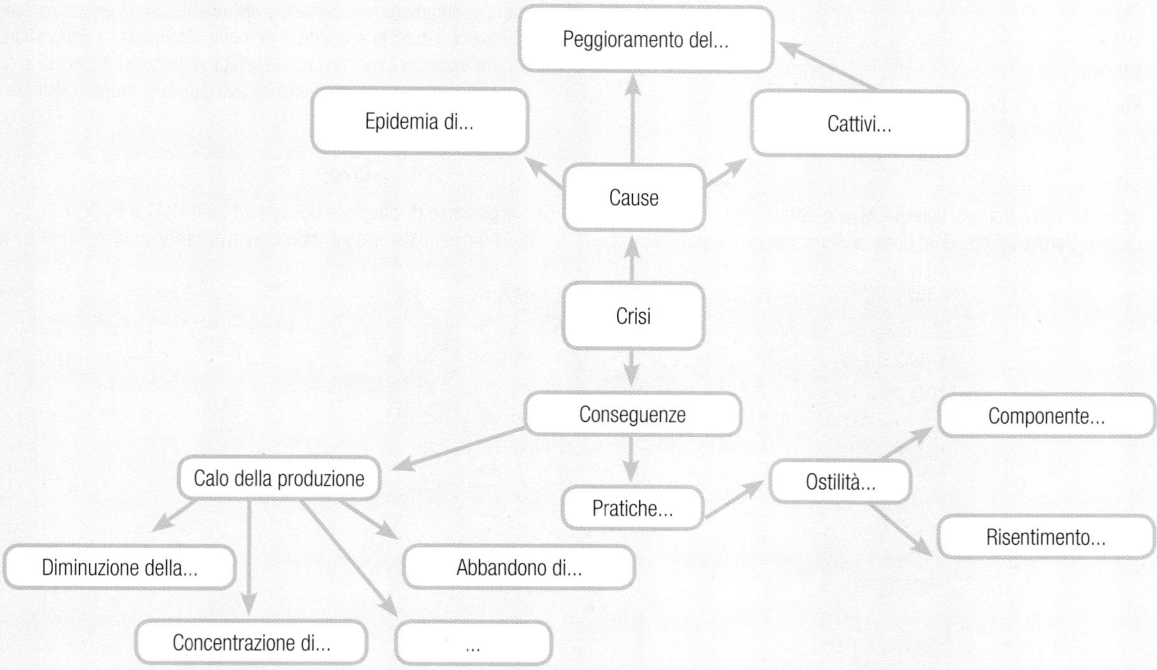

2 **Per comprendere il significato del concetto di "antigiudaismo" esegui le consegne indicate:**

a. Seleziona nel paragrafo 2 tutte le informazioni relative ai miti che circolano dall'XI secolo in Europa contro la popolazione ebraica.
b. Completa la tabella con le informazioni mancanti relative ad alcuni casi di aggressione di cui furono vittima gli ebrei nel XIV secolo.

Quando	Dove	Accuse nei confronti degli ebrei	Esito
1321	Francia	Gli ebrei sono accusati di...	Filippo V...
1348	Francia	...	...
...	Svizzera	Per ordine di Amedeo VI...	...
...	Strasburgo	...	...

c. Rispondi quindi alle seguenti domande:

1. In che cosa consiste il complotto anticristiano di cui vengono frequentemente incolpati gli ebrei?
2. Chi guida l'offensiva antiebraica? Con quali finalità?
3. In che modo reagiscono le istituzioni politiche?
4. L'epidemia di peste alimenta o attenua l'ostilità antigiudaica? Per quali ragioni?

d. Commenta oralmente l'affermazione dello storico francese Jacques Le Goff, secondo cui le prime radici dell'antisemitismo europeo vengono poste nel XIV secolo dalla società cristiana medievale.

3 **Segna l'opzione che ritieni corretta:**

1. Le cattive condizioni climatiche della prima metà del XIV secolo...
a. fecero diminuire la domanda di beni di prima necessità
b. furono solo episodi isolati, che non turbarono l'economia
c. produssero un aumento vertiginoso del prezzo del pane
d. costrinsero la gente ad aumentare il consumo di grassi

2. La peste si diffuse soprattutto...
a. fra le donne
b. in città
c. nel Mediterraneo
d. tra gli ebrei

3. I flagellanti erano...
a. religiosi che si recavano nelle case degli appestati per prestare loro soccorso
b. gli ebrei che, secondo le accuse cristiane, avvelenavano i pozzi d'acqua
c. gruppi di laici che andavano in processione fustigandosi il corpo, in segno di penitenza
d. ordini monastici che guidarono l'offensiva antiebraica del XIV secolo

4. L'alta mortalità dovuta alla peste ebbe come conseguenza la...
a. frammentazione della proprietà fondiaria
b. perdita di potere d'acquisto per i sopravvissuti
c. concentrazione delle ricchezze e dei redditi
d. caduta della domanda di beni di lusso

5. La riconversione produttiva del XIV secolo ridusse la superficie destinata...
a. ai cereali

b. alla vite
c. ai bovini
d. agli ovini

6. Nel Medioevo, le persecuzioni degli ebrei in Europa...

a. erano duramente combattute dalle autorità laiche ed ecclesiastiche
b. iniziarono dopo la scoperta di un complotto giudaico anticristiano
c. fornivano ai cristiani un capro espiatorio durante i periodi di crisi
d. avevano motivazioni economiche avallate dalla morale cristiana

4 Completa la carta dell'Europa nel XIV secolo con simboli, scritte, aree e frecce di diverso colore per indicare località e fenomeni:

a. città: Marsiglia, Genova, Venezia, Milano, Strasburgo
b. regioni: Germania, Aragona, Corsica, Scandinavia, Savoia, Toscana
c. il percorso di diffusione della peste tra il 1347 e il 1350
d. il fenomeno dei villaggi abbandonati nella seconda metà del XIV secolo

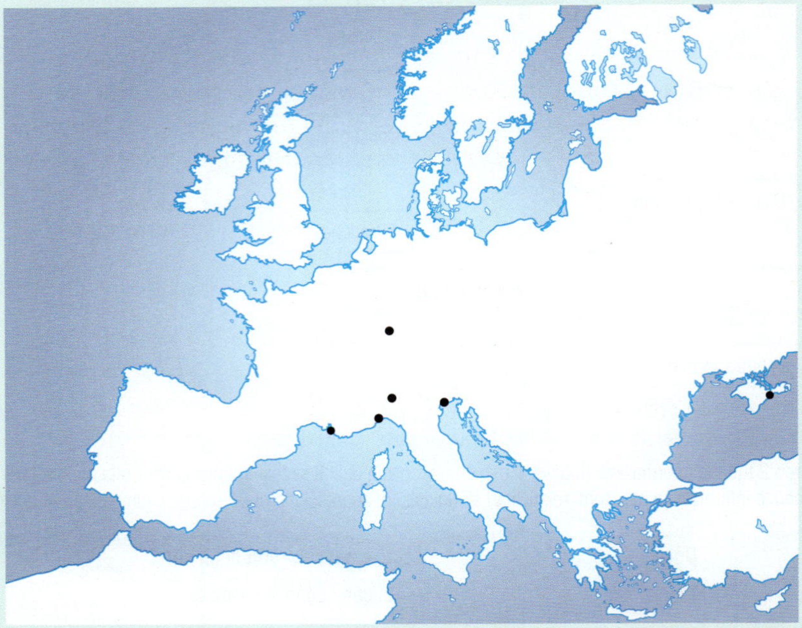

....

....

....

....

5 Leggi le seguenti tesi interpretative relative alle conseguenze della crisi economica e demografica del XIV secolo e scegli quella a tuo avviso maggiormente condivisibile. Discuti, infine, la tua scelta con i compagni di classe e rifletti sui seguenti punti: è stata una scelta condivisa? Per quali ragioni?

a. La crisi del Trecento fu una crisi epocale, da cui la popolazione europea non riuscì a sollevarsi se non un secolo e mezzo dopo. Un fitto intreccio di fattori negativi, come il peggioramento delle condizioni climatiche, i cattivi raccolti e soprattutto la terribile epidemia di peste del 1347 determinò, oltre agli spaventosi effetti demografici, l'abbandono di molte terre coltivate e un sensibile arretramento delle modalità di produzione.
b. Quella del XIV secolo fu solo una delle tante "crisi generali" che hanno caratterizzato l'Europa occidentale: dalla crisi del III secolo, che cominciò a sgretolare la civiltà ellenistico-romana, a quella del XVII secolo, l'economia europea – essenzialmente agricola – sarà sempre soggetta ad eventi più o meno imprevedibili (carestie, epidemie, spopolamento) che ogni volta metteranno in discussione il rapporto tra la popolazione e le risorse disponibili.
c. Lungi dall'essere un evento catastrofico, come nel giudizio dei contemporanei, la crisi del Trecento fu essenzialmente un processo di trasformazione se non di crescita economica, che riguardò le campagne, con la riconversione produttiva delle terre coltivate e migliori condizioni nei contratti, le città e il mondo manifatturiero in particolare. Il calo demografico consentì inoltre le concentrazioni dei patrimoni e delle fonti di reddito e la diminuzione dei prezzi dei beni di prima necessità.

Capitolo_8 / La guerra e il potere nel XIV e XV secolo

1/ La guerra, i suoi disastri, le sue seduzioni

VIOLENZA MILITARE E IDENTITÀ EUROPEA ■ In un'Europa continuamente devastata dalle morti per fame o per malattia, si continua a uccidere senza smettere mai. Può sembrare strano. Può dare di questa fine di Medioevo un'immagine da brivido oscuro. Ma le cose stanno così e non c'è niente di cui sorprendersi. Siamo di fronte, infatti, a un elemento profondo dell'identità europea: la **fascinazione per la violenza militare**. Vi si ricorre come a un modo normale per risolvere i contenziosi tra gruppi privati o tra potentati riconosciuti. Ma la si esalta anche, la si estetizza, la si nobilita in opere letterarie o grafiche di grande seduzione [▷**F10**].

Un elemento profondo dell'identità europea, si diceva. Ma bisogna chiarire subito che tale figura identitaria profonda riguarda esclusivamente i **maschi**, e in primo luogo i **maschi di classe elevata**: è da loro che viene l'impulso a valorizzare il coraggio militare come una qualità precipua di un cuore nobile; è da loro che vengono scritte le cronache o i *romances* che divulgano le gesta degli eroi. Al centro di questo mondo maschile sta la **cavalleria**, intesa come cultura e come tecnica di guerra: è, infatti, una dimensione culturale fatta di rituali e di regole – l'investitura, la cortesia –, che rimandano a una **superiore qualità etica** di chi la pratica [▷ **1/5**]; ma è anche, tra i modi di combattere, quello che offre le maggiori possibilità di movimento e di attacco. È per questo insieme di tratti che essere cavaliere è un obiettivo ambito da chiunque voglia proporsi come parte delle classi dirigenti; e ciò è vero non solo per le realtà feudali, ma anche per i comuni cittadini.

LA GUERRA COME RISORSA ■ Non c'è dubbio che – nei primi decenni del Trecento, come d'altronde nei secoli precedenti – sono ancora i **nobili**, i cavalieri, quelli che con maggiore convinzione si dedicano alla guerra. Ora hanno anche motivi contingenti che li spingono in battaglia, anche a prescindere dalla loro formazione o dalla loro mentalità. La **crisi economica** che investe le campagne colpisce anche i redditi terrieri che essi avevano in precedenza a disposizione. La guerra, oltre che essere un tratto essenziale di nobiltà e di mascolinità, diventa quindi un modo possibile per **far soldi**: si possono offrire i propri servigi a qualche principe, a qualche re, a qualche città; si possono razziare le campagne conquistate; chiedere un riscatto per i nobili avversari che si sono fatti prigionieri. Insomma la guerra è una risorsa, oltre che un valore.

DIFFERENZIAZIONI DI STATUS E FINE DEL PREDOMINIO DELLA CAVALLERIA ■ Ma nel XIV secolo la guerra cambia, poiché il predominio dei cavalieri (e della loro etica), piuttosto evidente nei secoli precedenti, comincia a essere messo in discussione. Non solo perché, in cicli economicamente sfavorevoli, può diventare difficile comprarsi e mantenere cavalli e armature, o reclutare soldati all'interno dei possedimenti feudali, ma anche perché negli scontri con le **milizie dei comuni cittadini**, i cavalieri

Simone Martini/*Guidoriccio da Fogliano*. L'estetizzazione della guerra

Simone Martini (1284 ca.-1344), tredici anni dopo aver eseguito l'affresco della *Maestà* della Vergine all'interno del Palazzo Pubblico di Siena, realizza sulla parete di fronte questo affresco che celebra Guidoriccio da Fogliano, «onorevole capitano della guerra» dei senesi. L'anno indicato alla base dell'affresco è quello in cui il capitano ha condotto le truppe guelfe di Siena alla conquista della rocca di Montemassi – visibile sulla sinistra –, dove si erano rifugiati i ghibellini senesi. Sulla destra, alle spalle di Guidoriccio, si vede la "bastia", costruita dalle truppe di Siena per sostenere l'assedio alla rocca, con l'accampamento di tende per le truppe, decorate con le bandiere bianconere del comune senese.
Di questa magnifica opera due sono gli aspetti che possono interessarci particolarmente. Il primo concerne l'esaltazione del potere e della dignità del cavaliere: Guidoriccio, sul suo cavallo riccamente addobbato, è l'unica figura umana che compare sul campo, nonostante la battaglia abbia richiesto l'impiego di fanti e di macchine per l'assedio della rocca; il secondo concerne, invece, la nobilitazione e l'estetizzazione della guerra: nel campo di battaglia non si vedono morti, né feriti, né sangue, né arti amputati, né dolore, né sofferenza: cioè non si vede niente di tutto ciò che si accompagna alla realtà della guerra: ciò che si vede è solo lo splendore del trionfo, la dignità del potere, l'eleganza della cavalleria.

GUIDA ALLA LETTURA

1. Individua le bandiere dei guelfi senesi di cui Guidoriccio da Fogliano è capitano: dove sono posizionate e dove mancano? Perché? **2.** All'interno della bastia si intravede una specie di catapulta usata per lanciare massi verso gli assediati. Come è fatta? **3.** Quali sono gli elementi che consentono di capire che si è conclusa una battaglia? **4.** Perché la guerra non è rappresentata con morti e spargimento di sangue? **5.** In che modo Simone Martini rende Guidoriccio un simbolo delle qualità di un cavaliere e sottolinea l'importanza della cavalleria?

Simone Martini, ***Guidoriccio da Fogliano***, 1328
[Sala del Mappamondo, Palazzo Pubblico, Siena]

Simone Martini, ***Guidoriccio da Fogliano***, part. della bastia
[Sala del Mappamondo, Palazzo Pubblico, Siena]

Simone Martini, ***Guidoriccio da Fogliano***, part. del cavaliere
[Sala del Mappamondo, Palazzo Pubblico, Siena]

sono costretti ad affrontare la **fanteria comunale**, composta da **soldati animati da un solido spirito civico** che nasce dalla consapevolezza di difendere ciò che hanno di più caro: la propria città, i propri beni, i propri affetti; queste milizie, poi, non sono solo composte da uomini determinati e combattivi, ma sono anche dotate di **efficacissime armi difensive** (la lancia lunga, gli archi, le balestre, gli scudi rettangolari per la difesa mobile degli arcieri) pensate proprio per mettere in difficoltà le cavallerie.

Truppe così attrezzate cominciano a essere usate anche dagli **eserciti regi**. Per esempio, l'esercito inglese, che combatte in Francia durante la cosiddetta guerra dei Cent'anni [>**8/3**], schiera i suoi reparti di **arcieri**, dotati di archi a lunga gittata: quando i cavalieri francesi attaccano, si trovano sotto una vera pioggia di frecce; i cavalli, colpiti, cadono e fanno cadere (o intralciano) coloro che sopraggiungono da dietro; i cavalieri francesi, abituati a vincere, non sanno ripiegare con disciplina, senza perdere il sangue freddo; così, mentre la confusione si impadronisce del loro schieramento, i cavalieri inglesi salgono a cavallo e caricano, appoggiati da reparti freschi di fanti, tenuti fin allora di riserva.

La presenza di reparti composti da individui non nobili, dotati di una forza e un impatto strategico sconosciuti in precedenza, rende la **guerra** anche **più violenta di prima**. Quando due cavalieri nemici si scontrano, forse rispettano ancora le regole della cavalleria; quando un gruppo di nobili cavalieri cattura dei pari rango nemici, li tratta con riguardo, anche in vista del lucroso riscatto che si può chiedere per liberarli; ma quando gli scontri sono socialmente impari, sono anche senza pietà: i fanti non nobili massacrano i cavalieri caduti nelle loro mani, senza tanti riguardi, e viceversa.

LAVORA SUL TESTO

Descrivi le caratteristiche della guerra e dell'etica bellica nel corso del Trecento componendo un testo di massimo 10 righe.

2/ Le compagnie di ventura e i primi eserciti permanenti

ORIGINE E CARATTERISTICHE DELLE COMPAGNIE DI VENTURA ■ Nel corso del XIV secolo, e durante tutto il secolo seguente, interviene anche un altro importante mutamento: la pratica del reclutamento di **bande di mercenari** lentamente diventa uno dei modi principali per la costituzione degli eserciti. È una scelta dettata sia da ragioni economiche (all'interno dei comuni, per esempio, molti ritengono la guerra una pericolosa perdita di tempo rispetto alle attività commerciali e artigianali), sia da ragioni politiche (tanto le monarchie quanto le signorie o le oligarchie cittadine non amano affatto l'idea che i sudditi possano maneggiare armi che potrebbero rivolgersi contro le istituzioni dominanti), sia da ragioni tecniche (le guerre che si prolungano hanno bisogno di un personale che faccia della guerra la sua unica professione).

È così che cominciano a formarsi le **compagnie di ventura**, **corpi mercenari comandati da un condottiero** che si pongono sul mercato e che concedono i loro servigi al miglior offerente, con ingaggi che spesso sono regolati da veri e propri **contratti** sottoscritti dal capitano di ventura e dall'acquirente delle prestazioni (un re, un principe, o un comune cittadino).

Caratteristica delle guerre combattute dalle compagnie è di essere di nuovo relativamente incruente e di essere, per questa ragione, protratte a lungo: c'è, ovviamente, un motivo di carattere economico in tutto ciò, dato che le compagnie vivono, per l'appunto, della guerra. Al tempo stesso, i mercenari sono un'assoluta disgrazia per le popolazioni civili che abitano nelle terre che sono teatro di guerra; poiché se è vero che questi soldati hanno il loro "soldo" pagato da chi li ha ingaggiati, è anche certo che lo integrano razziando, rubando e devastando senza scrupoli i luoghi dai quali si trovano a passare, anche se sono le terre per le quali hanno accettato di combattere [▷**F11**].

Inoltre sono poco efficienti, poco leali, poco affidabili.

PRIMI NUCLEI DI ESERCITI PERMANENTI ■ Nel corso del XV secolo, infine, il ricorso alle compagnie, dispendioso, tremendamente dannoso per le popolazioni e militarmente assai inefficiente, spinge i sovrani di Stati più grandi, per esempio il re di **Francia**, a costituire primi nuclei di **eserciti permanenti** da affiancare alle formazioni mercenarie. È una scelta di enorme importanza, poiché dota le autorità politiche di uno **strumento forte di pressione** anche per risolvere contenziosi interni, e perché, al tempo stesso, impone agli Stati l'esigenza di raccogliere **risorse finanziarie**, esigenza che ora diventa costante e non più limitata alla sola durata della guerra: il che spinge a un riordino e a un aggravamento della pressione fiscale.

LAVORA SUL TESTO
Qual è la differenza sostanziale tra gli eserciti permanenti e le compagnie di ventura?

Paolo Uccello, *Monumento equestre a Giovanni l'Acuto*, 1436
[Duomo, Firenze]
L'inglese John Hawkwood (Giovanni l'Acuto) è uno dei più celebri capitani di ventura del tardo Trecento. Combatte per diverse città italiane, ma in particolare è al soldo di Firenze dal 1377. Nel secolo successivo, per onorarne la memoria, la città toscana incarica Paolo Uccello di dipingergli nel Duomo questo monumento equestre. Il capitano vittorioso è rappresentato in sella al suo destriero, fieramente vestito della sua armatura. Giovanni l'Acuto è esemplare come figura di condottiero: figlio di famiglia nobile, educato all'uso delle armi, esperto in strategie di guerra, il giovane capitano mette la sua arte al servizio del miglior offerente.

3/ La guerra dei Cent'anni e le sue conseguenze

FRANCIA CONTRO INGHILTERRA ■ La più lunga e devastante tra le guerre che si combattono in quest'Europa tormentata dalla peste è la guerra dei Cent'anni, che oppone Francia e Inghilterra. Sin dall'XI secolo, la lenta espansione del Regno di Francia deriva dalla continua riconquista di territori originariamente sottoposti alla sovranità del re d'Inghilterra [>**2/3**]. Questa lunghissima rivalità politico-militare culmina nel XIV e nel XV secolo, quando, **dal 1337 al 1453**, sul suolo di Francia si combatte la cosiddetta **guerra dei Cent'anni**, un sanguinoso conflitto fra le truppe del re di Francia e quelle del re d'Inghilterra, con l'intervento, in certi momenti decisivo, dei soldati

LE FONTI 11

Niccolò Machiavelli/Capitani di ventura nella storia politica italiana

[da Niccolò Machiavelli, *Il Principe*, a cura di Luigi Firpo, Einaudi, Torino 1961, pp. 58-64]

Niccolò Machiavelli (1469-1527), sin dal 1498 politicamente attivo all'interno dello Stato fiorentino, è autore di opere fondamentali nella storia del pensiero politico. Nel 1513 compone *Il Principe*, un trattato sulle modalità attraverso le quali può essere costituito o perso un principato (il trattato sarà pubblicato nel 1532). Con straordinaria acutezza, Machiavelli elabora le sue analisi sulla base di frequentissimi riferimenti alla storia politica del secolo precedente; la sua descrizione delle truppe mercenarie – contenuta nel capitolo XII – riguarda quindi essenzialmente il XIV e il XV secolo, descrivendo episodi che hanno visto protagonisti alcuni condottieri. Machiavelli riprenderà questi temi in forma più approfondita nell'*Arte della guerra* (1521), un trattato nel quale al modello degli eserciti mercenari contrappone il progetto di un esercito di cittadini-soldati, politicamente consapevole e ispirato ai valori repubblicani.

Se uno tiene lo stato suo fondato in sulle arme mercennarie, non starà mai fermo né sicuro; perché le sono disunite, ambiziose, sanza disciplina, infedele; gagliarde fra' li amici; fra' nimici vile; non timore di Dio, non fede con li uomini, e tanto si differisce la ruina quanto si differisce lo assalto; e nella pace se' spogliato da loro, nella guerra da' nimici[1]. La cagione di questo è, che le non hanno altro amore né altra cagione che le tenga in campo, che uno poco di stipendio, il quale non è sufficiente a fare che voglino morire per te. Vogliono bene essere tuoi soldati mentre che tu non fai guerra; ma, come la guerra viene, o fuggirsi o andarsene. La qual cosa doverrei durare poca fatica a persuadere, perché ora la ruina di Italia non è causata da altro che per essere in spazio di molti anni riposatasi in sulle arme mercennarie. [...]

Io voglio dimonstrare meglio la infelicità di queste arme. E' capitani mercennarii, o sono uomini eccellenti, o no: se sono, non te ne puoi fidare, perché sempre aspireranno alla grandezza propria, o con lo opprimere te che li se' patrone, o con opprimere altri fuora della tua intenzione; ma, se non è il capitano virtuoso, ti rovina per l'ordinario[2]. [...] Milanesi, morto il duca Filippo, soldorono Francesco Sforza contro a' Viniziani; il quale, superati li inimici a Caravaggio, si congiunse con loro per opprimere e' Milanesi suoi patroni[3]. Sforza suo padre[4], sendo soldato della regina Giovanna di Napoli, la lasciò in un tratto disarmata; onde lei, per non perdere el regno, fu constretta gittarsi in grembo al re

1. *non timore... nimici*: i mercenari non temono Dio, né rispettano i patti con gli uomini e hanno la tendenza a rimandare gli scontri risolutivi; durante la pace depredano il territorio del principe che li ha arruolati; durante la guerra, non essendo un baluardo sicuro, sono i nemici che depredano il territorio del principe che si è fidato delle armi mercenarie.
2. *l'ordinario*: per il modo con il quale svolge il suo compito ordinario.
3. *Milanesi... patroni*: Filippo Maria Visconti, duca di Milano, ultimo maschio della sua casata, muore il 13 agosto 1447, mentre è in corso la guerra contro Venezia; alcune famiglie aristocratiche tentano di ripristinare gli organismi comunali, con la proclamazione della Repubblica ambrosiana; intanto, per contrastare l'esercito veneziano, i milanesi chiedono l'intervento (*soldorono*, 'assoldarono') di un importante capitano di ventura, Francesco Sforza, che nel 1441 aveva sposato Bianca, figlia di Filippo Maria Visconti; lo Sforza nel 1450 approfitta della situazione per imporsi come signore di Milano. La battaglia di Caravaggio è del 15 settembre 1448.
4. *Sforza suo padre*: Muzio Attendolo Sforza, padre di Francesco, condottiero assoldato da Ladislao re di Napoli, alla morte di costui (1414) resta al servizio di Giovanna II (1414-35), succeduta al fratello; ma nel 1426 decide di passare al servizio di Luigi III d'Angiò, pretendente al regno, per cui la regina deve ingaggiare le truppe di Andrea Braccio da Montone, cercando inoltre aiuto da parte di Alfonso d'Aragona.

del duca di Borgogna. Non si deve pensare che questa guerra sia stata ininterrotta per tutti i **116 anni** della sua durata: cicli in cui gli scontri divampano si alternano a momenti in cui i combattenti stipulano tregue, più o meno lunghe. Ciò non significa che la guerra non sia durissima: lunghi assedi, scontri in campo aperto, continue razzie, devastazioni e aggressioni contro i civili sono all'ordine del giorno.

La guerra scoppia nel 1337, quando il re di Francia, **Filippo VI (1328-50) di Valois**, reclama l'Aquitania [▷**A31**], un'area della Francia sud-occidentale posseduta come feudo dal re d'Inghilterra, **Edoardo III Plantageneto (1327-77)**. Costui attacca militarmente la Francia non solo per difendere i suoi possedimenti, ma anche perché ritiene di aver addirittura diritto al trono di Francia [▷**G3**].

di Aragonia. E, se Viniziani e Fiorentini hanno per lo adrieto[5] cresciuto lo imperio loro con queste arme, e li loro capitani non se ne sono però fatti principi ma li hanno difesi, respondo che Fiorentini in questo caso sono suti[6] favoriti dalla sorte; perché de' capitani virtuosi, de' quali potevano temere, alcuni non hanno vinto, alcuni hanno avuto opposizione, altri hanno volto la ambizione loro altrove. Quello che non vinse fu Giovanni Aucut[7], del quale, non vincendo, non si poteva conoscere la fede[8]; ma ognuno confesserà che, vincendo, stavano Fiorentini a sua discrezione[9]. Sforza ebbe sempre e' Bracceschi[10] contrarii, che guardorono l'uno l'altro. Francesco volse l'ambizione sua in Lombardia; Braccio contro alla Chiesia et il regno di Napoli.

Ma vegniamo a quello che è seguito poco tempo fa. Feciono Fiorentini Paulo Vitelli[11] loro capitano, uomo prudentissimo, e che di privata fortuna aveva presa grandissima reputazione. Se costui espugnava Pisa, veruno fia che nieghi come conveniva a' Fiorentini stare seco; perché, se fussi diventato soldato di loro nemici, non avevano remedio; e se lo tenevano, aveano ad obedirlo. Viniziani, se si considerrà e' progressi loro, si vedrà quelli avere securamente e gloriosamente operato mentre ferono la guerra loro proprii[12]: che fu avanti che si volgessino con le loro imprese in terra: dove co' gentili uomini e con la plebe armata operorono virtuosissimamente; ma, come cominciorono a combattere in terra, lasciorono questa virtù, e seguitorono e' costumi delle guerre di Italia. E nel principio dello augumento loro[13] in terra, per non vi avere molto stato e per essere in grande reputazione, non aveano da temere molto de' loro capitani; ma, come ellino ampliorono[14], che fu sotto el Carmignola[15], ebbono uno saggio di questo errore. Perché, vedutolo virtuosissimo, battuto che ebbono sotto il suo governo el duca di Milano, e conoscendo da altra parte come elli era raffreddo nella guerra[16], iudicorono con lui non potere più vincere, perché non voleva, né potere licenziarlo, per non riperdere ciò che aveano acquistato; onde che furono necessitati, per assicurarsene, ammazzarlo.

5. *adrieto*: nei tempi passati.
6. *suti*: stati.
7. *Giovanni Aucut*: è John Hawkwood ('Acuto'), un capitano di ventura inglese che combatte in Italia dal 1361 al 1393, e che dal 1377 è al servizio di Firenze.
8. *non vincendo... fede*: non vincendo, non fu possibile sperimentare la sua affidabilità.
9. *vincendo... discrezione*: se avesse vinto, avrebbe sottomesso i fiorentini.
10. *Bracceschi*: sono i soldati della compagnia di ventura comandata da Andrea Braccio da Montone, nemico dello Sforza.
11. *Paulo Vitelli*: capitano generale nella guerra contro Pisa, viene giustiziato dai fiorentini sotto l'accusa di tradimento il 1° ottobre 1499.
12. *ferono... proprii*: fecero la guerra con armi proprie.
13. *augumento loro*: della loro espansione.
14. *ellino ampliorono*: incrementarono i loro possedimenti.
15. *el Carmignola*: Francesco Bussone, conte di Carmagnola, dopo aver servito Filippo Maria Visconti, viene ingaggiato dai veneziani; al comando delle loro truppe sconfigge i milanesi a Maclodio l'11 ottobre 1427, conquistando per la Repubblica di Venezia i territori di Bergamo e Brescia. Più tardi, nel 1431-32, cerca inutilmente di prendere Lodi e Cremona, ma viene fermato dagli eserciti del Ducato di Milano. Sospettato di tradimento, viene convocato a Venezia, arrestato, processato e giustiziato il 5 maggio 1432.
16. *raffreddo nella guerra*: poco incline a proseguire rapidamente la guerra.

GUIDA ALLA LETTURA

1. In che modo Machiavelli definiva le truppe mercenarie? **2.** Quali sono le motivazioni che spingono un mercenario a combattere e in che modo questo influisce sull'esito di una battaglia? **3.** Quali sono, secondo Machiavelli, le cause dello stato rovinoso dell'Italia? **4.** L'autore descrive i rischi che si corrono quando i capitani mercenari sono uomini eccellenti e rafforza la propria posizione con degli esempi. Scegline due e realizza uno schema in cui si evincono gli schieramenti dei capitani di ventura, i nemici affrontati, l'esito delle battaglie e il rapporto instauratosi con chi li aveva assoldati. **5.** Quale potrebbe essere l'alternativa ad un esercito di mercenari?

UN ANDAMENTO PER FASI ■ La guerra si svilupperà in **tre fasi**:

a **1339-1360.** Inizialmente gli inglesi sconfiggono ripetutamente l'esercito francese riuscendo a imporre nel **1360** la **pace di Brétigny**, che riconosce a Edoardo III la sovranità su una vasta area sud-occidentale della Francia, contro la rinuncia alle pretese sul trono francese [▷**A31**];

ATLANTE 31

La guerra dei Cent'anni. Fase 1 (1339-60)

possedimenti inglesi (1339)
possedimenti inglesi dopo la pace di Brétigny (1360)
Poitiers 1356 battaglie

ATLANTE 32

territori controllati dagli inglesi fino al 1429
possedimenti francesi
territori controllati dal duca di Borgogna
Azincourt 1415 battaglie

La guerra dei Cent'anni. Fase 2 (1369-1429)

GRAFICO 3

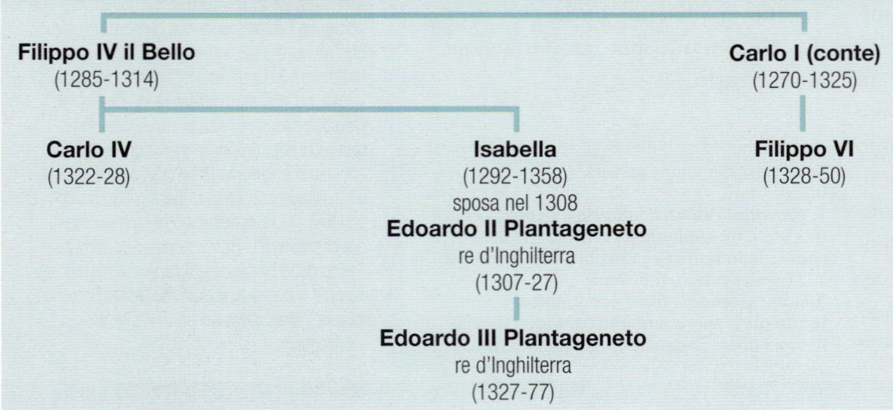

Dinastia dei Valois, re di Francia

Nel 1328 muore senza discendenza Carlo IV di Valois, re di Francia, salito al trono sei anni prima; gli Stati generali, cioè l'assemblea politica composta da rappresentanti della nobiltà, del clero e del Terzo stato, creata nel 1302, decidono che la corona debba passare al più vicino parente maschio del re, che è Filippo VI, cugino di Carlo IV. In questo modo viene scavalcata Isabella, sorella di Carlo IV, moglie di Edoardo II Plantageneto e madre di Edoardo III, che dal 1327 è re d'Inghilterra: è per questo motivo che Edoardo III e i suoi successori riterranno di poter vantare un diritto sul trono di Francia.

b **1369-1429.** Nel 1369, però, l'accordo viene rotto da entrambi i contendenti e la guerra riprende. Inizialmente la vicenda militare sembra favorire i francesi; ma poi, la malattia mentale del re di Francia, Carlo VI (1380-1422) – che mina il prestigio dell'autorità regia creando un clima di incertezza e di tensione –, e il conflitto scoppiato all'interno della nobiltà francese, pongono le premesse per nuovi successi militari inglesi. L'esercito del re d'Inghilterra, Enrico V (1413-22), infatti, dopo aver sconfitto i francesi ad **Azincourt** nel **1415**, si impadronisce della Normandia, e più tardi di tutta la parte settentrionale del Regno di Francia [▷ **A32**];

c **1429-1453.** Quando le sorti della guerra sembrano favorire nettamente gli inglesi, entra in scena una figura veramente straordinaria. Accade nel **1429**, quando alla corte di Carlo di Valois, legittimo pretendente al trono di Francia, si presenta una contadina diciassettenne, **Giovanna d'Arco (1412-31)**, che gli dice di aver ricevuto dall'arcangelo Michele, da santa Caterina d'Alessandria e da santa Margherita d'Antiochia il compito di liberare la Francia dagli inglesi e di farlo incoronare re di Francia a Reims.

Carlo, dando credito a segni che sembrano miracolosi, si convince dell'attendibilità di questa strana giovinetta e le affida la guida di una spedizione che ha il compito di rompere l'assedio che gli inglesi stanno portando alla città di **Orléans**. Tra lo sbalordimento di molti, Giovanna riesce nell'impresa. Dopodiché conduce, come aveva promesso, il pretendente a Reims, perché venga incoronato re di Francia col nome di **Carlo VII** (1429-61).

Le successive mosse militari di Giovanna, tuttavia, non ottengono gli stessi risultati; lei stessa nel maggio del 1430 cade nelle mani degli inglesi che la fanno processare a Rouen dal tribunale dell'**Inquisizione**. Giudicata eretica, viene condannata al rogo e bruciata viva il **30 maggio 1431**.

◂ **La battaglia di Crécy**, 1415 ca.

[da *Grandes Chroniques de France*, Cotton Nero E. II pt. 2, f. 152*v*; British Library, Londra]

Combattuta il 26 agosto 1346, la battaglia di Crécy, nel Nord della Francia, vede, nonostante l'inferiorità numerica, una prima vittoria schiacciante degli inglesi sui francesi.

▸ **Giovanna d'Arco**, 1485 ca.

[Centre Historique des Archives Nationales, Parigi]

Nel 1450, Carlo VII riconquista Rouen, sulla cui piazza principale era stata bruciata viva Giovanna d'Arco. Il re francese, che pure diciannove anni prima non aveva tentato nulla per salvarla, avvia la revisione del processo per eresia che si era concluso con il rogo della *Pulzella d'Orléans* (come era soprannominata). Nel 1456 Giovanna d'Arco viene pienamente riabilitata; la Chiesa cattolica l'ha dichiarata santa nel 1920.

Nonostante la fine tragica di Giovanna d'Arco, questa vicenda dà una svolta alla guerra, rianimando le file francesi, tanto che dal 1435 Carlo VII sconfigge ripetutamente l'esercito inglese. Nel 1453, quando le ostilità finalmente cessano, gli inglesi, di tutte le terre che controllavano vent'anni prima, conservano solo l'avamposto di Calais, che perderanno poi nel 1558 [>**A33**].

LE CONSEGUENZE POLITICHE ■ Dal punto di vista politico, due sono le conseguenze immediate di questa guerra:

a da un lato, il **Regno di Francia** ne esce notevolmente **consolidato**: è soprattutto il potere che si concentra nelle mani del re a essere cresciuto, ora che Carlo VII è riuscito a organizzare un **esercito permanente**, da affiancare ai corpi mercenari o ai corpi militari reclutati dai nobili, ottenendo anche la possibilità di imporre e raccogliere nuove tasse espressamente per questo scopo;

b dall'altro, la sconfitta sprofonda il **Regno d'Inghilterra** in una gravissima crisi interna, caratterizzata dalla **guerra delle Due Rose** (la bianca e la rossa, simboli degli schieramenti nemici), che **dal 1455** contrappone due fazioni nobiliari, York

ATLANTE 33

La guerra dei Cent'anni. Fase 3 (1429-53): la Francia nel 1453

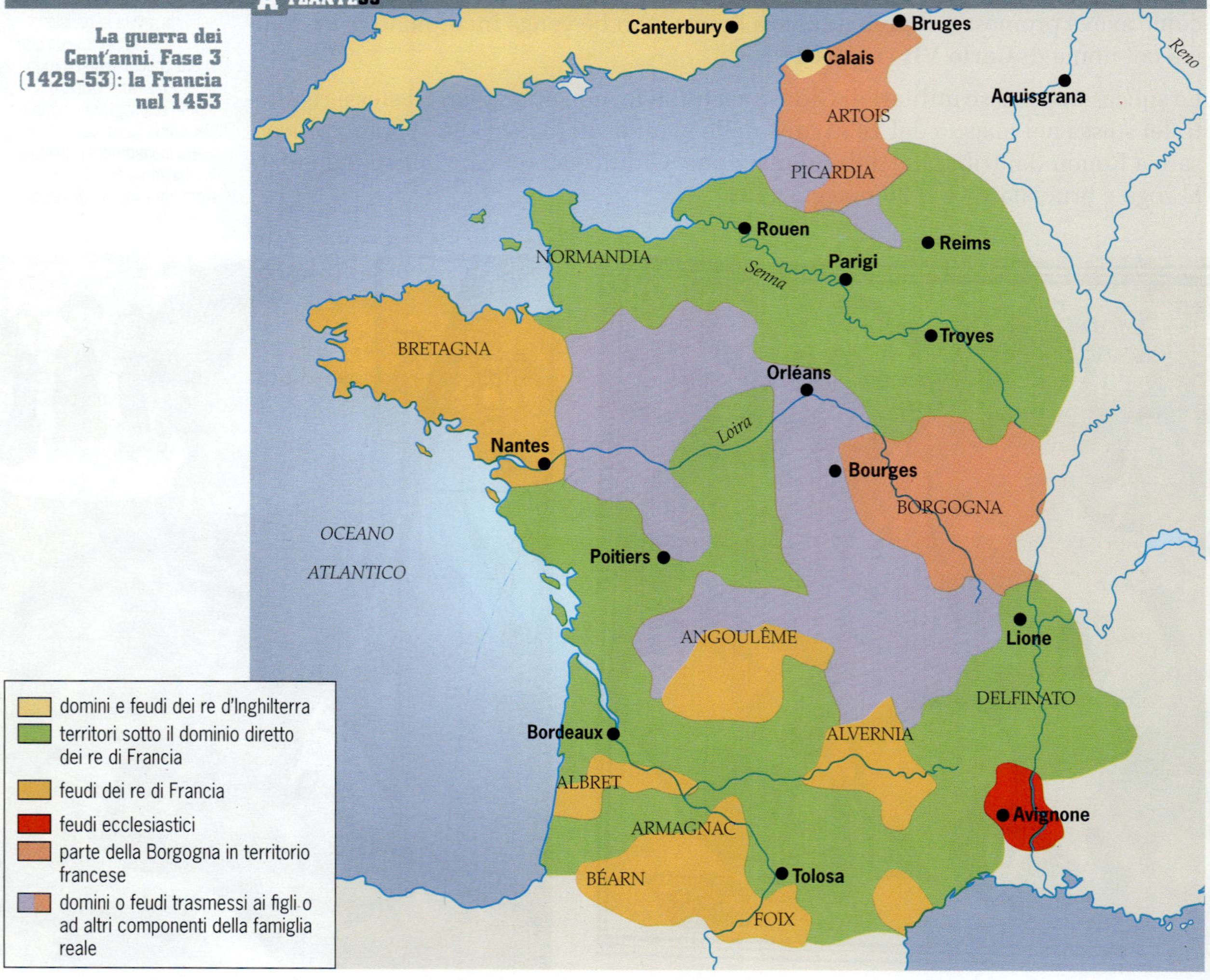

e Lancaster: lo scontro dura **fino al 1485**, quando la fazione vincitrice – quella dei Lancaster – pone sul trono Enrico VII (1486-1509), fondatore della dinastia **Tudor**; l'anno seguente, come gesto di pacificazione, il re sposa Elisabetta di York, un matrimonio che chiude questa gravissima fase di incertezza.

LAVORA SUL TESTO

1. Il racconto della guerra può essere diviso in tre fasi cronologiche: assegna un titolo a ciascuna di esse. **2.** Elenca sul quaderno le principali caratteristiche della guerra dei Cent'anni.

4/ Il Papato, dal ritorno a Roma alla ricomposizione dello scisma d'Occidente

LA CRISI A ROMA DOPO IL TRASFERIMENTO DEL PAPATO AD AVIGNONE ■ Ai margini della scena nella quale si consuma lo scontro militare tra Francia e Inghilterra, nel sud-est della Francia, ad Avignone, la Curia papale, che dal 1309 ha sede in quella città [> **6/5**], ha cercato di rafforzare nei limiti del possibile le proprie istituzioni.

Tuttavia, se il Papato è in grado di consolidare le sue strutture organizzative ad Avignone, la sua lontananza apre a Roma una fase di grave crisi, al tempo stesso **economica e politica**: l'assenza della Curia comporta una diminuzione significativa delle attività commerciali e finanziarie, mentre la distanza dell'autorità pontificia rende i nobili romani inquieti e aggressivi e la città si trasforma in un teatro di continue violenze e di scontri tra le **fazioni nobiliari**.

La crisi sembra trovare una soluzione nel 1347 con l'ascesa al potere di **Cola di Rienzo** (1344-54), un notaio di estrazione popolare, che si fa proclamare tribuno del popolo. Il suo successo, però, non riesce a durare: i nobili, che gli sono ostili, riescono a far insorgere il popolo e a cacciarlo da Roma. Nel 1354 papa Innocenzo VI (1352-62) tenta di ristabilire l'ordine in città, incaricando Cola di riprovare a imporre la sua autorità; ma nell'ottobre del 1354, solo due mesi dopo il suo ritorno, nel corso di un assalto della folla contro il Campidoglio, Cola viene preso e massacrato mentre sta cercando di fuggire.

Papa Innocenzo VI (1352-62) affida allora il compito di riportare l'ordine a Roma al **cardinale Egidio Albornoz** (1350-67), che aveva accompagnato Cola nel suo ritorno. Il cardinale si impegna in una difficile opera di recupero – diplomatico e militare – delle terre pontificie che, negli anni precedenti, a causa del trasferimento della Curia ad Avignone, si erano rese autonome sotto la guida di qualche signore o nobile locale; inoltre, nel 1357 emana le cosiddette ***Costituzioni egidiane***, insieme di norme che riordinano l'esercizio della giustizia e ristabiliscono i rapporti tra l'autorità papale e i poteri locali (siano di tipo signorile o comunale).

IL GRANDE SCISMA D'OCCIDENTE ■ L'importante opera di riorganizzazione compiuta da Albornoz è il necessario presupposto per il **ritorno della Curia pontificia a Roma**, decisa da **papa Gregorio XI** (1370-78) nel **1377**: l'occasione è offerta dal riaccendersi della guerra dei Cent'anni (siamo adesso nella seconda fase della guerra) e dal periodo di grave debolezza della monarchia francese. Tuttavia il ritorno a Roma non è facile. Alla morte di Gregorio XI, nel 1378, il conclave – pesantemente condizionato dalle dimostrazioni della plebe romana che vuole che il papa sia un italiano disposto a restare a Roma – elegge l'arcivescovo di Bari, Urbano VI: il suo tentativo di liberarsi dalla tutela del re di Francia e di imporre la sua autorità ai cardinali francesi provoca – come reazione – l'elezione da parte di costoro di un **antipapa**, **Clemente VII** (1378-94), che si insedia di nuovo ad Avignone.

È l'apertura di una gravissima fase di crisi del Papato, in cui si contrappongono dapprima due papi e, dopo il concilio di Pisa del 1409, addirittura tre. È il **Grande scisma d'Occidente**, che viene definitivamente **ricomposto solo nel 1449**, quando papa **Nicola V** (1447-55) riesce a imporsi come l'unico pontefice.

I PAPI ARGINANO IL POTERE DEL CONCILIO ■ Nel corso dello scisma si è imposta la **teoria della superiorità del concilio** (che è l'assemblea dei cardinali, arcivescovi, vescovi e dei superiori degli ordini religiosi) sul papa. Anche dopo la fine della crisi, questa teoria continua a essere sostenuta; contro di essa, per un secolo almeno, i papi devono combattere per **riaffermare la loro assoluta supremazia** nella struttura ecclesiastica.

Per farlo ricorrono a uno strumento particolare, ovvero la costruzione di rapporti diplomatici preferenziali e diretti con le autorità politiche degli Stati europei. Ciò avviene attraverso la pratica dei concordati o degli **accordi diplomatici** attraverso i quali i pontefici, in cambio di sostegno politico, cedono **agli Stati il diritto di controllare i benefici ecclesiastici**, e quindi di scegliere e nominare il corpo ecclesiastico.

Si tratta di una soluzione efficace e pericolosa: efficace, perché restituisce un notevolissimo peso internazionale ai pontefici; pericolosa, perché ovviamente in

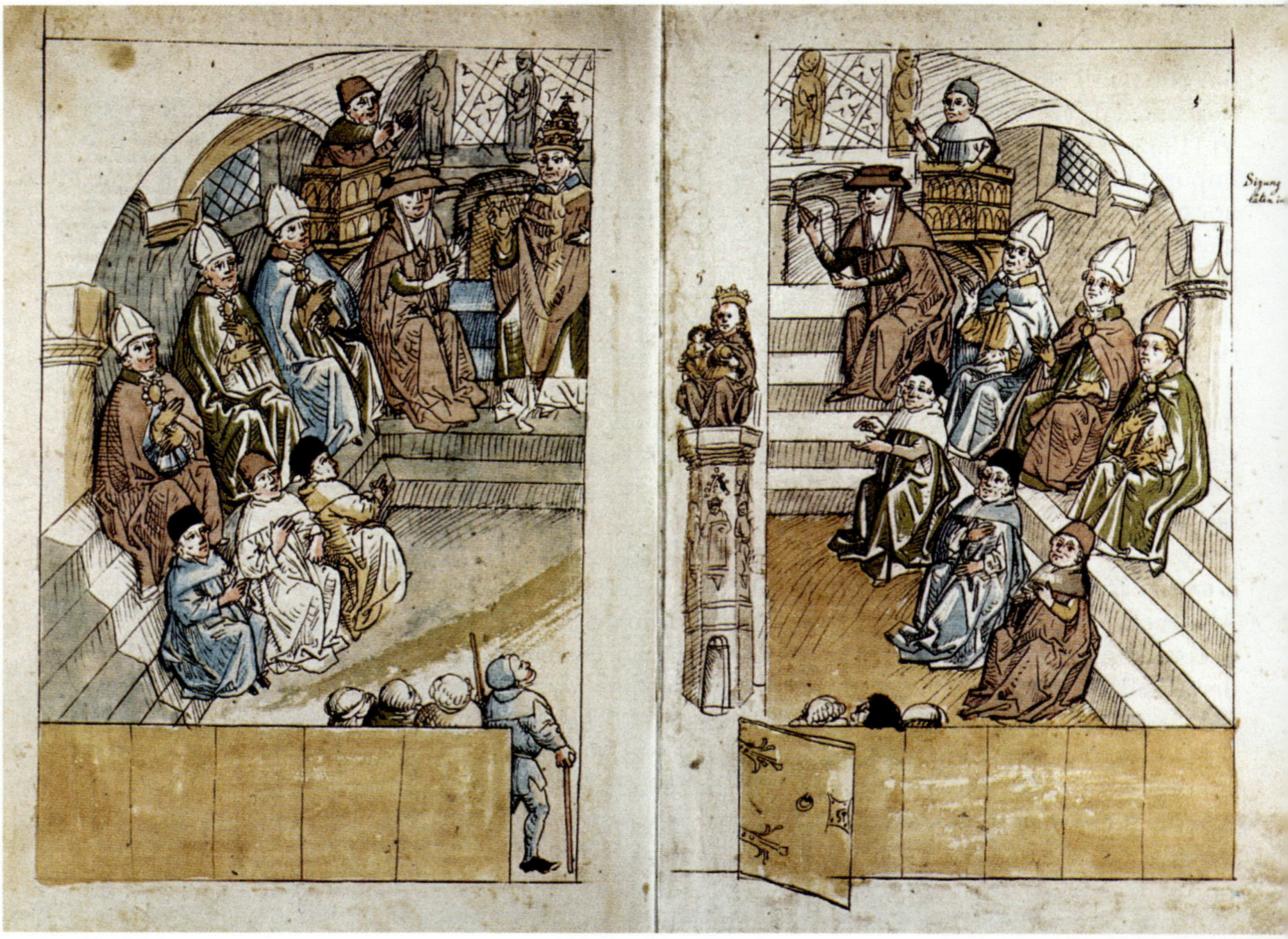

Il concilio di Costanza, 1460-65

[dalla *Chronique du concile de Constance* di Ulrich Richental; Rosgartenmuseum, Costanza]

La teoria conciliare, che contemplava la possibilità che un papa fosse deposto da un concilio, si fa largo proprio di fronte all'impossibilità di riconciliare le parti: in questa strada si riconosce l'unica via perseguibile per uscire dal caos provocato dallo scisma d'Occidente. Il concilio di Costanza si tiene, tra il 1414 e il 1418, nella cattedrale della città tedesca dopo essere stato convocato dall'imperatore Sigismondo.

tal modo è indebolita l'influenza dei pontefici sul personale ecclesiastico che si trova a dipendere dalle scelte delle autorità politiche territoriali. È in particolare questo un aspetto che col tempo non mancherà di far sentire il suo peso.

LAVORA SUL TESTO
Costruisci una linea del tempo in cui visualizzare i momenti salienti che vanno dal Papato avignonese al pontificato di Nicola V.

5/ Geopolitica della Penisola italiana

TRE TENDENZE PRINCIPALI ■ Accanto al difficile processo di stabilizzazione dello Stato pontificio, in Italia la fase che va dal XIII alla metà del XV secolo vede l'emergere di alcune altre importanti realtà che cominciano a definirne più nettamente il quadro geopolitico. Infatti, al termine di questo lungo periodo di conflitti interni ed esterni, si profilano chiaramente tre tendenze principali:

le PAROLE della STORIA
geopolitica
Il termine originariamente indicava una dottrina politica, sorta in Germania nel XIX secolo, che, sostenendo l'influenza dell'ambiente geografico sulle manifestazioni culturali, economiche, ecc. di una nazione, giustificava l'espansionismo imperialistico per la conquista del proprio "spazio vitale". Oggi indica la scienza che studia l'incidenza sulla storia politica di un popolo o di una nazione dei fattori geografici, come il clima, la posizione, ecc.

a la pluralità di comuni cittadini, grandi e piccoli – che si erano fatti strada dopo l'XI secolo nelle aree centro-settentrionali della penisola –, si riduce nettamente a opera di **alcune formazioni politiche** che riescono a imporre la loro **egemonia su ampie aree** geografiche circostanti: lo Stato di **Milano**, quello di **Firenze**, la Repubblica di **Venezia**;

b le istituzioni "democratiche" (cioè relativamente più aperte) dei comuni vengono travolte da violentissimi **scontri interni tra fazioni avverse**; le lotte civili vengono sedate attraverso l'imposizione da parte dell'autorità politica o militare di **istituzioni "oligarchiche"** (che prevedono, cioè, il pieno accesso al potere politico di un ristretto numero di famiglie cittadine) – come accade a Venezia –; oppure attraverso l'**instaurazione della "signoria"** [▷ S18], cioè di una particolare forma di principato in cui una singola famiglia si impone come depositaria del massimo della sovranità politica, per la sua autorevolezza economico-sociale o per la sua forza militare, o per entrambe, come accade a Milano e a Firenze;

c dove i comuni non si sono strutturati per la presenza di forti istituzioni monarchiche, come nel **Meridione**, continua il processo di consolidamento di due ampie **monarchie territoriali** – Mezzogiorno continentale e Sicilia –, riunificate dopo il 1442.

Anche in questo caso, infine, una descrizione sintetica delle trasformazioni non deve far dimenticare che esse sono ottenute a prezzo di guerre incessanti che, se non coinvolgono sistematicamente tutta la penisola, tuttavia ne travagliano molte terre per lunghi periodi.

I VISCONTI A MILANO ■ Nel corso del XIV secolo, la famiglia Visconti riesce a imporre il suo potere sulle istituzioni comunali, fino a che nel 1395 l'imperatore Venceslao di Lussemburgo sancisce questo processo di ascesa conferendo a **Gian Galeazzo Visconti** (1395-1402) il titolo di "principe e duca" della città.

Sotto la guida di Gian Galeazzo, Milano ingrandisce la sua area di influenza fino alla creazione di uno Stato territoriale che all'inizio del Quattrocento, momento della sua **massima espansione**, include la Lombardia, aree del Veneto, Piacenza, Bologna, Pisa, Siena e Perugia. Negli anni seguenti, tuttavia, nonostante gli sforzi di Filippo Maria Visconti (1412-47) e di suo genero Francesco Sforza, capitano di ventura, acclamato duca di Milano nel 1450, l'estensione territoriale dello Stato di

Milano viene ridimensionata dall'espansione di altre due città, che si impongono come capitali di importanti potentati regionali, Venezia e Firenze [▷A34].

LA REPUBBLICA OLIGARCHICA DI VENEZIA ■ A est, per tutto il XIV secolo, crescono la forza e la prosperità di Venezia. Nel **1297**, con la **serrata del Maggior Consiglio**, un ristretto numero di famiglie ha concentrato nelle sue mani il potere politico, escludendone tutte le altre. Sotto la guida del nuovo assetto politico, Venezia conosce un'ulteriore espansione delle sue attività commerciali nel Mediterraneo, che la conducono a occupare e amministrare, oltre che parti della costa dalmata, anche diverse altre isole del **Mediterraneo** e – in particolare – dell'Egeo. Tuttavia l'espansione del potere ottomano nel corso del primo Quattrocento [▷**8/7**] si rivela per Venezia un ostacolo impossibile da superare.

Le mire economiche e politiche delle ricche famiglie di mercanti che governano lo Stato, pur senza abbandonare i traffici marittimi, si rivolgono allora verso l'**entroterra veneto**, zona nella quale si possono reinvestire i capitali accumulati acquistando proprietà terriere. Un potere, questo, che viene consolidato attraverso la conquista militare di un'area che, alla metà del XV secolo, si estende da Aquileia a Bergamo e Brescia: com'è evidente, l'espansione della Repubblica di Venezia avviene a danno di una parte dei territori dello Stato di Milano [▷A35].

FIRENZE ■ A sud, l'espansione territoriale dello Stato di Milano è bloccata dalla crescita dell'egemonia di Firenze sulla Toscana. Nel corso del XIII e del XIV secolo la città è attraversata da violenti scontri interni di tipo politico (dovuti al contrasto tra la fazione guelfa e quella ghibellina) e di tipo sociale (la rivolta dei ciompi, di cui si parlerà più avanti: >**9/2**); ciò nonostante, le ricchezze accumulate nelle atti-

ATLANTE 34

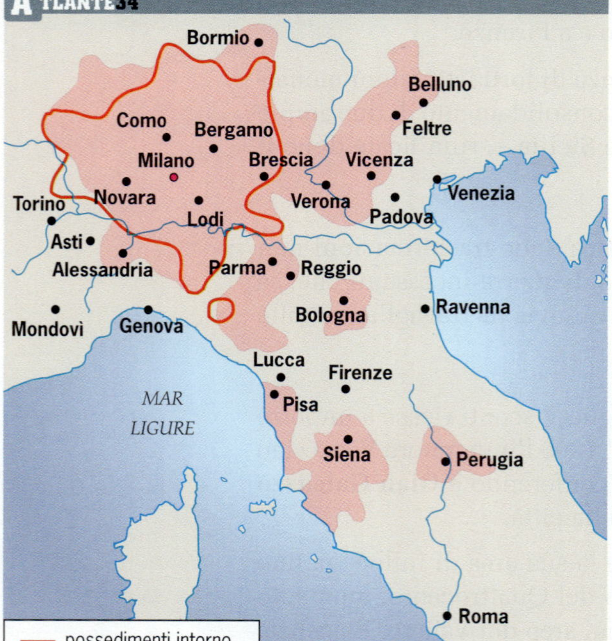

L'espansione territoriale di Milano

ATLANTE 35

L'espansione territoriale di Venezia

vità mercantili e bancarie consentono alla città di organizzare forze militari che le permettono una incessante espansione a raggiera, che a metà XV secolo la porta al controllo di Pistoia, Pisa, Volterra e Arezzo.

Nello stesso periodo emerge politicamente la figura di **Cosimo de' Medici** (1389-1464), membro di una delle più importanti famiglie di banchieri di tutta Europa; nel 1434, al termine di una serie di duri scontri intestini, Cosimo si impone come la massima autorità dello Stato, pur senza che tale posizione sia riconosciuta in modo formale [▷ A36].

NAPOLI, LA SICILIA E LA SARDEGNA ■ Nell'area meridionale della penisola, infine, la lunga separazione tra il Regno di Sicilia (controllato dalla casa d'Aragona sin dalla rivolta dei Vespri del 1282) e il Regno di Napoli (rimasto in mano alla casa d'Angiò) si conclude nel **1442**, quando Alfonso V d'Aragona detto il Magnanimo (1416-58), sfruttando i contrasti interni al Regno di Napoli, occupa il Mezzogiorno continentale, riunendo di nuovo sotto un'unica corona i Regni (che restano amministrativamente e istituzionalmente distinti) di Napoli, di Sicilia e di Sardegna (la Sardegna è sotto la sovranità aragonese dal 1295).

In questo modo una casa regnante della Penisola iberica impone la sua autorità sul Mezzogiorno continentale e sulle due isole maggiori, dove i **sovrani aragonesi** cercano di avviare un'opera di riorganizzazione amministrativa e fiscale. Sulla loro strada, però, trovano le famiglie nobili, dotate di giurisdizioni feudali, che in ciascuno dei tre regni oppongono notevoli resistenze anche grazie alle assemblee cetuali, nelle quali hanno un peso considerevole (i Parlamenti di Sicilia e di Napoli, attivi sin dalla fine del XIII secolo, e il Parlamento sardo, istituito nel 1355).

le PAROLE della STORIA

sovrani aragonesi
Alfonso V d'Aragona divide i suoi territori tra due linee dinastiche: al figlio naturale, Ferdinando, detto Ferrante (1458-94), lascia il Regno di Napoli; al fratello Giovanni II lascia il Regno d'Aragona, con Sardegna e Sicilia. La divisione tra i due rami aragonesi (di Aragona e di Napoli) dura fino al 1504, quando Ferdinando II d'Aragona (1479-1516) riconquista il Regno di Napoli e pone le basi del potere spagnolo nel Sud della penisola.

ATLANTE 36

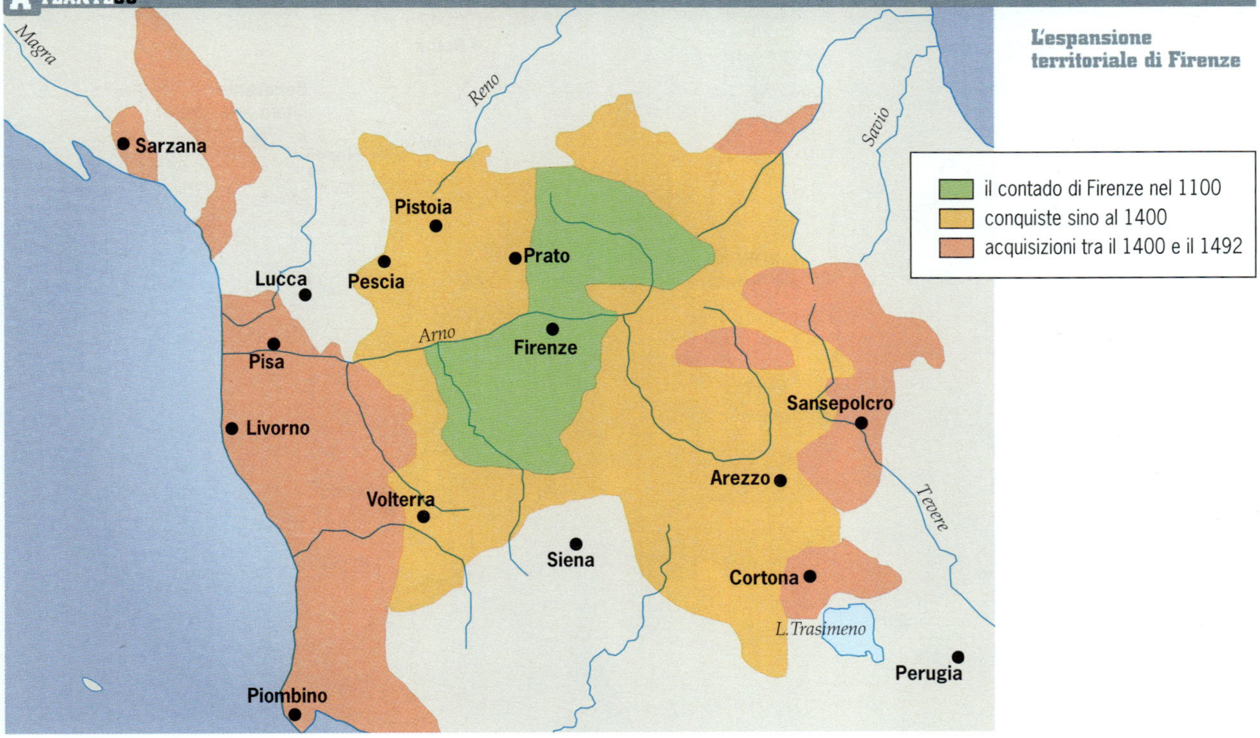

L'espansione territoriale di Firenze

Alla metà del XV secolo le trasformazioni territoriali attraversate in precedenza dalla Penisola italiana vengono fissate dalla **pace di Lodi**, un accordo siglato nel **1454** dai maggiori potentati della penisola [▷ **A37**]; ne emerge un assetto in cui il dato che domina è una profondissima frammentazione territoriale, insieme con una notevole varietà delle soluzioni istituzionali.

LAVORA SUL TESTO

Osserva gli Atlanti 34-36 e scrivi un testo di 5 righe per ciascun atlante descrivendo l'evoluzione dei possedimenti di Milano, Venezia e Firenze fino al Quattrocento.

ATLANTE 37

Il quadro politico italiano intorno al 1454

6/ L'Europa del Nord-est

IL SACRO ROMANO IMPERO ■ Dalla metà del XIV secolo il **Sacro romano impero** comincia a mutare aspetti essenziali della sua struttura, facendo sentire sempre meno le sue pretese egemoniche sulla Penisola italiana e spostando invece il suo centro verso la Germania e la Boemia, su cui, tuttavia, esercita un potere più formale che effettivo [> 6/3].

Nel 1355 **Carlo IV di Lussemburgo** (1355-78), re di Boemia dal 1346, viene incoronato imperatore; nel **1356**, con un suo editto – la ***Bolla d'Oro*** –, emana una Costituzione dell'Impero, che in effetti riconosce formalmente la fragilità dell'autorità imperiale, sia dal punto di vista dell'origine della sua sovranità, sia dal punto di vista del potere effettivo esercitato. L'editto stabilisce infatti che il collegio dei sette grandi elettori, che già in precedenza eleggeva l'imperatore, sia composto dai tre arcivescovi di Magonza, Colonia e Treviri, dal re di Boemia, dall'elettore di Sassonia, dal conte del Palatinato e dal margravio del Brandeburgo, e con ciò **la fonte della sovranità è attribuita saldamente ed esclusivamente a dei principi tedeschi**; al tempo stesso l'editto conferma le autonomie delle autorità politiche (vescovi, principi, comuni) incluse nei confini dell'Impero, mentre decreta pure che l'imperatore sia coadiuvato da una Dieta (cioè dall'assemblea dei ceti), composta dai principi e dai magnati, che deve riunirsi una volta all'anno in una delle città imperiali.

Dopo Carlo IV, altri due imperatori appartengono alla casa di Lussemburgo, Venceslao (1378-1400) e Sigismondo (1410-37), i quali tuttavia non sono in grado di ridare potere alle istituzioni imperiali. Alla morte di Sigismondo la casa di Lussemburgo si estingue, e **la corona imperiale va agli Asburgo d'Austria**, con l'elezione di Alberto II (1438-39), cui succede Federico III (1440-93), appartenente a un altro ramo degli Asburgo.

FRAMMENTAZIONE POLITICA NELLE REGIONI TEDESCHE DELL'IMPERO ■ Una chiara testimonianza dell'evanescenza del potere imperiale è data dall'enorme frammentazione geopolitica che caratterizza le regioni tedesche dell'Impero. Nel XV secolo la **Germania** è suddivisa in **350 territori**, a volte anche molto piccoli, formalmente sottoposti alla sovranità imperiale, ma di fatto dotati di istituzioni e poteri del tutto autonomi. Realtà diverse hanno un peso talvolta notevole: si ricorderanno qui soltanto le città

I sette grandi elettori, 1484-85
[frontespizio del Registro dei mercanti dell'Hansa; Historisches Archiv der Stadt Köln, Colonia]
L'immagine rappresenta il collegio dei principi ai quali, secondo la Bolla d'Oro emanata da Carlo IV nel 1356, spetta il privilegio di eleggere l'imperatore. In alto, assiso sul trono vi è l'imperatore, con gli attributi reali (scettro, corona e mantello); sulla sinistra i tre elettori ecclesiastici, riconoscibili dalle mitre sulla testa, e negli altri riquadri i quattro elettori laici.

portuali, tra cui primeggiano Lubecca e Amburgo, coordinate nella lega commerciale chiamata Hansa [▷ **3**/**2**]; e il Marchesato del Brandeburgo, guidato dai margravi Hohenzollern, che riesce a espandersi a danno dei territori baltici controllati dall'ordine monastico-cavalleresco dei Cavalieri teutonici [▷ **5**/**4**].

LA NASCITA DELLA SVIZZERA ■ Nel cuore d'Europa si forma intanto una nuova realtà politica, nata dalla ribellione che nel 1291 i contadini di tre aree alpine, Uri, Unterwalden e Schwyz, organizzano contro la signoria degli Asburgo. Dopo aver sconfitto un esercito asburgico nel **1315**, questi liberi contadini prendono il nome di "confederati" e fondano la **Confederazione svizzera**, cui nel 1353 si uniscono le città di Lucerna, Zurigo e Berna. La Confederazione continua ad acquistare nuovi membri fino al XVI secolo, sconfiggendo ripetutamente gli eserciti mandati da svariati principi per cancellare le sue libertà [▷ **A38**].

I REGNI ELETTIVI DI POLONIA-LITUANIA, UNGHERIA E BOEMIA ■ A est, alla fine del Trecento, è in formazione il Regno unificato di **Polonia e Lituania** [▷ **A39**], sotto la guida del granduca di Lituania Ladislao II (1386-1434), fondatore della dinastia Jagellona, convertitosi al cristianesimo nel 1386 e unitosi in matrimonio alla figlia del defunto re di Polonia Casimiro III (1333-70). Sotto la **dinastia Jagellona**, Polonia e Lituania mantengono propri ordinamenti giuridici. Il cattolicesimo e la cultura polacca prevalgono tra le classi dirigenti del principato, mentre la maggior parte della popolazione contadina di origine lituana rimane pagana ancora per molto tempo. Ma soprattutto, nel 1410, Ladislao II ottiene un'importante vittoria milita-

ATLANTE 38

L'espansione territoriale della Confederazione svizzera

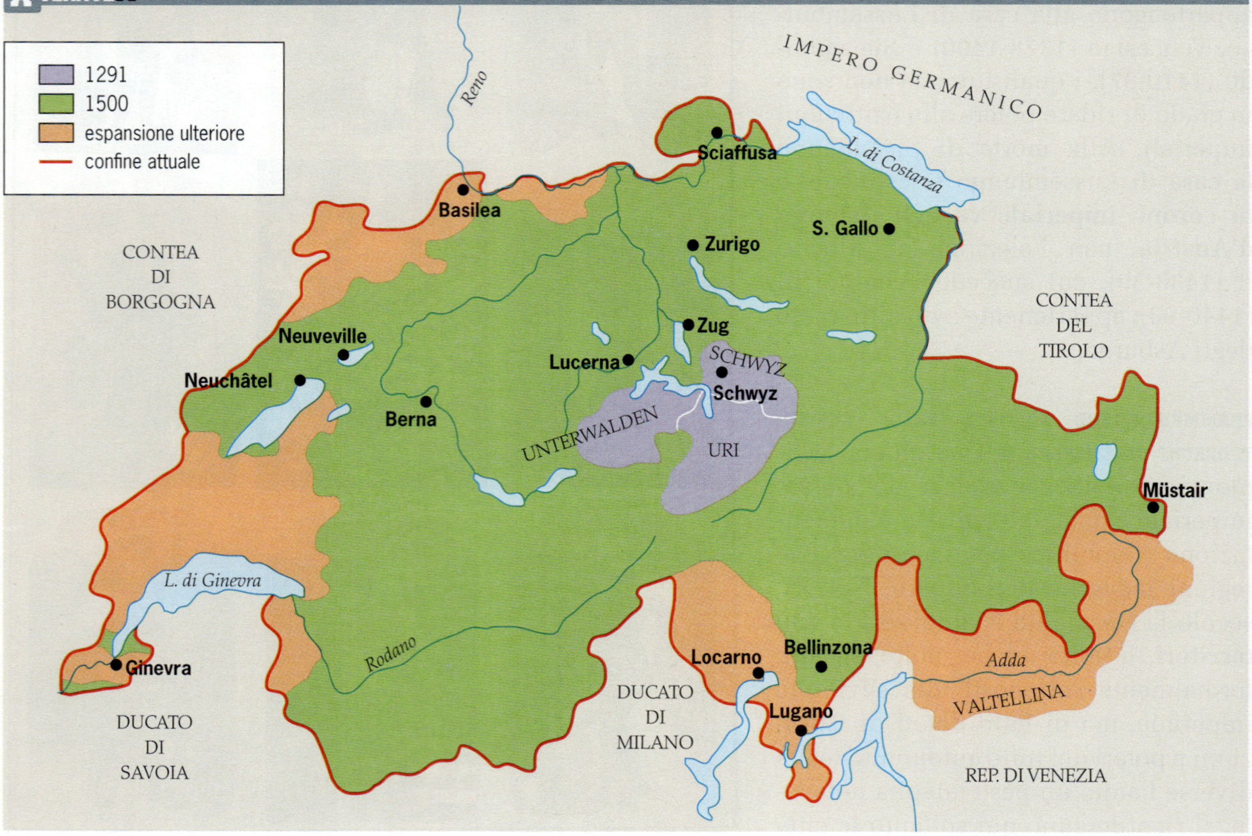

re a **Tannenberg** contro i Cavalieri teutonici, aprendosi in questo modo la strada verso i loro territori sul Baltico.

Tuttavia, in questo grande regno, come in quelli di **Ungheria** e di **Boemia**, i sovrani dipendono dal **sostegno delle principali famiglie nobili**. Titolari di grandi proprietà terriere, queste dispongono di ingenti risorse, con le quali possono reclutare cospicui corpi armati. Forti di questo potere, capaci di controllare le Diete locali, le nobiltà dei Regni dell'Est sono in grado di condizionare il potere dei monarchi, tanto che – tra XIV e XV secolo – riescono a imporre ai sovrani il loro diritto a riconoscere il successore al trono, se non addirittura a eleggerlo direttamente [▷ **S17**].

L'UNIONE DI KALMAR ■ A nord, infine, nel **1375** emerge l'astro di **Margherita di Danimarca** (1388-1412), reggente del Regno di Danimarca e Norvegia per conto del figlio Olaf (1375-87). Dopo la morte di Olaf, Margherita viene eletta regina dalle Diete di Danimarca e di Norvegia, in nome del suo erede, il pronipote Erik di Pomerania (1396-1449); nel **1397**, col sostegno della nobiltà svedese, che si ribella al re di Svezia Alberto (1363-89), Erik e Margherita vengono riconosciuti sovrani di Svezia. L'**Unione di Kalmar**, che viene proclamata in quell'occasione, lascia autonomia istituzionale ai tre regni (Danimarca, Norvegia e Svezia) riuniti sotto l'unica sovranità di Margherita ed Erik. Si tratta, tuttavia, di un assetto instabile: nel XV secolo in Norvegia, e soprattutto in Svezia, numerosi saranno i tentativi di ribellione nei confronti di un quadro politico dominato da una dinastia e da élite danesi.

LAVORA SUL TESTO
Evidenzia gli elementi di debolezza del Sacro romano impero.

ATLANTE 39

L'Europa centrale e orientale nel XIV secolo

7/ Guerra e potere alle frontiere della cristianità

IL CONFLITTO FRA CRISTIANITÀ E ISLAM ■ Alle estremità occidentali e orientali del Mediterraneo, **cristianità e islam** restano a contatto; e non è un contatto pacifico [▷ **5**]. Mentre il cuore dell'Europa è scosso da guerre che contrappongono potentati cristiani, nella Penisola iberica e nell'area balcanico-bizantina il conflitto si colora di un contrasto religioso che in alcuni casi diventa intolleranza feroce, anche contro gli inermi, colpevoli solo di essere identificati come diversi da un punto di vista confessionale. È in queste aree che – su più larga scala – esiste la schiavitù e ne prospera il commercio: gli infedeli prigionieri, di una confessione o di un'altra, hanno spesso davanti a sé un destino ben oscuro.

I REGNI CRISTIANI NELLA PENISOLA IBERICA ■ Sin dall'XI secolo è in corso la ***reconquista*** della penisola da parte di principi ed eserciti cristiani che, nel XIV secolo, hanno ridotto l'area di occupazione musulmana al solo Regno di Granada [▷ **2/3**]. Il resto della Penisola iberica è diviso tra quattro grandi formazioni statali: **Portogallo**, **Castiglia**, **Aragona** e **Navarra** [▷ A40].

Nei Regni cristiani della penisola si trovano molti **musulmani** che non si sono allontanati anche dopo la conquista cristiana e che si concentrano nelle aree meridionali, dall'Algarve all'Andalusia, a Valencia; in tutta la penisola, poi, si sono formate numerose comunità ebraiche. In Castiglia si stima che il 7% degli abitanti siano ebrei o musulmani; in Aragona sono il 3-4%.

Nel corso del XV secolo il trattamento delle due minoranze peggiora sensibilmente. Man mano che nuovi coloni cristiani si insediano nel Sud, i ***moriscos***,

ATLANTE 40

La Penisola iberica fra Trecento e Quattrocento

cioè i musulmani iberici, vengono allontanati dalle città o confinati in quartieri marginali. Un trattamento niente affatto migliore viene riservato agli **ebrei**: molti di loro, in qualità di medici o di operatori finanziari, sono riusciti a ottenere un certo successo, e anche qui la crisi del tardo XIV secolo ne fa le vittime sacrificali delle insicurezze e delle rabbie delle comunità cristiane.

Nel 1391 a Siviglia la folla – incitata dai sermoni di un predicatore – attacca la comunità ebraica cittadina, derubando, bruciando e uccidendo tutti quelli che rifiutano di convertirsi. Episodi come questo sono numerosi e nel corso di questa **ondata di intolleranza** circa la metà dei 200.000 ebrei castigliani si converte al cristianesimo, mentre altri 25.000 sono uccisi o riescono a rifugiarsi in Portogallo e nel Regno di Granada. Non che per i sopravvissuti, i ***conversos*** ('convertiti'), la vita diventi facile: nel corso del XV secolo si troveranno esposti ancora a pesanti aggressioni verbali, fisiche e alla fine – come si vedrà – anche normative [▷ **12/1**].

LA NASCITA DELL'IMPERO OTTOMANO ■ Nel corso del XIV secolo anche l'area del Mediterraneo orientale attraversa una fase di profondo mutamento geopolitico. Un raggruppamento di **tribù turche nomadi** provenienti dall'Anatolia coglie – ai primi del Trecento – una serie di importanti successi militari contro ciò che resta dell'Impero bizantino e contro gli Emirati arabi circostanti: si tratta dei turchi ottomani, cosiddetti da **Othman I** (ca. 1302-26), che li guida in questa prima espansione. Eccezionali cavalieri, animati dalla fede musulmana, continuano a conquistare nuove terre ancora nella seconda metà del Trecento, combinando ferocia e determinazione militare a una grande abilità diplomatica. Dal 1354 gli ottomani avanzano nei **Balcani** e, dopo aver distrutto la resistenza serba nella battaglia di Kosovo

Assedio di Costantinopoli, 1537
[Monastero di Moldovita, Vatra Moldoviţei (Romania)]
In questo affresco è raffigurato l'assedio di Costantinopoli da parte dei turchi ottomani nel 1453: il 29 maggio, dopo una serie di tentativi falliti, la città bizantina cade sotto l'attacco dell'armata del sultano Maometto II.

del 1389 e aver travolto nel 1396 a Nicopoli un esercito cristiano formatosi in seguito all'appello di papa Bonifacio IX, vi consolidano il loro potere.

Ai primi del XV secolo, per pochi anni la loro avanzata viene fermata dal sopraggiungere da est dei Mongoli, guidati da Tamerlano [▷ **7/1**]; morto costui nel 1405, e svanita la minaccia mongola, il sultano Maometto I (1413-21) riesce a rafforzare il suo regno, riprendendo l'espansione militare verso la Grecia. Il suo successore, Murad II (1421-51), inizia infine l'attacco a **Costantinopoli**, che viene espugnata dopo trent'anni, nel **1453**, da **Maometto II** (1451-81), e ribattezzata subito dopo **Istanbul**: è **la fine dell'Impero bizantino** e l'avvio di una nuova realtà politica di lungo corso, l'Impero ottomano, che durerà fino al 1920 [▷ **A41**].

L'avanzata militare dei turchi ottomani è travolgente e, in alcuni casi, spietata. Le forze militari di cui si avvalgono sono costituite da un **esercito permanente** composto dai giannizzeri (dal turco *jeniçeri*, 'nuova milizia'), reparti militari scelti, formati dai giovani cristiani fatti schiavi o requisiti da bambini alle famiglie, ed educati come musulmani, e dalle milizie provinciali, reclutate in caso di bisogno e retribuite attraverso il sistema del ***timar***, cioè con la concessione del diritto a riscuotere imposte nei territori dell'Impero abitati dai non musulmani.

Tuttavia la **durezza delle occupazioni militari** viene controbilanciata da un'intelligente tolleranza nell'amministrazione delle zone assoggettate: quando le popolazioni locali accettano il dominio ottomano e pagano le tasse, le strutture religiose e sociali esistenti rimangono intatte. Questa politica di **tolleranza religiosa** fa anche sì che un buon numero di famiglie ebree comincino a fuggire dalle aggressioni cui devono far fronte nell'Europa cristiana, trovando rifugio nelle terre ottomane. Nelle zone in cui incontrano resistenza, invece, gli ottomani deportano o massacrano senza pietà la popolazione che, in questo caso, viene sostituita da coloni turchi.

▸ **Giannizzeri turchi**, 1590 ca.
[dal *Codex Vindobonensis* 8626, Österreichische Nationalbibliothek, Vienna]
Organizzato a partire dal Trecento, il corpo militare dei giannizzeri era il più fanatico difensore della religione musulmana. Lo spirito di corpo era incoraggiato da bandiere e da emblemi particolari per ogni reggimento, quali i fantasiosi copricapo indossati dai soldati in questa immagine.

▸ **Soldato del corpo dei giannizzeri nel disegno di un artista occidentale**

Dal punto di vista organizzativo, al vertice dello Stato ottomano domina la figura del **sultano**, supremo capo religioso e politico-militare. Intorno a lui presto si sviluppa una struttura paragonabile a quella delle altre monarchie europee, con il **gran visir** (primo ministro) a capo del Gran Consiglio centrale (o *divan*); dal *divan* dipendono poi i governatori delle province.

LAVORA SUL TESTO
Cerchia nel paragrafo due parole-chiave che sintetizzino la politica di governo delle minoranze nella Spagna cristiana e nell'Impero ottomano.

8/ Un quadro di sintesi

Le guerre che si combattono fra Trecento e Quattrocento cambiano sensibilmente la carta politica d'Europa; ma ciò che è più importante, avviano anche notevoli processi di mutamento nelle morfologie del potere. Si possono identificare tre aree geopolitiche distinte: l'Europa occidentale, quella centrale e quella orientale.

L'EUROPA OCCIDENTALE ■ Guardando a **occidente** si ha l'impressione di vedere uno **spazio politico complessivamente assai frammentato**, dominato da numerosi Stati monarchici di media grandezza. Ma qui si deve osservare che l'azione dei sovrani come capi guerrieri (del re di Castiglia, a capo della *reconquista* nella Penisola iberica, dei Plantageneti e dei Valois, impegnati nella guerra dei Cent'anni) comporta mutamenti istituzionali di non poco rilievo.

ATLANTE 41

L'espansione dell'Impero ottomano

I sovrani, che ottengono la corona per diritto ereditario, riescono a far passare almeno in linea di principio l'idea secondo la quale a loro spetta il potere di **riorganizzare il prelievo fiscale** necessario per pagare gli eserciti. Tale prelievo non è più fondato sui "donativi" che i signori feudali sono vagamente tenuti a rendere al sovrano in caso di necessità; è fondato, piuttosto, sull'idea di un diritto – dettato dallo stato di necessità e dai valori etici implicati dalla guerra – a esigere un contributo da *tutti* i sudditi, qualunque sia il titolo di dipendenza che essi possono avere nei confronti del re.

Certo questo diritto regio non si impone come un diritto assoluto; esso – a sua volta – si modella su un principio forgiato dalla Chiesa sin dai secoli precedenti per raccogliere le risorse necessarie a finanziare le crociate, secondo il quale **'ciò che riguarda tutti, dev'essere trattato e approvato da tutti'** (*quod omnes tangit ab omnibus tractari et approbari debet*); con ciò si introduce la pratica della contrattazione che il sovrano deve intavolare con le élite del suo regno (i rappresentanti delle città, i signori feudali, le autorità ecclesiastiche) per determinare i modi e l'entità del prelievo fiscale. Tale natura dialogica del prelievo rafforza la **componente contrattuale dei poteri del re**, il quale – come vedremo meglio più avanti – sin da questi anni deve negoziare la propria politica fiscale con apposite istituzioni che raccolgono le rappresentanze delle varie élite del regno.

Ciò non toglie che i poteri monarchici escano rafforzati sensibilmente (in Francia e in Castiglia, in primo luogo; più faticosamente in Inghilterra) da questo processo; anche perché, sempre facendo appello alle necessità della guerra e alle connesse esigenze fiscali, i monarchi cercano di interpretare con vigore il **ruolo di "dispensatori della pace"** che a loro appartiene fin dalla nascita della figura barbarica del re.

È così che guerra e finanze sono i motori di un ulteriore importantissimo cambiamento: dal momento che il sovrano si riserva di fare appello, in caso di necessità, ai beni dei sudditi, da cui intende trarre le risorse fiscali che gli servono, è necessario che tali beni e i loro titolari siano protetti contro l'arbitrio della violenza signorile; e i sovrani cercano di garantire questa sicurezza attraverso l'operato di giudici che dipendono immediatamente da loro; ma qui c'è un elemento di incertezza e di tensione notevole perché – come avremo ancora modo di vedere – i **tribunali regi** entrano in ovvia concorrenza con i poteri e i tribunali delle signorie feudali.

L'EUROPA CENTRALE ■ Nell'**asse territoriale centrale,** che corre dalla Danimarca alla Sicilia, la **frammentazione politica** è evidente e anche reale, nel senso che nessuna delle entità statali o dei poteri istituzionali che gravitano in quest'area sta costruendo le premesse per una propria egemonia (nemmeno il Sacro romano impero, che è forte solo nominalmente).

All'interno delle singole articolazioni statali (principati, signorie, repubbliche o monarchie che siano) si possono constatare processi non dissimili da quelli osservati per l'area occidentale d'Europa. Ma il punto è che qui la dimensione delle formazioni statali, o la forza dei gruppi nobiliari (come, per esempio, nel Regno di Napoli), rende il processo incerto, ancora aperto alle più svariate soluzioni geopolitiche e istituzionali.

L'EUROPA ORIENTALE ■ Nell'**area orientale**, infine, la carta sembrerebbe suggerire la presenza di vasti e solidi aggregati territoriali monarchici (Boemia, Ungheria, Polonia-Lituania). Qui tuttavia siamo di fronte a una situazione esattamente inversa rispetto a quella occidentale. I sovrani che regnano su queste formazioni politiche hanno un'**autorità estremamente ridotta nei confronti delle aristocrazie militari e terriere** da cui, in definitiva, dipendono le loro fortune politiche e militari. Le enormi estensioni di terra controllate dalle più importanti famiglie nobiliari danno loro risorse e poteri tali da condizionare la forza dei re: costoro, infatti, continuano a dipendere in larga misura dal sostegno militare e finanziario che queste famiglie nobili sono eventualmente disposte a concedere, una situazione che finisce per tradursi nella pratica, sconosciuta agli Stati occidentali, della **successione al trono per elezione**.

ONLINE

TEMI IN DISCUSSIONE
1. Le forme dello Stato nel tardo Medioevo

Anche su queste modalità di organizzazione avremo modo di tornare: ma è chiaro che monarchi come quelli dei regni orientali, i quali devono la loro ascesa non a un proprio diritto di successione, ma alla scelta compiuta da assemblee di notabili, sono attori politici il cui peso è infinitamente minore di quello dei loro pari rango d'Occidente.

LAVORA SUL TESTO
Per ciascuna area geopolitica, sottolinea con colori diversi i territori corrispondenti e una frase che ne descriva la principale caratteristica.

Il re a una seduta del Parlamento in Inghilterra, inizio XIV sec. ca.

[British Museum, Londra]

Dal Duecento in poi, i sovrani devono accettare di essere affiancati nella gestione del potere dai rappresentanti di alcuni settori della società. In Inghilterra, in particolare, l'assemblea rappresentativa per eccellenza, il Parlamento, è già strutturata nella seconda metà del XIII secolo in camera alta (Camera dei Lords), formata dalla nobiltà titolata nominata dal re, e camera bassa (Camera dei Comuni), composta da cavalieri e gentiluomini non nobili eletti sul territorio. Questa istituzione ha poteri legislativi, di controllo e soprattutto ha competenze fiscali. Il sovrano raffigurato in questa miniatura è probabilmente Edoardo I (1272-1307), quinto re dei Plantageneti.

SINTESI

ONLINE — SINTESI AUDIO

1/La guerra, i suoi disastri, le sue seduzioni

Nonostante la peste, l'Europa del XIV secolo continua a essere dominata dalla cultura della guerra, prerogativa dei gruppi nobiliari che – tra i vari reparti degli eserciti – prediligono soprattutto la cavalleria. Ora si formano anche temibili reparti di fanteria, talora dotati di micidiali archi a lunga gittata.

2/Le compagnie di ventura e i primi eserciti permanenti

Si costituiscono le compagnie di ventura – corpi di mercenari al servizio del miglior offerente – e anche i primi nuclei di eserciti permanenti al servizio dei sovrani. Questi ultimi esigono ora una tassazione onerosa e continuativa per affrontare il costo degli eserciti, e possono impiegare i soldati in servizio permanente anche per risolvere contenziosi interni.

3/La guerra dei Cent'anni e le sue conseguenze

La guerra più grave e più lunga è la guerra dei Cent'anni combattuta tra il regno di Francia e quello di Inghilterra durante il periodo che va dal 1337 al 1453. Le cause del conflitto sono di carattere sia genealogico – Edoardo III Plantageneto e i suoi successori vantano il diritto di successione sul trono di Francia dopo la morte di Carlo IV Valois –, sia giurisdizionale, per l'intervento della corona francese in favore della Scozia e il tentativo inglese di controllare le Fiandre. Durante le diverse fasi della guerra, nonostante gli iniziali successi, i re d'Inghilterra che si succedono al trono non riusciranno a conquistare la Francia. Al termine del conflitto, il regno francese appare al contrario notevolmente consolidato, mentre l'Inghilterra sprofonda in una crisi caratterizzata dalla guerra delle Due Rose.

4/Il Papato, dal ritorno a Roma alla ricomposizione dello scisma d'Occidente

Nel 1309 papa Clemente V decide di trasferire la sede papale ad Avignone e di porsi sotto l'autorità del sovrano francese. Il trasferimento della sede crea una crisi a Roma e nei territori pontifici circostanti che, dopo il tentativo fallimentare di Cola di Rienzo e l'efficace opera di riorganizzazione effettuata dal cardinale Egidio Albornoz, si risolve solo nel 1377, col ritorno del Papato a Roma deciso dal papa Gregorio XI. Negli anni seguenti il Papato continua ad attraversare una fase di estrema difficoltà, con ripetute elezioni di antipapi che lottano fra loro per il controllo della Chiesa. Nel 1409, dopo il concilio di Pisa, saranno addirittura tre i papi eletti contemporaneamente. Il Grande scisma d'Occidente viene definitivamente superato nel 1449, quando viene deposto l'ultimo antipapa e Nicola V riesce ad imporsi come unico pontefice. Il potere pontificio esce tuttavia duramente indebolito da questa lunga fase di disordini, sia nei confronti del concilio dei cardinali e dei vescovi sia rispetto alle autorità politiche degli Stati europei.

5/Geopolitica della Penisola italiana

Nel resto dell'Italia la fase che va dalla metà del Trecento alla metà del Quattrocento vede l'emergere e il consolidarsi di altre quattro importanti compagini statali: il Ducato di Milano, la Repubblica di Venezia, lo Stato fiorentino e lo Stato che comprende Napoli, Sicilia e Sardegna, che dal 1442 è sotto il controllo della casa d'Aragona.

6/L'Europa del Nord-est

A nord-est dell'Europa si formano le monarchie di Polonia-Lituania e l'effimera Unione di Kalmar, guidate tuttavia da sovrani deboli, poiché eletti ogni volta dalle assemblee dei nobili e dei notabili dei regni. Anche il Sacro romano impero attraversa una fase di fragilità politica, accentuata dall'emanazione della *Bolla d'Oro* da parte di Carlo IV di Lussemburgo. L'editto, infatti, attribuisce di fatto la fonte della sovranità imperiale ai principi tedeschi e conferma le autonomie delle autorità politiche incluse entro i confini dell'impero.

7/Guerra e potere alle frontiere della cristianità

Ai confini occidentali e orientali dell'Europa, cristianesimo e islam restano a contatto in modalità differenti. Nella Penisola iberica, il processo di *reconquista* determina l'emarginazione o l'allontanamento della popolazione musulmana, i *moriscos*, così come della minoranza ebraica che subisce frequenti e ripetute aggressioni. Nell'Impero ottomano, che si estende ben oltre i territori dell'Impero bizantino, l'amministrazione delle zone assoggettate è improntata invece alla tolleranza religiosa, in cambio della sottomissione politica al nuovo dominio.

Se si osserva la carta politica dell'Europa si possono distinguere tre grandi aree con caratteri propri. A ovest vi sono monarchie in formazione, con sovrani che ottengono la corona per diritto ereditario (Castiglia, Aragona, Francia, Inghilterra). Al centro – dalla Danimarca alla Sicilia – la frammentazione statale e istituzionale è massima; nel cuore d'Europa, il Sacro romano impero è un'istituzione che ha solo una vaga autorità. A nord-est vi sono monarchie territorialmente grandi (Polonia-Lituania, Ungheria, Boemia), ma politicamente fragili.

A sud-est, accanto a queste tre aree, ce n'è una quarta, dove domina una diversa religione, l'islam, e dove si osserva la nascita e la rapida espansione dell'Impero ottomano che nel 1453, conquistando Costantinopoli, abbatte ciò che restava dell'Impero bizantino.

VERSO le COMPETENZE

1 **Indica se le affermazioni seguenti, relative ad alcuni personaggi dell'Europa tardomedievale, sono vere o false. Spiega poi, brevemente, il motivo della tua scelta.**

a. Nell'affresco di Simone Martini, il ruolo del "capitano" Guidoriccio da Fogliano è sottovalutato, poiché il merito della vittoria è attribuito alla fanteria comunale di Siena.

....

b. Niccolò Machiavelli giudicò rischioso ma assolutamente necessario, al fine di conservare il potere da parte di un principe, l'impiego di truppe mercenarie.

....

c. Francesco Sforza, quando diventò signore di Milano grazie ai suoi successi militari, era imparentato con la famiglia nobile dei Visconti.

....

d. Giovanna d'Arco, l'eroina che sostenne le sorti dei Valois, fu catturata da militari francesi nel 1430 e processata da un vescovo francese l'anno successivo.

....

e. Cola di Rienzo, di estrazione popolare, lottò a Roma contro il potere delle famiglie nobiliari e fu appoggiato, in alcune fasi, anche dai papi di Avignone.

....

f. Il sultano Maometto II salì al vertice dello Stato ottomano quando già la città di Costantinopoli era sotto assedio, ma morì prima di portarne a termine la conquista.

....

2 **Collega ciascun termine, relativo alla storia della guerra in Europa tra XIII e XV secolo, con la definizione corrispondente. Fa' attenzione: c'è un termine che ha due definizioni.**

1. condottieri	a. milizia essenzialmente appiedata, composta da cittadini in armi e dotata di efficaci armi difensive
2. arcieri	b. "nuova milizia" scelta, composta da soldati ex cristiani sotto il comando del sultano ottomano
3. mercenari	c. componente essenziale di ogni esercito medievale, basata sul movimento e sulla forza d'urto
4. cavalleria	d. sistema di valori basato sulla nobiltà di nascita, le qualità militari e l'etica cristiana
5. giannizzeri	e. corpo specializzato di militari; il più famoso fu quello dell'esercito inglese durante la guerra dei Cent'anni
6. fanteria comunale	f. "capitani di ventura" che assoldano uomini e assumono il loro comando in campagne militari per conto di terzi
7. compagnia di ventura	g. soldati che combattono al comando di un capo riconosciuto e ne ricevono un soldo; spesso compivano razzie
	h. esercito composto di soldati che stabilisce un contratto di prestazione con un sovrano o un principe cittadino

3 **Completa sul tuo quaderno la tabella relativa alle trasformazioni della guerra tra XIII e XV secolo con le informazioni richieste.**

	XIII secolo	XIV secolo	XV secolo
Chi promuove le guerre?			
Chi comanda l'esercito sul campo di battaglia?			
Chi sono i combattenti? Qual è la loro etica militare?			
Come viene costituito l'esercito?			
Quali reparti sono predominanti? Di quali tecnologie sono dotati?			

4 Completa la carta dell'Italia dopo la pace di Lodi, utilizzando scritte e aree di diverso colore per indicare le località e i fenomeni seguenti.

a. città: Siena, Brescia, Palermo, Roma, Bologna, Venezia, Milano, Pisa, Firenze, Napoli
b. i territori controllati da una famiglia nobile (signorie), da un re o da istituzioni comunali
c. la direzione di espansione territoriale perseguita dalla città di Venezia
d. la direzione di espansione territoriale perseguita da Alfonso V d'Aragona

☐ .... ⇨ ....

☐ .... ⇨ ....

☐ ....

5 Rispondi sul quaderno alle seguenti domande sui principali eventi politico-militari accaduti in Europa tra XIV e XV secolo.

a. Quali erano i vantaggi e gli svantaggi di un esercito composto da mercenari?
b. Quali conseguenze ebbe la guerra dei Cent'anni sulle dinastie e sull'assetto territoriale degli Stati che vi furono coinvolti?
c. Come interpreti, dal punto di vista della Chiesa, lo spostamento della sede papale a Roma? Si tratta di una crisi o di un rafforzamento?
d. Che ruolo ebbero i poteri locali e quelli centrali nelle vicende militari italiane che precedettero la pace di Lodi?
e. Quali sono le principali caratteristiche delle tre aree geopolitiche europee individuate dall'autore?
f. Quali sono gli elementi comuni e quelli peculiari della struttura statuale ottomana rispetto alle grandi monarchie occidentali?

Capitolo_9 / Violenza, rivolte, inquietudini spirituali

1/ Violenza e onore nella società tardomedievale

PERVASIVITÀ DELLA VIOLENZA ■ Nel tardo Medioevo la violenza è un fenomeno particolarmente diffuso: vi ricorrono i re, i principi, le repubbliche e i loro ufficiali o soldati, sia per ampliare i territori dei propri Stati, sia per mantenere l'ordine interno. La violenza, dunque, è, in primo luogo, il **linguaggio del potere**.

Ma la violenza non è un comportamento che riguardi solo i **re** o le **autorità politiche e militari**. A essa ricorrono anche i **fuorilegge**, per esempio per derubare i viaggiatori, aggredendoli in località isolate; ma vi ricorrono pure tutti gli altri, dai nobili ai mercanti, dagli artigiani ai contadini, per esprimere insoddisfazioni politiche o sociali, per difendere le proprie convinzioni di carattere religioso, per risolvere contrasti privati, per affermare la propria dignità o il proprio onore.

UN VALORE CHIAVE: L'ONORE ■ Ai gesti violenti, infatti, si ricorre molto spesso per reagire proprio a offese portate all'onore. La sequenza degli avvenimenti si ripete in modo costante: qualcuno ingiuria qualcun altro; l'offeso reagisce estraendo un'arma, oppure – se non ce l'ha – il coltello per tagliare il pane, che tutti hanno con sé; ecco la zuffa e, non di rado, il colpo letale. Si muore o si uccide per questo: per difendere l'onore.

Ma che cos'è l'onore? È una specie di **capitale simbolico**, che riguarda – in primo luogo – il rapporto tra i sessi e la salvaguardia dei loro diversi ruoli: è la purezza

Ambrogio Lorenzetti, *Gli Effetti del Buon Governo in campagna*, part. della *Securitas*, 1337-39

[Sala dei Nove, Palazzo Pubblico, Siena]

In questo particolare del grande affresco realizzato nel Palazzo Pubblico di Siena (quindi in un luogo aperto alla cittadinanza), Ambrogio Lorenzetti rappresenta una figura femminile alata. Si tratta dell'allegoria della Sicurezza, a cui spetta il compito di vigilare sulla città e sui territori circostanti, ma anche quello di esortare la popolazione a non commettere reati: infatti la *Securitas* regge nella mano sinistra una forca con un impiccato, proprio per ricordare le severe pene imposte dall'autorità comunale.

delle **"proprie" donne** (madre, moglie, sorelle, figlie) a essere in questione; e agli uomini spetta il compito di mostrarsi capaci di difenderle da offese, fisiche o verbali.

Ciò spiega perché la **violenza** sia quasi esclusivamente **maschile**, nel senso che – secondo ciò che suggeriscono le fonti giudiziarie – gli autori di reati violenti (risse, accoltellamenti, aggressioni, faide) sono nella maggior parte dei casi degli uomini: l'onore delle donne è nelle loro mani, mentre il coraggio e il ricorso alla forza (lo si è già visto parlando della guerra) sono qualità che definiscono positivamente la **virilità**.

ONORE E VENDETTA ■ Gli scontri in difesa dell'onore non restano necessariamente limitati agli individui che vi partecipano, ma si estendono alla rete di parentela, di vicinato, di paese o di amicizia; una ferita grave o un omicidio impongono che il fronte di persone collegate all'offeso reagisca in nome suo, o si ponga al suo fianco; ecco la **vendetta collettiva**, cui fa seguito una **contro-vendetta**, in faide che a volte durano a lungo e mietono un bel numero di vittime [▷ **S20**].

Possono perfino nascerne **guerre private**, durante le quali si compiono spedizioni punitive che puntano a danneggiare i beni o il bestiame della parte avversa o anche ad aggredire gli uomini, come pure le loro **donne**, che si tenta di violentare o che vengono sfregiate nel volto, come gesto visibile di degradazione.

Questa – vale la pena di sottolinearlo – è una violenza che coinvolge **persone comuni**. Coloro che si impegnano in risse per la difesa dell'onore, o nelle faide

Uomini armati in duello, 1435 circa
[da *Gladiatoria Fechtbuch*, ms Germ. Quart. 16, f. 9*v*; Biblioteka Jagiellońska, Cracovia]

che ne derivano, non sono dei malviventi: sono individui che hanno un lavoro, più o meno regolare, una posizione sociale, più o meno definita: non sono dei briganti o dei ladri di strada. Per questo gli omicidi commessi in questi frangenti sono – spesso – tollerati dalle autorità. La maggior parte dei re si mostra spesso favorevole a decretare la grazia per omicidi di cui, in fondo, si condividono la logica e l'etica; oppure ci si adopera perché i conflitti privati trovino una qualche forma di ricomposizione.

E così le faide possono concludersi con dei **rituali di pacificazione**, coordinati da qualche personaggio di spicco (un giudice, per esempio) che – in modo informale – regola il conflitto; ci possono essere, allora, incontri, abbracci pubblici, scambi di doni o risarcimenti in denaro a favore di chi ha subito vittime o oltraggi, oppure un matrimonio che metta pace tra i due schieramenti nemici (è ciò che su scala più ampia – lo si ricorderà – accade in Inghilterra a conclusione della guerra delle Due Rose: >**8/3**).

IL RUOLO DELLE AUTORITÀ E LA TRADIZIONE DEL DUELLO ■ Le autorità (e cioè i magistrati o gli armigeri, che – si badi bene – possono dipendere dal sovrano, dal comune o dal nobile che possiede diritti di giurisdizione su terre feudali) tollerano gli scontri, accettano e incoraggiano queste ricomposizioni private.

Se intervengono, lo fanno in **modo repressivo e non preventivo**, e con atti che hanno il valore d'esempio e di deterrente; quindi si ricorre (ma non troppo spesso) a **punizioni** che ispirino terrore, come le esecuzioni capitali in pubblico oppure l'**esposizione** degli impiccati sulla forca per un certo numero di giorni.

Ma a partire **dal XIV secolo** due tendenze – non necessariamente tra loro coerenti – tendono a ridurre la legittimità di questi conflitti privati:

a da un lato, infatti, si infittiscono gli **interventi delle autorità** per limitare l'uso delle armi da parte dei privati o per comminare multe o sanzioni più gravi a colpevoli di reati di sangue, così come più frequente diventa il ricorso alle istituzioni giudiziarie locali (ai tribunali regi, comunali o feudali) o ai sovrani per risolvere i contenziosi privati;

b dall'altro, comincia a diffondersi il **duello**, una pratica che ha come finalità quella di circoscrivere lo scontro ai soli due protagonisti di un conflitto privato, attraverso un rituale violento che non necessariamente comporta lo spargimento di sangue o la morte dei contendenti.

Il duello è un **combattimento individuale**, che deriva le sue regole da quelle dei tornei. Solo che mentre questi ultimi sono combattimenti "simulati", il duello è invece uno scontro che si combatte per cancellare un'offesa effettivamente ricevuta; la ritualizzazione che deriva dalle regole dei tornei ne fa qualcosa di molto diverso dalla rissa, dallo scatto d'ira immediato: anzi, nei duelli l'**autocontrollo** è uno dei valori supremi; chi è stato offeso sfida l'offensore in un combattimento che deve avvenire secondo certe regole e davanti a dei giudici che le facciano rispettare: d'altro canto, in questo caso ciò che è veramente importante non è tanto vincere, quanto **dimostrare coraggio**, senso della propria dignità, volontà di difendere il proprio onore. Ecco, dunque, una **pratica che limita il conflitto** ai due soli contendenti, evitando la necessità di ricorrere a faide o a guerre private.

LAVORA SUL TESTO

1. Cerchia le diverse manifestazioni di violenza che caratterizzavano la società medievale e sottolineane la descrizione. **2.** Evidenzia le caratteristiche peculiari del duello.

2/ La prima fase delle rivolte. Istanze di giustizia sociale

UNA POPOLAZIONE STREMATA ■ In certi momenti **la violenza diventa collettiva** e – al tempo stesso – dichiaratamente eversiva mirando a rovesciare l'assetto sociale. Nel tardo Medioevo le rivolte sono particolarmente numerose e devastanti, poiché esprimono un disagio sociale disperato e cupo che non riesce a trovare altri modi possibili per manifestarsi. Le razzie e le distruzioni delle guerre "legittime", la pressione fiscale causata dalle esigenze della guerra, le carestie, la peste, la crisi economica che ne consegue, lo sfruttamento dei contadini nelle campagne e degli operai nei laboratori artigianali delle città sono tutti fattori che convergono e si sovrappongono nello spiegare questo ripetersi di **scoppi di violenza sociale e politica**, particolarmente gravi nelle Fiandre, in Francia e in Italia.

LE RIVOLTE NELLE FIANDRE ■ Già nel **1323** l'imposizione di nuove tasse considerate eccessive spinge contadini e artigiani delle Fiandre a una rivolta che dura cinque anni, coinvolgendo anche le città di **Bruges** e **Ypres**. In seguito, sono gli effetti congiunti della guerra dei Cent'anni [▷**8/3**] e della crisi economica conseguente alla peste [▷**7/3**] che riaccendono le tensioni, spingendo più volte, **dal 1338 al 1345**, e poi di nuovo **dal 1377 al 1383**, i cittadini di **Gent** e di altre città alla rivolta, ora contro il conte, ora contro il re di Francia, di cui le Fiandre sono un feudo, ora contro i contadini che – in campagna – cercano di lavorare la lana a costi più bassi di quelli previsti dalle corporazioni artigiane cittadine.

LA *JACQUERIE* IN FRANCIA ■ Intanto anche la Francia è investita da una rivolta, chiamata ***jacquerie*** (dal tipico soprannome del contadino francese: "Jacques Bonhomme") che a molti appare assolutamente inaudita per la brutalità e la violenza che la caratterizza [▷**F12**]. Nell'estate del **1358**, esasperati per la pressione fiscale cui

LE FONTI 12

Jean Froissart/La violenza delle rivolte e l'apprezzamento per il mondo feudale

[*Les Chroniques de Sire Jean Froissart*, in *Historiens et chroniqueurs du Moyen Âge. Robert de Clari, Villehardouin, Joinville, Froissart, Commynes*, a cura di Albert Pauphilet, Gallimard, Paris 1952, pp. 392-397]

Jean Froissart (1337 ca.-1404), poeta e intellettuale, vissuto sia in Inghilterra al servizio della casa reale inglese, sia in Francia al servizio di mecenati francesi, ha occasione di raccogliere informazioni di prima mano su molti degli avvenimenti di cui tratta nelle sue *Chroniques*, scritte a partire dal 1370. Se le sue simpatie politiche mutano col mutare della sua collocazione professionale, costanti sono invece il suo apprezzamento per il mondo feudale e – viceversa – il suo disprezzo per l'universo popolare e contadino.
La pagina di Froissart, tratta dal primo libro delle *Chroniques*, deve essere letta con grande cautela: solo il confronto con altre fonti d'epoca può far apprezzare adeguatamente la veridicità maggiore o minore delle sue descrizioni. Su un punto generale, però, gli si può comunque dar fede: questa rivolta contadina si è effettivamente caratterizzata per una violenza davvero sconvolgente. Tuttavia si deve osservare che il testo la descrive in modo tale da trasmettere ai lettori non solo informazioni sui fatti, ma anche precisi giudizi di valore:

a. Froissart dipinge i rivoltosi come dei barbari senz'anima e, per dare maggiore credibilità a questa valutazione, si attarda a descrivere piuttosto dettagliatamente le brutalità e le sevizie commesse dai rivoltosi;
b. Froissart addebita loro atti che – pur nel violento mondo delle faide medievali – sono considerati intollerabili e

sono sottoposti, i **contadini** della regione del Beauvaisis si ribellano a signori e funzionari regi; la rivolta si diffonde presto ad altre aree, trovando perfino appoggio presso le **corporazioni mercantili parigine** che cercano di conquistarsi uno spazio maggiore nel governo della città e del regno. La sommossa rurale dura poco ma è costellata di episodi di **brutale violenza**, a cui i nobili francesi rispondono organizzandosi e mettendo in atto una repressione spietata che provoca all'incirca 20.000 morti. Poco più tardi anche le ambizioni dei mercanti parigini vengono messe a tacere.

Rivoltosi saccheggiano una casa a Parigi
[dalle *Chroniques de France ou de St Denis*, 1332-50, ms Royal 16 G, f. 41 *v*; British Library, Londra]
I contadini traducono la loro rabbia in una grande violenza, massacrando in forme brutali i nobili, saccheggiando le loro residenze e distruggendo i loro beni.

LA RIVOLTA DEI CIOMPI A FIRENZE ■ Passano quindici-vent'anni e un'altra sanguinosa esplosione di rabbia scoppia in **Italia**. Questa volta la ribellione non nasce in campagna ma in città, e alla città resta circoscritta. È il cosiddetto "popolo minuto" di artigiani e operai che si ribella, prima a **Perugia** e a **Siena**, nel **1371**, poi, molto più gravemente, a Firenze, nel **1378**.

All'epoca **Firenze** è sede di numerosi laboratori che producono tessuti di lana (sono poco meno di 300 e vi lavorano all'incirca 10.000 operai). I mastri artigiani, proprietari dei laboratori produttivi, hanno diritto, insieme con mercanti e artigiani di altri settori, di esprimere una loro rappresentanza al governo della città. Invece, gli **operai del settore laniero** – chiamati **ciompi**, un termine dall'origine etimologica incerta – non sono organizzati in alcuna corporazione e, quindi, non hanno il diritto di partecipare alla vita cittadina [▷ **3/2**]; per questo motivo

sacrileghi: come spiega lo storico Claude Gauvard, «la violenza [nel tardo Medioevo] ha dei limiti che la società si è tacitamente imposta. Si scontra, ad esempio, con il divieto riguardante la donna incinta che nessun uomo, nemmeno il boia, deve toccare, o ancora con quello riguardante il bambino, la cui persona è sacra. Ogni infrazione a queste regole è un sacrilegio o il segno di una violenza selvaggia che fa paragonare l'uomo a un lupo»: e – come si può leggere – il testo di Froissart si preoccupa di evidenziare che questi limiti i rivoltosi non li rispettano proprio;
c. di fronte al deragliamento morale dei contadini ribelli sta la ferma reazione dei cavalieri nobili;
d. per stabilire subito e chiaramente la gerarchia morale attraverso la quale leggere questa guerra civile, le gesta dei nobili sono interpretate da Froissart come un'espressione immediata del volere di Dio;
e. mentre la violenza contadina è rappresentata nei suoi più rivoltanti dettagli, la violenza dei cavalieri è descritta in modo piuttosto asettico, come una specie di intervento di chirurgia sociale, doloroso ma assolutamente necessario per estirpare un orribile male;
f. mentre non si nasconde l'efficacia della repressione, si ricorda chiaramente che essa è condotta secondo le norme della cortesia cavalleresca, poiché serve, in primo luogo, a proteggere l'onore e l'incolumità di nobili dame; ciò spiega perché nella miniatura che correda il testo – in un manoscritto delle *Chroniques* – le figure femminili siano rappresentate in alto a sinistra, sotto un portico, vicinissime agli scontri, un po' come se stessero assistendo al massacro in qualità di spettatrici; sembra del tutto improbabile che nella realtà dei fatti le dame coinvolte si siano comportate in quel modo; ma l'autore della miniatura le rappresenta così perché – del tutto consapevolmente – egli vuole che l'immagine del massacro si confonda con quella di un torneo: i nobili, che hanno subìto così tanti oltraggi nei corpi loro e delle loro donne, adesso restaurano il loro onore, mostrando a queste ultime, che li stanno guardando, che essi sanno difenderle con coraggio ed eleganza;

g. si noti, infine, il particolare – visibile anche nella miniatura – dei cavalieri che, sulla piazza del mercato di Meaux, affrontano a cavallo la marmaglia dei contadini «neri e piccoli», esibendo i loro stendardi riccamente decorati con le insegne delle famiglie dei loro capi: qui lo scontro è etico ed estetico allo stesso tempo, senza che l'un aspetto possa essere veramente distinto dall'altro.

Poco dopo che il re di Navarra venne liberato, stranissimi e terribili avvenimenti accaddero in alcune parti del Regno di Francia. [...] Cominciarono quando certa gente dei villaggi si riunì nella regione di Beauvais. Inizialmente erano appena un centinaio e dicevano che i nobili di Francia, cavalieri e signori, stavano disonorando e tradendo il Regno, e che sarebbe stato bene se fossero stati tutti distrutti. Al che tutti gridarono: «Giusto! Giusto! Maledetto sia colui che vorrà salvare i gentiluomini dalla distruzione!».

Così si riunirono e, senza nessun'altra decisione e senza armi, ad eccezione di picche e coltelli, si recarono alla dimora di un cavaliere che abitava nei dintorni. Vi fecero irruzione e ammazzarono il proprietario con sua moglie e i suoi figli, grandi e piccoli, e dettero fuoco alla casa. Poi andarono ad un altro castello e fecero molto peggio; perché, dopo aver catturato il signore e averlo legato stretto a un palo, parecchi di loro violentarono sua moglie e sua figlia davanti ai suoi occhi. Poi ammazzarono la moglie, che era incinta, la figlia e tutti gli altri figli, e infine uccisero crudelmente il signore e bruciarono e abbatterono il castello. E così fecero a diverse altre dimore e castelli, e si moltiplicarono così che diventarono seimila. Dovunque andavano, il loro numero cresceva, perché tutti gli uomini dello stesso tipo si univano a loro. I cavalieri e i signori fuggirono davanti a loro con le loro famiglie, portando le mogli, le figlie e i bambini a dieci o venti leghe di distanza per metterle al sicuro, lasciando le loro case incustodite con tutti i loro beni dentro. E i malvagi, che si erano riuniti senza capitano o armi, saccheggiarono e bruciarono ogni cosa, e violarono e uccisero tutte le signore e le ragazze senza pietà, come cani rabbiosi. I loro barbari atti furono peggiori di qualunque altro fosse mai stato commesso da cristiani o da saraceni. Nessun uomo commise mai gesti altrettanto abietti. Ce ne furono di tali che nessun essere vivente dovrebbe vedere, o perfino immaginare o pensare, e gli uomini che li commisero furono i più ammirati ed ebbero un posto di rilievo tra i ribelli. Non riesco nemmeno a scrivere le cose orribili e vergognose che essi fecero alle donne [...].

Elessero tra di loro un re, uno che, si disse, veniva da Clermont nel Beauvoisin; scelsero quello più sgraziato di tutti e lo chiamarono re Jacques Bonhomme[1]. Questi uomini cattivi [...] costrinsero alla fuga [...] da più di cento castelli e ville i loro proprietari, cavalieri e signori, uccidendo e rubando dovunque arrivarono. Ma Dio, con la sua Grazia, fece giungere un rimedio, di cui lo si deve adeguatamente ringraziare, come adesso vedremo.

Quando i gentiluomini del Beauvoisin, del Corbiois, del Vermandois e del Valois e delle terre, in cui questi malvagi si erano riuniti e avevano commesso i loro barbari atti, videro le loro case distrutte e i loro amici uccisi, chiesero aiuto ai loro amici delle Fiandre, dell'Hainaut, del Brabante e dell'Hesbaing. Ben presto arrivarono i rinforzi da tutte le parti. I gentiluomini stranieri unirono le loro forze con quelli del paese che li guidarono, e cominciarono ad uccidere quei malvagi e a farli a pezzi, senza pietà e senza grazia. Qualche volta li impiccarono agli alberi sotto i quali li trovarono. Allo stesso modo il re di Navarra ne sterminò tremila in un giorno, non lontano da Clermont nel Beauvoisin. Ma allora i rivoltosi erano così cresciuti in numero, che se fossero stati tutti insieme, sarebbero stati almeno un centinaio di migliaia. [...]

All'epoca in cui questi delinquenti stavano impestando il paese, il conte di Foix e suo cugino il governatore di Buch[2] tornarono dalla Prussia. Sulla strada, quando stavano per entrare in Francia, sentirono delle terribili calamità che si erano abbattute sui gentiluomini, e furono presi da un tale orrore che si affrettarono a raggiungere Châlons nella Champagne in un solo giorno. [...] In città seppero che la duchessa di Normandia e la duchessa di Orléans e almeno trecento altre signore e le loro figlie, insieme al duca di Orléans, erano a Meaux, in grande ansia a causa della *jacquerie*. I due buoni cavalieri decisero di recarsi dalle signore per portar loro tutto l'aiuto di cui erano capaci [...]. I due volevano dar prova delle loro qualità di cavalieri. La loro forza era composta da non più di quaranta lancieri, poiché essi erano di ritorno da un viaggio all'estero, come ho detto.

Si misero in cammino finché non arrivarono a Meaux nella Brie. Là giunti, si recarono a render omaggio alla duchessa di Normandia ed alle altre signore, che furono molto liete nel vederli arrivare, perché erano in costante pericolo, a causa dei *jacques*

1. *Jacques Bonhomme*: è il soprannome genericamente dato ai contadini, da cui derivano i termini *jacquerie* per indicare una rivolta contadina e *jacques* per indicare i rivoltosi.
2. *governatore di Buch*: si tratta di Jean de Grailly, rinomato cavaliere di Guascogna; Buch è la sede di un governatorato e si trova nei pressi dello stagno di Arcachon.

I *jacques* massacrati a Meaux, 1358
[da *Les Chroniques de Jean Froissart*; Bibliothèque Nationale, Parigi]

e dei contadini della Brie, non meno che degli abitanti della stessa città di Meaux, come ben presto divenne chiaro. Perché, quando i malvagi sentirono che là c'erano molte signore, e fanciulle e bambini di nobile origine, si riunirono e avanzarono su Meaux, dove furono raggiunti da altri provenienti dalla Contea di Valois. [...] Quando giunsero alla città, dei malvagi dall'interno non impedirono loro di entrare, ma aprirono addirittura le porte. Così quella moltitudine riempì le strade e la piazza del mercato. Ora lasciate che vi dica del grande aiuto che Dio volle dare alle signore e alle signorine, perché sarebbero state certamente stuprate e massacrate, nonostante fossero gran signore, non fosse stato per i gentiluomini che erano arrivati in città, e specialmente per il conte di Foix e il governatore di Buch, perché furono questi due cavalieri ad elaborare il piano col quale i villani furono messi in fuga e distrutti. Quando le nobildonne, che erano alloggiate nella piazza del mercato – che era un posto abbastanza sicuro, adeguatamente protetto dal fiume Marna che la circonda – videro una così gran folla accorrere e dirigersi verso di loro, si sentirono raggelare dalla paura. Ma il conte di Foix e il governatore di Buch ed i loro uomini, che erano pronti e in armi, si schierarono nella piazza del mercato e poi si mossero verso gli accessi del mercato; li fecero aprire e si misero davanti alla folla dei contadini, neri e piccoli, e molto mal armati, fronteggiandoli con le bandiere del conte di Foix e del duca di Orléans e col gagliardetto del governatore di Buch, tenendo i gladi e le spade in mano, pronti a difendersi e a proteggere la piazza del mercato. Quando quei delinquenti li videro arrivare in assetto di guerra, sebbene il numero dei cavalieri fosse relativamente scarso, si fecero meno risoluti di prima. Quelli nelle prime file cominciarono ad arretrare e i gentiluomini cominciarono ad inseguirli, colpendoli con le lance e le spade e buttandoli a terra. Quelli che erano davanti, sentendo arrivare i colpi o temendo di riceverli, scapparono all'indietro così in fretta che caddero gli uni sugli altri. Allora i gendarmi della città saltarono fuori dalle loro postazioni e corsero nella piazza per attaccare i rivoltosi. Li falciarono a mucchi e li massacrarono come bestie, e spinsero tutti gli altri fuori dalla città, perché nessuno dei contadini cercò di organizzare le loro schiere in un qualche ordine. Continuarono ad uccidere finché non ce la fecero più, e molti ne scaraventarono giù nel fiume. In tutto, in quella sola giornata, sterminarono più di settemila *jacques*.

GUIDA ALLA LETTURA

1. Che cosa chiedono i rivoltosi? **2.** Quali sono, per la mentalità dell'epoca, gli atti più intollerabili e abietti compiuti dai contadini ribelli? **3.** Sottolinea nel testo le frasi che descrivono il massacro di Meaux e che trovano corrispondenza nella miniatura. Quindi numerale e indica nell'immagine, vicino ai particolari individuati, i numeri corrispondenti. **4.** Quali sono le caratteristiche morali che vengono attribuite ai rivoltosi e quali ai nobili? **5.** In cosa consiste l'aiuto divino dato alle nobildonne? **6.** Ti sembra che Froissart realizzi una cronaca oggettiva degli eventi? Perché?

sono anche esposti a condizioni di lavoro particolarmente pesanti. Nell'**estate del 1378** i ciompi chiedono la costituzione di una propria corporazione che li tuteli e permetta loro una più diretta partecipazione alla vita politica cittadina: accogliere la loro richiesta significa democratizzare in modo piuttosto radicale l'**accesso alle cariche politiche**, il che, alla fine, spaventa sia i mercanti più ricchi, sia i padroni delle botteghe laniere, sia i membri di altre corporazioni minori. Costoro hanno buoni motivi per temere, poiché alla fine di luglio i ciompi riescono a imporre la costituzione di tre nuove corporazioni, di cui una per la loro categoria, la più numerosa di tutte, e altre due per i tintori e per i sarti, guadagnandosi in tal modo l'accesso alle cariche nel quadro di un nuovo **ordinamento politico, molto più democratico** del precedente. Lo scontro ora si fa più duro; per reagire alla riforma politica imposta dai loro operai i mastri artigiani dichiarano la serrata, cioè la chiusura delle botteghe, lasciandoli senza lavoro e senza paga. La protesta dei ciompi diventa più veemente, sino a che, alla fine di agosto, allarmati dalla loro aggressività e dalla loro disperazione, anche gli artigiani degli altri settori si uniscono ai grandi mercanti e alle milizie cittadine nel reprimere, armi alla mano, la rivolta, che viene soffocata nel sangue. La **corporazione dei ciompi** viene subito sciolta. Le tensioni continuano ancora per alcuni anni, fino a che, nel 1382, vengono definitivamente abolite anche le altre due corporazioni di nuova istituzione, per tornare alla organizzazione socio-politica precedente al 1378.

LAVORA SUL TESTO

1. Inserisci in una tabella i nomi dei luoghi in cui avvennero le rivolte, la singola data o il periodo storico in cui si verificarono e indica i protagonisti e le cause di ciascuna di esse. **2.** Sottolinea nel testo le definizioni di *jacquerie* e *ciompi*.

3/ La seconda fase. Istanze sociali e di rinnovamento religioso

GIUSTIZIA SOCIALE E RINNOVAMENTO SPIRITUALE ■ Col trascorrere dei decenni si delinea una nuova tendenza: ancor più chiaramente di quanto non fosse accaduto in precedenza, i ribelli prendono a parlare il linguaggio delle Sacre Scritture, cosicché le inquietudini sociali e quelle spirituali si fondono in un'unica esperienza di **eterodossia religiosa e socio-politica** [▷**S19**].

Come mai si opera questa sovrapposizione?

Nella cultura medievale – così dominata dal senso del soprannaturale – non è certo insolito che questioni politiche siano lette e interpretate sulla base dei valori cristiani. E d'altro canto, più volte, nei secoli precedenti, si sono formate e diffuse correnti critiche nei confronti dei costumi della Chiesa e degli ecclesiastici, che il papa con l'aiuto delle autorità laiche aveva saputo fronteggiare, a volte con inusitato vigore. Ma ora la **crisi che squassa il Papato** per tutto il periodo che va dai primi del XIV secolo alla fine dello scisma d'Occidente [▷**8/4**] apre nuovi spazi per la manifestazione e la diffusione di opinioni eterodosse, sollecitate anche da tutta una serie di comportamenti di singoli ecclesiastici che sembrano allontanarsi moltissimo dalla semplicità e dalla purezza evangeliche. Ecco, allora, che le esigenze di rinnovamento spirituale e di giustizia sociale si incontrano. Ne nascono **un linguaggio e una pratica nuovi**, che fondono rigorismo etico, radicalismo sociale e purismo religioso, inaugurando un modello che sarà ricordato e molte volte rivissuto da numerose generazioni a venire.

WYCLIF E I LOLLARDI IN INGHILTERRA ■ Nel **1381** una violenta rivolta contadina scoppia in Inghilterra: ha caratteri simili a quelli della *jacquerie* francese di due decenni prima e come quella viene repressa nel sangue. Tra coloro che hanno partecipato alla rivolta, tuttavia, si diffondono le idee di un **teologo** di Oxford, **John Wyclif (ca. 1324-1384)**, secondo il quale ogni pratica religiosa, così come ogni decisione delle autorità ecclesiastiche, deve poter trovare la sua **giustificazione nella Bibbia**: per questo egli si impegna molto affinché la **Bibbia sia tradotta in volgare inglese** e affinché i credenti la leggano quanto più spesso sia possibile. Ma Wyclif si spinge anche più avanti: condanna l'uso delle immagini sacre come idolatria; critica la **transustanziazione**, considerando il rituale della comunione come puramente simbolico; e afferma che la pratica che autorizza gli ecclesiastici ad avere **possedimenti temporali** non è fondata nelle Sacre Scritture, mentre lo è il principio della **povertà evangelica**.

In questo stesso periodo gruppi di rivoltosi, animati da un predicatore di idee egualitarie, **John Ball** (forse seguace delle idee di Wyclif), si riuniscono nel Kent e nell'Essex. Guidati da un ex soldato, **Wat Tyler**, dopo aver attaccato Canterbury e saccheggiato il palazzo dell'arcivescovo, si recano a Londra dove, ben accolti e

le PAROLE della STORIA

transustanziazione
Dal concilio Lateranense del 1215, che ne proclama il dogma, il termine indica che nell'Eucaristia il pane e il vino si trasformano effettivamente nel sangue e nel corpo di Cristo, mentre si conservano solo le apparenze (le «specie») del pane e del vino.

I rivoltosi prendono Simon Sudbury e Sir Robert Hales

[da J. Froissart, *Chroniques de France et d'Angleterre*, 1460-1480 ca.; British Library, Londra]

Il 14 giugno 1381, i contadini rivoltosi, entrati a Londra, prendono di mira alcuni personaggi vicini al re responsabili, secondo loro, della pressione fiscale che colpisce indistintamente ciascun cittadino. Fra questi ci sono Simon Sudbury, arcivescovo di Canterbury e Lord Cancelliere, fautore di una nuova tassa, e Sir Robert Hales, priore dei Cavalieri Ospedalieri d'Inghilterra e tesoriere del Regno, entrambi forzatamente prelevati dalla Torre di Londra, dove si erano rifugiati, trascinati sulla pubblica piazza di Tower Hill e decapitati.

sostenuti dalle classi povere della città, si danno al saccheggio dei palazzi nobiliari [▷F13].

Il disordine ha fine quando il re, Riccardo II (1377-99), decide di incontrare Tyler e ascoltare le sue richieste. Costui chiede – fra le altre cose – l'abolizione della servitù contadina, la redistribuzione dei beni della Chiesa ai poveri e una perfetta eguaglianza fra tutti; Riccardo II promette di accogliere le richieste, nei limiti delle sue possibilità; ma mentre Tyler sta per andarsene viene aggredito e ucciso da uomini del re. I rivoltosi, senza guida, non sanno reagire e, anche in questo caso, la repressione della rivolta, guidata dal re e dai nobili, può avere inizio.

LE FONTI 13

La morte del capopopolo Wat Tyler

[*Anonimalle Chronicle*, a cura di V.H. Galbraith, Manchester 1927]

Le richieste di giustizia sociale avanzate da Wat Tyler riguardano tanto i nobili quanto gli ecclesiastici; in questo caso, le parole di Tyler sembrano echeggiare – non si sa con quanta consapevolezza o attraverso quali possibili mediazioni – le riflessioni critiche che Wyclif andava elaborando a Oxford sulla necessità di una riforma che riconducesse la Chiesa alla purezza delle origini.
Tutta la descrizione dell'aggressione a Tyler tende a far pensare al lettore che essa abbia avuto un carattere casuale; sembra molto più ragionevole supporre, invece, che essa sia stata pianificata, anche in ragione della radicalità delle richieste avanzate dal movimento.
La stilizzata descrizione della repressione illustra bene l'alternanza di una sorta di "teatro della violenza" e di "teatro della clemenza" cui ricorrono i sovrani medievali. I re, e tra essi anche Riccardo II, devono saper mostrare di essere duri nella loro giustizia, spietati tanto quanto lo sono i nemici: non vogliono apparire deboli, non vogliono che si pensi che hanno animo molle e l'esibizione della loro durezza (la testa recisa esibita sopra il palo; le forche lasciate in esposizione a Londra e nei dintorni; la minaccia di mutilazioni o uccisioni a chi ancora si ribelli) deve funzionare da terribile deterrente; ma, al tempo stesso, vogliono mostrarsi anche dotati di qualità etiche superiori ai loro nemici, testimoniare che sanno essere comprensivi, paterni, pronti a una clemenza e a un perdono che sono anche qualità di un animo cristianamente nobile.

Quando il re e il suo seguito furono arrivati, si diressero verso i campi orientali di fronte a San Bartolomeo, che è la sede del canonicato: e il popolo si schierò sul lato occidentale in assetto di guerra. In quel momento si presentò il sindaco di Londra, William Walworth, e il re gli ordinò di andare dai popolani, per convocare il loro capo. Costui, un certo Wat Tyler di Maidstone, chiamato dal sindaco, si presentò al re con grande sfacciataggine, sopra un piccolo cavallo, così che il popolo potesse vederlo. Poi discese, tenendo in mano una spada che si era fatta dare da uno dei suoi, e quando fu smontato fece un mezzo inchino, e poi dette vigorosamente la mano al re, dicendogli: «Salute a te, fratello: tu d'ora in poi sarai apprezzato dal popolo più di quanto non ti sia mai capitato, e noi saremo buoni compagni». E il re disse a Walter [Wat Tyler]: «Perché non ve ne tornate a casa?». Al che l'altro rispose, con una gran bestemmia, che né lui né i suoi compagni se ne sarebbero andati finché non avessero ottenuto quelle assicurazioni che volevano [...]. E aggiunse con un tono minaccioso che se queste assicurazioni non fossero state date come voleva il popolo, i lord del regno se ne sarebbero amaramente pentiti. Allora il re chiese quali erano questi punti che il popolo voleva veder riaffermati [...]. Allora il detto Walter li elencò: e chiese che non fosse valida alcuna legge nel Regno ad eccezione di quella di Winchester, e che da lì in avanti non ci fosse più alcuna illegalità in nessun processo giudiziario, e che nessun lord godesse di diritti di signoria, e che ci dovesse essere eguaglianza tra tutti con l'unica eccezione del re, e che i beni della Santa Chiesa non rimanessero nelle mani dei religiosi, né parroci, né sostituti, né altri ecclesiastici; ma che il clero esistente dovesse avere beni che garantissero mezzi di sostentamento sufficienti, e che il resto delle proprietà ecclesiastiche dovesse essere diviso tra la gente della parrocchia. E chiese che dovesse esserci solo un vescovo in Inghilterra e solo un prelato, e che tutti i terreni e le proprietà possedute dai vescovi venissero confiscate e divise tra il popolo, lasciando ai due solo i beni necessari al sostentamento. E chiese che non ci fossero più servi in Inghilterra, e nessun diritto di servag-

Nonostante la possibile vicinanza dei leader della rivolta alle idee di Wyclif, costui – dal canto suo – non vi aderisce direttamente. Tuttavia la sua cautela non lo salva dalle ripetute condanne che colpiscono le sue opinioni teologiche. Nel 1382 un concilio londinese emana un decreto di condanna contro Wyclif. In quello stesso anno, poi, per la prima volta Wyclif e i suoi seguaci cominciano a essere polemicamente chiamati **lollardi**, un termine di dubbia origine etimologica, ma impiegato col significato di 'fannulloni' o 'ipocriti'. Il movimento dei lollardi – considerato eretico – continua a diffondersi negli anni seguenti, finché non viene represso agli inizi del XV secolo.

gio o signoria, ma che tutti gli uomini fossero liberi e di una sola condizione sociale. A ciò il re diede un'immediata risposta, dicendo che avrebbe fatto tutto ciò che sarebbe stato in suo potere, riservando per se stesso solo la regalità della sua corona. Dopodiché gli ordinò di tornarsene a casa, senza tardare oltre. [...]

Subito dopo Wat Tyler, alla presenza del re, chiese una caraffa d'acqua per sciacquarsi la bocca, a causa del gran caldo che faceva, e quando gli venne portata si sciacquò davanti alla faccia del re in modo sconveniente e disgustoso. E poi si fece portare un boccale di birra, e ne bevve un bel po', e poi, alla presenza del re, rimontò a cavallo. A quel punto un valletto del Kent, che faceva parte del corteggio regale, domandò a Walter che si voltasse verso di lui. E quando lo vide, cominciò a gridare che quello era il più grande ladro e brigante del Kent. A queste parole Wat cercò di colpirlo con la sua spada, e lo avrebbe massacrato in presenza del re; ma poiché ebbe difficoltà a farlo, il sindaco di Londra, William Walworth, gli contestò la condotta violenta tenuta davanti al re e lo arrestò. Al che Wat, tremendamente incollerito, lo colpì con la sua spada nello stomaco. Ma, grazie a Dio, il sindaco indossava un'armatura, e non venne ferito, ma – uomo robusto e vigoroso – tirò fuori la sua sciabola e colpì il detto Wat, e gli procurò una profonda ferita nel collo, e poi un largo taglio nella testa. Durante la zuffa, uno degli uomini del re prese la spada, e colpì due o tre volte Wat al corpo, ferendolo mortalmente. Allora lui spronò il suo cavallo, gridando alla sua gente di vendicarlo, e il cavallo lo portò per una quarantina di passi, dopodiché cadde di groppa quasi morto. Quando i popolani lo videro cadere [...] cominciarono a tendere i loro archi e a lanciare le frecce [...].

Immediatamente sopraggiunsero i consiglieri comunali con i loro armigeri, che si disposero in gruppi, un bel corpo di gente ben armata e forte. Ed essi circondarono i popolani come un gregge in un recinto, e mentre avveniva ciò, il sindaco arrivò a Smithfield con una compagnia di lancieri, per finire il capo dei popolani. [...] Il sindaco trovò [Tyler] e lo portò nel mezzo di Smithfield, davanti ai suoi compagni, e lo decapitò. E così finì la sua vita disgraziata. Ma il sindaco mise la testa su un palo e la mostrò al re, che era ancora lì. E quando il re vide la testa che il sindaco aveva portato per confondere i popolani, lo ringraziò calorosamente per quel che aveva fatto. E quando i popolani videro che il loro capitano, Wat Tyler, era morto in quella maniera, caddero a terra là, tra il grano, come gente sconfitta, implorando il re di far loro grazia per i loro misfatti. E il re con benevolenza concesse loro la grazia, e la maggior parte di loro cominciò a fuggire. Ma il re ordinò a due cavalieri di condurre tutti gli altri, e in particolare quelli del Kent, attraverso Londra, fino al London Bridge, senza far loro del male, cosicché ciascuno di loro potesse tornarsene a casa. [...]

Dopodiché il re mandò i suoi messaggeri in diverse parti del regno, per catturare i malfattori e metterli a morte. E molti vennero presi e impiccati a Londra, e si innalzarono molte forche intorno alla città di Londra e in altre città e borghi del paese. Alla fine, grazie a Dio, il re, vedendo che troppi dei suoi sudditi sarebbero stati uccisi, e troppo sangue sarebbe stato versato, sentì pietà nel suo cuore, e li perdonò tutti, a condizione che essi non si sollevassero mai più, pena la perdita della vita o la mutilazione, e che ciascuno di essi implorasse il suo perdono, e pagasse al re un'ammenda di venti scellini [...]. E così finì questa sporca guerra.

GUIDA ALLA LETTURA

1. Come viene descritto il comportamento di Tyler davanti al sovrano? **2.** Quali sono le richieste dei rivoltosi? Individua un titolo e un sottotitolo che permettano di comprenderne immediatamente la natura. **3.** In che modo si comportano i popolani e i soldati dopo la morte di Tyler? **4.** In questo episodio, in che modo il re mette in scena il "teatro della violenza" e il "teatro della clemenza"? **5.** Quali sono i dettagli che ti consentono di comprendere il punto di vista dell'autore della cronaca?

le PAROLE della STORIA

utraquismo
Posizione teologica che sostiene la necessità che la comunione venga impartita ai fedeli sotto la "specie" sia del pane sia del vino, il secondo normalmente riservato solo agli ecclesiastici.

HUS E GLI HUSSITI IN BOEMIA Nonostante ciò le idee di Wyclif continuano a trovare qua e là sporadici seguaci, anche sul continente europeo. È, in particolare, in Boemia che le sue idee incontrano un interprete capace di esercitare una grande influenza, **Jan Hus (1371 ca.-1415)**, sacerdote e rettore dell'**Università di Praga**. Molto critico nei confronti della dissolutezza morale di numerosi ecclesiastici che, vivendo nel peccato, gli sembrano indegni di svolgere il loro compito pastorale, Hus trova negli scritti di Wyclif le indicazioni teoriche e teologiche che possono sostenere queste sue convinzioni. Si impegna quindi in un'opera di predicazione che auspica una profonda **riforma morale della Chiesa**, mentre traduce anche qualche opera di Wyclif in ceco. Le sue posizioni gli valgono un certo numero di seguaci, sia all'interno dell'Università di Praga, sia nella società boema, ma gli costano anche – sin dal 1410 – ripetute scomuniche che, tuttavia, non fermano la sua attività di predicazione e di insegnamento. Sul finire del 1414 Hus accetta l'invito a partecipare al concilio di Costanza per difendersi personalmente dalle accuse di eresia che avevano cominciato a esser rivolte contro i suoi scritti e le sue parole. La scelta non si rivela felice: giunto a Costanza, viene arrestato, sottoposto a un processo, riconosciuto **eretico e condannato al rogo**, su cui viene bruciato il **6 luglio 1415**. Durante l'assenza di Hus i suoi seguaci boemi aumentano di numero e cominciano a farsi sostenitori della teoria **utraquista**. Negli anni seguenti il numero dei suoi seguaci, chiamati hussiti, si moltiplica, fino a fare del movimento una minaccia per le autorità religiose e politiche. A un tentativo di repressione violenta i seguaci di Hus rispondono efficacemente con le armi, fino a che, tra il 1431 e il 1436, i fondamenti della fede utraquista vengono riconosciuti da un nuovo concilio che riammette gli hussiti come membri della Chiesa.

LAVORA SUL TESTO
Cerchia nel paragrafo due date che si riferiscono agli episodi di rivolta raccontati e sottolinea, per ognuno, una frase che ne descriva il tratto caratteristico.

Jan Hus sul rogo
[da Diebold Schilling il Vecchio, *La Cronica di Spiez*, 1485]

SINTESI

1/Violenza e onore nella società tardomedievale

Nel tardo Medioevo troviamo una vera e propria disseminazione della violenza, cui non ricorrono solo i re e i signori feudali, ma anche i mercanti, gli artigiani e i contadini come strumento di affermazione e rivolta. Accanto alla violenza come strumento di sopraffazione, nel tardo Medioevo è largamente diffuso un tipo di violenza rituale, cui si ricorre per difendere l'onore. Gli scontri si allargano spesso ben al di là degli individui direttamente coinvolti, fino a comprendere reti di parentela o l'intera comunità di appartenenza. Le autorità politiche generalmente tollerano tali manifestazioni di violenza privata; ma quando possono farlo con una certa sicurezza le reprimono, perché vogliono presentarsi come le uniche istituzioni autorizzate a dispensare la giustizia.

2/La prima fase delle rivolte. Istanze di giustizia sociale

Frequenti sono anche le esplosioni di violenza collettiva, causate dal disagio provocato in larghi strati popolari dalla peste, dalla crisi economica che ne consegue, dalle guerre e dall'aumento della pressione fiscale necessaria per poterle finanziare a dovere. Queste rivolte hanno un contenuto prevalentemente sociale. Nelle Fiandre sono l'imposizione di nuove tasse e poi il peso economico della guerra dei Cent'anni a spingere la popolazione alla rivolta. In Francia, invece, la ribellione del 1358 (la grande *jacquerie*) è animata dai contadini, che protestano contro l'aumentata pressione fiscale e contro i nobili signori, responsabili – a loro parere – della miseria in cui versano. La rivolta che scoppia a Firenze nel 1378, invece, si localizza in città ed è animata dai ciompi, operai del settore laniero che chiedono di essere rappresentati nel governo cittadino. Sia la *jacquerie* che la rivolta dei ciompi sono represse nel sangue.

3/La seconda fase. Istanze sociali e di rinnovamento religioso

Ciò che muta, a partire dal XIV secolo, è la sovrapposizione delle esigenze di giustizia sociale con quelle di rinnovamento religioso, animate da un purismo etico che costituirà il fondamento ideologico delle nuove rivolte.
Le rivolte socio-politiche si fondono ora con i movimenti di rinnovamento religioso. È ciò che succede in Inghilterra, dove le critiche di John Wyclif contro la corruzione della Chiesa vengono raccolte da un vasto movimento contadino nato per protesta contro le tasse imposte per finanziare la guerra dei Cent'anni. Anche la ribellione inglese, che scoppia nel 1381, viene repressa nel sangue. Le teorie di Wyclif, che sono dichiarate eretiche, trovano un autorevole seguace in Jan Hus, un prete e teologo boemo, che dà vita a un grande movimento di rinnovamento religioso e sociale. Hus viene bruciato sul rogo come eretico nel 1425; ma in questo caso il movimento da lui promosso, che aveva messo solide radici in Boemia e intorno a Praga, riesce a resistere ai tentativi di repressione, fino a ottenere un riconoscimento formale da parte della Chiesa e delle autorità politiche.

VERSO le COMPETENZE

1 Segna l'opzione che ritieni corretta.

1. Negli ultimi secoli del Medioevo, alla violenza ricorrono...
   a. solo le monarchie più potenti
   b. re, nobili, artigiani, contadini
   c. le autorità legittime degli Stati
   d. i militari professionisti della guerra

2. Gli episodi violenti che seguivano le offese all'onore...
   a. potevano coinvolgere estese reti sociali di individui
   b. erano di esclusiva pertinenza degli ufficiali pubblici
   c. si verificavano solo fra individui asociali o marginali
   d. venivano giudicati da istituzioni di vicinato o cittadine

3. Nella cultura tardomedievale...
   a. le lotte politico-sociali erano considerate estranee al mondo spirituale religioso
   b. il purismo religioso fu sempre accompagnato da un atteggiamento conservatore

c. il rinnovamento sociale della Chiesa fu una delle politiche proposte dal Papato
d. il radicalismo sociale si fuse con interpretazioni eterodosse delle scritture cristiane

4. I ciompi...
a. chiedevano di essere rappresentati nelle istituzioni cittadine
b. erano coloro che lavoravano nel settore manifatturiero della lana
c. insorsero nelle campagne circostanti le città di Siena e di Firenze
d. volevano abolire le corporazioni e instaurare una repubblica

5. Gli hussiti e i lollardi condividevano...
a. il grande seguito ottenuto presso i contadini
b. la critica morale all'autorità della Chiesa
c. lo spirito conciliatorio verso re e principi
d. il radicalismo delle rivendicazioni sociali

2 Completa il testo inserendo i seguenti termini negli spazi bianchi.

collettiva • limitata • pacificazione • costituita • repressiva • disseminata • onore • duello

La violenza è .... fra diversi soggetti, utilizzata da gruppi e individui per affermare la propria identità, arricchirsi, acquisire diritti o privilegi, difendere la propria persona e il proprio .... In quest'ultimo caso, spesso la violenza risponde a regole precise, viene regolata attraverso forme di ....
Se è .... a due persone, spesso il combattimento può essere simulato da un .... Se invece coinvolge intere famiglie o gruppi, la difesa dell'onore assume la forma della vendetta ...., detta faida, che dura nel tempo.
L'autorità .... incoraggiava le forme private di ricomposizione pacifica della violenza, ma doveva intervenire in funzione ...., per affermare la propria capacità di governo, limitando l'uso delle armi ai corpi militari e di polizia e aumentando le istituzioni giudicanti.

3 Dopo aver completato le frasi sulle rivolte in età tardomedievale, inseriscile, tramite le lettere, nella tabella sottostante distinguendole fra urbane e contadine; infine, ottempera alle consegne.

a. Vi furono frequenti rivolte nelle città delle Fiandre, dal .... al ...., contro ....
b. Nel .... scoppiò in Francia una rivolta chiamata *jacquerie* (dal soprannome dato ai ....) perché ....
c. John Ball e Wat Tyler, nel ...., si recarono a Londra seguiti da schiere di contadini provenienti da ...., per chiedere ....
d. Fra il .... e il .... a Firenze i ciompi, i lavoratori ...., insorsero per chiedere che ....

Rivolte contadine	Rivolte urbane
....	....
....	....
....	....
....	....

1. Le aree in cui scoppiano le rivolte urbane sono avanzate o arretrate sul piano economico?
2. Quale motivazione accomuna tutte le rivolte contadine? Quale relazione esiste fra guerra e rivolte?

4 Scrivi un breve testo (max 30 righe) che illustri il rapporto delle autorità con la violenza, negli ultimi secoli del Medioevo, utilizzando la seguente scaletta di frasi da completare.

a. Il monopolio dell'uso legittimo della forza non era...
b. Esistevano diversi tipi di violenza...
c. Le autorità pubbliche intervenivano con lo scopo di...
d. Quando la violenza era collettiva assumeva la forma...
e. Il modello repressivo laico e quello religioso...

1/ La morte

Le donne e gli uomini del tardo Medioevo sono stati costretti a familiarizzare con la quotidianità della morte. Il senso della sua presenza non abbandona mai nessuno: la carestia, la peste, la violenza (guerra, faida, duello, ribellione, esecuzione) sono sempre dietro l'angolo. Ciò significa, in realtà, che – rispetto all'esperienza di altre generazioni – in un mondo così sono proporzionalmente **più numerosi coloro i quali muoiono giovani**: o perché i loro sistemi immunitari non sono adeguatamente attrezzati o perché muoiono in guerra, e a combattere ci si va da giovani.

IL CULTO DELLA "BUONA MORTE" ■ Certo, da tempo non si aveva più paura dei morti, come capitava ancora nella tarda Antichità, quando il culto dei defunti era confinato nell'intimità delle case o, viceversa, tenuto lontano dai centri abitati. Da secoli, ormai, il **cristianesimo** ha introdotto un profondo **mutamento nel rapporto tra i vivi e i morti**. I morti non sono repulsivi: non lo è Gesù Cristo; non lo sono i santi martiri; non lo è, in definitiva, nessun credente, essendo la morte nient'altro che il momento di passaggio che prelude – lo si spera – a una rinascita.

Per questo le tombe che raccolgono i corpi dei congiunti non sono più nascoste o espulse dagli spazi pubblici, e anzi da tempo hanno cominciato ad affollarsi den-

Allegoria della morte, 1480 ca.
[Bibliothèque Nationale, Parigi]

Maestro del Libro delle Ore di Dresda, ***L'incontro fra I tre vivi e I tre morti***, 1480-85
[Getty Museum, Los Angeles]

tro le chiese o intorno a esse, mentre la passione genealogica che anima l'orgoglio delle famiglie nobili trova proprio qui una sua originaria ragion d'essere.

Ma, di fronte alle catastrofi trecentesca (la peste) e quattrocentesca (la guerra dei Cent'anni e le guerre d'Italia), questo culto della "buona morte" non vale veramente ad arginare lo sconcerto e il dolore disperato che la quantità delle morti precoci instilla negli animi.

LE FONTI 14

Il Trionfo e la Danza della Morte

Delle molte rappresentazioni che si possono trovare sul tema della morte, ce n'è una che, pur essendo di poco posteriore al periodo che stiamo trattando, merita di essere osservata, perché è notevole dal punto di vista estetico e perché unisce i due soggetti appena individuati nel paragrafo (il trionfo della Morte e la danza macabra). *Il Trionfo e la Danza della Morte*, questo il nome dell'opera, è nell'Oratorio dei Disciplini a Clusone (Bergamo).
La rappresentazione si articola in due registri distinti: in quello superiore uno scheletro incoronato (la Morte) domina in piedi sopra un sepolcro scoperchiato, in cui giacciono un papa e un imperatore; a fianco della Morte, altri due scheletri sono intenti a colpire – l'uno con l'arco, l'altro con una specie di archibugio – notabili laici ed ecclesiastici, nobili, ricchi e potenti, in atto di chiedere pietà.
Nel registro inferiore molti uomini e una donna, ciascuno in coppia con uno scheletro, si avviano verso un macabro ballo. Qui si esaltano la qualità estetica e anche l'intensità narrativa del dipinto. La penultima figura a sinistra è la più toccante: si tratta di una bella ragazza che si sta guardando allo specchio, ignara della destinazione verso la quale la sta conducendo il ritmo ipnotico del ballo. (Il quartultimo personaggio a sinistra, coperto da una strana maschera, è un membro della confraternita dei Disciplini, ospitata a fianco della chiesa di S. Bernardino).
Ad attenuare l'impatto emotivo dell'opera, i cartigli del registro superiore che ripropongono il tradizionale disciplinamento cristiano della morte: se nessuno può resistervi, vi si legge, solo chi ha offeso Dio vive il trapasso con dolore, mentre per i puri si aprono le porte della vita eterna: «O tu che servi Dio di buon cuore, non avere paura di venire a questo ballo, poiché a chi nasce è pur destino morire».

Il Trionfo e la Danza della Morte, *partt.*, 1485
[Oratorio dei Disciplini, Clusone (Bergamo)]

L'ANGOSCIA DELLA MORTE ■ Ora, di nuovo, la morte fa anche paura. Ne sono testimonianza una quantità di temi letterari e iconografici che si incontrano dovunque in Europa: nei libri miniati, così come nei moltissimi affreschi delle chiese o dei cimiteri. Non è solo la paura dell'Inferno a terrorizzare: semmai è la pura e semplice **angoscia della morte**.

In molte rappresentazioni iconografiche la constatazione che domina è che la mor-

GUIDA ALLA LETTURA

1. Esamina il registro superiore dell'affresco e descrivi la figura che domina su tutti: dove si trova, come è vestita e cosa ha in mano? **2.** Che atteggiamento hanno i notabili, laici ed ecclesiastici, nei confronti della morte? **3.** Che cosa fanno i due scheletri accanto alla Morte? **4.** Esamina il registro inferiore e descrivi le figure che si alternano agli scheletri indicandone il sesso, l'abbigliamento, e il possibile ruolo sociale. **5.** Chi deve aver paura della morte secondo quanto scritto sul cartiglio? **6.** Quali manifestazioni del sentire comune questo affresco permette di ricostruire?

te – soprattutto quella diffusa dalla peste – non fa distinzioni sociali: ricchi e poveri, uomini e donne sono indifferentemente le sue vittime. Da un lato il tema è fonte di un sarcasmo liberatorio, oppure di un pensoso insegnamento morale, che muovono dalla stessa constatazione: chi è povero, chi è sfortunato sa che, **quando viene il tempo, nessuno si salva**, non importa quanto siano grandi le ricchezze che possiede o gli onori che ha accumulato. Dall'altro proprio questa osservazione è fonte di ulteriore angoscia: niente di ciò che è bello si può salvare, non la ricchezza e, soprattutto, non la giovinezza né l'avvenenza fisica.

L'INCONTRO CON LA MORTE ■ Una rappresentazione molto diffusa, che esprime con drammaticità questa nuova angosciosa consapevolezza della morte, è quella dell'**incontro tra i vivi e i morti**, una storia nella quale rivivono antiche e non sopite paure nei confronti dei **morti viventi**. Il soggetto, già trattato in opere letterarie del XIII secolo, è ora sviluppato nella variante dell'incontro di tre giovani, belli, allegri, ben vestiti, con tre cadaveri (o, in altri casi, con tre scheletri). Questi ricordano impietosamente ai giovani ciò che diventeranno: **la loro bellezza, ricchezza, spensieratezza sono destinate a sfiorire**.

In altri casi la rappresentazione è molto più cruda e disperata [▷ **F14**]. Nei **trionfi della morte**, un soggetto affrontato già nel 1343 da Buffalmacco negli affreschi del Camposanto di Pisa, l'immagine che domina è quella di una morte selvaggia, che scaglia le sue armi verso chiunque (una metafora visiva molto usata anche per rappresentare il contagio della peste).

A partire dai primi del XV secolo un'altra figura si impone in tutta Europa per celebrare il potere della morte: la **danza macabra**. Negli affreschi che la rappresentano si vedono danzare degli scheletri che si alternano con degli uomini e delle donne, trascinati inconsapevolmente verso il loro ineluttabile destino.

LAVORA SUL TESTO

Sottolinea nel testo due frasi che evidenzino le principali trasformazioni culturali inerenti all'idea di morte nel tardo Medioevo.

2/ L'amore

«VIVERE TRA GLI ESTREMI» ■ «Le forme croniche che la guerra soleva assumere, i torbidi continui nelle città e nelle campagne provocati da ogni sorta di malfattori, la perpetua minaccia di una giustizia dura e non degna di fiducia, e, in più, la paura opprimente dell'Inferno, dei diavoli, delle streghe, alimentavano un **senso di generale insicurezza**, che era fatto per dare uno sfondo nero alla vita»: così lo storico Johan Huizinga descrive, in sintesi, alcuni aspetti di questa società tardomedievale, in un suo grande libro pubblicato per la prima volta nel 1919 e tutt'oggi suggestivo, *L'autunno del Medioevo*. Ma proprio in quel lavoro Huizinga ci ricorda anche quanto tenacemente **attaccati alla vita** siano coloro che hanno vissuto quei tempi: «Così cruda e così variopinta era la vita, che essa poteva aspirare in un medesimo istante l'odore di sangue e di rose. Il popolo, come un gigante dalla testa di bimbo, oscillava fra angosce infernali e i più ingenui piaceri, fra una crudele durezza e una singhiozzante tenerezza. Viveva sempre tra gli estremi: dalla completa rinuncia ai piaceri del mondo a un attaccamento frenetico alla ricchezza e ai godimenti, dall'odio più cupo a una bonarietà ridanciana».

ASCESI SESSUALE E VERGINITÀ SECONDO LA CHIESA CATTOLICA ■ È la Chiesa a lasciare un'impronta decisiva anche sull'amore e sul matrimonio, osservati alla luce di un

modello ideale che è quello dell'ascesi sessuale o della verginità. Sin dalle origini nelle comunità cristiane, e in particolare in quelle più radicalmente militanti, si sviluppano l'idea e la pratica della **astinenza sessuale**, che nella sua forma più estrema si traduce in un permanente voto di verginità. Nella forma originaria tale scelta assume il senso di una contestazione radicale di un mondo pagano percepito, anche al di là della effettiva realtà, come sessualmente dissoluto.

Tale scelta è poi consolidata dai profili della Vergine Maria e di Cristo, così come risultano dai Vangeli ufficiali e dagli atti della Chiesa: dalla decisione del concilio di Costantinopoli del 381, che proclama la verginità di Maria, a quella del concilio Laterano del 649, con la quale papa Martino I (649-53) dichiara tale verginità **dogma** della Chiesa.

Come hanno modo di scrivere, tra gli altri, sant'Ambrogio (ca. 339-97) e sant'Agostino (354-430), la storia della **concezione di Cristo** è garanzia di una duplice **perfezione**, dovuta sia al fatto che Cristo è stato concepito dalla Vergine **senza l'intervento dell'atto sessuale**, sia all'essere il suo stesso **corpo libero dalle pulsioni sessuali**.

È sulla base di questo assunto che le comunità cristiane tendono a dividersi in due componenti: da un lato, c'è la minoranza di coloro i quali, come i monaci, e ben presto anche le monache, decidono di consacrarsi alla vita spirituale, sancendo la loro scelta con un voto di castità perenne; dall'altro, c'è il resto della comunità, che la vita matrimoniale, e quindi l'attività sessuale, relega su un piano di minore perfezione spirituale [▷ S21].

A partire da questo modello ideale, la Chiesa propone una sorta di scala dell'impurità progressiva, scandita dal grado di maggiore o minore lontananza dall'ideale dell'assoluta continenza.

le PAROLE della STORIA

dogma
Secondo la dottrina cattolica, il dogma (dal greco *dògma*, 'decisione, decreto') è una verità inconfutabile che deriva da un'interpretazione autentica della parola di Dio; tale interpretazione spetta solo al pontefice o ai concili ecumenici ed è imposta ai credenti come articolo di fede assoluto.

Assedio al castello d'amore, metà del XIV sec.

[Musée du Louvre, Parigi]

Dall'inizio del XIV secolo, oltre che nelle miniature, ritroviamo il tema dell'amore cortese scolpito su alcuni oggetti d'arredamento o di uso quotidiano (come la copertura in avorio degli specchi). In questo caso, il soggetto del piccolo avorio è il castello d'amore: un castello difeso da donne, assediato e preso d'assalto da cavalieri. Alcune donne (al centro) lanciano fiori sugli attaccanti, che sembrano quasi partecipare a un torneo in loro onore (in basso). Altri cavalieri riescono a raggiungere l'amata (in alto), coronando così l'impresa. Il castello d'amore è, ovviamente, un'allegoria della donna: oggetto del desiderio maschile che deve essere conquistato dalle "manovre cortesi" del suo amante.

LA CHIESA E IL DISCIPLINAMENTO DELLA VITA CONIUGALE E SESSUALE ■ Per i non astinenti l'ideale prescritto è il rapporto matrimoniale, considerato tanto importante da essere incluso, sin dal XII secolo, tra i sacramenti che possono essere amministrati solo dai preti. L'unico modello di **matrimonio** ammesso è quello **monogamico**: l'unione tra consanguinei fino al quarto grado, la poligamia e il concubinato sono considerati tabù, mentre l'adulterio è ritenuto un comportamento inammissibile.

All'interno del matrimonio sono ammessi rapporti sessuali finalizzati alla procreazione o eventualmente solo per opporre un argine legittimo alla debolezza della carne e placare quei desideri che potrebbero spingere i coniugi verso una sessualità indisciplinata e illegittima: è ciò che nel linguaggio della Chiesa viene chiamato il **"debito coniugale"** [>F15].

Viceversa sono considerati riprovevoli tanto i rapporti sessuali animati dalla pura lussuria, quanto i rapporti omosessuali (che all'epoca assumono prevalentemente la forma della pederastia); l'inammissibilità dei rapporti omosessuali deriva dal loro essere **"contro natura"**, in quanto non finalizzati alla riproduzione né, per questo motivo, istituzionalizzabili nel rapporto matrimoniale.

LE FONTI 15

San Bernardino/I corretti costumi sessuali

[*Le prediche volgari di San Bernardino da Siena dette nella Piazza del Campo l'anno MCCCCXXVII*, a cura di Luciano Bianchi, Tip. Edit. all'insegna di S. Bernardino, Siena 1884-88, vol. II, pp. 116; 134-135; 137-138; vol. III, pp. 256-257; 267-268 e 270-271]

San Bernardino (1380-1444), frate francescano, è uno dei più famosi predicatori della sua epoca. Nelle sue *Prediche*, che ci sono pervenute nella trascrizione di qualcuno dei suoi ascoltatori, affronta svariatissimi argomenti e tra questi anche i temi del matrimonio e della sessualità. Le prediche sono tenute davanti a un pubblico al quale san Bernardino si rivolge spesso per richiamarlo all'attenzione o per invitarlo a non andarsene e ad ascoltare fino in fondo le sue prediche. L'interlocuzione con gli ascoltatori è vivacissima e capita talvolta di "ascoltare" il frate che interrompe il filo del discorso per rivolgersi a qualcuno che ha deciso di andarsene e dirgli: «Non andare, non ti partire; aspetta, che tu udirai forse cose che tu non l'udisti mai più».
I passi riprodotti di seguito provengono dalla trascrizione di numerose prediche che san Bernardino tenne a Siena, in Piazza del Campo, nel 1427. Il frate vi affronta, in modo molto diretto, le questioni relative al corretto comportamento sessuale all'interno e fuori del matrimonio.

Egli so' molti in questo mondo che si so' posti in cuore di stare con castità, mentre che vivano, bene che abino moglie[1]; e dico che fanno molto bene. E se pure questi tali non potessero istare, se cascano colla moglie loro, non lo' è imputato da Dio in mortale peccato. *Melius est nubere, quam uri*[2]. Chi può stare in questo stato di astinenza, stievi, ma miri che mai egli non caschi in peccato mortale. Se pure egli cognoscesse che egli non si potesse astenere, dico che è meglio che egli pigli donna, che stare in quello pericolo [...].
In tre parole c'insegna santo Pavolo[3] quello che dìe fare la donna al marito, e 'l marito a la sua donna. Dice che si dìe conservare l'uno l'altro in santità e onore. Ma perché nell'uomo è più ragione che nella donna, l'uomo dìe più veramente amare la sua donna, che la donna il suo marito[4]. La ragione è per la fragilità della donna. Sai che il dimonio si pose piuttosto a tentare Eva che Adamo[5]. [...]
Ogni volta che 'l marito domandarà il debito alla donna, poi che ella è sottoposta alla sua ubidienza, debeli consentire. [Ma] ogni volta che usano insieme per modo che non si potrebbe ingenerare, ogni volta è peccato mortale. Alla chiara te l'ho detto? O, intendaremo di chi è sterile, che ne so' assai uomini e donne che non possono ingenerare: io non dico così. Ma dico del modo: ogni volta che tu usi per modo che non possano nasciare e generare figliuoli, sempre fai peccato. E quanto è peccato? Oh, è uno grandis-

1. *bene... moglie*: sebbene siano sposati.
2. *Melius... uri*: è meglio sposarsi, che ardere (san Paolo, *Prima Lettera ai Corinzi*, VII, 9).
3. *santo Pavolo*: san Paolo.
4. *Ma perché... marito*: poiché l'uomo è dotato di una razionalità maggiore di quella posseduta dalla donna, è lui soprattutto che deve amare la moglie.
5. *Sai che... Adamo*: san Bernardino intende provare l'innata fragilità della donna con l'esempio della tentazione di Eva.

I MATRIMONI "COMBINATI" ■ La riproduzione delle comunità è dunque una delle preoccupazioni centrali della Chiesa medievale. Al tempo stesso la valorizzazione di un matrimonio solido e "fruttuoso" comporta anche una calorosa insistenza sulla necessaria corrente di amore, affetto, amicizia e mutuo sostegno che deve legare i due sposi: ed è per questa ragione che la Chiesa si oppone ai **matrimoni "combinati"**, che spesso danno vita a unioni fragili e infelici.

Nondimeno questo tipo di matrimoni resta di gran lunga la regola, soprattutto tra le **classi elevate**, per le quali una buona **alleanza matrimoniale**, stretta con la famiglia giusta, anche contro la volontà dei promessi sposi, è una potenziale occasione di nuovo potere e di nuova ricchezza.

L'IDEALE DELL'AMORE CORTESE ■ Ma proprio in polemica con questo tipo di comportamenti si sviluppa l'ideale dell'**amore cortese**, lanciato sin dal XII secolo dalla letteratura dei trovatori provenzali e ancora molto seguito – almeno tra le classi colte – nel XIV secolo. Le poesie o i romanzi che raccontano di questi amori "cortesi" – ha ricordato lo storico Georges Duby – si snodano lungo un intreccio

simo peccato! Oh, è uno grandissimo peccatone! [...] Ma anco ci è magiore peccato che questo, il quale è l'adulterio, et è questo peccato in coloro che essendo legati in matrimonio, usano con altri che col suo congiunto; e questo è peccato mortalissimo. Anco ci è peggio: ècci il peccato dello incesto, magiore che quelli che io t'ho già conti. El qual peccato è in coloro i quali peccano co' loro propri fratelli o suoro, o figliastro con matrigna, o in altra persona che gli sia congionta. [...]
Non è peccato al mondo che più tenga l'anima, che quello della sodomia maladetta; el quale peccato è stato detestato sempre da tutti quelli che so' vissuti sicondo Idio: [...]. [Il sodomita è] colui che ârebbe ingenerati molti figliuoli, e per malizia non ha voluto. O povaretto, quanto stai male! Tu n'ârai anco a rendere ragione a Dio. Idio gli dirà nel dì del giudizio: «vien qua, maladetto, che potresti avere ingenerati cotanti figliuoli o co la tua donna o con altra femina, e hai piuttosto voluto stare in tanta rabbia per non generare!». El sodomitto non ci pensa in questo. Sai perché? Perché e' non se ne cura, se e' non ha figliuoli. Non è se non furia a non disiderare e non volere figliuoli. O furioso del diavolo, non vedi tu che tu farai contra a ogni debito di ragione?[6] Chi vive al mondo, che può avere più preziosa cosa, che avere figliuoli? Che vale più, uno figliuolo buono, che tutto l'avanzo del mondo? [...] Non vedi tu che tu ti dimostri essere contra a Dio, el quale disse all'uomo e a la donna, primo nostro padre e madre: «*Crescite et multiplicamini, et replete terram*?». Crescete e moltiplicate, e riempite la terra? O sodomito del diavolo, come fai tu? Elli pare che tu dica a Dio: «io voglio fare contra a te: io non voglio che e' nasca niuno». Oh, questo è il pessimo veleno che tu hai adosso: tu hai contaminato e guasto te, e ora guasti tutti quelli che tu puoi. [...]
Se ognuno facesse come tu fai tu, tu vedareste non vivare persona. Mentre che tu se' giovano, tu seguiti questa diabolica vita e non ingeneri mai né maschio né femina. Poi vieni in vechieza, ché non puoi vivare sempre giovano, e muori, e di te non rimane creatura, e così vieni a èssare nimico di Dio; ché da te non rimane che il mondo non venga meno, e vatene a casa del diavolo. Or va' pur là! Così dico anche a le donne, le quali so' cagione che i figliuoli che hanno già conceputi, si vengono a perdere. Peggio, ché anco so' di quelle che aoperano che non possono generare; e se n'hanno generati, in corpo gli disperdono[7]. [...] O maladette da Dio, quando ne farai penitenzia? Vedi che tu se' cagione che il mondo manchi, come il sodomitto: da te a lui non è differenzia niuna».

6. *Non è... ragione?*: è una sorta di furia che lo spinge a non volere figli. O furioso ispirato dal diavolo, non vedi che ti comporti in modo irrazionale?
7. *quelle che... disperdono*: quelle che adottano tecniche anticoncezionali; o che abbandonano o uccidono i neonati.

GUIDA ALLA LETTURA

1. Qual è l'alternativa che san Bernardino propone alla castità? **2.** Quale fra i due coniugi deve maggior amore all'altro? Per quale motivo? **3.** Quali sono i peccati mortali elencati e descritti dal santo? **4.** Quale può essere l'unico scopo ammesso per i rapporti sessuali? **5.** Descrivi il modello ideale del rapporto fra i sessi proposto dal santo facendo riferimento alla fonte e al paragrafo nel quale è richiamata.

piuttosto semplice. Un giovane vede una donna, sposata, e se ne innamora; ne fa la sua signora (*domina*); lei, dunque, ha potere su di lui e lo mette alla prova; se la prova è superata, egli è degno di lei; ma lei non è libera; il suo corpo è il deposito dell'onore di suo marito e di tutti i maschi della sua famiglia; il gioco è allora rischioso; deve essere segreto; la donna può concedersi, ma lo fa per gradi, con difficoltà, e il bello del gioco sta allora nell'attesa e nel desiderio, molto più che nell'appagamento.

Per certi versi quello dell'amore cortese è un discorso strano, che propone, tuttavia, alcuni messaggi molto chiari e, in linea generale, polemicamente anticonformisti:

a si tratta di un ideale che esalta la **passione** d'amore, normalmente del tutto assente nei matrimoni combinati;

b inventa la pratica del **gentile "corteggiamento"** della donna amata e ne fa quasi un segno di distinzione sociale, proprio dell'uomo educato e civile; il carattere civile di questa pratica è evidenziato dalla distanza che la separa dagli approcci erotici aggressivi e sbrigativi che di solito gli uomini dell'epoca adottano nel momento in cui devono avvicinare una donna;

c propone, quindi, una critica molto forte nei confronti di pratiche sessuali brutali ed essenziali, come nei confronti degli accordi matrimoniali che scavalcano i **sentimenti** e le **inclinazioni** dei due sposi;

d da questo punto di vista, l'ideale dell'amore cortese sembra andare nella stessa direzione del magistero della Chiesa, anch'essa, per bocca delle sue autorità dottrinarie o amministrative, estremamente critica nei confronti di matrimoni che non siano stipulati sulla base della libera scelta dei futuri sposi; ma ecco che subito l'ideale cortese si allontana dall'insegnamento della Chiesa nell'esaltare, virtualmente, le **relazioni di carattere adulterino**, soluzione aborrita da teologi ed ecclesiastici;

e infine, in molte delle poesie trobadoriche o dei romanzi cortesi (ma non in tutti) sembra che la **donna** sia messa su un piedistallo, quindi, in qualche modo, in posizione di superiorità nei confronti dell'uomo, sia il marito, sia l'amante cortese.

LAVORA SUL TESTO

Cerchia nel testo con due colori differenti i termini che descrivono i comportamenti sessuali accettati e quelli non ammessi dalla Chiesa.

3/ Matrimonio e parentela

Immagini eticamente forti quelle proposte dalla Chiesa, esteticamente seducenti quelle proposte dalla letteratura cortese; ma occorre sottolineare subito che nel tardo Medioevo la normativa ecclesiale e la voga estetica hanno un contatto molto, ma molto tenue con la realtà dei fatti. Intanto, nelle classi più ricche, non c'è sermone di predicatore o romanzo cortese che tenga: il matrimonio continua a essere un'operazione strategica, condotta da genitori e parenti, senza che si ascoltino le giovani future spose, né i giovani futuri sposi: né le une né gli altri hanno alcuna voce in capitolo.

LA SORTE DELLE SPOSE-BAMBINE ■ Per le donne, in particolare, non è proprio pensabile che possano ragionevolmente intervenire: in questi matrimoni **le promesse spose**

sono giovanissime, a volte poco più che delle bambine. In generale, per la **nobiltà** una bambina di **12-15 anni** è considerata già pronta per il matrimonio; ancora, se si esamina l'età matrimoniale delle spose di altre **classi sociali**, ci si accorge ben presto che pure in questi casi il matrimonio è una cosa che riguarda le giovanissime; ai primi del XIV secolo a Montaillou, un villaggio francese a sud di Tolosa, le ragazze si sposano, in media, a 17-18 anni; nel 1427, a Firenze si sposano a 17 anni e mezzo, nel contado a 18 anni e mezzo; in Francia, nel XV secolo avanzato, la media si colloca sui 20-21 anni. Gli sposi, invece, sono maggiori di età, a volte anche di parecchio: nella Firenze del 1427, per esempio, hanno, in media, tredici anni di più delle spose.

L'esperienza del matrimonio può dunque essere piuttosto traumatica per le spose-bambine, anche a causa della regola, piuttosto diffusa tra la nobiltà e i patriziati tardomedievali, della **patrilocalità**, ovvero del trasferimento della sposa nella casa della famiglia del marito.

Nella maggior parte dei casi i matrimoni combinati danno vita a unioni senza amore; certo, non sempre è così; ma è ovvio che spesso così avvenga, posto che in quelle unioni è il caso che decide delle combinazioni, orientato solo dall'interesse delle famiglie [> **S22**].

LENTI CAMBIAMENTI NEI SISTEMI DI PARENTELA ■ Da questo punto di vista bisogna poi ricordare che la famiglia non è da circoscrivere alla singola unità coniugale (il

Un matrimonio

[dalle *Decretali* di Giovanni d'Andrea, ms 364; Biblioteca Comunale, Laon (Francia)]

La congiunzione delle mani degli sposi è il momento culminante del rito del matrimonio. Il prete, rappresentato al centro della miniatura, è una figura indispensabile per la celebrazione di un buon matrimonio cristiano.

lePAROLEdellaSTORIA

legge salica
Raccolta delle leggi consuetudinarie dei Franchi. Un suo articolo prescrive l'esclusione delle donne dall'eredità paterna, riservandola ai figli maschi o al parente maschio più prossimo.

padre, la madre, i figli): essa, invece, è ben inserita all'interno di un **fitto reticolo di legami di parentela** che servono per condurre affari, per concludere alleanze politiche, per compiere faide e vendette, per reclutare eserciti.

Nella maggior parte dei casi i sistemi di parentela attivi in epoca medievale – ci spiegano gli antropologi – devono essere considerati **di tipo cognatizio**: cioè i legami corrono sia attraverso la parentela delle donne sia attraverso la parentela degli uomini; è un sistema molto diverso da quello che si chiama **agnatizio**, nel quale, cioè, valgono solo i legami stabiliti dagli uomini e una famiglia si riconosce dalla successione che passa di padre in figlio, mentre le donne (mogli, sorelle, figlie) non vi hanno che un ruolo debole e marginale.

Tuttavia già nel XIV secolo sono ben visibili dei mutamenti chiari, sebbene non univoci, che stanno conducendo verso il predominio di sistemi parentali agnatizi, sia nel campo della trasmissione dei diritti politici, sia nel campo della trasmissione dei beni.

E così, per esempio, in Francia, ai primi del XIV secolo, due crisi dinastiche all'interno della monarchia portano a una serie di forzature della originaria **legge salica**, stabilendo due regole fondamentali, originariamente non previste, che da allora in poi disciplineranno l'ordine di successione al trono di Francia:

a in mancanza di eredi maschi, le figlie di un re defunto non possono succedere al trono, che passa al parente maschio più prossimo: quindi in Francia non possono esserci regine che regnano;

b inoltre – seconda regola – le donne non possono trasmettere la corona (è la norma che si ricava dalla crisi di successione del 1328, di cui abbiamo parlato illustrando le origini della guerra dei Cent'anni: > **8/3**). Con ciò l'asse ereditario della monarchia francese si colloca stabilmente su una rigida linea agnatizia (una linea che passa, cioè, di padre in figlio, o in mancanza di un filo diretto, che collega il sovrano defunto al più vicino parente maschio raggiungibile per via maschile).

Non tutte le monarchie seguono questo esempio; anzi vi saranno altri casi, su cui avremo modo di tornare, nei quali la linea di successione porterà anche delle regine direttamente sul trono.

Più netta e più uniforme è, invece, l'evoluzione nei **contesti più "democratici" dei comuni cittadini**: lì, da tempo, si è imposta la concezione secondo cui **la cittadinanza si trasmette per linea maschile**: i figli di una coppia che vive in una città comunale del Medioevo, infatti, non acquistano la cittadinanza dalla madre, ma direttamente dal padre.

Tra la fine del XIV e l'inizio del XV secolo, poi, in moltissime città si sta imponendo il principio secondo cui le donne vengono escluse dalla affiliazione alle corporazioni artigiane, una misura che mira a limitare la concorrenza sul mercato nel campo delle attività produttive più significative, resa più aspra dalla recessione che ha investito l'economia europea.

Infine, anche nel campo delle eredità, la linea agnatizia comincia a imporsi: così, per esempio, a Firenze ai primi del XV secolo le figlie possono ereditare le ricchezze paterne solo quando il padre, alla sua morte, non abbia lasciato alcun figlio, o fratello, o avo.

LAVORASULTESTO
Evidenzia nel testo, con due colori diversi, le differenze tra i comportamenti dei nobili e quelli dei ceti popolari.

4/ Generi e sessualità

Al di là della diversità di significato che ciascuno di questi esempi può avere, essi suggeriscono una tendenza generale, che estende ulteriormente norme e pratiche che già da tempo hanno imposto una disuguaglianza profonda tra uomini e donne.

LA TUTELA ■ Dal punto di vista giuridico, il principio fondamentale che regola i rapporti tra i generi è quello della **tutela** cui le donne sono sottoposte nelle varie fasi del loro ciclo di vita: tutela del padre o dei fratelli o del marito sulle figlie, sulle sorelle o sulla sposa. E, come si è visto, il modello matrimoniale più diffuso – caratterizzato da una grande differenza di età tra le **spose-bambine** e i loro mariti e dal trasferimento delle novelle spose **nella casa della famiglia dello sposo** – sottopone le donne, fin dai primi passi della loro vita adulta, a una ferrea catena di autorità [▷ **C4**].

ADULTERIO, CONCUBINATO E "POLIGAMIA DI FATTO" ■ In nessun aspetto delle normative medievali, poi, la disuguaglianza tra i generi si nota di più che nel caso delle norme che puniscono l'**adulterio**: mentre le mogli adultere sono punite severamente, talora anche con la morte, i mariti adulteri restano generalmente impuniti. Le argomentazioni addotte sono le più svariate, ma una è la fondamentale e ha a che fare proprio con la **definizione della linea di discendenza**: ovvero si pretende la rigorosa castità da parte delle donne sposate, perché questa è l'unica vera garanzia per i mariti intorno alla paternità dei propri figli.

La preoccupazione, si badi bene, non è solo teorica: la storiografia moderna dimostra che le relazioni adulterine sono piuttosto largamente diffuse in tutti i gruppi sociali.

La punizione di un'adultera, 1295
[Bibliothéque Nationale, Parigi]

Tra le donne di classe elevata, sottoposte a maggiori controlli, una soluzione non infrequente, per sfuggire a vite prive di affetto e di passione, è quella di intrecciare rapporti sentimentali e sessuali con i **preti** e con i **chierici**, molti dei quali, peraltro, sono anche apertamente sposati o stabilmente conviventi con delle compagne, nonostante non sia questa la linea ufficiale della Chiesa [▷ **4/1**].

D'altronde anche tra i laici sposati il **concubinato** è una pratica largamente diffusa, cosicché si perpetua una sorta di "poligamia di fatto", di cui le autorità laiche, peraltro, non si preoccupano troppo; non sorprende, dunque, che siano molto numerosi i **figli illegittimi**, avuti con concubine o nel corso di relazioni adulterine o anche durante rapporti prematrimoniali (largamente tollerati – questi – tra le classi popolari e contadine).

Il destino di questi figli illegittimi è assai vario; se sono figli di uomini in vista, possono anche essere riconosciuti o mantenuti dai padri, che esibiscono la loro figliolanza extramatrimoniale come un segno di grande virilità e di potere; se vengono da famiglie povere, e soprattutto se sono delle bambine, vengono spesso abbandonati davanti alle porte di qualche ospizio o di qualche chiesa; la pratica è talmente diffusa che si cominciano a fondare **istituzioni specializzate** per l'accoglienza dei trovatelli, come l'Ospizio di Verona, fondato nel 1426, o il fiorentino Ospedale di S. Maria degli Innocenti, fondato ai primi del Quattrocento.

Nei casi più sfortunati gli illegittimi possono anche finire uccisi, appena nati, dalle loro stesse madri, che non possono permettersi di mantenerli: questo è un reato che viene duramente perseguito.

A dettare una legislazione severa contro gli **infanticidi** spingono, oltre che ragioni di carattere morale, anche imperativi demografici, che suggeriscono di adottare norme che favoriscano un rapido **ripopolamento delle città e delle campagne**, in modo da invertire il declino demografico avviatosi a partire dalla crisi di inizio XIV secolo.

Ruota degli esposti, XVI sec.
[S. Maria delle Vergini, Bitonto (Bari)]
In Europa, nel Quattrocento, vengono creati i primi centri di accoglienza (ospizi) per i trovatelli, le cui possibilità di sopravvivere sono comunque molto scarse a causa della mancanza di cibo e di cure adeguate. Fino all'Ottocento il simbolo di questa infanzia abbandonata è la cosiddetta "ruota degli esposti", un sistema che permette di lasciare il neonato senza essere visti, depositandolo in una sorta di tamburo girevole collocato in apposite feritoie lungo le mura di ospizi e conventi. Attaccate alla ruota c'erano delle campanelle che avvisavano, suonando per via del movimento, della presenza di un bambino.

CONTRO I COMPORTAMENTI MASCHILI RITENUTI DEVIANTI Motivate dalla stessa duplicità di ragioni sono anche le **norme severissime** che molti Stati prendono sin dai primi del XV secolo **contro l'omosessualità maschile e contro la pederastia**. Oltre a usare strumenti repressivi, molti Stati in questo periodo tollerano, e legalizzano perfino, la **prostituzione** come antidoto a comportamenti sessuali maschili ritenuti devianti, come accade a Venezia sin dalla metà del XIV secolo, quando viene istituito un bordello pubblico gestito sotto il controllo di funzionari comunali: le autorità cittadine considerano questa misura un "male necessario", funzionale anche a distogliere molti uomini dalla pederastia. L'esempio veneziano trova imitazioni anche in molte altre città europee, dove fioriscono questi **bordelli "ufficiali"**.

A finire nei circuiti della prostituzione sono in primo luogo **donne giovani e sole**, spesso delle **vedove** precoci, magari anche provenienti dal contado: senza più il marito a offrire loro una qualche garanzia, con i parenti lontani, diventano facili "prede" per le bande di giovani che incrociano le vie della città e che possono aggredirle e tentare di intimidirle abbastanza impunemente, per mostrare loro che hanno bisogno di un "protettore" o di un nuovo marito; così costoro rompono porte e finestre ed entrano violentemente nelle case e nelle camere delle giovani donne e talvolta l'aggressione non è solo dimostrativa.

Tuttavia, per quanto orribile sia, agli Stati europei dell'inizio dell'Età moderna lo **stupro** non sembra un reato così grave. A Venezia la tipica sentenza per un reato di quel genere – quando il tribunale lo riconosce come tale – è di non più di sei mesi di prigione; ma se lo stupratore è un nobile, e magari la vittima è una serva o una ragazza di bassa estrazione sociale, il reato può anche passare del tutto impunito.

LAVORA SUL TESTO
Sottolinea e numera a margine del testo tutti i rischi che correvano le donne in merito alla vita sessuale o familiare.

5/ Donne fuori dalla norma

Raramente le donne ricevono un'istruzione. Raramente scrivono, cosicché la letteratura – di ogni genere – è opera di intellettuali maschi. Ma, in questo mondo così dominato dagli uomini, qualche figura femminile di eccezione, con le qualità e il coraggio per opporsi alla cultura dominante, riesce anche a farsi largo.

FAR COSE "DA UOMINI" ■ È il caso, per esempio, di **Christine de Pizan**. Di origine italiana, nasce a Venezia intorno al 1365; quando è molto piccola, la sua famiglia si trasferisce a Parigi dove il padre, Thomas, è stato invitato dal re Carlo V a occupare il posto di medico e astrologo di corte. Nel 1380, quando Carlo V muore, Thomas viene allontanato dalla corte e poco tempo dopo muore anch'egli; subito dopo muore anche Étienne de Castel, notaio e segretario del re, con cui Christine si era sposata nel 1380 (quando aveva, dunque, quindici anni). Alla morte del marito Christine ha venticinque anni, tre figli e una madre da accudire. Il suo matrimonio sembra sia stato felice; ma dopo, Christine non si risposerà più.

Comincia, dunque, a fare cose "da uomini": tra molte difficoltà si occupa delle questioni relative al **patrimonio** del padre e del marito, ma al tempo stesso lei, che per volere del padre ha ricevuto un'**educazione insolitamente buona** per una donna dell'epoca, decide di mettere a frutto le sue qualità per potersi procurare qualche guadagno.

Lavora come **copista**, ma anche come **autrice** di testi poetici e letterari, che le conquistano subito una grande ammirazione presso diversi membri della casa regnante francese e poi una grande **notorietà** fra i lettori e le lettrici del suo tempo.

LA CITTÀ DELLE DAME ■ Tra i suoi lavori ve ne sono diversi che intendono difendere le donne dalle più svariate accuse cui sono esposte da una lunghissima tradizione

Christine de Pizan riceve la visita di Ragione, Rettitudine e Giustizia

[da C. de Pizan, *La cité des dames*; Bibliothèque Nationale, Parigi]

culturale: di essere deboli fisicamente e psicologicamente, di essere volubili, instabili, inaffidabili, incapaci di grandi imprese. Christine è convinta che una tradizione così negativa nasca proprio dal fatto che le uniche opinioni disponibili in forma scritta siano quelle degli uomini, mentre la voce delle donne non si sente mai, o quasi mai. Tra il 1404 e il 1405 scrive, dunque, *La città delle dame* per mostrare quanto sia sbagliata la costante svalutazione dell'opera delle donne [▷ **F16**].

All'inizio del libro l'autrice racconta che la lettura di un testo misogino, le *Lamentations* di Mateolo, opera scritta in latino nel XIII secolo e tradotta in francese nel 1370, l'ha sprofondata in uno stato di opprimente depressione. In quella condizione ha una visione: tre figure allegoriche – Ragione, Rettitudine e Giustizia – le fanno visita e dialogano con lei. Le tre donne la aiutano a costruire una città virtuale, mentale, che ospiti tutti gli **esempi di grandi donne del passato**: è una città nella quale si incontrano, dunque, grandi figure femminili della tradizione greca, romana ed ebraica – principesse e guerriere, poetesse e donne pie, fino a concludere con una galleria di sante, poste sotto la luminosa protezione della Vergine Maria.

La galleria, ricca, vivace, costruita con eleganza e spirito polemico al tempo stesso, si conclude con un appello a tutte le dame, ricondotto tuttavia nel quadro dei valori che regolano i rapporti tra i sessi nel tardo Medioevo. La stessa Christine de Pizan, verso la fine della sua vita, tiene fede a questi valori: nel 1418 abbandona Parigi e si ritira in un'abbazia; non scrive più, se non per esaltare – con un'opera

LE FONTI 16

Christine de Pizan/Difesa della virtù e accettazione

[Christine de Pizan, *La città delle dame*, a cura di Patrizia Caraffi, Luni Editrice, Milano-Trento 1997, pp. 498-503]

Christine de Pizan invita le donne ad essere orgogliose di sé stesse ma le invita anche ad accettare la loro condizione, a restare docilmente sottomesse ai mariti, una volta che siano sposate, sperando in una ricompensa celeste nel caso che qualcuna abbia la sfortuna di capitare con un marito malvagio.
Meno pacificante è il messaggio rivolto alle giovani e alle vedove, cioè a donne che non si trovano in uno stato matrimoniale; il valore che è loro proposto è quello dell'onore/castità. Le giovani e le vedove si devono guardare dagli uomini, dalle loro insidie, dalle loro seduzioni e, in definitiva – dice molto chiaramente de Pizan – dal loro disprezzo di fondo. È una partita difensiva quella che Christine prospetta alle sue dame, alle quali offre il fortilizio mentale della sua città ideale.

E voi, care amiche che siete sposate, non sdegnatevi di essere tanto sottomesse ai vostri mariti, poiché non è sempre meglio per una persona essere libera. Lo dimostra ciò che disse l'angelo di Dio a Ezra: «Coloro, disse, che si affidarono alla loro libera volontà, caddero in peccato, disprezzarono Nostro Signore e oltraggiarono i giusti: per questo perirono». Quelle che hanno dei mariti pacifici, buoni e saggi, da cui sono amate profondamente, lodino Dio per questo dono non piccolo, poiché non potrebbe essere dato loro un bene migliore al mondo. Che siano attente nel servirli, amarli e tenerli cari con cuore leale, come devono, vivendo in pace e pregando Dio che li protegga. Anche quelle che hanno dei mariti né buoni, né cattivi devono lodare Dio, pensando che ve ne sono dei peggiori, e fare tutti gli sforzi per moderare i loro eccessi e vivere in pace, secondo le condizioni di ognuno. E quelle che hanno mariti malvagi, felloni e crudeli facciano tutto il possibile per resistere e vincere la loro fellonia e condurli, se possibile, a una vita ragionevole e tranquilla. E se quelli sono tanto ostinati da non ottenere nulla, almeno le anime delle loro mogli acquisiranno grande merito nella virtù della pazienza. E tutti le benediranno e saranno dalla loro parte. Così, mie dame, siate umili e pazienti e la grazia di Dio crescerà in voi, e sarete lodate e vostro sarà il Regno dei Cieli. San Gregorio dice che la pazienza è la porta del Paradiso e la via che conduce a Gesù Cristo. E non vi fissate ostinatamente su opinioni frivole e senza fondamento, nella gelosia, nei turbamenti della mente,

del 1429 – la figura di Giovanna d'Arco. Sembra che la sua morte sia avvenuta poco dopo, intorno al 1430. Anche altre donne prendono la strada seguita da Christine de Pizan e seguono una vocazione spirituale di ritiro e di devozione. Alcune lo fanno entrando nei **conventi di monache**; lo fanno se possono, se sono accettate, se la comunità monastica le ritiene degne.

LE BEGHINE Ma in alcune aree d'Europa, specie nell'Europa centro-settentrionale, si diffonde un altro fenomeno, piuttosto significativamente diverso, quello delle beghine. Non sono religiose: sono **donne laiche e nubili** che decidono di vivere in comunità, dedicandosi a **opere di devozione**; all'ingresso nella comunità devono far **voto di castità** e per mantenersi svolgono attività artigianali o si occupano della cura dei malati. Ma i loro voti possono essere sciolti e, se lo desiderano, possono abbandonare il beghinato, reinserirsi nella vita ordinaria, sposarsi e avere figli.

Questo non è che un aspetto di un più vasto **movimento mistico** che vede le donne cercare in questa direzione un loro spazio, che le protegga dal mondo degli uomini, dalla guerra, dalla violenza, dalle sofferenze del parto – uno dei momenti più rischiosi per la vita delle donne prima del XX secolo –, dalle incertezze e dai rischi della vita matrimoniale. È così che il numero delle mistiche, delle donne di fede e delle donne canonizzate non è mai stato così alto come in questo periodo, tanto che tra XII e XIV secolo un quarto di tutti i nuovi santi sono donne.

in un linguaggio superbo o in un agire oltraggioso. Sono cose che turbano la mente e rendono le persone come forsennate, particolarmente sconvenienti e inadeguate in una donna. E voi, giovinette, che siete vergini, siate pure, semplici e tranquille, senza incertezze: i malvagi hanno già teso le loro trappole contro di voi. I vostri sguardi siano bassi, poche siano le parole nelle vostre bocche, rispetto in ogni vostra azione. Alle dame vedove, siate oneste nel vestire, nel contegno e nelle parole; devote nell'agire e nello stile di vita, prudenti nel comportamento. Dimostrate pazienza, ne avrete tanto bisogno, coraggio e resistenza di fronte alle tribolazioni e nei momenti difficili, umiltà nel cuore, nell'aspetto e nel parlare e carità in ogni vostro atto. E, in breve, a tutte voi donne, di alta, media o bassa condizione, soprattutto state in guardia e siate vigili contro i nemici del vostro onore e della vostra castità. Vedete come da ogni parte questi uomini vi accusano di tutti i vizi. Dimostrate con la vostra virtù che essi mentono; facendo il bene provate che quelli che vi calunniano dicono il falso, così potrete dire con il salmista: «La colpa dei malvagi ricadrà sulle loro teste». Respingete i falsi adulatori che con astuzie diverse cercano di sottrarvi ciò che dovete proteggere più di tutto: il vostro onore e la bellezza della vostra virtù. Oh! Dame, fuggite, fuggite il folle amore che vi propongono. Fuggitelo! In nome di Dio, fuggite! Non ve ne può venire niente di buono; siate certe, al contrario, che se anche vi potesse risultare piacevole, alla fine tutto risulterà a vostro svantaggio. E non sperate il contrario, perché non può essere altrimenti. Ricordatevi, care dame, di come questi uomini vi definiscono false, leggere e incostanti; tuttavia impiegano le astuzie più sofisticate e ingannevoli per cercare in mille modi di sedurvi e catturarvi, come bestie al laccio. Fuggite, dame, fuggite! Evitate tali amicizie: sotto il riso si cela il veleno più tremendo e mortale. E vi piaccia, carissime dame, lasciarvi attirare dalle virtù e rifuggire i vizi, far crescere e moltiplicare le abitanti della nostra Città, e gioire nel fare il bene.

GUIDA ALLA LETTURA

1. Christine de Pizan si rivolge a donne sposate che differiscono fra loro per condizione, individuale e sociale. Indica per ognuna di esse gli elementi caratterizzanti e l'invito che l'autrice rivolge loro. **2.** Come viene descritto il comportamento degli uomini nei confronti delle donne? **3.** Perché l'amore degli uomini è definito folle? **4.** Qual è il modello di comportamento femminile proposto da Christine e a quale espressione di san Gregorio fa riferimento? **5.** Confronta quanto scritto nella fonte con la vita dell'autrice e rispondi alle domande: Christine si è attenuta ai propri suggerimenti? In che modo?

LA CACCIA ALLE STREGHE ■ La stessa figura di Giovanna d'Arco, che accende la fantasia anche di Christine de Pizan, appartiene a questa cultura, a questa mentalità [▷ **8/3**]. Ma, lo si è già osservato, le eccezionali qualità di Giovanna d'Arco possono essere lette in due sensi: come preannunci di santità, ma anche come segni di perversione eretica e, forse, di **stregoneria**.

Perché, in effetti, dal XV secolo in Europa si diffonde in proporzioni sempre più ingombranti il fenomeno, così strano e inquietante, della **caccia alle streghe**, cioè della persecuzione di persone accusate non solo o non tanto di **eresia**, cioè di scostamento dalle pratiche o dalle credenze religiose ortodosse, ma anche di **utilizzazione maligna di arti magiche** che derivano da un **contatto diretto col diavolo**.

Come nel caso della persecuzione contro gli eretici, anche la persecuzione delle streghe è affidata a un tribunale ecclesiastico specializzato, costituito sin dal XIII secolo, l'**Inquisizione**, i cui giudici (che sono degli ecclesiastici, dei frati domenicani soprattutto) sin dal 1252 sono autorizzati a ricorrere alla tortura nell'esame degli inquisiti [▷ **5/5**]. «Senza l'Inquisizione e la tortura – ha scritto Jean-Claude Schmitt –, il tema della stregoneria non avrebbe conosciuto in Europa lo sviluppo che ha avuto a partire dalla fine del Medioevo. Si può ancora dire che senza l'Inquisizione e la tortura la "caccia alle streghe" probabilmente non si sarebbe scatenata». Ciò che si reprime, in realtà, sono **pratiche e riti derivanti da religioni precristiane**, sopravvissute, soprattutto nelle aree rurali, alla diffusione del cristianesimo. Ma gli inquisitori riconducono questi comportamenti alla chiave di lettura dei rapporti col demonio; sebbene gli inquisiti e i giustiziati riconosciuti colpevoli di stregoneria siano sia uomini sia donne, il numero di presunte streghe tende a sopravanzare quello degli stregoni; così, col tempo, la persecuzione assume una netta **valenza di genere**, mentre uno dei più importanti trattati di demonologia dell'epoca, il *Malleus maleficarum* (*Martello delle streghe*), scritto nel 1486 da due domenicani di Colonia, Jakob Sprenger e Heinrich Kramer (noto anche come Henricus Institoris), vede nelle donne le responsabili principali delle pratiche stregonesche e dei rapporti col maligno.

Le intellettuali, le guerriere, le mistiche o le praticanti di antichi riti dimenticati trovano a fatica uno spazio in questa società tardomedievale. Non se ne farà certo una regola: ma alla fine il monastero, il carcere dell'Inquisizione, il rogo sembrano alcuni dei luoghi più frequentati da donne a cui si riconoscono, nel bene o nel male, qualità fuori della norma.

LAVORA SUL TESTO
Cerchia nel testo almeno quattro tipologie di "donne fuori dalla norma" secondo la morale tardomedievale.

Donne accusate di stregoneria torturate e messe al rogo
[dalle *Chroniques de France ou de Saint-Denis*]

4_Identità sessuali e diritti

PARITÀ DI DIRITTI TRA UOMINI E DONNE ■ Dura la vita delle donne nel tardo Medioevo, non vi pare? Sì, ho capito: anche gli uomini avevano i loro problemi. Ma intendo dire che per le donne la vita era particolarmente difficile, perché le si considerava, senza mezzi termini, degli esseri inferiori. Perché inferiori? Perché troppo deboli, troppo fragili psicologicamente, troppo ostacolate dal compito biologico principale che inesorabilmente le riguarda, e cioè il compito di mettere al mondo dei figli. È stato così sin dagli albori della civiltà. La Grecia classica o la Roma repubblicana e imperiale non hanno considerato le donne in modo molto differente. Né, in definitiva, una religione così sensibile alle ragioni degli umili come quella cristiana ha attribuito alcun particolare rilievo alle figure femminili. O meglio: nonostante la Chiesa cattolica abbia fatto della maternità una figura essenziale del suo universo simbolico, attraverso l'immagine di Maria Madre di Cristo, a questo riconoscimento simbolico non è conseguita l'attribuzione di alcun ruolo direttivo nella gerarchia ecclesiastica, tutta sistematicamente occupata da uomini. Ancora minore, d'altronde, è lo spazio che le donne hanno in altre confessioni religiose, per esempio in quella islamica, nella quale a un grande rispetto per l'integrità etica e sessuale delle donne si affianca tuttavia una loro totale svalutazione dal punto di vista dei ruoli sociali o professionali.

Donne inferiori, dunque? Ma è chiaro che non è così. Ogni volta che alle donne sono state date le possibilità di esprimersi intellettualmente, culturalmente, professionalmente, esse hanno mostrato di avere da tutti i punti di vista qualità pari, se non superiori, a quelle degli uomini; cosicché – soprattutto nel corso del XX secolo – è apparso chiaro che le limitazioni ai diritti delle donne non erano altro che **un'odiosa forma di oppressione** che si andava a sommare a molte altre inique discriminazioni che hanno caratterizzato la storia dell'Occidente. Nel XIX e nel XX secolo, in tempi diversi e con forme varie, organizzazioni per la difesa dei diritti delle donne si sono formate prima negli Stati Uniti e in Gran Bretagna, poi nell'Europa continentale, e infine anche in molte altre parti del mondo non occidentale; i movimenti femminili hanno raggiunto infine i loro obiettivi, cosicché diritti fondamentali, come quello **a un'istruzione uguale per ragazze e ragazzi**, o **il diritto a un uguale trattamento dal punto di vista civile, politico, lavorativo**, sono stati molto chiaramente inclusi sia nelle principali Carte dei diritti, sia nelle Costituzioni degli Stati, compresa quella della Repubblica italiana.

Dalla Costituzione della Repubblica italiana

[da http://www.quirinale.it]

Art. 3. Tutti i cittadini hanno pari dignità sociale e sono eguali davanti alla legge, **senza distinzione di sesso**, di razza, di lingua, di religione, di opinioni politiche, di condizioni personali e sociali.

Art. 37. La donna lavoratrice ha gli stessi diritti e, a parità di lavoro, le stesse retribuzioni che spettano al lavoratore. Le condizioni di lavoro devono consentire l'adempimento della sua essenziale funzione familiare e assicurare alla madre e al bambino una speciale adeguata protezione.

Art. 48. Sono elettori tutti i cittadini, uomini e donne, che hanno raggiunto la maggiore età.

Art. 51. Tutti i cittadini dell'uno o dell'altro sesso possono accedere agli uffici pubblici e alle cariche elettive in condizioni di eguaglianza, secondo i requisiti stabiliti dalla legge. **A tal fine la Repubblica promuove con appositi provvedimenti le pari opportunità tra donne e uomini.**

Art. 117. [...] **Le leggi regionali rimuovono ogni ostacolo che impedisce la piena parità degli uomini e delle donne nella vita sociale, culturale ed economica e promuovono la parità di accesso tra donne e uomini alle cariche elettive.** [...]

PARI OPPORTUNITÀ ■ La Costituzione della Repubblica italiana, dunque, è molto chiara nello stabilire l'eguaglianza dei diritti tra uomini e donne. Tuttavia il Parlamento ha sentito il bisogno di aggiungere delle norme nuove, non previste dal testo originario, per assicurare che all'enunciazione teorica seguano concreti effetti pratici. Contenute negli articoli 51 e 117, queste nuove norme sono state introdotte rispettivamente nel 2003 e nel 2001, e stabiliscono il principio delle **pari opportunità**; tale principio prevede che tanto lo Stato quanto le Regioni (che sono la principale articolazione territoriale e amministrativa della Repubblica) debbano attivarsi per rimuovere resistenze o ostacoli che impediscono una perfetta realizzazione dell'eguaglianza tra uomini e donne.

Il criterio della parità dei diritti è riconosciuto anche dalla ***Dichiarazione universale dei diritti umani*** **(Onu, 1948).** **La** ***Carta dei diritti fondamentali dell'Unione Europea*** si spinge anche più in là, perché considera il principio delle pari opportunità **un dovere** che deve impegnare la legislazione e l'azione degli Stati membri dell'Unione (art. 23):

Dalla Carta dei diritti fondamentali dell'Unione Europea (Ue, 2007)

[da http://www.europarl.europa.eu/charter/]

Art. 21. ***Non discriminazione.*** **Comma 1.** È vietata qualsiasi forma di discriminazione fondata, in particolare, **sul sesso**, la razza, il colore della pelle o l'origine etnica o sociale, le caratteristiche genetiche, la lingua, la religione o le convinzioni personali, le opinioni politiche o di qualsiasi altra natura, l'appartenenza ad una minoranza nazionale, il patrimonio, la nascita, gli handicap, l'età o **le tendenze sessuali**.

Art. 23. Parità tra uomini e donne. La parità tra uomini e donne deve essere assicurata in tutti i campi, compreso in materia di occupazione, di lavoro e di retribuzione. Il principio della parità non osta al mantenimento o all'adozione di misure che prevedano vantaggi specifici a favore del sesso sottorappresentato.

RISPETTO DELLE DIVERSITÀ SESSUALI ■ L'inciso conclusivo dell'art. 21 della *Carta dei diritti fondamentali dell'Unione Europea*, infine, aggiunge anche un altro principio, incluso in forma solo implicita nell'art. 3 della Costituzione della Repubblica italiana: la Carta Ue stabilisce infatti che è vietata non solo ogni discriminazione basata sul sesso, cioè sul profilo biologico di una persona (maschio o femmina), ma che è **vietata anche ogni discriminazione che sia basata sulle tendenze sessuali di un individuo**. Ciò significa che l'essere eterosessuale, o omosessuale, o transessuale, non può essere un tratto distintivo che autorizzi alcun tipo di preferenza o, viceversa, di discriminazione: un altro principio fondamentale che non tutti hanno ancora imparato a rispettare.

SINTESI

1/La morte

Se nella mentalità collettiva il cristianesimo aveva trasformato la percezione della morte con l'idea di rinascita, la crisi del tardo Medioevo trasmette una nuova angoscia della morte. Molto diffusi sono i racconti dell'incontro tra i vivi e i morti, in cui questi ultimi ricordano impietosamente ai vivi ciò che diventeranno. Ancora più crudi e disperati sono i trionfi della morte e le danze macabre, in cui si vedono scheletri danzare con uomini e donne trascinati verso il loro destino.

2/L'amore

Una risposta alla terribile invadenza della morte sta nella formazione di nuove sensibilità nei confronti dell'amore. Un'impronta decisiva nella concezione dell'amore medievale deriva senz'altro dalla Chiesa, che esalta gli ideali di ascesi sessuale e di verginità, rispetto ai quali ogni altro comportamento è giudicato sulla scala dell'impurità progressiva. Solo nel matrimonio è consentito avere rapporti sessuali, finalizzati esclusivamente alla procreazione, mentre riprovevoli sono considerati i rapporti extraconiugali e omosessuali. Insieme a questa visione, nel tardo Medioevo si sviluppa l'ideologia dell'amore cortese, di derivazione letteraria, incentrata sull'esaltazione della passione d'amore, da perseguire anche in relazioni di carattere adulterino, sulla pratica del corteggiamento, in opposizione agli approcci sessuali brutali ed essenziali, sulla critica dei matrimoni combinati – condivisa anche dalla Chiesa – e sull'esaltazione della figura femminile, posta in posizione di superiorità nei confronti sia del marito che dell'amante cortese.

3/Matrimonio e parentela

Contrariamente a ciò che sostengono sia l'ideale cortese sia l'etica cristiana, le relazioni matrimoniali sono dominate dal modello dei matrimoni combinati, stipulati per pure considerazioni di convenienza economica o sociale. Le relazioni di parentela che ne derivano sono spesso di tipo cognatizio (i legami corrono cioè sia attraverso la parentela delle donne sia attraverso quella degli uomini); ma nel tardo Medioevo, in importanti ambiti istituzionali (la monarchia francese, i comuni cittadini), si impone un ordine di discendenza agnatizio, cioè esclusivamente basato sulla linea maschile.

4/Generi e sessualità

La trasformazione dell'ordine di discendenza è coerente con un più generale modo di concepire le donne, nella famiglia e nella società: soggette all'autorità paterna, date in spose giovanissime, passano sotto l'autorità del marito, normalmente assai più vecchio di loro: in seguito difficilmente riescono a conquistarsi una loro autonomia. La disuguaglianza tra i generi si nota anche sul piano giuridico, dalle norme che puniscono l'adulterio: mentre le mogli adultere rischiano la morte, gli uomini restano generalmente impuniti. Tale preoccupazione deriva di fatto dalla larga diffusione delle relazioni adulterine in tutti i gruppi sociali, testimoniata dalla grande quantità di figli illegittimi, il cui destino variava dal riconoscimento paterno, all'abbandono, fino all'uccisione. È per questo motivo che nel tardo Medioevo troviamo norme molto severe contro l'infanticidio, avversato non solo per motivi morali ma anche per imperativi demografici. Le stesse ragioni motivano anche le leggi contro l'omosessualità maschile e la legalizzazione della prostituzione, come antidoto ai comportamenti maschili ritenuti devianti.

5/Donne fuori dalla norma

La condizione di subordinazione delle donne è accentuata dalla scarsa e approssimativa istruzione che veniva impartita loro. Da un quadro del genere riescono a evadere solo poche donne d'eccezione: Christine de Pizan – autrice di importanti opere letterarie – è tra le più significative. I pregiudizi che circondano la condizione femminile sono tuttavia molti, tenaci e difficili da superare. Uno dei più diffusi è quello che scatena in Europa, nel XV secolo, la caccia alle streghe. Come la persecuzione degli eretici, anche quella delle streghe è affidata all'Inquisizione, che in realtà reprime pratiche e riti derivanti da religioni precristiane, sopravvissuti nelle campagne all'avvento del cristianesimo.

VERSO le COMPETENZE

1 Completa sul tuo quaderno la tabella relativa alle trasformazioni socio-culturali avvenute nel tardo Medioevo, laddove è possibile, con le informazioni richieste. Utilizzala successivamente per rispondere alle domande che seguono.

	Antichità	Medioevo	A partire dai secoli XIV e XV
Quali rapporti legavano i morti ai vivi?	....	....	....
La morte era vissuta con paura?	....	....	....
In che misura la religione condizionava i comportamenti sessuali?	....	....	....
Quali forme di sessualità e di amore erano ammesse?	....	....	....
Qual era la condizione giuridica e sociale delle donne?	....	....	....
Quale tipo di sistemi di parentela prevaleva?	....	....	....
Le autorità legiferavano sui comportamenti sessuali?	....	....	....

a. Quali sono, secondo te, le eredità del passato più importanti sul piano culturale, per l'età tardomedievale, evidenziate dalla tabella cronologica?

b. In che cosa consistono, invece, le peculiarità e i caratteri originali della società e della cultura tardomedievali?

2 Indica se le affermazioni seguenti, relative alla società europea tardomedievale, sono vere o false. Spiega poi, brevemente, il motivo della tua scelta.

a. Le tombe e i sarcofaghi furono espulsi dalle chiese e sottratti alla vista, poiché incutevano timore ai fedeli.

b. La Chiesa tollerava i matrimoni combinati, perché riteneva consolidassero l'istituto della famiglia.

c. La letteratura cortese fu un fenomeno culturale innovativo, ma non in grado di modificare i comportamenti diffusi.

d. Nei sistemi di parentela cognatizi prevaleva la successione ereditaria, di titoli e patrimoni, in linea femminile.

e. L'età matrimoniale era generalmente più bassa per le donne, ma solo fra le coppie di condizione poco elevata.

f. Il reato di stregoneria, punito in modo cruento dalla Chiesa, era attribuito più frequentemente alle donne.

3 Segna l'opzione che ritieni corretta.

1. Nel tardo Medioevo vi era un'elevata mortalità giovanile...
a. soprattutto fra le donne nubili
b. ma minore del tasso attuale
c. e un'altrettanto bassa natalità
d. dovuta a malattie e guerre

2. La rappresentazione della "danza macabra"...
a. accomunava uomini di diverse condizioni sociali
b. aiutava ad allontanare i vivi dall'idea della morte
c. mostrava due piani: in alto i morti e in basso i vivi
d. contrastava con l'icona del Trionfo della Morte

3. Secondo la Chiesa, la donna doveva assolvere il "debito coniugale", cioè...
a. finalizzare la sessualità solo alla procreazione
b. accettare i matrimoni combinati dalle famiglie
c. soddisfare la volontà sessuale del proprio marito
d. restare vergine fino al momento del matrimonio

4. Nel tardo Medioevo, l'amore che si definì "cortese"...
a. tendeva a rispettare tutte le osservanze etiche della Chiesa cristiana
b. era molto diffuso e solo successivamente fu ripreso dai letterati
c. criticava le pratiche di corteggiamento, molto comuni fra i nobili
d. prevedeva spesso l'aperta violazione delle alleanze matrimoniali

5. La tutela nei confronti delle donne...
a. impediva loro di vivere liberamente
b. le proteggeva dagli abusi sessuali
c. terminava con la maggiore età
d. assicurava i loro diritti patrimoniali

6. Nel tardo Medioevo, il concubinato...
a. fu un fenomeno che interessò prevalentemente il ceto più elevato
b. fu la causa del sorgere di istituzioni che accoglievano i figli illegittimi
c. veniva perseguito molto severamente dalle autorità civili e religiose
d. era praticato da uomini e donne laiche di differenti condizioni sociali

4 Costruisci sul quaderno uno schema relativo ai comportamenti sessuali e alla vita familiare nel tardo Medioevo, osservati dal punto di vista della dottrina della Chiesa cristiana. Disponi le caselle corrispondenti alle espressioni elencate di seguito su cinque piani (comportamenti ideali, comportamenti corretti, comportamenti tollerati, peccati, peccati gravissimi) e individua, tramite delle frecce, relazioni fra i diversi comportamenti.

a. lussuria b. adulterio c. infanticidio d. verginità e. matrimonio combinato f. omosessualità g. ascesi h. poligamia i. debito coniugale j. prostituzione k. concubinato l. rapporto matrimoniale m. stupro n. incesto

Storiografia

S 15_La crisi del Trecento

Il dibattito sulla crisi del Trecento vede contrapporsi due scuole di pensiero: quella dei "depressionisti" e quella degli "ottimisti". I "depressionisti", di cui in questo percorso storiografico sono portavoce **Ruggiero Romano** e **Alberto Tenenti**, sottolineano che il calo demografico iniziò ben prima della peste del 1348 e provocò una depressione di lunga durata (circa un secolo e mezzo), causando una forte riduzione della produzione e dei traffici. Viceversa, gli "ottimisti", con i quali si schiera **Richard Goldthwaite**, ritengono che il calo demografico abbia consentito un positivo equilibrio tra popolazione e risorse, determinando, in tal modo, un miglioramento del tenore di vita dei sopravvissuti sia in città sia nelle campagne. Essi tendono inoltre a valorizzare il fatto che la crisi produttiva non fu generalizzata perché alle difficoltà vissute da alcuni settori corrispose la nascita o la crescita di altri. A fianco di queste teorie, altre interpretazioni storiografiche come quella avanzata da **Carlo Ginzburg** hanno privilegiato la prospettiva della storia della mentalità e dell'antropologia storica. Recuperando materiali folklorici, processi e iconografie, gli esponenti di questo filone ci restituiscono uno spaccato di quello strato mitico e rituale che alimentò le credenze popolari diffuse tra quanti vissero in quei terribili anni.

Ruggiero Romano • Alberto Tenenti/La crisi demografica inaugura un lungo ciclo di epidemie e carestie

[R. Romano e A. Tenenti, *Alle origini del mondo moderno (1350-1550)*, Feltrinelli, Milano 1967, pp. 10-12]

Ruggiero Romano (1923-2002) e Alberto Tenenti (1924-2002) tracciano un quadro particolarmente negativo della crisi del XIV secolo. Come si evince dal brano che qui riportiamo, la crisi demografica con cui si aprì il Trecento fu il fattore che scatenò un ciclo ricorrente di epidemie e carestie destinato a protrarsi fino al XV secolo. Il dislivello tra risorse e popolazione e la carestia del 1313-17 ridussero la manodopera da impiegare nei lavori di bonifica, disboscamento e canalizzazione dei fiumi. Ne risultarono un drastico peggioramento delle condizioni igienico-sanitarie e uno stato di miseria fisiologica che, a loro volta, indebolirono la popolazione e la resero vulnerabile alle epidemie.

Dal secondo decennio almeno del secolo XIV (e anche prima) s'interrompe quel lento lavoro di ricostituzione (e, in buona parte, creazione) del capitale demografico europeo, che, tra mille ostacoli, s'era venuto compiendo da più secoli e del quale, più che le rare (ed inesatte) cifre di cui si dispone, buona testimonianza è offerta da molteplici prove: arginature di fiumi, bonifiche, disboscamenti. Tutti segni di laboriosità umana, che sono nel contempo causa ed effetto di ripresa demografica. Effetto, perché è solo con un numero più grande di braccia che è possibile intraprendere opere di tanta mole; causa, perché quei lavori, creando le premesse per un miglioramento del

livello di vita (sia dal punto di vista dell'alimentazione che da quello delle condizioni igieniche), permettono un netto rilancio demografico.
In tal modo, se è vero che – come si è recentemente potuto affermare – la malaria, pur senza scomparire, s'è fatta meno letale a partire dal secolo XII, lo si deve ai lavori di bonifica e d'arginatura dei corsi d'acqua, che hanno ridotto il campo d'azione dell'anofele. Allo stesso modo che in seguito la riduzione delle disponibilità di mano d'opera, rendendo impossibile l'ampliamento di quei lavori e addirittura non consentendo la conservazione delle opere disposte nei tempi precedenti, ha portato ad una recrudescenza di quel male.
In tal modo, in un così fragile equilibrio è un vero e proprio altalenarsi di cause ed effetti, di natura eguale, ma di segno volta a volta differente: negativo e positivo. La peste del 1348 s'inserisce in una linea negativa della quale, forse, non indica che uno dei punti di maggiore depressione.
Nei primi anni del XIV secolo si ha l'impressione che ormai si sia venuto creando un dislivello tra risorse e popolazione, e che quindi un nuovo equilibrio debba essere raggiunto. [...] Per arbitrario (ma relativamente) che sia, scegliamo come primo elemento cronologico la carestia degli anni 1313-1317 e postuliamo ch'essa abbia esercitato i suoi effetti su una popolazione al suo *optimum*, completamente indenne da carenze nutritizie, non intaccata da precedenti epidemie. Carattere europeo, intensità assai considerevole. I prezzi, che in Francia si erano aggirati dal 1201 al 1312 su cifre dell'ordine di 3, 4, 5, con rarissime punte intorno al 10, raggiungono nel 1313 quota 25 e quota 21 nel 1316: per quanto siano criticabili queste cifre [...], non v'è alcuna ragione per dubitare dell'intensità drammatica dei fenomeni denunciati per questi anni. Del resto, per l'Inghilterra, la conferma che s'ottiene è nettissima: tra il 1208 ed il 1314, i prezzi sono allineati intorno ai 3, 4, 5 scellini, con punte massime sino a sette ed otto scellini (9,2 3/4 nel 1295); nel 1315 e 1316, si passa bruscamente ai 16 scellini.
Questi movimenti francese ed inglese fino a che punto sono caratteristici solo di questi due paesi? Gli elementi sparsi, di cui si dispone, sembrano autorizzare a parlare d'una *European Famine* [carestia europea]. Si apre così ora un periodo magari non nuovo, ma certo più intenso, di quella che si può definire una vera e propria miseria fisiologica. Ecco dunque che, a lato di considerazioni d'igiene medica e di condizioni esterne di produzione agricola, attraverso la parola *miseria* si giunge al sociale. In effetti, alla grande punta degli anni suindicati fa seguito un periodo di anni dai prezzi assai bassi (tali, cioè, da consentire ai contadini e ai proprietari agricoli magri benefici), con taluni scostamenti massimi assai considerevoli, tanto più rilevanti – socialmente parlando – in quanto si manifestavano in periodo di prezzi calanti, in un periodo, cioè, in cui le possibilità d'accumulazione di scorte (monetarie o di beni) erano assai limitate. In tal modo è certo che in tutto il periodo tra il 1313 ed il 1348 una serie di carestie ed epidemie vale a minare sempre più il patrimonio demografico e biologico di tutta l'Europa. È su questo mondo umano indebolito, dunque, che cala la «morte nera».

Richard Goldthwaite/La spiegazione economica del Rinascimento

[R. Goldthwaite, *Ricchezza e domanda nel mercato dell'arte in Italia dal Trecento al Seicento. La cultura materiale e le origini del consumo* (1993), trad. it. di M. Colombo, Unicopli, Milano 1999, pp. 17-20]

Lo studioso americano Richard Goldthwaite si è interessato specificamente al rapporto tra depressione economica e Rinascimento. Secondo la sua teoria la crisi portò sia ad un generale miglioramento delle condizioni di vita dei sopravvissuti degli strati medi e medio-bassi, sia ad una grande concentrazione della ricchezza nelle mani di pochi. Questi nuovi ricchi iniziarono a gestire in modo più redditizio i loro averi e li investirono in nuovi settori produttivi, tra cui quello artistico e architettonico, alimentando una forte domanda di beni artistici e letterari. Concentrandosi specificamente sul caso italiano, Goldthwaite riconduce a questo meccanismo i presupposti economici del Rinascimento.

Le condizioni economiche non spiegano perché gli individui desiderino le cose che comprano. Tuttavia, ovunque sia la sua origine, la domanda deve arrivare ad affacciarsi sul mercato: la sua strada segue il corso reso possibile dal sistema economico ed è condizionata dalla realtà del mercato. La ricchezza fissa i limiti della spesa: è ciò che consente il consumo [...] e la sua redistribuzione – o fluidità – trasferendo la ricchezza in mani diverse, determina un processo grazie al quale la domanda viene rinnovata e perciò sostenuta. La forza della domanda dipende di conseguenza da due fattori: la quantità di ricchezza disponibile per la spesa e la struttura sociale attraverso la quale la ricchezza è distribuita. Rispetto a entrambi l'Italia godette di condizioni straordinariamente favorevoli per lo sviluppo di un mercato di prodotti di lusso: chiarire queste condizioni equivale a dare una «spiegazione» economica del Rinascimento, considerato non come un nuovo periodo nella storia del gusto, ma come un fenomeno di consumo. Il livello e la struttura della ricchezza, in altre parole, possono aiutarci a spiegare perché la domanda fu così forte e perché, di conseguenza, la produzione di beni durevoli di consumo divenne un settore tanto cospicuo. [...]

Il ruolo determinante esercitato dagli Italiani nella crescita economica dell'Occidente nella sua fase medievale è stato ben compreso. È comunque opinione diffusa che, a partire dalla metà del XIV secolo, con la crisi demografica provocata dalle epidemie di peste, l'economia italiana cominciò il suo secolare declino. È stata avanzata una tesi, secondo la quale la Peste nera, insieme alle successive, devastanti pestilenze del XIV secolo provocò, grazie alle più ingenti ricchezze rese disponibili per i sopravvissuti, un «effetto eredità» di dissipazione edonistica. Più diffusa e accettata è comunque la «tesi» [...] secondo la quale i «tempi duri» per l'economia seguiti alla Peste nera scoraggiarono dall'avventurarsi in nuove imprese, permettendo così che una maggior quantità di ricchezza venisse destinata al consumo; si sarebbe trattato di una sorta di «investimento nella cultura» da parte di uomini che, vedendo minacciate le loro prospettive negli affari, cercarono di ottenere una posizione sociale più elevata. Questo concetto [...] ha acquisito il rango di «tesi» [...] perché, data la sua stessa logica interna, ha fornito una spiegazione comoda e lineare per un mutamento considerevole nel comportamento economico. Nell'ambito teorico della storia economica, John Hicks[1] ha incorporato gli elementi della [...] tesi in una spiegazione economicamente più coerente dello stesso fenomeno. Secondo lo schema del noto economista inglese, la riduzione di opportunità in un'economia fino a quel momento in espansione induce gli imprenditori a limitarsi agli investimenti più sicuri, a stipulare tra loro accordi restrittivi e protettivi e, in breve, a ridurre il livello di concorrenza. Così, una legge di inerzia induce a una specie di gravitazione sociale e i profitti delle imprese, invece di essere investiti, diventano disponibili per altri scopi: «nondimeno», conclude Hicks, «il momento in cui l'espansione si arresta può essere, da altri punti di vista, meraviglioso». Un tale legame tra ristagno economico e momento «meraviglioso» nella storia culturale appare naturalmente di grande interesse agli storici che cercano nell'ambito economico e sociale una conferma per il declino politico dell'Italia, segnato prima dalla trasformazione dei governi comunali in regimi oligarchici e dispotici e infine dal soccombere dell'intera penisola, vittima della contesa tra le grandi monarchie nazionali per gli equilibri di potere in Europa. Il fenomeno storiografico dello straordinario successo di una tesi tanto incorporea è di per se stesso un'attestazione del fallimento, da parte degli storici, nel tentativo di comprendere uno dei nodi cruciali negli studi sul Rinascimento italiano.

1. Economista inglese vissuto tra il 1904 e il 1989.

Carlo Ginzburg/La peste nera e la «teoria del complotto contro la società»

[C. Ginzburg, *Storia notturna. Una decifrazione del sabba* (1989), Einaudi, Torino 2008, pp. 36-38, 41-42, 46]

In una suggestiva ricerca di taglio antropologico sul rito del sabba nell'Europa del XIV-XVII secolo, Carlo Ginzburg (nato nel 1939) passa in rassegna anche la peste nera del Trecento. Come è noto, essa fu accompagnata da una vera e propria caccia ai presunti responsabili del contagio. L'analisi compiuta da Ginzburg mostra che, in occasione di queste persecuzioni, credenze popolari e «interventi dall'alto» si rafforzarono spesso a vicenda, alimentando una fortunata teoria del complotto contro la società. Perpetrato prima a opera di un gruppo sociale relativamente circoscritto (i lebbrosi), il complotto sarebbe stato agevolato in un secondo momento da una comunità etnicamente e religiosamente definita (gli ebrei) e, infine, da una massa illimitata di streghe e stregoni.

Nel 1347, alla fine di settembre, dodici galere genovesi provenienti da Costantinopoli sbarcarono a Messina. In mezzo alle merci accumulate nelle stive c'erano topi portatori del bacillo della peste. Dopo quasi sei secoli il flagello tornava in Occidente. Dalla Sicilia l'epidemia si diffuse rapidamente fino a investire quasi tutto il continente. Pochi eventi sconvolsero così profondamente le società europee.
Che si sia cercato allora in più luoghi di attribuire agli ebrei la responsabilità dell'epidemia, è noto. Altrettanto nota è l'analogia tra queste accuse e quelle rivolte a lebbrosi e a ebrei meno di trent'anni prima. Ma anche qui solo una ricostruzione analitica della geografia e della cronologia della persecuzione fa emergere l'intreccio tra spinte dal basso e interventi dall'alto che portò a identificare negli ebrei i colpevoli della pestilenza.
Il primo scoppio di ostilità contro gli ebrei si verificò, secondo la consuetudine, all'inizio della settimana santa: nella notte tra il 13 e il 14 aprile 1348, domenica delle Palme, il ghetto di Tolone fu invaso; le case saccheggiate; circa quaranta persone, tra uomini donne e bambini, massacrate nel sonno. [...] I fatti di Tolone non rimasero isolati. [...]
Già in marzo [...] a Narbonne e altrove erano stati catturati poveri e mendicanti di diversa provenienza, provvisti di polveri che spargevano nelle acque, nei cibi, nelle case e nelle chiese per diffondere morte. Alcuni avevano confessato spontaneamente,

altri sotto la tortura. Avevano dichiarato di aver ricevuto le polveri, insieme a somme di denaro, da individui di cui ignoravano il nome: ciò aveva fatto nascere il sospetto che gli istigatori fossero nemici del regno di Francia. [...]
Ma riconoscere che le acque avvelenate avevano contribuito all'origine della pestilenza significava inevitabilmente richiamare le voci diffuse nel 1321. [...] Lo schema era quello noto: personaggi appartenenti a gruppi socialmente sospetti confessavano di essere stati corrotti con denaro da nemici esterni perché spargessero polveri velenose atte a diffondere il contagio. Ma l'identità dei personaggi era cambiata. I lebbrosi erano scomparsi dalla scena (del resto la lebbra stava ormai scomparendo, non solo dalla Francia); i re musulmani erano stati sostituiti da nemici non nominati, ma verosimilmente inglesi, data la guerra (poi detta dei Cent'anni) allora in corso; al posto degli ebrei c'erano altri gruppi marginali – i poveri e i mendicanti. [...] Individuare dei responsabili umani dava l'illusione di poter fare qualcosa per fermare l'epidemia. Ma la realtà del morbo non si prestava a essere docilmente modellata sulla base di schemi preesistenti. Le teorie del complotto prosperano meglio sul terreno dell'immaginazione. [...]
Tanto nel 1321 quanto nel 1348 le voci di complotto si erano diramate da Carcassonne e dalle città circostanti e il bersaglio finale della persecuzione – gli ebrei – era emerso in un secondo tempo, sostituendosi a quello iniziale (i lebbrosi nel 1321, i poveri e i mendicanti nel 1348). Il mutamento di bersaglio aveva coinciso con una dislocazione geografica della persecuzione, verso nord e verso est, nel 1321; verso est nel 1348. Le analogie tra le due ondate di violenza sono ovvie, ma nascondono differenze non trascurabili. Nel 1321 le autorità politiche e religiose, anche se in parziale conflitto tra loro, avevano orientato verso bersagli precisi – i lebbrosi prima, poi gli ebrei – le ostilità latenti della popolazione. Nel 1348-49 i detentori del potere avevano assunto, nei confronti del presunto complotto, atteggiamenti molto diversi: c'era chi si era opposto, chi aveva ceduto alle pressioni della folla, chi forse le aveva precedute. Ma le spinte dal basso avevano avuto, questa volta, un peso molto maggiore. Si ha l'impressione che nell'arco di un trentennio, a una generazione di distanza, l'ossessione del complotto si fosse sedimentata nella mentalità popolare. Il divampare o, più spesso, il semplice approssimarsi della pestilenza l'aveva portata alla luce.
Proprio dalle Alpi occidentali, dove per la prima volta si era coagulata attorno agli ebrei l'accusa di aver diffusa la peste, partì, all'incirca mezzo secolo dopo, una nuova ondata persecutoria. Ma questa volta la parte della vittima, dopo aver sfiorato fugacemente gli ebrei, toccò ad altri. [...]
Da un gruppo sociale relativamente circoscritto (i lebbrosi) si passa a un gruppo più ampio, anche se delimitato etnicamente e religiosamente (gli ebrei), fino a sfociare in una setta potenzialmente senza limiti (gli stregoni e le streghe). Analogamente ai lebbrosi e agli ebrei, stregoni e streghe si situano ai margini della comunità; la loro cospirazione è ancora una volta ispirata da un nemico esterno – il nemico per eccellenza, il diavolo. E del patto stipulato col diavolo gli inquisitori e i giudici laici cercheranno sui corpi degli stregoni e delle streghe la prova fisica: lo stigma che lebbrosi e ebrei portavano invece cucito sugli abiti.

ANALIZZARE E COMPRENDERE

1 **Quali erano, secondo Romano e Tenenti, le condizioni di salute e igiene della popolazione europea all'arrivo della peste del 1348? Quali eventi le avevano determinate?**

2 **Perché Goldthwaite definisce la fiorente stagione del Rinascimento italiano come un «fenomeno di consumo»? Come era distribuita la ricchezza nella seconda metà del Trecento? Argomenta le tue risposte.**

3 **Che cosa intende Ginzburg per «ossessione del complotto»? Quali gruppi sociali l'avrebbero maturata e perché? Argomenta le tue risposte.**

CONFRONTARE E RIELABORARE

4 **Illustra e confronta, in un testo di max 20 righe, i diversi approcci di Romano e Tenenti, Goldthwaite e Ginzburg alla crisi del Trecento e riporta per ogni brano presentato uno o due passi in cui, a tuo parere, più chiaramente si esprimono i tre diversi punti di vista.**

S/16_Scenari di morte

Come vissero gli uomini e le donne del Tre-Quattrocento il dramma della peste nera? Quali furono gli scenari reali che si trovarono davanti? E quali le reazioni psicologiche allo spettacolo di migliaia e migliaia di morti? Tutto questo è l'oggetto del percorso storiografico che qui presentiamo. **Michel Vovelle** pone l'accento sul senso di precarietà che si impadronì di coloro che sopravvissero, costretti a convivere per decenni con una morte percepita come onnipresente. **Robert Fossier** descrive con precisione e ricchezza di particolari le diverse ondate di peste che si susseguirono in Europa e gli scenari di morte reali che si presentarono in alcune città europee. **Georges Duby**, infine, prova a ricostruire gli effetti psicologici prodotti dalla peste del 1348 sugli abitanti di Parigi e della Francia del tempo. Colpendo indiscriminatamente e senza alcuna apparente ragione, sovvertì l'ordine stesso del mondo fino ad allora conosciuto.

Michel Vovelle/La vita breve

[M. Vovelle, *La morte e l'Occidente. Dal 1300 ai giorni nostri* (1983), trad. it. di G. Ferrara degli Uberti, Laterza, Roma-Bari 1986, pp. 67-69]

In questo brano Michel Vovelle (nato nel 1933) illustra come la morte sia diventata una presenza molto familiare per gli uomini e le donne del Tre-Quattrocento. Da un lato la peste nera, dall'altro le guerre hanno falcidiato parti considerevoli della popolazione europea. A metà strada tra dato demografico e ricostruzione psicologica, l'autore mostra come per circa un secolo la vita sia stata sentita come corta, fragile e perennemente minacciata. E anche in chi si salva, resta un senso di vuoto e di incertezza cronica. Alle morti si affiancano poi pratiche sociali, *in primis* quella degli uomini di una certa età che sposano donne giovani se non giovanissime, con la conseguenza di creare un alto numero di vedove e orfani di padre, che tendono ad aggravare ulteriormente la sensazione di una morte sempre presente.

Taluni storici si sono levati contro la visione tragica, tutta d'un pezzo, di un basso Medioevo come trionfo indiscusso della morte. Si è fatto osservare che la depressione non aveva toccato l'intera Europa, ed era rimasta del tutto ignota nell'Europa orientale slava. Altrove, la crisi della Peste nera è stata più o meno acuta (gravissima in Italia, molto meno in Fiandra), ma la ripresa è stata celere e vigorosa. Se si pensa d'altronde alla prosperità delle città della Germania meridionale, ben presto non resteranno più che la Francia (allargata alla Fiandra) e l'Inghilterra – i due partner esangui della guerra dei Cent'Anni – a mostrare un volto incontestabilmente afflitto. Rimane nondimeno il fatto che questo mondo tutto intero ha affrontato lo sconvolgimento della Peste nera, e poi la presenza divenuta familiare di una morte che il ripetuto riaffiorare dell'epidemia riconduce più o meno ogni dieci anni. Nel Quattrocento, morire è divenuta un'avventura completamente nuova.

Al punto d'incontro tra demografia e mentalità, gli uomini sentono la vita più corta, fragile e minacciata. Hanno del tutto torto? I calcoli [...] sulla speranza di vita alla nascita in Inghilterra rimangono suggestivi: dai 27 anni del periodo 1326-1346, crolla a 17 nel venticinquennio successivo, ossia negli anni della Peste nera, è ancora ferma a 20 anni nel 1400 e a 24 nel 1425, e soltanto intorno al 1450 ricupera un livello paragonabile a quello della fine del Duecento (poco meno di 33 anni). [...]

Presso i principi, i nobili o i prelati, la vita sembra esser quasi altrettanto breve che presso la gente ordinaria. E tuttavia essi sono indubbiamente meglio protetti contro le epidemie, e non soffrono né la fame né la miseria. Su 433 pari inglesi studiati nel Tre e Quattrocento, soltanto sette muoiono sicuramente di peste.

Inversamente, il processo di autodistruzione di quest'aristocrazia guerriera può rivelarsi efficacissimo: tra le campagne della guerra dei Cent'Anni e le lotte della guerra delle Due Rose (1350-1450), nel gruppo dei pari inglesi la morte violenta acquista un peso considerevole. [...]

Per più di un secolo, è il tempo della vita breve, e bene spesso minacciata. Che cosa rappresenta – oggettivamente e psicologicamente – questo nuovo regime della morte, cronicizzato su un lungo periodo? [...] Gli studi, in mancanza di fonti appropriate, sono rari. Tanto più benvenuti i pochi in cui è dato imbattersi, per esempio quello sulla Firenze quattrocentesca. [...] Il quadro evoca efficacemente gli anni grigi del Quattrocento: si può calcolare che nel 1427 una metà dei fiorentini muoia prima dei trent'anni; e, per quel tanto ch'è lecito proporre una speranza di vita, essa è di ventisette anni per gli uomini e di ventotto per le donne. La morte colpisce duramente le giovani generazioni: un ragazzo su tre prima dei quindici anni, senza tener conto della mortalità propriamente infantile. Quindi torna ad infierire massicciamente dopo i quarantacinque anni.

Eppure questo mondo di giovani vegliardi è anche un mondo di vecchi mariti e di vecchi padri. L'apparente paradosso è presto spiegato: questa società urbana applica sempre di più un modello che prevede un'età matrimoniale precoce (mediamente diciassette anni) per le donne e tardiva (trentaquattro anni) per gli uomini. Gli uomini di penna codificheranno la prassi, e l'Ariosto potrà così proporre come ideale il matrimonio a trent'anni con una ragazza di dodici o tredici anni più giovane. I vecchi mariti divengono ancor più vecchi padri; e quando la sposa muore di parto (evento allora così frequente), il fenomeno dei vedovi riammogliati a delle fanciulle aggrava la differenza d'età tra mogli e mariti. Questa prassi sociale, nella quale non è lecito vedere un effetto determinato meccanicamente dalle servitù della demografia dell'epoca, è gravida di conseguenze, talune delle quali c'interessano direttamente. Per i bambini di questo secolo, mentre la madre giovane assicura una presenza più lunga e una reale continuità, il padre – il quale a quarant'anni, secondo il codice del tempo, è un vecchio signore – appena intravisto, presto scomparso, non è che una presenza tutto sommato fuggitiva. Per il gruppo delle vedove, come per i bambini, messi precocemente di fronte alla scomparsa del padre, la prassi sociale accentua dunque ulteriormente l'onnipresenza della morte.

Robert Fossier/Pestilenza e desolazione

[R. Fossier, *Il tempo delle crisi 1250-1520* (1983), trad. it. di E. De Angeli, Einaudi, Torino 1987, pp. 55-57]

In questo brano Robert Fossier (1927-2012) ripercorre con puntualità tutte le fasi della grande ondata di peste che colpì l'Europa dal 1340 al 1430. A partire dal 1347, anno in cui il morbo approdò in Europa, per quasi un secolo si susseguirono nuove apparizioni, sempre più drammatiche. Il numero dei morti non è calcolabile con precisione, mancando delle fonti specifiche per tutte le aree colpite. Ma sulla base di un campione costituito dai dati riguardanti un certo numero di città europee, l'autore stima che, tra le varie ondate, almeno un uomo su tre o su quattro abbia perso la vita.

Ai primi di ottobre del 1347 le navi genovesi sbarcarono a Messina il loro carico e i loro malati. Nelle settimane seguenti il contagio fu fulmineo, e investì tutta l'Italia; in dicembre un'altra nave portò il morbo a Marsiglia. Da allora ne possiamo seguire la marcia implacabile, favorita dalla stagione calda: nel giugno del 1348 la peste è a Parigi, in dicembre raggiunge la Manica e i Paesi Bassi; nel 1349 devasta la Gran Bretagna e passa in Germania e in Austria; nel dicembre dello stesso anno è in Scozia e in Scandinavia, e invade anche l'Europa atlantica, i Pirenei e la Spagna. Dopo un così duro colpo, ritorna nel 1360 per falciare i più giovani, forse aggravata da febbri, infierisce per due anni, quindi scompare per riapparire brutalmente nel 1368, nel 1369, nel 1370, e ancora dal 1375 al 1378, dal 1380 al 1383 e dal 1399 al 1400; nel 1418 un suo nuovo assalto risulta tanto più nefasto in quanto si era un po' persa l'abitudine alla sua presenza, peraltro rimpiazzata dal tifo e dalla dilagante pertosse del 1408 [...]; 1420, 1421, 1433, 1438-41: la penosa litania copre ormai quasi cento anni.

Cento anni di peste! E di che peste! la peste bubbonica con complicazioni polmonari, per la quale il malato, come riferiscono tutti i cronisti dell'epoca, si copre di pustole, ha le membra annerite, il corpo agitato da convulsioni, vomita sangue e muore, senza rimedio, in «tre giorni esatti». Chi supera tale limite guarisce; ma il contagio è inarrestabile: a propagare il flagello è sufficiente il respiro, alla distanza di pochi metri, e a maggior ragione il contatto e le vesti; il cadavere annerito che giace lungo la strada, poi, rimane pericoloso per almeno quarantotto ore. Le misure profilattiche, anche quando ormai si è acquisita una certa esperienza, sono risibili: maschere per i medici, gli infermieri e i becchini; fuoco per gli abiti dei defunti e calce sui cadaveri; un po' di ebrei massacrati, peraltro senza effetto. Il regresso del flagello dopo il 1440 (ma durerà fino al 1510!) appare dovuto, più che a una progressiva immunizzazione, alla concorrenza della tubercolosi e del colera.

Le ragioni di un simile «successo» del morbo nero costituiscono ancora oggi un problema. Ho fatto cenno a condizioni climatiche forse favorevoli; ho rilevato che lo stato sanitario delle popolazioni era in declino da vent'anni. [...]

Il morbo, d'altra parte, è selettivo: gli adulti sono colpiti per primi, ma toccherà poi, e in maggior misura, ai bambini, probabilmente più fragili dei loro predecessori del 1348 o del 1350. I poveri, meno nutriti e più ammassati, sono le vittime più frequenti; ma soccombono anche, oltre a personaggi di alto rango come un duca di Borgogna, molti borghesi facoltosi, quali notai e scabini, inchiodati in città dalle loro funzioni, per non parlare, naturalmente, dei medici. Il dato più interessante è forse costituito, però, dalla presenza di isole bianche nell'oceano di cadaveri anneriti: il Béarn, il Rouergue, l'Ungheria, una parte dello Hainaut e del Brabante, alcune città sparse, senza evidentemente che si possano chiamare in causa il caso o la previdenza. [...]

Che stima farne? Le informazioni in proposito sono dispersive, di scarsa esemplarità e quasi esclusivamente urbane; inoltre, molte cifre sono falsate dall'esagerazione provocata dal terrore. La sola valutazione globale riguarda l'Inghilterra, ed è stata ottenuta attraverso le tasse pro capite riscosse dal 1338 al 1415 e oltre: alla vigilia del primo assalto dell'epidemia la popolazione sarebbe ammontata a 3.125.000 anime, già meno, probabilmente, di due generazioni prima; nel 1358 cade a 2.745.000, nel 1377 a 2.250.000, e a poco meno di due milioni all'avvento dei Lancaster, ai primi del secolo XV: il calo è dunque pari a un terzo abbondante del totale, città e campagne insieme, ma tenuto conto anche delle altre pandemie, quali l'inedia o le conseguenze del malthusianesimo. Qua e là ci troviamo di fronte a dati agghiaccianti: a Givry, nel 1348, muoiono 750 dei 1800 abitanti del villaggio; a Westminster la media dei decessi a corte balza da 25 a più di 700; a Périgueux, a Lione, a Reims, a Ypres e a Firenze perde la vita dal 25 al 35 per cento degli abitanti; ad Aix, ad Apt, a Tolosa e a Bourges ne muore la metà e a Brema si parla del 70 per cento; Jean Thevenel indica ventimila morti a Rouen, e Gilles li Muisis venticinquemila a Tournai, anche se tali cifre sembrano superiori al totale degli abitanti. Su un più lungo periodo, e grazie ai censimenti dei fuochi che il fisco reale o urbano moltiplicherà dopo il 1380, possiamo osservare cali spaventosi: la Languedoc, che nel 1328 contava 210.000 «fuochi», è ridotta a 90.000 nel 1370 e a 75.000 nel 1382; il Delfinato avrebbe perduto 60.000 fuochi, la Provenza il 60 per cento, la Borgogna il 30; è vero però che la Francia è stata probabilmente, con l'Inghilterra, più colpita di altre zone: in Catalogna, ad esempio, la cifra dei fuochi rimane pressoché immutata dal 1350 al 1378, quando comincia a diminuire; nell'Impero, appaiono plausibili perdite medie oscillanti tra il 20 e il 35 per cento. Del resto l'epidemia ricorrente, pur tornando a colpire con terribile virulenza nel 1360 o nel 1418, risparmia un numero sempre maggiore di regioni; dopo il 1390 risultano immuni la Germania meridionale, i Paesi Bassi e la Spagna. Ciò non toglie che il terribile salasso abbia probabilmente sottratto un uomo su tre o su quattro.

Georges Duby/Il 1348

[G. Duby, *Il Medioevo da Ugo Capeto a Giovanna d'Arco 987-1460* (1987), trad. it. di G. Viano Marogna, Laterza, Roma-Bari 1993, pp. 395-397]

Il 1348 secondo Georges Duby (1919-1996) rappresenta per la Francia una data dopo la quale nulla fu più come prima. La peste che colpì tutto il paese e che nel giro di un'estate, secondo alcune stime, falcidiò la metà della popolazione per l'autore pose letteralmente fine al Medioevo francese. Non fu solo il numero dei morti, certo drammatico, ma la caduta di ogni certezza precedente a cambiare in profondità la coscienza degli uomini e delle donne. La peste colpiva in modo indiscriminato ricchi e poveri, bambini ed adulti, senza alcuna ragione e senza poter essere arginata neanche dal re in persona. Tutto questo, sovvertendo alla radice l'ordine stesso del mondo fino allora conosciuto, cambiò per sempre il corso della storia francese.

Se dovessimo conservare nella memoria una sola data del lunghissimo periodo che prendo in considerazione, questa sarebbe il 1348. La peste nera invase la Francia in quell'anno, e più niente, in séguito, sarebbe stato come prima. Questo è l'avvenimento fondamentale. Esso segna in realtà la fine di un'epoca della storia, quella che, per abitudine, continuiamo a chiamare Medioevo.

Combinazione della peste bubbonica, trasmessa dalla pulce del ratto, e della peste polmonare, trasmessa dalla saliva, la terrificante mortalità si abbatté nel regno su una popolazione già in calo. Da qualche tempo la curva piegava lentamente verso il basso. Essa cadde a picco, e in alcune regioni più profondamente che in altre. Può darsi che le regioni meno aperte ai traffici siano state risparmiate, ma per la verità non ne sappiamo niente. Gli archivi rivelano indizi troppo rari e incerti per permetterci più di fragili congetture. Tuttavia si sa che le stragi furono spaventose negli agglomerati urbani, nei conventi, nelle compagnie militari e nella maggior parte delle città. Dopo la sua brutale intrusione nell'estate del 1348, la malattia si stabilizzò, con periodiche ricadute. Ritornò nel 1353-55, nel 1357, nel 1377-78, nel 1385-86. Il flagello si placò per un po', poi riprese più forte di prima nel 1403 e nel 1419. Ricerche approfondite fissano al 43% soltanto, in rapporto al principio del secolo, la popolazione della Normandia verso il 1390. Per la Francia nel suo complesso, si può pensare che l'epidemia abbia portato via una buona metà degli uomini e delle donne.

Riflettiamo, trasferiamo un avvenimento del genere nella nostra epoca caratterizzata dall'ansia, per comprendere meglio quale potesse essere stato lo shock. Immaginiamo: quattro, cinque milioni di persone nella sola regione parigina, che muoiono in poche ore durante una sola estate e di un male che nessuno sa guarire. La gente fu presa dallo smarrimento. Intanto, che cosa fare di questi mucchi di cadaveri? E poi le domande pressanti: quale peccato collettivo poté meritare questa punizione? Come, con quale penitenza, sottrarsi ai colpi del flagello? Furono scosse fin dalle fondamenta tutte le idee che ci si faceva dell'universo, dei rapporti dell'uomo con il sovrannaturale. Un appello salì verso Dio, e anche verso gli uomini incaricati di mantenere l'ordine di Dio sulla terra. Erano loro i responsabili. Ci si aspettava che fossero efficaci. Bisognò convincersene: né la Chiesa, né il re potevano fare niente. Non era possibile che non valessero niente? Che sui popoli ricadesse il peccato dei capi? Bisognava aiutarsi da soli, senza cercare altri mediatori. Se, bruscamente, lo storico scopre tante imprecazioni lanciate contro i prìncipi, forme di devozione così bizzarre e tanti stregoni perseguitati, è perché, improvvisamente, si estese il dominio del dubbio e dello smarrimento.

La morte alla quale si aveva fatto l'abitudine colpiva duramente, ma secondo regole stabilite: colpiva soprattutto i bambini, in primo luogo, poi i poveri. Mentre questa, la morte nera, colpiva come a caso, tanto le persone nel pieno dell'età, quanto nell'opulenza. Sconvolgendo i rapporti sociali e, subito dopo, le relazioni di lavoro. Alla sovrabbondanza di manodopera successe la penuria. Quelli che restavano, dei lavoratori, accrebbero le proprie esigenze. Nonostante i decreti del re, il cui compito era di stabilizzare i prezzi, e che credeva di poterlo ottenere semplicemente ordinandolo, il salario del muratore parigino si quadruplica nei dieci anni successivi all'attacco della peste. Fu come una rivalsa dei poveretti e parve scandalosa.

ANALIZZARE E COMPRENDERE

1 **Quali fattori, secondo lo studio condotto da Vovelle, hanno determinato l'alta mortalità della popolazione europea fra Tre e Quattrocento in ogni ceto sociale e a ogni età? Quale modello familiare si afferma in una società impoverita nella sua generazione di giovani e con quali ripercussioni psicologiche, soprattutto sui bambini?**

2 **Quali modalità di contagio descrive Fossier illustrando il dilagare della pestilenza? E quali cause evidenzia per giustificarne il regresso?**

3 **In quale modo, secondo Duby, la terribile esperienza delle epidemie di peste minò la fiducia della popolazione nelle figure del re e del papa? E quali effetti ebbe sui rapporti di lavoro e la distribuzione dei salari?**

CONFRONTARE E RIELABORARE

4 **Esponi in un testo di max 20 righe le forme, analizzate da Vovelle e Duby, in cui si articolava la nuova percezione della vita e della morte per le generazioni europee flagellate dalle pestilenze tre-quattrocentesche, integrandole opportunamente con i dati storici raccolti da Fossier.**

S 17_La guerra e il potere

In questo percorso storiografico **Nöel Coulet** rintraccia nella dimensione bellica e in quella economica le novità più rilevanti introdotte dalla guerra dei Cent'anni: l'organizzazione militare e un'efficace gestione delle risorse finanziarie giocarono infatti un ruolo talmente decisivo da incidere profondamente sul modo stesso di concepire lo scontro armato. Le incertezze e le contraddizioni che segnarono il processo di formazione dei Regni dell'Europa orientale sono indagate da **Guido Castelnuovo** e **Gian Maria Varanini** in una sintesi analitica che tiene conto dei dati demografici, sociali, istituzionali e dei meccanismi produttivi. Il caso delle monarchie occidentali è utilizzato dai due studiosi come modello di confronto per cogliere gli aspetti peculiari delle realtà orientali. **Philippe Contamine** si concentra, infine, sulla causa scatenante della guerra dei Cent'anni. Nata per una contesa di tipo feudale – la questione della Guienna, in cui il re d'Inghilterra compariva formalmente come vassallo del re di Francia –, la sua ragione profonda va cercata nella corsa alla supremazia assoluta tra le due maggiori potenze dell'epoca.

Nöel Coulet/I mezzi della guerra: eserciti e finanze

[N. Coulet, *Francia e Inghilterra nella guerra dei Cent'anni*, in N. Tranfaglia e M. Firpo, *La Storia. I grandi problemi dal Medioevo all'Età contemporanea*, vol. II/2, *Il Medioevo. Popoli e strutture politiche*, Utet, Torino 1986, pp. 629-632]

La guerra dei Cent'anni fu uno scontro tra gli eserciti e le finanze dei due paesi belligeranti. È questo il tema centrale del brano tratto dagli studi del medievista francese Nöel Coulet (nato nel 1950). Se l'esercito inglese aveva il suo punto di forza nei mercenari e negli arcieri, quello francese era costituito in buona parte dalla cavalleria dei vassalli e dai contingenti cittadini. A dispetto delle differenti organizzazioni militari, il rafforzamento degli equipaggiamenti bellici e lo sviluppo delle artiglierie in Francia come in Inghilterra comportarono ingenti spese, che gravarono sia sulle casse dei signori sia su quelle cittadine. Ad appesantire ulteriormente la situazione fiscale furono anche i lavori di manutenzione delle vecchie fortificazioni e di costruzione di nuove cinte difensive.

Nel momento in cui scoppiò il conflitto, l'Inghilterra aveva un'esperienza bellica molto diversa da quella della Francia. [...] Il cuore degli eserciti di Edoardo III e dei suoi successori era [...] formato dalle varie *retenues*[1] fornite da capitani in adempimento di appositi contratti, detti *indentures*, che stabilivano gli obblighi dell'una e dell'altra parte e, in particolare, la durata del servizio, l'ammontare degli effettivi, l'importo delle paghe, la ripartizione dei profitti di guerra, le modalità del risarcimento delle perdite. A loro volta, i capitani assumevano al proprio servizio, sempre mediante *indenture*, gli uomini che erano tenuti a fornire. Questo sistema si sviluppò più precocemente e più solidamente in Inghilterra perché si adattava ad «una società in cui il regime feudale non aveva più alcuna realtà umana, dal momento che si era quasi interamente trasformato in un regime fondiario; donde la necessità di instaurare nuovi legami di tipo personale fra i grandi, i governanti e gli uomini suscettibili di servirli in guerra». [...] A questo punto, la formazione di un esercito di mercenari non indeboliva affatto i poteri della nobiltà, anche se permetteva a qualche avventuriero senza terra e di oscuri natali di farsi un posto al sole, l'esercito mercenario era pur sempre agli ordini dell'aristocrazia del regno e ne rafforzava la potenza col peso dei *retainers* (servitori) che si ponevano al suo servizio, spesso a vita.

La struttura degli eserciti francesi si basava assai più sulla *semonce*, «intimazione» diretta dal re a tutti i suoi vassalli titolari di feudo, i quali fornivano il nucleo essenziale della cavalleria. Il servizio che essi prestavano non era già più il classico obbligo feudale, in quanto, una volta radunati nel luogo in cui il sovrano li aveva convocati, essi «erano trattati esattamente come i semplici volontari, venivano passati in rivista dai marescialli di Francia e ad essi affidati (nonché) presi a carico dall'amministrazione militare che era tenuta a versar loro lo stipendio per ogni giorno di servizio». [...] Il re utilizzava inoltre le risorse dell'eribanno[2] (*arrière-ban*), procurandosi, in virtù di tale obbligo generale, o denaro, là dove esso era stato convertito in tassa, o truppe a piedi: i contingenti dei «comuni». Il ricorso ai mercenari non era escluso, come testimonia l'arruolamento di balestrieri genovesi, ma rimaneva circoscritto. [...]

La superiorità degli inglesi nella prima fase del conflitto era dovuta [...] al fatto che le loro truppe erano inquadrate da comandanti più esperti, alla disciplina più rigorosa che vi regnava, alla mobilità della loro cavalleria leggera, e soprattutto al vantaggio tecnico dovuto all'impiego dell'arco gallese grande e veloce, così veloce che un arciere scagliava sei frecce nel tempo occorrente a un balestriere per ricaricare l'arma. Il *long bow* era efficace tanto per la precisione del tiro quanto per il panico che la fitta pioggia di dardi micidiali scatenava tra le file nemiche. [...] Il rovesciamento della situazione operatosi sotto Carlo V non era dovuto soltanto al rafforzamento di [...] autorità e al rinvigorimento della disciplina, ma anche all'adozione di una nuova strategia: lasciando libertà di manovra agli inglesi, sempre fedeli alla guerra di incursioni, egli li costrinse a logorarsi in spedizioni spossanti ed infruttuose. A questa tattica della terra bruciata, che testimoniava una «sprezzante indifferenza verso le sofferenze dei propri sudditi» [...], si univa l'abilità nell'usare le sfibranti tecniche della guerriglia, che ben si confacevano ai limitati mezzi di cui allora si disponeva per fare la guerra. La guerra infatti costava molto a causa dei progressi della tecnica militare; l'armatura si appesantiva e le maglie di ferro che ancora all'inizio del Trecento ricoprivano la maggior parte del corpo dei guerrieri erano ora soltanto più un elemento secondario dell'*harnois blanc*[3] che li corazzava da capo a piedi con piastre metalliche. [...] Nel frattempo l'equipaggiamento dei combattenti a piedi, anch'essi meglio armati e meglio protetti, divenne più oneroso passando da un costo approssimativo di 30 o 40 giorni di paga ad uno di tre mesi. Lo sviluppo dell'artiglierie a polvere pirica, divenute di uso più corrente nell'ultimo quarto del XIV secolo, l'incremento del numero dei pezzi, sensibilissimo sin dall'inizio del XV, la diversificazione dei tipi di cannone e l'apparizione di bombarde giganti furono tutte occasioni per nuove e pesanti spese. [...]

1. Battaglioni mantenuti a spese dei capitani.
2. Diritto e potere del re di chiamare alle armi tutti i suoi vassalli e gli uomini liberi del Regno.
3. Armatura metallica che proteggeva completamente il corpo.

La guerra ridiede importanza a fortificazioni delle quali si era spesso trascurata la manutenzione, obbligando a restaurarle, a rinnovarle, a costruirne nuove. [...] Lo stesso avveniva, talvolta lo si dimentica, anche nella Francia dei villaggi, e con la medesima conseguenza: un deciso aggravamento dei carichi fiscali. [...] «Il costo di una minuscola cinta di due chilometri di perimetro, con quattro belle porte e una trentina di torri, oltre all'indispensabile fossato», assorbiva per quarant'anni le entrate ordinarie di una città media; era quindi giocoforza riservare alle opere di difesa il grosso dei bilanci comunali a scapito degli altri lavori pubblici.

Guido Castelnuovo • Gian Maria Varanini/I Regni dell'Europa centro-orientale a confronto con le monarchie occidentali

[G. Castelnuovo e G.M. Varanini, *Processi di costruzione statale in Europa* (1998), in *Storia Medievale*, Donzelli, Roma 2000, pp. 608-612]

A dispetto di un assetto monarchico che sembrò svilupparsi secondo una tendenza uniforme, i Regni dell'Europa centro-orientale presentarono differenze decisive rispetto agli Stati occidentali e, in primo luogo, a Francia e Inghilterra. Guido Castelnuovo (nato nel 1963) e Gian Maria Varanini (nato nel 1950) si soffermano sulle contraddizioni e i limiti del funzionamento concreto delle istituzioni dei Regni orientali. Mentre i processi di unificazione giuridica e di simbiosi tra la sfera ecclesiastica e quella monarchica si riscontravano anche in Occidente, il rafforzamento del potere delle grandi famiglie aristocratiche indebolì l'autorità del sovrano ed ostacolò il consolidamento dello Stato. L'assenza di un dinamismo urbano capace di contrastare queste tendenze giocò a favore della proprietà fondiaria e della signoria aristocratica.

In una prospettiva di comparazione, non sono pochi nel corso del Trecento gli elementi di analogia sostanziale fra le istituzioni monarchiche dei regni dell'Europa centro-orientale e le monarchie occidentali.
Si devono intanto alle iniziative regie, e alla tensione unitaria che le anima, le redazioni scritte trecentesche di norme del diritto consuetudinario o più in generale l'elaborazione di leggi valide per l'intero regno [...] e l'orientamento verso una qualche forma di unificazione giuridica. [...]
Fortemente significativa è anche la simbiosi fra monarchia e istituzioni ecclesiastiche, orientate a svolgere la classica funzione di legittimazione/sacralizzazione dell'autorità regia (anche attraverso il culto dei santi nazionali e in particolare con la promozione del culto dei santi-re: come in Serbia, ma soprattutto in Boemia con san Venceslao, in Ungheria con santo Stefano [...]). Questo rapporto è bene espresso – pur nelle profonde differenze fra terre di antica e di recente cristianizzazione – dalle modifiche dell'assetto circoscrizionale ecclesiastico. Esso tende a coincidere con il territorio del regno, ed è imperniato su diocesi poco numerose ma estese. Si affermano infatti nel Trecento sedi arcivescovili in Boemia [...], in Ungheria, in Lituania; anche in Polonia si modifica la geografia ecclesiastica. [...] Ovunque i vescovi sono presenti nel consiglio reale e si realizza la consueta osmosi fra alto clero e cancelleria regia. [...]
Ai fini comparativi, essenziali per il nostro discorso, occorre soffermarsi più diffusamente su un altro ambito dello *state building*, cioè sul rapporto fra la monarchia e la nobiltà: esso ha riflessi evidenti appunto sull'organizzazione militare. È un rapporto che non può essere facilmente schematizzato nei termini contrapposti di ostilità o di assoggettamento: ma un'evoluzione di fondo è comunque leggibile nel Quattrocento, ed è sostanzialmente sfavorevole al consolidamento statuale.
Nonostante fosse ovunque percepibile lo scarto fra un piccolo gruppo di grandi famiglie magnatizie (spesso titolari di ducato) e una fascia più ampia di piccola nobiltà, la società aristocratica presentava ovviamente caratteristiche diverse nei diversi regni. [...] Semplificando, si può comunque parlare di uno sforzo di disciplinamento compiuto nel Trecento dalle monarchie contro le tendenze centrifughe, particolarmente evidenti nelle grandi famiglie aristocratiche. Così accadde nella Polonia di Casimiro il Grande[1] e nella Boemia trecentesca, ove questi tentativi ebbero l'appoggio anche dalla nascente borghesia. [...]
Nelle complesse vicende dei decenni successivi, e lungo tutto il Quattrocento, quel certo equilibrio che i grandi re trecenteschi erano riusciti a mantenere nei rapporti con la nobiltà venne sempre più deteriorandosi. [...]
Ogni elezione è un patteggiamento o un cedimento; il principe deve continuamente rinegoziare con le diete prerogative e diritti. Pur nella grande diversità delle situazioni i tratti di fondo di questa evoluzione sono comuni alla Polonia, alla Boemia e all'Ungheria: ovunque le assemblee rappresentative sono dominate dalla nobiltà che parla la lingua – ed esprime una coscienza – nazionale, talvolta contrapposta all'estraneità della corona alla tradizione del paese. [...]
Non si sviluppò dunque una unifor-

1. Casimiro III di Polonia.

me soggezione di tutti i sudditi al re [...], la mobilitazione militare restò strettamente legata all'aristocrazia [...]; non si sviluppò in modo adeguato secondo le premesse trecentesche un'amministrazione locale autonoma e facente capo direttamente alla corona e mancò l'impulso a un sostegno ideologico dell'autorità statale. [...] Un ulteriore più puntuale riferimento comparativo all'evoluzione delle monarchie occidentali contribuirà a chiarire in qualche misura queste affermazioni un po' troppo perentorie. Per la monarchia francese e inglese si è sottolineato anche di recente il nesso fra la complessità e la ricchezza stessa dei rapporti di dipendenza feudovassallatica dal sovrano [...] e quelle relazioni (di *patronage*, di partito, di schieramento...) che legano l'aristocrazia alla monarchia e la coinvolgono nella amministrazione. In Ungheria e Polonia soprattutto [...] la stessa organizzazione statuale può essere nel suo complesso interpretata come uno strumento di consolidamento e di tutela della signoria aristocratica, basata sulla proprietà fondiaria (con esercizio di funzioni di giustizia, di riscossione delle imposte dello Stato, di patronato sulle istituzioni ecclesiastiche) e più specificamente sul servaggio che gli aristocratici impongono alle comunità contadine. [...]

Oltre al rapporto fra monarchia e aristocrazia, contribuirono a determinare l'involuzione della dinamica istituzionale e sociale – in Ungheria, così come in Boemia e Polonia: in ogni contesto ovviamente con proprie caratteristiche – anche altri elementi strutturali che lo sviluppo tre-quattrocentesco non aveva potuto modificare nel profondo. Si vuole alludere alle città e ai ceti urbani. Nonostante la crescita trecentesca, la popolazione dell'Europa centro-orientale era rimasta complessivamente piuttosto scarsa: inferiore a una qualsiasi delle grandi aree nazionali dell'Europa continentale. Inoltre il processo di urbanizzazione era rimasto alquanto debole, imperniato soprattutto su un grande numero di centri di modesta consistenza. [...] È ben vero che [...] l'intera area dal Baltico al Danubio fu nel suo complesso interessata nel corso del Trecento e del Quattrocento da un notevole sviluppo del commercio internazionale (imperniato non solo sulla produzione mineraria ma anche su legname, pellicce e prodotti tessili) tuttavia questi traffici restarono affidati in buona misura, almeno per un certo tempo, a uomini e a capitali tedeschi, e anche ebrei. Il dato di fondo, cioè un'incidenza complessivamente scarsa del mondo urbano, non poté dunque essere modificato. [...]

In conclusione, sul piano meramente istituzionale, l'assetto delle monarchie dell'Europa centro-orientale e il «modello» delle monarchie occidentali seguono indiscutibilmente una tendenza uniforme, che nel corso del Trecento conduce – per la dinamica interna ai regni di Boemia e Polonia, in particolare, e per l'azione di governo di alcuni re – a esiti in qualche misura comparabili. Ma sotto la vernice delle istituzioni la realtà è diversa. Un'analisi pur sommaria del funzionamento concreto di quelle istituzioni – che tenga conto anche dei dati demografici, sociali, culturali, e dei meccanismi economico-produttivi – mette in rilievo le incertezze e le contraddizioni di quella tendenza. Lungi dal poter essere interpretata teleologicamente come un'evoluzione pur rallentata verso lo «stato moderno», l'esperienza delle monarchie centro-orientali tre-quattrocentesche appare, piuttosto, in sé conchiusa; mentre le monarchie occidentali si avviano verso le magnifiche sorti e progressive dei secoli XVI-XVIII.

Philippe Contamine/La questione della Guienna

[P. Contamine, *La guerra dei Cent'anni* (2002), trad. it. di A. De Ritis, il Mulino, Bologna 2007, pp. 8-11]

In questo brano Philippe Contamine (nato nel 1932) ricostruisce le motivazioni che portarono i due maggiori Stati dell'epoca, la Francia e l'Inghilterra, a combattere una guerra interminabile e devastante, nota appunto come guerra dei Cent'anni. Al centro della contesa c'era un piccolo feudo del re di Francia, l'Aquitania o Guienna, che aveva la peculiarità di avere come vassallo il re d'Inghilterra. Da un lato i sovrani francesi avrebbero voluto trattare la Guienna come un feudo qualsiasi, dall'altro quelli inglesi volevano svincolarla completamente dal potere francese. L'occasione di risolvere la contesa si presentò infine per ragioni dinastiche.

Quando iniziò la guerra dei Cent'anni, i regni di Francia e d'Inghilterra erano considerati i due stati più potenti dell'Occidente cristiano dopo la decadenza dell'Impero romano germanico. Il matrimonio di Enrico II, primo sovrano plantageneto, con Eleonora di Aquitania, aveva reso i re di Inghilterra al tempo stesso duchi di Aquitania o di Guienna; a lungo i loro possedimenti continentali erano stati più vasti, ma il primo dei grandi re capetingi, Filippo Augusto, era riuscito a riconquistarne la maggior parte. Tuttavia i vinti non avevano rinunciato alle province perdute, mentre i vincitori speravano di poter cacciare definitivamente dal regno i loro avversari. Allo scopo di arrivare a una pace durevole riconosciuta da entrambe le parti, Luigi IX cedette con il trattato di Parigi del 1259 alcuni territori a Enrico III d'Inghilterra e gli riconobbe il godimento della Guienna, chiedendo in cambio che questo principato diventasse o ridiventasse un feudo il cui possessore avrebbe dovuto rendere omaggio al re di Francia. [...]

Per ottanta anni il trattato di Parigi rimase lo strumento diplomatico di base al quale si faceva riferimento quando eventuali conflitti contrapponevano gli uomini del vassallo a quelli del sovrano; tuttavia i re di Inghilterra mirarono a trasformare il loro feudo continentale in un allodio, cioè in una proprietà libera da ogni vincolo; mentre d'altra parte i re di Francia cercarono di moltiplicare nel ducato i loro interventi, utilizzando il loro diritto di competenza e di sovranità. Così nel 1294 Filippo IV il Bello confiscò e occupò la Guienna, ma non volle mantenere la sua conquista e nel 1297 la restituì a Edoardo I d'Inghilterra. Nel 1323 suo figlio, Carlo IV, autorizzò la creazione di una città fortificata o bastita a Saint-Sardos, ma il siniscalco inglese della Guienna ritenne che il sovrano francese andasse oltre i propri diritti e fece bruciare la nuova costruzione. Carlo IV replicò con una seconda confisca della Guienna, alla quale aggiunse quella del Ponthieu, un piccolo feudo del nord della Francia posseduto dai re d'Inghilterra dall'inizio del Trecento. Nel 1327 fu concluso un accordo fra i due sovrani, in base al quale il re di Francia rinunciava alle sue annessioni. L'anno successivo Carlo IV morì e il suo successore Filippo VI di Valois ottenne, non senza qualche difficoltà, l'omaggio di Edoardo III per la Guienna, ma nonostante le promesse, la monarchia francese mantenne il controllo delle regioni di Agen e Bazas. Ormai la Guienna si riduceva a una stretta striscia di terra lungo l'Atlantico, che comprendeva la Saintonge, il Bordolese, la diocesi di Dax e Bayonne. Si trattava comunque di una regione densamente popolata, ricca e in stretto contatto con l'Inghilterra attraverso il commercio di vino; nelle annate migliori partivano da Bordeaux una o due flotte con 800 mila ettolitri di vino, di cui circa un terzo era consumato in Inghilterra. E anche i guasconi si erano adattati bene alla dominazione inglese.

Edoardo III non accettò le ultime riduzioni di territorio che aveva subito il suo ducato; a questo proposito nel 1330 una convenzione conclusa con Filippo VI prevedeva dei negoziati. Le commissioni di inchiesta si succedettero, ma senza risultato, nel 1336 lo stallo era assoluto. Nel frattempo il re d'Inghilterra aveva avuto il tempo di preparare la difesa della Guienna, di cui riteneva imminente l'invasione.

Questo piccolo territorio, che contava meno di 400 mila abitanti e non superava la superficie di due dipartimenti della Francia odierna, fu la causa principale di un conflitto interminabile, rovinoso, drammatico. Tecnicamente la questione della Guienna era di carattere feudale, ma nascondeva un problema più profondo: nel corso del tempo la nozione di stato si era progressivamente trasformata e sviluppata, così come si erano modificati i rapporti tra il re di Francia e i suoi vassalli. Questi ultimi dovevano subire una tutela sempre più stretta, e se questa evoluzione era già insopportabile per i vassalli più importanti, lo era ancora di più per il duca di Guienna, re d'Inghilterra. Inoltre il re di Francia tendeva sempre a considerare i suoi contrasti con l'avversario come semplici litigi fra un vassallo e il suo signore, materia della quale si riteneva ovviamente l'unico giudice. In questa situazione il sovrano inglese vedeva la sua libertà di azione sempre più ridotta: non poteva ad esempio allearsi con i nemici del re di Francia senza rendersi colpevole, in quanto duca di Guienna, di fellonia nei confronti del suo signore. Il re inglese voleva quindi l'indipendenza totale del suo principato e, poiché il trattato del 1259 glielo impediva formalmente, dichiarare Filippo VI di Valois un usurpatore e rivendicare al suo posto la corona di Francia. L'occasione arrivò con un problema dinastico.

ANALIZZARE E COMPRENDERE

1 **Quale nuova impostazione diede Carlo V alla guerra con l'Inghilterra e con quali ripercussioni sui nemici e sui suoi sudditi? Quali erano i settori che assorbivano le risorse finanziarie dei belligeranti? Quali furono le conseguenze sulla popolazione?**

2 **Quali punti deboli hanno individuato Castelnuovo e Varanini nel funzionamento dei Regni dell'Europa orientale nel Tre-Quattrocento? Argomenta le tue risposte.**

3 **Che cosa stabiliva il trattato di Parigi del 1259, secondo la ricostruzione di Contamine? In quale modo la nozione di Stato e di potere regio si era trasformata tanto da rendere insostenibile per Edoardo III, circa 80 anni dopo, la situazione ratificata dal trattato?**

CONFRONTARE E RIELABORARE

4 **Basandoti sulla lettura dei brani di Castelnuovo-Varanini e Contamine qui presentati, individua ed esponi in un testo di max 15 righe i principali meccanismi di funzionamento del potere monarchico messi in atto dagli Stati europei fra Trecento e Quattrocento, sottolineandone i punti di forza e di debolezza.**

S 18_Il quadro italiano tra XIV e XV secolo: l'emergere delle signorie

La nascita e l'affermazione delle signorie territoriali italiane sono al centro di questo percorso storiografico. Nel primo brano **Giorgio Chittolini** parte dalla crisi economica che investì i comuni nel Tre-Quattrocento per spiegare come in Italia siano man mano emerse delle formazioni territoriali più ampie e per questo caratterizzate da una crescente necessità di accentrare il potere. Nel secondo brano **Angelo Ventura** dimostra, attraverso i casi di Padova e di Verona, che una volta instaurata la signoria si viene a creare un naturale sodalizio di interessi tra il sovrano e i ceti aristocratici, legati dal comune intento di arginare le spinte democratiche che provengono dal popolo. Sul terreno della produzione delle idee e della riflessione sulla natura del potere si pone infine il saggio di **Philip J. Jones** da cui è tratto il terzo brano. L'autore evidenzia come ci fu un'imponente fioritura di teorie e testi letterari di chiara impronta repubblicana proprio nel momento in cui le istituzioni comunali venivano soppiantate da forme di potere signorile.

Giorgio Chittolini/Nuovi assetti statali: dalle città comunali alle signorie territoriali

[G. Chittolini, *La città europea tra Medioevo e Rinascimento*, in P. Rossi (a cura di), *Modelli di città. Strutture e funzioni politiche*, Einaudi, Torino 1987, pp. 372-374]

Negli ultimi secoli del Medioevo in Europa si nota un'inversione di tendenza rispetto al fenomeno di «dissoluzione dello Stato» che nei secoli precedenti era andato tutto a favore delle formazioni comunali. Iniziano ad emergere ovunque istituzioni politiche territoriali più ampie con forme di governo accentrato: le signorie territoriali. È proprio il delicato momento di passaggio dai comuni alle signorie, in contesto italiano, che Giorgio Chittolini (nato nel 1940) prova ad illustrare nel brano che segue. Le ragioni del passaggio a nuovi assetti statali vanno cercate secondo l'autore nella grave crisi economica che incontrarono i comuni tra XIV e XV secolo.

In tutto l'Occidente europeo le città avevano sviluppato – seppure in forme diverse, a seconda della loro crescita e del grado di autonomia raggiunto – forme di governo municipale caratterizzate da un'ampia partecipazione dei cittadini, da una vivace dialettica di gruppi sociali, di partiti e di fazioni, da istituzioni spesso definite «popolari»: certamente uno degli aspetti più significativi della civiltà urbana medievale.

La situazione di partenza si viene modificando negli ultimi secoli del Medioevo. Dovunque è evidente un'inversione di tendenza rispetto alla «dissoluzione dello stato» che aveva caratterizzato i secoli precedenti. Per una serie di motivi, che non è possibile qui analizzare a fondo, si afferma la tendenza al superamento di quella organizzazione particolare e locale del potere (distribuito in signorie rurali, feudi, centri urbani, organismi federativi locali ecc.) che, se aveva offerto le strutture di un primo assestamento alla crescita della società europea dopo il Mille, risulta sempre più inadeguata. Dovunque si manifesta la tendenza a una ricomposizione territoriale su spazi più ampi, al disciplinamento dei poteri locali, al rafforzamento di strutture di governo capaci di organizzare le diverse forme di particolarismo ereditate dai secoli precedenti in assetti più legati e coordinati. Sono tendenze e processi generali, comuni a tutto l'Occidente europeo, anche se si manifestano in tempi diversi nelle diverse regioni, presentando caratteristiche e linee di sviluppo non coincidenti.

Nei paesi che già conoscevano istituzioni monarchiche in grado di avanzare pretese di sovranità, con il prestigio e la forza sufficienti per porsi come naturale punto di riferimento politico – come in Francia, nella penisola iberica, in Inghilterra – la tendenza alla creazione di più ampie strutture territoriali finisce per giocare a favore di quelle istituzioni, rafforzandole e subordinando ad esse i nuclei di particolarismo, feudali e cittadini. Lo stesso avviene a favore dei principati territoriali nei Paesi Bassi, o in aree francesi marginali, o in Germania, dove l'impero si era rivelato troppo debole per porsi come valido principio di riorganizzazione territoriale, e dove viceversa più rigogliose e autonome si erano sviluppate forme di organizzazione politica signorili, feudali o cittadine. Laddove, come nell'Italia comunale, queste strutture territoriali non esistevano, la ricomposizione si veniva attuando col definirsi di coordinazioni e rapporti tra i vari centri urba-

ni intorno alle città maggiori o alle signorie urbane più forti, che davano vita così a stati di dimensioni regionali.
Entro questi orizzonti politici più dilatati, di fronte a complessi statali più forti e robusti, le città si rivelavano meno capaci di resistere a interventi e interferenze di principi e di potentati, e – quelle libere – di far fronte agli oneri finanziari e militari che permettessero loro di difendersi con successo: esse apparivano dovunque in grave difficoltà. In breve, quasi tutti gli stati cittadini vennero meno, e le città già comprese entro strutture statali più ampie furono sottoposte a una più intensa azione di disciplinamento e di controllo.
Le cause della crisi si possono ritrovare certamente, in buona parte, nell'indebolimento che l'economia urbana subì tra il secolo XIV e il XV. La cosiddetta «crisi generale del Trecento» si rifletté pesantemente sulle città, e lo sviluppo dell'economia cittadina ne risultò gravemente frenato. Ad accentuare l'impressione di crisi per quelle città che più avevano prosperato nei secoli precedenti intervennero anche mutamenti rilevanti nella dislocazione delle attività manifatturiere e commerciali: il declino dei traffici con l'Oriente e l'incremento di quelli atlantici, ad opera dei Castigliani, dei Portoghesi, degli Inglesi, l'avvio dello sviluppo manifatturiero britannico, la crescita economica olandese. Questi mutamenti ebbero conseguenze negative in quelle aree che avevano conosciuto un più intenso sviluppo urbano come le Fiandre, l'Italia, le aree renana e anseatica, con un effetto di mortificazione della fioritura economica di quelle città. Altre difficoltà derivarono dagli impacci di un sistema produttivo frenato da vincoli corporativi, ovvero dall'instabilità istituzionale interna prodotta dai contrasti sociali. Ma il motivo principale della decadenza della città è probabilmente da ricercarsi nel venir meno di quelle condizioni eccezionali che ne avevano favorito lo sviluppo nei secoli precedenti. Come rileva Braudel, «il miracolo in Occidente non consistette nel fatto che – dopo che tutto era stato in un primo tempo annientato con i disastri del secolo V – tutto rinacque a partire dal secolo XI. La storia è piena di questi lenti va e vieni secolari, di simili espansioni, nascite e rinascite urbane... Ma ogni volta nel corso di queste riprese vi furono due personaggi in gara: la città e lo stato. Di solito lo stato vince e la città rimane soggetta sotto una mano pesante. Il miracolo fu dunque che la città, nei primi grandi secoli urbani d'Europa, vinse in pieno, almeno in Italia, nelle Fiandre, in Germania. Per un tempo piuttosto lungo essa visse l'esperienza di un'esistenza piena e autonoma, evento colossale...». Gli ultimi secoli del Medioevo videro la fase terminale di questa eccezionale parabola.

Angelo Ventura/La base aristocratica della signoria: i casi di Padova e Verona

[A. Ventura, *La vocazione aristocratica della Signoria*, in G. Chittolini (a cura di), *La crisi degli ordinamenti comunali e le origini dello stato del Rinascimento*, il Mulino, Bologna 1979, pp. 94-97]

Secondo Angelo Ventura nella signoria è connaturata la tendenza a far coincidere gli interessi del signore con quelli dei ceti aristocratici a discapito della parte minuta della società. Se infatti è vero che la signoria formalmente opera una sorta di livellamento tra tutti i ceti sociali, essendo il potere di uno, il signore, su tutti i cittadini, aristocratici, borghesi e artigiani, è però altrettanto evidente che il signore, avendo bisogno di una base d'appoggio, la trova naturalmente nei ceti aristocratici. Da parte loro questi ultimi, superata la fase critica della presa del potere, abbastanza presto finiscono per appoggiare il signore in cambio di privilegi e favori. Questa dinamica è secondo l'autore perfettamente esemplificata dai casi di Padova e Verona, dove le famiglie Carrara e della Scala trovarono nell'aristocrazia e nell'alta borghesia cittadina i più fedeli sostenitori.

Padova e Verona, principali città della terraferma veneta, offrono gli esempi più chiari ed esaurienti delle trasformazioni che si compiono all'interno dell'organismo municipale nel passaggio dal libero Comune alla Signoria e infine al dominio veneziano.
In questi centri il fiorente progresso economico e la crescita d'una numerosa borghesia di ricchi mercanti e di artigiani consentirono lo sviluppo del Comune fino alla sua piena maturità e alla fase estrema, contrassegnata dalla temporanea egemonia delle corporazioni artigiane. Ma la democrazia comunale creò il terreno propizio alla nascita del regime signorile, perché, dopo avere spezzato il predominio della vecchia oligarchia – principale ostacolo ad una tirannide personale – offrì in pari tempo a uomini potenti e spregiudicati, di nobile famiglia, l'occasione d'impadronirsi del potere, grazie all'appoggio del «popolo», la cui alleanza nasceva quasi naturalmente sul terreno della comune lotta contro le grandi famiglie. Tuttavia, almeno in un secondo momento, magnati e ricca borghesia accettarono il nuovo reggimento, che, se frustrava le ambizioni di qualche altro influente cittadino, aspirante al dominio personale, non colpiva gli interessi dei ceti più elevati, anzi offriva ad essi garanzie di sicurezza e di preminenza sociale. La Signoria, infatti, è condotta dalla logica interna del suo sistema a com-

battere la forza politica delle corporazioni artigiane e a soffocare lo stesso Comune. Per assicurarsi il dominio perpetuo e assoluto, il signore deve fondarlo su una base autonoma, di fatto e di diritto indipendente dalla volontà popolare: perciò trasforma gli organi comunali in strumenti del suo governo, condannandoli ad una progressiva atrofizzazione, e si procura il vicariato (e altrove anche l'investitura feudale) dall'imperatore; di pari passo crea attorno a sé una classe politica – sulla quale appoggia il proprio potere – formata in gran parte da nobili, di antica o recente origine. [...] La vocazione aristocratica della Signoria è infatti connaturata al carattere autoritario e gerarchico del suo potere. La nobiltà allarga i suoi quadri, si stringe istintivamente attorno al signore, impugna le redini del comando, e s'innalza a quegli onori che ritiene spettino al suo grado. Certo, anch'essa è ora soggetta a un uomo, ma dal suo favore ricava prestigio e nuovi vantaggi, tanto più apprezzabili dopo le recenti esperienze del predominio popolare: se la supremazia del signore provoca insofferenza tra alcuni potenti e ambiziosi rivali, nell'insieme la nobiltà aderisce soddisfatta al nuovo regime. [...]

Si spezzava allora quell'instabile equilibrio, che per circa un secolo aveva consentito alle diverse classi, dialetticamente saldate insieme nell'unità della vita politica cittadina, di cooperare al governo del Comune; e si ponevano le premesse del monopolio del potere da parte d'un ristretto gruppo dirigente formato dalle famiglie nobili e ricche. Vanto del nuovo assetto era l'estinguersi o l'attenuarsi delle lotte intestine, che derivava però dalla disfatta politica dei ceti artigiani, e non da un effettivo superamento dei contrasti di fondo operato da un regime capace di contemperare le opposte esigenze delle diverse categorie di cittadini.

Il signore infatti non regge da solo tutto l'edificio dello stato, come un nuovo Atlante; egli ne è il pilastro principale, il moderatore che sovrasta e disciplina le forze prevalenti nel corpo sociale, ma non può prescindere dall'appoggio sostanziale di esse. Nella nobiltà e nella grassa borghesia Carraresi [a Padova] e Scaligeri [a Verona] trovarono appunto i loro più solidi sostegni, una volta superata la fase critica della conquista del potere. Alla luce della concreta realtà, il preteso superamento del particolarismo corporativo e di classe – per cui la capacità e l'orientamento politico di ogni cittadino risultavano rigidamente condizionati dalla sua appartenenza a un determinato ordine sociale o ad un'associazione di mestiere – si rivela affatto illusorio.

Perché a fare le spese di quest'opera di «livellamento» fu in ultima analisi – a guardar bene – il «popolo» delle Arti, per il quale la partecipazione effettiva al governo della cosa pubblica era il faticoso risultato d'una dura battaglia, che per essere conservato esigeva una continua vigilanza e il sostegno di ordinamenti costituzionali discriminanti.

Durante l'età comunale mercanti, artigiani, notai avevano intaccato il predominio della classe dirigente – l'aristocrazia signorile –, creando nel corso della difficile lotta i propri strumenti di potere, di cui le organizzazioni corporative, le loro unioni politiche e militari, le leggi contro i magnati e la bipartizione delle cariche tra nobili e popolari costituivano gli esempi più clamorosi ed importanti. Questi erano gli argini alzati per deviare dal suo naturale corso la forza del privilegio. Nel periodo signorile questi argini vengono abbattuti: si sciolgono le unioni artigiane; le corporazioni e i loro gastaldi sono eliminati dalla scena politica e ricacciati ai compiti amministrativi, economici e assistenziali originari; cade la legislazione antimagnatizia.

Crollate queste difese, la vecchia classe dirigente, che frattanto si era irrobustita assimilando le nuove facoltà della ricca borghesia, ritorna senza difficoltà al predominio politico esclusivo; così durante i secoli XV e XVI, nei Consigli dei Comuni maggiori, ai quali formalmente avranno diritto d'accedere tutti i cittadini, senza discriminazione di casta, potrà ricostituirsi rapidamente un'aristocrazia chiusa.

Philip J. Jones/Governo «a comune» e governo «a tiranno»

[Ph.J. Jones, *Comuni e Signorie: la città-stato nell'Italia del tardo Medioevo*, in G. Chittolini (a cura di), *La crisi degli ordinamenti comunali e le origini dello stato del Rinascimento*, il Mulino, Bologna 1979, pp. 99-101]

Mentre i comuni lasciavano il passo all'instaurarsi dei principati e delle signorie territoriali, gli scrittori politici elaborarono teorie opposte a favore dell'una e dell'altra soluzione politica. Secondo l'autore del passo che segue, Philip J. Jones, se è vero che per la maggioranza degli autori dell'epoca la monarchia rimaneva la forma politica per eccellenza, è anche vero che man mano che le istituzioni comunali perdevano terreno, si produsse una vera e propria «ventata di repubblicanesimo» che animò molto a lungo la discussione teorica sul potere, per arrivare ad infiammare ancora la riflessione e la produzione letteraria di autorevoli scrittori cinquecenteschi come Machiavelli e Guicciardini.

È un luogo comune della storiografia politica che, nel tardo Medioevo, le città-stato dell'Italia centro-settentrionale siano state teatro di un conflitto, teorico e pratico, fra due opposti sistemi di governo: quello repubblicano e quello dispotico (o, nella terminologia dell'epoca, governo «a comune», «in libertà» ecc., e governo «a tiranno», *Signoria o Principato*). Il conflitto cominciò intorno alla metà del secolo XIII e, presto o tardi, si risolse quasi dovunque in favore del dispotismo. Già nel 1300, in effetti, questa era la tendenza prevalente, almeno dal punto di vista territoriale: buona parte della Lombardia, il Piemonte, l'Emilia, il Veneto e quasi tutte le Romagne e le Marche si trovavano sotto il dominio signorile; e già certi scrittori [...] cominciavano a parlare – con reminiscenze classiche – di un ciclo predeterminato nello sviluppo degli Stati. Non mancavano le ragioni per alimentare simili credenze, anche se, nella congestionata società politica dell'Italia medievale, lo sviluppo delle città e degli Stati fu realmente libero solo in rare occasioni. Il declino delle istituzioni comunali si accompagnò anzi, fin quasi dall'inizio, a un processo di aggregazione su scala regionale, in seguito al quale, indipendentemente dalle forme di governo e dalle teorie politiche, gli Stati più grandi inghiottirono quelli più piccoli. In questo modo emergono verso il Quattrocento alcune potenze territoriali, Milano, Firenze, Venezia, Mantova e Ferrara che, mediante una non facile politica di equilibrio, si assicurano il controllo dell'Italia settentrionale. [...]

Per gli scrittori politici italiani la monarchia restava il modello ideale di governo; in ciò concordavano non solo i civilisti e i canonisti, insieme ai filosofi accademici, ma anche gli umanisti, alcuni dei quali composero nel Quattrocento trattatelli convenzionali sul regime principesco. Il governo del principe non fu, tuttavia, il solo ideale dell'epoca. Al contrario, fu proprio negli ultimi secoli del Medioevo, quando la monarchia stava ovunque guadagnando terreno mentre cresceva l'indifferenza politica, che l'Italia fu percorsa, per dirla con uno scrittore, da una «ventata di repubblicanesimo», nei sentimenti e nelle idee dei teorici. Certo i due ideali erano spesso di ispirazione puramente letteraria e si esprimevano in modo retorico e astratto: in misura diversa, monarchici e repubblicani si nutrivano entrambi della tradizione classica, così come veniva interpretata dalla dottrina giuridica e filosofica dell'età media o come era stata riscoperta dagli umanisti; ed erano, gli uni e gli altri, più interessati alle idee che ai concreti programmi di azione politica. Ma, per quanto ampio fosse il divorzio fra vita attiva e vita contemplativa, quegli scritti, per il tempo e il luogo della composizione e per i temi trattati, rivelano con altrettanta chiarezza l'influsso degli avvenimenti reali. Tale influsso è evidente nel nuovo accento che Marsilio da Padova e altri scrittori pongono sul principio della sovranità popolare, e ancor più nella dottrina, consacrata da Bartolo, della città come Stato sovrano e della tirannia come usurpazione di un'autorità civica sovrana; ma più di tutto è evidente in un nuovo interesse per i rispettivi meriti del governo signorile e di quello comunale. Se ne vedono segni abbastanza precoci nelle cronache e negli scritti satirici. Più tardi, verso la fine del Trecento, via via che le repubbliche di Firenze e di Venezia si trovano coinvolte in un conflitto sempre più aspro col dispotismo dei signori di Milano, i letterati di professione cominciano a prendere posizione: si affermano i principi dell'«umanesimo civile» e il potere della penna comincia ad essere paragonato al potere della spada. Firenze, in particolare, diventò un centro di attività diplomatica e di propaganda repubblicane; alimentata in larga misura dalla guerra, si sviluppò una specifica ideologia fiorentina di atteggiamento repubblicano, basata sulla credenza in parte convenzionale, in parte sincera nelle solide virtù democratiche della classe mercantile cittadina. I veneziani furono meno espansivi, ma la loro costituzione (male interpretata) diventò l'ideale stesso del repubblicanesimo. Meno loquaci furono anche i partigiani del principato, che tuttavia non si sottrassero alla battaglia letteraria; a poco a poco, in scritti vari di carattere polemico ed accademico, si veniva preparando il terreno per una discussione sulle varie forme di governo che, liberata dalla retorica e ridefinita in termini realistici, fu portata a conclusione col Machiavelli, col Guicciardini e altri scrittori cinquecenteschi. Gli argomenti delle due parti erano semplici e prevedibili. Il tema centrale dei repubblicani era la libertà intesa nel duplice senso di governo elettivo e di indipendenza da ogni dominio straniero. L'argomento dei monarchici era l'ordine, la pace e l'unità. Entrambi pretendevano di rappresentare il dominio della legalità (fra l'altro per difendersi l'uno dall'altro) ed entrambi proclamavano il loro attaccamento ai valori culturali.

ANALIZZARE E COMPRENDERE

1 **Perché, secondo Chittolini, negli ultimi secoli del Medioevo, «quasi tutti gli Stati cittadini vennero meno, e le città comprese entro strutture statali più ampie furono sottoposte a una intensa azione di disciplinamento e controllo»? Quali furono, durante la crisi economica europea verificatasi tra Trecento e Quattrocento, i nuovi poli delle attività manifatturiere e commerciali che intaccarono la supremazia delle città di Italia, Fiandre e Germania renana?**

2 **In quale modo l'aristocrazia ha smantellato, nel periodo signorile, le conquiste democratiche espresse dai governi comunali italiani secondo Ventura? Argomenta la tua risposta.**

3 **Quale città italiana fu, secondo Jones, la fucina principale di elaborazione ed espressione di una letteratura propagandistica repubblicana? Come reagirono i sostenitori della monarchia e a quale ordine di valori facevano riferimento?**

CONFRONTARE E RIELABORARE

4 **Delinea, in un testo di max 15 righe, i motivi che determinarono la fine dell'esperienza dei comuni in Italia e il loro assorbimento nelle nuove forme delle signorie, integrando la tua esposizione con le osservazioni di Chittolini sull'assenza di pregresse istituzioni monarchiche in Italia e con quelle di Ventura sulla complessa interazione tra signore, aristocratici e artigiani.**

S 19_Le forme della violenza

I tre passi storiografici qui proposti affrontano il tema delle forme della violenza collettiva del tardo Trecento da punti di vista differenti. **Johan Huizinga** indaga le origini socio-psicologiche della violenza: compiendo alcune finissime analisi degli stati d'animo, della sensibilità e, più genericamente, del mondo interiore di uomini e donne dell'epoca, descrive gli episodi di violenza come l'espressione di uno stile di vita crudo e brutale. **Michel Mollat** privilegia l'ottica della specifica storia della povertà. Nella sua sintesi, di carattere sociale, rivolge la sua attenzione ai protagonisti dei sommovimenti e dei disordini. Nel quadro complesso che ci restituisce, i vari aspetti della vita sono messi in corto circuito con la sfera delle cognizioni e delle consapevolezze. Infine un'analisi più accurata dei rapporti tra mondo civile e universo religioso permette a **Raoul Manselli** di cogliere la forte componente devozionale e spirituale dei fenomeni di inquietudine sociale diffusi in tutta Europa.

Johan Huizinga/Le ragioni profonde della violenza

[J. Huizinga, *L'autunno del Medioevo* (1919), trad. it. di B. Jasink, Sansoni, Milano 1978, pp. 19-23]

Le motivazioni profonde della conflittualità socio-politica che segna il Tre-Quattrocento sono uno dei nuclei centrali de *L'autunno del Medioevo*, un capolavoro storiografico dal quale abbiamo tratto il brano qui riportato. Il suo autore, l'olandese Johan Huizinga (1872-1945), individua le ragioni di una permanente situazione di conflittualità nelle motivazioni psicologiche degli uomini e delle donne dell'epoca. Invidia, onore, rango, lignaggio, fedeltà al principe furono i tanti sentimenti che di volta in volta confluirono nelle controversie e negli scontri di ogni genere. Le passioni violente e la paura angosciosa che scandivano la quotidianità della vita erano esaltate sia mediante rituali suggestivi, sia attraverso una crudele amministrazione della giustizia.

L'uomo moderno non ha generalmente alcuna idea della sfrenata stravaganza e infiammabilità dell'animo medievale. Chi consulti unicamente i documenti ufficiali, giustamente ritenuti come le più sicure fonti per la conoscenza storica, sarà tentato di farsi di quel periodo della storia medievale un'immagine poco diversa in fondo da una descrizione della politica di ministri e ambasciatori del secolo decimottavo. Ma tale rappresentazione è difettosa in un punto essenziale: vi manca la crudezza di colore della violenta passionalità che animava popoli e principi. [...] Nel XV secolo l'affetto immediato prorompe ancora in tal misura che il calcolo utilitario ne è continuamente alterato. Se poi all'affetto si accompagna il senso della propria potenza, come nel caso dei principi, allora esso opera con doppia violenza. [...]

Un bisogno di vendetta che si ammantava di forme ampie. [...] E che cosa avrebbe potuto il popolo comprendere nella politica dei suoi principi meglio di questi semplici e primitivi motivi di odio e di vendetta? L'attaccamento al principe aveva un carattere infantile e impulsivo; era un dovere spontaneo di fedeltà e di solidarietà, un allargamento dell'antico forte sentimento che univa i soci nel giuramento dinanzi al tribunale e i vassalli al loro signore, e che nella faida e nella lite divampava senza freno e senza misura. Era solidarietà di partito, non solidarietà statale. Il tardo Medioevo è l'età delle grandi lotte di

parte. In Italia i partiti si consolidano già nel Duecento, in Francia e nei Paesi Bassi sorgono dappertutto nel Trecento. Chiunque studi la storia di quei tempi, rimane colpito dal modo poco convincente con cui la storiografia moderna cerca di far derivare quei partiti da cause economico-politiche. I contrasti economici, che si pongono a base di quella spiegazione, sono mere costruzioni schematiche che non si possono, con la migliore volontà, ricavare dalle fonti. Nessuno vorrà negare l'esistenza anche di ragioni economiche in questi raggruppamenti dei partiti: tuttavia, insoddisfatti del risultato di cotali dimostrazioni, si ha ben il diritto di domandarsi se, almeno per ora, un punto di vista politico-psicologico non presenti maggiori vantaggi che non uno politico-economico per spiegare le lotte di parte del tardo Medioevo.
Ciò che veramente risulta dalle fonti riguardo all'origine dei partiti è a un dipresso questo: nei tempi feudali si notano ovunque inimicizie private e circoscritte, limitate, per cui l'unico motivo economico che si possa trovare è quello dell'invidia che l'uno aveva dei beni dell'altro. Ma non solo i beni erano invidiati, bensì anche, e non meno, l'onore e il rango. Orgoglio di famiglia, sete di vendetta, fedeltà appassionata da parte dei seguaci erano in questo caso i motivi principali. A misura che il potere dello Stato cresce e si diffonde, tutte quelle faide di famiglia si polarizzano in relazione al potere centrale e si agglomerano in partiti, i quali, essi stessi, vedono la ragione del loro dissidio solo dal punto di vista della solidarietà e dell'onore comune. [...]
La violenza dei sentimenti di parte e di fedeltà al principe era aumentata dalla potente suggestione che emanava dalle varie insegne di parte, colori, emblemi, divise, motti che spesso si alternavano in variopinta vicenda, simboli di solito di morte e di assassinio, ma talvolta di cose più liete. [...]
La cieca passione con cui la gente si dava al partito, al signore oppure anche alle proprie querele personali, era in parte anche la manifestazione di quell'inflessibile, rigido senso di giustizia che era proprio dell'uomo medievale, quella convinzione incrollabile che ogni azione esiga il suo guiderdone. Il senso di giustizia era ancora per tre quarti pagano; era bisogno di vendetta. È vero che la Chiesa aveva cercato di raddolcire la coscienza giuridica insistendo sui sentimenti di mansuetudine, di pace, di perdono, ma con ciò non aveva modificato il vero senso del diritto. Lo aveva piuttosto esasperato, aggiungendo al bisogno di ammenda l'odio del peccato. E, per gli spiriti turbolenti, il peccato purtroppo spesso non è che ciò che fa il proprio nemico. Il sentimento di giustizia aveva, a poco a poco, raggiunto un grado di estrema tensione fra i due poli del concetto barbarico dell'occhio per occhio, dente per dente, e del ribrezzo religioso del peccato, mentre inoltre il compito dello Stato di punire severamente era sempre più sentito come una necessità urgente. La mancanza di sicurezza, la paura angosciosa che, in ogni crisi, invoca atti di terrore dai poteri pubblici, era divenuta cronica nel Medioevo. L'idea della ammenda scompariva gradualmente e diventava quasi un resto idillico di antichi buoni costumi, via via che si affermava la concezione che il delitto era una minaccia per la società e un insulto alla maestà divina. In tal modo la fine del Medioevo ha visto prosperare, in modo sbalorditivo, una giustizia atroce e la crudeltà giudiziaria. [...]
Mancavano nel Medioevo tutti quei sentimenti che hanno reso timido e oscillante il nostro concetto di giustizia, l'idea della semiresponsabilità, l'idea della fallibilità del giudice, la coscienza che la società è corresponsabile dei misfatti del singolo, la questione se non val meglio correggere il colpevole che farlo soffrire. O forse si dovrebbe dire: non mancava un oscuro sentimento di ciò, ma si concentrava, non espresso, in un immediato impulso di compassione e di perdono, che indipendentemente dalla colpa, improvvisamente interrompeva la crudele soddisfazione per il trionfo della giustizia. Laddove noi conosciamo delle pene ridotte o inflitte con esitanza e quasi con cattiva coscienza, la giustizia medioevale non conosce che i due estremi: la piena misura di una pena crudele e la grazia.

Michel Mollat/I disordini dei «nuovi poveri»

[M. Mollat, *I poveri nel Medioevo* (1978), trad. it. di O. Capitani, Laterza, Roma-Bari 1982, pp. 240-241, 250-252]

In un grande affresco rivolto allo studio dei poveri tra V e XVI secolo, lo storico francese Michel Mollat (1911-1996) osserva che gli episodi di violenza e le rivolte del Tre-Quattrocento furono sollevate in nome della povertà. Attraverso un'indagine economica e culturale che tiene conto dei fattori mentali e linguistici, Mollat traccia un ritratto identificativo dei protagonisti di quei decenni: i «nuovi poveri». Rientravano in questa categoria tutti quei lavoratori con un salario precario accomunati da una medesima condizione di indigenza periodica, da un sentimento di dignità personale, da un'"infezione interiore" fatta di rancori e di sofferenze, dalla consapevolezza di una situazione socio-economica intollerabile e dal desiderio di riconquistare l'agiatezza perduta.

Una profezia attribuita a un frate minore circolò a Firenze nel 1378, al momento del tumulto dei Ciompi: si sussurrava che egli, con dieci anni d'anticipo, avrebbe annunciato lo sterminio dei potenti, «rogna della terra», ad opera del «popolo minuto». Che tipo di poveri aveva una simile vocazione per i flagelli di Dio? Certamente non i poveri tradizionali, inibiti dalla loro indigenza, dalla loro umiliazione, dalla loro impotenza, dalla loro infermità. I mendicanti, presenti in alcuni moti, non potevano avervi dato inizio. Non era la stessa cosa invece per i nuovi poveri, validi, lavoratori, che guadagnavano un salario insufficiente e precario, dignitosi, malgrado la loro miseria. Venivano considerati poveri, quando una prova o una calamità li affliggeva, ma le opere di carità non risolvevano tutti i loro problemi. I tempi ormai erano cambiati: la distensione susseguita alla peste aveva suscitato grandi aspettative e i lavoratori poveri si fecero rivendicatori di diritti. Come? E perché in quel momento?

La simultaneità dei disordini fa pensare, malgrado le differenze locali, che essi fossero il risultato di problemi analoghi. Non furono tuttavia i problemi pecuniari, sociali o morali della povertà a costituire i motivi e gli obiettivi essenziali, se non unici delle agitazioni.

I «poveri» non erano neanche i soli protagonisti. Ma i problemi della povertà furono posti in primo piano, talvolta provvisoriamente o parzialmente risolti, spesso elusi, mai totalmente assenti.

Concomitanza non è sinonimo di coordinazione. Non si scorgono legami diretti fra i disordini del 1378-1383, né un rapporto di filiazione fra questi e le rivolte del 1420. I primi hanno colpito soprattutto alcune città, con la rapidità di un fulmine, salvo in Fiandra. Le seconde sono state delle rivolte contadine, durature e geograficamente estese. Nella prima fase sono percettibili delle interferenze cronologiche: possono corrispondere a fenomeni di contagi e autorizzano a fare alcuni paragoni. Le popolazioni rurali hanno, qualche volta, coordinato le loro collere con quelle delle popolazioni cittadine; sarebbe tuttavia azzardato credere che prendessero modello da esse.

Un tratto comune avvicinava tra loro i «poveri», autori dei disordini. Alcune persone contemporanee delle agitazioni degli anni 1380 avevano potuto conoscere l'epoca della Peste. Ma coloro che non l'avevano vissuta erano più numerosi: i loro ricordi non risalivano oltre le annate relativamente favorevoli, che avevano seguito il flagello e delle quali conservavano la nostalgia. La coscienza, di una situazione giudicata insopportabile, deriva quasi sempre da un confronto. [...] Nostalgie, rancori, sofferenze compongono uno stato simile a un'infezione e basta un incidente per far scoppiare il bubbone. Un episodio secondario, forse anche estraneo al problema, poteva fare scoppiare una crisi, per esempio il disaccordo fra «maestro» e salariato oppure fra signore e fittavolo, ancora un incidente durante una riscossione fiscale. [...]

Per cogliere il profilo sfuggente dei «poveri», per definire la loro identità e seguire la loro azione anonima, bisogna leggere con attenzione i testi e resistere alla tentazione di spiegazioni manichee. I «poveri» non sono stati semplicemente bianchi o neri, «buoni» o «cattivi».

I contemporanei dei disordini popolari, soprattutto verso il 1380, sembrano aver provato l'impressione suscitata da un'ondata enorme infrantasi all'improvviso con violenza. Le cifre da loro avanzate sono incerte; ma quel che conta è il loro sentimento. [...] Era considerevole la forza potenziale delle rivolte, fatte in nome della povertà, se non in sé, almeno per lo spavento provocato. Ma i «poveri» non lo sapevano o non poterono servirsene. [...] I loro obiettivi potevano essere soltanto elementari e immediati: sfuggire all'indigenza, presentemente vissuta, scuotersi di dosso il fardello di una dipendenza o di carichi pecuniari eccessivi, ritrovare una condizione di agiatezza perduta. Concretamente ciò poteva dovunque chiamarsi carestia e vita cara.

Raoul Manselli/L'inquietudine spirituale delle rivolte popolari

[R. Manselli, *Religiosità e rivolte popolari nell'Europa della seconda metà del Trecento*, in *Il tumulto dei Ciompi. Un momento di storia fiorentina ed europea*, Atti del convegno internazionale di studi, 16-19 settembre 1981, Olschki, Firenze 1981, pp. 261-263, 266-270]

Raoul Manselli (1917-1984) propone di inquadrare le rivolte popolari europee di fine Trecento nel mondo religioso e nella vita spirituale dell'epoca. Nella sua analisi sostiene che gli atteggiamenti anticlericali ed egalitari promossi dagli ordini mendicanti, così come da predicazioni ereticali, diffusero le attese di una trasformazione sociale. Nuove esigenze di giustizia permearono sia il rapporto con Dio, sia le relazioni tra gli uomini. I predicatori, rivolgendosi direttamente agli strati più modesti della società, o servendosi della mediazione del basso clero, sollecitarono le masse popolari a sviluppare una coscienza di sé e dei propri diritti. Fu questo molteplice intreccio tra piano sociale e religioso ad imprimere iniziativa e capacità di azione in soggetti ancora in gran parte privi di forza.

La seconda metà del sec. XIV vede un succedersi di fenomeni che, in vario modo, manifestano ed esprimono disagio, insofferenza, ribellione sociale. [...]

In questo complesso di fattori dobbiamo approfondire ancora di più il problema di quale sia il peso e quale l'incidenza che vi ha esercitato il fatto religioso. [...]

Nel passaggio dall'Alto al Basso Medio Evo, non mutano soltanto le condizioni politiche, economiche e sociali, ma anche la realtà stessa del fatto religioso, che tende ad assumere e ad acquistare sempre più una consistenza che non riduca il cristianesimo ad una complessità di riti magico-simbolici [...] ma che ne ritrovi le radici interiori profonde per giungere ad un rinnovamento della spiritualità: questa non riguarda più una *élite*, ma si sforza di raggiungere masse sempre più ampie, vaste e tali da rendersi ormai conto del significato e della portata di questo rinnovamento.

Che in ciò sia implicito anche il passaggio dalle masse rurali a quelle urbane [...] è un fatto su cui non c'è bisogno di insistere, ma che vale la pena di ricordare per segnalarne il significato. Non è un caso che la maggior parte di questi movimenti religiosi, siano essi ereticali, come catari e valdesi, oppure ortodossi, come umiliati e francescani, sono fenomeni per la massima parte cittadini, operando e diffondendosi nelle comunità urbane. [...]

Eppure, proprio in questi movimenti, che per taluni aspetti potrebbero sembrare tali da acquietare e sopire le inquietudini sociali, riconducendo il disagio, la miseria e la sofferenza in una indiscriminata condizione generale, voluta, se non imposta, dalla disposizione provvidenziale di Dio, per i cattolici, o dal fatto che il mondo è nelle mani del maligno, per i catari, viene maturando un lento, ma continuo fenomeno di trasformazione, stimolato anche, per il processo di osmosi tra mondo religioso colto e mondo religioso popolare, da una nuova considerazione del povero e dei suoi diritti. [...] Per questo ed in questo sfondo [...] finiscono per assumere un maggiore significato quegli aspetti religiosi, in parte stimolati dalla predicazione fraticellesca, presente e prima e dopo del tumulto, in parte accentuati da aspetti apocalittici. [...]

Anche fuori d'Italia questi motivi religiosi sono vivi con taluni punti di maggiore rilievo e importanza, quali sono la Francia e poi l'Inghilterra. [...]

Questo mondo religioso assume rilievo ed importanza ancora maggiore se guardiamo alle due opere *De dominio divino* e *De civili dominio* di John Wyclif, che si collocano, appunto, intorno al 1377-1378, e che riprendono un problema mai caduto dalla consapevolezza dottrinale del secolo, il problema cioè del rapporto fra uomo e Dio come dei rapporti fra gli uomini e il potere religioso e civile. [...]

Queste idee, già di per sé ardite, si espressero su di un piano ancora più spiccatamente teologico, in un rifiuto di fatto, anche se teoricamente salvato con molta abilità, della funzione mediatrice della Chiesa, che veniva ristretta alla somministrazione dei sacramenti, validi, certo, ma non capaci di salvare quelli che non fossero gli eletti. Le dottrine teologiche di Wyclif non esercitarono, però, un'influenza diretta ed immediata, se non perché diffuse tra il popolo da persone che ne erano state influenzate e l'avevano rese loro più semplici e più comprensibili [...] Il problema più importante è che questo fermento religioso non si limitò al 1381, ma proseguì proprio grazie ad un'opera di diffusione del mondo clericale minore, generando il fenomeno dei Lollardi, divenuto poi a lungo manifestazione endemica della società inglese. [...]

Questo giro d'orizzonte ci consente qualche riflessione conclusiva: le forze religiose [...] sono più o meno intensamente presenti in questi movimenti popolari; li aiutano, inoltre, a prendere coscienza di sé, anche se non sempre e dovunque contribuiscono a chiarirne le finalità e ad indirizzarne l'azione: c'è in questo senso una diversità profonda ad esempio fra i Ciompi e gli insorti inglesi; stimolano e irritano il senso critico delle masse, inducendole a distinguere più e meglio il piano spirituale da quello economico-politico. L'aspetto però più importante di questi moti economico-sociali e dei loro collegamenti religiosi è di avere smosso la società soprattutto nei livelli più modesti, di averla spinta a prendere coscienza di sé e della propria condizione, di averla resa partecipe di una discussione critica di vario tipo e di vario livello, che comunque contribuiva a dar forza e consapevolezza a folle ancora in gran parte prive di una loro iniziativa e capacità d'azione.

ANALIZZARE E COMPRENDERE

1 Quale visione del Medioevo emerge dal brano di Huizinga datato al 1919 e quali ne sono a tuo parere i passi più significativi? E in quale modo l'autore giudica l'attenzione della storiografia alle cause economiche e politiche degli eventi storici?

2 Quali sono, nell'esposizione di Mollat, gli obiettivi dei «nuovi poveri»? Qual è il tratto generazionale comune che, a suo parere, spiega anche la loro insoddisfazione? Argomenta la tua risposta.

3 Quali sono le tematiche discusse da Wyclif e quali forme di divulgazione hanno ricevuto secondo la ricostruzione di Manselli? Qual è il ruolo delle forze religiose nella presa di coscienza dei propri bisogni da parte delle masse popolari nel Trecento?

CONFRONTARE E RIELABORARE

4 Nei brani proposti in questo percorso, il campo d'indagine scelto dai tre storici ha dimensioni differenti: dall'ampia visione di Huizinga, che abbraccia dall'alto un'intera epoca, alla specifica tematica sociale affrontata da Mollat fino all'attenzione dedicata da Manselli a un aspetto che con quella stessa tematica s'intreccia. Esponi in un testo di max 15 righe gli aspetti essenziali delle forme della violenza nel Trecento qui delineate, riportando le riflessioni a tuo parere più interessanti dei tre autori.

S 20_Pratiche sociali tra onore e potere

A metà strada tra la storia sociale e la storia delle mentalità, questo percorso si propone di illustrare alcune pratiche comuni, per svelarne impulsi profondi e convinzioni radicate. Nel primo brano **Jacques Heers** introduce il tema della violenza, estremamente diffusa nella società medievale, che prende la forma delle guerre tra clan familiari e delle vendette. Nel secondo **Uwe Israel** propone una breve storia del duello, dalle sue origini altomedievali fino alla formalizzazione di un vero e proprio rituale d'onore. **Otto Brunner** infine racconta una delle figure che ha maggiormente affascinato l'immaginario medievale: il *miles christianus*, il cavaliere cioè capace di farsi interprete allo stesso tempo dei valori cavallereschi laici e di quelli cristiani.

Jacques Heers/Guerra privata e vendetta

[J. Heers, *Il clan familiare nel Medioevo* (1974), trad. it. di A. Masturzo, Liguori Editore, Napoli 1976, pp. 148-151]

Tratto da un bel libro sul clan medievale di Jacques Heers (1924-2013), il brano che segue affronta una delle forme in cui si manifestò maggiormente la violenza nella società medievale: le faide tra clan, interminabili guerre tra famiglie o *consorterie* che si portavano dietro una scia senza fine di vendette reciproche. La forte componente comunitaria della società medievale faceva sì che un torto subìto da un individuo divenisse immediatamente un affare di tutto il clan, che quindi era chiamato a riscattare il proprio onore attraverso la vendetta. Una vendetta che poteva essere covata per decenni e che colpiva anche altri componenti del clan avverso, in una spirale di violenza che, attraverso il gioco delle alleanze, poteva letteralmente spaccare la città in due blocchi avversi.

Le lotte delle grandi famiglie nobili alimentano, nelle grandi città d'Occidente che sfuggono alla dura tutela di uno stato principesco, contese interne e, molto spesso, interminabili violenze, conflitti armati veri e propri. Tutti i cronisti borghesi deplorano queste discordie infinite e questi disordini. Giovanni Villani accusa apertamente le «maledette parti» dei nobili di provocare a Firenze una «sì diversa e aspra guerra, che quasi ogni dì, o di due dì l'uno, si combatteano cittadini insieme in più parti della città da vicinanza a vicinanza, com'erano le parti». [...] Le contese dei grandi, infatti, trascinavano nella lotta armata tutte le loro clientele di piccoli parenti e dipendenti, spesso più accaniti dei padroni stessi.
Questi conflitti potevano nascere da contestazioni d'ogni genere: semplici dispute di vicini a proposito di diritti e di proprietà, oltraggi all'onore, per esempio in occasione di rotture di promessa di matrimonio. Un trattato d'economia domestica, scritto in Sicilia, afferma che un buon padre di famiglia doveva riservare, per far fronte ai conflitti e alle contestazioni che non mancano di assalire la sua casa, un quarto delle rendite del patrimonio.
Le lotte più accanite nascono evidentemente dal desiderio di vendicare i morti o i feriti. Le morti violente chiedono sempre riparazione. Per incidenti fortuiti, involontari, esse istigano talvolta due famiglie una contro l'altra attraverso lunghi anni. I Niccolini di Firenze hanno avuto uno dei nipoti del loro capo ucciso dagli Scholari, per una disputa a proposito dei loro terreni di caccia, essendosi le due mute affrontate durante una battuta comune.
La vendetta segna veramente tutta la vita medievale, più particolarmente nelle città, e questo fino al secolo XV almeno. Si è imposta come tema letterario, fonte di ispirazione straordinariamente feconda, sfruttata da tutti gli autori e, in primo luogo, con uno strano vigore e una sbalorditiva caparbietà, da Dante; questo tema si è mantenuto, altrettanto ricco, molto al di là del periodo «medievale». D'altra parte, la vendetta ha dato origine ad istituzioni particolari, a un diritto specifico, legati all'esercizio o al regolamento delle vendette.
Vendicare il morto è certo un atto di deferenza e di rispetto verso la sua memoria; altrimenti questa resta insozzata e tutta la stirpe con lei. È dunque un dovere imperioso per i suoi discendenti e i suoi amici. A Firenze la tradizione voleva che il parente ucciso col ferro fosse seppellito senza lavare le sue ferite, affinché il corpo segnato dal sangue attirasse irresistibilmente la vendetta dei parenti. [...]
Il più delle volte, la famiglia offesa cerca di applicare la legge del taglione, di restituire lo stesso oltraggio, in maniera molto precisa (stessa ferita, mutilazione dello stesso arto, nello stesso luogo, alla stessa ora del giorno). Si tratta certo di cancellare completamente l'oltraggio. Tuttavia, la vendetta supera talvolta, di molto, l'offesa: i parenti uccidono per cancellare una semplice ferita. Questa vendetta può anche esercitarsi in strani modi; tutte le occasioni sembrano propizie, soprattutto quelle che presentano il minimo rischio e permettono di conservare l'ano-

nimato. Nulla che ricordi qui un codice dell'onore qualunque. Talora il vendicatore attende lunghi anni per meglio preparare la sorpresa e cogliere più disarmato l'avversario; un Mamelli, a Firenze, è ucciso dai Velluti ventotto anni dopo il suo delitto. [...] Altre volte i «giustizieri» affidavano il compito ad un mercenario stipendiato. [...]
La vendetta provoca inevitabilmente la guerra privata, perché la solidarietà dei clan familiari gioca allora in pieno, da una parte e dall'altra. Se la vendetta appartiene piuttosto all'offeso stesso, quando è solo ferito, o ai suoi eredi, la solidarietà del clan si esercita obbligatoriamente per proteggere l'offensore che può contare allora sull'aiuto di tutti i membri del *consorzio*. Gli statuti della Casa de' Corbolani indicano, senza ambiguità che se una rissa scoppia tra uno dei *consortes* e una persona estranea al clan, questi deve avvertire subito il console che riunisce allora tutti i *consortes*. D'altra parte, la vendetta può essere esercitata non sul colpevole, ma su un altro membro della sua famiglia. Di qui un'estensione delle contese che coinvolge sempre più amici e alleati. Le risposte, inevitabili, rendono eterni questi conflitti e finiscono, con l'aiuto del gioco delle alleanze, col dividere la città in due blocchi schierati l'uno contro l'altro.

Uwe Israel/**Il duello**

[U. Israel, *Premessa*, in U. Israel e G. Ortalli, *Il duello fra medioevo ed età moderna. Prospettive storico-culturali*, Viella, Roma 2009, pp. 7-9]

Il duello ha rappresentato una pratica di lunghissima durata nella storia occidentale che nel corso dei secoli ha cambiato finalità, modalità di esecuzione e significati. Nel brano che segue, Uwe Israel (nato nel 1963) ne ripercorre brevemente la storia, a partire dalle sue origini altomedievali, quando si configurava soprattutto come soluzione formalizzata di faide tra clan ed aveva la funzione sociale riconosciuta di limitare il dilagare della violenza privata, per poi arrivare a trasformarsi in epoca medievale e ancor più moderna in un vero e proprio rituale d'onore.

L'ambiguo fenomeno del duello, che l'osservatore contemporaneo guarda con stupore, a un esame più ravvicinato rivela molto sulla passata cultura europea. Il duello formalizzato [...] è stato largamente praticato in tutta l'Europa per almeno quindici secoli dall'alto medioevo fino all'età moderna inoltrata. Non meraviglia quindi se in questo periodo di tempo estremamente lungo il duello ha conosciuto molteplici trasformazioni: concettuali, formali, funzionali, esecutive [...]. Al di là di queste trasformazioni estremamente rivelatrici da un punto di vista storico-culturale, caratteristica fondamentale del duello rimane tuttavia il fatto che con esso si intendeva dimostrare qualcosa che andava ben oltre la semplice questione del più forte nella sfida, punto centrale in tutte le forme agonistiche della cultura di contesa come la guerra, il torneo o lo sport. Se in principio il duello era prova della disponibilità a difendere la propria causa a rischio della vita, e in seguito era la dimostrazione della volontà di Dio che si doveva manifestare sul campo franco, da ultimo il punto centrale divenne l'onore che si pensava di poter conservare o ripristinare soltanto mediante la sfida armata.
Relativamente al periodo medievale, la prassi del duello giudiziario, che spesso portava alla morte, nella sua riassicurazione metafisica, nel vincolo formale e nella *performance* rituale deve essere vista non tanto come un relitto arcaico di epoche passate più inclini alla violenza, quanto piuttosto come elemento funzionale per una società che diventava via via più complessa. Togliendo spazio a prassi un tempo non formalizzate o a faide difficilmente dominabili, che (quanto alla eventuale durata o al numero di persone che potevano esserne coinvolte) erano, in linea di principio, prive di limitazioni e quindi in grado di turbare la pace senza limiti di tempo controllabili, con lo strumento del duello giudiziario conflitti inevitabili sono stati condotti verso forme di giurisdizione meglio regolate e quindi verso il controllo e il monopolio della violenza da parte dello «stato». In questo modo i contrasti venivano indirizzati verso precise modalità di svolgimento e limitati in genere a due o comunque a un numero fisso di contendenti. Nella lotta così stabilita, inoltre, i conflitti avevano una loro conclusione temporale prevedibile e accettabile per i gruppi avversari rappresentati da chi si confrontava nel duello che diveniva perciò utile a mantenere la pace, rendendo possibile limitare la violenza.
L'ammissione al confronto armato era inoltre sempre riservata a determinate qualità sociali, e spesso questa ammissione fungeva da segno distintivo: se in origine il duello giudiziario era uno strumento di tutela del proprio diritto sostanzialmente limitato ai liberi, più tardi il duello privato si trasformò in privilegio reclamato dalla nobiltà che lo riservava per sé come mezzo di soddisfazione d'onore. Nell'alto medioevo una nuova figura ebbe un ruolo fra le parti in conflitto: il campione, che in certe circostanze subentrava ad un combattente incapace o indisponibile, soluzione che in seguito non fu più praticabile quando si trattò dello scontro per difendere l'onore perso-

nale. Il ricorso a questi campioni che con la materia del contendere non avevano direttamente nulla a che fare, rimanda al carattere ordalico del duello di quel tempo: è con l'aiuto di Dio che nello scontro tra uno o due personaggi esterni al contrasto risulta comunque possibile far emergere la verità (formale) e quindi la colpa. [...]
Con il duello giudiziario per punto d'onore, concettualizzato e praticato nel tardo medioevo soprattutto in Italia, il confronto combattuto di persona viene nuovamente messo in primo piano. A differenza del duello privato, che pure ha come oggetto il punto d'onore e che appare più tardi, nel duello giudiziario d'onore la lotta è resa legittima dall'autorità di un signore (avente la giurisdizione sul territorio dell'incontro) e dalla piena percezione dell'evento da parte del gruppo sociale che direttamente lo condivide in quanto pratica di diritto, mantenendogli così il carattere di rituale giuridicamente valido. [...]
Il duello giudiziario pubblico come il duello privato clandestino (diffusosi dopo le proibizioni messe in essere lentamente e a fatica specialmente dopo il 1215, il cui risultato doveva tuttavia essere «pubblico» all'interno del rispettivo gruppo sociale), adempivano entrambi in modo palese ad una funzione culturale indispensabile, comprovata dal fatto che queste sanguinose pratiche agonali, pur mettendo a rischio la vita, si affermarono ampiamente sia nel medioevo che in età moderna, benché contrastate anzitutto dall'ostilità di significativi esponenti del potere spirituale ma ben presto anche dal potere temporale, con l'emanazione di divieti da entrambe le parti.

Otto Brunner/Il *miles christianus*

[O. Brunner, *Storia sociale dell'Europa nel Medioevo* (1978), trad. it. di G. Corni, il Mulino, Bologna 1980, pp. 121-123]

La nobiltà medievale, per quanto variegata possa essere stata al suo interno, trovò secondo Otto Brunner (1898-1982) un suo fattore identitario, e per questo unificante, nella figura del *miles christianus*. In epoca feudale la Chiesa aveva fatto un primo tentativo di indirizzare la violenza esercitata dai cavalieri verso scopi difensivi. Fu però con l'appello alle crociate contro i musulmani che si operò la fusione definitiva tra valori cristiani e guerra. A partire da questo connubio, prese vita una tradizione laica e allo stesso tempo cristiana della dignità cavalleresca dotata di enorme fortuna.

La nobiltà [era] compenetrata da un *ethos* unitario e da una corrispondente formazione, tale da dare a tutti questi gruppi, differenti per provenienza e posizione giuridica, politica ed economica, una coscienza comune ed eguali modi di comportamento. Questo *ethos* unitario è rappresentato per la nobiltà dalla norma, valida per tutti dai sovrani e principi attraverso i grandi signori fino alla nobiltà minore, del *miles christianus*, del cavaliere cristiano.
In questo concetto confluirono certo elementi di derivazione diversa: un elemento guerriero e la concezione dell'onore, legata strettamente alla vita giuridica, di provenienza germanica, un'etica avente radici antiche e cristiane insieme, sollecitazioni provenienti dalla cultura islamica. [...]
Nel mondo feudale francese del X-XI secolo, particolarmente disgregato, fu la chiesa ad intraprendere un'azione di contenimento della nobiltà, la quale finora si era dissanguata in interminabili faide, che derivavano in ultima istanza da una concezione pre-cristiana del diritto, e che minacciavano l'esistenza della chiesa, la cui protezione era necessariamente affidata ai signori mondani.
Perciò, la chiesa infuse nella nobiltà l'idea della limitazione delle faide attraverso lo strumento della «tregua di Dio». Anche se questo tentativo non ebbe un risultato duraturo, tuttavia le sue ripercussioni sono riscontrabili nel movimento per la pace territoriale, sorto attorno al 1100.
In quello stesso periodo, d'altra parte, la curia romana avanzava le proprie pretese di predominio all'interno della cristianità e presentava alla nobiltà un obiettivo immediato, rappresentato dalle crociate, il cui raggio d'azione andò dalla Spagna alla Siria. Nelle crociate la guerra assume il carattere di compito cristiano, che si fonde con il gusto per l'avventura e per la conquista tipico della nobiltà. [...]
In tal modo non solo si verificò una cristianizzazione relativa della guerra e della politica, ma anche le cose afferenti alla sfera mondana andavano perdendo il proprio connotato peccaminoso e vennero inserite all'interno dell'ordine naturale. Conseguenza ulteriore fu il formarsi di una cultura laica «cristiana» avente caratteri non riproducibili altrove. [...]
Questa cultura laica si può definire come cortese-cavalleresca, in quanto ne sono portatori le corti dei sovrani e la nobiltà, legate l'una all'altra in molteplici modi. L'idea del cavaliere cristiano trova la sua espressione nella dignità cavalleresca, che è acquisibile da parte di qualsiasi nobile, di qualunque rango, attraverso la creazione a cavaliere, che sostituisce la precedente cerimonia della concessione della spada. [...]
Al centro della dignità cavalleresca vennero collocati l'etica bellica e quello che è il compito principale di ogni signore ovvero la protezione dei sudditi, soprattutto dei più deboli. Quest'ultimo compito risulta legato

alle virtù cardinali cristiane in modo tale da dare vita ad un ideale di ceto, ad un tipo d'uomo al quale è necessario conformarsi.
Le virtù cardinali (giustizia, prudenza, fortezza, temperanza) sono un'eredità del mondo signorile antico. Formulate nella *polis* greca in riferimento a precedenti concezioni aristocratiche, esse vennero appropriate dalla nobiltà romana e recepite in tal modo anche dalla chiesa romana che attribuì loro la funzione di etica per la vita mondana, subordinandole alle virtù teologali. Diffuse dovunque attraverso la dottrina cristiana, queste virtù dovevano assumere all'interno del mondo nobiliare una rilevanza maggiore che fra le larghe masse della popolazione urbana e rurale.

ANALIZZARE E COMPRENDERE

1 **Quali erano, secondo Heers, i più frequenti motivi di contesa tra famiglie? E quali erano le più comuni forme di vendetta? Argomenta le tue risposte.**

2 **Che cosa rappresentava, nel duello dell'alto Medioevo, la figura del «campione» descritta da Israel? E perché con il tempo venne meno lasciando il campo al soggetto direttamente offeso?**

3 **Quali elementi espressi da culture profondamente diverse confluirono, secondo Brunner, nella figura esemplare del *miles christianus*? E quali furono i valori riconoscibili di una nuova «cultura laica cristiana»?**

CONFRONTARE E RIELABORARE

4 **Ricostruisci, in un testo di max 15 righe, il percorso seguito dal concetto di «onore» nelle differenti incarnazioni illustrate dalle letture presentate e le diverse forme che tale concetto venne via via assumendo, anche in contrasto con i valori religiosi di carità e perdono.**

S/21_Immaginario e sensibilità

L'attenzione per i rituali e i meccanismi di disciplinamento della società è al centro dello studio di **Georges Duby** sull'amore cortese. Tensioni sociali, strategie politiche, rapporti tra i sessi costituiscono i diversi aspetti intrecciati in questa spiegazione storica della «*fine amour*». **Jean-Claude Schmitt**, immergendosi nell'immaginario superstizioso medievale, si concentra sull'avvento di alcune figure chiave come quelle delle streghe e degli stregoni. Credenze popolari, sentenze e codici giudiziari sono i soggetti privilegiati per ripercorrere i momenti salienti di questo esemplare processo di formazione di fortunati stereotipi collettivi. **Jacques Le Goff**, infine, esplora il percorso che portò il Medioevo a identificare il peccato originale con il peccato sessuale e a teorizzare una contrapposizione totale tra carne e spirito. A partire dai primi secoli cristiani si affermò, dunque, una nuova etica sessuale che coincise con il rifiuto di tutto ciò che era percepito come carnale.

Georges Duby/L'amore cortese: gioco di uomini, rituale di «civilizzazione»

[G. Duby, *Amore, sesso, famiglia, matrimonio*, Laterza, Roma-Bari 1991, pp. 51-55]

L'amore cortese fu un gioco di uomini in cui le donne vennero ammesse solo in quanto «esche» o «trofei». L'amore cortese fu anche un modo per canalizzare e sfogare le inquietudini e le violenze della società dell'epoca. Sono queste le tesi sostenute da Georges Duby (1919-1996) nel passo che presentiamo. La «civilizzazione» promossa dall'amore cortese non riguardò il rapporto tra i sessi, che continuò a fondarsi sull'inferiorità e sulla sottomissione della donna. Liberò piuttosto l'individuo dalle frustrazioni indotte dall'obbligo delle strategie matrimoniali, legittimò i motivi d'insoddisfazione degli sposi e quelli della massa di uomini costretti al celibato e insegnò alle giovani generazioni a controllare il loro impeto, per educarsi alla sottomissione, alla fedeltà e all'abnegazione.

La *fine amour* è un giuoco. Un giuoco educativo. È il *pendant* esatto del torneo. [...] Come nel torneo, il giovane rischia la vita con l'intento di perfezionarsi, di accrescere il proprio valore, il suo pregio, ma anche di prendere, prender piacere, catturare l'avversario dopo avere spezzato le sue difese, dopo averlo disarcionato, gettato a terra, travolto. [...] Non esito a respingere la tesi di quei commentatori che hanno visto nell'amore cortese un'invenzione femminile. Era un giuoco di uomini, [...] la donna è un'esca, analoga a quei *mannequins* [manichini] contro cui il novello cavaliere si scagliava, nelle esibizioni sportive che seguivano le cerimonie della sua vestizione. La dama non era forse invitata ad agghindarsi, a celare e a svelare le sue attrattive, a rifiutarsi a lungo, a concedersi solo con parsimonia, un po' alla volta, in modo che dal prolungarsi della tentazione e del rischio il giovane apprendesse la padronanza di sé, il dominio del suo corpo?

Prova, pedagogia, e tutte le espressioni letterarie dell'amore cortese devono essere collocate nell'ordine del molto vigoroso slancio di progresso la cui intensità culminò durante la seconda metà del secolo XII. Esse sono a un tempo lo strumento e il prodotto di quella crescita che liberava rapidamente della sua patina selvaggia la società feudale civilizzandola. La proposta, l'accettazione di una nuova forma di rapporti tra i due sessi non si capiscono se non riferendosi ad altre manifestazioni di questa impetuosa corrente. Non penso [...] a una particolare promozione della donna, ci credo poco. Ci fu, sì, promozione della condizione femminile, ma, al tempo stesso, altrettanto decisa, promozione della condizione maschile, sicché lo scarto restò il medesimo, e le donne restarono a un tempo temute, disprezzate e strettamente sottomesse; di questo d'altronde è in primo luogo testimone la letteratura cortese. No, io penso al movimento per cui allora l'individuo, la persona, si liberò dalla condizione gregaria.

Comincerò col privato, cioè con le questioni sollevate a proposito delle relazioni fra uomo e donna dalle strategie matrimoniali adottate nella società aristocratica. [...] Le severe restrizioni ai matrimoni dei figli maschi moltiplicavano in effetti il numero dei celibi, gelosi di quelli che avevano una sposa nel letto, frustrati. Non alludo alle frustrazioni sessuali che trovavano facilmente modo di liberarsi da qualunque inibizione. Mi riferisco all'assillante speranza di impadronirsi di una compagna legittima, per fondare la propria famiglia, per sistemarsi, e alle fantasticherie di aggressione e di ratto alimentate da quest'assillo. D'altro lato gli accordi nuziali si concludevano quasi sempre senza tenere il minimo conto dei sentimenti dei due promessi; la sera delle nozze, una bambina troppo giovane, appena pubere, era abbandonata a un giovane violento che non aveva mai visto. E c'era anche quella segregazione che, dai sette anni in poi, collocava maschi e femmine in due universi totalmente separati. Tutto si accordava dunque perché tra coniugi si stabilisse non una calda relazione paragonabile a ciò che per noi è l'amore coniugale, ma un freddo rapporto di disparità: dilezione condiscendente da parte del marito e, nella migliore delle ipotesi, riverenza timorosa da parte della moglie.

Ora, tali circostanze rendevano desiderabile la compilazione di un codice i cui precetti, destinati ad essere applicati al di fuori dell'area coniugale, costituirebbero una specie di complemento del diritto matrimoniale, e si verrebbero proponendo parallelamente a questo. [...] Un tale codice era necessario per tenere a freno la brutalità, la violenza nel progresso verso la civiltà di cui dicevo; ci si aspettava che, ritualizzando il desiderio, quel codice orientasse verso la regolarità, verso una specie di legittimità, i motivi d'insoddisfazione degli sposi, delle loro mogli, e soprattutto di quella inquietante massa di uomini turbolenti che gli usi familiari costringevano al celibato.

Funzione regolatrice, volta ad imporre un ordine; il che mi porta a considerare un'altra categoria di problemi, relativi, questa volta, all'ordine pubblico, problemi, per parlar propriamente, politici che la codificazione dei rapporti tra uomini e donne poteva aiutare a risolvere.[...] In un momento in cui lo Stato cominciava a districarsi dall'arruffata situazione feudale in cui, nell'euforia alimentata dalla crescita economica, il potere pubblico si sentiva di nuovo capace di dare la sua impronta ai rapporti sociali, il principe mecenate [...] deve avere consapevolmente favorito l'istituzione di quelle liturgie profane di cui un Lancellotto o un Gauvain[1] davano l'esempio. Infatti era un modo di rafforzare la presa del potere sovrano sulla categoria sociale che forse, in quel momento, era la più utile alla ricostituzione dello Stato, ma che era anche la meno docile: la cavalleria. Il codice della *fine amour* serviva, in effetti, i disegni del principe in due maniere. In primo luogo, infatti, rialzava i valori cavallereschi, affermava nell'ambito delle parate, delle illusioni, delle vanità la preminenza

1. Nella mitologia britannica e nel ciclo arturiano Lancellotto (o Lancillotto) e Gauvain sono due dei più valorosi cavalieri della Tavola rotonda al servizio di re Artù.

della cavalleria minata di fatto, insidiosamente, dall'insinuarsi nella buona società di elementi danarosi, dall'ascesa delle borghesie. La *fine amour*, praticata nell'*honestas*, fu presentata come uno dei privilegi del «courtois». Il «villano» era escluso dal giuoco. [...] Contando su questa diversità, il principe intendeva tenerla più strettamente nelle sue mani, dominarla. [...] In seno alla stessa cavalleria, il rituale cooperava in un altro modo, complementare, a mantenere l'ordine: aiutava a dominare quanto vi era d'impetuoso, ad «addomesticare» la «gioventù». Il giuoco d'amore fu in primo luogo educazione alla misura. Misura è una parola chiave nel suo vocabolario specifico. Invitando a reprimere gl'impulsi, era per se stesso fattore di calma, di pacificazione. Ma questo giuoco, che era una scuola, invitava anche a una gara. Si trattava, superando dei concorrenti, di guadagnare la posta, cioè la dama. E il *senior*, il capo della casa, accettava di collocare la sua sposa al centro della competizione in una situazione illusoria, ludica, di preminenza e di potere. [...]

L'amore cortese insegnava a servire, e servire era il dovere del buon vassallo. Di fatto furono gli obblighi propri del vassallaggio che si trovarono ad essere trasferiti nella gratuità del divertimento, ma che in un certo senso diventavano più pungenti, poiché l'oggetto del servizio era una donna, un essere naturalmente inferiore. L'apprendista, per acquistare maggior padronanza di sé, si vedeva costretto ad umiliarsi da una pedagogia esigente e perciò, tanto più efficace. L'esercizio che gli si chiedeva era un esercizio di sottomissione; e anche di fedeltà, di oblio di sé.

Jean-Claude Schmitt/**Figure dall'immaginario medievale: streghe e stregoni**

[J.-C. Schmitt, *Medioevo «superstizioso»* (1988), trad. it. di M. Garin, Laterza, Roma-Bari 1992, pp. 139-142]

Per lo storico francese Jean-Claude Schmitt (nato nel 1946) le figure della strega e dello stregone, così come ci sono state tramandate dall'immaginario medievale, sono frutto di un processo di codifica svoltosi tra il XIV e il XV secolo. Individuando le tappe fondamentali di questa evoluzione nei processi giudiziari, Schmitt mostra che ad una prima definizione dell'identità degli stregoni come eretici, idolatri e apostati seguì il successo dell'immagine della strega come amante di Satana, dedita alla caccia selvaggia, ai voli e alle assemblee notturne. La nascita di termini con cui indicare le sette degli stregoni e la fioritura di codici nei quali la peculiarità delle «nuove streghe» era scorta nell'adorazione dei demoni posero le basi per la successiva caccia alle streghe, inaugurata formalmente con la Bolla pontificia del 1484.

Il 1350 è una data su cui s'impernia la storia della stregoneria. Sembra proprio che in questo momento tutti i temi che separatamente concernevano la stregoneria si siano riuniti in un unico stereotipo della strega, forse capro espiatorio delle grandi paure della Peste nera. La mobilitazione dei poteri di Stato conferì una temibile efficacia a immagini che, in forza della successione dei processi – alcuni dei quali rimasti nell'ombra [...] –, ebbero grande risonanza sull'animo delle vittime come su quello dei giudici. Il rigore sistematico delle procedure e la logica implacabile del diritto spiegano in buona parte il carattere sommario e irreversibile della costruzione di questa immagine.

Nel 1436, il giudice del Delfinato competente nei processi per magia, Claude Tholosan, scrive un trattato *Ut magorum et maleficorum errores*, sugli errori dei maghi e stregoni; si fonda sulla sua esperienza di oltre cento casi, per abbandonarsi poi, come giudice laico, a una sorta di rilancio nei confronti della giustizia ecclesiastica: la gravità dei peccati «religiosi» degli stregoni gli sembra troppo grande per consentire l'indulgenza prevista dal diritto canonico; gli stregoni non sono solo degli eretici, ma sono idolatri ed apostati, e di una «perfida» apostasia che esclude la misericordia; segni che possono sembrare innocenti rivelano di fatto la gravità dei loro delitti; la raccolta delle piante della festa di sant'Antonio, l'utilizzazione dell'arte dei guaritori devono suscitare i più gravi sospetti e la diligenza istruttoria del giudice. Una denuncia tanto severa delle «superstizioni» giudicate per tradizione più lievi mostra fino a che punto le autorità laiche, come quelle ecclesiastiche, erano divenute intransigenti.

Nel modo in cui i giudici, ma anche il popolo e gli stessi accusati, si rappresentavano la stregoneria, i fantasmi del volo notturno delle streghe e dei loro eccessi diabolici – tratteggiati dall'idea dell'esplicito patto col diavolo e arricchiti dalla demonizzazione della caccia selvaggia e della corsa di Dame Abonde[1] – rientrarono nell'accusa fondamentale del *maleficium*. Restava da dar loro un nome: quello del sabba, che

1. Nella tradizione francese Dame Abonde era la più importante delle fate benefiche, che durante la notte si recavano di casa in casa a lasciare i loro doni.

evocava a un tempo la «superstizione giudaica» e le conventicole degli eretici. Il nome compare nel Quattrocento, contemporaneamente al dissiparsi, nelle stesse persone colte, degli ultimi dubbi concernenti la realtà materiale delle cavalcate e delle assemblee notturne delle streghe. Il sabba, lungi dall'essere solo un sogno ingannevole ispirato dal diavolo, passava ormai per una realtà: le streghe ci vanno realmente per le vie dell'aere, vi rendono omaggio a Satana e si uniscono carnalmente con lui.

Alla fine del Quattrocento, il termine *Vauderie* non si applica più esclusivamente agli eretici valdesi, ma assume il significato di «setta di stregoni», il cui principe è il capro satanico; egli riceve l'omaggio dei suoi servi fedeli e presiede alla cavalcata notturna delle streghe che vanno al sabba. [...]

Una tale convinzione, combattuta prima d'allora dalla Chiesa nella tradizione del canone *Episcopi*[2], si è imposta agli autori ecclesiastici nella seconda metà del Quattrocento; per non dover contraddire l'autorità di un canone ritenuto vecchio quasi quanto la Chiesa stessa, Jean Vineti, teologo parigino e inquisitore a Carcassonne, fa nel suo Trattato contro le invocazioni dei demoni una sottile distinzione tra le «antiche streghe», a cui si riferisce il canone *Episcopi*, e le «nuove», che formano una setta «demonolatrica». La stessa distinzione sarà ripresa nel 1486 dagli autori del celebre *Martello delle streghe*, i domenicani di Colonia Jacob Sprenger ed Enrico Institoris[3], secondo cui le «nuove streghe» hanno fatto la loro comparsa esattamente nel 1400. [...]

Verso il 1490 il canonico di Saintes e professore all'università di Poitiers, Pierre Mamoris, è tra i primi a usare sistematicamente il nome sabba [...] ma già nel 1484 la bolla *Summis desiderantes* d'Innocenzo VIII, aveva operato la sintesi di tutta la scienza demonologica messa insieme nel corso di due secoli: questa bolla dette il sigillo dell'autorità pontificia al lancio della caccia alle streghe.

2. Raccolta di istruzioni in base alla quale i vescovi identificavano le streghe e prendevano decisioni in merito alla stregoneria. Secondo il canone *Episcopi*, risalente al IX secolo, la strega era colei che venerava il Demonio. A causa delle sue contraddizioni interne e della sua genericità, il canone venne abbandonato e progressivamente sostituito da altri codici nel corso del Quattrocento.

3. Jacob Sprenger ed Heinrich Kramer (noto anche come Henricus Institoris) furono teologi e inquisitori del XV secolo. Con il *Martello delle streghe* chiesero esplicitamente a Roma una presa di posizione in merito al dilagare dell'eresia e della stregoneria in Germania.

Jacques Le Goff/**Il rifiuto del piacere**

[J. Le Goff, *L'immaginario medievale* (1985), trad. it. di A. Salmon Vivanti, Laterza, Roma-Bari 1999, pp. 125-130]

La netta contrapposizione tra carne e spirito ed il rifiuto di tutto ciò che è carnale sono al centro di questo brano di Jacques Le Goff (1924-2014). Assente nelle scritture, la nuova etica sessuale che tanto influenzò la mentalità del Medioevo fu elaborata, secondo l'autore, da padri della Chiesa e predicatori attraverso alcune tappe fondamentali. Da un lato, a partire dai primi secoli del cristianesimo, ci fu un processo teorico costante che portò a far coincidere il peccato originale con il peccato carnale, nella cui etichetta furono fatti rientrare tutti i comportamenti sessuali diversi dalla continenza. Dall'altro, all'interno del monachesimo si venne definendo un ideale di verginità in termini di perfezione, diametralmente opposto a tutti gli altri comportamenti.

Con l'avvento del cristianesimo, una delle prime novità consiste nel collegamento fra la carne e il peccato. Non che l'espressione «peccato carnale» sia frequente nel Medioevo; ma è già visibile il processo che porterà durante l'intero Medioevo, mediante uno slittamento di significati, a servirsi dell'autorità suprema, la Bibbia, per giustificare la repressione della maggior parte delle pratiche sessuali. [...]

L'eredità biblica non aveva lasciato alla dottrina cristiana un pesante bagaglio di repressione sessuale. L'Antico Testamento, spesso indulgente sotto questo aspetto, aveva concentrato la repressione della sessualità nei divieti rituali enumerati nel *Levitico*. [...] I principali riguardano l'incesto, la nudità, l'omosessualità e la sodomia, il coito durante il flusso mestruale. L'alto Medioevo riprende tali divieti. L'*Ecclesiastico* trabocca di antifemminismo: «Dalla donna ha avuto inizio il peccato, e per causa sua tutti moriamo». [...]

In compenso il *Cantico dei Cantici* è un inno all'amore coniugale palpitante di passione amorosa e persino di erotismo. Ma il cristianesimo, seguendo una determinata tradizione ebraica, si è affrettato a dare del *Cantico* un'interpretazione allegorica. L'unione celebrata, che era primitivamente l'unione di Jahvé e di Israele, diventa quella di Dio con l'anima fedele, del Cristo con la Chiesa. [...]

Nel Nuovo Testamento i Vangeli sono molto discreti sulla sessualità. [...]

Nel Medioevo, invece, la demonizzazione della carne e del corpo, assimilati a luoghi di depravazione, al centro della produzione del peccato, toglierà al corpo ogni dignità.

Fra il tempo dei Vangeli e il trionfo del cristianesimo (secolo IV), due serie di avvenimenti assicurano il successo della nuova etica sessuale: sul piano teorico, la diffusione dei nuovi concetti di carne, fornicazione, concupiscenza, e la sessualizzazione del peccato originale; sul piano pratico, l'apparizione di uno *status* virginale fra i cristiani e la realizzazione dell'ideale di castità nel monachesimo del deserto.

Per quanto riguarda il concetto di carne l'essenziale consiste nell'inasprimento della contrapposizione carne/spirito, nello slittamento del significato di *caro*, umanità assunta da Cristo con l'Incarnazione, verso la nozione di carne debole, corruttibile, e del significato di carnale verso quello di sessuale. Anche la definizione della natura umana con il termine *caro* tende a sessualizzare tale natura e introduce, seguendo un'identica evoluzione, la nozione, tipica dell'etica pagana, di peccato contro natura, che si dilaterà nel Medioevo con l'estensione del concetto di sodomia. [...]

Più importante è la lunga evoluzione che condurrà ad assimilare il peccato originale al peccato carnale. Nella *Genesi* il peccato originale è un peccato dello spirito, che consiste nel concepire l'appetito della conoscenza e nel disubbidire a Dio. Nei Vangeli non c'è alcuna dichiarazione di Cristo sul peccato originale. [...] È ben vero che secondo la Genesi le conseguenze principali del peccato originale erano la perdita della familiarità divina, la concupiscenza, la sofferenza (nel lavoro per l'uomo, nel parto per la donna), la morte. Ma fu Agostino a collegare definitivamente il peccato originale con la sessualità attraverso la concupiscenza. Per ben tre volte, fra il 395 e il 430, egli afferma che la concupiscenza trasmette il peccato originale. A partire dai figli di Adamo ed Eva il peccato originale viene trasmesso all'uomo mediante l'atto sessuale. Tale concezione diverrà generale durante il secolo XII. [...]

Nella volgarizzazione operata dalla maggioranza dei predicatori, dei confessori e degli autori di trattati morali, questo slittamento arriverà fino all'assimilazione del peccato originale al peccato carnale. L'umanità è stata generata nella colpa, insita in ogni accoppiamento a causa della concupiscenza che inevitabilmente vi si manifesta.

Nel frattempo si era sviluppato un vasto movimento – al tempo stesso teorico e pratico – per il rispetto della verginità. Tertulliano (inizi del secolo III) e Cipriano inaugurano una serie di opere che, dal Metodio di Olimpo (seconda metà del secolo III) in poi, sono veri e propri trattati sulla verginità. [...]

È il grande movimento di fuga nel deserto, la ricerca della purezza sessuale più che della solitudine. All'inizio spesso dà luogo a fallimenti, dovuti soprattutto alle pratiche sessuali compiute con i giovani che hanno seguito nel deserto un parente o un maestro. Per molto tempo sarà accompagnato dai luoghi comuni delle tentazioni sessuali dell'immaginario (le tentazioni di sant'Antonio). Vittoria sulla sessualità, vittoria sull'alimentazione. Durante tutto il Medioevo, a partire dai primi Padri del deserto, la lotta contro la concupiscenza del mangiare e del bere, la vittoria sulla sovrabbondanza alimentare [...] e sull'ebbrezza si accompagneranno molto spesso con la lotta contro la concupiscenza sessuale. Quando verrà istituito, in seno al monachesimo del secolo V, un elenco dei peccati capitali o mortali, la lussuria e l'ingordigia (*luxuria et gula*) verranno spesso accoppiate.

ANALIZZARE E COMPRENDERE

1 **Perché, secondo Duby, l'amore cortese è un gioco di uomini? C'era discrepanza tra il ruolo della figura femminile all'interno del codice dell'amore cortese e quello che realmente occupava nella società? Argomenta la tua risposta.**

2 **Quali elementi di intolleranza religiosa confluivano nel concetto di «sabba» ufficialmente codificato nel Quattrocento, secondo Schmitt?**

3 **Chi stabilì per primo un nesso tra il peccato originale e la sessualità secondo Le Goff? E a quale tipo di desiderio peccaminoso sarà spesso associato quello sessuale, nell'etica cristiana medievale?**

CONFRONTARE E RIELABORARE

4 **Descrivi, in un testo di max 15 righe, le diverse forme in cui la cultura e la mentalità medievali percepirono la figura femminile nei contesti particolari discussi nelle letture qui presentate.**

S/22_Strategie ereditarie

Questo percorso storiografico pone al centro della discussione il legame strettissimo tra le dinamiche del potere e le strategie matrimoniali. Il matrimonio non è solo un'unione privata, ma è anche il delicato momento in cui avviene la trasmissione dell'eredità materiale e ideale della potenza della famiglia. In questa ottica esso assume un'importanza centrale nelle strategie del potere. **Fanny Cosandey** riporta alla luce motivazioni e aspirazioni che hanno portato in Francia all'affermazione della legge salica in materia di eredità alla corona, secondo cui le donne sono completamente escluse, in linea sia diretta che indiretta, dall'asse ereditario. **James Casey**, invece, mette in rilievo il legame tra le strategie matrimoniali e la natura del potere, ricostruendo il momento di passaggio dalla consuetudine feudale dei signori di dare in spose le figlie agli uomini del proprio seguito all'abitudine, dilagante alla fine del Medioevo, di andare a caccia della dote più sostanziosa. **Isabelle Chabot**, infine, si concentra sull'istituto della dote, che alla fine del Medioevo si impone come lo strumento che permette di escludere di fatto le figlie dall'eredità patrimoniale.

Fanny Cosandey/La legge salica francese

[F. Cosandey, *Francese o straniera? La regina di Francia tra dignità regale e successione ereditaria*, in «Genesis», I, 1, 2002, pp. 36-39]

La legge salica, affermatasi in Francia a partire dal XIV secolo, esclude totalmente le donne dalla linea ereditaria della corona. Ciò significa che le donne non solo non possono diventare regine di Francia ereditando la corona nella loro persona, ma non possono neanche trasmetterla, ad esempio, ad un loro discendente. Questa legge, introdotta in seguito a due crisi dinastiche – e che da allora ha governato la storia della monarchia francese per tutto l'antico regime –, è nata, secondo Fanny Cosandey, da un lato con la finalità di semplificare la linea successoria, limitandola strettamente alla linea maschile, dall'altro per evitare che la corona francese potesse finire in mani straniere.

Prima e unica fra le leggi fondamentali dello Stato, la legge salica ha tratto origine dalle crisi di successione del 1316 e del 1328. In questo senso si tratta di una legge che risponde ai bisogni della monarchia: conferisce infatti legittimità a sovrani che hanno approfittato dell'assenza di regole rigorose per impadronirsi del trono. Senza soffermarsi sull'elaborazione della legge, le cui conseguenze per la sposa del re sono state esposte in altra sede, conviene tuttavia ricordare le tappe principali della sua genesi. Nel 1316 Luigi X l'Attaccabrighe, primogenito di Filippo IV il Bello, muore senza lasciare eredi maschi e provoca una crisi di successione che si risolve con l'esclusione delle figlie dalla successione ereditaria capetingia. Alla morte di Luigi X, il fratello si impossessa del trono a scapito della figlia del sovrano defunto, Giovanna, impossibilitata a far valere i suoi diritti perché ha solo quattro anni. L'avvento al trono di Filippo V non è privo di difficoltà, tanto che il nuovo re si vede costretto a mobilitare i giuristi per legittimare la sua autorità: costoro affermano che, secondo la tradizione, in Francia le donne non salgono al trono. Assistiamo così alla messa in opera del primo principio relativo alla successione al trono, in base al quale l'eredità capetingia spetta ai maschi. Nel 1328, anche il terzo figlio di Filippo il Bello muore senza lasciare eredi. A questo punto si pone un nuovo problema: il re d'Inghilterra Edoardo III, figlio di Isabella di Francia (anch'ella figlia di Filippo il Bello) rivendica infatti la corona in nome della madre. Per evitare che il regno di Francia sia retto da un principe straniero, la corona passa a un nipote *ex fratre* di Filippo il Bello, che prende il nome di Filippo VI. È così istituito il secondo principio successorio: le donne non possono trasmettere l'eredità. In questo modo, le figlie vengono definitivamente estromesse dalla successione capetingia. Per comprendere appieno il posto che la regina occupa nella monarchia francese è dunque importante sottolineare che, in origine, la legge salica venne ideata non contro le donne, bensì in favore dei maschi. Il percorso non è lo stesso. Nella prima metà del XIV secolo, il problema era non solo assicurare il trono ai principi capetingi (Filippo V, poi Filippo VI, discendenti in linea maschile della stirpe reale), ma anche semplificare la linea successoria, che la presenza di un gran numero di figlie avrebbe reso intricata, se esse o i loro discendenti maschi vi fossero stati ammessi. [...]
La seconda giustificazione data alle

regole di successione al trono riguardava gli stranieri. [...]
I giuristi di antico regime si trovano d'accordo nell'affermare che la forza della monarchia francese è data dalle sue regole di successione al trono. [...] Per Laurent Bouchel l'adozione della legge salica «è la causa della conservazione di questo Stato». E non è il solo a pensarla così: tutti sono concordi nel riconoscere che su quel principio successorio si fonda «la garanzia che la monarchia [si] conserverà in eterno». Frainois de Fermineau riassume con una formula lapidaria la convinzione generale: la legge salica «salda la corona con chiodi di diamante»; e questo perché, istituendo la successione in linea maschile, mantiene il trono all'interno di un'unica famiglia. A differenza degli altri regni che, ammettendo le figlie alla successione, sono soggetti a «vari cambiamenti, e possono cadere addirittura nelle mani dei loro antichi nemici», come è avvenuto per la Spagna governata dagli Asburgo, la corona di Francia «è sempre rimasta nelle mani dei Francesi, e all'interno della stirpe reale». Per Pierre Poisson de la Bodiniere l'estromissione del lignaggio femminile è «un rimedio atto a fare sì che [i Francesi] e i loro posteri non possano cadere sotto il giogo e la servitù delle nazioni straniere». Le figlie, infatti, partecipano alla successione al trono soltanto «per portarlo con sé in una famiglia straniera, visto che essere possedute è la legge del loro sesso».

James Casey/Le donne al centro delle strategie matrimoniali

[J. Casey, *La famiglia nella storia* (1989), trad. it. di M. Zizi, Laterza, Roma-Bari 1999, pp. 103-106]

Con questo brano James Casey va dritto al cuore delle dinamiche di potere che regolano le strategie matrimoniali. Se nella prima età feudale il signore dava le figlie in spose agli uomini del suo seguito per cementare ulteriormente i vincoli di patronaggio e per aumentare la propria potenza che si misurava in termini di seguito, nel basso Medioevo quest'usanza si perde per essere sostituita dalla ricerca di doti sempre più appetibili. In una società in cui il potere andava maggiormente definendosi come potere economico, le strategie matrimoniali venivano piegate alle dipendenze dell'interesse. Da qui la crescita esorbitante delle doti, che rendevano più appetibile un'unione piuttosto che l'altra, e la dilagante abitudine dei matrimoni "dispari" tra membri della nobiltà e figlie di ricchi mercanti.

Una delle caratteristiche della prima società feudale è l'usanza per cui le donne si sposano con uomini di condizione inferiore; tali matrimoni costituiscono una sorta di dono concesso da un superiore per consolidare i vincoli di patronaggio con il suo seguito. Questo sistema non comporta nessun disonore, poiché l'inferiore è vicino al suo protettore, viene allevato nella sua casa ed eventualmente è imparentato con lui per parte di madre. Questa soluzione è più adatta ad una società in cui la ricchezza è ancora valutata in termini di seguito, e in cui non sussiste una grande disparità di cultura e di ricchezza tra gli uomini del seguito e il loro signore. Le cose cambiano allorché l'acquisizione di beni materiali nella forma della dote comincia a dominare la strategia matrimoniale. Ciò che caratterizza la storia del tardo Medioevo è tra le altre cose, la difficile coesistenza dei due sistemi: il tentativo fallito di mantenere una gerarchia feudale tramite il matrimonio delle donne della famiglia del signore con gli uomini del suo seguito, e la caccia più prosaica alla dote, stigmatizzata invano dai moralisti e dai politici. Questa situazione si rispecchia nei matrimoni della famiglia d'Alba nel XVI secolo. Leonora, figlia del secondo duca d'Alba sposò (facendo un matrimonio probabilmente al di sotto della sua condizione) il primo conte d'Alba de Liste. Il figlio di Leonora, Enríque, riequilibrò in seguito la situazione sposando, secondo l'uso tipicamente feudale, la figlia dello zio materno, María, del casato d'Alba, senza dote. Quando invece l'erede degli Alba Fernando sposò una Alba de Liste nel 1529, ricevette una ricca dote; ciò rappresentava una rottura con la tradizione feudale, in quanto comportava un'ascesa sociale della sposa che portava al marito un notevole patrimonio. I rapporti tra le famiglie Alba e Alba de Liste implicavano un complesso interscambio matrimoniale. [...]
Più in generale, i matrimoni degli Alba indicano il persistente tentativo da parte dell'aristocrazia rinascimentale di conciliare una gerarchia basata sull'onore con una gerarchia basata sulla ricchezza. [...] È questa l'epoca in cui gli uomini di Stato in Spagna e in Italia lamentano un aumento esorbitante dell'ammontare della dote, in cui ravvisano la causa di una diminuzione dei matrimoni, di una stagnazione o di una caduta demografica nonché di una dilagante corruzione. [...]
Ciò che si andava verificando era probabilmente una nuova strutturazione dei rapporti sociali nell'epoca del capitalismo nascente. L'apertura delle famiglie e il consolidamento del seguito tramite i matrimoni con le figlie del signore cominciavano a diventare fenomeni del passato. Il potere delle grandi famiglie ora doveva essere rafforzato da risorse più tangibili e materiali, e ciò determinò una trasformazione delle strategie matrimoniali. I paesi che conoscevano una borghesia più sviluppata di quella della Spagna estesero la pratica del «disparaggio»: i membri dell'aristocrazia si abbassavano a sposare le figlie di ricchi mercanti o di finanzieri, «*pour redorer le blason*» o «*pour fumer ses terres*».

Isabelle Chabot/*Exclusio propter dotem*

[I. Chabot, *Risorse e diritti patrimoniali*, in A. Groppi (a cura di), *Il lavoro delle donne*, Laterza, Roma-Bari 1996, pp. 51-53]

Nel brano che segue, Isabelle Chabot (nata nel 1959) racconta come la dote, che nel diritto romano non escludeva le figlie dall'eredità paterna, a partire dal basso Medioevo iniziò ad essere lo strumento con cui i padri cercarono di mantenere intatto il loro patrimonio. Secondo il principio dell'*Exclusio propter dotem*, formalmente inserito negli statuti comunali, le figlie rinunciavano ad ogni diritto sulle proprietà paterne accettando la dote, che era un'elargizione significativamente minore rispetto ad una vera e propria parte di eredità, quasi sempre in denaro, in modo da lasciare unitario il patrimonio immobile. Quando le finanze familiari non permettevano l'esborso di più doti, poi, si avviavano le figlie alla vita monastica.

A partire dal XIII secolo, iscrivendo nei loro statuti la regola, mutuata dal diritto longobardo, dell'*exclusio propter dotem*, i comuni italiani pongono la dote in relazione con il matrimonio e con la successione: se, nella definizione delle sue funzioni, la dote conserva la sua caratteristica romana, diviene anche lo strumento che consente di escludere le figlie dall'asse successorio agnatico. Ed è in questo che la dote medievale si differenzia radicalmente dall'istituto romano.

La dote, ormai concepita come un compenso monetarizzato concesso alle figlie in cambio della loro rinuncia all'eredità, è innanzitutto, un loro incontestabile diritto ed un obbligo al quale la loro famiglia non può sottrarsi. In quanto unica quota di eredità femminile, la dote si sostituisce alla legittima senza tuttavia conservarne tutte le caratteristiche enunciate dal diritto romano. In effetti, pur affermando che la dote deve essere commisurata al livello socio-economico della famiglia, i giuristi e i legislatori tardomedievali non stabiliscono dei criteri di valutazione. Nella pratica, la quota successoria delle figlie è tendenzialmente inferiore a una vera e propria legittima.

La successione di un mercante fiorentino del Trecento ci dà la misura della profonda disuguaglianza di genere di fronte all'eredità. Quando muore l'8 luglio 1363, Giovanni di Bartolo Morelli lascia, secondo il suo più famoso nipote, una solida fortuna di 15.000 fiorini ai quattro figli maschi. Andreola, la sua unica figlia, riceverà invece una dote di 700 fiorini, secondo l'ultimo testamento che Giovanni detta il giorno stesso della morte: una discreta somma per l'epoca ma che non rappresenta neppure il 20% della quota di eredità spettante a ognuno dei suoi fratelli. [...]

Mentre la dotazione delle figlie grava pesantemente sui modesti bilanci dei ceti popolari e dei contadini, più le famiglie sono ricche, più profondo è il divario tra le doti delle femmine e la parte di eredità riservata ai figli maschi. La scelta – assai precoce nell'aristocrazia come nei ceti urbani – di esprimere quasi sistematicamente le doti in denaro per conservare la proprietà ancestrale della terra nell'ambito del lignaggio patrilineare introduce un'ulteriore discriminante tra i figli. [...]

I testamenti dei padri di famiglia consentono di chiarire le logiche di distribuzione delle risorse patrimoniali tra maschi e femmine da un lato, tra le femmine dall'altro. La divisione dell'eredità non avviene su una base individuale che riserverebbe a ogni figlio, nato o nascituro, una quota, seppur variabile secondo il sesso; essa si fonda, invece, sulla definizione preventiva di due lotti, assai disuguali, destinati ai maschi e alle femmine. Sembra proprio che i padri stabiliscano presto un rapporto «ideale» tra successione e dotazione suscettibile di conciliare il privilegio successorio dei maschi con lo status e l'onore del gruppo familiare di cui le doti delle figlie sono un potente indicatore. L'evoluzione demografica della famiglia e il rapporto numerico tra i sessi nell'ambito della fratria influiscono poi sulla ripartizione interna di questi due lotti. [...]

I padri hanno [...] una chiara consapevolezza della somma che devono sborsare per ostentare, tramite le figlie, la ricchezza ma anche il capitale sociale e simbolico della famiglia; però, la sostanziale inelasticità del *budget* dotale stabilito consente solo un certo numero di matrimoni onorevoli. Così i conventi, meno esigenti delle famiglie, accolgono, con una dote assai minore, le figlie in sovrannumero e coloro che, per la loro salute o le loro qualità fisiche deficienti, vengono inevitabilmente allontanate dalla strada maestra del matrimonio. Dal tardo Quattrocento in poi, la ripresa demografica e l'inarrestabile inflazione delle doti impongono un controllo sempre più severo della nuzialità femminile che si traduce in un vistoso aumento delle monacazioni.

ANALIZZARE E COMPRENDERE

1 **Che cosa sancisce la legge salica? Perché, secondo Cosandey, questa legge non va «contro le donne, bensì in favore dei maschi»? Argomenta le tue risposte.**

2 **Quali erano le più comuni strategie matrimoniali nella prima società feudale secondo Casey? Perché nel tardo Medioevo si afferma la pratica matrimoniale del «disparaggio»? Argomenta le tue risposte.**

3 **Su quali discriminazioni di genere tra i figli si basava, per Chabot, l'istituto della dote alle donne? Che cosa succedeva di norma alle ragazze non primogenite provenienti da famiglie meno facoltose?**

CONFRONTARE E RIELABORARE

4 **Esponi in un testo di max 15 righe i modi in cui le donne erano considerate nell'ambito della politica e del diritto di famiglia nel Medioevo, così come emerge dagli studi di Cosandey, Casey e Chabot.**

Modulo_4
Il potere e il sapere nel Rinascimento

1453 ■ Gutenberg inventa la stampa a caratteri mobili.

1454 ■ I maggiori Stati della Penisola italiana sottoscrivono la pace di Lodi, premessa per un vasto accordo diplomatico che prevede il mantenimento dell'equilibrio geopolitico esistente.

1482 ■ Sandro Botticelli dipinge la *Nascita di Venere*.

1492 ■ Mentre Cristoforo Colombo scopre l'America, il Regno musulmano di Granada viene annesso alla Spagna.

1494 ■ Spagna e Portogallo firmano il trattato di Tordesillas per la spartizione degli imperi coloniali.

1499-1504 ■ Il re francese Luigi XII scende in Italia, conquista Milano e infine firma l'armistizio di Lione con la Spagna.

1526 ■ Solimano il Magnifico sconfigge Luigi di Ungheria nella battaglia di Mohács: i turchi avanzano verso il cuore dell'Europa.

1543 ■ Niccolò Copernico sostiene che la Terra ruota intorno al Sole.

Pedro Berruguete, *Federico da Montefeltro con il figlio Guidobaldo,* part., 1474 ca.
[Galleria Nazionale delle Marche, Urbino]

Capitolo_11/ Le monarchie dell'Europa moderna

ONLINE

GUIDA ALLA PROVA D'ESAME

Biagio d'Antonio da Firenze e bottega, *Il trionfo di Marco Furio Camillo*, 1480

[National Gallery of Art, Washington]

In questa tela viene esaltata la figura di Marco Furio Camillo, celebre dittatore romano, che, secondo una tradizione poco verosimile, dopo la presa di Roma da parte dei Galli, avrebbe ricacciato gli invasori liberando la città. Il tema storico ricorda molto da vicino i trionfi e le entrate gloriose dei principi e dei re contemporanei del pittore. La consapevolezza del riferimento storico non manca certo a questi personaggi e al loro pubblico: quando il duca Borso d'Este entra in Roma, per essere incoronato duca di Ferrara da Paolo II, un cronista scrive che non avrebbero ricevuto più «eminente onore» se fossero tornati «quei imperatori augusti come Caio Cesare e Ottaviano».

1/ I trionfi dei sovrani, il trionfo della monarchia

UN RITUALE D'ENTRATA NELLA CITTÀ ■ Ferrara, 1452: Borso d'Este, signore, oltre che di quella città, anche di Modena e Reggio, ospita Federico III d'Asburgo, venuto in Italia per farsi incoronare imperatore a Roma: da lui, in compenso per l'ospitalità ricevuta, ottiene il titolo di duca, trasformando in tal modo la sua signoria in un principato formalmente riconosciuto.

Un anno più tardi, Borso fa la sua entrata a Reggio, per ricevere omaggio alla sua nuova dignità ducale. Il rituale dell'entrata in città, seguito da una folla di cittadini reverenti, è fastoso e complesso.

Immediatamente fuori delle mura, il duca e il suo seguito sono accolti da un **grandioso macchinario** che sorregge un baldacchino sostenuto da angeli, sotto il quale appare un figurante in veste di san Prospero, patrono di Reggio; più in basso, su una **piattaforma mobile**, altri due figuranti abbigliati da angeli chiedono al santo **lo scettro e le chiavi della città**, per consegnarli al duca. Dietro a questo macchinario s'avanza un'impalcatura trainata da cavalli nascosti, che sorregge un trono; dietro al trono sta un ***tableau vivant*** ('quadro vivente'), cioè una rappresentazione composta da attori che, immobili, interpretano ruoli specifici; in questo caso è messa in scena l'allegoria della Giustizia, attorniata da quattro anziani legislatori, circondati – a loro volta – da sei angeli che sorreggono delle bandiere e da due file di cavalieri in armatura, anch'essi dotati di bandiere. Superate altre raffigurazioni allegoriche, Borso arriva davanti alla chiesa di S. Pietro: dall'alto della facciata un figurante in veste di san Pietro, sostenuto da una corda coperta di ghirlande, spicca il volo, per giungere fino a lui e depositare sulla sua testa una **corona d'alloro**. Infine, dopo aver seguito il servizio religioso, che viene celebrato nel duomo, il duca, all'uscita dalla chiesa, viene invitato a prender posto su un alto **trono dorato**, mentre da un

edificio vicino altri tre figuranti abbigliati da angeli si calano per portargli dei **rami di palma**, simbolo di pace. Con ciò, le autorità cittadine, mentre rendono omaggio al suo potere, gli offrono il loro intimorito augurio per il futuro.

IL TRIONFO DELLA MONARCHIA ■ È un'istantanea piuttosto impressionante, questa che stiamo descrivendo: ci parla di una città, un tempo sede come molte altre di un libero comune, che ora si piega servilmente di fronte al suo principe.

Questo, però, non è un episodio isolato. Tra il XV e il XVIII secolo non c'è luogo d'Europa che non assista a **rituali pubblici** di questo genere: duchi, principi, re, col loro seguito, entrano nelle città tra ali di folla, accolti da apparati festivi sempre più complessi, volti a magnificare la loro sovranità.

Descrizioni e immagini di questo tipo ci ricordano che nell'Europa tardomedievale si è verificato un netto spostamento nella bilancia dei poteri: allora, attraverso le innumerevoli crisi che abbiamo precedentemente esaminato, **tra i vari tipi di regime politico in competizione**, uno solo finisce per **imporsi come dominante**, perché capace di porre radici profonde e di assicurarsi un seguito stabile e duraturo: la monarchia.

I successi di questo specifico sistema politico possono essere esaminati da tre differenti punti di osservazione:

a in molte parti d'Europa si assiste all'**ampliamento dei poteri territoriali e politici** di diverse dinastie monarchiche preesistenti, che si fanno fondatrici di **Stati** destinati – in alcuni casi – a un lungo e importante futuro;

b sul **trono imperiale** si impone una dinastia, la **casa d'Asburgo**, che, se non riesce a rivitalizzare veramente le istituzioni imperiali, tuttavia sa sfruttarle magnificamente per un'impressionante ascesa politico-dinastica;

c nella **Penisola italiana** nessuno Stato di grosse dimensioni è in grado di imporsi sugli altri, il che apre un gravissimo vuoto di potere, nel quale si inseriscono le grandi monarchie europee (Francia, Spagna, Impero), che trasformano per molti decenni la penisola in uno dei loro principali terreni di scontro politico-militare; tuttavia, anche in un contesto come quello italiano, che si avvia a essere politicamente sempre più marginale, si assiste al superamento delle istituzioni repubblicane di derivazione comunale, che – salvo poche eccezioni – vengono cancellate da **principati monocratici** di varia natura.

GLI ASPETTI STRUTTURALI DEL POTERE REGIO ■ Mutamenti di questo genere comportano una notevole serie di trasformazioni nella carta geopolitica d'Europa. Per leggerne le direttrici e, più in generale, per capire le ragioni del successo della forma monarchica, occorre tenere presenti alcuni aspetti strutturali del potere regio che, se non tutti inventati in questi anni, vengono tuttavia perfezionati proprio in epoca rinascimentale, fino a definire l'**essenza profonda della regalità** nell'Europa dell'Età moderna; si tratta di pratiche, rituali, modalità di organizzazione che rivelano la coesistenza di quattro distinte concezioni del potere regio: la **concezione sacrale**, quella **patrimoniale**, quella **amministrativa** e infine quella **contrattuale** [▷ **11/2-5** e **S23**].

Ciascuna di queste concezioni implica una diversa maniera di immaginare le relazioni che legano il sovrano ai suoi sudditi, ed è per questo motivo che occorre osservarle in modo distinto.

LAVORA SUL TESTO
Cerchia nel testo i simboli del potere monarchico.

2/ La concezione sacrale della regalità

Tanto nel Medioevo quanto nell'Età moderna il potere monarchico si considera derivato in primo luogo dal volere di Dio, e solo in secondo luogo dal consenso del popolo. Questo secondo elemento – teoricamente e giuridicamente presente nella definizione dei poteri monarchici – è tuttavia largamente messo in ombra dai rituali di regalità che tendono invece a presentare il sovrano non come una persona qualunque, ma come un soggetto dotato di **qualità e poteri soprannaturali**, **semidivini**, **sacri**.

Il rituale funebre e l'incoronazione di un re sono, da questo punto di vista, due momenti essenziali per il forte significato simbolico che a essi viene attribuito.

IL RITUALE FUNEBRE ■ La **morte di un sovrano** è sempre un momento delicato per una monarchia; la successione deve avvenire senza scosse, in modo da garantire perfetta continuità agli assetti di governo. Le cose non sempre corrono lisce, specie se il re non ha lasciato un sovrano legittimo. Ma anche quando il successore legittimo c'è, esiste comunque un tempo intermedio fra la morte di un re e l'incoronazione del successore in cui si crea un vuoto di potere.

Per cancellare ogni incertezza e allontanare ogni pericolosa ambizione, i teorici monarchici inventano una soluzione rituale piuttosto particolare, condensata nell'idea di un **doppio corpo del re**. Secondo questa immagine, un re possiede un **corpo naturale** e un **corpo politico**: il primo è sottoposto alle vicissitudini della vita e della morte; il secondo, invece, è immortale. Molto chiaramente ciò che si vuol dire è che la **monarchia come istituzione è immortale**; e per meglio fissare questa idea – in Inghilterra sin dal 1327 (morte di Edoardo II), in Francia sin dal 1422 (morte di Carlo VI) – si mette in scena un rituale funebre durante il quale viene esposto un **manichino in cera o in legno del sovrano**, ricoperto degli attributi regali, che viene servito e accudito come se si trattasse della persona viva, mentre il corpo nudo del sovrano morto viene deposto in una bara avvolto in un semplice sudario. Il rituale – che dura sino alla proclamazione del nuovo re – significa che la morte fisica di un re non equivale alla morte politica dell'istituzione: e con ciò l'atmosfera di sacralità che si vuole costruire intorno alla figura del sovrano arriva fin quasi a sfidare la morte.

IL RITUALE DI INCORONAZIONE ■ Proprio perché chiude definitivamente la fase di interludio inauguratasi con la morte di un sovrano, il rito della consacrazione e dell'incoronazione, che ha luogo qualche tempo dopo la proclamazione del nuovo re, ha un'importanza assolutamente cruciale nel sancire formalmente e simbolicamente il passaggio di sovranità.

Per avere efficacia, il rito ha bisogno di una **messa in scena teatrale** di grande spettacolarità: un corteo che accompagna il nuovo sovrano nel luogo deputato, che è sempre una chiesa; l'affollarsi di una gran massa di popolo che osserva la sfilata, ne attende lo svolgimento, ne saluta il compimento; l'entrata in chiesa e l'incontro con il vescovo (nel caso dei re) o con il papa (nel caso dell'imperatore), che sono le autorità religiose incaricate di celebrare la cerimonia.

Quando il futuro re ha preso posto, con il suo seguito, nella chiesa destinata al rito, il rito può avere inizio. Certo può variare col mutare dei contesti, ma in linea generale esso è aperto da una serie di **giuramenti** che impegnano il futuro sovra-

le PAROLE della STORIA

riti di passaggio
L'espressione è stata coniata dall'antropologo francese Arnold Van Gennep (1873-1957) nel suo libro *I riti di passaggio* (1909). Van Gennep sostiene che in ogni società le fasi della vita di ciascun individuo sono scandite da speciali momenti di cambiamento: tali sono la nascita e la morte, l'ingresso nella pubertà o nella vita attiva, l'acquisizione di una specifica funzione. Tali passaggi sono – spesso – sottolineati da rituali appositi, che vogliono sancire l'abbandono di una precedente condizione e l'acquisizione di un nuovo *status* (tipici sono, per esempio, i riti dell'investitura a cavaliere, o a sacerdote, o a magistrato e, per l'appunto, a sovrano).

no alla protezione della Chiesa, del suo popolo, della sua terra e a non alienare i poteri della corona. Si ha poi l'**unzione del sovrano**: uno speciale olio santo viene usato per ungere la testa, il petto, le spalle, le braccia e infine le mani del futuro regnante: è uno dei passaggi più significativi, perché la vera **consacrazione** avviene attraverso questa specifica operazione (simile, peraltro, a quella usata per l'ordinazione dei vescovi). Ora il re è qualcosa di diverso, di non più totalmente umano: è diventato una figura veramente sacra.

La fase successiva è quella dell'**attribuzione dei simboli di regalità**: una tunica, uno scettro, un anello e poi l'ultimo, il più importante, la corona, che viene posta sulla testa del re o dell'imperatore dalle mani dell'autorità religiosa. A quel punto il sovrano può sedersi sul **trono**, mentre l'acclamazione della folla non si fa attendere e saluta con entusiasmo il compimento del rituale.

A che serve una così elaborata messa in scena? È uno dei molti **riti di passaggio** che costellano la storia delle civiltà: un individuo (in questo caso il principe di una casa regnante, normalmente il primogenito) passa **da uno stato di "normale umanità"**, prima della cerimonia, **a uno stato di pieno potere derivatogli dall'esser diventato qualcos'altro, il padre del suo popolo**; ma anche un simbolo, un

Corteo funebre di Carlo VI di Francia

[Bibliothèque Nationale, Parigi]

Alla morte del re Carlo VI di Francia un corteo funebre porta per le vie della città il feretro del sovrano, su cui giace la sua effigie modellata su un manichino di cera: il manichino è abbigliato con le vesti reali ed esibisce tra le mani i simboli del potere.

soggetto dotato di quel prestigio sacrale che lo avvicina a un ecclesiastico. In Francia e in Inghilterra si ritiene che il rituale dell'incoronazione conferisca ai sovrani anche degli speciali poteri taumaturgici (capaci cioè di guarire gli ammalati) [▷F17].

IL RUOLO DI PAPI E VESCOVI Non tutte le dinastie regie sono in grado di esibire, come quella francese e quella inglese, presunti poteri miracolosi; ma tutte fanno ogni sforzo possibile per circondare di un'**aura sacrale** la persona del sovrano e le sue istituzioni, attraverso il rito della consacrazione e dell'incoronazione.

È tuttavia bene sottolineare anche un altro aspetto che il rituale apertamente mette in scena: la sacralità regale deriva dall'intervento di **intermediari** ecclesiastici, il papa o i vescovi, che – officiando i rituali di consacrazione – si frappongono fra Dio e il sovrano.

LE FONTI 17

Jean Golein/Il rituale sacro dell'incoronazione

[da Richard A. Jackson, *The «Traité du Sacre» of Jean Golein*, in «Proceedings of the American Philosophical Society», 1969, vol. 113, n. 4, pp. 308-309; 312; 314; 316; 318]

In determinati casi l'idea della santità regale si è tradotta in particolari miti attraverso cui si è radicata nell'immaginario collettivo di generazioni e generazioni la falsa convinzione che alcuni sovrani possedessero il potere di compiere miracoli in virtù della grazia divina ricevuta attraverso l'unzione con uno speciale olio santo: è il caso dei sovrani francesi e inglesi che sin dal XIII secolo sono ritenuti capaci di compiere un miracolo particolare, ovvero quello di guarire una malattia – l'adenite tubercolare (volgarmente detta «scrofola») – attraverso l'imposizione delle mani sui rigonfiamenti che quella malattia provoca sul collo dei malati. La storia di questo presunto potere miracoloso è stata narrata in un grande libro della storiografia del XX secolo, *I re taumaturghi. Studi sul carattere sovrannaturale attribuito alla potenza dei re particolarmente in Francia e in Inghilterra*, che Marc Bloch ha pubblicato nel 1924.
C'è un aspetto della malattia, spiega Bloch, che fa capire come mai si sia sviluppata questa particolare credenza: la malattia raramente è mortale e non di rado attraversa fasi nelle quali autonomamente recede, anche senza bisogno di particolari cure. Questa la base funzionale, che rende plausibile la credenza. Ma in realtà, osserva Bloch, solo pochi malati, delle centinaia e a volte migliaia di coloro che sono toccati dai re nel corso di un anno, guariscono per davvero. Non importa: la notizia delle guarigioni fa premio sugli insuccessi; e di coloro che restano malati si dirà che lo sono perché hanno ricontratto il morbo dopo esser stati toccati, o perché non hanno seguito un'adeguata condotta di vita. In breve: per centinaia di anni i sudditi dei re francesi e inglesi vogliono credere al potere miracoloso che il rituale della consacrazione ha dato ai loro sovrani; ed è proprio l'unzione ciò che ne fa degli individui sacri.
Lo spiega bene un trattatello, il *Trattato della consacrazione*, dedicato appunto al rituale della consacrazione scritto da un frate carmelitano, Jean Golein (1330 ca.-1403).

Il mio temutissimo sovrano e signore[1] [...] fu consacrato re di Francia il giorno della Santa Trinità dal mio signore l'arcivescovo di Reims, Jean de Craon nell'anno 1360[2]. Perché, sebbene anche gli imperatori di Roma e di Costantinopoli siano unti ed anche alcuni re come il re di Gerusalemme[3], quello di Spagna, quello d'Inghilterra e quello di Ungheria [...], Carlo V, come i suoi predecessori, è stato unto non con un olio preparato dall'arcivescovo o da uno speziale, ma con il santo olio celestiale che è nella santa ampolla che è conservata e custodita a Saint Remi a Reims, che è quella che fu portata dal cielo dalle mani degli angeli[4] per ungere i nobili e degni re di Francia più nobilmente e più santamente di qualunque re, sia dei tempi antichi che dei nuovi. E per questo il re di Francia è chiamato il nobilissimo e cristianissimo difensore della fede e della chiesa, e non riconosce alcun sovrano temporale sopra di sé. [...] [Per questo], quando il re è unto e

1. *Il mio... signore*: si tratta di Carlo V (1364-80).
2. *1360*: in realtà Carlo V viene incoronato il 19 maggio 1364.
3. *re di Gerusalemme*: si riferisce alla figura biblica di Saul.
4. *che fu... angeli*: su questa leggenda, creata alla fine del IX secolo, si basa la convinzione del potere taumaturgico dell'olio conservato nella Cattedrale di Reims.

Questo passaggio del rituale ha già aperto, nei secoli precedenti, scontri durissimi fra Papato e Impero, fra Papato e monarchie; il primo interpretando il rituale come segno della superiorità che spetta alle gerarchie ecclesiastiche sulle autorità laiche; gli altri mettendone in risalto la mediazione puramente strumentale e asserendo l'origine direttamente divina del potere regio. Questa seconda opinione riesce a imporsi nella misura in cui gli imperatori o i re sono in grado di affermare la loro forza (politica o militare) sulla Chiesa. Ma non c'è dubbio che nella maggior parte delle monarchie l'**equilibrio** resta **precario** e la sacralizzazione del potere, importantissima come fondamento dell'istituzione monarchica, non può avvenire che attraverso la presenza di rappresentanti del potere ecclesiastico, capaci di farsi **mediatori tra divino e terreno**.

LAVORA SUL TESTO

Sottolinea e numera a margine del testo le fasi previste dal rito della consacrazione e dell'incoronazione del sovrano.

consacrato [...], coloro che sono affetti dalla malattia della scrofola, se sono toccati dalla mano del re, unta con l'olio della santa ampolla, ne vengono guariti e sanati. [...]
[Prima della consacrazione, tuttavia, si procede al rituale della consegna dei simboli della regalità.]
Allora si mette sull'altare [della cattedrale di Reims] la corona reale e la spada e il suo fodero, gli speroni d'oro, e lo scettro d'oro e la verga d'oro [ecc.]. Il fatto di mettere questi gioielli reali sull'altare dimostra che ogni insegna di nobile regalità deve venire da Dio. La corona significa che nella maestà reale [si trova] la vera lealtà. Poiché essa è rotonda, senza fine né inizio, allo stesso modo la nobiltà regia è senza imperfezione né interruzione; e si deve portare sulla testa perché ciò significa che il re domina su tutti e amministra la giustizia senza favorire una parte piuttosto che un'altra. [...]
Fatte queste cose, e messo il crisma[5] sull'altare in un contenitore consacrato, l'arcivescovo deve preparare la santa ampolla sull'altare e ne deve trarre, su un ago d'oro, qualche goccia dell'olio inviato dal Cielo, e mescolarla con grande diligenza con il crisma che è stato preparato per ungere il re. Questo già citato crisma sta a simboleggiare l'unzione che lo spirito santo inviò agli apostoli il giorno della Pentecoste [...]. La mescolanza dell'olio dell'ampolla e del crisma sta a rappresentare l'unione della qualità regale e sacerdotale [...]. Per questo si devono mescolare questi due unguenti con la massima attenzione e ne deve ungere il re con grande devozione. E da ciò deriva che egli è il re più degno e più gloriosamente unto di ogni altro e che è privilegiato su tutti per via della divina unzione, inviata dal Cielo.
E quindi, quando la camicia del re è stata aperta, egli si pone in ginocchio per ricevere l'unzione più umilmente e in più grande devozione. [...]
Una volta che il re sia stato consacrato, il cancelliere, se è presente, o l'arcivescovo, in sua assenza, devono chiamare i pari[6] per ordine, prima i laici e poi gli ecclesiastici, e mentre costoro si pongono in piedi e in cerchio, l'arcivescovo pone la corona sulla testa del re [...] mentre dice: *Ricevi la corona del Regno in nome del Padre e del Figlio e dello Spirito Santo.* [...] Dopodiché l'arcivescovo deve condurre il re per la mano attraverso la chiesa accompagnato dai pari fino al suo trono, dove deve farlo sedere dicendo questa formula: *Sta e conserva la condizione che per trasmissione paterna hai ottenuto per diritto ereditario.* [...] Dunque lo fa sedere, tenendolo per mano, e così il re è insediato[7].

5. *crisma*: balsamo mescolato a olio benedetto.
6. *pari*: cioè i più grandi nobili del regno.
7. *insediato*: cioè, fisicamente seduto sul trono e simbolicamente pervenuto nel pieno possesso di tutti i suoi poteri.

GUIDA ALLA LETTURA

1. Con quali motivazioni Jean Golein definisce il re di Francia «nobilissimo e cristianissimo difensore della fede e della chiesa»? **2.** Quali sono i poteri del sovrano taumaturgo? **3.** In che modo Marc Bloch giustifica la credenza che il re fosse in grado di guarire i malati? **4.** Individua i momenti che compongono il rito con cui il sovrano è unto e consacrato, sottolineali e descrivine il significato simbolico. **5.** Scrivi un breve testo (max 15 righe) in cui spieghi il valore di questo rito e della sua rappresentazione scenografica, con riferimenti alla fonte e al paragrafo che ne contiene il rimando.

3/ La concezione patrimoniale della regalità

LA CORONA, PATRIMONIO PERSONALE DEL SOVRANO ■ Il matrimonio di un re, la nascita dei piccoli principi, la morte del sovrano e la successione dell'erede al trono sono eventi ben noti a chiunque tutt'oggi segua sulla stampa o in televisione le vicende delle dinastie ancora regnanti in grandi Stati come la Gran Bretagna o in minuscoli fazzoletti di terra come il Principato di Monaco. L'attenzione speciale che si continua a dedicare a questi eventi, abituali e perfino banali quando toccano l'esperienza di famiglie ordinarie, deriva da una questione oggi assai poco rilevante, eppure cruciale nel Medioevo e nell'Età moderna.

Quei passaggi, normalmente considerati privati, hanno per le famiglie regnanti anche un rilievo pubblico (e quindi politico), poiché allora si considera che la **corona**, **intesa come sovranità e come territorio geografico su cui essa si esercita**, sia – in qualche modo – parte del patrimonio personale delle dinastie regnanti.

È questa la ragione per cui vicende in apparenza marginali (matrimoni, nascite, morti di singole persone) hanno invece un grande rilievo nella politica europea. Un matrimonio, infatti, può comportare **mutamenti geopolitici** considerevoli, quando la principessa che va in sposa porti con sé una dote che include un regno e la sovranità su di esso; per questo stesso motivo, la morte di un re o di una regina può provocare mutamenti altrettanto notevoli, se quella morte comporta il passaggio per eredità di terre e del potere di regnare su di esse.

LA NATURA SACRA DEI BENI DELLA CORONA ■ Nella mentalità e nella cultura giuridica dell'epoca si riconosce pure che i diritti patrimoniali del sovrano sulla corona debbano incontrare una **limitazione invalicabile**, che deriva dalla loro assoluta **inalienabilità**: ovvero, almeno in linea di principio, un sovrano può acquistare (per matrimonio, per eredità o in altro modo) territori e pote-

Maria di Borgogna circondata dagli stemmi dei suoi domìni, XV sec.

Matrimoni fra regnanti, nascite e morti di sovrani potevano determinare grandi e piccoli stravolgimenti della carta geopolitica d'Europa. Ne costituisce un esempio fra i tanti la vicenda di Maria di Borgogna, che vediamo qui rappresentata in groppa al suo destriero, coperto da un drappo ricamato con lo stemma del suo casato, circondata dagli stemmi dei diversi margraviati, contee e ducati che rientravano nei suoi possedimenti. Nel 1477, il padre di Maria, Carlo il Temerario, muore senza lasciare figli maschi; tutti i territori posti sotto la sua sovranità passano dunque alla figlia. Per difendersi dall'aggressione del re di Francia, Luigi XI, la duchessa sposa Massimiliano d'Asburgo, figlio dell'imperatore Federico III. Un mese dopo il matrimonio, Maria redige un atto di donazione, che registra la sua volontà di lasciare, alla sua morte (avvenuta poi nel 1482), tutte le terre appartenenti al Ducato di Borgogna a Massimiliano, per garantire al nuovo re la piena sovranità. Con un documento notarile Maria tratta i domìni della corona alla stregua di una proprietà privata, nonostante le disposizioni abbiano un evidente rilievo pubblico e siano così influenti da determinare l'aggregazione del Ducato di Borgogna al patrimonio ereditario degli Asburgo.

re sovrano, ma non li può vendere o cedere a estranei, cioè a soggetti non inclusi nella genealogia della dinastia regale; e ciò perché quei territori e quel potere sono – come si dice all'epoca – ***res quasi sacrae*** (beni quasi sacri), e cioè paragonabili alle *res sacrae* (ovvero all'inalienabile patrimonio della Chiesa). La natura sacra dei beni della corona e della sovranità che vi si esercita fa sì che il giuramento cui un sovrano è tenuto al momento della sua consacrazione includa anche la formula che lo obbliga a non alienare né territori, né poteri.

LAVORA SUL TESTO
Evidenzia i limiti al diritto patrimoniale dei sovrani.

4/ La concezione amministrativa della regalità

LA CORTE ■ Proprio nel Ducato di Borgogna del XV secolo, dove Maria viene allevata, si consolida una delle più eleganti corti europee, un modello imitato da numerose altre monarchie dell'epoca.

Ma che cos'è la corte? È il luogo fisico (reggia, palazzo, residenza temporanea), fino al XVI secolo spesso mutevole e itinerante, in cui risiedono il re e i suoi familiari, insieme con diverse centinaia, a volte addirittura migliaia, di ufficiali, funzionari, servitori.

È un luogo che risente dell'**intreccio tra pubblico e privato**, che è proprio della natura delle monarchie europee: **residenza privata**, ma anche luogo in cui si mette in scena il **teatro del potere regio** e in cui **si esercita effettivamente la sovranità**.

Soffermiamoci sull'aspetto pubblico della corte, che nel complesso è quello più rilevante. Tanto il luogo quanto le persone che la frequentano devono essere in grado di dar testimonianza della natura eccezionale della maestà sovrana. Questo è

Un banchetto principesco, XV sec.
[Petit Palais, Parigi]
L'eleganza formale dell'ambiente e delle posture dei convenuti ricorda che la corte è anche uno dei luoghi in cui si impongono le "buone maniere" come cifra distintiva delle élite europee.

il motivo per cui, proprio nelle corti italiane ed europee del Rinascimento (inclusa quella dei pontefici, naturalmente), **i più grandi artisti dell'epoca** sono chiamati, accolti e stipendiati affinché adornino magnificamente gli edifici riservati all'esercizio del potere sovrano.

La corte si configura come uno spazio concepito affinché si mettano **in scena le più raffinate strategie della distinzione**, ovvero affinché chiunque vi entri debba

LE FONTI 18

Baldassarre Castiglione/La mentalità del *Cortegiano*

[Baldassarre Castiglione, *Il libro del Cortegiano*, a cura di Ettore Bonora, Mursia, Milano 1972, pp. 47; 51; 216; 287; 300; 303-304]

Castiglione nasce nei pressi di Mantova nel 1478; studia a Milano e si forma, come gentiluomo, alla corte di Ludovico il Moro. Svolge poi attività di diplomatico e di militare presso le corti di Francesco Gonzaga a Mantova, di Guidubaldo da Montefeltro e poi di Francesco Maria della Rovere a Urbino, di papa Clemente VII a Roma. È ancora al servizio del papa, in missione diplomatica in Spagna, quando viene contagiato dalla peste e muore, nel gennaio del 1529. Castiglione è dunque un uomo che conosce benissimo la vita nelle corti, cosicché il suo *Libro del Cortegiano*, pubblicato nel 1528, si presenta come una sorta di raffinato ed elaborato manuale di comportamento per chi vive a corte, oltre che come un elogio idealizzato del regime monarchico.
Il libro del Cortegiano finge di essere un resoconto della conversazione che avviene ai primi del Cinquecento alla corte di Urbino tra alcuni dei più famosi personaggi dell'epoca, tra cui la duchessa Elisabetta Gonzaga, la principessa Emilia Pio, il cardinal Bibbiena, Pietro Bembo, Giuliano de' Medici e altri ancora.
Il cortigiano viene presentato come una persona di estrazione nobiliare, di atteggiamento virile, esercitato all'arte della guerra; i commenti che vi sono racchiusi richiamano l'attenzione su una funzione importante della corte, ovvero quella di fungere da spazio di relazione e di raccordo tra il sovrano e una delle principali componenti delle società per ceti: la nobiltà (I, 14; 17). Torneremo più avanti sui caratteri della nobiltà, e sui rapporti non di rado conflittuali che i vari gruppi che la compongono hanno con i poteri monarchici; per il momento basti ricordare che col passare del tempo l'accesso a corte diventa infinitamente più facile per soggetti di estrazione nobiliare che per individui di livello sociale inferiore.
Castiglione poi (III, 9) scrive sulle qualità che devono essere possedute dalle donne ammesse a corte; in questo universo le presenze femminili sono ammesse tanto nelle occasioni cerimoniali, quanto in altri più specifici momenti di vita collettiva. Le ragioni di questa presenza vanno ricercate nel carattere spurio della corte che è – come si è detto – spazio pubblico, ma anche privato: se è per questo secondo aspetto che la presenza delle donne è considerata accettabile, le dame di corte possono tuttavia prender parte anche alle cerimonie pubbliche e, se sono particolarmente abili, ai giochi di potere. Del resto, in questo stesso ambiente anche le figure della regalità femminile acquistano uno statuto insolito rispetto alle donne comuni: madri, mogli, figlie di sovrani possono riuscire a partecipare attivamente alla vita di corte, talora anche con funzioni istituzionali riconosciute (di reggenti o perfino di regine in carica).
Fin da questo periodo negli ambienti di corte, e – più tardi – negli ambienti aristocratici in generale, la condizione della donna acquista margini di libertà e di potere impensabili nei contesti normativi delle repubbliche o delle città: un divario che avrà importanti effetti anche sulle teorie politiche che daranno sostegno al repubblicanesimo moderno.
Infine, dopo aver riassunto le qualità fondamentali del buon cortigiano, si idealizza ciò che ormai è un dato di fatto, ovvero il predominio del regime politico monarchico; Castiglione lo fa insistendo sul carattere – a un tempo naturale e divino – del regime di uno solo (IV, 5; 19; 22-23).

Voglio adunque[1] che questo nostro cortegiano sia nato nobile e di generosa famiglia. [...]
Per venire a qualche particularità, estimo che la principale e vera profession del cortegiano debba esser quella dell'arme; la qual sopra tutto voglio che egli faccia vivamente[2] e sia conosciuto tra gli altri per ardito e sforzato[3] e fidele a chi serve. E 'l nome[4] di queste bone condicioni si acquisterà facendone l'opere in ogni tempo e loco, imperò che non è licito in questo mancar mai, senza biasimo estremo; e

1. *Voglio adunque...*: è il conte Ludovico di Canossa il personaggio al quale Castiglione affida questo discorso sulla nobiltà del cortigiano.
2. *vivamente*: appassionatamente.
3. *sforzato*: valoroso.
4. *'l nome*: la fama.

constatare l'evidente superiorità del sovrano, come di tutti coloro – uomini o donne – che gli gravitano attorno, i **cortigiani** [>F18].

AMMINISTRAZIONE REGIA E DIPLOMAZIA A CORTE ■ Compito dei cortigiani è offrire buoni consigli ai propri principi, poiché costoro possano svolgere efficacemente la loro azione di governo: il suggerire è particolarmente pertinente, giacché la cor-

come nelle donne la onestà, una volta macchiata, mai più non ritorna al primo stato, così la fama d'un gentilom che porti l'arme, se una volta in un minimo punto si denigra per coardia[5] o altro rimproccio[6], sempre resta vituperosa al mondo[7] e piena d'ignominia. Quanto più adunque sarà eccellente il nostro cortegiano in questa arte, tanto più sarà degno di laude. [...]

Voglio che[8] ella abbia cognizion de ciò che questi signori hanno voluto che sappia il cortegiano; e de quelli esercizi che avemo detto che a lei non si convengono, voglio che ella n'abbia almen quel giudicio[9] che possono aver delle cose coloro che non le oprano[10]; e questo per saper laudare ed apprezzar i cavalieri più e meno, secondo i meriti. E per replicar in parte con poche parole quello che già s'è detto, voglio che questa donna abbia notizie di lettere, di musica, di pittura e sappia danzar e festeggiare; accompagnando con quella discreta modestia e col dar bona opinion di sé ancora le altre avvertenze che son state insegnate al cortegiano. E così sarà nel conversare, nel ridere, nel giocare, nel motteggiare, in somma in ogni cosa graziatissima; ed intertenerà accommodatamente[11] e con motti e facezie convenienti a lei ogni persona che le occorrerà. E benché la continenzia, la magnanimità, la temperanzia, la fortezza d'animo, la prudenzia e le altre virtù paia che non importino allo intertenere, io voglio che di tutte sia ornata, non tanto per lo intertenere, benché però ancor a questo possono servire, quanto per esser virtuosa ed acciò che queste virtù la faccian tale, che meriti esser onorata e che ogni sua operazion sia di quelle composta. [...]

«Il fin[12] adunque del perfetto cortegiano, del quale insino a qui non s'è parlato, estimo io che sia il guadagnarsi per mezzo delle condicioni attribuitegli da questi signori talmente la benivolenzia e l'animo di quel principe a cui serve, che possa dirgli e sempre gli dica la verità d'ogni cosa che ad esso convenga sapere, senza timor o periculo di despiacergli [...].»

Quivi avendo fatto il signor Ottaviano un poco di pausa come per riposarsi, disse il signor Gaspare: «Qual estimate voi, signor Ottaviano, più felice dominio e più bastante a ridur[13] al mondo quella età d'oro di che avete fatto menzione, o 'l regno d'un così bon principe, o 'l governo d'una bona republica?». Rispose il signor Ottaviano: «Io preporrei sempre il regno del bon principe, perché è dominio più secondo la natura e, se è licito comparar le cose piccole alle infinite, più simile a quello di Dio, il qual uno e solo governa l'universo. [...]

Però[14], così come nel cielo il sole e la luna e le altre stelle mostrano al mondo, quasi come in specchio, una certa similitudine di Dio, così in terra molto più simile imagine di Dio son que' bon prìncipi che l'amano e reveriscono, e mostrano ai populi la splendida luce della sua giustizia, accompagnata da una ombra di quella ragione ed intelletto divino; e Dio con questi tali participa della onestà, equità, giustizia e bontà sua, e di quegli altri felici beni ch'io nominar non so, li quali rappresentano al mondo molto più chiaro testimonio di divinità che la luce del sole, o il continuo volger del cielo col vario corso delle stelle.

Son adunque li populi da Dio commessi sotto la[15] custodia de' prìncipi, li quali per questo debbono averne diligente cura, per rendergline ragione come boni vicari[16] al suo signore, ed amargli ed estimar lor proprio ogni bene e male che gli intervenga, e procurar sopra ogni altra cosa la felicità loro».

5. *coardia*: viltà.
6. *rimproccio*: rimprovero.
7. *vituperosa al mondo*: esposta al disprezzo dell'opinione pubblica.
8. *Voglio che...*: è il Magnifico Giuliano de' Medici il personaggio che parla della perfetta donna di corte.
9. *giudicio*: conoscenza.
10. *oprano*: esercitano.
11. *intertenerà accommodatamente*: saprà intrattenere in modo adeguato.
12. *Il fin...*: è Ottaviano Fregoso a concludere sui doveri fondamentali del buon cortigiano e sul miglior regime politico.
13. *ridur*: ricondurre, riportare.
14. *Però*: perciò.
15. *commessi sotto la*: affidati alla.
16. *vicari*: delegati, sostituti.

GUIDA ALLA LETTURA

1. Individua nel testo e trascrivi sul quaderno le informazioni che riguardano il cortigiano e la dama di corte. **2.** Quale spazio è riservato alla donna nella corte? Quali le opportunità inusuali per quel tempo che le vengono offerte? **3.** Nel mondo delle corti, qual è la forma politica auspicabile? Per quali motivi?

te è anche il luogo di prima articolazione del governo e dell'**amministrazione** degli Stati monarchici. A corte, infatti, si incontrano i **più diretti collaboratori del sovrano**, coloro che siedono nel Consiglio della corona, o comunque nei principali organi di governo. Certo non tutti i funzionari dell'amministrazione degli Stati si trovano a corte; figure di grande importanza cominciano a essere dislocate stabilmente in varie parti del territorio statale, come lo sono, per esempio, i giudici dei **tribunali regi**, lo strumento principale dell'amministrazione della giustizia che emana dal sovrano. Dalla corte rinascimentale comincia dunque a irradiarsi un **primitivo sistema di funzionari, braccio esecutivo sul territorio** delle decisioni e delle volontà del re.

Alla corte rinascimentale giungono i rappresentanti di altri Stati in visita temporanea, o permanentemente accreditati. Nasce così la **diplomazia**, un elemento di significativa novità nei **rapporti tra gli Stati europei**: è una forma organizzativa che all'epoca comportava tanto lo svolgimento di **missioni ufficiali** quanto l'incessante **raccolta di informazioni** più o meno riservate da far pervenire al governo di provenienza degli ambasciatori.

La sistematica **internazionalizzazione della politica**, e con essa il ricorso a costanti contatti diplomatici, non serve tanto a sciogliere le tensioni e le rivalità tra gli Stati quanto piuttosto a comporre sempre mutevoli alleanze aggressive, preludio di guerre che incessantemente vengono combattute anche in questi decenni; e un esempio impressionante degli effetti di questa **diplomazia di guerra** potrà vedersi quando seguiremo le fasi delle "guerre d'Italia" [▷ **12/3**].

LAVORASULTESTO
Cerchia le attività che si svolgevano nelle corti europee del XV secolo.

5/ La concezione contrattuale della regalità

LE ASSEMBLEE CETUALI ■ Ogni sovrano europeo della prima Età moderna non governa "da solo", in un assoluto vuoto istituzionale, col mero ausilio del proprio governo, della propria corte e dei propri funzionari; perché ogni sovrano ha degli **interlocutori istituzionali** con i quali deve **contrattare** aspetti più o meno significativi della propria politica [▷ **S24**]. Questi interlocutori istituzionali sono le assemblee cetuali, ovvero gli organismi collettivi che raccolgono i rappresentanti dei ceti o corpi più importanti presenti sul territorio su cui si esercita l'autorità del sovrano. In Spagna queste assemblee si chiamano **Cortes**; in Francia **Stati generali**; in Inghilterra **Parlamento**; nell'Impero e nell'Europa centro-orientale **Diete**. Le loro modalità organizzative sono varie, ma in linea generale si può dire che esprimono le istanze dei gruppi sociali più influenti e – nelle varianti più articolate – ospitano i rappresentanti dei **tre corpi principali** che, nei secoli precedenti, si sono conquistati il diritto di manifestare legalmente la propria voce: la **Chiesa**, la **nobiltà**, le **città**:

a all'interno delle assemblee siedono intanto dei rappresentanti delle istituzioni ecclesiastiche, normalmente i **vescovi**;

b siedono poi certamente i rappresentanti dei gruppi nobiliari, su cui ora è opportuno un chiarimento: la **nobiltà** non è un gruppo compatto, né sul piano europeo, né all'interno dei singoli Stati. Il termine "nobiltà" identifica un insieme di famiglie che possiedono (normalmente per diritto ereditario) una serie di privilegi giuridicamente riconosciuti dal sovrano: possono essere esenzioni fiscali; oppure diritti speciali o feudali di amministrazione delle proprie terre (tra questi, particolarmente importanti i diritti di gestione dei tribunali signorili, i cui magistrati sono nominati dal nobile che vi possieda il diritto di giurisdizione); oppure il diritto di accedere alla corte regia; o il diritto di portare armi e di occuparsi della professione delle armi; oppure il diritto di essere giudicati da tribunali speciali.

Ciò che rende complicato il mondo delle nobiltà è che questi diritti sono posseduti in modo vario dalle famiglie nobili; ci sono quelle che possiedono titoli particolarmente prestigiosi, cui si accompagnano molti (se non tutti) i privilegi che si ricordavano prima (e queste sono le élite nobiliari); e ci sono quelle che ne possiedono solo alcuni, ciò che determina una sorta di **stratificazione interna alle nobiltà**. Inoltre, le famiglie nobili sono di solito ricche, a volte incredibilmente ricche; ma ce ne sono anche di quelle che, nel corso del tempo, si sono impoverite e che possiedono modesti patrimoni terrieri, magari gravati da pesanti debiti. Insomma si tratta di un mondo estremamente complesso, tuttavia avente diritto, attraverso norme che variano da Stato a Stato, a una propria rappresentanza nelle assemblee;

c infine, negli organismi rappresentativi possono trovare spazio anche i **delegati eletti dalle città o nominati dal re in loro rappresentanza**: possono essere i più ricchi e autorevoli **mercanti**; oppure degli esperti **giuristi**; oppure i rappresentanti delle **corporazioni artigiane**. Non di rado queste istanze sono tutte quante rappresentate (quando gliene viene riconosciuto il diritto) in difesa di interessi economici e sociali dinamici e variegati.

La riunione degli Stati generali del regno di Francia a Orléans nel gennaio del 1561

Questa stampa tedesca dell'epoca descrive analiticamente una riunione degli Stati generali sotto Carlo IX: la sala è dominata al centro dal re e dalla regina, davanti a loro sta il duca di Guisa e un tavolo con quattro gentiluomini d'arme; alla destra dei sovrani siedono la sorella del re, la regina di Navarra e il cancelliere, alla loro sinistra, il fratello del re, il re di Navarra e il connestabile; ai lati siedono a sinistra i cardinali e a destra i principi, mentre in basso si presenta la folla dei rappresentanti del Terzo stato; in primissimo piano sta, di fronte al tavolo dei verbalizzanti, l'oratore di turno.

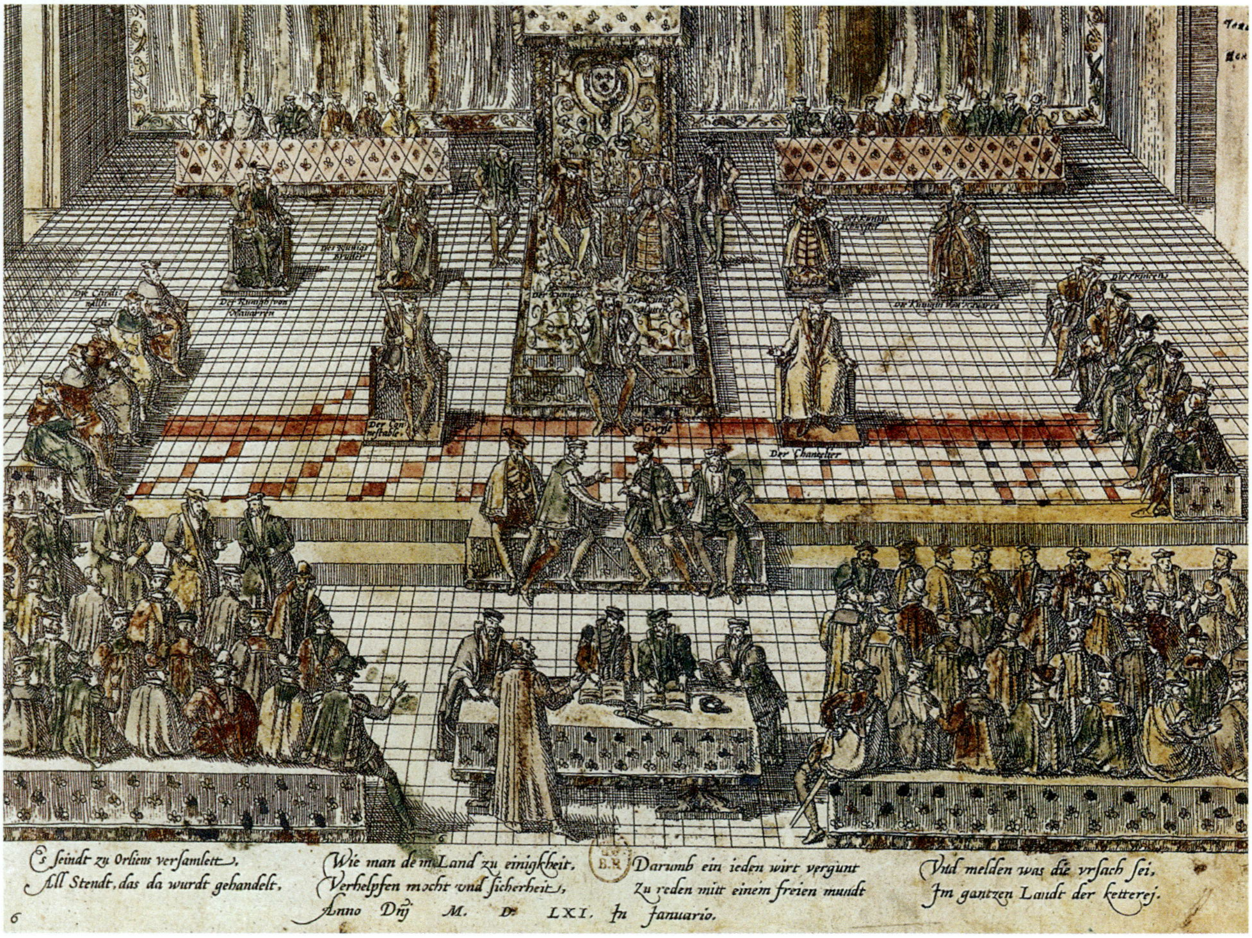

LE ASSEMBLEE E LA POLITICA FISCALE DEL RE ■ Ma che cosa fanno queste assemblee? Essenzialmente, tutte hanno il diritto di **discutere la politica fiscale del re**. Il sovrano, per le sue cerimonie, per la sua amministrazione e ancor più – lo vedremo fra un momento – per le sue **guerre**, ha bisogno di soldi; e questi soldi solo in minima parte possono venire dai beni che egli possiede personalmente. Il re ha dunque bisogno di **imporre ai suoi sudditi dei prelievi** di entità variabile a seconda che vengano applicati agli enti ecclesiastici, alle famiglie nobiliari, alle città, o ai contadini: mentre questi ultimi, di solito, sono privi di rappresentanze, gli altri corpi possono discutere col re della misura e della ripartizione dei contributi fiscali.

Si tratta, come si può ben capire, di un punto delicato, che comporta non solo **contrattazioni** ma a volte anche veri e propri **scontri**; e, in una certa misura, una monarchia va considerata tanto più potente quanto più riesce a far tacere le assemblee dei suoi ceti e a imporre la propria politica (in primo luogo quella fiscale).

IL POTERE REGIO NELL'EUROPA CENTRO-ORIENTALE E OCCIDENTALE ■ Ciò detto, occorre introdurre una seconda considerazione, che serve a distinguere sia le assemblee sia le monarchie. Vi sono due tipi di assemblee:

a le assemblee che hanno anche il **diritto di eleggere il sovrano** – di solito scegliendolo all'interno di una dinastia. Appartengono a questo **primo tipo** le assemblee di diverse monarchie dell'Europa centro-orientale – **Polonia**, **Ungheria**, **Boemia** –; e, in una forma un po' particolare, vi appartiene anche quella dell'**Impero**, poiché, come si ricorderà, l'imperatore è eletto dai sette grandi elettori designati dalla *Bolla d'Oro* [▷ **8/6**];

b le assemblee che non possiedono questo diritto: in tal caso la **successione al trono** è di natura esclusivamente **ereditaria**. Appartengono al **secondo tipo** le assemblee delle monarchie dell'Europa occidentale: **Portogallo**, **Spagna**, **Francia**, **Inghilterra**, **Napoli**, **Sicilia**, **Sardegna**.

Ne discende che nell'**Europa centro-orientale** il potere delle assemblee – dominate soprattutto dalle nobiltà – è notevole, a differenza di quello delle monarchie che è relativamente ridotto, poiché la legittimità del sovrano deriva anche dall'elezione dell'assemblea [▷ **12/2**]; nell'**Europa occidentale**, all'inverso, le monarchie sono più forti e solide, perché non derivano la loro legittimità dalle assemblee ma solo dal diritto divino e dalla discendenza genealogica; non desta troppa sorpresa, dunque, che tra XV e XVI secolo:

a in Spagna, Inghilterra e Francia i sovrani siano effettivamente in grado di imporsi sulle assemblee e sui ceti (sulle nobiltà in primo luogo, di cui iniziano anche a limitare con successo i privilegi), creandosi delle **strutture di potere e di governo autonome** (i consigli della corona);

b in Boemia, Polonia o Ungheria le case regnanti continuino invece a dover **dipendere dalle Diete** e dalle grandi famiglie nobiliari (che – di conseguenza – mantengono essenzialmente intatti i propri privilegi).

POTERI PECULIARI DEL PARLAMENTO INGLESE ■ Si osservi infine che, pur essendo un'assemblea priva del diritto di eleggere il sovrano, il Parlamento inglese esibisce fin da questo periodo dei tratti che lo differenziano piuttosto chiaramente dalle altre assemblee dei ceti esistenti in Europa occidentale. Formatosi a metà del XIII secolo come organismo di tipo puramente nobiliare, il Parlamento inglese definisce la sua struttura intorno alla metà del XIV secolo: da allora si articola in **due Camere**, quella dei **Lords**, dove siedono – per diritto ereditario – i membri primogeniti delle più importanti famiglie nobiliari del regno (i cosiddetti *Pari*); e quella dei **Comuni**, dove siedono i rappresentanti delle città e delle contee: ai seggi di questa seconda Camera si accede **per elezione**, secondo norme molto varie da località a località ma tutte regolate dal principio per cui solo i più ricchi possono votare; non sorprende, dunque, che vi vengano eletti soprattutto membri della nobiltà meno titolata, la cosiddetta *gentry*, oltre che prestigiosi non nobili – giuristi o ricchi mercanti, per esempio.

Le prerogative che il Parlamento inglese riesce a conquistare sin dal tardo Medioevo sono piuttosto notevoli: come le altre assemblee continentali, anche il Parlamento ha il diritto di discutere la politica fiscale del re; ma oltre a ciò ha anche il potere di promulgare le leggi regie e di emanare norme relative alle attività produttive e commerciali: cioè si propone come un'istituzione che – almeno potenzialmente – ha uno spazio di **intervento normativo maggiore** di quello posseduto dalle altre assemblee dei ceti. Questi aspetti originari avranno un'incidenza enorme nella successiva storia politica inglese.

LAVORA SUL TESTO
Classifica in una tabella le funzioni delle assemblee cetuali in Europa centro-orientale, in Europa occidentale e in Inghilterra.

6/ L'evoluzione della tecnologia bellica e le politiche fiscali

Una risorsa assolutamente essenziale all'affermazione del potere regio continua a essere la capacità di reclutare eserciti e di usarli per conquistare nuove terre, altri uomini e donne, ed esigere così maggiori imposte da introdurre nelle casse dello Stato [▷ **S26**].

LA POLVERE DA SPARO ■ Nel corso del XV secolo si sperimentano forme nuove e più efficaci di organizzazione degli eserciti [▷ **8/2**], che oltre a ricorrere a reparti mercenari cominciano a disporre anche di unità reclutate tra i sudditi; ma, cosa ancora più importante, l'uso delle **armi da fuoco**, sporadicamente impiegate già nel XIV secolo, diventa – a metà del **Quattrocento** – militarmente efficace e capace di una potenza distruttiva prima non immaginata.

Tra la fine del XIII e l'inizio del XIV secolo in **Germania** viene realizzata la polvere da sparo, un miscuglio di carbone finemente triturato unito a salnitro e zolfo; si tratta di una miscela altamente infiammabile che, posta all'interno di un contenitore resistente, produce un'esplosione di notevole potenza. L'invenzione trova

L'assedio di Châteauneuf-de-Randon nel 1380
[dalle *Chroniques d'Engleterre* di Jean de Wavrin, 1470-80 ca.; British Library, Londra]
L'assedio del castello di Randon è un episodio della guerra dei Cent'anni: la miniatura mette in bella evidenza l'uso della bombarda (montata su un sostegno in legno con ruote, in primissimo piano), accanto alle armi più "convenzionali" come l'arco e le lance. Durante l'assedio muore il capitano dei francesi, Bertrand du Guesclin, qui ritratto sotto una tenda sul letto di morte.

ben presto una sua applicazione nella produzione di armi, specie quando si riescono a mettere a punto affusti tubolari resistenti di metallo cavo (in ghisa, in bronzo e poi in ferro), appoggiati su strutture di legno sempre più sofisticate; nella bocca della canna si introducono il composto esplosivo e una palla, che inizialmente è di pietra e poi di metallo; dopodiché si dà fuoco al composto, la cui esplosione proietta violentemente la palla verso l'esterno.

L'arma da fuoco all'epoca meglio perfezionata è la **bombarda**, che spara pesanti palle di pietra, uno strumento rivelatosi decisivo nell'assedio di Costantinopoli e nelle ultime fasi della guerra dei Cent'anni [▷ **8/3**].

L'EDILIZIA DIFENSIVA ■ L'adozione di armi di questo tipo impone una completa ristrutturazione dell'edilizia difensiva; in primo luogo, poiché i proiettili hanno un effetto devastante quando usati contro le semplici mura verticali, si aumenta lo spessore delle mura con la costruzione di *terrapieni* che le fanno diventare molto più resistenti; e poi si costruiscono **mura "bastionate"**, dotate, cioè, di sistemi di protezione che rendono irregolare il tracciato delle mura e lo forniscono di strutture proiettate verso l'esterno (i bastioni, appunto), in grado di minimizzare ulteriormente il danno prodotto dall'impatto dei proiettili.

LA DIFFUSIONE DELLE ARMI DA FUOCO ■ Insieme con i pezzi di artiglieria pesante si perfezionano anche le armi da fuoco **di piccolo formato**, più pratiche e più facilmente utilizzabili dai reparti di **fanteria** (l'archibugio e poi il moschetto, relativamente più leggero e maneggevole), che sparano palle di più piccolo calibro, con lo stesso principio dei cannoni di dimensioni maggiori.

Fin dal Trecento, poi, sulle navi da guerra vengono montati piccoli pezzi d'artiglieria, impiegati nelle **operazioni di arrembaggio**. Ma a fine Quattrocento la concezione delle navi da guerra cambia. I progressi nella tecnologia bellica consentono di montare intere serie di pezzi d'artiglieria sulle fiancate di navi più grandi e capienti, il che muta la tecnica di approccio: nel corso del Cinquecento le nuove navi da guerra si usano sempre meno come mezzi per lo speronamento e l'arrembaggio della nave nemica, sempre più per il **bombardamento sistematico a distanza**, con l'obiettivo di disalberare o affondare le navi attaccate.

ONLINE

TEMI IN DISCUSSIONE
2. Rituali di regalità, rituali di corte

IL PREZZO DELLA TECNOLOGIA BELLICA ■ Questa complessa svolta tecnologica ha pesanti conseguenze finanziarie e politiche, poiché il costo per la costruzione e l'acquisto dei cannoni, della polvere da sparo, delle munizioni, delle nuove architetture militari, delle navi da guerra va ad aggiungersi alle spese per il reclutamento e il mantenimento dei soldati (mercenari o regolari che siano): e tutta questa serie di operazioni è consentita solo a quelle strutture statali che siano in grado di garantirsi **flussi di finanziamento cospicuo e costante**, in primo luogo attraverso il **prelievo fiscale**.

La crisi politico-militare cui vanno incontro tra fine Quattrocento e inizio Cinquecento numerosi Stati di piccole dimensioni (come gli Stati italiani, per esempio) nasce in certa misura anche dalla loro difficoltà di fronteggiare, non solo militarmente ma anche finanziariamente, il peso della guerra «moderna», mentre vecchi e nuovi Stati territoriali di dimensioni significative si impongono come le nuove potenze sulla scena europea e – in breve tempo – anche su quella mondiale.

LAVORA SUL TESTO
Sottolinea nel paragrafo le conseguenze della svolta tecnologica rappresentata dall'introduzione delle armi da fuoco.

SINTESI AUDIO

LEZIONE 5
Le monarchie moderne: concezioni plurime e nuovi assetti

TEST

ONLINE

SINTESI

1/I trionfi dei sovrani, il trionfo della monarchia

Tra le varie forme politiche emerse nel corso del tardo Medioevo una in particolare riesce a imporsi sulle altre: la monarchia. I successi di questo specifico sistema politico si manifestano spesso con l'ampliamento dei poteri territoriali e politici dei regni già esistenti. Nel caso dell'Impero, la dinastia degli Asburgo, pur non riuscendo a rivitalizzare le istituzioni imperiali, riesce ad imporsi politicamente nei territori da essa controllati, mentre in Italia si assiste alla competizione tra le grandi monarchie europee per il controllo della Penisola. Tali mutamenti determinano la trasformazione del quadro geopolitico dell'Europa.

2/La concezione sacrale della regalità

Secondo la concezione sacrale della regalità il sovrano è considerato un soggetto sacro, dotato di una qualità quasi divina, un'idea espressa dai rituali funebri riservati ai monarchi così come dai rituali di consacrazione e di incoronazione dei nuovi sovrani. Nei rituali funebri la morte fisica del re non deve apparire come la morte politica dell'istituzione: a morire infatti, secondo i teorici del doppio corpo del re, è solo il corpo naturale del sovrano, non quello politico. Il rito dell'incoronazione, che segna simbolicamente il passaggio di sovranità, avviene in modo spettacolare: generalmente è aperto da una serie di giuramenti (nei confronti della Chiesa, del popolo e della Terra), seguita dall'unzione del sovrano e dall'attribuzione dei simboli di regalità, fino all'incoronazione da parte dell'autorità religiosa.

3/La concezione patrimoniale della regalità

Il potere di un sovrano sul territorio del suo regno è considerato pure – in una certa misura – parte integrante del suo patrimonio personale. La concezione patrimoniale della sovranità spiega perché i matrimoni o le successioni siano eventi così importanti: essi possono determinare il passaggio di un territorio dalla sovranità di una casa regnante alla sovranità di un'altra. I diritti patrimoniali del sovrano hanno tuttavia una limitazione invalicabile, ossia l'inalienabilità dei beni della corona, che il re non può cedere a estranei in quanto paragonabili a *res sacrae* (beni sacri).

4/La concezione amministrativa della regalità

L'intreccio di privato e pubblico, che è proprio della concezione patrimoniale, appare evidente anche nella struttura della corte, che è al tempo stesso l'abitazione privata della famiglia del sovrano e il luogo in cui si esercita il potere sovrano; per questo la corte ospita anche i più diretti collaboratori del sovrano; inoltre, in questo periodo, il re comincia a consegnare a funzionari specializzati (magistrati, ambasciatori) il compito di rappresentarlo lontano dalla corte. Prende forma, in tal modo, una concezione amministrativa della regalità.

5/La concezione contrattuale della regalità

I sovrani devono governare discutendo le loro misure (soprattutto quelle fiscali) con le assemblee dei ceti. Queste ultime (chiamate Cortes in Spagna, Stati generali in Francia, Parlamento in Inghilterra e Diete nell'Impero e negli Stati dell'Europa centro-orientale) ospitano i rappresentanti dei tre corpi principali della società: la Chiesa, la nobiltà e le città. Ciò che le differenzia maggiormente è il diritto di eleggere o meno il sovrano, diritto esercitato dalla Dieta ma non dalle assemblee dell'Europa occidentale, dove le monarchie riescono ad imporre la concezione del diritto divino del re. L'eleggibilità del sovrano delinea invece una concezione contrattuale della regalità, secondo la quale il suo potere ha bisogno di fondarsi su una sorta di patto sottoscritto con i sudditi. Un caso particolare è rappresentato dal Parlamento inglese che, pur non avendo il diritto di eleggere il sovrano, riesce a conquistare prerogative importanti come il potere di promulgare le leggi regie e di emanare norme relative alle attività produttive e al commercio.

6/L'evoluzione della tecnologia bellica e le politiche fiscali

Infine i sovrani non perdono un loro fondamentale tratto originario, ovvero quello di essere i massimi signori della guerra. Solo che ora importanti innovazioni tecnologiche (polvere da sparo, armi da fuoco, cannoni, mura bastionate) rendono l'equipaggiamento degli eserciti molto più costoso di prima e costringono i sovrani a chiedere maggiori contributi fiscali ai propri sudditi: è un aspetto della storia delle monarchie moderne che non cessa di provocare tensioni e conflitti interni.

VERSO le COMPETENZE

1 Completa lo schema relativo alle conseguenze dell'introduzione della polvere da sparo in Europa, inserendo nelle caselle le lettere corrispondenti alle seguenti espressioni.

a. XV-XVI **b.** il costo della guerra **c.** la svolta tecnologica **d.** la bombarda **e.** armi di piccolo formato **f.** nuove strategie **g.** artiglieria pesante **h.** il moschetto **i.** arrembaggio **j.** edilizia difensiva **k.** bastioni **l.** fanteria **m.** l'archibugio **n.** XIII-XIV **o.** terrapieni **p.** speronamento **q.** bombardamento a distanza **r.** cavalleria

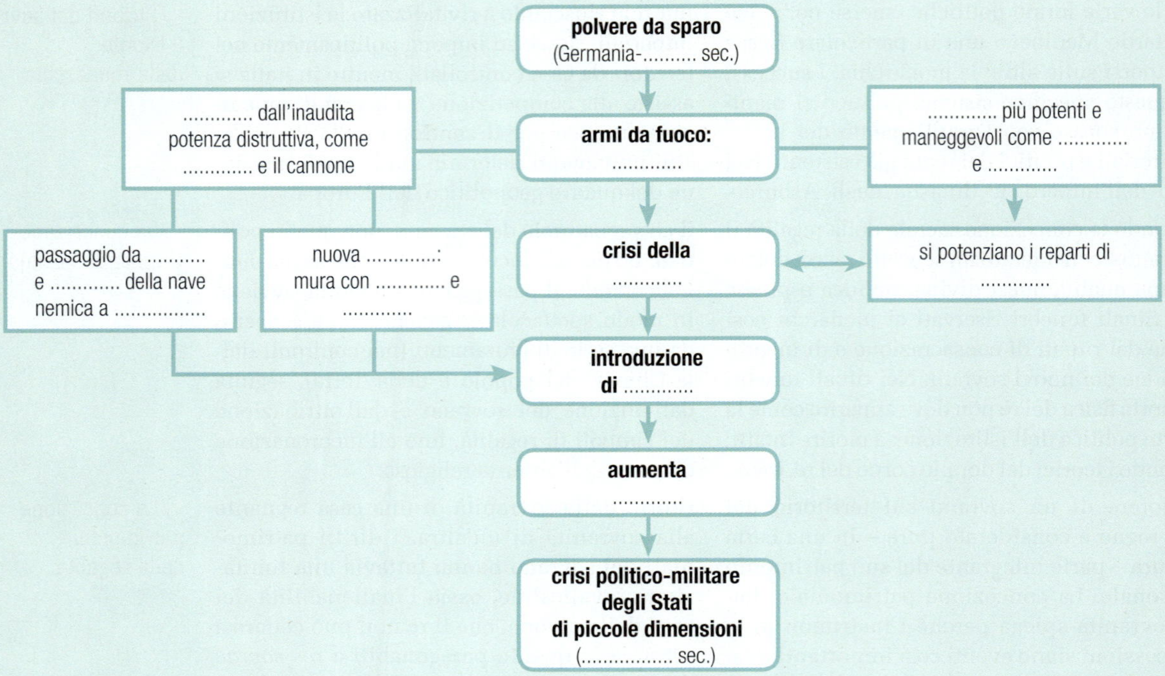

2 Segna l'opzione che ritieni corretta.

1. Le ragioni del successo della monarchia sono da ricercare...
a. nell'incapacità del modello repubblicano comunale di soddisfare l'immaginario collettivo dell'epoca, ancora fortemente legato a una concezione oligarchica del potere
b. nella mancata coesione interna alle associazioni cetuali, gli unici soggetti istituzionali in grado di rovesciare un ordinamento tanto radicato nella mentalità dell'epoca
c. in aspetti strutturali del potere regio capaci di legittimarlo e perpetuarlo, quali le pratiche rituali della consacrazione, dell'incoronazione, dei matrimoni e dei funerali
d. nella capacità degli eserciti regi di garantire l'integrità territoriale dello Stato, attraverso un'intensa attività militare nei confronti degli Stati confinanti e antagonisti

2. La sacralità regia...
a. discende da Dio al sovrano attraverso la mediazione di un rappresentante ecclesiastico
b. nelle monarchie elettive è emanazione della sacralità del popolo, che acclama il sovrano
c. è un attributo personale del corpo naturale del re, che svanisce al momento della sua morte
d. è uno stereotipo infondato, perpetuato da storici viziati da una prospettiva filomonarchica

3. Secondo la mentalità e la cultura giuridica dell'epoca, i diritti patrimoniali del sovrano sulla corona sono limitati dalla...
a. derivazione diretta del patrimonio da Dio
b. gestione oculata e produttiva del territorio
c. natura di "possesso" del re, ma "proprietà" del popolo
d. inalienabilità del patrimonio dalla dinastia regnante

4. La corte, in età moderna, si configura come...
a. luogo di delizie nell'immaginario popolare
b. luogo deputato unicamente all'esercizio del potere
c. spazio scenico della rappresentazione del potere
d. residenza privata del re entro lo spazio urbano

5. In Francia, alla morte di Carlo VI nel 1422, ...
a. fu mostrata, durante il rituale funebre, un'effigie di cera del sovrano
b. si impose al suo successore un giuramento di fedeltà alla Chiesa
c. la salma fu esposta ricoperta di tutti gli attributi del potere regale
d. la sua scomparsa fu percepita come definitiva caduta della monarchia

6. Il diritto essenziale di tutte le assemblee cetuali era...
a. eleggere regolarmente il re
b. discutere la politica fiscale
c. dichiarare guerra a un altro Stato
d. approvare variazioni al diritto civile

3 Collega ciascun termine relativo al lessico politico della monarchia con la definizione corrispondente. Fa' attenzione: un termine non trova corrispondenza, individualo e fornisci tu una definizione.

1. corpo politico del re
2. insediamento
3. assemblea cetuale
4. Dieta
5. Parlamento inglese
6. Camera dei Lords
7. Camera dei Comuni

a. assemblea dotata dei diritti di discutere la politica fiscale del re, promulgare leggi regie, emanare norme relative ad attività produttive e commerciali
b. organismo collettivo che raccoglie i rappresentanti dei ceti o corpi più importanti presenti sul territorio, su cui si esercita l'autorità del sovrano
c. fase conclusiva del rituale di consacrazione del sovrano in cui l'intermediario ecclesiastico accompagna il re al trono
d. rappresentanza dei ceti dotata del diritto di eleggere il sovrano, che contraddistingue le monarchie meno solide
e. ramo del Parlamento inglese dove siedono, per diritto ereditario, i Pari
f. assemblea del Parlamento inglese a cui si accede per elezione, secondo norme regolate dal principio per cui solo i più ricchi possono votare
g. ....
....

4 **Completa la carta politica dell'Europa tra XV e XVI secolo, colorando in rosso le monarchie ereditarie e in verde quelle in cui il sovrano viene eletto dall'assemblea cetuale. Rispondi infine alle domande:**

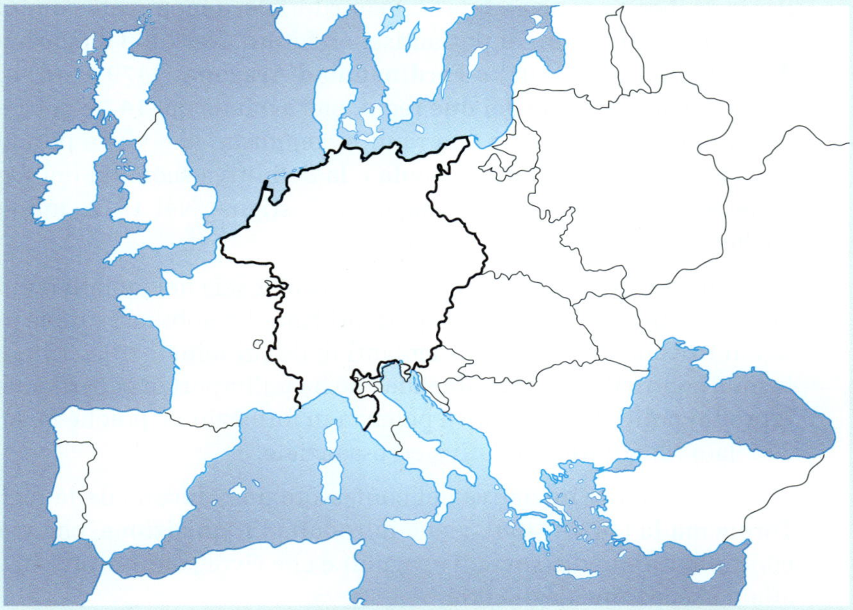

a. È possibile individuare due aree distinte dell'Europa? Quali?
b. Secondo te, in quale area si concentrano le monarchie più forti?

5 **Completa sul tuo quaderno la tabella relativa alle quattro concezioni del potere regio inserendo le informazioni richieste.**

	Sacrale	Patrimoniale	Amministrativa	Contrattuale
In che cosa consiste?	....	....	....	....
Quale relazione fra sovrano e sudditi presuppone?	....	....	....	....
Attraverso quali rituali viene veicolata?	....	....	....	....
Per quale scopo viene elaborata e trasmessa?	....	....	....	....

6 **Immagina di dover allestire una mostra iconografica sulla monarchia in età moderna. Dopo aver analizzato con attenzione le immagini del Modulo 4, ottempera alle seguenti consegne sul tuo quaderno.**

a. Individua un tema e formalizzalo in un titolo.
b. Seleziona quindi le immagini utili alla trattazione del tema.
c. Correda ciascuna immagine di una didascalia.
d. Disponi le immagini in sequenza ipotizzando un percorso per i visitatori.
e. Scrivi un breve testo introduttivo (5 righe) che espliciti il senso del percorso in relazione al tema.

Capitolo_12/ Gli Stati, le alleanze, le guerre tra XV e XVI secolo

1/ Monarchie e nuovi assetti nell'Europa occidentale

LA SPAGNA DI FERDINANDO E ISABELLA ■ Il rafforzamento delle monarchie si accompagna a numerosi mutamenti geopolitici, il primo dei quali è dato dalla formazione nella Penisola iberica di un grande Stato territoriale, denominato comunemente Spagna, che ha davanti a sé un importantissimo futuro. Nel 1469 il matrimonio tra **Isabella di Castiglia** (1474-1504) e **Ferdinando d'Aragona** (1479-1516) costituisce il presupposto per l'**unione dei due regni**, che avviene nel **1479**; nel 1481 i due sovrani decidono la ripresa della guerra di *reconquista*, che viene portata a compimento nel **1492** con la **presa di Granada** e la definitiva sconfitta del regno musulmano, annesso al nuovo Stato di Aragona e Castiglia. Nel 1512, infine, viene annesso anche il piccolo Regno di Navarra.

I due sovrani si impegnano con notevole efficacia nel tentativo di limitare l'autorità e le prerogative delle più importanti famiglie nobiliari e delle Cortes, assemblee in cui trovano posto i rappresentanti delle principali città. Tuttavia, è soprattutto la lotta contro il Regno di Granada che ha un'importanza particolare nel modellare il profilo politico della nuova potenza in formazione, poiché fa della cattolicità un suo dato identitario fondativo ed essenziale.

Sin dal 1478, per iniziativa del confessore domenicano della regina, **Tommaso di Torquemada** (1420-1498), viene introdotta l'**Inquisizione**, che viene posta sotto il controllo diretto dei sovrani spagnoli e che rivolge le sue attività, in primo luogo, alla persecuzione degli ebrei.

Come si ricorderà [> **8/7**], contro gli **ebrei** convertiti come contro i non convertiti si sono più volte scatenate aggressioni e violenze; ancora in questi anni molti di loro sono sospettati di praticare in segreto rituali blasfemi e per questo spietatamente puniti. Lo stato di tensione culmina nel **1492**, quando i sovrani decidono di porre le comunità ebraiche di fronte all'alternativa di convertirsi o di andarsene dalla Spagna: dei 200.000 ebrei che allora vivono nel regno, 100.000 decidono di andarsene, disperdendosi per tutto il Mediterraneo, dalle coste settentrionali dell'Africa alla Grecia alle coste della Turchia.

Due anni più tardi, nel 1494, Isabella e Ferdinando, come segno di riconoscenza per la crociata antimusulmana e per i concreti atti di difesa della fede cristiana, ricevono dal pontefice Alessandro VI Borgia (1492-1503) il **titolo di "sovrani cattolici"**. Infine, nel **1502** in **Castiglia** e nel **1525** in **Aragona**, i ***moriscos***, cioè i musulmani di Spagna, sono costretti a convertirsi a forza al cristianesimo.

IL REGNO DEL PORTOGALLO ■ Dopo un velleitario tentativo di attacco militare alla Castiglia, concluso con la sconfitta militare a Toro (1476), i sovrani del Portogallo rinunciano a ogni ulteriore tentativo di espansione verso il cuore della Penisola iberica e si orientano piuttosto verso l'**espansione marittima**, già intrapresa, peraltro, da diversi decenni in direzione delle coste atlantiche dell'Africa.

Protagonista ne è Giovanni II Aviz (1481-95), che nel 1481 succede ad Alfonso V. Il nuovo re, oltre a svolgere un'efficace politica di limitazione delle autonomie delle più importanti famiglie nobiliari, dà un competente sostegno, politico e finanziario, a un'importante sequenza di **spedizioni verso il sud della costa atlantica africana**, alla ricerca di una rotta marittima che conduca alle Indie; tale tentativo verrà felicemente coronato dal successo [▷ **14/2**], nonostante in questo campo i sovrani portoghesi debbano fare i conti con analoghi tentativi compiuti in nome dei sovrani di Spagna.

IL REGNO DI FRANCIA ■ Nei primi decenni del Quattrocento nel Regno di Francia vengono poste le premesse per esercitare il controllo sovrano sulla Chiesa francese, con l'emanazione della ***Prammatica sanzione***, voluta da **Carlo VII** (1429-61) nel **1438**: con questa norma – peraltro non riconosciuta dal Papato e oggetto di un lungo contenzioso – si stabilisce l'autonomia della Chiesa di Francia dall'autorità della sede pontificia e la sua dipendenza dal re.

La Vergine dei sovrani cattolici, 1491-93

[Museo del Prado, Madrid]

In questo dipinto proveniente dal Monastero Reale di san Tommaso ad Ávila, fondato da Isabella di Castiglia e Ferdinando d'Aragona, i due "sovrani cattolici" sono raffigurati, insieme ai figli, in ginocchio, con le mani giunte in preghiera ai piedi della Vergine Maria con il Bambino in trono. A destra, alle spalle della regina, appaiono san Domenico e un altro personaggio, in ginocchio, senza aureola e con una spada nel petto (simbolo di martirio), identificato con Pedro d'Arbués, ufficiale dell'Inquisizione spagnola, assassinato nel 1485. Sulla sinistra, dietro Ferdinando, si possono riconoscere san Tommaso (patrono del monastero cui era destinata la tavola) e un domenicano, identificato con fra' Tomás de Torquemada, Inquisitore generale.

lePAROLEdellaSTORIA

imposta diretta/ indiretta
Le imposte si distinguono in dirette e indirette. Le prime sono dei prelievi calcolati sulla ricchezza effettiva del cittadino (la "base imponibile") secondo un criterio di progressività (ai redditi più alti viene applicata una "aliquota" maggiore). L'imposta indiretta grava invece sul contribuente nel momento in cui compie una data attività indipendentemente dalla sua effettiva ricchezza.

Al termine della guerra dei Cent'anni [▷ **8/3**], la monarchia francese riesce a imporre la sua autorità sui potentati feudali e soprattutto riesce ad ampliare significativamente i propri territori che, seppur mantenendo assetti amministrativi propri, trovano nella figura del sovrano (e del suo braccio armato, l'esercito) una potente istanza unificatrice. Gli strumenti essenziali che portano al **consolidamento territoriale** del regno sono i matrimoni e le guerre. L'espansione si verifica soprattutto a spese del potente Ducato di Borgogna, annesso definitivamente nel 1482 da **Luigi XI** (1461-1483), e dei ducati d'Angiò (1480) e di Bretagna (1491).

Dopo il 1484, **Carlo VIII** (1483-1498), figlio di Luigi XI, non convoca più gli Stati generali. Per governare si serve invece del **Consiglio del re**, il suo organo di governo, cui corrispondono, sul territorio, i vari Parlamenti (organi giudiziari) e diversi funzionari ai quali vengono attribuiti vari incarichi amministrativi; tali ruoli sono spesso affidati a personale con buona istruzione, ma di **origine borghese**, per deprimere l'influenza che le famiglie nobiliari cercano di esercitare sul governo del re. La mancata convocazione degli Stati generali viene compensata dalla riunione periodica degli **Stati provinciali** (assemblee dei ceti su base regionale o locale), la cui influenza è localmente varia, ma certo minore degli Stati generali. L'effetto di una simile riorganizzazione della struttura istituzionale della monarchia francese è la possibilità di varare una **politica fiscale basata sulla *taille***, un'**imposta diretta**, il cui ammontare complessivo e la cui ripartizione tra le varie aree del regno è decisa annualmente dal Consiglio del re sulla base delle spese previste: è questo lo strumento principale che consente ai re francesi di mantenere un esercito efficiente e costantemente impegnato, sin dal 1498, in un'incessante serie di difficili campagne militari.

IL REGNO D'INGHILTERRA ■ Alla conclusione della guerra delle Due Rose [▷ **8/3**], anche **Enrico VII Tudor** (1486-1509) procede a un vasto tentativo di **riordino socio-istituzionale del regno**. Il problema principale da fronteggiare resta l'indisciplina delle fazioni aristocratiche, che dispongono anche di piccoli eserciti personali e continuano a commettere violenze e abusi di ogni tipo. Per frenarne l'azione Enrico VII istituisce uno speciale tribunale, chiamato **Camera stellata**, che funziona da istanza giudiziaria suprema; si serve molto anche del suo personale **Consiglio regio**, nel quale siedono i suoi più fidati collaboratori; mentre per le amministrazioni locali si serve dei **giudici di pace**, funzionari che svolgono il compito a titolo gratuito. Il personale da collocare in ciascuna di queste istituzioni è reclutato nelle file della ***gentry***, ovvero tra la nobiltà di rango e ricchezza inferiore, che ha spesso personali motivi di risentimento nei confronti delle grandi casate aristocratiche, o che comunque desidera crearsi propri spazi di potere e indipendenza. D'altro canto, pur non mettendone in discussione le prerogative, Enrico VII convoca solo poche volte il **Parlamento**, poiché teme che nella Camera dei Lords i nobili possano ostacolare l'opera di riordinamento socio-politico da lui intrapresa [▷ **11/5**].

Non che si tratti di un programma di governo indolore: arresti, confische, esecuzioni, intimidazioni fanno parte dell'azione politico-amministrativa messa in atto per ridimensionare le pretese aristocratiche; per parte loro, i clan aristocratici non si lasciano piegare senza resistenze talora piuttosto brutali.

Nel 1509 a Enrico VII succede il figlio, **Enrico VIII** (1509-47), che sposa Caterina d'Aragona (1509-36), già moglie del suo defunto fratello Arturo: ed è un'alleanza matrimoniale che ricolloca la monarchia inglese nel gioco delle alleanze internazionali, da cui era rimasta emarginata sin dalla conclusione della guerra dei Cent'anni (1453).

LAVORASULTESTO
Cerchia nel testo le date relative alla formazione dello Stato in Spagna, Francia e Inghilterra.

2/ Monarchie e nuovi assetti nell'Europa nord-orientale

IL REGNO DI SVEZIA ■ Nel corso del XV secolo nell'area scandinava vi sono diversi tentativi di rivolta contro la monarchia danese che controlla la cosiddetta **Unione di Kalmar**, comprendente Danimarca, Norvegia e Svezia [▷ **8/6**]. Nel **1520 Gustavo Vasa di Svezia** (1523-60) guida una ribellione che – dopo una guerra di tre anni – porta alla costituzione della **monarchia svedese**; essa riconosce l'esistenza e i notevoli diritti di un'assemblea dei ceti, il ***Riksdag***, in cui – caso unico per l'epoca – trova spazio anche una rappresentanza dei contadini, fedele e piuttosto costantemente favorevole ai sovrani, poiché essi ne garantiscono la libertà rispetto alle pretese nobiliari: questa peculiarità dell'assemblea svedese la rende uno strumento essenziale per la fortuna della dinastia, perché essa può servirsene per togliere potere e peso alla componente aristocratica. E così, Gustavo Vasa è in grado di far leva sul *Riksdag* sin da quando, nel **1544**, lo induce ad approvare il principio dell'**ereditarietà della corona svedese**. Inoltre, proprio perché i ceti contadini mostrano un atteggiamento di solida fedeltà alla monarchia, nello stesso 1544 il sovrano può introdurre la **coscrizione obbligatoria**, ovvero l'arruolamento obbligatorio dei sudditi compresi in determinate fasce di età: all'epoca quello svedese è l'unico esempio di un esercito di leva. Gustavo e i suoi successori, infine, riorganizzano un efficiente sistema di prelievo fiscale che, insieme con le vaste proprietà della corona, permette di finanziare l'esercito permanente.

Queste soluzioni amministrative consentono al Regno di Svezia di condurre una politica estremamente aggressiva che produce i suoi frutti, poiché alla fine del XVI secolo il regno controlla la Finlandia e l'Estonia.

L'EUROPA CENTRO-ORIENTALE ■ Diversamente da ciò che accade nell'Europa occidentale e in Svezia, nell'Europa orientale le **assemblee dei ceti** (e in particolare dei gruppi nobiliari) hanno un peso considerevole, tanto da configurarsi come vere ed efficaci concorrenti rispetto al potere del monarca.

A est i **Regni di Polonia-Lituania**, **Ungheria e Boemia** continuano a essere dominati da Diete nobiliari che possiedono il potere di eleggere i re: i sovrani di questi regni, in virtù del meccanismo elettivo, sono in balia delle fortissime famiglie nobiliari,

Gustavo Vasa di Svezia
[Nordiska Museet, Stoccolma]
Nonostante alcune ombre (dovute al suo carattere dispotico), la figura di Gustavo Vasa è ancora oggi molto amata in Svezia. A lui viene attribuito l'appellativo di "padre della nazione" per il merito di aver liberato la Svezia dal giogo danese e di aver traghettato il paese fuori dal feudalesimo verso la modernità. Il 6 giugno, giorno della sua elezione a re, avvenuta nel 1523, è attualmente festa nazionale.

le PAROLE della STORIA

Chiesa ortodossa
L'insieme delle Chiese ortodosse originate dallo scisma del 1054, che le separa dalla Chiesa cattolica romana. Le ragioni della separazione maturano sin dal IV secolo, con lo spostamento della capitale dell'Impero romano a Costantinopoli e, se si esprimono anche con dissensi teologici di notevole rilievo, traggono alimento dal desiderio di indipendenza che il patriarca di Costantinopoli e le strutture ecclesiastiche che da lui dipendono vogliono mantenere nei confronti del papa di Roma. Allo scisma d'Oriente aderiscono le Chiese cristiane di quei paesi che hanno rapporti più diretti con Costantinopoli che con Roma, e quindi le Chiese dell'area greca, balcanica e russa.

che sono la vera élite dirigente dei tre Stati. In questo contesto, il vero cambiamento riguarda l'ingresso dei **Regni di Boemia e di Ungheria nell'orbita degli Asburgo**: infatti, attraverso una complessa serie di combinazioni matrimoniali, e soprattutto attraverso un'efficace azione di propaganda presso le Diete locali, **Ferdinando d'Asburgo**, nipote di Massimiliano I d'Asburgo e fratello dell'imperatore Carlo V (1519-58; > **15/1**; **18**), nel 1526 riesce a farsi eleggere re di Boemia; poi acquisisce anche il titolo di re di Ungheria, ponendo i presupposti per un'espansione del dominio asburgico nell'Europa centrale.

IL PRINCIPATO DI MOSCA ■ Tra XV e XVI secolo, nel Principato di Mosca si oscilla tra momenti di affermazione del potere del sovrano e momenti in cui esso sembra dissolversi del tutto: allora si aprono vere e proprie crisi di interregno, in cui gruppi diversi di nobili o di funzionari cercano di far sentire il loro peso. Nella seconda metà del XV secolo, i principi russi si lanciano in una spettacolare politica di espansione, che fa del loro Stato uno dei più grandi della Terra. Tributari dei mongoli dell'Orda d'oro (una delle formazioni politico-tribali nate dalla divisione dell'Impero di Gengis Khan), nel XIV secolo i principi moscoviti cominciano a ribellarsi fino a che, nel 1480, **Ivan III il Grande** (1462-1505) non libera completamente il paese dal loro dominio. Nel 1471, Ivan sconfigge la città-Stato di **Novgorod**, i cui territori comprendono una vasta regione della Russia settentrionale. Sei anni più tardi abolisce il governo civico locale di questa città, economicamente e commercialmente molto prospera. Per consolidare il suo **governo autocratico** e spazzar via memorie di libertà passate, nel 1484 e nel 1489, Ivan deporta migliaia di importanti famiglie di Novgorod in diverse località nei pressi di Mosca. Intanto è in grado di ampliare anche i suoi territori verso sud e verso est, quando le sue forze cacciano i mongoli dal Volga [> **A42**]. All'interno dello Stato egli appoggia la sua autorità su un ceto di **funzionari proprietari terrieri** (i ***pomeščiki***), a lui legati da una sorta di rapporto vassallatico: in cambio di servizi armati e a corte il sovrano concede loro donazioni di terra; costoro, fedeli a Ivan III, cui devono la loro

ATLANTE 42

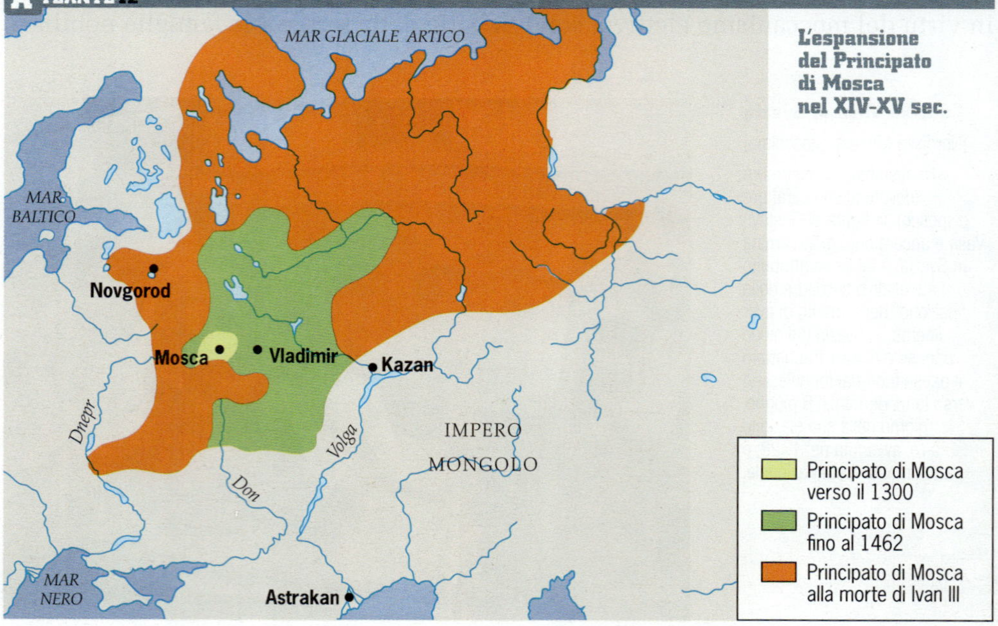

L'espansione del Principato di Mosca nel XIV-XV sec.

ascesa sociale, si distinguono dai **grandi nobili**, i ***boiari***, proprietari di grandissime tenute terriere coltivate da manodopera servile, che invece sono costantemente in conflitto col sovrano, il quale deve governare confrontandosi regolarmente con la loro assemblea, la Duma.

Un altro elemento contribuisce in misura decisiva al rafforzamento dell'autorità di Ivan III. Il matrimonio con la principessa bizantina Zoe Paleologa gli fornisce il pretesto, dopo la caduta di Costantinopoli [▷**8/7**], per arrogarsi il ruolo di **unico difensore della** **Chiesa ortodossa** contro islam e cattolicesimo; inoltre, per sottolineare la migrazione del potere imperiale da Costantinopoli a **Mosca**, egli la proclama **"terza Roma"**, attribuendole il ruolo di guida della cristianità.

Proprio per questa ragione, fra l'altro, nel 1491 e ancora nel 1500, Ivan attacca la Lituania, adducendo come ragione il tentativo di unificazione della locale Chiesa greca con quella romana, compiuto dal sovrano lituano: questa operazione gli consente una notevole espansione verso ovest. Alla morte di Ivan, nel 1505, gli succede il figlio Basilio III (1505-33), che continua la politica di espansione territoriale del padre. Nel 1533, quando anche Basilio muore, suo figlio Ivan ha solo tre anni: si apre allora una pesante stagione di intrighi di corte, di assassinii e di conflitti interni, di cui sono protagoniste le famiglie dei grandi proprietari terrieri, i boiari, che – a vicenda – tentano di imporre la loro autorità. Nel **1547** il figlio di Basilio, **Ivan IV,** noto poi come **il Terribile** (1547-84), esce dalla minorità e assume il potere, che riesce a esercitare in modo intelligente ma talora anche molto brutale. Ambizioso e desideroso di imporre l'autorità sovrana come unica fonte di diritto, si attribuisce il titolo imperiale chiamandosi ***zar*** (o *czar*, dal latino *Caesar*, 'Cesare'). Nel corso del suo regno riesce a ridimensionare il peso dei boiari e a governare utilizzando un suo **Consiglio privato** e soprattutto una sorta di **polizia militare** (l'***opričnina***), da lui creata e a lui esclusivamente fedele, che amministra con grande brutalità la Russia centrale; amplia, inoltre, il numero e le prerogative dei *pomeščiki*; infine, nel 1549 istituisce lo ***Zemskij Sobor***, **'assemblea dei**

Veduta del Cremlino a Mosca

Il Cremlino è una cittadella fortificata posta nel centro geografico e storico della città di Mosca. Le prime fortificazioni vennero erette nel 1156, per una lunghezza complessiva di circa 700 metri. Dal 1264 divenne la residenza dei principi di Mosca. Con l'avvento di Ivan III l'intero Cremlino viene ricostruito. Egli affida a diversi architetti di fama internazionale l'incarico di costruire alcuni fra gli edifici più importanti, nonché di sostituire e ampliare l'antica cinta muraria. Dall'Italia, Ivan III chiama Aristotele Fioravanti, Aloisio da Milano, Pietro Antonio Solari e Marco Ruffo; a questi ultimi due si deve la realizzazione delle imponenti mura caratterizzate dalle torri in mattoni rossi, tipico elemento dell'architettura civile milanese.

ceti', che accoglie rappresentanze dei boiari, del clero, dei nobili funzionari e dei mercanti moscoviti; lo zar fa leva soprattutto su queste ultime categorie (che vi sono in maggioranza) per controllare l'organismo e ulteriormente limitare le aspirazioni dei boiari. Il malcontento dei boiari che ne deriva, la durezza dei metodi di governo adottati, il peggioramento delle condizioni dei contadini sono tutti elementi che suscitano innumerevoli tensioni. Non sorprende, dunque, che alla morte di Ivan IV (1584) si apra di nuovo un periodo di incertezza, di intrighi e di rivolte, durante il quale solo lo *Zemskij Sobor* mantiene una certa autorevolezza, attribuendosi il compito di eleggere i successori dello zar; la lunga fase di conflitti e di caos politico istituzionale si conclude nel **1613**, con l'elezione di **Michele Romanov** (1613-45), capace di dar vita a una nuova dinastia e di farsi accettare dalle riottose élite nobiliari [▷ **S25**].

L'IMPERO OTTOMANO ■ Principato di Mosca, Boemia, Polonia e, soprattutto, Ungheria sono, fra gli Stati che abbiamo appena ricordato, quelli più esposti all'espansione dei turchi ottomani. Infatti, dopo la conquista di Costantinopoli, tra la metà del XV secolo e gli anni Venti del XVI, l'**avanzata ottomana a ovest e nel Mediterraneo** sembra inarrestabile [▷ **A43**]. L'impero stende il suo dominio sulla Serbia, sulla Bosnia, sulla Grecia, sull'Albania, compiendo incursioni e scorrerie nell'Adriatico, fino a Venezia e al Friuli. Tra il 1516 e il 1517 le truppe ottomane occupano Siria ed Egitto; e ciò significa controllare anche l'accesso alla **Mecca** e a **Medina**, luoghi santi dell'islam. Pirati turchi si insediano a Tripoli, a Tunisi, in Algeria, costituendovi avamposti per l'ulteriore espansione dell'impero. Ma successi non meno spettacolari sono quelli conseguiti da **Solimano il Magnifico** (1520-66), che nel 1520 succede al padre Selīm alla guida dell'impero. Nel 1522 conquista Rodi, cacciando dall'isola i cavalieri dell'ordine di S. Giovanni, che vi si erano insediati sin

L'espansione dell'Impero ottomano nei secoli XVI e XVII

ATLANTE 43

dal 1310: si tratta di un avamposto importante per l'ulteriore espansione nell'Egeo. Intanto nel 1521 Solimano ha già conquistato **Belgrado** e ha mandato ambasciatori a Buda, in Ungheria, a chiedere dei tributi; avendo ricevuto un netto rifiuto da re Luigi di Ungheria, decide di attaccarne il regno: la vera offensiva ha luogo nel **1526** e culmina con la **battaglia di Mohács**, nella quale l'esercito di re Luigi viene travolto e lui stesso vi resta ucciso. L'episodio ha un duplice rilievo: da un lato, la morte di Luigi apre la strada alla successione di Ferdinando d'Asburgo sui troni di Boemia e Ungheria; dall'altro, una parte cospicua del territorio del **Regno di Ungheria** viene persa ed entra a far parte del dominio ottomano. I turchi, adesso, avanzano verso il cuore dell'Europa e, nel **1529**, si spingono perfino a porre sotto assedio **Vienna**.

LAVORA SUL TESTO

1. Cerchia con colori diversi i principali eventi e le caratteristiche dei Regni di Boemia, di Ungheria e del Principato di Mosca. **2.** Sottolinea nel testo la risposta alla domanda: perché Ivan il Grande proclama Mosca "terza Roma"?

3/ L'internazionalizzazione del quadro politico italiano

Nel 1454 i maggiori Stati della penisola sottoscrivono la pace di Lodi, premessa per un vasto accordo diplomatico che prevede il mantenimento dell'equilibrio geopolitico esistente [▷ **8/5**].

Tuttavia, sia la stabilità interna dei singoli Stati sia la solidità complessiva dell'accordo sono un'illusione.

LA CONGIURA DEI PAZZI A FIRENZE E LA GUERRA DI FERRARA ■ Dal **1469 Firenze** è dominata da **Lorenzo de' Medici**, detto **"il Magnifico"** (1469-92), nipote di Cosimo [▷ **8/5**]. Il suo potere – che è di natura personale, non essendosi ancora trasformato in un principato formalmente riconosciuto – sembra comunque piuttosto solido. Nel **1478** – però – è scosso da una **grave congiura**, guidata da una **famiglia rivale dei Medici**, i Pazzi, appoggiati anche dal papa, **Sisto IV della Rovere** (1471-84). Lorenzo, aggredito dentro la chiesa di S. Maria del Fiore, riesce a salvarsi; non così suo fratello Giuliano. Subito scattano violente rappresaglie contro la famiglia avversa e i suoi sostenitori, mentre il sostegno popolare, che in quest'occasione manifesta il suo favore a Lorenzo, ne rafforza ulteriormente l'egemonia.

L'**intervento del pontefice** nell'intrigo trasforma il conflitto interno allo Stato fiorentino in un pericoloso contrasto interstatale, che contrappone **Firenze**, **Venezia** e **Milano** al **papa**, sostenuto dalla **Repubblica di Siena** e dal **re di Napoli**. Lorenzo, tuttavia, riesce a convincere il re di Napoli, Ferdinando I (detto Ferrante, 1458-94), a uscire dall'alleanza, per non rafforzare troppo il potere del pontefice. La mossa obbliga Sisto IV a cercare un **accordo**, che viene siglato nel **1480**.

La pace, tuttavia, ha breve durata: una nuova occasione di conflitto viene offerta dall'**attacco di Venezia al Ducato di Ferrara**. La guerra dura tre anni, **dal 1482 al 1484**: Ferrara riesce a conservare la sua indipendenza, ma deve cedere il Polesine a Venezia.

LA CONGIURA DEI BARONI A NAPOLI ■ Non passa un anno che a **Napoli** scoppia una **rivolta interna (1485)**, guidata da membri di alcune **grandi famiglie nobiliari** – i **baroni** –, stanchi di sopportare la **dura politica fiscale** che re Ferrante ha varato da qualche anno, disconoscendo i diritti del Parlamento napoletano; anche questa rivolta viene appoggiata dal **pontefice** – che ora è Innocenzo VIII Cybo (1484-92) –, mosso dal forte attrito fra Roma e la dinastia aragonese di Napoli in merito ai tributi che lo Stato napoletano le dovrebbe pagare; il papa conta di sfruttare la congiura dei baroni per sostituire la dinastia regnante, spagnola, con una francese. L'**intervento di Firenze e Milano** a sostegno di Ferrante conduce alla durissima **repressione** della rivolta, mentre le aspirazioni del pontefice devono essere abbandonate.

LUDOVICO SFORZA A MILANO ■ Tuttavia, la crisi più grave per gli equilibri della penisola si apre nel **1494**, a due anni dalla morte di Lorenzo de' Medici, e ha origine a **Milano**.

L'antefatto è questo: nel 1476 il duca Galeazzo Maria Sforza (1466-76) viene ucciso in una congiura [▷ G4]. Il successore è il figlio, Gian Galeazzo (1476-94), di appena sette anni, cosicché è necessario che si formi una reggenza, affidata alla madre, Bona di Savoia (1449-1503). Nel **1480**, però, lo zio di Gian Galeazzo, **Ludovico Sforza**, **detto il Moro** (1494-1508), riesce a esiliare Bona di Savoia e a impossessarsi del potere, assumendo nominalmente la reggenza per Gian Galeazzo con l'evidente intenzione di sostituirsi al legittimo duca. Nel 1489, però, Gian Galeazzo si sposa con Isabella, una nipote del re di Napoli Ferrante d'Aragona.

Costui dà segno di voler intervenire in difesa dei diritti legittimi di Gian Galeazzo e di Isabella: la minaccia offre a Ludovico Sforza l'occasione di **rivolgersi al re di Francia**, Carlo VIII. Sin dal 1492 Ludovico lo invita a far valere i diritti che la sua casata può vantare sul Regno di Napoli, dove gli Angioini avevano regnato sino al 1442: alla fine, nel **1494**, **Carlo VIII accoglie l'invito e scende in Italia**, alla conquista del regno meridionale, con un esercito forte di 30.000 uomini.

Da questo momento, e per molti decenni, la penisola diventa uno dei principali teatri di scontro fra le più grandi potenze europee.

LA SPEDIZIONE DI CARLO VIII DI FRANCIA ■ Carlo VIII si muove nel settembre del 1494, entrando prima a Milano e poi – nel suo movimento verso Napoli – a Firenze. Qui, dopo la morte di Lorenzo il Magnifico, l'egemonia politica è passata al figlio di costui, Piero de' Medici (1492-94), che non fa il minimo gesto per opporsi all'avanzata dell'esercito francese: la scelta gli è dettata dalla preoccupazione che una guerra contro quello che – all'epoca – si presenta come uno dei più potenti eserciti del mondo possa mettere in pericolo la sua autorità politica, già piuttosto incerta.

Carlo VIII, abbandonata la Toscana, si muove rapidamente verso sud e nel febbraio del 1495 occupa Napoli con grande facilità; il nuovo re di Napoli, Ferdinando II d'Aragona (1495-96), fugge con la corte in Sicilia. A questo punto, il facile successo francese rischia di dilagare e suscita preoccupazioni in Italia e fuori d'Italia, cosicché si forma una **Lega antifrancese**, che comprende Venezia, Ludovico il Moro (ormai duca di Milano dopo la morte di Gian Galeazzo, avvenuta nel 1494),

GRAFICO 4

La crisi nel Ducato di Milano

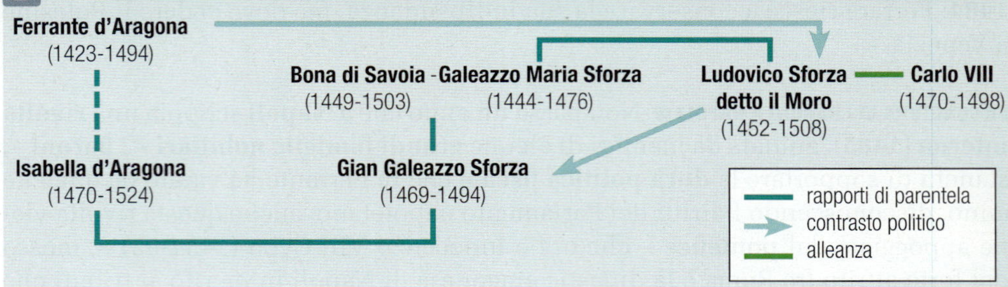

il papa (Alessandro VI Borgia), Massimiliano d'Asburgo, Ferdinando e Isabella di Spagna [> **12/1**]. Carlo VIII deve abbandonare Napoli per ricondurre il suo esercito in Francia, cosa che gli riesce, dopo aver facilmente battuto a **Fornovo**, nel luglio del **1495**, le truppe della Lega impegnate nel tentativo di sbarrargli il passo. A Napoli, intanto, si reinsedia Ferdinando II d'Aragona.

SAVONAROLA A FIRENZE ■ A Firenze, nel frattempo, l'accoglienza riservata da Piero a Carlo VIII dà l'occasione per una efficace **rivolta antimedicea** (novembre 1494), che porta alla piena restaurazione del governo repubblicano. Da tempo in Europa e nella penisola è diffuso un profondo disagio per la condotta eticamente discutibile di molti principi, e con loro di molti pontefici, cardinali, vescovi, sacerdoti. A Firenze se ne fa interprete un **appassionato predicatore domenicano**, **Girolamo Savonarola** (1452-1498), protagonista di prediche virulente e visionarie contro la corruzione morale della signoria medicea e del Papato; il **papa Alessandro VI Borgia**, uno dei più dissoluti nella storia del pontificato, è uno dei principali obiettivi dei suoi attacchi. Intorno a Savonarola si forma un **movimento di riforma etica e politica** – dagli avversari chiamato dei **piagnoni** – che si contrappone duramente ai **palleschi** (cioè i sostenitori dei Medici, che nello stemma hanno un'insegna con

Francesco Granacci, ***Le truppe francesi guidate da Carlo VIII entrano a Firenze il 17 novembre 1494***, 1518
[Galleria degli Uffizi, Firenze]

sei palle) e agli **arrabbiati** (membri di fazioni antimedicee e antisavonaroliane). Alle furibonde lotte tra le fazioni si aggiunge anche la guerra che lo Stato fiorentino deve sostenere contro Pisa, ribellatasi al dominio di Firenze.

Col passare del tempo l'autorità morale di Savonarola, che in un primo momento seduce molti fiorentini, comincia a vacillare. Il papa – Alessandro VI – lo scomunica; le sue prediche, che annunciano una nuova era, in cui Firenze sarà una "nuova Gerusalemme", si scontrano con la difficilissima congiuntura politica attraversata dalla città; le scorrerie dei suoi seguaci, che percorrono la città bruciando le "vanità" – quadri, mobili, vestiti lussuosi, libri – e che insolentiscono coloro che sono considerati responsabili di comportamenti immorali, diventano insopportabili a una parte sempre più grande della popolazione.

Alla fine gli "arrabbiati" prendono politicamente il sopravvento e, con il chiaro intento di riallacciare i rapporti diplomatici e commerciali con Roma, fanno arrestare Savonarola, che viene processato da commissari inviati dal papa. **Condannato come eretico**, costui viene impiccato e **bruciato sul rogo** in Piazza della Signoria nel **1498**.

Il sogno di riforma politico-religiosa – ancora una volta, come quelli trecenteschi [▷**9/3**] – è votato alla sconfitta, mentre la città continua a esser governata con istituzioni formalmente repubblicane, dominate dagli avversari dei Medici.

Filippo Dolciati, *L'esecuzione di Girolamo Savonarola*, 1498
[Museo di San Marco, Firenze]

LA SPEDIZIONE DI LUIGI XII E LA GUERRA TRA FRANCIA E SPAGNA ■ Sul trono di Francia a Carlo VIII (che muore nel 1498) succede **Luigi XII** (1498-1515), che decide di seguire la politica italiana del predecessore, organizzando una nuova spedizione militare nella penisola per rivendicare, con un nuovo pretesto dinastico (la parentela con i Visconti, antichi signori della città), anche Milano, oltre che Napoli. La **conquista di Milano** e lo **spodestamento di Ludovico il Moro** sono operazioni compiute con grande facilità nell'**autunno del 1499**.

Dopodiché Luigi XII passa a occuparsi di Napoli. Memore dell'insuccesso di Carlo VIII, prepara la spedizione con un accordo diplomatico preliminare, stipulato in segreto col re di Spagna, Ferdinando d'Aragona, nel 1500: il trattato di Granada, che prevede una spartizione del Regno di Napoli tra Francia e Spagna; ma una volta avviata la spedizione, e facilmente abbattuta la dinastia aragonese napoletana [▷**8/5**], sorgono i disaccordi tra i due contraenti del trattato e la spedizione si trasforma in una guerra tra Francia e Spagna, da cui nel 1503 emerge vincitore l'esercito spagnolo; con l'**armistizio di Lione (1504)**, che chiude questa guerra, **il Regno di Napoli viene assegnato alla Spagna**, mentre **la Francia continua a controllare il Ducato di Milano**.

LA LEGA DI CAMBRAI ■ Nel 1503 muore Alessandro VI e con l'elezione di un nuovo pontefice, Giulio II della Rovere (1503-13), crolla l'abbozzo di Stato che il figlio di Alessandro VI, Cesare Borgia, detto il Valentino (1475 ca.-1507), era riuscito a costruirsi tra il 1499 e il 1503, con l'appoggio del padre, in un'area piuttosto vasta, compresa tra le Marche e la Romagna. Il dominio del Borgia viene attaccato da due parti: da Venezia e dallo Stato pontificio.

L'impressione di una **eccessiva capacità di espansione di Venezia** e, al tempo stesso, il desiderio coltivato dall'imperatore Massimiliano I di espandere i possedimenti asburgici verso il Veneto fanno sì che nel **1508** si costituisca la **Lega di Cambrai**: diretta contro Venezia, a essa partecipano, oltre che l'imperatore Massimiliano e papa Giulio II, anche il re di Francia – Luigi XII – e il re di Spagna – Ferdinando. Soverchiato da forze militari preponderanti, l'esercito della Repubblica di Venezia viene sbaragliato ad **Agnadello** nel **1509**. Quando la dissoluzione della repubblica sembra inevitabile, a salvarla provvede la tenace resistenza delle popolazioni rurali e dei ceti popolari urbani, che rendono difficile il movimento delle truppe della Lega; al tempo stesso l'efficace **azione diplomatica del governo veneziano** riesce ad aprire dei contrasti tra gli attaccanti, cosicché si arriva a un accordo che salva l'integrità della repubblica, pur privandola delle terre e dei porti che si era assicurata nelle Romagne, nel Polesine e in Puglia.

DALLA LEGA SANTA ALLA PACE DI NOYON ■ Conclusa la pace con Venezia, per iniziativa del papa **Giulio II** si forma una diversa alleanza in funzione antifrancese: si tratta della **Lega santa**, alla quale partecipano Venezia, l'Inghilterra, la Spagna, la Confederazione svizzera. Nel **1512** la Lega costringe i francesi ad abbandonare Milano, dove viene ricondotto come duca Massimiliano Sforza (1512-30), figlio di Ludovico il Moro.

Intanto a Firenze l'esercito spagnolo chiude l'esperienza del governo repubblicano e reimpone il dominio mediceo. Nel 1513 muore Giulio II; il nuovo pontefice è il secondogenito di Lorenzo il Magnifico, cioè **Giovanni de' Medici**, che assume il nome di **Leone X** (1513-21); il potere dei Medici è completato dalla nomina ad arcivescovo di Firenze del cardinale Giulio de' Medici (1523-34), cugino di Giovanni (e destinato anch'egli a un futuro da papa, col nome di Clemente VII).

In Francia, alla morte di Luigi XII, avvenuta nel 1515, gli succede **Francesco I** (1515-47), che in quello stesso anno tenta ancora una volta la via della spedizione italiana per riprendersi Milano: dopo una buona preparazione militare, il suo esercito – che vanta una dotazione di ben 100.000 uomini – sconfigge a Marignano l'esercito organizzato da Spagna, Impero e Ducato di Milano, il cui cuore è costituito dalla fanteria svizzera, e in tal modo si impadronisce di nuovo del Ducato di Milano. L'anno seguente (**1516**) il re di Francia stipula con le maggiori potenze dell'epoca (Spagna, Impero, Confederazione elvetica, Stato pontificio) la **pace di Noyon**, con la quale si riconosce **alla Francia il possesso del Milanese** e **alla Spagna il possesso del Regno di Napoli**.

Urs Graf, ***Il campo di battaglia a Marignano***, 1521
[Kunstmuseum, Basilea]

Il primo piano di questa immagine del campo di battaglia da un lato testimonia le atrocità con i corpi martoriati e profanati dei soldati, dall'altro denuncia le grandi perdite della lega antifrancese: le armi sparse per terra fra i morti sono infatti quelle tipiche dell'esercito svizzero. Questo disegno fu realizzato da Urs Graf, un pittore svizzero arruolato come mercenario, presente alla battaglia di Marignano.

UN BILANCIO ■ La strada per una **duratura egemonia straniera in Italia** si è così definitivamente aperta. Ora, come si sarà notato, in tutta questa fase al centro di quasi ognuna delle crisi politico-militari che scuotono la penisola si pone lo Stato pontificio: centro autorevole di potere, osserva persuasivamente Niccolò Machiavelli, quella realtà statale non è abbastanza forte da riuscire a unificare politicamente la penisola, ma nemmeno abbastanza debole da consentire che un altro degli Stati italiani si imponga come egemone.

Al centro di tutti i conflitti italiani, l'**autorità del papa** si è profondamente trasformata: il magistero dei papi non è più, da decenni ormai, puramente spirituale; anzi, i papi del Rinascimento sono tra i più legati alla materialità del **potere terreno**, degli agi e dei piaceri che ne derivano: è, questo, il completamento di una mutazione che è in atto ormai da molto tempo.

LAVORA SUL TESTO
Individua e sottolinea un evento sintomatico dell'instabilità politica della penisola per ciascuno degli Stati italiani considerati.

4/ Persistenze e novità nelle compagini statali

Se si osservano in forma sinottica le trasformazioni in corso nel periodo di tempo che va dal 1450 circa sino al 1520, ne risultano confermate alcune linee di tendenza che abbiamo già osservato esaminando gli effetti politici della crisi del tardo Medioevo [▷ **8/8**], ovvero:

a tendenza all'**ampliamento** territoriale e al **consolidamento** istituzionale delle **monarchie** occidentali;

b grande **frammentazione nell'asse geopolitico centrale** (Germania-Italia); in questa fase si fa particolarmente evidente la fragilità del quadro politico italiano, nel quale, oltre a una instabilità politico-istituzionale interna, adesso si fa più forte che mai la tendenza delle maggiori **potenze europee** (Francia, Spagna e Impero) a intervenire direttamente (diplomaticamente, politicamente e soprattutto militarmente) nelle contese fra gli **Stati della penisola**;

c nell'area orientale un diverso tipo di fragilità attraversa Stati da tempo esistenti (Polonia-Lituania, Boemia, Ungheria), dettata dall'egemonia che le grandi famiglie nobiliari sanno esercitare su **deboli autorità sovrane**.

Ora, però, accanto a tutti questi elementi, se ne profilano anche di nuovi:

a l'emergere di Stati nuovi, caratterizzati da morfologie politico-istituzionali peculiari e non del tutto riconducibili ai modelli già affermatisi nel resto d'Europa (Svezia, Principato di Mosca);

b l'espansionismo ottomano, che se già in precedenza aveva registrato successi assolutamente sbalorditivi, adesso punta decisamente a entrare dentro il cuore d'Europa.

In ciascuno di questi casi, e nonostante un primo istituzionalizzarsi del sistema delle ambascerie diplomatiche [▷ **11/4**], tutte queste dinamiche politiche hanno luogo attraverso un ricorso sistematico alla guerra, come principale strumento di risoluzione dei contenziosi [▷ **F19**].

LAVORA SUL TESTO
Sottolinea nel testo l'elemento comune alle diverse dinamiche politiche in Europa tra XV e XVI secolo.

Erasmo da Rotterdam/Contro la guerra

[Erasmo da Rotterdam, *Il lamento della pace*, a cura di Carlo Carena, Einaudi, Torino 1990, pp. 41-51; 85]

La guerra continua a mietere vittime; e lo stesso fanno le epidemie di peste, che in tutti questi decenni non cessano mai di riaccendersi, ora in un'area, ora in un'altra d'Europa. Ma è soprattutto la guerra, e la morte che essa porta con sé, a ossessionare le popolazioni e ad esercitare un fascino notevole sui protagonisti dell'epoca [> **8/1**]. Tuttavia ai primi del Cinquecento c'è spazio anche per atteggiamenti di dissenso più radicale: per Erasmo da Rotterdam (1466 ca.-1536), nel *Lamento della pace*, testo scritto in latino e pubblicato nel 1517, la guerra non ha niente di bello, di elegante o di onorevole, mentre la pace è un bene che potrebbe anche essere a portata di mano, se solo lo si volesse per davvero. Erasmo si impone come una delle personalità intellettuali più affascinanti e autorevoli della sua epoca. Dopo aver ricevuto una formazione religiosa nel convento agostiniano di Steyn, ed essere stato ordinato sacerdote nel 1492, studia a Parigi, poi a Oxford. Fin dai primi del Cinquecento si fa sostenitore convinto della necessità di una profonda riforma spirituale della Chiesa, che allontani per sempre tanto le superstizioni popolari quanto il cinismo di molti ecclesiastici. Nello stesso tempo, interviene più volte nei suoi scritti sul tema della guerra e della pace, questione che affronta con una passione tutt'oggi commovente proprio nella *Querela Pacis* (*Il lamento della pace*).
Particolare rilievo si deve dare alla critica lucida e sdegnata che Erasmo rivolge a un aspetto cruciale della cultura europea tardomedievale e moderna, ovvero alla benedizione religiosa della guerra, che fa sì che preti, teologi e papi sostengano e promuovano, magari per futili motivi, guerre lunghe e sanguinose.

Che di più fragile, di più breve della vita umana? A quante malattie, a quanti incidenti non è soggetta! Eppure, nonostante i malanni intollerabili che di per sé comporta, gli uomini nella loro follia si attirano da sé la maggior parte delle proprie sventure, e una tale cecità ne ottenebra la mente, che non avverte nulla di tutto questo. Si gettano a capofitto dirompendo, spezzando, infrangendo ogni vincolo naturale e cristiano, ogni patto; combattono dovunque instancabilmente, smisuratamente, interminabilmente, nazioni in urto con nazioni, fazioni con fazioni, sovrani con sovrani, e per la dissennatezza di due omiciattoli destinati a perire ben presto come la durata d'un giorno, l'umanità intera è sconvolta da cima a fondo.
Tralascerò la tragedia delle guerre antiche. Ricordiamo soltanto le vicende di questi ultimi dieci anni. C'è forse una nazione ove non si sia combattuto spietatamente in terra e in mare? Quale paese non s'inzuppò di sangue cristiano? Quale fiume, quale mare non si tinse di sangue umano? E, vergogna, combattono con maggior ferocia degli Ebrei, dei pagani, delle belve. [...]
Mi vergogno a ricordare per quali vergognose, «per quali cause frivole» i principi cristiani «eccitano alle armi» il mondo. Ecco uno che riscopre o inventa un titolo desueto e ammuffito[1], come se conti poi molto chi governi un regno purché si provveda adeguatamente al bene pubblico. Un altro prende a pretesto non so quale omissione in un patto di cento paragrafi. Un altro ancora si risente per una faccenda privata, il ratto della sposa[2] o una battuta un po' pungente. Colmo della scelleratezza, c'è chi con perfidia tirannica, conscio che la concordia dei sudditi mina il suo potere mentre con la discordia si rafforza, istiga qualcuno a suscitare una guerra a bella posta per infrangere l'armonia e così scorticare più sfrenatamente l'infelice popolazione: individui tra i più scellerati, impinguati dalle sventure della gente e disoccupati in un regime di pace.
Quale Furia infernale poté mai introdurre in un cuore cristiano tanto veleno? Chi insegnò ai veneratori di Cristo una simile tirannide, ignota a qualsiasi Dionisio, a qualsiasi Mezenzio[3]. Belve davvero piuttosto che uomini, illustri solo per il loro potere tirannico, sapienti solo nel far del male e concordi solo nell'opprimere la comunità. E chi si comporta così viene considerato cristiano, osa accostarsi ai sacri templi, ai sacri altari, tutto lordo di sangue umano? Oh esseri funesti, da deportare nelle isole più remote! [...]
Ma dite: in queste azioni non superano la ferocia delle stesse fiere? Non tutte le belve sono bellicose, e i conflitti tra le fiere non avvengono mai se non con altre di specie diversa, come ho già detto e come bisogna ribadire per fissarne il pensiero. Vipera non morde vipera, lince non sbrana lince. E anche quando combattono, combattono con le proprie armi, quelle di cui le ha dotate la natura. Gli uomini, invece, inermi alla loro nascita,

1. *Ecco uno... ammuffito*: allude alle pretestuose motivazioni dinastiche che spingono Carlo VIII alla spedizione italiana.
2. *Un altro... sposa*: si riferisce all'attrito tra Massimiliano d'Asburgo e Carlo VIII per il matrimonio di quest'ultimo con Anna di Bretagna, già sposata per procura da Massimiliano; Carlo VIII, per concludere questo matrimonio, aveva anche rotto il fidanzamento con Margherita d'Asburgo, figlia di Massimiliano.
3. *Dionisio... Mezenzio*: Dionisio, tiranno di Siracusa (V-IV secolo a.C.); Mezenzio, re di Cere in Etruria, descritto da Virgilio come tiranno empio e sanguinario.

di quali armi, oh Dio immortale, non vengono provvisti dall'ira! Cristiani assalgono altri cristiani con meccanismi infernali; chi crederebbe il cannone un'invenzione umana? E poi le fiere non si lanciano al reciproco sterminio in schiere così fitte. Chi ha mai visto dieci leoni azzuffarsi con dieci tori? Invece quante volte ventimila cristiani duellano a spada tratta con altrettanti cristiani! Tanto si apprezza il ferire i fratelli e cavarne il sangue. E poi la guerra si scatena tra le fiere quasi solo allorché le travolge la fame o la difesa della prole. Invece per i cristiani anche la più lieve offesa appare un pretesto adeguato per scatenare un conflitto.

Se così si comportasse la plebaglia, si potrebbe ancora farle velo con l'ignoranza; se così la gioventù, potrebbe scusarla l'inesperienza dell'età; se così qualche empio, la natura della persona allevierebbe in parte l'atrocità del gesto. Invece ora vediamo che i semi della guerra provengono proprio da chi col suo senno e la moderazione dovrebbe comporre le discordie popolari. Il tanto spregiato e «ignobile volgo» erige insigni città; erette, le governa con civiltà, col suo governo le arricchisce. Ma vi s'insinuano i despoti e come fuchi sottraggono i frutti dell'operosità altrui, e i beni accumulati decentemente da molti vengono indecentemente dissipati da pochi, oneste costruzioni vengono spietatamente abbattute. Anche chi non ha memoria delle guerre antiche, riconsideri di grazia fra sé e sé quelle disputate negli ultimi dodici anni, ne valuti i motivi, e le troverà tutte intraprese a pro dei principi con grave danno dei popoli e senza che riguardassero i popoli minimamente.

Anche un gesto che presso i pagani veniva considerato indecoroso quale «imporre un elmo alla canizie», come si esprime il poeta famoso[4], ora è un vanto fra i cristiani. «Cosa sgraziata è un vecchio soldato» secondo Ovidio: e per costoro un guerriero settuagenario è una cosa meravigliosa[5]. Anzi non se ne vergognano i preti stessi, ai quali Dio anche nell'antica, sanguinaria e spietata legge mosaica impose di non macchiarsi mai di sangue; né si vergognano i teologi, guide alla vita cristiana, né si vergognano quanti fanno voto di perfezione religiosa, vescovi e cardinali, vicari di Cristo, di farsi promotori e suscitatori di ciò che Cristo tante volte esecrò. [...] Invece – oh pudore scomparso dalle opere umane! Presso i cristiani i sacerdoti votati a Dio e chi ha pretese di santità ancora maggiore, i monaci, infiammano a compiere stragi e carneficine, facendo dell'evangelica tromba una tromba marziale. Senza pensiero della propria dignità, trascorrono qua e là pronti a compiere e a subire qualsiasi cosa pur di suscitare guerre. Sono loro a infiammare a battaglia i principi che forse, per il resto, sarebbero rimasti tranquilli, mentre toccava a loro di ammonirli con la propria autorità se si mostravano irrequieti. Ancora più mostruoso, combattono di persona e per cose disprezzate dai filosofi pure tra gli infedeli e il cui disprezzo è caratteristica peculiare di un retto apostolato. [...]

La grande maggioranza dei popoli detesta la guerra e invoca la pace. Sono ben pochi oramai coloro la cui empia felicità dipende dall'infelicità generale, e dunque bramano la guerra. Se sia giusto o meno che la loro malvagità prevalga sull'aspirazione di tutti i buoni, giudicatelo voi stessi. Vedete che fino ad ora si sono mostrati inetti i trattati, inconcludenti i matrimoni, la forza, la punizione. Adesso provate invece quale non sia l'efficacia della conciliazione e della generosità. Da guerra nasce guerra, vendetta provoca vendetta. Adesso sia la bontà a generare bontà, la generosità solleciti ad essere generosi, e si giudichi più regale chi più avrà rinunciato ai propri diritti. Gli esiti raramente si accordano ai desideri umani, ma Cristo medesimo assicurerà il successo alle pie intenzioni che vedrà concepite secondo i suoi insegnamenti e con i suoi auspici. Egli assisterà, conforterà, sosterrà i sostenitori della causa da Lui sostenuta più di ogni altra cosa. Sui sentimenti privati prevalga l'interesse pubblico: sebbene, provvedendo a quest'ultimo, si favorisce anche la propria fortuna. Il trono conferirà più prestigio ai sovrani se regneranno su sudditi devoti e felici, retti dalle leggi anziché dalle armi; la nobiltà godrà di una dignità maggiore e più genuina, il clero di una maggior quiete nel suo ritiro, il popolo di una tranquillità più prospera e di una prosperità più tranquilla. Il nome cristiano ispirerà più timore ai nemici della Croce. Infine, sentendovi amati l'uno dall'altro e tutti da tutti, sarete felici e soprattutto graditi a Cristo: e piacere a Lui è il colmo della felicità.

4. *il poeta famoso*: Virgilio.
5. *un guerriero... meravigliosa*: Erasmo si riferisce molto chiaramente a papa Giulio II.

GUIDA ALLA LETTURA

1. Come reagisce la maggior parte degli uomini, e in particolar modo come reagiscono «i principi cristiani» di fronte alla fragilità della vita umana? **2.** Perché Erasmo fa un confronto fra i cristiani e le belve? Quali comportamenti vuole mettere in evidenza? **3.** Da chi provengono i semi della guerra? **4.** Quali sono le possibili vie in grado di porre argine a una situazione così disastrosa e dolorosa e quali sono gli argomenti che l'autore porta a vantaggio della propria tesi? **5.** In che modo le posizioni di Erasmo sono raccordabili col contesto storico e culturale?

SINTESI

ONLINE

SINTESI AUDIO

LEZIONE 5
Le monarchie moderne: concezioni plurime e nuovi assetti

TEST

1/Monarchie e nuovi assetti nell'Europa occidentale

Intorno alla metà del XV secolo si precisano alcune linee di tendenza già emerse nei decenni conclusivi del Medioevo. A ovest si nota l'ampliamento territoriale delle grandi monarchie capaci di attuare piani di consolidamento istituzionale basati sulla limitazione delle autorità e dei privilegi nobiliari. Nella Penisola iberica, il matrimonio tra Isabella di Castiglia e Ferdinando d'Aragona costituisce il presupposto per l'unificazione dei due Regni e il successivo ampliamento dello Stato ai danni del Regno musulmano di Granada (1492) e del Regno di Navarra (1512). Il Portogallo, invece, dopo il tentativo di espansione interna di Alfonso V, orienta la propria politica verso il mare, in direzione delle coste atlantiche dell'Africa. Al termine della guerra dei Cent'anni, la monarchia francese riesce ad affermarsi sia sui potenti signori feudali (in particolare sul ducato di Borgogna), sia nei confronti della Chiesa, con l'emanazione della *Prammatica sanzione*. In Inghilterra, invece, dopo la guerra delle Due Rose, Enrico VII Tudor riesce a limitare l'indisciplina delle fazioni aristocratiche, con l'istituzione di un tribunale speciale, la Camera stellata, e di un personale Consiglio regio, composti dai membri della *gentry*, la bassa nobiltà inglese.

2/Monarchie e nuovi assetti nell'Europa nord-orientale

A est le più grandi monarchie (Polonia-Lituania, Boemia, Ungheria) continuano a essere molto fragili, poiché le grandi famiglie nobiliari sanno esercitare una vigorosa egemonia sulle deboli autorità sovrane.

A nord-est emergono nuovi Stati caratterizzati da morfologie politico-istituzionali peculiari e non del tutto riconducibili ai modelli già affermatisi nel resto d'Europa (Svezia, Principato di Mosca). In Svezia, il potere del sovrano è sostenuto dal *Riksdag*, un'assemblea dei ceti a cui partecipano anche i contadini, fedeli e favorevoli alla monarchia in funzione anti-nobiliare. Tale sostegno consentirà al re di Svezia Gustavo Vasa di introdurre il principio dell'ereditarietà della corona e la coscrizione obbligatoria. In Russia, invece, è il ceto dei funzionari-proprietari terrieri (i *pomeščiki*) a garantire la stabilità della monarchia, contro il potere dei grandi nobili (i *boiari*). A sud-est continua l'espansione dell'Impero ottomano che, se già in precedenza ha registrato successi assolutamente sbalorditivi, dopo aver conquistato l'Ungheria (battaglia di Mohács del 1526) punta decisamente a penetrare il cuore d'Europa, mettendo sotto assedio Vienna nel 1529.

3/L'internazionalizzazione del quadro politico italiano

Nella seconda metà del XV secolo, si fa particolarmente evidente la fragilità delle istituzioni italiane, con il fallimento della politica di equilibrio sancita dalla pace di Lodi. La congiura dei Pazzi a Firenze nel 1478, l'attacco di Venezia al Ducato di Ferrara e la rivolta dei baroni a Napoli minano infatti il quadro geopolitico esistente, ma sarà a Milano che si verificherà la crisi più grave (il conflitto dinastico tra Gian Galeazzo Sforza e Ludovico il Moro), che aprirà le porte all'intervento dei sovrani stranieri nella penisola. Tra il 1494 e il 1515, i sovrani francesi Carlo VIII, Luigi XII e Francesco I scenderanno con i loro eserciti in Italia ottenendo il possesso del Ducato di Milano, mentre alla Spagna verrà assegnato il Regno di Napoli. La Repubblica di Venezia subisce invece l'attacco della Lega di Cambrai (1508), cui avevano aderito l'imperatore Massimiliano, il papa e il re di Francia, che priva Venezia dei possedimenti nelle Romagne, nel Polesine e in Puglia, ma non riesce a minare l'integrità della Repubblica. Intanto a Firenze, dopo una breve parentesi repubblicana, tornano al potere i Medici, la cui autorità è accresciuta dall'elezione al soglio pontificio di Giovanni de' Medici (secondogenito di Lorenzo il Magnifico), che assume il nome di Leone X (1513).

4/Persistenze e novità nelle compagini statali

Dalla metà del XV secolo al 1520 il quadro politico europeo è caratterizzato dalla coesistenza di alcune dinamiche di lungo periodo con alcuni elementi di novità. Insieme alla tendenza al rafforzamento delle monarchie occidentali, alla frammentazione dell'asse geopolitico centrale e alla fragilità degli Stati dell'Europa orientale, troviamo infatti l'affermazione di nuove entità statali quali il Regno di Svezia e il Principato di Mosca e l'espansionismo ottomano, elementi accomunati dal ricorso sistematico alla guerra come strumento di risoluzione delle controversie politiche.

VERSO le COMPETENZE

1 Indica se le affermazioni seguenti sono vere o false. Spiega poi brevemente il motivo della tua scelta.

a. La sconfitta militare a Toro (1476) segnò la rinuncia, da parte di Alfonso V, al trono di Castiglia e il definitivo orientamento della politica portoghese verso l'espansione marittima.
b. Con la *Prammatica sanzione*, voluta da Carlo V e riconosciuta dal Papato dopo un lungo contenzioso, si stabilirono l'autonomia della Chiesa di Francia e la sua dipendenza dal re.
c. Conclusa la guerra delle Due Rose, Enrico VII Tudor trovò un accordo con le fazioni aristocratiche, tradizionalmente alleate, e procedette al riassetto socio-istituzionale del regno.
d. Verso la fine del Quattrocento, Innocenzo VIII sostenne la rivolta dei baroni a Napoli, mosso dalle antiche rivendicazioni dei tributi che gli Aragonesi dovevano versare a Roma.
e. La Dieta polacca aveva facoltà di eleggere il sovrano, approvarne il matrimonio e la successione.
f. Massimiliano I d'Asburgo nel 1526 riesce a farsi eleggere re di Boemia dalle Diete locali, acquistando in seguito il titolo di re di Ungheria.
g. La guerra fra Francia e Spagna si concluse con l'armistizio di Lione (1504): il Regno di Napoli passò alla Spagna, mentre la Francia continuò a controllare il Ducato di Milano.

2 Completa il testo inserendo i seguenti termini negli spazi bianchi. Attenzione! C'è un termine che non devi utilizzare.

Repubblica di Venezia • Noyon • il Regno di Napoli • i francesi • Granada • Agnadello • ceti popolari urbani • coesione interna • Giulio II • Milano • coalizione antifrancese • Lega santa • diplomazia • Spagna • popolazioni rurali • gli spagnoli • il dominio mediceo • Francesco I • Francia • Lega di Cambrai

Dopo la sconfitta di .... (1509) la .... si salva dalla rovina, inevitabile in apparenza, grazie alla resistenza di .... e dei ...., che ostacolano le operazioni della ...., ma anche per merito della .... che riesce a spezzare la .... al fronte opposto. Si arriva così a un accordo che salva l'integrità della Repubblica, a cui vengono sottratti le terre e i porti che si era assicurata nelle Romagne, in Polesine e in Puglia. Conclusa la pace con Venezia, per iniziativa di .... si costituisce una ....: si tratta della ...., alla quale aderiscono Venezia, Inghilterra, ..., Confederazione svizzera. Nel 1512 la Lega costringe .... ad abbandonare Milano, mentre a Firenze .... reimpongono .... Nel volgere di tre anni, a Luigi XII succede ...., che grazie a una nuova spedizione riesce a riannettere ...., il cui possesso alla .... viene sancito dalla pace di ...., che garantisce altresì alla Spagna ....

3 Completa sul tuo quaderno la tabella relativa alla politica espansionistica delle monarchie nell'Europa centro-occidentale della prima età moderna con le informazioni richieste.

	Spagna	Francia	Inghilterra
Territori annessi militarmente	....	....	....
Territori acquisiti tramite legami dinastici	....	....	....

Rispetto alla superficie totale dei territori annessi, qual è il rapporto percentuale fra le due modalità di annessione territoriale? Rappresentalo mediante l'areogramma.

territori annessi militarmente ...%
territori acquisiti tramite legami dinastici ...%

4 Dopo aver completato le seguenti affermazioni con la data corrispondente, inserisci nella tabella sinottica gli eventi, riassumendoli in poche parole-chiave.

.... le truppe ottomane occupano Siria ed Egitto
.... in seguito alle nozze fra Isabella di Castiglia e Ferdinando d'Aragona i due regni si fondono in un nuovo Stato
.... Maria di Borgogna sposa Massimiliano d'Asburgo
.... viene annesso il Regno di Navarra
.... Carlo VIII scende in Italia alla conquista del Regno meridionale
.... dopo questa data gli Stati generali non vengono più convocati
.... i turchi assediano Vienna
.... Solimano il Magnifico sconfigge Luigi di Ungheria, che muore nella battaglia di Mohács
.... con la presa di Granada si conclude la *reconquista* e viene annesso il Regno musulmano

	Penisola iberica	Francia	Impero ottomano
1480	....	....	....
1500	....	....	....
1520	....	....	....
1540	....	....	....

5 Rispondi brevemente alle seguenti domande.

a. In quale senso si può parlare di «internazionalizzazione del quadro politico italiano» nella seconda metà del Quattrocento?
b. Quale ruolo ebbe lo Stato pontificio negli equilibri della penisola secondo la convincente osservazione di Machiavelli? Sulla base di quanto hai studiato, fornisci alcuni esempi a supporto della tesi.
c. Quali novità e quali persistenze si riscontrano nei processi politici degli Stati europei tra XV secolo e 1520?
d. Quali furono le conseguenze della battaglia di Mohács?
e. Oltre alle rivendicazioni dinastiche, su quale altro pretesto si reggeva l'espansionismo degli Stati europei? Rifletti in particolare sulla politica perseguita dai sovrani di Spagna, dagli ottomani e da Ivan il Grande.

Capitolo_13/ Una rivoluzione culturale?

1/ Alla ricerca dell'ordine e della bellezza

UNA REAZIONE ALLA DUREZZA DELLA VITA ■ Sin dal principio del Quattrocento, prima in Italia e poi nel resto d'Europa, accade qualcosa di particolarmente sorprendente: dal sudore, dal sangue, dalla sofferenza delle guerre e delle morti che non cessano mai sembra prender vita, come per magia, una meravigliosa esperienza «di porpora e d'oro» (J. Huizinga), il Rinascimento.

Si tratta di una delle trasformazioni più imprevedibili che attraversano la storia europea: com'è possibile che dalle danze macabre [▷F14] e dai lutti innumerevoli, ossessivamente presenti alle menti dei sopravvissuti, si passi – quasi senza mediazioni – all'elaborazione di quadri di una raffinatezza tutt'oggi struggente?

Ancora una volta genialmente una spiegazione profonda la suggerisce lo storico Johan Huizinga [▷ **10/2**]: lo **splendore del Rinascimento italiano o fiammingo** è una forma di reazione alle durezze della vita, che si traduce in un'affermazione di vitalità straordinariamente creativa; le opere rinascimentali – la loro armonia, il loro ordine, la loro bellezza, la loro **limpida razionalità** – offrono una cornice nella quale «gli avvenimenti della vita propria e altrui [possono diventare] simili a un bello spettacolo» e quindi sono capaci di suscitare emozioni e visioni che proteggono, in una qualche misura, dai lutti e dagli sconvolgimenti in mezzo a cui si è costretti a vivere.

La ricerca dell'armonia, dell'ordine e della bellezza e la loro esibizione pubblica sarebbero, così, modi per trovare una **rassicurazione**, a cui – va subito aggiunto – **i ricchi e i potenti** mostrano di tenere moltissimo, finanziando scrittori, filosofi, pittori, architetti. Vista dalla prospettiva indicata da Huizinga, la cosa non può sorprendere: i leader politici o militari, i signori, i sovrani hanno un disperato desiderio di mostrarsi (e di sentirsi) **non caduchi, non temporanei, ben piantati in questa terra con robuste radici**; e allo stesso modo, sebbene talora su scala minore, il loro esempio è imitato da singoli individui (o meglio da singole famiglie) di ricchi mercanti o possidenti che finanziano artisti e intellettuali.

QUALI VALORI PER UN NUOVO MODELLO IDEALE? ■ Ma dove trovare questi valori? Gli intellettuali e gli artisti che elaborano il **"discorso dell'armonia, dell'ordine e del bello"** – se così si possono riassumere, in breve, tre aspetti essenziali dell'esperienza rinascimentale – si muovono in contrapposizione a quello che loro stessi cominciano a chiamare l'"evo medio", cioè lo spazio di tempo che li ha immediatamente preceduti separandoli da ciò a cui essi guardano come modello ideale: l'**Antichità classica**, **greca** e **latina**.

Nell'Antichità classica molti vanno a cercare i princìpi intellettuali e filosofici che possano dare fondamento a un rinnovamento radicale, a una vera **"rinascita" della civiltà**. Esagerano, certo, contrapponendo il lavoro che si comincia a svolgere sin dal XV secolo con l'elaborazione filosofico-intellettuale da loro stessi ritenuta propria dell'"oscuro Medioevo". Del resto già moltissimi intellettuali medievali hanno attivamente messo in pratica il principio del ritorno all'Antico: come non ricordare l'attenzione e la sensibilità – in certi momenti assolutamente eccezionale – che Dante, o Petrarca, o Boccaccio hanno riservato alla cultura classica, e in particolare a quella latina?

Tutto vero. Solo che nel corso del XV secolo questa operazione viene compiuta in maniera più ordinata e sistematica, influenzando in forme nuove il pensiero e la sensibilità occidentali.

È una **rivoluzione culturale**? Se lo è, si tratta certamente di un tipo di rivoluzione che noi non siamo più abituati a conoscere: non una rivoluzione che trova nel "nuovo", nel "mai visto", nel "mai applicato", i suoi fondamenti; piuttosto – secondo l'accezione del termine diffusa all'epoca – una rivoluzione che va a ritroso, verso esempi lontani, talvolta semisepolti dal tempo, ma assolutamente da riscoprire per poter dar vita a sistemi di pensiero in grado di scongiurare l'orrore che ormai dall'inizio del Trecento ininterrottamente scuote l'Europa [> S27].

LAVORASULTESTO

Cerchia nel testo i termini-chiave in cui si riassume l'essenza dell'esperienza rinascimentale.

Filippo Brunelleschi, *Il sacrificio di Isacco*, intero e particolare del servo, 1401

[Museo Nazionale del Bargello, Firenze]

***Lo spinario*, copia ellenistica tarda di un originale greco di epoca precedente**

[Galleria degli Uffizi, Firenze]

Seguendo le orme degli intellettuali umanisti, gli artisti rinascimentali studiano il mondo antico per riscoprirne i valori e per appropriarsi del linguaggio classico. L'intento è quello di raggiungere l'armonia espressa dall'arte del passato, confidando nella possibilità di riprendere dalle mani degli antichi il testimone della bellezza. Pittori, scultori e architetti studiano con grande attenzione le opere antiche e ne traggono ispirazione per la creazione dei propri capolavori; ciononostante essi non intendono mai "copiare" l'arte classica: al contrario, hanno l'ambizione di eguagliare la grandezza della civiltà greco-romana recuperando le forme antiche e adattandole alle loro esigenze espressive e alla sensibilità del loro tempo. Ne abbiamo un esempio nella "citazione" compiuta da Brunelleschi nella sua famosa formella eseguita per il concorso per la seconda porta bronzea del Battistero di Firenze nel 1401 (la figura del servo, di Brunelleschi, riprende quella dello *Spinario*, una scultura ellenistica); citazione non fine a se stessa, visto che tutta l'opera assegna all'uomo, protagonista dell'evento biblico, un ruolo e una dignità che sembravano perduti, riportandoli al centro dell'interesse artistico.

2/ L'Umanesimo e la rinascita dell'Antico

Tipicamente in quest'epoca, dunque, all'esigenza di valori etici e filosofici che offrano princìpi attraverso i quali dar ordine a una realtà devastata si risponde con un tuffo nel passato, che è anche una valorizzazione delle arti considerate come il patrimonio più vero della classicità: filosofia, poesia, storia, retorica e grammatica. Sono dunque proprio le **discipline umanistiche** quelle che danno il nome alla nuova corrente culturale, l'Umanesimo appunto.

PERCHÉ IN ITALIA? I suoi **centri originari** sono in Italia [>A44]. La cosa non deve sorprendere: nell'ambito dei comuni cittadini, il diritto romano e l'arte della retorica hanno continuato a prosperare più che altrove nell'Europa medievale; l'insegnamento e il prestigio di intellettuali della statura di Petrarca si sono fatti sentire in modo vivo e attivo; in Italia si recano numerosi intellettuali greci che fuggono da Costantinopoli, conquistata dai turchi nel 1453, trovando ospitalità presso le corti e presso i circoli intellettuali di grido, e dando ulteriore impulso al *revival* della cultura greca; in Italia, infine, almeno in una certa misura, i riferimenti alle "repubbliche" classiche, ad Atene e alle *pòleis* greche o alla Roma repubblicana, hanno un evidente valore di propaganda e di sostegno all'esperienza dei governi cittadini.

le PAROLE della STORIA

rivoluzione
In origine il termine non ha altro significato che 'movimento circolare degli astri celesti'; per estensione, dunque, esso indica anche qualcosa che deve tornare nella sua sede o nella sua posizione originaria. È in questa accezione che il lemma viene usato fino al XVII secolo, quando, per ragioni che vedremo più avanti, acquisterà un significato completamente diverso e, infine, perfino opposto, indicando il mutamento violento e radicale di un sistema politico, e poi anche il cambiamento completo di abitudini, di pratiche o di comportamenti.

ATLANTE 44

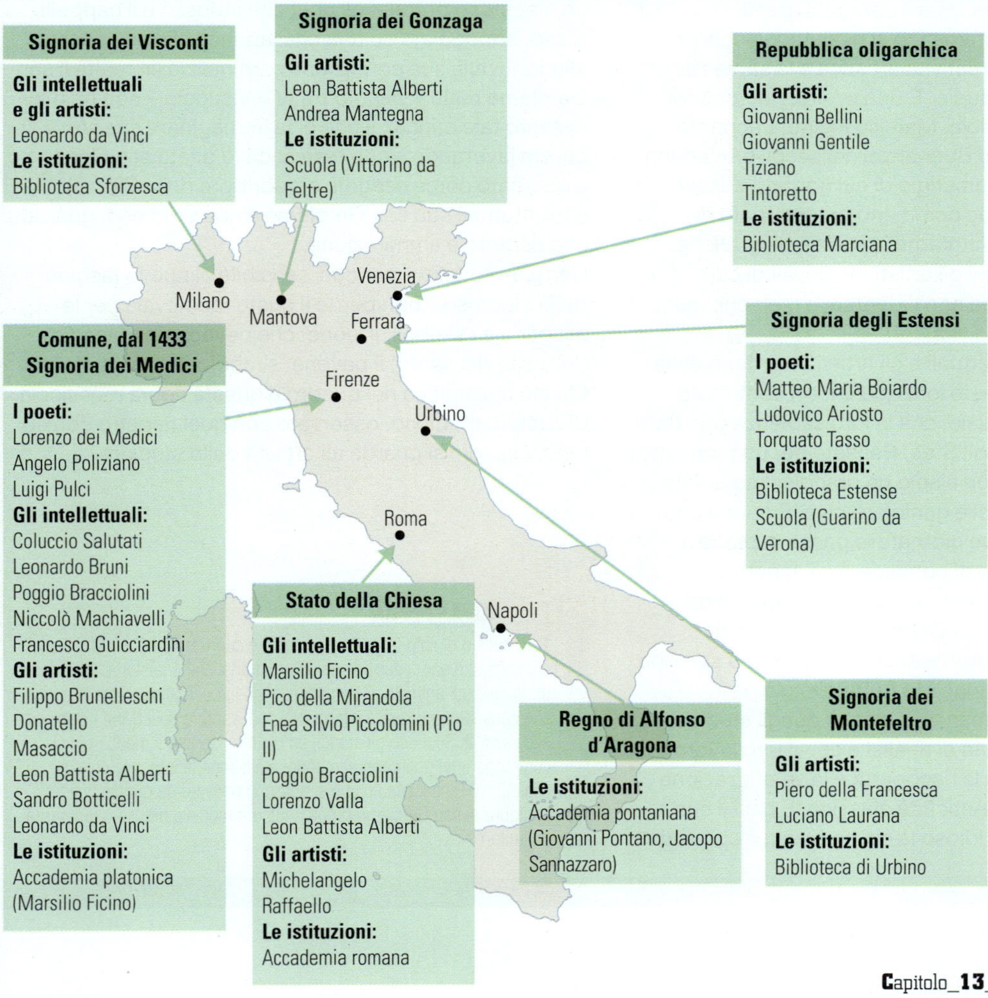

I centri, le istituzioni culturali e i protagonisti dell'Umanesimo
Nelle diverse realtà politiche della penisola, tra XV e XVI secolo, si ospitano e si incoraggiano artisti, intellettuali, filosofi, scienziati, mentre, in qualche caso, si organizzano istituzioni culturali che favoriscono l'incontro tra gli intellettuali, oltre che lo studio e la discussione di questioni filosofiche e teologiche.

le PAROLE della STORIA

propaganda
Attività di creazione e diffusione di notizie, immagini e narrazioni che mirano a rendere popolari le azioni o le convinzioni di uno specifico soggetto politico (che può essere una città, uno Stato, un signore, un re o, in tempi più recenti, un partito politico).

L'UMANESIMO CIVILE ■ È così, per esempio, che tra il 1400 e il 1430 a Firenze, al tempo una repubblica, in guerra col Ducato di Milano, **lo studio dei classici si trasforma in un'ideologia repubblicana** che gli storici hanno chiamato Umanesimo civile. In quella fase, gli umanisti fiorentini montano un'efficace guerra di **propaganda** a favore della "virtuosa" Firenze repubblicana contro la "tirannica" Milano, invocando la memoria della cacciata dei tiranni etruschi da parte dei primi romani e modellando il loro elogio per il repubblicanesimo sulla base delle opere di Livio e di Cicerone; gli umanisti che servono il duca di Milano "rispondono" ai primi con lo studio delle biografie degli imperatori romani scritte da Svetonio, da cui ricavano argomenti forti per celebrare i signori di Milano, i Visconti, e l'organizzazione politica del Ducato. In tal modo lo studio dei classici offre **strumenti immediati per la propaganda e per l'azione politica**.

L'IMPORTANZA DELLO STUDIO DEI CLASSICI ■ Inoltre, attraverso le loro attività di educatori e di funzionari pubblici, gli intellettuali rinnovano i **programmi** e i **metodi di insegnamento**: alla base del *curriculum* umanistico vi è una buona padronanza del **lati-**

LE FONTI 20

Antonello da Messina/*San Gerolamo nello studio*

Nel XV e nel XVI secolo, oltre a valorizzare la bellezza e la vigoria fisica, l'eleganza e il coraggio, per la prima volta in modo sistematico si rivalutano anche le qualità intellettuali, la creatività artistica e la sapienza accumulata in anni di studio. È una svolta. Personaggi come Pico della Mirandola, Marsilio Ficino, Leonardo da Vinci o Michelangelo Buonarroti nei secoli precedenti non avrebbero avuto il prestigio di cui godono adesso. Anzi, nessuno si sarebbe nemmeno preoccupato di ricordarne i nomi o di annotarne le notizie biografiche: in fondo, non sono pochi gli artisti medievali di cui conosciamo le opere ma non l'identità, e men che meno le informazioni sulla loro vita.
Invece adesso gli intellettuali e gli artisti diventano delle celebrità. Si apprezzano le loro qualità, e il contributo pratico, oltre che spirituale, che la loro sapienza può dare alle amministrazioni degli Stati. Pensate per un momento a Leonardo da Vinci. Non è solo un grandissimo artista. Né soltanto un inarrivabile genio creativo. È anche uno studioso. Uno che le sue giornate le passa in preda a un incessante desiderio di conoscere gli aspetti più diversi dell'esperienza umana. Quando Antonello da Messina dipinge il suo san Gerolamo, Leonardo ha appena ventitré anni, e non è ancora famoso. Lo sarebbe diventato da lì a pochi anni. Ma Antonello già ha in mente altre figure di "umanisti", cioè di quegli studiosi che – con le loro capacità di analisi e con il loro lavoro di ricerca – hanno avviato la riscoperta e la valorizzazione delle grandi opere dell'Antichità classica. E così il suo san Gerolamo è uno studioso la cui scrivania è collocata nello spazio ampio di una chiesa, dentro la cornice di un maestoso portale; gli abiti che indossa e il cappello rosso, appoggiato su una cassapanca alle sue spalle, alludono alla sua condizione cardinalizia (in realtà il san Gerolamo reale – vissuto tra IV e V secolo – non ha mai rivestito tale carica); il che ci fa immaginare che i testi su cui sta lavorando siano testi sacri (e difatti san Gerolamo è ricordato come esegeta e traduttore della Bibbia). Ma soprattutto il suo san Gerolamo è uno studioso, guardato con rispetto e ammirazione.
Certo, Antonello – pur così sensibile al nuovo fascino dello studioso – non perde il gusto medievale per le allegorie e i simboli: il leone, che rievoca un episodio della vita del santo; il pavone, simbolo della vita eterna. Ma ciò che spicca nel quadro è questa figura massiccia di austero studioso, osservato con quel rispetto con cui nel XV secolo si guarda all'attività dello studiare.

GUIDA ALLA LETTURA

1. In questo dipinto la figura principale è san Gerolamo, e tutti gli altri elementi servono a descriverne le caratteristiche e la storia. Individua i particolari (gli animali, gli oggetti, il luogo in cui è ambientata la scena) che consentono di avere informazioni sul santo e descrivine i significati allegorici. **2.** Secondo gli storici, un dipinto esprime il modo in cui i contemporanei guardano al mondo: quali sono le informazioni sulla società del Rinascimento che si possono ricavare da questo quadro? La figura di san Gerolamo rappresenta un modello diffuso o una rarità da imitare?

no classico, con qualche non superficiale conoscenza del **greco**, lingue necessarie, del resto, per leggere i testi dell'Antichità, diversi fra i quali sono materialmente riscoperti in monasteri e biblioteche da studiosi come Leonardo Bruni (1374-1444) o Poggio Bracciolini (1380-1459) [▷**F20**].

Antonello da Messina, *San Gerolamo nello studio*, 1475
[National Gallery, Londra]

Questa particolare voga pedagogica e culturale ha anche sorprendenti effetti immediati. Accade, per esempio, che **Lorenzo Valla** (1407-1457), un umanista romano, profondo conoscitore del latino classico, sia in grado di identificare come falsa la famosa **"donazione di Costantino"** (il documento col quale, all'inizio del IV secolo, l'imperatore avrebbe attribuito al papa i territori poi confluiti nello Stato pontificio), dimostrando – sulla base di considerazioni linguistiche e stilistiche – che esso era stato redatto diversi secoli dopo la morte di Costantino [▷ A17].

LA CULTURA CLASSICA E LE STRATEGIE DI DISTINZIONE SOCIALE ■ Col tempo tuttavia, e in particolare col mutare del contesto politico e col passaggio dai comuni ai principati, la passione umanistica per la cultura antica si trasforma e da fonte di ispirazione degli ideali repubblicani diventa un elegante strumento di distinzione intellettuale e sociale. Un buon esempio di questo nuovo approccio alla classicità è da vedersi nell'**Accademia platonica**, un gruppo di discussione raffinato ed esclusivo che si dedica allo studio di Platone e dei suoi seguaci, formatosi a Firenze nella seconda metà del XV secolo: il gruppo, guidato intellettualmente da Marsilio Ficino (1433-1499), comprende tra gli altri anche Pico della Mirandola (1463-1494) e Angelo Poliziano (1454-1494) ed è sostenuto da un mecenate della statura di

LE FONTI 21

Giovanni Rucellai/«Nel bello vivere è bello morire»

[*Giovanni Rucellai ed il suo Zibaldone*, I, *Il Zibaldone Quaresimale*, a cura di Alessandro Perosa, The Warburg Institute-University of London, London 1960, pp. 23-24; 120-122]

I passi che seguono ci restituiscono una testimonianza straordinaria sulla mentalità di un membro dell'élite fiorentina, Giovanni Rucellai (1403-1481), anziano ma ancora orgogliosamente pieno di vita. Ricco mercante fiorentino del XV secolo, Giovanni Rucellai ha in casa opere di Domenico Veneziano, Filippo Lippi, Andrea Verrocchio, Jacopo Pollaiolo, Andrea del Castagno, Paolo Uccello e ha destinato somme ingenti per costruire e decorare case e chiese.

Memoria che noi abiamo in chasa nostra più chose di scholtura e di pitura di tarsie e comessi[1], di mano de' migliori maestri che siano stati da buono tenpo in qua, non tanto in Firenze ma in Italia; e' nomi de quali sono questi, cioè: maestro Domenicho da Vinegia, pittore; frate Filippo, pittore; Giuliano da Maiano, legnaiuolo[2], maestro di tarsie e comessi; Antonio d'Iacopo del Polaiuolo, maestro di disegno; Maso Finighuerra, orafo, maestro di disegno; Andrea del Verochio, scultore e pittore; Vettorio di Lorenzo Bartolucci, intaglatore; Andreino del Chastagno, detto degl'impichati[3], pittore; Paolo Ucello, pittore; Disiderio da Settignano – Giovanni di Bertino, maestri de scharpello. [...]

Memoria delle rragioni che io, Giovanni Rucellai, mi debbo chontentare al pari o innanzi di qualunche altro cittadino del quartiere nostro di Sancta Maria Novella, e forse che pochi in tutta la città ne sono che mi debino passare inanzi. E infra ll'altre chose piglo gran chontentamento ch'io chonoscho certamente questo non procedere da mie virtù né da mie opere, ma per grazia di Dio[4], preghandolo che mi chonceda grazia ch'io ne sia chonoscente[5] e non ingrato, perché in verità m'à fatto più grazie ch'io non gl'ò chieste né disiderate.

E prima per essere vivuto lungho tempo, che questo presente anno 1473 mi truovo d'età d'anni 70. E infra ll'altre chose sono stato molto sano della persona, e ssono stato fra questo tenpo 40 anni sanza tramezzare[6], ch'io non ò avuto male ch'io abbi avuto a stare un dì nel letto.

Nel mestiero della merchatantia e del chambio[7] sono stato molto avventurato[8] mediante la grazia di Dio, e ssono stato molto sollecito e diligente, e chominciai l'arte da raghazzo, cioè da

1. *tarsie e comessi*: intarsi e mosaici.
2. *legnaiuolo*: in questo caso, scultore in legno.
3. *detto degl'impichati*: nel 1440 Andrea del Castagno dipinse i ribelli politici appesi per i piedi sulla facciata della prigione di Firenze; da qui il soprannome.
4. *ch'io... Dio*: perché so che ciò non deriva da mie qualità o opere, ma dall'aiuto di Dio.
5. *chonoscente*: riconoscente.
6. *sanza tramezzare*: ininterrottamente.
7. *della... chambio*: attività mercantili e bancarie.
8. *avventurato*: fortunato.

Lorenzo il Magnifico [▷ **12**/**3**]: per quest'ultimo, che dal 1469 domina politicamente Firenze, circondarsi di intellettuali sofisticati è un modo per distinguersi nettamente nel panorama italiano.

LAVORA SUL TESTO
Sottolinea nel testo in rosso il nome degli autori classici a cui fanno riferimento gli umanisti che sostengono la Repubblica e in blu quelli citati a sostegno del potere signorile.

3/ Committenti e artisti

I COMMITTENTI ISTITUZIONALI ■ Se, tra XV e XVI secolo, c'è un ambito nel quale la produzione intellettuale raggiunge vertici assoluti, questo è sicuramente lo **spazio della produzione artistica**. Nuovi stili, nuovi modi di rappresentare le figure nello spazio, nuovi soggetti derivati dalle antichità pagane sollecitano una svolta che ha, tuttavia, ben solide radici economiche e sociali.

La spinta alla ricerca dell'armonia, dell'ordine e della bellezza che anima quest'epoca viene in primo luogo dalle **istituzioni pubbliche**: le chiese, i monasteri, le corporazioni cittadine e poi, soprattutto, le corti principesche.

Ovvio che sia così: l'investimento in edifici e in pitture alla moda è, al tempo

picholo fanciullo. Nel quale mestiero ò aquistato grandissimo chredito e grandissima fede, e ne' miei dì ò fatte più chonpangnie[9] in Firenze di bancho chon variati chonpangni[10] e avuto chonpangnie e tenuto chase fuori di Firenze in più luoghi, cioè in Vinegia[11], in Genova, in Napoli e in Pisa, e ssono intervenuto per chonpangno[12] in Firenze in sette botteghe d'arte di lana in variati tenpi e chon variati chonpangni. Ne' quali traffichi ò ghuadangnati danari assai, e pel mezzo di tale ghuadangno ò soperito a grandissime spese [...].

Dicesi volgharmente, quello ch'è il vero, che 'l ghuadangnare e lo spendere sono del numero de' grandi piaceri che gl'uomini piglino in questo mondo, e ffassi dificultà quale sia il maggore di questi due. E io non avendo mai fatto altro da cinquanta anni in qua se non ghuadangnare e spendere [...] n'ò preso grandissima dolcezza e grandissimo chontentamento, e achordomi[13] che ancora sia maggore dolcezza lo spendere che il ghuadangnare.

Tengho tre fattori salariati alle mie possessioni e tre altri famigli[14] in chasa e quattro in cinque serve, cioè schiave, e uno maestro per insengnare a' fancugli e quattro in cinque chavalcature, che ssono tutte chose di chontento assai.

Truovomi due figluoli huomini, Pandolfo e Bernardo, della qualità che sono[15], e due nipoti maschi, figluoli de' miei figluoli, e quattro nipote femmine, e' quali discendenti mi danno chonsolazione e chontento assai.

Sono bene inparentato al pari di qualunch'altro della nostra città, e ppoi ch'io fui parente di Piero di Chosimo de' Medici e di Lorenzo e Guliano, suoi figluoli, sono stato onorato, stimato e righuardato, e lla loro felicità e prosperità me l'ò ghoduta e ghodo insieme cho lloro, di che ò preso grandissimo chontentamento.

Truovomi fuori di Firenze [...] due abitazioni da singnori, una presso alla città e una di lungi, cioè l'una a Quarachi ed altra al Poggo a Chaiano, fornite di masserizie, che ssono di grandissimo chontento. [...]

E si dicie volgharmente che nel bello vivere è bello morire: ed essendo io vicino alla fine mia ò voluto ridurmi a memoria tutte le sopradette chose, perché la ragone mi costringha a morire volentieri, e chosì piacia al Signor Iddio conciedermene la grazia.

9. *fatte più chonpangnie*: costituito diverse società.
10. *chonpangni*: soci.
11. *Vinegia*: Venezia.
12. *ssono... chonpangno*: sono stato socio.
13. *achordomi*: ritengo.
14. *famigli*: servitori.
15. *della... sono*: della mia stessa condizione.

GUIDA ALLA LETTURA
1. In che modo Giovanni Rucellai, autore del brano, descrive sé stesso? Quali aspetti della sua lunga vita mette in rilievo? **2.** Cosa viene descritto come più dolce, il guadagnare o lo spendere? **3.** Quali sono le opere d'arte e di raffinata lavorazione che Rucellai possiede nella propria casa? **4.** Per quale motivo l'autore ricorda il proprio «bello vivere», cioè i propri beni e la propria condizione? **5.** Quali sono le motivazioni, secondo lo storico Michael Baxandall, che spingono uomini come Rucellai a spendere nel campo dell'arte?

stesso, una strategia della **distinzione sociale** e un'operazione di **propaganda politica**, volta a sottolineare il prestigio, la forza, la ricchezza e l'eleganza della corte che può esibire le nuove, straordinarie (e costose) bellezze artistiche. Capita così che Federico da Montefeltro a Urbino, i Medici a Firenze, i Gonzaga a Mantova (dov'è attivissima mecenate Isabella d'Este, 1474-1539, moglie di Francesco Gonzaga, 1466-1519), gli Este a Ferrara, Ludovico Sforza a Milano o i papi a Roma (e altrove), da Pio II Piccolomini (1458-64) a Giulio II, da Leone X a Clemente VII, o fuori d'Italia i duchi di Borgogna, spendano somme considerevoli per assicurarsi i servigi dei singoli artisti, talvolta chiedendo anche ai propri funzionari – in veste di *talent scouts* – di scovare i migliori.

I COMMITTENTI PRIVATI ■ Ma, per quanto siano importanti i committenti istituzionali, un ruolo rilevante lo svolgono anche i privati, arricchiti dal processo di **concentrazione delle ricchezze** che ha luogo **dal tardo Trecento** [▷**7/3**] o da felici speculazioni finanziarie e commerciali. I motivi che li spingono a orientare i propri investimenti anche verso il **mercato dell'arte** sono molto vari, come ha spiegato lo storico inglese Michael Baxandall: «Il piacere del possesso, un'attiva devozione, un certo tipo di coscienza civica, il desiderio di lasciare un ricordo di sé e forse anche di farsi pubblicità, la necessità per l'uomo ricco di trovare una forma di riparazione che gli desse insieme merito e piacere, un gusto per i dipinti» [▷**F21**].

LA FIGURA MODERNA DELL'ARTISTA ■ Un mercato dell'arte vivace e in piena espansione, com'è quello italiano del XV secolo, fa sì che si avvii anche una **significativa trasformazione** che conduce alla nascita della moderna figura dell'artista.

Ai primi del Quattrocento, infatti, un pittore, uno scultore o un architetto è ancora considerato non molto di più di un semplice artigiano; e, d'altro canto, molti di essi sono effettivamente figli di artigiani, mentre il loro stesso lavoro è spesso organizzato in botteghe con numerosi aiutanti (tra le quali sono famose, per esempio, quella di Verrocchio o quella di David e Domenico Ghirlandaio, a Firenze). Anche se la provenienza sociale o le modalità di organizzazione del lavoro artistico non cambiano molto nel corso del secolo, alla fine del Quattrocento o nel Cinquecento alcuni artisti (come Leonardo, Michelangelo, Raffaello o Tiziano) cominciano a godere di uno ***status* molto diverso**: richiesti e apprezzati tanto in Italia quanto fuori d'Italia, per i loro servigi vengono spese somme anche molto ingenti, mentre le loro vite, le loro opere, la loro creatività cominciano a essere interpretate attraverso il criterio del **genio**, cioè del possesso di capacità creative eccezionali, irripetibili e, soprattutto, innate.

Tuttavia vale la pena sottolineare che questo **non è un processo omogeneo**; non solo moltissimi artisti non emergono dalla **condizione anonima di artigiani**, continuando magari a dipingere soggetti di repertorio per una clientela occasionale e non particolarmente esigente; ma capita anche che artisti, le cui qualità vengono pubblicamente celebrate e riconosciute, possano venir **assunti stabilmente da potenti mecenati** che li considerano non molto di più di un qualunque altro loro dipendente.

È il caso, per esempio, di **Andrea Mantegna** (1431-1506), assunto dai Gonzaga di Mantova per i quali lavora dal 1460 fino alla morte, nel 1506. Costoro – pur apprezzando molto il suo lavoro – continuano a considerarlo più o meno come un loro sottoposto ed è così che Ludovico Gonzaga (1444-78), marchese di Mantova, gli scrive, nel 1469: «Nui vorressimo, che vedeviste ad ogni mo de ritrarne due galline de India del naturale un maschio et una femmina et mandarcele qua retracte, per che le voressimo far mettere suxo la tapezaria nostra: potreti veder le nostre che sono ne lo zardino li a Mantua» ('Noi desideriamo che al più presto dipingiate due pavoni dal vivo, un maschio e una femmina, e che ci inviate le tele in modo da far riprodurre gli animali sui nostri tessuti: potrete vedere i nostri esemplari nelle campagne di Mantova'); se Mantegna riceve di tanto in tanto doni in terre o denaro, gli capita anche di attraversare periodi durante i quali i suoi "datori di lavoro" non lo pagano con la necessaria puntualità.

Resta il fatto, comunque, che nel corso del Quattrocento i committenti più facoltosi si preoccupano sempre più chiaramente di ingaggiare gli artisti migliori: il metro di giudizio per valutarne l'abilità è la capacità maggiore o minore che essi hanno di **imitare la natura**.

LAVORA SUL TESTO
Sottolinea nel testo le espressioni che sintetizzano la condizione dell'artista a fine Quattrocento.

Alla metà del Quattrocento la vita culturale di Mantova è dominata dalla sposa di Francesco II, Isabella d'Este, mecenate raffinata, che contribuisce ad arricchire enormemente le collezioni artistiche dei Gonzaga. Nel Palazzo Ducale, Isabella fa allestire per sé un ambiente privato, lo studiolo, riservato ai suoi passatempi, alla lettura e allo studio, per il quale ordina alcuni dipinti di carattere mitologico ai più famosi artisti del periodo. Mantegna esegue per Isabella due tele, una delle quali rappresenta *Il Parnaso* dove Marte e Venere si abbracciano su un arco roccioso, mentre ai loro piedi, in primo piano, le Muse danzano sulle note della cetra di Apollo.

Andrea Mantegna, ***Il trionfo delle Virtù*****,** 1497

4/ L'imitazione della natura

L'IMITAZIONE DELLA NATURA E LA NUDITÀ ■ Anche per gli artisti rinascimentali, così come per gli umanisti, i canoni fondamentali della rappresentazione devono essere trovati nello studio delle opere classiche; ma il processo di avvicinamento alla classicità viene considerato come un modo per riconquistare un contatto diretto con la natura, alla cui osservazione i maestri antichi erano così devoti e che invece si ritiene sia stata trascurata dall'arte bizantina o da quella medievale, così astratta, piatta, non realistica.

In effetti, il massimo elogio che si può fare a un artista del Rinascimento è di considerarlo come un **imitatore degli antichi**, e per quella via come un **imitatore della natura**.

La riconquista della naturalità nella rappresentazione ha una sua espressione nelle nuove modalità di figurazione dei **corpi**, **spesso nudi** [▷F22].

IL RITRATTO ■ L'attenzione alle individualità dei corpi sta anche in diretta relazione con la diffusione del genere del **ritratto**, una modalità di rappresentazione quasi inesistente nei secoli precedenti. Coerentemente alla struttura sociale della committenza, i ritratti riproducono le fattezze sia di pontefici, monarchi, principi e patrizi, sia di membri delle famiglie di mercanti o possidenti che desiderano vedere effigiato il loro successo economico e sociale [▷S28].

I ritratti rinascimentali sono spesso esposti nei palazzi dei committenti in gruppi

LE FONTI 22

Tiziano/ *Venere di Urbino*

Il corpo della giovane donna, dipinto da Tiziano (1480/85 ca.-1576) tra il 1537 e il 1538, vuole enfatizzare, per la posizione e per la sua totale nudità, l'attrattiva erotica che da esso promana. Del quadro di Tiziano si sono date varie e contrastanti interpretazioni. La più persuasiva è quella che lo legge come un dipinto nuziale, destinato alla camera degli sposi. Il committente è Guidubaldo, figlio di Francesco Maria della Rovere e di Eleonora Gonzaga, signori di Urbino. Guidubaldo ha sposato nel 1534 Giulia Varano da Camerino, che all'epoca ha undici anni; ma la sposa lo ha raggiunto solo nel 1536. Augusto Gentili e Sergio Bertelli hanno ipotizzato che il quadro sia stato commissionato poco dopo l'unione effettiva dei due sposi, come una sorta di ritratto nuziale della giovane e ancora acerba sposa (ha quindici anni nel 1538, quando il quadro è compiuto). Gli elementi che fanno propendere per questa soluzione sono le rose nella mano destra e il mirto sul davanzale, simboli nuziali, così come il particolare delle due ancelle che stanno sistemando nel cassone nuziale le ricche vesti che devono spettare a una sposa di alto lignaggio, mentre il cagnolino accucciato è il simbolo della fedeltà coniugale.

Il carattere esplicitamente erotico del quadro deve essere ben contestualizzato, tenendo presente che quest'opera non era destinata all'esposizione al pubblico, ma a una fruizione completamente privata. Infine, occorre ricordare che quadri nuziali così esplicitamente erotici sono molto diffusi tra fine Quattrocento e inizio Cinquecento, mentre la prospettiva da cui viene immaginata la rappresentazione è, evidentemente, tutta interna a un immaginario maschile.

Tiziano, *Venere di Urbino*, 1537-38
[Galleria degli Uffizi, Firenze]

GUIDA ALLA LETTURA

1. Osserva con attenzione le donne presenti sullo sfondo del dipinto e indicane il ruolo sociale basandoti sull'abbigliamento e sulle azioni svolte. **2.** Quali sono gli elementi che hanno fatto ipotizzare una funzione matrimoniale per questo dipinto? **3.** Chi è il committente del quadro e a quale pubblico era destinata l'opera? **4.** Fai riferimento alle notizie contenute nel capitolo e nella fonte e spiega i motivi per cui il committente ha chiesto a Tiziano di ritrarre la giovanissima Giulia Varano in questa posizione e in questo contesto spaziale.

che comprendono i vari membri della famiglia o i titolari delle varie funzioni attive all'interno di un'istituzione. Non di rado i ritratti sono parte di una coppia simmetrica di quadri, che celebrano i matrimoni di principi o di borghesi [>**F23**]. In questo modo si vogliono onorare le famiglie o le istituzioni nel loro complesso. Ma si vogliono anche omaggiare i singoli individui che ne fanno parte e che meritano di essere ricordati per i loro successi, la loro bellezza, il loro potere.

LO SPAZIO REALE E LO SPAZIO IDEALE ■ Nella pittura rinascimentale le figure umane trovano sempre una loro precisa collocazione in uno **spazio ben definito**, esso stesso ricostruito con una cura talora davvero maniacale.

Gli artisti del Rinascimento vogliono ricreare l'illusione di una percezione realistica dello spazio: l'uso di tecniche che servano a collocare figure e oggetti in **prospettiva** – un illusorio ambiente tridimensionale su una superficie a due dimensioni – è uno degli aspetti che più differenziano l'elaborazione pittorica di quest'epoca dalle produzioni artistiche bizantine o medievali.

Ma la prospettiva non è solo una tecnica per migliorare il tasso di realismo della raffigurazione, poiché esprime anche una sorta di orgoglioso programma: suggerisce che l'uomo (l'artista, in questo caso), così com'è capace di **controllare lo spazio pittorico**, allo stesso modo è capace di piegare e **dominare la natura** nel suo complesso.

Ritratti rinascimentali di mercanti, nobildonne e signori

Il dipinto di van Eyck (1390 ca.-1441) *I coniugi Arnolfini*, un ritratto nuziale, riproduce Giovanni Arnolfini, mercante lucchese, e la moglie, Giovanna Cenami, anch'ella di una importante famiglia mercantile lucchese. Giovanni si è installato a Bruges nel 1420 e lì conduce con successo le sue attività. Il lampadario con una sola candela accesa e il cane devono essere interpretati come simboli di amore e fedeltà coniugali.

L'interpretazione prevalente del *Ritratto di dama con ermellino* di Leonardo da Vinci (1452-1519) identifica la donna ritratta con Cecilia Gallerani, nobildonna lombarda, amante – per circa dieci anni – di Ludovico il Moro. L'ermellino sembra alludere al nome della gentildonna (in greco il nome dell'animale suona *galè*), oltre a essere simbolo di moderazione e candore.

Dei due ritratti dei signori di Montefeltro di Piero della Francesca (1412/17 ca.-1492) Alessandro Angelini ha scritto: «Dietro al profilo dei due signori, che si collega alla tradizione araldica del ritratto da medaglia, il pittore inserisce la meravigliosa veduta di un paesaggio i cui confini si perdono in una lontananza sfocata. E la connessione del paesaggio con i volti in primo piano è strettissima, anche per il suo significato: perché il ritratto, nella laica sacralità del profilo, domina il campo proprio come il potere dei signori domina sulle distese dei loro territori».

Jan van Eyck, ***I coniugi Arnolfini***, 1434
[National Gallery, Londra]

GUIDA ALLA LETTURA

1. Numera i dipinti e indica il numero del dipinto a cui si riferiscono le seguenti affermazioni: ( ) la rappresentazione della coppia e dello sfondo allude ai vasti domìni dei coniugi; ( ) i particolari degli abiti, il tappeto e altri oggetti dimostrano la ricchezza della coppia; ( ) l'animale raffigurato allude al candore e alla moderazione; ( ) l'animale raffigurato e la candela accesa simboleggiano l'amore e la fedeltà coniugale. **2.** Basandoti sull'analisi delle fonti e del paragrafo che ne contiene il rimando, continua questa frase: l'affermazione del ritratto del singolo e la realizzazione di coppie simmetriche di quadri suggeriscono...

Leonardo da Vinci, ***Ritratto di dama con ermellino***, 1485-90
[Czartoryski Muzeum, Cracovia]

Piero della Francesca, ***Ritratto di Battista Sforza***, 1465 ca.
[Galleria degli Uffizi, Firenze]

Piero della Francesca, ***Ritratto di Federico da Montefeltro***, 1465 ca.
[Galleria degli Uffizi, Firenze]

Questa sensibilità razionale trova applicazioni di straordinaria qualità e armonia anche in campo architettonico e urbanistico. Un esempio meraviglioso e sorprendente è dato dalla ristrutturazione urbanistica di Corsignano in Val d'Orcia, che papa Pio II affida alla cura di Bernardo Rossellino (1409-1464): è così che tra il 1459 e il 1462 nasce la nuova città ideale di Pienza, un esempio di pianificazione urbanistica che tutt'oggi incanta per la grazia e la razionalità del risultato.

Altre splendide utopie restano sulla tela, come nel caso del dipinto ***La città ideale*** che, variamente attribuita nel passato, è stata recentemente assegnata a **Leon Battista Alberti** (1404-1472).

Nel dipinto ciascun edificio è caratterizzato da forme classiche, con volumi e altezze corrispondenti per dare continuità e armonia al tessuto urbano. L'immagine, tuttavia, non rappresenta una città reale, ma una città possibile; con ciò il quadro vuole dare una concreta illustrazione delle potenzialità estetiche che si aprono a una razionale pianificazione urbanistica che un principe consapevole del suo ruolo potrebbe varare nella realtà.

LAVORA SUL TESTO
Cerchia alcune espressioni o parole-chiave che sintetizzino i caratteri dell'arte rinascimentale.

5/ La ricerca della bellezza maschera la crudeltà della storia

DI QUALE BELLEZZA ANDARE IN CERCA? ■ L'importanza della prospettiva mostra quanto pressante sia il desiderio di impadronirsi di solidi princìpi d'ordine, capaci di rendere possibile non solo la rappresentazione, ma il **dominio intellettuale della realtà naturale**.

Leon Battista Alberti, ***La città ideale***, 1480 ca.
[Galleria Nazionale delle Marche, Urbino]

Il punto cruciale, tuttavia, è poi quello di garantire un'adeguata armonia tra le figure e lo spazio, tra i gesti e le esigenze della narrazione. Perché se la ricerca della naturalità della rappresentazione è al centro degli sforzi degli artisti, non meno importante è anche la ricerca della bellezza. Ma di quale bellezza si deve andare in cerca?

Una risposta tanto elaborata, quanto influente, viene dal gruppo neoplatonico fiorentino riunito intorno al filosofo **Marsilio Ficino** (1433-1499). Secondo Ficino, l'amore è la forza divina che spinge ogni creatura a cercare di riunirsi a Dio. E l'amore è desiderio di elevazione spirituale, attraverso l'apprezzamento della bellezza. Tale bellezza, però, ha varie manifestazioni, due delle quali sono le principali, simboleggiate dalle "due Veneri": **Venere celeste** e **Venere volgare**. La prima, figlia di Urano, è il simbolo dello splendore primario e universale della divinità; la seconda è una bellezza inferiore rispetto alla prima, una bellezza legata alle fattezze corporee, che può ispirare una giusta passione amorosa, presupposto necessario perché nuove generazioni possano nascere.

Sebbene disposti su una scala gerarchica, che riserva alla Venere celeste la supremazia, entrambi i tipi di bellezza (e l'amore che ne promana) sono «onorevoli e degni di lode», purché non scadano in forme di concupiscenza puramente carnale, caso in cui l'amore da divino/umano si trasforma in bestiale, cioè in uno stato di massima degradazione.

La bellezza e l'amore – nelle loro forme positive – sono comunque entità benefiche, capaci di vincere la violenza e la forza, idea rappresentata innumerevoli volte dalle immagini che mostrano Marte (il simbolo della violenza guerresca) innamorato di Venere, e perciò vinto dalla forza dell'amore.

E dall'elaborazione ficiniana deriva anche una delle immagini più celebri del Rinascimento italiano, la *Nascita di Venere* di Sandro Botticelli (1445-1510), un quadro nel quale, a un primo sguardo, sembra evidente la ricerca dell'armonia e della bellezza attraverso la celebrazione della «Venere celeste», figlia di Urano [>F24].

UN'INQUIETUDINE CUPA DIETRO LA BELLEZZA ■ Lo storico dell'arte Didi-Huberman ha ragione a ricordare che l'emozione sollecitata dalla Venere di Botticelli nasce dal lavoro di dissimulazione che il pittore ha operato: ciò che si vede sono **«la porpora e l'oro» della bellezza e dell'armonia**; ma segni insistenti – la freddezza delle espressioni e del paesaggio – ricordano ciò che si nasconde dietro quella bellezza.

Questo è un dato che non si può dimenticare: nelle sue manifestazioni – ha ricordato un altro grandissimo storico dell'arte, Aby Warburg (1866-1929) – il Rinascimento possiede un **carattere ambivalente, duplice, contraddittorio**: gli artisti rinascimentali nell'Antichità classica cercano la bellezza e l'armonia, ma vi trovano anche miti, storie, immagini di terrificante violenza, che li aiutano a esprimere un'inquietudine che molti di loro non sanno, o non vogliono, reprimere del tutto. O che in qualche caso vogliono perfino nobilitare, sotto la consueta veste dell'eroismo, come accade nelle numerose scene di guerra che celebrano le ragioni e il valore dei vincitori.

LE FONTI 24

Sandro Botticelli/*Nascita di Venere*

[Angelo Poliziano, *Poesie volgari*, I, *Testi*, a cura di Francesco Bausi, Vecchiarelli, Manziana (Roma) 1997, pp. 24-25]

Bella, armoniosa, radiosa: così è stata definita la *Nascita di Venere* di Sandro Botticelli (1445-1510); ma a ben guardare – ha suggerito uno storico dell'arte, Georges Didi-Huberman – quel quadro sembra contenere qualcosa di enigmatico: perché i volti dei personaggi sono così privi di espressione (Venere), indifferenti (l'Aura, l'Ora), o perfino contrariati (Zefiro)? E perché il paesaggio è così strano, il mare così denso di segni spigolosi, quasi fossero frammenti di vetro, e la conchiglia è così fredda, la riva così disperatamente vuota, gli alberi così immobili? Perché il quadro nell'insieme trasmette il senso di una bellezza raggelata, più che radiosa?
La lettura delle *Stanze* (I, 97-99) di Angelo Poliziano (1454-1494), dalle quali Botticelli – con tutta probabilità – ha tratto ispirazione, ci dà la risposta: la nascita di Venere nasconde una visione d'orrore, un gesto di violenza che non lascia respiro, e che riguarda Urano, suo padre.
Il mito classico, su cui Poliziano si basa, racconta questa storia: Urano nasce dalla Terra, la dea Gea, e ne è sposo. Ogni notte Urano si unisce a Gea: dai loro amplessi nascono numerosi figli, che Urano odia, ragione per cui, appena nati, li reclude in una cavità oscura della terra. Angosciata e troppo gravata dal peso dei figli, Gea fabbrica una falce dentata d'acciaio e la dà a Saturno, uno dei figli che lei ha avuto da Urano. Questi – quando Urano si avvicina a Gea per possederla ancora una volta – con la falce taglia il membro virile del padre e lo getta in mare dietro di sé. Gea viene fecondata egualmente dal sangue stillato dalla ferita di Urano, e da lei nascono le Erinni, i Giganti e le Ninfe Meliadi. Il membro di Urano, a sua volta, cadendo, feconda il mare e dalle onde fecondate nasce Venere.
Angelo Poliziano scrive le *Stanze per la giostra del Magnifico Giuliano di Piero de' Medici* tra il 1475 e il 1478. L'opera, che prende spunto da un torneo effettivamente combattuto e vinto da Giuliano nel gennaio del 1475, ne celebra l'amore per Simonetta Cattaneo, morta nel 1476. L'uccisione di Giuliano nel corso della congiura dei Pazzi è il motivo principale per il quale l'opera resta incompiuta.

Sandro Botticelli, ***Nascita di Venere***, 1482
[Galleria degli Uffizi, Firenze]

GUIDA ALLA LETTURA

1. Chi sono i personaggi del dipinto? Da quali elementi li riconosci? **2.** Osserva i loro visi e descrivi i sentimenti che trasmettono. **3.** Infine, indica i motivi per cui il paesaggio del quadro appare freddo e immobile, facendo riferimento alla fonte testuale e al paragrafo che ne contiene il rimando. **4.** Argomenta l'affermazione secondo cui questo quadro è in grado di rappresentare il carattere contraddittorio e duplice del Rinascimento.

È un'ambivalenza, questa, che non dobbiamo trascurare: la civiltà occidentale, anche in uno dei suoi momenti più alti, anche quando insegue sogni di armonia e bellezza, non smette di dare ascolto alle **seduzioni della violenza «buona»**, **della guerra «eroica»**, **del massacro «necessario»**.

E gli uomini del Rinascimento lo fanno inseguendo immagini, ma anche ragionando molto freddamente di questioni meno sublimi: di politica, per esempio.

L'INSEGNAMENTO DELL'ANTICHITÀ E L'ESERCIZIO DELLA VIOLENZA ■ Un freddo ragionamento politico sull'esercizio della violenza in epoca rinascimentale lo incontriamo nel *Principe* (1513) – un trattato sulle modalità attraverso le quali può essere costituito o perso un principato – di **Niccolò Machiavelli** [▷ **8/1** e **F11**].

In alcune pagine (capp. VI e XIV) l'autore sostiene che i **grandi personaggi della storia** e della tradizione leggendaria offrono utili **esempi di comportamento** a chi, da privato cittadino, voglia diventare principe. Inoltre, solo se possiede il monopolio della violenza e le capacità strategiche necessarie alla conduzione di una guerra un principe potrà conquistare e conservare il suo Stato.

A questo punto si comincia meglio a capire quanto fragile e utopistica possa essere suonata la parola di **Erasmo da Rotterdam**, il suo augurio di pace [▷ **F19**]: troppe

ragioni, estetiche, politiche, relative all'identità maschile (si ricorderà come Castiglione descrive la figura del cortigiano: > **11/4** e **F18**) congiurano perché le **seduzioni della violenza** non vengano dimenticate, anzi tornino costantemente e "positivamente" – per così dire – al centro della scena nell'elaborazione culturale europea; d'altro canto è stato proprio tornando all''antico' che si sono potuti incontrare e valorizzare innumerevoli esempi di sanguinario virilismo bellico.

LAVORA SUL TESTO

1. Sottolinea l'interpretazione della Venere celeste e volgare e dell'arte rinascimentale in genere fornita dagli storici dell'arte. **2.** Individua e sottolinea gli elementi di violenza o d'inquietudine rivelati dagli artisti e dagli intellettuali dell'epoca.

6/ La scienza e la magia

L'ambivalenza, dunque, è al cuore dell'esperienza intellettuale del Rinascimento. Bellezza e crudeltà, o armonia e violenza, si inseguono senza posa. In modo analogo la ricerca dell'ordine e dei princìpi naturali attraverso un'osservazione assidua e razionale non è mai disgiunta dalla credenza nell'esistenza di oscure potenze magiche, anch'esse – si ritiene all'epoca – afferrabili attraverso l'impiego di mezzi adeguati.

Paolo Uccello, *La battaglia di San Romano. Niccolò da Tolentino alla testa dei fiorentini*, 1456

[National Gallery, Londra]

Nel 1438, Lionardo Bartolini Salimbeni, uomo di spicco della politica fiorentina, commissiona all'artista fiorentino Paolo Uccello un trittico con *La battaglia di San Romano*, opera che intende commemorare la vittoria, nel 1432, dei fiorentini sui senesi alleati dei Visconti di Milano. In questa prima tavola, che raffigura il condottiero Niccolò Mauruzi da Tolentino alla testa dell'esercito di Firenze, protagonista è proprio il comandante dei fiorentini, che attira subito lo sguardo dello spettatore per la purezza del bianco del suo cavallo e per la vistosità del suo copricapo. Lo segue subito dietro un giovane paggio con l'espressione assente di chi partecipa a una parata militare. Questi dettagli, insieme a molti altri (come ad esempio i giovani che, in lontananza, si esercitano alla caccia con la balestra e i giavellotti e sembrano del tutto ignorare ciò che sta avvenendo a poca distanza da loro), denunciano come lo scontro armato sia rappresentato con scarso realismo, e come l'obiettivo dell'artista sia invece di fare della scena una elegante esibizione di discipline equestri.

OSSERVAZIONE E STUDIO ANATOMICO E così ora si fanno considerevoli progressi nell'esame di dettaglio del corpo umano, un'esplorazione che – come si è detto – è direttamente sollecitata anche dalla curiosità di artisti desiderosi di rendere nel modo più persuasivo la peculiarità, la individualità e la materialità dei singoli corpi, come possiamo vedere negli *Studi anatomici* di **Leonardo da Vinci**.

Ma della disciplina anatomica beneficiano moltissimo anche le conoscenze e le pratiche mediche. In realtà, la **medicina rinascimentale** si basa ancora largamente sulle teorie del medico greco Galeno (129-201 d.C.), secondo le quali la salute degli individui dipende tanto dalle influenze astrali quanto dall'equilibrio raggiunto dai quattro umori corporei (sangue, flemma, bile gialla e bile nera), a cui si ritiene corrispondano quattro diversi temperamenti (sanguigno, flemmatico, collerico e malinconico).

Lo studio dell'anatomia introduce maggiori elementi di realismo in questo quadro cognitivo. Fino all'inizio del XVI secolo le dissezioni sono riservate solo a esigenze di carattere legale, mentre la pratica della dissezione didattica per gli studenti di medicina non è autorizzata. Ma nei primi decenni del Cinquecento il riconoscimento dell'utilità degli studi anatomici si impone, tanto che papa Clemente VII autorizza la dissezione dei cadaveri anche per motivi di studio; è così che l'**autopsia anatomica** viene introdotta come disciplina di studio nelle Università di Bologna e di Padova, mentre la pubblicazione nel **1543** del ***De humani corporis fabrica***, un trattato di anatomia redatto dal medico fiammingo **Andrea Vesalio** (1514-1564), costituisce un momento chiave nel miglioramento delle conoscenze mediche.

OSSERVAZIONE E STUDI DI GEOGRAFIA E ASTRONOMIA Come nella medicina, anche nella geografia e nell'astronomia ci si affida alla sapienza degli antichi: il testo fondamentale in questo campo è la *Geografia* dello scienziato greco **Tolomeo** (II secolo d.C.). La visione del mondo che vi è contenuta autorizza a credere nell'esistenza di tre

◂ **Teatro anatomico**, 1594
[Palazzo del Bo, Università di Padova, Padova]
Fra il 1594 e l'anno successivo viene disposta l'edificazione di questo teatro anatomico, il primo esempio di una costruzione stabile dedicata allo studio dell'anatomia umana e animale, conservatosi perfettamente fino ad oggi. In uso fino alla seconda metà dell'Ottocento, il teatro di forma ellittica permette agli studenti di osservare dall'alto il tavolo centrale, sul quale viene disteso il cadavere da sezionare e accanto al quale il professore spiega. Sotto il tavolo un canale serve a eliminare i rifiuti solidi e liquidi.

▸ **Frontespizio del *De humani corporis fabrica librorum epitome* di Andrea Vesalio**, Basilea 1543
[Biblioteca comunale dell'Archiginnasio, Bologna]

soli continenti, l'Europa, l'Asia e l'Africa: su queste due ultime aree, e soprattutto sul continente africano, le conoscenze sono piuttosto approssimative, quando non sono frutto di pura fantasia. E sempre poggiando sull'autorità di Tolomeo, nessuno mette in dubbio che il Sole e il sistema di pianeti che gli astronomi sono in grado di osservare ruotino intorno alla Terra.

Sarà solo nel **1543** che l'astronomo e matematico polacco **Niccolò Copernico** (1473-1543) avanzerà una teoria radicalmente rivoluzionaria, secondo cui **è la Terra a ruotare intorno al Sole**, e non viceversa. Lo *shock* è enorme: se Copernico ha ragione, si argomenta all'epoca, se ne deve dedurre che l'uomo non è al centro dell'Universo e che la creatura prediletta di Dio non è più al centro di un sistema complesso di corrispondenze astrali; per motivi di **ortodossia religiosa** o meno molti stentano a dar credito a questa nuova teoria.

LO STUDIO DELLE INFLUENZE ASTRALI E IL CONCETTO DI FORTUNA ■ Del resto, parecchi intellettuali rinascimentali, e con loro moltissimi uomini e donne dell'epoca, continuano a riporre una grande fiducia negli studi di astrologia e nell'indagine degli **"influssi"** che si immagina le stelle e i pianeti dirigano verso la Terra, condizionando il carattere delle persone nate sotto la loro influenza.

Lo studio delle influenze astrali non è affatto considerato uno sterile passatempo. Lo si ritiene, piuttosto, un fondato metodo operativo per **prevedere e controllare la fortuna**, un altro dei concetti-chiave nella mentalità di questo periodo. La fortuna, una forza autonoma che guida le vicende umane, talora è rappresentata con le fattezze di una dea seduta al centro di una ruota intorno alla quale gli individui ascendono e decadono; talaltra è ritratta come una donna con un ciuffo di capelli sul volto, che bisogna afferrare subito al suo passaggio, perché dietro è calva, e una volta passata non è più possibile bloccarla.

Nella cultura rinascimentale la fortuna non è una forza del tutto incontrollata; compito di ciascuno è fare sforzo di **"virtù"** per riuscire a prevederla e, semmai, a domarla, perché – come dice Machiavelli con rudezza virilista – «la fortuna è donna; et è necessario, volendola tenere sotto, batterla et urtarla. Et si vede che la si lascia più vincere [dagli impetuosi], che da quelli che freddamente procedano. E però sempre, come donna, è amica de' giovani, perché sono meno respettivi [riflessivi], più feroci, e con più audacia la comandano» (*Il Principe*, XXV).

Jan van der Straet, *«Distillatio»: scena in un laboratorio di alchimisti*, fine XVI sec.
Nel corso del Rinascimento, l'alchimia ebbe grande fortuna nelle corti europee presso i signori e i sovrani più illuminati. L'alchimista fu una figura particolarmente importante: con i suoi studi sulla materia, divenne il maggiore interprete del nuovo pensiero umanistico del dominio dell'uomo sulla natura.

L'OCCULTO. AL CONFINE DELL'IMMAGINARIO RINASCIMENTALE ■ Ma per controllare il proprio destino, e con esso anche la fortuna, oltre che alle proprie "virtù virili" si può ricorrere anche ad altri strumenti: l'**alchimia**, la **magia** e la **stregoneria**.

L'**alchimia** deriva dall'idea che esista una gerarchia dei metalli, essi stessi legati alle influenze astrali, poiché a ogni metallo si ritiene corrisponda un pianeta con le sue specifiche qualità; tra gli obiettivi che ossessionano i cultori di alchimia, anche in questi decenni, c'è **la trasformazione dei metalli inferiori nell'oro**, il più nobile tra di essi, insieme con la ricerca della "panacea universale", mitico rimedio contro ogni malattia.

Non meno diffusa è la credenza nell'efficacia delle pratiche magiche, che si distinguono in pratiche di **magia "nera"**, pericolosamente distruttiva, e di **magia "bianca"**, protettiva e coadiuvante. Questo tipo di pratiche non è certo un'invenzione degli intellettuali rinascimentali; esse derivano da un sostrato di rituali folklorici, di varia origine precristiana; tuttavia ciò che v'è di interessante è che anche queste pratiche ricevono l'attenzione talvolta partecipe di intellettuali e umanisti, mentre, al tempo stesso, diventano oggetto di sistematica repressione da parte delle autorità religiose e civili. Il ricorso a cerimonie e rituali, a incantesimi e formule, che si ritiene possano sprigionare poteri occulti, è associato adesso alla figura della **strega**, cioè di una persona che, attraverso quelle eterodosse liturgie, cerca di ottenere l'aiuto del Maligno [▷ **10/5**].

La magia e il suo doppio – la **stregoneria** – sono così una specie di territorio di confine dell'immaginario rinascimentale: in molte opere letterarie o pittoriche di questo periodo i riferimenti magici sono inseriti con naturalezza, in quanto considerati elementi costitutivi dell'Universo (come accade nell'*Orlando furioso* di Ariosto, dove la maga Alcina e il mago Merlino sono personaggi importanti, Angelica ha un anello fatato, Astolfo viene trasformato in un albero, il castello di Atlante è frutto di un incantesimo, e così via); ma, al tempo stesso, il ricorso alle arti magiche costituisce anche il principale capo d'accusa che arma la mano dei giudici dell'**Inquisizione** nella sistematica caccia alle streghe che anche in questi anni scuote l'Europa.

LAVORA SUL TESTO
Sintetizza in una tabella gli aspetti "moderni" e quelli "arcaici" che caratterizzano la scienza rinascimentale.

7/ Divinità pagane e religiosità cristiana

IL TEMA DEL SACRO NEL RINASCIMENTO ■ Questa ambivalenza strutturale della cultura rinascimentale riguarda anche il modo con il quale si affronta il tema del sacro. La rinascita dell'antico porta con sé la riscoperta di miti, figure e valori di società e di culture pagane che molti religiosi ritengono incompatibili con i princìpi fondamentali della fede cristiana.

Ma per altri intellettuali la distanza non è così profonda e si possono scoprire nei testi o nei miti greci o latini verità che possono benissimo adattarsi ai dogmi della fede, o che possono perfino corroborarli, com'è mostrato dall'esperienza intellettuale e biografica di **Marsilio Ficino** il quale, diventato sacerdote nel 1473 a 40 anni, non cessa per ciò di studiare e ammirare le teorie di Platone e dei mistici neoplatonici, che tenacemente cerca di conciliare con i fondamenti della fede cristiana.

D'altro canto, se è vero che nella pittura rinascimentale **i temi non religiosi hanno una trattazione e uno spazio impensabili nei secoli precedenti**, è anche vero che i soggetti religiosi continuano ancora a dominare largamente. Un'analisi statistica compiuta dallo storico Peter Burke permette di osservare che i quadri a soggetto non religioso crescono, nel periodo compreso tra il 1480 e il 1539, dal 5 al 22% del totale dei quadri censiti; ciò nondimeno, il restante, cioè la grande maggioranza, è costituito da quadri di soggetto religioso, in cui – del resto – si esercitano tutti i pittori che hanno prodotto anche importantissime opere di tema profano, da Botticelli a Leonardo, da Michelangelo a Raffaello.

Come meravigliarsene? Anche in questa fase, come in precedenza, la religione cristiana pervade ogni momento dell'esperienza sociale o culturale: lo stesso concetto di rinascita, che designa il periodo, ha un'evidente derivazione religiosa, alludendo alla resurrezione cristiana, nei suoi risvolti materiali e spirituali.

IL CONFINE SOTTILE TRA SACRO E PROFANO Ciò non toglie, peraltro, che i confini tra sacro e profano spesso si confondano: nelle chiese di questi decenni si possono incontrare persone che passeggiano, discutendo di affari, di guerra o perfino di storie d'amore; vi si possono incontrare mendicanti o cavalieri che vi entrano coi propri cavalli; maestri senza scuola possono farvi lezione ai bambini; e – in qualche caso – la chiesa può essere usata dallo stesso parroco come deposito per masserizie o come spazio abitabile, come accade a Mantova, nel 1535, dove il cappellano di una chiesa urbana vi ha allestito la cucina e la camera, perché nella sua abitazione non riesce a farcele entrare.

Tale confusione può essere vissuta con naturalezza, come un dato di fatto ovvio, parte immodificabile di un naturale ordine delle cose; ma può essere considerata anche come l'**effetto di una profonda corruzione**, che non ha smesso di intaccare la purezza della Chiesa delle origini. Chi vive l'esperienza religiosa con questo secondo tipo di preoccupazione ha molte frecce al suo arco: tra fine XV e inizio XVI secolo, molti constatano, infatti, che innumerevoli ecclesiastici vestono in modo inadeguato al loro stato, convivono con donne e ne hanno figli, fanno com-

Sandro Botticelli, *Compianto sul Cristo morto*, 1490-92 ca.

[Alte Pinakothek, Monaco]

Fra quanti partecipano al «bruciamento delle vanità» nella Firenze del 1497, va ricordato senz'altro Sandro Botticelli. Proprio l'artista che aveva dato un volto "pagano" al Rinascimento rinnega la sua attività precedente, giungendo a bruciare alcuni suoi quadri nel rogo pubblico. Impressionato da tutta la vicenda del Savonarola, Botticelli si abbandona ad una forma di religiosità quasi fanatica e la sua produzione successiva alla morte del predicatore esprime una lacerazione e una interiorità che dovevano essere comuni a molti. Abbandonato l'antico ideale di bellezza e armonia, abbandonato addirittura l'uso delle proporzioni, le opere del fiorentino realizzate dal 1498 in poi si caratterizzano per i toni drammatici e appassionati e per il doloroso misticismo.

mercio simoniaco delle loro funzioni spirituali (cioè concedono benedizioni o assoluzioni in cambio di denaro), indossano armi o si fanno coinvolgere in risse e perfino in omicidi. E, d'altra parte, come potrebbe essere diversamente, se alcuni tra i più potenti pontefici di questi decenni – da Alessandro VI Borgia a Giulio II della Rovere – tengono una condotta poco difforme da queste?

Si capisce, quindi, che **ondate di sdegno moralistico** continuino a scuotere la Chiesa e la società, animate da individui che, come Savonarola a Firenze [▷ **12/3**], si sentono spinti da una fede sincera a disprezzare con rabbia ciò che giudicano quale dolorosa testimonianza di una profonda decadenza dei costumi: istituzioni religiose o potentati politici non sfuggono all'attacco; e non si salvano nemmeno le espressioni più innovative dell'arte rinascimentale: secondo Savonarola «non è bene tenere in casa, dove son fanciulle, figure dipinte di uomini e donne ignude»; e al suo invito a buttarle nel falò del «bruciamento delle vanità», organizzato a Firenze nel 1497, quanti avranno risposto, e quante opere animate dalla ricerca dell'armonia, dell'ordine e della bellezza vi si saranno perdute per sempre?

LAVORA SUL TESTO

Dividi il paragrafo in tre parti e attribuisci a ciascuna di esse un titolo, contenente i seguenti predicati: a) convivere; b) dominare; c) scuotere.

8/ L'invenzione della stampa

Intanto, già da qualche decennio una grande innovazione tecnica – la **stampa a caratteri mobili** – aiuta a diffondere con moltiplicata rapidità gli scritti dei filosofi, i sermoni dei predicatori, le opere dei letterati o i disegni monocromatici che riproducono le opere degli artisti, accelerando in modo precedentemente inconcepibile la circolazione delle idee, di qualunque natura esse siano.

DAI LABORATORI DEI COPISTI ALLE STAMPERIE ■ Sin dal tardo XIV secolo, per la verità, la produzione libraria ha già assistito all'introduzione di una significativa novità che arriva dalla Cina: all'epoca, infatti, gli europei imparano a produrre la **carta**, un materiale più fragile ma molto più a buon mercato della pergamena o della cartapecora che sin allora erano stati i principali supporti per la scrittura.

Nel primo Quattrocento si forma anche una **prospera industria artigiana** per la produzione di **libri manoscritti**, la cui richiesta aumenta con il diffondersi della nuova cultura umanistica. La produzione è organizzata in laboratori, dove lavorano i copisti agli ordini del proprietario, che è anche colui che si occupa della raccolta delle ordinazioni e dello smercio dei libri. I centri produttivi più importanti sono a **Parigi** e a **Firenze**, e nella città toscana acquista una particolare notorietà Vespasiano da Bisticci (1421-1498) che è in grado di metter su dal nulla per Cosimo de' Medici una biblioteca di 200 volumi, dirigendo 45 copisti al lavoro per 22 mesi.

A metà XV secolo, però, questo mondo artigiano e l'intero sistema della circolazione libraria vengono sconvolti dall'invenzione della stampa a caratteri mobili, dovuta probabilmente a **Johannes Gutenberg** (1400 ca.-1468), un orefice di Magonza, il cui primo volume noto – una **Bibbia in latino** – viene stampato nel **1453**.

L'idea è semplice ed efficace: incidere i singoli caratteri su blocchetti di legno (e poi di metallo), impiegarli per comporre le pagine del libro, quindi stampare queste sulla carta attraverso un torchio; tutta l'operazione consente di produrre quante copie si vogliono di un testo in un tempo enormemente più breve di quello richiesto dalla copiatura a mano.

NUOVE PROSPETTIVE PER I CONSUMI CULTURALI E LA CONOSCENZA ■ La nuova tecnica si rivela un **buon affare economico** e in poco tempo si diffonde in **Germania** e poi, subito dopo, in altre aree europee. In Italia la prima stamperia viene impiantata a **Subiaco**, non distante da Roma, nel 1465, e da lì si diffonde in altri centri, tra cui **Venezia** che si distingue per la qualità della stampa e dei libri editi dallo stampatore **Aldo Manuzio** (1449-1515).

Inizialmente i libri sono tirati in qualche centinaio di copie e restano comunque piuttosto costosi; ma già nel XVI secolo le tirature raggiungono le 1000 copie, e i prezzi si abbassano sensibilmente. I tipografi-editori stampano soprattutto **libri per uso ecclesiastico** (manuali di condotta devota, messali, Bibbie) o **testi per l'insegnamento** (grammatiche, dizionari, opere classiche); ma sul mercato cominciano presto a circolare anche **romanzi** cavallereschi, **raccolte poetiche** e vari altri tipi di libri, sia di **intrattenimento**, sia di carattere scientifico o informativo.

Con questa innovazione, la possibilità di un contatto intellettuale tra zone lontane viene enormemente aumentata: gli scambi di informazioni, idee, punti di vista, in precedenza ostacolati dalla difficoltà di produrre libri manoscritti, sono ora molto meno difficili. **Il mondo mentale, in un certo senso, comincia a essere più piccolo**, mentre, proprio in questi stessi anni, quello fisico sembra allargarsi e restringersi al tempo stesso: il mondo si allarga, perché nuove scoperte mostrano una geografia assai più complessa di quanto non si pensasse prima, con l'identificazione di interi continenti prima del tutto insospettati; e si restringe, anche, perché paesi lontanissimi dall'Europa diventano raggiungibili, sia pure a costo di fatiche e di difficoltà ancora non trascurabili.

LAVORA SUL TESTO

Sottolinea nel testo le conseguenze dell'introduzione della stampa sul piano culturale.

Una stamperia, XVI sec.

[Museo delle Belle Arti, Dole (Francia)]

1. Tipografi che compongono il testo con i caratteri mobili; **2.** tavolette di inchiostro con cui si impregnano i caratteri mobili; **3.** torchio per la stampa; **4.** fogli stampati lasciati ad asciugare; **5.** correttori che rileggono il testo composto.

SINTESI AUDIO ONLINE

SINTESI

1/Alla ricerca dell'ordine e della bellezza

A partire dal principio del XV secolo, in Italia e successivamente in Europa assistiamo ad una trasformazione culturale e artistica che prende il nome di Rinascimento, caratterizzata da una ricerca dell'ordine, della bellezza e dell'armonia che si contrappone agli orrori e alle sofferenze della vita reale. Il modello ideale cui gli uomini rinascimentali guardano è l'Antichità classica, contrapposta all'"oscuro Medioevo".

2/L'Umanesimo e la rinascita dell'Antico

L'Umanesimo e la rinascita dell'interesse per le discipline classiche quali la filosofia, la poesia, la grammatica, hanno come centro originario l'Italia, dove il diritto romano e l'arte della retorica continuavano a prosperare nei centri cittadini. È proprio qui che lo studio e l'utilizzo dei classici si trasforma da una parte in ideologia repubblicana (in riferimento alle *pòleis* greche o a Roma repubblicana) e dall'altra in esaltazione della figura del signore, divenendo così strumento per la propaganda politica. Ma la passione per i classici rende anche possibile rilevanti scoperte filologiche, come quella compiuta da Lorenzo Valla che identifica come falsa la "donazione di Costantino".

3/Committenti e artisti

Una delle trasformazioni più radicali che si compie tra il XV e il XVI secolo riguarda lo spazio della produzione artistica, in cui emergono stili, soggetti, modi di rappresentare le figure nello spazio assolutamente nuovi. Tale svolta ha tuttavia delle radici economiche ben definite, in quanto sono le istituzioni pubbliche, la Chiesa e le corti principesche in particolare, e i ricchi committenti privati a finanziare le opere degli artisti come segno di distinzione sociale, potere, propaganda. Cambia anche lo *status* dell'artista che, da semplice artigiano, comincia ad essere percepito come genio, figura dotata di straordinaria e innata creatività.

4/L'imitazione della natura

Attraverso lo studio delle opere classiche, gli artisti rinascimentali cercano di riconquistare un contatto diretto con la natura, imitandone le forme e le proporzioni. L'utilizzo della prospettiva rende inoltre ancora più realistica la percezione degli oggetti nello spazio, differenziando enormemente l'arte del Rinascimento dalle produzioni artistiche bizantine e medievali. La nuova rappresentazione dello spazio si accompagna a un nuovo modo di rappresentare il corpo umano e alla nascita del genere del ritratto, che suggerisce una nuova considerazione dell'individuo nella società.

5/La ricerca della bellezza maschera la crudeltà della storia

Insieme alla ricerca della naturalità della rappresentazione, gli artisti rinascimentali ricercano anche un ideale di bellezza e di amore, capace di vincere la violenza e la crudeltà del presente. Questa contrapposizione è rappresentata numerose volte nelle immagini che mostrano l'amore di Marte, dio della guerra, per Venere o in quelle che illustrano la stessa nascita della dea, come il celebre quadro di Botticelli. Dietro la bellezza e l'armonia si nasconde una visione di orrore, che ne costituisce il doppio, il fondo inquietante che l'arte non smette di raffigurare, mostrando la sua perturbante ambiguità.

Questa seduzione per la violenza, per la guerra necessaria, non è estranea alla riflessione politica. Niccolò Machiavelli esalta infatti il monopolio della violenza e la capacità di condurre una guerra come doti indispensabili per un principe. I modelli cui il moderno condottiero deve ispirarsi sono ancora una volta quelli della classicità, costellata da innumerevoli esempi di figure virili e sanguinarie.

6/La scienza e la magia

L'ambivalenza rinascimentale si manifesta ampiamente nella convivenza di un punto di vista scientifico, basato sull'osservazione razionale della natura, e di uno magico, fondato sulla credenza in oscure potenze magiche che influenzano la vita degli uomini. Così, insieme all'esplorazione dettagliata del corpo umano e alla teoria eliocentrica di Copernico, troviamo la riproposizione delle teorie astronomiche e geografiche di Tolomeo, la grande fiducia negli studi di astrologia e lo sviluppo dell'alchimia e delle pratiche magiche.

7/Divinità pagane e religiosità cristiana

Se la riscoperta dei miti e dei valori dell'Antichità sembra in contrasto con i princìpi della fede cristiana, numerosi sono i tentativi di coniugare la fede con la cultura pagana. Del resto i motivi religiosi e quelli profani si alternano nella produzione artistica del tempo, e di elementi mondani è pieno il mondo della Chiesa cinquecentesca. La compravendita delle funzioni spirituali, il concubinato e il frequente coinvolgimento dei religiosi in risse e omicidi suscitano tuttavia ondate di sdegno nei fedeli, che leggono in questi fenomeni i segni di una profonda corruzione della purezza originaria della Chiesa.

8/L'invenzione della stampa

La grande produzione artistica e intellettuale del Rinascimento trova uno straordinario vettore di diffusione nell'invenzione della stampa a caratteri mobili e del libro a stampa che ne è il prodotto; inventata alla metà del Quattrocento da Johannes Gutenberg, la tecnica si diffonde rapidissimamente in tutta Europa: ora le idee – di qualunque tipo esse siano – circolano più rapidamente di quanto sia mai avvenuto prima.

VERSO le COMPETENZE

1 Segna l'opzione che ritieni corretta.

1. Secondo Johan Huizinga, lo splendore del Rinascimento italiano e fiammingo è...
a. mera conseguenza dell'imitazione dei classici
b. frutto del genio dei popoli che lo elaborarono
c. una forma di reazione alle durezze della vita
d. simbolo evidente del prestigio dei committenti

2. Il Rinascimento è una rivoluzione culturale nel senso...
a. che consiste in una rottura drastica col passato
b. etimologico di un ritorno a esempi del passato
c. della sua mentalità in rivolta contro il Medioevo
d. che si connota di atteggiamenti culturali inediti

3. Fra XV e XVI secolo la produzione artistica raggiunse vertici assoluti...
a. anche in virtù di ragioni economiche e sociali che incoraggiarono il fenomeno del mecenatismo
b. per la capacità degli artisti di imitare la natura con effetti di realismo di sicuro impatto estetico
c. in virtù della ricerca quasi ossessiva di perfezione e armonia secondo il modello dei classici
d. anche grazie all'affermarsi del principio estetico dell'"arte per l'arte" e del mutato ruolo dell'artista

4. L'Accademia platonica fu...
a. un circolo di letterati sorto a Mantova per iniziativa di Angelo Poliziano e sostenuto dai Gonzaga
b. una scuola, ispirata alla teoria politica di Platone, utile per formare il principe, secondo Machiavelli
c. una scuola milanese guidata da Pico della Mirandola e ispirata al pensiero filosofico di Platone
d. un circolo culturale sorto a Firenze nella seconda metà del XV secolo, guidato da Marsilio Ficino

5. I ritratti rinascimentali...
a. sono, di norma, ritratti funerari che assolvono alla funzione pratica di ricordare il defunto nel suo ruolo pubblico
b. hanno il duplice obiettivo di onorare il singolo e, al tempo stesso, il suo posto nella famiglia o nell'istituzione
c. sono una conseguenza indiretta dell'imitazione della natura, che impone una riproduzione fedele del modello
d. sono mero indizio dell'individualismo che, dopo secoli di torpore, riaffiora nel Rinascimento grazie agli umanisti

6. La prospettiva è una tecnica che...
a. corrisponde alla proiezione ortogonale delle figure sul piano e allude al dominio del reale
b. prevede una veduta panoramica dall'alto e simboleggia lo sguardo severo di Dio sul mondo
c. produce effetti di illusionismo e simboleggia la vanità del fenomeno rispetto alla realtà sottostante
d. migliora il tasso di realismo della pittura e suggerisce il controllo dell'uomo sulla natura

2 Completa il testo inserendo i termini seguenti negli spazi bianchi. Attenzione! C'è un termine che non devi utilizzare.

stregoneria • bellezza • Galeno • terrificante violenza • inquietudine • Erasmo • princìpi naturali • virtù • razionale • ambivalente • potenze magiche • armonia • anatomia • scienza • eroica • astrologia

Il Rinascimento possiede un carattere .... e contraddittorio riscontrabile su diversi piani. Gli artisti rinascimentali cercano nell'Antichità classica esempi di .... e ...., ma vi ritrovano altresì immagini di ...., che utilizzano per esprimere la loro ...., arrivando talora a conferirle una valenza ... .: è il caso delle "guerre giuste e necessarie" denunciate da .... In modo analogo, la ricerca di un ordine e di .... attraverso l'osservazione ...., non è mai disgiunta dalla credenza in ...., al punto che, nonostante i considerevoli progressi in ...., la medicina rinascimentale si basa ancora ampiamente sulle teorie di .... Così accanto al progresso della .... e della tecnica continuano a prosperare ...., alchimia, magia e ....

3 Completa lo schema relativo ai fattori e alle conseguenze dell'aumento della produzione libraria fra XIV e XV secolo, inserendo le lettere corrispondenti ai seguenti termini.

a. «mondo mentale» b. carta c. stampa d. circolazione di idee e. stamperie f. figure specializzate g. Umanesimo

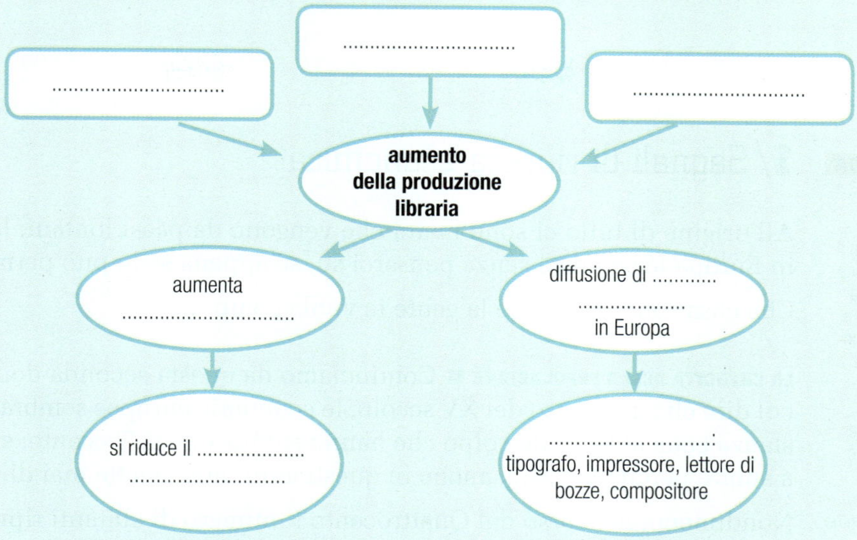

4 Completa la carta politica dell'Italia centro-settentrionale nel XVI secolo con le informazioni richieste.

a. Scrivi in corrispondenza dei pallini neri i nomi delle città italiane che furono centri della cultura del Rinascimento.

b. Aggiungi, per ciascuna città, il nome della famiglia che detiene il potere.

5 Completa sul tuo quaderno la tabella, relativa ai due generi di committenza nell'età rinascimentale, con le informazioni richieste e ottempera alle consegne seguenti.

	Committenti istituzionali	Committenti non istituzionali
A quali istituzioni o ceti appartengono?	....	....
Che tipo di soggetti commissionano agli artisti?	....	....
Per quale ragione commissionano opere?	....	....

a. Secondo te, nel confronto fra i due generi di committenza, prevalgono gli elementi comuni o quelli distintivi?

b. Organizza le informazioni e le osservazioni raccolte per una breve esposizione orale.

Capitolo_14/ Si aprono i confini del mondo: scoperte e conquiste

1/ Segnali di ripresa economica

le PAROLE della STORIA

domanda/offerta di beni
Nell'analisi economica con il termine "domanda" si indica l'atto di acquistare beni da parte dei consumatori di un luogo e di un tempo dati; in cambio di ciò che si vuole acquistare si deve offrire un mezzo di pagamento comunemente accettato (e il mezzo di pagamento può essere un'altra merce, o un servizio, o una qualche forma di moneta). Col termine "offerta" si indica invece l'insieme dei beni che i venditori desiderano vendere in cambio di un mezzo di pagamento accettato. È importante considerare che ai due termini se ne unisce solitamente un terzo, **mercato**: il mercato è il luogo in cui si incontrano i beni prodotti (l'offerta) e i mezzi di pagamento offerti per comprarli (la domanda); il mercato può essere un luogo fisico (la piazza di un mercato, una fiera, un negozio o una bottega); ma può anche indicare uno spazio ideale (e non un luogo fisico concreto): in questa seconda accezione il termine sta per l'insieme delle transazioni nelle quali c'è stato un incontro tra domanda e offerta, indipendentemente dal luogo fisico nel quale sono avvenute.

All'origine di tutto ci sono merci che vengono da paesi lontani: la gente che vive in Europa le acquista senza pensarci su, se appena se lo può permettere.

Che cosa sono? E perché la gente le vuole comprare?

LA CRESCITA DELLA POPOLAZIONE ■ Cominciamo da questa seconda domanda. Iniziamo col dire che, nel corso del XV secolo, le economie europee sembrano reggere abbastanza bene al terribile colpo che hanno subìto a metà Trecento; e che continuano a subire perché la peste, anche in questi anni, non smette mai di colpire.

Nondimeno, nel corso del Quattrocento il numero di abitanti riprende a crescere, tanto che **tra 1400 e 1500** la popolazione europea passa **da 69.000.000 di abitanti circa a poco meno di 90.000.000**, tornando così ai livelli di due secoli prima [▷G5].

Segno di una nuova fiducia, di una rinnovata prosperità. Paradossalmente, la catastrofe demografica vi ha contribuito [▷**7/3**]: meno braccia da destinare al lavoro ha significato salari più alti; meno eredi ha significato patrimoni concentrati; i due fenomeni combinati – insieme con altre dinamiche più sottili (l'isteria edonistica, di cui pure abbiamo già parlato, per esempio) – hanno sollecitato la **domanda di beni**: i ricchi spendono in oggetti di lusso, di vario tipo; e, in un certo senso, le **origini economiche del Rinascimento** dovrebbero essere collocate lì, nella scelta di spendere in questo modo i propri soldi: si ricorderà con quanta soddisfazione il ricco fiorentino Giovanni Rucellai ha lasciato memoria delle sue spese in case, palazzi e quadri di pittori al passo con i tempi [▷**13/3** e F21]. Molti, poi, anche non ricchissimi, riescono ad acquistare più beni alimentari di prima e usufruiscono di diete più equilibrate di quelle che erano a disposizione di molti europei di inizio Trecento.

LE CRISI DEMOGRAFICHE ■ Tutto ciò è relativo, s'intende. Non si deve pensare che adesso tutti possano godere di tavole riccamente imbandite. Le **disuguaglianze sociali**

GRAFICO 5

Numero di abitanti in Europa dal 1300 al 1600 (i valori sono espressi in milioni di individui)

[dati tratti da P. Malanima, *Economia preindustriale. Mille anni: dal IX al XVIII secolo*, Bruno Mondadori, Milano 2000, p. 11]

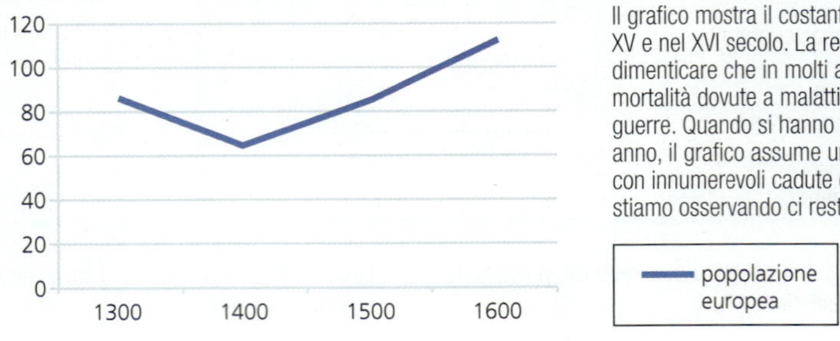

Il grafico mostra il costante incremento della popolazione nel XV e nel XVI secolo. La regolarità del grafico non deve però far dimenticare che in molti anni intermedi ci sono gravi crisi di mortalità dovute a malattie (la peste, per esempio), carestie o guerre. Quando si hanno a disposizione dati precisi per ogni anno, il grafico assume un andamento molto più irregolare, con innumerevoli cadute e riprese. Nondimeno il grafico che stiamo osservando ci restituisce la tendenza complessiva, che è evidentemente orientata verso il costante aumento della popolazione.

restano acutissime: in una città europea di questi anni basta girare l'angolo di una strada per lasciarsi alle spalle ricchi palazzi e imbattersi in catapecchie cadenti e in mendicanti ammalati e cenciosi. D'altronde, l'incremento della popolazione non è costante, è sottoposto ai **rovesci tipici delle economie di età moderna**: annate agricole sfortunate, carestie, epidemie, guerre producono crisi demografiche in cui i morti sono più numerosi dei nati [▷ G6]. Ma i segni di ripresa ci sono.

LA PRODUZIONE AGRICOLA E L'ANDAMENTO DEI PREZZI ■ Le agricolture europee non sembrano attraversate da speciali miglioramenti colturali: tuttavia si rimettono **a coltura terre abbandonate** dopo il 1348, mentre i signori terrieri chiedono più inflessibilmente di prima ai contadini nuove prestazioni di lavoro, o affitti più alti, in denaro o – più spesso – in beni alimentari: la **tendenza fondamentale all'aumento della produzione** è così positiva e vale la pena sfruttarla.

Con l'aumento della produzione si cerca di fronteggiare la domanda di cereali, di latticini e di carne, che arriva dalle città, anche se un indicatore importante, l'andamento dei prezzi, ci dice che le agricolture europee fanno un po' fatica a rispondere all'aumento della domanda, perché i prezzi dei prodotti agricoli, nella seconda metà del Cinquecento, sono in evidente crescita: la richiesta cresce più dell'**offerta**, e questo provoca **inflazione** [▷ G7].

le PAROLE della STORIA

inflazione
Aumento *generalizzato* dei prezzi delle merci, cui corrisponde una riduzione del potere di acquisto della moneta. Possiamo dire che siamo di fronte a un semplice e isolato aumento di prezzo se, per esempio, solo una certa particolare merce che due anni fa costava 100 € adesso costa 150 €; ma se questo aumento di prezzo si verifica – in proporzioni maggiori o minori – per la maggior parte delle merci e dei beni in commercio, ecco che siamo di fronte a un processo generalizzato di *inflazione*.

LAVORA SUL TESTO

1. Costruisci uno schema dal titolo *Le origini economiche del Rinascimento.* **2.** Sottolinea con due colori differenti i segnali di ripresa economica e quelli di segno opposto.

GRAFICO 6

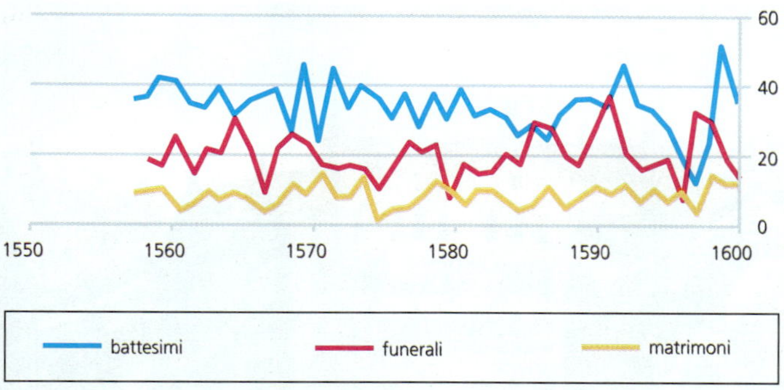

Battesimi, funerali e matrimoni a Hartland, 1558-1600

[dati tratti da E.A. Wrigley, *Demografia e storia*, il Saggiatore, Milano 1969, pp. 72-73]

Ecco come si presenta effettivamente un grafico che descrive l'andamento dei fatti demografici principali quando si possiedono tutti i dati: l'area in questione riguarda la parrocchia di Hartland, una zona del Devon settentrionale, in Inghilterra. Come si può vedere, il grafico è molto irregolare: normalmente la linea blu (nascite) supera la linea rossa (morti) e questo significa che la popolazione è in crescita; comunque si notano anche delle crisi di mortalità, che si registrano quando il numero dei morti supera il numero dei nati (come avviene nel 1586-87 e nel 1598). I valori riportati dalle linee colorate nel grafico sono espressi in "per mille" (‰): ciò significa che se, per esempio, Hartland aveva 1000 abitanti, nel 1600 ci sono stati 40 battesimi, 15 funerali e 14 matrimoni.

GRAFICO 7

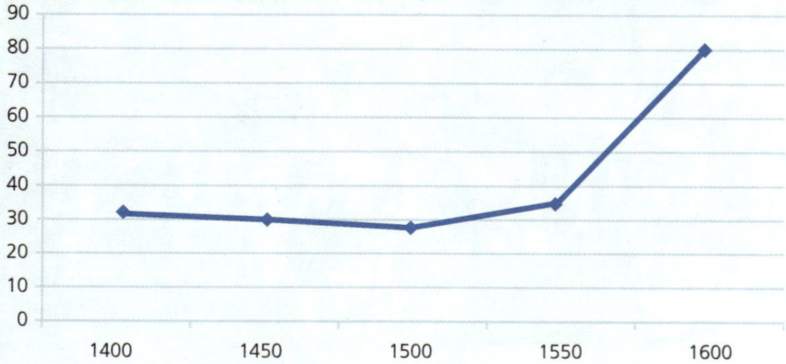

Prezzi del grano in Inghilterra, 1400-1600

[dati tratti da D. Grigg, *La dinamica del mutamento in agricoltura*, il Mulino, Bologna 1985, p. 59]

Il grafico mostra un costante aumento dei prezzi del grano dal 1500 al 1600. I prezzi sono espressi in grammi di argento per 100 kg di grano.

2/ Merci che vengono da paesi lontani

LA RICERCA DELLE SPEZIE ■ Nel corso del Cinquecento l'aumento dei prezzi dei prodotti agricoli fa sì che la domanda per altri beni (tessuti, utensili) rallenti. Non si arresta invece la richiesta di merci che vengono da terre remote, oggetto di fantasie e leggende: tappeti, pietre preziose, seta, broccato, damasco, raso; e infine soprattutto le **spezie**, che tutti veramente vogliono comprare appena possono. Ma che cosa sono queste spezie?

Sono beni molto banali per noi: **pepe**, **noce moscata**, **zenzero**, **cannella**, **chiodi di garofano**. Alimenti del tutto prescindibili attualmente. Nessuno si sente menomato, oggi, se nella sua dispensa non c'è il pepe o la cannella.

Nel tardo Medioevo le cose stanno diversamente. Quei beni sono estremamente utili. A cosa? A **conservare gli alimenti** e in particolare la carne, ovvero a fare in modo che non se ne debba buttare troppa una volta macellata e a rendere mangiabile quella che si è conservata: all'epoca non si hanno sistemi efficaci di refrigerazione e quindi, una volta che un animale viene ucciso e macellato, la carne va consumata alla svelta, altrimenti si deteriora.

Ma per quanto in fretta venga trasportata dal luogo di produzione al mercato, e dal mercato alla tavola dei consumatori, il processo di deterioramento è già in corso. La carne comincia a sapere di dolciastro o ad assumere sapori anche più sgradevoli. Ecco che è necessario versarci sopra strati di spezie, o sughi cucinati con esse: alcune spezie, poi – il pepe, per esempio –, hanno anche una funzione

Place de Meir ad Anversa nel giorno del mercato, inizi XVII sec.
[Musées royaux des Beaux-Arts de Belgique, Bruxelles]
L'immagine di questo ricco mercato di Anversa ci restituisce appieno l'idea degli afflussi di merci che arrivavano dal contado in risposta alla domanda di beni, alimentari e non, degli abitanti delle città. Il mercato, con i suoi scambi e le sue transazioni di ogni genere, dà forma e vita all'economia della città stessa.

conservativa; e tutte servono a mimetizzare il sentore assunto dalla carne frollata (e quasi tutta quella che arriva sul mercato, se non è carne essiccata e salata, è in quelle condizioni).

IL COMMERCIO CON IL LONTANO ORIENTE ■ Ecco perché le spezie compaiono come un bene prezioso nei traffici mercantili di questi secoli. Traffici mercantili che, sin dalla fine del Trecento, non sono più tanto agevoli. Le spezie vengono dal lontano Oriente: il pepe arriva dall'entroterra della costa di Malabar e di Sumatra, la cannella da Ceylon, la noce moscata dalle Isole Banda e i chiodi di garofano dalle Molucche, soprattutto da Ternate e Tidore. Nel tardo Medioevo i mercanti italiani specializzati in questo genere di traffico non possono più passare dall'Egitto e poi dall'Oceano Indiano, che è la via più diretta, poiché mercanti egiziani e arabi ne controllano i traffici in modo esclusivo. Allora il primo **tentativo per trovare una "via delle Indie" alternativa** porta gli italiani a tracciare la "via latina" (chiamata anche "via dei Mongoli") che, passando a nord del Mar Nero, permette egualmente di raggiungere l'India e la Cina. Ma alla fine del XIV secolo anche questo passaggio si chiude, a causa delle conquiste dei Mongoli di Tamerlano [▷**7/1**] e della chiusura commerciale imposta alla Cina dalla dinastia Ming; nel XV secolo, poi, l'avanzata dei turchi rende quasi impossibile ogni commercio col Mediterraneo orientale e col Levante.

LA RICERCA DI UNA "VIA DELLE INDIE" ■ A quell'epoca l'approvvigionamento europeo delle spezie segue un percorso piuttosto complesso: sono i mercanti arabi che si incaricano della prima tratta, andando a procurarsi le spezie nei luoghi di produzione e trasportandole poi via mare sino a Gidda sul Mar Rosso, da dove vengono imbarcate su navi che le portano a Suez, e da qui, a dorso di cammello e via Nilo, fino ad Alessandria d'Egitto [▷**A45**]; è lì che le navi dei mercanti italiani, soprattutto

ATLANTE45

Le principali correnti di traffico marittimo nell'Europa del XV secolo

genovesi e veneziani, possono attraccare e rifornirsi di quelle merci preziose che, tuttavia, nel corso di questi passaggi, vedono il loro prezzo aumentare vertiginosamente, anche di venti volte rispetto al prezzo a cui sono vendute nei luoghi di produzione.

È per questo, dunque, che il sogno di trovare una "via delle Indie" che porti, possibilmente via mare, i mercanti europei fino ai luoghi di produzione di queste merci preziose comincia a essere coltivato con insistente tenacia da sovrani, da commercianti, da esploratori, da navigatori.

Il forte di São Jorge da Mina in Ghana

La fortezza di São Jorge da Mina ('San Giorgio della miniera'), meglio nota come forte di Elmina, viene eretta dai portoghesi nel 1482 ed è il primo avamposto costruito dagli europei sul Golfo di Guinea, tanto da risultare il più antico edificio europeo esistente a sud del Sahara. Il castello diventa presto una delle tappe più importanti del percorso della tratta atlantica degli schiavi tanto da essere conteso ai portoghesi prima dagli olandesi (che lo conquistano nel 1637) e poi dagli inglesi (il forte diventa possedimento dell'Impero britannico nell'Ottocento). In considerazione del suo grande interesse storico, Elmina è stato riconosciuto dall'Unesco come Patrimonio mondiale dell'Umanità. Nel 1987 è stato una delle principali basi per le riprese del film *Cobra Verde* di Werner Herzog.

BARTOLOMEO DIAZ AL CAPO DI BUONA SPERANZA Tra tutti, i **portoghesi** sono quelli che si sono mossi prima e con più intuito. Sin dal tardo Trecento hanno cominciato a esplorare la **costa africana** occidentale. Man mano che sono riusciti a spingersi verso sud vi hanno costituito punti di attracco fortificati che possono essere utilizzati per altre spedizioni, ma che ben presto si rivelano preziosi anche per attività commerciali in loco. Così, per esempio, nell'area che va dal Senegal alla Sierra Leone, sin da metà Quattrocento i portoghesi cominciano ad acquistare schiavi neri, venduti da mercanti dell'interno o da tribù che li hanno come prigionieri; i portoghesi, poi, li vendono nei porti del Mediterraneo cristiano o musulmano, dove sono merce estremamente apprezzata: si calcola che tra il 1450 e il 1505 gli **schiavi neri** trasportati dai portoghesi siano stati all'incirca 150.000.

Ma sulle coste africane i portoghesi trovano anche altre merci: l'oro, per esempio, che dal 1475 viene acquistato nella Costa d'Oro, dove giungono le carovane che dall'interno trasportano partite di questa merce e dove i portoghesi costruiscono il forte di São Jorge da Mina, per proteggere l'esclusività dell'approdo e dell'attività commerciale.

A partire dalle basi da loro stessi impiantate, gli esploratori portoghesi, che si muovono con il patrocinio e spesso con il contributo finanziario dei re del loro paese, possono spingersi sempre più a sud, finché una spedizione, guidata da **Bartolomeo Diaz** nel **1487-88**, riesce a toccare il **Capo di Buona Speranza**, la punta sud del continente africano, oltre la quale l'agognata porta per le Indie si apre davanti ai convogli provenienti da Lisbona [> A46].

LAVORA SUL TESTO
1. Sottolinea le ragioni per cui le spezie costituivano un bene molto richiesto nell'Età moderna. **2.** Costruisci uno schema che illustri perché sovrani, commercianti ed esploratori iniziarono a coltivare il sogno di trovare una "via delle Indie".

3/ La scoperta di un nuovo mondo

CRISTOFORO COLOMBO ALLA RICERCA DI UNA NUOVA VIA PER LE INDIE ■ Nel 1483, quattro anni prima della partenza di Bartolomeo Diaz, un mercante genovese che si chiama **Cristoforo Colombo** (1451-1506), da tempo stabilitosi in Portogallo, sottopone a re Giovanni II Aviz un progetto alternativo per arrivare alle Indie: l'idea è che navigando verso occidente, oltre le Canarie, si possa trovare una via più breve per raggiungere la meta desiderata. Si tratta di un'ipotesi che nasce dalla convin-

ATLANTE 46

Esplorazioni e basi commerciali portoghesi in Africa nel XV secolo

zione che la **Terra** sia **sferica e non piatta**. Il geografo fiorentino Paolo dal Pozzo Toscanelli (1397-1482), riprendendo le elaborazioni contenute nella *Geografia* di Tolomeo [▷ **13/6**], riscoperta all'inizio del XV secolo e ripubblicata nel 1477, ne deriva la **convinzione che esistano tre soli continenti**: l'Europa, l'Asia e l'Africa; sulla base di questa valutazione errata, disegna una carta che mostra come dovrebbe essere facilmente possibile **raggiungere le Indie navigando in direzione ovest**; Cristoforo Colombo condivide questa tesi e su di essa basa il progetto presentato al re del Portogallo. Costui lo fa esaminare da una commissione di esperti i quali considerano il progetto meno sicuro e vantaggioso del tentativo, allora ancora in atto, di circumnavigare l'Africa.

Colombo si rivolge allora a **Ferdinando e Isabella di Spagna**, dai quali è ricevuto nel 1486. Fa fatica a convincerli, ma alla fine ci riesce perché ha dei buoni argomenti da offrire: i portoghesi controllano le coste africane e le navi spagnole sono tagliate fuori da quel possibile percorso per le Indie; inoltre si sa che ormai i navigatori portoghesi hanno trovato il passaggio marittimo per l'Oriente; se fosse vero che le Indie possono essere raggiunte anche da occidente, si potrebbero **battere sul tempo i portoghesi nella corsa alle spezie**, e forse anche nella corsa all'oro e a chissà quali altre inaudite ricchezze.

LA BUSSOLA E L'ASTROLABIO ■ Il tentativo appare possibile anche perché negli ultimi cento anni si sono compiuti progressi notevolissimi sia nell'uso degli strumenti di navigazione sia nella progettazione e nella costruzione delle navi.

Fondamentale è la diffusione della **bussola** dotata di ago magnetico che, indicando costantemente il nord, dà un aiuto essenziale a orientare la rotta: inventata probabilmente in Cina, è nota in Occidente sin dal XIII secolo, ma viene impiegata stabilmente come strumento nautico solo dalla metà del XV secolo. Importante è anche l'impiego dell'**astrolabio**, uno strumento diffuso sin dall'Antichità, che serve a determinare la posizione della nave sulla base della misurazione dell'altezza degli astri.

Repliche delle due caravelle *Pinta* e *Niña*

[Fort Smith Park, Arkansas (Usa); foto Doug Wertman]

Il 3 agosto 1492, al comando di tre imbarcazioni, Colombo lascia il porto di Palos per intraprendere il primo dei quattro viaggi che lo avrebbero condotto alla scoperta del Nuovo Mondo. A sostegno del progetto di Colombo sono scesi in campo autorevoli personaggi del monastero della Rapida, situato a sei chilometri da Palos, che il navigatore genovese ha spesso frequentato dopo il suo trasferimento in Spagna. Il sostegno fornito all'impresa di Colombo dal padre francescano Antonio de Marchena testimonia il generale interesse dei monaci del convento per l'astronomia e per le sue applicazioni alla navigazione.

NUOVI TIPI DI NAVI: LE CARACCHE E LE CARAVELLE Assolutamente decisivi sono, poi, i progressi della cantieristica, soprattutto di quella portoghese, che da tempo costruisce navi capaci di affrontare l'Atlantico, sebbene solo su rotte costiere; tra le navi più adatte alle rotte atlantiche spiccano in modo particolare le caracche e le caravelle: messe a punto intorno alla metà del XV secolo, sono dotate di più alberi a velatura multipla, un accorgimento che le rende capaci di sfruttare alla perfezione i venti marini; dispongono anche di una stiva che, per l'epoca, ha una capienza piuttosto notevole; la caracca ha dimensioni maggiori; le caravelle, più piccole, sono assai più maneggevoli: usate entrambe sull'Atlantico, sembrano navi in grado di **affrontare l'oceano anche lontano dalle coste**.

Così stando le cose, all'inizio del 1492, per volontà soprattutto della regina Isabella, il piano di Colombo viene accettato, i finanziamenti vengono concessi e i preparativi per il viaggio possono iniziare. Qualche mese più tardi, **il 3 agosto 1492, una caracca, la *Santa Maria*, e due caravelle, la *Niña* e la *Pinta*, salpano**

ATLANTE 47

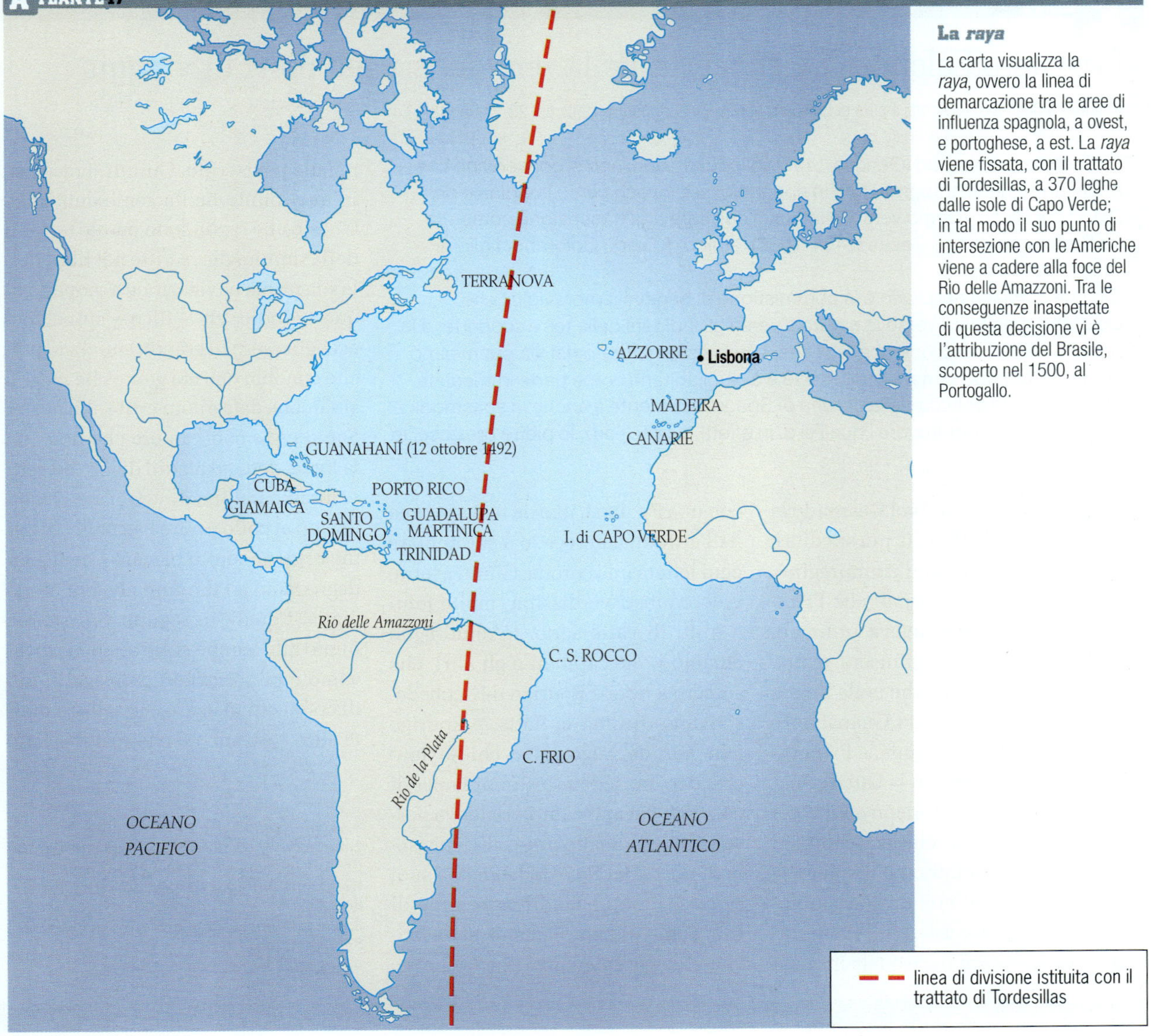

La *raya*

La carta visualizza la *raya*, ovvero la linea di demarcazione tra le aree di influenza spagnola, a ovest, e portoghese, a est. La *raya* viene fissata, con il trattato di Tordesillas, a 370 leghe dalle isole di Capo Verde; in tal modo il suo punto di intersezione con le Americhe viene a cadere alla foce del Rio delle Amazzoni. Tra le conseguenze inaspettate di questa decisione vi è l'attribuzione del Brasile, scoperto nel 1500, al Portogallo.

dal porto di Palos al comando di Colombo. Dopo poco più di due mesi di navigazione, il **12 ottobre 1492** le tre navi toccano terra su un'isola che viene battezzata San Salvador: non è il Catai (la Cina) né il Cipangu (il Giappone), come Colombo ancora continua a pensare, ma è l'isola oggi nota anche con il nome di Watling, nell'arcipelago delle Bahamas; da lì – nelle settimane seguenti – Colombo si sposta, per approdare a Cuba, Hispaniola (Haiti) e altre isole caraibiche [▷F25].

IL TRATTATO DI TORDESILLAS ■ Al termine di questo primo viaggio, Colombo torna a Palos il 15 marzo 1493 con due sole navi (la *Santa Maria* si è incagliata davanti alle coste di Haiti); dopo questa prima spedizione, Colombo ne compie altre tre (1493-96, 1498-1500, 1502-4), che lo portano a esplorare sistematicamente le isole e le coste del Mar Caraibico [▷A47].

Intanto, subito dopo il ritorno di Colombo a Palos nel marzo del 1493, i governanti spagnoli chiedono e ottengono dal **papa Alessandro VI** Borgia – spagnolo anch'es-

LE FONTI 25

Cristoforo Colombo/La scoperta della terraferma nei diari di viaggio

[Cristoforo Colombo, *Gli scritti*, a cura di Consuelo Varela, Einaudi, Torino 1992, pp. 23-27; 47-48]

Di Cristoforo Colombo (Genova 1451-Valladolid 1506) non si conservano che pochi documenti autografi, tutti in spagnolo; si è invece perso l'originale del *Diario del primo viaggio* verso le Indie, di cui resta una trascrizione compiuta da Bartolomé de Las Casas (1484-1566), amico di Diego Colombo, figlio di Cristoforo.
Ciò che colpisce nel *Diario* è la commistione di benevola meraviglia, che Colombo manifesta verso la natura e verso gli indigeni delle terre scoperte, e la proterva determinazione che fa sì che, senza esser sfiorato dal sia pur minimo dubbio, Colombo pensi a quelle terre e ai suoi abitanti come parte immediata del patrimonio politico della corona di Spagna. Evidente è anche la spasmodica ricerca dei beni per trovare i quali si è, in effetti, partiti: l'oro, le pietre preziose, le spezie.

[*Venerdì 12 ottobre*] E essendo la caravella Pinta la più spedita e veleggiando dinanzi all'Ammiraglio[1], trovò terra e fece i segnali che l'Ammiraglio medesimo aveva ordinato. [Colombo e i suoi] giunsero a una isoletta dei Lucayos[2] che nella lingua degli indigeni era detta Guanahaní[3]. Videro quindi gente nuda, e l'Ammiraglio scese a terra con la barca armata, e Martín Alonso Pinçón e Viceinte Anes, suo fratello, che era capitano della Niña. L'Ammiraglio dispiegò la bandiera reale e i capitani due bandiere con una croce verde, che l'Ammiraglio aveva su ogni nave quale insegna con una F e una I, una da un lato e una dall'altro della croce, e a sormontare ogni lettera una corona. Giunti a terra, videro alberi verdissimi, molte fonti e frutti di varie sorte. L'Ammiraglio chiamò i due capitani e gli altri, che scesero a terra e Rodrigo d'Escobedo, scrivano di tutta la flotta, e Rodrigo Sánchez de Segovia, e chiese loro che dessero fede e testimonianza di com'egli davanti a tutti prendeva possesso, come di fatto prese, di detta isola in nome del Re e della Regina suoi signori, pronunciando le formule di rito, come più ampiamente si descrive nelle testimonianze che là furono redatte per iscritto. Quindi si raccolse in quel punto molta gente dell'isola. Questo che segue sono parole testuali dell'Ammiraglio, scritte nel libro della sua prima navigazione e scoperta di queste Indie. «Io – dice – affinché ci accogliessero in grande amicizia, poiché conobbi che era gente che meglio si sarebbe data e convertita alla nostra Santa Fede con l'amore che non con la forza, detti ad alcuni di loro berretti colorati e palline di vetro che si mettevano al collo e altre bagatelle, di cui mostrarono molto piacere e ce li guadagnammo a tal punto che era meraviglia. I quali, in seguito venivano a nuoto alle barche sulle quali ci trovavamo e ci portavano pappagalli, filo di cotone in matasse, zagaglie[4] e molte altre cose ancora che scambiavano

1. *Ammiraglio*: Cristoforo Colombo.
2. *Lucayos*: il termine è forse una storpiatura di *lecuyos*, nome degli abitanti di isole che tradizionalmente si riteneva fossero a est dell'Asia.
3. *Guanahaní*: si tratta dell'isola di Watling/San Salvador.
4. *zagaglie*: sorta di piccole lance.

so – un riconoscimento formale dei diritti sulle terre appena scoperte; l'intervento dell'autorità papale è giustificato da uno degli obiettivi fondamentali delle esplorazioni, ovvero la **diffusione della fede cristiana** tra popolazioni "selvagge" che ignorano la Rivelazione; e, sulla base di questo presupposto, il papa, con tre bolle emesse nel 1493, riconosce alla Spagna il diritto di appropriarsi delle nuove terre.

Ma questo è un atto che provoca l'immediata reazione del sovrano portoghese, il quale si vede escluso da vie di traffico o di conquista che pure potrebbero essere alla portata delle sue navi; la tensione internazionale che si è così creata viene sciolta il **7 giugno 1494**, quando la Spagna e il Portogallo firmano il **trattato di Tordesillas**, nel quale si riconoscono reciprocamente **due distinte aree di espansione**, una a occidente del meridiano atlantico posto a 370 leghe dalle isole di Capoverde (è l'area spagnola), l'altra a oriente (è l'area portoghese; > **A47**).

LAVORA SUL TESTO

Costruisci uno schema che contenga: a) i presupposti scientifici che spinsero Colombo a sperimentare un percorso alternativo per raggiungere le Indie; b) i progressi nel campo della navigazione che permisero di realizzare il viaggio; c) gli obiettivi dell'impresa che portarono i governatori spagnoli e poi il papa a sostenerla.

con ciò che davamo loro come piccole palline di vetro e sonagli. Insomma, prendevano tutto e davano ciò che avevano di buon grado, ma parve a me fosse gente poverissima di ogni cosa. Essi vanno nudi come la madre loro li partorì e ugualmente le donne, ancorché non ne vidi che una in giovane età. E tutti quelli che vidi erano tutti giovani, che non ne vidi nessuno che fosse maggiore di XXX anni e molto ben fatti e di bellissimi corpi e di bei sembianti, i capelli grossi quasi come i crini della coda dei cavalli, e corti. [...] Generalmente sono tutti di buona statura, di modi gentili e ben fatti. Notai alcuni di loro che portavano sul corpo segni di ferite, domandai a gesti che fosse mai, ed essi mi fecero intendere come arrivasse gente da isole vicine per catturarli e loro si difendevano. E io credetti e credo che venga qui gente da terraferma per catturarli e farli prigionieri. Devono essere buoni e di ingegno vivace che m'avvidi che in breve tempo ripetevano ciò che dicevo loro. E credo che facilmente si farebbero cristiani perché mi parve non avere essi alcuna religione. Io, a Nostro Signore piacendo, quando mi partirò di qui, porterò con me 6 di questi uomini che condurrò alle Vostre Altezze affinché imparino a parlare. Nessuna bestia di nessuna sorta vidi, salvo pappagalli, in questa isola». Tutte parole dell'Ammiraglio.

Sabato 13 ottobre Quando fu giorno, si fecero sulla spiaggia molti di questi uomini, giovani tutti, come ho detto, e tutti di buona statura, gente assai bella [...]. Io m'adoperavo per sapere se ci fosse oro e notai che ve n'erano di quelli che ne portavano un pezzetto appeso a un orifizio che si aprono sul naso. A cenni, potei intendere che, avanzando a sud o costeggiando l'isola sempre tenendo il sud, v'era un re che possedeva grandi vasi d'oro, e in gran quantità. Cercai di persuaderli che andassero là, ma subito mi avvidi che non intendevano andarvi. Decisi di aspettare la sera del giorno seguente, per poi far vela verso sud-ovest [...] per cercar l'oro e le pietre preziose. [...] Il cotone nasce qui, in quest'isola, ma per il poco tempo [che vi rimasi], non potei darne compiuta fede. E qui pure nasce l'oro che portano pendente dalle narici, ma il tempo manca e io voglio andare a vedere se posso trovare l'isola di Cipango[5]. [...]

Martedì 6 novembre. [Tornano alle navi due uomini che Colombo ha mandato in perlustrazione nell'interno dell'isola di Cuba, dove hanno trovato villaggi di indigeni. Costoro] mostrarono [agli indigeni] la cannella, il pepe e le altre spezie che l'Ammiraglio aveva dato loro, e a gesti [quelli] dissero che ve n'era in grande abbondanza, nei pressi, e verso sud-est, ma di non sapere se anche lì ve ne fosse.

5. *Cipango*: Giappone; Colombo è convinto fermamente di essere arrivato in Asia.

GUIDA ALLA LETTURA

1. In che modo Colombo descrive gli indigeni? Metti in risalto le caratteristiche fisiche, quelle caratteriali e quelle culturali indicate dall'ammiraglio. **2.** Quali sono gli oggetti d'interesse degli spagnoli? In che modo cercano di ottenerli? **3.** Chi sono i finanziatori e quali i motivi del viaggio? Sottolinea nel testo i riferimenti ai primi e ai secondi (fai attenzione anche ai riferimenti meno evidenti, come nel caso in cui si mettono in rilievo le iniziali dei sovrani). **4.** Secondo te, come mai Colombo descrive nel dettaglio le qualità positive degli oggetti e dei luoghi che desidera conquistare? Rispondi ricordando a chi è rivolto il *Diario* riportato da Las Casas.

4/ La costruzione dell'Impero portoghese

I PORTOGHESI IN ORIENTE ■ I successi di Colombo e l'accordo internazionale spronano i portoghesi a sfruttare il varco marittimo scoperto da Bartolomeo Diaz per dirigersi verso le Indie.

Il primo a compiere l'intero tragitto è **Vasco da Gama** (1469 ca.-1524). Partito da Lisbona nel 1497, nel maggio 1498 riesce ad arrivare a Calicut, nello Stato indiano del Kerala [▷ **A48**].

Lì ottiene dal *samorim* di Calicut, il più importante dei principi indù della zona, il permesso di svolgere attività commerciali, ma viene ostacolato dai commercianti locali e dagli arabi. Decide quindi di ripartire alla volta di Lisbona il 10 luglio 1499, ricevendo comunque un'accoglienza trionfale: significativamente, in conseguenza di questa spedizione, il **re del Portogallo Emanuele I** (1495-1521) si attribuisce il titolo di «Signore della conquista, della navigazione e del commercio d'Etiopia, Arabia, Persia e India», manifestando così chiaramente il senso simbolico e politico dell'operazione.

Al momento, però, i frutti della spedizione di Vasco da Gama sono solo potenziali. Emanuele I, allora, fa allestire una nuova spedizione, affidata al comando di **Pedro Álvarez Cabral** (1460 ca.-1526 ca.). Costui parte l'8 marzo 1500 in direzione delle Indie seguendo la rotta di Vasco da Gama, ma essendosi spinto troppo a occidente, alla ricerca della traiettoria più vantaggiosa per il Capo di Buona Speranza, **il 22**

Le nuove rotte per l'India

ATLANTE 48

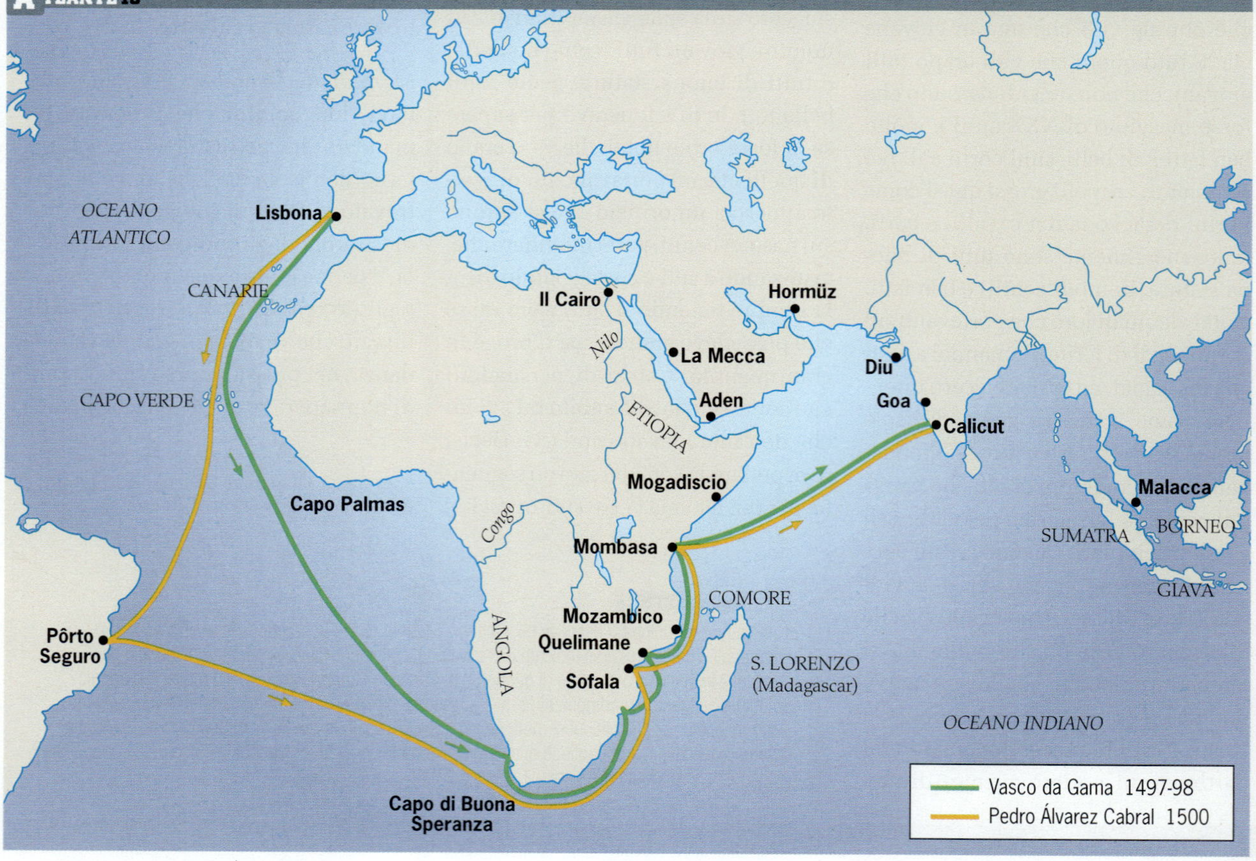

aprile 1500 approda sulle coste del Brasile, che – sulla base del trattato di Tordesillas – può essere proclamato terra portoghese. Scopre poi la rotta più favorevole per raggiungere il Capo di Buona Speranza, evitando la zona di bonaccia davanti alla Guinea e arrivando anch'egli a Calicut. A differenza di Gama, Cabral è partito con un carico di doni per il *samorim* di Calicut, ma di nuovo deve scontrarsi con l'ovvia ostilità dei mercanti locali; ciò nonostante, ricorrendo anche alla violenza, riesce a completare la sua missione, tornando a Lisbona nel luglio del 1501 con sei delle tredici navi originarie, ma con un ricchissimo carico di **spezie** a bordo.

Nel 1502 è Vasco da Gama che torna in India, a capo di un'altra spedizione di quindici navi, seguite a distanza da altre cinque. Questa volta una parte del convoglio è composto da **navi da guerra**: l'intenzione è quella di imporre la propria legge e difatti, quando arriva a Calicut, Gama la pone sotto assedio, la bombarda, sequestra e impicca marinai e pescatori, costringe le flottiglie mercantili musulmane ad abbandonare il porto.

L'IMPERO COLONIALE PORTOGHESE ■ È il primo passo per la costruzione di un impero coloniale portoghese nel lontano Oriente. Dopo la seconda spedizione di Gama, infatti, i portoghesi estendono anche alle terre orientali la stessa tecnica sperimentata sulle coste africane: costituiscono centri commerciali fortificati, da cui si muovono alternando atti di aggressione ad alleanze politico-diplomatiche con i potentati locali.

Tra il 1506 e il 1515 un'importante spedizione, comandata da Tristan da Cunha

Portoghesi a Goa, XVI sec.
[British Library, Londra]

(1460 ca.-1540 ca.) e da Alfonso de Albuquerque (1453-1515), pone sotto il controllo portoghese Mozambico, Madagascar, l'isola di Socotra e l'accesso allo Stretto di Hormuz, ciò che permette di monitorare e, all'occorrenza, di ostacolare la navigazione sul Golfo Persico. Nel 1509 i portoghesi sconfiggono la flotta musulmana a Diu, per poi conquistare Goa (1510), che diventa il centro amministrativo del loro impero coloniale. Nel 1511 è la volta di Malacca, dove i portoghesi si insediano dopo esser riusciti a sconfiggere l'esercito del sultano locale. Intanto viene consolidata la postazione già esistente a Calicut: a questo punto **i portoghesi controllano, in via esclusiva**, **tutto il traffico delle spezie**, dalle zone di produzione originaria sino al **porto europeo** di sbarco, che ora non è più Venezia o Genova, ma **Lisbona** [> **A49**].

L'impero in costruzione non comporta l'occupazione militare e l'amministrazione diretta delle terre che ai portoghesi interessano; il loro è un impero commerciale, non territoriale, mandato avanti da qualche migliaio di persone, un numero esiguo se si considera lo spazio dominato. Si tratta di un assetto che alla lunga mostrerà i suoi limiti: ma al momento il commercio delle spezie è loro; loro, e di nessun altro, sono le Indie: perché nel frattempo gli spagnoli sono arrivati da un'altra parte, certo non nelle terre del Gran khan, come continua a pensare Cristoforo Colombo.

LAVORA SUL TESTO

1. Evidenzia nel testo due eventi significativi e due frasi che spieghino il modello di colonizzazione praticata dai portoghesi. **2.** Elenca gli avvenimenti principali della costruzione dell'impero coloniale portoghese.

ATLANTE 49

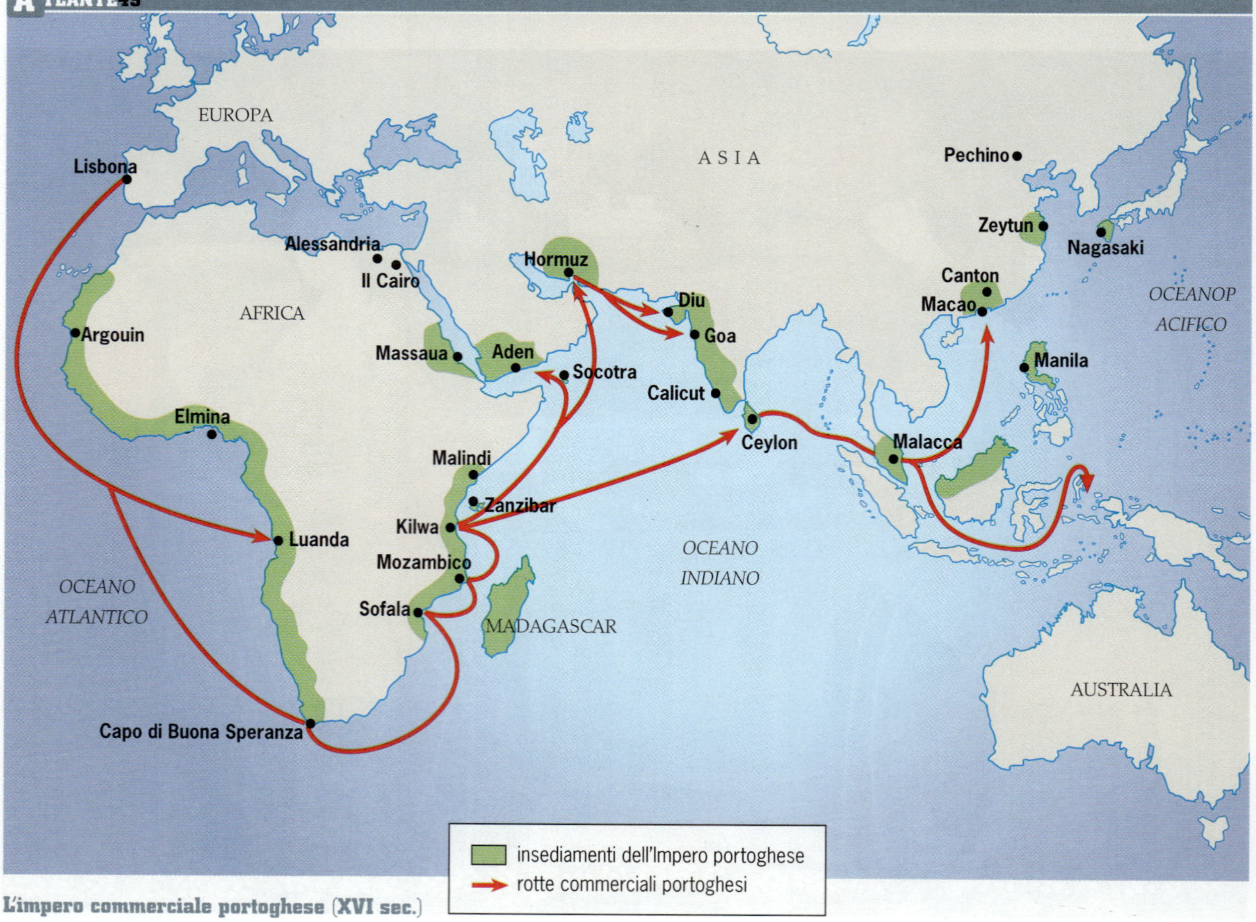

L'impero commerciale portoghese (XVI sec.)

5/ L'espansione spagnola

LE ESPLORAZIONI DI VESPUCCI E MAGELLANO In realtà sin dai primi anni del XVI secolo un altro esploratore italiano al servizio della Spagna – **Amerigo Vespucci** (1454-1512) – ha capito che le terre scoperte da Colombo sono un nuovo continente, un ***Mundus novus***, e non le estreme propaggini orientali della Cina o del Giappone; ed è in suo onore che nel 1507 il geografo e umanista tedesco Martin Waldseemüller (1470 ca.-1520 ca.), nella sua *Introduzione alla Cosmografia*, che include anche le lettere di viaggio di Amerigo Vespucci, dà alle nuove terre il nome di **America** [▷ **A50**].

Gli spagnoli, tuttavia, non abbandonano del tutto la speranza di raggiungere comunque le Indie da occidente. E così, nel 1513 Vasco Nuñez de Balboa (1475-1517) attraversa l'istmo di Panama, arrivando a scoprire il grande mare occidentale che sarà poi chiamato Oceano Pacifico. Qualche anno più tardi, nel 1519, **Ferdinando Magellano** (1480-1521), un navigatore portoghese al servizio della corona spagnola, tenta con successo la circumnavigazione a sud del continente americano; la spedizione è tuttavia funestata da innumerevoli difficoltà e incidenti; nel 1521 Magellano, arrivato alle Filippine, vi viene ucciso dagli indigeni e il 6 settembre 1522 solo una delle navi della spedizione riesce a tornare al porto di Sanlúcar, da cui era partita tre anni prima, peraltro senza che questa incredibile impresa riesca a procurare agli spagnoli alcun particolare vantaggio commerciale o militare.

ATLANTE 50

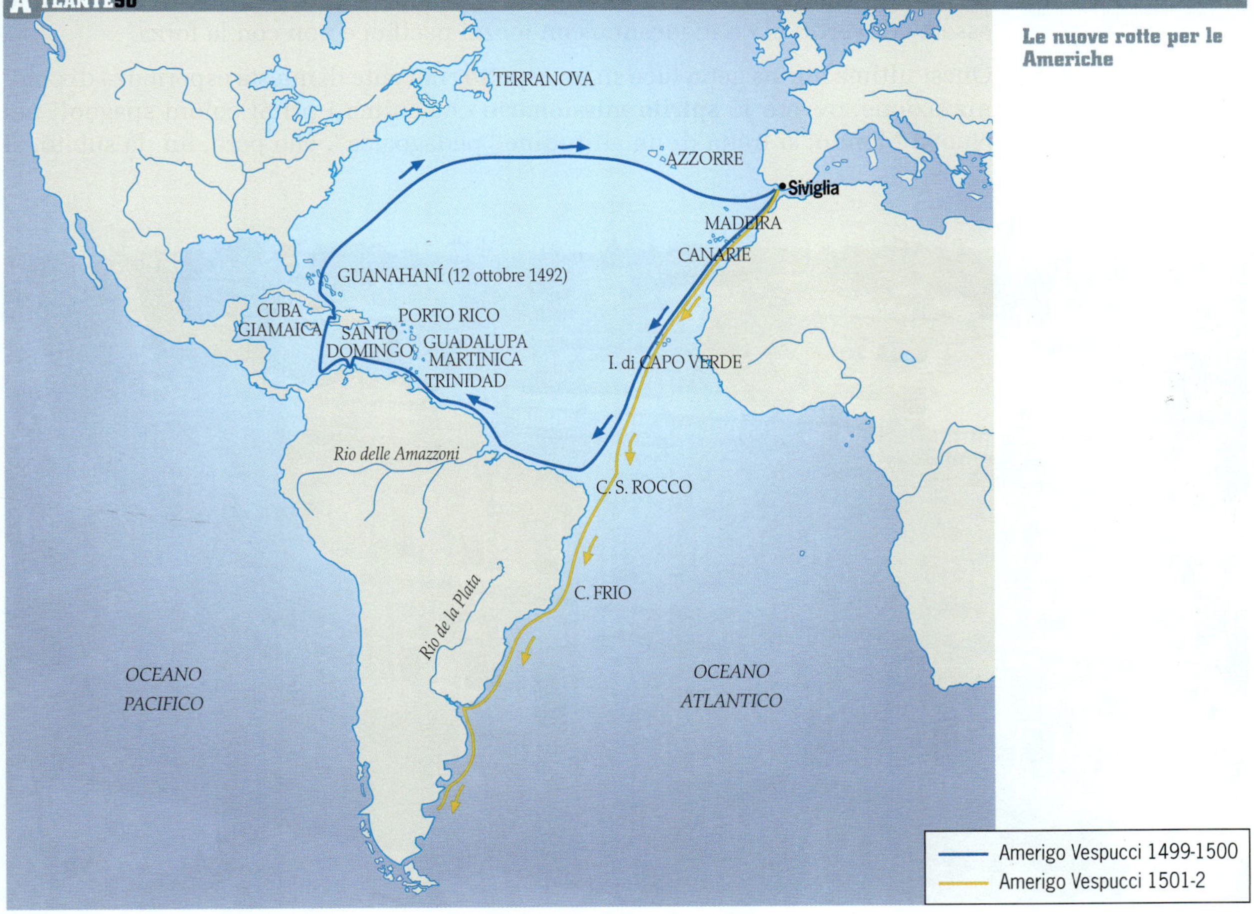

Le nuove rotte per le Americhe

Intanto hanno avuto inizio i primi tentativi di sfruttamento agricolo e commerciale delle terre caraibiche, che costituiscono il primo nucleo dell'espansione coloniale spagnola nelle Americhe.

PRIMI INSEDIAMENTI NEL NUOVO CONTINENTE ■ Nel **1503** è stata costituita **a Siviglia la *Casa de Contratación*** ('Casa di commercio'), che è l'unica istituzione autorizzata a regolare i rapporti commerciali con le terre americane. Nel **1511** all'interno del Consiglio di Castiglia, che è il principale organo di governo delle terre castigliane, da cui dipendono anche le nuove colonie, viene formato un **comitato permanente per il governo delle Indie**, mentre cominciano a essere inviati dei funzionari regi col compito di rappresentare il sovrano nelle nuove terre.

Sin da questi primi passi si capisce che l'impero coloniale spagnolo sta assumendo caratteri molto diversi da quello portoghese in Oriente; se quest'ultimo non prevede il pieno controllo del territorio, né un insediamento significativo di coloni che arrivino dalla madre patria, viceversa quello spagnolo ha proprio queste caratteristiche. Nelle terre conquistate, non appena possono, gli spagnoli si insediano da dominatori, organizzando attività agricole o commerciali e impiegando gli indigeni – comunemente detti *indios*, sulla base della credenza che le terre scoperte appartengano alle Indie – come manodopera semiservile. Il trattamento degli indigeni da parte dei coloni spagnoli appare fin da subito particolarmente disumano, tanto che re Ferdinando si sente spinto a emanare nel **1512** le **leggi di Burgos** che stabiliscono, tra le altre cose, che gli indios nascono liberi e non schiavi, che per questo motivo devono poter lavorare senza costrizioni e che devono essere convertiti al cristianesimo con mezzi pacifici e non con la forza.

Quest'ultima norma getta luce su un aspetto rilevante di questa esperienza di colonizzazione, ovvero lo **spirito missionario** che anima i primi coloni spagnoli nel Nuovo Mondo; si tratta di un'attitudine "pedagogica", che però, fin da subito, si

L'Archivio delle Indie a Siviglia
[foto Anual]
Ottenuto il monopolio dei commerci con le Americhe, il porto di Siviglia diventa il più ricco d'Europa, grazie anche alla sua posizione geografica sulle rive del fiume Guadalquivir a un centinaio di chilometri dalla sua foce sull'Oceano Atlantico. Sul finire del Cinquecento, Filippo II fa costruire in questa città un apposito edificio per ospitare la *Casa de Contratación*, nel cui grande patio centrale i mercanti possono negoziare i propri affari. Nel 1785, per ordine reale, l'edificio viene destinato a conservare tutti i documenti e materiali esistenti relativi all'impero coloniale, tramutando così la sua destinazione e acquisendo il nome con cui è noto ancora oggi. Attualmente, nell'Archivio delle Indie sono custodite, fra gli altri materiali, le missive autografe di Colombo, Cortés e Filippo II.

confonde con un disprezzo violento per la diversità delle popolazioni incontrate: la constatazione della loro relativa inferiorità tecnologica, la scoperta della loro assoluta ignoranza di qualunque, anche piccolo, elemento che riguardi la storia di Cristo, l'osservazione di pratiche di organizzazione sociale che appaiono incredibilmente bizzarre e "incivili" nella loro alterità spingono la maggior parte dei coloni a considerare i nativi poco più che animali, degni, dunque, di esser trattati proprio come tali.

La brutalità dei comportamenti dei coloni è presto denunciata dai frati domenicani che si sono trasferiti nelle terre del Nuovo Mondo e spiega il tentativo del sovrano di mettere un argine a pratiche francamente abnormi anche per una persona come lui, da tempo abituata alle asprezze della *reconquista*.

LA CONQUISTA DEL MESSICO: CORTÉS DI FRONTE ALL'IMPERO AZTECO ■ Ma siamo solo agli inizi. Anche perché cominciano a circolare voci sull'esistenza di ricchissimi imperi, insediati in zone interne e difficilmente accessibili dalle terre continentali del Nuovo Mondo. È proprio per scoprire questi imperi e le loro ricchezze che, dopo una serie di esplorazioni lungo la costa dello Yucatán e il Golfo del Messico compiute tra il 1517 e il 1518, il governatore di Cuba, Diego Velázquez de Cuéllar (1465-1523 o 1524), nel **1519** prepara una flotta che affida a **Hernán Cortés** (1485-1547). Costui, appena sbarcato sulla costa del Messico, disconosce l'autorità di Velázquez e dà ordine di distruggere le barche, in modo da impedire ai suoi uomini di abbandonare l'impresa alla quale intende accingersi, spingendosi verso gli altopiani dell'interno.

Entrata di Hernán Cortés a Tenochtitlán nel 1519
[Museo de América, Madrid]

Lì, come Cortés e i suoi scoprono dopo un viaggio di trasferimento estremamente difficile, vivono popolazioni che non conoscono l'uso della ruota, né l'impiego di bestie da soma, e che tuttavia, pur usando solo attrezzi di legno o di pietra, mostrano di aver acquisito abilità eccezionali nella scultura, nell'architettura e nella **lavorazione dei metalli teneri**, tra cui l'oro e l'argento che circolano in notevole quantità. Queste popolazioni, inoltre, si cibano di un cereale sconosciuto in Europa, il **mais**, che coltivano attraverso una **complessa organizzazione collettiva del lavoro**: essa dipende dal fatto che nella vallata del Messico si è insediata una stirpe guerriera, gli **Aztechi**, la quale ha sottomesso le popolazioni vicine, da cui esige tributi e prestazioni di lavoro, all'interno di una struttura politica molto simile a una monarchia o a un impero europeo; nondimeno, come Cortés fa presto a notare, le popolazioni soggiogate sono insofferenti dello stato di subordinazione cui gli Aztechi le hanno costrette e accolgono i nuovi venuti con la speranza che possano rovesciarne il potere.

le PAROLE della STORIA

cannibalismo rituale
Si tratta di una pratica che consiste nel cibarsi di carni di uomini e donne, per impossessarsi delle qualità originariamente possedute dai defunti; possono esservi riti endocannibalici, quando vengono mangiate carni di persone che appartengono alla comunità che pratica il rito; o esocannibalici, quando si mangiano carni di nemici o di stranieri.

La capitale dell'Impero azteco, **Tenochtitlán**, sorge su alcune isole nel Lago di Texoco [▷ **A51**].

Quando Cortés e i suoi la vedono, restano sbalorditi per la bellezza e la magnificenza della sua struttura, dei suoi palazzi e dei suoi templi; al loro arrivo gli spagnoli non hanno bisogno di combattere, perché sono accolti pacificamente e fatti entrare in Tenochtitlán dall'imperatore azteco **Montezuma** (1466-1519); hanno così il tempo di osservare da vicino le abitudini del popolo che hanno incontrato, e la religione professata da queste popolazioni li colpisce particolarmente, poiché si fonda su un culto solare che prevede sanguinosissimi sacrifici umani e forme di **cannibalismo rituale** [▷ **F26**].

Una volta conquistata la fiducia di Montezuma, però, Cortés lo tradisce, prendendolo come ostaggio e impadronendosi del potere. I metodi brutali di governo adottati dagli spagnoli provocano ben presto una ribellione tra gli Aztechi, che ha successo e che costringe Cortés e i suoi a fuggire dalla città; dopo essersi riorganizzati ed essersi assicurati l'appoggio delle popolazioni sottomesse agli Aztechi,

ATLANTE 51

Gli imperi precolombiani

Accanto all'Impero azteco e a quello inca, un certo rilievo ha anche la civiltà maya, che controlla tutta la penisola dello Yucatán. Strutturata in una federazione di città-Stato, riunite dalle comuni pratiche di culto svolte negli edifici piramidali di cui rimangono tutt'oggi diversi esempi, questa civiltà ha vissuto il suo periodo di splendore molto tempo prima dell'arrivo degli spagnoli. Quasi tutta l'area dei Maya viene conquistata dagli spagnoli tra il 1517 e il 1546; tuttavia l'operazione non è facile, perché la struttura politica maya non è organizzata intorno a un unico centro governativo, abbattuto il quale è relativamente facile impadronirsi del resto (come accade nel caso degli Imperi azteco e inca): l'esistenza di numerose città-Stato relativamente autonome costringe gli spagnoli a conquistarle una per una; e per di più i Maya oppongono dovunque una tenace resistenza, che nell'area di Petén (attuale Guatemala settentrionale) si rivela particolarmente efficace: la zona, infatti, sarà del tutto sottomessa solo nel 1697, con la presa della città di Tayasal.

gli spagnoli assediano Tenochtitlán fino a espugnarla nel **1521**, insediandosi come nuovi capi, mentre la vecchia capitale azteca è distrutta e i ribelli sono massacrati o fatti schiavi.

LE RAGIONI DELLA CONQUISTA ■ L'aspetto più sconcertante dell'intera vicenda può essere riassunto in questo modo: un pugno di uomini conquista e abbatte un impero vasto e ammirevolmente ben organizzato. **Come è potuto accadere?** Le forze che Cortés ha a disposizione, in effetti, non sono certo strepitose (qualche centinaio di uomini), ma possono contare su alcuni importanti **vantaggi tecnologici**: hanno cannoni, moschetti e cavalli che, sebbene non siano in gran numero, in alcune circostanze si rivelano **armi** essenziali; inoltre, hanno spade, picche e balestre di ferro, mentre gli Aztechi non dispongono che di armi di pietra. Ciò detto, nel determinare il successo della spedizione di Cortés conta anche un insieme di altri fattori:

a intanto la **mentalità** sua e dei suoi uomini, ben descritta dalle lettere di Cortés e da numerosi altri resoconti coevi dell'impresa: è una mentalità nella quale ha un posto precipuo il desiderio fanatico di trovare ricchezze, oro, schiavi, terre, un'**avidità che sembra non avere argini** [▷S30];

b al tempo stesso questi avventurieri si sentono animati da uno **spirito missionario** non meno parossistico, che li induce a considerare le loro azioni come parte di una **nuova crociata** per portare, con le armi e tra il sangue – si capisce –, il verbo cristiano fra i pagani;

c infine sono anch'essi posseduti da quella peculiare cultura europea che esalta il **bellicismo maschilista** e che lo nobilita attraverso una prestigiosissima tradizione nella quale figure storiche, leggendarie o letterarie di eroi combattenti hanno un posto di primo piano;

d ma questi aspetti della cultura dei *conquistadores* non bastano ancora a spiegarne il successo; conta anche l'**intelligenza tattica di Cortés**, il quale riesce a sfruttare l'ostilità che le popolazioni sottomesse hanno contro gli Aztechi, facendosi aiutare da queste sia nel cammino verso Tenochtitlán sia nelle azioni militari vere e proprie;

e contano, inoltre, le **leggende messianiche** che animano la **religione azteca**: sulla base di una di queste, Cortés viene creduto l'ambasciatore del capostipite della popolazione azteca, Quetzalcóatl, partitosene per mare molto tempo prima verso oriente (per questo viene ospitato con tutti gli onori da Montezuma in Tenochtitlán);

f conta, infine, il fatto che, almeno inizialmente, i guerrieri aztechi sono spaventati dalle strane armi e dagli strani animali di cui i nuovi arrivati sono in possesso: le poche armi da fuoco e i pochi cavalli, che gli Aztechi non hanno mai visto prima, esercitano un **effetto psicologico** oltre che pratico.

Dunque, per tutto questo insieme di fattori Cortés sconfigge gli Aztechi e diventa il nuovo capo delle terre conquistate. Egli fa fatica a imporre il suo potere: non perché gli indigeni tentino pericolose ribellioni, ma perché gli spagnoli che sopraggiungono, o i suoi stessi ex seguaci, vogliono contendergli l'autorità; alla fine, sia pur tra molte difficoltà, egli è in grado di assicurare un'altra colonia al suo re, da cui riceve il titolo di **governatore della Nuova Spagna** (questo il nome dato all'area da lui conquistata).

Bernal Díaz del Castillo/Cortés con Montezuma sulla sommità del gran *cu*

[da *Nuovo Mondo. Gli Spagnoli, 1493-1609*, a cura di Aldo Albònico e Giuseppe Bellini, Einaudi, Torino 1992, pp. 137-141]

Bernal Díaz del Castillo (1495 o 1496-1585), spagnolo, di buona estrazione sociale, si trasferisce nelle Indie nel 1514 e lì partecipa alle perlustrazioni intorno allo Yucatán del 1517-18 e alla spedizione in Messico di Hernán Cortés. Partecipa negli anni successivi ad altre spedizioni, e riesce a occupare un posto di rilievo tra i notabili spagnoli del Nuovo Mondo. Inizia a scrivere la sua *Historia verdadera de la conquista de la Nueva España* (*Storia veritiera della conquista della Nuova Spagna*) nel 1555 circa, concludendola nel 1568; l'opera verrà pubblicata per la prima volta nel 1632 a Madrid.
Nel brano che segue si può constatare la sincera ammirazione del *conquistador* per l'evoluta organizzazione sociale azteca (che egli stesso può osservare dall'interno, nella fase in cui i *conquistadores* sono ospiti a Tenochtitlán), insieme con l'orrore provato di fronte alle pratiche religiose sacrificali. Meritano di essere osservate, in questa bella descrizione, la sensazione di vastità e di vivace modernità che la struttura urbana di Tenochtitlán trasmette ai nuovi venuti e insieme la constatazione della sconvolgente naturalezza con la quale le placide attività di un grande e ordinatissimo mercato vengono condotte nello stesso tempo in cui, sulla cima di un tempio piramidale, si sta compiendo il rito dei sacrifici umani.

Come giungemmo nella grande piazza, chiamata Tatelulco, siccome non avevamo mai visto nulla di simile, rimanemmo stupefatti nel vedere la massa di gente e di mercanzie che c'erano e del grande ordine che regnava dappertutto. E i notabili che ci scortavano via via ci indicavano il tutto: ogni tipo di mercanzia era separata dalle altre ed erano indicati i posti prestabiliti. Cominciamo con i mercanti d'oro, argento, pietre preziose, piume, indumenti e oggetti lavorati e schiave e schiavi da vendere. E ce n'erano tanti in quella grande piazza come quando i portoghesi portavano a vendere i negri della Guinea e li tenevano legati a lunghe sbarre con un collare al collo in modo che non potessero fuggire, e altri invece li lasciavano sciolti. Poi c'erano mercanti che vendevano indumenti più correnti, e cotone e altre cose di filo ritorto e venditori di cacao e in questo modo era in mostra ogni genere di merci che si trovava nella Nuova Spagna, messe in bell'ordine come si fa nella mia terra che è Medina del Campo, in occasione della fiera, e in ogni strada ci sono le merci ben separate le une dalle altre. [...] Mi piacerebbe dire tutte le cose che si vendevano lì, perché erano tante e così svariate, ma per poterle descrivere ed elencare, sarebbe necessario più spazio, dato che in un giorno non si sarebbe visto tutto, anche perché la piazza era piena zeppa di folla e tutta circondata di portici. Ci recammo dunque al grande *cu*[1]; mentre ci avviavamo verso i grandi cortili e prima di uscire dalla piazza, notammo molti altri mercanti che, a quanto dicevano, erano quelli che andavano a vendere l'oro in grani, così come viene estratto dalle miniere. Lo tenevano infilato in cannucce sottili ricavate dalle ossa delle anitre selvatiche, così trasparenti che l'oro si vedeva da fuori; e dalla lunghezza e larghezza delle cannucce, sapevano valutare fra loro quante coperte o quanti *xiquipiles*[2] di cacao valevano, o quanti schiavi o con che merce fare scambi. Lasciammo così la grande piazza senza soffermarci oltre a guardarla e giungemmo ai grandi cortili e recinti in cui si trova il gran *cu*. Prima di giungere a esso c'era una serie concentrica di cortili che, a mio parere, erano più grandi della piazza che si trova a Salamanca, e con due recinzioni intorno fatte di muri di pietra e lo stesso cortile era tutto lastricato con grandi pietre bianche e molto lisce e dove non c'erano pietre era coperto di calce e lucidato e tutto [era] talmente pulito che non si sarebbe potuto trovare una pagliuzza o un granello di polvere. E come arrivammo dinanzi al gran *cu*, prima ancora che mettessimo piede su un solo gradino, il grande Montezuma, dalla cima in cui stava facendo sacrifici, ci mandò incontro sei sacerdoti e due nobili affinché accompagnassero il nostro capitano Cortés, e nel salire i gradini, che erano centoquattordici, lo reggessero per il braccio per aiutarlo a salire, per paura che si stancasse, proprio come erano soliti aiutare il loro signore Montezuma, ma Cortés non volle che lo aiutassero. Quindi raggiungemmo la cima del gran *cu*, che era una piazzola dove c'era uno spazio come una tribuna, e su di esso erano collocate delle grandi pietre, dove mettevano i poveri Indi per sacrificarli. Lì c'era una grande statua simile a un drago, e altre brutte statue e molto sangue sparso quel giorno stesso. E come arrivammo il grande Montezuma

1. *cu*: tempio.
2. *xiquipiles*: sacchi, contenitori.

Sacrificio umano azteco, 1550
[illustrazione dal *Codice Malabacchiano*]
Con una lama di selce il sacerdote apre il petto della vittima. In alto, il cuore e la scia del sangue offerto alla divinità. Il cadavere della vittima viene invece gettato dalla scalinata per essere consumato dagli astanti (antropofagia rituale).

uscì da un adoratorio che era in cima al gran *cu*, dove si trovavano i suoi maledetti idoli, accompagnato da due sacerdoti e, con molto rispetto verso Cortés e tutti noi, disse: «Sarete stanco, *signor Malinche*[3], per esser salito su questo nostro gran tempio». E Cortés gli disse, tramite gli interpreti che ci seguivano, che né lui né noi ci stancavamo mai per nessun motivo. Poi [Montezuma] lo prese per mano e gli disse di guardare la sua grande città e tutte le altre città che c'erano dentro la laguna e molti altri paesi sparsi intorno alla laguna, sulla terraferma, e che, se non aveva visto bene la sua grande piazza, da lì sopra la poteva vedere meglio. E così rimanemmo a guardare, poiché quel grande e maledetto tempio era talmente alto che dominava tutto. E da lì potevamo vedere le tre strade che entrano a [Città del] Messico, che sono quella di Iztapalapa, che era quella attraverso la quale eravamo entrati quattro giorni prima; quella di Tacuba, che era quella attraverso la quale fuggimmo otto mesi dopo, la notte della nostra grande disfatta, quando Coadlavaca[4], nuovo signore, ci scacciò dalla città – come più avanti diremo –; e la strada di Tepeaquilla. E vedevamo l'acqua dolce che veniva da Chapultepec, con la quale veniva rifornita la città, e in quelle tre strade, i ponti che avevano costruito di tratto in tratto, attraverso i quali entrava e usciva l'acqua della laguna da una parte all'altra; e vedevamo in quella gran laguna una gran moltitudine di canoe, alcune che arrivavano con i rifornimenti e altre che tornavano cariche di mercanzie, e vedevamo ogni casa di quella grande città e di tutte le altre città che si trovavano sull'acqua, e come da una casa all'altra si passasse se non attraverso ponti levatoi fatti di legno, o su canoe, e vedevamo in quella città altri *cu* e adoratorî che erano simili a fortezze.
E dopo aver ammirato e riflettuto su tutto quello che avevamo visto, tornammo a guardare la grande piazza e la grande folla che in essa si trovava, chi comprava e chi vendeva, che il solo brusìo delle voci e delle parole che lì si dicevano risuonava per più di una lega, e fra noi c'erano soldati che erano stati in molte parti del mondo e a Costantinopoli e in tutta Italia e a Roma, e dicevano che una piazza così ben organizzata e con tanto ordine e di tale grandezza e talmente piena di gente non l'avevano mai vista.

3. *signor Malinche*: Cortés viene chiamato col nome della sua interprete-amante, Malinche, detta anche Maliñalli o donna Marina.
4. *Coadlavaca*: Cuitlahuátzin, nipote di Montezuma, diventa imperatore dopo che lo zio viene ucciso; morto Cuitlahuátzin di vaiolo, gli succede Cuauhtémoc, altro nipote di Montezuma, e ultimo imperatore degli Aztechi.

GUIDA ALLA LETTURA

1. Quali sono le merci presenti a Tenochtitlán, nella grande piazza Tatelulco? **2.** Quali aspetti del mercato colpiscono maggiormente Bernal Díaz del Castillo? **3.** Cosa è il *cu*? Com'è fatto e chi vi si trova? **4.** Come si comporta Montezuma con Cortés? **5.** Leggi con attenzione la descrizione della laguna e della città viste dall'alto e prova a individuare le emozioni che questa vista suscita in Castillo supportando le tue ipotesi con riferimenti ai contenuti del brano.

LA CONQUISTA DELL'IMPERO INCA ■ Dopo la conquista dell'Impero azteco voci su un altro ricchissimo impero, posto nelle regioni meridionali del Nuovo Mondo, prendono a circolare. Si tratterebbe del mitico Eldorado, la terra dell'oro e dell'abbondanza, una fantasia che accende le ambizioni dei molti avventurieri che dalla Spagna si sono precipitati nelle nuove terre in cerca di fortuna. Tra di loro ve ne sono due, **Francisco Pizarro** (1470 ca.-1541) e **Diego de Almagro** (1475-1538), i quali nel **1530** riescono a procurarsi risorse e autorizzazioni per tentare una spedizione verso sud.

Sull'altopiano andino, nell'area che corrisponde all'attuale Perù, questa nuova spedizione incontra effettivamente un altro vasto e prospero impero, dominato dalla popolazione inca. In modo non troppo dissimile dagli Aztechi, anche gli **Incas** al dominio militare hanno associato una rigida struttura economica, basata sulla proprietà comune della terra e su un elaborato sistema di lavoro obbligatorio. Il potere inca è consolidato dal culto del sovrano, insediato nella capitale, **Cuzco**; da una religione solare che non prevede, però, sacrifici umani; e da una organizzazione militare che può contare su fortezze e avamposti strategici e su un sistema viario estremamente articolato ed esteso su tutto l'impero. L'evoluzione tecnologica inca è paragonabile a quella azteca. Gli Incas non conoscono la scrittura, ma si servono di un sistema di cordicelle intrecciate per far di conto. La loro agricoltura si basa sulla coltivazione della **patata**, un tubero del tutto sconosciuto in Europa. Le loro città sono costruite in modo ammirevole e anche gli Incas, come gli Aztechi, non conoscono l'uso della ruota; si servono, però, di una bestia da soma, il **lama**, anch'esso ignoto agli spagnoli.

Prima dell'arrivo dei *conquistadores*, gli Incas sono riusciti a estendere molto il loro impero, a nord fino all'Ecuador, a sud fino al Cile; questi successi sono un motivo di debolezza, perché anche in questo caso – come nel Messico azteco – si

Machu Picchu, Perù
Scoperta solo nel 1911, Machu Picchu è l'unica cittadella inca scampata alla sistematica devastazione dei conquistatori spagnoli. Eretta in una singolare posizione, su un picco dominante uno stretto canyon, la città resta un mistero per i molti studiosi che se ne sono occupati. Non è, infatti, chiara la sua funzione: convento per le "Vergini del Sole"; luogo di difesa contro possibili attacchi diretti a Cuzco; centro consacrato alla Luna; complesso agricolo.

replica lo scenario di **tensione tra la popolazione dominante e quelle soggiogate** ma non del tutto domate, una fragilità politica su cui Pizarro e Almagro sanno far leva. Inoltre, quando gli spagnoli arrivano si è appena conclusa una guerra civile nella quale il sovrano Huáscar è stato detronizzato e sconfitto dal fratellastro **Atahualpa** (1502-33). Pizarro, con poche centinaia di uomini, sa avvalersi dell'aiuto di Huáscar e delle popolazioni ribelli; attira l'imperatore Atahualpa in una trappola e lo cattura, facendolo uccidere dopo essersi fatto dare enormi quantità di oro; poi, nel 1534, riesce ad attaccare e saccheggiare Cuzco. Diversamente da Cortés, però, Pizarro decide di non costruire il suo **centro amministrativo sulle ceneri della capitale distrutta**, fondando invece una nuova città, **Lima**, più vicina al mare, così da poter comunicare più facilmente con le altre colonie spagnole. Questo vantaggio ha un prezzo: le zone più interne sono controllate con maggiore difficoltà e sono a lungo teatro di una pericolosa guerriglia, guidata prima da Manco Capac II, successore di Huáscar, che Pizarro ha anche tentato di usare come re fantoccio; e poi da **Túpac Amaru** (?-1571), sconfitto definitivamente solo molti anni dopo, nel 1571.

Intanto anche nella **Nuova Castiglia**, questo il nome dato alla nuova area di conquista, va egualmente in scena il copione degli scontri tra *conquistadores*, in lotta per il controllo di un'area che appare effettivamente ricchissima di oro e argento: Pizarro e i suoi seguaci combattono contro Almagro, che nel 1538 viene sconfitto e ucciso; anche Pizarro, a sua volta, viene poi assassinato (1541) da compagni di Almagro. L'incessante sequenza di guerre tra *conquistadores* viene parzialmente sedata con l'arrivo di un **viceré** nominato da Madrid (**1543**), il quale – similmente a quanto avvenuto in Messico – inizia, tra molte difficoltà, a dare un ordine amministrativo e istituzionale all'intera area che, tuttavia, sarà pacificata del tutto solo una ventina di anni più tardi.

LAVORA SUL TESTO

1. Evidenzia nel testo due eventi significativi e due frasi che spieghino il modello di colonizzazione spagnola. Quali aspetti differenziano questo modello da quello portoghese? Cerchiali all'interno del testo. **2.** Elenca gli avvenimenti principali dell'espansione coloniale spagnola.

6/ Le istituzioni coloniali spagnole

L'*ENCOMIENDA* E LA NATURA TERRITORIALE DEL DOMINIO SPAGNOLO ■ Conviene ancora sottolineare la natura territoriale che la presenza spagnola assume fin dagli anni immediatamente successivi alle prime scoperte. La **principale istituzione** che segna le fasi iniziali del colonialismo spagnolo è l'***encomienda*** (da *encomendar*, 'affidare'). Si tratta della **concessione di una serie di poteri su singoli villaggi o su intere aree territoriali** che i leader delle spedizioni attribuiscono ai principali capi militari al loro seguito. È un'istituzione che mostra molte somiglianze con il **feudo** europeo. Il titolare della concessione – l'*encomendero* – ha il compito di far rispettare l'ordine pubblico all'interno dell'*encomienda*, di nominare e finanziare il clero missionario, ed è autorizzato a mantenere un proprio seguito riscuotendo tributi dalle popolazioni che vivono dentro i confini dell'*encomienda*. I **tributi** possono essere pagati sia in merci o in derrate, sia nella forma delle prestazioni di giornate di lavoro non retribuito. Il buon radicamento del sistema, specie nel continente, dipende anche dal fatto che – in qualche misura – **ricalca l'organizzazione preesistente** all'arrivo dei *conquistadores*, quando i popoli soggiogati dai gruppi dominanti erano costretti a fornire prestazioni di lavoro obbligatorie e gratuite per il mantenimento delle caste sacerdotali o per l'edificazione dei templi e dei palazzi pubblici.

La Chiesa di San Miguel de Velasco, Santa Cruz, Bolivia

[foto Bamse]

Accanto alle cruente realtà delle *encomiendas*, si sviluppano piccole isole di un'esperienza alquanto diversa nonché unica nel panorama della colonizzazione americana. Si tratta delle *reducciones*, 'riduzioni', comunità costituite dai missionari, in particolare dai gesuiti che, fin dall'inizio della penetrazione spagnola, si pongono come obiettivo primario la difesa dei diritti dei nativi, considerati come destinatari privilegiati del messaggio evangelico. Nelle riduzioni il lavoro degli indios è organizzato secondo principi umanitari; le popolazioni indigene vengono convertite al cristianesimo ed educate al lavoro agricolo e artigianale senza l'uso della forza. La struttura urbana di questi villaggi si ripete quasi ovunque identica, con una grande piazza centrale attorno a cui si dispongono le abitazioni degli indios e il fulcro centrale della chiesa. La chiesa di San Miguel de Velasco, in Bolivia, fa parte dell'omonima riduzione, che, insieme ad altri insediamenti della stessa natura nella provincia di Ciquitos, è entrata a far parte della lista dei patrimoni dell'umanità dell'Unesco dal 1990.

VICERÉ E GOVERNATORI Non appena è possibile, il governo spagnolo nomina dei viceré e dei governatori, cui spetta il potere politico-amministrativo e da cui dipendono le locali **corti di giustizia** (*audiencias*). I due sistemi organizzativi – il primo, quello delle *encomiendas*, a metà strada fra pubblico e privato, e il secondo, quello dei viceré e dei giudici, esclusivamente pubblico – entrano in attrito fra loro, poiché gli *encomenderos* sono insofferenti delle iniziative che – in nome delle leggi regie – i viceré, o i governatori, o i giudici prendono per limitarne o disciplinarne gli abusi; d'altra parte, come già era accaduto nelle isole caraibiche, anche in Messico e in Perù il sistema delle *encomiendas* e del lavoro obbligatorio si fonda su uno sfruttamento assolutamente selvaggio delle popolazioni sottomesse.

L'INEFFICACIA DELLE *LEYES NUEVAS* Nel **1542 Carlo V** (1519-58; >**18/1**) cerca di mettere ordine negli assetti istituzionali delle colonie e lo fa con le ***Leyes Nuevas*** ('Nuove leggi'), le quali prevedono un riordinamento drastico dell'intera **struttura socio-economica** delle colonie, poiché stabiliscono che tutte le *encomiendas* tornino alla corona alla morte dei loro titolari e che le *encomiendas* di tutti coloro i quali hanno preso parte ai conflitti civili in Perù siano immediatamente confiscate.

Queste norme – durissimamente osteggiate dagli *ecomenderos* – appaiono subito di difficile attuabilità, tanto che nel 1546 la legislazione viene modificata e Carlo V riconosce di nuovo agli *encomenderos* il diritto di lasciare **in eredità il proprio titolo per due generazioni**, limite che spesso viene anche superato; altre disposizioni del 1549 e del 1550, però, dichiarano illegali il lavoro non retribuito all'interno delle *encomiendas* e l'impiego degli indios come uomini di fatica: norme, anche queste, piuttosto largamente disattese; inoltre, se le *encomiendas* continuano a esistere, si proibisce che se ne istituiscano di nuove. Le terre di nuova conquista, o le *encomiendas* che, per qualche motivo, restano senza titolare, vengono considerate parti della giurisdizione sovrana e vengono affidate a funzionari locali, chiamati ***corregidores***, cui si attribuisce un incarico temporaneo e retribuito.

LO SFRUTTAMENTO SELVAGGIO DELLE POPOLAZIONI Anche i *corregidores*, peraltro, hanno il problema di disporre di forza lavoro per poter realizzare opere ritenute di pubblica utilità; in questo nuovo contesto amministrativo si ricorre al sistema del **lavoro forzato**, poiché tutti i villaggi indios inclusi in un *coregimiento* sono obbligati a fornire una quota settimanale di manodopera salariata per lavori pubblici, un sistema generalmente noto come ***repartimiento*** nella **Nuova Spagna** e come ***mita*** in **Perù**; questi stessi poteri vengono utilizzati per indurre gli indios a lavorare sotto salario fuori dal loro villaggio, cosicché, sebbene la servitù personale sia formalmente illegale, i governatori possono costringere gli indigeni "pigri" a subire ingaggi lavorativi forzati.

Gli ambiti principali d'impiego di questa forza lavoro semiservile sono le *haciendas*, le grandi fattorie dove si praticano l'allevamento e l'agricoltura, e soprattutto le **miniere d'argento**. A metà del XVI secolo vengono scoperti diversi giacimenti d'argento, tra cui ricchissimi quelli individuati nel **1545** a **Potosí**, nell'attuale Bolivia. Vi vengono subito organizzate miniere di estrazione, con tecniche generalmente piuttosto rudimentali e tuttavia efficienti per l'intensità dello sfruttamento della forza lavoro. Inizialmente la maggior parte dei lavoratori è composta da indigeni che, sebbene ricevano un salario, sono reclutati con la forza mediante il sistema del *repartimiento*. Le condizioni di lavoro nelle miniere sono assolutamente terribili, **ai limiti della pura e semplice schiavitù**.

In questo caso, però, nonostante vigano leggi che proibiscono espressamente la schiavitù, le autorità pubbliche non intervengono, perché la stessa corona ha un interesse diretto nello sfruttamento dei giacimenti: per legge, infatti, un quinto dell'argento estratto dev'essere inviato in Spagna come parte del tesoro della corona. Questa risorsa, all'epoca, viene considerata come una manna dal cielo, perché consente di far fronte alle **enormi esigenze finanziarie della monarchia spagnola**, e ciò spiega la cautela impiegata dai funzionari regi nell'applicare le leggi che vietano il lavoro servile o semiservile.

LAVORA SUL TESTO

Sottolinea nel testo la definizione di *encomienda* e una frase che spieghi le ragioni del suo successo.

7/ Gli effetti sociali della conquista

UNA CATASTROFE DEMOGRAFICA ■ Difficile minimizzare l'impatto assolutamente devastante che, nel corso di questa intera esperienza, un numero relativamente piccolo di europei riesce a produrre sulle popolazioni del Nuovo Mondo. Alcuni gruppi nativi ne sono completamente distrutti; altri violentemente ridimensionati. Anche se la si guarda attraverso le pure e semplici cifre, la diminuzione della popolazione nativa è di proporzioni tali da suggerire con eloquenza la incredibile brutalità del dramma umano che si consuma nel Nuovo Mondo: mentre all'inizio del Cinquecento, quando arrivano gli spagnoli, la popolazione nativa raggiunge probabilmente i **40.000.000** di individui, un secolo più tardi si aggira intorno ai **10.000.000** (e nella sola Nuova Spagna – l'area del Messico, cioè – gli abitanti da **25.000.000** all'inizio del Cinquecento si riducono a circa **1.000.000** nel 1609). Si tratta di una crisi di mortalità che fa impallidire quella – già tremenda – che scuote l'Europa del XIV secolo.

Quali ne sono i motivi? In parte, di nuovo, le **epidemie**. Gli europei portano tra le società del Nuovo Mondo delle malattie sconosciute – il **vaiolo**, il **tifo**, il **morbillo** –, per le quali i popoli nativi non hanno efficaci difese immunitarie; d'altro canto anche gli europei sembra si portino dietro dall'America una nuova malattia, la **sifilide**, contratta per contatto sessuale, che diverrà una delle più insistenti piaghe sanitarie dell'Europa moderna.

Ma, per quanto enormemente importanti, i nuovi ceppi virali da soli non possono spiegare le proporzioni del tracollo. La realtà è che un numero enorme di nativi muore di **morte violenta**, nelle guerre e nelle razzie scatenate dagli europei; e ancora di più sono coloro che muoiono per le **terribili condizioni di vita** e di lavoro cui sono costretti nelle *encomiendas*, negli allevamenti, nelle miniere; in linea generale, poi, si può mettere in conto anche l'effetto irrimediabilmente depressivo che deve aver prodotto l'esser strappati dai propri villaggi, dalle proprie famiglie, dalle proprie

le PAROLE della STORIA

vaiolo
Malattia contagiosa di origine virale; la trasmissione avviene per via aerea. In una prima fase si accompagna a febbre e al comparire di macchie rosse su tutto il corpo, che si riempiono poi di pus; dopo una decina di giorni le pustole si seccano; le croste che si sono formate cadono e lasciano cicatrici visibili sulla pelle. Può avere esito mortale. La malattia è stata debellata con la scoperta del "vaccino" a opera del medico inglese Edward Jenner nel 1796.

sifilide
Malattia infettiva dovuta al *Treponema pallidum* (o *Spirocheta pallida*), un microorganismo che si trasmette attraverso i rapporti sessuali. Se non viene curata in modo adeguato, l'infezione degenera, producendo lesioni infiammatorie anche a danno di organi interni e sviluppandosi in un decorso che può avere esiti mortali. Una cura adeguata ha potuto essere applicata solo con la scoperta della penicillina, avvenuta nel 1929, e con la sua produzione su scala industriale, iniziata nel 1943.

abitudini per andare a faticare come bestie al servizio di gente che non sembra aver rispetto per niente e per nessuno [> C5].

LE REAZIONI E LE POSIZIONI EUROPEE DI FRONTE ALLA CATASTROFE ■ Di fronte a una catastrofe umana di queste proporzioni non tutti gli europei tacciono. Alcune voci di protesta si levano, ed è soprattutto da ecclesiastici, da **frati missionari domenicani**, che arrivano i primi resoconti critici della realtà della conquista. Importantissima è l'azione intrapresa da **Bartolomé de Las Casas**, un domenicano che sin dal 1514,

LE FONTI 27

Sepúlveda • Las Casas/Due voci a confronto

[da *Nuovo Mondo. Gli Spagnoli, 1493-1609*, a cura di Aldo Albònico e Giuseppe Bellini, Einaudi, Torino 1992, pp. 853-854]

Bartolomé de Las Casas (1484-1566) è figura di enorme importanza nell'esperienza della conquista del Nuovo Mondo. Suo padre e i suoi zii partecipano alla seconda spedizione di Colombo ed egli stesso si lega in amicizia con Diego, figlio di Cristoforo, trascrivendo il *Diario* della prima spedizione [> F25]. Nel 1502 si trasferisce a Hispaniola (Haiti). Tornato in Europa, nel 1506 diventa sacerdote e nel 1508 fa di nuovo ritorno a Hispaniola. Partecipa, come cappellano, alla conquista di Cuba e riceve, come molti altri, benefici ed *encomiendas*. Resta tuttavia colpito dalla predicazione dei domenicani, che denunciano lo sfruttamento e i maltrattamenti cui sono sottoposti gli indios, tanto che dal 1514 cambia vita e abbraccia la causa delle popolazioni native, alla cui difesa continua a dedicarsi fino alla sua morte, facendosi nel 1522 frate domenicano.
Importantissimo è il suo intervento nel 1540 davanti alla giunta convocata da Carlo V a Valladolid per valutare la situazione creatasi nelle colonie del Nuovo Mondo. La trascrizione del suo intervento è contenuta nella *Brevissima relazione della distruzione delle Indie*, acceso *pamphlet* in cui denuncia l'iniquità del sistema delle *encomiendas*, oltre che le brutalità degli spagnoli contro le popolazioni native; il testo, concluso nel 1542, viene inviato all'imperatore e deve essere considerato uno degli elementi che inducono Carlo V a varare le *Leyes Nuevas* (il *pamphlet* viene pubblicato per la prima volta a Siviglia nel 1552).

Juan Ginés de Sepúlveda (1490-1573), dotto umanista e giurista, diventato nel 1535 cronista e cappellano di Carlo V, è autore di numerose opere filosofiche e storiche. Nel 1535 pubblica *Democrates o De convenientia militaris disciplinae cum christiana religione*, nel quale offre giustificazioni religiose e filosofiche al ricorso alla guerra; riprende il tema in una prosecuzione di questo primo libro – *Democrates alter, Democrates secundus sive de iustis belli causis apud Indos*, edito nel 1550 –, in cui sostiene la legittimità della guerra nelle terre d'oltremare, come anche della riduzione in schiavitù degli indios.
Intanto, nel 1549, Carlo V ha convocato una giunta, composta dai membri del Consiglio delle Indie, integrato con altre eminenti personalità, per valutare quale sia il modo migliore di predicare la fede presso gli indios del Nuovo Mondo e come possano essere sottomessi alla corona, senza che si commettano ingiustizie e crudeltà. La giunta comincia a riunirsi a Valladolid nel 1550, e al suo interno si consuma uno scontro diretto tra Sepúlveda e Las Casas, che sono invitati a partecipare alle riunioni.
L'essenza del contraddittorio viene esposta in un opuscolo redatto da Las Casas, e intitolato *Aquí se contiene una disputa o controversia* (*Qui si espone una disputa o controversia*), edito a Siviglia nel 1552: i brani seguenti, che contengono una sintetica esposizione delle ragioni dell'uno e dell'altro, sono tratti proprio da questo testo.

Juan Ginés de Sepúlveda [Se l'imperatore accettasse l'invito di Las Casas a non fare alcuna guerra per l'assoggettamento degli Indios], Sua Maestà non farebbe il proprio dovere; né si osserverebbe il comandamento di Cristo relativo alla diffusione della fede, che è incombenza della Chiesa; né quelle miserabili genti che non sono conquistate si convertirebbero. Infatti, non dovendole assoggettare, non andrebbero i soldati, a proprie spese, ad assicurare il loro aiuto ai predicatori, come è stato fatto finora, né [andrebbero a spese] del re, perché ci sono altre cose più necessarie per il suo regno in cui spendere, e perfino [soltanto] per quelli di qua le sue rendite non bastano. E quand'anche [il re] volesse assumersi la spesa e mandare gente, non troverebbe nessun uomo disposto ad andare così lontano, nemmeno se gli desse trenta ducati al mese. Poiché adesso rischiano la vita

e per tutti i quarant'anni seguenti, non cessa di denunciare gli effetti devastanti dell'avidità senza limiti dei conquistatori [▷S29].

Alla predicazione di Las Casas si oppongono – ovviamente – gli *encomenderos*, che trovano l'appoggio di filosofi pronti a teorizzare il diritto che gli europei avrebbero di soggiogare gli indios: il più autorevole di costoro è **Juan Ginés de Sepúlveda**, un giurista spagnolo, il quale sostiene la naturale inferiorità dei nativi, una condizione che a suo parere può giustificare il loro totale sfruttamento, così come la loro conversione forzata [▷F27].

e i denari per il profitto che sperano [di ricavare] dalle miniere d'oro e d'argento e per l'aiuto [che avrebbero] dagli Indi, una volta che fossero assoggettati. E se qualcuno dicesse che tutte le spese dovrebbero pagarle gli Indi, poiché si fa a loro favore, è chiaro che ciò [essi] non lo farebbero se non per forza e vinti in guerra; e questo significa ritornare a [quanto si è detto] prima. Così i predicatori non andrebbero; e, se andassero, quelli non li farebbero passare, ma li tratterebbero come hanno trattato l'anno scorso nella Florida quelli che sono stati inviati senza soldi, a causa di questo stesso parere e incitamento del signor vescovo. E anche se non li ammazzassero, [nemmeno] in cento anni la predicazione avrebbe tanto effetto come [lo avrebbe] in quindici giorni dopo che gli Indi fossero assoggettati; [perché, così, i religiosi] avrebbero la possibilità di predicare pubblicamente e convertire [tutti] coloro che lo volessero, senza timore del [loro] sacerdote e del cacicco[1]. Mentre è tutto al contrario in quei [posti] dove [gli Indi] non sono assoggettati. [...]
Concludendo, dico che è lecito assoggettare questi barbari dall'inizio, per estirpare l'idolatria e i cattivi vizi; perché non possano impedire la predicazione e si possano convertire più facilmente e liberamente e, dopo averlo fatto, non possano più tornare indietro né cadere in eresie; e [perché], attraverso la conversazione con i cristiani spagnoli, si confermino sempre più nella fede e perdano i riti e i costumi barbarici.

Bartolomé de Las Casas Il fine di tutto questo, e ciò che Dio considera principale, è la predicazione della fede e la diffusione della sua Chiesa non per i deserti e i campi di quelle terre, ma tra quelle genti native, convertendole e salvando loro le anime. Il fatto che gli Spagnoli che lì vanno possano trarre profitto dai beni temporali è di secondaria importanza e meno fondamentale, [eppure] il reverendo dottore nei suoi scritti molte volte si serve di ciò come fine principale. [Il dottor Sepúlveda] dice che la speranza delle miniere d'oro e d'argento li porta lì; e anch'io veramente lo credo, perché lo hanno sempre dimostrato con le loro opere. Infatti, non li spinge là l'onore di Dio, né lo zelo nella sua fede, né il voler soccorrere e aiutare il loro prossimo a salvarsi e nemmeno servire il loro re, di cui tanto si vantano sempre con falsità: bensì la loro sola cupidigia e l'ambizione di tiranneggiare, spadroneggiando sugli Indi, desiderando che siano ripartiti, come se fossero bestie, in affidamento perpetuo, tirannico e infernale, poiché ciò, parlando chiaramente, altro non è. [Vanno là] per spogliare, buttar fuori o bandire i re di Castiglia da tutto quel mondo e appoderarsene, tiranneggiando e usurpando, con il proprio modo di fare, il loro supremo e reale principato.
E questo è ciò che il reverendissimo dottor Sepúlveda favorisce con tutte le sue forze, anche se veramente non credo che avverta il male che fa. Contro questa cecità e piaga, per ostacolare questi altri innumerevoli mali, e affinché i re di Castiglia non perdano le Indie, e affinché la totale rovina di tante genti e lo spopolamento di così vaste terre non abbia luogo – come presto [invece] avverrà –, e per impedire i flagelli che Dio manda – e che manderà [ancora] più crudeli, a causa loro, a tutta la Spagna, poiché ho esperienza di ciò da cinquant'anni – da trentacinque anni mi impegno con tanta diligenza in questa corte.

1. *cacicco*: capo-villaggio.

GUIDA ALLA LETTURA

1. Leggi con attenzione il contraddittorio fra Sepúlveda e Las Casas e individua, nei due testi, le posizioni che questi assunsero rispetto ai seguenti temi: l'obiettivo finale delle spedizioni; gli strumenti più idonei per il raggiungimento di questo obiettivo; le conseguenze di un comportamento errato da parte del sovrano e degli europei. **2.** Sintetizza con una frase il senso delle due contrapposte tesi. **3** Quale fra le due posizioni prevalse durante la conquista? Quali ne furono le conseguenze?

Se non in via teorica, in pratica **sono le posizioni di Sepúlveda a prevalere**; gli interventi volti a limitare il disastro umano in corso nel Nuovo Mondo non sono efficaci o vengono comunque ridimensionati. Gli ecclesiastici che man mano arrivano in America, diversamente da domenicani come Las Casas, non si oppongono affatto all'assoggettamento e alla distruzione delle identità degli indios, incoraggiando anzi la pratica delle conversioni forzate; e così alla già tanto diffusa violenza materiale si aggiunge quella psicologica, giacché l'**evangelizzazione** avviene attraverso l'estirpazione delle loro credenze tradizionali e l'imposizione di valori culturali, religiosi e comportamentali propri della società europea. Intanto la catastrofe demografica non si ferma e anzi, a un certo momento, pone anche un grave problema economico: via via che gli indios muoiono, chi è che si può far lavorare al loro posto?

LA DEPORTAZIONE DEGLI SCHIAVI AFRICANI NELLE AMERICHE ■ La soluzione viene trovata con il ricorso alla "importazione" di schiavi africani. Il primo carico di schiavi neri giunge nelle Americhe nel **1503**. Fino al 1515 vengono comperati sul mercato di Lisbona. In seguito sono imbarcati direttamente dalle coste della Guinea. Nel corso del XVI secolo questa **attività commerciale** alimenta un giro d'affari che diventa sempre più significativo col passare degli anni ed è affidata a mercanti riconosciuti dalla corona come anche a innumerevoli contrabbandieri, gli uni e gli altri senza il minimo scrupolo umanitario. **E così a un disastro umano se ne va ad aggiungere un altro**, che lascerà il suo segno doloroso e profondo su tutta la storia seguente del continente americano.

LAVORA SUL TESTO

Evidenzia le principali trasformazioni delle società native d'America dopo l'arrivo degli europei, sul piano demografico, economico e religioso.

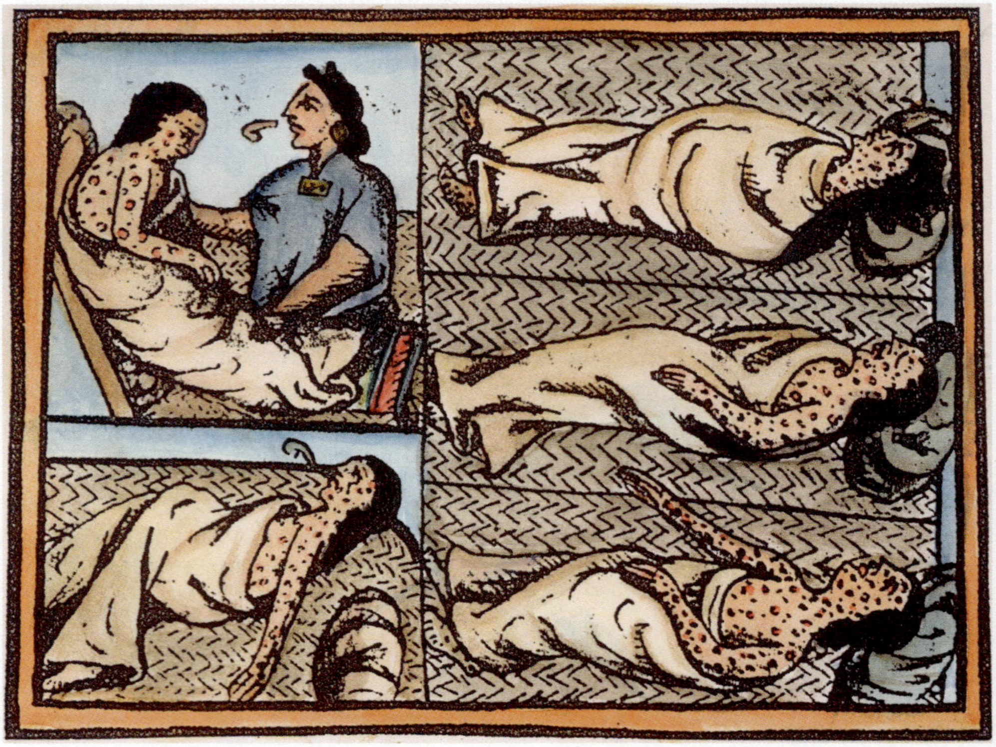

Un medico azteco cura alcuni malati di vaiolo, XVI sec.

[dal *Codice Fiorentino*; Granger Collection, New York]

Malattie come il vaiolo e la peste, portate in Sud America dagli europei e sconosciute agli indigeni che non ne erano immuni, causano una catastrofe demografica che, fra le altre cose, facilita ancor più la conquista. Alcuni storici americani hanno calcolato che in 100 anni dallo sbarco di Cortés la popolazione dell'attuale Messico passò da 25,2 milioni di persone a meno di un milione.

8/ Gli effetti economici della conquista

MERCI SCONOSCIUTE CHE ARRIVANO DALLE AMERICHE ■ Una visione particolarmente ottimistica della conquista del Nuovo Mondo pone molto l'accento sul fatto che dalle terre scoperte dagli europei arrivano in Europa piante preziose, e prima sconosciute: la **patata**, il **mais**, il **pomodoro**, il **cacao**, il **tabacco**. Scoperte dense di futuro per l'agricoltura europea, e per questo certo non trascurabili. Ma nell'immediato, tra gli effetti principali che la conquista riverbera sulle società del Vecchio Mondo vi è, intanto, una certa perdita di centralità del Mediterraneo con i suoi traffici e i suoi porti a favore di centri come **Lisbona**, o **Anversa**: quest'ultima diventa il porto di destinazione conclusiva delle partite di spezie e il centro dei banchi finanziari più importanti d'Europa in questo periodo. E vi è anche l'accentuarsi dell'aumento dei prezzi, che già si poteva osservare sin dal tardo XV secolo.

METALLI PREZIOSI E INFLAZIONE ■ La spinta originaria all'inflazione viene, come si è detto [▷ **14/1**], dallo squilibrio che si crea tra l'aumento della popolazione (e dalla conseguente domanda di beni), da un lato, e la impari capacità di incremento produttivo dell'agricoltura europea, dall'altro. Ma nel corso del Cinquecento a questo fenomeno originario se ne sovrappone un altro: sin dalla prima metà del secolo i carichi di oro e argento che arrivano dall'America e che vengono sbarcati a Siviglia si fanno piuttosto ingenti [▷ **T1**]; ma il vero aumento nell'importazione di metalli preziosi (di argento, soprattutto) si ha dopo la scoperta delle miniere di Potosí (1545).

Dal 1560 circa le quantità di argento versate direttamente nei forzieri della corona di Spagna, in primo luogo nella forma del quinto a essa riservato su tutto il minerale estratto, producono un **parallelo aumento della monetazione spagnola** (cioè l'argento che arriva viene usato per coniare monete). Nonostante gli sforzi per impedire che l'argento o le monete coniate abbandonino la Spagna per altre destinazioni europee o extraeuropee (le Indie orientali, in primo luogo), i naturali flussi commerciali fanno sì che l'incremento di moneta disponibile diventi evidente su tutti i mercati europei.

TABELLA 1

Metalli preziosi importati in Spagna dall'America (in chilogrammi per decennio)

[da P. Malanima, *Economia preindustriale. Mille anni: dal IX al XVIII secolo*, Bruno Mondadori, Milano 2000, p. 399]

	Oro	Argento
1503-10	4.965	0
1511-20	9.153	0
1521-30	4.889	148
1531-40	14.466	86.193
1541-50	24.957	177.573
1551-60	42.620	303.121
1561-70	11.530	942.858
1571-80	9.429	1.118.592
1581-90	12.101	2.103.027
1591-1600	19.451	2.707.626

Schiavi neri lavorano in una miniera di metalli preziosi ad Haiti

[incisione tratta da *Storia dell'America o del Mondo Nuovo* di Théodore de Bry, 1594]

ONLINE
TEMI IN DISCUSSIONE
3. Lo «scambio colombiano»

Una maggiore disponibilità di moneta sui mercati produce due effetti:

a stimola la domanda (i consumatori, disponendo di maggiori risorse monetarie, sono inclini a impiegarle);

b deprime il valore della moneta a fronte delle merci o dei beni acquistabili;

l'effetto netto va nella stessa direzione dello squilibrio preesistente tra domanda e offerta, cioè fa ulteriormente aumentare i prezzi.

CONTRACCOLPI ECONOMICI E TENSIONI SOCIALI ■ Non è detto che l'inflazione sia un fenomeno necessariamente negativo; un'inflazione contenuta (com'è quella che si registra in Europa tra la fine del XV e la metà del XVII secolo, quando i prezzi crescono, in media, del **2% all'anno**) può anche stimolare i produttori a introdurre investimenti e innovazioni produttive, in modo da aumentare l'offerta dei beni e quindi riequilibrare il rapporto tra domanda e offerta; ma se ciò non succede, se lo squilibrio permane, se l'offerta di beni non aumenta, i **lavoratori salariati** di varia natura subiscono un danno permanente che li pone in gravissimo disagio, poiché **i prezzi continuano ad aumentare, mentre le loro retribuzioni no**: e ciò determina una caduta del potere di acquisto di queste categorie, che si traduce in disagio economico, povertà, talvolta, anche, rabbia cieca, ma per niente ingiustificata. Lo stesso disagio lo provano quei **contadini** che i proprietari terrieri cercano di sfruttare più intensamente di prima, per cogliere la tendenza favorevole al rialzo dei prezzi dei prodotti agricoli.

Sono aspetti della vita sociale europea che non vanno dimenticati, poiché è anche a queste dinamiche che bisogna pensare quando si cerca di spiegare la **fortissima inquietudine collettiva** che si ripresenta sulla scena europea sin dal primo Cinquecento; dietro alle violente tensioni che accompagnano un fenomeno così complesso e di così grande importanza come la Riforma religiosa [▷ **15**] vi è pure il disperato risentimento sociale che questo ciclo economico suscita in molti individui, in molte famiglie, in molte aree d'Europa.

LAVORA SUL TESTO
Individua e numera a margine del testo gli effetti economici della scoperta dell'America in Spagna e in Europa.

COLONIE E DISCRIMINAZIONE RAZZIALE ■ L'esperienza coloniale non nasce certo nel XVI secolo. Guerre, schiavitù, torture, disprezzo per gli altri popoli hanno caratterizzato largamente anche la storia antica e alto-medievale. Ciò non toglie che il colonialismo europeo nelle Americhe e in Asia, avviato su larga scala nel Cinquecento, abbia un'enorme importanza, perché apre una fase storica di sistematica espansione dell'Occidente in tutte le possibili direzioni. È un'espansione che comporta sopraffazione economica e sociale, violenza e discriminazione razziale. Sebbene il razzismo non sia ancora una teoria ben delineata, né si fondi su basi pseudoscientifiche (sviluppo che avrà luogo solo alla fine del XIX secolo), già nel XVI secolo le pratiche di discriminazione sono pienamente operative. Popolazioni con lineamenti del viso e colore della pelle diversi da quelli degli europei, con abitudini e comportamenti differenti, con altre credenze religiose, sono considerati inferiori e perciò meritevoli di essere sottomessi: non importa che, in effetti, queste altre popolazioni abbiano creato civiltà di grande complessità – come nel caso degli Aztechi o degli Incas –: i conquistatori europei non hanno alcun rispetto, né alcuna pietà. Solo poche voci, come quella nobile e autorevole di Bartolomé de Las Casas, si alzano per criticare questo atteggiamento. Non servirà a niente e, come avremo modo di vedere, il disprezzo per gli altri caratterizzerà la storia dell'Occidente fino a ben dentro il XX secolo. Sarà solo dopo l'immane catastrofe umana prodotta dalla seconda guerra mondiale che il principio del rispetto per tutti gli altri popoli acquisterà il valore di un imperativo etico talmente forte da dover essere introdotto nei testi costituzionali o nelle Carte dei diritti.

Dalla Costituzione della Repubblica italiana

[da http://www.quirinale.it]

Art. 3. Tutti i cittadini hanno pari dignità sociale e sono eguali davanti alla legge, **senza distinzione** di sesso, **di razza**, di lingua, di religione, di opinioni politiche, di condizioni personali e sociali.

Dalla Dichiarazione universale dei diritti umani (Onu, 1948)

[da http://www.ohchr.org]

Art. 2 Comma 1. Ad ogni individuo spettano tutti i diritti e tutte le libertà enunciate nella presente Dichiarazione, senza distinzione alcuna, **per ragioni di razza**, **di colore**, di sesso, di lingua, di religione, di opinione politica o di altro genere, di origine nazionale o sociale, di ricchezza, di nascita o di altra condizione.

Dalla Carta dei diritti fondamentali dell'Unione Europea (Ue, 2007)

[da http://www.europarl.europa.eu/charter/]

Art. 21. Non discriminazione Comma 1. È vietata qualsiasi forma di discriminazione fondata, in particolare, sul sesso, **la razza, il colore della pelle o l'origine etnica o sociale, le caratteristiche genetiche**, la lingua, la religione o le convinzioni personali, le opinioni politiche o di qualsiasi altra natura, l'appartenenza ad una minoranza nazionale, il patrimonio, la nascita, gli handicap, l'età o le tendenze sessuali.

Come si vede, l'enunciazione dei princìpi è chiara e molto simile, anche se nelle Carte dei diritti non ci si limita a condannare le discriminazioni per ragione di razza, ma si precisa che non possono essere ammesse discriminazioni basate sul colore della pelle, sull'origine etnica o sulle caratteristiche genetiche.

C'è da notare anche che l'evocazione delle discriminazioni razziali non vuol dire che questi testi riconoscano un qualche fondamento alla dottrina delle differenze razziali. Al contrario, e anzi a tal proposito è utile ricordare che nel 1998 il Comitato esecutivo dell'American Anthropological Association, autorevole associazione che riunisce gli antropologi americani, ha stabilito che «Le prove derivanti dall'analisi genetica (per es. del DNA) indicano che le maggiori variazioni genetiche si riscontrano all'interno dei cosiddetti gruppi razziali. Ciò significa che c'è una maggiore variazione genetica all'interno dei gruppi razziali che tra essi. Tra le popolazioni vicine c'è una vasta sovrapposizione di geni e delle loro espressioni fenotipiche (cioè fisiche). Nella storia ogni volta che gruppi differenti sono entrati in contatto, si sono anche incrociati. La continua condivisione dei materiali genetici ha fatto sì che tutta l'umanità appartenga a un'unica specie». Se il razzismo non ha alcuna dignità etica, non ha nemmeno alcun fondamento scientifico.

TORTURA E SCHIAVITÙ ■ L'oppressione di altri popoli si accompagna a tecniche di sfruttamento particolarmente brutali. La tortura, la violenza, la riduzione in schiavitù sono considerate perfettamente normali dagli occidentali che si insediano da padroni nelle terre che riescono a colonizzare; ed anzi la tratta degli schiavi, cioè la deportazione di uomini e donne di pelle nera dall'Africa alle Americhe in condizioni di disumana schiavitù, perché lavorino come bestie nelle aziende agricole o nelle miniere americane, inizia sin dal 1503, per non aver termine che nel corso del XIX secolo.

Si tratta di uno dei più grandi disastri umani che si possano ricordare, e una delle più disonorevoli gesta che la "civiltà occidentale" ha saputo compiere. Giustamente, dunque, la Carta costituzionale della Repubblica italiana, e più dettagliatamente le Carte dei diritti, condannano tutto questo insieme di comportamenti.

Dalla Costituzione della Repubblica italiana

[da http://www.quirinale.it]

Art. 13. [...] È punita ogni violenza fisica e morale sulle persone comunque sottoposte a restrizioni di libertà. [...]

Dalla Dichiarazione universale dei diritti umani (Onu, 1948)

[da http://www.ohchr.org]

Art. 4. Nessun individuo potrà essere tenuto in stato di schiavitù o di servitù; la schiavitù e la tratta degli schiavi saranno proibite sotto qualsiasi forma.

Art. 5. Nessun individuo potrà essere sottoposto a tortura o a trattamento o a punizioni crudeli, inumane o degradanti.

Dalla Carta dei diritti fondamentali dell'Unione Europea (Ue, 2007)

[da http://www.europarl.europa.eu/charter/]

Art. 4. ***Proibizione della tortura e delle pene o trattamenti inumani o degradanti*** Nessuno può essere sottoposto a tortura, né a pene o trattamenti inumani o degradanti.

Art. 5. ***Proibizione della schiavitù e del lavoro forzato***
Comma 1. Nessuno può essere tenuto in condizioni di schiavitù o di servitù.

Comma 2. Nessuno può essere costretto a compiere un lavoro forzato o obbligatorio.

Comma 3. È proibita la tratta degli esseri umani.

Rispetto alla enunciazione più generica del testo costituzionale italiano, che è inserita all'interno di un articolo relativo alla tutela delle libertà individuali, la Dichiarazione universale dei diritti umani e la Carta dei diritti fondamentali dell'Ue sono molto più specifiche e dettagliate.

La Dichiarazione universale, inoltre, contiene un bell'articolo che abbiamo già visto in relazione alle libertà religiose, che auspica che la scuola e l'istruzione servano ad abbattere l'ignoranza e il pregiudizio nei confronti degli altri popoli e delle altre civiltà, oltre che delle altre religioni:

Dalla Dichiarazione universale dei diritti umani (Onu, 1948)

[da http://www.ohchr.org]

Art. 26. Comma 2. L'istruzione deve essere indirizzata al pieno sviluppo della personalità umana ed al rafforzamento del rispetto dei diritti dell'uomo e delle libertà fondamentali. Essa deve promuovere **la comprensione, la tolleranza, l'amicizia fra tutte le Nazioni, i gruppi razziali e religiosi**, e deve favorire l'opera delle Nazioni Unite per il mantenimento della pace.

Che ne dite, abbiamo veramente fatto nostri questi luminosi princìpi?

SINTESI AUDIO

ONLINE

LEZIONE 6
Nuovi imperi per nuovi mondi.
Il problema dell'*altro*

TEST

SINTESI

1/Segnali di ripresa economica

Nel corso del Quattrocento il numero di abitanti riprende a crescere. L'aumento della popolazione sollecita la domanda di beni. Quest'ultima riguarda non solo i ceti agiati ma anche quelli popolari, rimane però comunque acutissima la disuguaglianza sociale. Si cerca di fronteggiare la domanda di beni alimentari che arriva dalle città attraverso l'aumento della produzione; la domanda tuttavia cresce più dell'offerta e questo provoca inflazione.

2/Merci che vengono da paesi lontani

Tra le merci più ricercate sui mercati europei ci sono le spezie che vengono dal lontano Oriente. Esse costituiscono dei beni particolarmente preziosi ed utili, in quanto servono a conservare gli alimenti e in particolare la carne, mimetizzandone il sapore una volta che il processo di deterioramento si è già avviato. Poiché tra XIV e XV secolo le vie commerciali di terra che collegano l'Europa all'Oriente sono bloccate dai mongoli e dai turchi, gli europei cercano una via marittima che li porti alle Indie. Nel 1487-88 una spedizione, guidata da Bartolomeo Diaz, riesce a toccare il Capo di Buona Speranza, la punta sud del continente africano, oltre la quale si apre l'agognata porta per le Indie.

3/La scoperta di un nuovo mondo

I sovrani spagnoli, Ferdinando e Isabella, autorizzano Cristoforo Colombo a cercare lo stesso collegamento navigando verso ovest; la spedizione, basata su un'errata cognizione del numero e della disposizione dei continenti, porta Colombo a scoprire un nuovo continente, approdando nel 1492 all'isola di San Salvador. Il successo dell'impresa di Colombo è dovuto anche ai notevolissimi progressi compiuti sia nell'uso degli strumenti di navigazione (bussola e astrolabio) sia nella progettazione e nella costruzione delle navi (caracche e caravelle). Dopo il ritorno di Colombo, i governanti spagnoli ottengono dal papa un riconoscimento formale dei diritti sulle terre appena scoperte; uno degli obiettivi fondamentali delle esplorazioni sarà la diffusione della fede cristiana tra le popolazioni "selvagge".

4/La costruzione dell'Impero portoghese

Nel 1500 Pedro Álvarez Cabral, sostenuto dal re del Portogallo, parte in direzione delle Indie seguendo la rotta di Vasco da Gama. Egli approda sulle coste del Brasile, proclamate terra portoghese. Nel 1502 Vasco da Gama torna in India con l'intenzione di occuparla, e pone le basi per la costruzione di un impero coloniale portoghese nel lontano Oriente. Attraverso di esso, i portoghesi controllano tutto il traffico delle spezie. Tuttavia l'impero, non comportando alcuna occupazione militare né l'amministrazione diretta delle terre, mostrerà presto i suoi limiti.

5/L'espansione spagnola

Nelle nuove terre, chiamate Americhe in onore dell'esploratore Amerigo Vespucci, gli spagnoli organizzano un Impero coloniale di insediamento. Dalle isole caraibiche partono spedizioni verso la terraferma, tra cui importante è quella comandata da Cortés che nel 1519-21 porta alla scoperta e alla conquista dell'Impero azteco. A determinare il successo degli spagnoli vi è senza dubbio l'intelligenza tattica di Cortés, capace di sfruttare a suo vantaggio l'ostilità delle popolazioni sottomesse dagli Aztechi, ma anche la superiorità tecnologica garantita dalle armi da fuoco e un'ideologia della conquista che sovrappone spirito missionario e bellicismo virilista. Un'altra spedizione, guidata nel 1530-34 da Pizarro e de Almagro, conduce alla scoperta e alla conquista dell'Impero inca.

6/Le istituzioni coloniali spagnole

Le colonie spagnole in America sono organizzate in vicereami, governate da funzionari del re, cui spetta il potere politico-amministrativo dei nuovi territori; localmente, tuttavia, funziona l'istituzione della *encomienda*, molto simile al feudo europeo: il titolare della concessione ha, in particolare, il compito di far rispettare le leggi all'interno della *encomienda* e il diritto di esigere tributi dalla popolazione, sia in merci che in prestazioni lavorative. Le terre di nuova conquista o le *encomiendas* rimaste senza titolare vengono invece affidate a funzionari locali, chiamati *corregidores*, cui si attrbuisce un incarico temporaneo e retribuito. Sia i *corregidores* che gli *encomenderos* hanno la necessità di disporre di forza lavoro, che impiegano in condizioni disumane nell'agricoltura, nell'allevamento e soprattutto nelle miniere.

7/Gli effetti sociali della conquista

Dal punto di vista sociale, la colonizzazione spagnola è una vera catastrofe per le popolazioni locali. Se, infatti, i nativi all'inizio del Cinquecento raggiungevano i 40 milioni, un secolo più tardi saranno ridotti a soli 10 milioni. Le cause di questa elevatissima mortalità sono legate alla diffusione di nuove malattie come il vaiolo e il morbillo, rispetto alle quali i popoli nativi non hanno difese immunitarie, e dalla violenza dei *conquistadores*, che si manifesta sia nelle guerre e nelle razzie, sia nello sfruttamento sistematico e disumano della forza lavoro. Sarà proprio la diminuzione di manodopera locale a spingere gli europei ad importare schiavi dall'Africa.

8/Gli effetti economici della conquista

Dal punto di vista economico, dall'America arrivano in Europa nuove piante prima sconosciute: la patata, il mais, il pomodoro, il cacao, il tabacco. Arrivano anche grandissime quantità d'argento, che in gran parte viene trasformato in moneta; un processo che favorisce una tendenza all'inflazione che caratterizza tutto il XVI secolo.

VERSO le COMPETENZE

1 Utilizza la tabella 1 per ottemperare alle consegne relative all'istogramma riportato.

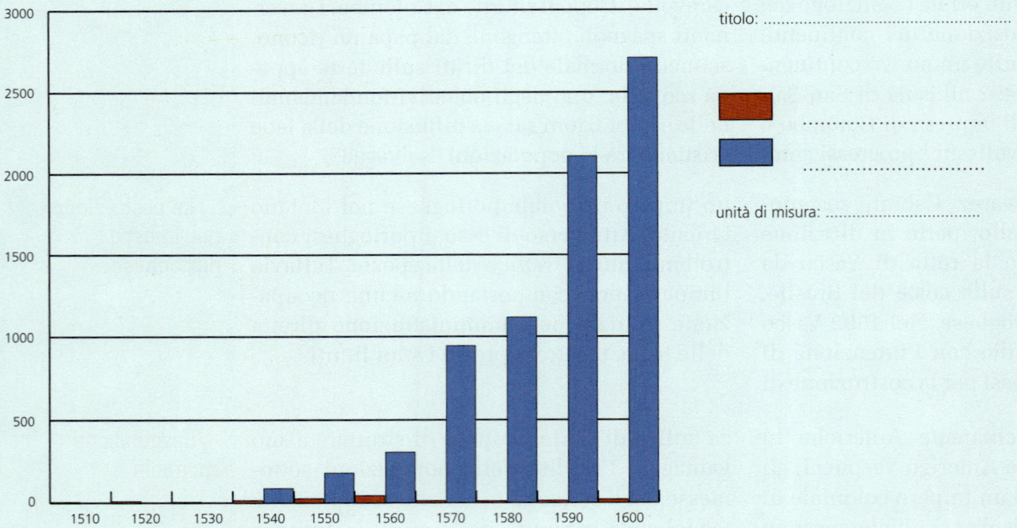

a. Completa la legenda dell'istogramma e inventane il titolo.
b. Segna sull'asse del tempo l'evento responsabile della variazione più significativa evidenziata dal grafico.
c. Quale fu la conseguenza più rilevante per l'economia europea del fenomeno rilevato dal grafico?
d. Utilizza il grafico e la riflessione sollecitata dalla domanda per organizzare un'esposizione orale sul fenomeno.

2 Indica se le affermazioni seguenti sono vere o false. Spiega poi brevemente il motivo della tua scelta.

a. A metà del XV secolo fu scoperto il ricchissimo giacimento d'argento di Potosí.
b. Gli indios venivano impiegati dagli spagnoli per i lavori più duri nelle *haciendas* e nelle miniere.
c. Dopo la scoperta dell'America, in Europa comparvero sui mercati nuovi prodotti, quali patate, cannella e mais.
d. Dopo il 1492, il Mediterraneo perse l'antica centralità nelle rotte dei traffici commerciali.
e. La maggior parte dei nativi si convertì spontaneamente al cristianesimo perché riconosceva la superiorità degli spagnoli.
f. La maggiore disponibilità di moneta sul mercato ne aumenta sempre il potere d'acquisto.

3 **Completa sul tuo quaderno la tabella relativa al raffronto tra civiltà azteca e civiltà inca, utilizzando parole-chiave per sintetizzare le informazioni richieste. Ottempera poi alle consegne finali.**

	Aztechi	Incas
Quali territori occupavano?	....	....
Qual era la capitale del loro impero?	....	....
Chi governava al momento dell'arrivo dei *conquistadores*?	....	....
Su che cosa si basava la loro economia?	....	....
Quali tecnologie, diffuse in Europa, non conoscevano?	....	....
Come erano organizzati dal punto di vista socio-politico?	....	....
A quali culti e pratiche rituali si dedicavano?	....	....
Con quale atteggiamento accolsero i conquistatori?	....	....
Quale trattamento fu loro riservato dagli europei?	....	....

a. Quali analogie e quali differenze riscontri tra le due civiltà?
b. Racconta le diverse fasi della reazione degli Aztechi e degli Incas ai *conquistadores*.

4 **Utilizzando la seguente scaletta di domande, scrivi un breve testo (max 30 righe) che illustri il fenomeno dell'inflazione nell'economia europea della prima Età moderna.**

a. Che cosa si intende con il termine "mercato" in economia?
b. In che modo andamento demografico e mercato si condizionano reciprocamente?
c. In che cosa consiste l'inflazione? In quale caso l'inflazione può innescare un circolo virtuoso? Che cosa succede, invece, se i prezzi aumentano e i salari no?
d. Quali sono le cause dell'aumento dei prezzi nel tardo XV secolo?
e. In quale modo alcuni Stati europei tentarono di far fronte all'aumento della domanda (specie di spezie e oggetti di lusso)?
f. Quale altro fenomeno intervenne, nel corso del XVI secolo, ad aggravare l'inflazione in Spagna?
g. Quali conseguenze sociali comportò in Europa, sin dal primo Cinquecento, l'inflazione?

Storiografia

S 23_Compromessi di potere e rituali sacri: le spinte contraddittorie delle prime monarchie moderne

In questo percorso storiografico la concezione contrattuale della regalità è al centro del passo di **Werner Näf**. Studiandone origini e funzioni in relazione alla nascita dello Stato moderno, Näf è attento a cogliere le forme politico-istituzionali che limitarono il governo assoluto del monarca. **Marc Bloch** si interroga su che cosa fossero le monarchie della prima modernità. Attraverso un'ampia indagine che spazia dalla mentalità collettiva ai moti irrazionali delle masse, lo studioso si immerge nella cultura delle classi popolari e ricostruisce il mito della regalità fondato sullo specifico rituale taumaturgico. Le credenze e le leggende che fiorirono attorno al potere monarchico si integrano nella sua ricerca con le strategie dinastiche di trasmissione del potere. **Sergio Bertelli**, infine, si concentra sul rituale dell'unzione dei sovrani francesi, concepito come il momento in cui la volontà divina scende sul sovrano e lo investe dei suoi poteri, determinandone la sacralizzazione. Attraverso una serie di esempi tratti da fonti di epoca medievale, viene ricostruito uno dei rituali che più contribuì all'affermazione della dimensione sacra del potere.

Werner Näf/I «contratti di signoria»

[W. Näf, *Le prime forme dello «Stato moderno» nel basso Medioevo*, in E. Rotelli e P. Schiera (a cura di), *Lo stato moderno. Dal Medioevo all'età moderna*, vol. 1, il Mulino, Bologna 1971, pp. 51-55]

Per lo storico svizzero Werner Näf (1894-1959) lo scambio dialettico tra il monarca e i ceti determina il carattere contrattuale della regalità nella prima età moderna. Come illustra questo passo, il potere monarchico aveva un'origine ben diversa rispetto a quella dell'influenza esercitata dai ceti: mentre il primo trovava le sue radici nell'antichità, la seconda nacque e si rafforzò in contrapposizione al sovrano, determinando una configurazione dualistica del potere. L'interazione tra il monarca e i ceti si espresse nei «contratti di signoria», cioè in accordi che non furono semplici compromessi tra interessi discordanti, ma vere e proprie formule di una collaborazione tanto proficua quanto necessaria tra i due partner. Grazie a questi contratti fu possibile avviare un'attività ordinata, stabile ed efficace che gettò le basi per l'avvento dello Stato moderno.

Al secolo XIII – un po' prima, un po' dopo da paese a paese – risalgono gli inizi del moderno Stato occidentale: col che noi vogliamo caratterizzare in modo approssimativo lo «Stato moderno» come lo Stato post-feudale, staccato cioè in modo sostanziale dal tipo di Stato vigente fino allora, ed anzi strettamente imparentato con le formazioni statali successive. [...]

Il problema dell'attribuzione a un'epoca ben precisa di ciò che avvenne nel processo di formazione dello Stato a partire dal secolo XIII dev'essere considerato attentamente, non solo perché è opportuno fissar dei punti di riferimento ben chiari, ma anche per-

ché da ciò dipende l'esattezza della stessa conoscenza.
In questo senso va in primo luogo precisato che [...] nella storia europea la fondazione dello Stato su basi comunitarie si è verificata non raramente; essa è però sempre rimasta limitata nei suoi effetti e solo eccezionalmente ha avuto lunga durata. Sempre più preminente divenne invece la fondazione dello Stato su basi monarchico-signorili: sotto forma sia di monarchie nazionali sia di principati particolari signorili. La ricerca che stiamo svolgendo riguarda in particolare le forme iniziali dello «Stato moderno» di questo ultimo tipo.
Dunque l'autorità regia aveva radici che si allungavano molto indietro nel tempo, fin allo Stato tardo-antico e allo Stato dei popoli nomadi. Essa vigeva da secoli in Francia, esisteva almeno dal 1066 in Inghilterra, si era formata, per così dire, per analogia, negli Stati pirenaici, si era instaurata, seppur con caratteri diversi, nell'Est europeo. In Germania trovò via libera il principato territoriale – una monarchia derivata, particolare – poiché il potere regio si era volatilizzato nell'impero. Ma la forma tipica originaria, la prima configurazione dello «Stato moderno», divenne chiaramente visibile solo nel momento in cui, accanto a questo più antico elemento, ne sorse un secondo: quando cioè acquistarono forza, come correlativi della monarchia, i ceti. Ciò accadde dovunque a partire dal secolo XIII, tranne che nei paesi a sviluppo statale comunitario. [...]
Di regola però quei due elementi si svilupparono entrambi: un dualismo è dunque fondamentale per la forma iniziale dello «Stato moderno». Era un dualismo necessario, per il fatto che il potere monarchico non era riuscito ad attrarre a sé tutti i diritti statali [...] disgregati dalla feudalizzazione e quindi divenuti privati e non era inoltre in grado dal punto di vista organizzativo di statizzare con sufficiente rapidità, con esattezza e completezza, i sempre più numerosi e mutevoli compiti pubblici. Dovunque vi era non solo spazio per un secondo potere statale, ma si faceva sempre più forte l'esigenza che esso si formasse e si sviluppasse.
Questa evidente necessità della configurazione dualistica può essere in primo luogo provata [...] dal fatto che tutti i paesi europei che sono passati attraverso la feudalizzazione per poi giungere, per mezzo di essa, a una nuova unificazione monarchica, hanno avuto ceti e assemblee politiche di ceti: *État, Cortes, Landtage*[1] e che ovunque la vita stessa dello Stato ha condotto ad accomodamenti contrattuali tra le due istanze che noi [...] possiamo definire come contratti di signoria. [...]
La considerazione del grande numero e della diffusione in tutto l'Occidente dei contratti di signoria consente un'importante conclusione: il dualismo tipico dello Stato della prima età moderna non va inteso semplicemente come il risultato di contese politiche e di potere fra il re o i principi e i titolari di feudi non principeschi, raggruppatisi in corporazioni o in ceti. La tensione di interessi contrapposti era certamente presente ovunque com'è documentato dalla stessa storia dell'origine dei contratti e dal contenuto delle loro formule di compromesso. Ciò è di chiara evidenza; ma di fatto l'importanza del loro contenuto, l'uniformità di tendenza e la durata della loro validità ne fanno molto di più che semplici compromessi tattici. Infatti il tratto decisivo del dualismo è la collaborazione fra principe e ceti, per mezzo della quale soltanto poté realizzarsi una sufficiente ed ordinata attività dello Stato; quei contratti sono perciò l'espressione di questo dualismo di fondo.
I due partner del rapporto dualistico sono sorti in modo autonomo; il principe prima, non solo per quanto riguarda le sue radici antiche ma anche quanto alla sua tendenza verso lo Stato moderno; i ceti più tardi, non solo in relazione al tempo, ma perché sono stati risvegliati dal potere monarchico e sono impensabili senza di esso; anche i ceti però sono sorti da radici proprie. Lo sviluppo nel tempo si presenta dunque – schematizzato – in questo modo: per prima fu la monarchia sopravvissuta o il recente principato ad agire nel senso nuovo della creazione dello Stato e della sua conduzione, come reazione alla situazione feudale, caratterizzata dalla perdita di sostanza statale, i ceti apparvero solo successivamente. [...]
Si può pertanto affermare a ragione che i due elementi poterono, anzi dovettero unirsi, perché l'uno, quello monarchico, non poteva portare da solo il peso dello Stato, o – in termini ancora più generici – perché nessuno dei due era in grado di svolgere da solo tale ruolo. Lo Stato, sorto in maniera nuova e significativa, acquistò stabilità e forza solo grazie allo sforzo comune di quei due elementi.

1. Organismi collettivi con funzione interlocutoria nei confronti del potere regio, raccolgono i rappresentanti dei ceti più in vista all'interno del regno. In Francia essi presero il nome di *état*, in Spagna di *cortes* e in Germania di *Landtage*.

Marc Bloch/La regalità sacra nelle monarchie taumaturgiche

[M. Bloch, *I re taumaturghi* (1924), trad. it. di S. Lega, Einaudi, Torino 1989, pp. 246-250]

Durante il Medioevo in Francia e in Inghilterra i re non soltanto erano considerati sacri, ma anche ritenuti taumaturghi. Il potere di guarigione del re e la sua ritualizzazione sono al centro di questo passo, tratto dalla fondamentale opera storiografica di Marc Bloch (1886-1944) *I re taumaturghi*. Nell'Inghilterra del XVI secolo questo antico rito si esplicava in modo privilegiato verso gli scrofolosi, che accorrevano alla corte da ogni parte del regno e d'Europa. Il rituale era una dimostrazione delle virtù soprannaturali del monarca e rispondeva ai disegni di una politica dinastica che riconduceva alla volontà divina la legittimità a regnare. L'intreccio tra sacro e politico permeava di fatto l'intero svolgimento del rituale: il tocco con la mano e il ricorso a talismani, il segno della croce effettuato sugli ammalati, l'invocazione divina e la lettura di alcuni passi dei Vangeli ne rappresentano sicuramente i tratti salienti.

Conosciamo molto esattamente il rituale del miracolo, quale veniva praticato sotto Maria Tudor, senza dubbio già sotto Enrico VIII, forse anche fin da Enrico VII[1]. La cerimonia inglese differiva in molti punti dalle usanze seguite alla corte di Francia; vale la pena di sottolineare queste differenze.

Innanzi tutto, una liturgia sensibilmente più sviluppata accompagna, da principio alla fine, tutta la cerimonia; essa comporta essenzialmente un Confiteor recitato dal re, un'assoluzione pronunciata di rimando dal cappellano e la lettura di due passi dei Vangeli: il versetto di san Marco relativo ai miracoli operati dagli apostoli – l'allusione è chiara – e le prime parole del Vangelo di san Giovanni, di uso corrente in tutte le formule di benedizione o di esorcismo. [...]

Contrariamente all'usanza francese, il sovrano resta immobile e certamente seduto; un ecclesiastico gli conduce a volta a volta ogni malato. In tal modo il principe serba forse maggior dignità; ma, nella sala in cui egli opera, si produce un continuo via vai che, a giudicare almeno da alcune incisioni del secolo XVII, epoca in cui si erano mantenute le stesse regole, presentava l'aspetto spiacevolmente pittoresco di una sfilata di Corte dei Miracoli. [...]

Il via vai era tanto più intenso in quanto ciascun malato si presentava due volte al cospetto del re. Prima passavano tutti successivamente davanti a Sua Maestà, che posava sulle parti colpite le mani nude; poi ritornavano, sempre uno per uno; il re faceva allora sulle piaghe il segno di croce tradizionale; ma non come il suo emulo francese, con la mano soltanto: fra le dita che disegnavano il sacro simbolo, egli teneva una moneta d'oro; appena compiuto il gesto, appendeva la stessa moneta, precedentemente trapassata da un foro e munita di un nastro, al collo di ogni paziente. In questa fase della cerimonia si rivela più chiaramente il contrasto con la Francia. Anche alla corte dei Valois gli scrofolosi ricevevano un po' di denaro [...] ma quella elemosina, per giunta molto più modesta di quella inglese, era data senza pompa da un ecclesiastico che seguiva discretamente il re. In Inghilterra, invece, il dono reale era diventato il centro stesso del rito. Bisogna vedervi l'effetto di un curioso trapasso di credenze, che conviene descrivere fin d'ora una volta per tutte.

Si ricorderà che durante la guerra delle Due Rose, i sovrani inglesi avevano preso l'abitudine di attirare a sé i malati, offrendo loro l'esca di un dono molto cospicuo, che rivestì la forma, rapidamente divenuta tradizionale, di una moneta d'oro, sempre la medesima: un *angel*. Nonostante che quelle monete avessero continuato [...] ad aver corso come numerario, si fu sempre più inclini a considerarle meno come mezzo di scambio economico che come vere medaglie destinate specialmente al tocco: tanto che si cominciava ad adattare la loro leggenda alla natura particolare della cerimonia. [...] Dal secolo XVI, il pubblico non vedeva più in quella moneta, così intimamente associata al rito guaritore, ciò che essa era stata molto semplicemente all'origine: un dono caritativo. Da allora passò comunemente per un talismano provvisto di virtù medica propria. [...]

Si raccontava correntemente in Inghilterra un aneddoto, i cui protagonisti variavano, ma il cui tema era sempre lo stesso: un tale era stato toccato dal re, che, beninteso, gli aveva donato il tradizionale *angel*; fin tanto che conservò questo pegno di salute, parve guarito; un giorno lo smarrì o se ne disfece; subito venne ripreso dalla vecchia malattia. Tutte le classi della società condividevano quell'opinione. [...] Sappiamo, infatti, che si faceva commercio di quei talismani. I malati che, per una ragione qualunque, non potevano recarsi alla corte o che erano forse trattenuti dalle spese del viaggio, li acquistavano, pensando di procurarsi in tal modo, e con spesa minore, una parte dei benefici meravigliosi distribuiti dalla mano sacra del sovrano. [...]

Così, in pieno secolo XVI, la fede nel miracolo regio aveva ancora vigore sufficiente per dar luogo a una nuova superstizione. Com'era venuta agli Inglesi l'idea di considerare gli *angels* come veicoli del potere guaritore? L'uso, nella cerimonia del tocco, di quella moneta d'oro, sempre la stessa, imposta senza dubbio all'origine dalle ambizioni di dinastie rivali, fissata poi dalla tradizione, aveva probabilmente indotto a poco a poco le menti a immaginare che un oggetto così essenziale al rito non poteva rappresentarvi la parte di semplice elemosina; i re stessi, almeno da Enrico VIII in poi, prendendo l'abitudine di tenere la moneta in mano durante il segno di croce, avevano, volontariamente o no, incoraggiato una siffatta conclusione.

---

1. Maria Tudor (1516-1558), detta "la Cattolica" (o "la Sanguinaria"), fu regina d'Inghilterra dal 1553 al 1558; Enrico VII Tudor (1457-1509) regnò in Inghilterra dal 1485 al 1509; Enrico VIII Tudor (1491-1547) dal 1509 al 1547.

Sergio Bertelli/L'unzione del re

[S. Bertelli, *Il corpo del re. Sacralità del potere nell'Europa medievale e moderna*, Ponte alle Grazie, Firenze 1990, pp. 23, 25-27]

In questo passo Sergio Bertelli (nato nel 1928) parla del carattere divino della regalità occidentale attraverso la pratica dell'unzione dei sovrani francesi. Una teoria, quella del potere regale disceso per diritto divino, già presente nel periodo romano imperiale, ma che trovò la sua massima diffusione a Bisanzio, per poi passare con pieno diritto nella tradizione occidentale. L'autore riporta diversi esempi tratti dalle cronache del tempo che testimoniano come l'unzione fosse considerata il vero momento di passaggio per il sovrano da uomo a *rex-sacerdos*.

La teoria del potere disceso per diritto divino fu [...] presente già nell'impero romano. Ma ebbe uno sviluppo particolare in età cristiana, a Bisanzio, dove l'imperatore venne visto come un Cristo incoronato, un Cristo reincarnato (ma, del resto, i re di Francia non avrebbero fatto scolpire, sulle facciate delle cattedrali di Parigi e di Reims [...] l'intera genealogia dei re di Giuda, alludendo a Cristo come ad un proprio antenato?). Occorre tenere a mente che l'incoronazione regale, con la simbologia ebraica dell'unzione al suo apice, fu, per molti aspetti, un'imbalsamazione. Era grazie a quel rito che il re diveniva *Christos kuriou*, il Messia Yahvè e, nello stesso tempo, il "figlio di Dio". [...] A sottolineare questo nuovo stato, questa trasformazione in una persona sacra, egli mutava persino il proprio nome (o aggiungeva un numerale ad esso). Una volta unto, diveniva persona sacra: «Nolite tangere christos meos!». L'accesso al sacramento dell'unzione, nello stesso tempo, lo accomunava al sacerdote. Rivolgendosi ai re Franchi, Paolo I li chiamava «gens sancta, regale sacerdotium, populus adquisitionis» e Stefano II si rivolgeva a Pipino come a «novus Moyses», e «perfulgidus David».

Come un sacerdote, il re è sia l'avvocato del suo popolo verso il cielo, sia l'ostaggio sacrificale del cielo verso il suo popolo. Egli assume i tratti del capro espiatorio per i peccati dei suoi sudditi. [...] Nel suo profilo di Alfonso il Magnanimo, Vespasiano da Bisticci scriveva che il re «molto si dilettò nella letteratura santa e maxime nella Bibbia, che l'aveva quasi tutta a mente [...] pietosissimo inverso de' poveri, religiosissimo in udire ogni dì tre messe, e questo non mancava mai, due piane e una cantata. [...] Era molto diligente in queste cose appartenenti al divino culto. Il giovedì sancto lavava i piedi a tanti poveri, quant'egli aveva anni; et lavavagli come si debbe e di poi gli asciugava e faceva per umiltà una croce in sul piè ritto e di poi lo baciava. [...] Diceva ogni dì del continovo l'ufficio del Signore [...] et ogni notte non mancava mai non si levasse a dire l'ufficio [...] digiunava tutte le vigilie delle feste di Cristo et della gloriosissima Vergine Maria, et tutti i venerdì dell'anno digiunava in pane et in acqua». [...]

Di Luigi XIV, il duca di Saint-Simon dice che in tutta la sua vita non perse che una sola volta la messa, essendo al campo. [...] Si comunicava cinque volte all'anno. [...] Il Giovedì santo serviva il pranzo ai poveri.

Comportamenti tutti più propri di un diacono che di un laico, che rientrano in quella concezione della regalità come Christomimèsi, che trasformava il monarca in un *rex-sacerdos*, grazie all'unzione. Non a caso, consacrando i re di Germania, l'arcivescovo di Magonza pronunciava la formula: «In questo giorno la grazia del Signore ti ha mutato in un altro uomo e grazie al sacro rito dell'unzione ella fa che tu partecipi della sua divinità». Nel *sacre* francese, i dodici pari del regno, che gli reggevano tutti assieme la corona sul capo, rinviavano espressamente ai dodici apostoli. [...]

Nel IX secolo l'arcivescovo di Reims, Incmar (845-882), aveva asserito [...] che il suo predecessore su quella stessa cattedra episcopale, san Remigio, dovendo battezzare il re dei franchi Clodoveo (il 496 è la data convenzionalmente indicata), non era riuscito a ricevere in tempo il crisma, che un chierico doveva portargli, ma al quale la gran folla accalcata sulla porta della chiesa impediva il passo. Aveva allora implorato l'aiuto del Signore e una colomba era discesa recando l'ampolla col balsamo inestinguibile. [...] Fu sul possesso di quell'olio che i re di Francia basarono il loro diritto ad essere chiamati Cristianissimi. [...] Carlo V di Francia per tutta la vita indossò una cuffia per preservare da ogni contatto esterno l'olio ricevuto al tempo della sua incoronazione e nel proprio Ordo prescrisse che la camicia unta venisse bruciata. Tale ne era la venerazione, che Luigi XI, sentendo avvicinarsi l'ora del trapasso, il 14 luglio 1483 avrebbe voluto ricevere una nuova unzione (quanto dunque essa dava una nuova vita!). Gli fu risposto che ciò non era possibile, trattandosi di un sacramento. Si accontentò di far venire la fiala miracolosa «a fin d'accomplir la dévotion que nous avons à icelle».

ANALIZZARE E COMPRENDERE

1 **Quando e perché, secondo Näf, sorse la prima forma di Stato moderno? Per quale motivo questa prima configurazione statale fu duale e favorì il consolidamento dello Stato? Argomenta le tue risposte.**

2 **Quali erano le differenze evidenziate da Bloch tra il rituale inglese e quello francese nella cerimonia di guarigione dei malati messa in opera dai rispettivi sovrani? Attraverso la diffusione di quale particolare commercio confluirono nel rito sacro elementi di superstizione popolare?**

3 **A quale civiltà risale il concetto dell'origine sacra del potere regale e dove si rafforza nella ricostruzione di Bertelli? Da quale cultura fu mutuata la simbologia dell'unzione?**

CONFRONTARE E RIELABORARE

4 **Componi un testo di max 15 righe in cui, basandoti sulla lettura dei brani di Bloch e Bertelli, focalizzi le peculiarità del carattere sacrale della monarchia, sottolineando il contributo dell'immaginario popolare all'elaborazione della figura del *rex-sacerdos*.**

S/24_Le dimensioni del potere regale

In questo percorso storiografico sono analizzate le diverse dimensioni che assunse il potere regale nel corso del Medioevo. Nel primo brano **Jacques Le Goff** individua tre caratteristiche fondamentali del re medievale: è un re monarca, cioè esercita il suo potere supremo su tutti i sudditi; è un re cristiano, in quanto immagine di Dio sulla Terra; ed è un re nobile, che si distingue cioè da tutti gli altri per nobiltà di nascita. Nel secondo brano **Bernard Guenée** si concentra sulle trasformazioni che investirono la corte attraverso i secoli: da ambito di incontro e del vivere "cavallerescamente" man mano si trasformò da un lato in luogo in cui venivano prese le decisioni politiche, dall'altro in compagine d'insieme che assunse la funzione propagandistica di rendere evidente, attraverso la sua magnificenza, la potenza del sovrano. Nel terzo brano, infine, **Emmanuel Le Roy Ladurie** mette in relazione la dimensione sacrale del potere regale da un lato con la vocazione intollerante sul piano religioso delle monarchie medievali, dall'altro con la teoria dei due corpi del re che si sarebbe diffusa in Francia nel corso del Cinquecento.

Jacques Le Goff/Le caratteristiche del re

[J. Le Goff, *Il re nell'Occidente medievale*, Laterza, Roma-Bari 2006, pp. 5-10]

In questo passo il celebre medievista Jacques Le Goff (1924-2014) riassume le caratteristiche principali del re medievale. Secondo l'autore è un re monarca, inteso come depositario unico del potere su tutti i sudditi; è un re cristiano, nel senso che, essendo l'*imago Dei* sulla terra, la coincidenza del suo operare con la volontà divina arriva fino ad una vera e propria sovrapposizione della propria figura con quella di Cristo; infine è un re nobile, raccogliendo su di sé anche l'eredità della teoria germanica della stirpe regale che si differenzia per nascita dai capi guerrieri.

Il re medievale mi appare essenzialmente come un re *monarca*, un re *cristiano* ed un re *nobile*.

1) Mi sembra che nell'Occidente medievale si dia una sostanziale unicità del potere regale. I regni del Medioevo hanno al loro vertice un solo re ed in ogni caso un unico potere supremo. La regalità medievale rimane indivisa nonostante che l'esperienza anglosassone di *joint kingship* e la spartizione del regno merovingio tra i figli del sovrano abbiano dato vita a domini individuali all'interno della finzione di una monarchia unitaria. Quando presso gli Ottoni, i Normanni ed i Plantageneti d'Inghilterra, presso i primi Capetingi, il re ancora in vita fa incoronare un proprio figlio, conserva la superiorità e la realtà di un potere unico. [...]

2) Il carattere di re cristiano è indubbiamente l'aspetto più nuovo e significativo del re medievale. Il suo fondamento ideologico risiede in ultima analisi nel passaggio dall'antico poli-

teismo al monoteismo. Il re è immagine di Dio: *rex imago Dei*. Già nel IV secolo con Eusebio, agli inizi della storiografia cristiana, Costantino è chiamato *imago Dei*. Ma è soprattutto con il Cristo che il re medievale intesse relazioni particolari, derivanti in primo luogo dal carattere regale riconosciuto molto presto al Cristo dal cristianesimo. [...]

D'altra parte il carattere cristiano del re medievale arricchirà la sua immagine di importanti riferimenti biblici che troveranno spesso espressione in temi iconografici. È innanzitutto una prospettiva di simbolismo tipologico che fa designare i re della storia medievale come doppi dei re dell'Antico Testamento. Il modello più utilizzato è quello di Davide: Carlo Magno, ad esempio, è un nuovo Davide, mentre san Luigi è un nuovo Giosìa. Il re medievale eredita dall'Antico Testamento una duplice immagine: da una parte quella del re o anche del gran sacerdote che indossa abiti di tipo regale, di cui il re medievale fa proprie alcune caratteristiche, ad esempio il colore *giacinto* del suo manto, che ispirerà nella Francia capetingia l'azzurro, colore legato alla regalità; dall'altra quella dei Re Magi, i *magi reges*, che deriva dal Nuovo Testamento e diventa uno dei modelli dei re medievali. [...]

Tuttavia, quale che sia l'importanza di tale riferimento a Dio o al Cristo per il potere e per l'immagine del re medievale, essa è stata nel tempo limitata da talune circostanze. Benché ad immagine di Dio, il re è soggetto ad obblighi e limiti. A partire dall'epoca carolingia è un re ministeriale vincolato dal suo ufficio, e la sua funzione gli impone di essere un difensore della fede e del suo popolo ma rispettoso della Chiesa e da essa dipendente. [...] Anche se incoronato da Dio (*rex a Deo coronatus*), per ottenere il pieno riconoscimento il re deve essere benedetto dalla Chiesa, la cui *benedictio* diventa una *consecratio*. [...]

Alcuni re, d'altra parte, cercheranno di acquisire stabilmente questo attributo cristiano. Il re di Francia, insistendo sul carattere miracoloso dell'olio con il quale viene consacrato a Reims, rivendica una superiorità sugli altri re cristiani facendosi chiamare *christianissimus*, titolo che diventa ufficiale e di uso diplomatico nel Quattrocento. Analogamente, alla fine del XV secolo i re di Spagna, conclusa la *Reconquista* e l'unificazione della Spagna, si fanno riconoscere come re cattolici. [...]

3) Occorre altresì sottolineare come il re medievale sia un re nobile. Secondo Émile Benveniste la regalità indoeuropea si definisce lungo due linee, la prima delle quali si modella sulla parola *rex*, che è colui il quale traccia in linea retta assicurando nello stesso tempo un'estensione e ciò che è retto. In questo senso Isidoro di Siviglia definirà nel VII secolo il re medievale con la famosa espressione *Rex a recte regendo*. Il re medievale raccoglie così l'eredità romana del buon governo ed in particolare la funzione di *regere sacra*, definire un potere sacro, e di *regere fines*, tracciare il territorio regio che sarà il territorio nazionale. Una seconda linea si sviluppa invece a partire dal termine *kuni*, che in gotico significa «stirpe», «famiglia», da cui deriveranno le parole *king* e *Kōnig* e che si apparenta al termine *gens*. È l'uomo ben nato, l'uomo nobile, e il re medievale raccoglie pure questa eredità germanica del sangue. Egli è definito non soltanto dagli alti natali ma anche in termini di aristocrazia e di nobiltà. Tacito aveva precisato bene questo legame originario tra re e nobiltà differenziando i re (*reges*) dai capi (*duces*), e distinguendoli così nell'antica società germanica: «reges *ex nobilitate* sumunt», mentre invece «duces *ex virtute* sumunt»: la nobiltà fa i re; la virtù e il coraggio rendono capi.

Bernard Guenée/**La corte e i progressi dello Stato**

[B. Guenée, *Corte*, in *Dizionario dell'Occidente medievale. Temi e percorsi* (1999), trad. it. di S. Pico, a cura di J. Le Goff e J.-C. Schmitt, vol. I, Einaudi, Torino 2003, pp. 275-278]

Bernard Guenée (1927-2010) mette a fuoco la duplice funzione che man mano venne sempre più svolgendo la corte all'interno della nuova compagine statale francese. Da luogo in cui il principe si circondava di parenti e vassalli maggiori per mettere in scena il gioco del vivere cavalleresco, a partire dal XIII secolo la corte iniziò ad affinare al suo interno alcuni ingranaggi determinanti dell'amministrazione politica, come il consiglio regale e i segretari, veri e propri ministri *ante litteram* esperti nelle varie questioni di cui il re si avvaleva per prendere le decisioni. Contemporaneamente la corte si trasformò nello strumento che, attraverso la propria imponenza, permetteva di mettere in scena la magnificenza del potere del re.

Gradualmente, dal Duecento, i progressi dello stato diedero un nuovo volto alla corte. In precedenza, era stata l'atmosfera cavalleresca a dominare le corti. Il principe, il cui ruolo restava peraltro fondamentale, spesso considerava se stesso come il primo dei cavalieri. Da quel momento invece, anche se l'atmosfera cavalleresca non smise affatto di connotare la corte, a imporsi con forza sempre maggiore fu l'ombra del principe. La corte si avviava a diventare l'ingranaggio essenziale dello stato moderno.

Il primo tratto distintivo della nuova corte fu la comparsa dell'*hôtel*, che riuniva tutti i servizi dedicati alla cura della persona del principe, alla sua vita quotidiana. L'hôtel del re di Francia cominciò a definirsi a partire da Filippo Augusto. I suoi connotati si precisano ai nostri occhi grazie al primo regolamento dell'hôtel, quello emanato da san Luigi nel 1261. Ne seguirono altri. Ovunque, i principi cercarono di fissare e di padroneggiare la composizione del proprio hôtel. Questi regolamenti sono per noi una fonte preziosa. Da una corte all'altra, qualche variante fu sempre possibile. In Francia, a ogni modo, il cuore dell'hôtel del re era la camera, il cui personale – ciambellani e valletti di camera – aveva cura del corpo del re. L'hôtel annoverava altri quattro *ministeria* o uffici: la panetteria, la dispensa dei vini, la cucina, la dispensa della frutta, cui s'aggiungevano la scuderia, essenziale, e i furieri, che andavano a preparare i locali quando la corte si spostava. La vita di tutto l'hôtel dipendeva dalla camera dei denari, che gestiva la maggior parte delle spese.

Il secondo aspetto della nuova corte fu la comparsa al suo interno di istituti destinati all'amministrazione dello stato; poco a poco, la fisionomia di tali istituti si definì e il loro peso si accrebbe. Così, nel Duecento, all'interno della corte del re di Francia, alcuni giuristi tenevano «parlamento», per amministrare la giustizia del re: furono all'origine del parlamento. Allo stesso modo, altri specialisti si riunivano per verificare i conti del re: furono all'origine della camera dei conti. Nella prima metà del Trecento, la camera dei conti e il parlamento finirono per staccarsi completamente dalla corte del re. Ciò significa forse che la corte del re non ebbe più niente a che vedere con l'amministrazione del regno? Niente affatto. Per esempio, il re, fonte di ogni giustizia, aveva delegato l'esercizio pratico della giustizia regia alla propria corte di parlamento ma non aveva rinunciato ad amministrarla personalmente in certi casi, come san Luigi sotto la quercia. I suoi successori fecero esercitare la propria giustizia *retenue*, cioè la capacità di porsi come suprema istanza d'appello, da giuristi che vivevano a corte, i «maîtres des requêtes de l'hôtel», ossia i referendari di palazzo. Allo stesso modo, in Francia come in Inghilterra, il re, insofferente per la pesantezza e la lentezza dell'amministrazione finanziaria, a volte attribuì un ruolo considerevole alla camera dei denari, più elastica e più vicina a lui.

In ogni caso, la decisione politica era nelle mani del consiglio regale, i cui connotati si erano definiti, una volta ancora, nel Duecento, e che affiancava costantemente il re. Tale decisione era poi messa nella debita forma dai notai e dai segretari della cancelleria, una parte dei quali seguiva costantemente la corte. Veniva quindi comunicata ai balivati e ai siniscalcati da messaggeri al servizio della scuderia. In questo modo la corte era il luogo del potere per eccellenza. Il cancelliere e il «grand maître de l'hôtel» – il maggiordomo palatino – erano alla testa della corte: erano anche alla testa dello stato. [...]

Il numero del personale dell'hôtel variava in continuazione, a seconda delle possibilità finanziarie del signore. Nel complesso, non fece che crescere con il passare degli anni. Prima di tutto perché molte funzioni avevano bisogno di personale di servizio doppio. Nella camera, per esempio, i ciambellani, nobili, intervenivano soltanto in occasione delle solennità. Il lavoro quotidiano era compito dei non-nobili, i valletti di camera. [...]

La corte era molto più del semplice hôtel. Era anche l'insieme dei parenti, degli amici, dei vassalli del signore che si recavano da lui, più o meno a lungo, per onorarlo, approfittare dei suoi favori e condividerne gli svaghi. Infatti, anche se i chierici avevano da ridire, nell'ottica nobiliare e cavalleresca niente era più legittimo del trastullo, della caccia, dei giochi e delle feste. Dal momento che tutti si recavano a corte con la propria dama e i propri servitori, capitava che centinaia, addirittura migliaia di persone pullulassero intorno al signore. Nel 1488, quasi ottocento persone della sua corte accompagnarono il duca di Bretagna, Francesco II, all'ultima dimora. Sotto Carlo il Temerario, per la Candelora, le candele erano distribuite a migliaia ai membri della corte del duca di Borgogna. La corte d'un grande signore, alla fine del Medioevo, significava molti uomini e, non dimentichiamolo mai, molti cavalli.

Tanto più che, in questo mondo che valorizzava l'apparire, il potere esigeva la magnificenza, e la magnificenza era essenzialmente una questione di numero. E sebbene nelle corti continuasse a regnare un'atmosfera nobiliare e cavalleresca, la loro funzione principale era ormai di consentire la messa in scena del potere.

Emmanuel Le Roy Ladurie/I due corpi del re

[E. Le Roy Ladurie, *Lo Stato del re. La Francia dal 1460 al 1610*, il Mulino, Bologna 1987, pp. 11-12]

In questo brano Emmanuel Le Roy Ladurie (nato nel 1929) mette in relazione la dimensione sacrale del potere regale con la vocazione intollerante sul piano religioso delle monarchie europee. Subito dopo passa ad illustrare la teoria dei due corpi del re, anch'essa legata alla dimensione di sacralità e di eternità di cui è investita la funzione regale. In Francia, alla morte del re, si inscena un rituale pubblico in cui il corpo del sovrano viene sdoppiato: da un lato il corpo reale, senza vita, dell'uomo; dall'altro un manichino, addobbato con tutti i segni distintivi della regalità, che simboleggia l'eternità dell'istituzione sovrana.

Le qualità sacrali del sovrano hanno altri effetti, meno cerimoniali e più drammatici: il re, al momento della consacrazione, fa voto di estirpare l'eresia dal regno. La monarchia classica, in Francia e altrove, è dunque (almeno in linea di principio) intollerante sul piano religioso, anche se

ogni tanto, e per non trascurabili lassi di tempo, si verifica una coesistenza di fatto con l'eterodossia. [...]
Le conseguenze disastrose che talvolta risultano da queste situazioni di monopolio non sono immediatamente percepibili alla moltitudine ottenebrata dei contemporanei. Machiavelli, ad onta o a causa del suo cinismo, predicò per primo la conversione forzata degli anticonformisti. Da questo punto di vista, i re noti come persecutori [...] non mostrano un comportamento particolarmente crudele, se li paragoniamo ai loro colleghi. La Spagna del Rinascimento espelle ebrei e mori; l'Inghilterra, a partire da Elisabetta e al riparo del codice penale, discrimina i papisti, e non solo quando sono irlandesi. Il lontano Giappone stermina la minoranza cristiana negli anni in cui in Francia regnava Luigi XIII. L'esempio della tolleranza olandese darà i suoi frutti in Francia solo con Bayle e Voltaire; le conseguenze pratiche si faranno attendere ancora più a lungo.
L'essenza sacra della monarchia si iscrive [...] all'interno di un sistema di entità simboliche e di funzioni. Il Rinascimento le spiega: esse comprendono il concetto di dignità sovrana e di giustizia, quest'ultima fondamentale in rapporto all'istituzione monarchica nel suo insieme. Giustizia e dignità immortali, o comunque destinate a sopravvivere alla persona effimera del singolo re. Esse confermano le massime del secolo: «Il re, la corona e la giustizia non muoiono mai» o anche «La giustizia non ha mai fine». Per rappresentare meglio la perpetuità dell'ufficio monarchico, i giuristi inglesi dell'epoca elisabettiana hanno proposto la teoria dei due corpi del re: uno dei due è mortale, come quello di qualsiasi uomo. L'altro, che incarna l'istituzione monarchica, è immortale ed è trasmesso regolarmente da ogni re al suo successore. In Francia (come afferma un testo del 1538), il monarca ha due angeli guardiani, uno per la sua persona privata e l'altro per la sua dignità ufficiale. Quando Francesco I muore, la perennità dell'ufficio supremo è rappresentata dall'effigie del defunto a grandezza naturale, che assomiglia in modo stupefacente al caro estinto; il manichino è vestito di rosso come gli amministratori della giustizia e viene tenuto sollevato e fatto sfilare in testa al corteo funebre. I membri del Parlamento, con le loro toghe scarlatte, accompagnano il gigantesco fantoccio, conformandosi così alle usanze dei regni precedenti, sia per quanto riguarda l'effigie del sovrano sia per il corteo degli accompagnatori. Gli abiti sfarzosi dei magistrati, che escludono il nero, indicano l'assenza di lutto e ricordano, meglio di qualsiasi discorso, che la giustizia non muore mai, in quanto elemento portante della corona o in quanto corpo apparente e imperituro del re.

ANALIZZARE E COMPRENDERE

1 **A quale particolare simbologia si ispira l'iconografia del "re cristiano" medievale secondo Le Goff? Da quali due vocaboli, secondo il linguista francese Benveniste citato da Le Goff, ha origine e sviluppo il concetto di regalità in Europa?**

2 **Quale primo elemento di novità evidenzia Guenée come distintivo della corte francese del Duecento e a che cosa era riservato? E il secondo? Argomenta le tue risposte, sottolineando gli sviluppi che queste nuove forme di organizzazione interne alla corte conosceranno in futuro.**

3 **Che cosa sosteneva la teoria dei due corpi del re elaborata dai giuristi inglesi in età elisabettiana e illustrata da Le Roy Ladurie?**

CONFRONTARE E RIELABORARE

4 **Sulla scorta dei contributi offerti da Le Goff e Le Roy Ladurie illustra in un testo di max 15 righe le caratteristiche salienti della figura del re nel corso del Medioevo, evidenziandone la sacralità e ponendo l'accento sul contesto della corte che lo incornicia, quale specchio della sua stessa magnificenza.**

S 25_Verso nuovi equilibri politici

Nel percorso storiografico che proponiamo, **Alessio Bombaci** e **Stanford J. Shaw** mettono in evidenza l'importanza che l'espansionismo turco ebbe nel panorama europeo del XV secolo. La loro analisi tiene conto degli aspetti politici, militari e diplomatici che guidarono le scelte dei sovrani ottomani. **Frederic C. Lane** coglie invece uno dei momenti salienti per le tortuose vicende della Penisola italiana: la guerra della Lega di Cambrai. Il suo brano ci restituisce uno spaccato delle motivazioni morali, politiche ed economiche che animarono i diversi protagonisti di quegli anni, in particolare i veneziani. **Nicholas V. Riasanovsky**, infine, ricostruisce l'ascesa del principato di Mosca, destinato a diventare una delle formazioni politiche più potenti dell'area orientale dell'Europa, mettendone in luce i possibili fattori determinanti.

Alessio Bombaci • Stanford J. Shaw/L'Ungheria nella politica espansionistica ottomana

[A. Bombaci e S.J. Shaw, *L'impero ottomano*, in *Nuova storia universale dei popoli e delle civiltà*, vol. VI, t. I, Ed. torinese, Torino 1981, pp. 384-388]

In questo brano Alessio Bombaci (1914-1979) e Stanford J. Shaw (1930-2006) mettono in luce gli aspetti che favorirono l'espansionismo di Solimano il Magnifico. L'assenza di opposizioni interne all'Impero e la successione diretta al padre ne rafforzarono il potere, mentre le conquiste dei suoi predecessori e la possibilità di disporre di un forte esercito gli permisero di confrontarsi con le potenti casate limitrofe. Pur disponendo di un solo esercito, Solimano riuscì a destreggiarsi sui due fronti, occidentale e orientale: evitò di combattere contro più di un nemico alla volta e intimorì gli avversari facendoli desistere dal provocare situazioni di conflitto. Infine condusse gli scontri con abilità diplomatica, sapendo creare Stati vassalli da porre sotto il suo controllo. L'Ungheria rimane in proposito un caso esemplare di questa politica: sottomessa abilmente sfruttando la defezione dell'aristocrazia locale, divenne uno Stato cuscinetto utile per indebolire gli Asburgo.

Solimano salì al trono in condizioni molto più favorevoli dei sovrani ottomani che lo avevano preceduto, o che lo avrebbero seguito. Grazie al fatto che il padre aveva eliminato tutti gli altri principi della dinastia di 'Osmàn, Solimano non dovette far fronte ad alcuna opposizione interna, e neppure si trovò nella condizione di dover ricompensare chi lo aveva posto sul trono. Le conquiste dei suoi predecessori gli lasciarono una potente posizione strategica sia ad Oriente che ad Occidente, con le ricchezze e le truppe militari necessarie per spingere le sue ambizioni dovunque volesse, e per creare una magnifica e splendida corte che gli valse in Europa l'appellativo di «Magnifico». [...]

Solimano fu [...] inevitabilmente un conquistatore, e passò in sella molti anni del suo lungo regno, muovendo alla conquista di nuovi territori. Mentre le grandi conquiste del XV secolo erano state compiute in primo luogo a danno di avversari che soffrivano di debolezze e disorganizzazione interne di vario genere, proprio la riuscita di tali imprese mise Solimano faccia a faccia con avversari molto più agguerriti, fra i quali anzitutto figuravano gli Asburgo in Europa e i Safavidi in Iran. L'enorme estensione dell'impero che era allora stata raggiunta avrebbe dovuto indurre il sultano a formare almeno due eserciti, uno che continuasse a combattere lungo le frontiere orientali, l'altro per conquistare nuovi territori ad ovest. Ciò era particolarmente logico in quanto le frontiere erano divenute troppo distanti l'una dall'altra e le strade troppo cattive perché un esercito potesse combattere sia ad est che ad ovest durante la stessa estate. Però esisteva un'antica tradizione ottomana, corroborata da secolari esperienze di dinastie turche, che fu rapidamente dimenticata per le ambizioni ed i poteri di comandanti dell'esercito, virtualmente indipendenti, la quale stabiliva che vi doveva essere un solo esercito principale, e che questo doveva esser comandato solo dal sultano. Oltre a ciò, gran parte dell'esercito era composta da *sipāhī*[1] feudali e dai loro uomini, i quali dovevano esser smobilitati durante i mesi invernali, per poter raggiungere i loro feudi (*līmār*) ed esigerne le rendite: in tal modo avrebbero potuto continuare a prestar servizio nell'esercito imperiale a loro spese. In questa situazione, era inevitabile che, durante i mesi estivi da aprile a settembre, l'esercito portasse avanti la campagna su un unico fronte, e che durante l'inverno fosse smobilitato. Il sultano perciò disponeva solo di due o tre mesi durante l'estate per

1. Truppe a cavallo.

compiere delle campagne, compreso il tempo necessario per marciare dal punto in cui si radunava l'esercito, presso Istanbul, al fronte. Le continue vittorie dell'impero dipendevano quindi dall'abilità del sultano nell'evitare di dover combattere contro più di un nemico su fronti diversi nello stesso momento, e ciò, in realtà, si poteva ottenere non tanto con la diplomazia, quanto grazie al timore che i vicini avevano del suo esercito e per la loro volontà di evitare conflitti, a meno che non vi fossero proprio costretti. Durante il regno di Solimano perciò si assistette ad una sbalorditiva serie di campagne estive, prima su un fronte, poi sull'altro, cosicché tutti i vicini dell'impero furono egualmente intimoriti dalla potenza del sultano. [...]

Solimano attaccò per la prima volta l'Ungheria nel 1520, ma il solo risultato che ottenne fu la conquista del forte di Belgrado (8 agosto 1520), punto chiave del sistema difensivo ungherese del Danubio. Egli tuttavia non poté per qualche tempo approfittare di questa vittoria, a causa dei suoi problemi in Anatolia. Infatti solo nell'estate del 1526 attraversò infine il Danubio e sbaragliò l'esercito ungherese a Mohács, sul Danubio, a sud di Buda (29 agosto 1526). La defezione dell'aristocrazia minore capeggiata da Zapolya[2] accrebbe soltanto l'incapacità di Luigi[3] di mantenere il controllo del suo esercito feudale contro l'aggressione ottomana. Solimano però non volle impegnare il suo esercito in una campagna di conquista del resto dell'Ungheria. Perciò giunse ad un compromesso: accettò Zapolya come re in cambio del riconoscimento sia della sua sovranità come sultano, sia dell'impegno al pagamento di un tributo periodico, oltre a permettere che guarnigioni ottomane s'installassero in alcuni posti strategici, in modo da poter mantenere la situazione lasciata dal sultano, e compiere scorrerie verso il nord nei territori asburgici. [...]

Così Solimano raggiunse in Ungheria il suo scopo fondamentale. Ne fece uno Stato cuscinetto contro gli Asburgo, e lo pose sotto l'autorità di un sovrano vassallo, che promise di non minacciare dal nord i domini ottomani. Proprio per garantire il rispetto degli accordi presi, il sultano costituì un nuovo corpo di militari di confine (gli *aqïnĝï*), il cui unico scopo era attaccare regolarmente l'Austria per molestare gli Asburgo e impedire loro di organizzare un esercito tale da intraprendere una nuova invasione a sud.

2. Giovanni Zapolya (1529-1540), principe di Transilvania.
3. Luigi II d'Ungheria (1506-1526).

Frederic C. Lane/La Lega di Cambrai e i veneziani

[F.C. Lane, *Storia di Venezia* (1973), trad. it. di F. Salvatorelli, Einaudi, Torino 1991, pp. 285-288]

All'indomani della sconfitta di Agnadello nel 1509, mentre i nobili locali delle città sottomesse alla Repubblica passarono rapidamente dalla parte dell'Impero o della Francia, la difesa di Venezia restò nelle mani delle popolazioni rurali e dei ceti urbani. Come mostra Frederic C. Lane (1900-1984) nel brano riportato, la città lagunare, nel timore di un prossimo assedio, seppe riorganizzarsi attorno ad un sentimento di «patriottismo ... veneziano»: nel timore che Dio volesse castigare Venezia, si rafforzarono le leggi sui digiuni e la castità sessuale, le offerte cittadine rimpinguarono le casse della Zecca, nelle file dell'esercito schiere di volontari si affiancarono ai corpi mercenari. Se tanta operosità fu premiata e, nel volgere di breve tempo, il papa e il re di Spagna cambiarono schieramento, permettendo la riconquista dei territori ribelli, la Lega di Cambrai pose comunque fine alle speranze di un predominio veneziano in Italia.

In una città dopo l'altra, da Brescia a Padova, i nobili locali sui quali e per mezzo dei quali Venezia aveva esercitato il suo governo si dichiararono per il re di Francia o per l'imperatore tedesco. Il resto della spedizione si adeguò alla loro condotta, dando manforte nel chiudere le porte cittadine dinanzi all'esercito veneziano, nel timore che accogliendolo fra le mura si sarebbe andati incontro all'assedio e al saccheggio da parte delle soldatesche francesi o tedesche.

Essendo la sola potenza italiana abbastanza forte per poter sperare di tener testa alle monarchie straniere, Venezia aveva cercato di fare appello al sentimento nazionale. Prima della battaglia di Agnadello l'esercito veneziano aveva adottato come motto di combattimento «Italia e Libertà»; e in effetti il suo era un esercito composto di italiani che combattevano contro gli stranieri. Ma i nobili delle città di terraferma mal sopportavano di essere subordinati ai loro colleghi di Venezia. Una volta sconfitto l'esercito veneziano, Venezia apparve loro semplicemente come un padrone meno temibile del re di Francia o dell'imperatore. I pochi funzionari veneziani preposti al governo delle città soggette non furono assolutamente in grado di raccogliere intorno a sé l'appoggio degli abitanti, tranne a Treviso e nel Friuli. I resti dell'esercito veneziano arretrarono precipitosamente verso l'acqua salsa, fino a Mestre sulle rive della laguna.

Qui essi giunsero in un tale stato di demoralizzazione, che i veneziani atterriti temettero un imminente assalto del re di Francia contro la loro stessa città. Venezia si preparò all'assedio. Furono fatte venire in tutta fretta pietre da macina, in modo da poter lavorare in città il grano portato dalle navi; si predispose l'importazione di frumento

in quantità sufficiente per molti mesi; furono armate nuove galere; i patrizi si affrettarono a risalire i fiumi con dei barconi per trarre in salvo le suppellettili delle loro case di campagna, e migliaia di profughi, ricchi e poveri, si riversarono nella città. Ogni contrada organizzò comitati di salute pubblica capeggiati da nobili comprendenti uomini fidati dei servizi marittimi. Si fece la conta dei forestieri e molti furono espulsi, sia per impedire che causassero fastidi, sia per ridurre il numero delle bocche da sfamare. Lo sgomento e finanche il panico all'interno di Venezia sono descritti in una cronaca diaristica redatta da Girolamo Priuli, un banchiere andato in rovina alcuni anni più tardi. Privo di cariche politiche, il Priuli riferisce le notizie e le opinioni sentite a Rialto. [...] Girolamo dissemina nel suo racconto di quegli anni molti commenti caustici e disincantati sulla cattiva condotta e gli errori di calcolo dei «Padri coscritti» di Venezia. È tuttavia pieno di patriottismo, di stampo però veneziano, non italiano. Denuncia i padovani con particolare vigore, e lancia ingiurie appassionate contro l'esercito sconfitto. Neppure Machiavelli usa parole più acri per fustigare quei mercenari che si facevano pagare per anni, per poi darsi alla fuga quando c'era più bisogno di loro.
Ma il Priuli è più un moralista che un analista politico. La disfatta di Agnadello egli la considera un castigo per i peccati dei nobili veneziani, sui quali si dilunga abbondantemente (senza peraltro, lui banchiere, far parola dell'usura): arroganza, giustizia tardiva o negata, giuramenti violati, controllo laico dei benefici ecclesiastici, monasteri in preda alla lussuria, sodomia, abiti effeminati, divertimenti sfrenati e lascivi. L'idea che Dio volesse castigare Venezia era del resto diffusa. In giugno il Senato rafforzò le leggi che proteggevano la virtù delle monache; e per placare la collera divina il patriarca impose la dieta di magro il mercoledì e il sabato oltre che il venerdì. [...]
Gli animi si rinfrancarono in luglio, quando si cominciò ad avere notizia di insurrezioni popolari contro gli invasori nei domini perduti. A differenza della classe alta delle città soggette, contadini e artigiani avevano trovato motivi di soddisfazione nel dominio veneziano, mentre l'arroganza e la ferocia delle soldatesche francesi e tedesche li spingeva alla rivolta. Truppe veneziane furono riorganizzate a Mestre e a Treviso sotto il focoso Andrea Gritti. [...] Dato che non era possibile raccogliere contante con la necessaria celerità mediante le tasse ordinarie o i prestiti, premi speciali furono offerti a coloro che aprissero i loro forzieri e portassero denaro o consegnassero gioielli e posate o vasellame da fondere per farne moneta. Per ordine del padre, Girolamo Priuli portò alla Zecca una parte dell'argenteria di famiglia. Con questi metodi si resero disponibili da 120.000 a 200.000 ducati in contanti. Per integrare l'esercito di mestiere, una sorta di mobilitazione generale in miniatura suscitò una risposta patriottica in Venezia e nelle città della laguna. Anche questa volta, l'azione a cui essa era destinata riguardava un territorio vicino: l'obiettivo adesso era Padova. [...]
Una volta riconquistata, Padova dovette essere difesa dal tenace attacco dell'imperatore, giunto tardivamente con la più formidabile artiglieria mai messa in campo per un assedio. La città resistette vittoriosamente grazie ai mercenari veneziani e ai molti volontari venuti da Venezia per partecipare alla sua coraggiosa difesa sotto il comando di Andrea Gritti. Frattanto il papa e il re di Spagna mutarono fronte, e la guerra si trasformò in una lotta per cacciare i francesi. Ottenuto questo risultato, Venezia attuò a sua volta un rovesciamento di alleanze, schierandosi con la Francia per riguadagnare Brescia e Verona. Dopo sette anni di guerra, in cui molte delle sue città erano state messe a sacco e le campagne devastate, Venezia recuperò nel 1516 il grosso dei territori guadagnati in terraferma quasi un secolo prima. [...]
Ma qualsiasi timore o speranza di un predominio veneziano in Italia erano svaniti.

Nicholas V. Riasanovsky/L'ascesa di Mosca

[N.V. Riasanovsky, *Storia della Russia. Dalle origini ai giorni nostri* (1984), trad. it. di F. Saba Sardi, Bompiani, Milano 2001, pp. 116-118]

In questo brano Nicholas V. Riasanovsky (1923-2011) cerca di ricostruire, riportando alcune delle teorie più diffuse tra gli storici, le motivazioni che hanno permesso l'ascesa del principato di Mosca in un'area che fino ad allora non aveva conosciuto l'emergere di nessuna formazione politica egemonica. L'autore individua tre fattori principali: il primo, di natura geografica, tiene conto della posizione particolarmente favorevole di Mosca, situata al centro di una rete di grandi vie di comunicazione; strettamente legato alla posizione geografica, c'è il secondo fattore, di natura economica, che ha permesso una buona fioritura commerciale nel principato; il terzo fattore è legato all'azione dei principi moscoviti, capaci di attirare contadini e altre classi sociali sui loro domini, e alla congiuntura fortunata di una loro discendenza ininterrotta.

L'ascesa di Mosca costituì un momento fondamentale nella storia russa. Il definitivo successo del principato nordorientale comportò la fine del periodo degli appannaggi e il sorgere di uno stato centralizzato, e il particolare carattere del governo e della società moscovita condizionò per secoli l'evoluzione della Russia. Ma se il ruolo di Mosca si rivelò alla fine schiacciante, la sua effettiva capacità di farlo proprio è rimasta a lungo oggetto di dubbi, ragion per cui il suo successo esige un'approfondita spiegazione. Mosca, infatti, ebbe modesti inizi e per molto tempo non poté reggere il confronto con fiorenti principati come Novgorod o la Galizia. Persino nella sua stessa regione, il nordest, essa esordì come minoritaria, non solo rispetto ad antichi centri come Rostov e Suzdal, ma anche rispetto a Vladimir, e sconfisse Tver in una lunga lotta che più volte parve sul punto di perdere. Dal canto loro, fonti scritte rivelano la sorpresa dei contemporanei di fronte all'inaspettato emergere di Mosca, per spiegare il quale gli storici hanno posto l'accento su tutta una serie di fattori, o meglio gruppi di fattori. [...]

In primo luogo va presa in considerazione la teoria della causa geografica, che rappresenta insieme una delle spiegazioni fondamentali e una delle primissime avanzate. [...] Essa sottolinea l'importanza decisiva della collocazione topografica di Mosca ai fini della successiva espansione del suo stato, elaborando tutta una serie di argomentazioni in proposito. Mosca sorgeva all'incrocio di tre strade, la più importante delle quali era quella che da Kiev e dal sud ormai tutto in declino portava al nordest in piena fase di crescita. Mosca infatti è stata descritta come la prima tappa in questa direzione, ma essa ha approfittato anche di movimenti in altre direzioni, ivi compresi quelli in senso contrario. In altre parole, a quanto sembra immigranti affluirono a Mosca in seguito alle devastazioni mongole dei territori più a nordest. Mosca inoltre sorge su una curva della Moscova, che corre da nordovest a sudest sfociando nell'Oka, massimo affluente occidentale del Volga. Per quanto riguarda un più ampio quadro delle comunicazioni per via d'acqua che si irradiano per tutta la Russia europea unificandola, va detto che Mosca aveva la rara fortuna di situarsi nei pressi delle sorgenti di quattro grandi fiumi, l'Oka, il Volga, il Don e lo Dnepr, cosa questa che le garantiva straordinarie potenzialità di espansione nelle pianure, soprattutto a causa dell'inesistenza di montagne o altri ostacoli a sbarrare la strada al giovane principato.

Mosca beneficiò della sua posizione centrale anche da un altro punto di vista: essa sorgeva nel cuore di territori abitati da popolazioni russe, soprattutto i grandi russi. Il che, così suona l'argomentazione, forniva un ambiente ideale per una crescita naturale in tutte le direzioni. [...] Una collocazione centrale in seno alla Russia, inoltre, aveva per effetto di proteggere Mosca da invasori esterni; così, per esempio, era Novgorod, non già Mosca, a trovarsi continuamente alle prese con nemici provenienti da nordovest, mentre a sudest era Rjazan' che doveva subire i primi colpi, situazione che si rivelò quanto mai utile nel caso dell'invasione di Tamerlano e in altre occasioni ancora. A conti fatti, è impossibile negare il notevole significato della posizione di Mosca ai fini dell'espansione dello stato moscovita, sebbene questo fattore geografico indubbiamente non sia l'unico e anzi in generale gli sia stato attribuito un peso relativamente minore da studiosi più recenti.

L'argomentazione economica è in parte legata a quella geografica. La Moscova costituiva un'importante arteria commerciale e, siccome lo stato moscovita si espanse soprattutto lungo il suo corso, la città approfittò degli scambi economici, a sua volta contribuendo a promuoverli. In particolare, gli storici sovietici hanno interpretato l'espansione di Mosca soprattutto nei termini della crescita di un mercato comune. Un altro approccio economico sottolinea la capacità di cui hanno dato prova i principi moscoviti nel promuovere l'agricoltura nei propri domini e nel favorire la colonizzazione. Quei principi, è stato detto, con ogni evidenza sapevano, assai meglio dei loro rivali, persuadere i contadini a stabilirsi sulle loro terre, con il ricorso a mezzi efficaci che andavano dagli allettamenti rivolti ad agricoltori liberi sino all'acquisto di prigionieri dai mongoli. Un altro vantaggio fu costituito dalla loro capacità di mantenere pel regno uno stato di relativa pace e sicurezza oltremodo benefico per la vita economica.

Un ultimo punto di vista introduce un altro fattore chiave nella problematica dell'ascesa moscovita: il ruolo dei sovrani di Mosca. Riguardo ai principi che le toccarono in sorte, Mosca è stata generalmente ritenuta fortunata, e anche sotto altri aspetti. La semplice fortuna fa effettivamente parte del quadro: per parecchie generazioni i principi locali, al pari dei re capetingi che unirono la Francia, godettero del vantaggio di una successione maschile ininterrotta e senza conflitti. E soprattutto, i figli dei principi locali furono per molto tempo tanto fortunati da non avere zii che contendessero loro il trono moscovita. Quando la classica lotta fra «gli zii» e «i nipoti» finalmente scoppiò sotto il regno di Basilio II, la successione diretta di padre in figlio si era ormai sufficientemente affermata e godeva di appoggi, in seno al principato, bastanti ad avere la meglio. Il principato è stato ritenuto fortunato anche perché i suoi primi sovrani, discendenti dal figlio minore di Alessandro Nevskij e pertanto rappresentanti di un ramo cadetto, ritennero opportuno dedicarsi al loro piccolo appannaggio anziché trascurarlo per perseguire altrove maggiori ambizioni.

Generalmente si ritiene che la politica dei principi moscoviti abbia dato un contributo cospicuo e decisivo all'ascesa della città e dello stato. Da Ivan I Kalita a Ivan III e a Basilio III, quei sovrani si affermarono quali «mietitori di terre russe», abili proprietari terrieri, dirigenti e uomini d'affari, oltre che guerrieri e diplomatici. Agirono tutti in maniera efficace anche se, per lungo tempo, solo su scala ridotta. [...] La relativa prosperità, il buon governo, la pace e l'ordine che erano norma nel principato moscovita, attirarono nel principato in ascesa un numero sempre maggiore non solo di contadini ma anche, fatto questo di grande importanza, di boiari e di membri di altre classi.

ANALIZZARE E COMPRENDERE

1 **Quale antica tradizione ottomana, secondo Bombaci e Shaw, volle rispettare Solimano, nonostante la vastità del suo impero la rendesse poco opportuna? Argomenta la tua risposta, esponendo le soluzioni adottate dal sultano per prevenire i rischi connessi alla sua scelta.**

2 **Nella ricostruzione storica di Lane, da chi temeva di essere aggredita e assediata Venezia, rimasta isolata dopo la sconfitta di Agnadello? E con chi poi si alleò per riconquistare i territori perduti?**

3 **Quali sono i tre fattori che Riasanovsky espone come determinanti per l'ascesa di Mosca? Argomenta la tua risposta.**

CONFRONTARE E RIELABORARE

4 **Componi un testo di max 15 righe per descrivere i nuovi orientamenti dello scacchiere politico europeo messi in gioco dalle aperture create dall'ascesa di Mosca e dall'espansionismo turco, secondo le ricostruzioni proposte da Riasanovsky, Bombaci e Shaw.**

S/26_La guerra moderna (XIV-XV secolo)

Tra il XIV e il XV secolo l'arte della guerra subì importanti cambiamenti. Da un lato le nuove invenzioni tecniche, in particolare le armi da fuoco e i velieri armati, dall'altro nuove formazioni militari come gli eserciti mercenari, trasformarono il modo di pensare la guerra, modificandone obiettivi e strategie. Nel primo brano **Franco Cardini** si concentra sulle armi da fuoco e sul momento della loro apparizione sui campi di battaglia: dopo un primo periodo di rodaggio e di perfezionamento, si imposero presso tutti gli eserciti occidentali. Il veliero armato è invece al centro del secondo brano di **Carlo M. Cipolla**. Dotato di artiglieria, e quindi di un potenziale offensivo che non trovava eguali presso le flotte extraeuropee, il veliero armato rese possibile un'espansione europea inarrestabile in Asia e in America. **Philippe Contamine**, infine, si concentra sul fenomeno degli eserciti mercenari che si diffusero nel Trecento in modo particolare in Italia.

Franco Cardini/Le armi da fuoco

[F. Cardini, *Quell'antica festa crudele. Guerra e cultura della guerra dall'età feudale alla grande rivoluzione*, Sansoni, Firenze 1982, pp. 63-65, 67]

Secondo testimoni illustri come Machiavelli e Guicciardini, alla fine del XV secolo le guerre erano completamente cambiate rispetto al passato. Erano diventate vere carneficine che nulla più avevano a che fare con le antiche atmosfere cavalleresche. In effetti, secondo Franco Cardini (nato nel 1940), in questa percezione dei contemporanei, per quanto letteraria, c'è qualcosa di vero. Pur sottolineando ampiamente i limiti tecnici che all'inizio ne riducevano moltissimo l'efficacia, l'autore afferma che dopo un periodo di perfezionamento le nuove armi da fuoco modificarono profondamente le modalità belliche.

È vero che sulle prime non sembra che l'arma da fuoco provocasse né grossi problemi sotto il profilo militare, né grossi traumi sotto quello del sistema dei valori; era, forse, ancor troppo grossolana, troppo poco maneggevole ed efficace, troppo costosa e quindi troppo poco diffusa per provocare qualcosa del genere. Ci fu anche chi ci scherzò sopra: quegli aggeggi facevano troppo rumore, e sovente era tutto quel che riuscivano a fare, quando addirittura non scoppiavano, seminando il panico fra gli artiglieri e i serventi al pezzo. Tuttavia, «coincidenza» volle che proprio dalla fine del Quattrocento prendesse avvio un lungo periodo di guerre che avrebbe cambiato la faccia del continente europeo, e che proprio da allora l'arma da fuoco cominciasse ad assumere un ruolo evidente e autonomo negli scontri bellici. Un caso?

Del mutato clima politico si era ben

reso conto Niccolò Machiavelli, e il Guicciardini gli faceva eco: entrambi tesi a cogliere la cifra di una vicenda ch'era senza dubbio politica, ma che nelle armi e negli eserciti presentava, al momento, i suoi sintomi qualificanti. Qualcosa d'irreparabile era avvenuto, dalla discesa di Carlo VIII di Francia in Italia: non più scontri poco cruenti, non più campagne militari lunghe e punteggiate di giochi diplomatici. Il dolce *hortus conclusus* cui erano avvezzi i prìncipi del Quattrocento italiano era stato sconvolto e devastato. La guerra non era più un modo di prender tempo o di impegnare in qualche modo dei mercenari turbolenti: era divenuta lo strumento primario d'una lotta politica che si giocava sul filo della corsa all'egemonia continentale, e ciò obbligava a considerarla finalmente come un valore autonomo rispetto alla politica, alla diplomazia e via dicendo. [...]
Naturalmente sul piano sia dell'efficacia, sia dell'efficienza, bisogna guardarsi dal trattare in blocco le armi da fuoco: una questione sono i pezzi d'artiglieria, tutta un'altra le armi da fuoco individuali, portatili.
Cominciamo dai primi. Fino dal Trecento esistevano quegli ordigni che, genericamente, si chiamavano «bombarde»: ma avevano ricevuto considerazione assai limitata, non comunque inferiore alla modestia delle loro prestazioni. [...] Comunque, impiegate essenzialmente negli assedi, si videro regolarmente posposte alle artiglierie a leva (mangani, trabucchi e via dicendo) rispetto alle quali erano in effetti nate come surrogato. Le grandi bombarde che lanciavano colossali palle di pietra – sono rimaste famose quelle di Maometto II nell'assedio di Costantinopoli del 1453 –, poco efficaci, vennero sostituite alla fine del Quattrocento da pezzi più piccoli e maneggevoli, che lanciavano palle di ferro di modesto diametro ma dotate in cambio di velocità e forza di penetrazione discrete. All'atto della sua discesa in Italia Carlo VIII contava su un parco d'artiglieria di varie decine di pezzi serviti – secondo un uso che durò a lungo – da artiglieri che erano non militari, bensì tecnici e artigiani. [...]
Date comunque la pesantezza e la semiamovibilità dei pezzi, l'artiglieria quattro-cinquecentesca rimase essenzialmente un'arma ossidionale. Entrò presto in uso anche un'artiglieria «media» o addirittura «piccola», «leggera» insomma [...]; questo tipo di armi scagliava, in genere, palle di piombo. Ma nelle battaglie in campo aperto l'efficacia dell'artiglieria era compromessa dalla mancanza di mobilità, dalla scarsa gittata, dall'assoluta imprecisione dei sistemi di puntamento: era proverbiale il fatto che le palle, quando non andavano ad affondare nel terreno parecchi metri davanti ai piedi del nemico, gli passavano sibilando sulla testa.
Naturalmente la fusione dei cannoni e dei proiettili nonché la produzione di polvere da sparo incisero molto sullo sviluppo economico e tecnologico del tempo. Basti pensare al grosso giro d'affari costituito dall'industria estrattiva: ferro, piombo, rame, stagno, zinco per la fusione dei pezzi e delle palle; salnitro, potassio, zolfo per la polvere da sparo, impiegata quest'ultima non solo per le armi da fuoco, bensì anche per le mine esplosive. [...] Verso la metà del Cinquecento l'industria cannoniera era ormai giunta a una fase relativamente matura, al punto che da allora si notano gli avvii di una razionalizzazione della varietà tipologica e dei calibri.
Stando così le cose, insomma, il cammino che condusse alla sostituzione dell'artiglieria a leva da parte di quella a polvere fu lento a percorrersi, se non altro perché la prima poteva essere altrettanto inefficace, ma almeno era assai meno costosa e meno pericolosa, per chi se ne serviva, della seconda; soltanto allorché quest'ultima fu in grado di assicurare prestazioni nettamente superiori le cose mutarono. Lo stesso si può dire per le armi da fuoco individuali rispetto all'arco e alla balestra.

Carlo M. Cipolla/Il veliero armato

[C.M. Cipolla, *Vele e cannoni*, il Mulino, Bologna 1983, pp. 119-122]

L'espansione europea dopo il 1400, con l'apertura delle rotte atlantiche e la conquista delle colonie americane, fu possibile, secondo Carlo M. Cipolla (1922-2000), solo grazie alla costruzione, tecnicamente avanzatissima per l'epoca, di velieri armati. Fu solo con l'invenzione di questo strumento, agile ma nello stesso tempo resistente, e soprattutto dotato di artiglieria, che l'avanzata di spagnoli e portoghesi divenne inarrestabile.

L'espansione europea fu essenzialmente un'avventura commerciale, e il fatto che le politiche coloniali delle potenze europee avessero tratti così marcatamente mercantilistici era la naturale conseguenza dei motivi cui tale espansione era essenzialmente ispirata. [...]
Una vasta gamma di opportunità economiche attirava gli europei oltremare. [...] Le occasioni erano molte e i rischi alti ma i profitti più alti ancora. La religione fornì il pretesto e l'oro il motivo. Il progresso tecnologico compiuto dall'Europa atlantica durante i secoli quattordicesimo e quindicesimo fornì i mezzi. Nell'Europa mediterranea i «motivi» erano già operanti sin dal tredicesimo secolo. Gli italiani e i catalani erano economicamente molto progrediti, ma non riuscirono ad aggirare il blocco musulmano perché non furono sorretti da una tecnologia adeguata. Essi fecero un certo uso dell'energia del vento e, più tar-

di, di quella della polvere da sparo, ma solo in funzione sussidiaria. Per il movimento e il combattimento essi si affidarono essenzialmente all'energia muscolare dell'uomo. Ma un equipaggio poteva difficilmente dominare l'oceano col solo impiego dell'energia muscolare, e doveva cedere di fronte ad un nemico numeroso, se il combattimento veniva deciso da mischia all'arma bianca. [...]
Il veliero armato creato dall'Europa atlantica nel corso dei secoli quattordicesimo e quindicesimo fu l'invenzione che rese possibile l'espansione europea. Si trattava sostanzialmente di uno strumento eccezionalmente efficiente che permetteva ad un equipaggio relativamente ridotto di controllare inusitate masse di energia inanimata per movimento e distruzione. Il segreto della rapida ed improvvisa ascesa dell'Europa atlantica era tutto lì: l'abilità acquisita nell'impiego dei velieri e l'aver intuito che «le battaglie navali, di questi tempi pervengono raramente ad abbordaggi o all'impiego massiccio di archi, frecce, pallettoni e spade, ma vengono decise dall'artiglieria».
Quando comparivano i velieri dell'Europa atlantica non c'era forza che potesse offrire una qualche resistenza. Albuquerque scrisse orgogliosamente al suo re, nel 1513, che «al solo rumore del nostro arrivo le navi [indigene] svaniscono nel nulla e persino gli uccelli smettono di volare sull'acqua». La prosa era retorica, ma la sostanza non era assurda. In meno di dieci anni dal loro arrivo nelle acque indiane, i portoghesi avevano completamente distrutto la potenza navale degli arabi. Nel frattempo in Europa economia e tecnologia progredivano rapidamente e prima ancora che i non europei assorbissero lo shock del primo contatto con i vascelli atlantici, giunsero navi più efficienti e più numerose. Le caravelle e le caracche furono seguite dai galeoni. Le flotte portoghesi furono seguite dalle flotte di gran lunga più formidabili degli olandesi e degli inglesi.

Philippe Contamine/Le compagnie di ventura

[P. Contamine, *La guerra nel Medioevo* (1980), trad. it. di T. Capra, il Mulino, Bologna 1986, pp. 223-226]

Le *condotte*, compagnie armate guidate da un capitano o capo militare che si mettevano al soldo di principi e signori per combattere al loro servizio, furono secondo lo storico Philippe Contamine (nato nel 1932) le protagoniste assolute, oltre che una peculiarità, delle guerre italiane trecentesche. Sulla piazza italiana si muovevano capitani e compagnie di mercenari che, per le loro imprese, divennero temutissimi. È il caso di John Hawkwood, che per alcuni decenni prestò i suoi servigi a diversi governanti italiani in cambio di profumatissimi compensi.

In una forma o nell'altra, ancor prima del XIV secolo si incontrano nella penisola compagnie di ventura *ante litteram*. Tuttavia esse diventeranno un elemento basilare della vita militare italiana solo verso il 1320-1330. Quali sono le ragioni di una fortuna così improvvisa e soprattutto duratura? Uno dei motivi si collega al fatto che, per lo meno nelle città-stato dell'Italia centro-settentrionale, le classi dirigenti, che normalmente avrebbero dovuto fornire la maggior parte degli uomini d'arme, si lasciarono vieppiù assorbire dalle loro attività professionali e preferirono far ricorso a mercenari reclutati sia in altre zone d'Italia che all'estero. [...]
Se ancora nella campagna del 1325, che terminò con il disastro di Altopascio, Firenze schierò, accanto a 1.500 cavalieri mercenari, 500 cavalieri fiorentini, 400 dei quali forniti dalla *cavallata* dei cittadini, si trattò di una sorta di canto del cigno della vecchia istituzione dei cavalli da guerra mantenuti dal «popolo grasso» e dai ricchi.
Il ricorso alle *condotte* può spiegarsi inoltre con l'avvento delle signorie e con la preferenza dei signori, timorosi del popolo, per le truppe mercenarie. Ma questa motivazione appare meno convincente nella misura in cui i signori, in generale, godevano dell'appoggio di almeno una fazione nella città che governavano. Avrebbero dunque potuto reclutare la loro milizia all'interno di questa fazione. Dunque il ricorso al mercenariato si spiega forse soprattutto con fattori economici e militari: da una parte le città non avevano difficoltà a trovare il denaro necessario per assoldare i mercenari, dall'altra sul grande mercato della guerra erano disponibili dei mercenari che si ritenevano ineguagliabili per valore ed efficienza militare.
Tra il 1340 e il 1380 prevalsero le compagnie inquadrate da elementi non italiani. Nel 1334 i «cavalieri della colomba», tedeschi, terrorizzarono l'Italia centrale. Nel 1339 altri Tedeschi, riuniti in una prima «compagnia di San Giorgio» erano al servizio di Lodrisio Visconti. In seguito, nel 1342, incontriamo la «grande Compagnia» del tedesco Werner von Urslingen. [...] Poi la «grande Compagnia», costituita da un ex-ospitaliere provenzale, Montreal d'Albarno (fra Moriale): un'accozzaglia di soldatacci di origine francese, ungara, ma soprattutto tedesca che, dopo che il suo capo fu decapitato a Roma da Cola di Rienzo, passò al comando del conte Corrado di Landau, cui i Toscani infliggeranno una dura sconfitta a Biforco, nel 1358. A quest'epoca si verificò un cambiamento: le compagnie non furono più associazioni puramente temporanee il cui scopo principale era lo sfruttamento di una popolazione indigena ridotta allo stato di vittima, ma organizzazioni militari permanenti, compatte, che si ponevano o cercavano di porsi sistematicamente al

servizio e al soldo di qualche stato italiano. Esemplare a questo proposito è il caso dell'inglese John Hawkwood (Giovanni Acuto). Questo figlio di un conciatore della regione di Colchester, dopo aver combattuto in Francia si ritrovò nel 1360, a capo di una truppa eterogenea, in cui predominavano però i suoi compatrioti. Per qualche tempo fece parte della «grande Compagnia» del marchese di Monferrato, al servizio del conte di Savoia contro i Visconti di Milano. [...] L'anno successivo era al servizio di Pisa in una guerra contro Firenze. Lo si ritrova in seguito al servizio dei Visconti. Per nove anni fu a capo della «Compagnia bianca», il più temuto condottiero d'Italia. Lottò contro Firenze, contro il papa, contro l'imperatore Carlo IV. Ma nel 1372 eccolo passare dalla parte del papa contro Galeazzo Visconti. [...] Riconciliatisi Milano e il papato, Hawkwood, rimasto senza impiego, si volge a Firenze, della quale minaccia e depreda i territori. Invano Caterina da Siena lo invita a lasciare l'Italia e ad andare in crociata contro il Turco. Nel 1376 l'Acuto è di nuovo al servizio del papa, che invade la Toscana. Firenze riesce a guadagnarlo offrendogli 130.000 fiorini, somma alla quale si aggiungono i contributi di Pisa, di Lucca, di Arezzo e di Siena. In pochi mesi il capitano inglese dovette ricevere 225.000 fiorini. Inoltre Firenze si impegnò a pagargli una rendita annua e vitalizia di 1.200 fiorini. Cosa curiosa: nonostante questo fiume d'oro Hawkwood rimase al servizio del papa contro Firenze e i suoi alleati ancora per due anni. [...] È sua la responsabilità diretta del massacro di Cesena, in Romagna, dove forse 5.000 persone perdettero la vita. Alcune settimane dopo entrò apertamente al servizio di Firenze e della Lega, che gli assicurarono 250.000 fiorini l'anno. In quel periodo sposò Donnina, figlia naturale di Bernabò Visconti, e divenne proprietario di un castello e di terre. Sino alla morte, sopraggiunta nel 1394, rimase fedele a Firenze.

ANALIZZARE E COMPRENDERE

1 **Com'era cambiata la guerra in Europa dalla discesa di Carlo VIII in Italia secondo Cardini? Quale tipo d'industria iniziò a prosperare man mano che la produzione di armi diventava sempre più precisa ed efficiente? Argomenta le tue risposte.**

2 **Quali caratteristiche del veliero armato progettato in Spagna e Portogallo (l'Europa atlantica) risultarono vincenti, nella ricostruzione di Cipolla, per la competizione sugli oceani tra le varie potenze europee?**

3 **Perché, secondo Contamine, le compagnie di ventura divennero un elemento basilare della vita militare italiana nei primi decenni del Trecento? Quali sono le ragioni economiche e militari che spiegano il massiccio ricorso dei signori italiani e del papa alle truppe mercenarie nelle guerre tre-quattrocentesche?**

CONFRONTARE E RIELABORARE

4 **Descrivi le principali innovazioni tecnologiche e militari ed esponi gli avvenimenti storici salienti che hanno trasformato il modo di intendere la guerra negli scenari europei del Tre-Quattrocento, basandoti sia sui brani qui presentati sia sul relativo capitolo studiato [>12], in modo da comporre un testo di max 20 righe.**

S 27_Il Rinascimento tra mito e realtà

Il nostro percorso storiografico si apre con un brano di **Jacob Burckhardt**, in cui l'individualismo è proposto come concetto chiave per cogliere la portata rivoluzionaria del Rinascimento. Secondo lo studioso, dopo un sonno durato secoli l'umanità sarebbe rinata e avrebbe elaborato nuovi valori, primo fra tutti quello appunto dell'individualismo. Nel secondo passo **Peter Burke** si pone in aperta polemica con il contributo storiografico dato da Burckhardt, al quale rimprovera di aver restituito un'immagine acritica, distorta e faziosamente mitologica del Rinascimento. Nell'ultimo brano infine, **Eugenio Garin** si sofferma su uno degli aspetti centrali dell'Umanesimo: il nuovo modo di porsi nei confronti della realtà e di concepire le forme del sapere e dell'attività umana. Anche se non si trattò di una conquista rapida e immediata, sottolinea Garin, questa novità diede un contributo rilevante all'avvento del pensiero moderno e a ideali che sarebbero emersi compiutamente nei due secoli successivi.

Jacob Burckhardt/L'individualismo del Rinascimento

[J. Burckhardt, *La civiltà del Rinascimento in Italia* (1860), trad. it. di D. Valbusa, Sansoni, Firenze 1944, pp. 153-158]

La civiltà del Rinascimento in Italia di Jacob Burckhardt (1818-1897) contribuì in modo decisivo alla diffusione del termine "Rinascimento" e alla creazione del mito rinascimentale, contrapposto ai "secoli bui" del Medioevo. Per quanto quest'opera sia stata ripetutamente criticata ha il merito di aver posto il problema delle origini dello spirito moderno e dell'individualismo. Come si evince dal brano che proponiamo, secondo Burckhardt essi si svilupparono nell'Italia rinascimentale e causarono una frattura immediata e irreversibile con il Medioevo. L'individualismo caratterizzò sia le signorie sia le Repubbliche: ispirò il governo dei tiranni come la vita ritirata dei sudditi incuranti della politica; parimenti si manifestò come abuso di potere da parte dei leader delle fazioni cittadine vittoriose, mentre negli sconfitti e negli esuli l'individualismo si rafforzò fino ad esprimersi, nella sua forma più alta, nel cosmopolitismo.

Nell'indole delle repubbliche e dei principati [...] sta, se non l'unica, certo la più potente causa, per cui gl'Italiani, prima d'ogni altro popolo, si trasformarono in uomini moderni e meritarono di esser detti i primogeniti della presente Europa.

Nel Medio-Evo i due lati della coscienza – quello che riflette in sé il mondo esterno e quello che rende l'immagine della vita interna dell'uomo – se ne stavano come avvolti in un velo comune, sotto al quale o languivano in lento torpore o si movevano in un mondo di puri sogni. Il velo era tessuto di fede, d'ignoranza infantile, di vane illusioni: veduti attraverso di esso, il mondo e la storia apparivano rivestiti di colori fantastici, ma l'uomo non aveva valore se non come membro di una famiglia, di un popolo, di un partito, di una corporazione, di cui quasi interamente viveva la vita. L'Italia è la prima a squarciar questo velo e a considerare lo Stato e tutte le cose terrene da un punto di vista *oggettivo*; ma al tempo stesso si risveglia potente nell'Italiano il sentimento di sé e del suo valor personale o *soggettivo*: l'uomo si trasforma nell'individuo e come tale si afferma. [...]

I primi a mettere in piena mostra una siffatta individualità [...] sono i tiranni e i condottieri, e poi a poco gli uomini d'ingegno da loro protetti, ma anche in ogni occasione fatti strumento di governo, i cancellieri, i segretari, i poeti e gli uomini di corte. Tutti costoro imparano necessariamente a tener conto di tutte le risorse, stabili o momentanee, che ciascuno sa trovare in sé stesso; ed anche nel godimento della vita esteriore ricorrono a mezzi men grossolani e di un'indole più spirituale, per circondare del maggior prestigio possibile un periodo forse assai breve di potenza e d'influenza.

Ma anche i sudditi non andarono del tutto esenti dal risentire un impulso simile. Senza tener conto di quelli che consumarono la loro vita in congiure segrete e in tentativi di resistenza, menzioneremo coloro che si rassegnarono a rimaner chiusi nella vita privata, forse come la maggior parte degli abitanti delle città nell'Impero bizantino o negli Stati maomettani. [...] Ma quanto al carattere individuale, ossia all'originalità o specialità delle tendenze di ognuno [...] in mezzo all'universale impotenza politica si spiegavano tanto più forti e molteplici le diverse direzioni della vita privata. Ricchezza e cultura, in quanto possano mostrarsi in piena luce e gareggiare fra loro, congiunte con una libertà municipale ancora abbastanza larga, e con una Chiesa, la quale non era, come a Costantinopoli e nel mondo islamitico, una cosa identica con lo Stato, – tutti questi elementi presi insieme favorivano senza dubbio la formazione di una opinione individuale, cui l'assenza stessa delle lotte di partito forniva agio ed opportunità a svilupparsi. Non è dunque improbabile che l'uomo privato, indifferente alla politica e dedito tutto alle sue occupazioni in parte professionali e in parte affatto accessorie, si sia per la prima volta venuto formando sotto queste tirannidi del secolo XIV. Ma sarebbe follia il pretendere di trovarne testimonianze esplicite e documentate; i novellieri, dai quali potrebbe attendersi in proposito almeno qualche cenno, ci parlano bensì di uomini originali e bizzarri, ma sempre da un solo punto di vista e unicamente in relazione al racconto che si accingono a dare: ed, oltre a ciò, il teatro dell'azione presso di loro è quasi sempre nelle repubbliche.

Anche in queste ultime lo sviluppo del carattere individuale era promosso al pari che nei principati, ma in guisa affatto diversa. Quanto più frequentemente i partiti si scambiavano fra loro la signoria, tanto più forte gli uomini che li componevano sentivano la tentazione di sfruttare il potere e talvolta di abusarne. Egli è appunto per tal modo che nella storia fiorentina gli uomini politici e i caporioni del popolo acquistano una personalità così spiccata, che altrove non si riscontra se non in via al tutto eccezionale. [...]

Ma gli uomini dei partiti soccombenti venivano spesso a trovarsi in una condizione simile a quella dei sudditi dei tiranni, con questo di più che la libertà o la signoria già gustate, e forse anche la speranza di riacquistar l'una e l'altra, davano al loro individualismo uno slancio più ardito. [...]

Ma ciò che sopra ogni altra cosa ha la forza o di logorare un uomo o di portarlo al massimo grado del suo sviluppo, è l'esiglio. [...] Quegli uomini non erano semplici fuggiaschi banditi dalla loro patria, ma l'avevano abbandonata di proprio impulso, perché le condizioni politiche ed economiche di essa erano divenute ormai insopportabili. Il cosmopolitismo che si manifesta negli esuli più colti è l'individualismo portato al suo più alto grado.

Peter Burke/Contro il mito del «miracolo culturale»

[P. Burke, *Il Rinascimento* (1989), trad. it. di R. Minuti, il Mulino, Bologna 1990, pp. 7-9, 12-13]

Il Rinascimento come periodo in cui emerse improvvisamente la modernità e l'individualismo è al centro della rigorosa critica che Peter Burke (nato nel 1937) svolge in questo brano. Le tesi fondamentali esposte da Jacob Burckhardt in *La civiltà del Rinascimento in Italia* sono passate in rassegna e confutate: l'eccessiva enfasi posta sulla diversità tra Italia ed Europa, nonché tra Rinascimento e Medioevo, restituiscono un'immagine distorta di quei secoli; mentre le metafore del risveglio e della rinascita utilizzate dagli uomini dell'epoca sono state accolte acriticamente da Burckhardt, che le ha poste al centro della sua ricostruzione storica. Il risultato di un simile lavoro è l'aver creato un mito che, secondo Burke, ha impedito per molto tempo di cogliere ciò che realmente fu il Rinascimento: un «concetto organizzatore» di un complesso di mutamenti che condussero la cultura occidentale alla modernità.

«Quando sente pronunciare la parola Rinascimento [...] il sognatore della bellezza antica vede porpora e oro». Più precisamente egli, o ella, vede con gli occhi della mente *La nascita di Venere* di Botticelli, il *David* di Michelangelo, *Monna Lisa* di Leonardo, Erasmo, i castelli della Loira, e la *Faerie Queene*, tutti insieme raccolti nel quadro composito di un'età aurea della creatività e della cultura.

Quest'immagine del Rinascimento – con la R maiuscola – risale alla metà del XIX secolo, allo storico francese Jules Michelet (che ne era innamorato), al critico John Ruskin (che non condivideva questo sentimento) e, soprattutto, allo studioso svizzero Jacob Burckhardt, che nella celebre opera *La civiltà del Rinascimento in Italia* (1860) presentava una definizione del periodo articolata sulla base di due concetti, «individualismo» e «modernità». [...] Rinascimento significava modernità e gli italiani, scriveva Burckhardt, erano «i figli primogeniti della presente Europa». Petrarca, che visse nel XIV secolo, era «uno dei primi uomini autenticamente moderni». Il grande rinnovamento delle arti e delle idee ebbe inizio in Italia, ed in una fase successiva i nuovi atteggiamenti intellettuali e le nuove forme artistiche si diffusero nel resto d'Europa.

Quest'idea del Rinascimento è un mito. Il termine «mito» è ovviamente ambiguo, ed in questo contesto è deliberatamente usato in due differenti accezioni. Quando gli storici di professione parlano di «miti», essi fanno generalmente riferimento ad affermazioni relative al passato che possono essere dimostrate false o comunque fuorvianti. Nel caso dell'interpretazione del Rinascimento offerta da Burckhardt, sono messi in discussione i contrasti drammatici tra Rinascimento e Medioevo e tra Italia e resto dell'Europa che da essa risultano. Tali contrasti sono ritenuti un'esagerazione, che ignora – a differenza degli storici – le numerose innovazioni che furono compiute nel corso del Medioevo, la sopravvivenza di atteggiamenti tradizionali fino al XVI secolo, o anche oltre, e l'interesse italiano per la pittura e la musica dei Paesi Bassi.

La seconda accezione del termine «mito» ha una valenza più specificamente letteraria. Un mito è un racconto simbolico i cui protagonisti sono personaggi che hanno caratteri più ampi, o più netti, rispetto alla vita reale; un racconto con una morale, ed in particolare un racconto sul passato che è svolto al fine di spiegare o giustificare una determinata situazione presente. Il Rinascimento di Burckhardt è un mito anche in questo senso. [...] È un racconto simbolico nel senso che descrive il mutamento culturale utilizzando le metafore del risveglio e della rinascita, le quali non sono semplicemente decorative ma essenziali nell'interpretazione di Burckhardt. [...]

L'errore di Burckhardt fu di accogliere la valutazione che gli intellettuali e gli artisti del periodo offrivano di se stessi, di accettare questo racconto della rinascita in base al suo valore apparente e di elaborarlo in un libro. Alle vecchie formule della restaurazione delle arti e del rifiorire dell'antichità classica, egli ne aggiunse di nuove come individualismo, realismo e modernità. [...]

A cosa ci porta tutto questo? Ci fu realmente un Rinascimento? Se descrivessimo il «Rinascimento» in termini di porpora e oro, come un miracolo culturale isolato, o come l'emergere improvviso della modernità, la mia risposta sarebbe «no». Se tuttavia il termine è usato, senza pregiudizi nei confronti delle realizzazioni dell'epoca medievale, o di quelle del mondo extraeuropeo, per far riferimento ad un particolare complesso di mutamenti nella cultura occidentale, allora esso può essere inteso come un concetto organizzatore che ha ancora la sua validità.

Eugenio Garin/La nascita della «coscienza storica»

[E. Garin, *L'Umanesimo italiano. Filosofia e vita civile nel Rinascimento* (1947), Laterza, Roma-Bari 1994, pp. 19-22, 252-253]

L'Umanesimo inaugurò un nuovo approccio nella lettura dei classici fondando una metodologia di studio scientifica basata sulla «coscienza storica». In questa espressione Eugenio Garin (1909-2004) racchiude il senso di un profondo rinnovamento culturale che pone alla base del pensiero moderno. La «coscienza storica» si esprimeva anzitutto come una radicale revisione nel modo di concepire il libro: non più testo sacro, depositario di una Verità assoluta che incuteva timore e reverenza, il libro fu visto come il prodotto del suo autore e dell'epoca storica in cui era vissuto. In quanto voce di un tempo definito e circoscritto dunque, il libro fu restituito alla sua dimensione umana e divenne un documento da analizzare con gli strumenti forniti dalla retorica e dalla dialettica.

Meglio si conosce il Medioevo, e più si vede quanto nella sua cultura si prolungasse la cultura antica. Modi d'insegnamento, vedute e dottrine sopravvivono variamente. Se il mondo classico ha esaurito la sua linfa vitale, rimangono i suoi echi consegnati a compilazioni e a manuali, fissati in moduli scolastici. [...] Così i vecchi libri di scuola trasmettono le cristallizzazioni estreme della cultura antica all'insegnamento medievale; e sono questi i libri innanzi a cui un reverente atteggiamento limita l'opera del maestro alla chiosa, all'ossessivo e torturante commento, il quale deve solo svelare la verità chiusa nella pagina investita dal carattere sacro proprio della parola scritta. Si insinuerà magari una glossa nel testo, si correggerà ad arbitrio il testo; quel che importa non è sapere ciò che storicamente è vero, ma l'unica Verità in qualche modo esistente alla radice dello scritto. Proprio perché il testo scritto da chi ha autorità si pone esso stesso come oggetto unico di conoscenza, dispensando dalla ricerca diretta, ogni sforzo di approfondimento si appunta a scavare la verità nello scritto, che non è più un documento umano, ma un oracolo a cui va strappato il senso segreto. [...]

Non importa l'uomo, quell'uomo: importa un pensiero, a cui il mutar nome è meramente accidentale. Di qui le strane attribuzioni, e gli anonimi, scomparendo il singolo nell'opera sua o nel frutto di una collettività. Ov'è la grandezza e il limite di tutta una cultura: ma dov'è un carattere che va tenuto ben presente per capire la vibrazione con cui Valla[1] dinanzi alla parola, al *verbum*, richiama al fatto che ci troviamo innanzi a un puro mezzo di comunicazione, cosa certo grandissima, ma umana. Onde la logica, la dialettica, va ricondotta dai cieli della teologia ai piani della retorica e della grammatica, sul più umile terreno dei rapporti mondani. [...]

Proprio l'atteggiamento assunto di fronte alla cultura del passato, al passato, definisce chiaramente l'essenza dell'umanesimo. E la peculiarità di tale atteggiamento non va collocata in un singolare moto d'ammirazione o d'affetto, né in una conoscenza più larga, ma in una ben definita coscienza storica. I «barbari» non furono tali per avere ignorato i classici, ma per non averli compresi nella verità della loro situazione storica. Gli umanisti scoprono i classici perché li distaccano da sé, tentando di definirli senza confondere col proprio il loro latino. Perciò l'umanesimo ha veramente scoperto gli antichi, siano essi Virgilio o Aristotele[2] pur notissimi nel Medioevo: perché ha restituito Virgilio al suo tempo e al suo mondo, e ha cercato di spiegare Aristotele nell'ambito dei problemi e delle conoscenze dell'Atene del quarto secolo avanti Cristo. [...] Ma il punto in cui si concentrò quella presa di coscienza fu l'accendersi di una discussione critica innanzi ai documenti del passato che, indipendentemente da ogni risultato specifico, permise di stabilire una nostra distanza rispetto a quel passato: quei settecento anni di tenebre [...] in cui ottenebrato era lo spirito di critica, in cui sembrava affievolita la consapevolezza della storia come farsi umano. Quel punto di crisi si concretò e prese dimensioni precise nella *filologia* umanistica, che è consapevolezza del passato come tale, e visione mondana della realtà e umana spiegazione della storia degli uomini. [...]

Se l'umanesimo fu veramente rinnovata fiducia nell'uomo e nelle sue possibilità, e comprensione della sua attività in ogni direzione, all'influenza umanistica è giusto rivendicare il nuovo metodo d'indagine scientifica, la rinnovata versione del mondo, il nuovo moto verso le cose per dominarle ed usarle. [...] E questa è davvero l'aurora del pensiero moderno.

1. Il filologo Lorenzo Valla (1407-1457).
2. Virgilio (70-19 a.C.), il più importante poeta della latinità, e Aristotele (384-322 a.C.), il maggiore filosofo dell'Antichità greca.

ANALIZZARE E COMPRENDERE

1 **Quale immagine del Medioevo ricostruisce Burckhardt e quali fattori secondo lui hanno favorito la nascita dell'individualismo in Italia? Quali testimonianze storiche adduce a sostegno delle sue tesi?**

2 **Quale fu l'errore di Burckhardt secondo Burke? In quale duplice senso Burke definisce l'idea burckhardtiana di Rinascimento «un mito»? Argomenta le tue risposte.**

3 **In che cosa consiste, secondo Garin, l'«essenza dell'umanesimo» e quale disciplina ne è lo strumento? Perché Garin ravvisa in questo nuovo approccio intellettuale «l'aurora del pensiero moderno»? Argomenta le tue risposte.**

CONFRONTARE E RIELABORARE

4 **In un testo di max 20 righe, confronta gli aspetti essenziali delle letture elaborate dai tre studiosi, Burckhardt, Burke, Garin, illustrandone le eventuali differenze. Argomenta ricorrendo in modo pertinente ai contenuti esposti nel capitolo sul Rinascimento [>13].**

S/28_Gli uomini e le donne del Rinascimento

Nelle pagine che proponiamo vengono poste al centro dell'indagine le esistenze di uomini e donne in una società complessa ed originale come quella rinascimentale. **Alberto Tenenti** si sofferma sul tipo sociale del mercante-banchiere, professionista del settore finanziario che spesso finisce per inserirsi, proprio in virtù della propria posizione economica, nei gangli del potere. **Margaret L. King** racconta invece la storia quotidiana delle donne reali, di quelle dei ceti medio-bassi e di quelle dei ceti alti, tutte accomunate dalla stessa sorte: essere votate alla maternità. La loro è pertanto un'esistenza scandita interamente dai parti e dalla cura dei figli. **Christiane Klapisch-Zuber**, infine, riporta alla luce la pratica rinascimentale di tenere i "quaderni di famiglia", sorta di memorie scritte dai capifamiglia e continuate dai discendenti per tramandare e conservare all'interno della famiglia la memoria della propria storia.

Alberto Tenenti/Il mercante-banchiere

[A. Tenenti, *Il mercante e il banchiere*, in *L'uomo del Rinascimento*, a cura di E. Garin, Laterza, Roma-Bari 1988, pp. 230-232]

Il mercante rinascimentale è una figura ormai ben radicata nella società. Se poi è stato capace di accumulare ricchezze enormi, riuscendo così a trasformarsi in banchiere, non è raro incontrarlo nelle corti in qualità di socio che entra in affari con il signore o di dispensatore di prestiti alle casse statali. Alberto Tenenti (1924-2002) illustra questo rapporto privilegiato, fatto di grossi interessi reciproci tra signori e mercanti-banchieri, nel caso esemplare di Jacob Fugger. In contesto italiano sono invece i Medici di Firenze a rappresentare meglio la tipologia dei grandi mercanti che legano la loro azione alla politica, con la differenza che molto presto, proprio in virtù del loro peso economico, giunsero ad assumere apertamente la guida politica dello Stato.

Se il mercante e il banchiere di quest'epoca furono innegabilmente portatori di valori professionali e culturali propri, mutuarono altresì dall'ambiente in cui vissero e prosperarono caratteristiche di notevole rilievo. [...] Nel Rinascimento è ormai chiaro ad ogni modo che il mercante è un personaggio di casa non solo nei governi delle città ma anche negli ambienti principeschi. Inoltre è ora portato a finanziare iniziative artistiche o culturali non più soltanto in quanto membro di confraternite o corporazioni ma a titolo del tutto personale.

Nel quarto libro della sua opera sulla *Famiglia* Leon Battista Alberti considera necessario per un mercante di rango sapersi introdurre nelle buone grazie di un principe laico o ecclesiastico e per intere pagine illustra le vie a suo parere più adatte per riuscirvi. L'umanista non intendeva fare dell'operatore economico un vero e proprio cortigiano, ma almeno un personaggio in grado di muoversi anche nell'ambito delle corti. Fin dal Due e dal Trecento i mercanti avevano ben compreso quali tangibili vantaggi potevano derivare loro dal favore dei sovrani e per questo avevano sovente consentito a prestare loro somme ingenti anche con grande rischio o a fondo perduto. Nel Quattro e nel Cinquecento prìncipi e monarchi hanno notevolmente assodato la sfera del loro potere ma non hanno adeguatamente sviluppato i meccanismi finanziari per valersene in proprio e soprattutto per far fronte alle occorrenze straordinarie, belliche o meno. Agli operatori economici si apriva così un ventaglio assai ampio di opportunità. [...] Si può senz'altro dire che in questo periodo non v'è principe che non si valga dei loro prestiti, mentre i mercanti ora sono relativamente meno esposti alle insolvenze dei sovrani i cui cespiti sono più articolati e vari di prima.

Forse il personaggio che meglio illustra simile scambio di favori interessati è Jacob Fugger (1460-1525). [...] Rimasto fino all'ultimo un vero e proprio mercante tutto teso al guadagno, il Fugger seppe sfruttare a questo scopo i bisogni di vari prìncipi. Come garanzia di un prestito, fin dal 1487 egli ottenne dall'arciduca Sigismondo di Asburgo la cessione della parte che toccava a quest'ultimo nella produzione d'argento delle sue miniere tirolesi. Il commercio del prezioso minerale, ed ancor più poi quello del rame di altre miniere, insieme alle fonderie e poi alla banca, costituirono le basi essenziali della fortuna dell'imprenditore tedesco. Questi riuscì a procacciarsi pure per un certo tempo il monopolio dei trasferimenti di denaro inviati alla curia pontificia dagli ecclesiastici di buona parte delle regioni a nord delle Alpi. Grazie a questi monopoli, e ad altre operazioni similari nei regni iberici, Jacob meriterà poi l'epiteto di «ricco» per le enormi sostanze accumulate. Dopo il suo matrimonio nel 1498 egli cominciò a condurre una vita fastosa e dall'imperatore Massimiliano acquistò le contee di Kirchberg e Weissenhorn, diventando sovrano di numerosi vassalli. Pur continuando [...] a vivere da mercante, egli fornì [...] oltre mezzo milione di fiorini al giovane Carlo di Borgogna per la sua elezione imperiale nel 1519. Ad Augusta poi fondò per i poveri tutto un quartiere (la *Fuggerei*) composto da centosei alloggi indipendenti, i cui inquilini versavano un affitto simbolico e dovevano recitare ogni giorno un *Pater*, un *Ave* ed un *Credo* per le anime dei fondatori e della loro famiglia. Si è calcolato che due anni dopo la morte di Jacob il patrimonio dei Fugger ammontava a quasi due milioni netti di fiorini d'oro.

Anche se su scala alquanto minore, i successi e i comportamenti di mercanti e banchieri italiani [...] furono sovente analoghi. Ma la situazione della Penisola offriva questo di molto diverso: che i suoi operatori economici non si limitarono ai profitti in denaro e convertirono in molti casi la loro potenza mercantile in potere politico. Gli ordinamenti municipali di grandi empori commerciali e preindustriali come Venezia, Firenze e Genova permisero ai più ricchi di tramutare sovente la loro supremazia in gestione più o meno diretta dei rispettivi governi. Certo la situazione di queste repubbliche variava molto dall'una all'altra e senza dubbio quella in cui la fortuna patrimoniale si trasformò più esplicitamente in predominio politico fu Firenze. Qui [...] i Medici riuscirono a divenire, da cittadini più facoltosi, capi effettivi del reggimento fiorentino per sessant'anni (1434-94). Si trattò di una signoria non ufficiale e nemmeno dichiarata ma effettiva che appunto, nel corso di quel periodo, dopo essersi valsa in buona misura delle sostanze familiari per attirare a sé il sostegno della comunità, riuscì a mantenervi il proprio dominio anche quando le fortune economiche declinavano e non la sorreggevano più. Il grande «affare» dei Medici consiste nel fare di Firenze stessa, delle sue finanze come del favore politico ed insomma dello Stato, una sorta di proprietà di famiglia. Attraverso le fortunose vicende della fine del Quattrocento e dell'inizio del secolo successivo, con il concorso della posizione cardinalizia e poi del trono pontificio raggiunti da due suoi membri, questa schiatta di mercanti divenne dal 1530 in poi una progenie di duchi e granduchi, destinata a regnare sino al secolo XVIII.

Margaret L. King/Le donne del Rinascimento

[M.L. King, *La donna del Rinascimento*, in *L'uomo del Rinascimento*, a cura di E. Garin, Laterza, Roma-Bari 1988, pp. 273-275, 278]

In questo brano Margaret L. King (nata nel 1947) illustra la vita reale delle donne del Rinascimento, tutta compresa nel loro ruolo di madri. In nome degli interessi della famiglia, nella convinzione di dover garantire una numerosa discendenza spesso minacciata dal numero di bambini che non superava i primi anni di vita, alle donne dell'epoca veniva chiesto di affrontare una gravidanza dopo l'altra, a rischio della loro stessa vita. Nonostante il loro attaccamento ai figli, poi, le donne non li allattavano, forse proprio per non far diminuire la loro fertilità, e li mandavano a balia.

La gran parte delle donne del Rinascimento divennero madri, e la maternità ha costituito la loro professione e la loro identità. La loro vita adulta (dai venticinque anni circa nella maggior parte dei gruppi sociali, dall'adolescenza nelle *élites*) era un ciclo continuo di parti, allattamenti e ancora parti. Le donne che appartenevano alle classi superiori davano alla luce un figlio ogni ventiquattro o trenta mesi. Gli intervalli tra un parto e l'altro erano scanditi dai periodi di allattamento, che limitano la fertilità: quando il bambino era ormai svezzato, si poteva avere un nuovo concepimento. Le donne ricche partorivano anche più figli di quelle povere. Il bisogno di assicurarsi un erede, corollario alla necessità di trasmettere efficacemente la ricchezza, le costringeva alla fertilità. Dato che esse non allattavano i loro bambini (torneremo tra poco su questa rinuncia) gli intervalli tra un parto e l'altro potevano essere più brevi. Alessandra Macinghi Strozzi, discendente delle dinastie commerciali fiorentine degli Alberti e degli Strozzi, diede alla luce otto figli nel decennio tra il 1426 e il 1436. Henrietta Maria, sposa di re Carlo I di Inghilterra, restò incinta quasi senza intervallo nel periodo 1628-1639. Questa fertilità, che poteva raggiungere con qualche oscillazione livelli superiori alla media massima della fertilità biologica per la femmina umana di dodici parti, era richiesta nell'interesse della famiglia, che aveva bisogno almeno di un erede maschio sopravvissuto se voleva assicurare la propria continuità. [...] La moglie veneziana di Francesco Marcello, Magdalucia, diede alla luce ben ventisei bambini alla fine del XV secolo, superando così quel limite. [...]

Dalle donne delle classi superiori ci si aspettava che amassero i figli, e in effetti molte di loro lo facevano: nutrivano i figli e li educavano sino all'età di sette anni (le figlie sino al matrimonio) trovando così nella maternità un'occasione di creatività e di espressione. Le circostanze fecero sì che Alessandra Macinghi Strozzi, la madre di quegli otto bambini di cui abbiamo già parlato, non si limitasse a mettere al mondo ma allevasse anche i suoi figli sopravvissuti allorché suo

marito (presto defunto) e i suoi figli maggiori vennero esiliati dalla città perché oppositori dei Medici. Le settantadue lettere che ella scrisse a questi ultimi testimoniano della sua preoccupazione materna per il loro benessere. Al figlio Filippo, che si sperava potesse restaurare le fortune della famiglia, Alessandra spediva consigli medici, notizie sugli investimenti, pezze di lino, formaggi stagionati e notizie sui progressi dei fratellini e dei cugini più giovani.
Di condizione più elevata, ma non meno sollecita, fu Margaret Beaufort, discendente del ramo inglese dei Lancaster, che incitò suo figlio, il futuro Enrico VII, a grandi imprese e a una rigorosa virtù. Questa patrona e antesignana delle donne istruite di condizione elevata dell'epoca Tudor intrigò costantemente per porre il suo unico figlio sul trono di Inghilterra. Madre e figlio si scambiavano lettere che rivelano un affetto molto profondo. Nel mandargli gli auguri di compleanno, ella lo chiamava «sola gioia desiderata di questo mondo». Egli dal canto suo, confessava di sentirsi legato a lei più che a qualsiasi altro essere vivente, in riconoscimento del suo amore materno. [...]
Le donne della nobiltà e del patriziato, delle corti e delle città dell'Europa del Rinascimento rifiutavano di allattare i loro bambini. Il loro rifiuto si scontrava con l'imponente serie di ammonimenti degli umanisti e dei medici, che si rifacevano all'autorità, tanto antica quanto venerabile, di Aristotele e di Plutarco. San Bernardino ricordava solennemente alle donne riunite in piazza per ascoltarlo che quando davano un bimbo a balia cadevano in peccato mortale. Francesco Barbaro, l'autore dell'elegante e diffusissimo *De re uxoria* (1415), dichiarava che era dovere naturale della donna nutrire al petto il proprio figliuolo. Il latte della madre il cui ventre ha portato il bambino è il nutrimento più adatto per lui. Un secolo dopo, lo spagnolo Juan Luis Vives ripropose la stessa osservazione nella sua famosa opera sull'educazione della donna, il *De institutione foeminae christianae*, del 1529. Al di fuori dell'ambito umanistico lo stesso suggerimento era ricorrente nei manuali e nei sermoni, di parte sia cattolica che protestante.
Il rifiuto dell'allattamento da parte delle donne della classe dominante non è l'effetto di una semplice riluttanza. Spesso i mariti non approvavano che la madre allattasse. L'allattamento, inoltre, avendo un effetto contraccettivo, può essere stato limitato consapevolmente per consentire il concepimento di nuovi bambini. Un più elevato tasso di nascite era desiderato in questi strati sociali per assicurare la trasmissione della ricchezza, della conoscenza e del potere, proprio come, tra i poveri, un livello di nascite troppo alto era indesiderabile a causa della scarsità di risorse alimentari. Quali che ne siano comunque state le ragioni, il rifiuto di allattare da parte delle donne delle classi superiori era praticamente universale. Il figlio della donna ricca, così, veniva nutrito dalle mammelle della donna povera. Per i bambini dei più facoltosi c'era una balia che viveva nella casa. Era più comune, però, che i bambini delle varie città d'Italia, della Francia, della Germania e dell'Inghilterra, venissero mandati in campagna pochi giorni dopo la nascita, dove venivano allattati da delle contadine. Alcune balie avevano una tale abbondanza di latte che potevano soddisfare facilmente alle necessità di altri bambini oltre al loro.

Christiane Klapisch-Zuber/I libri di famiglia

[C. Klapisch-Zuber, *La famiglia e le donne nel Rinascimento a Firenze*, trad. it. di E. Pellizer, Laterza, Roma-Bari 1988, pp. 15-19]

Gli studi di Christiane Klapisch-Zuber (nata nel 1936) sui libri di famiglia hanno dato un contributo fondamentale alla ricostruzione delle pratiche quotidiane e delle strategie familiari della società fiorentina del Rinascimento. Scritti dai capifamiglia per tramandare le memorie della propria discendenza, diventano per noi fonti preziosissime che permettono di riportare alla luce storie di uomini e di donne comuni, colti soprattutto nella loro funzione professionale o pubblica i primi, nell'intimità delle loro case le seconde. Questi libri furono scritti con cura e tramandati rigorosamente ai discendenti da uomini ormai consapevoli dell'importanza dell'appartenenza ad una continuità familiare nella società del tempo.

A partire dalla fine del XIV secolo, i Fiorentini sono degli infaticabili scribacchini. La coscienza che essi acquistano a quest'epoca, di dover trasmettere ai discendenti il loro bagaglio di conoscenze sul passato della famiglia, si appoggia sull'abitudine, assai diffusa dopo il 1350, e più ancora dopo il 1400, di registrare per iscritto tutti gli avvenimenti della vita quotidiana. [...] E allo stesso modo è agli scritti che ci si rivolge sempre più spesso per ricostruire la storia antica o recente delle rispettive famiglie.
Di qua dalla zona del passato che viene reinventata dal ricordo e dalla tradizione più diffusa della famiglia, si estendono i cento o centocinquant'anni che sono il tempo degli avi più prossimi. Per questa fascia di tempo, i redattori di cronache familiari conducono le loro inchieste con altri metodi. Certo, essi continuano a sollecitare la testimonianza dei membri della stirpe ancora in vita, e ne derivano interviste che ovviamente rendono più vivi e piccanti i ritratti di parenti da poco scomparsi tracciati, ad esempio, da

Velluti o da Morelli. Ma la maggior parte dei fatti che costoro riferiscono sono raccolti a piene mani dai depositi degli archivi ai quali hanno accesso. Talvolta si tratta di archivi pubblici, se essi occupano una carica che apra loro la possibilità di utilizzare determinati documenti. Così, essi possono precisare quali funzioni comunali abbiano esercitato alcuni antenati o parenti, quale ruolo abbiano avuto nella vita politica della città, le guerre private o le rappacificazioni intervenute tra diverse famiglie; a volte esibiscono persino documenti elaborati quando essi stessi occupavano un pubblico incarico. La riflessione sugli avvenimenti nei quali si sono trovati coinvolti può allora sfociare in una storia vera e propria, dove emergono in primo piano i racconti che si riferiscono alla comunità nel suo insieme.
I cronisti non sembrano tuttavia privilegiare i materiali tratti dagli archivi cittadini, dal momento che dispongono, a portata di mano, di fonti ben più abbondanti e precise sul passato familiare: le «care iscritture», conservate in un cofano nella camera del padrone di casa o nello *scrittoio* del capo famiglia. In questa segreta camera di Barbablù, spazio esclusivamente maschile dal quale la moglie è rigorosamente esclusa, i nostri redattori di libri di famiglia s'improvvisano archivisti, compilatori di testi eterogenei che così vengono salvati dalla distruzione, critici ed eruditi, moralisti e genealogisti, e talvolta addirittura storici. [...]
Sui suoi «libri propri» un capo famiglia deve annotare i conti dell'economia quotidiana e degli affari della casa. Giorno dopo giorno, riporterà fedelmente tutto ciò che avrà annotato su un'agenda tascabile o in altri registri di entrate e uscite. A lato dei suoi, sono disposti in bell'ordine i libri che gli ha lasciato suo padre, se è il figlio maggiore. Nello studiolo di Luca da Panzano sono archiviati, nel 1448, due salteri (libri di salmi), alcune «carte d'importanza» relative alle fattorie di sua proprietà con diversi altri documenti, l'«albero di nostra disciendenzia», i vecchi libri del suo avo messer Luca e di altri membri «di casa». Si tratta di beni preziosi. Quando i Fiorentini devono fuggire la peste o qualche avversità politica, insieme con le loro vesti più preziose sono soliti depositare sacchi o bauli pieni di «schritture d'importanza» presso amici fidati o nei monasteri. [...]
Dopo del padre, è al figlio maggiore che spetta il compito di conservare libri e scritture, dei quali i più antichi, di conseguenza, restano normalmente nel ramo della stirpe che ne discende. Come segno di speciale fiducia, talvolta un padre autorizza sul letto di morte uno dei suoi figli a continuare la sua opera, proseguendo sui suoi propri libri la quotidiana registrazione degli eventi. A questa pratica noi dobbiamo alcuni dei libri più ricchi d'informazioni sulla storia di alcune famiglie. Tuttavia, l'uso più corrente è che ciascuno tenga i suoi libri personali. Il figlio cadetto può sempre consultare quelli di suo padre o dei suoi antenati, nel caso siano depositati da un fratello maggiore o un cugino. Libri «segreti», che non si devono mostrare che ai figli, ai discendenti o rigorosamente ai soli membri della stirpe, ai quali restano accessibili, chiunque sia il loro custode, come poteva esserlo qualche equipaggiamento militare o qualche vecchia torre cadente nella campagna. E se a Firenze sono giudicati sfavorevolmente coloro che tengono male i loro libri o rifiutano di mostrarli ai loro fratelli o ai loro cugini, non v'è crimine peggiore che distruggere gli archivi di famiglia, quando i casi della nascita li hanno fatti capitare nel vostro forziere: Buonaccorso Pitti non trova parole abbastanza severe per biasimare un cugino che, venuto in discordia con la famiglia, aveva per vendetta bruciato o venduto i libri e le carte restate nel suo lato, il ramo maggiore della stirpe.

ANALIZZARE E COMPRENDERE

1 **Quali enormi vantaggi ottenne, secondo Tenenti, Jacob Fugger dai potenti che finanziò e a chi era destinata la *Fuggerei* da lui ideata? Perché, rispetto ai colleghi europei, i mercanti-banchieri italiani erano favoriti nell'ascesa al potere politico e quale fu il «grande "affare"» dei Medici? Argomenta le tue risposte.**

2 **Quale esigenza familiare soddisfacevano, nella ricostruzione di King, le ripetute maternità delle donne appartenenti alle classi superiori tra Quattrocento e Cinquecento? Cosa prescriveva, in materia di allattamento dei figli, la fiorente trattatistica europea dedicata all'educazione femminile?**

3 **Su quali fonti poggiano le ricostruzioni del passato familiare scritte dai capifamiglia fiorentini secondo Klapisch-Zuber?**

CONFRONTARE E RIELABORARE

4 **Basandoti sulla lettura del brano di King qui proposto, definisci in un testo di max 20 righe il ruolo della donna nella famiglia tra Quattrocento e Cinquecento, evidenziando le differenze tra i ceti più e meno abbienti. Illustra inoltre il significato centrale della maternità nella società del tempo collegandolo al valore, chiarito dalla lettura del brano di Klapisch-Zuber, dell'appartenenza al gruppo familiare nella costruzione dell'identità personale.**

S 29_L'incontro con l'*altro*

I tre passi storiografici che qui proponiamo affrontano il tema della scoperta dell'America dallo specifico punto di vista dell'incontro con l'*altro*. **Tzvetan Todorov**, privilegiando una prospettiva che coniuga antropologia e psicologia collettiva, ricostruisce i differenti sistemi valoriali degli indios e dei *conquistadores*. In particolare, conducendo un'analisi delle forme della violenza, riesce a cogliere gli aspetti di sorprendente modernità che caratterizzarono l'avanzata spagnola. **Nathan Wachtel** si immerge invece nella cultura dei nativi americani e mette in risalto la disperata ricerca da essi compiuta per giustificare la violenza degli stranieri e la fine della loro civiltà. Infine **John H. Elliott** si sofferma sul processo di confronto e interscambio tra il Vecchio e il Nuovo Mondo. Abbracciando il punto di vista europeo, Elliott individua alcuni dei princìpi in base ai quali si cercò di assimilare l'America inserendola in uno schema universale complesso, che rispondeva a esigenze filosofiche, di fede e di costume.

Tzvetan Todorov/«La "barbarie" degli spagnoli... preannuncia l'avvento dei tempi moderni»

[T. Todorov, *La conquista dell'America* (1982), trad. it. di A. Serafini, Einaudi, Torino 1992, pp. 173-176]

Per Tzvetan Todorov (nato nel 1939) la violenza dei *conquistadores* racchiuse in sé due aspetti di inaudita modernità. Il primo riguardò la subordinazione di ogni altro valore alla ricchezza e alla cupidigia, che legittimò il massacro dell'altro e rafforzò la convinzione per cui tutti i beni, sia materiali che spirituali, possono essere egualmente acquistati col denaro. Il secondo fu invece l'invenzione del massacro, una nuova forma di violenza destinata a sopravvivere fino ai nostri giorni. A dispetto del sacrificio, che Todorov definisce un delitto religioso accuratamente regolamentato e volto a rafforzare i vincoli comunitari, il massacro deriva dalla perdita dei princìpi morali, nega qualsiasi tratto di umanità alle vittime, è compiuto lontano «dal potere centrale... dalla legislazione regia» ed è fine a se stesso. Il massacro è un delitto ateo, ma terribilmente moderno e umano.

Quali sono le motivazioni immediate del comportamento degli spagnoli? Una è incontestabilmente il desiderio di arricchirsi presto e molto, senza curarsi del benessere e della stessa vita altrui. Si torturano gli indiani per strappar loro il segreto sui nascondigli dei tesori; si sfruttano gli indigeni per ricavarne dei profitti. Gli autori dell'epoca già trovavano in questo movente la principale spiegazione di quanto era avvenuto. [...] Scrive, ad esempio [...] Las Casas: «Non dico che [gli spagnoli] uccidano gli indiani unicamente per odio. Li uccidono perché vogliono arricchirsi e avere molto oro (che è il loro unico scopo), grazie alla fatica e al sudore dei tormentati e degli infelici».

Perché questa brama di arricchirsi? Perché, come è noto, il denaro può tutto: «Col denaro gli uomini acquistano tutte le cose temporali di cui hanno bisogno e desiderio, come l'onore, la nobiltà, la ricchezza, la famiglia, il lusso, i bei vestiti, i cibi delicati, il piacere dei vizi, la vendetta sui nemici, la grande stima per la propria persona».

Il desiderio di arricchirsi non è certo una novità; la passione per l'oro non ha nulla di specificamente moderno. Lo è invece, almeno in parte, questa subordinazione ad essa di ogni altro valore. Il conquistador non ha cessato di aspirare ai valori aristocratici, ai titoli nobiliari, agli onori e alla stima; ma ha capito perfettamente che tutto può essere ottenuto col denaro, che questo non è soltanto l'equivalente universale di tutti i valori materiali, ma rende possibile anche l'acquisto di tutti i valori spirituali. [...] Questa omogeneizzazione dei valori per mezzo del denaro è un fatto nuovo, che preannuncia la mentalità moderna, egualitaria e attenta all'economia.

Comunque, il desiderio di arricchirsi non spiega tutto. Se esso è eterno, le forme assunte dalla distruzione degli indiani e le sue proporzioni sono inedite, e talvolta eccezionali; la spiegazione economica mostra chiaramente i suoi limiti. Non si possono spiegare con la cupidigia [...] l'impiccagione delle donne agli alberi e quella dei bambini alle caviglie delle madri, o le torture con cui si strappa a brano a brano la carne delle vittime per mezzo delle tenaglie; né gli schiavi lavorano meglio se il padrone va a letto con le loro mogli sopra la loro testa. Tutto avviene come se gli spagnoli provassero un piacere particolare nella crudeltà, nell'esercizio del potere sugli altri, nella dimostrazione di poter dare la morte.

Si potrebbero, anche qui, richiamare alcune caratteristiche immutabili della «natura umana» che la psicanalisi definisce con i termini di «aggressività», «pulsione di morte», «istinto di padronanza». Per quanto riguarda la crudeltà, si potrebbero ricordare alcune caratteristiche proprie di altre culture, in particolare di quella azteca, che ha fama di essere «crudele» e [...] si potrebbe anche sostenere che ogni popolo, dalle origini fino ai giorni nostri, possiede le sue vittime e conosce la follia omicida; e ci si potrebbe domandare se non sia questa una caratteristica delle società a dominanza maschile (poiché sono le sole ad essere conosciute).

Ma sarebbe errato cancellare, in tal modo, tutte le differenze e restar fermi a termini di carattere affettivo più che descrittivo, come «crudeltà». [...] Sarebbe opportuno parlare di società del sacrificio e di società del massacro, di cui gli aztechi e gli spagnoli del XVI secolo furono, rispettivamente, i rappresentanti.

Il sacrificio è, in quest'ottica, un delitto religioso: lo si compie in nome dell'ideologia ufficiale, sulla pubblica piazza, dinanzi agli occhi di tutti. L'identità del sacrificato è fissata da regole rigorosissime. Non dev'essere troppo estraneo alla comunità, non deve vivere troppo lontano da essa, ma non deve neppure appartenere alla comunità medesima: non si sacrificano i propri concittadini. I sacrificati provengono da paesi limitrofi, che parlano la stessa lingua ma hanno un governo autonomo; una volta catturati, vengono tenuti per qualche tempo in prigione allo scopo di essere parzialmente assimilati (ma mai completamente). Né simile, né totalmente differente, il sacrificato conta anche per le sue qualità personali: il sacrificio di valorosi guerrieri è più apprezzato di quello di persone qualsiasi; quanto agli invalidi di ogni genere, essi sono considerati come assolutamente inadatti al sacrificio. Questo è compiuto sul posto e testimonia della forza del tessuto sociale, della sua prevalenza sull'individuo.

Il massacro, invece, rivela la debolezza del tessuto sociale, il venir meno dei principî morali che garantivano la coesione del gruppo. È compiuto di preferenza in luoghi lontani, dove la legge stenta a farsi rispettare: per gli spagnoli, in America o anche in Italia. Il massacro è dunque intimamente legato alle guerre coloniali, condotte lontano dalle metropoli. Più i massacrati sono lontani e stranieri, meglio è: vengono sterminati senza rimorsi, perché identificati più o meno con le bestie. L'identità individuale del massacrato è, per definizione, non pertinente (se no, si tratterebbe di un delitto): non si ha né il tempo né la curiosità di sapere chi si sta uccidendo in un determinato momento. Al contrario dei sacrifici, i massacri non sono mai rivendicati: la loro esistenza, di solito, è tenuta segreta e viene negata. Il fatto è che la loro funzione sociale non è riconosciuta, e si ha l'impressione che l'atto trovi la sua giustificazione in se stesso: si maneggia la sciabola per il piacere di maneggiarla, si mozzano il naso, la lingua ed il sesso degli indiani senza che nulla, assolutamente nulla di rituale sia presente allo spirito di chi compie tali atti.

Se il sacrificio è un delitto religioso, il massacro è un delitto ateo; e gli spagnoli sembrano aver inventato proprio quel tipo di violenza che invece si ritrova abbondantemente nel nostro più recente passato, sia per quanto riguarda la violenza individuale, sia per quanto concerne quella statale. Lontani dal potere centrale, lontani dalla legislazione regia, tutti i divieti cadono; il legame sociale, già indebolito, si sfalda e rivela non una natura primitiva (la belva assopita in ciascuno di noi), ma un essere moderno, a cui appartiene l'avvenire, che non ha alcuna morale e che uccide perché e quando gli piace. La «barbarie» degli spagnoli non ha niente di atavico o d'animale; è interamente umana e preannuncia l'avvento dei tempi moderni.

Nathan Wachtel/Profezie e prodigi avvertono dell'arrivo degli europei

[N. Wachtel, *La visione dei vinti. Gli indios del Perú di fronte alla conquista spagnola* (1971), trad. it. di G. Lapasini, Einaudi, Torino 1977, pp. 19-23]

Nelle culture degli indios l'incontro con gli europei fu ricondotto a una dimensione spiccatamente magico-sacrale e fatalista. Nel brano che proponiamo, Nathan Wachtel (nato nel 1935) ripercorre e spiega le profezie e i presagi che gli indios interpretarono come preavviso della prossima fine della loro civiltà. Nella maggior parte dei casi i presagi furono redatti retrospettivamente, ma, a dispetto di ciò, essi rimangono dei documenti fondamentali per cogliere la profonda spiritualità di queste culture. Non solo: come spiega Wachtel, l'interpretazione che gli indios fornirono dei presagi e delle profezie rispondeva all'imperante bisogno di spiegare e giustificare le atrocità subite con linguaggi e figure a loro familiari.

Si manifestano terribili presagi, i profeti annunciano la fine del mondo. Poi appaiono mostri a quattro zampe, montati da esseri bianchi dall'aspetto umano. È la guerra, la violenza e la morte... Ecco i temi che i documenti indigeni del XVI secolo evocano. Gli indios sembrano colti da una specie di stupore, come non riuscissero più a capire quanto accaduto, come se tutto ciò avesse distrutto il loro universo mentale. [...]

Gli indios scoprirono l'Europa attraverso poche centinaia di soldati spagnoli che li sconfissero. Due civiltà – che fino ad allora si ignoravano del tutto – si scontravano, e colpisce il fatto che per gli indios «l'incontro» sia avvenuto in un'atmosfera di prodigio e di magia. Forse, i presagi sono stati inventati dopo, tuttavia – anche in questo caso – dimostrano lo sforzo

compiuto dai vinti per interpretare l'avvenimento. [...]
Durante i dieci anni precedenti l'arrivo degli spagnoli, si annoverano otto presagi funesti. Per tutto un anno, ogni notte venne incendiata da una colonna di fuoco che appariva a oriente e sembrava alzarsi dalla terra al cielo. [...] Il tempio di Huitzilopochtli prese fuoco misteriosamente senza alcun motivo apparente, e bruciò «come da sé». Poi venne la distruzione del tempio di Xiuhtecuhtli: mentre cadeva una pioggerellina leggera, un fulmine lo colpì, senza lampo né tuono. In pieno giorno apparvero delle comete che attraversarono il cielo da occidente a oriente. Una tempesta fece ribollire le acque del lago di Messico, distruggendo la metà delle case della città. Poi si sentì la voce di una donna gridare nella notte: «Ragazzi miei, dobbiamo andarcene lontano», e: «La nostra fine è certa». Nascevano «uomini con due teste e un solo corpo; li portavano a Moctezuma. Quando egli li aveva visti spariva di colpo».
Ma il prodigio più terribile fu indubbiamente lo strano uccello color cenere, simile a una gru, catturato sopra il lago di Messico: «sul cranio dell'uccello c'era una specie di specchio... vi si vedeva il cielo: le stelle, la Vela celeste. E Moctezuma quando scorse le stelle e la Vela celeste, vi lesse un presagio sinistro. Ma quando guardò per la seconda volta l'uccello alla sommità del cranio, scorse qualcosa di lontano: era come un corteo che giungeva in fretta, i cui imponenti personaggi si urtavano e combattevano gli uni contro gli altri. Cavalcavano una sorta di cervi. Convocò immediatamente i suoi maghi, i suoi saggi [...]».
Gli indovini tuttavia non riescono a definire quale minaccia pesi sul Messico, tanto che nella città si sviluppa un'atmosfera di perplessità e di angoscia. E l'impotenza degli stregoni terrorizza Moctezuma quanto i prodigi.
Presso i Maya, l'annuncio della Conquista assume una forma diversa: quella più esplicita della profezia. Anche il sentimento di angoscia lascia qui il posto a una specie di fatalismo apocalittico, legato alla coscienza del corso inesorabile del tempo. La rappresentazione ciclica del calendario maya costituisce infatti la base della profezia del Chilam Balam che predice una vera «rivoluzione» [...], uno sconvolgimento completo del mondo e, soprattutto, l'avvento di una nuova religione. [...]
Certo, la profezia sembra redatta dopo l'avvenimento. Ma questa profezia retrospettiva dimostra il bisogno di dare radici nel passato a un fatto troppo straordinario per avere in se stesso il proprio significato.
Nell'Impero Inca l'arrivo degli spagnoli fu preceduto tanto da presagi (come abbiamo visto, preponderanti in Messico), quanto da profezie (come presso i Maya).
I prodigi peruviani ricordano, in qualche modo, quelli dell'esempio azteco; vi si trovano associati i quattro elementi: terra, acqua, fuoco, aria. [...] Si videro passare nel cielo comete dalla forma spaventosa. Un altro presagio si impernia su un uccello: un giorno in cui si celebrava la festa del Sole, un condor (messaggero del Sole) venne inseguito da falchi e s'abbatté in mezzo alla grande piazza di Cuzco; l'uccello fu raccolto e ci si avvide ch'era malato, coperto da una specie di scabbia; lo si curò, ma morì. Ci fu uno spettacolo ancor più sinistro: in una notte chiarissima, la luna si mostrò circondata da un triplice alone, il primo color sangue, il secondo d'un nero verdastro, il terzo simile a fumo. Un indovino interpretò il presagio: il sangue preannunciava che una guerra crudele avrebbe straziato i discendenti di Huayna Capac[1]; il nero significava la rovina della religione e dell'Impero inca; e tutto infine se ne sarebbe andato in fumo.
In quel momento l'imperatore venne informato che esseri dallo strano aspetto erano giunti sulla costa. Questa notizia, nel mezzo dei prodigi che si moltiplicavano, richiamò alla mente di Huayna Capac la profezia del suo antenato Viracocha, ottavo Inca. Egli aveva predetto che durante il regno del dodicesimo Inca uomini sconosciuti avrebbero invaso e distrutto l'impero.

1. Huayna Capac (1455/60-1525), undicesimo imperatore degli Incas.

John H. Elliott/L'assimilazione dell'America

[J.H. Elliott, *Il vecchio e il nuovo mondo. 1492-1650* (1970), trad. it. di D. Taddei, il Saggiatore, Milano 1985, pp. 40-44]

Nel brano che presentiamo John H. Elliott (nato nel 1930) afferma che nel confrontarsi con l'America gli europei furono guidati da due princìpi cardine: la curiosità e l'utilitarismo. La curiosità fu ispirata dalla conoscenza del pensiero filosofico della Grecia antica, dalla passione cinquecentesca per la ricostruzione di grandi cosmografie e dalla fede cristiana, che riconduceva la scoperta ad un disegno provvidenziale. L'utilitarismo rispose invece al gusto del collezionismo, alla ricerca del meraviglioso e dell'esotico, nonché al principio di evangelizzazione delle popolazioni indios. Entrambi i princìpi agirono in una doppia direzione, ora limitando e selezionando le conoscenze, ora spingendo gli europei a riorganizzare i loro sistemi di pensiero confrontandosi anzitutto con la varietà della specie umana.

Osservare il processo nel corso del quale l'Europa cinquecentesca si confrontò con la realtà dell'America, significa cogliere alcune caratteristiche della stessa civiltà europea del XVI secolo, con i suoi punti di forza e i suoi lati deboli. Alcuni aspetti del patrimonio culturale europeo resero difficile assimilare nuovi fatti e nuove impressioni ma altri possono aver assicurato all'Europa certi vantaggi nel cimentarsi in un'impresa di questa entità. [...]

Ebbe [...] la sua importanza il fatto che l'obiettivo della conoscenza incontrasse l'approvazione sia dell'antichità classica che della dottrina cristiana. Citando, consapevolmente o meno, da Aristotele[1], Cortes annunciò solennemente, in una lettera a un potentato orientale, che era «una condizione universale dell'uomo il voler conoscere». Il movimento europeo di esplorazione e scoperta era tutto pervaso da questo desiderio di vedere e conoscere; e nessuno illustra l'affermazione di Aristotele meglio dello stesso Cortes nell'atto di [...] osservare affascinato le usanze degli indigeni, e, per usare le sue parole, di indagare scrupolosamente i «segreti di questi luoghi».

In parte, questa curiosità può essere vista come desiderio fine a se stesso di acquisire notizie. Nel Cinquecento si raccoglievano fatti così come si raccoglievano oggetti esotici, radunandoli per esibirli nelle cosmografie quali altrettante rarità in vetrina. Ma anche la curiosità trovava un suo ruolo all'interno di un sistema di pensiero più complesso, quello cristiano. [...] Il presupposto, secondo il quale tutto il sapere era subordinato a un fine superiore e inserito in un disegno provvidenziale, fu decisivo per l'assimilazione del nuovo mondo americano da parte del mondo cristiano del Cinquecento. [...]

Gli europei del XVI secolo accettarono istintivamente l'idea di un mondo pianificato in cui l'America – per quanto inaspettata fosse la sua prima comparsa – doveva essere in qualche modo inserita. Tutto ciò che si veniva a sapere sull'America doveva trovare il proprio posto in uno schema universale. La conoscenza di nuove terre e nuove genti poteva assecondare il grande compito di evangelizzazione dell'umanità. La consapevolezza della sua enorme diversità, a causa della quale Fernandez de Oviedo[2] e Las Casas si abbandonavano a esclamazioni di sgomento e meraviglia, poteva soltanto accrescere l'apprezzamento umano dell'onnipotenza del suo divino creatore. La conoscenza delle proprietà medicinali e terapeutiche delle sue piante e delle sue erbe costituiva una ulteriore testimonianza della sollecitudine di Dio per il benessere delle sue creature. [...] Senza dubbio le considerazioni più strettamente metafisiche spesso arretrarono sullo sfondo, ma si rimase pur sempre saldamente ancorati alla convinzione che la conoscenza avesse uno scopo.

Entrambe le maniere di considerare la conoscenza, quella che pone l'accento sulla curiosità e quella di ispirazione utilitaristica, mostrano chiari limiti se intese come mezzi per ampliare gli orizzonti intellettuali degli europei del Cinquecento. Fu molto importante per essi l'aver accettato il fatto che l'umanità è varia, e l'essere stati stimolati dalla lettura dei classici a manifestare una acuta curiosità per le usanze di popoli diversi. Ma l'istinto collezionistico incoraggiò la tendenza all'accumulo indiscriminato di dati etnografici scelti a caso, cosa che rese difficile stabilire un modello coerente di pensiero. [...]

La raccolta indiscriminata di dati fece sì che tali elementi venissero ammassati alla rinfusa nella categoria del meraviglioso e dell'esotico, e ciò ridusse inevitabilmente la loro efficacia come strumenti di trasformazione. Alcuni vennero assimilati con successo entro schemi preesistenti, mentre altri, che avrebbero potuto essere più stimolanti, rimasero semplici curiosità. [...] In quanto opera di «barbari», le creazioni artistiche dei popoli americani non esercitarono praticamente influenza alcuna sull'arte europea del Cinquecento. Esse vennero semplicemente consegnate alle vetrine dei collezionisti, mute testimonianze dei costumi stranieri dei popoli extra-europei.

Molti dei prodotti *naturali* dell'America, d'altro canto, furono accettati e assimilati più facilmente, in particolare quelli che si prestavano a qualche impiego pratico. Ma un atteggiamento rigorosamente utilitaristico poteva risultare a suo modo altrettanto limitante della raccolta indiscriminata fatta per pura curiosità. Il concentrarsi su quanto era semplicemente utile ebbe come conseguenza inevitabile che molto venisse omesso o ignorato. Eppure, in definitiva, fu lo stimolo costituito da considerazioni pratiche – il bisogno di sfruttare le risorse dell'America e di governare e convertire i suoi abitanti – che costrinse gli europei a estendere il proprio campo visuale (talvolta loro malgrado) e a organizzare e classificare le loro scoperte in un sistema di pensiero coerente.

1. Aristotele (384-322 a.C.) fu il maggiore filosofo dell'Antichità greca.
2. Fernandez de Oviedo (1476-1557) fu uno storico e naturalista spagnolo.

ANALIZZARE E COMPRENDERE

1 Quali peculiari caratteristiche connettono, secondo Todorov, il massacro alle guerre coloniali? Quali aspetti rituali determina, nelle «società del sacrificio», la persistenza della coesione sociale?

2 Nei racconti riportati da Wachtel, come reagiscono Moctezuma e Huayna Capac di fronte ai terribili prodigi che funestano i cieli e le terre dei loro popoli? Argomenta le tue risposte, chiarendo il significato simbolico di tali prodigi.

3 Quali sono i limiti e le ricadute individuati da Elliott nell'approccio conoscitivo, basato sulla curiosità e sull'utilitarismo, degli europei verso l'America? Perché i manufatti delle civiltà precolombiane, ad esempio, non lasciarono traccia nell'arte europea?

CONFRONTARE E RIELABORARE

4 **Riassumi, in un testo di max 20 righe, gli aspetti che, a parere di Todorov ed Elliott, caratterizzarono la percezione dei popoli precolombiani da parte degli europei e valuta se essa si sia formata su un piano di rispetto del diverso, collegandoti a quanto studiato nel capitolo relativamente alla fase di conquista, alle missioni evangelizzatrici e al colonialismo** [>14]. **Concludi esponendo le tue considerazioni su quanto avviene oggi, nell'incontro tra etnie e civiltà differenti.**

S 30_I *conquistadores* e il Nuovo Mondo

Aspetti diversi, ma tutti legati all'esperienza della conquista del Nuovo Mondo da parte di spagnoli e portoghesi alla fine del XV secolo, sono presentati nei tre brani che seguono. Nel primo **Ruggiero Romano** ricostruisce la provenienza sociale dei *conquistadores*, mettendo in luce le aspirazioni profonde e il sistema di valori che essi portarono con sé nel loro viaggio verso il Nuovo Mondo. Sulla violenza delle modalità di conquista si concentra invece **David E. Stannard**. Raccontando in modo esemplificativo il processo di riduzione in schiavitù e di sfruttamento feroce cui fu sottoposta la popolazione dell'isola di Hispaniola, l'autore arriva a paragonare la colonizzazione americana ad un vero e proprio massacro che portò allo sterminio di milioni di indigeni e alla fine delle loro civiltà. Nel terzo brano, infine, **Carlo M. Cipolla** torna da un punto di vista leggermente diverso sulle motivazioni che spinsero i *conquistadores*, e mette l'accento in modo netto sul desiderio di impossessarsi dell'oro di cui questo Nuovo Mondo sembrava ricchissimo.

Ruggiero Romano/Chi erano i *conquistadores*

[R. Romano, *I conquistadores: meccanismi di una conquista coloniale*, Mursia, Milano 1974, pp. 27-28, 31-32]

Secondo Ruggiero Romano (1923-2002) i *conquistadores* erano provenienti dalla piccola nobiltà spagnola rimasta senza sostanze a causa della crisi economica del XIV secolo, da cui la Spagna non era ancora venuta fuori del tutto. Di fronte ad una società disgregata e in trasformazione, in cui rischiavano di non avere più un posto dignitoso, gli *hidalgos* – così si chiamavano i cadetti della nobiltà – più intraprendenti videro nell'esperienza americana l'occasione per riconquistare un posto di prestigio nella società. Partirono così per le colonie portando con sé valori, principi e pregiudizi della loro società d'origine.

Quello [...] che importa sapere è chi erano, nella maggioranza, questi conquistadores. Dei poveri diavoli, cadetti di famiglie di media, piccola e molto piccola nobiltà (molto spesso immaginaria...) che hanno conosciuto nelle loro case il modo di vivere aristocratico, con i suoi miti, i suoi ideali, le sue ambizioni che oramai la terra di Spagna non può più nutrire. Osserviamo da vicino la composizione sociale dei compagni di Valdivia durante la spedizione per la conquista del Cile: due *caballeros notorios*, due *caballeros*, undici *hidalgos notorios*, ventitré *hidalgos*, tre probabilmente *hidalgos*, nove *hombres de honra* (uomini d'onore); sei meticci, uno schiavo; infine ottantasei persone delle quali si ignora la condizione. Ciò che è soprattutto significativo, è il fatto che non vi appare nessun *Grande*: non se ne incontrano nel Cile, così come non se ne trovano in nessun'altra spedizione americana.

Quali che siano i dubbi – e sono numerosi – che questa lista fa sorgere, due considerazioni tuttavia si impongono: prima di tutto, l'assenza dei *Grandes*, cioè i grandi nobili; in secondo luogo, il numero molto alto dei *caballeros* e degli *hidalgos*. È probabile che una parte di queste *hidalguias* siano abusive, ma noi sappiamo con abbastanza certezza che una parte di esse era indiscutibile. Ed essere hidalgo, non significa forse, nella accezione corrente del XVI secolo, essere nobile ma poco dotato di beni di fortuna? In queste condizioni, perché meravigliarsi che l'ambizione generale fosse di *ir a valer mas* (partire per valere di più)? Valere, si noti bene, e non soltanto «guadagnare». Perché il problema non è solo quello di trovare l'oro che non si può guadagnare nella metropoli, ma anche e soprattutto, quello di affermarsi socialmente, d'imporsi, di sistemarsi. È fuor di dubbio che certi *repartimientos de indios* non fruttavano affatto enormi ricchezze agli spagnoli che li avevano in concessione: la prova la si ritroverà nel fatto che parlando di questi *repartimientos* si usava l'espressione *tener que comer*, avere di che mangiare. Ma, al di là del poco denaro che essi fruttavano, gli uomini che lavoravano per conto del *conquistador* rappresentavano per lui il segno di un potere, d'una forza, d'un prestigio nuovamente acquisiti. L'America è quindi una grande occasione, una possibilità che bisogna tentare, con la quasi certezza di non lasciarsela sfuggire. Questi uomini arrivano dalla Spagna. [...]

È quindi necessario cercare nelle condizioni interne della penisola iberica i fattori che hanno spinto i più decisi dei suoi figli a cercare altrove gloria e fortuna.

Quali sono dunque queste condizioni interne della Spagna tra la fine del XV secolo e gli inizi del XVI? Questo paese non è sfuggito alla «crisi» generale europea del XIV secolo ed al ristagno altrettanto generale del XV. Il sintomo più evidente di questa crisi e di questo ristagno si troverà, per la Spagna, nel fatto che la *reconquista* della penisola agli arabi s'interrompe nel 1340 con la sconfitta del Rio Salado per riprendere, vittoriosamente, proprio alla fine del XV secolo. Crisi e ristagno che hanno distrutto le strutture di una società e poi permesso la sua ricostruzione su basi che, se non sono sicuramente moderne, sono certamente nuove. In ogni modo, una società nella quale molte cose sono cambiate; una società disarticolata, cioè una società in cui esiste un numero considerevole di uomini disponibili per ogni avventura, pronti ad accettare qualunque orizzonte geografico, soprattutto quando l'orizzonte spagnolo appariva loro ristretto e oscuro. In effetti non si deve dimenticare che la Spagna di questo periodo non fornisce solamente uomini per la conquista dell'America, ma anche i meravigliosi soldati dei *tercios* impegnati nelle guerre d'Italia e un po' dovunque in Europa: anche questi ultimi possono essere considerati, in un certo modo, come dei conquistadores...

«Dio si è fatto spagnolo», dicevano gli italiani davanti alle vittorie folgoranti e schiaccianti degli eserciti spagnoli nella Penisola. Ma se Dio si era fatto spagnolo, era perché gli spagnoli ve lo avevano costretto. Tutto era stato progressivamente messo in opera per la straordinaria avventura ispanica. L'esperienza militare rinnovata nei combattimenti per la riconquista del regno di Granada; l'affermarsi progressivo d'una scuola cartografica fra le migliori d'Europa; la creazione, progressiva anch'essa, molto lenta ma che portò ad un sorprendente risultato, di quel formidabile strumento che fu la caravella. Si aggiunga una demografia che comincia ad essere in aumento; una società che non garantisce avvenire a tutti i suoi figli. Sono i più decisi fra di essi che intraprenderanno la carriera delle armi e dell'avventura. Essi porteranno con sé valori, pregiudizi, criteri, principi della loro società d'origine. [...] Come dimenticare, infatti, che molti dei tratti che è dato rilevare nella storia interna della conquista americana, hanno i loro antecedenti nei costumi, nelle abitudini, nelle strutture mentali della Spagna? È fuori discussione, per esempio, che se le gesta della conquista americana hanno contribuito a creare il mito della superiorità spagnola, è altrettanto vero che se ci si è potuti lanciare in questa avventura, è anche perché si aveva già un senso sicuro di questa superiorità. Questa convinzione proveniva dalle vittorie contro i musulmani nella guerra di riconquista del territorio nazionale. Ma anche – e soprattutto, vorrei dire – da quelle *cabalgadas* (cavalcate) che cavalieri spagnoli stavano per effettuare sulle coste di Barbaria (e che si spingeranno in seguito fino in Guinea); imprese coronate dal successo, esse avevano già come insegna le tre parole che serviranno in seguito da tema generale alla conquista americana; oro, *honor y evangelio* (quest'ultimo motivo, a dire il vero, avrà un ruolo minore nelle gesta d'Africa). Qui è opportuno ricordare che gli spagnoli (e i portoghesi), durante il XV secolo, furono in rapporto e in lotta costanti con popoli che erano «altri»: altri per la loro pelle, per la loro religione, la loro cultura materiale. Questa lenta ma progressiva abitudine all'estraneo, al dissimile, ha rappresentato un eccellente prologo alla conquista.

David E. Stannard/La distruzione di Hispaniola

[D.E. Stannard, *Olocausto americano. La conquista del Nuovo Mondo* (1992), trad. it. di C. Malerba, Bollati Boringhieri, Torino 2001, pp. 138-140]

In queste crude pagine di David E. Stannard (nato nel 1941) si racconta lo sfruttamento feroce e lo sterminio della popolazione di Hispaniola, la prima isola ad essere toccata da Colombo e ad essere colonizzata dagli spagnoli. Presto sottoposta al sistema dell'*encomienda*, la sua popolazione fu di fatto ridotta in schiavitù e subì violenze e crudeltà di ogni genere. In parte massacrata direttamente dagli spagnoli, in parte uccisa dalle disumane condizioni di vita, in parte decimata dalle epidemie, nel giro di pochi anni si dimezzò per poi estinguersi completamente nei decenni successivi.

Per sfruttare a pieno la terra e la sua popolazione e per soddisfare le crescenti e pericolose ambizioni delle truppe armate spagnole, che avevano già organizzato delle rivolte, Colombo istituì un programma chiamato *repartimiento* o «cessioni indiane» e successivamente, dopo qualche modifica,

noto come sistema delle *encomiendas*. Consisteva nella ripartizione non solo della terra, ma di interi popoli e comunità il cui possesso veniva ceduto a padroni spagnoli. Il padrone era libero di fare ciò che desiderava della «sua gente», poteva farli lavorare nei campi, mandarli nelle miniere o lasciarli liberi di non fare nulla [...], «senza alcun beneficio o limite di tempo».
Il risultato fu un'ulteriore diffusione della crudeltà e della devastazione. Preoccupati solo di accumulare le ricchezze materiali che potevano essere strappate alla terra, i supremi signori spagnoli dell'isola di Hispaniola trasferirono i loro schiavi in località a loro sconosciute – «le strade che conducevano alle miniere brulicavano come formicai», ricorda Las Casas –, li privarono del cibo e li costrinsero a lavorare fino allo sfinimento. Nelle miniere e nei campi dove lavoravano, gli indiani venivano radunati sotto la supervisione dei sorveglianti spagnoli, chiamati *mineros* nelle miniere ed *estancieros* nelle piantagioni, che «trattavano gli indiani con tale rigore e brutalità che sembravano i ministri degli inferi, giorno e notte li percuotevano, li prendevano a calci, li frustavano e il modo più gentile con cui si rivolgevano loro era chiamandoli cani». Inutile dirlo, alcuni indiani tentavano di sfuggire a questo destino. Venivano scovati dai mastini e, una volta catturati, quando non venivano dilaniati sul posto, erano riportati indietro e sottoposti a un finto processo cui partecipavano tutti gli altri indiani cosicché capissero qual era la punizione per chi fuggiva. I fuggiaschi erano condotti dinanzi al *visitador* [magistrato-ispettore spagnolo] e all'accusatore, cioè il pio padrone che li accusava di essere cani ribelli e buoni a nulla e chiedeva per loro una punizione esemplare. Il *visitador* ordinava che fossero legati a un palo ed egli stesso, l'uomo più onorevole della città, afferrava una frusta catramata da marinaio dura come il ferro, del tipo usato nelle galere, e li frustava con le sue mani, fino a far sanguinare i loro corpi nudi, ridotti a pelle e ossa dalla fame. Poi, lasciandoli stesi al suolo quasi morti, si fermava e minacciava di ripetere il trattamento se l'avessero fatto ancora.
Di tanto in tanto, quando gli schiavi erano così distrutti dalla malattia, dalla denutrizione e dallo sfinimento che non riuscivano più a lavorare, venivano mandati via dalle miniere e dalle piantagioni in cui lavoravano. Las Casas stimò che solo il 10 per cento degli indiani riusciva a sopravvivere fino a quel momento [...]
Di fronte all'assoluta disperazione, gli indiani si arrendono. Alcuni si suicidano, molti si rifiutano di avere figli comprendendo che i loro discendenti, anche se sopporteranno le crudeltà degli spagnoli, non saranno altro che schiavi. E altri, scrive Las Casas, si resero conto che, senza aver commesso nessuna colpa, erano stati derubati del loro regno e delle loro terre, privati di ogni libertà e della loro stessa vita, allontanati dalle loro mogli e dalle loro dimore. Quando videro se stessi perire di giorno in giorno a causa delle crudeltà e dei trattamenti disumani che gli spagnoli riservavano loro, e videro i loro fratelli sottoposti a ogni forma di tortura, schiacciati al suolo dai cavalli, fatti a pezzi dalle spade, mangiati e dilaniati dai cani, sepolti vivi [...] decisero di abbandonarsi al loro destino senza più combattere, mettendosi nelle mani dei nemici che potevano fare di loro tutto ciò che desideravano. [...] Alcune madri, per disperazione, annegavano i loro bambini, altre abortivano servendosi di erbe particolari. I mariti morivano nelle miniere, le mogli morivano al lavoro e i bambini morivano per mancanza di latte, mentre gli altri non avevano tempo ed energia per procreare: nel giro di poco tempo questa terra, fertile e ricca ma molto sventurata, si spopolò.
[...] Nel 1496 la popolazione dell'isola di Hispaniola era notevolmente diminuita, dagli otto milioni di abitanti del 1492 si era scesi a quattro-cinque milioni. Nel 1508 era scesa a centomila persone. Nel 1518 sull'isola erano rimasti meno di ventimila nativi. E nel 1535, secondo i principali studiosi del campo, «la popolazione indigena si era di fatto estinta».
In un arco di tempo più breve di una vita umana, un'intera cultura di milioni di persone, che da migliaia di anni vivevano in quelle terre, era stata sterminata. Lo stesso destino toccò anche ai popoli nativi delle isole circostanti del mar Caraibico. Di tutti i terribili genocidi commessi nel corso del XX secolo contro armeni, ebrei, zingari, ibo, bengalesi, timoresi, cambogiani e ugandesi, nessuno ha raggiunto proporzioni simili e nessuno ha provocato la morte di così tanti o di una percentuale tanto alta di innocenti.
E poi gli spagnoli rivolsero la loro attenzione verso il continente, le regioni del Messico e dell'America centrale. Il massacro era appena incominciato.

Carlo M. Cipolla/Alla ricerca dell'oro

[C.M. Cipolla, *Conquistadores, pirati, mercanti. La saga dell'argento spagnuolo*, il Mulino, Bologna 1996, pp. 10-13]

Dopo aver brevemente ripercorso le conquiste di Hernán Cortés e di Francisco Pizarro rispettivamente dei territori dell'Impero azteco e di quello incas, Carlo M. Cipolla (1922-2000) pone l'accento su quella che a suo parere fu la spinta che mosse la colonizzazione europea, almeno in una prima fase: la caccia all'oro. Dalle modalità con cui furono portate a termine le operazioni di conquista e dai rapporti che i condottieri spedivano alla madrepatria, la ricerca dell'oro nascosto in queste terre esotiche risulta l'elemento più ricorrente della loro esperienza.

Tra il 1519 ed il 1533 l'impero coloniale spagnuolo crebbe a dismisura ed assunse dimensioni superiori a quelle di ogni altro impero nella storia dell'uomo grazie a due straordinarie imprese: la conquista del Messico ad opera di Hernán Cortés e la distruzione dell'impero inca ad opera di Francisco Pizarro.
Sbarcato a Vera Cruz nel 1519, Hernán Cortés invadeva da oriente il territorio dell'impero azteco alla testa di un contingente straordinariamente esiguo (600 uomini e 16 cavalli) e di 6.000 alleati tra le tribù indigene. Nella sua marcia verso la capitale azteca incontrò una tenace resistenza e, giunto nella capitale, fu sul punto di rischiare la disfatta completa. Riuscì a malapena a salvarsi perdendo però due terzi dei suoi uomini nonché tutte le sue armi da fuoco. Ma proprio in quell'episodio, passato alla storia col nome di *Noche Triste* per via della ritirata che gli spagnuoli attuarono di notte col favore delle tenebre, proprio in quell'episodio, dico, rifulsero le doti di comando di Hernán Cortés. Ripresosi, nel giro di un anno riorganizzò le sue forze, favorito anche dalla spaventosa mortalità diffusasi tra gli aztechi per via delle malattie contratte nel contatto con gli spagnuoli, malattie che, non essendo mai esistite prima in America, trovarono negli indigeni una popolazione immunologicamente indifesa. Comunque sia, riorganizzate le forze, Cortés mosse all'attacco della capitale nemica, la stupenda città di Tenochtitlàn situata su un'isola del lago Texcoco. Gli aztechi opposero una resistenza disperata ma Cortés ebbe la meglio: la città fu presa, barbaramente saccheggiata e distrutta sino alle fondamenta. Era il 13 di agosto del 1521; la potenza azteca era annientata e sulle sue rovine nel successivo anno 1535, veniva fondato il viceregno «de Nueva España» sotto la sovranità del re di Spagna.
L'altra straordinaria impresa fu opera di Francisco Pizarro. Sbarcato a Tumbes nel 1531 con l'esigua forza di 180 soldati e 37 cavalli, Pizarro invadeva il territorio degli incas. Anche lui, come Cortés, ebbe momenti drammatici come quando, nel novembre del 1532, si trovò a dover fronteggiare con il suo misero contingente nella piazza di Cajamarca una forza di varie migliaia di incas guidati dal loro capo Atahualpa. Eppure, contro ogni ragionevole logica, a dispetto dello straordinario divario di forze, Pizarro ebbe la meglio e, nel giro di soli due anni, distrusse l'impero inca. Sulle rovine di questo impero si costituiva nel 1535 il viceregno del Perù sotto la diretta sovranità del re di Spagna. Da notare che il vicereame del Perù, ereditando i territori dell'impero inca, veniva a comprendere non soltanto i territori dell'attuale Perù, ma anche quelli che oggi costituiscono Bolivia, Cile, Venezuela, Paraguay, Colombia, Ecuador e le regioni confinanti.
Il coraggio, l'ardimento, l'intraprendenza, lo spirito di sacrificio dei conquistadores furono pari alla loro brutalità ed alla loro inumanità nei riguardi delle popolazioni indigene. Risulta chiaramente da esplicite annotazioni sul libro di bordo che, quando Cristoforo Colombo compiva il suo fatidico viaggio di scoperta, il suo sogno, la motivazione ultima della sua impresa, era il ritrovamento ed eventualmente la conquista di terre ricche di oro. La parola «oro» ritorna di continuo con ossessiva insistenza nelle annotazioni dell'ammiraglio genovese. Nei decenni successivi i conquistadores spagnuoli dimostrarono di essere dominati e motivati dalla stessa ossessiva passione. Nulla sembra interessarli all'infuori dell'oro e per appropriarsi di oro si dimostrarono capaci di qualsiasi sacrificio come di qualsiasi nefandezza. Per carpire informazioni sull'esistenza di tesori non esitarono a torturare e trucidare decine di migliaia di indigeni. Cortés sottopose a inenarrabili torture il capo Cauhtemoc per strappargli il segreto della località dove era conservato il tesoro degli aztechi. Ma Cauhtemoc non parlò. Quel che a Cortés non riuscì con Cauhtemoc gli riuscì però con Montezuma. Messe le mani sul tesoro, ci vollero ben tre giorni interi per farne l'inventario, dopo di che Cortés fece fondere la maggior parte degli oggetti che costituivano il bottino. Tesori d'arte andarono così stupidamente perduti; ma ai conquistadores, come si è già detto, non interessava né l'arte né altra cosa: interessava l'oro e soltanto l'oro. Quando Pizarro occupò Cuzco, rubò dal tempio 700 lastre di oro e a Bogotà fece fondere le porte del tempio che erano fatte di oro finemente lavorato impadronendosi con la violenza del metallo ricavato.

ANALIZZARE E COMPRENDERE

1 **Su quali fattori, secondo Romano, alla vigilia della scoperta dell'America il popolo spagnolo basava il suo spiccato sentimento di «superiorità» sugli altri popoli europei?**

2 **A chi è attribuita da Stannard l'istituzione del sistema delle *encomiendas* e perché? In quanti anni la popolazione di Hispaniola, per il concorso tra la feroce gestione degli spagnoli e le epidemie, fu completamente sterminata? Argomenta le tue risposte.**

3 **Che cosa avvenne in quella che fu denominata dagli spagnoli la *Noche Triste*? Come si comportarono Cortés e Pizarro di fronte ai capolavori dell'arte orafa precolombiana? Argomenta le tue risposte.**

CONFRONTARE E RIELABORARE

4 **Componi un testo di max 20 righe, tentando la definizione di un profilo dei comandanti e gregari spagnoli che annientarono le civiltà precolombiane avvalendoti delle letture di Stannard, Cipolla e Romano. Argomenta anche con il ricorso al capitolo studiato [>14].**

Andreas Herrneisen, *La presentazione dla "Confessione" a Carlo V rante la Dieta di Augusta nel 1530*, 1602

Modulo_5
Le riforme religiose e il sogno di un nuovo Impero

1517 ■ Lutero risponde alla vendita delle indulgenze promossa da papa Leone X affiggendo le sue *95 Tesi*.

1524-25 ■ Nelle campagne tedesche i contadini si sollevano in armi contro le autorità, ma vengono sconfitti da un esercito di principi.

1527 ■ I lanzichenecchi al servizio di Carlo V saccheggiano Roma.

1534 ■ Enrico VIII d'Inghilterra, mediante l'*Atto di Supremazia*, fonda la Chiesa anglicana.

1545-63 ■ Si riunisce a Trento il concilio ecumenico, uno dei principali strumenti della Controriforma cattolica.

1555 ■ I principi luterani tedeschi impongono all'imperatore Carlo V la pace di Augusta e la libertà religiosa.

Capitolo_15/ La Riforma

ONLINE
GUIDA ALLA PROVA D'ESAME

1/ Carlo V e Lutero: due nuovi protagonisti della storia

CATTEDRALE DI AQUISGRANA, 23 OTTOBRE 1520 ■ Folla. Colori. Rumore. Eccitazione. E poi, un giovane di vent'anni che si sta dirigendo verso l'altare della cattedrale: è **Carlo d'Asburgo** [▷ **18/1**], in procinto di venir incoronato imperatore del Sacro romano impero.

Fino a quattro anni prima, quando moriva suo nonno materno – Ferdinando d'Aragona –, e lui gli succedeva sul trono spagnolo, Carlo non ha pensato che a condurre una vita piena di viaggi, di sogni cavallereschi e di tornei. Chi avrebbe potuto rimproverarglielo? Allora aveva sedici anni ed era il discendente di alcune delle più potenti dinastie europee.

Ma in quei quattro anni erano successe cose che lo avevano portato, per così dire, sulla vetta del mondo. E ora, nel 1520, come duca di Borgogna, re di Spagna, titolare delle terre degli Asburgo, e infine imperatore del Sacro romano impero, Carlo V – questo il suo titolo imperiale – è davvero uno degli uomini più potenti della Terra.

E poi è molto giovane, è entusiasta, è ambizioso; il progetto che adesso ha in mente, dopo aver messo da parte le feste e i tornei, è quello di far rivivere un grande impero universale, degno di stare a confronto con gli altri famosi imperi del passato, come l'Impero romano, o quello di Carlo Magno.

La *Renovatio Imperii*, la **'rinascita dell'Impero'**: questo è ciò che Carlo V vuole compiere, un cambiamento radicale della struttura politica europea, che riunifichi l'intera Europa cristiana; una rivoluzione, certo, purché la si intenda ancora come allora, ovvero nel senso di un completo cambiamento con lo scopo di portare le cose allo stato dei tempi aurei del passato.

Jan van Nieulandt, *Carlo V con le sorelle e il fratello*, 1521-26
[Rijksmuseum, Amsterdam]
L'indole ambiziosa del giovane imperatore Carlo V è sintetizzata efficacemente dal suo motto personale "*Plus Ultra*" scritto tra le due colonne d'Ercole e rappresentato, in questa xilografia, sotto lo stemma degli Asburgo. Oltrepassare le colonne d'Ercole significa andare oltre i confini conosciuti e con questa valenza il motto è adottato da Carlo V, qui ritratto a cavallo assieme al fratello Ferdinando, a sinistra, e alle quattro sorelle Isabella, Eleonora, Caterina e Maria.

È chiaro che un progetto così ambizioso finisce per intrecciarsi con i sogni e i destini di molti milioni di altri uomini e donne di quel tempo: ma fra tutti, tale progetto si specchierà soprattutto in un altro grande sogno di ritorno alle origini, lo stesso che cominciava a prender forma non lontano dalla città tedesca di Aquisgrana, quattro o cinque anni prima dell'incoronazione imperiale di Carlo V.

TORRE DEL CONVENTO AGOSTINIANO DI WITTENBERG, SASSONIA, 1513-16 ■ Silenzio. Penombra. Manoscritti. Qualche testo a stampa. E poi un uomo di trent'anni, che esamina con impazienza e con crescente trasporto l'*Epistola ai Romani* di san Paolo: è **Martin Lutero** (1483-1546), un monaco, figlio di un piccolo imprenditore di Eisleben, attivo nel settore minerario.

Qualche anno prima ha avuto l'opportunità di studiare Diritto all'Università di Erfurt, per fare carriera nelle professioni giuridiche o a corte. Ma poi, nel 1505, la terribile paura provata a causa di un fulmine, che lo ha quasi colpito, lo ha indotto a far voto di vita monastica. E così, a ventidue anni, è entrato nel convento degli agostiniani di Erfurt.

Tuttavia, Martin è un **giovane di talento**: si laurea in Teologia all'Università di Wittenberg, dove poi lo accolgono volentieri come docente di Esegesi biblica. Ma è anche terribilmente tormentato. La figura di Dio gli pare tremenda, e il peccato che grava sull'animo umano lo avverte talmente grande, opprimente, irrimediabile, che nessuna confessione, nessuna opera, nessuna "indulgenza" può servire a ottenere il Suo perdono. Dove trovare allora la salvezza? E che cosa può affrancare davvero dal senso di colpa che la consapevolezza del peccato instilla nell'anima?

Torniamo agli anni tra il 1513 e il 1516: è allora, in alacri giorni di studio spesi nella torre del convento di Wittenberg, che Martin trova la sua soluzione. Nell'*Epistola ai Romani* san Paolo scrive **«il giusto vivrà per fede»: ecco la chiave!** Dio non è un'entità terribile e insondabile, che giudica e condanna; al contrario, la fede in un Dio di misericordia, in un Dio paterno e amichevole è ciò che può davvero condurre alla salvezza. Così stando le cose, è giusto che l'uomo sia solo davanti a un Dio misericordioso; e quindi la mediazione dei preti non è più l'unico mezzo di contatto con Lui, tanto più – pensa Martin – che l'unica vera fonte di verità è la Bibbia, che ogni credente dovrebbe poter conoscere e meditare da solo. La salvezza dal peccato e il perdono non si ottengono attraverso opere che possano compensare il male fatto: l'unica giustificazione possibile non è quella che deriva dalle opere che si compiono, ma dalla fede che si ha in Dio, e dalla Sua volontà di salvarci.

Idee radicali, dunque, animate da una teologia fatalistica, affidata com'è esclusivamente all'abbraccio di un **Dio** che è **l'unico vero responsabile della salvezza dei peccatori**. Tuttavia, quando Martin guarda fuori dalle finestre della torre, e si concentra su ciò che accade intorno a sé, si sente certo che quel suo mistico abbandonarsi a Dio è più puro, più giusto e più carico di speranza, dell'insegnamento e dell'operato dell'intera Chiesa di Roma.

Lucas Cranach il Vecchio, *Ritratto di Martin Lutero come monaco agostiniano*, 1520

[Rijksmuseum, Amsterdam]

Nato nel novembre del 1483 nella cittadina di Eisleben, in Sassonia, Martin Lutero passa tutta la sua giovinezza in un'atmosfera priva di affetto e intrisa di durezza e pregiudizi, rattristata per giunta da una salute molto cagionevole. A ventidue anni entra volontariamente nel convento degli agostiniani di Erfurt. Vi cerca serenità e sollievo, ma trova una vita non meno dura. «Per venti anni – scrive tempo dopo – sono stato un monaco devoto. Ho detto una messa al giorno. Mi esaurii a tal punto con preghiere e digiuni che non avrei resistito a lungo, se ci fossi rimasto». Il suo carattere sensibile e tormentato esce profondamente segnato da questa esperienza.

LAVORA SUL TESTO

1. Sottolinea con due colori diversi tre elementi che caratterizzano, a tuo avviso, le biografie di Carlo d'Asburgo e Martin Lutero. **2.** Evidenzia una definizione di *Renovatio Imperii* e la concezione luterana del rapporto fra Dio e gli uomini.

2/ La Chiesa alla vigilia della Riforma

LA CORRUZIONE DELLA CHIESA ■ Che cosa vede Martin intorno a sé? E che cosa ha visto a Roma, quando, verso la fine del 1510, ha avuto la possibilità di visitarla?

Ha visto, e vede, ciò che anche altri prima di lui hanno visto: i segni di un'orribile, inarrestabile, devastante corruzione. Ha visto, e vede, un personale ecclesiastico di **mediocre qualità**: preti ignoranti, che talora nemmeno sanno leggere il latino, talora sono ubriachi, talaltra violenti; ecclesiastici che vivono apertamente con le loro concubine; vescovi e parroci che non rispettano l'obbligo della residenza nel

LE FONTI 28

Matthias Grünewald/*Retablo di Issenheim*

Quanta profonda inquietudine attraversa l'inizio del XVI secolo! Un senso cupo della morte lo scuote, quasi fosse il lato oscuro della ricerca di armonia e di bellezza che abita le splendide corti rinascimentali. Ma è un'inquietudine che ha anche una sua tremenda grandezza etica, un suo ossessivo rigore morale. Lo sguardo che, ormai da qualche secolo, si sofferma sul Cristo della Passione, sul Dio fatto uomo e per questo sottoposto ai più indicibili dolori, implica un rispetto profondo, un estremo desiderio d'imitazione morale. La morte di Cristo è certamente riscattata dalla sua Resurrezione: ma è un'esperienza che alcuni osservano in tutta la sua drammaticità, senza niente nascondere, niente celare.

È un grande storico francese, Michel Vovelle, che ci aiuta a capire questo tratto della sensibilità cinquecentesca: all'epoca, «i temi della devozione più quotidiana rispecchiano l'immagine della morte attraverso quella della Passione del Cristo. Non è una novità totale, ma la nuova sensibilità conferisce all'immagine della Passione un patetismo inedito. Sulla scia di santa Gertrude (1256-1301 o 1303), i mistici hanno delle sofferenze del Cristo una visione sempre più precisa. Santa Brigida (1303-1373) se ne fa descrivere i particolari dalla Vergine in persona: "Egli era incoronato di spine, i suoi occhi, le sue orecchie e la sua barba ruscellavano sangue, le sue mascelle erano divelte, la sua bocca aperta, la sua lingua insanguinata. [...] Il ventre rientrato toccava la schiena come se non avesse più intestini". L'iconografia ha espresso questa nuova sensibilità quasi fisica per la morte del Cristo. Già nella prima parte del Trecento introduce la corona di spine, e alla fine del secolo dà al crocifisso quella postura torturata – il capo inclinato e sofferente – di cui il retablo di Issenheim offre indubbiamente l'immagine più drammatica».

Il *Retablo di Issenheim* è una grande pala d'altare, composta di diversi sportelli pieghevoli e decorata con storie sacre, opera di Matthias Grünewald (1480-1528), grande pittore tedesco per lungo tempo al servizio di Alberto di Hohenzollern, arcivescovo di Magonza. Dal 1512 al 1515 Grünewald prepara questo *retablo* per la cappella del monastero-ospedale di Sant'Antonio a Issenheim, in Alsazia; ne presentiamo solo la parte anteriore frontale, che nella sezione superiore mostra la *Crocifissione* e nell'inferiore il *Compianto sul Cristo morto*.

Nella pala in alto, il Cristo crocifisso campeggia al centro; a sinistra c'è la Vergine Maria, sorretta da san Giovanni Evangelista; e la Maddalena, inginocchiata e disperata; a destra c'è san Giovanni Battista, che indica Cristo ai fedeli, invitandoli a rispettarlo e a seguirlo; ai piedi di san Giovanni c'è l'agnello sacrificale, simbolo del Battista, poiché egli quando vide Gesù disse: «Ecco l'agnello di Dio» (Giovanni, 1, 29). Nella predella in basso risalta il Cristo morto, dal corpo martoriato dalle ferite (un'iconografia ripresa dall'impressionante film di Mel Gibson, *La Passione di Cristo*, del 2004). Niente resta dei canoni della pittura rinascimentale in questa grande opera di Grünewald: l'artista tedesco deliberatamente non rispetta le regole della prospettiva e segue piuttosto il modello della pittura medievale, che abbiamo già incontrato nella miniatura dei *Vangeli di Liuthar* [>F3]: non si preoccupa, cioè, di fare del Cristo crocifisso una figura di proporzioni molto più ampie delle altre che lo circondano; né si preoccupa minimamente di inseguire sogni di armonia o bellezza; è il dolore, il dolore estremo, che egli vuole far vedere; e lo mostra due volte, nel corpo crocifisso e nel corpo deposto dalla croce.

Chi condivide visioni come quelle proposte da Grünewald non può apprezzare l'opulenta ricchezza, la sfacciata ostentazione e la mancanza di sofferta moralità che caratterizza i comportamenti di molti importantissimi esponenti della gerarchia ecclesiastica. È da visioni di tanto sconvolgente intensità, è dall'intransigente rispetto per il mistero della sofferenza del Dio fatto uomo, che prendono impulso sia la Riforma protestante, sia aspetti importanti del conseguente rinnovamento della Chiesa cattolica.

luogo in cui devono esercitare il loro compito; vede il commercio delle cariche ecclesiastiche, o il commercio delle dispense che autorizzano gli ecclesiastici a non esercitare il loro ministero; e vede, infine, la **vendita delle indulgenze**, il particolare fenomeno che lo spinge a una sdegnata ribellione [▷F28].

LA VENDITA DELLE INDULGENZE ■ Di che si tratta? La Chiesa di Roma ha bisogno di soldi; servono a finanziare la politica estera messa in atto dai papi, e quindi a pagare i soldati, così come il personale diplomatico spedito in giro per l'Italia e fuori dal paese. Ma **i soldi servono anche a mantenere una corte, sempre più sfarzosa**, e a finanziare la politica di investimenti in campo artistico, perseguita da numerosi

Matthias Grünewald, *Retablo di Issenheim*, part., 1515 ca.
[Musée d'Unterlinden, Colmar]

GUIDA ALLA LETTURA

1. Individua e riconosci i personaggi della *Crocifissione*. **2.** Osserva con attenzione il viso, le mani e la postura dei soggetti rappresentati, descrivili e soffermati sui sentimenti che trasmettono. **3.** Soffermati sulla figura del Cristo presente anche nel *Compianto sul Cristo morto*, ed evidenzia gli aspetti anatomici e grafici (colore, ombra, tratto) che fanno trasparire dolore e sofferenza. **4.** Facendo riferimento alla fonte e all'intento sociale che la anima, argomenta l'affermazione seguente: «Niente resta dei canoni della pittura rinascimentale in questa grande opera di Grünewald: l'artista tedesco [...] non [...] si preoccupa minimamente di inseguire sogni di armonia e bellezza».

papi di inizio Cinquecento, in particolare la **costruzione della Basilica di S. Pietro**, che Leone X de' Medici (1513-21), il papa allora in carica, intende portare a compimento.

Per far fronte a queste esigenze, si ricorre intensivamente anche a un metodo già sperimentato in passato: la vendita delle indulgenze. Ma che cos'è un'indulgenza? È un atto di remissione della pena comminata a un peccatore dopo la sua confessione; tale remissione è possibile perché si presuppone che Cristo e i santi abbiano accumulato un sovrabbondante tesoro di meriti che la Chiesa a sua volta può, in qualche modo, concedere o – soprattutto – vendere ai fedeli, affinché loro stessi o qualcuno dei loro cari defunti siano alleviati dalle pene che devono scontare in **Purgatorio**.

le PAROLE della STORIA

Purgatorio

È solo nel XII secolo che la geografia dell'aldilà prende una definitiva forma tripartita, quando si immagina l'esistenza di un terzo luogo oltre al Paradiso e all'Inferno, il Purgatorio, ovvero lo spazio nel quale scontano le proprie pene le anime dei defunti che non hanno compiuto peccati irrimediabili. Lo storico francese Jacques Le Goff, autore della *Nascita del Purgatorio* (1981), scrive al riguardo: «Il Purgatorio trasformò le strutture e i comportamenti sociali quaggiù. Fu all'origine di una concezione matematica dei peccati e delle penitenze che, in quell'epoca di sviluppo commerciale e mercantile, diede vita a una "contabilità dell'aldilà". Infine, accrebbe in modo considerevole il potere sui morti della Chiesa (che nel Duecento trasformò l'esistenza del Purgatorio in un dogma) in quanto, tramite i suffragi e le indulgenze che erano di sua pertinenza, essa estese all'aldilà del Purgatorio un potere giurisdizionale che, in precedenza, era appartenuto soltanto a Dio».

LA CONCESSIONE DELL'INDULGENZA PLENARIA ■ Nel **1517, papa Leone X** proclama la concessione di un'indulgenza plenaria a tutti coloro che – dopo essersi confessati – donino alla Chiesa un'offerta adeguata. Ovviamente, il sistema si riproduce anche lontano da Roma. E non distante dalla Sassonia, dove Lutero si trova a vivere, la vendita delle indulgenze è gestita da **Alberto di Hohenzollern** (1490-1545), un giovane ventisettenne, fratello del principe elettore di Brandeburgo. Alberto è già arcivescovo di Magdeburgo e vescovo di Halberstadt; ma vuole diventare anche arcivescovo di Magonza; questa sede vescovile – allora vacante – è eccezionalmente importante perché dà diritto a diventare primate di Germania e a sedere nella Dieta che elegge l'imperatore, assumendone addirittura la presidenza. Ma per diventare arcivescovo di Magonza, Alberto deve pagare la tassa di insediamento, oltre alla cifra richiesta per la dispensa papale che lo autorizzi a cumulare le tre cariche ecclesiastiche.

Alberto, allora, riceve dai **Fugger**, importanti banchieri tedeschi, il prestito anticipato per pagare tassa e dispensa; in garanzia del prestito offre la commercializzazione dell'indulgenza plenaria che – a sua volta – il pontefice gli ha attribuito

La vendita delle indulgenze, 1520
[xilografia da un opuscolo protestante]

Indulgenza per la Chiesa Parrocchiale di Santa Croce, l'ospedale e tutte le chiese e cappelle a essa collegate a Schwäbisch Gmünd (Germania), Avignone 13 maggio 1345

contro il pagamento delle somme dovute. Alberto di Hohenzollern affida a un predicatore domenicano, **Johann Tetzel**, il compito di propagandare e vendere le indulgenze, cosa che costui fa con **grande inventiva pubblicitaria** e altrettanto grande disinvoltura teologica.

Ed è proprio di fronte a questo spettacolo che Lutero sente di non poter più resistere.

LAVORA SUL TESTO

1. Elenca tutti i segni della corruzione della Chiesa descritti nel paragrafo. **2.** Rintraccia ed evidenzia nel testo le motivazioni interiori e le cause esterne che spinsero Lutero alla Riforma.

3/ La ribellione di Lutero e lo scontro con Roma

LE *95 TESI* ■ Alla fine dell'**ottobre del 1517 Lutero**, furente, scrive un documento articolato in 95 diverse affermazioni – le cosiddette *95 Tesi* – che contestano duramente il fondamento teologico delle indulgenze e il diritto del pontefice e delle autorità ecclesiastiche a farne commercio.

Il documento contiene, al tempo stesso, un **attacco nazionalista** (la critica contro il rastrellamento di denaro tedesco, mandato a Roma per motivi inutili: la costruzione della Basilica di S. Pietro), un **attacco istituzionale** (contro i poteri del papa) e un **attacco teologico** (la più sofferta e raffinata teologia della salvezza): è dunque un documento scritto su diversi registri, capace di parlare a più interlocutori contemporaneamente, andando incontro a molte e diverse aspettative. E quindi non

Hans Holbein il Giovane, *Lutero nelle vesti di Ercole Germanico*, 1519

[Zentralbibliothek, Zurigo]

Il pittore e incisore Hans Holbein il Giovane visse e lavorò per molti anni a Basilea, dove entrò in contatto con le idee della Riforma: fu in questo centro, infatti, che furono pubblicati molti dei testi scritti da Lutero. In questa incisione, l'artista paragona il riformatore a Ercole. Come la figura mitologica aveva ucciso l'idra (mostro dalle tante teste), così Lutero è raffigurato mentre abbatte uomini di chiesa corrotti.

sorprende che, probabilmente all'insaputa di Lutero, le *Tesi*, una volta stampate e messe in circolazione, vadano letteralmente a ruba [>F29].

LA CHIESA CONDANNA LUTERO ■ La reazione di Roma non tarda ma deve prendere atto del successo che le posizioni critiche di Lutero riscuotono in Germania. Quindi, nei due anni e mezzo che seguono la pubblicazione delle *Tesi*, vengono attuati vari tentativi per indurre Lutero a ritrattare o a trovare un terreno di compromesso con la Chiesa di Roma. Ma Lutero, profondamente convinto delle sue ragioni, è irremovibile. Il che inevitabilmente spinge Leone X a pubblicare, il **15 giugno 1520**, la bolla ***Exsurge Domine***, con cui condanna le *Tesi* di Lutero e gli impone formalmente l'abiura, pena la scomunica.

LUTERO E GLI SCRITTI DELLA ROTTURA ■ Intanto, però, il tempo trascorso ha permesso a Lutero di precisare le sue convinzioni; tra l'agosto e il novembre del 1520, egli le espone con chiarezza attraverso tre trattati che rendono davvero irreparabile la rottura: *Alla nobiltà cristiana della nazione tedesca per il miglioramento della condizione cristiana*, *Della libertà del cristiano* e *Della cattività babilonese della Chiesa*.

Alla nobiltà cristiana della nazione tedesca è un testo dichiaratamente politico: Lutero lo scrive in tedesco e vi fa diretto appello al nazionalismo germanico, denunciando i **corrotti italiani di Roma**, i quali stanno imbrogliando e sfruttando i suoi compatrioti col sistema delle indulgenze, mentre, al tempo stesso, si appella

LE FONTI 29

Martin Lutero/*Le 95 Tesi*

[Martin Lutero, *Scritti religiosi*, a cura di Valdo Vinay, Utet, Torino 1967, pp. 169-177]

Lutero scrive le sue *95 Tesi* in latino e forse le affigge, in forma manoscritta, il 31 ottobre 1517 alla porta della chiesa del Castello di Wittenberg; inoltre ne spedisce una copia ad Alberto di Hohenzollern. Appena si comincia ad aver notizia del contenuto delle *Tesi*, esse vengono tradotte in tedesco, stampate e messe in circolazione probabilmente all'insaputa di Lutero, come dice lui stesso a Christopher Scheurl in una lettera del 5 marzo 1518: «Non era mia intenzione né desiderio che fossero divulgate, ma che fossero anzitutto discusse tra pochi abitanti nei dintorni di qui, affinché, sul giudizio di molti, fossero o condannate e soppresse, o approvate e pubblicate. Ma ora sono stampate e diffuse tanto al di là della mia speranza, che sono dispiacente di questo mio prodotto, non perché non desideri che la verità sia conosciuta dal volgo, ché anzi cercavo soltanto quello, ma perché quel modo non è adatto per istruire il popolo. Vi sono infatti alcune cose che sono dubbie a me stesso, e che avrei espresse in modo molto diverso e più preciso, o avrei omesso, se avessi sperato una tale divulgazione. Comunque intendo bene dalla loro divulgazione quale sia il giudizio sulle indulgenze diffuso tra tutti».

21. Errano [...] quei predicatori di indulgenze, i quali dicono che «per opera delle indulgenze papali l'uomo è liberato da ogni pena e salvato».

22. Che anzi, il papa non rimette alle anime in purgatorio nessuna pena che avrebbero dovuto subire in questa vita. [...]

24. Perciò è inevitabile che la maggior parte del popolo sia ingannata dalla indiscriminata ed altisonante promessa della liberazione della pena. [...]

27. Predicano [dottrine prive di fondamento nelle Sacre Scritture] coloro che dicono: «Appena il soldino ha tintinnato nella cassa, un'anima se ne vola via [dal Purgatorio]»[1].

28. Quel che è certo, è che al tintinnio della moneta può accrescersi il guadagno e l'avarizia; ma la [grazia] dipende dal beneplacito di Dio solo. [...]

32. Saranno dannati eternamente co-

1. *Appena... vola via*: si tratta dello slogan pubblicitario utilizzato dal predicatore domenicano Johann Tetzel per convincere i fedeli ad acquistare le indulgenze.

ai principi tedeschi perché difendano la loro nazione e diano il loro essenziale contributo alla riforma della Chiesa.

Nella ***Libertà del cristiano*** Lutero sostiene la teoria secondo cui solo la fede, e non le opere, porta alla salvezza; ciò posto – e dato che la Bibbia offre tutti gli insegnamenti necessari per seguire una vita veramente cristiana –, se ne deve derivare che non c'è alcuna necessità di una casta sacerdotale come unica possibile mediatrice tra la Scrittura e i credenti, i quali possono e debbono avvicinarsi autonomamente alla parola di Dio. E proprio in ciò consiste la vera libertà del cristiano: essere **padrone della sua interiorità** e libero dalle pratiche esteriori imposte dalla Chiesa.

La ***Cattività babilonese della Chiesa*** è un testo che Lutero scrive in latino per un pubblico di ecclesiastici e di dotti. Condannando l'istituzione papale come incarnazione dell'Anticristo, vi sostiene la **necessità di una revisione radicale del sistema dei sacramenti**; gli unici sacramenti ammissibili sono quelli istituiti da Cristo, e dunque da sette che sono per la Chiesa di Roma (battesimo, cresima, eucaristia, matrimonio, ordinazione, confessione, estrema unzione) ne devono restare solo tre: il battesimo, la penitenza e l'eucaristia. In tutti e tre i casi il valore del sacramento è dato, per Lutero, dall'esperienza di fede provata dai cristiani e non dalla mediazione rituale svolta dal clero.

LE INNOVAZIONI TEOLOGICHE DEL LUTERANESIMO ■ Per questo, e anche perché tra i sacramenti non menzionati nelle Sacre Scritture c'è l'ordinazione sacerdotale, Lutero

loro che per mezzo delle [indulgenze] credono di essere sicuri della loro salvezza. [...]

36. Qualunque cristiano veramente pentito ha la remissione plenaria della pena e della colpa che gli è dovuta, anche senza [indulgenze].

37. Qualunque vero cristiano, vivo o morto, ha la partecipazione a tutti i beni di Cristo e della Chiesa, datagli da Dio anche senza [indulgenze]. [...]

75. Ritenere che le indulgenze papali siano così potenti da assolvere un uomo, anche se, per impossibile, avesse violato la madre di Dio[2], è essere fuori di senno.

76. Al contrario diciamo che le indulgenze papali non possono togliere, quanto alla colpa, neppure il minimo dei peccati veniali. [...]

81. Questa scandalosa predicazione delle indulgenze fa sì che non è facile neanche a dei dotti difendere [il] papa dalle calunnie, o se si preferisce, dalle sottili obiezioni dei laici.

82. Ad esempio: Perché il papa non vuota il purgatorio a motivo della santissima carità e della somma necessità delle anime, che è ragione tra tutte la più giusta, dal momento che libera un numero senza fine di anime a motivo del funestissimo danaro per la costruzione della basilica, che è una ragione leggerissima? [...]

86. Perché il papa, le cui ricchezze sono oggi [enormi] non costruisce [la] basilica di San Pietro col suo danaro, invece che con quello dei poveri fedeli? [...]

90. Soffocare queste pericolosissime argomentazioni dei laici con la sola forza e senza addurre ragioni è esporre la Chiesa e il papa alle beffe dei nemici e rendere infelici i cristiani. [...]

94. Si devono esortare i cristiani a seguire con zelo il loro capo, Cristo, attraverso le pene [e] le mortificazioni [...].

95. Sicché confidino piuttosto di «entrare in cielo attraverso molte tribolazioni», che per la sicurezza [data dall'acquisto delle indulgenze].

2. *anche se... di Dio*: altra esagerazione propagandistica attribuita a Tetzel.

GUIDA ALLA LETTURA

1. Individua nel testo le posizioni contrastate da Lutero e indica per ognuna di esse le argomentazioni che questi adduce per sostenere il suo discorso. **2.** Individua ed elenca le «calunnie» e le «sottili obiezioni» che i laici rivolgono al papa e il modo in cui Lutero le commenta. **3.** In che cosa consiste la strada per «entrare in cielo»? **4.** Sottolinea nella fonte i rimandi all'attacco nazionalista, a quello istituzionale e a quello teologico.

si fa sostenitore del **sacerdozio universale dei credenti**, e quindi dell'abolizione del sacerdozio come casta specifica e privilegiata; da un lato riprende l'antica **teoria utraquista** sostenuta dagli hussiti boemi [▷ **9/3**], proponendo dunque che la comunione venga impartita ai fedeli sotto le specie sia del pane sia del vino; dall'altro promuove lo scioglimento degli ordini monastici e si dichiara favorevole al **matrimonio dei preti** (Lutero stesso, nel 1525, sposa una monaca, Katharina von Bora, che ha aiutato a fuggire dal convento); ai preti tuttavia debbono ancora essere riservati i compiti di celebrare la messa, d'impartire i tre sacramenti evangelici e di istruire i fedeli nelle rinnovate verità di fede.

LUTERO TRA LA CHIESA E L'IMPERATORE ■ A rimarcare anche teatralmente il distacco dalla Chiesa romana e dal pontefice, Lutero, il 10 dicembre 1520, brucia in pubblico la **Bolla papale** che gli chiede l'abiura, oltre che le opere di diritto canonico su cui la Chiesa fonda le sue pretese istituzionali.

Qualche giorno prima, intanto, il principe elettore di Sassonia, **Federico il Savio** (1486-1525), pur non professandosi luterano, si muove a protezione di Lutero, che è un suo suddito. Incontra il nuovo imperatore Carlo V, da poco incoronato ad Aquisgrana, e gli chiede che Lutero sia ricevuto in udienza, prima che egli – l'imperatore – renda esecutiva la scomunica contenuta nella Bolla, con tutte le sue possibili conseguenze. Viene deciso, dunque, che l'udienza si tenga nel corso della Dieta imperiale convocata – di lì a qualche mese – a **Worms**, nonostante la contrarietà delle autorità ecclesiastiche, le quali ovviamente vorrebbero un'immediata condanna.

Lutero e gli studenti di Wittenberg danno alle fiamme la Bolla papale

Perché si prende questa decisione invece di procedere all'immediata approvazione dell'editto di scomunica?

Perché **l'insegnamento di Lutero si è già enormemente diffuso in diverse aree della Germania**, e questo fatto spinge l'imperatore e i principi alla cautela. La pluralità di messaggi contenuta nei suoi scritti ha avuto un grande effetto: la polemica contro le ruberie del papa e dei grassi e ricchi prelati ha colpito la fantasia degli strati popolari, sia nelle città sia nelle campagne; il rispetto costantemente ostentato da Lutero per le autorità statali è piaciuto ai principi, ai nobili e alle classi dirigenti urbane; e poi moltissimi – siano intellettuali, ecclesiastici, nobili o gente comune – hanno colto nel suo insegnamento teologico una profonda e rinnovata verità, e vi vedono soddisfatta un'aspirazione alla riforma, al rinnovamento, al ritorno alla purezza delle origini che percorre tutta la storia della Chiesa tra Medioevo e prima Età moderna.

Lutero, nei tre anni e mezzo che separano l'autunno del 1517 dai primi mesi del 1521, è diventato una celebrità e i suoi sostenitori si fanno vedere e sentire. Come scrive il cardinale Aleandro, rappresentante del papa a Worms: «Non posso uscire per strada senza che i Tedeschi mettano la mano alla spada e digrignino i denti contro di me. Spero che il papa mi dia un'indulgenza plenaria e provveda ai miei fratelli e sorelle se mi succede qualche cosa».

LAVORA SUL TESTO

1. Cerchia il nome dei personaggi coinvolti nello scontro tra Lutero e la Chiesa di Roma e sottolinea per ciascuno di essi una frase che ne riassuma la posizione assunta in merito. **2.** Sintetizza il contenuto delle opere di Lutero composte nel 1520 mediante una parola o un'espressione-chiave, che scriverai a margine del testo.

4/ Al cospetto dell'imperatore

LUTERO CONDANNATO COME ERETICO A WORMS ■ Il **27 gennaio 1521** la **Dieta imperiale** inizia i suoi lavori a Worms. Lutero vi giunge il 16 aprile e nei due giorni seguenti viene ascoltato dalla Dieta: invitato ad abbandonare le sue posizioni teologiche, Lutero risponde con grandissima fermezza di non avere alcuna intenzione di ritrattare.

Dopo averlo ascoltato, Carlo V, nel corso di una riunione ristretta agli elettori e ad altri principi tedeschi, dichiara la sua fedeltà alla Chiesa di Roma e la sua intenzione di perseguire Lutero come eretico. Tra gli elettori imperiali, due, Ludovico del Palatinato e Federico di Sassonia, si rifiutano di firmare la dichiarazione: ed è la prima volta che la **spaccatura religiosa** produce anche degli **effetti politici**. Comunque, nonostante ciò, dopo un altro vano tentativo di ottenere una ritrattazione da Lutero, il **6 maggio 1521** è pronto l'**editto di Worms**, che condanna Lutero come eretico; l'editto viene pubblicato il successivo 26 maggio.

LUTERO IN SALVO NEL CASTELLO DELLA WARTBURG ■ Intanto già da un mese Lutero ha lasciato Worms, diretto a Wittenberg, dove tuttavia non è mai arrivato: quando l'editto di condanna viene pubblicato, nessuno sa più dove egli sia. Che cosa è successo?

L'elettore di Sassonia, **Federico il Savio**, ha dato ordine ai suoi ufficiali di far rapire Lutero e di metterlo in salvo, nascondendolo segretamente nel Castello della Wartburg, in Turingia, dove è al sicuro da eventuali tentativi di aggressione o di imprigionamento, e dove resta per poco meno di un anno.

Perché Federico il Savio ha preso la decisione di proteggerlo? Non sembra che egli si sia convertito alla dottrina di Lutero; piuttosto è probabile che a motivarlo siano state **considerazioni di carattere più specificamente politico**: attirarsi la simpatia dei molti sostenitori di Lutero presenti ormai sulle sue terre; e, al tempo stesso, far valere la sua autorità e la sua autonomia anche di fronte alla volontà dell'imperatore, mostrando di saper proteggere un suo illustre suddito. Ma, qualunque sia stata la ragione, l'effetto è che, nella quiete della Wartburg, temporaneamente al riparo dal tumulto del mondo, Lutero può riprendersi, meditare, scrivere nuovi saggi e attendere alla traduzione del Nuovo Testamento in tedesco.

LA DIFFUSIONE DELLA RIFORMA ■ Intanto a Wittenberg e altrove, in Germania, i suoi seguaci, tra i quali si contano teologi di grande qualità, come Carlostadio o Melantone, prendono le redini del movimento riformatore: i preti cominciano a sposarsi e lo stesso fanno alcuni dei monaci del convento agostiniano di Wittenberg, talora unendosi a monache che hanno cominciato ad abbandonare i conventi vicini; nel corso della messa ai fedeli viene somministrato tanto il pane quanto il vino; e inoltre si distruggono le immagini sacre, considerate strumenti di idolatria invece che di vera fede.

IL PERSONAGGIO

Carlostadio (1480-1541)
Nome derivato dal luogo di nascita (Karlstadt) di Andreas Rudolf Bodenstein. Studia a Erfurt, a Colonia e a Roma. Nel 1504 ottiene una cattedra di Teologia a Wittenberg. Dopo aver affiancato Lutero, se ne allontana per unirsi al movimento anabattista.

Melantone (1497-1560)
Nome grecizzato di Philipp Schwarzerde. Studia a Heidelberg e a Tubinga. Nel 1518 diventa professore di Greco all'Università di Wittenberg. Lotta al fianco di Lutero, senza mai abbandonarlo, nonostante occasionali momenti di dissenso. È lui che pronuncia l'orazione funebre alla morte dell'amico e che pubblica la prima edizione completa delle sue *Opere*.

La **riforma della liturgia e delle pratiche devote** è cominciata. Ma, come era già accaduto nella Boemia di Hus, a essa si accompagnano le prime violenze: verso la fine del 1521 studenti e seguaci di Lutero aggrediscono sacerdoti fedeli a Roma, per costringerli a celebrare messe e sacramenti secondo le nuove regole. Ciò non è ancora niente rispetto a quanto sta per accadere in tutta la Germania, che ripete un modello già visto, secondo il quale il linguaggio della riforma religiosa dà voce anche a un profondo disagio sociale [> **15/5**].

H. Thomann, ***La distruzione della Certosa di Ittingen***, 1524
[Museo della Certosa di Ittingen, Svizzera]

Tra il 18 e il 19 luglio 1524 il fervore religioso e il diffuso malcontento popolare spingono migliaia di contadini a distruggere il convento di Ittingen, in Svizzera. Il sacco della certosa, qui raffigurato in una miniatura del 1605, è un episodio precursore della guerra dei contadini che nel 1525 scoppia nella Germania meridionale.

IL CONTRIBUTO DELLA STAMPA Dopo la prima edizione (1522) del **Nuovo Testamento in volgare tedesco**, altre rapidamente ne appaiono, in lingue volgari, in molte parti d'Europa, mentre l'intera **Bibbia in tedesco** sarà edita nel 1534. Si tratta di una vera e propria rivoluzione culturale, giacché fino a quel momento la pratica del culto cattolico si era fondata sulla cosiddetta *Vulgata*, cioè sulla versione latina della Bibbia, elaborata nel IV secolo d.C. da san Gerolamo.

La portata rivoluzionaria dell'operazione compiuta da Lutero consiste nel fatto che l'accesso diretto alla parola di Dio non è più una prero-

LE FONTI 30

Lucas Cranach il Vecchio/*La predica di Lutero*

Davanti agli stampatori e davanti a Lutero e ai suoi seguaci si apre ora il mercato delle stampe satiriche o propagandistiche che, pubblicate in grandi tirature, possono essere comprate per pochi soldi: non meno dei testi scritti, anche queste immagini si rivelano un efficacissimo strumento di azione e di propaganda religiosa, perché sono capaci di raggiungere e appassionare anche coloro che non sanno leggere o che non possono comprarsi i libri stampati. Un esempio di stampa satirica lo vediamo nella *Predica di Lutero* di Cranach il Vecchio: la "vera" Chiesa evangelica si oppone alla Chiesa papista dell'Anticristo. A sinistra, ispirato dallo Spirito Santo, Lutero predica dal suo pulpito rivolto a un attento pubblico, mentre i suoi ministri, circondati da laici devoti, amministrano i due sacramenti evangelici del battesimo e della comunione. A destra, invece, il diavolo suggerisce all'orecchio di un frate le parole per la predica; il papa vende apertamente le indulgenze, mentre in secondo piano sono illustrati diversi aspetti della liturgia e dei costumi cattolici. In netto contrasto con il cielo affollato di putti sul lato dei luterani, il cielo sui cattolici appare buio e minaccioso, e nemmeno i meriti dei santi, rappresentati dalle stigmate di san Francesco (in alto verso destra), riescono a fermare la furia di Dio che lancia fiamme sui cristiani corrotti.

Lucas Cranach il Vecchio, ***La predica di Lutero***, 1545
[Kupferstichkabinett, Staatliche Museen Preussischer Kulturbesitz, Berlino]

GUIDA ALLA LETTURA

1. La colonna centrale di questa immagine costituisce lo spartiacque ideale fra il mondo della Chiesa di Roma e quello della Chiesa evangelica: la descrizione dei due mondi si sviluppa specularmente, ma con esempi e significati opposti. Individua, nelle due sezioni, i particolari che riguardano i seguenti spazi tematici e descrivili facendo riferimento al contesto storico: il cielo, colui che predica dal pulpito e il suo pubblico, la liturgia, i costumi religiosi, la gerarchia ecclesiastica. **2.** Descrivi con un titolo e un sottotitolo il senso di questa stampa. **3.** In che modo le stampe satiriche hanno favorito la diffusione del lavoro di Lutero?

gativa di dotti e chierici ma è consentito a tutti i cristiani in grado di leggere e scrivere: ora tutti i suoi compatrioti possono diventare, se lo vogliono, sacerdoti di sé stessi. A tal fine il monaco agostiniano promuove una **lotta serrata contro l'analfabetismo**, sollecitando l'istruzione mediante la creazione di scuole e l'educazione alla lettura dei bambini.

Che ogni fedele possa leggere e meditare autonomamente il testo biblico, tradotto nella lingua che conosce, è già un'idea sommamente rivoluzionaria; ma la carica rivoluzionaria di tale idea è ingigantita in modo impressionante dalle possibilità offerte dalla **recente invenzione della stampa** [▷ **13/8**]: per fare un solo esempio, si calcola che tra il 1522 e il 1532 il Nuovo Testamento tradotto da Lutero sia stato edito in almeno 200.000 copie, che per l'epoca è una cifra assolutamente enorme [▷ **A52**].

In tal modo si profila un'insolita alleanza: **per gli stampatori la Riforma è un affare d'oro**; per i capi religiosi la stampa è uno strumento essenziale a far conoscere le loro idee. E quindi non solo si pubblicano Bibbie in volgare, ma si stampano anche – in tirature notevoli – i numerosi testi militanti che Lutero e molti altri riformatori scrivono a sostegno delle loro opinioni [▷ **F30**].

ATLANTE 52

Le prime edizioni a stampa della Bibbia in volgare

LAVORA SUL TESTO

Sottolinea nel testo le risposte alle seguenti domande: a) Che cosa viene stabilito dall'editto di Worms? b) Perché Federico il Savio protegge Lutero?

5/ La rivolta dei cavalieri e la guerra dei contadini

LA RIVOLTA DEI CAVALIERI ■ I primi gravi disordini sociali collegati all'esperienza della Riforma sono promossi dai cavalieri, un **ceto di nobili impoveriti** ed enormemente frustrati dallo scarto che corre tra le loro grandi ambizioni sociali e la loro modesta posizione politica ed economica. Costoro trovano una guida in Franz von Sickingen (1481-1523), un nobile che sin dal 1520 guarda con simpatia alla predicazione di Lutero, sollecitato in ciò anche da Ulrich von Hutten (1488-1523), un raffinato umanista al suo servizio. Nel 1522 von Sickingen cerca di tradurre la sua ostilità anticattolica in un'azione militare che possa servire a **rilanciare politicamente e socialmente il ceto dei cavalieri**. Stretti in una Lega militare, costoro attaccano al suo comando le proprietà ecclesiastiche poste entro i confini del Principato vescovile di Treviri; ma l'arcivescovo riesce a fronteggiare con successo l'aggressione dei cavalieri, grazie anche all'aiuto che gli viene offerto da altri principi tedeschi, fino a passare al contrattacco, a espugnare la fortezza di Landstuhl – dove Sickingen trova la morte –, a costringere von Hutten alla fuga e a reprimere brutalmente la rivolta nel 1523 [▷A53].

LA RIVOLTA DEI CONTADINI ■ Molto più grave di questo episodio, tuttavia, è la vera e propria **guerra che divampa nelle campagne tedesche nel 1524-25**. La spinta originaria è di carattere sociale, ed è dovuta alle pessime condizioni di lavoro e di vita a cui sono costretti i contadini tedeschi. Essi trovano nelle idee della Riforma luterana una nuova legittimazione a ribellarsi e a chiedere giustizia. E così, in nome delle idee della Riforma e di una generale aspirazione al ritorno a una mitica età della giustizia, sin dal 1524 scoppiano le prime rivolte nella Svevia e nella Selva

ATLANTE 53

La radicalizzazione della Riforma: cavalieri e contadini

Nera. All'inizio del 1525 il moto si estende alla Turingia, al Tirolo, all'Alsazia, alla Svizzera, dove sono assaliti e incendiati monasteri, castelli, dimore signorili. Poi vengono coinvolti ancora la Sassonia e il Salisburghese. Nel 1525 forme di organizzazione locale confluiscono nell'*Unione cristiana* dell'Alta Svevia, il più compatto organismo di cui i rivoltosi sono capaci di dotarsi. Guidati da Thomas Müntzer (1489 ca.-1525), teologo luterano radicale, i contadini ribelli sono tuttavia duramente criticati da Lutero, che non esita ad appellarsi ai principi affinché restaurino l'ordine sociale che egli ritiene sia stato creato da Dio. L'appello di Lutero non cade nel vuoto: tra aprile e maggio diversi nuclei di rivoltosi vengono schiacciati militarmente dalle truppe dei principi (tra cui si distinguono quelle di Giorgio di Sassonia e di Filippo d'Assia). Ma è il 15 maggio 1525 a Frankenhausen, in Turingia, che avviene lo scontro decisivo: l'esercito dei principi distrugge un'armata contadina capeggiata da Müntzer, che viene catturato, torturato e ucciso. Nei mesi seguenti, le bande residue vengono isolate, assalite una per una e distrutte.

DALLA RIFORMA DELL'UOMO COMUNE ALLA RIFORMA DEI PRINCIPI ■ È la fine delle rivolte sociali, una fine accompagnata da massacri, ritorsioni, efferatezze. Tuttavia la vicenda non ha conseguenze solo negative sulla vita delle comunità rurali: negli anni seguenti, infatti, il timore di ulteriori episodi di ribellione spinge molti proprietari terrieri a moderare le loro pretese nei confronti dei contadini.

Inoltre la repressione della rivolta non blocca la diffusione delle idee di riforma religiosa. In Germania, però, la Riforma dell'uomo comune, che vive la sua breve e tragica stagione in questi due anni di guerra, lascia il campo alla Riforma dei principi; negli anni seguenti, infatti, saranno i sovrani di diversi Stati tedeschi, o le autorità di numerose città libere di Germania, ad accogliere le idee luterane e a favorirne la **diffusione fra i propri sudditi o fra i propri concittadini**. A questo punto la storia del luteranesimo tedesco si lega intimamente con le vicende politiche del Sacro romano impero, ed è per questo motivo che riprenderemo a

Esecuzione dei contadini dopo la battaglia di Frankenhausen, XVI sec.

Dalla battaglia di Frankenhausen prende inizio un romanzo storico accuratissimo e avvincente, che un collettivo di scrittori battezzatosi «Luther Blissett» ha pubblicato nel 1999 con Einaudi (il titolo del romanzo è *Q*). Narra la storia di un ribelle riformato, che partecipa alla guerra dei contadini, si unisce agli anabattisti di Münster, fugge dal disastro di quell'esperienza vagando per l'Europa, fino ad approdare a Venezia, da dove tenta di diffondere l'eresia anabattista nella penisola. Sulle sue tracce incombe l'ombra minacciosa di una spia del cardinal Carafa (il futuro papa Paolo IV), fino a che i due si incontrano in una specie di duello finale. È un testo affascinante; ma non è un libro di storia. Le differenze fra *fiction* e storia sono commentate da Adriano Prosperi, autorevole storico italiano, in una recensione a *Q*, pubblicata sul «Corriere della Sera» dell'11 aprile 1999 e reperibile online al seguente indirizzo: http://www.wumingfoundation.com.

LAVORA SUL TESTO

1. Evidenzia con due colori diversi le cause della rivolta dei cavalieri e dei contadini. **2.** Cerchia una parola-chiave che sintetizzi il punto di vista di Lutero rispetto alle rivolte che scoppiarono nelle campagne tedesche. **3.** Sottolinea una definizione delle seguenti espressioni utilizzate nel paragrafo: «Riforma dell'uomo comune», «Riforma dei principi».

descriverle più avanti [▷ **18/3**], quando esamineremo la politica imperiale di Carlo V.

Ora è il momento di volgersi ad altre aree dell'Europa centrale dove, in larga misura autonomamente rispetto a Lutero, altri riformatori hanno sostenuto, con vario successo e diverse implicazioni, altri progetti di riforma religiosa.

6/ La Riforma a Zurigo

HULDRYCH ZWINGLI ■ La ribellione teologica trova terreno fertile anche in Svizzera e in primo luogo a Zurigo, dove il protagonista della Riforma è il canonico della cattedrale, Huldrych Zwingli (1484-1531). **Tra il 1524 e il 1525**, Zwingli riforma la Chiesa di Zurigo: le immagini sacre, considerate fonti di idolatria, vengono distrutte, il celibato dei preti viene abolito (e Zwingli stesso si sposa), i conventi vengono chiusi, mentre i loro beni sono requisiti dalle autorità; infine, e soprattutto, la messa viene riformata, con l'abrogazione del sacramento dell'eucaristia [▷ **S32**].

La Riforma zurighese, però, rompe l'unità della Confederazione svizzera [▷ **8/6**]. Nel 1528 Zwingli tenta di costruire una Lega delle città e dei cantoni riformati che comprende ovviamente Zurigo e poi Berna, Basilea, Costanza, Biel, Mülhausen, Sciaffusa, San Gallo e, dal 1530, Strasburgo: ma l'alleanza non è compatta né forte militarmente. Molto più determinata è la cattolica **Lega dei cinque cantoni** (Lucerna, Uri, Schwyz, Unterwalden e Zug), che nell'ottobre del 1531 attacca Zurigo. I riformati sono sconfitti; il corpo di Zwingli – che ha guidato le milizie cittadine – viene trovato sul campo di battaglia senza vita dai nemici, e da costoro viene squartato e bruciato.

Ciò nonostante, però, i vincitori non infieriscono su Zurigo: infatti i contendenti sottoscrivono un trattato di pace che riconosce **a ciascun cantone svizzero il diritto di decidere in materia di fede**; e sino alla fine del XVII secolo sarà sulla base di questo trattato che verranno disciplinati i rapporti tra i cantoni riformati e quelli cattolici.

GLI ANABATTISTI ■ Tra il 1524 e il 1525 Zurigo vede anche la nascita di un'altra corrente di riformatori, chiamati anabattisti, o **"ribattezzati"**, un gruppo che sostiene una **concezione "volontaristica" della comunità spirituale**; per entrarvi a far parte, bisogna essere consapevoli dei misteri della fede, averli studiati e interiorizzati; per questo il rituale che segna l'ingresso nella comunità – il battesimo – dev'essere impartito a persone adulte e non a neonati o a bambini, ancora incapaci di esprimere un sentito e cosciente atto di fede.

Accanto a questa innovazione se ne coltivano altre, derivate da un'intensa lettura del *Discorso della Montagna* (che troviamo nei Vangeli di Matteo e Luca): gli anabattisti rifiutano l'uso delle armi, sia per fare la guerra sia per governare, negano valore ai

La disputa pubblica di Zwingli nel 1523

[dalla *Bullingers Reformationsgeschichte*, 1600 ca.]

Il 29 gennaio 1523 il Consiglio cittadino di Zurigo indice una disputa pubblica fra Zwingli e il vicario della diocesi di Costanza. La parte cattolica diserta la discussione e il magistrato cittadino, dopo aver ascoltato il riformatore, ne sancisce la vittoria. Inizia in questo modo il processo di riforma della vita ecclesiastica e sociale della città svizzera di Zurigo, sotto la guida di Zwingli.

giuramenti, predicano la comunione dei beni, condannano l'ostentazione, l'immoralità, l'ubriachezza.

Ce n'è evidentemente abbastanza perché le autorità religiose e politiche delle aree riformate li considerino ben presto come degli scandalosi bestemmiatori, meritevoli di immediata e severa punizione. Il primo a reagire è proprio **Zwingli**, che spinge i magistrati di Zurigo a emettere condanne a morte tanto per i leader quanto per i militanti.

LA DISPERSIONE DEGLI ANABATTISTI IN EUROPA ■ Scacciati da Zurigo, gli anabattisti superstiti si dirigono a est, in Moravia (dove si forma la colonia anabattista degli hutteriti – dal nome del loro leader, Jakob Hutter), e a nord, in Germania e in Olanda; in tutte queste aree sono capaci di svolgere un'**efficace azione di apostolato**, che porta al nascere di numerose nuove colonie. Dovunque, però, questi gruppi incontrano ostacoli e brutali repressioni. Nondimeno, un nucleo meglio organizzato di anabattisti, provenienti da aree diverse, si concentra a **Münster**, dove riescono a instaurare un'originale **città-Stato anabattista**.

L'esperimento dura poco; nell'estate del **1535**, le truppe riunite dal vescovo di Münster (e messe a disposizione da principi sia cattolici sia luterani) riescono a entrare nella città, che viene sottoposta a un brutale saccheggio e a una vera e propria carneficina, mentre **i capi cittadini sono orribilmente giustiziati in pubblico**. La persecuzione contro gli anabattisti non cessa nemmeno negli anni seguenti, con migliaia di giustiziati tra Olanda, Germania e Austria: ma, nonostante ciò diversi nuclei continuano a sopravvivere tenacemente nell'Europa settentrionale.

LAVORA SUL TESTO

1. Evidenzia gli aspetti principali della predicazione di Zwingli. **2.** Evidenzia le ragioni che scatenarono la repressione degli anabattisti.

L'annegamento di una donna anabattista, 1552

[Jan Luyken, in Tielman Jansz van Braght, *Het Bloedigh Tooneel of Martelaers Spiegel*..., 1685]

Le donne anabattiste diedero grandi testimonianze di fede e di coraggio. Nel 1552, per esempio, a Monschau, un paesino tedesco al confine con il Belgio, dopo due anni di prigionia viene condannata a morte per annegamento Maria van Monjou, una predicatrice itinerante. Si racconta che mentre si dirigeva verso il fiume cantasse e che pochi istanti prima di morire dicesse: «Sono stata la sposa di un uomo, ma oggi spero di essere la sposa di Cristo, e di ereditare il suo Regno con Lui».

7/ Calvino a Ginevra

IL PENSIERO TEOLOGICO DI GIOVANNI CALVINO ■ La Riforma si è diffusa già da qualche anno anche a Ginevra, che si è ribellata con successo al suo vescovo, quando, nel 1536, vi giunge Giovanni Calvino (1509-1564), un francese di ventisette anni il quale sta fuggendo dal suo paese.

Nato in Piccardia, nella Francia del Nord, in un'agiata famiglia, Calvino studia teologia e giurisprudenza a Parigi e a Orléans. Intellettuale raffinato, formatosi agli ideali umanistici, deve fuggire dalla Francia per le sue idee religiose eterodosse. Rifugiatosi a Basilea, nel **1536** vi pubblica la sua opera più importante, l'***Istituzione della religione cristiana***.

Fondamentale, nel pensiero di Calvino, è l'idea della **predestinazione**, che può essere considerata uno sviluppo delle idee di Lutero, condotte a quelle ultime conseguenze cui Lutero stesso non le ha mai spinte. Secondo Calvino, se nessuna opera può giovare alla salvezza, e **l'unico strumento possibile per salvarsi è la fede che è un dono di Dio**, ne consegue che tutto è deciso da sempre, e che alcuni sono degli **eletti**, destinati da Dio stesso alla salvezza, mentre altri sono dei **dannati**, destinati da Dio alla perdizione: e non c'è niente che le singole persone possano fare per cambiare il loro destino.

Un fatalismo così radicale avrebbe potuto spingere Calvino e i suoi seguaci a una vita di inerte abbandono. Ma Calvino non scredita del tutto il significato delle

LE FONTI 31

Giovanni Calvino/Vocazione, accettazione, consolazione

[Giovanni Calvino, *Istituzione della religione cristiana*, a cura di Giorgio Tourn, Utet, Torino 1971, vol. I, pp. 870-872]

Nella *Istituzione della religione cristiana* (1536), l'opera più importante di Calvino, questi dà un'inflessione ambivalente alla dottrina della predestinazione e alle sue conseguenze; le componenti fataliste (l'abbandonarsi al volere e alle disposizioni di Dio) sono evidenti; l'accettazione dell'ordine sociale e politico esistente, anche; e tuttavia nel rilievo dato alla «vocazione» c'è proprio quell'elemento che poi i successori di Calvino sviluppano in un'interpretazione attivistica della dottrina della predestinazione.
Come ha osservato il sociologo tedesco Max Weber – che si riferisce, in particolare, all'elaborazione teologica dei calvinisti del XVII secolo –, «l'ammonimento dell'Apostolo di consolidare la propria "vocatio" viene [...] interpretato come il dovere di conquistare nella lotta quotidiana la certezza soggettiva della propria elezione e giustificazione. [...] E d'altra parte, come mezzo migliore per raggiungere quella sicurezza di sé, fu raccomandato un indefesso lavoro professionale. Esso ed esso solo dissipa il dubbio religioso e dà la sicurezza dello stato di grazia». Da questo sviluppo prende forma un mondo concettuale ed etico che fa del calvinismo una confessione che impone ai fedeli – al tempo stesso – una ferrea autodisciplina e una intensa valorizzazione della vita attiva.

Dobbiamo anche prestare attenzione al fatto che Dio ordina a ciascuno di noi di tenere a mente la sua vocazione in ogni atto della vita. Poiché sa quanto l'intelletto dell'uomo bruci di inquietudine, quale leggerezza lo trasporti qua e là e quale ambizione e cupidigia lo solleciti ad abbracciare contemporaneamente parecchie cose diverse.
Temendo, dunque, che sconvolgiamo ogni cosa con la nostra follia e temerarietà, Dio, enumerando queste condizioni e questi modi di vivere, ha ordinato ad ognuno il da farsi. Affinché nessuno oltrepassi con leggerezza i suoi limiti, ha chiamato tali modi di vivere «vocazioni». Ognuno, per proprio conto, deve considerare che il suo stato è per lui come un punto fermo assegnato da Dio, perché non volteggi e svolazzi sconsideratamente per tutto il corso della sua vita.
Questa distinzione è a tal punto necessaria, che tutte le nostre opere sono valutate in base ad essa, davanti a Dio,

opere dell'uomo: ritiene, infatti, che a ciascuno Dio abbia indicato una specifica vocazione ('chiamata') che è spirituale, ma che è al tempo stesso anche temporale: essa indirizza ciascun uomo verso l'uno o l'altro percorso sociale o professionale. Compito di ciascun credente è non solo **individuare e accettare con abbandono la "vocazione"** che Dio ha predisposto per lui, ma **compierla nel modo migliore**; e se ciò non può essere considerato uno strumento per accumulare meriti presso Dio, deve tuttavia essere interpretato come segno dell'appartenenza alla schiera degli eletti; di conseguenza – aspetto, questo, che è sviluppato soprattutto nell'elaborazione dei seguaci di Calvino – un fedele non deve mai smettere di cercare questo segno, così da veder incessantemente confermata la propria speranza di esser parte della schiera dei prescelti.

Questa mossa trasforma una teologia potenzialmente fatalista in un'**etica** che dà un estremo incentivo alla vita attiva e che fortifica e stimola sia il culto del lavoro sia l'accettazione dell'ordine sociale esistente, da rispettare in quanto voluto da Dio [▷F31].

IL CALVINISMO A GINEVRA ■ Accompagnato dalla fama della sua opera, piuttosto casualmente Calvino nel 1536 capita a Ginevra, dove, dopo qualche momento di difficoltà, riesce a imporre le sue idee religiose, tanto che nel 1540 egli riesce a far adottare dal Consiglio cittadino le sue ***Ordinanze ecclesiastiche***, ispirate alla sua idea di riforma. Le *Ordinanze*:

e spesso in modo diverso da come supporrebbe il giudizio della ragione umana o filosofica. Non solo l'individuo comune ma anche i filosofi ritengono che il liberare il proprio paese dalla tirannia sia l'atto più nobile ed eccelso che si possa compiere. Al contrario, ogni singolo individuo che avrà messo la mano su un tiranno, è apertamente condannato dalla voce di Dio. Non mi voglio soffermare ad annoverare tutti gli esempi che si potrebbero citare: ci basti sapere che la vocazione di Dio è per noi il principio ed il fondamento per dirigerci rettamente in ogni frangente, e che colui che non vi si sarà attenuto non seguirà mai la retta via per compiere il suo dovere. Potrà sì fare talvolta qualche atto esteriormente lodevole, ma non sarà accetto al giudizio di Dio, per quanto stimato sia dinanzi agli uomini.
Infine, se non consideriamo la nostra vocazione come una regola perenne, non esisterà ferma condotta né armonia fra le varie parti della nostra vita. Di conseguenza, colui che avrà rivolto la sua vita a quello scopo, l'avrà molto ben orientata, poiché nessuno oserà tentare di più di quanto la sua vocazione comporti, e non si lascerà spingere dalla sua temerarietà, ben sapendo che non gli è lecito superare i suoi limiti. Chi è di modeste condizioni si accontenterà del suo stato, con tranquillità, temendo di uscire dalla condizione in cui Dio lo ha posto. In ogni preoccupazione, tormento, travaglio ed altro aggravio, sarà anche un grande sollievo l'esser persuasi che Dio ci guida e ci conduce. I magistrati si daranno più volentieri alla loro carica; un padre di famiglia compirà con maggior coraggio il suo dovere; in breve, ognuno sopporterà con maggior pazienza il suo stato e sormonterà le difficoltà, le inquietudini, i dispiaceri e le angosce che vi si trovano, ben sapendo che nessuno porta altro fardello all'infuori di quello che Dio gli ha messo sulle spalle.
Ne deriverà per noi una singolare consolazione: non ci sarà compito così disprezzato né così basso che non risplenda davanti a Dio e non sia estremamente prezioso, se in esso adempiamo la nostra vocazione.

GUIDA ALLA LETTURA

1. In che modo e in base a quali parametri, secondo Calvino, Dio valuta le azioni dell'uomo? **2.** Il controllo divino, nell'ottica calvinista, viene valutato come un motivo di apprensione per l'uomo? **3.** Quali sono, secondo Weber, gli effetti del calvinismo sulla vita reale delle persone? **4.** Come vengono definite nella fonte le vocazioni? Qual è il loro ruolo?

a prevedono due soli sacramenti (battesimo e cena eucaristica, intesa, alla maniera di Zwingli, come memoria del sacrificio di Cristo);

b aboliscono tutte le feste, salvo la domenica, giorno del Signore;

c individuano nei pastori i ministri incaricati di impartire i sacramenti previsti e di diffondere la parola di Dio;

d istituiscono il Venerabile Concistoro, composto da membri laici ed ecclesiastici e presieduto da uno dei quattro sindaci della città: si tratta del principale tribunale ecclesiastico cittadino, nel quale il magistero ecclesiastico e il potere politico si incontrano e si fondono.

Col passare degli anni Calvino viene riconosciuto quale **capo politico e spirituale di Ginevra**. Nella propria azione sa far ricorso alla sua raffinata cultura, alle sue qualità di oratore, ma anche a una moralità e a un rigore inflessibili, che lo spingono a impegnarsi contro il dissenso teologico con una **severità** e talvolta una **violenza** paragonabile a quella dell'Inquisizione cattolica.

LAVORA SUL TESTO

Sottolinea nel testo le frasi che riassumono i tratti distintivi del pensiero di Calvino.

Jean Parrissin, *Il tempio calvinista di Lione*, 1565

[Bibliothèque Publique et Universitaire, Ginevra]

Il dipinto raffigura un tempio protestante, edificato a Lione nel 1564 e distrutto pochi anni dopo. Allora, come anche ai nostri giorni, tra i protestanti era molto diffuso il termine "tempio", e non "chiesa", per indicare il proprio luogo di culto. Il pastore, al centro, predica la parola di Dio in un ambiente sobrio e privo di ogni sfarzosità, com'è tipico delle chiese evangeliche.

8/ La Riforma in Europa

I MOTIVI E LE DINAMICHE DELLA DIFFUSIONE ■ La diffusione della Riforma produce un profondo cambiamento della carta religiosa d'Europa; il *successo dei* **protestanti** (termine in uso dal 1529 per indicare globalmente gli aderenti alle varie confessioni riformate; > **18/3**), oppure la **resistenza dei cattolici** dipendono da una varia combinazione di fattori: i flussi migratori degli esuli religiosi; l'attività di apostolato di predicatori, teologi e intellettuali; il movimento dei mercanti o dei soldati entrati in contatto con le nuove fedi; le scelte dettate dalle opportunità politiche che si offrono ai sovrani o alle classi dirigenti del tale Stato o della tale città nell'abbracciare l'una o l'altra confessione, e quindi, di conseguenza, le resistenze che tali autorità oppongono alla diffusione o alla presenza delle confessioni concorrenti [> **S31**].

Quattro sono le principali dinamiche che ne derivano (e che possono essere seguite osservando la carta **A54**):

a il radicamento del **luteranesimo in Germania** (a eccezione della Baviera e di alcune aree occidentali) e la sua successiva diffusione nei paesi scandinavi, in Prussia e in Lettonia;

b la consolidata presenza del calvinismo in parti significative della **Svizzera**, e la sua diffusione in aree della **Francia**, dove i fedeli sono chiamati **"ugonotti"** (dal

Principali confessioni religiose in Europa alla metà del XVI sec.

ATLANTE 54

tedesco *Eidgenosse*, 'confederato', termine che allude alla provenienza dei primi calvinisti, in arrivo, appunto, dalla Confederazione svizzera), e poi nei Paesi Bassi, in Scozia, in Ungheria e in Polonia;

c una significativa presenza di comunità di "fratelli boemi", un gruppo di derivazione hussita [> **9/3**], in Boemia;

d infine, la diffusione di una variante specifica della confessione riformata in Inghilterra.

ENRICO VIII: LE ORIGINI DELLA RIFORMA ANGLICANA Quest'ultimo caso merita qualche ulteriore commento, a illustrazione di quanto sia diretto il nesso fra esperienza religiosa ed esercizio (in senso dinastico e personale) del potere politico.

Fino a tutti gli anni Venti del Cinquecento l'Inghilterra è cattolica, per esplicita e dichiarata volontà del suo sovrano, **Enrico VIII** (1509-47; > **12/1**), che inizialmente si atteggia a censore delle tendenze riformate. Ma nel corso di quegli anni si pongono anche le premesse per la **rottura con la Chiesa di Roma**.

Enrico VIII vuole divorziare da Caterina d'Aragona (1509-33), zia di Carlo V, per poter sposare una dama di corte di cui si è innamorato, **Anna Bolena** (1533-36). Papa Clemente VII, su decisa pressione di Carlo V, non concede l'annullamento del matrimonio. Enrico VIII ignora la decisione e nel 1533 sposa Anna Bolena: a quel punto il papa non può far altro che scomunicare i due. E così, nel **1534**, Enrico VIII, con una legge votata dal Parlamento e chiamata ***Atto di Supremazia***, si fa proclamare capo supremo della Chiesa d'Inghilterra, che prende il nome di **Chiesa anglicana**. È lo scisma anglicano che, tuttavia, con Enrico VIII non apre alla Riforma; anzi i luterani continuano a essere perseguitati come prima.

Nondimeno, la netta rottura con la Chiesa di Roma consente a Enrico VIII di sciogliere gli ordini religiosi esistenti nel suo regno e di requisirne le ingenti proprietà terriere che successivamente vengono messe in vendita. L'operazione, oltre ad

La famiglia di Enrico VIII, 1545 ca.
[Royal Collection, Hampton Court, Londra]
Il dipinto raffigura, da sinistra a destra: la balia di corte; Maria, figlia di Caterina d'Aragona e futura Maria I; Edoardo, figlio di Jane Seymour e futuro Edoardo VI; Enrico VIII; Jane Seymour; Elisabetta, figlia di Anna Bolena e futura Elisabetta I; il giullare. Il quadro ha un valore celebrativo, non ha un impianto realistico: Jane Seymour muore di parto alla nascita di Edoardo, ma la sua presenza nel quadro è dovuta al fatto di aver dato al re l'unico erede maschio. Jane viene sposata da Enrico VIII dopo che costui ha fatto decapitare Anna Bolena, con l'accusa di adulterio; dopo Jane Seymour, morta nel 1537, il re sposa nel 1540 Anna di Clèves, per ragioni politiche, ma la ripudia subito, e nello stesso anno sposa Catherine Howard; anche costei viene giustiziata nel 1542 e l'anno dopo Enrico VIII si sposa con la sua sesta e ultima moglie, Catherine Parr.

avere evidenti ripercussioni religiose e culturali, ne ha anche di economiche e sociali; da un lato, la vendita delle terre precedentemente appartenute agli enti ecclesiastici porta **nelle casse della monarchia inglese risorse finanziarie** fresche, che ne aiutano significativamente il consolidamento; dall'altro, il processo conduce alla formazione di un nuovo ceto di medi proprietari terrieri, i quali maturano sentimenti di riconoscenza nei confronti del sovrano e ottimi motivi per sentirsi conquistati dalla nuova confessione anglicana.

ENRICO VI: LA RIFORMA LITURGICA ■ Col successore di Enrico VIII – il giovanissimo Edoardo VI (1547-53), figlio del re e della sua terza moglie, Jane Seymour (?-1537) – c'è invece una netta inclinazione della Chiesa anglicana verso gli orientamenti dei gruppi riformati del continente. Condizionato dall'autorevole guida dell'arcivescovo di Canterbury, Thomas Cranmer (1489-1556), il re, infatti, fa approvare una riforma liturgica, incorporata nel ***Book of Common Prayer*** (1549), che fa spazio alle dottrine zwingliane, specie per quanto riguarda il significato del rito eucaristico.

MARIA I: IL RITORNO AL CATTOLICESIMO ■ Tuttavia, dopo la morte di Edoardo VI, l'apertura verso le tematiche riformate subisce una **drastica battuta d'arresto** con la successione al trono della sorellastra Maria I (1553-58), figlia di Caterina d'Aragona e convinta cattolica. La sua determinatissima volontà di ricondurre l'Inghilterra nell'alveo del cattolicesimo viene rimarcata dal matrimonio con Filippo II, figlio di Carlo V e re di Spagna; e soprattutto viene sostenuta da una politica di **durissime persecuzioni** contro i sostenitori della Riforma (sotto i cui colpi cade anche Cranmer), che merita alla sovrana l'epiteto di **"Sanguinaria"**.

ELISABETTA I: L'AFFERMAZIONE DELLA RIFORMA ANGLICANA ■ Alla fine del breve e turbinoso regno di Maria sale al trono Elisabetta I (1558-1603), sorellastra di Edoardo e di Maria, in quanto figlia di Enrico VIII e di Anna Bolena. Tra i suoi primi atti di governo – pensati come segnali di netta discontinuità politica rispetto alla fase precedente – ci sono il ripristino dell'***Atto di Supremazia***, la reintroduzione della riforma liturgica di Cranmer e la ridefinizione del profilo dottrinale dell'anglicanesimo attraverso i ***Trentanove articoli di fede*** (1562), che elaborano un *corpus* teologico nel quale, su una struttura derivata dalla **tradizione cattolica** si innestano **elementi propri del calvinismo** (in particolare per quanto concerne il tema della predestinazione).

In questo modo, attraverso una serie variamente contrastante di mosse politiche prese da quattro successivi sovrani, la confessione anglicana alla fine si impone come quella dominante; ma non è la sola, perché sul territorio del Regno d'Inghilterra restano numerosi i cattolici, mentre nient'affatto trascurabili, per attivismo e per diffusione, sono i membri di altri gruppi religiosi, soprattutto quelli di derivazione calvinista.

LAVORA SUL TESTO

1. Individua sulla carta **A54** le aree europee che alla metà del XVI secolo restano in prevalenza cattoliche e quelle che aderiscono alle diverse confessioni riformate. **2.** Elenca a margine del testo il nome dei sovrani inglesi che scandirono le fasi della Riforma anglicana; annota quindi tra parentesi, per ciascuno di essi, il periodo di regno.

SINTESI

ONLINE

SINTESI AUDIO

LEZIONE 7
Riforma e Controriforma

TEST

1/Carlo V e Lutero: due nuovi protagonisti della storia

Nei primi anni del XVI secolo compaiono sulla scena europea due grandi personaggi: Carlo d'Asburgo e Lutero. Il primo è il discendente di alcune delle più importanti dinastie europee (Asburgo, Borgogna, Castiglia e Aragona), e nel 1520 viene nominato imperatore del Sacro romano impero con il nome di Carlo V. Il suo progetto, la *Renovatio Imperii*, è molto ambizioso: far rivivere un grande Impero universale, sul modello di quello fondato da Carlo Magno. Lutero è invece un monaco agostiniano tedesco, studioso di teologia a Wittenberg, che tra il 1513 e il 1516 elabora un suo originale pensiero, nel quale afferma che la salvezza dell'uomo non dipende dalle sue opere ma dalla fede in Dio, e che la verità non si raggiunge attraverso la mediazione dei preti ma tramite la lettura diretta e individuale della Bibbia.

2/La Chiesa alla vigilia della Riforma

La riflessione teologica di Lutero si incrocia con la sua denuncia alla corruzione della Chiesa di Roma, che si manifesta nei comportamenti spesso poco edificanti del clero, nel commercio delle cariche ecclesiastiche e soprattutto nella vendita delle indulgenze. Le indulgenze, ossia gli atti di remissione dei peccati, venivano vendute ai fedeli per alleviare le pene che loro stessi o i loro parenti defunti dovevano scontare in Purgatorio. La vendita delle indulgenze, promossa nel 1517 in Germania da Alberto di Hohenzollern, costituirà il punto di non ritorno nello scontro tra Lutero e le autorità ecclesiastiche.

3/La ribellione di Lutero e lo scontro con Roma

Nell'ottobre del 1517 il monaco agostiniano scrive un documento articolato in *95 Tesi* in cui contesta la vendita delle indulgenze e attacca la Chiesa su tre registri differenti: uno propriamente teologico, in cui si afferma la teoria luterana della salvezza, uno istituzionale, contro i poteri del papa, e uno nazionalista, contro il prelievo esercitato in Germania a vantaggio di Roma.
Tra il 1517 e il 1520 Lutero compone nuovi trattati, che rendono sempre più irrimediabile la frattura con Roma. In questi scritti sostiene tra l'altro l'abolizione del sacerdozio, lo scioglimento degli ordini monastici, il matrimonio dei preti e la riduzione dei sacramenti ai soli battesimo, penitenza ed eucaristia. Leone X non può che condannare la posizione di Lutero e gli impone l'abiura: per tutta risposta Lutero brucia in pubblico la Bolla papale il 10 dicembre 1520. La condanna della Chiesa non viene tuttavia emanata immediatamente: Federico il Savio, principe elettore di Sassonia, riesce a convincere Carlo V a ricevere in udienza Lutero a Worms, prima che il monaco venga ufficialmente scomunicato.

4/Al cospetto dell'imperatore

Durante la Dieta imperiale di Worms, dopo essere stato sottoposto ad un esame teologico, Lutero è chiamato a ritrattare i suoi scritti ma rifiuta. Nonostante l'opposizione di due elettori imperiali, l'editto di Worms del 6 maggio 1521 condanna dunque Lutero come eretico. Il monaco tedesco gode però della protezione di Federico il Savio, che lo nasconde segretamente nel castello della Wartburg, dove Lutero si dedica alla traduzione in tedesco del Nuovo Testamento. Intanto le idee luterane circolano velocemente, grazie all'opera dei teologi Carlostadio e Melantone e a quella degli studenti e dei seguaci della nuova fede. Alla diffusione della Riforma concorre anche la recente invenzione della stampa: tra il 1522 e il 1532 sono in circolazione circa 200.000 copie a stampa del Nuovo Testamento tradotto da Lutero.

5/La rivolta dei cavalieri e la guerra dei contadini

La proposta teologica di Martin Lutero suscita anche due rivolte socio-politiche, quella dei cavalieri (1522-23) e quella dei contadini (1524-25). La prima, generata dal desiderio di rivalsa di una nobiltà impoverita e frustrata dalla sua posizione politica ed economica, si rivolge contro le proprietà ecclesiastiche, ma viene repressa dall'arcivescovo di Treviri. La seconda divampa nelle campagne e trova alimento dal connubio tra le idee della Riforma e le rivendicazioni economico-sociali dei contadini, che dalla Svevia al Tirolo assaltano e incendiano proprietà ecclesiastiche e signorili. Sarà l'ulteriore radicalizzazione del movimento operata da Thomas Müntzer a spingere Lutero ad appellarsi ai principi tedeschi affinché restaurino l'ordine sociale e reprimano nel sangue la rivolta.

6/La Riforma a Zurigo

L'esempio di Lutero incoraggia altri a imitarlo. A Zurigo ha successo la predicazione di Zwingli, basata sulla lettura della Bibbia, che esalta l'ideale di una comunità rigenerata e di una città governata dalle Scritture. Le autorità politiche accolgono le esortazioni del riformatore, che può riorganizzare la Chiesa di Zurigo secondo la sua dottrina: le immagini sacre sono distrutte, gli ordini monastici aboliti, viene abrogato il sacramento dell'eucaristia. La Riforma zurighese rompe l'unità della Confederazione svizzera: alcuni cantoni aderiscono alla Riforma, altri restano cattolici.
Da Zurigo si diffonde anche la corrente anabattista, teologicamente e socialmente radicale, in cui le tesi egualitarie si fondono con un misticismo profondo e radicale e con un'etica fondata sul rifiuto dell'uso delle armi e della guerra, sulla comunione dei beni e sulla condanna della ricchezza. La reazione contro gli anabattisti è feroce e parte proprio da Zwingli, che spinge i magistrati di Zurigo a perseguire e condannare a morte alcuni esponenti di spicco del movimento. Anche fuori dai confini svizzeri gli anabattisti vengono perseguitati dalle autorità locali. La città-Stato anabattista di Münster, in Germania, viene assediata e saccheggiata dalle truppe dei principi luterani e cattolici, mentre i capi cittadini vengono giustiziati in pubblico.

7/Calvino a Ginevra

A Ginevra, nel 1540, si impone la predicazione del francese Giovanni Calvino, che sviluppa in una forma originale le tesi di Lutero in merito alla predestinazione. Secondo Calvino, nessuna opera può condurre alla salvezza poiché tutto è deciso da sempre: Dio infatti ha destinato alcuni alla salvezza, altri alla perdizione. Gli uomini possono tuttavia testimoniare, attraverso il lavoro, l'appartenenza alla schiera degli eletti. L'etica calvinista rifiuta pertanto il fatalismo e stimola, al contrario, il culto del lavoro e l'accettazione dell'ordine costituito in quanto voluto da Dio. Particolarmente interessanti sono anche i contenuti delle *Ordinanze ecclesiastiche*, adottate a Ginevra, in quanto prevedono la validità di due soli sacramenti (battesimo e cena eucaristica), l'abolizione di tutte le feste eccetto la domenica, l'istituzione dei pastori e di un Venerabile Concistoro, in cui il potere politico e quello religioso si fondono.

8/La Riforma in Europa

La diffusione della Riforma modifica la carta religiosa dell'Europa: se Italia e Spagna restano cattoliche, il luteranesimo si radica in Germania, il calvinismo in Svizzera e in diverse aree della Francia, mentre in Boemia si diffondono i "fratelli boemi" di derivazione hussita. In Inghilterra, invece, gli interessi privati del re Enrico VIII creano le premesse per uno scisma religioso che dà vita alla Chiesa anglicana. Dopo una parentesi corrispondente al regno della regina Maria (1553-58), durante il quale c'è un netto riavvicinamento al cattolicesimo, col regno di Elisabetta I (1558-1603) la Chiesa anglicana si allontana definitivamente da Roma, aprendosi a diverse idee elaborate dai teologi della Riforma.

VERSO le COMPETENZE

1 Disponi sul tuo quaderno nella tabella spazio-temporale i seguenti eventi riassumendoli, se necessario, in parole-chiave; ottempera quindi alla consegna finale.

a. L'imperatore Carlo V convoca i grandi elettori alla Dieta di Worms
b. Rivolta dei cavalieri
c. Sale al trono la regina cattolica Maria, detta la Sanguinaria
d. La città-Stato anabattista di Münster capitola sotto l'assedio delle truppe cattoliche e luterane riunite dal vescovo della città
e. Calvino fa approvare le *Ordinanze ecclesiastiche* dal Consiglio cittadino di Ginevra
f. *Atto di Supremazia* di Enrico VIII
g. A Zurigo si diffonde la corrente degli anabattisti
h. Leone X proclama la concessione dell'indulgenza plenaria a quanti, dopo essersi confessati, presentino un'offerta adeguata alla Chiesa
i. Zwingli riforma la Chiesa di Zurigo
j. Edoardo VI fa approvare la riforma liturgica del *Book of Common Prayer*
k. Lutero scrive le *95 Tesi*
l. Guerra dei contadini
m. Leone X pubblica la bolla *Exsurge Domine*
n. Lutero precisa le proprie convinzioni in tre trattati che rendono insanabile la rottura con Roma
o. Lutero, nascosto nel Castello della Wartburg, sotto la protezione dell'elettore di Sassonia, Federico il Savio, traduce il Nuovo Testamento in tedesco
p. Carlo V viene incoronato imperatore del Sacro romano impero
q. Hohenzollern chiede un prestito ai Fugger per pagare la dispensa papale necessaria ad accumulare cariche

Date	Inghilterra	Stato della Chiesa	Svizzera	Germania e territori dell'Impero
1517				
15 giugno 1520				
agosto-novembre 1520				
23 ottobre 1520				
1521				
1522-23				
1524-25				
1534				
1535				
1540				
1549				
1553				

Esponi la sinossi degli eventi organizzati nella tabella, servendoti degli adeguati nessi temporali (es.: Mentre a Roma... in Germania...).

2 Collega ciascun termine relativo al lessico della Riforma con la definizione corrispondente. Attenzione! Un termine non trova corrispondenza, individualo e fornisci tu una definizione.

1. sacerdozio universale
2. transustanziazione
3. indulgenza
4. eucaristia
5. ugonotto
6. elezione
7. vocazione
8. giustificazione per Grazia (attraverso la fede)

a. facoltà della Chiesa di rimettere i peccati dopo la confessione in virtù dei meriti accumulati da Cristo e dai santi
b. secondo Zwingli, che diversamente da Lutero non accoglie il relativo dogma cattolico, è una semplice cerimonia commemorativa del sacrificio di Cristo
c. teoria che Lutero fa discendere da san Paolo il quale, nell'*Epistola ai Romani*, scrive «il giusto vivrà per fede»
d. idea secondo la quale ciascun fedele, senza bisogno della mediazione esegetica del clero, deve poter fruire direttamente delle Sacre Scritture per ricercare un contatto intimo con Dio
e. dogma secondo il quale il pane e il vino cerimoniale si trasformano nel corpo e nel sangue di Cristo per effetto della consacrazione
f. secondo la teoria della predestinazione di Calvino, è l'unico criterio della Grazia divina
g. secondo la teoria della predestinazione di Calvino, è l'atto attraverso il quale Dio indirizza ciascuno verso l'uno o l'altro percorso sociale o professionale
h. ....

3 Indica se le affermazioni seguenti sono vere o false. Spiega poi brevemente il motivo della tua scelta.

a. *Renovatio Ecclesiae* e *Renovatio Imperii* si configurano entrambe come rivoluzioni, nel senso di una brusca rottura col presente tesa al recupero di un passato idealizzato.
b. Per Le Goff, il dogma dell'esistenza dell'Inferno, introdotto nel XII secolo, fu all'origine di una concezione matematica dei peccati e diede vita a una «contabilità dell'aldilà».
c. La teoria calvinista della predestinazione delle anime comporta rassegnazione e atteggiamento passivo nei fedeli, poiché a nulla servirebbero le opere buone.
d. Zwingli venne condannato, nel 1527, alla morte per annegamento, in segno di dileggio verso la sua confessione anabattista.
e. Riconosciuto a Ginevra come capo politico e religioso, Calvino attuò una dura repressione verso ogni dissenso teologico.
f. La battaglia di Frankenhausen del 1525 segnò la fine delle rivolte contadine, nonché il passaggio dalla Riforma dell'uomo comune alla Riforma dei principi.

4 Completa la tabella relativa alle conseguenze della Riforma, utilizzando parole-chiave per sintetizzare le informazioni richieste. Ottempera poi alle consegne finali.

		Lutero	Zwingli	Anabattisti	Calvino
Conseguenze confessionali	dogmi e sacramenti				
	fruizione delle Scritture				
	dottrina della salvezza				
Conseguenze sociali	appartenenza al ceto				
	atteggiamento dell'individuo				
Conseguenze politiche					

a. Quali aspetti confessionali delle diverse correnti rendono evidente la comune matrice luterana della Riforma nel suo complesso?
b. Da quale premessa confessionale discende, in genere, il ruolo più o meno attivo dell'individuo nella società?
c. Quale fu l'unica corrente a tradurre la propria confessione in una forma di autogoverno?
d. Seleziona le caselle della tabella necessarie a ricostruire la catena di conseguenze che discendono, sui vari piani (confessionale, sociale, politico), dalla lettura luterana dell'*Epistola ai Romani* di san Paolo; utilizzale per creare sul tuo quaderno una mappa concettuale.

5 Utilizzando la seguente scaletta di argomenti, scrivi un breve testo (max 30 righe) che illustri il connubio fra istanze religiose e istanze sociali durante la guerra dei contadini in Germania.

a. Sintetica presentazione degli eventi.
b. Cause strutturali, economiche e sociali delle rivolte.
c. Istanze religiose deducibili dalla retorica e dal linguaggio della Riforma.
d. Conclusione che sintetizzi la concomitanza di fattori.

Capitolo_16/ La Controriforma

1/ La Chiesa alla vigilia della propria Riforma

lePAROLEdellaSTORIA

nepotismo
Con questa espressione si indica la pratica di favorire dei parenti prescindendo dalle loro competenze e qualità; nel caso della Chiesa del XVI secolo tale pratica assume anche uno specifico profilo istituzionale nella figura del "cardinal nipote": uno stretto parente del pontefice, nominato cardinale ed elevato alla carica di suo massimo collaboratore; la figura è istituzionalmente riconosciuta proprio da papa Paolo III Farnese nel 1539.

PAOLO III FARNESE ■ Dopo la ribellione di Lutero, per almeno un decennio la curia romana tende a sottovalutare la Riforma. Primi passi importanti verso una profonda riorganizzazione della Chiesa romana sono compiuti da **Paolo III Farnese**. Il che potrebbe anche sorprendere, poiché costui è un tipico pontefice rinascimentale, un sovrano temporale del tutto interno alla cultura del **nepotismo** papale.

Tuttavia, nonostante sia così interno ai reticoli clientelari che attraversano la curia romana e sia così sollecito nel curare gli interessi della sua famiglia, Paolo III si mostra anche assai sensibile alla **necessità di una riforma della Chiesa**, cosicché nel 1536 affida a un'autorevole commissione composta da cardinali e prelati il compito di studiarne le possibili vie. L'anno seguente (1537) la commissione consegna al pontefice un documento, il *Consilium de emendanda Ecclesia* (*Parere sulla riforma della Chiesa*), che offre una ricca serie di indicazioni sulle modalità di una possibile riorganizzazione ecclesiastica interna.

Sul momento il progetto resta lettera morta. Tuttavia, negli anni seguenti, la minaccia della Riforma deve essere presa ancor più seriamente in considerazione di quanto non si sia fatto fin allora, poiché tra la fine degli anni Trenta e gli anni Quaranta il luteranesimo e il calvinismo mettono radici a Venezia, a Ferrara, a Modena, a Lucca e anche altrove nella penisola, sia tra le élite sia tra gli strati popolari.

Giorgio Vasari, *Paolo III nomina cardinali e distribuisce benefici*, 1547
[Sala dei Cento Giorni, Palazzo della Cancelleria, Roma]

lePAROLEdellaSTORIA

concilio ecumenico
Assemblea dei cardinali, degli arcivescovi, dei vescovi e dei superiori generali delle congregazioni e degli ordini religiosi, convocata dal papa per discutere questioni teologiche; i decreti di un concilio acquistano valore per tutta la Chiesa, di norma quando sono ratificati dal papa.

JUAN DE VALDÉS E GLI "SPIRITUALI" ■ Particolarmente rilevante è la diffusione del messaggio religioso elaborato da **Juan de Valdés** (1498 ca.-1541). Costui è un nobile spagnolo che, per sfuggire all'Inquisizione spagnola, si è rifugiato prima a Roma e poi a Napoli, dove – nella seconda metà degli anni Trenta – ha costruito intorno a sé un circolo di nobili, di nobildonne, di intellettuali e di teologi, interessati a una **possibile autoriforma della Chiesa**. La sua proposta non ha i caratteri polemici e aggressivi che sono propri dell'**elaborazione luterana o calvinista**; ciononostante contiene degli elementi che, qualora accettati, minaccerebbero direttamente alcuni cardini dell'ortodossia cattolica: in particolare, nella sua elaborazione egli accoglie la dottrina della giustificazione per fede [▷ **15/1**], svalutando le opere e, al tempo stesso, la centralità della mediazione ecclesiastica tra Dio e i fedeli.

L'importanza di questa proposta sta nel fatto che essa viene accolta e sostenuta, dopo la morte di Valdés, da autorevolissimi cardinali, come **Reginald Pole** (1500-1558) o **Giovanni Morone** (1509-1580); intorno a loro si riunisce il **gruppo degli "spirituali"**, intellettuali, teologi e prelati che negli anni Quaranta promuovono la stampa e la diffusione degli scritti di Valdés e – soprattutto – del *Trattato utilissimo del beneficio di Christo*, un libro scritto a Napoli nel 1540 dal monaco benedettino Benedetto Fontanini da Mantova, amico di Valdés: il testo, rielaborato da Marcantonio Flaminio a Viterbo, alla corte del cardinale Pole, viene infine messo in circolazione nel 1542.

Ed è di fronte a questi sviluppi che la reazione si fa decisa.

IL PERSONAGGIO

Paolo III Farnese (1468-1549)

Alessandro Farnese – papa col nome di Paolo III dal 1534 al 1549 –, oltre che sensibile alla cultura rinascimentale e dotato di una sicura e ampia visione della politica contemporanea, è uno degli attori più chiari nella pratica del nepotismo. La sua stessa carriera ecclesiastica decolla attraverso relazioni di tipo nepotistico, ed è favorita da papa Alessandro VI (Rodrigo Borgia, 1492-1503), uno dei papi più dissoluti nella storia del pontificato, padre di innumerevoli figli illegittimi (particolarmente famosi sono Cesare e Lucrezia Borgia). Una delle amanti di Alessandro VI è la bellissima Giulia Farnese (1474-1524 ca.), moglie di Orsino Orsini e sorella di Alessandro Farnese. È grazie a Giulia che Alessandro Farnese ottiene da papa Alessandro VI Borgia la nomina a cardinale, nel 1493. Lo stesso Alessandro Farnese ha quattro figli. Quando egli diventa papa assegna a uno dei suoi figli – Pier Luigi (1503-1547) – il Ducato di Parma e Piacenza, scorporandolo dai territori dello Stato pontificio; inoltre, in quanto papa, attribuisce a tre suoi giovani nipoti il titolo di cardinale. Due sono figli di Pier Luigi: Alessandro (1520-1589), cardinale dal 1539, quando ha diciannove anni, e Ranuccio (1530-1565), cardinale dal 1545, quando ha quindici anni; il terzo è Guido Ascanio Sforza (1518-1564), figlio di sua figlia Costanza, cardinale dal 1534, quando ha sedici anni.

LAVORA SUL TESTO

Sottolinea una frase che sintetizzi la posizione della Chiesa di Roma nei confronti della Riforma durante il pontificato di Paolo III Farnese.

2/ La reazione della Chiesa e i suoi strumenti: il concilio di Trento e l'Inquisizione

Due sono gli strumenti essenziali per rilanciare l'ortodossia, concepiti e forgiati entrambi nel 1542 da Paolo III Farnese: il **tribunale del Sant'Uffizio** e il **concilio**.

IL CONCILIO DI TRENTO ■ Il 22 maggio 1542 Paolo III Farnese legge in Concistoro (l'assemblea dei cardinali, presieduta dal papa) la Bolla di convocazione del concilio ecumenico, per la cui sede si sceglie Trento. Il papa, in verità, non è ancora del tutto convinto dell'opportunità dell'iniziativa, per la quale ha ricevuto moltissime pressioni da parte dell'imperatore Carlo V; teme infatti che il concilio possa contestare la sua autorità; al tempo stesso, teme anche che l'imperatore possa sfruttarlo per limitare il potere papale. E così, alla prima scusa possibile, la convocazione viene rimandata.

Tuttavia, dopo che anche il re di Francia si è affiancato a Carlo V nella richiesta di convocazione di un concilio [▷ **18/4**], Paolo III si decide e l'assemblea si riunisce **a Trento nel dicembre del 1545**: inizialmente è composta da soli 21 vescovi e da 4 cardinali, quasi tutti italiani e selezionati in modo da promuovere le opinioni del pontefice e dei suoi collaboratori.

Questa è una mossa essenziale: infatti, contro la volontà di Carlo V, ma assecon-

le PAROLE della STORIA

concilio di Trento
Si svolge in quattro fasi e ha luogo prevalentemente (ma non sempre) a Trento: **a.** dicembre 1545-marzo 1547: convocato da Paolo III, ha sede a Trento; **b.** marzo 1547-settembre 1549: Paolo III lo fa trasferire a Bologna, entro i confini dello Stato della Chiesa, per poterne meglio controllare le decisioni; poi lo sospende, per non essere costretto a fare concessioni ai protestanti o all'imperatore; **c.** maggio 1551-aprile 1552: Giulio III riconvoca il concilio a Trento, ma nel 1552 lo sospende nuovamente per il riaccendersi della guerra tra Francia e Impero; **d.** gennaio 1562-dicembre 1563: Pio IV riunisce ancora il concilio a Trento: è la fase conclusiva, al termine della quale le decisioni vengono ratificate dallo stesso pontefice.

dando invece la linea prevista da Paolo III, la maggioranza dei membri del concilio si orienta per un esame preliminare delle questioni di carattere dottrinale, cosicché, fra le altre cose, nel gennaio del 1547 il concilio emana il decreto che nega ogni fondamento alla dottrina della giustificazione per sola fede. È una decisione che **chiude ogni possibilità di dialogo** tanto con i protestanti quanto con gli "spirituali": e difatti, coerentemente con questa prima decisione, si dichiarano eretiche anche le opere di Valdés e il *Beneficio di Christo*.

L'INQUISIZIONE ROMANA ■ Intanto, nel **1542**, quando viene emanata la Bolla di convocazione del concilio, Paolo III istituisce anche l'**Inquisizione romana** affidata alla **Congregazione del Sant'Uffizio**: si tratta di un organo cardinalizio a cui viene attribuito il controllo della rete di tribunali inquisitoriali creati sin dal tardo Medioevo con il compito di concentrare a Roma tutti i procedimenti avviati contro gli eretici [▷ **5/5**]. Il principale sostenitore del nuovo strumento è il cardinal **Gian Pietro Carafa** (1476-1559) (il futuro papa Paolo IV), che sin dagli anni Venti ha iniziato una lotta intransigente contro ogni possibile concessione dottrinale o istituzionale alle istanze della Riforma.

Nei primi anni Quaranta, su suo indirizzo, l'azione del Sant'Uffizio è particolarmente efficace nell'indagare e raccogliere documentazione compromettente a carico di **Reginald Pole** e di **Giovanni Morone** della cerchia degli "spirituali" [▷ **16/1**]. Si tratta di un'operazione lungimirante. Alla morte di Paolo III (1549) si apre un lungo e combattuto conclave, nel quale Reginald Pole si presenta come un candidato forte e capace di raccogliere vasti consensi. In quell'occasione è decisiva la diffusione delle accuse di eresia che gli vengono lanciate contro dal cardinal Carafa, sulla base di un ricco e documentato dossier raccolto segretamente dagli agenti dell'Inquisizione sin dal momento della sua costituzione. È in tal modo che Pole viene sconfitto e viene eletto papa Giulio III Del Monte (1550-55).

Elia Naurizio, *Una seduta del Concilio nella Chiesa di Santa Maria Maggiore a Trento*, 1633
[Museo Diocesano Tridentino, Trento]

Durante il pontificato di Giulio III il concilio viene nuovamente convocato a Trento (1551-52). Inoltre è in questo periodo che l'azione dell'Inquisizione si fa ancora più decisa, anche se è lo stesso Giulio III a proteggere Pole e Morone da indagini che Carafa vorrebbe spingere ancora più a fondo, fino a una possibile clamorosa incriminazione dei due.

Ciò non toglie che l'**Inquisizione** diventi un fondamentale **centro di potere**, capace, col gioco dei dossier accusatori, di **condizionare l'esito anche di diversi successivi conclavi**: basti considerare che, dei sei papi eletti tra il 1555 e il 1590, quattro hanno in precedenza fatto parte della Congregazione del Sant'Uffizio: Marcello II Cervini (aprile 1555), Paolo IV Carafa (1555-59), Pio V Ghislieri (1566-72) e Sisto V Peretti (1585-90).

PAOLO IV. REPRESSIONE, CENSURA E DIFFUSIONE DEI GHETTI ■ Il pontificato di Marcello II è brevissimo, ed è con l'elezione di **Gian Pietro Carafa**, **diventato papa nel 1555** a 79 anni col nome di **Paolo IV**, che il peso dell'Inquisizione si fa sentire in modo particolare.

Paolo IV coltiva una visione rigidamente tradizionalistica della fede e del ruolo della Chiesa. È profondamente convinto che nessuna apertura possa essere concessa a tendenze che vogliano riesaminare l'insieme dei dogmi definiti in epoca tardomedievale; né ritiene che possa essere minimamente messa in discussione la centralità politico-istituzionale che il Papato è riuscito a conquistarsi nel corso del XV secolo [▷ C6]. Quindi, da un lato, è nettamente contrario all'idea di riaprire il concilio, che considera strumento debole, potenzialmente esposto a pressioni esterne e a contrattazioni indebite; dall'altro, coerentemente col suo passato di prefetto del Sant'Uffizio, egli vede nell'Inquisizione lo strumento essenziale per riconquistare lo spazio che la Riforma e le correnti eterodosse stanno contendendo alla Chiesa di Roma [▷ S33].

E così, nel lucido quadro di una **politica di ristabilimento dell'ortodossia**, l'azione repressiva dell'Inquisizione si fa ancora più stringente. Morone è arrestato e incarcerato nel 1557 con l'accusa di eresia; Pole si salva solo perché in quel momento si trova in Inghilterra, alla corte di Maria Tudor, dove muore nel 1558; altri prelati che hanno fatto parte del gruppo degli "spirituali" vengono inquisiti e arrestati: in tal modo la corrente di rinnovamento interna alla Chiesa viene definitivamente stroncata.

Inoltre Paolo IV affida al Sant'Uffizio la redazione del primo *Indice dei libri proibiti*, **compiuta nel 1559**: lo strumento di censura è diretto a colpire i libri che diffondono – esplicitamente o implicitamente – teorie ritenute eretiche. Nel **1572** viene creata poi la **Congregazione dell'Indice**, col compito di aggiornare costantemente l'elenco dei libri proibiti [▷ S34].

Ai tribunali inquisitoriali, infine, sono affidate ampie competenze oltre che contro gli eretici, anche contro i bestemmiatori, i sodomiti, i simoniaci. Anche gli ebrei sono oggetto di attacco. Già nel 1553, quando era responsabile del Sant'Uffizio, Gian Pietro Carafa aveva autorizzato il sequestro e il rogo delle copie del Talmud. Divenuto papa, con la bolla *Cum nimis absurdum*, del 1555, Paolo IV decreta la **segregazione** di tutti gli ebrei che vivono nei confini dello Stato pontificio nei **ghetti** (aree urbane riservate), sul modello di quanto già attuato dalla Repubblica di Venezia nel 1516. A Roma il ghetto viene collocato in un quartiere vicino al Tevere, le cui strade sono delimitate da cancelli che vengono chiusi dopo il tramonto: fino all'alba gli ebrei che vi sono segregati non ne possono uscire. Inoltre

le PAROLE della STORIA

Talmud
È uno dei testi fondamentali della religione ebraica che raccoglie le discussioni degli antichi rabbini, risalenti fino al II secolo d.C., e i successivi commenti (II-V secolo) intorno al significato e all'applicazione della Legge ebraica ricevuta da Mosè sul Sinai (*Torah*, composta dai cinque libri del *Pentateuco*). Il rabbino è uno studioso dei testi sacri ebraici, autorizzato a esprimere pareri di carattere dottrinale e rituale.

Il Ponte Fabricio o *Ponte dei Giudei* a Roma

Il Ponte Fabricio, uno dei più antichi di Roma (62 a.C.), collega l'isola Tiberina alla sponda sinistra del Tevere, nel Rione Sant'Angelo a Ripa, dove, nel 1556, per volere di Paolo IV, sorse il ghetto destinato ad "asserragliare" tutti gli ebrei della città. Il ponte prese perciò anche il nome di *Ponte dei Giudei* e nelle sue vicinanze, presso la piccola chiesa di San Gregorio, si tenevano le messe cui erano obbligati ad assistere gli ebrei del ghetto.

ATLANTE 55

I principali ghetti in Italia nella seconda metà del Cinquecento

Paolo IV impone la vendita di beni immobili di proprietà ebraica, proibisce agli ebrei la professione medica e il commercio dei beni alimentari di prima necessità e li costringe a indossare abiti con un **distintivo giallo**. Altri Stati della penisola ne seguono l'esempio e i ghetti vengono costruiti anche in altre città che accolgono comunità ebraiche [▷A55].

PIO IV. UNA SVOLTA MOMENTANEA ■ L'enorme pressione imposta da Paolo IV alla società cattolica produce, alla sua morte, una duplice reazione: da un lato, la popolazione romana assalta il Sant'Uffizio devastandone l'archivio e liberando i carcerati; dall'altro, il conclave elegge papa **Pio IV Medici** (1559-65), che imprime una netta svolta alla politica del predecessore, fra l'altro liberando e assolvendo il cardinal Morone.

Il nuovo papa, inoltre, cambia nettamente linea anche rispetto al **concilio**, che viene riaperto a Trento nel **gennaio 1562** alla presenza di 123 vescovi; per quasi due anni il concilio esamina le questioni ancora rimaste in sospeso, lavorando fino al **4 dicembre 1563**, quando i suoi lavori vengono solennemente conclusi proprio dal cardinal Morone.

PIO V. RIPRENDE LA STRETTA REPRESSIVA ■ Alla morte di Pio IV, il conclave elegge papa **Pio V Ghislieri** (1566-72), per lungo tempo commissario generale del Sant'Uffizio, il quale conferma i deliberati del concilio. Nel 1566, infatti, pubblica il ***Catechismo romano***, un manuale divulgativo e propagandistico a uso dei sacerdoti, contenente una sintesi dei risultati fondamentali raggiunti dal concilio; questo testo va ad affiancare la ***Professione tridentina di fede***, promulgata nel 1564, il cui giuramento è imposto non solo agli ecclesiastici ma anche agli insegnanti e ai medici al momento dell'assunzione del loro incarico. Il nuovo pontefice, inoltre, rilancia la linea impostata da Paolo IV, riaffidando **al Sant'Uffizio ampi poteri** e assoluta centralità nell'intera struttura ecclesiastica. E con ciò, anche la stretta repressiva contro gli eretici, o i presunti tali, riprende violentissima.

LAVORA SUL TESTO
1. Cerchia per ciascun pontefice citato nel paragrafo una parola o espressione-chiave che ne sintetizzi l'operato nei confronti delle idee protestanti. **2.** Quali erano le funzioni dell'Inquisizione romana? Che cos'è l'*Indice dei libri proibiti*? Sottolinea le risposte nel paragrafo.

3/ La dottrina

LA CHIESA DIFENDE LA DOTTRINA CATTOLICA ■ Nonostante che il percorso compiuto dal concilio sia stato difficile, costellato di interruzioni e distribuito su un arco di tempo che va dal 1545 al 1563, i suoi risultati riconfermano con grande chiarezza e, alla fine, anche con grande coerenza, l'insieme di valori e di norme dottrinali che si era già consolidato nei secoli del tardo Medioevo. Questo esito non va considerato come il frutto esclusivo di un'ostinata inclinazione tradizionalistica, sebbene il tradizionalismo sia certo una componente importante nella storia del cattolicesimo; esso va visto piuttosto come un orientamento imposto dall'urgente necessità di **rimarcare con forza i confini ideali e simbolici della confessione romana** di fronte ai movimenti della Riforma, verso le cui elaborazioni teologiche, di conseguenza, non viene fatta alcuna concessione.

È naturale, dunque, che venga risolutamente negata la dottrina della giustificazione per sola fede, mentre invece si riafferma la tesi secondo la quale l'uomo si salva per intervento divino, certo, ma anche **grazie alle opere** che ciascuno è capace di compiere [▷**15/1**].

CENTRALITÀ DEI SACERDOTI ■ Contro la dottrina protestante della lettura personale delle Scritture e del sacerdozio universale dei credenti, si riconferma la necessità assoluta della **mediazione dei sacerdoti**, la cui opera di guida deve interporsi incessantemente **tra Dio e i fedeli**. D'altro canto si considera pericolosa la diffusione delle Bibbie in volgare (la cui lettura verrà definitivamente proibita dall'*Indice* del 1596) e così si promuove la pubblicazione di un'edizione ufficiale in latino della Bibbia, la cosiddetta *Vulgata clementina* (1592). Allo stesso modo, si proibisce l'uso del **volgare** nella celebrazione della messa e delle altre cerimonie liturgiche: la lingua ammessa in queste occasioni è il latino, sebbene i ***Decreti tridentini*** prescrivano che i sermoni siano illustrati in lingua volgare.

È chiaro che, con queste disposizioni, si vuole impedire che il gregge dei fedeli possa avere un accesso autonomo e diretto alle verità della fede, senza alcuna mediazione sacerdotale; è chiaro anche che decisioni di questo tipo sono suggerite dal vivo e spaventoso spettacolo di torme di contadini i quali, sollecitati dall'autonoma riflessione sulle Sacre Scritture, decidono di trarre da quell'esperienza motivazioni e spinte per ribellioni di carattere politico e sociale: la guerra contadina in Germania [▷ **15/5**] non viene dimenticata da nessuno nell'Europa di questi anni.

Federico Barocci, ***Deposizione***, 1567-69

[Duomo, Perugia]

In questo periodo, molti pittori si assicurano il successo con opere strettamente aderenti al dettato della Controriforma; tra questi vi è Federico Fiori, detto Barocci. Le sue tele, quasi tutte di soggetto religioso, presentano una singolare portata emotiva, ottenuta attraverso composizioni vivaci e ricche di figure mostrate di scorcio.

LA COMUNICAZIONE DEL SISTEMA DI VALORI CATTOLICO ■ Naturalmente c'è pure bisogno di mezzi di comunicazione che possano arrivare rapidamente al cuore delle **masse di fedeli** che, del resto, sono assai **scarsamente alfabetizzate**; e se è essenziale la mediazione degli ecclesiastici, è anche chiaro che le **immagini sacre** (nella forma di raffinate pitture o di più semplici rappresentazioni su fogli volanti o in edicole murali) sono uno strumento comunicativo estremamente efficace.

Non è certo solo da ora che la Chiesa valorizza l'uso delle immagini sacre per comunicare con i fedeli più ignoranti; in un dizionario del XIII secolo, il *Catholicon*, Giovanni di Genova spiega che l'uso di immagini sacre è opportuno per tre motivi: perché servono a istruire gli incolti sostituendo la parola scritta; perché attraverso le immagini i misteri della fede meglio si fissano nella memoria; e perché le rappresentazioni grafiche sono il mezzo più indicato per provocare emozioni, sollecitando così sentimenti devoti.

Ora, ancor più che allora, prescrizioni di questo genere presiedono alla larghissima diffusione delle immagini sacre, nelle chiese e fuori di esse [▷ **F32**].

Sul piano più strettamente dottrinale, infine, vengono confermati tutti e sette i sacramenti (con una particolare enfasi sul ruolo della confessione e del matrimonio); vengono confermati il dogma della transustanziazione [▷ **9/3**], l'esistenza del **Purgatorio**, il valore delle indulgenze, il culto dei santi e quello della **Vergine** il quale, nei decenni successivi al concilio, riceve un particolare impulso che si traduce in nuovi processi di beatificazione e santificazione e in una vera **esplosione del culto mariano**, con la costruzione di numerosi santuari dedicati alla Madonna.

LAVORA SUL TESTO

1. Sottolinea nel testo i differenti codici linguistici di cui si servì la Chiesa romana per divulgare e attuare i *Decreti tridentini* distinguendo, con colori diversi, il linguaggio destinato alle masse dalla lingua riservata agli ecclesiastici. **2.** Sintetizza in una tabella la posizione assunta dal concilio di Trento di fronte alle seguenti tesi protestanti: a) Dottrina della giustificazione per sola fede; b) Sacerdozio universale dei credenti; c) Diffusione della Bibbia in volgare.

4/ La riforma delle istituzioni ecclesiastiche e i nuovi ordini religiosi

Da molti punti di vista, però, il compito più delicato che si presenta di fronte ai papi e al concilio è quello di tracciare linee di riforma complessiva delle istituzioni della Chiesa.

Naturalmente, prioritario nel processo di riorganizzazione della Chiesa è il **rafforzamento dell'autorità del papa**, sia nel suo magistero spirituale sia nella sua direzione temporale.

RETTITUDINE, RESPONSABILITÀ E FORMAZIONE PER GLI ECCLESIASTICI ■ Ma anche ai **vescovi** vengono attribuite responsabilità cruciali nel processo di riorganizzazione. Se ne stabilisce l'obbligo di residenza nelle diocesi e si chiede loro un'azione di guida assidua dei fedeli, che deve lasciare tracce documentarie precise e ordinate: i **parroci**, infatti, devono curare registri che elenchino per nome i parrocchiani (sono gli *Stati delle anime*) e che ne annotino i battesimi, i matrimoni e le morti. I *Decreti tridentini* stabiliscono, poi, che in ogni diocesi sia attivo un **seminario** (dal latino *seminarium*, 'vivaio'), cioè una scuola per l'adeguata istruzione dei parroci, i quali, oltre a una solida formazione teologica, devono anche conoscere il latino per officiare correttamente i sacramenti. Tutti gli ecclesiastici, poi, non devono confondersi con i laici: quindi tutti devono indossare lo specifico **abito talare**. Infine, viene condannato in modo inequivocabile il concubinato ecclesiastico.

NUOVI ORDINI ATTIVI NELLA SOCIETÀ ■ L'intero processo di autoriforma della Chiesa trae impulso dal grande fervore ascetico che, sin dall'inizio del Cinquecento, porta alla formazione di comunità religiose maschili e femminili, talora molto fluide nella loro organizzazione interna, talaltra organizzate nella forma di veri e propri **ordini religiosi regolari**, tra cui i teatini (la cui Regola è approvata nel 1524), i barnabiti (1533), i somaschi e i gesuiti (1540), le orsoline (1544). L'elemento che accomuna questi nuovi ordini religiosi è la scelta di operare attivamente nella società, dedicandosi alla **cura delle anime**: pur vivendo in comunità e rispettando i voti regolari (castità, povertà, obbedienza), essi abbandonano l'isolamento dei conventi per **stabilirsi nelle città**, dove svolgono varie attività pastorali (predicazione, promozione di pratiche di devozione, assistenza ai poveri, agli orfani e agli ammalati, redenzione delle prostitute, istruzione e formazione delle giovani generazioni).

L'universo dei nuovi ordini religiosi viene regolato da un severo processo di **disciplinamento**. Ma l'irrigidimento disciplinare riguarda soprattutto le comunità religiose femminili, che negli anni Sessanta del Cinquecento sono sottoposte dal papa

LE FONTI 32

Immagini sacre e Controriforma

Le immagini commissionate agli artisti nel periodo successivo al concilio di Trento devono essere capaci di descrivere complesse e antirealistiche verità di fede (come l'assunzione in cielo della Vergine) in modi chiari, commoventi e comprensibili.
Da osservare la scelta di Giuseppe Valeriano (1542-1596) e Scipione Pulzone (1550-1598) – che all'epoca ha già dei magnifici precedenti (si pensi, per esempio, alla splendida *Assunta* di Tiziano, del 1516-18, conservata a Venezia nella chiesa di S. Maria Gloriosa dei Frari) –: la Madonna, che al momento della morte non è più giovane, viene ciononostante rappresentata nei sembianti di un'aggraziata giovinetta, per rendere più attraente e seducente l'insieme della narrazione.
Michelangelo (1475-1564), invece, realizza il *Giudizio Universale* durante il pontificato di Paolo III Farnese. Le figure che compaiono nella scena sono nude, secondo una tradizione pittorica largamente consolidata. Nel 1564, tuttavia, sotto il pontificato di Sisto IV, al pittore Daniele Ricciarelli (detto Daniele da Volterra) viene dato l'incarico di ricoprire le nudità genitali dei personaggi con alcuni drappi che vengono dipinti sopra l'originale esecuzione di Michelangelo.
Vale la pena di osservare ancora che la frattura della Riforma influenza le diverse modalità di sviluppo delle rappresentazioni iconografiche nei paesi cattolici e nei paesi protestanti; nei primi, come si è detto, le

◂ **Giuseppe Valeriano e Scipione Pulzone, *Assunzione della Vergine*,** 1584-88
[Chiesa del Gesù, Roma]

▸ **Michelangelo Buonarroti, *Giudizio Universale*,** part. con *Cristo Giudice attorniato da santi*, 1535-41
[Cappella Sistina, Palazzi Vaticani, Roma]

rappresentazioni di storie sacre non solo non diminuiscono ma aumentano persino per impulso dei dettati del concilio di Trento; nei paesi protestanti, invece, la svalutazione del culto della Vergine e dei santi e la polemica iconoclasta contro le immagini sacre conducono a una netta flessione della richiesta di dipinti o di sculture che narrino queste storie (con una notevole eccezione per le immagini tratte dalle storie bibliche). È allora che nell'Olanda calvinista, nell'Inghilterra anglicana e nella Germania luterana si aprono spazi precedentemente impensati per altri tipi di arte: la pittura di genere (rappresentazioni di scene di vita quotidiana, nature morte); la pittura di paesaggio [▷ **21/8**]; la ritrattistica. È egualmente allora che si produce un'ulteriore divaricazione: nei paesi cattolici le rappresentazioni di nudi in quadri allegorici o sacri continuano a essere largamente usate, sebbene con maggiori cautele che in epoca rinascimentale, come l'esempio del *Giudizio Universale* di Michelangelo sta a testimoniare; viceversa, nei paesi protestanti tendono a diventare meno rilevanti, quando non sono addirittura del tutto marginalizzate.

GUIDA ALLA LETTURA

1. Quali sentimenti esprime la rappresentazione della Vergine? Rispondi facendo riferimento alla posizione delle mani, alla composizione dei diversi elementi del viso – per esempio dove sono rivolti gli occhi? –, alla postura e a ciò che circonda la figura femminile. **2.** Chi è il personaggio principale del particolare del *Giudizio Universale*? Da cosa lo riconosci? Aiutati cercando i segni delle ferite che si riferiscono alla crocifissione e osservando la posizione del corpo e lo sguardo di tutte le figure rappresentate. **3.** Quali sono gli elementi che ci permettono di contestualizzare questi due dipinti nel periodo del concilio di Trento?

all'obbligo stretto della clausura, mentre vengono scoraggiate tutte quelle esperienze di vita devota femminile non inquadrate in strutture conventuali, che erano state caratteristiche della vita religiosa del XV e del primo XVI secolo.

TERESA D'AVILA E I CONVENTI DI CLAUSURA ■ La realtà dei **monasteri femminili**, tuttavia, assume una fisionomia varia. In qualche caso sono sfruttati dalle famiglie nobili per collocarvi le figlie destinate a rimanere nubili: raramente queste monache sono animate da un vero e profondo sentimento religioso.

Tuttavia sono anche numerose le monacazioni di donne spinte da uno slancio mistico sentito e profondo, come nel caso esemplare di Teresa d'Avila (1515-1582): spagnola, di buona famiglia, Teresa sin da giovane è preda di **visioni mistiche**, che

Gian Lorenzo Bernini, *Estasi di Santa Teresa*, 1647-52

[Cappella Cornaro, Chiesa di Santa Maria della Vittoria, Roma]

Teresa d'Avila, morta nel 1582, viene beatificata nel 1614 e santificata nel 1622. Dunque è di una santa che Bernini tratta, non solo di una donna che ha avuto esperienze mistiche. Lo scultore decide di tradurre in marmo ciò che Teresa ha scritto di un suo momento di estasi mistica: «L'anima mia si riempiva tutta d'una grande luce mentre un angelo sorridente mi feriva con un pungente strale [freccia] d'amore». La quinta di raggi dorati dietro le due figure marmoree rappresenta la luce; l'angelo sorridente è davanti a Teresa; e lei è rapita in un momento di estasi travolgente. Bernini è straordinario nel muoversi sul filo del rasoio; ed è ciò che gli permette di rappresentare con grandissima efficacia un'esperienza talmente rarefatta che rischia di diventare indicibile. Come fa? Trasforma l'angelo in qualcosa di molto simile a un Cupido e presenta Teresa in un abbandono che ha qualcosa di molto sensuale. In tutto ciò alcuni particolari sono così evidenti che non possono sfuggire al fedele o alla fedele che guardi: il piede e la mano sinistra di Teresa, abbandonati, ma – al tempo stesso – con le dita che tradiscono una leggera tensione, suggeriscono la natura dell'esperienza vissuta da Teresa: spirituale e, al tempo stesso, indubbiamente molto fisica.

descrive poi in diversi scritti autobiografici. Entrata nell'**ordine delle carmelitane**, la sua esperienza mistica viene riconosciuta dalle autorità della Chiesa, sia pure con notevoli difficoltà. Forte di tale riconoscimento, riorganizza l'ordine di cui fa parte, fondandone nuove sedi e monasteri, pur lamentando l'**imposizione della clausura** come un grave limite all'azione sua e di altre donne desiderose di dare il loro attivo contributo alla diffusione della fede cattolica.

IGNAZIO DI LOYOLA E LA COMPAGNIA DI GESÙ ■ Anche gli ordini maschili vengono sottoposti a normalizzazione e talvolta faticano a veder approvata la loro Regola. La cosa vale anche per Ignazio di Loyola (1491-1556), un **gentiluomo ed ex militare spagnolo** il quale, nel corso dell'esperienza mistica che lo conduce alla fondazione della Compagnia di Gesù, viene più volte sospettato di eresia e processato sia dall'Inquisizione spagnola sia da quella romana. Dopo aver superato indenne queste prove, con pochi compagni fonda il suo ordine, la cui **Regola** viene approvata da Paolo III nel **1539** (e resa pubblica nel 1540).

Da molti punti di vista, questo nuovo ordine sembra interpretare in modo esemplare alcuni capisaldi della Controriforma: dà un'enorme importanza alle opere; lavora con un dichiarato intento missionario, col desiderio, cioè, di convincere nuove anime alle ragioni della "vera fede"; chiede ai suoi adepti un voto di obbedienza assoluta al pontefice. Princìpi che – insieme con altri, non meno rilevanti – sono fissati negli ***Esercizi spirituali***, testo al quale Ignazio di Loyola lavora dal 1522 al 1532 [▷**F33**].

L'ordine si struttura intorno a una **rigida gerarchia**, di cui è lo stesso Ignazio di Loyola a fissare i princìpi: l'obbedienza ai superiori – dice Ignazio – è opportuna «non perché il superiore sia particolarmente prudente, o buono, o possieda qual-

Il gesuita Luis Fróis a colloquio con il nobile giapponese Oda Nobunaga, 1600 ca.

A partire dal 1549 i gesuiti si stanziano rapidamente in Giappone, favoriti dalla tolleranza religiosa della popolazione locale e da una situazione politica che favorisce i contatti con l'Occidente e con i suoi porti commerciali. I gesuiti sono inizialmente ben accolti, viene concesso loro di predicare il cristianesimo e nel giro di qualche decennio sono battezzati migliaia di giapponesi. La situazione muta però agli inizi del Seicento, quando i cattolici iniziano a essere perseguitati.

Ignazio di Loyola/"Istruzioni operative" per i gesuiti

[Ignazio di Loyola, *Esercizi spirituali. Ricerca sulle fonti*, a cura del P. Pietro Schiavone S.I., San Paolo, Cinisello Balsamo 1995]

Gli *Esercizi spirituali* vengono pubblicati nel 1548, con l'approvazione papale. Il testo, un manuale che intende guidare il gesuita e il cristiano sulla via della formazione spirituale, contiene istruzioni specifiche per gli aderenti all'ordine. Molti punti del passo seguente, che ha la natura di una "istruzione operativa", rispecchiano le preoccupazioni e le intenzioni della Chiesa della Controriforma. Le regole prima, nona, decima, tredicesima e diciottesima sottolineano la concezione autoritaria e gerarchica che Ignazio di Loyola ha della fede e della Chiesa; le regole quarta e quinta ci riconducono alla supremazia dell'ascetismo sessuale anche sullo stato matrimoniale, che è un tratto proprio della Chiesa medievale [▷ **10/2**]; la sesta e l'ottava enfatizzano l'importanza dell'architettura e dell'arte sacra, un tema a cui la Compagnia di Gesù dedicherà sempre una grande attenzione; le regole da quattordicesima a diciassettesima, infine, invitano alla cautela nel trattare i temi che sono stati oggetto dello scisma protestante.

Regole da osservare per avere l'autentico sentire nella Chiesa militante

La prima Deposto ogni giudizio, dobbiamo tenere l'animo disposto e pronto per obbedire in tutto alla vera sposa di Cristo nostro Signore che è la nostra santa madre Chiesa gerarchica. [...]

La quarta Lodare molto la vita religiosa, verginità e continenza, e non in uguale misura il matrimonio.

La quinta Lodare i voti religiosi, di obbedienza, di povertà, di castità e altri di maggiore perfezione. Bisogna avvertire che, siccome il voto riguarda cose che si riferiscono alla perfezione evangelica, nelle cose che si allontanano da essa non si deve fare voto, come essere mercante o sposarsi, ecc.

La sesta Lodare reliquie dei santi, venerando quelle e pregando questi; lodare stazioni, pellegrinaggi, indulgenze, perdonanze, crociate e candele accese nelle chiese. [...]

L'ottava Lodare ornamenti ed edifici di chiese; così pure immagini, venerandole secondo quello che rappresentano.

La nona Lodare finalmente tutti i precetti della Chiesa, tenendo l'animo pronto a cercare ragioni in sua difesa e in nessuna maniera in sua offesa.

La decima Dobbiamo essere più pronti ad approvare e lodare tanto le disposizioni e raccomandazioni quanto i comportamenti dei nostri superiori. Sebbene alcune non siano buone o non siano state tali, parlare contro di esse, sia predicando in pubblico sia conversando davanti al popolo semplice, genererebbe più mormorazione e scandalo che vantaggio; e così si indignerebbe il popolo contro i suoi superiori, sia temporali sia spirituali. Tuttavia, come fa danno parlare male in assenza dei superiori alla gente semplice, così può essere utile parlare dei loro cattivi comportamenti con persone che possono porvi rimedio. [...]

La tredicesima Per essere sicuri di non sbagliare dobbiamo sempre regolarci in questo modo: quello che io vedo bianco, creda che sia nero, se la Chiesa gerarchica così stabilisce; certi che tra Cristo nostro Signore, sposo, e la Chiesa, sua sposa, vi è lo stesso spirito che ci governa e regge per la salvezza delle nostre anime. Infatti dal medesimo Spirito e Signore nostro, che diede i dieci comandamenti, è retta e governata nostra santa madre Chiesa.

La quattordicesima Benché sia verissimo che nessuno può salvarsi senza essere predestinato e senza avere fede e grazia, si deve fare molta attenzione nel modo di parlare e comunicare tutte queste cose.

La quindicesima Non dobbiamo parlare molto e in modo abituale della predestinazione; ma se in qualche maniera e alcune volte se ne parlerà, se ne parli in modo che il popolo semplice non cada in errore alcuno. Può capitare così quando si dice: «Se devo essere salvato o condannato, è già stabilito, e per me fare bene o male non cambia nulla»; con questo ci si impigrisce e si trascurano le opere che conducono alla salvezza e progresso spirituale delle loro anime.

La sedicesima Bisogna ugualmente stare attenti che il parlare della fede molto e con molta insistenza, senza alcuna distinzione e spiegazione, non dia occasione al popolo di diventare negligente e pigro nell'operare, sia quando la fede non è ancora radicata nella carità sia dopo.

La diciassettesima Ugualmente non dobbiamo parlare molto diffusamente, insistendo tanto sulla grazia, in modo tale da ingenerare veleno che tolga la libertà.

Di maniera che si può parlare quanto è possibile della fede e grazia mediante l'aiuto divino, per maggiore lode di sua divina maestà; ma non in maniera né in termini tali che, soprattutto ai nostri tempi così pericolosi, le opere e il libero arbitrio ne ricevano qualche detrimento o siano tenuti per nulla.

La diciottesima Sebbene si debba stimare sopra ogni cosa il servire molto

Juan de Valdés Leal, ***Ignazio di Loyola riceve la Bolla dell'ordine dei gesuiti da papa Paolo III***, XVII sec.

[Museo delle Belle Arti, Siviglia]

Significativo in questo quadro è l'impianto della rappresentazione, che vuole sottolineare la superiorità del pontefice e l'atto di sottomissione, fin dalla fondazione dell'ordine, che Ignazio di Loyola e i suoi compagni gli offrono.

GUIDA ALLA LETTURA

1. Individua all'interno della fonte i riferimenti espliciti ai seguenti temi, sottolineandoli e indicandoli con la lettera corrispettiva: (a) l'ascetismo sessuale; (b) l'architettura e l'arte sacra; (c) la supremazia della gerarchia ecclesiastica; (d) le pratiche religiose; (e) la predestinazione; (f) il libero arbitrio. **2.** Indica, per ognuno dei temi individuati, le argomentazioni di Ignazio di Loyola presenti nella fonte. **3.** Scrivi un breve testo (max 15 righe) in cui spieghi perché la Compagnia di Gesù «sembra interpretare in modo esemplare alcuni capisaldi della Controriforma».

Dio nostro Signore per puro amore, dobbiamo tuttavia lodare assai il timore di sua divina maestà. Infatti, non solo il timore filiale è cosa pia e santissima, ma anche il timore servile aiuta molto a uscire dal peccato mortale, qualora non si arrivi ad altro di meglio o di più utile; e una volta che se ne è usciti, facilmente si perviene al timore filiale, che è totalmente accetto e gradito a Dio nostro Signore, essendo una cosa sola con l'amore divino.

siasi altro dono di Dio Nostro Signore, quanto perché ne fa le veci e ne possiede l'autorità»; «chi vive nell'**obbedienza** deve lasciarsi condurre e dirigere dalla Divina Provvidenza per il tramite del superiore quasi fosse un cadavere [*perinde ac cadaver*], il quale si lascia portare dovunque e in qualunque modo, o come il bastone di un anziano che gli serve dovunque e comunque egli voglia servirsene».

Dal punto di vista organizzativo, tali princìpi si traducono nell'elezione a vita di un **preposito generale** che coordina l'intero ordine, e di **provinciali** che hanno il compito di guidare l'ordine in aree territoriali specifiche. L'imperativo dell'obbedienza e la struttura organizzativa gerarchica sono caratteristiche assolutamente necessarie a un ordine che fa dell'**impegno missionario** uno dei suoi obiettivi primari e che per questo si espande rapidamente, sia dal punto di vista quantitativo sia da quello territoriale: i gesuiti sono 10 nel 1540, 1000 nel 1556, 13.000 nel 1616; a quella data hanno ormai residenze e stazioni missionarie in tutta l'Europa cattolica e sono riusciti a istituirne alcune anche in aree in cui dominano le confessioni protestanti [>**A56**], mentre missioni cominciano a essere fondate in India (Goa, 1542), in Estremo Oriente (Giappone, 1579; Cina, 1583) e nell'America centro-meridionale (Brasile, 1549; Perù e Messico, 1566; più tardi, all'inizio del XVII secolo, i missionari gesuiti si spingono anche più a sud, in un'area compresa tra Argentina, Brasile e Paraguay; >**A57**).

L'IMPEGNO PEDAGOGICO DEI GESUITI ■ Estremamente importante è anche l'impegno che i gesuiti mettono nell'organizzazione di **istituti educativi** [>**A56**]. Originariamente Ignazio di Loyola non considera l'impegno pedagogico come uno degli obiettivi prioritari dell'ordine. Ben presto, tuttavia, si impongono due diverse dinamiche: da un lato anche i gesuiti – come altri protagonisti della Controriforma – si rendono conto delle

ATLANTE 56

Le fondazioni dei gesuiti in Europa fino al 1615

A partire dalla metà del XVI secolo, la Compagnia di Gesù crea una fitta rete di scuole e collegi in tutta Europa con l'obiettivo di garantire un'educazione ortodossa soprattutto ai giovani appartenenti alle classi superiori della società. I gesuiti impiantano le loro fondazioni – collegi di educazione, residenze per il clero, stazioni missionarie, queste ultime con il compito di impartire l'educazione religiosa alle masse – sia nei paesi aderenti alla Riforma protestante, sia in quelli cattolici, con l'intento, nel primo caso, di opporsi alle università protestanti, nel secondo, di contrapporre il proprio insegnamento a quello tradizionale.

carenze degli istituti di formazione del clero e per questo decidono di fondare degli speciali **collegi** espressamente destinati all'educazione dei futuri gesuiti; dall'altro la fama e il prestigio di questi collegi si diffondono rapidamente, inducendo **membri delle élite laiche** (principi, nobili, ricchi mercanti) a chiedervi l'ammissione dei loro figli (ammissione che viene concessa). Da queste due distinte esigenze i collegi ottengono un considerevole impulso, diffondendosi rapidamente in Europa e fuori: nel 1556 sono già 33; diventano 140 nel 1580 e 245 all'inizio del XVII secolo.

ONLINE

TEMI IN DISCUSSIONE
4. La Riforma, la Controriforma, il disciplinamento sociale

In conclusione si deve osservare che, nonostante tutti i segni in contrario che si potevano scorgere all'inizio del Cinquecento, la Chiesa di Roma non ha ceduto alla tempesta della Riforma e anzi, grazie alla grande varietà di esperienze – rinnovamento interno, nuovi ordini, slancio missionario e pedagogico –, si mostra pienamente capace di competere alla pari con le confessioni protestanti nel proselitismo, nell'educazione e nella disciplina delle anime.

LAVORA SUL TESTO

1. Elenca i compiti dei vescovi e dei parroci stabiliti dal concilio di Trento. **2.** Evidenzia nel testo una frase significativa del ruolo attivo riservato alle donne nell'attuazione del progetto controriformistico. **3.** Sottolinea tre frasi che sintetizzino la posizione dell'ordine dei gesuiti in merito a: la gerarchia ecclesiastica; l'evangelizzazione; l'istruzione.

ATLANTE 57

La presenza dei gesuiti in Sudamerica

Ampia la loro presenza anche nell'America meridionale e poi in Asia. Particolarmente originale è l'azione svolta dalle missioni gesuite in Paraguay, zona coloniale "di frontiera", priva di insediamenti stabili di coloni europei o di autorità amministrative spagnole. Il presupposto che guida i missionari spintisi nella zona è quello di raccogliere per quanto possibile gli indios, prevalentemente di etnia guaranì, in centri abitati che consentano loro di convertirli e – al tempo stesso – di assoggettarli alla monarchia spagnola, sotto la cui sovranità politica i gesuiti operano. Il primo insediamento realizzato in questa area risale al 1609; diversi altri ne vengono poi istituiti nei decenni seguenti. A essi viene dato il nome di *reducciones*, termine che significa 'luoghi in cui si riducono – e cioè si riconducono – gli indigeni alla vita civile e alla vera fede'. Gli indios convertiti sono sottoposti all'autorità dei missionari gesuiti, i quali ottengono dal sovrano spagnolo che nelle *reducciones* non siano in vigore il sistema dell'*encomienda* né quello della *hacienda* [▷ **14/6**] e che gli indigeni abbiano lo statuto di individui liberi. E difatti nelle *reducciones* la schiavitù è bandita; la terra viene coltivata e gestita collettivamente; e il ricavato è distribuito tra gli abitanti, salvo una quota che viene pagata come tributo al sovrano spagnolo.

6_La Chiesa e lo Stato

IL DUALISMO STATO-CHIESA ■ In epoca medievale e moderna la struttura del potere ha **un carattere dualistico**: se l'operatività concreta del potere sta nelle mani **del sovrano** e dei suoi funzionari, la sua legittimazione deriva tuttavia dall'intervento di un **intermediario ecclesiastico** (il papa, i vescovi) che fa sì che la benevolenza della divinità si posi sul monarca, rivestendolo di un'aura di sacralità. La struttura duale – fatta, cioè, di due componenti – è data proprio da questo incontro tra lo Stato monarchico da un lato, e la Chiesa dall'altro.

Così riassume il processo lo storico Emilio Gentile: «Con l'avvento del cristianesimo [...] ebbe origine una nuova forma di sacralizzazione del potere derivante dal primato spirituale della Chiesa nei confronti dello Stato. Nelle monarchie cristiane, la sacralizzazione del potere coincideva con la sacralizzazione del monarca per diritto divino, riconosciuto e legittimato dalla Chiesa [...]. Da qui, per molti secoli, fino all'epoca moderna, tensioni, rivalità e conflitti fra il potere spirituale della Chiesa e il potere temporale del monarca, ciascuno rivendicando per sé il primato della sovranità sacralizzata dall'investitura divina».

LA SEPARAZIONE TRA STATO E CHIESA ■ Nel corso di un lungo processo che comincia a delinearsi nel XVII e XVIII secolo, e che poi ha pieno compimento in epoca contemporanea, questa struttura dualistica si spezza. Gli Stati che si formano dal tardo Settecento in avanti tendono a fondare la propria legittimità non più sul "diritto divino", ma su altri rituali e su altri princìpi: la sovranità del popolo o della nazione, in nome della quale le autorità politiche agiscono e producono norme di legge.

Nel corso di questo processo gli Stati contemporanei attuano il principio di una piena e integrale **separazione delle istituzioni statali da quelle ecclesiastiche**. Si tratta di un principio che si collega all'altro, che abbiamo già esplorato in **Cittadinanza 3**, relativo alla libertà religiosa e al rispetto che è dovuto nei confronti di coloro che professano altre religioni. In ragione di un riconosciuto pluralismo religioso, che prevede anche la piena libertà e cittadinanza degli atei, cioè di coloro che non seguono alcuna confessione religiosa, gli Stati contemporanei adottano il criterio della piena separazione tra istituzioni statali e istituzioni religiose. Poiché le istituzioni statali sono di tutti i cittadini, qualunque sia la loro confessione religiosa, esse non devono avere alcuna caratterizzazione religiosa; al tempo stesso lo Stato si fa garante della libertà spirituale e organizzativa di tutte le confessioni religiose.

È a questi princìpi che si ispira la Costituzione della Repubblica italiana:

Dalla Costituzione della Repubblica italiana

[da http://www.quirinale.it]

Art. 7. Lo Stato e la Chiesa cattolica sono, ciascuno nel proprio ordine, indipendenti e sovrani. [...]

Art. 8. Tutte le confessioni religiose sono egualmente libere davanti alla legge.
Le confessioni religiose diverse dalla cattolica hanno diritto di organizzarsi secondo i propri statuti, in quanto non contrastino con l'ordinamento giuridico italiano.

Nella parte seguente dell'art. 7 si rinvia ad un accordo fondamentale tra lo Stato italiano e la Chiesa cattolica, il Concordato, sul quale torneremo nel terzo volume. Fermiamoci, per ora, alle questioni più generali.

È chiaro che i princìpi che sono enunciati negli artt. 7 e 8 della Costituzione disegnano una struttura del potere che è molto diversa da quella dell'Occidente medievale e moderno. Se a quell'epoca la sacralità e la legittimità dei poteri sovrani derivavano dall'attiva investitura che la Chiesa dava loro, adesso questa struttura dualistica non funziona più.

Al suo posto c'è una pluralità di Chiese o di organizzazioni confessionali (cattolica, cristiana protestante, ebraica, musulmana, indù, buddhista, ecc.), che – agli occhi degli Stati moderni, e quindi anche della Repubblica italiana – almeno in linea di principio hanno le stesse prerogative e le stesse libertà. Nessuna confessione religiosa, nessuna Chiesa ha tuttavia il potere o il privilegio di legittimare le istituzioni dello Stato; nemmeno la Chiesa cattolica, che pure ha in Italia e in altri paesi – come il Portogallo, la Spagna, la Francia, il Belgio, l'Irlanda, la Polonia, e in una certa misura anche la Germania – un peso storico e simbolico di grandissimo rilievo.

SINTESI AUDIO ONLINE

LEZIONE 7
Riforma e Controriforma

TEST

SINTESI

1/La Chiesa alla vigilia della propria Riforma

Se inizialmente la Curia romana tende a sottovalutare la portata della diffusione delle idee luterane, con Paolo III Farnese viene avviata un'intensa opera di riorganizzazione della Chiesa. Il primo passo è l'istituzione di una commissione composta da cardinali e prelati, che offre al pontefice un documento (il *Consilium de emendanda Ecclesia*) contenente importanti indicazioni su una possibile riorganizzazione ecclesiastica. Tale documento non trova tuttavia immediata applicazione, mentre le idee dei riformatori cominciano a propagarsi anche in Italia, come la dottrina di Juan de Valdés, che sostiene la giustificazione per fede e l'inutilità della mediazione ecclesiastica tra Dio e i fedeli. La proposta, che di fatto riprende alcuni elementi della teoria luterana, viene accolta favorevolmente anche all'interno del clero da cardinali come Reginald Pole e Giovanni Morone, intorno ai quali si riunisce il gruppo degli "spirituali". Di fronte a questi sviluppi la reazione della Chiesa si fa più decisa.

2/La reazione della Chiesa e i suoi strumenti: il concilio di Trento e l'Inquisizione

Paolo III istituisce il tribunale del Sant'Uffizio (1542) per la lotta contro l'eresia e indice il concilio ecumenico, riunito a Trento dal 1545. Diversamente dalle intenzioni di Carlo V, il concilio – composto esclusivamente da vescovi e cardinali cattolici – non cerca di trovare una mediazione tra la Chiesa e le idee luterane; al contrario, due anni più tardi emana un decreto con cui nega ogni fondamento alla dottrina della giustificazione per sola fede, negando ogni dialogo anche con gli "spirituali". L'elezione a pontefice di Gian Pietro Carafa, principale sostenitore del Sant'Uffizio, accentua notevolmente il peso dell'Inquisizione: viene redatto il primo *Indice dei libri proibiti*, volto a colpire i libri che diffondono idee ritenute eretiche, e si fanno più stringenti il disciplinamento e la persecuzione di quelle categorie sociali ritenute devianti (bestemmiatori, omosessuali) e degli ebrei, per i quali si ordina la segregazione nei ghetti.

3/La dottrina

Il concilio ecumenico, che tra interruzioni e spostamenti di sede conclude i suoi lavori nel 1563, svolge un'opera essenziale in tre direzioni: chiude ogni possibilità di accordo con i protestanti; riafferma i princìpi teologici essenziali della Chiesa, tra cui la conquista della grazia attraverso le opere e la mediazione sacerdotale tra i fedeli e Dio; dà avvio a una completa riorganizzazione delle strutture ecclesiastiche, pensata per rendere più efficiente e autorevole l'azione pastorale e il proselitismo.

4/La riforma delle istituzioni ecclesiastiche e i nuovi ordini religiosi

Oltre a rafforzare il principio del primato del pontefice, il concilio di Trento stabilisce nuovi compiti per i vescovi (che hanno l'obbligo di residenza nella diocesi) e per i parroci, che devono essere formati in appositi seminari. Tutti i membri del clero devono poi distinguersi sempre dai laici, indossando l'abito talare. Viene infine condannato il concubinato ecclesiastico. Nel processo di autoriforma grande importanza hanno i nuovi ordini religiosi sia femminili sia maschili (barnabiti, teatini, somaschi, gesuiti). L'elemento che li accomuna è la scelta di operare nella società e di dedicarsi alla cura delle anime. Un rilievo speciale hanno la figura di Ignazio di Loyola e l'ordine da lui fondato, i gesuiti (1539). Organizzati intorno all'idea di un'assoluta obbedienza al pontefice e alla valorizzazione della vita religiosa attiva, i gesuiti svolgono un'importante attività missionaria, sia in Europa sia nel Nuovo Mondo; inoltre si distinguono nella fondazione di istituti educativi, i collegi, importanti per la formazione sia di futuri ecclesiastici sia di giovani che, provenendo da famiglie d'élite, sono destinati a carriere laiche.

1 Indica se le affermazioni seguenti sono vere o false. Spiega poi brevemente il motivo della tua scelta.

a. Per rilanciare l'ortodossia, Paolo III concepì essenzialmente due strumenti: il tribunale del Sant'Uffizio e la Congregazione dell'Indice.
b. Negli anni Quaranta del Cinquecento, intorno a Reginald Pole e a Giovanni Morone si costituì la corrente degli "spirituali", un gruppo di teologi e intellettuali che promosse la diffusione degli scritti di Valdés.
c. Alla morte di Paolo III, Reginald Pole fu sconfitto da Giulio III del Monte, nella competizione per il soglio pontificio, per le accuse di eresia messe in circolazione dal cardinal Carafa.
d. L'elemento che accomuna i nuovi ordini religiosi è la scelta di operare nella società, mediante attività pastorali e apostolato, pur vivendo in comunità e rispettando i voti regolari.
e. Il processo di disciplinamento dei nuovi ordini religiosi fu particolarmente rigido nei confronti delle comunità femminili, che furono sottoposte dal papa all'obbligo della clausura.
f. Sin dalla fondazione della Compagnia di Gesù, Ignazio di Loyola considerò come prioritario l'impegno pedagogico e promosse gli istituti educativi dotandoli di una *Ratio studiorum*.

2 Collega ciascun termine relativo al lessico della Controriforma con la definizione corrispondente. Attenzione! Un termine non trova corrispondenza, individualo e fornisci tu una definizione.

1. seminari	a. organo incaricato di aggiornare l'elenco dei libri sottoposti a censura
2. concilio ecumenico	b. organi cardinalizi dotati di particolari competenze, paragonabili ai ministeri nella struttura dei governi contemporanei
3. Congregazione del Sant'Uffizio	c. "vivai", ovvero scuole per l'adeguata preparazione dei parroci
4. Congregazione dell'Indice	d. Sacro Collegio cardinalizio presieduto dal papa
5. congregazioni	e. registri in cui i parroci elencano per nome i parrocchiani e ne annotano i battesimi, i matrimoni e le morti
6. Concistoro	f. assemblea dei cardinali e degli arcivescovi, dei vescovi e dei superiori generali delle congregazioni e degli ordini religiosi convocata dal papa per discutere questioni teologiche
7. ghetto	g. organo cardinalizio a cui viene affidato il controllo della rete di tribunali inquisitoriali creati sin dal tardo Medioevo
8. *Stati delle anime*	h. ....

3 Completa lo schema relativo alla Controriforma, inserendo nelle caselle le seguenti espressioni.

il concilio di Trento • il Sant'Uffizio • autoriforma • eretiche • i *Decreti tridentini* • l'*Indice dei libri proibiti* • la dottrina ortodossa • di congregazioni • dei nuovi ordini • le confessioni concorrenti • l'Inquisizione

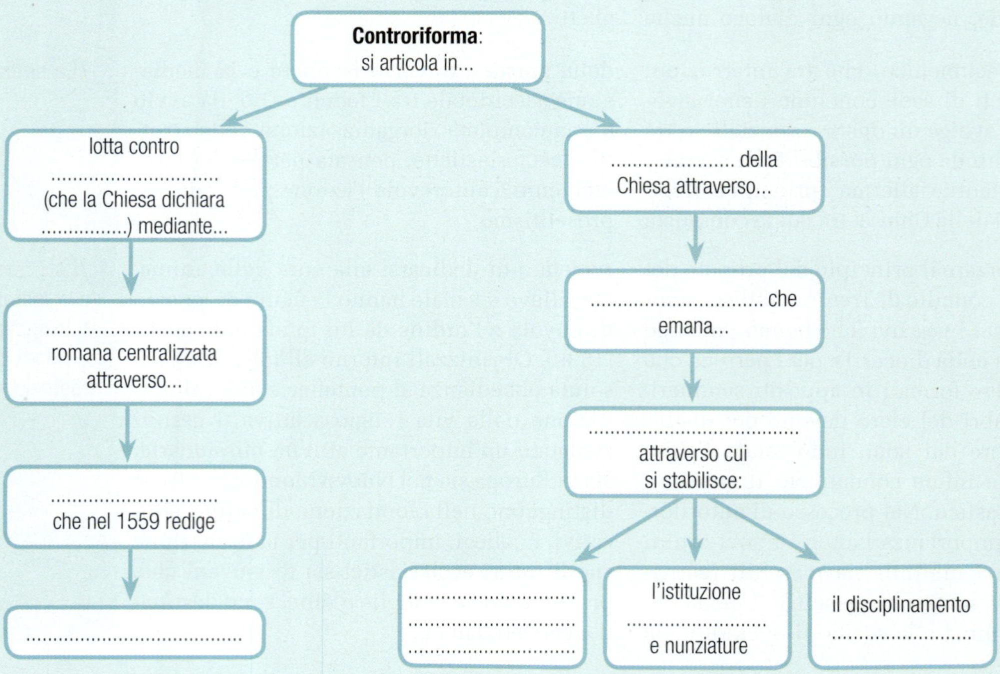

4 **Completa la tabella relativa alla periodizzazione del concilio di Trento (1545-63) e rispondi alle domande finali.**

Fase n.	In quale periodo si svolse il concilio?	Quale pontefice lo convocò?	Dove si tenne?	Temi discussi e risultati raggiunti

a. Per quale motivo Paolo III cambiò la sede del concilio?
b. Per quale ragione il concilio venne sospeso nel 1549? Perché non fu riconvocato fino al 1551?
c. In un dato momento, le attività conciliari si interruppero per un periodo di dieci anni: perché?

5 **Completa sul tuo quaderno la tabella relativa all'operato dei pontefici della Controriforma riassumendo con espressioni-chiave le informazioni richieste e rispondi alle domande finali. Attenzione! Laddove non sia possibile riempire le caselle mediante i dati forniti dal testo, individua una linea di tendenza rispetto all'operato dei singoli pontefici nelle diverse direzioni.**

	Paolo III	Giulio III	Paolo IV	Pio IV	Pio V
Periodo del pontificato					
Atti volti a combattere le eresie					
Atti tesi all'affermazione dell'ortodossia					
Introduzione di organi, istituzioni e pratiche utili all'attuazione della Controriforma					

a. Quali atti e istituzioni si rivelarono fondamentali per il successo della Controriforma?
b. Durante quale pontificato fu incarcerato Morone con l'accusa di eresia? Per quale circostanza, al contrario, Reginald Pole sfuggì all'Inquisizione?
c. A quale pontefice si deve la segregazione nei ghetti degli ebrei che vivevano entro i confini dello Stato pontificio?
d. Quando e da chi fu promulgata la *Professione tridentina di fede*? Per quale ragione, secondo te, fu imposta a ecclesiastici, insegnanti e medici?
e. Quali pontefici interpretarono nel modo più inflessibile le istanze della Controriforma?

Capitolo_17/ Il governo delle anime

IL PERSONAGGIO

Roberto Bellarmino (1542-1621)
Autorevolissimo teologo cattolico, entra nella Compagnia di Gesù nel 1560 e svolge i suoi compiti missionari predicando tra i protestanti dei Paesi Bassi. Nel 1599 viene eletto cardinale da papa Clemente VIII. È stato beatificato nel 1923 e proclamato santo nel 1930.

1/ Nuovi modi di intendere il governo delle anime

Nessuno dei leader religiosi impegnati nella Riforma o nella Controriforma perde di vista un punto chiave: ciò che va rinnovato (o riportato alla purezza delle origini) è il giusto governo delle anime, il retto svolgimento del compito pastorale. La **guida spirituale** consiste in questo: fare in modo che ciascuna delle "pecore" del proprio gregge segua il suo "pastore", uniformando i comportamenti alle norme che conducono alla salvezza.

Il dibattito sulle verità di fede influenza immediatamente, come si è visto, il **rapporto con le autorità civili e politiche**. Ma così come non esiste vicenda pubblica che non tragga dall'esperienza religiosa alimento o sanzione, non esiste nemmeno spazio del privato (dal matrimonio al sesso, dalla famiglia all'educazione dei figli, alla disciplina della morte) che sia trascurato dal desiderio di normalizzazione, di controllo, di organizzazione o – come più efficacemente si dice anche all'epoca – di **disciplina**. Anzi, da molti punti di vista, il **controllo** e il **disciplinamento** delle pratiche private finiscono per esser considerati passaggi assolutamente essenziali per riuscire a raggiungere una buona **riorganizzazione etica dell'intera società** [▷ S35].

LAVORA SUL TESTO
Completa il titolo del paragrafo, spiegando in che cosa consiste il governo delle anime dopo la stagione della Riforma e della Controriforma.

In questo percorso il mondo protestante e quello cattolico prendono strade che per molti versi sono difformi; e tuttavia alla fine esse rivelano anche numerose e importanti similarità.

2/ Coniugalità o verginità?

PROTESTANTI E CATTOLICI: UNA DIVERSA SCALA DI VALORI ■ Uno dei punti fondamentali che avevano connotato la riflessione e l'esperienza cristiana dalla tarda Antichità fino alla prima Età moderna era stato l'enorme apprezzamento per i comportamenti ascetici in campo sessuale [▷ 10/2].

Lutero e i suoi seguaci propongono, invece, una diversa scala di valori: da un lato la svalutazione delle opere dell'uomo li spinge a ritenere che la verginità sessuale non possa migliorare in alcun modo la posizione del fedele davanti a Dio; dall'altro l'impostazione fondamentalmente pessimistica su ciò che riguarda la natura umana li inclina a credere che i tentativi di condurre un'esistenza casta siano quasi sempre destinati al fallimento. È per questo che la tradizione cristiana viene capovolta e si considera **non più il celibato ma lo stato coniugale come la miglior condizione di vita possibile**, la più al riparo dalle tentazioni, quella capace di offrire calore e sostegno per tutta la vita: è per questo, quindi, che viene abolito il celibato ecclesiastico e anzi si spingono i sacerdoti a contrarre matrimonio.

Inoltre, basandosi sulla Bibbia, **i protestanti negano al matrimonio il valore di sacramento**, cioè smettono di considerarlo come un rito ecclesiastico attraverso il quale Dio conferisce la sua grazia ai contraenti. Così stando le cose, nei paesi che accettano una delle confessioni protestanti **il matrimonio diventa un contratto civile** che, come altri contratti, in determinate circostanze può anche essere sciolto: ciò significa che si concede ai fedeli la possibilità di divorziare e di risposarsi, anche se tale possibilità è permessa solo con grandissima lentezza dai tribunali che tra XVI e XVII secolo si occupano di cause matrimoniali. Inoltre il **divorzio** viene concesso non perché, genericamente, un matrimonio "non funziona", ma perché uno dei coniugi si è macchiato di una **grave colpa**, le principali tra le quali sono l'adulterio o l'abbandono prolungato del tetto coniugale. Il principio della colpa come causa necessaria per lo scioglimento del matrimonio fa sì che una procedura di divorzio possa essere avviata solo sulla base di una richiesta presentata dal coniuge offeso [▷**F34**].

Il **concilio di Trento**, invece, coerentemente con la linea generale di difesa delle tradizioni normative della Chiesa medievale, conferma la **superiorità dell'astinenza sessuale** sullo stato matrimoniale – come dice il cardinale Bellarmino, «il matrimonio è una cosa umana, la verginità è angelica» – e quindi l'obbligo del celibato ecclesiastico; ma riafferma anche la **natura di sacramento riconosciuta al matrimonio** e di conseguenza la sua indissolubilità. Il divorzio dunque non è ammesso, mentre è previsto soltanto, ed esclusivamente in presenza di condizioni molto particolari, l'annullamento del matrimonio.

Lucas Cranach il Vecchio, *Ritratto di Katharina von Bora*, 1530 ca.

La figura della moglie del pastore evangelico ricopre nel mondo protestante un ruolo spesso importante. Lo stesso Lutero si sposa nel 1525 con Katharina von Bora, una monaca fuggita insieme ad altre dal convento per convertirsi al protestantesimo. A questa figura, che dà a Lutero sei figli e riveste da subito il ruolo di amministratrice delle loro proprietà, si deve un forte contributo nella definizione del ruolo della donna nel matrimonio e della vita della famiglia protestante in generale.

LA "GIUSTA" SESSUALITÀ SECONDO PROTESTANTI E CATTOLICI

■ Difficile trascurare queste divergenze. Difficile, soprattutto, trascurare la relativa svalutazione simbolica dell'ascetismo sessuale, che viene introdotta dalle confessioni protestanti. Tuttavia, nonostante queste importanti diversità, su alcuni aspetti della vita intima, e in particolare sui canoni essenziali che devono regolare la sessualità le convergenze sono numerose e probabilmente anche più significative.

Sia i protestanti sia i cattolici considerano, infatti, lo stato matrimoniale come l'unico ambito all'interno del quale può aver corso una "giusta" sessualità, che è poi una sessualità **orientata verso** la **procreazione** [▷**F35**] (un orientamento che, come abbiamo visto, fa già parte del patrimonio dottrinale del cristianesimo medievale: >**10/2**).

Proprio perché considerano la **famiglia** come il luogo in cui si conserva l'**onore** e si dà vita a una giusta e legittima riproduzione della comunità, tanto i protestanti quanto i cattolici vogliono che i **tribunali** puniscano con una notevole severità la sessualità extramatrimoniale. Le pene più diffuse variano, di norma, da una breve carcerazione all'obbligo di dichiarare la propria colpa davanti alla comunità dei fedeli, a qualche tipo di punizione corporale relativamente leggera. Salvo che tra i calvinisti, altrove continua

a valere il doppio standard di valutazione, per cui le donne adultere sono punite con maggiore severità (e a ogni modo sono costrette a patire una maggiore perdita di reputazione) che non gli uomini che si macchiano della stessa colpa. In alcuni paesi, sia protestanti sia cattolici (a Ginevra o in Francia, per esempio), vi sono perfino alcune adultere che vengono condannate a morte per la loro colpa. Invariabilmente **l'adulterio femminile viene trattato con maggior rigore** proprio perché mette in discussione il nesso matrimonio-procreazione-onore della famiglia-certezza della paternità e delle linee genealogiche.

Un atteggiamento così severo nei confronti della pratica sessuale extramatrimoniale si accompagna a una ossessiva e generale **promozione del pudore**, in ogni ambito della vita quotidiana. Il corpo nudo deve essere esposto il meno possibile, mentre la parte inferiore del corpo diventa una zona quasi innominabile.

Almeno dal punto di vista normativo, la relativa libertà sessuale, tollerata, se non incoraggiata durante il tardo Medioevo, viene ora rigorosamente repressa; tale atteggiamento ha ragioni morali, ma è anche sollecitato dalla preoccupazione per la sifilide, malattia che getta nello sconcerto per la sua immediata diffusione e che viene spesso interpretata come punizione divina per chi si abbandona a comportamenti dissoluti. È così, dunque, che gli Stati varano **legislazioni sfavorevoli nei confronti delle prostitute e dei bordelli**, i quali vengono chiusi o dichiarati illegali.

La legalizzazione dei bordelli era stata favorita precedentemente con l'intento

LE FONTI 34

Martin Lutero/**Sul divorzio**

[Luther, *Œuvres*, Gallimard, Paris 1999, vol. I, pp. 1161-1165]

Nell'opuscolo *Della vita coniugale*, scritto probabilmente nell'agosto del 1522 e pubblicato immediatamente dopo, nel settembre dello stesso anno, Lutero si mostra molto severo con gli adulteri e annovera tra le cause possibili di divorzio anche il rifiuto del «debito coniugale», che si ha quando un coniuge si rifiuta di avere rapporti sessuali con l'altro [> **10/2**]. Inoltre ritiene che i procedimenti giudiziari per cause di divorzio debbano essere affidati al «potere temporale» (cioè a istituzioni laiche statali), così come anche la somministrazione delle pene; tra di esse Lutero non esita a prevedere, con una decisione che è corroborata dalla lettura del testo biblico, anche la pena di morte.

Vediamo quali sono le persone per le quali si ha il diritto di decretare il divorzio. Conosco tre ragioni che separano il marito e la moglie. La prima [...] si ha quando il marito o la moglie sono inadatti al matrimonio, e ciò a causa dei loro organi o della loro costituzione, poco importa. [...] La seconda ragione è l'adulterio. [...] Cristo ammette il divorzio tra marito e moglie, e riconosce alla parte innocente il diritto di contrarre un nuovo matrimonio. [...] Tuttavia, quando l'adulterio è segreto, l'uomo può scegliere liberamente tra punire sua moglie segretamente e fraternamente e non ripudiarla se lei accetta di correggersi, oppure ripudiarla come Giuseppe voleva fare[1]; la moglie può agire allo stesso modo. Queste due punizioni sono delle punizioni cristiane e lodevoli.

Quanto a divorziare pubblicamente di modo che uno dei due coniugi possa risposarsi, ciò deve avvenire in seguito ad un'inchiesta e all'intervento del potere temporale, affinché l'adulterio sia effettivamente appurato [...]. Dio ha ordinato, nella legge, di lapidare gli adulteri [*Levitico*, 20, 10] [...]. Il gladio e l'autorità temporale hanno, di conseguenza, ancora il dovere di mettere a morte gli adulteri, perché chiunque

1. *oppure... fare*: nel Vangelo secondo Matteo (1, 19) si narra che Giuseppe, saputo che Maria era incinta, come prima reazione decide di ripudiarla ma in segreto, senza diffamarla pubblicamente.

di tenere a bada la sodomia, un comportamento largamente diffuso tra i giovani maschi nelle città tardomedievali: la chiusura dei bordelli è dunque anche il preludio a un drastico inasprimento delle pene contro la sodomia, una tendenza comune a tutta l'Europa post-riforme.

LE NASCITE ILLEGITTIME ■ Egualmente arcigno si fa il trattamento delle **madri di figli illegittimi**, prove viventi della loro "colpa". Sebbene il "**bastardaggio**" sia un fenomeno ancora largamente diffuso tra dinastie sovrane e famiglie aristocratiche, adesso la valutazione sociale prevalente considera sempre più sfavorevolmente le nascite illegittime, e ciò, di nuovo, in aree sia protestanti sia cattoliche. Questo spinge molte ragazze-madri alla scelta drammatica di abbandonare i loro neonati, o, più raramente, a ucciderli appena nati. Su tale questione protestanti e cattolici intervengono in modo difforme. Nei **paesi protestanti**, dove si pone l'accento sulla **responsabilità individuale**, i tribunali o le autorità cercano di costringere le madri ad allevare i figli e si tenta di identificarne i padri, per imporre loro l'onere del sostentamento dei piccoli. Di contro, nei **paesi cattolici** si ritiene piuttosto che speciali istituzioni laiche o ecclesiastiche debbano occuparsi dei bambini abbandonati, per proteggere, in qualche modo, l'onore delle madri. Gli **orfanotrofi**, un'istituzione nata in Italia nel XV secolo [▷ **10/4**], dopo la metà del XVI secolo si diffondono anche in molte altre aree dell'Europa cattolica.

LAVORA SUL TESTO

Sintetizza in uno schema – formato ad esempio da due circonferenze che si intersecano – le principali affinità e divergenze tra cattolici e protestanti in merito alla sessualità.

commetta adulterio ha già divorziato da sé e dev'essere considerato come un uomo morto. È per questo che l'altra ha il diritto di risposarsi, come se il suo coniuge fosse morto, se ella vuole agire secondo una rigorosa giustizia e non fargli grazia. Se, invece, l'autorità si mostra negligente e lassista e non infligge la pena capitale, l'adultero può fuggire in un paese lontano e lì risposarsi, se non può vivere nella continenza; ma sarebbe meglio morisse mille volte per evitare di dare il cattivo esempio. [...]
Ad ogni modo, nel caso in cui l'autorità non ricorra alla pena capitale e uno dei coniugi non voglia ripudiare l'altro, che si punisca il colpevole pubblicamente e cristianamente sulla base del Vangelo (Matteo, 18, 15-17). Perché, sulla Terra, non ci sono che tre punizioni tra gli uomini: il castigo segreto e fraterno, il castigo evangelico pubblico fatto davanti alla comunità e quello che è inflitto dall'autorità temporale.
Il terzo caso di divorzio si ha quando uno dei coniugi si sottrae all'altro, rifiutando di rendergli il debito coniugale e di restare accanto a lui. [...] Qui devi fondarti sulla parola di san Paolo (*Corinzi*, I, 7, 4-5): «Il marito non è padrone del proprio corpo, ma lo è la moglie; e la moglie non è padrona del proprio corpo, ma lo è il marito. Che l'uno non si sottragga dunque all'altro, se non di comune accordo», ecc. Vedi, san Paolo impedisce, in questo testo, che ci si sottragga l'uno all'altro, perché nell'impegno del matrimonio, l'uno dà all'altro il suo corpo per il servizio coniugale. Se dunque uno dei coniugi si rifiuta e non vuole, prende e ruba il suo corpo, che ha dato all'altro, ciò che è propriamente un'offesa al matrimonio, che rompe il matrimonio. È per questo, in questo caso, che il potere temporale deve costringere la moglie, o altrimenti metterla a morte. Quando la moglie rifiuta il suo dovere, il marito deve fare come se fosse stata rapita da dei briganti e uccisa, e deve cercarne un'altra.

GUIDA ALLA LETTURA

1. Individua i tre casi in cui, secondo Lutero, è possibile decretare il divorzio ed elabora, per ognuno di essi, dei titoli che ne condensino il senso. **2.** Quali sono gli esempi evangelici e biblici a cui l'autore della fonte fa riferimento e per quale fine vengono presentati? **3.** In che occasione e per quale motivo Lutero prevede l'intervento dell'autorità civile in caso di adulterio?

Ritratti di famiglia

I Buonvisi ritratti da Frans Pourbus (1569-1622) sono una famiglia di mercanti lucchesi che nel Cinquecento, pur essendo ancora attiva nella mercatura, è già in possesso di un cospicuo patrimonio immobiliare; è fra le più importanti del patriziato della Repubblica di Lucca, ovvero è parte di quel ristretto gruppo di famiglie che prima nel 1556 e poi nel 1628 si riservano in modo esclusivo gli incarichi di governo della Repubblica.
Le famiglie agiate, come la famiglia Buonvisi, o quella ritratta da Gortzius Geldorp (1553-1619), dell'Europa settentrionale hanno la possibilità di creare una folta e numerosa discendenza e ne vanno fiere: è il segno di una forza primaria, generativa, tanto del marito, quanto della moglie; è il segno di una pia interpretazione del precetto del "debito coniugale", rimarcata, nel quadro di Geldorp, dall'attitudine devota dell'intera famiglia; è, infine, il segno visibile della fortuna di cui essi possono godere, che consente loro di crescere i figli e le figlie tra un'accogliente prosperità, testimoniata dalla qualità dei tessuti con cui sono realizzati gli abiti (particolarmente bello è quello della più grande tra le figlie della famiglia Buonvisi; si è ipotizzato possa essere un abito che ne preannuncia il fidanzamento o il matrimonio) e dalla ricchezza della tavola per il pranzo.
Al confronto con le immagini di questi due nuclei, quella di Louis Le Nain (1593-1648), che ritrae una famiglia di contadini, fa intendere bene la profondità delle distanze sociali che separano le élite dai gruppi meno fortunati: tanto lo squallore della dimora contadina quanto il carattere sommario e trasandato delle vesti dei suoi componenti mostrano che non c'è alcuna prosperità da esibire, ma solo un senso di dignitosa povertà. La famiglia contadina appare anche meno numerosa delle altre due: negli ambienti poveri la mortalità infantile colpisce con maggiore durezza, perché la peggiore alimentazione rende i piccoli più fragili e più esposti all'attacco delle malattie; inoltre capita di frequente che le ragazze siano mandate a lavorare fuori casa sin da giovanissime, magari come domestiche presso ricche famiglie nobili o borghesi come quelle ritratte nei quadri di Pourbus e di Geldorp.

Frans Pourbus (attribuito a), ***Ritratto della famiglia Buonvisi***, fine XVI sec.
[Collezione privata, Lucca]

Gortzius Geldorp, ***Ritratto di una famiglia che recita la preghiera prima del pasto***, 1602
[Rafael Valls Gallery, Londra © The Bridgeman Art Library / Archivi Alinari, Firenze]

Louis Le Nain, ***Famiglia contadina***, 1642
[Musée du Louvre, Parigi]

GUIDA ALLA LETTURA

1. Riconosci nei ritratti delle tre famiglie i particolari che consentono di ricostruirne la posizione sociale e raggruppali per categorie di riferimento (abiti, arredi domestici, ecc.). **2.** Per ognuna di queste categorie indica gli elementi distintivi dei ceti sociali rappresentati e argomenta le tue scelte.

ANNO 1602
ECCE SIC BENEDICETVR HOMO.
QVI TIMET DOMINVM

3/ Matrimoni: volontà degli sposi, consenso dei genitori ed eredità

Protestanti e cattolici considerano dunque il **matrimonio** come il legame fondamentale che costruisce la **cellula base delle comunità di fedeli**. Sebbene la gerarchia ecclesiastica della Chiesa cattolica si basi sulla presunzione della supremazia del celibato ecclesiastico sullo stato matrimoniale (e sulla presunzione del rispetto del voto di castità), anche tra i cattolici il rilievo che si conferisce a questo rito di passaggio è assoluto.

Ma come devono fare due giovani per giungere al matrimonio, quale dev'essere lo spazio riservato alle loro volontà, alle loro inclinazioni e passioni, e quale dev'essere il peso delle aspirazioni e delle aspettative dei genitori?

VOLONTÀ DEGLI SPOSI E CONSENSO DEI GENITORI ■ Sempre polemici con la tradizione precedente, i **protestanti** criticano la dottrina matrimoniale, stabilitasi sin dal XII secolo, secondo cui ciò che rendeva valido un matrimonio era la **libera volontà dei futuri sposi**, senza bisogno del consenso dei genitori. Con una certa ragione, da parte protestante si fa osservare che una dottrina simile va considerata la causa principale del diffondersi dei matrimoni clandestini, celebrati dai giovani all'insaputa e contro la volontà delle proprie famiglie. Per questo si fanno sostenitori della necessità di ristabilire un sistema equilibrato di celebrazione dei matrimoni, che contemperi la volontà dei futuri sposi con **le preferenze e il consenso dei rispettivi genitori**. Le regole che vengono dettate prevedono, dunque, che un matrimonio debba essere annunciato durante le celebrazioni religiose, in modo che chiunque possa esserne informato e che avvenga con l'esplicito consenso dei genitori, mancando il quale il matrimonio può anche esser considerato nullo.

L'**elaborazione cattolica** sulla questione parte da presupposti simili, ma segue una via più tortuosa, dettata dalla necessità di non sconfessare del tutto le norme seguite dalla Chiesa nei secoli precedenti. Le linee guida sono stabilite dal **concilio di Trento** con un decreto dell'11 novembre 1563, in cui si dichiara **nullo il matrimonio clandestino** e si introducono tre importanti innovazioni:

a) anche tra i cattolici si adotta il sistema delle **pubblicazioni**: il parroco, durante la messa, deve annunciare il nome dei futuri sposi nelle tre settimane precedenti la celebrazione del matrimonio;

b) il matrimonio deve essere celebrato da un **sacerdote**, in presenza di due **testimoni**, e dopo aver acclarato la libera volontà dei promessi sposi;

c) da un lato si criticano coloro che «affermano a torto che sono nulli i matrimoni contratti dai figlioli senza il **consenso dei genitori**»; ma dall'altro si aggiunge anche che «nondimeno la Santa Chiesa di Dio, per i motivi più giusti, ha sempre detestato» tali unioni.

In tal modo per i cattolici il consenso dei genitori non è un prerequisito senza il quale non ci si possa sposare; tuttavia la ritualità introdotta fa sì che i giovani i quali entrino in contrasto con i voleri dei genitori corrano dei gravi rischi a farsi unire in matrimonio in forma clandestina o con un matrimonio a sorpresa (cioè presentandosi con due testimoni davanti a un sacerdote ed esprimendo la loro volontà di sposarsi), perché, se non intervengono aggiustamenti successivi, tali unioni potrebbero anche essere considerate nulle.

La **soluzione adottata dall'Inghilterra anglicana**, infine, è difforme dall'elaborazione luterana, calvinista e cattolica, poiché è molto più tradizionalista. La **Chiesa anglicana** si proclama l'unica istituzione deputata a celebrare i matrimoni e a conservarne la documentazione; al tempo stesso, la normativa attuata è quella stabilita nel XII secolo, secondo la quale l'espressione del **libero consenso dei futuri sposi** è l'unico requisito necessario per la conclusione del matrimonio, che viene considerato indissolubile. A causa di ciò in Inghilterra il numero dei matrimoni senza il consenso dei genitori tende ad aumentare, raggiungendo un picco nel tardo XVII secolo.

MATRIMONI COMBINATI E ASSI EREDITARI ■ Nondimeno dovunque, in Europa (Inghilterra compresa), formalmente o di fatto viene riconosciuto ai genitori il diritto di orientare i figli o le figlie nella scelta del coniuge e quindi viene consolidato il sistema dei **matrimoni combinati**.

La pratica, già da tempo molto diffusa tra le famiglie di classe elevata, è sostenuta da una mentalità che considera il matrimonio un'**alleanza economico-sociale** e certo non l'unione di due cuori innamorati [> **10/3**]. E anzi il contenuto economico

Lorenzo Lotto, *Ritratto di Marsilio Cassotti e della sua sposa Faustina*, 1523

[Museo del Prado, Madrid]

I due giovani bergamaschi di questa tela di Lorenzo Lotto sono ritratti in occasione del loro matrimonio nel momento dello scambio dell'anello e della promessa nuziale. La coppia rappresenta una allegoria dell'amore coniugale: mentre l'uomo infila l'anello al dito della sposa, appare tra i due il dio dell'amore per unirli sotto il giogo, simbolo della fedeltà dei coniugi ma anche dei doveri di cui si devono fare carico. Cupido, inoltre, posa sulle loro spalle due rami di alloro, un richiamo alla virtù necessaria per mantenere il vincolo, e un augurio di eterna felicità.

dell'accordo viene stabilito attentamente con appositi **contratti** sottoscritti davanti a un notaio [▷F36].

Dovunque, peraltro, e anche attraverso il perfezionamento degli **accordi dotali**, si rafforzano le linee di discendenza agnatizia: cioè, di regola, le eredità e i patrimoni passano per via maschile e per **trasmissione diretta** tra ascendenti (padri-madri) e discendenti (figli). Le famiglie con sostanze patrimoniali da conservare (terre, ville, immobili in città) tendono piuttosto frequentemente a lasciare i propri beni a uno solo dei **figli maschi**, che può essere il primogenito – e in questo caso si parla di **primogenitura**; o uno dei discendenti maschi individuato attraverso più complesse procedure – e in questo caso si parla di **fedecommesso**, una forma di successione che vincola l'erede al rispetto della norma che gli impone di lasciare a sua volta il patrimonio a un solo erede maschio.

LE FONTI 36

Un contratto matrimoniale

[Archives Départementales de l'Hérault, II E 95/1611 (ff. 298*v*-301*v*)]

Nelle famiglie di classe più elevata, quando si avvicina il momento di far sposare un figlio o una figlia, i genitori mobilitano i parenti (e soprattutto le donne di famiglia: figlie maggiori o cognate) per sondare il "mercato matrimoniale": si tratta di capire quali sono i migliori partiti, sia per consistenza del patrimonio, sia per collocazione professionale e – cosa non trascurabile – anche per quanto riguarda lo stato di salute. Le indagini possono essere molto accurate, con richieste discrete, ma attente, estese ai conoscenti del futuro sposo o della futura sposa. Quando la scelta è compiuta, vi è un incontro preliminare tra i familiari e poi un incontro tra i futuri sposi, che prelude alla redazione di un vero e proprio contratto scritto da un notaio. Nel contratto si stabiliscono le condizioni alle quali i due promessi si impegnano a sposarsi; viene fissata la dote che i familiari della sposa le anticipano sul patrimonio di famiglia (ed è una parte relativamente piccola di un patrimonio che nella sua quota principale è indirizzato, attraverso la via dell'eredità, ai figli maschi, possibilmente al primogenito); il futuro sposo, da parte sua, si impegna a dare garanzie relative al mantenimento della giovane, una volta che sia sposata. In tal modo l'atto che precede il matrimonio e che stabilisce gli accordi dotali ha un contenuto solo ed esclusivamente economico; non vi è alcun riferimento alle passioni, ai sentimenti, agli affetti dei futuri sposi; c'è solo un attento calcolo del dare e dell'avere tra le due parti contraenti, come pure una definizione minuziosa delle garanzie reciproche che ciascuno si dà, affinché non debbano essere usurpati i diritti economici di nessuno dei due. Da notare anche che il contratto notarile è un atto pubblico e per questo deve essere registrato davanti a un tribunale dello Stato; questo passaggio è ciò che dà valore legale al contratto e normalmente comporta anche il pagamento di una tassa, da versare nelle casse dello Stato.
Il contratto dotale che si presenta qui viene redatto in Francia, a Montpellier, il 18 ottobre 1595 e impegna Pierre de Serres, magistrato a Montpellier, e Suzanne de Lasset, figlia di un defunto magistrato della stessa città. Si tratta di un matrimonio socialmente equilibrato, nel quale i parenti e gli amici dei promessi sposi si impegnano a dare il formale consenso al matrimonio (Pierre è orfano e vengono citati genericamente «parenti e amici»; Suzanne ha ancora la madre e la sorella, che vengono citate esplicitamente).

Per piacere di Dio e per l'accrescimento dell'umano lignaggio, è stato preso l'impegno di contrarre matrimonio, che – se a Lui piace – verrà celebrato, tra il Signor Mastro Pierre de Serres, consigliere del Re e giudice e magistrato al Seggio Presidiale del governo di Montpellier [...], da una parte, e la Signorina Suzanne de Lasset [...], dall'altra;
I futuri sposi, ovvero il detto Signor De Serres, procedendo tanto per sé e di sua buona volontà, per non avere né padre né madre [...], che in presenza dei Signori suoi parenti e amici, qui presenti; e la detta De Lasset, procedendo anche per la licenza, volontà, autorità e consentimento della detta Signora De Conseil, sua madre, e di Signor Mastro Pierre de Massanes, consigliere del Re e generale al Tribunale sovrano di Montpellier, e di Yzabeau De Lasset, coniugi, suoi cognato e sorella, e altri parenti e amici qui presenti e a ciò consenzienti;
Hanno i detti futuri sposi promesso l'uno all'altra di prendersi per legittimi sposi in matrimonio, e di celebrarlo e solennizzarlo nella Chiesa Riformata, alla cui confessione appartengono, e alla prima richiesta e volontà di una

Per favorire il miglior funzionamento del sistema, i figli esclusi dall'asse ereditario sono incoraggiati a restare celibi, mentre le figlie alcune volte sono fatte sposare, per stringere le necessarie alleanze con altre famiglie (e in questo caso si concede loro la dote); altre volte sono avviate – non di rado contro la loro volontà – alla vita monastica, un sistema che garantisce la protezione dell'onorabilità della donna sola e la esclude di fatto dall'asse ereditario.

Qualunque sia la logica che presiede alla conclusione di un matrimonio, tanto negli ambienti ricchi, quanto negli ambienti popolari, il rito nuziale è seguito dalle celebrazioni in onore degli sposi, che consistono in un banchetto e, talora, in danze e festeggiamenti.

delle due dette parti, non appena siano stati fatti e pubblicati gli annunci nella detta Chiesa secondo l'ordinanza reale;
E per sostenere le spese del *ménage*[1] è stato stabilito [...] che le doti [...] vengano pagate dal lato della sposa perché tali spese siano più onorevolmente sostenute, e per questo si è presentata in persona la detta Signora De Conseil, la quale di sua volontà, per sé e i suoi, per l'avvenire, e per tutti i diritti sul patrimonio paterno che la detta Suzanne possa vantare, le ha costituito e assegnato in dote [...] la casa del fu Signor De Lasset, suo marito [...];
Inoltre, la detta Signora De Conseil, in considerazione e sostegno delle spese di *ménage*, ha dato e dà alla detta De Lasset [...] la somma di 2.500 lire [...], somma che dovrà pagare ai detti futuri sposi il giorno delle loro nozze e consumazione del loro matrimonio; e al momento della consegna, il detto Signor De Serres sarà tenuto – e vi si impegna – a riconoscere la detta somma alla futura sposa, dandole garanzia con i suoi beni presenti e futuri, e le firmerà una ricevuta valida, affinché – se ciò si rendesse necessario – tale somma le venga restituita [...];
Inoltre, sopravvivendo la detta Signorina De Lasset al detto Signor De Serres [...], egli le ha dato e le dà per aumento e lucro dotale la somma di 333 scudi e 1/3, e insieme le garantisce il possesso di tutti i vestiti, anelli e gioielli che le avrà donato durante il loro matrimonio; e per medesima donazione, sopravvivendo il detto Signor De Serres alla detta Signorina De Lasset, in questo caso lei gli ha dato e gli dà la somma di 160 scudi e 2/3, che egli potrà pagarsi traendola dalla dote [...];
Inoltre, si è convenuto che nel caso in cui il detto Signor De Serres muoia prima della detta Signorina De Lasset [...], gli eredi del detto Signore debbano pagarle una rendita annuale di 250 lire in due rate uguali, pagabili di sei mesi in sei mesi, in anticipo, e ciò nel caso in cui la detta Signorina De Lasset non possa accordarsi con gli eredi del detto Signore, e ciò finché essi conserveranno la dote e l'aumento dotale della detta Signorina;
Inoltre, la detta Signora De Conseil sarà tenuta, come promette, a dare ai detti futuri sposi dei mobili di casa [...];
Anche si è preso accordo affinché tutti gli anelli che la detta Signorina De Lasset, futura sposa, avrà o riceverà dalla detta Signora De Conseil, sua madre, prima o dopo il matrimonio, siano riconosciuti dal detto Signor De Serres, insieme ai suddetti mobili, alla detta Signorina De Lasset, dando in garanzia tutti i suoi beni;
Inoltre, i futuri sposi vogliono e intendono aver stipulato i presenti patti secondo gli usi, costumi e privilegi della detta città di Montpellier, e poiché il Re, con le sue ordinanze, vuole e ordina che tutte le donazioni fatte tra vivi siano segnate e registrate davanti ai giudici reali e competenti, entro quattro mesi dalla loro stipula, pena il loro annullamento, volendo le parti che il presente atto conservi il suo valore, hanno costituito i loro procuratori presso il tribunale di Montpellier [affinché sia compiuta la registrazione[2]].

1. *ménage*: vita coniugale.
2. *affinché... registrazione*: seguono il giuramento dei presenti, con il quale si impegnano a tener fede ai patti, e la formula di chiusura del notaio che redige l'atto.

GUIDA ALLA LETTURA

1. Chi sono i presenti alla stipula del contratto matrimoniale? Che funzione hanno? **2.** In cosa consiste la dote della sposa? **3.** In cosa consistono le garanzie economiche dovute dallo sposo? **4.** In quale modo viene assicurato il valore legale del contratto? **5.** La fonte contiene riferimenti ai sentimenti che animano la scelta coniugale? Perché? **6.** Quale funzione ha un contratto di questo genere all'interno della società del tempo?

L'AUTORITÀ DEL MASCHIO E LA SVALUTAZIONE DELLA DONNA ■ Sia tra i protestanti sia tra i cattolici si insiste non solo sulla generica autorità dei genitori all'interno della famiglia, ma sull'**egemonia gerarchica del padre/marito** su tutti gli altri componenti. Nel protestantesimo, l'autorità del maschio viene consolidata dal trasferimento di alcune funzioni ecclesiastiche all'interno delle famiglie, e di una parte dell'autorità del prete al capofamiglia, cui spetta il compito di leggere ogni giorno qualche passo della Bibbia alla famiglia riunita.

Ne consegue una speculare **svalutazione** del ruolo delle **donne**. Lutero ritiene che le donne siano state create per servire l'uomo e aiutarlo. Calvino enfatizza la necessaria inferiorità femminile e, citando san Paolo, sostiene che una moglie è per il marito quello che un corpo è per la testa. Ma sul punto, in realtà, c'è un notevole accordo tra scrittori (maschi) protestanti e cattolici, uniti nel ritenere che le donne debbano essere **obbedienti, sottomesse, pie, silenziose**.

Si tratta di un'impostazione che trae alimento da una lunghissima tradizione normativa, simbolica e comportamentale, e che può avvalersi anche di presunte verità scientifiche, come quelle relative alla natura instabile, infida, mentalmente fragile della donna, dominata da umori che la predispongono a un **carattere volubile e ingannevole**, e a una vorace sessualità che solo nel matrimonio può trovare il giusto appagamento.

In questo contesto si insiste anche molto sul fatto che è essenziale per le donne conservare il loro onore e la loro purezza sessuale: ma proprio in ragione della volubilità e della naturale lascivia femminile, si rende ancor più necessario un **attento controllo maschile** sulle donne della famiglia (dei padri sulle figlie, dei fratelli sulle sorelle, dei mariti sulle mogli).

LAVORA SUL TESTO

Evidenzia tre parole-chiave che sintetizzino il peso attribuito da luterani, cattolici e calvinisti al consenso dei genitori nell'istituzione matrimoniale.

Pieter Bruegel, *La danza nuziale*, 1566 ca.

[Detroit Institute of Arts, Detroit (Usa)]

I festeggiamenti in onore degli sposi erano spesso occasioni in cui dare libero sfogo alla voglia di divertimento e di incontri con l'altro sesso. Questa tela di Pieter Bruegel, che rappresenta con toni apparentemente giocosi numerose coppie che ballano al suono della zampogna e altre che mangiano e bevono affollandosi fuori da una capanna (probabile sede del banchetto), sembra voler quasi redarguire l'osservatore sui pericoli impliciti nella mancanza di contegno e di buone maniere.

4/ Le famiglie e i bambini

LA CURA DEI BAMBINI ■ In generale la famiglia-tipo (una coppia regolarmente sposata, in cui entrambi i genitori riescano a sopravvivere fino ai quarant'anni) può avere in media cinque-sei figli. E, sempre in generale, i **bambini** sono considerati un dono di Dio, da tenere in gran conto in quanto potenziali fonti di conforto e di sostegno.

Ciò non toglie che chi se lo può permettere dia i bambini **a balia**, ovvero li affidi appena nati a donne che non fanno parte della famiglia, meglio se abitanti in campagna, dove l'aria è considerata più salubre; queste donne hanno il compito di allattare i neonati e poi di allevarli, fino a che i genitori non decidono di farli rientrare in famiglia. La scelta è dettata da motivazioni diverse: per le famiglie più ricche è un modo per far sì che le madri conservino una buona forma fisica, oltre che del tempo libero a disposizione; per le classi medio-basse la soluzione si impone quando è necessario che la madre continui a lavorare per far quadrare il bilancio familiare. Il **baliatico** non è necessariamente indice di scarso amore per i figli da parte dei genitori; ma certo comporta separazioni lunghe, talora affettivamente ed emozionalmente dolorose (molti bambini che trovano buone balie soffrono quando, ormai grandicelli, sono costretti ad abbandonarle per tornare dalla madre naturale).

L'ALTA MORTALITÀ INFANTILE ■ Le **tecniche di allevamento** dei bambini prevedono che vengano stretti nelle fasce appena nati, per impedire loro di muoversi troppo e di farsi male nei momenti in cui sono lasciati da soli; a qualche mese di vita si comincia a liberare le braccia, più tardi anche le gambe.

Georges de La Tour, *L'adorazione dei pastori*, metà del XVII sec.

[Musée du Louvre, Parigi]

Questo dipinto di Georges de La Tour (1593-1652), i cui protagonisti biblici indossano abiti dell'epoca del pittore, mostra bene la fasciatura ermetica che è riservata ai neonati: in tal modo, non avendo la possibilità di muoversi, non possono neanche farsi male; è chiaro, però, che questa soluzione può anche impedire un armonico sviluppo corporeo.

Sia per la fasciatura, sia per il baliatico (soprattutto quando la balia non è in buona salute, ovviamente), sia per le condizioni igieniche, non sempre ottimali, la **mortalità infantile** è molto alta (il 20% dei bambini non raggiunge l'anno d'età, la metà muore prima dei dieci anni). La morte dei bambini non è affatto accolta con indifferenza dai genitori, come talora si è sostenuto e anzi, in generale, il rapporto tra genitori e figli è affettivamente ed emotivamente molto intenso, anche quando i figli sono cresciuti.

MATRIGNE E PATRIGNI Semmai l'alta mortalità generale fa sì che molti bambini o molti adolescenti si trovino **orfani di almeno uno dei genitori**. In quel caso è facile che le vedove e ancor più i vedovi si risposino, e che nella vita degli orfani entrino un **patrigno** o una **matrigna** che, spesso, portano con sé dei figli di primo letto. Non è una regola che questa ristrutturazione delle famiglie comporti tensioni interne a danno di qualcuno dei figli; ma è certo che le testimonianze sui maltrattamenti che i patrigni o le matrigne riservano ai figli acquisiti sono molte e si depositano anche in un largo *corpus* di fiabe popolari, raccolte nei secoli seguenti da folcloristi o da narratori.

LAVORA SUL TESTO
Sottolinea le cause dell'elevata mortalità infantile e per ciascuna di esse rintraccia le informazioni presenti nel paragrafo.

5/ La morte

DI FRONTE ALLA MORTE La morte (e la morte precoce soprattutto) continua ancora a essere una **presenza invadente nella società dei vivi**. Le crisi di mortalità (legate alle carestie, alle epidemie di peste, al diffondersi di nuove malattie come la sifilide, alle guerre) sono numerose.

È la morte improvvisa e prematura quella che continua ancora a far paura, a provocare ansia, incertezza, sgomento; è la morte dei piccoli o dei giovani che spezza il cuore ai padri e alle madri. Ma mentre si continua a nutrire questo sentimento di timore profondo per la morte, si fa avanti anche un altro modo di **elaborare il lutto**, una concezione della **"buona morte"**, come si diceva allora. Le generazioni che vivono tra Cinquecento e Seicento, memori delle ecatombi vissute dalle generazioni precedenti, e ancora costrette ad attraversare l'esperienza delle epidemie, delle guerre, delle morti violente, scelgono di avvicinarsi con saggia **rassegnazione** all'evento.

La morte – la propria, quella dei propri cari – comincia a essere un momento a cui si pensa in anticipo e che si prepara con la stesura del **testamento**, un documento nel quale non si lasciano soltanto le disposizioni per la trasmissione dell'eredità, ma si impartiscono indicazioni minuziose sul proprio **funerale** e sulla **beneficenza** che – negli ambienti cattolici – si desidera venga fatta a sollievo delle pene che la propria anima dovrà affrontare.

Una grave malattia non viene nascosta, il malato ne è consapevole, non dissimula la sua vicinanza alla morte; e **la morte, se non è improvvisa, non è un fatto privato**: la camera in cui giace il morente si riempie di parenti, amici, membri di confraternite, e certo anche dei preti che devono impartire l'estrema benedizione. Se ce la fa, il morente chiama i suoi cari, dà le ultime disposizioni, dice addio, chiede perdono, senza che ci sia disperazione, rabbia, sconcerto.

È qualcosa di profondamente estraneo alla nostra sensibilità contemporanea: se oggi diciamo con sollievo di un defunto "è stata una fortuna che se ne sia andato senza accorgersi che moriva", nel XVI o nel XVII secolo è importante **"sentire la morte che si avvicina"**, riconoscerla, accoglierla, in qualche modo, per potersi preparare adeguatamente a quello che chiunque considera il passaggio a un altro mondo.

IL RICORDO DEI DEFUNTI ■ Chi sopravvive, infine, ha il dovere del ricordo; e ha il diritto di mostrare il suo lutto, il dolore per la perdita di una persona cara; non c'è niente che debba essere nascosto. Ora, fra l'altro, si diffonde l'abitudine, in precedenza riservata solo alle grandi personalità, di avere una **tomba personalizzata**, dotata di targhe o incisioni che consentano l'identificazione del luogo di sepoltura, e talora, se la famiglia se lo può permettere, adornate da una scultura, se non da una vera e propria statua funeraria.

LAVORA SUL TESTO

Cerchia nel testo le differenti tipologie di disposizioni previste dai testamenti e distingui, utilizzando colori diversi, quelle che rispondono a esigenze patrimoniali da quelle legate al destino ultraterreno del defunto.

6/ Peculiarità e limiti del disegno disciplinare

IL "BRACCIO ARMATO" DEL DISEGNO DISCIPLINARE ■ Le gerarchie ecclesiastiche post-Riforma si impegnano, dunque, in un vasto programma di riorganizzazione degli orizzonti etici, per realizzare il quale si perfezionano anche i **sistemi di persecuzione** di tutti coloro che vengono considerati dei criminali. Qui il disciplinamento della Riforma e della Controriforma e il processo di costruzione di **permanenti apparati statali**

Joos van Cleve, ***La morte della Vergine***, 1515 ca.

[Alte Pinakothek, Monaco]

In questo dipinto, l'evento biblico della morte della Vergine viene letto in chiave "moderna": il pittore ambienta la scena in una stanza da letto dell'inizio del Cinquecento e trasforma gli apostoli in tanti personaggi che affollano l'ambiente al centro del quale è posto il letto su cui giace Maria, forse attendendo la morte o forse colta nell'istante appena dopo la morte.

le PAROLE della STORIA

feudi nobiliari
In alcune aree europee il processo di ridimensionamento delle giurisdizioni feudali è molto contenuto. Negli Stati orientali della Germania, in Boemia, Ungheria, Polonia, Russia, nei Regni di Napoli, Sicilia e Sardegna le giurisdizioni dei signori feudali, che dispongono di armigeri, che controllano i tribunali locali, che possono imporre ai contadini del feudo specifiche servitù, restano molto diffuse e, anzi, tra fine Cinquecento e inizio Seicento, si consolidano perfino (questione sulla quale si tornerà più avanti: > **21/3**).

si incontrano in un punto chiave, che è quello delle **forze di polizia** e, soprattutto, dei **tribunali**. Dovunque, sebbene in forme molto varie e specifiche, i tribunali ecclesiastici e quelli laici, e i rispettivi personali, vengono non solo potenziati, ma predisposti in modo da poter svolgere il loro lavoro in collaborazione. La struttura dei tribunali inquisitoriali prevede necessariamente una cooperazione con gli apparati giudiziari statali, cui è affidato il compito di mettere in atto le sentenze.

Da questo processo i **sistemi giudiziari statali** traggono impulso per riorganizzarsi in forma più sistematica. Il XVI secolo è un periodo che assiste a un mutamento profondo di tali sistemi in molte aree europee, un mutamento che procede in una duplice direzione:

a da un lato, le forme locali o private di amministrazione della giustizia – per esempio quelle esercitate dai tribunali signorili, che operano sui **feudi nobiliari**, con magistrati scelti dal feudatario – vengono abolite o vedono circoscritte le proprie competenze, mentre i **tribunali regi**, con magistrati di nomina regia, ampliano di converso il proprio raggio d'azione;

b dall'altro, è in questa fase che vengono elaborati e promulgati nuovi e più dettagliati **codici penali**, volti a sanzionare in forma più sistematica i comportamenti che si ritengono devianti.

Quanto alle **pene**, nel caso dei reati più gravi la tecnica utilizzata è quella del **teatro della violenza**, ovvero dell'esecuzione messa in atto alla luce del giorno e davanti a un folto pubblico, così che la pena funzioni da terribile deterrente.

Il rogo, l'impiccagione, la decapitazione sono tra i sistemi più correntemente adottati. Ma talvolta, quando si vuole impressionare particolarmente il pubblico, si ricorre a punizioni come lo squartamento a opera di un tiro di quattro cavalli che,

Matthäus Merian il Giovane, *Le persecuzioni religiose nell'Inghilterra del Cinquecento*
Questa stampa, realizzata da un protestante, illustra efficacemente le persecuzioni inflitte ai riformati dalla regina d'Inghilterra Maria Tudor, cattolica, poi chiamata Maria la Sanguinaria.

profanando il corpo del colpevole in modo eccezionalmente doloroso e selvaggio, vuole mostrare la non moralità e quindi la non umanità di un individuo che merita di essere trattato come un animale da macello.

L'ATROCE DISCIPLINAMENTO DEI "DIVERSI" ■ Sotto i colpi di questa **"violenza legittima"** cadono in gran numero coloro che l'una o l'altra confessione religiosa considera eretici. E cadono, bruciate sul rogo od orribilmente martoriate con torture feroci, le numerosissime persone – soprattutto donne – che continuano a essere accusate di patti col diavolo e di **stregoneria**. Il fenomeno, che ha preso forma nel XV secolo [▷ **10/5**] e che trae alimento dalla diffusione di riti e di culti magici di origine precristiana, adesso viene immediatamente accostato all'**eresia** e per questo represso non meno severamente di prima, tanto dalle autorità cattoliche quanto dalle autorità protestanti: si calcola che tra XVI e XVII secolo le persone accusate di stregoneria siano state tra le 100.000 e le 200.000, metà delle quali sono condannate a morte [▷ **S36**].

Altri soggetti sociali considerati degni di essere "disciplinati" ricevono un trattamento diverso. Per i moltissimi **poveri** che vagano per le strade si predispongono interventi assistenziali, fondati tuttavia sull'idea della loro reclusione in spazi specifici, che li sottraggano alla vista della "gente dabbene"; lo stesso accade per i **folli**, che in epoca medievale avevano la possibilità di muoversi indisturbati tra campagne e città; lo stesso avviene per gli **ebrei** che – come si è visto [▷ **16/2**] – a Roma e in altre città cominciano a essere costretti in quartieri-reclusori, i ghetti. I "diversi" vanno rinchiusi, sottratti alla vista, nei limiti del possibile: si apre adesso l'età del **grande internamento**, ovvero della fondazione di tutta una vasta serie di istituti (manicomi, reclusori, ospizi, case di lavoro) o del potenziamento di quelli già esistenti (orfanotrofi, prigioni) destinati a rinchiudere una corrispondente serie di categorie di "diversi", cioè di soggetti che si comportano in modo difforme dalle norme sociali e giuridiche.

CHE COSA SFUGGE AL CONTROLLO? ■ Si sbaglierebbe a pensare che tutto questo imponente apparato normativo e istituzionale produca in breve una società ordinata e disciplinata. Al contrario: questa è una società che continua a volersi sottrarre a un rigoroso ordinamento, una società nella quale continuano a prosperare largamente comportamenti devianti rispetto alle norme che si cerca di introdurre.

I **comportamenti sessuali** sono tra quelli che più difficilmente si piegano alle norme ideali disegnate dai leader della Riforma e della Controriforma.

In molte parti d'Europa (specialmente centro-settentrionale), e in particolare negli ambienti popolari o contadini, nonostante le proibizioni delle autorità ecclesiastiche, continuano le pratiche di **fidanzamento prolungato** che si svolgono a casa della fidanzata, con l'autorizzazione dei genitori, e che comportano rapporti sessuali parziali tra i giovani fidanzati. Pratiche di questo genere possono avere risvolti negativi: possono, per esempio, condurre a gravidanze premature, in casi fortunati seguite dal matrimonio riparatore, in casi meno fortunati seguite dal rifiuto al matrimonio opposto dal fidanzato e dalla nascita di un figlio illegittimo; ma – se tutto procede per il verso giusto – possono anche avere risvolti positivi e consentire ai fidanzati di conoscersi meglio e di stringere un matrimonio nel quale passione, attrazione e affetto sono il legame essenziale tra i due sposi, tutto il contrario dei matrimoni delle classi alte che, combinati dalle famiglie, associano uomini e donne i quali non sentono quasi mai né interesse né attrazione l'uno per l'altra.

LE FONTI 37

Pieter Paul Rubens/*La kermesse*

Il quadro di Rubens (1577-1640) mostra la vivacità di una festa popolare all'aperto, tra madri che allattano, bevitori che litigano e coppie che, nel turbinio della danza, si abbracciano e si baciano: niente vieta, naturalmente, che le coppie che danzano siano composte da fidanzati o da coniugi; ma il quadro mostra egualmente la disinibita serenità con la quale, negli ambienti popolari, ci si abbandona a gesti di amore, nonostante le pressioni disciplinari delle autorità ecclesiastiche e laiche.
Una delle più diffuse occasioni di festeggiamenti popolari continua a essere il Carnevale: la festa deriva il suo nome dall'espressione *carnem levare*, che indica il contenuto rituale del periodo di Quaresima, fase nella quale ai fedeli è chiesto di praticare digiuno e astinenza in preparazione della Pasqua. La contrapposizione con la Quaresima fa sì che il Carnevale sia una festa degli eccessi, del capovolgimento, del travestimento: è lecito abbandonarsi a eccessi nel mangiare, nell'irridere, nel nascondere la propria identità con delle maschere; ed è un'occasione di intensa e caotica sociabilità collettiva. Come scrive la storica Ottavia Niccoli, «i giorni che precedevano la Quaresima davano largo spazio anche alla licenza amorosa: tradizionalmente in quei giorni nascevano le conoscenze e gli amori, e la punta massima dei concepimenti corrispondeva molto spesso, per l'appunto, al febbraio». Oltre a ciò, può capitare che il Carnevale – quando molta gente, tutta insieme, si riversa per strada e le irrisioni possono trasformarsi in offese – diventi un'occasione per violenze, tumulti e sia qualche volta il momento iniziale di vere e proprie rivolte. Per tutti questi motivi tanto le autorità religiose quanto quelle politiche cercano di mettere un freno alla tradizione popolare, senza, in realtà, riuscire mai a "disciplinarla" veramente.

GUIDA ALLA LETTURA

1. Individua nel dipinto e segnala con la lettera di riferimento le seguenti figure: (a) musicisti, (b) coppie che amoreggiano, (c) bevitori che si divertono e che litigano, (d) coppie e gruppi che danzano. **2.** Che cosa sono gli oggetti presenti nella parte in basso a destra del quadro e che funzione narrativa hanno? **3.** Individua la classe sociale dei partecipanti alla festa e argomenta le tue ipotesi facendo riferimento ai particolari del dipinto. **4.** Quale aspetto sociale vuole rappresentare l'autore e che significato ha l'opera nel contesto storico?

Pieter Paul Rubens, ***La kermesse***, 1630-35 ca.
[Musée du Louvre, Parigi]

E poi ci sono gli **adulteri**: tra le classi alte, la noia di un matrimonio mal assortito spinge spesso l'uno e l'altro coniuge a ricercare compagnie extramatrimoniali; negli ambienti popolari, invece, la frequentazione di ambiti di **socialità largamente promiscua** (taverne, luoghi di lavoro in città o in campagna, feste all'aperto) favorisce la possibilità di relazioni illecite rapide e occasionali, le quali possono anche trasformarsi in storie extraconiugali più strutturate e continue [▷**F37**].

Nelle città e nelle campagne europee di questi anni non sono infrequenti i casi in cui bande di giovani, talora di nobile estrazione, passino le notti aggredendo donne sole, sicuri di disporre di protezioni adeguate nel caso qualcuno li denunci; ancora più sovente capita che un padrone (il capofamiglia o uno dei figli) usi **violenza** a qualche giovane domestica che lavora in casa o a qualche contadina impegnata sulle sue proprietà; ma a volte l'aggressore può anche essere un compagno di lavoro o un conoscente occasionale.

Nascite illegittime possono essere il frutto di queste **relazioni violente**: e in questo caso le conseguenze più tristi si abbattono sulle donne, che rischiano di venir licenziate o di essere pubblicamente svergognate, di doversi occupare, giovani e senza sostegno familiare, del piccolo "bastardo"; molte finiscono per abbandonare il bambino (e qualche volta addirittura per ucciderlo), mentre altre cadono nelle reti della prostituzione, come soluzione più rapida e immediata per procacciarsi da vivere.

Adriaen van Utrecht, *Natura morta con figure*, part., prima metà del XVII sec.

[Banca Popolare dell'Emilia Romagna, Modena]

Adriaen van Utrecht (1599-1652), autore di molte nature morte, le arricchisce, talora, con scene di approcci sessuali violenti, una soluzione iconografica non molto consueta e per questo particolarmente preziosa. Nel quadro l'aggressione potrebbe svolgersi nella cucina di una casa e il protagonista maschile potrebbe essere un uomo d'arme della casa stessa.

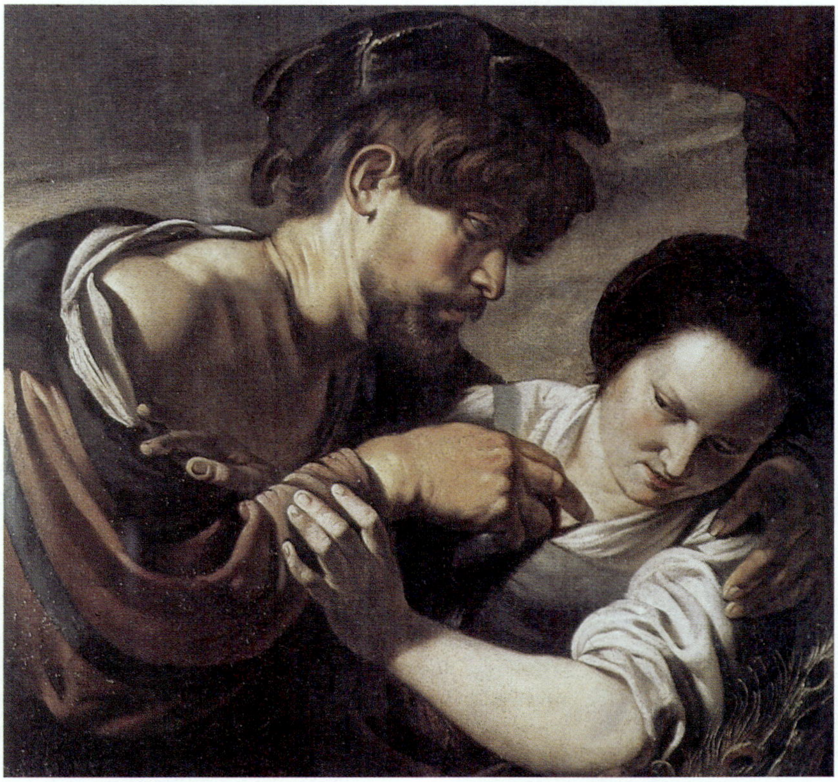

Nonostante il perfezionamento dei sistemi penali, l'aumento di popolazione in fasi di scarsa crescita economica costringe molti nella **miseria**; schiere di poveri vagabondi, dediti all'accattonaggio e non di rado a piccoli furti, sono sì perseguite dalle leggi, ma sono in numero talmente crescente da non poter essere in alcun modo controllate, né, tanto meno, recluse; e per questo si muovono da un lato all'altro dell'Europa di fine Cinquecento-inizio Seicento, fin dove le loro forze e il loro intuito li possono portare.

Ma, oltre al pauperismo e alla microcriminalità, ciò che caratterizza davvero questo periodo sono le **rivolte sociali** e le **innumerevoli guerre**: guerre di religione, guerre civili, guerre tra Stati, nuove "crociate" contro gli infedeli (i turchi, minacciosamente vicini al cuore d'Europa) che, intrecciandosi incessantemente con i disordini e le rivolte, portano con sé mille altre violenze: aggressioni, saccheggi, stupri, rapine, vessazioni, esecuzioni, in una spirale che sembra proprio senza fine.

LAVORA SUL TESTO

Sottolinea le categorie di "diversi" soggette al «grande internamento».

SINTESI

ONLINE SINTESI AUDIO

1/Nuovi modi di intendere il governo delle anime

Uno dei principali obiettivi tanto della Riforma quanto della Controriforma è il governo delle anime, la cura dei fedeli, rispetto ai quali la guida spirituale deve assumere lo stesso ruolo che il pastore ha per le sue pecore. Il suo è un compito propriamente "pastorale". Governare le anime significa prima di tutto uniformarne i comportamenti, disciplinando le pratiche private in modo da raggiungere una riorganizzazione etica della società.

2/Coniugalità o verginità?

La Riforma protestante investe anche la riflessione cristiana sulla sessualità, ribaltandone la scala di valori: ora è lo stato coniugale, e non la verginità, ad essere considerato la migliore condizione di vita possibile, perché meglio si adatta alla natura volubile dell'uomo. Anche il matrimonio perde il suo carattere sacramentale, per diventare un contratto civile che in determinate circostanze può essere sciolto. È permesso infatti ai fedeli di divorziare, nel caso uno dei coniugi si sia macchiato di una grave colpa. Il cattolicesimo conferma invece la superiorità dell'astinenza sessuale sulla vita matrimoniale e, poiché continua a ritenere che il matrimonio sia un sacramento, non consente il divorzio. Severamente perseguita sia dai cattolici che dai protestanti è la sessualità extraconiugale, ma diverse sono le pene somministrate agli uomini e alle donne: l'adulterio femminile viene trattato con maggior rigore poiché mette in discussione il principio della "giusta" sessualità, orientata verso la procreazione.

3/Matrimoni: volontà degli sposi, consenso dei genitori ed eredità

Tanto le confessioni protestanti quanto quella cattolica ritengono comunque che il matrimonio sia l'istituzione base delle comunità dei fedeli. I protestanti considerano essenziale che i matrimoni vengano stipulati con l'esplicito assenso dei genitori dei futuri sposi. Sebbene più ambiguamente, pure i cattolici si muovono in questa direzione. Gli anglicani, invece, sostengono che affinché un matrimonio sia valido è sufficiente la chiara manifestazione della volontà dei futuri sposi. Ovunque, tanto nelle aree cattoliche quanto nelle regioni protestanti, è largamente diffusa la pratica dei matrimoni combinati, preceduti dalla sottoscrizione di un contratto dotale redatto da un notaio. Comune ai due ambiti confessionali è anche la netta svalutazione del ruolo della donna. Nel protestantesimo l'autorità maschile viene addirittura consolidata dal trasferimento di una parte dell'autorità ecclesiastica al capofamiglia, che ogni giorno ha il compito di leggere qualche passo della Bibbia ai suoi familiari. Sia Lutero che Calvino mostrano inoltre di avere scarsissima considerazione delle donne, considerate naturalmente inferiori agli uomini per forza fisica, intelligenza e qualità morali. Una moglie è per il marito – secondo Calvino – quello che il corpo è per la testa, e sue principali virtù devono essere l'obbedienza, la sottomissione e il silenzio.

4/Le famiglie e i bambini

Se in media una famiglia-tipo poteva avere cinque o sei figli, è vero che l'elevata mortalità infantile impediva ad oltre la metà di essi di raggiungere l'età adulta. Le cause della morte potevano essere diverse: prima di tutto le condizioni igieniche, non sempre ottimali; poi la tecnica della fasciatura che costringeva i neonati a crescere avvolti completamente in fasce e non ne favoriva il corretto sviluppo corporeo; infine anche il baliatico – l'affidamento dei neonati a balie – poteva risultare dannoso nel caso di cattiva salute della donna. La morte dei figli, quantunque frequente, non è accolta con indifferenza: i bambini sono considerati infatti un dono di Dio, fonte di conforto e di sostegno.

5/La morte

Insieme al timore profondo della morte, si diffonde in questo periodo anche un altro modo di elaborare il lutto, quello della "buona morte". La morte, da evento improvviso, fonte di ansia e sgomento, può essere "controllata" attraverso una serie di pratiche, quali per esempio la stesura del testamento, che contiene non solo le disposizioni per la trasmissione dell'eredità ma anche indicazioni sul proprio funerale, sulle beneficenze da versare per alleviare le pene dell'anima. La morte non è un fatto privato, ma un evento pubblico cui partecipano i membri della comunità, che hanno il dovere del ricordo: si diffonde in questo periodo l'abitudine delle tombe personalizzate, che consentono l'identificazione del defunto.

6/Peculiarità e limiti del disegno disciplinare

Le norme religiose, volte a dare ordine alle comunità confessionali, si accompagnano anche al raffinamento delle pratiche repressive, attraverso i nuovi poteri attribuiti ai tribunali sia ecclesiastici che laici. Mentre si fa ricorso a una sorta di teatro della violenza, con cruente esecuzioni pubbliche dei condannati pensate per intimorire i potenziali delinquenti, si avvia pure una larga opera di internamento dei "diversi" (ammalati, folli, criminali, ebrei). Tuttavia questa opera di disciplinamento non ha immediata ed efficace applicazione. I comportamenti sessuali si piegano con difficoltà alle nuove norme religiose, molti apprezzano le occasioni di allegro disordine (come il Carnevale, per esempio), mentre le schiere dei vagabondi e dei mendicanti che si continuano a vedere per le strade e nelle città sono il segno di un profondo disagio sociale.

VERSO le COMPETENZE

1 Segna l'opzione che ritieni corretta.

1. Il disciplinamento sociale fu perseguito in egual misura dai leader religiosi della Riforma e della Controriforma, talora attraverso soluzioni differenti; lo scopo comune è da individuarsi...
   a. nell'incentivazione di donazioni da parte dei fedeli alle Chiese di riferimento, utili a consolidare la base economica delle istituzioni religiose e delle opere assistenziali
   b. nella rappresentazione della propria confessione come la più attendibile, in quanto maggiormente rigorosa e severa nel punire chi rifiuta di uniformarsi a dati comportamenti
   c. nella riorganizzazione etica dell'intera società chiamata a uniformarsi, a partire dai comportamenti relativi alla sfera del privato, alle norme che conducono alla salvezza
   d. nella strenua ricerca di strategie per manipolare le coscienze in modo da assicurarsi il governo di un elevato numero di anime, superiore a quello delle confessioni antagoniste

2. Il matrimonio nei paesi protestanti era ed è considerato...
   a. esclusivamente un contratto civile, da cui tuttavia non si può recedere
   b. un sacramento compatibile con l'esercizio pastorale, ma indissolubile
   c. un sacramento facoltativo per il fedele che scelga di diventare pastore
   d. un contratto civile che in determinate circostanze può essere sciolto

3. Tanto per la Chiesa romana quanto per i protestanti...
   a. il matrimonio è l'unico ambito per una giusta sessualità
   b. l'ascetismo sessuale è superiore allo stato coniugale
   c. il celibato è la condizione ideale per i pastori di anime
   d. il matrimonio è una cosa umana, la verginità è angelica

4. Secondo il protestantesimo...
   a. il matrimonio doveva essere celebrato da un sacerdote, in presenza di due testimoni e dopo aver acclarato la libera volontà di sposarsi dei promessi, anche senza il consenso dei genitori
   b. per scoraggiare i matrimoni clandestini bisognava ripristinare la dottrina del XII secolo, secondo cui l'unico requisito necessario per convolare a giuste nozze era il consenso dei futuri sposi
   c. l'unica istituzione che può celebrare matrimoni e conservarne la documentazione è la Chiesa che, in base a una normativa del XII secolo, deve verificare il libero consenso dei futuri sposi
   d. l'autorità del maschio viene consolidata dal trasferimento di alcune funzioni ecclesiastiche all'interno della famiglia; ne consegue una svalutazione del ruolo delle donne

5. La pratica dei matrimoni combinati...
   a. discende dal diritto, riconosciuto ai genitori, di orientare i figli o le figlie nella scelta del coniuge e da una mentalità che considera il matrimonio come un'alleanza economico-sociale
   b. risulta dalla proiezione dell'uso aristocratico dei matrimoni politici in ambito popolare, dove il senso di appartenenza si corrobora dopo l'esperienza delle rivolte dei contadini di Svevia
   c. fu combattuta con accanimento da Lutero che sostenne il valore della libera scelta dei promessi sposi nel realizzare un progetto di vita coerente con la libera interpretazione delle Sacre Scritture
   d. fu sostenuta apertamente da Calvino che, in un opuscolo pubblicato nel 1540, considera la prosperità economica della famiglia un segnale inequivocabile dell'elezione divina

2 Completa il testo inserendo i seguenti termini negli spazi bianchi.

vita monastica • diretta • primogenitura • accordi dotali • erede maschio • discendenza agnatizia • successione • scelta • via maschile • sostanze patrimoniali • celibi • fedecommesso • vantaggiose alleanze • il primogenito • ereditario

Nel XVI secolo, fra le conseguenze del disciplinamento della sfera privata, rientra la pratica dei matrimoni combinati.
Dovunque, in Europa, anche attraverso il perfezionamento degli ...., si rafforzano le linee di.................................... ....: di regola, le eredità e i patrimoni passano per .... e per trasmissione... fra ascendenti e discendenti.
Le famiglie con le .... da conservare (terre, ville, immobili in città) tendono piuttosto frequentemente a lasciare i propri beni a uno solo dei figli maschi, che può essere ....

........: in questo caso si parla di..
Talora uno dei discendenti maschi viene individuato attraverso più complesse procedure: in questo caso si parla di.................................... ..., una forma di .... che vincola l'erede al rispetto della norma che gli impone di lasciare a sua volta il patrimonio a un solo... ....

I figli esclusi dall'asse .... sono incoraggiati a restare ...., mentre le figlie sono avviate alla .. .. oppure orientate nella .... dello sposo in modo da procurare alla famiglia d'origine ....

3 Completa la tabella relativa al disciplinamento sociale connesso alle riforme religiose nell'Europa del XVI secolo, utilizzando espressioni-chiave. Rispondi poi alle domande.

	Paesi cattolici	Paesi protestanti	Inghilterra
Convinzioni rispetto alla donna e alla sessualità			
Riflessioni sul primato di celibato o stato coniugale			
Concezione del matrimonio e normativa relativa			
Posizione riguardo al divorzio			
Condizione della donna e dei bambini			

a. Quali analogie e quali differenze tra le diverse aree emergono dalla tabella?
b. A quali premesse confessionali puoi far risalire le diverse soluzioni adottate da protestanti e cattolici per disciplinare e riorganizzare la società su base etica?
c. In quali paesi l'istituzione del matrimonio è regolata dall'autorità temporale?
d. Per quale ragione l'Inghilterra necessita di un discorso a sé?

4 Rispondi oralmente alle seguenti domande.

a. Nel XVI secolo si assiste a un mutamento profondo dei sistemi giudiziari in molte aree europee; qual è la duplice direzione in cui si articola tale mutamento?
b. Per quale ragione tra XVI e XVII secolo era importante "sentire la morte che si avvicina"?
c. Per quale ragione le famiglie più ricche e quelle di estrazione mediobassa affidavano i bambini alle balie? In che cosa consisteva il baliatico?
d. Quale trattamento era riservato alle ragazze-madri e ai figli illegittimi nei paesi protestanti e in quelli cattolici? Per quale ragione, secondo te, gli orfanotrofi nacquero in Italia nel XV secolo e si diffusero dopo la metà del XVI in molte aree dell'Europa cattolica?
e. Nel XVI secolo si apre l'età del "grande internamento": che cosa si intende con questa espressione? In che senso il "grande internamento" fu funzionale al progetto di disciplinamento e di controllo sociale?

5 Utilizzando la seguente scaletta di argomenti, scrivi un breve saggio (max 30 righe) sugli strumenti del controllo sociale nell'Europa del XVI secolo.

a. Norme confessionali e pene connesse alla teoria della salvezza.
b. Strumenti per il disciplinamento della famiglia.
c. Controllo dei soggetti marginali.
d. Tribunali laici, tribunali ecclesiastici e teatro della violenza.

6 Immagina di partecipare a un *forum* di discussione su Internet fra storici e storici dell'arte. Dopo avere analizzato l'intero apparato iconografico del capitolo e dopo averne riesaminato i documenti, ottempera alle consegne.

a. Seleziona le immagini utili alla trattazione del tema: "Il ruolo della donna nel Cinquecento".
b. Classifica le opere in base al soggetto (festa nuziale, ritratto di famiglia, ecc.) e alla cultura (protestante o cattolica) di riferimento.
c. Rileggi i documenti utili alla trattazione del tema: sottolinea le informazioni relative alla condizione e al ruolo femminile, distinguendo fra cultura cattolica e cultura protestante, e riassumile a margine dei testi attraverso parole-chiave.
d. Scrivi il tuo intervento (max 15 righe) immaginando che si tratti della risposta o del commento a un intervento precedente; utilizza la struttura di un testo argomentativo.

Capitolo_18/ Carlo V e il suo Impero

1/ Le strutture dell'Impero

IL SOGNO IMPERIALE DI CARLO V ■ Il 28 giugno 1519, quando viene eletto imperatore, Carlo d'Asburgo ha appena 19 anni [>G8]. Giovane e ambizioso, egli sente profondamente la suggestione che promana dalle parole che il suo più influente collaboratore – Mercurino da Gattinara (1465-1530) – gli scrive pochi giorni dopo l'elezione: «Sire, poiché Dio Vi ha concesso la prodigiosa grazia di elevarvi, sopra tutti i re e i principi della cristianità, ad una potenza che fino ad oggi ebbe soltanto il vostro predecessore Carlo Magno, Voi siete sul cammino della monarchia universale, della riunione della cristianità sotto un solo pastore».

Bernard van Orley, *Ritratto di Carlo V, imperatore del Sacro Romano Impero*, 1519-20
[Szépművészeti Múzeum, Budapest]

È sulla base di questi valori che Carlo concepisce il sogno di fare del suo enorme potere territoriale la base per una complessiva **unificazione – politica e religiosa – dell'intera Europa**: un sogno che, di nuovo, come per il Rinascimento e la Riforma, guarda indietro, in primo luogo al grande modello imperiale di Carlo Magno.

Tuttavia le difficoltà che Carlo deve incontrare sono innumerevoli, e nascono, in primo luogo, dalla stessa struttura interna del suo potere.

LA NATURA COMPOSITA DEL POTERE IMPERIALE ■ Le fonti della sua sovranità sono varie: è un **sovrano ereditario e di diritto divino** sulle terre spagnole, borgognone e austriache; è un **sovrano eletto** nei territori imperiali; in tal modo riassume nella sua persona quella duplice e contrastante tipologia che caratterizza l'istituzione monarchica in Europa nella prima Età moderna [> **11/1-5**]; ne deriva una fragilità, connaturata al potere imperiale sin dal tardo Medioevo, che finirà per riverberarsi pesantemente anche sul progetto di Carlo.

GRAFICO 8

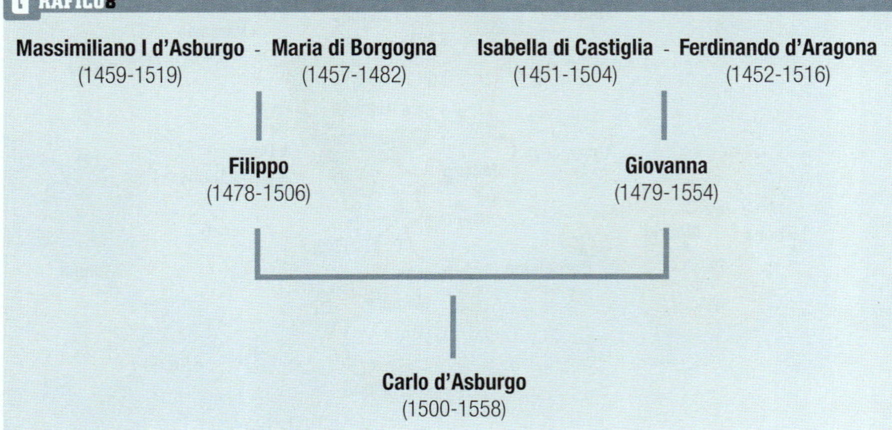

Dinastia degli Asburgo
Nella vita politica di Massimiliano I una mossa diplomatica di enormi conseguenze è l'accordo matrimoniale che egli riesce a concludere con i sovrani di Aragona e Castiglia, Ferdinando e Isabella, ovvero il matrimonio dei loro figli, Giovanna d'Aragona e Filippo d'Asburgo, celebrato nel 1496. È la premessa per l'ascesa degli Asburgo come grande dinastia europea. Infatti, tra 1516 e 1519, il giovane Carlo d'Asburgo (1519-58), figlio di Filippo e Giovanna, e quindi nipote di Massimiliano d'Asburgo e di Ferdinando d'Aragona, si ritrova sovrano delle terre degli Asburgo (Austria, Fiandre, Franca Contea, ecc.) e dei domini di Castiglia e Aragona (Spagna, Napoli, Sicilia, Sardegna e le terre scoperte nel Nuovo Mondo; > **A58**).

La molteplicità delle fonti di legittimazione del potere di Carlo V si riflette anche sugli assetti amministrativi del suo Impero. Per tutto il corso dell'esperienza imperiale, infatti, non esiste niente che possa somigliare all'uniforme struttura amministrativa di un'unica monarchia imperiale. Carlo riunisce nella sua persona titoli di sovranità diversi, che hanno vigore su territori dotati di istituzioni e di tradizioni amministrative molto varie, o in via di formazione, come nel caso delle colonie americane [>A58]. **L'Impero non è un'entità omogenea, ma un vero *collage* di Stati differenti**.

LE FINANZE IMPERIALI E LE RIVOLTE ANTIFISCALI ■ Essenziale, per l'imperatore, è anche la sua capacità di **raccogliere risorse**. Fin dall'inizio questa è un'impresa decisamente spinosa: Carlo, infatti, si indebita pesantemente con alcune grandi case bancarie tedesche (Welser e Fugger in particolare) sin dalla **competizione elettorale per il trono imperiale**, quando i voti dei sette grandi elettori e di molti altri autorevoli notabili sono comprati a carissimo prezzo. Poi, una volta diventato imperatore, e nonostante l'afflusso di oro e argento dal Nuovo Mondo gli garantisca nuove e costanti risorse finanziarie, egli continua ad avere bisogno di soldi per pagare le truppe, le armi, le fortificazioni, le flotte, i suoi viaggi, i rituali della sua corte e il suo personale; e così continua a indebitarsi oltre ogni limite, sia con i **banchieri** tedeschi, sia con alcuni dei più importanti banchieri genovesi.

Certo, le sue risorse non derivano solo dai prestiti o dalle **entrate assicurate dalle colonie americane**; vi sono i tributi che le sue terre gli devono. Ma anche questo capitolo della sua vicenda imperiale comporta enormi problemi, poiché la **continua richiesta di contributi fiscali** suscita costanti, e a volte duri, attriti con le assemblee locali (le Cortes in Spagna, gli Stati generali e provinciali nei Paesi Bassi). Nei casi più gravi il contrasto sfocia in ribellioni più o meno gravi: una delle più significative è la **rivolta dei *comuneros***, cioè dei rappresentanti di alcune città

L'Impero di Carlo V

castigliane e di Valencia, che da un lato si oppongono a ulteriori prelievi fiscali, dall'altro vogliono difendere la "libertà" degli organi di autogoverno cittadino e chiedono che i funzionari attivi in Spagna siano di origine spagnola, e non di origine borgognona, com'era avvenuto nei primissimi anni del regno di Carlo. La rivolta, scoppiata nel 1520, viene soffocata tra il 1521 e il 1522 con l'aiuto determinante della nobiltà spagnola, preoccupata del vasto consenso popolare riscosso dai rivoltosi. Ma vanno ricordate anche la continua resistenza delle Cortes di Castiglia contro nuove imposizioni fiscali, piegata solo nel 1538, e le **rivolte di Bruxelles**, del 1532, **e di Gand**, del 1538-39.

LA CENTRALITÀ DELL'ESERCITO ■ Tuttavia, affrontando fermamente tutte queste difficoltà, Carlo è in grado di mantenere ai suoi ordini un esercito e una flotta di proporzioni considerevoli. I soldati vengono da varie aree dell'Impero e sono in parte dei mercenari, arruolati temporaneamente e per scopi specifici, come i **lanzichenecchi** tedeschi, in parte dei professionisti che prefigurano un esercito nazionale permanente, come gli spagnoli, che combattono nei ***tercios***, formazioni composte da circa tremila uomini, in parte picchieri, in parte moschettieri, in parte fanti armati di spada, disposti in una temibilissima falange compatta.

L'esercito è essenziale, perché le prove veramente decisive sono quelle che si combattono sui campi di battaglia. I nemici più temibili e più tenaci sono tre: la Francia; i principi luterani tedeschi; i turchi; inoltre vi sono i pontefici, che seguono una condotta diplomatica varia, ma sempre attenta a non lasciare troppo spazio al potere imperiale.

LAVORA SUL TESTO

1. Osserva con attenzione la carta dell'Impero di Carlo V ed elenca tutti i territori su cui si estendeva il suo potere, distinguendoli in base al tipo di sovranità esercitata (elettiva o per diritto divino). **2.** Riassumi mediante uno schema le entrate e le uscite finanziarie dell'Impero.

Erhard Schoen, Compagnia militare di lanzichenecchi (6 con alabarda, 5 con spade), XVI sec.

[Herzog Anton Ulrich Museum, Braunschweig (Germania)]

Il termine *Landsknecht* ('servo del paese') indicava le milizie mercenarie tedesche tradizionalmente reclutate nella Renania e nelle regioni settentrionali della Germania: zone povere e sovrappopolate, e quindi particolarmente adatte a fornire milizia a pagamento.

2/ Carlo V e le guerre d'Europa (1521-30)

CONTRO FRANCESCO I (1521-29) ■ Per diventare imperatore, Carlo V ha dovuto affrontare la temibile concorrenza di **Francesco I** (1515-47), **re di Francia**, che era candidato al trono; l'attrito tra le due potenze si trasferisce, negli anni seguenti, dalla campagna per il trono imperiale ai campi di battaglia.

La posta principale del contendere è il **Ducato di Milano**, terra ritenuta vitale dall'imperatore perché gli consente di mettere in collegamento l'area tedesca con Napoli e la Sicilia; Milano, però, dal 1516 (pace di Noyon) è in mano francese [> **12/3** e S37].

La guerra tra le due potenze, iniziata nel 1521, si conclude nel 1525 con la **battaglia di Pavia**, in cui Francesco I non solo è sconfitto, ma è anche fatto prigioniero e condotto a Madrid. Per riottenere la libertà, Francesco è costretto a firmare il **trattato di Madrid** (1526), col quale si impegna a cedere a Carlo V Milano (già effettivamente occupata dalle truppe imperiali) e la Borgogna (che invece è ancora sotto il controllo francese).

IL SACCO DI ROMA (1527) ■ Tornato in patria, però, Francesco non tiene fede al trattato e decide di non cedere la Borgogna. Inoltre rilancia la partita, poiché si fa promotore di un'alleanza antimperiale – la **Lega di Cognac**, 1526 –, cui aderiscono Firenze, Venezia, Enrico VIII e papa Clemente VII de' Medici (1523-34). Oltre a motivazioni particolari, tutti i partner dell'alleanza sono mossi da una considerazione comune:

LE FONTI 38

Il Sacco di Roma: due testimonianze dell'epoca

[da Bruno Anatra, *Carlo V*, 1, *Fonti*, La Nuova Italia, Firenze 1974, p. 53; Giovanni Aliberti - Mario Francesco Leonardi, *Memoria. Testimonianze tra storia e cronaca (secc. XVI-XX)*, Led-Edizioni Universitarie di Lettere Economia Diritto, Milano 2001, pp. 26-27]

Il Sacco di Roma colpisce enormemente la fantasia dei contemporanei e varie sono le interpretazioni che se ne danno: una incomprensibile catastrofe, un atto di barbarie, una giusta punizione per le malefatte dei pontefici. I due resoconti seguenti – l'uno tratto dalla *Vita dell'invittissimo e gloriosissimo imperador Carlo V* (Venezia 1561) di Ludovico Dolce (1508-1568), e l'altro tratto dal *Sacco di Roma* (Parigi 1664) di Luigi Guicciardini (1478-1551), fratello di Francesco e collaboratore di Cosimo I de' Medici – insistono sia sugli atti di violenza selvaggia sia sulle manifestazioni di empietà che accompagnano l'irruzione dei lanzichenecchi in Roma.

Ludovico Dolce Il Papa, che imprudentemente haveva licentiato i suoi soldati, con la maggior parte dei Cardinali si ridusse nel Castello di Sant'Angelo, e gli altri fuggirono in diversi luoghi. Fu in cotal guisa di leggeri presa Roma. Ma piacque al giusto Iddio, che il Borbone[1] portasse il meritato castigo [...], essendo all'improvviso ferito e levato di vita da un archibugio. Trovandosi adunque rimasi quei barbari senza capo dei quali la più parte erano Lutherani, saccheggiarono la Città del Mondo Reina, tagliando crudelmente a pezzi una infinita quantità di cittadini, e violando le misere Donne, così monache, come secolari: quelle nei monasteri, e sopra gli altari: e queste innanzi gli occhi dei propri mariti e fratelli, e padri. Oltre a ciò spogliarono le sante reliquie dei sacri ornamenti di argento e di oro, e le medesime calpistarono sotto ai piedi, gettandole nel fango, e volgendo la loro crudeltà insino nelle statue di marmo, per ispegnere affatto, se potuto avessero, la memoria di coloro, che furono trionfatori del mondo: oltre il vitupero e lo schernimento, che gli scellerati fecero dei Cardinali, e di altri Prelati, e parimente del Pontefice, ponendosi indosso l'habito Ponteficale, e le vesti da Cardinali con la

1. *il Borbone*: Carlo di Borbone (1490-1527), conestabile di Francia, è un esperto condottiero che – per un contenzioso con Francesco I – passa al servizio di Carlo V ed è, appunto, uno dei capi delle truppe tedesche che assaltano Roma.

la paura di essere schiacciati dallo strapotere dell'imperatore.

Carlo V, allora, organizza un esercito di **12.000 lanzichenecchi**, radunato nel Tirolo meridionale, che poi, alla fine del 1526, entra con successo in Lombardia. Lì, però, mancano i soldi per pagare i soldati, che sono **tedeschi**, in gran parte **di fede luterana**. Tra le loro file si diffonde la convinzione che la responsabilità per il loro stato di cose non sia dell'imperatore, ma del papa, "l'Anticristo di Roma", e per questo, forzando la mano ai loro comandanti, decidono di marciare sulla città santa: dopo aver espugnato Roma nel maggio del 1527, per diversi mesi si abbandonano al selvaggio saccheggio della città, il **Sacco di Roma**, mentre il pontefice, fatto prigioniero, deve assistere, impotente, alla devastazione [▷**F38**].

Il Sacco di Roma viene compiuto contro la volontà dell'imperatore; ma egli ne sa comunque approfittare per costringere il papa a sottoscrivere un **accordo** con lui: **Carlo V** si impe-

Bottega di Guido Durantino, Grande piatto con il Sacco di Roma del 1527, 1540 ca.
[The Metropolitan Museum of Art, New York]

mitra e con i cappelli rossi in testa, e cavalcando su piccioli e tardi asini per tutta Roma per maggior disprezzo.

Luigi Guicciardini Cominciorono ancora i lanzi a pigliare questo e quello [con cui si] scontravono, e a entrare furiosamente nelle più belle abitazioni [che] vedevono: talmente che in brevissimo tempo fu fatto prigione ciascuno, non avendo rispetto a' luoghi sacri, dove molte donne e fanciulli e timidi uomini (come si costuma in simili pericoli) erano rifuggiti, perché da loro non erano altrimenti trattate le cose divine che le profane; e continuamente, come furie infernali, or qua or là scorrendo, con spaventevole furore qualunque luogo sacro cercavono, e in questo palazzo e in quello, come a loro piaceva, entravono, e dove trovavono resistenza, ferocemente combattevono, e non lo potendo avere, vi attaccavono il fuoco: in modo che non poche ricchezze né poche persone, per non volere vive venire in tanto efferate mani, furono arse e consumate. Oh quanti cortigiani, quanti gentili e delicati huomini, quanti vezzosi prelati, quante devote monache, quante vergini, quante pudiche matrone con i loro piccoli figliuoli vennono preda di tanto crudeli nazioni[2]! Oh quanti calici, croci, figure e vasi d'argento e d'oro, furono con furia levati dagli altari, sacrestie, e altri luoghi devoti dov'erano riposti! Oh quante rare e venerande reliquie, coperte d'oro e d'argento, furono con le mani sanguinose e micidiali spogliate, e con derisione della religione buttate per terra! La testa di san Pietro, di san Pagolo, di sant'Andrea e di molti altri santi, il legno della Croce, le Spine, l'Olio Santo, e insino all'ostie consacrate, erono da loro in quella furia vituperosamente calpeste.

2. *nazioni*: Guicciardini usa il termine "nazioni" per indicare, oltre ai lanzichenecchi tedeschi, anche le truppe spagnole che pure si uniscono al Sacco di Roma.

GUIDA ALLA LETTURA

1. Contro chi e che cosa si rivolge la furia dei lanzichenecchi? Raggruppa le informazioni che riesci a ricavare in categorie (su laici, donne, reliquie, ecc.) e per ognuna di esse indica gli elementi presenti nelle due fonti. **2.** Alcune azioni descritte hanno un forte valore simbolico più che materiale (come, invece, nel caso del furto). Descrivile spiegandone le ragioni. **3.** Individua, all'interno dei due resoconti, le parole-chiave che ti consentono di rispondere alle domande: su quali aspetti dell'evento insiste il resoconto?

gna a debellare il regime repubblicano insediatosi in quello stesso 1527 a Firenze e a restituire il governo della città ai Medici, che ne sono stati cacciati; in cambio del favore reso alla sua famiglia, papa **Clemente VII** si impegna a riconoscere i diritti di Carlo V sui territori italiani e a incoronarlo imperatore in Italia.

L'INCORONAZIONE DI BOLOGNA ■ Dopo altri due anni di guerra, le cui sorti, alla fine, risultano favorevoli agli eserciti imperiali, il **3 agosto 1529** viene firmata la **pace di Cambrai** (detta anche "delle due dame", perché negoziata da Margherita d'Asburgo, zia di Carlo V, e da Luisa di Savoia, madre di Francesco I): l'accordo prevede che l'imperatore rinunci alla Borgogna e che il re di Francia rinunci all'Italia, alle Fiandre e all'Artois, ed è simbolicamente rimarcato dal matrimonio tra Francesco I ed Eleonora d'Asburgo, sorella di Carlo V.

LE FONTI 39

L'incoronazione di Carlo V

La cerimonia di incoronazione che ha luogo a Bologna nel 1530 e che, con la presenza del pontefice, sancisce il massimo riconoscimento del potere dell'imperatore, segue i medesimi passaggi rituali che abbiamo già discusso [> **11/2**]. Le fasi più specificamente sacrali si svolgono nella Basilica di S. Petronio, affollata fino all'inverosimile. L'imperatore, il pontefice e il seguito vi accedono passando su un ponte di legno sopraelevato, che collega il palazzo pubblico alla basilica (fig. 1). La folla che si accalca nella piazza è già una folla selezionata, poiché una serie di presìdi militari permettono l'accesso in Piazza Maggiore solo a chi è autorizzato. All'interno della basilica sono predisposti dei palchi sopraelevati, per accedere ai quali bisogna, tuttavia, pagare un biglietto d'ingresso che costa "molti danari". Nonostante ciò, la calca sui palchi è inverosimile, tanto che le cronache raccontano che dalle gradinate stracolme gli spettatori rischiano di cader di sotto, cosicché devono essere in tutta fretta parzialmente evacuate. Il rito dell'unzione e dell'incoronazione si svolge, quindi, davanti a un pubblico foltissimo ma socialmente ed economicamente selezionato. C'è, poi, una seconda parte del rito, che si svolge all'aperto e che ha come obiettivo il coinvolgimento di tutto il resto della popolazione (fig. 2): la cavalcata per le vie della città dell'imperatore e del pontefice. Il tesoriere imperiale precede il pontefice e l'imperatore lanciando monete d'oro e d'argento sulla folla assiepata ai lati delle strade, mentre file di alabardieri proteggono le due personalità dalla gran massa di spettatori.

Una volta che i notabili si sono allontanati, i festeggiamenti proseguono in Piazza Maggiore dove, stando al racconto delle fonti, viene fatto arrostire un intero bue ripieno di oche, galli, cacciagione, mentre da una fontana con due leoni dorati, decorata con uno standardo che riproduce il simbolo imperiale dell'aquila a due teste, sgorga vino bianco e rosso. Intanto si lanciano forme di pane alla folla lì convenuta.

GUIDA ALLA LETTURA

1. Individua nel paragrafo **11/2**, che hai già studiato, i passaggi che compongono il rito dell'incoronazione, trascrivili e numerali. Quindi, ricercane i corrispettivi nel testo a commento e nelle fonti iconografiche, sottolineali e segnali col numero di riferimento. **2.** Come si caratterizza il pubblico che assiste all'incoronazione? **3.** Per quale motivo viene distribuito cibo e vino alla folla presente negli spazi aperti? **4.** Qual è lo scopo finale dell'apparato scenografico organizzato per questo evento?

1

Qualche mese più tardi, il **24 febbraio 1530**, **a Bologna**, Carlo V riceve la corona imperiale dalle mani del pontefice, al cospetto dei rappresentanti di tutti gli Stati italiani, in una cerimonia che rinverdisce trascorsi fasti imperiali e che – data la presenza del papa – acquista un significato simbolico maggiore della prima incoronazione celebrata ad Aquisgrana nel 1520 [▷F39].

Nell'agosto del 1530, infine, a compimento dell'accordo sottoscritto dall'imperatore e dal papa, la Repubblica di **Firenze** viene abbattuta dalle truppe imperiali e papali e viene ricostituita la signoria dei Medici [▷S38].

LAVORA SUL TESTO
Evidenzia i principali motivi di contrasto esistenti tra Carlo V e Francesco I.

2

◂ **Girolamo Genga, *Incoronazione di Carlo V*,** XVI sec.
[part. del soffitto affrescato della Camera dei Semibusti, Villa Imperiale, Pesaro]

▴ **Carlo V, accompagnato da Clemente VII, entra a Bologna per l'incoronazione**, XVI sec.
[Museo di Santa Cruz, Toledo]

3/ Carlo V e i "protestanti" (1526-32)

LE IMPLICAZIONI POLITICHE ■ Intanto, nel mondo tedesco, scosso dalla Riforma luterana, la lotta religiosa si è trasformata in lotta politica e le implicazioni di tale mutamento si ripercuotono sulle strutture istituzionali dell'Impero.

I principi tedeschi, infatti, sono usciti enormemente rafforzati dalla vittoriosa repressione della ribellione dei cavalieri e dei contadini [> **15/5**]. Concordi nel mantenere la pace sociale, non sono tuttavia unanimi davanti alla Riforma: alcuni continuano a proclamare la loro fedeltà alla Chiesa e all'imperatore; altri (il langravio Filippo d'Assia e l'elettore Giovanni di Sassonia – successore di Federico il Savio) assumono invece una posizione chiaramente favorevole a Lutero.

Nel tentativo di imporre la sua autorità, dal 1526 al 1530 Carlo V convoca tre diete, due a **Spira** e una ad **Augusta**, nell'intento di ottenere da tutti i principi dell'Im-

ATLANTE 59

La Lega di Smalcalda, 1532-47

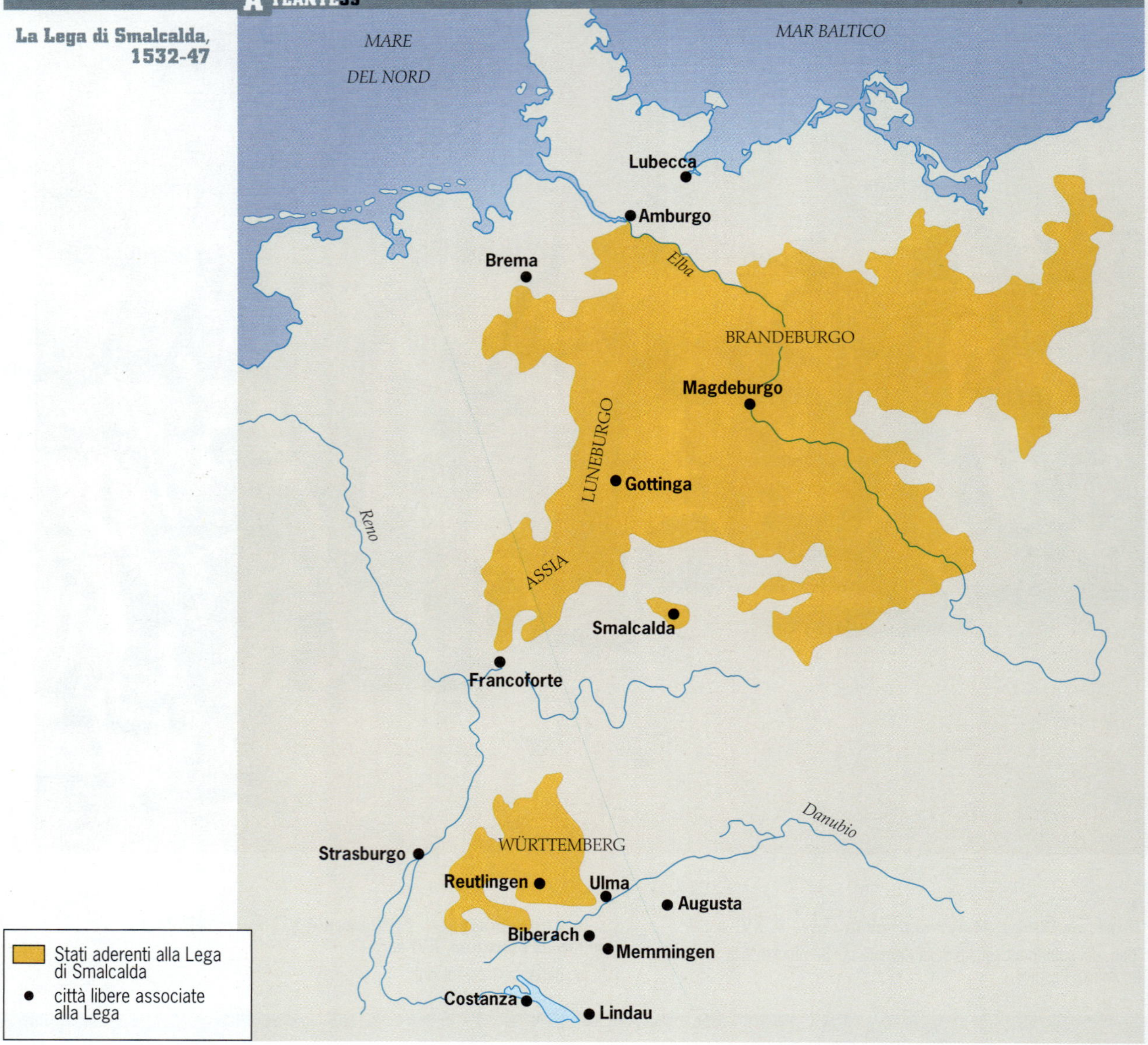

pero il riconoscimento della condanna di Lutero, decisa dalla Dieta che si è tenuta a Worms nel 1521 [▷ **15/4**].

I "PROTESTANTI" ■ Contro questo tentativo di forzare la situazione, il 19 aprile 1529 sei principi (il langravio Filippo d'Assia, l'elettore Giovanni di Sassonia, il margravio Giorgio di Brandeburgo, i duchi Ernesto e Francesco di Brunswick-Lüneburg e il principe Wolfgang di Anhalt) e sedici città tedesche si ribellano, **"protestando" contro l'imperatore**: alcuni di questi protestanti (da allora è questo il termine che indica il gruppo di ribelli e poi, globalmente, tutti i seguaci della Riforma), il 22 aprile, si accordano per la costituzione di una Lega di mutuo aiuto, politico e militare.

LA LEGA DI SMALCALDA ■ Nel **1532** i protestanti costituiscono la Lega di Smalcalda, un'aggregazione politico-militare che unisce **principati e città libere di fede luterana** e che ha scopi difensivi e di reciproco aiuto contro l'imperatore e i principi cattolici [▷ **A59**].

Al momento Carlo V rinvia uno scontro militare con la Lega: prende questa decisione non perché ne tema particolarmente la forza, bensì perché spera ancora che si possa trovare un accordo con i protestanti. E poi deve affrontare altri problemi politico-militari, ancora più gravi e pressanti: la minaccia di un'offensiva turca nel cuore dell'Europa e la ripresa delle ostilità con la Francia. È per questo che Carlo V decide di stipulare una **pace temporanea** con i protestanti (Norimberga, 1532), da cui si aspetta anzi aiuto nella lotta che sta per intraprendere contro i Turchi.

LAVORA SUL TESTO

1. Cerchia il nome delle tre Diete convocate da Carlo tra il 1526 e il 1530 e sottolinea, evidenziandoli nel testo, i risultati conseguiti in ciascuna di esse. **2.** Ricerca sulla carta **A59** la città che diede il nome alla Lega dei principi protestanti. Rispondi poi alla seguente domanda: la Lega costituiva un'aggregazione territoriale compatta?

4/ La guerra su più fronti (1532-55)

CONTRO I TURCHI ■ Alla fine degli anni Venti i Turchi stanno dilagando nel Mediterraneo occidentale e nell'Europa balcanica. Dopo aver conquistato buona parte dell'Ungheria, Solimano e il suo esercito si spingono ancora più avanti e, nel 1529, pongono sotto assedio Vienna [▷ **12/2**], che tuttavia resiste grazie allo sforzo delle truppe guidate da Ferdinando d'Asburgo, fratello di Carlo V.

Nei successivi dieci anni Carlo V cerca più volte di attaccare in modo definitivo i Turchi, senza riuscire mai a ottenere un successo definitivo. A ostacolarlo trova soprattutto la flotta turca, guidata da **Kahir-ad-Din, detto "Barbarossa"** (1466 ca.-1546), che nel 1538 sconfigge anche la potente flotta della **Lega santa**, costituita per iniziativa di Paolo III da Carlo V, dalla Repubblica di Venezia e da quella di Genova.

Intanto, sin dal 1528 i francesi hanno preso contatti con il sultano in vista di una possibile **alleanza in funzione antimperiale**, che viene infine sottoscritta formalmente nel 1536. Si tratta di un evento importante, che mostra il grado di **spregiudicatezza della diplomazia europea** dell'epoca e la determinata opposizione della Francia alla costituzione di un'universale monarchia cristiana; tuttavia occorre sottolineare che i Turchi non traducono mai l'alleanza col re di Francia in una campagna militare organizzata e sistematica contro la Spagna o contro la Sicilia e Napoli.

DI NUOVO CONTRO FRANCESCO I A ogni modo, forte della nuova alleanza con i Turchi, in quello stesso 1536 Francesco I riapre le ostilità con l'Impero: l'obiettivo è, ancora una volta, il controllo di Milano.

La guerra si trascina con fasi alterne, finché nel **1544** i due contendenti firmano la **pace di Crépy**, con la quale Francesco I rinuncia alle sue pretese su Napoli, Milano, Fiandre e Artois, mentre Carlo V rinuncia alla Borgogna. Nel trattato, inoltre, il re di Francia si impegna a cooperare con l'imperatore per convincere il papa a convocare un concilio (che potrebbe svolgersi a Trento, a Cambrai o a Metz), al fine di ricondurre i protestanti nel seno della Chiesa cattolica, se necessario anche facendo ricorso all'uso delle armi. Si tratta di una svolta politica e diplomatica di non poco conto.

CONTRO I PROTESTANTI Dalla metà degli anni Trenta e per un intero decennio, infatti, Carlo V e i suoi diplomatici hanno cercato ancora di trovare un accordo politico e religioso con i protestanti tedeschi della Lega di Smalcalda, senza tuttavia riuscire a ottenere risultati concreti e duraturi.

Ora, con l'appoggio della Francia, la pressione sul papa affinché convochi un concilio si fa stringente; il nuovo pontefice, Paolo III Farnese, succeduto nel 1534 a Clemente VII, per anni ha opposto resistenza a quest'idea per timore, al tempo stesso, di dover fare concessioni ai gruppi religiosi riformati, di dover subire l'autorità dell'imperatore e di vedere il proprio potere sottoposto alle decisioni del concilio; ma adesso, davanti alla pressione convergente di Francia e Impero, egli cede e convoca un **concilio ecumenico**, per la cui sede si sceglie Trento, città italiana governata da un principe-vescovo, ma inclusa nei confini dell'Impero [> **16/2**].

I tempi però sono cambiati e gli spazi per un accordo dottrinale sono diventati sempre più esigui. In questo frangente il **concilio di Trento** (che si apre nel dicem-

Frans Hogenberg e Jan Cornelisz Vermeyen, *La battaglia di Tunisi nel 1535. Attacco a La Goletta*, XVI sec.

Nel 1535, l'imperatore Carlo V riesce a muovere un vittorioso attacco contro le armate turche e a conquistare Tunisi. Agli inizi di giugno, la flotta nemica viene annientata e la fortezza della Goletta, che difende la città (sullo sfondo del dipinto), viene assediata. Dopo poche settimane la fortezza viene presa e Tunisi conquistata.

bre 1545) viene concepito, soprattutto dai delegati pontifici, come uno strumento di riorganizzazione spirituale della cattolicità, piuttosto che come uno spazio per reciproche concessioni tra la Chiesa di Roma e i luterani. Carlo V non vede le cose allo stesso modo: infatti non ha perso la speranza di ricondurre i luterani all'interno della Chiesa cattolica; ma adesso ritiene che il modo migliore per costringerli a dei compromessi sia quello di sconfiggere militarmente la Lega di Smalcalda, mentre Francesco I garantisce la sua neutralità.

La guerra degli imperiali contro la Lega di Smalcalda viene iniziata nel 1546 e culmina con una trionfale vittoria a **Mühlberg (24 aprile 1547)**.

CONTRO I PROTESTANTI E CONTRO ENRICO II ■ Adesso sembra che stia per concretizzarsi il progetto imperiale di piegare militarmente i protestanti per poi costringerli a rientrare nell'ordine dell'ortodossia, magari facendo loro qualche concessione. Invece i giochi si riaprono, e in una direzione opposta a quella desiderata da Carlo V.

Tra il 1547 e il 1551 le posizioni dei pontefici e del concilio nei confronti dei protestanti si irrigidiscono irrimediabilmente: spazi per un compromesso non ci sono più.

A Carlo V resta la strada della guerra. Ma un mutamento del quadro internazionale rende vano anche questo tentativo. Nel 1547, infatti, è morto Francesco I, cui è succeduto **sul trono di Francia** il figlio **Enrico II** (1547-59). Costui medita di rilanciare l'offensiva contro l'Impero e nel 1552 riesce ad accordarsi con i principi luterani, inaspriti dalla chiusura del concilio di Trento nei confronti delle loro posizioni teologiche e desiderosi, soprattutto, di riconquistare l'autonomia politica persa dopo Mühlberg.

I protestanti, dunque, garantiscono a Enrico II le fortezze di Toul, Metz e Verdun in cambio dell'aiuto militare per una nuova offensiva contro Carlo V. Attaccato

Le fasi finali della battaglia di Mühlberg e la detenzione dell'elettore di Sassonia, 1630
[Deutsches Historisches Museum, Berlino]
Nelle fasi finali della battaglia di Mühlberg, Carlo V riesce a fare prigioniero Giovanni Federico, principe elettore di Sassonia e comandante delle truppe della Lega di Smalcalda, che rimane recluso a Worms per cinque anni scampando una condanna a morte.

dalle forze della nuova Lega nella Germania meridionale, l'imperatore è costretto a fuggire a Innsbruck e da lì deve poi scappare attraverso il passo del Brennero. L'egemonia ottenuta dopo Mühlberg è in tal modo vanificata, mentre un tentativo di riconquistare Metz, condotto dagli imperiali nel corso dell'inverno 1552-53, fallisce miseramente.

LA PACE DI AUGUSTA (1555) ■ È la fine. Carlo V ora capisce che il progetto imperiale non può essere realizzato e si piega ad accettare lo stato di fatto della divisione religiosa.

E così affida al fratello Ferdinando il compito di trovare un accordo con i luterani, che viene fissato nella cosiddetta **pace di Augusta (25 novembre 1555**; >A60). L'accordo prevede due punti essenziali:

a la confessione religiosa riconosciuta sul territorio di uno Stato dipende dalla scelta del principe: la soluzione fu definita più tardi «***cuius regio, eius religio***» da un giurista tedesco; i sudditi che non si vogliono conformare a tale scelta possono emigrare; l'accordo, tuttavia, riguarda solo i cattolici e i luterani, non i calvinisti;

b i **religiosi** possono passare dalla Chiesa romana alla confessione luterana, ma senza portare con sé i benefici patrimoniali legati precedentemente alla loro carica (terre o rendite ecclesiastiche); viceversa, le terre o le rendite sottratte alla Chiesa romana prima del 1553 sono considerate proprietà dei nuovi titolari.

LAVORA SUL TESTO

Evidenzia, utilizzando colori diversi, gli eventi chiave dell'operato di Carlo V tra il 1532 e la pace di Augusta. Sottolinea per ciascun trattato le condizioni di pace, per ciascuna battaglia gli schieramenti contrapposti e l'esito, per ciascuna lega le potenze coinvolte e la finalità.

ATLANTE 60

La situazione religiosa in Germania nel 1555

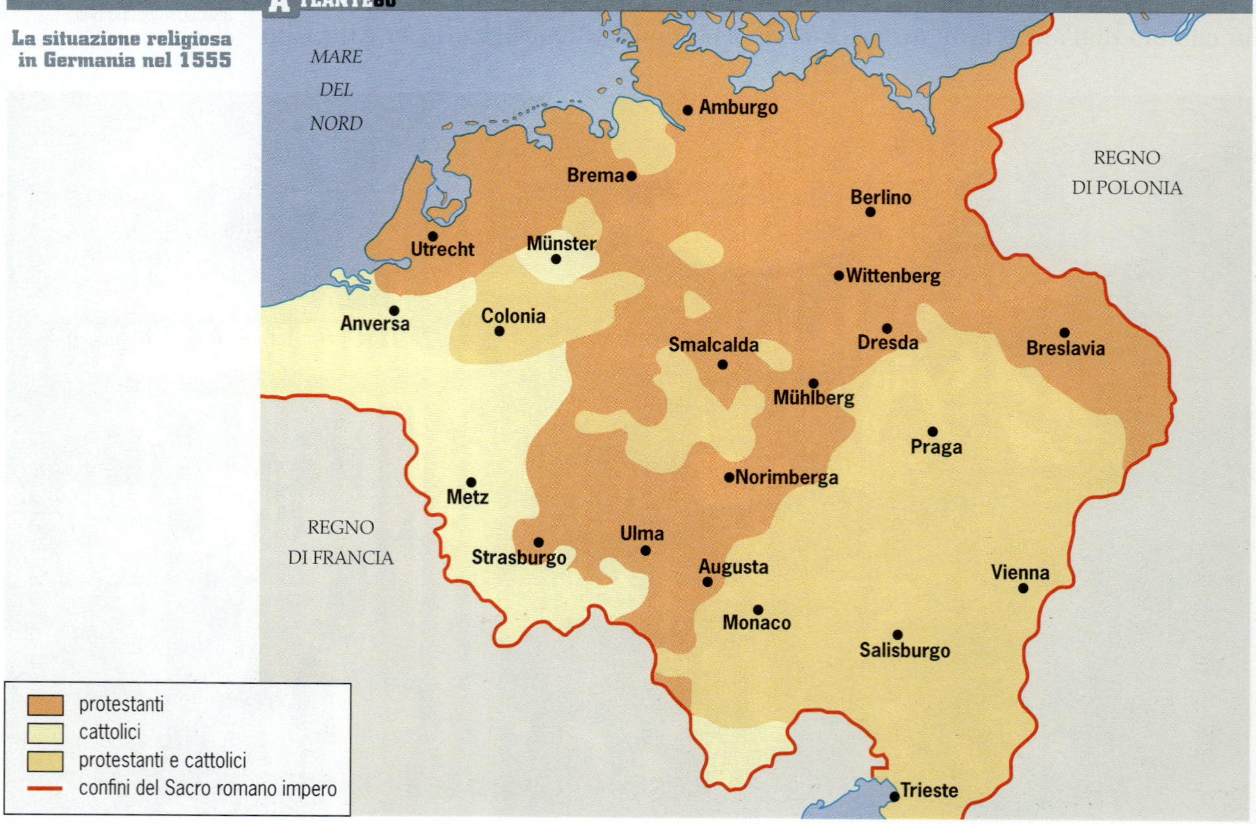

5/ La fine del progetto imperiale

LA DIVISIONE DELL'IMPERO ■ La pace di Augusta pone davvero fine all'operato politico di Carlo V. Nel 1556 egli, stanco e ammalato, abdica e si ritira in un monastero in Estremadura (Spagna) fino alla morte, sopraggiunta nel 1558.

I suoi possedimenti sono divisi tra il figlio, **Filippo II** (1556-98), e il fratello, **Ferdinando I** (1556-64; >A61). Costui sin dal 1522 è stato nominato erede dei territori austriaci di casa d'Asburgo, nel 1526 è stato eletto re di Boemia dalla Dieta boema, nello stesso anno è stato proclamato re d'Ungheria dai nobili ungheresi. Nel 1559, infine, riesce a farsi eleggere imperatore, confermando, in tal modo, la successione asburgica sul trono imperiale, che adesso torna a essere – come prima dell'avvento di Carlo V – un'istituzione esclusivamente tedesca. A Filippo vanno, invece, i territori spagnoli con le colonie americane, i domìni italiani, i Paesi Bassi e la Franca Contea.

ATLANTE 61

La frammentazione territoriale nel centro dell'Europa nel XVI secolo

LA PACE DI CATEAU-CAMBRÉSIS (1559) ■ La prima questione politica che Filippo II deve affrontare riguarda un grave problema di carattere finanziario: nel 1557 il suo governo è costretto a riconoscere la propria impossibilità a restituire nei tempi pattuiti le somme prese in prestito, provocando così gravi difficoltà ad alcune delle più importanti case bancarie europee.

Tuttavia, nell'aprile del 1559, a seguito della vittoria dell'esercito spagnolo di stanza nelle Fiandre, la lunga sequenza di guerre tra gli Asburgo e i re di Francia si conclude, con la firma della **pace di Cateau-Cambrésis (aprile 1559)**: il re di Francia, Enrico II, rinuncia al Piemonte e alla Savoia, precedentemente occupati dalle sue truppe, e con essi rinuncia anche alle sue pretese sull'Italia, conservando però alcune fortezze e le importanti piazzeforti di Metz, Toul e Verdun; Siena viene incorporata entro lo Stato mediceo; il Ducato di Milano rimane alla Spagna di Filippo II d'Asburgo.

GEOPOLITICA DELL'EUROPA DOPO CARLO V ■ Non c'è dubbio che gli atti conclusivi della vita di Carlo V e le vicende dei suoi eredi sanciscano il **completo e definitivo fallimento del suo progetto**. Una monarchia europea universale non è riuscita a risorgere e non rinascerà più nei secoli seguenti (con l'eccezione del breve tentativo di Napoleone Bonaparte, a cavallo dei secoli XVIII-XIX, che però sarà costruito su presupposti del tutto diversi). Al posto del sogno medievale di un impero cristiano si delinea un assetto geopolitico che, nelle sue linee di fondo, segnerà la storia europea sino alla prima guerra mondiale (1914-18). Al suo interno spiccano **tre diverse tipologie politiche**:

La pace di Cateau-Cambrésis
Un abbraccio e una stretta di mano suggellano la pace di Cateau-Cambrésis, l'accordo stipulato nell'aprile del 1559 fra Filippo II di Spagna, figlio di Carlo V, ed Enrico II di Francia, a chiudere la lunga lotta fra Asburgo e Valois durata circa quarant'anni.

a a ovest si fanno largo e assumono un profilo più definito alcune **monarchie nazionali**, formazioni statali che hanno faticosamente cominciato a strutturarsi sin dal tardo Medioevo [▷ **8**/**8**]: si tratta di Stati i cui assetti costituzionali si fondano sulla sovranità del monarca, la cui autorità si esercita su un territorio relativamente omogeneo per lingua, cultura e religione (come nel caso del Portogallo, della Spagna, della Francia, dell'Inghilterra). Vale la pena sottolineare che questa omogeneità è, al momento, molto più ipotetica che reale e che riguarda eventualmente solo una parte delle élite. Peraltro, queste stesse élite sono divise al loro interno da affiliazioni confessionali e da interessi socio-politici divergenti; da qui a breve tali fratture – insieme con altri fattori – provocheranno all'interno di alcuni di quegli Stati (Francia e Inghilterra, in particolare) delle durissime guerre civili;

b se, in termini generali, l'idea di un impero universale tramonta, a est restano le matrici che portano alla formazione di importanti **imperi localizzati** dal punto di vista territoriale **e multiformi** dal punto di vista della cultura, della lingua e della religione delle popolazioni suddite: si tratta dell'Impero degli Asburgo d'Austria (che sta inglobando Boemia e Ungheria), dell'Impero russo e della realtà già molto ben assestata dell'Impero ottomano. Tuttavia l'Impero asburgico e quello russo devono ancora fare i conti col potere delle istituzioni cetuali e delle famiglie nobiliari, una situazione che si riproduce, in forme perfino più nette, anche nel vasto Stato polacco-lituano;

c vi è infine un'area che attraversa tutta l'Europa centrale da nord a sud, caratterizzata da una vastissima **frammentazione statuale** e da una altrettanto sensibile **instabilità politico-militare**: è l'area che va dai Paesi Bassi e dalle coste settentrionali del Mar Baltico e del Mare del Nord e arriva, attraverso la Germania e la Penisola italiana, sino alla Sicilia. I tratti che le sono propri (come si è detto, frammentazione e instabilità) non sono una novità di questo periodo, trattandosi piuttosto di una persistente eredità medievale, ovvero del risultato della tenace resistenza che unità politiche di taglia medio-piccola – prima nella forma di liberi comuni o di signorie, poi nella forma di principati o monarchie – hanno opposto all'unificazione territoriale sotto un unico potere sovrano [> **8/8** e **12/4**].

La sopravvivenza delle istituzioni sovrastatali del Sacro romano impero non conferisce alcuna unità alle aree che gli sono teoricamente soggette, tanto più dopo il fallimento dell'esperimento di Carlo V.

FRATTURE RELIGIOSE ■ Ma le fratture che attraversano l'Europa di metà Cinquecento non si fermano qui, poiché anche **l'unità spirituale delle popolazioni cristiane è definitivamente perduta**. Come nella prima metà del Cinquecento, ancora per un secolo e mezzo almeno i contrasti religiosi continueranno a sovrapporsi alle divisioni politiche, producendo situazioni instabili ed esposte a conflitti, che faranno presto a trasformarsi in nuove sanguinosissime guerre.

Da questo punto di vista, c'è un'importante lezione da trarre da tale vicenda. La forza della predicazione di un tipico «**profeta disarmato**» (espressione che Machiavelli aveva sprezzantemente applicato a Savonarola: > **12/3**), ovvero di un oscuro professore universitario tedesco, figlio di un minatore di Eisleben, lascia un'eredità più duratura, profonda e significativa dell'azione di un imperatore, discendente dalle più autorevoli case regnanti europee, a cui non sono certo mancati territori, né risorse, né potere, né armi. Parole come quelle di Lutero, che toccano ansie e aspirazioni profonde, possono, in certe circostanze, avere la forza di cento eserciti.

In tutto questo contesto, infine, non è da credere che la **Chiesa cattolica** subisca passivamente la tempesta religiosa che si abbatte su di essa e sull'intera Europa nella prima metà del Cinquecento. Poiché – come abbiamo visto –, dopo una fase terribile, che vede nel Sacco di Roma il suo momento di peggior crisi, la Chiesa trova le energie per riorganizzarsi e riproporsi come una forza di prim'ordine nello scenario politico, culturale e spirituale d'Europa.

LAVORA SUL TESTO

Riassumi il quadro geopolitico europeo, al termine della vita di Carlo V, attraverso uno schema, contenente le seguenti voci: a ovest; a est; nella fascia centrale.

SINTESI

ONLINE — SINTESI AUDIO

1/Le strutture dell'Impero

Eletto imperatore nel 1519, Carlo V persegue il sogno di restaurare un impero universale sul modello di quello realizzato da Carlo Magno. Le fonti della sua sovranità sono varie: il suo potere è ereditario e sacrale solo sulle terre spagnole, borgognone e austriache mentre il titolo imperiale gli è stato conferito dagli elettori tedeschi. La natura divina e quella contrattuale convivono dunque nell'autorità imperiale. Questa identità ibrida del potere si rifletterà sugli assetti amministrativi dell'Impero, che non sarà mai un'entità uniforme ma resterà sempre un insieme eterogeneo di Stati differenti. E così il controllo dei territori, specie quelli tedeschi e italiani, sarà spesso affidato al potere delle armi, lo stesso che deciderà le sorti dei numerosi conflitti che Carlo dovrà intraprendere contro la Francia, i turchi e i principi luterani.

2/Carlo V e le guerre d'Europa (1521-30)

Tra i principali avversari di Carlo V e del suo progetto politico vi è Francesco I, re di Francia, che si trova ad essere accerchiato dai possedimenti di Carlo. Forte dell'alleanza con papa Leone X e con il re di Inghilterra, l'imperatore riesce a sottrarre alla Francia il Ducato di Milano, mentre il suo esercito qualche anno più tardi entrerà addirittura a Roma, saccheggiandola. Il Sacco di Roma (1527), pur compiuto contro la volontà dell'imperatore, permette a Carlo di trattare con il nuovo papa Clemente VII da una posizione di forza, che gli consente di ottenere il riconoscimento della sua autorità al cospetto dei rappresentanti di tutti gli Stati italiani (24 febbraio 1530). Intanto la pace di Cambrai del 1529 aveva messo temporaneamente fine al conflitto con la Francia, stabilendo l'autorità imperiale su Milano , le Fiandre e l'Artois e quella francese sulla Borgogna.

3/Carlo V e i "protestanti" (1526-32)

Carlo V cerca anche di comporre la frattura religiosa creatasi con la Riforma convocando, dal 1526 al 1530, ben tre Diete (due a Spira e l'ultima ad Augusta) che, se in un primo momento tentano di imporre il riconoscimento delle decisioni prese a Worms, devono successivamente aprire alle ragioni dei luterani, proponendo loro diverse concessioni. Il progetto dell'imperatore troverà tuttavia l'opposizione dei principi "protestanti" (secondo la definizione diffusasi dal 1529 in avanti), che non accettano di arretrare sulle innovazioni che il luteranesimo ha ormai introdotto in Germania. Per difendersi da una eventuale prova di forza da parte dell'imperatore, i protestanti costituiscono inoltre la Lega di Smalcalda, un'aggregazione politico-militare che rende ancora più fragile l'unità dell'Impero.

4/La guerra su più fronti (1532-55)

Dagli anni Trenta del Cinquecento l'imperatore deve affrontare anche l'offensiva dei turchi ottomani, contro cui organizza diverse spedizioni militari, che tuttavia non riescono ad ottenere un successo definitivo. Mentre ha luogo la guerra contro i turchi, proseguono i conflitti con la Francia e con i protestanti. Dal 1545 papa Paolo III ha accettato la proposta imperiale di convocare un concilio a Trento: diversamente dalle intenzioni di Carlo V, però, il concilio serve solo a irrigidire definitivamente le posizioni di cattolici e protestanti. A questo insuccesso diplomatico ne fanno seguito altri di tipo politico-militare. Alla fine, Carlo V deve riconoscere che il suo tentativo di restaurare un grande impero cristiano non può essere realizzato. Nel 1555 suo fratello Ferdinando firma con i luterani la pace di Augusta, che fissa il principio del *cuius regio, eius religio*.

5/La fine del progetto imperiale

Nel 1556 Carlo V abdica e divide i suoi territori tra il figlio Filippo (a cui vanno la Spagna, le colonie americane, i domìni italiani, i Paesi Bassi e la Franca Contea) e il fratello Ferdinando (a cui vanno i territori austriaci della casa d'Asburgo); nel 1559, infine, viene siglata la pace di Cateau-Cambrésis con la Francia, che riconosce il passaggio del Ducato di Milano alla Spagna. Dopo il tentativo di ricostituire un impero universale, l'assetto geopolitico dell'Europa si stabilizza in questo modo: a ovest assumono un profilo sempre più definito le monarchie nazionali (Francia, Spagna, Inghilterra); a est si formano vasti imperi multiformi sul piano culturale e linguistico (Impero d'Austria, Impero russo e Impero ottomano); nell'Europa centrale, dal Mare del Nord al Mediterraneo, vi è, infine, un'area caratterizzata dalla frammentazione statuale e dall'instabilità politico-militare. Alle divisioni politiche si aggiungono anche quelle religiose che attraversano l'Europa e ne rompono definitivamente l'unità spirituale.

VERSO le COMPETENZE

1 Completa la carta dal titolo *L'Europa politica e religiosa al momento dell'abdicazione di Carlo V* con le informazioni richieste.

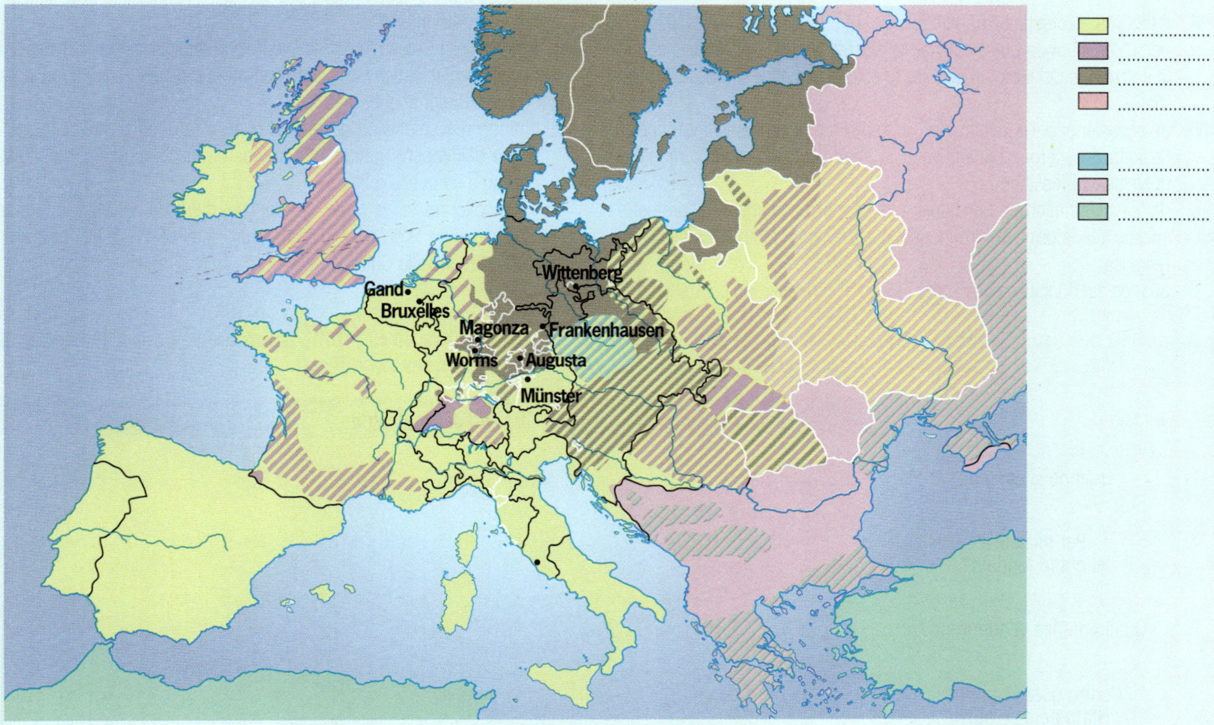

a. Inserisci nella carta, distinguendoli fra Stati e regioni, i numeri corrispondenti ai seguenti toponimi:

1. Impero romano germanico 2. Sassonia 3. Boemia 4. Regno di Francia 5. Franca Contea 6. Impero ottomano 7. Paesi Bassi 8. Regno di Portogallo 9. Brandeburgo 10. Regno d'Inghilterra 11. Stato della Chiesa 12. Ducato di Milano 13. Confederazione svizzera 14. Repubblica di Venezia.

b. Rimarca con una linea più spessa i confini dell'Impero di Carlo V in Europa.

c. Completa la legenda assegnando a ogni colore il nome della corrispondente confessione religiosa.

d. Evidenzia con un colore i confini dei territori lasciati da Carlo V in eredità a Filippo II, con un altro quelli che toccarono a Ferdinando I.

e. Osserva la carta così completata: quale bilancio finale si può fare rispetto al progetto imperiale di Carlo V? Quale relazione emerge tra la frammentazione politico-territoriale e quella religiosa?

2 Segna l'opzione che ritieni corretta.

1. Le fonti della sovranità di Carlo V erano varie: si trovava infatti a essere contemporaneamente sovrano...

a. ereditario e di diritto divino sulle terre austriache e sui territori imperiali, sovrano eletto nelle terre spagnole e borgognone

b. per acclamazione militare in Germania e sui territori imperiali, ereditario in Spagna e nelle colonie, nonché in Borgogna

c. ereditario e di diritto divino sulle terre spagnole, borgognone e austriache, sovrano eletto nei territori imperiali

d. per grazia divina in Austria, Castiglia e Catalogna, sovrano eletto dal popolo nei territori imperiali e in Borgogna

2. L'Impero di Carlo V non era un'entità omogenea, ma un vero *collage* di Stati differenti; per razionalizzarne gli assetti, Carlo...

a. in Spagna ricondusse i Consigli a un controllo più diretto del sovrano, mentre nei Paesi Bassi, nei domìni italiani e nei territori imperiali la riorganizzazione degli organi di governo fu più blanda

b. senza tenere in alcuna considerazione le prerogative locali e cetuali riorganizzò gli apparati di governo locali subordinandoli al proprio diretto controllo, tanto da scatenare fiere reazioni
c. nominò legati imperiali preposti a una capillare ristrutturazione degli organi di governo, che fu concertata, in tutte le regioni dell'Impero, con le differenti associazioni cetuali
d. si affidò alle associazioni cetuali, che si dotarono di un organismo di rappresentanza internazionale in grado di omogeneizzare le differenti realtà governative dell'Impero

3. Nel perseguire il proprio sogno di una monarchia universale, Carlo dovette scontrarsi con tre temibili avversari:
a. la Chiesa romana, i luterani e i calvinisti
b. i turchi, i *comuneros* e i luterani
c. i turchi, i principi luterani tedeschi e Francesco I
d. i *comuneros*, i principi luterani tedeschi e i turchi

4. Il termine "protestanti" fu utilizzato per la prima volta...
a. nel 1517, quando Lutero affisse le *95 Tesi* in cui "protestava" contro la corruzione del clero; in seguito fu esteso alle altre confessioni riformate
b. in occasione della rivolta dei contadini che "protestavano" contro l'avidità del clero e reclamavano la libertà di aderire liberamente a qualsiasi confessione
c. dai cavalieri insorti in Germania, che seppero coniugare la "protesta" sociale alla Riforma determinando lo slittamento del termine alla sfera religiosa
d. quando sei principi e sedici città tedesche si ribellarono contro il diritto alla libertà di culto, previsto per i cattolici in regioni luterane e non viceversa

5. Papa Paolo III per anni oppose resistenza alla richiesta, più volte avanzata da Carlo V, di convocare un concilio ecumenico...
a. nel tentativo di ottenere in cambio territori strategici per lo Stato pontificio, nell'ottica di costituire una marca di confine contro i turchi
b. perché Francesco I, campione della fede, aveva coinvolto il pontefice negli sforzi diplomatici della Lega santa contro i turchi
c. per il timore di dover fare concessioni ai gruppi religiosi riformati e di dover subire l'autorità dell'imperatore o del concilio stesso
d. perché Trento, il luogo indicato per il concilio, pur essendo governata da un principe-vescovo, era inclusa entro i confini dell'Impero

6. La pace di Augusta del 1555 sancì...
a. il principio del *cuius regio, eius religio* e la possibilità per i religiosi di passare dalla Chiesa romana alla confessione luterana, rinunciando ai benefici patrimoniali
b. il diritto della Chiesa romana di vedersi restituire dai nuovi titolari delle cariche ecclesiastiche le rendite sottratte prima del 1553, riconosciute come Patrimonio di S. Pietro
c. il diritto universalistico di Carlo V che, in tal modo, vide realizzato il sogno dell'Impero riunito sotto la fede cattolica, omogeneo sul piano politico e su quello religioso
d. il principio del *cuius regio, eius religio*, riferito a calvinisti e luterani, che escludeva le aree tradizionalmente cattoliche, le quali rinnovarono la loro fedeltà alla Chiesa

3 Completa sul tuo quaderno la tabella, relativa alle Leghe militari e alle dinamiche politiche internazionali nell'Europa della prima metà del XVI secolo, con le informazioni richieste. Ottempera poi alle consegne finali.

	Lega di Cognac	Lega di Smalcalda	Lega santa
Quando si costituì?			
Per iniziativa di chi fu fondata?			
Quali potenze vi aderirono?			
Contro quale comune Stato nemico agì?			
In quale contesto politico e/o religioso si formò?			
A che scopo fu costituita?			

a. Quali ricorrenze puoi evidenziare nella tabella? Prova a giustificarle in relazione al quadro storico di riferimento.
b. In quali casi le istanze politiche si coniugarono con quelle religiose?
c. Se si astrae dai casi particolari, in generale, qual è l'elemento di coesione che forgia il senso di appartenenza e lo spirito identitario di ciascuna Lega?
d. Qual è, a tuo avviso, la ragione del ricorso così frequente ad alleanze sovranazionali? Rifletti sugli equilibri politici e militari fra gli Stati coinvolti nelle Leghe e i propri avversari.

4 Rispondi brevemente alle seguenti domande.

a. Guerre, rituali e personale di corte comportavano per l'Impero l'esigenza di ingenti risorse: attraverso quali entrate Carlo V riuscì a finanziare il proprio progetto universalistico?
b. Le forze armate furono uno strumento indispensabile a Carlo V per realizzare una monarchia universale: di quali tipologie di esercito poté avvalersi?
c. Attraverso quali eventi-chiave è possibile periodizzare il conflitto tra Carlo V e i protestanti?
d. Per quali ragioni l'Italia divenne teatro di scontro fra Carlo V e Francesco I? Quali furono le fasi e gli episodi cruciali di tale conflitto? Quale fu l'epilogo?

Storiografia

S 31_Il successo della Riforma

Nel percorso storiografico che qui proponiamo **Delio Cantimori** ravvisa nella diffusione della cultura dell'Umanesimo uno dei motivi del successo della Riforma e delle dottrine ereticali. Nel tramandare l'imponente tradizione religiosa medievale, gli umanisti criticarono il sistema vigente di educazione e di organizzazione della vita religiosa, finendo, in tal modo, per porre le basi di un suo rinnovamento. Sullo sfondo delle tensioni sociali, politiche e religiose del XVI secolo, **Lucien Febvre** sottolinea invece che la Riforma protestante seppe soddisfare i bisogni più intimi di una borghesia in cerca di un equilibrio tra l'etica e la fede. Infine **Massimo Firpo** inquadra la Riforma nella più ampia problematica relativa alla tolleranza religiosa. Nel suo brano mostra come il successo della diffusione della dottrina luterana spinse progressivamente ad offuscare la libertà individuale per ripiegarsi sul dogmatismo e sull'autorità normativa.

Delio Cantimori/L'Umanesimo prepara la Riforma

[D. Cantimori, *Eretici italiani nel Cinquecento e prospettive di storia ereticale italiana del Cinquecento* (1992), Einaudi, Torino 2009, pp. 15-20]

Del famoso studio di Delio Cantimori (1904-1966) sugli eretici del Cinquecento in Italia proponiamo un passo dedicato al modo in cui l'Umanesimo contribuì a spianare la strada per la successiva diffusione della dottrina riformata e delle sue diverse derivazioni. Secondo Cantimori l'affermazione di un metodo di studio laico e il coinvolgimento di strati sempre più ampi della popolazione nel dibattito culturale e teologico dell'epoca incentivarono l'interesse per le questioni di natura etica e politica. Il rinnovamento nel modo di pensare di cui si era fatto portavoce l'umanista e filologo Lorenzo Valla aveva impostato su nuove fondamenta i rapporti fra uomo e uomo e uomo e Dio; mentre in alcuni centri intellettualmente vivaci della penisola si erano iniziate ad impostare discussioni sui dogmi della cristianità e sul valore del libero arbitrio.

Ai primi del Cinquecento, in Italia, col ritorno umanistico alla letteratura cristiana patristica [...] le dottrine della religione e della teologia divenivano problemi di vita prevalentemente intellettuale, tanto attraverso il trasformarsi della compagine del clero in senso laico e attraverso il diffondersi della nuova cultura anche nelle menti più schiettamente religiose e legate alla tradizione, quanto attraverso la maggior partecipazione dei laici alla vita culturale, anche religiosa, teologica. Dopo il Savonarola[1], la tendenza dei laici a occuparsi di problemi religiosi assumeva una maggiore energia e un carattere particolare; l'interesse dell'umanesimo per i problemi religiosi non era solo di carattere filosofico generale, ma anche teologico ed etico-politico, volgendosi a problemi che fino a quel momento si solevano riservare al clero, regolare o secolare, a causa delle loro implicazioni pratiche. In questa forma consapevole e polemica il nuovo modo di affrontare pro-

1. Sul frate domenicano Girolamo Savonarola (1452-1498) > **12/3**.

blemi tradizionali si era presentato anzitutto nel Valla[2]. [...] L'esigenza posta dal Valla era quella di portare all'espressione piena e precisa le esigenze morali della nuova società italiana che si sentiva aduggiata da formulazioni e tradizioni culturali ormai vuote di sostanza e ridotte in grande parte a schemi e convenzioni. L'esigenza del parlar chiaro, delle definizioni precise e non astruse, del tener conto del pieno e completo significato delle parole da usarsi non era che un aspetto della volontà di evitare ogni compromesso con la tradizione della quale si facevano scudo gli avversari, del radicalismo necessario ad ogni trasformazione che voglia avere valore universale, ma era anche esigenza del rinnovamento del pensiero attraverso la lingua. Ed è caratteristico come il Valla procedesse non sulla base dell'eloquenza, come erroneamente si suol dire seguendo uno schema tradizionale, ma sulla base del diritto e della teologia: che impegnavano i valori fondamentali della vita, i rapporti fra uomo e uomo e uomo e Dio.

Nelle scuole, i metodi della critica razionale, astratta, così importanti [...] si isterilivano in vuoti formalismi; portando questi metodi nella cultura viva, il Valla fece loro riacquistare la originaria energia e il primitivo significato di istanza critica, e insieme la loro importanza per la vita politica, intesa non nel senso dei rapporti fra potentati, ma di lotta degli uomini per le istituzioni che debbono regolare la loro convivenza. [...]

Quando uomini di cultura umanistica volsero il loro interesse di laici [...] da preoccupazioni di ortodossia all'esame delle questioni religiose, ricorsero ai criteri ermeneutici[3] del Valla, anzi [...] si può dire che gli eretici italiani del Cinquecento fossero condotti [...] proprio dalla coscienza del valore che pei problemi che li agitavano aveva il nuovo consapevole linguaggio, il nuovo modo di studiare il significato delle parole per raggiungere la verità al di là di ogni altra preoccupazione.

Un altro grande passo nel campo dei problemi della teologia e della religione cristiana aveva compiuto la cultura laica dell'umanesimo attraverso il circolo fiorentino del Ficino e del Pico[4] e dei loro amici di tutta Italia. Già all'origine di questo movimento fiorentino si trovano esigenze di rinnovamento religioso assieme ad una costante preoccupazione politica. [...] Negli scritti di Marsilio Ficino e in quelli di Pico della Mirandola si poteva raccogliere più di un motivo atto a essere svolto nel senso di quella radicale rielaborazione dei principi della vita sociale e dei presupposti speculativi, filosofici come teologici, di essi, che era l'aspirazione degli eretici italiani, e che informa di sé tutte le loro dottrine. [...]

Si tratta [...] soprattutto dell'importanza che hanno avuto gli accenni e gli spunti di critica implicita e inconsapevole al dogma basilare della tradizione dottrinale del Cristianesimo [...], il dogma della Trinità. Non si va certo al di là del sospetto del problema, che non viene mai affrontato esplicitamente, almeno nelle opere del Ficino pubblicate da lui; ma gli spunti alla riflessione sulla dottrina trinitaria e al confronto di essa con le concezioni della filosofia platonica e con la esigenza razionalistica che è diffusa nell'umanesimo non mancano certo nel Ficino.

Un altro motivo del platonismo ficiniano e della filosofia del Pico, dovevano riprendere e rielaborare nella controversia religiosa contro il calvinismo e il luteranesimo gli eretici italiani: quello della [...] discussione se i pagani di buona vita ed elevato pensiero fossero o meno ammessi alla salute eterna del cristiano. Questo motivo [...] poteva essere adoprato contro la dottrina calvinistica della predestinazione al male, e la dottrina della religione naturale che ne costituiva il presupposto poteva essere svolta ampiamente per affermare entro la riforma protestante quella rivalutazione dell'uomo che pareva andarvi perduta. [...]

Il fatto che i maggiori uomini dell'umanesimo, dal Valla al Ficino, si siano così intensamente occupati di problemi teologici, rappresenta lo sforzo compiuto da parte loro per non lasciare andare perduta la ricchezza spirituale tramandata dalla tradizione, anzi per rinvigorirla, pure combattendo contro i cristallizzati rappresentanti della tradizione stessa, contro un sistema di dottrine, di educazione, di organizzazione della vita morale e religiosa, che si trovava in piena decadenza di fronte ai propri principi e che occorreva rinnovare.

2. Su Lorenzo Valla (1406-1457) > **13/2**.
3. L'ermeneutica è l'interpretazione di testi antichi e i criteri ermeneutici sono i criteri interpretativi in base ai quali si procede alla lettura, alla traduzione e al commento di un documento.
4. Sui due umanisti Marsilio Ficino (1433-1499) e Pico della Mirandola (1463-1494) > **13/2**.

Lucien Febvre/La Riforma risponde alle inquietudini e ai bisogni socio-economici dell'epoca

[L. Febvre, *Studi su Riforma e Rinascimento*, trad. it. di C. Vivanti, Einaudi, Torino 1966, pp. 27-28, 38-40, 50]

Lucien Febvre (1878-1956), uno dei più grandi storici dell'Età moderna, cofondatore con Marc Bloch della rivista «Annales», sostiene che la Riforma si insinuò in una frattura insanabile tra le aspirazioni della borghesia e le proposte anacronistiche della Chiesa cattolica. Nata per rinnovare il cattolicesimo in nome del mito delle prime comunità cristiane, la Riforma fu l'espressione di una vera e propria rivoluzione del «sentire religioso». Lutero seppe fornire una soluzione reale ai bisogni di quelle masse inquiete che la gerarchia ecclesiastica cercava di acquietare, ora dispensando superstizioni e richiamando all'imperativo di una fede incondizionata, ora proponendo rituali vuoti e argomentazioni tanto cavillose quanto inconsistenti per giustificare le sue verità incontestabili. La Riforma rispose invece al bisogno di correttezza morale e austerità interiore, fortificò il senso del dovere diffuso tra i borghesi, fornì chiarezza e incoraggiò l'uso della ragione umana.

All'inizio del Cinquecento, in un momento particolarmente interessante dell'evoluzione della società umana, la Riforma fu il segnale e l'opera di una profonda rivoluzione del sentire religioso. Che questa rivoluzione si sia tradotta nella costituzione di nuove Chiese, ognuna delle quali era orgogliosa del suo *credo* particolare, di una dogmatica sapientemente formulata dai suoi teologi, di un rituale minuziosamente definito dal suo corpo sacerdotale, non deve stupire: ogni Chiesa invisibile tende, presto o tardi, a incarnarsi in una Chiesa. Ma migliaia di cristiani d'Europa non fecero loro le dottrine di quelli che nel Cinquecento venivano in genere detti «i mal senzienti della fede» – e non gli avversari della disciplina – soltanto per creare Chiese distinte dalla Chiesa romana. Separarsi dalla Chiesa non era né il fine né la volontà di uomini, che pretendevano al contrario di essere mossi sinceramente dal solo desiderio di restaurarla sul modello di una Chiesa primitiva, il cui mito seduceva la loro immaginazione. Restaurazione, Chiesa primitiva: parole molto comode per mascherare ai loro stessi occhi l'ardimento di segreti desideri. Non una restaurazione, in realtà, essi desideravano, ma un'innovazione. Dotare gli uomini del Cinquecento di ciò che gli uni confusamente, altri con assoluta chiarezza bramavano, di una religione cioè più adatta ai loro nuovi bisogni, più conforme alle condizioni mutate della loro vita sociale; ecco quel che la Riforma finalmente compì. Fatta astrazione dalle rivalità delle varie Chiese e delle controversie fra dottori, la sua caratteristica essenziale fu di aver saputo trovare per i turbamenti di coscienza di cui soffriva gran parte della cristianità, di aver saputo proporre a uomini che sembravano attenderla da anni e che l'accolsero con una sorta di frenesia e di avidità significative, una soluzione realmente adatta ai bisogni e allo stato d'animo di masse inquiete, che aspiravano a una religione semplice, chiara e pienamente efficace. [...]
I borghesi che prendevano a poco a poco coscienza collettiva della loro potenza e, in pari tempo, coscienza individuale del loro valore, non pensavano soltanto a «guadagnare» e a godere. [...] C'era, in quegli uomini che faticavano pazienti, nelle grandi città come nei borghi modesti, un fondo di serietà, un bisogno di correttezza morale, che certamente non si mescolava ad alcuna ipocrisia sociale, ad alcun falso pudore farisaico, ad alcuna austerità esteriore ed apparente: tutte cose che la maggior parte di loro odiava istintivamente. Ma la loro giovialità maliziosa e il loro preciso realismo erano accompagnati da un senso profondo del dovere e anche, alla fine del Quattrocento, nei primi anni del Cinquecento, da un ardente bisogno di certezze religiose e di pii incoraggiamenti.
A quella borghesia mercantile, che trafficava instancabile sulle vie e i vasti mari del mondo [...]; a quella borghesia di toga e d'uffici, solidamente costituita in gerarchia, che sospingeva fino al sommo della sua ben costruttta piramide il prestigioso pellegrino delle università d'Italia, di Francia e di Germania [...]; a tutti coloro, infine, cui l'esercizio di mestieri esatti, di tecniche minuziose aguzzava lo spirito verso soluzioni pratiche, o ai quali, nel silenzio del loro studio dalle pareti foderate di libri di su i pesanti assiti, il cuore si slargava, e lo spirito, alla scuola degli antichi, era indispensabile, egualmente, una religione chiara, ragionevolmente umana e dolcemente fraterna, che fosse, a loro, lume e, al tempo stesso, sostegno.
Era questa la religione offerta agli uomini del tempo dalla Chiesa ufficiale? No, di certo. Alle masse, che ignoravano – per forza di cose – le cure di un clero secolare, assolutamente incapace, se anche l'avesse tentato, di dedicarsi a un pesante compito educativo, essa lasciava che troppi predicatori ambulanti, dai modi e dalle libertà spesso sospette, dispensassero come viatico un ammasso di vecchie superstizioni, qualificabili, senza ingiuria, come magia: la parola, d'altra parte, non appariva necessariamente offensiva ai poveri beneficiari di quella manna derisoria. E agli studiosi? I grandi dottori, sdegnosi del volgare, offrivano loro [...] una dottrina di teologi in decadenza, che, perdendo completamente di vista gli uomini e i loro bisogni, metteva capo, infine, a forza di raffinare i propri concetti, a un atteggiamento sconcertante e negativo. [...] Quei dottori si mostravano soprattutto preoccupati di porre fuori della portata di una ragione, dichiarata incapace di comprenderli, i dogmi che il fedele avrebbe dovuto, secondo loro, accettare semplicemente che gli si dettassero. Aderire, senza alcuna riflessione e senza amore, ad affermazioni, che sarebbe stato vano, prima ancora che colpevole pretendere di discutere e persino di comprendere; praticare, senza metterci nulla di sé, riti formali; inchinarsi a obbedienze in certo qual modo meccaniche: tale era la saggezza, tale il dovere. [...]
La Riforma ebbe questa forza, infatti, questa grande forza fra le altre: di arrecare a tale stato d'animo larga soddisfazione. Già col restituire ai laici, nella sua integrità, il Verbo, il messaggio divino, essa portò testimonianza del suo fondamentale anticlericalismo; un anticlericalismo così forte nel voto delle masse, così popolare e desiderato, che numerosi suoi partigiani, trovando che i loro capi, le guide degli inizi, non li spingevano abbastanza avanti, insorsero contro la loro timidezza, contro quell'avanzo di sacerdotalismo che essi – e soprattutto Lutero – si ostinavano a conservare nel pubblico culto.

Massimo Firpo/L'istituzionalizzazione della Riforma e la proliferazione dell'eresia

[M. Firpo, *Il problema della tolleranza religiosa nell'età moderna. Dalla riforma protestante a Locke*, Loescher, Torino 1978, pp. 31-33]

I vasti consensi che la Riforma suscitò avviarono un processo di necessaria istituzionalizzazione e causarono un'inevitabile proliferazione di movimenti ereticali. È questa la tesi sostenuta da Massimo Firpo (nato nel 1946) nel brano che qui presentiamo. Man mano che si diffondeva con successo, la Riforma perse il suo carattere rivoluzionario per ergersi a nuova ortodossia, mentre i problemi relativi all'organizzazione pratica e funzionale della Chiesa protestante si fecero sempre più urgenti. Lutero, da profeta, divenne una sorta di nuovo pontefice, pronto a definire la sua dottrina rivoluzionaria in un dogma. Ad incidere su questo processo fu anche la necessità di distinguere il protestantesimo dalle tante verità proclamate dalle sette ereticali. L'eliminazione delle gerarchie cattoliche e i problemi che la Riforma stessa sollevò resero necessari, secondo Firpo, il ricorso ad un'autorità normativa e repressiva.

Da un lato, era il successo stesso incontrato dalla sua [di Lutero] ribellione e dalla sua proposta religiosa, presto affermatasi in larghe regioni della Germania, che evidenziava la necessità di ricostruire un minimo di organizzazione ecclesiastica senza per questo riconfermare semplicemente le gerarchie tradizionali appena abbattute. Lo stesso intreccio esistente, da tutti i punti di vista, tra la società civile e la religione poneva la questione in termini indifferibili al fine di evitare che la riforma si estendesse anche sul piano delle strutture sociali e delle istituzioni politiche, contro la ferma volontà dell'ex-monaco sassone. Il luteranesimo, in sostanza, per il suo stesso radicarsi profondamente nei paesi tedeschi, da eresia tendeva a sua volta a trasformarsi in una nuova ortodossia, mentre la comunità dei fedeli assumeva i connotati di una chiesa visibile e organizzata. E un processo di questo genere si delineava già nel 1522, quando Lutero doveva [...] far ritorno a Wittenberg e cercare di mettere ordine nella caotica situazione che l'eliminazione della gerarchia cattolica, l'abolizione dei conventi, il radicalismo di un Carlostadio avevano finito con il determinare. Paradossalmente, si può forse dire che in questo modo il profeta si trasformava a poco a poco in una sorta di pontefice, l'annunciatore di un nuovo e liberatorio messaggio religioso assumeva la funzione del rigido custode di esso, il rivoluzionario diventava un conservatore e la sua intuizione un dogma. Di qui la sostanziale incoerenza in merito alla questione della tolleranza religiosa da parte di Lutero, che in futuro non avrebbe mancato di condannare chiunque avesse assunto nei suoi confronti un atteggiamento simile a quello da lui tenuto nel 1521 a Worms di fronte a Carlo V, in base a un analogo appello alla coscienza, e non avrebbe esitato ad attribuirsi il diritto di sancire una netta linea discriminante tra verità ed errore, tra oggettiva ortodossia basata sulla parola di Dio e deviante (e quindi punibile) eresia. In questa luce si spiega come, eliminata la gerarchia cattolica che per secoli aveva governato la chiesa e di fronte all'esigenza di sostituirla in qualche modo, l'affermazione del sacerdozio universale dei credenti ponesse precise responsabilità a quei prìncipi secolari, ai quali Lutero si era del resto espressamente rivolto con il [...] trattato *Alla nobiltà cristiana*[1] e che venivano ora secolarizzando a proprio vantaggio i beni e le rendite della chiesa, in qualche modo sostituendosi ad essa, alle sue ricchezze ma anche alle sue funzioni.

Dall'altro lato, per converso e con effetti opposti rispetto a questa progressiva istituzionalizzazione della riforma luterana che si è cercato di delineare schematicamente, la stessa proclamazione della suprema libertà del cristiano, l'invito ad accostarsi direttamente e senza mediazioni carismatiche e sacerdotali al testo della Scrittura, doveva rivelare in breve tempo tutte le dirompenti conseguenze che vi erano implicite. Un tale principio, infatti, non poteva non innescare un processo di sempre più accentuata radicalizzazione dottrinale e, parallelamente, di proliferazione e dispersione settaria con l'apparire di nuovi gruppi e movimenti ereticali. Sempre richiamandosi al cristianesimo primitivo dell'età apostolica, questi non esitavano in qualche caso a porre tutta una serie di istanze e rivendicazioni sul terreno sociale e politico che necessariamente destavano le preoccupazioni del potere secolare, anche a prescindere da ogni questione di natura teologica. Risulta chiaro, quindi, come l'eliminazione di un'antica istituzione quale la chiesa romana, profondamente radicata a tutti i livelli nel tessuto sociale del tempo, nonché i nuovi problemi che la riforma stessa aveva sollevato, ponessero all'ordine del giorno non solo la possibilità, ma l'opportunità o addirittura la necessità di ricorrere all'autorità normativa e repressiva dello stato territoriale, al quale del resto, anche per garantire la propria sopravvivenza contro il tentativo di estirparlo messo in atto dal potere imperiale, sempre più il luteranesimo andava collegandosi.

1. Il titolo completo è *Alla nobiltà cristiana della nazione tedesca* [> **15/3**].

ANALIZZARE E COMPRENDERE

1 In quale più ampio campo di interesse, come nota Cantimori, gli umanisti collocavano le problematiche religiose e perché? Quali furono i più attivi tra gli intellettuali così orientati, dove operarono e quale dogma cattolico misero soprattutto in discussione? Argomenta le tue risposte.

2 Quali valori coltivavano i borghesi europei del Quattrocento e del Cinquecento secondo l'interpretazione di Febvre? Di quale religione avevano bisogno e quale, invece, veniva loro proposta? Argomenta le tue risposte.

3 Perché Massimo Firpo taccia di «sostanziale incoerenza» Lutero in merito alla questione della tolleranza religiosa? Perché, a suo parere, la proclamazione luterana della libertà del cristiano e l'esortazione alla lettura personale e privata della Bibbia avrebbero condotto sul terreno minato delle tendenze ereticaleggianti?

CONFRONTARE E RIELABORARE

4 Rifletti, in un testo di max 20 righe, sui modi in cui il libero uso della ragione, a livello del singolo, della società e della cultura, indusse il ripensamento critico dei dogmi e delle strategie comunicative di cui si avvaleva la Chiesa cattolica tra Quattrocento e Cinquecento, riferendoti a quanto emerge in proposito nei brani di Cantimori, Febvre e Firpo.

S/32_I riformatori

Le pagine di questo percorso sono dedicate alle figure dei tre maggiori riformatori: Lutero, Zwingli e Calvino. Nel primo brano lo storico **Lucien Febvre** si concentra sul nucleo dottrinale del luteranesimo, la salvezza per sola fede, evidenziando come l'intransigenza di Lutero nel perseguire questo credo abbia determinato una sorta di distacco del suo spirito riformista dalle applicazioni pratiche, come la morale o la politica. Nel secondo brano **Heiko A. Oberman** individua nell'esperienza di Zwingli a Zurigo il primo momento di passaggio della Riforma a una dimensione politica. Più precisamente, nell'esperimento zurighese è possibile leggere secondo l'autore un tentativo, seppur breve, di riforma di città, che poi sarà portata a compimento da Calvino a Ginevra. **Roland H. Bainton**, infine, illustra come Calvino abbia avuto il merito di allargare i confini della riforma, svincolandola dai singoli contesti locali e rendendola internazionale.

Lucien Febvre/Lutero e la fede

[L. Febvre, *Martin Lutero* (1968), trad. it. di G. Zampa, Laterza, Roma-Bari 1990, pp. 156-158]

In questo celebre brano di Lucien Febvre (1878-1956) si definisce il nucleo essenziale della riforma luterana: la concezione della salvezza per sola fede. Da ciò il disinteresse di Lutero, più volte rimarcato dagli studiosi, per la morale e per le forme di organizzazione politica, che tanto caratterizzarono invece i riformatori successivi. La politica, secondo Lutero, è una cosa da prìncipi che nulla ha a che fare con la coscienza interiore del cristiano. Allo stesso modo le azioni virtuose in nulla possono contribuire alla salvezza del credente. La sola cosa che conta per un vero cristiano è abbandonarsi a Dio e lasciare che la sua grazia agisca nel suo cuore.

Così la fede conferisce a Lutero la sovranità del mondo: la fede, la confidenza assoluta in Dio. Ma codesta confidenza che l'ispira, che lo sostiene in ogni passo, ci fa nello stesso tempo comprendere la sua scarsa preoccupazione delle realizzazioni e quello sdegno delle costruzioni equilibrate che contraddistingue così energicamente uno dei tratti permanenti del suo genio.
Un riformatore? È stato rifiutato questo titolo al padre della Riforma, e a prima vista non senza ragione. Un conduttore di uomini? Egli rispondeva, senza dubbio, al richiamo del suo

Dio. Ma quanto chiedeva nel fondo di se stesso, non era di condurre, bensì di essere condotto, di essere condotto da Dio là dove Dio voleva condurlo, con la cieca fiducia del fanciullo che cammina, la mano nella mano di suo padre, e va senza vana curiosità. Organizzare? Legiferare? Edificare? A che scopo? Perché attribuire tanta importanza a queste opere vane? La Chiesa, questa comunione puramente spirituale, la Chiesa invisibile e presente in ogni posto in cui si trovino, in cui manifestino la loro fede veri credenti: ecco quello che importa. Il resto, reclutamento di ministri, costituzione di gruppi, è senza interesse. Perché stabilirli per l'eternità? Saranno sufficienti regolamenti provvisori. Quanto a negoziare con i grandi di questo mondo per assicurare alla dottrina di Dio le migliori condizioni di sviluppo e di diffusione, anche questa è un'altra vanità. La politica è una cosa da prìncipi, un affare di Stato: e che cosa può esserci in comune tra un affare di Stato e il cristianesimo interiore di un credente? Lo Stato protegga la Chiesa, la difenda se è attaccata ingiustamente, ne gestisca i beni se la Chiesa li possiede; nell'assumere tali funzioni, liberi i fedeli da cure inopportune, così saranno liberi di darsi interamente a quello che solo conta per un cristiano. Ma anche a questo proposito, perché agitarsi? Potrebbero sforzi umani dipendere da cose grandi come il trionfo del Vangelo e la salute della Chiesa? Lutero sa bene di no: «È in grazia della Parola che il mondo è stato vinto e la Chiesa salvata. In grazia della Parola, essa sarà restaurata!». Testo del 1520 che ne anticipa un altro, più celebre: quello della fiera dichiarazione all'elettore quando, commosso dalle notizie che giungono da Wittemberg, il prigioniero della Wartburg rompe la reclusione: «Per rimediare a tale questione, Vostra Grazia non deve occuparsi di nulla. Perché Dio non vuole né può soffrire le inquietudini o le misure di Vostra Grazia o mie. Egli vuole che tutto gli venga rimesso nelle mani».
Abbandono totale, perfetta quiete in Dio... Con questo, notiamolo di sfuggita, si spiegano anche il distacco, l'indifferenza di Lutero nei confronti della morale, che gli sono stati rimproverati tante volte. Si sa con quanta forza Lutero stabilisce e mantiene nel suo intimo la distinzione tra l'uomo devoto e il cristiano. «Che si sappia: essere un uomo devoto, eseguire grandi, numerose opere, condurre una vita buona, onorevole e virtuosa, è una cosa; essere un cristiano, è una altra, del tutto diversa». Non si è cristiano perché si è buono, giusto e pio; si è tale quando, mediante la fede, si fa penetrare Dio nel proprio cuore. Allora non bisogna più preoccuparsi di moralità. La morale non può essere frutto di volontà umana; è un frutto della fede. Se l'uomo possiede il suo Dio, se Dio agisce nell'uomo, la volontà umana trasformata dallo spirito compie naturalmente buone e belle azioni. E tale trasformazione non è momentanea, ma acquisita per sempre. Determinata dallo spirito, la volontà «vuole, ama, adora costantemente il bene, come prima voleva, amava, adorava il male». Quietismo, senza dubbio, ma vengano la tempesta, le minacce, le sofferenze e le persecuzioni, e allora questa assoluta confidenza in Dio sarà, per il cuore del fedele, come una sorgente inesauribile di energia, di forza, di pazienza, di eroismo. *Eine feste Burg ist unser Gott*; il nostro Dio è una fortezza! Grido che erompe dalle profondità dell'anima luterana. Il sentimento che traduce ha conferito mille volte a Lutero nella vita una forza e una gioia sovrumane.

Heiko A. Oberman/Zwingli e il prototipo della riforma di città

[H.A. Oberman, *La riforma protestante da Lutero a Calvino* (1986), trad. it. di M. Tosti-Croce, Laterza, Roma-Bari 1989, pp. 256-258]

La parentesi dell'esperimento zwingliano a Zurigo è riportato da Heiko A. Oberman (1930-2001) nella sua giusta dimensione storica. Non un breve episodio destinato al fallimento tra le ben più importanti esperienze di Lutero e Calvino, bensì momento di trasformazione della riforma spirituale luterana in articolato progetto anche politico. Più precisamente la Zurigo di Zwingli costituisce il prototipo della riforma di città, che sarà pienamente istituita da Calvino a Ginevra. Nello stesso tempo l'autore mette in guardia da una troppo semplicistica interpretazione in termini solo ed unicamente politici di questa esperienza, il cui momentaneo successo non può essere ricondotto solo alla volontà della comunità cittadina di emanciparsi dai privilegi dei vescovi.

La Riforma di Zwingli rappresenta qualcosa di più di un episodio tra Lutero e Calvino? Rivendicare un'influenza europea o addirittura mondiale appare presuntuoso nell'ottica di una recente storiografia della Riforma che ascrive la Zurigo di Zwingli alla «Riforma di città» e cerca a sua volta di caratterizzare questo fenomeno dal punto di vista sociologico come «comunalizzazione».
Se con «comunalizzazione» si intende solo l'emancipazione della città, già risalente al tardo Medioevo, e la «localizzazione», connessa a quella, della Riforma, in contrasto con la più vasta Riforma dei prìncipi, gli avvenimenti di Zurigo degli anni 1519-1531 sono di fatto cantonalizzati a fenomeno interno svizzero. A questo quadro ben si adatta l'immagine del sacerdote secolare della Chiesa locale zurighese, animato da sentimenti patriottici, che ha sapu-

to collegare con tanta naturalezza l'emancipazione religiosa della città a quella politica da perdere significativamente la vita sul campo di battaglia come membro dell'esercito cittadino, sacerdote senza veste talare e chierico in armi. Malgrado la sconfitta presso Kappel del 1531, la Riforma avrebbe messo a Zurigo – così si afferma – radici politiche tanto salde da impedire che l'opera di Zwingli potesse correre pericoli *intra muros*. [...]

L'espressione «comunalizzazione» della Riforma non manca di un sostanziale nucleo di verità, e anche il richiamo a Zwingli come predicatore-soldato sul campo di battaglia attesta indubbiamente un conseguente imborghesimento e una perdita di privilegi del ceto clericale. La Riforma di città può rientrare nel quadro delle aspirazioni tardo-medievali che spingevano i centri urbani a emanciparsi dalla giurisdizione vescovile e a liberarsi dai privilegi clericali. È così in effetti fissato il campo di forze all'interno del quale Zwingli è diventato un riformatore e Zurigo una città evangelica. Con uguale chiarezza vanno però anche evidenziati i limiti di questa cornice interpretativa «cittadina». L'intreccio fra Zwingli e Zurigo, programmaticamente perseguito e – se si seguono le attuali tendenze – realizzatosi con uno sviluppo privo di attriti, non risponde a quanto attestano le fonti. La limitazione all'ambito cittadino preclude soprattutto l'accesso all'importanza sovraregionale, europea di Zwingli.

Roland H. Bainton/Calvino e l'internazionalizzazione della Riforma

[R.H. Bainton, *La riforma protestante* (1952), trad. it. di F. Lo Bue, Einaudi, Torino 1958, pp. 107-109]

Pur avendo molto in comune con le esperienze riformiste che lo precedettero, il calvinismo presenta secondo Roland H. Bainton (1894-1975) alcune fondamentali novità. Il merito senza dubbio più notevole di Calvino è stato quello di rendere in un certo senso internazionale la Riforma. Da un lato, ciò si deve alla formazione cosmopolita di Calvino stesso, ben distante dal radicamento localistico di Lutero e di Zwingli. Dall'altro, alla caratteristica di minoranza religiosa senza diritti che rivestirono i calvinisti ovunque, e che li portò necessariamente e continuamente a svolgere azione di proselitismo. Infine, scrivendo l'*Istituzione della religione cristiana*, Calvino dotò la Riforma di un testo di riferimento organico e intellettualmente valido, destinato a diffondersi ampiamente.

La Chiesa riformata, che s'era già espressa nella forma zwingliana, esercitò un'influenza assai più vasta nella sua manifestazione successiva, detta calvinismo. Queste due espressioni furono geograficamente assai vicine, poiché l'una provenne dalla Svizzera tedesca e l'altra da quella francese; o, più esattamente, da quella che ora è la Svizzera francese, poiché a quei tempi Ginevra era ancora una città libera. Anche dottrinalmente le somiglianze erano grandi: lo zwinglianismo e il calvinismo erano ugualmente sobri nell'uso di sussidi religiosi esterni; le immagini venivano ripudiate da entrambi; la musica sacra, soppressa da Zwingli, fu limitata da Calvino; l'idea di una repubblica di santi era comune ad ambedue le confessioni religiose, benché il calvinismo la sviluppasse in maniera più grandiosa. Ma per altri aspetti il calvinismo era invece più affine agli altri due tipi di protestantesimo: l'interpretazione dell'eucaristia come veicolo di comunione spirituale l'avvicinava al luteranesimo, e anche il canto dei salmi non differiva molto dal corale luterano; d'altra parte la concezione anabattista della Chiesa come comunità di credenti convinti, e soprattutto l'esigenza anabattista d'una disciplina ecclesiastica rigorosa, non mancò di esercitare sul calvinismo la sua influenza.

Tuttavia questo tipo di riforma, pur combinando elementi di provenienza luterana, zwingliana e anabattista, presentava anche le sue caratteristiche peculiari. L'una consiste nella sua diffusione e influenza internazionale. Può darsi che ciò dipenda in parte dal fatto che Calvino si stabilì a Ginevra in qualità di fuoruscito, e gli mancava quindi quel senso di attaccamento locale che legava Lutero alla Sassonia e Zwingli a Zurigo. Ma in parte il fenomeno deve ascriversi al fatto che l'espansione del luteranesimo rimase bloccata a oriente dall'ortodossia slava e a mezzogiorno dalla Controriforma cattolica. Gli anabattisti erano sì internazionalisti e le loro colonie accomunavano spesso Tedeschi, Cechi, Polacchi e Italiani; ma non riuscirono mai a permeare lo spirito di un singolo popolo in maniera considerevole e non è quindi possibile attribuire loro un'influenza internazionale.

Ma la caratteristica più originale del calvinismo consistette nel suo attivismo. In una certa misura, ciò si dovette all'influenza delle circostanze esterne, in quanto i calvinisti si trovarono nella necessità di volgersi al proselitismo e non furono privati della possibilità di farlo. Essi vivevano in molti paesi nella condizione di una minoranza costretta ad essere espansionista o a soccombere: ciò li distingueva sia dai luterani che, dopo la pace d'Augusta del 1555, godettero di un riconoscimento ufficiale e quindi si rilassarono, sia dagli anabattisti che furono sparpagliati nei più remoti angoli d'Europa e a mala pena riuscirono a sopravvivervi.

Ma la ragione più profonda dell'attivismo calvinista sta nella dottrina, e la dottrina scaturì da un uomo, Giovanni Calvino. Era, questi, un francese che si era formato nel suo paese in un periodo in cui la distinzione fra umanista, cattolico, riformato, luterano non era ancora netta e assoluta. La sua formazione fu umanistica e tanto il rigore metodico del suo pensiero quanto la chiarezza del suo stile possono bene ascriversi all'influsso esercitato su di lui dagli studi classici. In Francia i cattolici illuminati erano profondamente preoccupati dalla necessità di una riforma, e ad essi si aggregò Calvino. L'atteggiamento della monarchia francese verso queste forze dipendeva dalle circostanze: Francesco I era infatti un umanista egli stesso, privo tuttavia di qualsiasi convinzione religiosa, che di volta in volta favoriva o reprimeva il luteranesimo incipiente, a seconda che la congiuntura politica esigesse un'alleanza con il papa, o con il Turco o con la lega smalcaldica. Durante uno dei periodi di persecuzione, Calvino si salvò rifugiandosi in Svizzera, a Basilea, e lì, a soli ventisette anni, pubblicò l'opera di cui s'è detto che «rese il protestantesimo intellettualmente rispettabile». Questo apprezzamento è un po' ingiusto verso Lutero e Melantone; ma nessuno può negare a Calvino la palma, per la sua esposizione succinta, sistematica, lucida. La sua *Istituzione della religione cristiana* fu per una larga parte del protestantesimo mondiale quel che le *Sentenze* di Pietro Lombardo erano state per i cattolici. Neppure la *Summa Theologica* di Tommaso d'Aquino regge al paragone, perché è troppo lunga e complessa.

ANALIZZARE E COMPRENDERE

1 Qual è la distinzione operata da Lutero tra l'uomo virtuoso e il cristiano secondo Febvre? E tra politica e fede? Argomenta le tue risposte, sottolineando le conseguenze nel rapporto tra cittadino e politica.

2 Qual è l'interpretazione dell'attività di Zwingli generalmente proposta dalla storiografia della Riforma e qual è invece la convinzione di Oberman in proposito?

3 Quali fattori hanno limitato, secondo Bainton, l'influenza internazionale del luteranesimo e dell'anabattismo? Quali peculiarità del calvinismo hanno invece promosso la sua espansione e quale opera l'ha a sua volta rafforzata? Argomenta le tue risposte.

CONFRONTARE E RIELABORARE

4 Dall'interiorità del fedele allo spazio urbano alla diffusione internazionale: illustra, in un testo di max 20 righe, il percorso compiuto dalla Riforma così come esposto da Febvre, Oberman e Bainton, chiarendone l'impatto sulla comunità dei fedeli.

S 33_L'apparato repressivo e dottrinale della Controriforma

Il percorso storiografico che proponiamo si apre con un brano di **Carlo Ginzburg**, che riporta alla luce un frammento della cultura popolare cancellata dalla Controriforma. Ginzburg analizza la visione del mondo di un mugnaio friulano e mostra come la sua concezione dell'universo, nonché temi e figure centrali della fede cristiana, fossero da lui ricondotti e spiegati alla luce di un complesso intreccio di mitologie contadine, radicalismo religioso e naturalismo tendenzialmente scientifico. **Adriano Prosperi** si sofferma invece sui modi e i mezzi di cui la Chiesa cattolica si servì per ripristinare la sua egemonia in Italia all'indomani della Riforma. La sua ricostruzione dell'organizzazione e del funzionamento delle istituzioni repressive chiarisce come fu possibile trasformare una società di fedeli in una massa di delatori. Infine **Benedetto Croce** fornisce un bilancio della Controriforma sul piano dottrinale e morale. La dimostrazione di forza data dall'istituzione ecclesiastica romana costò il sacrificio della libertà e della creatività letteraria e artistica.

Carlo Ginzburg/Il cosmo di un mugnaio del Cinquecento

[C. Ginzburg, *Il formaggio e i vermi. Il cosmo di un mugnaio del '500* (1976), Einaudi, Torino 1999, pp. 4, 7-9]

Uno dei più grandi storici contemporanei, Carlo Ginzburg (nato nel 1939), ci restituisce uno spaccato di quelle credenze popolari condannate come «ereticali e empissime» dai tribunali dell'Inquisizione. Si riportano qui i punti salienti del primo interrogatorio a cui fu sottoposto Domenico Scandella, detto Menocchio, un mugnaio friulano, morto bruciato per ordine del Sant'Uffizio. Nella sua spiegazione razionale del mondo, Menocchio sosteneva che in origine fosse stato il caos dei quattro elementi naturali (terra, aria, acqua e fuoco) e da questo si fosse creata una massa, nello stesso modo in cui si crea il formaggio dal latte. Quindi, così come nel latte si formano i vermi, si erano formati gli angeli, tra i quali vi era Dio, affiancato da «quattro capitani», tra cui Lucifero. La dottrina ufficiale della Chiesa era contraddetta da Menocchio anche nella negazione della natura divina di Cristo, che riduceva ad un semplice uomo dotato, tuttavia, di maggiore dignità rispetto agli altri.

Il 28 settembre 1583 Menocchio fu denunciato al Sant'Uffizio. L'accusa era di aver pronunciato parole «ereticali e empissime» su Cristo. Non si era trattato di una bestemmia occasionale: Menocchio aveva addirittura cercato di diffondere le sue opinioni, argomentandole. [...]

Ciò aggravava subito la sua posizione. [...] Questi tentativi di proselitismo furono ampiamente confermati dall'inchiesta informativa che si aprì un mese dopo a Portogruaro, per continuare poi a Concordia e nella stessa Montereale. [...]

Mentre le testimonianze si accumulavano [...] Menocchio si era recato a Maniago obbedendo all'istanza del tribunale ecclesiastico. Il giorno dopo, 4 febbraio, visto l'andamento dell'istruttoria, l'inquisitore in persona, il francescano fra Felice da Montefalco, l'aveva fatto arrestare e «menar con le manete» nelle carceri del Sant'Uffizio di Concordia. Il 7 febbraio 1584 Menocchio fu sottoposto a un primo interrogatorio.

Nonostante i consigli ricevuti, si dimostrò subito molto loquace. Tuttavia cercò di presentare la propria posizione in una luce più favorevole di quanto apparisse dalle testimonianze. Così, pur ammettendo di aver avuto due o tre anni prima dei dubbi sulla verginità di Maria, e di averne parlato con varia gente, tra cui un prete di Barcis, osservò: «è vero che io ho detto queste parole con diverse persone, ma non già essortava che si dovesse così credere, anzi ho essortato molti dicendoli: "Volete che vi insegni la vera strada? attender a far ben et caminar per la strada de mi antecessori, et quello che commanda la S. Madre Chiesa". Ma quelle parole da me predette le diceva per tentation, et perché così credesse o volesse insegnar a altri; et è stato il spirito maligno che me faceva creder così quelle cose, et parimente mi instigava a dirle a altri». Con queste parole Menocchio confermava subito, senza volerlo, il sospetto ch'egli si fosse arrogato nel villaggio un ruolo di maestro di dottrina e di comportamento («Volete che vi insegni la vera strada?») Quanto al contenuto eterodosso di questo tipo di predicazione, non era possibile avere dubbi – soprattutto allorché Menocchio espose una sua singolarissima cosmogonia di cui era giunta al Sant'Uffizio un'eco confusa: «Io ho detto che, quanto al mio pensier et creder, tutto era un caos, cioè terra, aere, acqua et foco insieme; et quel volume andando così fece una massa, aponto come si fa il formazo nel latte, et in quel deventorno vermi, et quelli furno li angeli; et la santissima maestà volse che quel fosse Dio et li angeli; et tra quel numero de angeli ve era ancho Dio creato anchora lui da quella massa in quel medesmo tempo, et fu fatto signor con quattro capitani, Lucivello, Michael, Gabriel et Rafael. Qual Lucivello volse farsi signor alla comparation del re, che era la maestà de Dio, et per la sua superbia Iddio commandò che fusse scaciato dal cielo con tutto il suo ordine et la sua compagnia; et questo Dio fece poi Adamo et Eva, et il populo in gran multitudine per impir quelle sedie delli angeli scacciati. La qual multitudine, non facendo li commandamenti de Dio, mandò il suo figlio, il quale li Giudei lo presero, et fu crucifisso». E soggiunse: «Io non ho detto mai che si facesse picar come una bestia» (era una delle accuse che gli erano state rivolte: in seguito ammise che sì, forse poteva aver detto qualcosa del genere). «Ho ben detto che si lassò crucificar, et questo che fu crucifisso era uno delli figlioli de Dio, perché tutti semo fioli de Dio, et di quella istessa natura che fu quel che fu crucifisso; et era homo come nui altri, ma di maggior dignità, come sarebbe dir adesso il papa, il quale è homo come nui, ma di più dignità de nui perché può far; et questo che fu crucifisso nacque de s. Iseppo et de Maria vergine».

Durante la fase istruttoria del processo, di fronte alle strane voci riferite dai testimoni, il vicario generale aveva chiesto in un primo tempo se Menocchio parlava «da dovero o pur burlando»[1]; poi, se era sano di mente. In entrambi i casi la risposta era stata nettissima: Menocchio parlava «da dovero», e era «in cervello, non... mato». Dopo l'inizio degli interrogatori era stato invece uno dei figli di Menocchio, Ziannuto, per suggerimento di alcuni amici del padre a spargere in giro la voce che quest'ultimo era «matto» o «spiritato». Ma il vicario non vi aveva prestato fede, e il processo era continuato. La tentazio-

1. Cioè se parlava seriamente o no.

ne di liquidare le opinioni di Menocchio, e in particolare la sua cosmogonia, come un ammasso di empie ma innocue stravaganze (il formaggio, il latte, i vermi-angeli, Dio-angelo creato dal caos) c'era stata, ma era stata scartata. Cento o centocinquant'anni più tardi Menocchio probabilmente sarebbe stato rinchiuso in un ospedale tra i pazzi, perché affetto da «delirio religioso». Ma in piena Controriforma le modalità dell'esclusione erano diverse – passavano anzitutto attraverso l'individuazione, e quindi la repressione dell'eresia.

Adriano Prosperi/Il libro, il confessore e l'inquisitore

[A. Prosperi, *I tribunali della coscienza*, Einaudi, Torino 1996, pp. 228-230, 233]

Il libro fu al centro di una vera e propria «caccia» scatenata dalla Chiesa cattolica contro la diffusione delle dottrine ereticali. Gli aspetti salienti di questa ricerca ossessiva sono presentati da Adriano Prosperi (nato nel 1939) nel brano che proponiamo. Il libro era il nemico principale dell'ortodossia non solo per la sua agevole circolazione e la facile riproducibilità permessa dalla stampa. A rafforzarne la pericolosità fu anche la limitata efficacia degli *Indici dei libri proibiti* e dei frequenti falò, due espedienti assolutamente inutili per risalire ai lettori. Per individuare gli eretici fu necessario piuttosto revisionare l'intero sistema della confessione, ponendolo al servizio dell'Inquisizione. Il confessore fu tenuto ad interrogare direttamente il fedele chiedendogli se avesse letto o avesse visto libri proibiti. In questo modo i fedeli furono costretti a fornire le informazioni richieste e vennero ridotti, più o meno consapevolmente, al ruolo di collaboratori dell'Inquisizione.

Nel Cinquecento, il contagio ereticale aveva un veicolo fondamentale che i secoli precedenti non avevano conosciuto – o almeno, non in quelle dimensioni: il libro. Gran parte del lavoro degli inquisitori fu dedicato proprio alla caccia a quello straordinario veicolo di eresie che era il libro. E si capì molto presto che il compito era difficilissimo: il libro eretico passava di mano in mano ed era capace di trasmettere la sua peste a un numero altissimo di lettori prima che qualcuno lo scoprisse e lo consegnasse all'inquisitore o al confessore. E poi c'era la stampa, che era capace di moltiplicare le copie dello stesso volume moltiplicando di conseguenza i rischi di contagio. La paura del libro nutrita dagli inquisitori era pari forse solo alla fiducia che i propagatori delle nuove idee nutrivano nel suo potere. Le tecniche suggerite per la propaganda erano semplici: lasciare i libri nelle osterie, per le strade, farli capitare come per caso nelle mani della gente; scrivere libri dove, fingendo di combattere le «eresie», se ne diffondesse la conoscenza. La lotta contro i libri condotta dall'Inquisizione romana fu durissima. [...]
L'immagine del rogo era sempre la più familiare al linguaggio dell'inquisitore. [...] Ma bruciare non bastava. Contro questi nemici, la battaglia era difficile: mentre con gli eretici che gli capitavano tra le mani l'inquisitore sapeva bene come trattare e come farsi dire i nomi dei complici o almeno di coloro che avevano ascoltato i suoi discorsi, i libri eretici, tanto eloquenti per chi li leggeva, erano testimoni inesorabilmente muti. L'inquisitore poteva bruciarli quando li trovava ma non poteva sapere chi li aveva avuti in mano e ne era stato contagiato. Bisognava trovare il modo per trasformare una società di potenziali lettori in una società di delatori. Gli Indici dei libri proibiti, che costituirono un momento fondamentale delle preoccupazioni di polizia della fede, non risolvevano questo problema: [...] come costringere chi aveva avuto un libro eretico da un amico o da un vicino o semplicemente lo aveva visto circolare tra le mani di persone conosciute a sporgere denunzia formale contro quelle persone, quei vicini o quegli amici?
Gian Pietro Carafa – ormai papa Paolo IV – trovò la risposta. Si trattava di arruolare i confessori agli ordini dell'Inquisizione. [...]
Il campo dove fu messo a prova il dispositivo di guerra al libro non fu l'Italia, bensì la Spagna. Alle origini dell'atto che doveva alterare definitivamente la circolazione del libro nell'Europa cattolica troviamo una proposta del Grande Inquisitore spagnolo Fernando de Valdés[1] e una pronta adesione romana. Fu Valdés a chiedere al papa, con un memoriale del 9 settembre 1558, che tutti i confessori, frati o preti secolari, fossero arruolati a forza agli ordini dell'Inquisizione per combattere la circolazione di stampa eretica. [...]
Accogliendo in pieno la richiesta spagnola, Paolo IV ricorse allo strumento più potente ma anche più delicato che la struttura ecclesiastica avesse nelle mani: l'esercito dei confessori, doganieri schierati ai confini della comunione ecclesiastica e della grazia divina. Tutto il sistema della confessione fu messo al servizio della lotta contro i libri: revocati tutti i permessi di lettura dei testi proibiti, l'inquisitore generale divenne l'autorità esclusiva per quanto riguardava quel tipo di reato. Inoltre ogni confessore doveva far dire ai penitenti non solo se avevano libri proibiti e se ne avevano letti, ma anche se sapevano di altri; e, nel caso che emergesse qualcosa da quell'interrogatorio, il confessore doveva rinviare il penitente al Sant'Uffizio. Se non l'avesse

1. Fernando de Valdés (1483-1568), arcivescovo di Siviglia e inquisitore generale, fu uno dei consiglieri posti da Carlo V a fianco del figlio Filippo.

fatto, sarebbe incorso egli stesso nella pena di scomunica maggiore, riservata solo al papa e all'inquisitore generale. [...]
Il confronto-scontro tra i due tribunali, dell'Inquisizione e della confessione, è una vicenda straordinaria, sia per i drammi individuali che risultarono sia per lo spettacolo del conflitto tra due istituzioni così vicine e così diverse. [...] All'inquisitore era affidato il potere di assolvere in casi riservati al papa (i casi di eresia, appunto) coloro che nella fase definita del «tempo di grazia» spontaneamente li confessavano a lui e rivelavano i nomi degli eventuali complici: questa norma tradizionale (definita già in una bolla di Innocenzo IV del 1243) ridivenne attuale durante il XVI secolo, quando si rifece urgente la minaccia dell'eresia. Dunque, da questo punto di vista il sistema inquisitoriale interferiva con quello della confessione e l'inquisitore si configurava come un confessore dotato di poteri eccezionali.

Benedetto Croce/Le due facce della Controriforma

[B. Croce, *Storia dell'età barocca in Italia* (1929), Laterza, Bari 1957, pp. 15-18]

La Controriforma rappresentò un momento propizio per la definizione della dottrina e delle normative comportamentali interne alla Chiesa cattolica, ma, allo stesso tempo, fu contraddistinta da una profonda aridità intellettuale, morale e artistica. Innestando un confronto con la Riforma e con il Rinascimento, lo storico e filosofo Benedetto Croce (1866-1952) mette in risalto il carattere eminentemente politico dell'opera di difesa messa in atto dalla Chiesa della Controriforma. Fu questa peculiarità politica che, da un lato, ispirò una più rigorosa codifica dei dogmi, una migliore preparazione teologica degli ecclesiastici, una presenza religiosa più capillare nella società; dall'altro, però, oppresse la creatività, l'autonomia e la libertà dei popoli, perseguendo l'unico fine di assoggettare gli uomini alla Chiesa cattolica.

Come accade negli organismi robusti, lo stesso assalto, che dové sostenere, mossole dalla Riforma, le accuse, le contumelie, le insidie, le guerre, si mutarono per la Chiesa di Roma in fonti di nuovo vigore, perché essa riconfermò e meglio determinò i suoi dommi e dette ai suoi seguaci la certezza della fede, tolse abusi d'ogni sorta, castigò il suo clero e i suoi frati, provvide alla buona preparazione dei preti nei seminari diocesani, promosse molteplici opere di carità e di assistenza sociale. E il trionfo coronò l'opera sua, e quella Chiesa cattolica che, circa la metà del Cinquecento, stava a rischio di sconvolgersi e dissiparsi, o vedeva molti dei suoi prelati ondeggiare e inclinare verso i riformati [...], pochi decenni dopo aveva arrestato i progressi della Riforma, si sentiva cinta di rinnovata dignità ed efficacia, s'irraggiava della gloria quasi di una nuova crociata nella vittoria di Lepanto[1], e con le missioni dei gesuiti acquisiva al cattolicesimo e alla civiltà europea intere regioni del nuovo mondo e penetrava nell'India, nella Cina e nel Giappone. Se la Riforma aveva creduto di poter gettare quell'antico istituto tra i ferri vecchi, la prova era fatta che il vecchio ferro era una spada di salda tempra, alla quale agevolmente si ridava taglio e fulgore e che poteva eseguire, come eseguì, ancora molto buon lavoro nella vita morale e civile dei popoli. [...]
La Controriforma prese quel che le bisognava e le conveniva, dappertutto: dall'umanesimo la cultura classica, dai politici del Rinascimento la ragion di Stato o le arti di prudenza; altresì dagli ideali del Rinascimento la cura delle cose mondane e la pratica operosità, preferite alla vita contemplativa; dalla Riforma, la richiesta correzione nei costumi e nella disciplina ecclesiastica; e così via. Di proprio apportò solo, come elemento direttivo e coesivo, l'accortezza: virtù che Ignazio di Loyola sopra le altre tutte cercava ai fini della società da lui fondata, di quella «compagnia», com'egli la denominò con termine militare, che era una milizia politica. E, in effetti, l'accorgimento politico è il tratto che sintetizza nel pensiero comune tutto il moto della Controriforma. [...] Ma l'abilità politica non rappresenta un nuovo atteggiamento e un accrescimento mentale e morale, sebbene fosse allora la forza necessaria alla difesa dell'alta istituzione, di cui la Controriforma impedì il pernicioso disgregamento.
L'intrinseca natura politica della sua opera, che tutto sottometteva al fine da raggiungere, spiega l'aridità intellettuale e morale che l'accompagnò, così evidente al paragone della fertilità lussureggiante che si effonde nel Rinascimento e, più intima e meno copiosa e più lenta, ma non meno produttiva, nella Riforma. Nessun gran libro, di quelli che rivelano sempre più profondamente l'uomo all'uomo, appartiene all'ispirazione della Controriforma; nessun poeta, [...] nessun artista, perché l'arte del Seicento, quando non servì a fini pratici e si manifestò con ischiettezza, apparve apertamente sensuale. Uomini austeri, missionari eroici, anime candide e generose abbondarono certamente allora nella Chiesa di Roma; ma non si tratta di ciò: a quegli uomini virtuosissimi mancava l'inventività morale, la facoltà di creare nuove e progressive forme della vita etica. Anche quando, e anzi soprattutto quando i gesuiti si fecero banditori di libertà

1. La battaglia di Lepanto fu combattuta il 5 ottobre 1571 tra la flotta dell'Impero ottomano e quella cristiana della Lega santa [▷ **19/3**].

ai popoli, dimostrarono l'incapacità loro a suscitare nuovi atteggiamenti morali, perché quella loro libertà mancava di autonomia, e i popoli erano istigati bensì contro i sovrani, ma per assoggettare questi ed essi alla Chiesa. La Controriforma non poteva lasciar dispiegare in piena libertà le forze che adoperava, politiche, artistiche, critiche, scientifiche, filosofiche, perché, in quel loro dispiegarsi, esse si sarebbero necessariamente rivolte contro il suo proprio fine; e perciò le invigilava e raffrenava e indirizzava, e quelle intristivano e si falsificavano tutte, fornendo, sotto apparenze diverse, nient'altro che strumenti a quella sua politica.

ANALIZZARE E COMPRENDERE

1 **Quale elemento aggravò agli occhi degli Inquisitori, secondo Ginzburg, la posizione di Menocchio, fino a fargli pagare con la vita la sua eccentrica cosmogonia? Argomenta la tua risposta.**

2 **Quali peculiarità rendevano il libro uno «straordinario veicolo di eresie», secondo la definizione di Prosperi? In quale paese europeo iniziò ad agire il tribunale della confessione e perché?**

3 **Quali furono i due fattori esterni alla Controriforma che contribuirono a rafforzare la posizione della Chiesa cattolica all'interno della comunità cristiana? E quali furono, secondo Croce, gli elementi ideologici e morali che la Controriforma ricavò dalla cultura quattro-cinquecentesca e l'unico, invece, suo «proprio»?**

CONFRONTARE E RIELABORARE

4 **Ginzburg, Prosperi e Croce dimostrano, da diversi punti di vista, che la Controriforma cattolica condusse una ferrea battaglia contro ogni forma di libera espressione del pensiero. Illustra, in un testo di max 20 righe, i modi in cui si articolò tale repressione e le sue ricadute sulla cultura popolare e sulla creatività artistica.**

S/34_L'Inquisizione romana e l'*Indice dei libri proibiti*

Questo percorso storiografico è dedicato alle due istituzioni cui i patrocinatori della Controriforma affidarono maggiormente la funzione di combattere le eresie: l'Inquisizione romana e l'*Indice dei libri proibiti*. Nel primo brano **Adriano Prosperi** ricostruisce le origini dell'Inquisizione romana che, in una fase in cui le posizioni della Chiesa non erano ancora definitivamente fissate, si pose come primo provvedimento di lotta dura contro la Riforma. Nel secondo brano, invece, **Hubert Wolf** si occupa di un altro momento fondamentale di irrigidimento delle posizioni della Chiesa, rappresentato dalla pubblicazione di un *Indice dei libri proibiti*, in cui confluirono tutti i testi considerati eterodossi. Nel terzo, infine, **Gigliola Fragnito** illustra il percorso non lineare che portò alla messa al bando dei volgarizzamenti biblici. L'alternarsi di posizioni intransigenti e di spazi di apertura era il sintomo di una linea non ancora perfettamente condivisa dall'apparato degli organi pontifici.

Adriano Prosperi/Nascita dell'Inquisizione romana

[A. Prosperi, *L'Inquisizione in Italia*, in *Clero e società nell'Italia moderna*, a cura di M. Rosa, Laterza, Roma-Bari 1992, pp. 277-280]

Nel 1542, in piena Riforma, fu istituita la Congregazione del Santo Uffizio dell'Inquisizione romana che aveva il ruolo di vegliare sull'ortodossia religiosa. Si trattava, così si disse all'epoca, di una misura temporanea in attesa che il concilio di Trento definisse una volta per tutte le direttive della Controriforma, e invece si

trasformò in un'istituzione articolata e molto duratura, che finì per dare il volto alla Controriforma. Un volto, secondo Adriano Prosperi (nato nel 1939), cupo ed improntato alla repressione, che fece dell'uso della violenza in materia di fede, delle torture e dei roghi gli strumenti normali di risposta alle eresie.

La bolla papale *Licet ab initio* del 15 luglio 1542, con cui Paolo III Farnese istituì la congregazione cardinalizia del «Santo Uffizio» della Inquisizione, condivide con tutti i documenti ufficiali emanati da poteri riconosciuti l'indubbia utilità di segnare un momento di svolta o di nuovo inizio. Da qui comincia la storia di quella che fu chiamata Inquisizione romana. Il nome si impose per distinguerla dalla Inquisizione spagnola: e la distinzione aveva la sua importanza in una situazione come quella italiana, dove dal 1530 la presenza massiccia della monarchia spagnola a nord e a sud della penisola comportava la minaccia ricorrente dell'introduzione di quel temuto tribunale dell'Inquisizione. Non erano timori infondati né privi di conseguenze: bastava ventilare una minaccia di quel tipo per produrre nelle maggiori città italiane – Napoli, Milano – violente reazioni, analoghe a quelle violentissime che portarono alla guerra di liberazione dei Paesi Bassi.

La bolla di Paolo III aveva forti elementi di novità: con essa si conferivano poteri eccezionali a un gruppo di cardinali per estirpare la «eretica pravità» dal corpo cristiano. Si trattava di una misura straordinaria: i cardinali, in quanto inquisitori generali con autorità apostolica in tutta la «Respublica christiana», ricevevano ogni potere per procedere contro i sospetti di eresia, gli eretici, i loro fautori e seguaci. Per realizzare i loro obbiettivi, i cardinali potevano scegliere degli ecclesiastici da deputare nei vari luoghi. Né si potevano opporre loro privilegi o esenzioni di alcun tipo: chierici secolari e regolari, anche se avevano ricevuto l'ordine del presbiterato, non potevano sottrarsi all'azione inquisitoria dei cardinali deputati. Il papa, per sua parte, si riservava i giudizi di assoluzione e riconciliazione.

La misura era severissima, ma era concepita e presentata come temporanea. La giustificazione fornita dalla bolla affidava a quella congregazione cardinalizia un compito transitorio: era il Concilio che doveva risolvere i problemi della Chiesa. Solo perché il Concilio nell'immediato futuro non era convocabile a causa della guerra aperta in Germania, si disponevano misure di polizia destinate a tutelare la fede dagli attacchi dell'eresia. Dunque, in un momento in cui la parola in materia di eresia e ortodossia sembrava dover passare al Concilio convocato a Trento, prendeva corpo attraverso quell'organismo una ben diversa volontà – quella (per usare l'espressione favorita dell'ispiratore di quel provvedimento, il cardinale Gian Pietro Carafa) di una «guerra spirituale». Resta tuttavia il fatto che, sulla base di quel documento, nessuno avrebbe potuto immaginare il complessivo e duraturo riassetto delle strutture inquisitoriali che doveva dar vita alla Inquisizione romana. Quel che apparve subito evidente, tuttavia, fu la volontà aggressiva e dura con cui a Roma si voleva fare i conti coi partigiani della Riforma. Chi predicava Cristo «in mascara» e teneva i piedi su due staffe, come il popolarissimo generale dei cappuccini fra Bernardino Ochino, si rese conto che era giunto il momento delle scelte a viso aperto e abbandonò senza indugio l'Italia cattolica.

L'uso della violenza in materia di fede e di coscienza, la tortura, i roghi, insomma la persecuzione attivamente esercitata contro gli eretici, sono i tratti più familiari dell'istituzione che allora vide la nascita. Si va dalla fuga dell'Ochino (1542) alle tante vittime che si succedettero nelle stanze di tortura e sui roghi fino a Giordano Bruno (1600), al processo inscenato davanti al cadavere di Marcantonio De Dominis, al ben più celebre e discusso processo contro Galileo Galilei.

È una lunga fase di storia italiana che viene in mente. Eppure, va detto subito che – se questa storia c'è innegabilmente stata e non si è trattato solo di immagini riflesse o di battaglie ideologiche – non a questo soltanto si può ridurre il rapporto tra l'Inquisizione romana e la società italiana (come, del resto, non a questo si riduce il rapporto tra l'Inquisizione e la Chiesa). L'attenzione al dramma europeo della Riforma ha suggerito un'idea di quella rete di teologi-poliziotti come di una speciale guarnigione di frontiera, incaricata di vigilare contro i rischi di infiltrazioni ereticali dall'esterno. Ha contribuito a questo esito l'immagine – familiare nel linguaggio teologico e nella propaganda religiosa di allora – dell'eresia come malattia contagiosa, come peste. E, poiché il male è sempre immaginato come esterno all'organismo, la protezione inquisitoriale è stata vista come una barriera alzata contro gli avversari esterni, analoga a quelle istituite dalle magistrature sanitarie di allora contro la peste.

Quelle esigenze di difesa ci furono certamente; ma non esaurirono la vita dell'istituzione. Riorganizzata, dotata di poteri eccezionali in ragione della gravità della crisi, essa finì con l'essere non solo quella speciale polizia di frontiera che si intendeva produrre ma anche qualcosa di più. I suoi uomini furono quei «cani del Signore» che la tradizione voleva: cani da guardia della Chiesa, nel duplice senso di corporazione di ecclesiastici e di comunità dei credenti, ma anche cani da caccia per stanare e catturare gli eretici. Posti ai punti di contatto di mondi diversi, finirono inevitabilmente per rappresentare l'immagine più accreditata del mondo che tutelavano; d'altra parte, lo svolgimento dei loro compiti li portava a inseguire e raccogliere dati su tutto ciò che si muoveva al di là di quel confine. Insomma, mentre gli archivi dell'Inquisizione si riempivano di dati sui mondi anomici dell'eresia e della superstizione, chi entrava in contatto con la Chiesa cattolica ne percepiva l'assetto repressivo e l'atteggiamento sospettoso come prima e fondamentale immagine.

Hubert Wolf/*Index librorum prohibitorum*

[H. Wolf, *Storia dell'Indice. Il Vaticano e i libri proibiti* (2006), trad. it. di S. Bacin, Donzelli, Roma 2006, pp. 20-24]

Nel 1559 fu stampato il primo Indice pontificio dei libri proibiti di cui Hubert Wolf (nato nel 1959) ci dà una puntuale descrizione. Si trattava di un elenco in ordine alfabetico e diviso in tre categorie: nomi di autori di cui erano proibite tutte le opere; nomi di autori di cui erano proibite solo alcune opere specifiche; opere pubblicate anonime che contenevano messaggi ritenuti non ortodossi. Chiunque avesse scritto, letto, comprato, pubblicato, regalato, preso o dato in prestito o conservato uno dei libri contenuti nell'Indice sarebbe incorso nella scomunica pontificia.

Un primo Indice pontificio romano si ebbe [...] durante il pontificato di Paolo IV (1555-59). Questi, come cardinale Carafa, da capo dell'Inquisizione, si era già impegnato per l'elaborazione di un elenco di libri proibiti. Una prima versione di questo catalogo venne stampata nel 1557, ma in base a una direttiva del Papa non dovette essere pubblicata, probabilmente perché lo stesso Paolo IV si ritrovava nell'Indice, con il suo *Liber inscriptus Consilium de emendanda Ecclesia*. Quest'opera era una proposta riformista molto schietta per la riorganizzazione della Curia romana di fronte agli attacchi dei riformatori. Si è conservato un unico esemplare dell'Indice del 1557, alla British Library di Londra; per questo fatto alcuni studiosi assumono che si trattasse soltanto di uno strumento di lavoro della commissione istituita dal Papa.

Il primo Indice pontificio effettivamente pubblicato, dell'inizio del 1559, venne preceduto da un decreto dell'Inquisizione romana che prescriveva, pena la scomunica, «che nessuno osi ancora scrivere, pubblicare, stampare o far stampare, vendere, comprare, dare in prestito, in dono o con qualsiasi altro pretesto, ricevere, tenere con sé, conservare o far conservare qualsiasi dei libri o scritti elencati in questo Indice del Sant'Uffizio». Questo elenco era ordinato alfabeticamente e ulteriormente suddiviso in tre classi sotto ogni lettera.

In conformità con le indicazioni della premessa all'Indice, nella prima classe rientravano i nomi o i cognomi degli autori «che hanno sbagliato più di tutti gli altri e per così dire *ex professo*, e che perciò vengono proibiti in linea di principio con tutti i loro scritti, di qualsiasi argomento trattino». Nell'intestazione relativa a questa prima classe tale prescrizione diveniva addirittura più netta: tutti i libri degli stessi autori che sarebbero usciti in futuro, perfino se non dovessero avere niente a che vedere con la religione. Questa rubrica comprende 603 nomi, senza alcuna indicazione di titoli precisi. Così, per esempio, sotto la L si trova «Lutherus», sotto la M ancora il medesimo, come «Martinus Lutherus», oltre a [...] «Melanchton» [...]; alla E balza agli occhi «Erasmus Roterdamus».

Nella seconda classe rientrano i nomi di «autori di cui vengono condannati alcuni libri», perché, come mostrava l'esperienza, «inducevano» all'eresia, all'empietà magica (per esempio all'astrologia, all'alchimia, all'arte divinatoria), o in generale a degli errori da respingere. Qui venivano elencati 126 titoli di 117 autori, tra cui anche un'opera di papa Pio II (1458-64) [...], che compare sotto l'indicazione bibliografica del suo nome di battesimo, Enea Silvio Piccolomini. L'Indice pontificio, dunque, non risparmiava neppure i papi, se avevano scritto qualche testo eretico.

Nella terza classe rientrano opere di eretici pubblicate anonime, che secondo l'Inquisizione diffondevano delle dottrine complessivamente condannabili. Tra i 332 trattati vengono citati, per esempio, alla lettera «G», la *Geografia Universalis*, i *Geomantia libri omnes*, o le *Germanicae nationi Lamentationes*, quindi, accanto a un libro di carte geografiche, tutti i libri sull'arte divinatoria tramite linee e figure nella sabbia, e le lamentele della popolazione tedesca.

Nell'appendice, sotto il titolo «Bibbie proibite», venivano proibite oltre 30 edizioni integrali latine della Sacra Scrittura e dieci edizioni del Nuovo Testamento, oltre a tutte le Bibbie nelle lingue volgari, e in particolare tutte le traduzioni tedesche, francesi, spagnole, italiane, inglesi e fiamminghe.

Da ultimo veniva un catalogo di 61 tipografi presso i quali erano già apparse opere di diversi eretici. Erano proibiti in linea di principio tutti i libri che uscivano dai loro torchi, indipendentemente dal fatto che avessero a che fare con la religione o meno, in qualsiasi lingua e da qualsiasi autore fossero scritti. [...] In questa disposizione è palese l'obiettivo primario di dissuadere gli editori di autori protestanti di lingua tedesca.

Anche se l'Indice del 1559 non contiene ancora delle regole generali per l'Indice in senso proprio, esse sono però già presenti nei fatti. Infatti, senza che ciò venisse indicato a parte nell'Indice, come un titolo a sé, erano proibite in genere tutte le traduzioni della Bibbia nelle lingue volgari e tutte le edizioni latine non autorizzate da Roma; tutti i commenti e le glosse alla Sacra Scrittura di provenienza protestante; tutte le edizioni e le traduzioni dei Padri della Chiesa a cura di «eretici», cioè di protestanti, anche se pubblicate senza il nome del curatore di confessione evangelica; tutti i libri di autori cattolici pubblicati da un tipografo che aveva stampato, anche soltanto una volta, un'opera eretica; tutti i libri ortodossi apparsi anonimi, senza anno di pubblicazione o indicazione dello stampatore. [...]

A Roma non si fece la fatica di leggere i diversi scritti, o addirittura l'opera

completa di un autore, né tanto meno di sottoporli a una perizia diversificata. Dunque si procedeva alla messa all'Indice in maniera molto sommaria e in blocco, non di rado in base a pregiudizi antiprotestanti.
L'Indice di Paolo IV generò il panico tra i librai e i tipografi dello Stato pontificio, ma anche tra gli autori e gli intellettuali, a causa della sua severità draconiana e della sua intransigenza. Immediatamente dopo la pubblicazione dell'Indice un dotto italiano ne riassunse l'effetto in questi termini: «Credo che da noi per molti anni nessuno oserà scrivere altro che lettere». Erano stati messi all'Indice, «con pena di scomunica», innumerevoli libri, per la maggior parte stampati in Germania, tanto che «ce ne sono rimasti ben pochi».

Gigliola Fragnito/Traduzioni bibliche e controllo delle coscienze

[G. Fragnito, *La Bibbia al rogo. La censura ecclesiastica e i volgarizzamenti della Scrittura (1471-1605)*, il Mulino, Bologna 1997, pp. 17-20]

In queste pagine Gigliola Fragnito ricostruisce il percorso tortuoso che portò in Italia alla censura definitiva delle traduzioni in italiano della Bibbia. Finite nell'*Indice dei libri proibiti* nel 1559, ci furono negli anni seguenti diversi tentativi di riabilitarle, sintomo di conflittualità interne agli organi preposti alla censura e di avvicendamento di teorie diverse ed opposte. Questo percorso non lineare dimostra, secondo l'autrice, la permanenza all'interno delle sfere ecclesiastiche di tendenze all'apertura, anche in pieno clima controriformistico. Alla fine, però, l'adozione della linea intransigente ha rappresentato, al volgere del secolo, la vittoria definitiva dell'Inquisizione e della strategia repressiva del rigido controllo delle coscienze.

All'alba del Seicento, nell'Europa cattolica si prospettava [...] una geografia diversificata dei volgarizzamenti biblici. Autorizzati nei paesi dell'Europa centro-settentrionale ed orientale, essi rimasero tassativamente vietati dalle rispettive Inquisizioni nella penisola iberica e sul territorio italiano. Da quel momento, e fino all'indice di Benedetto XIV del 1758, in Italia l'accesso alla Scrittura fu categoricamente proibito a chi fosse digiuno di latino.
E non si trattò soltanto – è opportuno ripeterlo – delle versioni integrali dell'Antico e del Nuovo Testamento. Nella categoria dei volgarizzamenti rientrò gran parte della letteratura devota che dal Trecento aveva alimentato la pietà degli italiani: lezionari, sommari e compendi della Scrittura, raccolte omiletiche, *Meditazioni di Cristo* dello pseudo-Bonaventura, *Fioretti della Bibbia*, *Natività*, *Vite*, *Passioni* di Gesù, *Pianti* e *Lamenti* della Vergine, *Salmi*, in breve tutto ciò che conteneva estratti della Bibbia. Anche in questo settore, l'Indice riuscì ad ottenere dal Sant'Ufficio che fossero almeno scorporate dal divieto generale le *Epistole et evangeli* ed alcune traduzioni dei Salmi corredate di commenti di sicura ortodossia, nonché alcune *Vite e Passioni* di Cristo ed alcune raccolte di omelie, e che potessero essere lette previa licenza dell'ordinario diocesano o dell'inquisitore locale.
Tutto il rimanente materiale biblico in lingua italiana – sopravvissuto in quantità consistenti ai precedenti roghi, grazie alla contraddittorietà delle direttive romane e alla fortissima resistenza dei proprietari a vedersi privati di libri a lungo autorizzati dalla Chiesa e, quindi, difficilmente concepibili come opere tassativamente proibite – venne sequestrato al momento dell'esecuzione dell'indice [...] e dato alle fiamme.
Sulle ceneri della Scrittura l'Inquisizione poteva celebrare la propria vittoria: d'ora in avanti il patrimonio culturale e spirituale degli italiani avrebbe cessato di essere alimentato dal contatto diretto con i fondamenti della fede. Rimosso perché giudicato fonte di eresia, il Libro finirà coll'essere assimilato, nell'immaginario collettivo, agli scritti degli eretici in compagnia dei quali verrà arso, avvolgendo di sinistri bagliori il tramonto del Cinquecento e l'alba del nuovo secolo.
Al di là delle complesse motivazioni che portarono alla prolungata emarginazione della Bibbia, la documentazione consultata ha consentito di gettare nuova luce anche sul funzionamento dei meccanismi di controllo. [...]
Lungi dall'essere, come è stata spesso presentata, un ingranaggio ben oleato, che procede sicuro ed inesorabile nella eliminazione di tutto ciò che, di volta in volta, viene fatto rientrare nella elastica categoria di opera eretica o moralmente perniciosa, la macchina censoria s'inceppa spesso, la sua marcia non ha ritmi regolari. Ripensamenti, arretramenti, oscillazioni danno al suo percorso un andamento tutt'altro che regolare. Pluralità e conflittualità degli organi preposti alla censura, avvicendamento nelle cariche dirigenti, influenza del pontefice e dei suoi più stretti collaboratori: questi ed altri fattori concorrono a determinare gli orientamenti dell'apparato repressivo e ad influire sull'omogeneità o disomogeneità delle direttive romane e, di conseguenza, sull'esecuzione di queste ultime da parte dei responsabili periferici. Dal concorso di questi fattori deriva, spesso, una politica incerta, confusa, sommaria e approssimativa, che lascia larghi margini alla discrezionalità di chi è chiamato ad attuarla e fornisce ampie scappatoie a chi è costretto a subirla. [...]
Questo andamento contraddittorio [...] non dipende soltanto dal lento rodaggio di organismi di nuova istituzione. Dietro di esso si intuiscono i profondi dissensi e le insanabili fratture che, ancora a fine secolo, ostacolano e ral-

lentano la marcia della Controriforma. La lunga lotta per impedire che la Scrittura sia sottratta agli italiani evidenzia come quella marcia sia stata contrastata – e ai vertici stessi della Chiesa – dalle residue schiere delle correnti umanistiche più a lungo di quanto si sia soliti pensare. Ma se gli ostacoli che essa incontrò non possono e non devono essere ignorati, non possono e non devono essere neppure sottovalutate le conseguenze implicite nel raggiungimento del traguardo cui quella marcia tendeva. La disfatta delle esauste forze dell'umanesimo cristiano – emblematicamente compendiata nel divieto di attingere direttamente alle fonti della Rivelazione – segna, infatti, nella vicenda religiosa e culturale e nella mentalità collettiva della penisola, una frattura. [...]

Il divieto dei volgarizzamenti, che sancì l'equiparazione sostanziale tra Scrittura ed eresia e che costituì la più drastica replica di Roma ai protestanti, interrompendo il cammino verso una fede consapevole su cui gli italiani si erano avviati fin dall'età medievale, consentì al clero – bloccando ogni esperienza di individualismo religioso – di esercitare il suo controllo sulla società. Inculcando nei credenti sfiducia nella propria autonomia intellettuale e coscienziale e riducendo la loro formazione ad una rudimentale catechesi, sottratta al confronto ed alla comprensione, ad una sovrabbondante e minuziosa precettistica morale compensata, peraltro, da un'articolata elaborazione di scappatoie penitenziali, e ad un devozionismo utile forse a nutrire la fantasia, ma non certo a stimolare la riflessione ed il discernimento, la Chiesa ha indubbiamente contribuito a plasmare alcuni dei «caratteri originali» degli italiani, ancora oggi evidenti nella nostra mentalità collettiva.

ANALIZZARE E COMPRENDERE

1 **Quale significato, anche politico, ebbe l'istituzione ufficiale di una «Inquisizione romana»? Che cosa intende Prosperi con l'espressione «cani del signore» attribuita agli uomini dell'Inquisizione?**

2 **Che cosa prescrivevano, secondo la ricostruzione di Wolf, le tre classi in cui era suddiviso l'*Indice*? Come reagirono intellettuali e stampatori alla pubblicazione dell'*Indice* nel 1559? Argomenta le tue risposte.**

3 **Fino a quale anno, nonostante le opposizioni interne alla Chiesa ricordate da Fragnito, le traduzioni della Bibbia e di molta letteratura devota furono bandite dall'Italia e i fedeli che non conoscevano il latino erano costretti a ricorrere alla mediazione del clero? Quali sono state le conseguenze di questa censura, secondo l'autrice, sull'autonomia intellettuale e morale dei cattolici italiani?**

CONFRONTARE E RIELABORARE

4 **Integrando la lettura dei brani di Prosperi, Wolf e Fragnito con il ricorso al cap. 16, delinea in un testo di max 20 righe i caratteri generali dell'Inquisizione romana e dell'*Indice dei libri proibiti*, collegandoli agli obiettivi della Controriforma e agli effettivi risultati ottenuti.**

S/35_Processi di disciplinamento sociale

Le interazioni tra confessione religiosa e mutamento sociale nell'Italia dell'Età moderna sono al centro del primo brano di questo percorso storiografico. Soffermandosi sulle pratiche rituali, **Gabriella Zarri** individua i princìpi che ispirarono la formalizzazione del matrimonio così come fu concepita nella normativa tridentina. Le rappresentazioni del comportamento femminile e i processi di codifica dei ruoli sessuali guidano l'analisi condotta da **Sara Matthews Grieco**. Le raffigurazioni dell'iconografia sacra cinquecentesca sono analizzate dalla studiosa come uno dei mezzi privilegiati attraverso cui si attuò il disciplinamento sociale. La storia della famiglia e dell'educazione costituiscono infine la prospettiva privilegiata da **Martine Sonnet**, che mette in evidenza il ruolo fondamentale giocato dalle scuole e dalle congregazioni religiose nell'educazione cattolica delle masse.

Gabriella Zarri/La codificazione cattolica del matrimonio

[G. Zarri, *Recinti. Donne, clausura e matrimonio nella prima età moderna*, il Mulino, Bologna 2000, pp. 227-230, 233-234]

Nella pagina che presentiamo, Gabriella Zarri afferma che i provvedimenti stabiliti dal concilio di Trento col decreto *Tametsi* (letteralmente 'anche se') resero il matrimonio un atto pubblico, clericale e profondamente sacro. Questi tre princìpi che ispirarono i riformatori tridentini rispondevano a esigenze socio-politiche divenute imperanti: lo sfaldamento della struttura familiare estesa, la proliferazione delle pratiche di concubinato, le unioni clandestine, le contravvenzioni agli impedimenti di consanguineità e la difficoltà a controllare la popolazione che viveva in condizioni di marginalità avevano creato un caotico intreccio di legami personali, dominati dalla bigamia e dall'illegittimità delle unioni. Il riconoscimento del ruolo fondamentale di mediazione tra Dio e gli uomini svolto dagli ecclesiastici durante la celebrazione del matrimonio accentuò invece il carattere profondamente sacro del vincolo, equiparandolo alle unioni mistiche.

Non c'è dubbio che dopo il Concilio tridentino la scena del matrimonio cambia: da atto privato concluso all'interno della casa diviene cerimonia pubblica svolta in chiesa, da azione prettamente laicale diviene clericale, da insieme di gesti a carattere quasi esclusivamente profano assume carattere sacro. Le nuove norme di celebrazione del matrimonio hanno come effetto immediato la clericalizzazione e la sacralizzazione dell'atto.

Quali elementi di modernità riconoscere in questo?

Innanzitutto l'elemento della formalizzazione e pubblicizzazione. Come si è detto, il riordino dell'istituto matrimoniale e la sua notorietà rispondevano a un'esigenza diffusa di cui si facevano interpreti e promotori con propri interventi legislativi gli stati stessi. Non era estraneo a questa esigenza il processo di trasformazione in atto nella famiglia. Il progressivo sfaldamento della struttura familiare estesa o anche complessa propria della società medievale rendeva sempre più difficile provare i legami parentali e affidarne la memoria ai vicini. In questa situazione di fatto la normativa matrimoniale tridentina doveva operare soprattutto in due direzioni: la definizione giuridicamente chiara del nucleo familiare, che attenuasse anche il crescente problema dell'illegittimità, ottenuta attraverso la repressione dei due istituti che maggiormente vi si opponevano: il matrimonio clandestino e il concubinato; la ricostruzione della memoria storica familiare, che affidasse a documenti scritti, i libri parrocchiali, la testimonianza di quei legami parentali che il progressivo restringimento della famiglia patriarcale e la maggior mobilità rendeva labili e incerti.

Oltre a rispondere a istanze di formalizzazione e notorietà i provvedimenti tridentini rispondono a intenti di disciplinamento: il controllo degli impedimenti di consanguineità e di affinità, pur ridefiniti rispetto al passato, restano gli strumenti privilegiati per normare la vita coniugale e sociale, ma anche il controllo della popolazione marginale, quei vagabondi senza fissa dimora, non necessariamente poveri, che erano spesso all'origine di legami provvisori o di matrimoni ripetuti, divengono oggetto di speciale attenzione. [...]

Sul piano della disciplina dei comportamenti mi pare particolarmente significativo l'intervento della Chiesa sul concubinaggio. [...] Pur nella situazione estremamente confusa dell'istituto matrimoniale, che prevedeva un grande numero di coppie irregolari, il concubinaggio era pratica sociale che non poteva in nessun modo iscriversi nell'ambito dei comportamenti ritenuti leciti. [...] Per questi motivi il decreto tridentino prevede la scomunica per i concubinari che dopo ammonizione dell'ordinario non hanno provveduto a regolarizzare la loro posizione, mentre per le donne stabilisce una punizione proporzionale alla colpa e il bando dalla città e diocesi. [...] Le donne che vivono in condizione di concubinaggio vengono così assimilate alle meretrici, allora perseguite con la medesima pena. [...]

Il proposito di disciplinare anche in altro modo la sessualità si avverte nell'invito rivolto ai *coniuges* nel *Tametsi* a non coabitare prima della benedizione sacerdotale da ricevere in chiesa. [...]

Al processo di disciplinamento si accompagna il processo di sacralizzazione del matrimonio. Non si comprenderà la valenza culturale e ideologica del matrimonio solenne tridentino se non si tiene presente quel carattere familiare e privato consumato nell'ambito della casa senza la mediazione ecclesiastica che rivestiva fino ad allora lo scambio del consenso nuziale. La sacramentalità del matrimonio non si era trasformata, nonostante le prescrizioni ecclesiastiche, nella consapevolezza del valore sacro della coppia. Nell'età medievale il matrimonio non si identificava soltanto in una specifica condizione socio-antropologica, ma corrispondeva anche alla grande metafora della vita cristiana. Semplici coniugati, vescovi, chierici, religiosi, talvolta principi, come il doge di Venezia, erano legati da un vincolo sponsale, con una donna o con Cristo, la Chiesa, la Repubblica. La sacralità del matrimonio appariva in tutta la sua significazione nel matrimonio spirituale e veniva espressa in cerimonie pubbliche, come la professione solenne delle religiose, il possesso della Chiesa da parte di un vescovo, lo sposalizio del mare del Doge. Tutte queste cerimonie, accompagnate da una diffusa iconografia del matrimonio mistico, contribuivano da un lato a elevare la condizione matrimoniale, considerato stato di vita inferiore al celibato ecclesiastico, a condizione privilegiata che accomunava chierici e laici, ma contribuiva anche a svalutare la sacralità propria del matrimonio cristiano. È solo con il rituale solenne tridentino che la coppia entra definitivamente in un circuito di significazione sacra. Nonostante i canoni tridentini sul matrimonio ribadiscano, contro i riformatori, la superiorità dello stato religioso su quello matrimoniale, la Chiesa ha ormai conferito alla coppia e alla famiglia una impronta religiosa capace di trasmettere all'esterno il carattere sacramentale del vincolo coniugale.

Sara Matthews Grieco/La pedagogia devozionale dell'iconografia cinquecentesca

[S. Matthews Grieco, *Modelli di santità. Rinascimento e Controriforma* (1994), in L. Scaraffia e G. Zarri (a cura di), *Donne e fede. Santità e vita religiosa in Italia*, Laterza, Roma-Bari 2009, pp. 305-309]

L'iconografia sacra del Cinquecento fu uno degli strumenti privilegiati per fornire alle masse analfabete, e soprattutto alle donne, i nuovi modelli di santità a cui conformarsi. Nel brano che presentiamo Sara Matthews Grieco (nata nel 1949) si sofferma su due rappresentazioni chiave. La prima è quella di Maria: vergine e madre, umana e divina, con la sua figura ispirava i comportamenti delle laiche e delle religiose, controbattendo parallelamente al credo protestante, che negava la sua verginità e la sua divinità. La seconda rappresentazione riguarda la Sacra Famiglia: se fino al tardo Medioevo era stata privilegiata un'iconografia matriarcale e dinastica che si era espressa nella prevalenza delle figure femminili attorno al Bambino, all'indomani della Controriforma acquistò maggiore rilievo la figura di Giuseppe. Questo spostamento androcentrico educava le donne all'umiltà e alla sottomissione.

Se una delle conseguenze della riforma religiosa del XVI secolo fu quella di ridurre il numero dei santi a coloro le cui vite erano considerate storicamente verificabili (e dunque valide per una rappresentazione iconografica), un'altra conseguenza fu l'aumento di rappresentazioni di quei modelli di santità femminile considerati desiderabili dalle istituzioni dominanti in quel periodo. [...]
Il primo di questi modelli – e quello di gran lunga più rappresentato – era quello della Vergine Maria. Umana e divina, vergine e madre al tempo stesso, non costituiva un modello a cui le donne potevano rifarsi in senso letterale, benché le ragazze, le mogli, le vedove e le monache continuavano a identificarsi con lei e ad emulare la sua devozione al Bambin Gesù. Nell'ambito della devozione controriformistica il linguaggio figurato si difese attivamente dall'affermazione protestante che negava la verginità e la divinità della Madonna. Mentre le annunciazioni del XV e degli inizi del XVI secolo avevano sottolineato l'umanità «d'élite» della Madre di Dio, collocandola in eleganti ambienti contemporanei e circondandola di arredamenti rinascimentali, l'arte post-tridentina ambientava la scena in uno spazio/tempo astratto in cui raggi di luce accecante, putti svolazzanti e nubi spumanti fanno da ponte tra cielo e terra, elevando la Vergine in una sfera celestiale molto lontana dall'esperienza quotidiana.
A dispetto delle preoccupazioni post-tridentine di attenersi all'ortodossia cattolica, e a dispetto della tendenza ad elevare la Vergine Maria dalla terra all'alto dei cieli, dove viene incoronata e posta a sedere alla destra di Cristo, la rappresentazione più frequente della Madre di Cristo rimaneva quella di madre e mediatrice, specialmente nella devozione domestica e nella religione popolare, dove il suo esempio parlava tanto alle mogli e alle madri quanto alle donne che avevano adottato la vita religiosa. Allo stesso modo, le immagini della Sacra Famiglia, tra le quali si trovavano raffigurazioni della Vergine e del Bambin Gesù in compagnia di sant'Anna, il cui ruolo di «nonna» serviva a costituire un lignaggio dinastico umano per Gesù, riflettevano le preoccupazioni tardo-medievali e rinascimentali riguardo al lignaggio, alla parentela e alla famiglia nucleare. L'immagine di una madre e di una nonna «potenti» fornì anche un modello di guida spirituale che faceva da eco ai forti ruoli direttivi svolti dalle «madri» spirituali delle corti del Rinascimento e delle comunità religiose. La lettura matriarcale e dinastica della Sacra Famiglia si può notare in special modo nelle pitture in cui sant'Anna viene rappresentata in piedi dietro alla Vergine. [...]
Dalla seconda metà del XVI secolo la maggior parte delle immagini della Sacra Famiglia aveva ormai abbracciato il modello della famiglia nucleare, che non solo minimizzava la linea di sangue materna di Gesù, ma affidava anche a san Giuseppe quel ruolo paterno e protettivo che avrebbe dominato il culto a lui rivolto fino ai giorni nostri. Mutamenti nella struttura delle famiglie dei ceti medi e dirigenti contribuirono anche all'evoluzione delle immagini relative alla Sacra Famiglia, in cui i mariti (specialmente Giuseppe e Gioacchino, il marito di Anna) non solo prendono il posto che spettava loro di diritto al fianco delle proprie mogli, ma, anzi, assumono una posizione dominante. [...] Giuseppe viene qui promosso allo status di artigiano dell'anima, *pater familias*, protettore e sostenitore, come il Padre Eterno, a capo di una famiglia che ha assunto come sua.

La Trinità patriarcale di Giuseppe, Maria e Gesù tendeva a sostituire la Trinità matriarcale di sant'Anna, la Vergine e il Cristo bambino, in un periodo in cui sia la Chiesa che lo Stato erano in procinto di promuovere una riorganizzazione androcentrica della religione e della società. Nel corso di questa riorganizzazione, le vite delle donne furono sempre di più confinate alla casa o al convento e la loro reputazione come donne «oneste» o «sante» riposava sempre di più sull'accettazione – umile ed obbediente – dei ruoli subordinati a loro assegnati, che fossero domestici o religiosi.

Fino a che punto le donne si identificavano e accettavano (o respingevano) i modelli di santità che si presentavano ai loro occhi, a casa o in chiesa, in un santuario all'angolo di una strada, sulla bancarella di un rivenditore di stampe, o tra la merce di un venditore ambulante? La funzione didattica delle immagini religiose che si pensava inculcasse modelli comportamentali desiderabili nelle donne e nei bambini veniva sottolineata dai moralisti del XV e del XVI secolo che scrivevano dell'importanza dei «testi» visivi per l'edificazione degli analfabeti, delle donne e dei giovani. Nei secoli XVI e XVII, per esempio, le immagini di sant'Anna che insegna alla Vergine a leggere rafforzarono i modelli «approvati», per le donne, di attività devota e caritatevole, non solo in casa, ma anche nell'ambito di istituzioni religiose e laiche che fornivano istruzione a giovani donne bisognose. Leggere, comunque, non era la prima attività che spettava alle madri (che fossero madri biologiche o spirituali) nell'educazione delle loro «figlie». Il ricamo e il cucito erano lavori femminili universali, e venivano generalmente insegnati a casa. Di qui il numero superiore di dipinti rappresentanti sant'Anna che insegna alla Vergine a cucire.

Martine Sonnet/L'istruzione, una priorità per i riformatori cattolici

[M. Sonnet, *L'educazione di una giovane* (1991), in G. Duby e M. Perrot, *Storia delle donne in Occidente*, vol. III, *Dal Rinascimento all'età moderna*, a cura di N. Zemon Davis e A. Farge, Laterza, Roma-Bari 2002, pp. 121-123]

All'indomani del concilio di Trento si inaugurò un vasto processo educativo volto a istruire la popolazione nei princìpi del cattolicesimo. Come sottolinea Martine Sonnet (nata nel 1955) nel passo che proponiamo, l'istruzione dispensata dai religiosi non si esplicò solo attraverso predicazioni rivolte agli adulti, ma portò anche alla nascita di numerose scuole di dottrina cattolica per bambini e bambine. Fondate con il proposito di attuare una riconquista religiosa e morale della società, queste iniziative ebbero il merito di diffondere l'istruzione tra i ceti meno agiati e di portare sulla scena pubblica donne particolarmente intraprendenti che, tra il XVI e il XVII secolo, non esitarono a farsi promotrici di numerose congregazioni.

Le decisioni prese durante il concilio di Trento (1545-1563) fanno sì che la reazione cattolica si misuri sullo stesso terreno dell'avversario protestante: l'istruzione dei fedeli nella vera dottrina fin dalla più tenera età. Viene avviata una imponente opera di insegnamento. Diretta agli adulti, per via traversa mediante la predicazione e le missioni nelle campagne, diretta ai bambini mediante la catechesi, accompagnata da un minimo di alfabetizzazione necessaria. L'accento è subito posto sui bambini, estranei fino a quel momento a qualsiasi forma di acculturazione, in particolare quelli che vagano per le strade delle città. A partire dal 1560, Carlo Borromeo[1] nella diocesi di Milano forma una rete di scuole di dottrina cristiana, dove laici ed ecclesiastici istruiscono i bambini rastrellati fino all'ultimo vicolo. Una ventina di anni dopo, in alcuni villaggi del Sud dei Paesi Bassi fanno la loro comparsa delle scuole domenicali promosse dai gesuiti. Sono destinate ai bambini che lavorano durante la settimana. Fra il XVI e il XVII secolo, mentre viene portato avanti questo esperimento, che coinvolge parallelamente ragazzi e ragazze, prendono forma iniziative di nuovo tipo, mirate specificamente all'insegnamento femminile. I riformatori cattolici comprendono in quel momento il ruolo che la bambina può svolgere in un processo di riconquista religiosa e morale della società nel suo insieme. In ogni bambina si cela una futura madre, quindi un'educatrice potenziale; è lei la chiave di volta dell'intera struttura dal momento che è chiamata a trasmettere la buona novella oggi rivelata. Una presa di coscienza che imprime una spinta decisiva alla generalizzazione di un'istruzione femminile che comprenda almeno la lettura e il catechismo. Quello che era privilegio di poche, raggiunge ora nuovi strati sociali grazie al moltiplicarsi delle congregazioni che si dedicano all'insegnamento per le giovani. Le fanciulle più ricche vengono accolte in costosi pensionati conventuali, le meno abbienti siedono sui banchi delle scuole istituite a fini caritatevoli. L'educazione così promossa mira a formare buone madri cristiane. Lo stampo sul quale esse verranno plasmate, senza evoluzioni di rilievo per più di tre secoli, prende forma nella cerchia dell'élite devota che sostiene finanziariamente e dirige spiritualmente le nuove istituzioni. «L'istruzione e l'educazione delle bambine povere nei loro primi anni è uno dei beni principali che i cristiani posso-

1. Carlo Borromeo (1538-1584) fu sacerdote, vescovo e poi cardinale. Si insediò nella diocesi di Milano nel 1566 e vi rimase fino alla morte.

no fare e procurare, è una delle più grandi missioni e delle più necessarie opere di misericordia che essi possono esercitare per la salvezza delle anime» proclamano i fondatori di una comunità caritatevole che accoglie le ragazze povere del quartiere delle Halles a Parigi.

Dagli inizi del XVII secolo, brillanti personalità femminili si esprimono nella fondazione o nella diffusione di nuove congregazioni, dedicandosi all'istruzione delle giovani. Appena sbarcata dall'Inghilterra con la sua famiglia cattolica, Mary Ward, di 24 anni, si batte, con l'appoggio dei gesuiti, per imporre, cominciando da Saint-Omer, lo sviluppo del proprio istituto. Ella supererà i contrasti con l'autorità pontificia che non vede di buon occhio religiose senza abito né clausura in giro per le strade delle città a farvi scuola. Una forte personalità è anche Jeanne de Lestonnac di Bordeaux, nipote di Montaigne. Donna di temperamento gioioso, alleva cinque figli, poi, divenuta vedova alla soglia dei cinquant'anni, fonda nel 1607 la Compagnie de Marie Notre-Dame che sciamerà in tutto il Sud-Ovest della Francia, in Spagna e in America del Sud. A Parigi, le signore Acarie e de Sainte-Beuve presiedono alla fondazione di due case di orsoline nel 1610 e nel 1621; mentre ad Annecy, la baronessa Jeanne de Chantal fonda nel 1610 il Collegio della Visitazione, accanto a quello di Francesco di Sales. In Lorena, Alix Le Clerc e Pierre Fourier istituiscono insieme la Congrégation Notre-Dame, approvata nel 1615. Alcuni anni dopo, a cominciare dal 1633, sotto la guida di Louise de Marillac, braccio destro di Vincenzo de' Paoli, le Figlie della Carità si sparpagliano per tutta la Francia e anche fuori dei confini, per curare i poveri ammalati e istruire le bambine.

ANALIZZARE E COMPRENDERE

1 **Come si svolgeva il rito del matrimonio prima della codificazione operata dal concilio di Trento? Quali due istituti, secondo Zarri, erano maggiormente in contrasto con una chiara definizione giuridica del nucleo familiare?**

2 **Come veniva rappresentata, secondo le analisi iconografiche di Matthews Grieco, la figura di Maria nella pittura devozionale prima e dopo la Controriforma e in quale ambiente veniva collocata? Quale ruolo ha assunto invece la figura di san Giuseppe nel periodo post-tridentino e perché?**

3 **Perché, secondo Sonnet, dopo una prima fase in cui fu dedicata a entrambi i sessi, ben presto l'attività educativa delle congregazioni religiose si rivolse soprattutto alle bambine?**

CONFRONTARE E RIELABORARE

4 **Componi un testo di max 15 righe per descrivere le forme di rieducazione morale e religiosa messe in atto dalla Chiesa cattolica dopo il concilio di Trento, individuandone i destinatari e gli strumenti, come illustrato nei brani di Zarri, Matthews Grieco e Sonnet.**

S 36_Ai margini della società: streghe, folli e donne sole

Nel tentativo di ricreare un ordine religioso e sociale sovvertito dalla Riforma, la Chiesa e le élite egemoniche tendono a ristrutturare le regole che devono irreggimentare i comportamenti e le coscienze degli individui. Questa ristrutturazione fu completamente basata sul principio dell'inclusione e dell'esclusione dalla società, rigidamente concepito. Proprio di questo parlano i brani che proponiamo qui di seguito. Nel primo **Brian P. Levack** si concentra sul fenomeno molto noto della caccia alle streghe, che nel Seicento conobbe in tutta Europa un rinnovato vigore proprio perché la strega, incarnando tutto ciò che era sentito come sovversivo da quella società, andava materialmente eliminata. Nel secondo brano, invece, **Michel Foucault** illustra il processo che lui stesso definisce il «grande internamento»: a partire dal Seicento tutti gli elementi marginali della società, poveri senza famiglia, malati e pazzi, furono sottratti dagli occhi della società ordinata per essere internati in istituti. Nel terzo brano, infine, **Lucia Ferrante** riporta alla luce la sorte delle donne non sposate che, percepite come potenzialmente colpevoli di comportamenti sessuali illeciti, caddero spesso sotto il mirino delle misure repressive controriformistiche.

Brian P. Levack/La strega

[B.P. Levack, *La strega*, in *L'uomo barocco*, a cura di R. Villari, Laterza, Roma-Bari 1991, pp. 292-294]

La strega concentrava su di sé tutti i pregiudizi e le paure di una società in cerca di un nuovo ordine. La sua immagine, secondo Brian P. Levack, fu letteralmente modellata per incarnare tutto ciò che all'epoca era percepito come inversione dell'ordine. Così per le popolazioni rurali fu soprattutto la dispensatrice di malefici, per le gerarchie ecclesiastiche fu una figura diabolica in contatto diretto con Satana, per le élite laiche fu, a seconda dei casi, una ribelle o una lussuriosa, e così via. All'interno di una società attraversata da forti tensioni ed incertezze, la strega divenne per l'autore il simbolo del caos e del disordine, e per questo andava necessariamente eliminata.

La strega del XVII secolo era dunque una povera vecchia, spesso senza marito, dal comportamento antisociale, antifemminile, immorale, e religiosamente arretrata. Sfidando insieme le convenzioni della sua religione e del suo sesso, riusciva a offendere e spaventare i suoi superiori e chi le stava vicino. La decisione di perseguirla e giustiziarla può essere interpretata semplicemente come un tentativo di sbarazzare queste comunità da una così inquietante e pericolosa presenza. Con l'uccisione delle streghe gli abitanti del villaggio riuscivano anche a vendicarsi dei malefici che avevano colpito loro e i loro cari, confermando nel contempo che la fonte delle loro disgrazie era stata effettivamente la stregoneria.

Per i membri dell'élite laica e clericale la persecuzione della strega aveva più spesso motivazione d'ordine religioso. Poiché essi tendevano a definire il crimine della strega più in termini diabolici che in termini magici, sovente consideravano la sua persecuzione come un dovere cristiano. La grande caccia alle streghe europea non può essere attribuita soltanto al fervore religioso, ma nei giudici ecclesiastici come in quelli secolari questo sentimento occupava chiaramente un posto importante. Uomini d'ispirazione protestante o cattolica vedevano nei processi alle streghe un mezzo per combattere Satana e quindi porre le basi d'uno Stato osservante e rafforzare il regno di Dio in terra. Essi perseguivano le streghe anche come simboli del disordine che sembrava prevalere nel mondo.

Il bisogno d'ordine è ovviamente una costante della natura umana, e ogni epoca si è indubbiamente impegnata per soddisfarlo. Ma nel XVII secolo esso era oggetto di particolare preoccupazione, soprattutto a causa della diffusa consapevolezza che l'antico ordine fosse crollato. Senza dubbio il tradizionale assetto ecclesiastico era stato sconvolto al tempo della Riforma, e molte delle tensioni religiose dei centocinquant'anni che seguirono furono dedicate a restaurarlo o a sostituirlo. In specie tra i protestanti, che avevano rifiutato globalmente la struttura della Chiesa cattolica, il bisogno di una nuova disciplina interna e religiosa era di capitale importanza. Il problema politico non era meno grave. La prima età moderna era caratterizzata da una serie quasi continua di ribellioni delle classi inferiori, e la metà del XVII secolo fu testimone di molte importanti sollevazioni, inclusa la prima grande rivoluzione dei tempi moderni in Inghilterra. Il crescente disordine all'interno della società era certo una concausa di queste ribellioni. Il diminuito livello di vita, la crescente disoccupazione, l'inflazione in continuo aumento e l'incremento della popolazione in molte città creavano inquietudini sociali senza precedenti e sottoponevano i vecchi meccanismi di governo a tensioni insopportabili. All'interno della società vi erano frequenti sfide alle gerarchie tradizionali, e nelle famiglie si era diffusa una resistenza ad accettare il ruolo del patriarcato. Persino l'ordine dei cieli sembrava essere sconvolto, perché l'universo medievale aristotelico-tolemaico crollava sotto l'influenza del modello eliocentrico di Copernico. Sintomatico di questa multiforme crisi dell'ordine era il profondo senso dell'incombente distruzione e del caos, che caratterizza tanta parte della letteratura del tardo Cinquecento e del primo Seicento.

La strega divenne il simbolo del caos e del disordine. Come donna, certamente, era per istinto associata alla natura, e come strega in particolare all'aspetto distruttivo, caotico della natura, quello che si riteneva causa delle epidemie, dei morbi e delle carestie. Ricordiamo che la sua presunta attività comportava la distruzione delle messi, la morte violenta dei neonati, e perfino la propagazione delle pestilenze. Inoltre, come persona guidata dalla passione sessuale, la strega rappresentava un'altra pericolosa forma di disordine. La «bestiale cupidigia» della strega cui fa riferimento Jean Bodin nella sua *Démonomanie des sorciers* (1580) l'accomunava ai più bassi ordini del mondo naturale, mentre le selvagge, frenetiche danze che eseguiva al sabba, la disarmonica musica che l'accompagnava quando ballava nuda, e i rapporti sessuali promiscui cui si abbandonava erano tutti riflesso del suo temperamento incontrollato.

All'interno della sua comunità la strega rappresentava una costante provocazione all'ideale della società ben ordinata. Innanzitutto, era generalmente al di fuori del sistema di controllo patriarcale, e perciò costituiva una sfida a quanto veniva considerato una gerarchia naturale. Era l'antitesi dell'ideale della moglie perfetta, punto centrale della maggior parte delle concezioni di una società ben ordinata. Nei rapporti con i suoi superiori si dimostrava insolente e arrogante. Nel ducato di Württemberg era nota per la sua aggressività; nel Labourd per la sua sfrontatezza. Perfino dopo il suo arresto, spesso, non riconosceva l'autorità del tribunale che la processava né la validità delle credenze su cui il suo processo era basato. Talvolta minacciava giudici e funzionari del tribunale di ritorsioni magiche, una linea di condotta che non faceva altro che confermare i suoi accusatori nella risoluzione a sbarazzarsi di lei.

Michel Foucault/L'internamento dei folli

[M. Foucault, *Storia della follia nell'età classica* (1961), trad. it. di F. Ferrucci, Rizzoli, Milano 1992, pp. 54-56]

In questo brano Michel Foucault (1926-1984) racconta come nel corso del Seicento lo statuto della follia cambiò radicalmente. Se prima la malattia mentale era comunemente accettata e ai malati era garantito il diritto di muoversi liberamente all'interno della società, in pieno Seicento viene lucidamente attuato un programma di internamento di tutti gli individui rimasti ai margini dell'ordine sociale: poveri, senza famiglia, malati e folli. Viene creato un sistema di istituti che li possa accogliere, all'interno dei quali vigono misure straordinarie e gli individui perdono ogni tipo di diritto. Quello che viene definito il "grande internamento" rientra per Foucault nel processo di accentramento del potere in senso autoritario e assolutistico che ebbe luogo in Francia nel corso del XVII secolo.

È noto che il XVII secolo ha creato grandi case di internamento; ma è meno noto che in pochi mesi più di un parigino su cento ci si è trovato rinchiuso. Si sa che il potere assoluto ha fatto uso di *lettres de cachet* e di misure arbitrarie di imprigionamento; ma non si conosce altrettanto bene la coscienza giuridica che poteva animare queste pratiche. [...] Si sa che per un secolo e mezzo i folli sono stati sottoposti al regime di questo internamento, e che un giorno saranno scoperti nelle sale dell'Hôpital général, nelle segrete delle case di correzione; ci si accorgerà che essi erano mescolati alla popolazione delle *workhouses*. [...] Ma non è affatto accaduto che si precisasse con chiarezza quale fosse il loro statuto, né quale senso avesse quel vicinato che sembrava assegnare una stessa patria ai poveri, ai disoccupati, ai corrigendi e agli insensati. [...] A partire dalla metà del XVII secolo la follia è stata legata a questa terra dell'internamento e al gesto che gliela indicava come suo luogo naturale.

Prendiamo i fatti nella loro formulazione più semplice, poiché l'internamento degli alienati è la struttura più vistosa nell'esperienza classica della follia. [...]

Una data può servire come punto di riferimento: 1656, decreto di fondazione dell'Hôpital général, a Parigi. A prima vista si tratta solo di una riforma: appena d'una riorganizzazione amministrativa. Diverse istituzioni già esistenti sono raggruppate sotto un'unica amministrazione: la Salpêtriè, ricostruita sotto il regno precedente per mettere al coperto un arsenale: Bicêtre, che Luigi XIII aveva voluto dare alla commenda di Saint-Louis per farne una casa di riposo destinata agli invalidi dell'esercito. «La Casa e l'Ospedale sia della grande e della piccola Pitié che del Refuge, situati in faubourg Saint-Victor, la Casa e l'Ospedale di Scipion, la Casa della Savonnerie, con tutti i luoghi, le piazze, i giardini, le abitazioni, gli edifici che ne dipendono». Tutto è ora destinato ai poveri di Parigi «di ogni sesso, provenienza ed età, di qualsiasi tipo ed estrazione, e in qualunque condizione si trovino, validi o invalidi, malati o convalescenti, curabili o incurabili». Si tratta di accogliere, di alloggiare e di nutrire coloro che si presentano da soli, o che sono inviati dall'autorità reale o giudiziaria: bisogna anche provvedere alla sussistenza, alla buona tenuta, all'ordine generale di quelli che non hanno potuto trovarvi posto, ma che potrebbero esservi o che lo meriterebbero. Questo incarico è affidato a direttori nominati a vita, che esercitano i loro poteri non solo negli edifici dell'Hôpital, ma in tutta la città di Parigi, su tutti coloro che appartengono alla loro giurisdizione: «Essi hanno ogni potere di autorità, di direzione, di amministrazione, di commercio, di polizia, di giurisdizione, di correzione e punizione su tutti i poveri di Parigi, tanto fuori che dentro l'Hôpital général». Inoltre i direttori nominano un medico con stipendio annuo di mille lire; questi risiede alla Pitié, ma deve visitare ogni casa dell'Hôpital due volte alla settimana. Un fatto è chiaro fin dall'inizio: l'Hôpital général non è un'istituzione medica. È piuttosto una struttura semigiuridica, una specie di entità amministrativa che, accanto ai poteri già costituiti, e al di fuori dei tribuna-

li, decide, giudica ed esegue. «A tal scopo i direttori avranno, secondo il loro avviso, pali, berline, prigioni e segrete nel suddetto Hôpital général e nei luoghi che ne dipendono, e non è concessa facoltà di appello contro le disposizioni che saranno da loro prese per l'interno del suddetto Hôpital; e quanto a quelle che verranno deliberate per l'esterno, saranno eseguite nella forma e nel contenuto indipendentemente da qualsiasi opposizione o protesta presente o futura, e senza loro pregiudizio, e non saranno differite, nonostante ogni rifiuto e contestazione». Sovranità quasi assoluta, giurisdizione senza appello, diritto esecutivo contro il quale niente può prevalere: l'Hôpital général è uno strano potere che il re crea tra la polizia e la giustizia, ai limiti della legge: il terzo stato della repressione. [...]
Nel suo funzionamento, o nel suo intendimento, l'Hôpital général non è legato a nessuna idea medica. Esso è un'istanza dell'ordine, dell'ordine monarchico e borghese che si organizza in Francia in questa stessa epoca. Esso si ramifica direttamente dal potere reale, che l'ha sottomesso alla sola autorità del governo civile; la *Grande Aumônerie* del regno, che un tempo rappresentava nella politica di assistenza, la mediazione ecclesiastica e spirituale si trova bruscamente estromessa. Il re decreta: «Vogliamo essere conservatore e protettore del suddetto Hôpital général in quanto nostra fondazione regia; non vogliamo che dipenda in nessun modo dalla nostra *Grande Aumônerie* né da alcuno dei nostri grandi ufficiali, ma che sia totalmente esente dalla sovrintendenza, dalle ispezioni e dalla giurisdizione degli ufficiali della Riforma generale di quelli della *Grande Aumônerie*, e di tutti gli altri, ai quali noi proibiamo ogni cognizione e giurisdizione, in qualsiasi modo e maniera». La prima origine del progetto era stata parlamentare, e i due primi capi di direzione allora designati erano il primo presidente del parlamento e il procuratore generale. Ma ben presto si aggiungono l'arcivescovo di Parigi, il presidente della *Cour des Aides*, quello della Corte dei conti, il luogotenente di polizia e il *prévôt des marchands*. Da questo istante il *Grand Bureau* ha un compito quasi del tutto deliberativo. L'amministrazione reale e le vere responsabilità sono affidate a gerenti reclutati per cooptazione. Sono essi i veri governatori, i delegati del potere regio e del patrimonio borghese presso il mondo della miseria. [...]
Questa struttura caratteristica dell'ordine monarchico e borghese, e che è contemporanea della sua organizzazione sotto la forma assolutistica, estende ben presto la sua rete su tutta la Francia.

Lucia Ferrante/Donne sole

[L. Ferrante, *Il valore del corpo*, in A. Groppi (a cura di), *Il lavoro delle donne*, Laterza, Roma-Bari 1996, pp. 218-221]

Nel brano che segue Lucia Ferrante (nata nel 1950) illustra come in pieno clima controriformistico i rapporti sessuali al di fuori del matrimonio attirino l'attenzione delle autorità religiose, che provvedono ad applicare politiche repressive senza precedenti su coloro che si rendono colpevoli di questo peccato. La tendenza è quella di trasformare un peccato in reato pubblico, con l'istituzione di tribunali speciali che giudicano ogni tipo di comportamento sessuale deviante come forma di prostituzione. È così che le relazioni intime, sia occasionali sia durature, ed il concubinato, che in passato erano abbastanza accettati e diffusi tra i ceti popolari, finiscono per essere accomunati al meretricio, rovinando in modo permanente la reputazione delle giovani. Ed è così che le donne nubili diventano bersaglio privilegiato della stretta controriformistica.

Tra XVI e XVII secolo l'effetto combinato delle difficoltà economiche, che probabilmente fecero aumentare il numero delle donne che usarono la propria sessualità come risorsa, e dello zelo controriformistico, che rese intollerabili comportamenti che fino ad allora non lo erano stati, diede grande impulso all'attività dei tribunali competenti a reprimere gli abusi sessuali. In realtà il sesso fuori del matrimonio continuò non solo a esistere, ma a prosperare; tuttavia le donne e gli uomini che volevano praticarlo dovevano fare i conti con forme repressive indubbiamente più dure dell'epoca precedente i grandi travagli religiosi. [...]
Individuata la solitudine, nei termini in cui è stata definita, come condizione che accomuna le donne che usano la propria sessualità come risorsa e delineato il contesto culturale e normativo all'interno del quale esse operano, resta da capire quali sono gli elementi che sottendono i comportamenti individuali.
Gli atti processuali sono le uniche fonti da cui traspare la voce di queste donne. L'analisi degli interrogatori, ma anche delle testimonianze e delle sentenze, dimostra l'importanza dello stato civile. Da molteplici indizi il matrimonio appare come una discriminante fondamentale tanto per le donne quanto per il mondo che le circonda. L'immagine che le donne hanno di se stesse e che trasmettono agli altri risulta fortemente legata alla loro condizione di nubili o maritate, non importa se vedove o separate. D'altra parte in questa società post-tridentina il matrimonio rappresenta sempre di più [...] il confine invalicabile entro il quale i rapporti sessuali sono permessi. Inoltre il sistema ereditario patrilineare, che prevede la trasmissione dei beni di padre in figlio maschio,

e l'ideologia dell'onore che vi è connessa attribuiscono alla donna maritata una responsabilità enorme. La sua funzione sociale è quella di dare una «prole certa» alla famiglia del marito, cui possa essere trasmesso il nome nonché il patrimonio concreto e simbolico della stirpe.
Una differenza netta tra nubili e maritate emerge anche tra le donne processate nel foro arcivescovile di Bologna verso la fine del Seicento. Le nubili, che sono anche tendenzialmente più giovani, manifestano sovente, a differenza delle maritate, l'idea di poter disporre liberamente del proprio corpo. [...]
Anche se le nubili sembrano credere di poter fare quello che vogliono, esse sono tuttavia consapevoli delle conseguenze negative dell'iscrizione negli elenchi delle pubbliche meretrici. [...] L'iscrizione nel registro delle meretrici rischiava di pregiudicare non solo il matrimonio, ma anche una situazione lavorativa desiderabile. [...]
Se le donne nubili guardano al meretricio come a un'attività tutto sommato possibile, il concubinato continua a rappresentare per loro un modo normale di utilizzare la propria sessualità insieme alle proprie capacità lavorative. [...]
Perseguito dal foro canonico in quanto fornicazione continuata, ma tollerato dal diritto civile, il concubinato è di competenza del medesimo organo che si occupa del meretricio. E ad esso si rivolgono le donne che vogliono farsi pagare e quelle che hanno perso la speranza di regolarizzare l'unione col padrone-concubino. In piena Controriforma, quando ormai la Chiesa ha scatenato un'offensiva durissima contro questo tipo di rapporto, donne povere continuano a trovare conveniente offrirsi sul mercato del lavoro come serve-concubine, ma, oramai, questo significa avere come riferimento il mondo della prostituzione.
Lo stato di nubile, tanto più se accompagnato alla giovane età, resta un'attenuante che comporta, da parte delle autorità laiche, un'applicazione meno rigida della norma, e da parte di quelle religiose un alleggerimento delle pene, qualora non vi sia concubinato. Sottendono queste politiche repressive, modulate sulle caratteristiche individuali delle donne, tanto consuetudini culturali di antica tradizione quanto un rinnovato zelo religioso e, ovviamente, esigenze di mantenimento della quiete sociale e dell'ordine pubblico.

ANALIZZARE E COMPRENDERE

1 **Che cosa simboleggiava secondo Levack la figura della strega per la società della prima età moderna e quali responsabilità le venivano imputate?**

2 **Secondo la ricostruzione storica attuata da Foucault, l'Hôpital général fondato a Parigi nel 1659 per l'accoglienza degli emarginati (folli, poveri, vagabondi) fu ispirato da un progetto assistenziale, sanitario e medico oppure da un'esigenza di disciplinamento e controllo sociale? Argomenta la tua risposta.**

3 **Qual era la funzione sociale della donna in età post-tridentina secondo Ferrante? E in quali registri rischiavano di essere inserite le donne nubili e le concubine? Argomenta le tue risposte.**

CONFRONTARE E RIELABORARE

4 **Componi un testo di max 20 righe in cui esponi, secondo quanto hai appreso dalle letture di Levack, Foucault e Ferrante, le modalità di segregazione e discriminazione attuate nella società europea tra Cinquecento e Seicento verso le figure che vivevano ai margini.**

S 37_Carlo V e gli equilibri politici europei

Questo percorso storiografico si apre con un contributo di **Federico Chabod**, che analizza lo scontro tra l'Impero e la monarchia francese per la supremazia in Europa a partire dal ruolo strategico giocato dalla città di Milano. Spostando la sua attenzione sull'organizzazione e il funzionamento interno all'Impero, **John H. Elliott** coglie uno dei suoi aspetti più importanti nell'irriducibile particolarismo geo-politico. La tendenza alla conservazione dello status quo che animò i diversi regni governati da Carlo V costituì un limite alla sua azione di governo e lasciò inalterati gli interessi perseguiti dai singoli territori. Parallelamente, gli equilibri vigenti all'interno e all'esterno della compagine imperiale vennero ridefiniti. Nell'ultimo brano che qui presentiamo **Karl Brandi** mette in evidenza il decisivo contributo dato da Carlo V sia nel definire il predominio degli Asburgo spagnoli, sia nel favorire la nascita degli Stati moderni.

Federico Chabod/Milano, una conquista strategica

[F. Chabod, *Storia di Milano nell'epoca di Carlo V*, Einaudi, Torino 1961, pp. 37, 44-47]

Nel brano che presentiamo Federico Chabod (1901-1960) sottolinea che alla metà del XVI secolo Milano rappresentava la porta d'ingresso per accedere all'intera Penisola italiana e, attraverso il controllo su di essa, garantirsi la supremazia in Europa. L'importanza strategica di Milano era sostenuta da teorie largamente convalidate e condivise, soprattutto negli alti ambienti di corte. Secondo quanto affermavano i teorici politici dell'epoca, l'Italia era il principale fondamento del potere in Europa perché permetteva di controllare la Svizzera e la Germania. Nello scontro che oppose Carlo V a Francesco I per la conquista del capoluogo lombardo si concentrava quindi la lotta per il predominio sull'intero continente.

Quel che il re di Francia volesse era chiaro a tutti da gran tempo. Nonostante le paci di Madrid e di Cambrai, le ripetute rinunce ai propri diritti sul Milanese, Francesco I continuava a rimaner ben fermo nel proposito di riavere, in un modo o in un altro, le terre fra Ticino, Adda e Po. La *sensualité et affection* [il trasporto e l'affetto] dei Francesi per Milano [...] era vecchia conoscenza di italiani e stranieri, ancora al tempo di Luigi XII[1]. La «sete incredibile» che il re di Francia ha di Milano – anche morto, egli continuerebbe a pensare «all'impresa di Lombardia», la quale gli sta tanto a cuore quanto Parigi – era già stata motivo di commenti fra il Machiavelli e il Vettori[2], nella inquieta estate del 1513. [...]
Le paci del 1528 e 1529 erano appena conchiuse, Francesco II Sforza[3] era appena tornato in seggio – anche per esplicite richieste degli ambasciatori di Francia e d'Inghilterra – e già, nel novembre 1531, Francesco I risollevava la questione di Milano. [...]
Era, ormai, un ritornello costante e comune questo; e doveva continuare ad esserlo anche dopo che la guerra in Piemonte e gli eventi degli anni tra il 1536 e il 1544 avessero indotto taluno lungimirante tra i politici imperiali a constatare, che non più Milano, sì il Piemonte era lo scudo d'Italia. Ma questo doveva essere, appunto, il risultato – e d'altronde risultato palese non a tutti – di una nuova e prossima esperienza: sino al '35, la lezione delle cose ammoniva ancora che Milano e Genova erano le chiavi e la porta d'Italia, e che la sua necessaria difesa Napoli la trovava nella città di sant'Ambrogio. [...]
Cedere Milano al re di Francia, equivarrebbe a consegnargli l'Italia. [...]
A Roma, all'inizio del 1536, queste o simili affermazioni venivano ribadite dai sostenitori di Carlo V, nel gran correre di notizie, chiacchiere e previsioni: [...] Milano «vero capo e bastione di tutto il resto per mille ragioni»; Milano scudo di Napoli, antemurale del regno e di Sicilia: era un motivo ormai tradizionale, destinato a riecheggiare a lungo. [...] Nella politica italiana della Spagna il binomio Milano-Napoli era ormai destinato a fungere da parola d'ordine.
Persino al di là dell'Atlantico, nelle colonie spagnole, c'era chi si associava al detto comune, quando pensasse agli affari d'Europa. [...]
Milano, Napoli: era il controllo politico della penisola che sarebbe passato al re di Francia. E chi domina la penisola, domina il mondo: i francesi lo sanno bene, e perciò annettono maggior valore al possesso d'Italia che alla difesa del proprio paese. Perché, dominando l'Italia si tengono a bada «toutz les pays dalemagne et suisses [...]» [tutti i paesi di Germania e Svizzera].
Mercurino da Gattinara[4] non c'era più, a ripetere la sua insistente, quasi monotona esortazione «que litalie est le principal fondement: de tout le fruict que pourrez cueillir de cest empire» [che l'Italia è il principale fondamento: di tutti i frutti che potrete cogliere di questo impero], del più grande impero che mai nessuno avesse avuto tra i cristiani, nemmeno Carlo Magno; ma molti continuavano ad essere coloro che in una Milano francese, avrebbero visto il rovesciamento, a danno di Spagna e impero, di tutta la situazione europea. L'Italia era sempre il «fondamento» della monarchia di Cesare. [...]
Chiaramente appariva, sin d'allora, ch'era in gioco il rapporto generale di autorità e di potenza fra i due dominatori dell'Europa continentale; che, dunque, si trattava non di un problema particolare, bensì del problema politico di fondo, non di una semplice questione territoriale, bensì della supremazia politica in Europa. Il possesso di Milano ne costituiva la chiave: e perciò i Francesi «dove prima affettavano il ducato di Milano,

1. Luigi XII (1462-1515) fu re di Francia dal 1498 [▷ **12/3**].
2. Niccolò Machiavelli (1469-1527) fu intellettuale, scrittore e uomo politico di primo piano della storia d'Italia [▷ **13/5**]. Francesco Vettori (1474-1539) fu invece ambasciatore della Repubblica fiorentina presso papa Leone X.
3. Francesco II Sforza (1495-1535), figlio minore di Ludovico il Moro, fu l'ultimo duca di Milano indipendente e guidò la città dal 1521.
4. Mercurino Arborio (1465-1530), marchese di Gattinara, fu cancelliere di Carlo V e ispiratore della sua politica.

ora primieramente hanno l'occhio alla grandezza di Cesare, e secondariamente a Milano».
Milano poteva apparire la radice di ogni male [...] le pretese del re di Francia su di essa potevan venir giudicate, alla corte imperiale, origine di tutti i mali sofferti dalla cristianità, mentre, all'incontro, per i Francesi e molti italiani causa di tutti i guai era l'acre volontà di «monarchie et tyrannie» di Cesare, ostinantesi nel voler tener Milano contro ragione e opportunità. [...]
Causa per cui «la Christianità ha già patito et paté tanto male» questo «piccolo circuito di paese, dal quale si può uscire in una breve giornata, trovisi l'uomo dove si voglia, se bene fosse nel centro», ancor più tardi sarebbe stato giudicato il vaso di Pandora della storia europea. [...]
In verità, Milano, era soltanto l'occasione «del escandalo», il motivo specifico che, in quel momento, per la «opportunità del sito» convogliava in sé tutti i contrasti di fondo della politica generale europea.

John H. Elliott/«Un aggregato di territori collegati in maniera... fortuita»

[J.H. Elliott, *La Spagna imperiale 1469-1716* (1963), trad. it. di A. Ca' Rossa, il Mulino, Bologna 1982, pp. 186-187]

L'Impero riunito sotto la corona di Carlo V fu una compagine di regni estremamente eterogenea e disorganica. Come sottolinea John H. Elliott (nato nel 1930) nel brano che proponiamo, la concezione patrimoniale con cui Carlo gestì i suoi territori fu totalmente sprovvista di quella «mistica imperiale» utile a creare vincoli economici e politici tra le diverse realtà. Di fatto il sovrano di tutti fu in primo luogo il sovrano di ogni singolo dominio, e i diversi territori riuniti nell'Impero difesero gelosamente ciascuno il proprio assetto costituzionale, le proprie libertà e le proprie leggi. Gli interessi particolaristici prevalsero su una visione di appartenenza comunitaria e impedirono l'avvento di qualsiasi ordinamento comune.

L'impero era formato da un certo numero di dominii ereditari – asburgici, borgognoni e spagnoli – acquisiti dalla dinastia in diversi tempi e aventi ordinamenti istituzionali che variavano da un territorio all'altro. La concezione con cui Carlo V considerava i tanti e sparsi suoi possedimenti era quella patrimoniale. Egli era incline a guardare ad ognuno dei dominii come ad una entità a sé stante, retta dalle sue leggi tradizionali. Non aveva per lui importanza che i vari territori avessero ora un vincolo unitario, per il fatto che avevano tutti lo stesso sovrano. E anche i singoli territori per loro conto tendevano a convalidare tale concezione. Nessuno di essi, infatti, voleva essere considerato secondo ad un altro, solo perché il suo sovrano era anche imperatore e monarca di altri stati. Così la Spagna nel settembre del 1519 strappò a Carlo la promessa che «il preporre il titolo di imperatore davanti a quello di re di Spagna non comportava affatto che si pregiudicassero la libertà e i privilegi di questi reami».
I vincoli che tenevano insieme i vari territori imperiali di Carlo erano, quindi, analoghi a quelli che avevano tenuto insieme la federazione medievale dei territori della corona di Aragona. Ognuno di essi continuò ad avere le proprie leggi e le proprie libertà e ogni modifica di tali leggi che intendesse realizzare una più stretta coordinazione tra gli assetti costituzionali dei vari dominii sarebbe stata reputata una violazione flagrante dei doveri ereditari del sovrano verso i suoi sudditi. La concezione tradizionale fu al riguardo ben formulata da un giurista del diciassettesimo secolo quando scrisse: «i vari regni devono essere retti e governati come se il re che li possiede tutti insieme fosse sovrano soltanto di ognuno di essi». Insomma, il sovrano di tutti i dominii restava in modo predominante il sovrano di ognuno singolarmente e, nonostante tutti gli ostacoli formidabili posti dalle distanze e dal tempo, ci si attendeva che egli si regolasse secondo tale principio. Per gli aragonesi Carlo era soprattutto il re dell'Aragona; per i castigliani egli era il re della Castiglia; per i fiamminghi era il conte delle Fiandre; e se essi talvolta si concedevano un certo sentimento di orgoglio perché il loro sovrano era anche sovrano di tanti altri territori, quel sentimento sbiadiva davanti all'irritato fastidio che si provava per le richieste fatte al sovrano da parte degli altri dominii, dato che si opinava che così i particolari interessi di un dominio potevano essere trascurati a pro di quelli altrui.
Due conseguenze importanti derivarono dal fatto che l'Impero di Carlo V altro non era che un aggregato di territori collegati in maniera presso che fortuita da un sovrano a tutti comune. In primo luogo, gli ordinamenti costituzionali tipici di ognuno dei vari territori o dominii ebbero una sorta di congelamento o di cristallizzazione. Ogni dominio, infatti, fu quanto mai sensibile ad ogni minaccia reale o presunta al proprio assetto tradizionale e proprio questa gelosa difesa del proprio assetto impedì che si ponesse mano, anche solo in modo embrionale, ad un ordinamento istituzionale comune all'Impero nel suo complesso, come, a quanto pare, avrebbe voluto il Gattinara, ma che lo stesso imperatore non sembra aver mai preso in seria considerazione. In secondo luogo, ne risultò impedita la formazione di più stretti

vincoli tra i diversi dominii sia sul piano economico sia sul piano politico; rimasero cioè assenti quei vincoli che avrebbero contribuito a creare una mistica imperiale e cioè il senso di partecipare tutti ad un'impresa comune. Mancando tale mistica, i dominii di Carlo continuarono a pensare solo a se stessi e cioè a vivere in funzione dei loro interessi particolari e, quindi, a percepire in senso negativo, come cosa non loro, il coinvolgimento in guerre che, appunto, parevano avere poca attinenza con i loro interessi o non averne addirittura nessuna.

Karl Brandi/Dall'ideale dell'Impero dinastico e fideistico agli Stati moderni

[K. Brandi, *Carlo V* (1937), trad. it. di L. Ginzburg ed E. Bassan, Einaudi, Torino 1961, pp. 3-5]

Per lo storico tedesco Karl Brandi (1864-1946) Carlo V fu l'artefice di nuovi equilibri politici destinati a sopravvivere nei secoli. Della sua monografia sull'imperatore riportiamo un passo nel quale Carlo V è presentato nella veste di «creatore»: egli seppe fondere la tradizione cavalleresca con la coscienza religiosa, inaugurò il predominio degli Asburgo spagnoli e diede vita a un Impero basato sulla dinastia e sull'unità di fede. La sua politica tuttavia, per quanto fosse ispirata a questo ideale imperiale, contribuì alla nascita degli Stati moderni, ora indebolendo vecchie potenze e forme politiche comunali e feudali, ora indirizzando le mire espansionistiche delle monarchie europee, ora rafforzando Stati territoriali legati da lungo tempo all'Impero.

Esistono personalità storiche di sovrumana potenza creatrice, che sembrano plasmare la realtà quasi per una loro elementare energia e che prescrivono ai secoli le leggi del pensiero e dell'azione. Di tale sorta non fu Carlo V. Egli appartenne piuttosto a quella categoria di uomini che debbono essere chiamati «grandi» perché nella loro compiuta personalità condensarono le forze storiche più antiche, congiunsero in nuove unità le idee ereditate di potenza, di fede e di vita, quasi anticipando i contrasti del futuro.

In questo senso fu anche lui un creatore.

Carlo V portò gli Asburgo all'apice della potenza. Egli unificò ed estese i territori; dette alla sua Casa un nuovo carattere rappresentativo in cui si fusero insieme le forme di vita cavalleresca della corte di Borgogna con la coscienziosa religiosità dei Paesi Bassi, la gravità spagnola con le tradizioni universali dell'antico Impero romano-germanico. In pari tempo, con la somma dei titoli di sovranità da lui ereditati egli creò un nuovo sistema imperiale europeo e, in un certo senso, transoceanico, un impero universale, che per la prima volta non si basava su conquiste ed ancor meno su un insieme di paesi tra loro omogenei, bensì sull'idea dinastica e sull'unità della fede.

Le nuove basi che Carlo diede al suo Impero ebbero anche per effetto di suscitare nuove contraddizioni, come dimostrarono la guerra combattuta nei Paesi Bassi e le lotte in Germania, in Italia e in Spagna.

Accordando alla linea cadetta della sua casa gli antichi diritti delle terre danubiane, ricche di risorse, ma gravide altresì di pericoli, e spostando il centro di gravità del suo dominio dalla Germania e dalla Borgogna alla Spagna, in fase di sviluppo e di espansione, Carlo V creò per un secolo e mezzo, all'interno della sua famiglia, il predominio degli Asburgo spagnoli. Non già dalla Germania, ma dalla Spagna egli poté assicurare di nuovo al proprio dominio le antiche terre imperiali di Milano e di Toscana, ma soprattutto di Napoli; e spostare così l'asse dell'Impero dalla direzione nord-sud verso la linea Madrid-Roma, strappando per lungo tempo l'Italia all'influenza francese. Movendo dalla sua concezione imperiale, che aveva per fulcro la Spagna, egli riannodò in pari tempo, per sé e per suo figlio, nell'ambito del sistema degli stati europei, gli antichi legami degli imperatori con la potenza politica del papato. Ancor più profonde ragioni, radicate nella storia germanica, diedero al suo atteggiamento verso il movimento protestante un carattere politico oltreché religioso. Nella sua lotta in difesa della concezione universale della Chiesa, l'imperatore si vide penosamente abbandonato dalla potenza politica del papato italiano e gravemente intralciato dalla cattolica Francia, alleata ai Turchi. Egli vide scindersi di nuovo, come ai tempi degli Hohenstaufen, la funzione temporale e spirituale dei papi; ciò che fu cagione dei maggiori conflitti, per la sua rigorosa fedeltà ai propri ideali sia politici che religiosi.

Anche nella politica interna vi furono fecondi contrasti. La politica di gabinetto di Carlo, inevitabilmente superterritoriale, condusse i suoi stati dalle invecchiate forme politiche comunali e feudali, in via di dissoluzione – con i loro privilegi, le guerre locali e l'instabilità di potere –, ad una più elevata idea dello Stato. [...] Tuttavia, la conseguenza ultima della politica dinastica di grande potenza perseguita da Carlo fu quella – cosa abbastanza stupefacente – di aprire la strada all'idea dominante del secolo, quella dei moderni stati europei.

In Spagna questo sovrano, cinto dello splendore della corona imperiale, e pur sempre fedele alle idee superterritoriali, finì con l'essere il fondatore dello Stato nazionale: fu Carlo infat-

ti a condurre a compimento l'opera che Ferdinando II ed Isabella avevano solo preparato. E, sebbene dovesse combattere con gli egoismi degli antichi reami, egli seppe assicurare, attraverso la sua politica matrimoniale, l'unione temporanea col Portogallo e l'unità della penisola iberica, patria di tutti i viaggi di circumnavigazione.
In Germania e in Italia, al contrario, la sua politica universale rese possibile l'ascesa al grado di potenze europee degli stati territoriali che per tanto tempo erano rimasti legati alla compagine imperiale e al suo pensiero politico; e proprio la via verso questa mèta egli indicò, molto contro voglia, ai più potenti fra essi. Così egli, che conferì il più vasto contenuto all'idea imperiale tedesca, fu in pari tempo il maggiore responsabile della dissoluzione dell'Impero. Ad esso sottrasse i Paesi Bassi, quantunque proprio lui fosse in condizione di restituirglieli. Mise in pericolo l'Alsazia e indirizzò verso la Lorena la Francia, allontanandola dall'Italia. Come signore dei Paesi Bassi era divenuto anche avversario dell'Ansa tedesca, che uscì definitivamente dal novero delle potenze nordiche. Nell'Impero egli lasciò rafforzati non soltanto i principi protestanti, che avevano trovato nuovo impulso vitale, ma anche quelli cattolici; agli Asburgo d'Austria, infatti, egli aveva lasciato in eredità lo scisma religioso ed il pericolo turco, non però la Spagna, Milano e la Borgogna; ciò che li costrinse più che mai a cercare l'aiuto dei loro correligionari dell'Impero.

ANALIZZARE E COMPRENDERE

1 **Che cosa rappresentava, secondo Chabod, Milano nella visione strategica dei consiglieri politici di Carlo V e Francesco I? E come appare la reale fisionomia della città nella descrizione di un contemporaneo?**

2 **Quali sono, secondo Elliott, le due conseguenze della natura non omogenea dell'Impero di Carlo V? Come reagivano i domini di Carlo V alla politica belligerante intrapresa dall'imperatore e ai suoi costi? Argomenta le tue risposte.**

3 **Creando un nuovo asse all'interno dell'Impero, quale ramo della dinastia asburgica privilegiò Carlo V e a scapito di quale altro, secondo Brandi? Quali furono le conseguenze della politica di Carlo per Spagna, Germania e Italia?**

CONFRONTARE E RIELABORARE

4 **Componi un testo di max 20 righe sulle intrinseche debolezze dell'Impero di Carlo V rimarcate da Elliott e sui tratti di novità evidenziati invece da Brandi. Poni l'accento sul fallimento del grandioso progetto di unificazione politica e religiosa di Carlo V e sull'impulso dato da quest'ultimo alla nascita degli Stati moderni.**

S/38_L'Italia del Cinquecento

Nel Cinquecento il panorama politico italiano era caratterizzato dalla presenza di diversi principati territoriali, entità statali ben diverse dalle monarchie nazionali che stavano emergendo in altre aree d'Europa. Proprio la specificità del caso italiano è al centro di questo percorso storiografico. Nel primo brano **Paolo Viola** illustra la fragilità strutturale del sistema politico italiano, costituito da principati non abbastanza forti per riuscire ad espandersi e per contrastare le spinte centrifughe di potentati locali e patriziati urbani. Nel secondo brano **Angelantonio Spagnoletti** mette in luce l'importanza che nel sistema dei principati vennero ad assumere i matrimoni tra esponenti delle casate regnanti nel definire assetti politici ed alleanze. Nel terzo brano, infine, **Alessandra Contini** si concentra sul caso della Toscana di Cosimo de' Medici, che riuscì a rafforzare il proprio potere e le istituzioni politiche dello Stato in cambio della sua fedeltà all'Imperatore Carlo V.

Paolo Viola/La fragilità politica dell'Italia

[P. Viola, *L'Europa moderna. Storia di un'identità*, Einaudi, Torino 2004, pp. 111-112]

Paolo Viola (1948-2005) fa un rapido quadro della situazione degli Stati italiani nel Cinquecento, mettendo l'accento sul carattere di fragilità politica che li distingueva rispetto alle monarchie nazionali che stavano emergendo nel resto d'Europa. Compagini territoriali relativamente piccole, prive di un esercito permanente e soprattutto non dotate del fattore unificante rappresentato da una continuità dinastica, i principati italiani non riuscirono a rafforzare le loro istituzioni, né ad espandersi territorialmente, né, infine, a sedare le spinte di ribellione di nobili feudali e patriziati urbani.

Si era ancora alquanto lontani, anche se in certi casi più e in altri meno, da quella forma di sovranità territoriale comprendente un governo, una forza armata, un'amministrazione unitaria della giustizia, dei confini certi e sorvegliati, che noi chiamiamo «lo Stato». Nelle monarchie dell'Europa occidentale si era meno lontani, e questa è una delle principali ragioni che spiegano il loro successo, in confronto all'Europa centrale, e particolarmente all'Italia, ove risultavano difficili le due principali imprese necessarie a rafforzare le istituzioni politiche: quella di ridurre le ribellioni dei feudatari e signorotti locali, o le autonomie dei patriziati urbani, e quella di rafforzare il dominio patrimoniale e ingrandirlo a spese dei vicini, con alleanze matrimoniali o con la guerra. Gli ostacoli si rivelarono a lungo insuperabili, e crearono una debolezza strutturale della politica, una costante di lungo periodo della storia della penisola, particolarmente stridente con l'enorme ricchezza materiale e culturale delle città italiane. L'Italia era il paese più opulento, e più colto e raffinato d'Europa, e divenne anche il più gracile e inerme, fin dalla fine del Quattrocento facile preda dei vicini: la Francia e la Spagna, più tardi l'Austria, che invece politicamente crescevano. Di questa fragilità strutturale fu testimone e critico uno degli osservatori più acuti della sua epoca, Niccolò Machiavelli (1469-1527).

In Italia c'erano cinque potenze regionali principali: Milano, Venezia, Firenze, Roma e Napoli, e una moltitudine di staterelli minori o famiglie feudali sufficientemente forti per contrastare il rafforzamento dei sistemi politici, o fare appello ad altri paesi per imporsi nel proprio, o impedire il successo dei rivali. C'era anche al Centro-nord una caratteristica che non si trovava altrove: città sovrane «dominanti» e altre che erano loro suddite; e territori rurali (i contadi) che gravitavano intorno alle città, ed erano economicamente e politicamente da loro dominati, il che cambiava molto dal punto di vista politico, giuridico e identitario, rispetto all'appartenenza a monarchie nazionali. Le monarchie avevano la dignità di organismi voluti da Dio, di cui le diverse comunità erano le membra. Invece le città italiane suddite di altre città erano state semplicemente sottomesse e non avevano pienamente la dignità di membra di un organismo vivente. Avevano dunque perso la loro «libertà». Non c'erano veri eserciti permanenti, e la guerra si faceva prevalentemente con milizie professioniste di volta in volta prese in affitto: le compagnie di ventura, fedeli solo a chi, e finché, le pagava. Anche le politiche, i progetti politici, si facevano solo di volta in volta. Perché, mancando le solidità dinastiche, non c'era il tempo lungo della progettualità; e gli interessi cambiavano, così come le alleanze, le lealtà, le idee che prevalevano su ciò che conveniva a ciascun paese.

Angelantonio Spagnoletti/Matrimoni e politiche dinastiche

[A. Spagnoletti, *Matrimoni e politiche dinastiche in Italia tra gli anni Trenta e gli anni Cinquanta del Cinquecento*, in F. Cantù e M.A. Visceglia (a cura di), *L'Italia di Carlo V. Guerra, religione e politica nel primo Cinquecento*, Viella, Roma 2003, pp. 97-100]

Sulle politiche dinastiche e sui giochi successori che caratterizzarono il quadro italiano del Cinquecento si concentra Angelantonio Spagnoletti. A lungo sottovalutate dagli storici, che si sono concentrati maggiormente sulla storia politica e militare dei principati italiani, le dinamiche dinastiche offrono un punto d'osservazione diverso e ricco di suggestione. La storia politica di quegli anni non può essere compresa fino in fondo, secondo l'autore, se si prescinde dalla dimensione fortemente patrimoniale che il potere rivestiva. A metà strada tra evento pubblico ed evento privato, i matrimoni tra esponenti di casati principeschi si trovavano così al centro della storia politica dell'epoca.

Una ricerca volta a ricostruire le politiche familiari dinastiche nell'età di Carlo V, soprattutto quelle tese a costituire ampie, autorevoli e protettive reti di alleanza e di solidarietà attraverso lo strumento del matrimonio tra esponenti di case regnanti diverse appare, oltre che suggestiva, particolarmente proficua in quanto favorisce una serie di riflessioni sulla storia degli antichi stati italiani del Cinquecento e risponde ad una serie di interrogativi concernenti in modo particolare l'effettiva produttività politica di pratiche che promuovevano il moltiplicarsi dei legami di parentela che allacciavano tra loro le dinastie principesche della penisola e, in alcuni casi, queste a prestigiose famiglie reali europee.

Attenta alle vicende demografiche, matrimoniali, successorie delle famiglie appartenenti alle nobiltà feudali o ai patriziati urbani, la più recente storiografia italiana non si è mai seriamente interrogata sul ruolo politico che assolvevano nella prima età moderna le dinastie principesche, in quanto agglomerato verticale e orizzontale di uomini e di donne titolari di forme di sovranità e sugli strumenti di cui esse disponevano per determinare gli indirizzi di governo e le relazioni internazionali dei loro stati. [...]

La dimensione dinastica e [...] le trame matrimoniali che si tessevano nelle corti, con il loro corollario di negoziazioni, mediazioni, trattative sulla natura e sull'entità della dote, costituiscono a mio parere un modo non subalterno di approccio alla storia dei secoli XVI-XVII. Attorno alla dinastia, scrive Giuseppe Galasso richiamandosi agli Asburgo di Spagna, si mobilitano forze ed energie, si crea un senso di identità e di compartecipazione alle vicende di un paese; «il sovrano e la sua dinastia – continua Galasso – non sono soltanto una realtà mistica, un'astrazione del sentimento politico-religioso, i titolari e i gestori di grandi diritti in campo pubblico, ma sono anche a capo del partito di governo espresso nei varii paesi attraverso una lotta, spesso plurisecolare, tra le forze che se ne contendevano il controllo».

Resta ovviamente da verificare se queste osservazioni possano applicarsi ai principati dell'Italia della prima metà del XVI secolo; in ogni caso, dobbiamo qui riconoscere che le dinastie italiane, anche negli anni segnati dal tramonto della loro esperienza storica, sembrano essere riuscite nel compito di produrre la maggiore identificazione possibile, in un contesto di antico regime, tra un territorio e i propri governanti.

Che le molteplici potenzialità politiche raggrumate in una dinastia costituissero strumento di rafforzamento dello stato retto a monarchia e fattore di coesione delle sue élite di governo lo aveva a suo tempo intuito Niccolò Machiavelli che ne *Il Principe*, soffermandosi sui «principati ereditarij», ne aveva sottolineato la maggiore facilità a conservarsi rispetto a quelli «nuovi», purché i rispettivi principi non trascurassero gli ordinamenti stabiliti dai loro antenati e riuscissero a temporeggiare con gli «accidenti» [...].

Lo scrittore fiorentino non si soffermava sulle politiche matrimoniali dinastiche, a differenza di quello che avrebbero fatto altri che, ragionando di principi e di stati, avrebbero riservato nelle loro opere largo spazio ai parentadi. Tra questi va annoverato Erasmo che nella *Institutio principis christiani* dedica alcune interessanti annotazioni alle nozze tra principi; tuttavia, il nostro, pur convenendo sul carattere pubblico più che privato comunemente attribuito a quegli sponsali e sebbene fosse stato testimone della spettacolare ascesa sul piano europeo degli Asburgo, grazie soprattutto all'accorta e lungimirante politica condotta in tal campo dai genitori e dai nonni di Carlo V, sembra non conferire agli intrecci matrimoniali particolare rilievo politico o, almeno, sembra non dare ad essi il significato che comunemente era loro attribuito, in particolare quello di procurare la pace e di produrre solide alleanze.

Alessandra Contini/Il potere di Cosimo de' Medici tra strategie matrimoniali e compromessi diplomatici

[A. Contini, *«Correre la fortuna» di Cesare. Instabilità, diplomazia ed informazione politica nel principato di Cosimo I*, in F. Cantù e M.A. Visceglia (a cura di), *L'Italia di Carlo V. Guerra, religione e politica nel primo Cinquecento*, Viella, Roma 2003, pp. 404-407]

Un caso molto interessante nel panorama italiano è quello del ducato di Firenze di Cosimo de' Medici, illustrato da Alessandra Contini nel brano che segue. Abilissimo nell'intessere rapporti diplomatici con i delegati imperiali e a formalizzare la propria posizione filoimperiale attraverso il matrimonio con la figlia del viceré di Napoli, Cosimo de' Medici si pose come il garante della stabilità politica e degli interessi imperiali di Carlo V in Italia centrale. E in cambio di questa fedeltà ottenne dall'imperatore una certa autonomia e la piena legittimazione politica.

L'abilità del duca fiorentino e della sua frenetica attività diplomatica e familiar-dinastica alla ricerca di legittimazioni politico-giuridiche forti, consistette, come più volte si è accennato, in una infinita serie di azioni e bilanciamenti e nell'usare il proprio spazio di potere politico, diplomatico e militare per porsi, in pochi anni, quale garante degli equilibri imperiali al centro della penisola, minacciati dal papato e dalla Francia. In questo senso la prima tappa di questo indirizzo fu quella di riuscire, attraverso un gioco incrociato di pressioni diplomatiche che è possibile ricostruire in ogni loro fase, a legare la sua giovane Casata al forte potentato Asburgico. L'obiettivo primo sarebbe stato, come sappiamo, quello di diventare genero dell'imperatore sposando la figlia illegittima, vedova di Alessandro de' Medici, Margherita. Fallito questo «parentato» accettò la decisione dell'imperatore a favore di una figlia di don Pedro di Toledo, viceré a Napoli. Un matrimonio quello con Eleonora che fu «un completo successo dal punto di vista politico per Cosimo: gli garantì infatti il permanente appoggio di una delle più potenti consorterie spagnole e lo mise sullo stesso piano dei governanti degli altri stati che costituivano il composito Impero di Carlo V». Tre anni più tardi ottenne il risultato politico militare più ambito: la restituzione delle fortezze dallo stesso imperatore, ovvero riuscì ad ottenere che l'esercito imperiale lasciasse a Cosimo la difesa dei suoi territori. La contropartita alla quale Cosimo si candidò e che Carlo affidò a lui, fu quella di diventare la testa avanzata del sistema delle fedeltà imperiali nella penisola. Quel voler «correre la fortuna di sua Maestà», come si disse nel 1537, che solo gli poteva permettere la sopravvivenza e la protezione ma che era anche fondamentale strumento di stabilizzazione per Carlo V in una zona ad alto rischio come il centro Italia.

Una partita doppia, uno scambio su piani diversi, che ritornava appunto di nuovo nel 1546 nella formula del «correre la fortuna» dell'imperatore, presente nella sottile analisi di uno dei più intelligenti uomini del governo e della diplomazia veneziana, Bernardo Navagero; un giudizio su questo scambio di servizi fra il duca di Firenze e Carlo V che dovette essere ben presente, nel panorama di informazioni incrociate del sistema delle diplomazie, e che testimoniava il crescere della «reputazione» e dello spazio politico del duca fiorentino, in una fase di grande mobilità ed instabilità per la definizione degli equilibri politico-territoriali italiani.

Non è qui il caso di moltiplicare gli esempi: vale solo citare l'insistenza con la quale, a pochi giorni dall'istruzione segreta al Concini in corte imperiale, da cui siamo partiti, Cosimo fosse stato in grado, nel febbraio 1546, proprio utilizzando e pilotando l'azione politico-diplomatica del «sorvegliato» ambasciatore Serristori, di presentarsi presso l'imperatore quale garante, consigliere e mediatore della grande rivolta scoppiata a Siena da parte della fazione popolare contro le truppe imperiali. Una rivolta la cui ferocia sanguinaria veniva descritta nel dettaglio a Serristori, e per lui a Carlo V, e della quale Cosimo si poneva a risolutore, attraverso un complesso gioco di punizioni esemplari ma anche di mediazioni e ricomposizioni, giocando sulla individuazione di due partiti: quello infido dei «popolari» – ma pur diviso al suo interno e quindi riconquistabile in alcune sue componenti – e quella dei «Noveschi», che abbandonati i vecchi orientamenti guelfi si erano fatti filoimperiali.

Un modo per candidarsi presso Carlo, come scriveva, ad essere colui che conosceva ed era in grado di governare i conflitti di fazione e di far «star ogniuno a segno, et sotto la tacca del zoccolo».

Bronzino, *Ritratto di Eleonora di Toledo con il figlio Giovanni*, 1545

[Galleria degli Uffizi, Firenze]

Cosimo de' Medici sposò la duchessa Eleonora di Toledo nel 1539, da cui ebbe otto figli (nel ritratto compare con il piccolo Giovanni). Figlia del viceré di Napoli, Eleonora era una donna ricchissima, come ben testimoniano il sontuoso abito che indossa in questo famoso quadro di Bronzino – un magnifico broccato, ricamato con filo nero e dorato – e i gioielli che lo adornano – in particolare perle di svariate dimensioni.

ANALIZZARE E COMPRENDERE

1 **Perché, secondo Viola, nell'Europa occidentale cinquecentesca le monarchie erano più vicine a una forma di sovranità territoriale simile a quella che noi chiamiamo «lo Stato»? Che cos'era il fenomeno tutto italiano delle «città sovrane "dominanti"» e che cosa determinò nel Centro-nord della penisola? Argomenta le tue risposte.**

2 **Quale dinastia europea, come nota Spagnoletti, realizzò una stupefacente concentrazione di titoli e poteri in una sola persona tramite una sagace politica matrimoniale? Qual era il significato comunemente attribuito ai matrimoni tra gli esponenti di casate reali o principesche pianificati all'interno delle corti? Quale risultato ottennero le dinastie italiane nella prima metà del Cinquecento nel territorio che governavano?**

3 **Quale scambio di favori, secondo Contini, intercorse tra l'imperatore e il granduca di Toscana? E come fu ironicamente definito negli ambienti diplomatici italiani l'atteggiamento opportunista di Cosimo de' Medici verso Carlo V?**

CONFRONTARE E RIELABORARE

4 **Integrando le osservazioni di Viola con quanto hai studiato nel cap. 18, evidenzia in un testo di max 20 righe le ragioni del contrasto tra la fragilità politica dell'Italia e il suo altissimo livello artistico. Evidenzia inoltre la mancanza di dinastie sufficientemente forti e l'individualismo tipico dei signori italiani, quest'ultimo esemplificato dalla descrizione di Cosimo I offerta da Contini.**

Modulo_6
Guerre, Stati, viaggi e spazi aperti

1588 ■ L'*Invencible Armada* di Filippo II di Spagna fallisce il tentativo di attaccare il regno di Elisabetta I d'Inghilterra.

1598 ■ Con l'editto di Nantes, il re di Francia pone fine alla guerra contro gli ugonotti, riconoscendo loro libertà di culto.

1600-2 ■ Mercanti inglesi e delle Province Unite fondano le prime Compagnie per il commercio con le Indie.

1618-48 ■ La defenestrazione di Praga dà l'avvio alla guerra dei Trent'anni, che si conclude con la pace di Vestfalia: l'imperatore concede libertà di culto a tutte le confessioni.

1647 ■ Masaniello guida una rivolta popolare antispagnola e antinobiliare a Napoli.

1687 ■ Isaac Newton pubblica i *Principi matematici di filosofia naturale*.

atthäus Merian il Vecchio, *battaglia della Montagna Bianca*, XVII sec.

ONLINE

GUIDA ALLA PROVA D'ESAME

1/ Tre cicli di guerre

1562-1659: TRE CICLI DI GUERRE ■ Tre cicli di guerre, tutti e tre legati a problemi di stabilizzazione del potere di tre importanti monarchie – Spagna, Francia e Impero degli Asburgo d'Austria –, sconvolgono la vita dell'Europa centro-occidentale per 97 anni: si combatte, infatti, quasi ininterrottamente, dal 1562 (data di inizio delle ostilità tra ugonotti, ovvero i calvinisti francesi, e cattolici in Francia) al 1659 (data della pace dei Pirenei).

Non è che una parte delle guerre che si combattono in Europa. In questi decenni anche l'Est europeo è continuamente sconvolto da guerre che oppongono con sistematicità la Danimarca, la Svezia, la Polonia-Lituania e l'Impero russo, le cui armate – poi – sono impegnate in una vertiginosa espansione verso la Siberia, completamente conquistata tra il 1587 e la metà del XVII secolo.

Jacques Callot, *L'arruolamento delle truppe* e *Il saccheggio di una fattoria*

[incisioni da *Les Misères et les Malheurs de la Guerre*, 1633]

Nel corso degli anni Venti del XVII secolo, l'incisore francese Jacques Callot (1592-1635) realizza 18 tavole poi raccolte in un unico volume, nel 1633, sotto il titolo *Les Misères et les Malheurs de la Guerre* ('*Le miserie e i disagi della guerra*'). Con straordinaria eloquenza l'artista registra scenari di guerra, miseria e desolazione divenuti usuali e frequenti in un lungo arco di tempo a cavallo fra Cinque e Seicento.

I tre cicli centro-occidentali – i quali hanno un grande impatto sulle forme della politica in Europa – presentano alcuni **tratti comuni**, che devono essere preliminarmente chiariti:

a in primo luogo possiedono tutti un **connotato religioso**, nel senso che i fronti opposti si fissano secondo le linee di scontro che oppongono diverse confessioni religiose;

b in secondo luogo, sebbene in forme diverse, nascono sempre da un tentativo di **stabilizzazione e rafforzamento del potere monarchico**.

Questo secondo aspetto è particolarmente evidente quando la guerra è intrapresa per domare ceti riottosi (come, in parte, nel caso delle guerre di religione in Francia o, molto più chiaramente, come nel caso della guerra spagnola contro i ribelli olandesi, o della guerra degli Asburgo d'Austria contro i ribelli boemi); ma emerge con chiarezza anche quando se ne osservino i risvolti simbolici.

I RE COME "SIGNORI DELLA GUERRA" ■ Già sappiamo che la guerra è una figura identitaria profonda [▷ **8/1**] della cultura europea, in particolare di quella aristocratica, figura largamente valorizzata dal punto di vista sia culturale sia sociale [▷ **F40**]. E da sempre il sovrano ha, fra le varie prerogative, anche quella di essere considerato il responsabile primario della guerra, il **capo degli eserciti** del suo regno.

Ora, nel corso del periodo che va **dal tardo Quattrocento al Seicento**, questo aspetto si accentua ancora di più.

Il sovrano continua a essere considerato un soggetto "sacro", talora capace di compiere veri e propri miracoli che gli derivano dalla divina unzione cui è sottoposto al momento dell'incoronazione; è considerato anche il supremo dispensatore di giustizia, oltre che il depositario della sovranità, ovvero del potere di dar forza coercitiva alle norme di legge da lui emesse; inoltre è il massimo protettore (e talora perfino il capo) della Chiesa dominante nello Stato.

Nessuna di tali attribuzioni viene meno in questo periodo; ma, accanto a ciascuna di esse, la qualità di potente signore della guerra diventa ora un attributo al quale molti re ambiscono per ottenere prestigio, rispetto e obbedienza dai sudditi, soprattutto dalle nobiltà che, specie nei rami cadetti, quelli cioè esclusi dalla successione patrimoniale [▷ **1/4**], condividono con entusiasmo il costume guerresco.

È la stessa quantità di guerre combattute da **Carlo V**, nel suo poderoso sforzo di ricostituzione di un unico impero cristiano, a segnare la strada: nessun re, adesso, sembra sentirsi veramente tale, se non è in grado di allestire imponenti eserciti e tentare la conquista di nuovi territori. Inoltre, in un momento in cui l'esperienza religiosa abita profondamente la mente dei condottieri, **il carattere sacrale di quei re che sanno farsi capi di eserciti risulta, in qualche modo, esaltato** [▷ **C7**].

RESISTENZE AL RAFFORZAMENTO DEI POTERI DEI RE ■ Dietro tutto ciò c'è un processo di vertiginoso **accentramento del potere nelle mani del sovrano** e delle istituzioni che da esso dipendono. Per questo non sorprende che, non appena il centro monarchico perde potere, prestigio e autorità, sorgano numerose forze centrifughe e si scatenino incessanti resistenze, di carattere **cetuale**, **religioso** o **nazionale**. E, con caratteri suoi propri, la sanguinosa vicenda delle guerre di religione in Francia nasce proprio dall'attivarsi di una dinamica di questo genere.

LAVORA SUL TESTO
Sottolinea nel testo i caratteri comuni alle guerre combattute in Europa centro-occidentale tra XVI e XVII secolo.

Pieter Paul Rubens/*Le conseguenze della guerra*

Nel Medioevo e nell'Età moderna ci si esprime normalmente attraverso delle allegorie. Ne abbiamo già incontrate alcune, per esempio nella miniatura dei *Vangeli di Liuthar* o nel *Buon Governo* di Ambrogio Lorenzetti, a Siena. Ma cos'è, in effetti, un'allegoria? È una rappresentazione simbolica nella quale si usano delle figure umane per rappresentare idee, eventi, sentimenti, qualità morali, Stati o nazioni. A volte la figura allegorica è mediata da un personaggio mitologico: la figura di Atena, per dire, può diventare la rappresentazione simbolica della saggezza, che è uno degli attributi della dea. A volte, invece, si ricorre a pure invenzioni simboliche: così, per esempio, l'Abbondanza è simboleggiata da una donna prosperosa accanto alla quale sta una cornucopia piena di frutti e di spighe.
A volte le allegorie sono complicate e quasi indecifrabili. A volte, invece, sono chiarissime. Guardate il quadro di Pieter Paul Rubens (1577-1640), grande pittore fiammingo. Lo dipinge nel 1638, quando è ormai anziano (61 anni). Ha viaggiato molto. Ha visto molto. E ha dovuto assistere – direttamente o indirettamente – ai disastri della guerra che ininterrottamente flagella l'Europa tra la fine del Cinquecento e la prima metà del Seicento. La guerra gli fa paura. E ha ragione. E la sua paura la esprime,

benissimo, come sa fare lui e come normalmente si fa ai suoi tempi: cioè attraverso una grande allegoria. Al centro vi campeggia la figura di Marte, dio della guerra, barbuto e armato, che se ne va all'attacco con la spada sguainata, trattenuto però da una donna bella e opulenta: si tratta di Venere, la dea dell'amore, che con l'aiuto di un gruppo di amorini alati cerca inutilmente di fermarlo. Marte la guarda, ma non si ferma, perché è trascinato da Aletto, una delle Furie, dea della distruzione, e da altre due sinistre figure che si intravedono sullo sfondo, la Peste e la Fame, inseparabili compagne della guerra. Nel suo incedere, il guerriero travolge una donna che in mano ha un liuto spezzato: ciò significa che quando la guerra imperversa nessuna armonia può esserci al mondo. Travolge anche un uomo, che ha vicino gli strumenti dell'architettura, perché la guerra distrugge tutto ciò che si è costruito in tempo di pace. E infine sta per investire anche una donna spaventata, con un bambino in braccio, segno che la fecondità e la carità scompaiono quando si combatte. Non contento, Marte calpesta anche dei libri, e con questa immagine Rubens vuole dire che quando la guerra dilaga, la cultura, l'intelligenza e la scienza non hanno spazio alcuno. Infine, a sinistra, si vede una donna disperata, vestita di nero e con le mani e gli occhi levati al cielo: chi è? Lasciamolo dire allo stesso Rubens, che in una lettera all'acquirente del quadro ha descritto la sua allegoria sin nei minimi dettagli: «è l'infelice Europa, la quale già per tanti anni soffre le rapine, gli oltraggi e le miserie, che sono tanto notorie ad ognuno che non occorre specificarle».

Ora pensate per un momento al tema di Venere e Marte. Lo si incontra spesso nella pittura del Rinascimento: ma lì lo spirito era completamente diverso. Nel Rinascimento si respirava un'atmosfera culturale fiduciosa: la "rinascita" della civiltà sembrava a portata di mano; e a portata di mano sembrava anche la possibilità che la bellezza e l'armonia vincessero la furia distruttiva della guerra. Rubens non può più pensarlo. Non in questo quadro, almeno. Ed è molto significativo che la rovina portata con sé dalla guerra si abbatta in primo luogo sui simboli della cultura: i libri calpestati, il liuto rotto, gli strumenti dell'architetto dispersi per terra. Questo è un vero colpo di genio narrativo, attraverso il quale Rubens esprime tutto il suo pessimismo: la "rinascita" della civiltà, se c'è stata, è già finita; gli strumenti che hanno prodotto gli splendori del Rinascimento sono distrutti; davanti agli occhi non c'è più un sogno di armonia, ma un incubo di violenza, morte, fame e malattia.

Certo, il Seicento non è stato solo questo. Ma chi all'epoca avesse confrontato l'Europa seicentesca con le aspettative accese dall'Umanesimo o dal Rinascimento difficilmente sarebbe arrivato a conclusioni diverse da quelle alle quali giunge Rubens.

Pieter Paul Rubens, *Le conseguenze della guerra*, 1638
[Palazzo Pitti, Firenze]

GUIDA ALLA LETTURA

1. Sottolinea nel testo a commento le descrizioni dei singoli elementi del quadro e attribuisci alle frasi sottolineate un numero progressivo. Quindi, individua nella fonte iconografica gli elementi descritti e indica accanto ad ognuno di essi il numero di riferimento. Infine, riporta sul quaderno i numeri specificando a quale persona/oggetto corrispondono e qual è il loro significato allegorico. **2.** Quale visione del mondo esprime questo quadro? Realizza un testo (max 15 righe) in cui indichi fra parentesi i numeri dei particolari del quadro a cui fai riferimento nella tua argomentazione.

le PAROLE della STORIA

guerra civile
Si può parlare di guerra civile quando i membri di una medesima comunità politica (sudditi di una stessa monarchia, cittadini di una stessa repubblica) si dividono in gruppi che si fanno portatori di progetti politici inconciliabilmente opposti; la guerra scoppia per far prevalere un progetto politico a danno dell'altro. Il carattere estremo della contrapposizione spiega la violenza che, normalmente, accompagna questo tipo di guerre.

2/ Le guerre di religione in Francia

1562-1598: GUERRE DI RELIGIONE IN FRANCIA ■ La guerra civile che sconvolge la Francia dal 1562 al 1598 nasce dal sovrapporsi di una serie di crisi e conflitti di varia natura [▷ S40]:

a in primo luogo vi è un **collasso dell'autorità sovrana**, dovuto a una lunga e difficile crisi di successione al trono;

b in secondo luogo vi è un durissimo **scontro tra diverse fazioni nobiliari** che ambiscono al potere, se non addirittura alla corona per uno dei loro membri;

c infine vi è uno **scontro di carattere religioso**, tra gruppi cattolici e gruppi calvinisti.

CRISI DI SUCCESSIONE E SCONTRO TRA GRANDI FAMIGLIE NOBILIARI ■ La **crisi dinastica** si apre con la morte prematura di Enrico II (1547-59), cui succedono due figli bambini, Francesco II (1559-60) e Carlo IX (1560-74), e uno finalmente adulto, Enrico III (1574-89), anch'egli, come i suoi fratelli, privo di eredi e sotto il controllo psicologico e politico della madre, Caterina de' Medici (1547-59).

Le crisi di successione sono sempre un momento particolarmente delicato nella storia delle monarchie. In questo caso, la gravità della situazione è resa più acuta dal fatto che l'indebolimento dell'autorità monarchica coincide con una fase in cui la rapida **diffusione del calvinismo in Francia** crea un violentissimo attrito tra cattolici e ugonotti [▷ **15/7-8**].

Lo scontro si acuisce ulteriormente, infine, perché lungo la frattura confessionale passa anche una **frattura interna alle élite nobiliari**: alcune importanti famiglie – la principale delle quali è quella dei **Borbone** – aderiscono al calvinismo e ne sostengono le ragioni; altre – principale tra le quali quella dei **Guisa** – si mantengono fedeli al cattolicesimo e cercano di spingere la regina, Caterina de' Medici, verso una politica intollerante nei confronti degli ugonotti.

Nel **1562** la situazione precipita in uno scontro aperto fra le due fazioni nobiliar-religiose. A partire da allora, e per tutta la durata della crisi, **Caterina de' Medici** e i suoi figli si preoccupano di mantenere l'autorità sovrana quanto più possibile sopra le parti, anche perché sono enormemente sospettosi nei confronti di entrambi gli schieramenti e nei confronti delle ambizioni dei loro leader; per questo oscillano costantemente tra un fronte e l'altro. Tale politica, però, ostacola una conclusione rapida e chiara del conflitto e, a lungo andare, logora l'autorità della casa regnante, di cui sia l'uno schieramento sia l'altro finiscono per diffidare.

22 AGOSTO 1572: TRAGICA TENSIONE TRA CATTOLICI E PROTESTANTI A PARIGI ■ La guerra ha anche un carattere internazionale perché tanto Filippo II di Spagna, da un lato, quanto Elisabetta I d'Inghilterra o i principi luterani tedeschi, dall'altro, danno man forte all'uno o all'altro schieramento. Ma il conflitto ha soprattutto la natura di una **guerra civile** e questo tipo di guerra porta con sé anche il ricorso frequente a selvagge occasioni di violenza rituale, particolarmente sconvolgenti per la crudeltà degli atti commessi dai contendenti dell'una o dell'altra parte e per il numero di persone coinvolte.

Il caso più clamoroso, ma in nessun modo l'unico, è quello noto col nome di strage di S. Bartolomeo.

Il massacro si scatena nel 1572, in occasione del matrimonio tra uno dei capi del partito ugonotto – Enrico di Borbone, re di Navarra (1553-1610) – con la cattolica Margherita di Valois (1553-1615), sorella del re Carlo IX. Il **matrimonio** è stato combinato da **Caterina de' Medici**, madre sia di Margherita di Valois sia di Carlo IX, nell'intento di **rafforzare la pace** che da due anni sembra essersi instaurata tra le due fazioni religiose.

In occasione del matrimonio, molti gentiluomini protestanti accorrono a Parigi, al seguito di Enrico di Borbone. Il matrimonio viene celebrato il **18 agosto 1572**: Caterina de' Medici sembra aver raggiunto il suo scopo. Non passano pochi giorni che il corso delle cose deraglia completamente.

Parigi è una città cattolica e la massiccia presenza di gentiluomini protestanti suscita il malumore di molti, sia tra il popolo sia tra i nobili e i leader della fazione cattolica. Lo stato di tensione si manifesta apertamente il 22 agosto, quando uno dei più importanti capi protestanti, l'ammiraglio **Gaspard de Coligny (1552-72), viene ferito da una fucilata** mentre passa per strada. Non è chiaro chi abbia compiuto il gesto; è chiaro, invece, quali sono i risultati: il disegno perseguito da Caterina de' Medici, che intendeva rafforzare la pace tra le fazioni, viene completamente vanificato.

23-24 AGOSTO 1572: LA STRAGE DI S. BARTOLOMEO ■ I protestanti chiedono a gran voce giustizia e allora Carlo IX si reca al capezzale di Coligny per garantirgli che i colpevoli dell'attentato saranno puniti. Questo gesto esaspera i cattolici, i quali cominciano a pensare che sia necessario chiudere definitivamente la partita con i protestanti, prima che il re sia tratto dalla loro parte. Rapidamente **i capi cattolici pianificano una congiura** che si materializza nella **notte di S. Bartolomeo** (23-24 agosto 1572), quando più di 2000 notabili calvinisti, che ancora si trovano a **Parigi**, vengono massacrati di sorpresa nel sonno, nei loro alloggiamenti o per le strade. Tra di essi viene assassinato anche Gaspard de Coligny, dopodiché il suo cadavere viene orribilmente mutilato e straziato. In ragione del matrimonio con la sorella del

Frans Hogenberg, *Il massacro di San Bartolomeo e l'assassinio di Gaspard de Coligny*, 1572 ca.
[Bibliothèque Nationale, Parigi]

re, Enrico di Borbone, invece, riesce ad aver salva la vita: nondimeno, nei giorni seguenti il massacro continua nelle **province**, dove **gli ugonotti vengono uccisi a migliaia** [>F41].

Non è chiaro in che misura Caterina de' Medici e Carlo IX abbiano partecipato nella pianificazione del massacro; è chiaro, invece, che – a massacro iniziato – essi decidono di non opporvisi e tra i due fronti scelgono i cattolici; è lo stesso sovrano ad affermare, il 26 agosto, che il massacro era stato necessario per scongiurare la minaccia di un grave complotto ordito da Coligny e dai capi protestanti ai danni suoi e dei suoi familiari: questa ovviamente è solo una giustificazione a posteriori.

IL "TEATRO DELLA VIOLENZA LEGITTIMA" ■ Abbiamo più volte incontrato forme di violenza estrema, massacri di carattere rituale che nascono dal desiderio non solo di annientare il nemico, considerato una minaccia mortale per la propria comunità, ma anche di disonorarlo, degradandone il corpo in tutti i modi possibili: e le vio-

LE FONTI 41

Enrico Caterino Davila/La strage degli ugonotti

[Enrico Caterino Davila, *Storia delle guerre civili di Francia*, a cura di Mario D'Addio e Luigi Gambino, Istituto Poligrafico e Zecca dello Stato - Libreria dello Stato, Roma 1990, vol. I, pp. 325-327]

Italiano di origine spagnola, Enrico Caterino Davila (1576-1631) si trasferisce in Francia nel 1583, dove la famiglia frequenta gli ambienti della corte di Caterina de' Medici e di Enrico III. Intraprende poi la carriera militare e partecipa alle fasi conclusive della guerra civile francese. Ha, dunque, informazioni di prima mano sulla guerra, sulla quale riesce a raccogliere testimonianze orali di osservatori o di protagonisti. È sulla base di questo materiale che, più tardi, decide di scriverne la storia, pubblicata nel 1630 a Venezia col titolo *Storia delle guerre civili di Francia*. Il libro riscuote un grande successo, con decine di nuove edizioni edite negli anni successivi alla prima pubblicazione e tempestive traduzioni in francese (1642), in spagnolo (1651) e in inglese (1647).

Nel medesimo tempo si diede il segno al Preposto de' mercanti con la campana dell'orologio del palazzo, e quelli ch'erano preparati per questo fatto, avendo ricevuto l'ordine di quello che dovevano fare da Marcello[1] – che poco prima aveva esercitato quell'uffizio ed era fra il popolo d'autorità grandissima – si diedero ad ammazzare gli Ugonotti per gli alloggiamenti e per le case nelle quali erano sparsi, e se ne fece grandissima strage non distinguendo né età, né sesso, né condizione. S'era messo in arme tutto il popolo sotto i capi delle contrade e per tutte le finestre erano accesi lumi, sì che senza confusione andavano di casa in casa, eseguendo l'ordine avuto; ma non si poté però procedere con tant'ordine, benché vi s'affaticassero molto quelli che comandavano, che non vi morissero anco molti de' Cattolici, oppressi o dall'odio pubblico, o da nemicizie private, tra i quali Dionisio Lambino e Pietro Ramo, uomini nella professione delle lettere di grandissima fama[2]. [...]

Per la città, il primo e il seguente giorno furono uccisi più di dieci mila, e tra questi più di cinquecento baroni e cavalieri, e uomini che nella milizia avevano tenuto i primi gradi essendo convenuti con gran studio da tutte le parti del regno per onorare le nozze. Furono fatti prigioni monsignore di Briquemaut ed Arnaldo Cavagna, i quali per sentenza del parlamento furono poi squartati come ribelli[3]. Il corpo dell'Ammiraglio[4], cavato a furia di popolo dalla stalla ov'era stato riposto, fattone prima infiniti strazi, fu dalla moltitudine infuriata contro al suo nome, dopo d'averli spiccata

1. *Marcello*: è Claude Marcel, che fino al 16 agosto 1572 ha ricoperto la carica di Prevosto dei mercanti di Parigi (carica paragonabile a quella di sindaco della città).
2. *Dionisio... fama*: Denis Lambin è un cattolico, professore di Eloquenza; Pierre de la Ramée, invece, si era fatto calvinista sin dal 1561.
3. *Furono... ribelli*: François de Beauvais, signore di Briquemaut, e Arnaud de Cavagne, membro del Parlamento di Tolosa, entrambi leader ugonotti, sono giustiziati su ordine del Parlamento di Parigi, che – dietro indicazione di Carlo IX – li ritiene colpevoli di cospirazione contro il monarca.
4. *Ammiraglio*: Gaspard de Coligny, signore di Châtillon-sur-Loing (più avanti *Ciantigli*) e Ammiraglio di Francia, è uno dei principali capi dello schieramento ugonotto.

lenze di massa cui si ricorre durante le guerre di religione in Francia (ma anche in molte altre guerre coeve e successive) hanno proprio questo significato.

Si può anche osservare che la strada presa dalle istituzioni penali cinquecentesche, che utilizzano una sorta di "teatro della violenza legittima", mettendo in scena esecuzioni particolarmente crudeli, compiute in pubblico per **finalità "educative"** (cioè per scoraggiare altri dal compiere lo stesso crimine), sembra riverberarsi sui **massacri rituali** cui spesso si fa ricorso nelle guerre di questi decenni: infierire sui corpi dei nemici diventa una sorta di trasposizione su scala di massa delle degradanti modalità di punizione che i tribunali legittimamente ordinano contro i colpevoli di reati considerati particolarmente infami.

LA DINASTIA DI VALOIS VITTIMA DELLE GUERRE DI RELIGIONE ■ La conclusione della guerra comincia a delinearsi dopo un periodo di scontro a tutto campo fra i due schieramenti e viene resa possibile da un assassinio politico: il 31 luglio 1589 **Enrico**

la testa e tagliate le mani, strascinato per le strade sino a Monfalcone[5], luogo della giustizia, e quivi lasciato per uno de' piedi impiccato alla forca, e dopo non molti giorni plaudendo e giubilando tutto il popolo, acceso fuoco alla medesima forca, restò mezzo abbrucciato, non si trovando fine alli scherni del suo cadavero, sin tanto che da due familiari del maresciallo di Momoransi[6] furono asportate di notte quelle poche reliquie ed a Ciantigli nascosamente sepolte. [...]
Il giorno seguente alla morte dell'Ammiraglio, il duca d'Angiò uscì fuori del Lovero[7] e, accompagnato dal reggimento delle guardie tutto in arme, andò per la città e per i borghi per far aprire le case di chi avessero voluto far resistenza; ma tutti gli Ugonotti, o erano di già morti, o spaventati avevano preso il contrasegno della croce bianca sopra il cappello, come portavano universalmente i Cattolici, e procuravano nascondendosi di scampare la vita, ma mostrati a dito da qualcheduno per le strade, o in qualche altro modo riconosciuti, erano senza remissione lacerati dal popolo e gettati nella riviera[8].
Il giorno che precesse questa terribile esecuzione, il Re spedì molti corrieri in diverse parti del regno, comandando a' governatori delle città e delle provincie che dovessero fare l'istesso; ma questa commissione fu eseguita più e meno severamente secondo l'inclinazione di ciascheduno: perché a Meos la medesima sera, ed i giorni seguenti a Orliens, a Roano, a Burges, ad Angers, a Tolosa, ed in molti altri luoghi, ma sopra tutti a Lione, si fece strage grandissima degli Ugonotti, non si perdonando né a sesso, né ad età, né a qualità di persone; all'incontro ne' luoghi ov'erano governatori o dependenti de' Prencipi, o seguaci della famiglia di Momoransi, non si eseguì se non tardi e debolmente l'ordine avuto, ed il conte di Tenda nella Provenza ricusò liberamente d'ubbidirlo, per la qual cosa pochi giorni dopo, essendo nella città d'Avignone, fu segretamente – come si crede, per commissione del Re – tolto di vita.
Gravi e terribili accidenti si potrebbero raccontare in questo luogo, perché in tante e così diverse parti con varietà mirabile di avvenimenti s'estese questo flagello ad ogni condizione di persone, sì che divolgò costantemente la fama essere in pochi giorni periti più di quaranta mila Ugonotti; ma la maniera che abbiamo sin qui tenuta di seguire succintamente l'ordine delle cose, non ci permette diffondersi nella tragica narrazione di questi avvenimenti.

5. *Monfalcone*: Montfaucon, nei pressi di Parigi.
6. *maresciallo di Momoransi*: François duca di Montmorency (1551-79), maresciallo di Francia, cattolico e moderato, è saldamente ostile alla famiglia dei Guisa e alla loro linea di attacco duro contro gli ugonotti; Gaspard de Coligny è suo cugino.
7. *il duca... Lovero*: il duca d'Angiò è il futuro Enrico III; il Lovero è il palazzo reale del Louvre.
8. *nella riviera*: nella Senna.

GUIDA ALLA LETTURA

1. Secondo il resoconto, il massacro è improvvisato o è stato precedentemente organizzato? Rispondi citando gli elementi che suffragano la tua ipotesi. **2.** Con quali criteri vengono scelte le vittime? Cita alcuni esempi che ti sembrano significativi. **3.** In che modo gli ugonotti cercano di sfuggire alla morte? **4.** Con quale fazione si schiera il re? Rispondi mettendo in evidenza le azioni che dimostrano la sua scelta. **5.** In quale modo gli storici hanno spiegato e interpretato le manifestazioni di violenza come questa?

III, succeduto a Carlo IX nel 1574 e ultimo discendente della casa di Valois, viene **pugnalato a morte da un frate domenicano**, che lo considera troppo arrendevole nei confronti degli ugonotti; la linea di successione indica in Enrico di Borbone il primo pretendente legittimo.

L'INCORONAZIONE DI ENRICO DI BORBONE COME ENRICO IV ■ Ma Enrico di Borbone è il **leader dello schieramento ugonotto** e dunque la corona se la deve conquistare con le armi in un'ultima fase dello scontro, in cui truppe spagnole cercano di aiutare i cattolici francesi contro di lui. Conclusa vittoriosamente la **guerra**, nel **1593** Enrico di Borbone compie una mossa cinica e geniale: annuncia di aver deciso di **abbracciare la religione cattolica**. In questo modo riconquista l'opinione cattolica, mentre anche gli ugonotti sono rassicurati dalle garanzie offerte da lui che, in fin dei conti, è stato uno di loro, un loro amico, uno che ha combattuto al loro fianco.

Il **27 febbraio 1594**, dunque, Enrico di Borbone viene consacrato nella Cattedrale di Chartres, secondo l'antico rito dei re di Francia, col nome di Enrico IV (1594-1610).

Le pendenze internazionali aperte dall'intervento della Spagna vengono risolte col trattato di Vervins (1598), che conferma gli accordi sottoscritti a Cateau-Cambrésis [▷ **18/5**] tra Francia e Spagna.

Le questioni interne vengono risolte, invece, con l'**editto di Nantes (13 aprile 1598)**, con cui il re concede agli ugonotti libertà di coscienza e di culto in tutta la Francia (esclusa Parigi), pieni diritti civili e cento piazzeforti (la principale delle quali è il porto fortificato di La Rochelle) con tanto di forze armate sotto il loro controllo: con questo atto di pacificazione l'autorità monarchica viene ristabilita, a prezzo di tollerare, però, una sorta di piccolo Stato (ugonotto) nello Stato.

LAVORA SUL TESTO

1. Cerchia nel testo tre date-chiave relative alle guerre francesi, e collegale a due frasi che denotino l'aspetto dinastico e quello religioso del conflitto. **2.** Evidenzia le conseguenze religiose e politiche dell'editto di Nantes.

Processione della Lega cattolica a Parigi il 4 febbraio 1593

[Musée Carnavalet, Parigi]

Enrico di Borbone deve lottare duramente prima di conquistare il potere effettivo, anche perché l'intervento spagnolo si fa più diretto ed efficace. La sua abile azione politica riesce a incrinare l'unità del fronte cattolico e quando, il 25 luglio del 1593, abiura solennemente nella Cattedrale di Saint-Denis, abbandonando il calvinismo e proclamandosi cattolico, molti dei suoi antichi avversari depongono le armi e si dichiarano disposti a dargli obbedienza.

3/ La Spagna in guerra

PIANI DI GUERRA ■ Dal 1556 sui possedimenti spagnoli d'Europa e d'America regna **Filippo II di Asburgo-Spagna** (1556-98), figlio di Carlo V. La vastità dei domìni su cui si estende il potere del sovrano ha consigliato già a Carlo V di incrementare e articolare gli organi di governo per sezioni territoriali – i **Consigli** – in cui siedono nobili, ecclesiastici e funzionari scelti dal sovrano. Si tratta di una soluzione efficace, che consente di controllare meglio domìni territorialmente molto vasti e geograficamente molto dispersi.

Accanto ai consigli territoriali ce ne sono anche altri cui è affidato il compito di trattare specifiche questioni: vengono così man mano creati un Consiglio dell'Inquisizione, un Consiglio delle Finanze e un **Consiglio di Guerra**. Quest'ultimo ha un ruolo essenziale per Filippo II, perché, non diversamente da ciò che ha fatto suo padre, e da ciò che fanno molti altri sovrani dell'epoca, una parte essenziale della sua azione di governo consiste nella pianificazione e nella **quasi ininterrotta conduzione di guerre**, contro svariati nemici (e così non sorprende che nei 42 anni del suo regno i periodi di pace siano pochi e brevissimi).

Le principali guerre spagnole sono concepite per conservare o ampliare l'egemonia e i **possessi europei della Spagna**. Non è che per questo siano meno violente o sanguinose della guerra civile francese; non è che per questo esse siano considerate delle pure e semplici guerre imperiali, giacché anch'esse sono "parlate" col linguaggio della religione, della crociata, della guerra santa.

IL CARATTERE SACRO DEL BELLICISMO DI FILIPPO II ■ Del resto, è lo stesso Filippo II a ritenere, proprio come il padre Carlo V, che il ruolo di re comporti necessariamente la realizzazione di una vera e propria **missione religiosa**: per Filippo la missione non è più quella di costruire un impero cristiano, opera che si è dimostrata del tutto irrealizzabile; il suo compito è fare del Regno di Spagna l'avanguardia per un'ulteriore ***reconquista* cattolica**, in primo luogo contro l'islam, in secondo luogo contro i protestanti.

È il suo passato dinastico a orientarlo in questa direzione; ed è anche il passato della Castiglia, il ricordo della lotta contro i Mori, l'assetto istituzionale che dal tardo Quattrocento si è costruito intorno all'Inquisizione spagnola – il potente tribunale ecclesiastico dipendente dal sovrano: tutti insieme questi elementi danno una specifica connotazione sacrale al bellicismo del sovrano.

CONTRO I *MORISCOS* ■ Filippo II, però, prima di impegnarsi in azioni di guerra, decide di risolvere una questione interna, direttamente connessa all'identità cattolica della corona spagnola.

Si tratta della questione dei *moriscos*: costoro sono i **discendenti dei musulmani iberici**, **forzatamente costretti alla conversione** ai primi del Cinquecento. Sono 300-400.000; conservano l'uso della lingua araba; si sospetta che conservino anche una sotterranea fedeltà all'islam e che – abitando nelle zone meridionali della Penisola iberica – siano in contatto con i pirati turchi i quali partono dalle coste del Maghreb per compiere razzie sulle coste di Granada e Aragona.

Filippo II dispone dunque l'attuazione di una politica di assimilazione forzata che, nel **1568**, **fa scoppiare una vasta rivolta nella regione di Granada**; solo nel 1570, dopo due anni di guerriglia, la rivolta viene sedata; le famiglie di *moriscos* sono deportate in varie aree della Castiglia (e nel 1609 saranno definitivamente espulse dalla Spagna).

LA GUERRA CONTRO I TURCHI: LA BATTAGLIA DI LEPANTO ■ La "questione *moriscos*" probabilmente convince Filippo II a prestare ascolto al papa, Pio V Ghislieri, che da tempo ha fatto appello agli Stati cristiani perché si uniscano contro la minaccia ottomana.

Europa e Vicino Oriente all'epoca di Lepanto (1571)

E, in effetti, proprio in questi anni le azioni della flotta turca hanno ripreso con sistematicità: nel 1565 i turchi hanno attaccato Malta, difesa, tuttavia, con successo dai Cavalieri dell'Ordine di S. Giovanni che, scacciati da Rodi nel 1522, vi si

ATLANTE 62

sono insediati nel 1530. Nel 1570, poi, i turchi attaccano Cipro, sotto il dominio veneziano, e la conquistano l'anno dopo [▷ A62].

Le circostanze, dunque, danno forza all'appello del papa, cosicché nel 1571 viene stabilito un accordo tra il papa, Filippo II e la Repubblica di Venezia, cui poi aderiscono anche la Repubblica di Genova, i Ducati di Savoia e Toscana e l'Ordine di Malta, finalizzato a costituire una Lega santa che armi una flotta per attaccare la marina ottomana e liberare il Mediterraneo dai turchi.

Il **7 ottobre 1571**, la flotta della Lega santa, comandata da Giovanni d'Austria (1545-78), fratellastro di Filippo II, ingaggia il combattimento con le navi ottomane al largo delle coste greche, a **Lepanto**, nel Golfo di Patrasso, ottenendo una clamorosa vittoria [▷ S39].

In Europa l'evento viene celebrato con un grandissimo entusiasmo, poiché sembra segnare una svolta nel confronto con l'islam ottomano. Si fanno piani di possibili attacchi per riprendere Cipro, o addirittura per espugnare Istanbul, che non vengono poi attuati. Alla vittoria non seguono altre azioni militari di rilievo, perché la Repubblica di Venezia preferisce sfilarsi dalla Lega e trattare una pace separata (1573), con la quale – pur rinunciando a Cipro – ottiene dai turchi garanzie e franchigie per la propria flotta mercantile.

L'ottimismo con il quale è stata salutata la vittoria conseguita dalla Lega santa a Lepanto trova ben presto altri elementi per apparire del tutto infondato: nel **1574** gli ottomani riescono a riconquistare **Tunisi** (espugnata da Carlo V nel 1535: > **18/4**). Tuttavia nel 1580 Filippo II riesce a siglare un accordo di pace con i turchi, impegnati sul fronte orientale dell'impero contro i persiani.

Alla fine della nuova "crociata" il Mediterraneo non è più sicuro di prima: è un mare solcato in tutte le direzioni da convogli di pirati, sia musulmani (insediati nei porti del Nord Africa), sia cristiani (attivi sono soprattutto i Cavalieri dell'Ordine di S. Giovanni). Come già accade da molto tempo, si razziano merci ma si fanno anche prigioniere persone di altre confessioni, per venderle poi sui mercati dei paesi cattolici agli armatori delle galere a remi o a chi cerca servi per la casa, oppure sui mercati ottomani a coloro che egualmente vogliono dei servitori o magari delle donne bianche da destinare agli harem.

ALL'ATTACCO DEL PORTOGALLO ■ Intanto nel 1578 Sebastiano I Aviz (1568-78), re del Portogallo, ha deciso di imitare Filippo II e attacca il Marocco, ma il suo esercito viene rovinosamente sconfitto ad Alcázarquivir e lui stesso muore in battaglia. Gli succede sul trono del Portogallo il prozio Enrico, che è cardinale e non ha discendenti. Cosicché nel **1580**, alla morte di costui, Filippo II, cugino per parte di madre del defunto re, rivendica la corona e fa occupare il Regno lusitano dal suo esercito: la guerra è breve e sanguinosa, e viene vinta dalla **Spagna** che **si annette il Portogallo**.

LA GUERRA NEI PAESI BASSI ■ Due anni prima della rivolta di Granada si è aperto un altro fronte di conflitto nei **Paesi Bassi spagnoli** (l'area corrispondente agli attuali Olanda, Belgio, Lussemburgo e parte della Francia settentrionale), destinati da Carlo V a far parte delle terre della corona spagnola.

Zona prospera per le ricche attività di **produzione industriale, agricola, commerciale e finanziaria**, essa è articolata in diciassette province, i cui ceti sono organizzati in **assemblee locali** (gli Stati provinciali) e in un organismo di rappresentanza centrale, gli **Stati generali**; si tratta di un'area le cui istituzioni già durante il governo imperiale di Carlo V hanno manifestato palesi **segni di irrequietezza**, sfociati anche in aperte ribellioni.

Dal 1559 il governo è affidato a Margherita d'Austria-Parma (1559-86), sorella di Filippo II, incline a una politica di conciliazione; tuttavia questa linea viene ben presto sconfessata dalle decisioni prese da Filippo II e dai suoi collaboratori, decisioni che provocano subito uno stato di pericolosa tensione.

I **motivi di attrito** sono diversi: i ceti dei Paesi Bassi, attraverso i loro organismi istituzionali, protestano per una **pressione fiscale** ritenuta eccessiva; protestano perché ritengono – a ragione – che le entrate fiscali riscosse in loco non vengano

El Greco, *L'adorazione del nome di Gesù*, 1577-80

[Monastero dell'Escorial, Madrid]

El Greco potrebbe aver dipinto questa tela per conquistare il favore del re Filippo II di Spagna. Il soggetto si basa su un testo del Vangelo, ma può anche essere letto come un'allegoria della vittoria riportata dalla Lega santa sulla flotta ottomana a Lepanto nel 1571, tanto che il dipinto è noto anche con il titolo *Il sogno di Filippo II*. I tre membri della Lega – Spagna, Venezia e Stato pontificio – sono rappresentati dai tre personaggi al centro: la figura vestita di nero in primo piano a destra è identificabile proprio con il re spagnolo, mentre l'uomo con la veste gialla di spalle è il doge di Venezia, Mocenigo; l'uomo di fronte a loro è papa Pio V. Accanto al papa spicca una figura in posa eroica con una spada in mano, si tratterebbe di don Giovanni d'Austria, comandante della flotta cristiana nella battaglia. Sullo sfondo si estende una folla indefinita: a sinistra i cristiani, a destra gli infedeli ingurgitati dalle fauci di un mostro infernale.

impiegate a beneficio dei Paesi Bassi; protestano perché i funzionari nominati da Filippo II sono spagnoli e non fiamminghi; protestano, infine, perché il governo spagnolo, coerentemente con la **linea cattolica** scelta da Filippo II come sua cifra di governo, ostacola la diffusione della confessione calvinista, che ha fatto molti proseliti soprattutto nelle regioni settentrionali.

Incurante dei malumori locali, nel 1565 Filippo II annuncia l'introduzione nei Paesi Bassi dell'Inquisizione spagnola: è allora, nel **1566**, che la grande aristocrazia fiamminga, guidata dal principe Guglielmo d'Orange (1566-84), si mette alla testa di una vera **insurrezione**, che è – al tempo stesso – per l'**indipendenza** dalla Spagna e per la **libertà di fede**.

Sin da subito ad Anversa, Bruges, Tournai, Gand, Ypres ci sono rivolte popolari, col saccheggio di chiese e conventi, massacri di preti, frati e monache. Dopo un breve periodo in cui si tenta una politica di conciliazione, voluta soprattutto da Margherita, Filippo II nel 1567 decide di inviare nei Paesi Bassi Fernando Álvarez de Toledo duca d'Alba (1567-82) al comando di un esercito, per sottomettere definitivamente i ribelli. La vera e propria guerra inizia allora ed è caratterizzata da frequenti capovolgimenti di fronte e di alleanze, e da azioni di speciale violenza, deliberata o non deliberata, come nel caso del **saccheggio di Anversa**.

LA NASCITA DELLA REPUBBLICA DELLE PROVINCE UNITE (OLANDA) ■ Un momento di svolta si ha nel 1578, quando Filippo II nomina, come governatore, Alessandro Farnese (1578-92), figlio di Margherita d'Austria-Parma e di Ottavio Farnese: invece di usare solo le maniere forti, Alessandro propone ai ribelli il riconoscimento di ampie autonomie amministrative. L'apertura diplomatica produce una spaccatura lungo una linea geografico-politico-religiosa [▷ **A63**]: le province meridionali, a maggioranza

ATLANTE 63

I Paesi Bassi dal 1579 al 1648

Il 16 gennaio 1579 le province meridionali, cattoliche, danno vita all'Unione di Arras, che riconosce la sovranità di Filippo II sui propri territori, mentre il 23 gennaio dello stesso anno le province settentrionali, calviniste, sottoscrivono un accordo, l'Unione di Utrecht, che porterà, nel 1581, alla proclamazione della loro indipendenza dalla Spagna e alla nascita della Repubblica delle Province Unite. La fascia intermedia tra le Province Unite e i Paesi Bassi spagnoli, i cosiddetti Paesi della Generalità, sarà ceduta dalla Spagna alle Province Unite al termine della guerra dei Trent'anni [▷ **19/4**].

LE FONTI 42

Il *Patto d'Unione dei ribelli fiamminghi*

[da Angelo Torre, *Stato e società nell'ancien régime*, Loescher, Torino 1983, pp. 191-192]

La ribellione dei rappresentanti delle Province del Nord (Olanda, Zelanda, Utrecht, Frisia, Gheldria, Drenthe, Overijssel e Groninga), che porta al disconoscimento della sovranità di Filippo II, avviene sulla base della valorizzazione del rapporto contrattuale tra il sovrano e i suoi sudditi; proprio la violazione del contratto è ciò che induce i leader dei rivoltosi a spingersi fino all'estrema conseguenza di dichiarare decaduto il sovrano. Ma i ribelli fanno ricorso anche alla figura del re come cattivo padre e cattivo pastore, meritevole, per questo, di essere abbandonato, come possiamo leggere nel *Patto d'Unione* (1581).

Poiché è cosa nota a ognuno che un Principe viene posto da Dio a sovrano e capo dei sudditi di un paese, per difenderli e salvaguardarli da ogni offesa, oppressione e minaccia, come a un pastore sono affidate la difesa e la tutela delle greggi; e poiché è altrettanto noto che i sudditi non vengono creati da Dio a uso del Principe, per prestare obbedienza a tutto ciò che quegli comanda, sia che si tratti di cosa pia o empia, giusta o ingiusta, o per servirlo come schiavi. Ma il principe è posto a capo dei sudditi, senza i quali egli non può in nessun modo essere Principe, per governarli secondo diritto e ragione, mantenerli e amarli come un padre i propri figli, o un pastore le sue greggi, per mettere a repentaglio la propria vita in loro difesa e soccorso. E quando non si comporta in tal modo, e invece di difendere i sudditi tenta di opprimerli e annullarne i privilegi e le antiche consuetudini o di comandarli e servirsene come schiavi, egli non deve essere considerato come un Principe, ma come un tiranno. E come tale i sudditi, secondo il diritto e la ragione, non possono più accettarlo quale loro Principe. E in particolar modo quando ciò viene stabilito dall'autorità e deliberazione dagli Stati del paese[1], allora lo si può abbandonare e in sua vece sceglierne un altro, senza vergogna, come sovrano e signore da cui essere difesi. E ciò è successo quando i sudditi [di questi paesi] con umili preghiere, richieste e rimostranze hanno invano cercato di addolcire l'autorità del loro principe, di distoglierlo da imprese e disegni tirannici [...]. E ciò deve avvenire in questi paesi, i quali da tempo immemorabile sono stati governati in virtù di un giuramento dei principi all'atto della loro ascesa al trono, secondo il tenore dei loro privilegi e delle antiche consuetudini. Senza dimenticare inoltre come la maggior parte di queste province abbia sempre riconosciuto l'autorità regale a determinate condizioni, secondo contratti e accordi giurati in base ai quali, se il Principe giunge a violarli, viene di diritto privato della sovranità del paese. E proprio in questo modo è successo che il re di Spagna, dopo la morte del defunto Carlo V di gloriosa memoria, suo padre (da cui ha ereditato tutti questi paesi), ha dimenticato i servizi prestati tanto a lui quanto a suo padre da questi paesi [...] e ha prestato ascolto ai membri del Consiglio di Spagna, che si trovavano presso di lui e avevano maturato un segreto odio per questi paesi e la loro libertà, in base alla quale essi non potevano conseguirvi né cariche né uffici, come invece avviene nei regni di Napoli, Sicilia, Milano e nelle Indie e altri domini posti sotto il potere del re. E costoro erano anche attratti dalle ricchezze di questi paesi, delle quali avevano una buona conoscenza. E tale Consiglio, o una parte di esso, ha ripetutamente ricordato al re come fosse preferibile conquistare una seconda volta i Paesi Bassi al fine di potervi comandare in tutta libertà e assolutezza (il che equivale a tiranneggiare il popolo a proprio piacimento), piuttosto che governarlo alle condizioni e con le restrizioni che egli aveva giurato di rispettare al momento dell'ascesa a quel trono [...]. Proclamiamo che, considerato quanto è sopra scritto, e l'estrema necessità dalla quale siamo sospinti, di comune accordo, deliberazione e consenso, abbiamo dichiarato e dichiariamo decaduto il re di Spagna, *ipso iure*[2], dalla sua sovranità, diritto ed eredità su questi paesi, e che perciò non abbiamo più intenzione di riconoscerne l'autorità in alcuna delle sfere nelle quali si manifestano il potere, la sovranità, la giurisdizione e il dominio del Principe in questi Paesi Bassi, né di servirci del suo nome come sovrano, o di permettere che nessuno se ne serva.

1. *Stati del paese*: sono gli Stati generali, il massimo organo di rappresentanza dei ceti.
2. *ipso iure*: con lo stesso diritto.

GUIDA ALLA LETTURA

1. Qual è il rapporto fra il principe e i suoi sudditi? Da cosa dipende e in che modo può mutare? **2.** Indica per i seguenti soggetti – principe e sudditi – cosa accade quando viene/non viene rispettato il vincolo di fedeltà ai patti reciproci e quali sono le conseguenze del verificarsi dell'uno o dell'altro caso. **3.** Per quale motivo viene dichiarato decaduto il re di Spagna e quali le conseguenze?

cattolica, accettano l'accordo e gradualmente tornano sotto il pieno controllo di Madrid; le province settentrionali, a maggioranza calvinista, respingono la proposta e nel 1579 stringono tra loro un accordo politico, l'Unione di Utrecht, che nel **1581 porta alla proclamazione dell'indipendenza dalla Spagna e alla formazione della Repubblica delle Province Unite** (poi nota come Olanda, dal nome della provincia più importante; >F42).

Nei decenni successivi lo stato di guerra tra la Spagna e le Province indipendentiste continua con grande durezza e con una sola breve tregua tra 1609 e 1621; tuttavia la Repubblica riesce a difendersi con efficacia, conservando la propria indipendenza, che nel 1648 verrà anche formalmente riconosciuta dal Regno di Spagna [▷ **19/4**].

ALL'ATTACCO DELL'INGHILTERRA ■ Nel maggio del **1588** salpa da Lisbona (ora porto del Regno di Spagna) un'enorme flotta da guerra: 130 galeoni armati con 2500 cannoni trasportano un corpo di spedizione di 30.000 uomini: è l'***Invencible Armada***, con la quale Filippo II vuole piegare l'Inghilterra.

Quali sono le ragioni per questa nuova impresa?

Nel 1554 Filippo II ha sposato Maria Tudor, dal 1553 regina d'Inghilterra, e – dato l'accordo che lo lega alla cattolicissima moglie – ha contato sulla possibilità di **estendere l'egemonia asburgica anche all'isola**. Ma Maria è morta prematuramente, nel 1558, e le è successa la sorellastra, Elisabetta I (1558-1603), che rivendica l'indipendenza propria e del proprio regno in materia tanto politica quanto reli-

Philippe-Jacques de Loutherbourg, *La disfatta dell'*Invencible Armada *l'8 agosto 1588*, 1796

[National Maritime Museum, Greenwich, Londra]

Lo scontro fra inglesi e spagnoli nel Mare della Manica rappresenta una novità nei modi di fare la guerra per mare. La flotta spagnola, dotata di galeoni di grosso tonnellaggio, conta soprattutto sulle armi da fuoco leggere e sommerge l'avversario con una massa di piccoli proiettili dall'alto dei castelli di prora e di poppa, simili a torri di fortezze. Gli inglesi, invece, evitano lo scontro ravvicinato, per privilegiare il combattimento d'artiglieria a lunga distanza, ma la velocità di caricamento e di tiro dei cannoni è bassa, tanto da rendere necessaria una particolare abilità nel destreggiarsi con l'avversario, presentandogli, uno dopo l'altro, i vari fianchi del naviglio con i cannoni di volta in volta ricaricati. Hanno perciò la meglio i vascelli inglesi, leggeri e veloci, sui galeoni pesanti e impacciati degli spagnoli.

le PAROLE della STORIA

corsari
Le navi corsare attaccavano le imbarcazioni nemiche per depredarle. A differenza dei pirati, i corsari ricevevano la lettera di corsa o di marca con cui lo Stato per il quale agivano li autorizzava alle azioni in mare.

giosa; con lei la Riforma anglicana viene rilanciata e la liturgia della Chiesa d'Inghilterra si apre a influenze calviniste [▷ **15/8**].

La successione di Elisabetta, però, è contestata dai cattolici inglesi, che la ritengono una figlia illegittima, e vorrebbero piuttosto vedere sul trono **la cattolica Maria Stuart**, pronipote di Enrico VIII e dal 1561 regina di Scozia. Nel 1567, però, Maria Stuart viene costretta ad abdicare da una rivolta animata dai calvinisti scozzesi e nel 1568 si rifugia proprio in Inghilterra, presso Elisabetta. Costei, vedendo in Maria una possibile rivale, la fa immediatamente incarcerare; più tardi, nel 1587, poiché viene riconosciuta colpevole di aver partecipato a una congiura per deporre Elisabetta, Maria Stuart viene **condannata a morte e decapitata**.

Questa è l'occasione che spinge Filippo II a intervenire contro l'Inghilterra, in nome della solidarietà nei confronti di una regina cattolica. Ma le ragioni per l'intervento sono anche altre: da tempo le **navi dei corsari inglesi** attaccano i galeoni spagnoli che portano oro, argento e altre merci dall'America; inoltre Elisabetta ha stretto contatti – più o meno operativi – sia con i protestanti francesi, durante le guerre di religione che devastano la Francia, sia con i ribelli olandesi. Ce n'è abbastanza perché Filippo II alla fine si decida ad affrontare direttamente l'Inghilterra.

Eccoci, quindi, al **1588** e all'***Invencible Armada*** [▷ A64]. Il nome scelto per la flotta non può essere di peggiore auspicio. La flotta incontra tempo e mare inclementi, che rendono difficilissima la navigazione; gli attacchi che le vengono sferrati dalle navi inglesi, più agili e con un'artiglieria di gran lunga superiore, sono micidiali.

ATLANTE 64

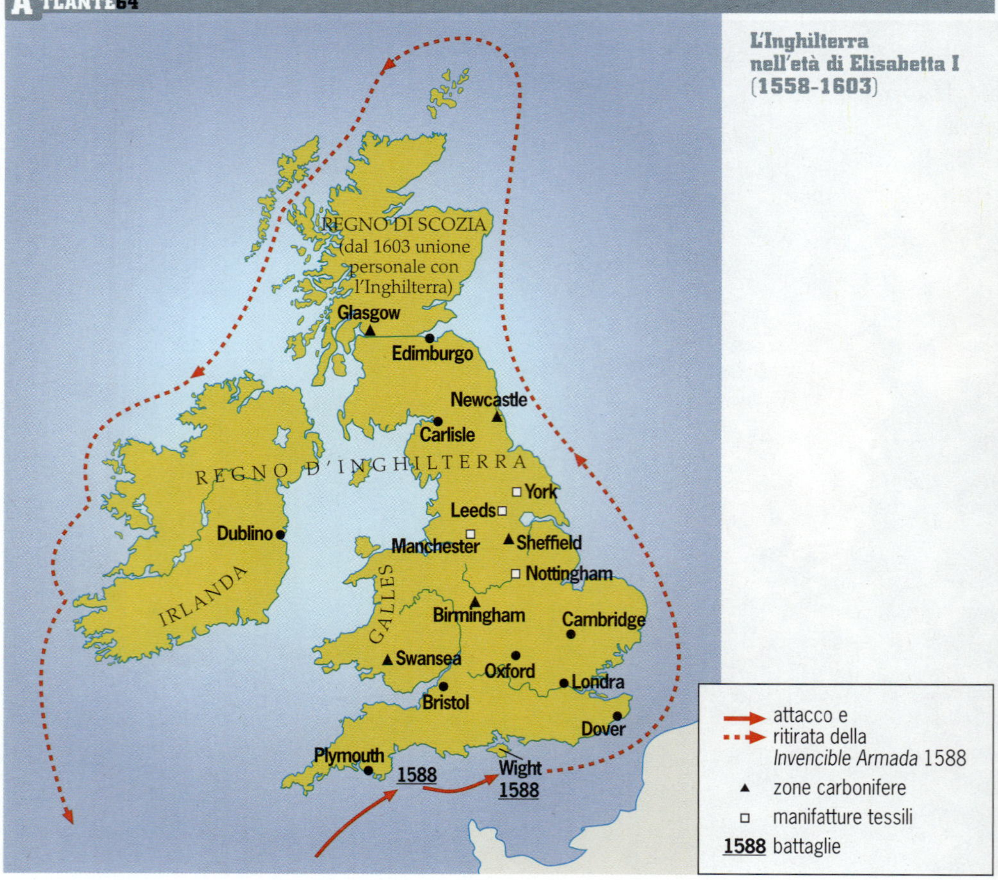

L'Inghilterra nell'età di Elisabetta I (1558-1603)

La flotta spagnola, respinta dagli inglesi e messa in difficoltà dai fortunali, non riesce a trovare un punto di sbarco ed è costretta a circumnavigare l'isola, a nord della Scozia, oltre le Orcadi, passando poi a ovest dell'Irlanda, per far ritorno a Santander e a La Coruña nel settembre del 1588 in pessime condizioni: le navi rimaste sono solo una cinquantina e per di più assai malridotte.

Lo stato di tensione tra Spagna e Inghilterra non cessa negli anni successivi; ma sono gli inglesi a mettere a segno i colpi più fortunati, mentre il sogno di un'egemonia ispano-cattolica sull'Europa alla morte di Filippo II (1598) è ormai del tutto sfumato.

LAVORA SUL TESTO

1. Individua tutte le province e gli Stati in guerra contro Filippo II e scrivi a margine del testo la religione prevalente in ciascuno di essi. **2.** Rispondi sinteticamente alle seguenti domande: Chi sono i *moriscos*? Quali sono gli esiti geopolitici della guerra tra Filippo II e i turchi? Perché Filippo II interviene militarmente contro l'Inghilterra?

4/ La guerra dei Trent'anni

GLI ASBURGO E LA BOEMIA ■ Il terzo ciclo di guerre, terribile per impatto, durata e concentrazione territoriale, è noto col nome di **guerra dei Trent'anni (1618-48)**. L'area di crisi da cui si scatena il sanguinosissimo conflitto, che coinvolge molti Stati europei, è la Boemia. La crisi precipita a causa dell'intreccio creatosi fra questioni politiche e questioni religiose.

Vediamo intanto le prime.

Ferdinando I d'Asburgo, nominato nel 1556 erede effettivo dei territori austriaci di casa d'Asburgo dal fratello Carlo V, nel 1559 è diventato anche imperatore del Sacro romano impero; intanto, già nel 1526, è stato eletto re sia di Boemia sia di Ungheria dalle Diete dei due paesi.

Negli anni seguenti, comportandosi come ogni altro sovrano dell'epoca, anche Ferdinando I cerca di togliere potere alle Diete dei territori di cui è da poco diventato re; in particolare cerca di costringere le Diete di Boemia e di Ungheria a riconoscere alla dinastia asburgica il diritto ereditario alle corone dei due paesi. Compiendo tale passo, le Diete sono tenute a rinunciare all'importante prerogativa di eleggere il nuovo sovrano e a riconoscere alla casa d'Asburgo il diritto ereditario ai troni di Boemia e d'Ungheria.

In Boemia il principio dell'ereditarietà della corona viene imposto nel 1547; in Ungheria viene accettato nel 1563. In tal modo a Ferdinando I succedono il figlio Massimiliano II (1564-76) e poi il figlio di costui, Rodolfo II (1576-1612).

Tuttavia non si deve pensare che questo processo avvenga senza tensioni; soprattutto in Boemia la limitazione dei poteri della Dieta è stata accettata solo in circostanze particolari, e con grandi malumori tra i nobili e i notabili locali: ciò costituisce una notevole difficoltà che costantemente, in questi decenni, il governo degli Asburgo d'Austria deve fronteggiare.

CONTRASTI RELIGIOSI IN BOEMIA ■ A ciò si aggiungono contrasti di tipo religioso, che in Boemia sono particolarmente accentuati: lì, infatti, le confessioni protestanti trovano un terreno favorevole di diffusione per le analogie che esse hanno con la tradizione religiosa locale, coltivata dai gruppi hussiti superstiti (fra cui significativo soprattutto quello dei "fratelli boemi").

Per mantenere la pace nell'area, Massimiliano II e Rodolfo II fanno ampie concessioni ai protestanti, sancite con una ***Lettera di maestà* emanata da Rodolfo**

II nel 1609, con la quale viene riconosciuta formalmente la libertà di confessione religiosa in Boemia. Questo equilibrio tuttavia è costantemente minacciato dall'aggressiva politica di ricattolicizzazione portata avanti dai gesuiti in Europa centrale [▷ **16/4**].

Alla morte di Rodolfo gli succede il fratello Mattia (1612-19) che, essendo senza figli, nel 1617 indica come suo successore il cugino, Ferdinando d'Asburgo, rigidamente cattolico. Mattia, inoltre, disattendendo la *Lettera di maestà*, nel 1618 proibisce in alcune città boeme la costruzione di edifici di culto protestante su terre di proprietà della corona o della Chiesa cattolica.

LO SCONTRO TRA LA DIETA BOEMA E FERDINANDO II D'ASBURGO ■ A questo punto le tensioni esplodono: il **23 maggio 1618** un nutrito gruppo di delegati dei protestanti boemi si reca al Castello di Praga, dove aggrediscono e gettano dalla finestra due rappresentanti dell'imperatore insieme con un loro segretario. È la cosiddetta **"defenestrazione di Praga"**.

È il segno di un'**aperta ribellione**, che l'anno seguente viene completata con un gesto politico chiaro e denso di significato: alla morte di Mattia (1619), la Dieta boema si rifiuta di accettare Ferdinando II d'Asburgo-Austria (1619-37) come legittimo successore sul trono boemo e, riprendendosi le sue antiche prerogative, elegge come nuovo re di Boemia l'elettore del Palatinato, Federico V, un calvinista.

In tal modo, le due ragioni della tensione si saldano in una sola: i notabili boemi si oppongono a Ferdinando II in nome della difesa della **libertà di religione** e in nome della riconquista del **privilegio cetuale di elezione del sovrano**, come emerge molto chiaramente dalla ***Costituzione boema*** (23 luglio 1619), che esprime le posizioni politico-religiose dei ribelli di Praga.

L'INTERNAZIONALIZZAZIONE DEL CONFLITTO ■ La rivolta si trasforma in una vera e propria guerra, combattuta inizialmente sul suolo boemo dalle truppe imperiali, sostenute

La defenestrazione di Praga in una stampa dell'epoca, 1618

da contingenti spagnoli e dai soldati dei principati tedeschi cattolici, contro le truppe boeme, coadiuvate dai soldati di Federico V. Nella **battaglia della Montagna Bianca (1620)** i boemi sono sconfitti; in Boemia il cattolicesimo viene violentemente imposto alla popolazione, mentre a Federico V viene tolto il titolo di principe elettore dell'Impero, che viene attribuito al duca cattolico Massimiliano di Baviera.

Con ciò la situazione non si stabilizza per nulla: prende avvio una **reazione diplomatica a catena** che porta in guerra molti altri Stati europei, mentre tutta la Germania e alcune aree della Francia, della Danimarca e dell'Italia diventano per molti anni teatro di guerra, di scontri, di saccheggi e di terribili massacri.

Le **ragioni** che spiegano l'estensione politica e territoriale del conflitto sono di due tipi, tra loro intrecciate:

a il desiderio – nutrito da molti Stati protestanti – di **fermare una possibile rivincita cattolica** sostenuta da Ferdinando II d'Asburgo nel cuore d'Europa;

b le **ambizioni di espansione territoriale e di egemonia geopolitica** di alcune fra le principali potenze europee; fra queste particolare rilievo ha il rinascere della mai sopita ostilità tra gli Asburgo e la monarchia di Francia che, pur essendo retta da una dinastia cattolica (i Borbone), sostiene le azioni militari degli Stati protestanti per contendere di nuovo agli Asburgo il ruolo di potenza dominante in Europa.

1625-48: L'INTERVENTO DI DANIMARCA, SVEZIA E FRANCIA ■ Sulla base di queste due ragioni, gli eventi bellici cominciano a inseguirsi in una sorta di terribile carosello mortifero:

a **1625-29**: entra in guerra contro Ferdinando II d'Asburgo-Austria la **Danimarca** luterana che, nonostante sia sostenuta da Inghilterra e Olanda, viene sconfitta dalle truppe dei mercenari imperiali, guidati da un nobile boemo cattolico, Albrecht von Wallenstein (1623-34);

b **1629-35**: dopo la sconfitta della Danimarca, si muove l'esercito della **Svezia**, che dal 1631 gode anche del sostegno finanziario della Francia. La monarchia svedese, a capo di un paese luterano, entra in guerra sotto la guida del sovrano **Gustavo II Adolfo** (1611-32), eccellente capo militare, sulla spinta di due considerazioni: la preoccupazione per la **"minaccia cattolica"**, che si è concretizzata con l'occupazione della Danimarca da parte delle truppe imperiali; e, molto più realisticamente, l'ambizione a conquistare le **coste baltiche sud-occidentali**, in modo da esercitare un controllo diretto sui dazi commerciali pagati nelle città portuali da cui passa il ricco traffico mercantile che collega – via Mare del Nord e Mar Baltico – l'Europa occidentale a quella orientale. Tutta questa operazione è consentita dalla disponibilità di un **buon esercito di leva** [▷ **12/2**] e dall'esistenza in Svezia di ricchi giacimenti di ferro e di rame, oltre che dalla presenza di una buona industria metallurgica locale in grado di produrre ottimi profitti e, al tempo stesso, di rifornire l'esercito di armi adeguate e moderne;

c **1635-48**: anche la **Francia** interviene direttamente, combattendo a fianco della Svezia contro gli eserciti alleati di Filippo IV d'Asburgo-Spagna (1621-65) e di Ferdinando III d'Asburgo-Austria (1637-57: figlio e successore di Ferdinando II), fino alla conclusiva sconfitta degli Asburgo, che viene sancita dalla firma della

pace di Vestfalia (**24 ottobre 1648**). La guerra, poi, ha ancora uno strascico con il conflitto che continua a impegnare Spagna e Francia per alcuni anni e che si conclude con la **pace dei Pirenei**, siglata nel **1659**. Non c'è dubbio, tuttavia, che tra le due conclusioni del lungo conflitto, la pace di Vestfalia abbia un rilievo e delle implicazioni ben maggiori.

LA PACE DI VESTFALIA ■ In materia religiosa, la pace di Vestfalia estende a tutte le confessioni religiose (calvinisti compresi), le norme della precedente **pace di Augusta** (1555), la quale prevedeva che la confessione ufficiale di uno Stato fosse quella determinata dalle autorità politiche locali [▷ **18/4**]; rispetto alle norme del 1555, però, con la pace di Vestfalia si riconosce anche la libertà di **professare privatamente culti diversi da quello ufficiale**.

In materia geopolitica:

a) la Spagna riconosce ufficialmente la **Repubblica delle Province Unite** (che nel frattempo ha conquistato anche l'area cosiddetta della Generalità);

b) la **Svezia** ottiene la Livonia, la Pomerania occidentale (coi porti di Stettino e Stralsund) e i vescovati di Verden e di Brema, acquisendo per tale via il diritto a sedere nella Dieta imperiale [▷ **A65**];

Gerhard Ter Borch, ***Gli inviati delle potenze europee prestano giuramento***, 1648
[Rijksmuseum, Amsterdam]
Nel 1648 la pace di Vestfalia pone fine alla guerra dei Trent'anni. Il trattato di pace viene firmato nella sala del municipio della città di Münster.

c per controbilanciare l'espansione svedese, nel corso delle trattative la Francia ottiene che l'Elettorato del Brandeburgo incameri a ovest la Contea di Mark e il Ducato di Cleve e a est la Pomerania orientale, che si affianca al Ducato di Prussia, sotto il controllo dell'elettore del Brandeburgo già dal 1618; la mossa punta anche a rafforzare un elettore imperiale protestante e quindi a **ridimensionare il peso degli Asburgo in Germania**. Stessa cosa vale per l'ampliamento a est dell'Elettorato di Sassonia; si tratta di decisioni strategicamente cruciali, poiché entrambi questi Stati confinano direttamente con i territori asburgici;

d la **Francia** ottiene il riconoscimento del controllo su parte dell'Alsazia e su Toul, Metz e Verdun;

e all'elettore del Palatinato viene restituito il titolo di elettore imperiale, che contemporaneamente viene confermato anche al duca (e ora elettore) di Baviera; dunque da **adesso gli elettori imperiali sono otto**, invece di sette;

f infine, tutti gli **Stati inclusi entro il Sacro romano impero** (i cui confini sono ora limitati all'area tedesca) vedono riconosciute le loro prerogative sovrane in materia sia civile sia religiosa; nell'area si conferma sia l'enorme frammentazione politica preesistente, sia l'indebolimento del potere effettivo e dell'autorità politica dell'imperatore; viceversa, gli **Asburgo d'Austria** consolidano il loro potere sui propri territori dinastici, che ora comprendono stabilmente, oltre all'Austria, anche la Boemia e l'Ungheria.

LAVORA SUL TESTO

1. Sottolinea nel testo cause e conseguenze della guerra dei Trent'anni in Germania; utilizza due colori differenti, uno per sottolineare il punto di vista imperiale e l'altro per quello dei suoi avversari. **2.** Evidenzia il nome di tutti gli Stati che presero parte alla guerra, distinguendoli in base agli schieramenti di cui facevano parte.

ATLANTE 65

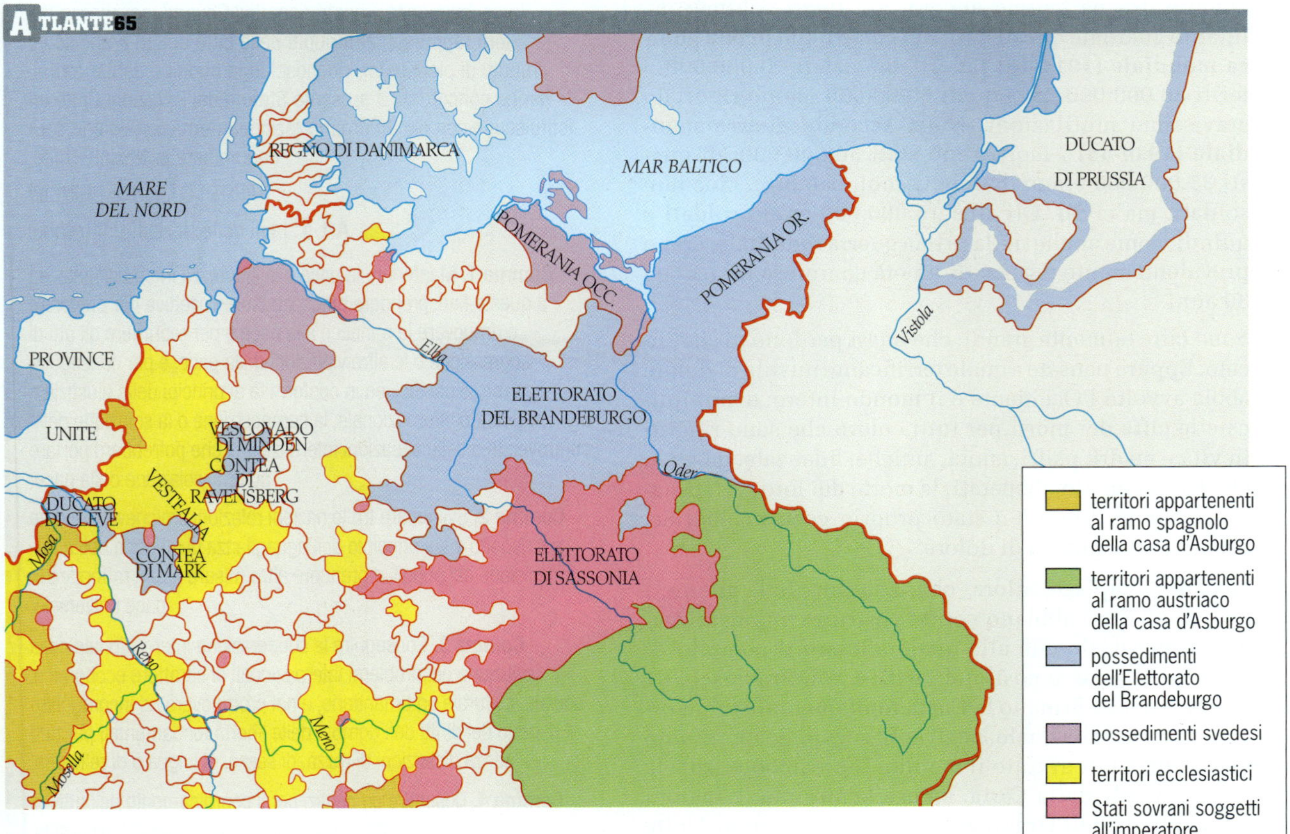

L'Impero dopo la guerra dei Trent'anni

I DISASTRI DELLA GUERRA ■ In epoca medievale e moderna, e sfortunatamente anche dopo, non si hanno molti dubbi sulla **legittimità della guerra** come mezzo per affermare il potere di uno Stato, o di un gruppo confessionale, o di un gruppo sociale. La legittimità della guerra deriva da una lunghissima tradizione culturale, che attraversa l'Occidente sin dall'*Iliade* di Omero, e che acquista una forza particolare quando anche i rappresentanti delle maggiori confessioni religiose benedicono l'uso delle armi.

In effetti la guerra ossessiona l'immaginario dell'Occidente. Ancora nel XX e nel XXI secolo, non c'è bambino che non abbia giocato con i soldatini, o con *war games*, o videogiochi come *Killzone* o *Call of Duty*. Non c'è ragazzo che non abbia letto con partecipazione le avventure di *Captain America* o di qualche altro supereroe. Non c'è adulto che non abbia seguito le prodezze di *Braveheart* o del *Gladiatore*. Eppure i disastri della guerra nel XX secolo sono stati talmente enormi da cambiare – almeno per qualche aspetto – la cultura dell'Occidente. Ne parleremo ancora, nel terzo volume; ma intanto guardate questi dati: nel corso della **prima guerra mondiale (1914-18)** i morti sono stati 10.000.000; i feriti 30.000.000, tra i quali 8.000.000 hanno riportato gravissime mutilazioni. Nella **seconda guerra mondiale (1939-45)** i morti sono stati 50.000.000; di questi 35.000.000 erano donne, vecchi, bambini, cioè non soldati, ma civili. Gli altri 15.000.000 erano soldati e quindi, come anche nella prima guerra mondiale, erano prevalentemente ragazzi di un'età compresa tra i 17 e i 30 anni.

Sono cifre talmente grandi, che quasi perdono di significato. Eppure pensate a quale terrificante nuvola di dolore abbia avvolto l'Occidente e il mondo intero; e moltiplicate le cifre dei morti per tutti coloro che sono rimasti in vita – madri, padri, amici, amiche, fidanzate, mogli –, che hanno pianto, disperati, la morte dei loro cari. È stato tremendo. Eppure è stato proprio così: un'enorme, schiacciante, nuvola di dolore.

L'ONU ■ Si capisce, allora, che, alla fine della guerra, i principali Stati abbiano voluto costruire un'organizzazione internazionale alla quale affidare il compito di tutelare la pace: e così, nel 1945, a San Francisco, 51 Stati fondatori firmano la **Carta fondamentale** di un'organizzazione alla quale, negli anni seguenti, aderiranno molti altri Stati di tutto il mondo. Il preambolo, cioè la parte iniziale della Carta, spiega benissimo le ragioni e gli intenti dell'**Organizzazione delle Nazioni Unite (Onu)**.

Dalla Carta delle Nazioni Unite (Onu)

[da Alessandro Polsi, *Storia dell'Onu*, Laterza, Roma-Bari 2006, pp. 199-200]

Noi, popoli delle Nazioni Unite, decisi a salvare le future generazioni dal flagello della guerra, che per due volte nel corso di questa generazione ha portato indicibili afflizioni all'umanità, a riaffermare la fede nei diritti fondamentali dell'uomo, nella dignità e nel valore della persona umana, nella eguaglianza nei diritti degli uomini e delle donne e delle nazioni grandi e piccole, a creare le condizioni in cui la giustizia ed il rispetto degli obblighi derivanti dai trattati e dalle altre fonti del diritto internazionale possano essere mantenuti, a promuovere il progresso sociale ed un più elevato tenore di vita in una più ampia libertà, e per tali fini a praticare la tolleranza ed a vivere in pace l'uno con l'altro in rapporti di buon vicinato, ad unire le nostre forze per mantenere la pace e la sicurezza internazionale, ad assicurare, mediante l'accettazione di principi e l'istituzione di sistemi, che la forza delle armi non sarà usata, salvo che nell'interesse comune, ad impiegare strumenti internazionali per promuovere il progresso economico e sociale di tutti i popoli, abbiamo risoluto di unire i nostri sforzi per il raggiungimento di tali fini.

In conseguenza, i nostri rispettivi Governi, per mezzo dei loro rappresentanti riuniti nella città di San Francisco e muniti di pieni poteri riconosciuti in buona e debita forma, hanno concordato il presente Statuto delle Nazioni Unite ed istituiscono con ciò un'organizzazione internazionale che sarà denominata le Nazioni Unite.

CAPITOLO I. FINI E PRINCIPI

Art. 1. I fini delle Nazioni Unite sono:

Comma 1. Mantenere la pace e la sicurezza internazionale, ed a questo fine: prendere efficaci misure collettive per prevenire e rimuovere le minacce alla pace e per reprimere gli atti di aggressione o le altre violazioni della pace, e per conseguire con mezzi pacifici, ed in conformità ai principi della giustizia e del diritto internazionale, la composizione o la soluzione delle controversie o delle situazioni internazionali che potrebbero portare ad una violazione della pace;

Comma 2. Sviluppare tra le nazioni relazioni amichevoli fondate sul rispetto e sul principio dell'eguaglianza dei diritti e dell'autodecisione dei popoli, e prendere altre misure atte a rafforzare la pace universale;

Comma 3. Conseguire la cooperazione internazionale nella soluzione dei problemi internazionali di carattere economico, sociale, culturale od umanitario, e nel promuovere ed incoraggiare il rispetto dei diritti dell'uomo e delle libertà fondamentali per tutti senza distinzioni di razza, di sesso, di lingua o di religione;

Comma 4. Costituire un centro per il coordinamento dell'attività delle nazioni volta al conseguimento di questi fini comuni.

Gli obiettivi dell'Onu sono molto chiaramente enunciati. Ma occorre anche sottolineare che, se la finalità principale è il mantenimento della pace, l'Onu non esclude che i paesi aderenti debbano impegnarsi a ricorrere alla guerra, paradossalmente proprio per difendere la pace. Per questo l'organo fondamentale dell'Onu, che è il Consiglio di Sicurezza, può decidere anche interventi militari, purché siano giustificati dall'intento di preservare la pace.

Dalla Carta delle Nazioni Unite (Onu)

[da Alessandro Polsi, *Storia dell'Onu*, Laterza, Roma-Bari 2006, pp. 201-202]

Capitolo VII. Azione rispetto alle minacce alla pace, alle violazioni della pace ed agli atti di aggressione

Art. 39. Il Consiglio di Sicurezza accerta l'esistenza di una minaccia alla pace, di una violazione della pace, o di un atto di aggressione, e fa raccomandazioni o decide quali misure debbano essere prese [...] per mantenere o ristabilire la pace e la sicurezza internazionale.

Art. 41. Il Consiglio di Sicurezza può decidere quali misure, non implicanti l'impiego della forza armata, debbano essere adottate per dare effetto alle sue decisioni, e può invitare i Membri delle Nazioni Unite ad applicare tali misure. Queste possono comprendere un'interruzione totale o parziale delle relazioni economiche e delle comunicazioni ferroviarie, marittime, aeree, postali, telegrafiche, radio ed altre, e la rottura delle relazioni diplomatiche.

Art. 42. Se il Consiglio di Sicurezza ritiene che le misure previste nell'art. 41 siano inadeguate o si siano dimostrate inadeguate, esso può intraprendere, con forze aeree, navali o terrestri, ogni azione che sia necessaria per mantenere o ristabilire la pace e la sicurezza internazionale. Tale azione può comprendere blocchi ed altre operazioni mediante forze aeree, navali o terrestri di Membri delle Nazioni Unite.

Art. 43. Comma 1. Al fine di contribuire al mantenimento della pace e della sicurezza internazionale, tutti i Membri delle Nazioni Unite s'impegnano a mettere a disposizione del Consiglio di Sicurezza, a sua richiesta ed in conformità ad un accordo o ad accordi speciali, le forze armate, l'assistenza e le facilitazioni, compreso il diritto di passaggio, necessarie per il mantenimento della pace e della sicurezza internazionale.

Comma 2. L'accordo o gli accordi suindicati determineranno il numero ed i tipi di forze armate, il loro grado di preparazione e la loro dislocazione generale, e la natura delle facilitazioni e dell'assistenza da fornirsi.

Comma 3. L'accordo o gli accordi saranno negoziati al più presto possibile su iniziativa del Consiglio di Sicurezza. Essi saranno conclusi tra il Consiglio di Sicurezza ed i singoli Membri, oppure tra il Consiglio di Sicurezza e gruppi di Membri, e saranno soggetti a ratifica da parte degli Stati firmatari in conformità alle rispettive norme costituzionali.

È molto importante osservare che la richiesta che l'Onu può fare a uno degli Stati membri, in merito alla sua partecipazione a un'azione di guerra finalizzata al mantenimento della pace, è condizionata da ciò che è previsto dalla Costituzione di quello Stato. Cosicché è necessario chiedersi che cosa stabilisca in merito la Costituzione della Repubblica italiana.

GUERRA E PACE NELLA COSTITUZIONE ITALIANA ■ La Costituzione tratta della guerra in quattro diversi articoli:

Dalla Costituzione della Repubblica italiana

[da http://www.quirinale.it]

Art. 11. L'Italia ripudia la guerra come strumento di offesa alla libertà degli altri popoli e come mezzo di risoluzione delle controversie internazionali; consente, in condizioni di parità con gli altri Stati, alle limitazioni di sovranità necessarie ad un ordinamento che assicuri la pace e la giustizia fra le Nazioni; promuove e favorisce le organizzazioni internazionali rivolte a tale scopo.

Art. 52. La difesa della Patria è sacro dovere del cittadino. [...]

Art. 78. Le Camere deliberano lo stato di guerra e conferiscono al Governo i poteri necessari.

Art. 87. Il Presidente della Repubblica [...] ha il comando delle Forze armate, presiede il Consiglio supremo di difesa costituito secondo la legge, dichiara lo stato di guerra deliberato dalle Camere.

Che cosa significa questa sequenza di articoli? Che la Repubblica italiana ammette la possibilità di una guerra difensiva, nel caso il suo territorio sia attaccato da una qualche forza ostile (**art. 52**), ma che rifiuta senza possibilità di equivoco (**«ripudia»**) il ricorso alla guerra «come strumento di offesa alla libertà degli altri popoli e come mezzo di risoluzione delle controversie internazionali» (**art. 11**); ciò vuole dire che la sua partecipazione ad azioni internazionali coordinate da organizzazioni come l'Onu dovrebbe essere limitata a iniziative che non prevedano il ricorso ad azioni di guerra.

L'art. 11 è molto chiaro, semplice e bello. Ed è comprensibile che l'Assemblea Costituente riunita dal 1946 al 1948 abbia voluto inserire quella norma tra i **Princìpi fondamentali della Costituzione**, volendo anche da questo punto di vista assicurare alla nuova Repubblica un profilo costituzionale diversissimo da quello della dittatura fascista che aveva promosso guerre coloniali e che, insieme alla Germania nazista, aveva provocato lo scoppio della terribile seconda guerra mondiale.

SINTESI

ONLINE SINTESI AUDIO

1/Tre cicli di guerre

Dal 1562 al 1659 l'Europa centro-occidentale è attraversata da una serie quasi continua di guerre, che possono essere distinte in tre cicli differenti. Esse presentano tuttavia alcune caratteristiche comuni: un forte connotato religioso e il tentativo di stabilizzazione e rafforzamento del potere monarchico. Questo secondo aspetto si manifesta contemporaneamente all'emergere preponderante della figura del sovrano quale signore della guerra, capace di allestire e guidare un potente esercito e conquistare nuovi territori, spesso in nome della fede. Ovunque, il potere delle armi coincide con l'accentramento dei poteri nelle mani del sovrano, a danno delle istituzioni politiche e dei ceti aristocratici.

2/Le guerre di religione in Francia

Tra il 1562 e il 1598 le guerre di religione travagliano il Regno di Francia. La fase di instabilità interna nasce dal sovrapporsi della crisi della monarchia francese ai contrasti religiosi tra cattolici e ugonotti e tra importanti famiglie nobiliari. Uno dei momenti più tragici di questa vicenda si ha durante la strage di S. Bartolomeo (23-24 agosto 1572), quando migliaia di ugonotti vengono sterminati. La guerra civile si conclude nel 1594, quando il capo ugonotto Enrico di Borbone, erede al trono per ragioni di parentela con la dinastia dei Valois, rinuncia alla fede calvinista e si converte al cattolicesimo: questa mossa gli permette di essere incoronato re di Francia col nome di Enrico IV.

3/La Spagna in guerra

Anche la Spagna di Filippo II è al centro di una lunga serie di conflitti. Nel 1571 guida una Lega santa, la cui flotta sconfigge i turchi a Lepanto. Nel 1580 l'esercito spagnolo invade e conquista il Portogallo. Intanto dal 1566 deve fronteggiare una grande ribellione nei Paesi Bassi: nel 1581 le Province del Nord – a maggioranza calvinista – proclamano l'indipendenza dalla Spagna e la nascita della Repubblica delle Province Unite. Nel 1588, infine, Filippo II allestisce una grande flotta (la *Invencible Armada*) che aggredisce l'Inghilterra di Elisabetta I: la flotta spagnola viene però completamente distrutta da quella inglese e dalle tempeste che incontra sul suo cammino. Alla morte di Filippo II, nel 1598, il sogno dell'egemonia spagnola sull'Europa è dunque sfumato.

4/La guerra dei Trent'anni

Tra il 1618 e il 1648 nel centro dell'Europa si combatte la guerra dei Trent'anni. Il conflitto nasce perché la Boemia protestante non vuole riconoscere come proprio re Ferdinando II d'Asburgo, cattolico. Al conflitto si uniscono negli anni seguenti diversi altri Stati europei – tra cui la Danimarca, la Svezia e la Francia – spinti da due motivi tra loro variamente intrecciati: fermare la rivincita cattolica di Ferdinando nel cuore d'Europa e limitare l'egemonia politica degli Asburgo. Le fasi del conflitto sono molteplici e vedono il prevalere ora delle truppe imperiali ora della coalizione anti-asburgica. La pace di Vestfalia, che mette di fatto fine alla guerra, sancisce: il principio che la confessione ufficiale di uno Stato sia quella professata dal suo sovrano, pur con la libertà di professare privatamente culti diversi da quello ufficiale; il riconoscimento ufficiale della Repubblica delle Province Unite; il rafforzamento territoriale della Francia, della Svezia e dell'elettorato di Brandeburgo, al fine di ridimensionare il peso degli Asburgo in Germania; il consolidamento del potere degli Asburgo d'Austria sui propri territori dinastici (Austria, Boemia, Ungheria).

VERSO le COMPETENZE

1 Indica se le affermazioni seguenti sono vere o false. Spiega poi brevemente il motivo della tua scelta.

a. L'editto di Nantes non eliminò definitivamente il contropotere alla monarchia francese rappresentato dagli ugonotti

....

....

b. La flotta armata dal papa, da Venezia e dalla Spagna riportò uno schiacciante successo sugli ottomani nella battaglia navale di Lepanto del 1571

....

....

c. I cavalieri dell'ordine di S. Giovanni compivano spedizioni piratesche partendo dalla propria base strategica di Malta

....

....

d. Il *Patto d'Unione* del 1581 confermò la fedeltà del ceto borghese delle ricche città olandesi nei confronti di Filippo II

....

....

e. Nel 1588 la flotta inglese respinse i ripetuti tentativi di conquista da parte degli spagnoli e fu chiamata da allora *Invencible Armada*

....

....

f. Al termine della guerra dei Trent'anni gli Asburgo avevano consolidato i propri possedimenti dinastici in Austria, Boemia e Ungheria

....

....

2 Completa sul tuo quaderno la tabella relativa alle guerre di religione in Europa tra XVI e XVII secolo con le informazioni richieste; rispondi quindi alle domande finali.

	Regno di Francia	Regno di Spagna	Impero degli Asburgo d'Austria
Quali confessioni religiose sono praticate nello Stato? Esiste una confessione prevalente? Quale?			
Qual è la confessione seguita dai sovrani?			
Quali sono i contropoteri economici e politici presenti nello Stato?			
La monarchia attraversa crisi dinastiche? Per quali ragioni?			
Quali sono le motivazioni che conducono alla guerra?			
Secondo quali strategie e modalità viene combattuta la guerra?			
Altri Stati sono coinvolti dalla guerra? Per quali ragioni?			
Il conflitto si chiude con annessioni o cessioni territoriali? Cambia la geografia religiosa dello Stato?			
La monarchia, secondo te, esce rafforzata o indebolita sul piano interno e internazionale?			

a. Quali aspetti sono comuni alle tre differenti esperienze storiche?
b. Quali sono, al contrario, le caratteristiche peculiari di ciascun conflitto religioso?

3 Scrivi un breve testo (max 25 righe) che illustri la relazione tra la formazione delle identità religiose e il processo di accentramento delle istituzioni statuali nell'Europa del XVII secolo, utilizzando il seguente elenco di argomenti.

a. Le spinte centrifughe e le resistenze dei ceti oppressi.
b. Il problema dell'uniformità religiosa entro i confini.
c. La retorica della guerra per motivi religiosi.
d. Le cessioni e le espansioni territoriali.

4 Completa la carta dal titolo *Le guerre di religione in Europa (1562-1648)* con le informazioni richieste.

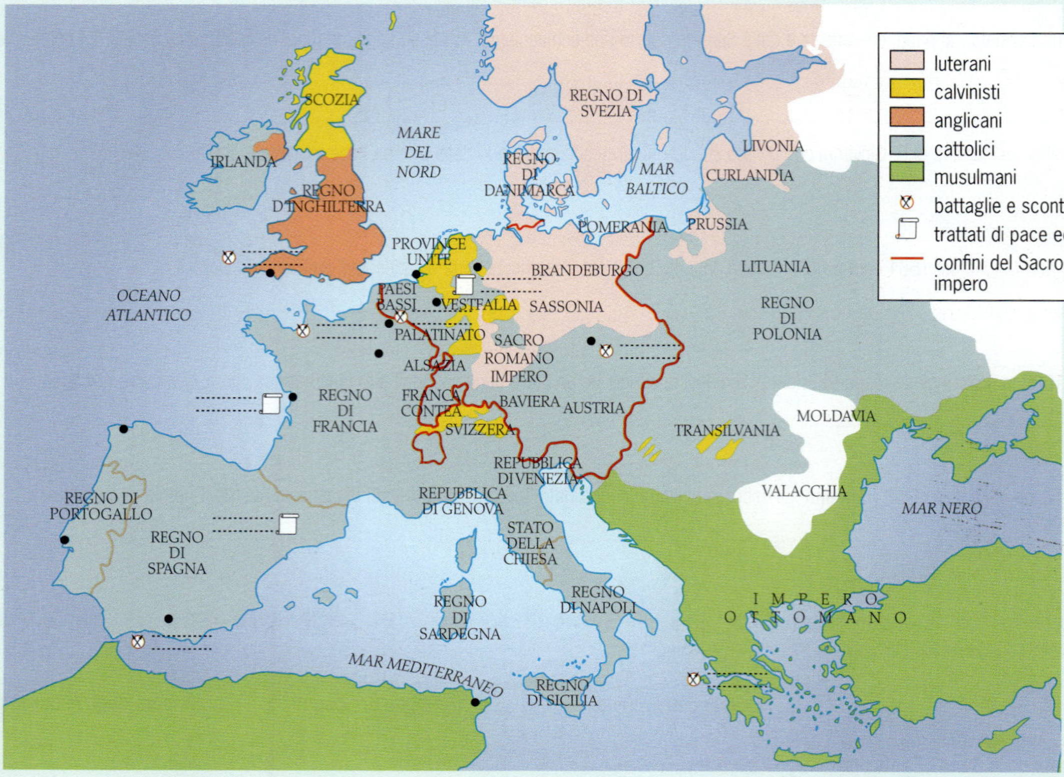

a. Scrivi sulla carta i nomi delle seguenti città: La Rochelle, Parigi, Verdun, Granada, Tunisi, L'Aia, Lisbona, La Coruña, Plymouth, Praga, Münster, Brema; se ne hai bisogno, fai una ricerca per collocarle correttamente.
b. Accanto ai simboli segnati sulla carta scrivi il nome con il quale è ricordato ciascun evento e la data corrispondente.
c. Confronta la carta così completata con quelle del secolo precedente [> **A54**, **A58**, **A60**, **A61**]; complessivamente la frammentazione politico-territoriale e quella religiosa sono aumentate o diminuite nel corso degli ultimi cento anni? puoi notare delle differenze tra le diverse aree dell'Europa?
d. Organizza un'esposizione orale in cui, alla descrizione della carta, sia associato un breve racconto degli eventi riportati.

5 Immagina di dover curare un'esposizione di disegni e dipinti dal titolo *Guerra, guerra civile e rivolta. I rituali della violenza pubblica nell'Europa del XVII secolo*. Dopo aver analizzato con attenzione le immagini inserite nel capitolo, ottempera alle seguenti consegne sul tuo quaderno.

a. Seleziona le immagini utili alla trattazione del tema generale.
b. Correda ciascuna immagine di una didascalia che riassuma l'evento narrato e il punto di vista dell'autore.
c. Individua tre sottotemi e disponi le immagini nelle tre sale corrispondenti.
d. Scrivi un breve testo introduttivo (15 righe) che espliciti il contenuto di ciascuna sala e il suo sottotema in relazione al tema generale.

Capitolo_20/ Gli Stati moderni

1/ Le conseguenze politiche delle guerre

Le guerre costano. Costano enormemente. Costano in vite umane. E costano in denaro. Come abbiamo visto, la fase che va dalla fine del Quattrocento alla metà del Seicento è incredibilmente fitta di scontri bellici, che culminano nell'apocalissi della guerra dei Trent'anni [▷ **19/4**]. Un impegno simile impone ai governanti un grande sforzo di razionalizzazione delle strutture statuali. A questo si aggiunge l'esigenza di dotarsi di **eserciti stabili**, che va rafforzandosi con il tempo [▷ **8/2**].

SOLUZIONI PER GARANTIRSI RISORSE FINANZIARIE ■ Il punto fondamentale è che i **sovrani** hanno bisogno di quantità sempre più ingenti di risorse, e se le procurano in vari modi:

a contraendo prestiti con case bancarie, oppure con singoli investitori, per esempio attraverso l'emissione di **titoli di debito pubblico**, che garantiscono un reddito fisso oscillante, in genere, fra il 7% e il 10% del capitale pagato; soluzione efficace nell'immediato, ma rischiosa, soprattutto per i prestatori, poiché esposta al "consolidamento del debito", ovvero all'annuncio della dilazione a tempo indeterminato della restituzione del capitale versato; a questa azione è costretto più di una volta Filippo II di Spagna [▷ **19/3**], con grave danno, fra l'altro, anche delle case bancarie tedesche e genovesi che si sono esposte prestandogli somme ingenti;

le PAROLE della STORIA

titoli di debito pubblico

Uno Stato può decidere di mettere sul mercato dei documenti di debito, il cui valore viene stabilito al momento dell'emissione. I privati che acquistano questi documenti (i titoli di debito pubblico) prestano denaro allo Stato, ricevendone in cambio ogni anno una percentuale di interessi attivi, calcolata sul totale della somma pagata per acquistare i titoli. Al termine del periodo pattuito al momento dell'acquisto, lo Stato ha l'obbligo di restituire la somma che ha ricevuto in prestito.

Pieter Bruegel il Giovane, *Il pagamento della decima*, 1618

Per l'organizzazione del vasto apparato burocratico necessario a governare lo Stato, i sovrani europei si circondano di funzionari scelti tra le fila del ceto borghese piuttosto che fra l'aristocrazia. Lo strato superiore della nuova borghesia costituisce l'élite non nobile delle città d'Europa: ricchi, istruiti, consumatori avidi di beni materiali e intellettuali, i borghesi sono, tra i non aristocratici, il gruppo più in vista nelle città del XVII secolo. La tela di Pieter Brueghel il Giovane, anche nota con il titolo *L'avvocato del villaggio*, ci dice che la stessa rete burocratica si estendeva ai villaggi.

b affidando l'**esazione delle imposte** a ditte di **appaltatori**, cioè a degli imprenditori privati che, contro il pagamento immediato allo Stato di una cifra pattuita, sono autorizzati a riscuotere le imposte; da notare che, poiché gli appaltatori traggono il loro profitto dalla differenza tra la somma pagata come anticipo e quella riscossa dai contribuenti, questo sistema tende a far lievitare il livello delle imposte;

c infine cercando di **aumentare direttamente le imposte**. Gli aumenti, a volte, sono vertiginosi. Per esempio in Francia, nel decennio 1632-42, l'ammontare delle imposte passa da 10 milioni a 50 milioni di lire francesi, un incremento del 400%. In Spagna, negli anni Venti del Seicento, gli stanziamenti per l'esercito e per la flotta raddoppiano, e con essi raddoppia l'ammontare delle imposte. E così anche per gli altri Stati europei del periodo.

STRUMENTI PER UNA MAGGIORE PRESSIONE FISCALE ■ Un sovrano può attuare una politica di maggior pressione fiscale solo compiendo una serie di altre inevitabili operazioni:

a **limitare il potere delle assemblee dei ceti** (Cortes, Stati, Diete generali o locali) o di altre istituzioni (come per esempio i Parlamenti, in Francia) che possono opporsi alla ratifica degli editti di prelievo, emanati dalle autorità statali. I sovrani cercano di farlo negando o abolendo in modo formale tale diritto; oppure evitando di convocare gli organismi rappresentativi (quando la convocazione è un diritto riconosciuto all'autorità regia);

b inventare nuove fonti di entrata, sottratte, per definizione, alla giurisdizione delle istituzioni cetuali. In Francia, per esempio, nel 1604 si legalizza oltre che la vendita, anche l'**ereditarietà degli uffici statali**, che si ottiene attraverso il pagamento allo Stato di un'apposita **tassa**; in tal modo colui che ha acquistato un ufficio ne svolge la funzione corrispondente, gode dei privilegi che vi sono annessi e può anche lasciarlo in eredità al figlio. Tra le altre cose, questo insieme di norme crea un nuovo ceto nobiliare, chiamato ***noblesse de robe*** ('nobiltà di toga', dall'abito normalmente vestito dai funzionari), non così autorevole e ricco come l'aristocrazia di origine feudale (la *nobiltà di spada*), ma egualmente influente e prestigioso;

c creare figure di funzionari preposti al controllo dell'operato dei governatori locali e dipendenti solo dal governo. È questo il caso, per esempio, degli **intendenti**, istituiti in Francia nel 1592; o della catena di funzionari che fa capo alla Consulta del Regno di Spagna (i viceré, i governatori, i *coregidores*, con competenze largamente paragonabili a quelle degli intendenti, se non anche maggiori).

LAVORA SUL TESTO
Sottolinea nel testo, con diversi colori, le principali tendenze registrate negli Stati europei del XVII secolo in materia di fisco.

2/ Nuove forme di governo

LA COSTRUZIONE DI APPARATI BUROCRATICI ■ Una maggiore articolazione degli apparati amministrativi comporta un **aumento dei funzionari di servizio e di collegamento**, che cooperino all'azione amministrativa e ad assicurare i contatti tra centro e periferie degli Stati.

Ciò implica la creazione di una burocrazia composta da un numero significativo di funzionari (molte decine di migliaia in Spagna e in Francia) alle dipendenze dello Stato.

Si tratta di personale che, ai gradi più alti, deve anche avere una buona preparazione giuridica. E i posti che si rendono disponibili consentono **processi di ascesa sociale** per uomini delle classi medio-alte che, per questo stesso fatto, assicurano lealtà e consenso al potere sovrano.

Naturalmente, il processo di costruzione di una burocrazia statale, che si avvia in questi decenni, comporta, a sua volta, maggiori uscite per i bilanci degli Stati, processo che in forma circolare aumenta il bisogno di entrate.

IL SISTEMA GIUDIZIARIO ■ Nel contesto di un processo di concentrazione delle competenze nelle mani del sovrano o dei suoi funzionari, anche l'amministrazione della giustizia – struttura che ha sempre avuto un rilievo assolutamente strategico per gli Stati europei – tende a essere riorganizzata secondo la stessa logica.

Come abbiamo già visto [▷ **17/6**], la **riorganizzazione dei sistemi giudiziari** viene sollecitata dalle sinergie che si creano fra disciplinamento religioso e processo di rafforzamento degli apparati degli Stati: il potere dei tribunali regi viene consolidato, mentre si tenta anche di ridimensionare la giurisdizione di altre amministrazioni giudiziarie locali (in primo luogo di quelle che dipendono dai tribunali signorili, i cui magistrati sono nominati da nobili feudatari, ma con la notevole eccezione dei feudi dell'Europa orientale e meridionale: > **21/3**).

Il modello delineato dai riformatori protestanti e cattolici di una perfetta guida pastorale, in grado di formare e indirizzare le coscienze dei fedeli, viene apprezzato e fatto proprio anche dai sovrani e dai loro ministri. Il **monitoraggio delle coscienze** viene attuato attraverso la costruzione di una sorta di primitivo sistema di sondaggio delle opinioni dei sudditi, che dovrebbe consentire – se e dove ce ne sia bisogno – di intervenire tempestivamente ed efficacemente.

IL CONTROLLO POLITICO-GIUDIZIARIO DEL CARDINALE RICHELIEU IN FRANCIA ■ Il cardinale Richelieu, per esempio, **ministro plenipotenziario di Francia dal 1624 al 1642**, si fa inviare regolarmente rapporti dagli intendenti e dagli altri funzionari regi dislocati in ogni parte del regno per avere un quadro completo della situazione nelle varie province. Inoltre, ogni mattina, il governatore della prigione parigina della Bastiglia e il presidente del tribunale penale devono recarsi da lui per riferirgli sull'umore di Parigi e sul comportamento dei carcerati. Non sorprende che un uomo di Stato, il quale è pure cardinale, introduca nell'azione politica e giudiziaria tecniche che discendono dalla **logica del controllo delle coscienze**, controllo che presiede al funzionamento dei tribunali dell'Inquisizione.

Il controllo delle coscienze comporta la **punizione dei ribelli** o comunque sia l'**intimidazione dei sospetti**. Ed è proprio secondo questa logica che, nella prima metà del Seicento, agli intendenti francesi viene riconosciuto il diritto di avviare procedure giudiziarie per il **reato di "lesa maestà"**, cioè di offesa o di attentato al sovrano (un reato che si presta benissimo a strumentalizzazioni di carattere politico). I procedimenti avviati si basano quasi sempre su prove indiziarie e gli imputati sono sottoposti alla misura del carcere preventivo (di durata illimitata) ad arbitrio del sovrano: basta una

Philippe de Champaigne, ***Ritratto del cardinale Richelieu***, 1636

[Musée Condé, Chantilly]

Il grande potere che il cardinale Richelieu raccoglie nelle sue mani ed esercita con durezza e spregiudicatezza non ne favorisce certo la popolarità: ritroviamo traccia di ciò ancora a metà Ottocento, nel grande romanzo storico *I tre moschettieri* (1844) di Alexandre Dumas padre, in cui il cardinale è l'autore di un complesso intrigo di corte a danno della regina Anna d'Austria, moglie infedele di Luigi XIII.

lettre de cachet, cioè una lettera recante il sigillo (*cachet*) reale con l'ordine di imprigionamento, per far rinchiudere qualcuno alla Bastiglia o in qualche altro carcere regio [> **F43**].

LE FONTI 43

Richelieu/«Nessuna pietà per chi commette crimini contro lo Stato»

[Armand-Jean du Plessis, cardinale di Richelieu, *Testamento politico e massime di Stato*, a cura di Alessandro Piazzi, Giuffrè, Milano 1988, pp. 294-296]

Armand-Jean du Plessis, duca di Richelieu, è uno dei protagonisti del processo di rafforzamento dei poteri dello Stato monarchico. Nato a Parigi nel 1585, nel 1605 inizia gli studi di Teologia; l'anno seguente è nominato vescovo di Luçon. Nel 1614 siede sui banchi del clero negli Stati generali; notato dalla regina Maria de' Medici, nel 1616 comincia a collaborare col Consiglio del re con la carica di Segretario di Stato. Nel 1622 viene nominato cardinale. Nel 1624 entra ufficialmente a far parte del Consiglio del re; nell'agosto dello stesso anno ne diventa il presidente, ricoprendo, da allora in poi, la carica di Primo ministro, che svolge sino alla morte, avvenuta il 4 dicembre 1642. Nel corso della sua attività politica Richelieu scrive un testo di appunti e massime di governo, rimasto manoscritto alla sua morte e destinato a essere utilizzato privatamente dal sovrano Luigi XIII. Di questo testo, tuttavia, viene fatta un'edizione a stampa nel 1688, ad Amsterdam.

Essere rigorosi verso chi si fa gloria di disprezzare le leggi, significa arrecare un vantaggio allo Stato, ed il crimine maggiore che si può commettere contro l'interesse pubblico è quello di essere indulgenti verso coloro che le violano.

In questo Regno, ho visto molte fazioni e molti intrighi restare impuniti, ma non ho mai visto nessuno correggersi spontaneamente, anzi, spesso, molti tornano a compiere le loro nauseabonde azioni, a volte con maggior successo, perché istruiti dall'esperienza della prima.

L'indulgenza, praticata fino a poco tempo fa in Francia, ha prodotto situazioni estremamente gravi. Dato che le colpe restavano impunite, ciascuno faceva un mestiere della sua carica; e, senza considerare ciò a cui era obbligato per adempiere al proprio dovere degnamente, considerava solamente ciò che poteva fare per profittare di più.

Gli antichi considerano pericoloso vivere sotto un Principe che non attenua in niente il rigore delle leggi, ma dicono anche che ancora più pericoloso è vivere in uno Stato in cui l'impunità apre la porta ad ogni tipo di licenza.

Un Principe o un magistrato, che ha paura di peccare per troppo rigore e di doverne poi rendere conto a Dio, se non esercita ciò che è prescritto dalla legge deve essere biasimato dagli uomini saggi.

Ho fatto presente molto spesso questa cosa a V.M.[1]; ed anche adesso La supplico di tenerla ben presente, perché, se ci sono tanti Principi che hanno bisogno di essere distolti dalla severità, per evitare che cadano nella crudeltà, che fa parte delle loro inclinazioni, V.M. ha bisogno di essere dissuaso dalla falsa clemenza, più pericolosa della crudeltà stessa, perché l'impunità fa continuare a compiere ciò che si può impedire solo con il castigo.

La verga, simbolo di giustizia, non è mai inutile. So che deve essere rigorosa e insieme non priva di clemenza, ma ciò non significa indulgenza che autorizzi i disordini, i quali, per quanto piccoli, sono così pericolosi per lo Stato da poterne causare la rovina.

Se c'è qualcuno in Francia così malavveduto da condannare la severità, necessaria in tutti gli Stati, perché fino adesso non è stata praticata, bisognerà solo aprirgli gli occhi e fargli comprendere che è stata proprio l'impunità il solo motivo che ha causato la mancanza di regole e di ordine, e che il ripetersi dei disordini costringe a ricorrere agli estremi rimedi. [...]

In materia di crimini contro lo Stato, bisogna chiudere la porta alla pietà, ignorare i pianti delle persone interessate e le chiacchiere del popolo, che a volte critica ciò che gli è utile e spesso necessario. I cristiani devono dimenticare le offese che ricevono in quanto privati, ma i magistrati sono obbligati a non dimenticare le offese contro l'interesse pubblico: lasciarle impunite non significa perdonarle ed assolverle, ma piuttosto autorizzare a commetterne di nuove.

1. *V.M.*: Vostra Maestà.

GUIDA ALLA LETTURA

1. Quali sono le conseguenze, secondo Richelieu, di un governo indulgente verso coloro che violano le leggi? **2.** Sottolinea nel testo le considerazioni che propendono per la clemenza e quelle che propendono, invece, per il rigore. **3.** Individua e spiega le differenze fra clemenza, indulgenza, impunità e metti in rilievo le conseguenze che ognuna di esse comporta.

L'ASCESA DEI «FAVORITI», GLI UOMINI DI FIDUCIA DEL RE ■ Proprio la figura di Richelieu consente di osservare un altro importante aspetto dell'evoluzione sperimentata in quest'epoca dalle forme del potere. Le dinamiche di mutamento degli apparati statali, che abbiamo appena osservato, trasformano gli Stati monarchici europei in sistemi più complessi che il re, da solo, non riesce a controllare del tutto. È per questo che, nel 1598 in Spagna, il re Filippo III (1598-1621) per la prima volta concede al suo favorito – un cortigiano suo amico, di cui si fida particolarmente, Francisco Gómez de Sandoval, duca di Lerma (1552-1623) – il potere di trattare un buon numero di questioni di governo al suo posto.

Il favorito, una figura che con varie denominazioni e cariche viene poi adottata anche in altre monarchie europee, opera come **una sorta di informale Primo ministro** e si avvale dell'ulteriore collaborazione di persone di sua fiducia, scelte tra i membri della corte.

Ma questa soluzione crea, dovunque venga adottata, degli aspri contrasti: i cortigiani esclusi non riconoscono al favorito la stessa autorità riconosciuta al sovrano; per questo si riuniscono in **fazioni**, cioè in cordate politiche informali, composte da cortigiani che cercano di contrastare l'azione di governo dei ministri, mettendoli in cattiva luce presso il sovrano o presso l'opinione pubblica, mentre, al tempo stesso, cercano di accreditare uno dei loro come la persona più adatta a tenere le redini del governo al posto del favorito in carica.

La dinamica rende la vita di corte più tesa. I **conflitti** che ne scaturiscono talora possono anche diventare scontri manifesti, fuoriuscendo dai ristretti confini della corte: è ciò che avviene in Spagna (rivolte del Portogallo e della Catalogna) o in Francia (la Fronda) [▷**20/3**], quando l'azione politica di rafforzamento dell'autorità dello Stato, svolta dai ministri, suscita reazioni furiose in molte e diverse componenti della società, le quali sostengono che il potere dei favoriti non abbia basi effettivamente legittime, oppure che, con la loro azione, essi abusino della delega loro concessa dal sovrano.

I CONSIGLI ■ L'azione dei ministri plenipotenziari non avviene nel vuoto istituzionale; essi devono possedere non solo la fondamentale **delega del sovrano**, ma anche la cooperazione degli **organi di governo** che si strutturano dovunque nel corso del XVI secolo nella forma dei **Consigli del re**, organi **collegiali** composti da **membri scelti dal sovrano** (e, quando è in carica, dal ministro plenipotenziario) i quali hanno il compito di trattare specifiche materie: qualcosa di piuttosto simile agli attuali ministri.

L'organo di governo principale è, dunque, il Consiglio che – con varie denominazioni nelle varie monarchie – riunisce il re e i suoi principali collaboratori (i ministri del re e il ministro plenipotenziario).

Accanto a questo organo, paragonabile a un odierno Consiglio dei ministri, operano altri organismi che, a seconda dei casi, sono strutturati secondo una **logica tematica** oppure secondo una **logica territoriale**:

a per esempio, nell'Impero asburgico, accanto al Consiglio privato, che è il Consiglio dei ministri, vi sono una Camera dei Conti (grosso modo un ministero del Tesoro), un Consiglio Aulico (che è la suprema Corte di Appello, e quindi si occupa delle principali questioni giudiziarie) e un Consiglio di Guerra;

b in Spagna, invece, i consigli hanno prevalentemente competenze territoriali: accanto ai due principali consigli di Castiglia e di Aragona, si creano man mano

IL PERSONAGGIO

"favoriti" e ministri plenipotenziari nelle monarchie europee di fine XVI-inizio XVII secolo

In Inghilterra, Giacomo I Stuart (1603-25) fa di **George Villiers**, poi **duca di Buckingham** (1592-1628), il suo uomo di fiducia, confermato nella stessa carica anche dal successivo sovrano, Carlo I Stuart (1625-49).
In Francia, Maria de' Medici (1573-1642), vedova di Enrico IV (1594-1610) e reggente in nome del figlio piccolo, Luigi XIII (1610-43), si avvale dell'aiuto del fiorentino Concino Concini (?-1617); **Armand-Jean du Plessis, duca di Richelieu** (1585-1642), da tempo consigliere di Maria de' Medici, riceve la nomina a cardinale nel 1622 e nel 1624 diventa il ministro di Luigi XIII; il cardinale **Giulio Mazzarino** (1602-1661) svolge la stessa funzione per conto di Anna d'Austria (1601-1666), vedova di Luigi XIII e reggente per il figlio Luigi XIV (1643-1715).
In Spagna, dopo il duca di Lerma, **Gaspar de Guzmán, conte di Olivares**, e poi **duca di Sanlúcar** (noto per questo cumulo di titoli, come il **"conte-duca" di Olivares**, 1587-1645), è l'uomo di fiducia di Filippo IV (1621-65).
In Svezia, **Axel Oxenstierna** (1583-1654) svolge la funzione di cancelliere di Gustavo II Adolfo (1611-32) e poi anche di sua figlia Cristina (1632-54).

il Consiglio delle Indie (1524), d'Italia (1555), di Portogallo (1580) e delle Fiandre (1588); a essi, peraltro, si affiancano anche un Consiglio dell'Inquisizione, un Consiglio di Guerra e un Consiglio delle Finanze (creato nel 1593).

LE CITTÀ CAPITALI ■ Tra XVI e XVII secolo, infine, il processo di strutturazione di un centro politico che domina organizzativamente, oltre che simbolicamente, le varie parti del territorio a esso soggetto diventa visibile anche attraverso l'**"invenzione" delle città capitali**, città nelle quali si concentrano gli organi di governo e, generalmente, anche la corte sovrana.

L'esistenza di una gerarchia spaziale che corrisponde a una gerarchia politica non è certo cosa ignota nel tardo Medioevo. Le città comunali si organizzano proprio come città dominanti del contado da esse controllato, e sulla base di questa struttura si identifica il rilievo delle città capitali negli Stati che derivano da queste forme politiche medievali (Firenze, Genova, Venezia, Mantova, Modena, Parma). A ciò si può aggiungere Roma che, tuttavia, col suo fascino e il suo prestigio, si stabilizza come capitale dello Stato pontificio solo nel corso del tardo XV secolo.

Inizialmente nei più grandi Stati monarchici che si formano nello stesso periodo la corte e gli organi di governo, essendo spesso itineranti, non si fermano in una città particolare, e anche i luoghi di "culto monarchico" possono essere vari (Reims o Chartres, dove in Francia avvengono le incoronazioni regie, Aquisgrana e Bologna nel caso delle incoronazioni di Carlo V).

Tuttavia, dal XV secolo, e in modo più definito, dal XVI secolo, **i sovrani scelgono delle città capitali, nelle quali concentrano stabilmente il governo e la corte**; Filippo II sceglie Madrid nel 1561, città vicino alla quale fa costruire il suo palazzo-monastero, l'Escorial; Emanuele Filiberto, duca di Savoia, nel 1563 colloca la

Veduta di Praga con il Ponte Carlo e il Castello

Praga sorge al centro della pianura boema, lungo il corso del fiume Moldava. Fin dall'XI secolo è stata la sede dei re di Boemia, e dal Cinquecento è stata una delle sedi più rappresentative, insieme con Vienna e Budapest, dell'Impero asburgico. L'imperatore Rodolfo II, re di Boemia, ne fece la sua corte più amata: qui richiamò e protesse artisti (come il milanese Arcimboldi), alchimisti, letterati e uomini di scienze (tra cui Giordano Bruno e Giovanni Keplero), collezionò dipinti (fra cui Correggio, Dürer e Parmigianino) e raccolse libri, facendo della città uno dei centri europei culturalmente più attivi e raffinati della fine del Cinquecento.

capitale del suo ducato a Torino; Rodolfo II situa a Praga la sua corte nel 1583; Londra e Parigi diventano stabilmente le sedi dei governi dei Regni d'Inghilterra e di Francia.

Le guerre, dunque, sollecitano processi già in atto verso la razionalizzazione e la centralizzazione dei poteri sovrani.

Ma, è chiaro, gli interessi colpiti, limitati o negati nel corso di questa imponente trasformazione non sono pochi: le ripercussioni si fanno sentire sotto la forma di un'incredibile sequenza di rivolte.

LAVORA SUL TESTO

1. Cerchia nel testo il nome di tutte le istituzioni dello Stato e collega ciascuna di esse con una frase che ne riassuma la funzione. **2.** Evidenzia nel testo le funzioni del "favorito" del re. **3.** Schematizza il sistema di governo di una monarchia europea del XVI-XVII secolo utilizzando le seguenti parole-chiave: *Consigli del re*; *Sovrano*; *Ministri*; *Favorito*.

3/ Le rivolte

RIVOLTE SOCIALI E POLITICHE ■ Sappiamo già come la storia dell'Europa moderna sia costantemente accompagnata da rivolte che a fasi regolari sconvolgono una regione o l'altra. Ma la fase che va dal 1566 al 1653 è particolare, per il numero, la frequenza e il rilievo politico delle rivolte che vi si susseguono.

La maggior parte di questi conflitti si concentra nella prima metà del XVII secolo: nel ciclo seicentesco, poi, va notato un particolare addensamento di rivolte nel periodo **1640-53**. Questo particolare sotto-ciclo può essere spiegato, in prima battuta, con lo speciale addensarsi di eventi calamitosi che allora si verificano, con un rapido succedersi di carestie, crisi di mortalità ed epidemie di peste che va a sommarsi a tensioni strutturali di più lungo periodo.

Tuttavia, se si osservano i luoghi dei focolai di rivolta e le ragioni addotte dai rivoltosi per giustificare gli atti di insubordinazione, appare subito chiaro che questo stato di tensione si spiega principalmente col **processo di rafforzamento dei poteri delle grandi monarchie**, da noi esaminato nei paragrafi precedenti. Tale processo lede privilegi e libertà tradizionali di molti e diversi gruppi sociali, che per questo cercano di opporre resistenza.

In genere le rivolte, almeno nella fase iniziale, sono guidate da **idee politiche conservatrici**: si vogliono riacquistare diritti usurpati, ma non si vuole affatto cambiare alla radice l'ordine sociale o politico: è per questo che, innumerevoli volte, i ribelli si scagliano contro esattori, o governatori, o ministri plenipotenziari al grido di "viva il re!". Con ciò essi si affidano all'idea – quasi sempre mitica – secondo la quale i torti che ritengono di subire sono stati perpetrati all'insaputa del re, nello specifico identificato con un'autorità superiore, sacra e giusta, mal consigliata o ingannata dai suoi ministri o dai suoi collaboratori.

È chiaro che si tratta di una notevole prova del fascino che l'ideologia della sacralità monarchica esercita anche in luoghi estremamente remoti dalle corti e dalle capitali, negli angoli più nascosti e dimenticati delle campagne di un regno, e sui soggetti più sfortunati che, probabilmente, non hanno mai visto (né mai vedranno) il re in tutta la loro vita.

RIVOLUZIONI IN INGHILTERRA ■ È molto importante tenere presente come un quadro completo delle rivolte seicentesche debba includere anche il ciclo di rivoluzioni che scuote l'Inghilterra, ciclo che ha inizio nel **1640** e si conclude nel **1689**; e ciò perché tale ciclo presenta molte delle caratteristiche delle altre rivolte. Tuttavia, c'è un aspetto fondamentale che fa della crisi politica attraversata dall'Inghilterra nella seconda metà del Seicento un caso peculiare e che ne impone una trattazione separata: e cioè il successo delle rivolte inglesi e l'assoluta rilevanza delle loro conseguenze, che si proiettano ben dentro il mondo contemporaneo; infatti, l'esito dell'intero ciclo rivoluzionario inglese è la **stabilizzazione del primo sistema parlamentare rappresentativo** nella storia d'Europa, un modello politico destinato a un importantissimo futuro.

LE RIVOLTE URBANE ■ Torniamo, dunque, alle altre rivolte, e cominciamo dalle ribellioni che scoppiano nelle città. I disordini più gravi si concentrano nell'arco di tempo compreso tra il 1640 e il 1653. È allora che scoppiano quattro rivolte urbane particolarmente importanti. Le prime tre hanno luogo all'interno della monarchia spagnola: due nel 1640 – una in Catalogna e l'altra in Portogallo; e una nel 1647 – nell'Italia meridionale; la quarta scoppia, invece, in Francia, nel 1648 (si tratta dei cosiddetti disordini della Fronda):

a nel caso delle **tre ribellioni** che scoppiano **all'interno dei territori dominati dalla Spagna** la causa originaria è comune e sta nella **politica di prelievo fiscale** inaugurata sin dal 1625 dal governo del conte-duca di Olivares per sostenere il notevole impegno della Spagna nella guerra dei Trent'anni [▷ **19/4**]. A questa ragione, nelle rivolte del 1640, si somma anche il **desiderio di indipendenza nutrito da élite** di aree che hanno avuto – in tempi più o meno lontani – lo statuto di regni

La battaglia di Montes Claros, XVII sec.
[Palazzo del Marchese di Fronteira, Lisbona]
In queste *azulejos*, le caratteristiche piastrelle portoghesi di maiolica policroma, viene ricordata la battaglia di Montes Claros del 17 giugno 1665, una delle ultime e decisive battaglie della guerra fra spagnoli e portoghesi che porta al riconoscimento da parte della Spagna della ritrovata indipendenza del Portogallo.

autonomi: l'appello alle antiche libertà del paese, infatti, è una costante; invece, nell'insorgenza italiana del 1647 fortissimo è il sentimento di **insofferenza nei confronti dei ceti nobiliari**;

b nel caso della **Catalogna**, la ribellione dà luogo a una lunga guerra che finisce nel 1652, quando le truppe di Filippo IV sono in grado di riconquistare il controllo del territorio. In **Portogallo**, invece, la **ribellione autonomista** trova una guida autorevole nel duca Giovanni di Braganza, cui la nobiltà locale offre la corona portoghese. Intorno a lui si consolida un forte movimento indipendentista, animato dall'esaltazione e dalla mitizzazione dell'ultimo sovrano Aviz, Sebastiano I. Allo stesso modo che in Catalogna, la guerra provocata dalla ribellione dura molto a lungo (fino al 1668 quando, con il trattato di Lisbona, la Spagna riconosce la nuova dinastia portoghese); diversamente che in Catalogna, però, la ribellione ha successo e il Portogallo riconquista la sua autonomia sotto il nuovo sovrano, che prende il nome di Giovanni IV Braganza (1640-56);

c a **Napoli** la rivolta scoppia il **7 luglio 1647**, per protesta contro l'imposizione di una tassa sulla vendita della frutta; è guidata da un giovane pescivendolo, Tommaso Aniello, detto **Masaniello** (1620-1647), capace di imporsi come il capo della rivolta. La sua leadership dura poco, perché il 16 luglio viene assassinato. Nei giorni seguenti, invece di placarsi, lo scontro sociale si acuisce e si conclude con la cacciata degli spagnoli dalla città e con la proclamazione della **Repubblica**. Le

truppe spagnole circondano Napoli, per terra e per mare e, dopo qualche mese di resistenza, il **5 aprile 1648**, i soldati spagnoli riprendono il controllo della città e reprimono con successo gli ultimi focolai di rivolta;

d la quarta importante ondata di ribellione che parte dalle città si ha in **Francia**, tra il **1648** e il **1653**. Il contesto è – al tempo stesso – quello della formazione dello Stato moderno (pressione fiscale, ridimensionamento delle libertà dei ceti) e quello tipico di una **crisi di successione**. Luigi XIII, infatti, è morto nel 1643, lasciando Anna d'Austria, la moglie, reggente per conto del piccolo Luigi XIV, che è nato nel 1638; il governo è pertanto affidato al cardinale Giulio Mazzarino. Nell'aprile del 1648 i parlamentari (cioè i membri delle magistrature superiori) emettono un proclama con il quale si oppongono a molte **misure-chiave nel processo di formazione di uno Stato moderno**: si oppongono, cioè, all'arresto arbitrario, all'aumento di prelievi fiscali non autorizzati dalle rappresentanze cetuali, all'invio di intendenti e commissari straordinari sul territorio. Il tentativo di reazione del **governo di Mazzarino** provoca un'insurrezione urbana a Parigi (**26 agosto 1648**), con conseguente fuga del governo, della reggente e del piccolo re. La **ribellione, denominata con disprezzo Fronda** (con riferimento alla fionda con la quale giocano i bambini) dagli ambienti monarchici, è invece una cosa seria. Mazzarino cerca di sedare la rivolta inviando contro Parigi l'esercito, ma la resistenza si fa tenace ed è rinvigorita nel 1650 dall'adesione al fronte ribelle di una parte delle più importanti famiglie aristocratiche del regno. Solo la divisione fra le componenti principali della rivolta (aristocratici e parlamentari) e gli scarsissimi benefici che i ceti popolari urbani e rurali hanno ottenuto dal governo provvisorio dei frondisti offrono al re e a Mazzarino la possibilità di imporre nuovamente la loro autorità (**1652-53**).

ATLANTE 66

Le rivolte nella Francia del Seicento

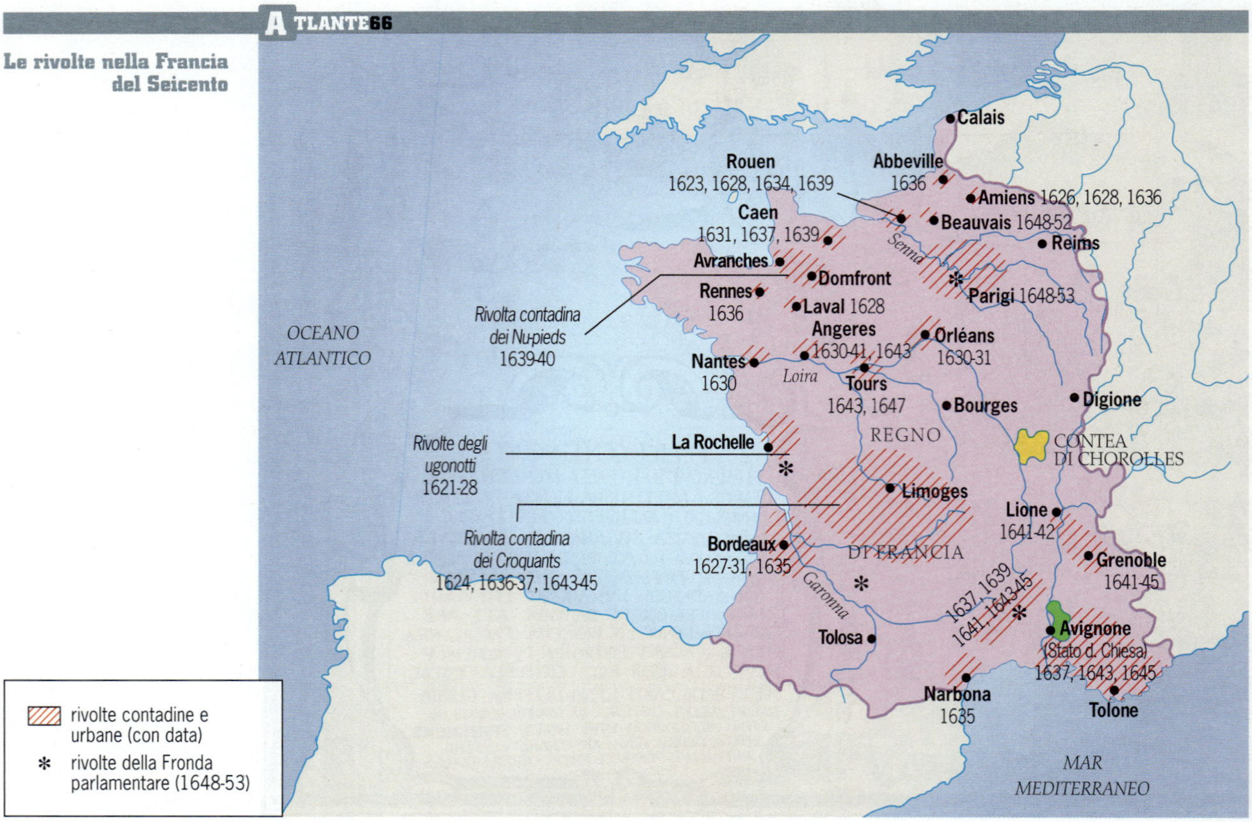

LE RIVOLTE RURALI ■ Oltre a questa serie di rivolte, tutte dotate di vasti obiettivi politici, ve ne sono moltissime altre che scoppiano nelle campagne europee e che hanno, invece, obiettivi di natura sociale e portata più limitata. All'interno di un quadro in cui le rivolte rurali scoppiano essenzialmente ovunque in Europa, **la Francia degli anni Trenta-Quaranta del Seicento** sembra essere un caso speciale per la quantità e la diffusione geografica di tali ribellioni [▷A66]. Il coinvolgimento della Francia nella **guerra dei Trent'anni** e il **conseguente aumento della pressione fiscale** sono la ragione principale che scatena queste insorgenze contadine. Tuttavia, l'assenza di coordinamento tra i focolai di rivolta e la mancanza di mezzi militari adeguati conducono a una loro **sistematica repressione**, particolarmente violenta ed efficace quando i rivoltosi si ribellano pure contro i proprietari terrieri. In linea generale, dunque, né in Francia né altrove in Europa questa sequenza di rivolte rurali ferma il processo di addensamento dei poteri nelle mani del sovrano e degli organi di governo che da lui dipendono, né producono particolari miglioramenti nelle condizioni di vita e di lavoro dei contadini.

LAVORA SUL TESTO

1. Dividi il paragrafo in due parti, relative alle diverse tipologie di rivolta scoppiate tra XVI e XVII secolo, e attribuisci a ciascuna di esse un titolo verbalizzato. **2.** Classifica in una tabella le rivolte descritte nel paragrafo secondo le seguenti categorie: *Rivolte rurali*; *Rivolte popolari urbane*; *Rivolte delle élite urbane*.

4/ La «crisi generale del XVII secolo»

VERSO UNA TRASFORMAZIONE DEI SISTEMI PRODUTTIVI? ■ Constatando la coincidenza di guerre, rivoluzioni, rivolte, crisi economiche, epidemie, diversi anni fa alcuni storici hanno ipotizzato che si possa parlare di una **«crisi generale del XVII secolo»** [▷S42]. In un saggio pubblicato nel 1954 e intitolato *La crisi generale dell'economia europea nel XVII secolo* lo storico britannico **Eric John Hobsbawm** ha considerato le **vicende economiche seicentesche** come un momento di crisi che prelude a una profonda trasformazione nei sistemi produttivi. Per Hobsbawm la crisi generale non è una fase di decadenza, ma è un momento in cui nuovi interessi e nuove spinte economiche si manifestano più chiaramente: l'imporsi di correnti commerciali transoceaniche e l'emergere di nuovi sistemi di produzione manifatturiera in Inghilterra e in Olanda [▷**21**/5-6] sono i segni più evidenti di questo processo di mutamento.

UNA CRISI DI CONSENSO ■ Questa impostazione coglie alcuni aspetti delle vicende di metà Seicento ma, come hanno osservato altri storici, non spiega affatto l'impressionante concentrazione di rivoluzioni politiche e di ribellioni sociali che – come abbiamo visto – è propria del periodo. In modo più convincente lo storico inglese **Hugh Trevor-Roper (1914-2003)**, in un saggio del 1959, intitolato *La crisi generale del XVII secolo*, ha proposto di considerare le tensioni seicentesche come l'espressione di una **reazione generale all'affermarsi delle monarchie assolutiste**. Secondo lui, la pressione fiscale e la concentrazione dei poteri creano una **profonda frattura fra Stato e società**, tra il sovrano e i ceti, che trova espressione in una crisi di consenso e nella successiva sequenza di rivoluzioni e ribellioni.

EFFETTI DEVASTANTI DEL COSTO DI GUERRA ED ESERCITI ■ **Un altro storico inglese, John H. Elliott**, ha commentato l'interpretazione di Trevor-Roper criticandone l'eccessiva enfasi sul peso che le spese di corte avrebbero avuto nel generare la crisi politica dell'assolutismo. Elliott ha fatto notare che non è tanto questo aspetto degli Stati assoluti a creare profonde tensioni quanto il costo crescente degli eserciti, più significativo in termini economici e più preoccupante per i suoi devastanti effetti sociali (che si concretizzano nel lungo e terribile ciclo di guerre seicentesche). Pur non partecipando direttamente alla discussione sulla crisi del XVII secolo, **Charles Tilly (1929-2008)**, sociologo americano, d'accordo con Elliott su questo punto, vede nella guerra e nei suoi costi crescenti il fattore chiave attraverso il quale spiegare cronologia e dinamiche di formazione dello Stato moderno e, con ciò, anche i contraccolpi che ne conseguono e che si fanno particolarmente evidenti nel XVII secolo.

UNA CRISI DELL'ORDINAMENTO MONARCHICO ■ Sebbene l'idea di una crisi generale del XVII secolo sia stata a lungo contestata, essa conserva tutt'oggi parte del suo valore: come ha osservato di recente uno storico italiano, **Francesco Benigno**, «la crisi del Seicento merita ancora l'attenzione degli storici. [Essa costituisce], su scala europea, una fase di crisi dell'ordinamento monarchico [...], di allargamento e interconnessione delle sfere pubbliche nazionali, di radicalizzazione ideologica e di polarizzazione politica».

PERSISTENZE STRUTTURALI ■ Tuttavia, un confronto con altri periodi (per esempio, con la fase che va dalla metà del XIV secolo all'inizio del XV; o con la prima metà del XVI secolo) suggerisce anche l'esistenza di **costanti fattori di conflitto** che scuotono ripetutamente le società europee: i campi di tensione che, pur mutando

Sebastiaen Vrancx, *Il saccheggio di una città*, prima metà del XVII sec.

Nel Seicento non è difficile imbattersi in artisti che fanno di conflitti e violenza il tema principale delle loro rappresentazioni cruente e realistiche: il fiammingo Sebastiaen Vrancx dedicò oltre metà della sua produzione a scene di eventi militari e battaglie o di saccheggi e soprusi.

forma, sembrano ripresentarsi come persistenze strutturali sono quelli che contrappongono:

a le classi popolari alle élite politiche e sociali;

b i poteri sovrani alle élite cetuali;

c i difensori delle ortodossie religiose ai dissidenti.

Su tutto ciò cala poi, costante, l'ombra scura della cultura della violenza, cioè dell'idea secondo la quale l'unico sistema ammissibile per sciogliere i nodi sociali e politici sia tagliarli con la forza degli eserciti.

LAVORASULTESTO
Riassumi in una tabella il contributo principale espresso da ciascuno degli storici citati in merito alla crisi del Seicento.

5/ Le donne e la politica

UNA NOVITÀ QUASI ASSOLUTA ■ Ciò che, invece, costituisce una novità quasi assoluta della politica europea nel Cinquecento e nel Seicento è **l'affacciarsi delle donne sulla scena politica** [▷S41]. Come abbiamo già osservato, la questione non riguarda gli ambienti cittadini o gli Stati repubblicani, nel senso che in quei contesti alle donne è sistematicamente negato l'accesso alle cariche politiche: consigli di governo, organi amministrativi o giudiziari, corporazioni, sono tutti luoghi nei quali siedono esclusivamente gli uomini e, casomai, è solo nelle organizzazioni dedite ad attività specifiche di assistenza o beneficenza che possiamo trovare delle donne con incarichi direttivi [▷**10/5**].

Da questo punto di vista non è nello spazio urbano-repubblicano che dobbiamo cercare novità: **le novità si vedono, invece, nei contesti monarchici**.

IL POTERE DELLE REGINE ■ Lì, intanto, anche le regine possono essere consacrate nei cerimoniali di incoronazione, sebbene i **rituali di consacrazione** siano **diversi**: in Francia, per esempio, dove la legge salica impedisce che una donna possa diventare titolare del potere sovrano, i re sono unti con un balsamo speciale che dà loro il potere di compiere miracoli; le regine sono unte invece con un olio consacrato, che può solo favorirne la fertilità. Nondimeno, vengono anch'esse riconosciute come soggetti d'eccezione, in grado di possedere temporaneamente il potere (come nei periodi di reggenza) e di partecipare alla vita di corte, senza tuttavia ricoprire alcuna funzione di governo.

Nell'immaginario collettivo l'**evento di massima rottura** è dato dalla comparsa di **regine effettivamente dotate di pieni poteri**, come nell'Inghilterra e nella Scozia di metà Cinquecento. La loro elezione al trono suscita in molti uomini reazioni talora parossistiche, accentuate anche da altri motivi di dissenso, per esempio, di carattere religioso [▷F44].

LA FIGURA DI ELISABETTA I ■ Anche dei sudditi di Elisabetta si dovrebbe dire che possono ribellarsi proprio e solo perché il loro sovrano è una donna?

All'inizio del suo regno **Elisabetta I Tudor (1558-1603)** mostra di volersi far sostenitrice della Riforma anglicana e vi è chi la apprezza apertamente proprio per questo [▷**15/8**]: è il caso, per esempio, di John Foxe, un teologo protestante che, nel suo *Libro dei martiri* – un testo duramente polemico contro Maria Tudor, edito per la prima volta nel 1563 –, sostiene che Elisabetta è la «salvatrice», colei che attraverso la sua «miracolosa custodia e protezione» ha tratto il Regno d'Inghilterra dall'abisso nel quale lo stava facendo precipitare la sorella Maria.

Altri più direttamente ne giustificano il potere sovrano con la raffinata e ambivalente teoria dei **«due corpi della regina»**, per cui «una donna di Stato può conservare corpo e sessualità femminili, ma deve esibire le prerogative maschili tipiche della sua carica che le sono trasmesse attraverso il sangue e l'educazione» (**Merry E. Wiesner**). Elisabetta, che al momento di prendere il potere deve fronteggiare anche molti malumori e molte critiche, sia per il fatto di essere donna, sia per la sua scelta protestante, ha bisogno di dotarsi di **un suo particolare «stile di governo»**, che sappia creare intorno a sé maggiore consenso: sviluppando ulteriormente proprio questa teoria del «doppio corpo della regina», Elisabetta sceglie di

LE FONTI 44

John Knox/*Il primo squillo di tromba contro il mostruoso governo delle donne*

[John Knox, *The First Blast of the Trumpet Against the Monstrous Regiment of Women*, Genève 1588]

Lo scozzese John Knox (1505 o 1513-1572), prete e notaio apostolico, aderisce alla Riforma anglicana e, recatosi in Inghilterra, si pone al servizio di Edoardo VI, collaborando alla redazione del *Book of Common Prayer* [> **15/8**]. Dopo la morte di Edoardo e l'ascesa al trono (1553) di Maria Tudor la Cattolica [> **19/3**], fugge dall'Inghilterra e si rifugia a Ginevra, dove conosce Calvino e si converte al calvinismo.
Nel 1559 Knox torna in Scozia e svolge una decisiva azione di proselitismo confessionale, che sfocia nell'approvazione, da parte del Parlamento di Edimburgo, della Confessione scozzese di fede calvinista. È tra coloro che guidano l'opposizione a Maria Stuart (cattolica regina di Scozia).
Nel suo *pamphlet*, *Il primo squillo di tromba contro il mostruoso governo delle donne*, pubblicato nel 1558, densissimo di riferimenti alla Bibbia e ai testi dei classici e dei Padri della Chiesa, Knox attacca le due sovrane cattoliche – Maria Tudor e Maria di Guisa, allora reggente sul trono di Scozia e anch'essa cattolica – elaborando un ragionamento che vuole tuttavia avere un valore universale: il governo delle donne dà vita a un regime politico che è contro natura, perché è, al tempo stesso, contro il volere di Dio. La radicalità della sua argomentazione si spinge fino ad auspicare una ribellione dei veri uomini contro un tale mostruoso regime.

Fare in modo che una donna abbia governo, superiorità, dominio o impero su qualunque regno, nazione o città, è cosa contro natura; è un insulto a Dio, una cosa particolarmente contraria alla sua volontà rivelata e alla sua legge; e infine, è la sovversione del buon ordine, e di ogni equità e giustizia.

Nel sostenere queste affermazioni [...] chiamo come mio testimone l'ordinamento della natura voluto da Dio, e la sua chiara volontà rivelata dalla sua parola e dalle menti dei suoi più antichi interpreti.

E in primo luogo, affermando che l'impero di una donna è una cosa contro natura, non intendo dire soltanto che Dio, con l'ordine della sua creazione, ha privato la donna di autorità e dominio, ma anche che l'uomo l'ha riconosciuta come una giusta decisione. Diversamente che in molti altri casi, dico che qui le cose si vedono chiare. Poiché le cause sono così manifeste che non possono essere nascoste. Perché, chi può negare che è contro natura che il cieco abbia il compito di guidare coloro che vedono? Che deboli, malati e impotenti debbano nutrire e curare gli integri e forti? E infine che lo stolto, matto e frenetico debba governare il prudente e dar consigli a chi è saggio? E tali sono le donne, quando siano comparate agli uomini nelle questioni politiche. Perché il loro sguardo in ciò che concerne il governo civile non è che cecità; la loro forza non è che debolezza; il loro consiglio, stoltezza; il loro giudizio, frenesia, se si vogliono ben considerare le cose.

Faccio eccezione per quelle che Dio, per singolar privilegio, e per certe cause da Lui solo conosciute, ha esentato dal rango comune delle donne, e parlo

costruirsi un'immagine da **Regina Vergine**, pura e indomita e, in qualche modo, veramente speciale, quasi androgina.

L'immagine è avvalorata dal fatto che la regina si conserva nubile, nonostante gli innumerevoli pettegolezzi e le costanti dicerie su sue possibili relazioni sentimentali. La sua **scelta di non sposarsi e di non avere figli** è doppiamente essenziale: la mantiene libera dalla possibile diminuzione di autorità che le sarebbe derivata dal ricoprire gli usuali ruoli femminili di moglie e madre; le consente di sviluppare con persuasione la retorica della sua "maternità" politica: a chi la sollecita a sposarsi in modo da avere un erede risponde infatti che solo la scelta di restare nubile le dà la libertà di essere una «**madre naturale per tutti i suoi sudditi**».

Ma la sua apparenza – una vergine priva di una netta identità sessuale – può essere sviluppata anche in un'altra direzione: «Vestita con abiti severi riccamente ornati, carica di perle, il suo corpo è inaccessibile come se fosse coperto da un'armatura;

delle donne come la natura e l'esperienza ce le presenta al giorno d'oggi. La natura, dico, ce le presenta deboli, fragili, impazienti, irresolute e insensate; e l'esperienza le ha dichiarate incostanti, mutevoli, crudeli, prive dello spirito necessario per consigliare e governare. E questi gravi difetti gli uomini li hanno visti propri di quel genere in ogni età, cosicché non solo hanno proibito alle donne il governo e l'autorità, ma hanno anche pensato che gli uomini succubi delle loro mogli non debbano avere il diritto di occupare incarichi pubblici. Perché così scrive Aristotele, nel secondo libro della sua *Politica*. Che differenza c'è, scrive Aristotele, se le donne hanno direttamente potere o se gli uomini che hanno incarichi pubblici sono loro succubi? Dall'una cosa ne consegue necessariamente l'altra: e cioè, ingiustizia, confusione e disordine. [...] Che cosa direbbe questo autore (ditemi un po') di quel regno o nazione nel quale una donna incoronata siede in Parlamento in mezzo agli uomini?

«Oh spaventoso e terribile sia il tuo giudizio, o Signore, che hai umiliato così l'uomo per la sua iniquità!»

Sono del tutto persuaso che se qualcuno di quegli uomini, illuminati soltanto dalla luce della natura, che hanno visto ed enunciato cause sufficienti per le quali le donne non devono essere ammesse né al potere né all'autorità, dovessero vivere oggi e vedessero una donna sedere in giudizio, o percorrere il Parlamento in mezzo agli uomini, avendo la corona regale sulla sua testa, la spada e lo scettro tenuti davanti a sé, in segno che l'amministrazione della giustizia è nelle sue mani: sono del tutto persuaso, dico, che tale vista li meraviglierebbe tanto da spingerli a pensare che l'intero mondo si sia trasformato nel paese delle Amazzoni e che tale metamorfosi e cambiamento abbia colpito tutti gli uomini di questo paese, come i poeti narrano sia accaduto ai compagni di Ulisse; o almeno, che sebbene la forma esterna sia rimasta quella di uomini, essi abbiano allontanato dai loro cuori la saggezza, intelligenza e coraggio degli uomini, per far posto alla stupida passione e alla codardia delle donne. Sì, essi affermerebbero anche che là dove le donne regnano o hanno autorità, necessariamente la vanità dev'essere preferita alla virtù, l'ambizione e l'orgoglio alla temperanza e alla modestia, e infine, che l'avarizia, la madre di ogni malvagità, deve necessariamente divorare l'equità e la giustizia. [...]

È evidente che qualunque cosa sia fatta senza la volontà di Dio, o perfino contro la sua volontà manifestamente rivelata nelle sue parole, è fatta contro ogni ordine. Ma proprio di questo tipo è l'impero e il governo di tutte le donne (come si è chiaramente detto); e quindi, dico che questa è una cosa chiaramente contraria al buon ordine; sì, è la sua sovversione.

GUIDA ALLA LETTURA

1. Quali elementi, secondo l'autore, compongono la natura femminile e che effetti avrebbero sul governo? **2.** A quali princìpi si rifà John Knox per le sue argomentazioni? Rispondi citando anche alcuni esempi che dimostrerebbero che «l'Impero di una donna è una cosa contro natura». **3.** Perché il governo delle donne è contro la volontà di Dio? **4.** Prova a spiegare la forte opposizione al governo femminile espressa nel testo alla luce del contesto storico facendo riferimento al paragrafo che contiene il rimando alla fonte.

quando è necessario la Regina Vergine appare come una figura mascolina, capace di dare coraggio ai suoi soldati» (Natalie Zemon Davis)**; lei stessa gioca su questo duplice registro identitario, come quando – al momento della guerra con la Spagna – afferma, spavalda, parlando alle truppe: «So di avere un corpo debole e fragile di donna, ma ho il cuore e il fegato di un re, e per giunta, di un re d'Inghilterra. Io stessa prenderò le armi, io stessa sarò il vostro generale, giudice e dispensatore di ricompense per ogni atto di valore sul campo».

LE DONNE A CORTE ■ Ovunque vi sia una **corte**, poi, le donne vi giocano un ruolo notevole, poiché con le loro **relazioni amicali o sessuali**, talvolta anche di natura adulterina, possono aiutare i congiunti (il marito, i figli) nelle loro **strategie economiche, politiche o di carriera**: in questi casi, allora, sui rapporti extramatrimoniali si chiudono molto volentieri gli occhi. Le donne, inoltre, possono commentare esplicitamente le vicende o gli intrighi politici di cui sono testimoni o – se hanno interesse alla questione e sufficiente personalità – possono anche discutere dei temi politici all'ordine del giorno col marito, con l'amante o con altri membri del governo e della corte.

Robert Peake il Vecchio, ***Elisabetta I in processione***, 1601 ca.
[Castello di Sherborne]
Elisabetta I è ossessionata dalla sua immagine pubblica e si impegna perché i suoi sudditi la vedano come una regina potente ma ligia al suo dovere verso il popolo. La cura del suo aspetto e la partecipazione a eventi pubblici di vario genere giocano un ruolo importante nella creazione di questa reputazione. Questo dipinto è un buon esempio di propaganda reale: Elisabetta I, che indossa un ricco abito di color bianco-argenteo a simboleggiare la sua condizione di purezza e verginità, è portata in processione dai cavalieri dell'Ordine della Giarrettiera, il più antico ed elevato ordine cavalleresco del Regno Unito.

LE DONNE DEL POPOLO ■ Secondo modalità differenti, a fianco delle regine o delle donne dell'aristocrazia, si fanno largo anche le **donne del popolo**. Nelle numerosissime **rivolte** popolari, contadine o urbane, che caratterizzano l'Europa del Cinque-Seicento, sono innumerevoli le donne che con coraggio e, talvolta, anche con crudeltà guidano la protesta.

Due ipotesi possono essere avanzate per spiegare questa particolarità. Da un lato, un po' ovunque in Europa l'idea che la psiche femminile sia più fragile e incostante fa sì che – a parità di reato (e con la notevole eccezione dell'adulterio) – le donne siano punite con pene più miti di quelle comminate agli uomini: poiché si ritiene che siano meno consapevoli di ciò che fanno, le si considera anche meno responsabili delle loro azioni. Sfruttando questa prassi giudiziaria, nelle rivolte le donne vanno avanti nella convinzione (non di rado smentita, peraltro) di essere meno perseguibili degli uomini. Così, per esempio, in una rivolta contadina scoppiata in Olanda nel 1628, per protestare contro l'usurpazione di terre comuni, le contadine inseguono l'affittuario ritenuto responsabile del misfatto gridando: «Suoniamo il tamburo e mandiamo a casa i mariti. Acciufferemo il furfante e lo riempiremo di botte, tanto **non ci possono processare per aver menato le mani**».

Dall'altro, le rivolte sono situazioni eccezionali in cui si possono ammettere **deroghe all'ordine normale delle cose**: in un contesto di temporaneo "mondo alla rovescia" la presenza delle donne in prima linea negli scontri può avere un senso accettabile. Poi, una volta finito lo scontro, una volta ottenuta ragione (oppure dopo che la repressione è stata compiuta), le donne devono tornare al posto che a loro conviene, in casa, o ad attendere ai lavori che a loro competono, così come vuole la morale che domina a quest'epoca.

LAVORA SUL TESTO
Cerchia ed elenca a margine del testo le tipologie di donna tipiche dell'Età moderna e associa a ciascuna una frase che ne sintetizzi la funzione sociale.

6/ Il quadro geopolitico a metà del Seicento

UN SISTEMA GEOPOLITICO TRIPARTITO ■ Una volta osservate le principali trasformazioni e dinamiche strutturali, possiamo chiederci, infine, quali sono gli assetti geopolitici generali che emergono dalla "crisi del XVII secolo".

Uno sguardo alla carta politica europea ci aiuterà a identificare e valutare i modelli dominanti.

In primo luogo – osservando, al tempo stesso, la dimensione e la struttura interna degli Stati – si può constatare la persistenza, almeno nelle sue grandi linee, del sistema geopolitico tripartito già ben visibile a metà Cinquecento [▷ **18/5**]:

a **a ovest** si incontrano **grosse monarchie nazionali** che sono riuscite a limitare le autonomie degli organi di rappresentanza cetuale (Spagna e Francia); ma vi si incontra anche una monarchia, quella inglese, atipica rispetto alle altre per la presenza di un'assemblea dei ceti più autorevole di quelle continentali (il Parlamento); e vi si incontra anche una nuova formazione politica, la **Repubblica delle Province Unite**, piccola, ma estremamente florida sia dal punto di vista economico sia da quello culturale;

b **a est**, delle "monarchie elettive" esistenti nel XV secolo resta in piedi solo la Polonia, uno Stato nel quale la tensione tra monarchia e gruppi nobiliari non riesce a risolversi a favore dell'una né a favore degli altri; le altre due monarchie elettive tardomedievali (Boemia e Ungheria) sono ormai stabilmente inserite nelle strutture dell'Impero degli Asburgo d'Austria [▷ **A67**]. Nella stessa area, poi, al termine della guerra dei Trent'anni sono emerse due monarchie piuttosto solide, la **Svezia** e il Brandeburgo-Prussia; se la Svezia, tra fine Seicento e inizio Settecento, perderà l'egemonia acquisita in questa fase, il **Brandeburgo-Prussia** diventerà invece una delle realtà più influenti nella politica internazionale europea dei secoli seguenti. Piuttosto ai margini della storia europea, più a est, l'Impero russo attraversa una fase di difficile stabilizzazione [▷ **12/2**]. **A sud-est**, l'area balcanica è completamente sotto il dominio dell'**Impero ottomano**, che adesso controlla anche tutte le coste sud-orientali del Mediterraneo; tuttavia nel primo Seicento l'Impero inizia a incontrare una serie di difficoltà che nascono da un lento aggiornamento delle tecniche militari, precluso all'esercito turco (ciò che condurrà, nel tardo XVII secolo, a gravi sconfitte, che pongono fine al processo di espansione sul continente europeo), e da una crisi di autorità dei governi, nei quali contano sempre di più i *visir* (cioè i Primi ministri), privi però dell'autorità politica e morale che le élite militari turche riconoscevano al sultano;

L'Europa dopo la pace di Vestfalia (1648)

C **sull'asse centrale che corre da nord a sud**, cioè dalla Germania all'Italia, la **frammentazione statale** non è meno accentuata che a metà Cinquecento. Anzi adesso in Germania tale frammentazione è resa perfino più evidente dall'indebolimento del Sacro romano impero, definitivamente svuotato di potere dagli accordi contenuti nella pace di Vestfalia [▷ **19/4**]. Anche nella Penisola italiana la Spagna, che controlla la Sardegna, la Sicilia, il Mezzogiorno continentale, il Ducato di Milano e il cosiddetto Stato dei Presìdi (un territorio fortificato lungo la costa tirrenica nei pressi di Piombino e nell'isola d'Elba) non riesce a funzionare da vero e proprio polo aggregante.

LAVORA SUL TESTO

Cerchia il nome delle unità territoriali più importanti e indica, con un simbolo a margine del testo, quelle in cui il processo di costituzione dello Stato moderno è più avanzato.

7/ L'Italia del Seicento

L'ITALIA SPAGNOLA Sui **Regni di Napoli**, **Sicilia e Sardegna** e sul **Ducato di Milano** la monarchia spagnola governa attraverso una combinazione di organi di controllo propri e di organi che esprimono invece le istanze dei ceti locali [▷ **A68**].

Le questioni italiane sono discusse dal Consiglio d'Italia, organo centrale della monarchia, istituito nel 1555 e composto da magistrati spagnoli, coadiuvati da due napoletani, un siciliano e un lombardo.

ATLANTE 68

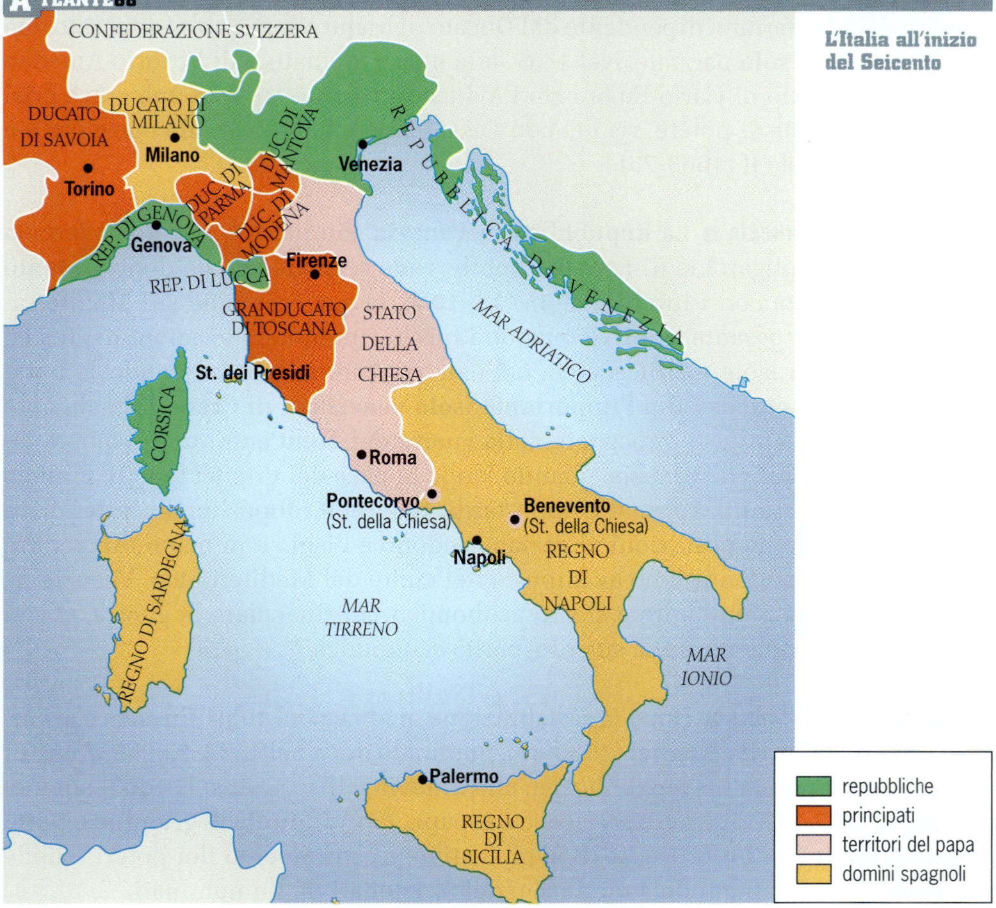

L'Italia all'inizio del Seicento

A Napoli, in Sicilia e in Sardegna un viceré di nomina regia trova come principale interlocutore istituzionale un Parlamento, articolato nei tre "bracci" o "stamenti" della nobiltà, del clero e dei comuni; i Parlamenti sono incaricati di approvare i prelievi fiscali decisi dal sovrano.

A Milano un governatore egualmente di nomina regia si confronta con un Senato, composto da giuristi, per un terzo spagnoli, e per il resto da famiglie nobili locali.

LA REPUBBLICA DI GENOVA E IL DUCATO DI SAVOIA ■ La **Repubblica di Genova** è legata politicamente e soprattutto finanziariamente alla casa **Asburgo**. Entità statali deboli e sostanzialmente ininfluenti sono i **Ducati di Parma e Piacenza** (Farnese), di **Mantova** (Gonzaga), di **Modena** (Este) e la **Repubblica di Lucca**; quest'ultima, nel corso della seconda metà del XVI secolo e della prima metà del XVII, assume istituzioni aristocratiche simili a quelle veneziane.

Il **Ducato di Savoia** attraversa una **fase importante di consolidamento** dovuta all'azione di governo del duca Emanuele Filiberto (1553-80), che sposta la capitale dello Stato da Chambéry a Torino e avvia un'azione di espansione del Ducato in direzione delle terre italiane. Abile condottiero, riorganizza l'esercito sulla base della coscrizione obbligatoria, dotandosi così di un potere che gli consente di fronteggiare i nobili signori locali.

Gli succede Carlo Emanuele I (1580-1630), che prosegue la politica di espansione del padre. Le aree contese, nella prima metà del Seicento, sono soprattutto il Marchesato di Saluzzo, definitivamente strappato alla Francia nel 1601, e il Marchesato del Monferrato, dipendente dal Ducato di Mantova, più volte attaccato, ma con un successo solo parziale. Nel 1637, alla morte prematura di Vittorio Amedeo I (1630-37) – figlio di Carlo Emanuele I e duca in carica – si apre una grave crisi per la successione al potere, risolta con l'assunzione del potere alla maggiore età di Carlo Emanuele II (1663-75).

LA REPUBBLICA DI VENEZIA ■ La **Repubblica di Venezia**, sin dal XIV secolo governata da una ristretta oligarchia di famiglie nobili, vede scemare, anche dopo **Lepanto** e la pace separata con i turchi, del 1573 [▷ **19/3**], la sua egemonia sul Mediterraneo. Il colpo più pesante le arriva quando i **turchi** riprendono le azioni di attacco in grande stile a isole mediterranee, ciò che avviene nel 1645, quando la flotta ottomana pone **sotto assedio l'importante isola veneziana di Creta**. Inizialmente le altre potenze europee, impegnate nella guerra dei Trent'anni, non rispondono alla richiesta d'aiuto di Venezia; quando, dopo la pace dei Pirenei (1659), Francia e Savoia inviano aiuti è ormai troppo tardi: nel 1669, dopo lunghi, estenuanti anni di resistenza le postazioni veneziane cedono e l'isola è in mano turca: oltre a perdere un importantissimo avamposto nel cuore del Mediterraneo, Venezia ha dovuto far fronte a un enorme sforzo economico per finanziare la guerra, che si riverbera negativamente sulla sua prosperità economica.

IL GRANDUCATO DI TOSCANA ■ Dopo la restaurazione medicea del 1530, **Firenze** è governata da Alessandro de' Medici (1530-37), nominato duca nel 1532. Nel 1537 costui cade in una congiura filorepubblicana, che tuttavia fallisce. Gli succede il cugino, Cosimo I (1537-74), che nel 1569 riceve dal papa, Pio V, il **titolo di granduca**. Sotto la sua guida inizia un processo di significativo accentramento dei poteri e delle giurisdizioni nelle mani del granduca o dei funzionari da lui nominati.

LO STATO DELLA CHIESA ■ Lo **Stato della Chiesa** attraversa una fase di ampliamento territoriale, con l'annessione di Ferrara (1598), di Urbino (1631) e del Ducato di Castro (1649). Oltre a ciò, vengono anche considerevolmente **rafforzati gli apparati statali**, secondo un modello che, tuttavia, ha una sua peculiarità: le principali cariche di governo, infatti, sono affidate in forma esclusiva a degli ecclesiastici; e così **il governo centrale è affidato a congregazioni cardinalizie** [▷**16**/**2**], le città più importanti (Bologna o Ferrara) sono governate da cardinali "legati" (cioè, delegati), mentre la giustizia è amministrata da tribunali ecclesiastici.

Grande autorità continuano ad avere la **Congregazione del Sant'Uffizio** e il **tribunale dell'Inquisizione**, che in questo periodo interviene duramente anche su questioni di carattere culturale e politico. Gli episodi più noti, e a lungo più dibattuti, sono due.

Il **17 febbraio 1600**, a Roma, in Campo dei Fiori, viene bruciato vivo **Giordano Bruno** (1548-1600), un ex frate il quale si è fatto sostenitore di teorie che l'Inquisizione ha giudicato pericolose per l'ortodossia. Già scomunicato e costretto ad allontanarsi dall'Italia, muovendosi tra Ginevra (dove aderisce al calvinismo), Parigi, l'Inghilterra e la Germania, Bruno continua a pubblicare opere eterodosse e polemiche. Nel 1591 il nobile veneziano Giovanni Mocenigo lo invita a Venezia perché gli faccia da maestro di filosofia. Tuttavia, una volta a Venezia, Mocenigo lo denunzia all'Inquisizione; arrestato, Bruno viene trasferito nel carcere romano del Sant'Uffizio, dove viene sottoposto a un **processo durato otto anni**. Giudicato colpevole, viene condannato a essere bruciato vivo. Prima di essere condotto al **rogo** attraverso il pubblico, i carnefici gli bloccano la lingua con un congegno di ferro, in modo che non possa far sentire al popolo di Roma nessuna delle sue teorie.

Ettore Ferrari, *Giordano Bruno davanti al tribunale dell'Inquisizione*

[rilievo alla base del *Monumento a Giordano Bruno*; Campo dei Fiori, Roma]

La figura di Giordano Bruno fu rivalutata nel corso dell'Ottocento tanto che, nonostante la ferma opposizione della Chiesa, verso la fine del secolo, fu eretto un monumento in suo onore in Campo dei Fiori a Roma, la stessa piazza dove era stato arso vivo quasi trecento anni prima. Solo nel 2000, papa Giovanni Paolo II ha espresso profondo rammarico per la morte atroce di Giordano Bruno, senza però riabilitarne la dottrina perché «il cammino del suo pensiero lo condusse a scelte intellettuali che progressivamente si rivelarono, su alcuni punti decisivi, incompatibili con la dottrina cristiana».

Nel **1633** uno scienziato pisano, **Galileo Galilei** (1564-1642), è costretto ad abiurare la **teoria eliocentrica**, secondo la quale è la Terra a girare intorno al Sole; Galilei sostiene la teoria sulla base di osservazioni empiriche e calcoli matematici [▷**21/8**]; ma per la Chiesa dell'epoca ciò non ha alcun valore, poiché in contrasto con quanto si può desumere dalla Bibbia, nella quale sta scritto che Giosuè era stato capace di fermare il corso del Sole intorno alla Terra.

L'autorità dello Stato pontificio, che nel primo Cinquecento ha bloccato il possibile processo di formazione di un grande Stato monarchico nella penisola, fa ostacolo ora allo sviluppo di indirizzi scientifici e filosofici razionalistici.

L'EGEMONIA DELLA CULTURA BAROCCA ■ L'azione della **Chiesa**, però, non si risolve solo nel consolidamento di apparati repressivi e di controllo. Pontefici, ecclesiastici e religiosi dell'epoca della Controriforma capiscono benissimo la **necessità di conquistare le anime** e di farlo con metodi che siano emotivamente efficaci ed esteticamente seducenti: ci si deve avvicinare ai misteri del potere o della fede provando emozioni che non siano solo quelle della paura, ma che siano quelle della **meraviglia**, della **sorpresa** e della **commozione**.

Se l'obiettivo è il suscitare tempeste emotive nel cuore dei fedeli e dei sudditi, si capisce come lo stile rinascimentale – geometrico, prospettico e classicheggiante –, incline alla razionalità piuttosto che allo scatenamento delle passioni, non sembri più adatto. Al suo posto se ne diffonde uno inedito, anticlassico, fatto di linee spezzate, di ordini sovrapposti, di chiaroscuri violenti, di semplicità e immediatezza narrativa: queste sono le soluzioni di una vasta produzione artistica più tardi raccolta sotto l'etichetta di **Barocco**.

Roma è il centro da cui questa nuova elaborazione estetica si irradia: lì vengono compiute le prove più maestose e convincenti [▷**F45**]. Modelli architettonici e arti-

Gian Lorenzo Bernini, *L'estasi della Beata Ludovica Albertoni*, 1671-74

[Chiesa di S. Francesco in Ripa, Roma]

Uno dei maggiori interpreti della teatralità del Barocco è Gian Lorenzo Bernini, scultore, architetto e pittore. A lui si devono opere fra le più rappresentative di questo periodo. In particolare nelle sue sculture, l'artista romano riesce a lavorare la materia al fine di provocare stupore e meraviglia nel pubblico. Ne è un esempio *L'estasi della Beata Ludovica Albertoni*. La santa è stesa, abbandonata nel suo rapimento estatico, su un letto, appena sotto una grande tela, posto proprio sull'altare della Cappella Altieri per cui fu realizzata. L'effetto scenografico è accentuato dai putti che la guardano anch'essi rapiti dall'evento miracoloso.

stici così innovativi e pieni di *pàthos* comunicativo si diffondono presto in tutta l'Europa cattolica, e anche oltre.

LO SCONTRO TRA LA CHIESA E LA REPUBBLICA DI VENEZIA ■ Nemmeno Venezia – che ha una sua ben pronunciata tradizione artistica – resiste, e l'arredo urbano della città seicentesca è dominato dall'inventiva barocca di Baldassarre Longhena che, nella chiesa di S. Maria della Salute, commissionata dalla Repubblica per un voto collettivo fatto alla Vergine in occasione della peste del 1630, scompone e ricompone ordini e decorazioni architettoniche, in forme anche più elaborate e fantasiose di quel che non abbia fatto della Porta per la facciata della Chiesa del Gesù di Roma.

Tuttavia il successo e l'egemonia dei modelli culturali barocchi non significano totale arrendevolezza della Repubblica di Venezia di fronte all'insieme dell'**offensiva controriformista lanciata dalla Chiesa di Roma**. Sebbene anche la Repubblica abbia accettato il tribunale dell'Inquisizione sui suoi territori, come mostra proprio il caso di Giordano Bruno, riesce comunque a mantenere un certo grado di autonomia, imponendo la presenza di **tre magistrati laici nei processi che vengono celebrati dall'Inquisizione sul suo territorio** – soluzione che non è seguita da alcun altro Stato della penisola.

Proprio per questa tenace difesa della propria autonomia istituzionale, ai primi del Seicento i rapporti tra Repubblica e Stato pontificio si fanno particolarmente tesi. Tutto nasce nel **1606**, quando un tribunale ordinario della Repubblica impone l'**arresto di due preti**, colpevoli di reati comuni. Il papa, Paolo V Borghese (1605-21), reagisce appellandosi al diritto altrove riconosciuto secondo il quale gli ecclesiastici devono essere giudicati da tribunali speciali a loro riservati.

La Repubblica di Venezia, i cui ordinamenti non ammettono questo principio, rifiuta ogni deroga alle proprie leggi. Il papa allora minaccia l'**interdetto**, ovvero la scomunica collettiva per l'intera Repubblica di Venezia. La minaccia non ha effetto, perché le autorità della Repubblica non cedono: l'interdetto viene emesso e molti ordini religiosi – tra cui i gesuiti – se ne vanno da Venezia.

La Repubblica si avvale allora della consulenza in materia ecclesiastica di **Paolo Sarpi** (1552-1623). Costui è un frate, ortodosso quanto ai princìpi di fede, ma molto critico per quanto riguarda la commistione tra potere temporale e potere spirituale che caratterizza il pontificato. È anche l'autore di una importante *Istoria del concilio tridentino* (1619).

Il contrasto suscita molto clamore e attira l'interesse di altre potenze europee. Si rischia uno scontro militare tra Venezia e Roma; ma la situazione viene risolta attraverso un **accordo di compromesso**: il papa ritira l'interdetto; Venezia consegna i due preti all'ambasciatore francese che, a sua volta, li consegna alle autorità pontificie. Gli ordini religiosi che si erano allontanati rientrano nel territorio della Repubblica, con l'eccezione dei gesuiti, il cui ritorno non viene autorizzato dal governo della Repubblica per il loro voto di totale ed esclusiva obbedienza al papa.

L'episodio – in sé relativamente minore – è tuttavia significativo, perché è il primo esempio di **tensione giurisdizionale tra lo Stato della Chiesa e uno Stato italiano**: con ciò si deve intendere che è la prima volta che viene messo in discussione il principio del doppio sistema giudiziario, nel quale convivono tribunali ordinari dello Stato e speciali tribunali ecclesiastici.

lePAROLEdellaSTORIA

Barocco

L'origine etimologica del termine è incerta: l'ipotesi più accreditata è che derivi dallo spagnolo *barrueco*, o dal portoghese *barroco*, termini i quali indicano una perla non coltivata e quindi di forma irregolare. Se l'etimologia è giusta, la parola, nel XVIII secolo applicata con intenzioni critiche all'arte del secolo precedente, intende porre l'accento sugli aspetti insoliti e dissonanti che caratterizzano la nuova arte seicentesca e la differenziano dall'esperienza artistica rinascimentale.

ONLINE
TEMI IN DISCUSSIONE
5. Lo Stato moderno

LAVORASULTESTO

Sottolinea nel testo un evento significativo per ciascuno degli Stati regionali italiani.

Il Barocco e il superamento dell'estetica rinascimentale

Tra i numerosi esempi possibili dell'elaborazione estetica barocca, uno dei primi e più innovativi è offerto dalla Chiesa del Gesù a Roma. Vale la pena di leggere il commento, limpido e incisivo, che il grande storico dell'arte austriaco, Ernst H. Gombrich (1909-2001), le ha dedicato.

«La facciata di una chiesa [come questa] può non dirci molto, perché abbiamo visto tante imitazioni di questo tipo, buone o cattive, che quasi non ci voltiamo nemmeno a guardarle; ma quando essa fu eretta a Roma, nel 1575, parve addirittura rivoluzionaria. Non si trattava solo di una delle tante chiese di Roma, che ne ha in abbondanza. Era la chiesa dell'ordine dei gesuiti [...].

Il tratto più notevole di questa facciata è il raddoppiamento di ogni colonna o pilastro, come a conferire all'insieme maggior ricchezza, maggior varietà e solennità. Il secondo aspetto che ci colpisce è la cura presa dall'artista [Giacomo della Porta, 1533-1602] per evitare ogni ripetizione e monotonia e per far convergere ogni elemento verso il punto saliente: la porta centrale, sottolineata da una doppia cornice.

La stessa pianta [della chiesa] doveva essere originale e insolita; l'idea rinascimentale d'una chiesa rotonda e simmetrica era stata respinta come inadatta al servizio divino, e si era elaborata una pianta nuova, semplice e ingegnosa, destinata ad esser presto adottata in tutta Europa. [...] Nel vasto spazio oblungo noto come navata centrale, la comunità poteva radunarsi senza impedimenti di sorta di fronte all'altar maggiore, eretto alla sua estremità, con dietro l'abside, simile a quello delle prime basiliche. Per venire incontro alle esigenze della devozione privata e del culto dei singoli santi, una fila di cappelle era distribuita sui due lati della navata, ognuno con un suo altare, mentre all'estremità dei bracci della croce sorgevano due cappelle più grandi. È un progetto semplice e ingegnoso che da allora fu usato moltissimo: esso fonde i caratteri principali delle chiese medievali (la forma allungata, che accentua l'importanza dell'altare maggiore) con le conquiste rinascimentali che danno tanta importanza agli interni ampi e spaziosi nei quali la luce penetri attraverso una cupola maestosa».

Gombrich ha perfettamente ragione nel rimarcare come questo schema – all'epoca estremamente innovativo – possa sembrarci ora del tutto ovvio, tante volte è stato usato in seguito, anche per modificare o restaurare chiese di periodi precedenti: questo è il segno del successo funzionale di una simile struttura architettonica, imponente e scenografica, ma capace anche di offrire angoli di raccoglimento e di concentrazione spirituale.

◀

Chiesa del Gesù, facciata e pianta, 1568-84

Nel 1568 l'architetto Jacopo Vignola dà inizio alla costruzione della nuova grande chiesa dell'ordine dei gesuiti a Roma, attigua alla sede della Compagnia e molto prossima alla Piazza del Campidoglio. Nel 1571, quando la fabbrica è già giunta alla zona absidale, per la facciata viene scelto il disegno elaborato da Giacomo della Porta, preferito per le soluzioni proposte a quello di Vignola.

▲

Andrea Sacchi, *Urbano VIII nella Chiesa del Gesù*, XVI sec.

[Galleria Nazionale di Arte Antica, Roma]

Michelangelo, ***Pietà***, 1498-99

[Basilica di S. Pietro, Vaticano, Roma]

Ma in quest'epoca, l'emozione della spiritualità trova una gamma di espressione insolitamente vasta: si passa dalla candida e semplice rappresentazione dei momenti più dolorosi della storia di Cristo all'esaltazione della più intensa passione che può derivare dall'intimo incontro con la divinità. Ad eccellere, tra i molti, nella rappresentazione di momenti chiave della storia sacra è Annibale Carracci (1560-1609). È chiara – nella *Pietà* di Carracci – la citazione della *Pietà* di Michelangelo, realizzata un secolo prima in pieno clima rinascimentale. Tuttavia nel quadro di Carracci il dolore della Vergine non è così remoto e irraggiungibile, né il corpo del Cristo è così dolorosamente disarticolato come nella scultura di Michelangelo. La rappresentazione di Carracci è patetica, sentimentale e dolcemente quotidiana al tempo stesso; il dolore è stemperato anche dalla presenza di due angioletti gentili sulla destra: la sua *Pietà* narra di una madre dolcemente addolorata per la morte del figlio, piuttosto che offrirci un'immota rappresentazione del più astratto dolore, come fa Michelangelo.

Non che Carracci non sia in grado di dare anche altre, più travolgenti, rappresentazioni del dolore: il suo *Compianto* mostra una scena molto più drammatica di quella descritta nella *Pietà*; gesti di disperazione davanti alla morte, ben noti a chi vive nell'Europa mediterranea della Controriforma. Ma appunto, anche qui, niente di cerebrale o astratto, niente di intellettualistico, solo qualcosa che aiuta a rivivere esperienze già vissute: donne che possono aver guardato quadri come quelli di Carracci hanno avuto la possibilità di rispecchiarsi, ritrovare un momento di vita vissuta e per questo sentirsi meno sole davanti alla memoria del dolore.

GUIDA ALLA LETTURA

1. Individua nelle raffigurazioni della Chiesa del Gesù e della sua pianta i seguenti elementi architettonici e scrivi accanto ad essi la lettera di riferimento corrispondente: (a) la porta centrale, (b) la cupola maestosa, (c) le cappelle, (d) la navata centrale, (e) il raddoppiamento delle colonne sulla facciata, (f) l'altare maggiore, (g) la doppia cornice sulla facciata. Qual era la funzione estetica e/o quali effetti psicologici trasmettevano ai fedeli? **2.** Numera progressivamente le due *Pietà* e il *Compianto*; e indica nelle parentesi, per ognuna delle seguenti frasi, l'opera a cui si riferisce: ( ) la rappresentazione di questo dolore aiuta ad affrontare il proprio; ( ) l'opera rappresenta un dolore irraggiungibile e astratto; ( ) i due angioletti rendono l'immagine più serena; ( ) l'opera ha come modello la *Pietà* di Michelangelo; ( ) le figure esprimono strazio emotivo dinanzi alla morte.

Annibale Carracci, ***Pietà***, 1599-1600

[Museo Nazionale di Capodimonte, Napoli]

Annibale Carracci, ***Compianto sul Cristo morto***, 1606

[National Gallery, Londra]

SINTESI

ONLINE

SINTESI AUDIO

LEZIONE 8
Il governo degli Stati moderni

TEST

1/Le conseguenze politiche delle guerre

I costi della guerra spingono i sovrani europei a procurarsi il denaro necessario in vari modi: contraendo prestiti con banche o singoli investitori, affidando l'esazione delle imposte a imprenditori privati o aumentando direttamente le imposte sulla popolazione. Per aumentare la pressione fiscale, direttamente o indirettamente, è tuttavia necessario limitare il potere di opposizione delle assemblee cetuali ai provvedimenti del sovrano, inventare nuove fonti di entrata e creare, infine, un nuovo ceto di funzionari preposti al controllo dell'operato dei governatori locali.

2/Nuove forme di governo

Ovunque lo Stato deve rappresentarsi inoltre come l'unica istituzione legittimata ad esercitare la violenza, costituendo un esercito stabile e limitando la presenza di formazioni militari autonome. Si va affermando il principio per cui l'unica violenza legittima è quella amministrata dal re. Il sovrano è infatti anche il sommo dispensatore della giustizia e, progressivamente, tende a sottrarre poteri e competenze alle corti locali. Amministrare la giustizia non significa esclusivamente emanare sentenze, ma anche monitorare sempre più attentamente le coscienze dei sudditi, guidandoli verso il rispetto delle leggi e punendo adeguatamente i ribelli.
La trasformazione delle monarchie europee in sistemi più complessi rende necessario il trasferimento di alcune funzioni dal sovrano ad altre figure, ad esso direttamente subordinate. In Spagna viene istituita la carica del "favorito", una sorta di Primo ministro cui viene affidato il compito di trattare numerose questioni di governo. Quest'ultimo, oltre alla delega del sovrano, deve poter contare sulla cooperazione del Consiglio del re, composto da membri di nomina regia operanti come gli attuali ministri. Al Consiglio del re si affiancano inoltre vari organismi, che possono essere strutturati secondo una logica tematica (come nell'Impero asburgico) o territoriale (come in Spagna). Un sistema di potere complesso ha bisogno di un centro politico visibile e facilmente riconoscibile dalla popolazione: l'"invenzione" delle città capitali risponde a questo scopo, dotando ogni Stato di un centro di governo stabile.

3/Le rivolte

Il processo di rafforzamento delle grandi monarchie europee avviene a danno dei privilegi e delle libertà tradizionali di molti gruppi sociali, che reagiscono scatenando una serie straordinaria di rivolte. Esse coinvolgono tanto le élite urbane quanto il popolo delle città e delle campagne, che si ribella contro i diritti usurpati o contro il peggioramento delle condizioni lavorative. Tra le rivolte seicentesche, oltre al caso inglese, vanno ricordate quelle scoppiate all'interno della monarchia spagnola (Catalogna, Portogallo e Regno di Napoli) e quella francese della Fronda, che porterà inizialmente alla fuga del governo e del piccolo re Luigi XIV. Solo la divisione tra la componente aristocratica e quella parlamentare della Fronda consentirà il ristabilimento dell'autorità del sovrano. La Francia è anche il teatro di un numero elevatissimo di rivolte rurali, che tuttavia per l'assenza di coordinazione e di equipaggiamento militare sono facilmente represse dal potere centrale.

4/La «crisi generale del XVII secolo»

La concentrazione di rivolte, guerre, crisi ed epidemie nel Seicento ha spinto alcuni storici a coniare la formula «crisi generale del XVII secolo». Per Hobsbawm essa non rappresenta però un momento di declino, ma di grande trasformazione, in cui emergono nuove spinte economiche e nuovi sistemi di produzione (in Inghilterra e Olanda). Trevor-Roper collega invece le tensioni seicentesche al processo di costruzione dello Stato moderno gravato da elevate spese di corte e, in misura ancora maggiore, da ingenti spese militari (Elliott e Tilly). Se la crisi del Seicento merita ancora, secondo Francesco Benigno, l'attenzione degli storici, occorre tuttavia evidenziare come in essa confluiscano fattori di conflitto ben più antichi e campi di tensioni strutturali propri dell'intera storia europea.

5/Le donne e la politica

Una novità assoluta della politica del XVI e XVII secolo è costituita dall'affacciarsi sulla scena delle donne, non tanto nei contesti urbano-repubblicani quanto in quelli monarchici. Qui emergono figure di regine dotate di pieni poteri, tra le quali particolarmente importanti sono Maria Tudor, Maria Stuart ed Elisabetta I. Quest'ultima fa propria la teoria del «doppio corpo della regina», conservando da un lato caratteristiche femminili ma esibendo dall'altro, come nel caso della guerra con la Spagna, prerogative tipicamente maschili. Le donne svolgono inoltre un ruolo non marginale nelle corti e nelle rivolte popolari, dove spesso compaiono in prima linea, sfruttando la prassi giudiziaria che, a parità di reato, le condanna a pene meno severe degli uomini.

6/Il quadro geopolitico a metà del Seicento

Gli assetti geopolitici che emergono a metà del Seicento si strutturano secondo tre grandi linee (già visibili a metà Cinquecento). A ovest prosegue il rafforzamento delle monarchie nazionali (Francia e Spagna) mentre si segnala la trasformazione della monarchia inglese in senso parlamentare e l'emergere della Repubblica delle Province Unite. A est si compie l'assorbimento delle monarchie elettive di Boemia e Ungheria nei domìni degli Asburgo, contemporaneamente al rafforzamento della Svezia e del Brandeburgo-Prussia. Più a sud, l'area balcanica è sottoposta al dominio dell'Impero ottomano, che tuttavia comincia a indebolirsi militarmente rispetto agli Stati europei. Sempre più frammentato politicamente è invece l'asse centrale che va dalla Germania all'Italia, processo reso evidente dall'indebolimento del Sacro romano impero.

7/L'Italia del Seicento

Nonostante l'egemonia spagnola, in Italia persiste una condizione di larga frammentazione statuale, in cui trova spazio il Ducato di Savoia, sempre più proiettato nella penisola con il trasferimento della capitale a Torino. Se Genova si lega sempre più stabilmente alla casa Asburgo, la Repubblica di Venezia vede scemare il suo potere nel Mediterraneo a vantaggio dei turchi. Nel cuore della penisola, lo Stato pontificio esercita una notevole autorità anche sugli altri Stati, attraverso la disseminazione dei tribunali dell'Inquisizione. Da Roma, si diffonde anche un modo nuovo di presentare l'esperienza di fede, attraverso la straordinaria stagione del Barocco.

VERSO le COMPETENZE

1 Segna l'opzione che ritieni corretta.

1. La "nobiltà di toga", in Francia...
   a. era generalmente più ricca e potente della "nobiltà di spada"
   b. ottenne l'ereditarietà delle cariche presso i pubblici uffici
   c. si occupava solo dell'amministrazione della giustizia civile
   d. fu danneggiata dal nuovo sistema statale di prelievo fiscale

2. Nel corso di numerose rivolte tra XVI e XVII secolo...
   a. i rivoltosi avevano come scopo ultimo l'affermazione nello Stato di nuovi diritti sociali
   b. lo slogan che univa la protesta del ceto nobiliare a quella popolare era "morte al re!"
   c. l'odio verso i signori locali era accompagnato da un sincero attaccamento alla monarchia
   d. furono innalzate effigi e lodi per il re, ritenuto l'unico intermediario della sovranità popolare

3. La regina Elisabetta I...
   a. si considerava "madre" di tutti i sudditi inglesi
   b. in quanto donna non si rivolse mai ai suoi soldati
   c. possedeva una forte carica di sensualità femminile
   d. era dotata di un "doppio corpo", religioso e laico

4. Nel 1648 il Sacro romano impero...
   a. era rafforzato rispetto al secolo precedente
   b. risultava unificato in pochi vasti Stati regionali
   c. era frammentato in numerose entità politiche
   d. raggiunse l'uniformità religiosa tanto auspicata

5. Con il termine *Barocco* si definisce...
   a. lo stile architettonico del Seicento, caratterizzato dalla rigorosa monumentalità dei volumi

b. un insieme eterogeneo di produzioni artistiche che hanno in comune un simbolismo molto marcato
c. il periodo in cui la tendenza artistica dominante perse interesse nella rappresentazione del sacro
d. un approccio alla spiritualità religiosa basato sulle emozioni e sulla semplicità del messaggio

6. Secondo Eric John Hobsbawm, il XVII fu un secolo di...

a. crisi per le istituzioni monarchiche, che non riuscirono a sostenere spese militari sempre più ingenti
b. decadenza dell'economia europea, accentuata dalla difficoltà di gestione del commercio oceanico
c. mutamento dei sistemi di produzione economica, che preannuncia trasformazioni ancora più radicali
d. rivoluzione profonda nelle strutture politiche ed economiche in Europa, sotto la spinta di nuovi ceti sociali

2 Completa il testo relativo alle rivolte in Europa nel Seicento, inserendo i seguenti termini negli spazi bianchi.

popolare • elitaria • nobiltà • resistenziale • spagnola • antispagnola • campagne • Portogallo • contadine • conservatrice • Boemia • sacralità • rappresentativa • fiscale • inglese • libertà • Fronda • monarchie • guerra • città

Il dato che accomuna le numerose rivolte nella prima metà del XVII secolo è il carattere .... nei confronti dell'accentramento dei poteri perseguito dalle ....
I ceti in rivolta sono quelli vessati dalla accresciuta pressione ...., il popolo delle .... e delle ...., oppure quelli che perdono i propri privilegi e ....
Le sollevazioni sono tuttavia ispirate da un'ideologia ...., influenzate dalla concezione mitica della .... del sovrano, a eccezione di quella ...., che condurrà alla definitiva istituzione di una assemblea .... accanto all'autorità regia.
È la .... la motivazione che impone alle amministrazioni statali l'aumento della tassazione.
Le élite urbane si ribellano alla monarchia .... in .... e nelle Province Unite, successivamente anche in Catalogna e in .... Anche la ...., in Francia, è una rivolta .... contro le prerogative tipiche dello Stato moderno. La ribellione .... a Napoli è sostenuta invece dal ceto .... della città.
Le rivolte ...., soprattutto in Francia, sono molto violente e a volte istigate dalla stessa .... locale contro esattori e appaltatori.

3 Completa lo schema relativo al processo di costituzione dello Stato moderno in Europa, inserendo nei rettangoli e nei cerchi i numeri corrispondenti ai seguenti termini o frasi.

1. Consiglio 2. esercito 3. sovrano 4. esattori 5. politica 6. tribunali regi 7. intendenti 8. guerra 9. giustizia 10. permettono il finanziamento di 11. cooperano nelle decisioni di 12. controllano l'operato di

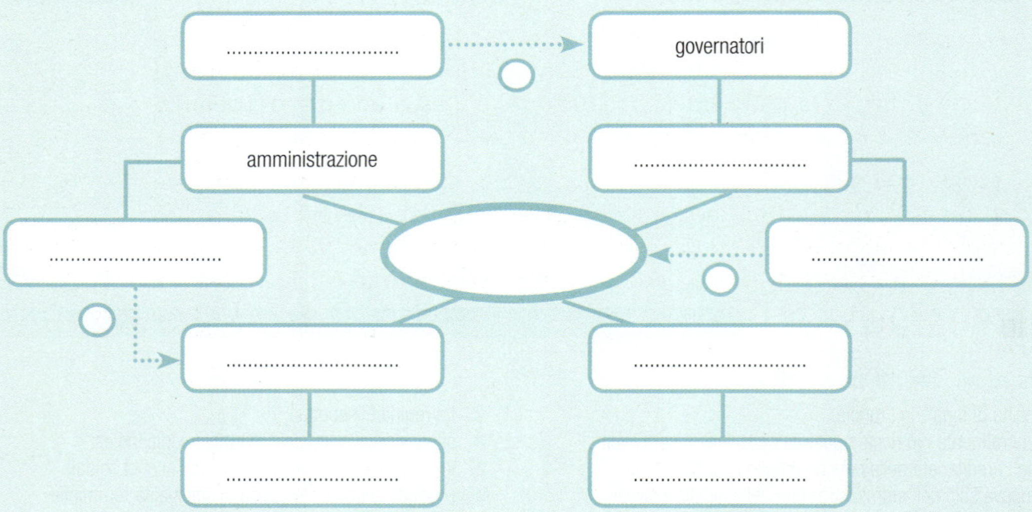

4 Rispondi brevemente alle seguenti domande.

a. Per quali ragioni le esigenze finanziarie degli Stati europei si sono via via accresciute tra Cinquecento e Seicento? Attraverso quali modalità potevano farvi fronte?
b. Quali sono state le conseguenze sociali e politiche, nei maggiori Stati europei, delle nuove politiche fiscali intraprese dalle monarchie? In che modo si manifestò l'opposizione dei diversi ceti sociali?
c. Attraverso quali dispositivi la monarchia ha realizzato il controllo amministrativo del territorio e il monopolio della violenza e della giustizia, fuori e dentro i confini dello Stato?
d. Perché la storiografia ha lungamente dibattuto l'idea di una «crisi generale del XVII secolo»?
e. Perché la figura di Elisabetta I d'Inghilterra è indicativa del nuovo rapporto, nel Seicento, tra le donne e la politica?
f. Si può affermare, a tuo avviso, che la repressione del dissenso e la sensibilità barocca siano stati due strumenti di un'unica strategia perseguita dalla Chiesa cattolica?

Capitolo_21/ Economie e società

1/ Popolazione e consumi: la ripresa cinquecentesca

LA CRESCITA DEMOGRAFICA ■ Dopo un periodo di grave declino, durato dalla metà del XIV fino all'inizio del XV secolo, **la popolazione europea riprende a crescere** costantemente, passando dai 65 milioni di persone dell'inizio del Quattrocento a quasi il doppio all'inizio del Seicento.

I fenomeni che favoriscono l'aumento demografico cinquecentesco sono essenzialmente due:

a in primo luogo nel corso del XVI secolo le **epidemie** che hanno imperversato in Europa dal tardo Trecento sino alla fine del Quattrocento si fanno **meno numerose e meno virulente**;

b in secondo luogo l'**incremento della produzione agricola** sorregge – per quanto con una certa difficoltà – l'aumento nel numero dei consumatori di prodotti primari: e quindi anche le carestie diventano relativamente meno numerose di prima.

NUOVO IMPULSO ALL'URBANIZZAZIONE ■ L'aumento della popolazione si accompagna anche a una ripresa dei processi di **urbanizzazione**. Sono soprattutto i flussi migratori dalle campagne alle città a garantire un **incremento degli abitanti dei centri urbani**, anche se l'Europa cinquecentesca e primoseicentesca ha tassi di urbanizzazione che sono ancora inferiori a quelli raggiunti tra XIV e XV secolo.

La maggior parte della popolazione europea, dunque, continua a vivere nelle campagne. Nondimeno è dalle città che vengono gli impulsi più importanti per la crescita economica, poiché esse sono i principali centri di consumo, sia perché vi vivono le **élite amministrative**, sia perché vi si concentrano le corti, sia perché in esse si trovano i mercati attraverso i quali passano le più importanti e lucrose

Veduta di Lisbona
[Museo Civico, Lisbona]
Già porto ricco di traffici marittimi e sede del palazzo reale, Lisbona acquisisce nel corso del XVII secolo un ruolo di primaria importanza per l'economia e la vita politico-amministrativa del paese. Questa incisione rappresenta l'arrivo di alcune navi mercantili, la piazza, la sede del mercato e, sulla destra, il cantiere per la costruzione delle navi e i magazzini per lo stivaggio delle merci. Nel porto della città approdavano, oltre alle spezie indiane, di cui il Portogallo deteneva il monopolio, anche l'oro e l'argento provenienti dal continente americano.

attività commerciali a lungo raggio, specie quelle che mettono l'Europa in contatto con i nuovi mondi (l'America, l'Asia). Ed è dunque soprattutto da queste città – che stanno riprendendo la fisionomia di centri vivaci, popolosi, animati – che parte una **crescente domanda di beni alimentari** cui le campagne cercano in vari modi di provvedere.

L'ECONOMIA RURALE ■ Nelle aree rurali, dunque, proprietari, affittuari e contadini si affannano a tener dietro alla crescita della domanda di prodotti agricoli (in primo luogo di cereali e farine); il sistema più diffuso per produrre maggiormente è **coltivare superfici più ampie di terra**. È una pratica dotata di senso: molte terre sono state abbandonate dopo il 1347-48, quando ha avuto inizio la gravissima sequenza di crisi demografiche che ha falcidiato la popolazione europea; e sono state abbandonate perché non c'era più alcuna ragione di produrre cereali per città semideserte, dove la popolazione era diventata la metà o un terzo di quella che era prima. Di conseguenza, le terre abbandonate si sono ricoperte di boscaglia che nessuno si è più curato di tagliare, giacché, per le esigenze di una popolazione relativamente esigua come quella dell'Europa del tardo Trecento o del Quattrocento, bastava coltivare le terre più fertili o quelle più vicine ai centri urbani.

Ma ora è diverso: la domanda aumenta, e quindi vale la pena **riconquistare le terre che il bosco aveva inghiottito**, per dissodarle, ararle e seminarle a grano; sono i **cereali**, infatti, che dominano il panorama delle campagne europee. Le città richiedono farina per il pane, in primo luogo. Poi, solo in seconda battuta, c'è bisogno anche di altri prodotti: i latticini, la carne, che sono comunque riservati a una ristretta élite di consumatori, quelli più ricchi, i quali possono permettersi beni di consumo così pregiati. E quindi solo una piccola parte delle terre riconquistate viene destinata a pascolo per le bestie, quando non succede addirittura che pure i pascoli vengano usati per le coltivazioni cerealicole.

UN'OFFERTA DI BENI NON ADEGUATA ALLA DOMANDA ■ Il forte aumento della domanda di beni cerealicoli ha come effetto un pronunciato **incremento dei loro prezzi**. Per quanto si conquistino nuove terre da coltivare, per quanto le quantità di cereali portate a macinare e le quantità di farine vendute in città siano in crescita, la produzione non sembra tenere il passo dell'aumento della popolazione.

La domanda cresce più rapidamente dell'offerta; e quindi, come accade sempre in casi simili, i prezzi aumentano costantemente, a un tasso del 2% annuo.

Ad alimentare l'**inflazione** che attraversa tutto il XVI secolo concorre anche l'arrivo dei metalli preziosi dall'America [▷**14/8**]. Con i metalli preziosi si fanno sempre più monete; e la **maggiore disponibilità di moneta** ha due effetti ulteriori, entrambi tali da favorire l'inflazione: da un lato stimola la domanda, dall'altro deprime il valore della moneta nei confronti dei beni o delle merci acquistabili.

Di per sé l'aumento dei prezzi può anche svolgere la funzione di stimolo per gli operatori economici: i proprietari terrieri o gli affittuari sono sollecitati a produrre di più, e meglio, per poter inseguire il miraggio di vendere merci a prezzi sempre più alti. Ma nel contesto di un'economia tecnologicamente tradizionale, com'è quella dell'Europa del Cinquecento, l'inflazione indica soprattutto che l'**offerta non è adeguata alla domanda**; sotto c'è un equilibrio delicato tra popolazione in crescita e agricoltura in affanno, un equilibrio che da un momento all'altro può anche rompersi.

LAVORA SUL TESTO
Evidenzia le cause dell'incremento dei prezzi dei beni cerealicoli nel XVI secolo.

2/ Popolazione e consumi: la crisi del Seicento

GUERRE-CARESTIE-EPIDEMIE ■ E infatti tale equilibrio si rompe. Tra la fine del Cinquecento e l'inizio del Seicento **ricompaiono le carestie**. Possono certamente essere effetto di annate meteorologicamente sfortunate e non necessariamente il segno di uno scompenso strutturale tra popolazione in crescita e produzione agricola insufficiente. Ma sta di fatto che gli **effetti sono piuttosto pesanti**: in città non arriva abbastanza farina; i prezzi vanno alle stelle; i ricchi ce la fanno ad assicurarsi i beni alimentari, gli altri molto meno; gli organismi dei poveri cominciano a debilitarsi; le epidemie diventano pandemie, perché attaccano corpi malnutriti, incapaci di dotarsi di solide difese immunitarie. Ed ecco che il ciclo **carestia-epidemia (peste, in primo luogo)**, si ripresenta; tra fine Cinquecento e metà Seicento questo ciclo mortifero viene particolarmente aggravato dallo **stato di guerra permanente** che caratterizza quasi ogni angolo d'Europa (ma l'Europa centrale più di ogni altra zona).

In effetti le conseguenze del **triplice ciclo di guerre** che abbiamo esaminato (e soprattutto della guerra dei Trent'anni; > **19/4**) si fanno sentire pesantemente.

I caratteri dell'impatto negativo che le guerre hanno sulle dinamiche demografiche sono uniformi e piuttosto generali: gli eserciti uccidono, distruggono, portano malattie epidemiche (la peste, la sifilide) la cui diffusione si fa più rapida a causa

Domenico Gargiulo, *La piazza del Mercatello durante la peste a Napoli del 1656*, seconda metà del XVII sec.

[Museo di S. Martino, Napoli]

Ancora alla metà del Seicento focolai di peste investono alcune grandi città europee e italiane. Fra queste Napoli, che nel 1656 viene colpita da una epidemia di peste che provoca circa 240.000 morti su un totale di 400.000 abitanti.

della malnutrizione provocata dalle cattive annate agrarie. L'**aumento diretto della mortalità** che ne consegue è vistoso. Ed è ulteriormente accentuato dagli effetti psicologici e fisici che si ripercuotono negativamente sulla **natalità**: la vita delle persone è devastata, in quelle condizioni non ci si vuole sposare e non si vogliono fare figli; d'altro canto, la denutrizione, o la sottonutrizione, rende sterili o meno fertili molte donne [▷F46].

GLI ESITI ■ Il risultato complessivo di queste dinamiche è che **tra 1600 e 1650 la popolazione europea cresce molto più lentamente** che nei precedenti cento anni, mentre in alcune aree specifiche (non sorprendentemente quelle più coinvolte nelle guerre o più battute dal ciclo guerra-carestia-epidemia) diminuisce perfino.

LE FONTI 46

Johann Daniel Minck/*Cronaca della guerra dei Trent'anni*

[*M. Joh. Daniel Mincks Chronik über den Dreißigjährigen Krieg*, hsg. von W. Krämer, 1905, cit. in Angelo Turchini (a cura di), *La guerra dei Trent'anni*, Università Cattolica, Milano 1968, pp. 492-497]

La regione d'Europa di gran lunga più martoriata dalle guerre e dalle loro funebri conseguenze è la Germania. Tra le molte testimonianze dei disastri della guerra, quella del parroco Johann Daniel Minck, di Grossbieberau in Odenwald (poco a est di Mannheim), sintetica e dolente, rende bene gli effetti prodotti dal ciclo guerre-carestie-epidemie.
Peraltro, un ciclo di questo genere colpisce pure l'Italia settentrionale, dove a un biennio di pessimi raccolti (1628-29) segue lo scoppio di una nuova terribile epidemia di peste (1630), in coincidenza con il coinvolgimento dell'area nella guerra dei Trent'anni (si tratta della guerra e della peste descritte da Alessandro Manzoni nei *Promessi sposi*, cap. 28).

Anno 1634 Questo fu un anno estremamente periglioso, latore di gravi danni e afflizioni per tutti i protestanti. Infatti essi, i sopravvissuti scelsero come *retirada* l'alta contea con la nostra patria di Mentz; ed essendo l'intero territorio [...] interamente saccheggiato, ad essi subito dopo, alla ricerca del loro nemico, seguirono gli Imperiali che andarono anche al di là del Reno; ciononostante essi nel loro territorio depredarono e devastarono tutto ciò che era stato lasciato in loro balia, a tal punto che non rimasero né cavalli, né maiali, né volatili, né simili, sia nelle città che nei villaggi.
Ben presto giunsero tuttavia gli svedesi al di qua del Reno cacciando gli Imperiali dai loro acquartieramenti, ma questi ultimi furono altrettanto pronti a ricacciare gli svedesi al di là del fiume. Con ciò, l'intero territorio compreso fra il Meno e il Reno fu totalmente devastato, e nessun individuo poteva farsi vedere su di esso, poiché sarebbe stato braccato, così come si dà la caccia alla selvaggina, aggredito, spietatamente fatto a pezzi, e imbavagliato ancor peggio che alla maniera dei turchi per fargli svelare ove si trovassero denari e bestie o cavalli, legato nudo a roventi forni, sospeso per aria, affumicato, abbeverato con acqua e liquame, la stessa lurida miscela che con l'ausilio di [imbuti] cacciavano giù per la gola dei nemici sulle cui pance gonfie si divertivano poi a saltare – un barbaro beverone cui è stato dato il nome di *sbroscia* svedese. Non è vero che fossero solo gli svedesi a farne uso; anzi erano gli imperiali che solevano versarne ai prigionieri oppure agli amici degli svedesi.
Per sottrarsi a tale tirannia e non essendovi più nulla da mangiare sull'intero territorio, tutti gli abitanti della regione abbandonarono i propri villaggi senza eccezione alcuna. [...]
Molti si nascosero e ripararono nei boschi, negli anfratti e nelle grotte, senza sfuggire però all'inseguimento dei soldati che avevano con sé cani addestrati che abbaiavano quando giungevano in prossimità di uomini e bestie, scovando così la presenza di chi era nascosto. Per questo motivo tutti si rifugiavano nei castelli ove ogni angolo, vicolo e cortile pullulavano di gente, specialmente in quello di Lichtenbergk: ed essendo questo un piccolo nascondiglio, molti se ne stavano all'aperto sotto la pioggia, sulla neve o al freddo, una parte si rinchiudeva dentro le botti o i tini, e d'inverno le stanze erano così piene che nessuno riusciva a sedersi a causa

Il ristagno nella crescita demografica o, addirittura, la diminuzione della popolazione, che si registra all'inizio del Seicento, comporta due significative conseguenze:

a in termini generali, **riduce i confini del mercato** e inverte la tendenza che si era delineata nel corso del Cinquecento, quando l'aumento della popolazione (e la disponibilità di mezzi monetari, prodotta dalle importazioni di argento e d'oro dall'America) aveva stimolato un aumento della domanda e quindi una costante crescita dei prezzi. Adesso, invece, si produce la sequenza

meno persone ⇨ meno acquirenti ⇨ riduzione della domanda

che porta alla **diminuzione dei prezzi delle merci** e soprattutto alla diminuzione dei prezzi dei prodotti agricoli di prima necessità;

del sovraffollamento, e tutti dovevano rimanere in piedi, fitti come sardine, con visibili strazi e lamenti, per non dire cosa volesse significare essere lì in mezzo [...].

Anno 1635 Dopo che, come si è riferito sopra, l'intero territorio era stato saccheggiato e non vi erano rimasti né cavalli né bestie, non si vide sulle bancarelle alcun frutto estivo, se non un'esigua quantità a Rüsselheimb, Darmb-statt e Lichtenbergk. Essendo sembrata una vera benedizione l'aver raccolto nel precedente anno 1634 tanti frutti invernali così belli e perfetti e copiosi da far sì che ogni monte e valle fossero pieni di grano [...], e non vi era un solo campo che non fosse stato seminato, tutti nutrivano speranze che saremmo stati ampiamente ricompensati per i danni subiti, ma non fu così, come vi spiegherò.

Intanto e contemporaneamente al bastone di guerra, Dio ci mandò la peste, che si scatenò all'inizio del 1635, manifestandosi con sintomi di grande debolezza. Molti perirono durante la primavera di quell'anno, con l'aumento della temperatura, e l'epidemia crebbe a dismisura sino a trasformarsi in una tremenda pestilenza e presto la gente prese a morire tanto rapidamente e in quantità tale che non si riusciva più a seppellirne abbastanza.

E poiché, come si è sopra riferito, Lichtenbergk era così stracolmo di gente da costringere molti a dormire all'addiaccio, molti si recarono a casa propria volendo morire nel proprio letto: sotto il proprio tetto.

Ma così non erano al riparo dai ladri, che li tiravano giù dai letti, li perquisivano e li tormentavano sperando di poter ottenere da loro qualche denaro o un po' di pane. C'erano poi coloro che morivano in campagna senza che alcuno venisse a sapere della loro morte: e per questo molti rimasero a lungo insepolti con i cadaveri sempre più putrefatti e mangiati dai vermi. [...]

[Nel 1635 iniziò] anche una grande carestia che durò complessivamente dall'anno 1635 al 1638 incluso.

Comunque, i primi due anni furono peggiori degli ultimi due, la carestia e la fame provarono la gente a tal punto che essi divoravano le carogne, se solo ne potevano trovare (come ho potuto vedere con i miei stessi occhi). Le rincorrevano per un buon miglio e si azzuffavano per appropriarsi delle carogne. [...]

Durante questa carestia molte persone languivano talmente da non aver più nulla addosso se non pelle e ossa. La pelle gli pendeva dal corpo come un sacco ed essi divennero di color giallo-nerognolo, con gli occhi spalancati, denti rovinati, tignosi, rognosi, itterici, gonfi, febbricitanti, tanto che la loro vista incuteva orrore. Quasi tutti i matrimoni furono senza frutto a causa di questa carestia e le coppie più giovani non misero al mondo alcun figlio, anche se i figli di prostitute erano più di prima. Anche l'amore si raffreddò tra i coniugi, tanto che nessuno serviva più l'altro, un coniuge abbandonava l'altro e se ne andava in un altro paese a cercare pane, i figli fuggivano dai genitori ed una parte di questi non si rividero mai più. [...]

A causa di questa guerra, pestilenza, rincaro e carestia, la popolazione del paese si è ora ridotta a tal punto che i nostri eredi lo crederanno a fatica.

GUIDA ALLA LETTURA

1. Cosa accadde quando, nel 1634, gli svedesi furono ricacciati al di là del Reno? **2.** Che cosa era la *sbroscia svedese*, chi ne faceva uso e per quali fini? **3.** Che cosa accadde nei castelli e quale funzione fu loro attribuita? **4.** Quali furono le conseguenze dell'arrivo della peste? **5.** Quando a tutti questi drammi si aggiunse la carestia, cosa accadde? **6.** Quali furono gli effetti sociali di questi mali?

le PAROLE della STORIA

podere
Sistemazione agraria nella quale le aziende agricole, di dimensioni relativamente piccole (da 5 a 30 ettari), sono dotate di una casa colonica ove vive la famiglia contadina che ha l'affidamento della terra circostante.

b in secondo luogo, la tendenza demografica negativa accentua il **divario nella densità di popolazione** tra le varie zone d'Europa, peraltro già da tempo piuttosto evidente. Essa, infatti, è piuttosto alta in una fascia diagonale che va dalla Toscana alla Lombardia, su per l'area renana, la Francia centro-occidentale, i Paesi Bassi e l'Inghilterra; è relativamente bassa nella Penisola iberica e nell'Italia meridionale; è molto bassa nella Germania a est del fiume Elba, in Ungheria, in Polonia, in Russia; è bassissima, infine, nella Penisola scandinava.

Quella seicentesca è evidentemente una fase critica per l'economia europea; in essa, tuttavia, **persistenze e mutamenti** si confondono, fino a produrre un quadro ricco di nuove prospettive.

Tra le persistenze spicca soprattutto la **prevalenza delle economie rurali**, nelle quali, peraltro, il potere e la ricchezza dei nobili proprietari terrieri (e in misura minore degli affittuari) sui contadini si fa ancora più impressionante di prima.

Tra gli elementi di novità si segnala in primo luogo un cambiamento profondo nelle gerarchie geoeconomiche, con uno **spostamento** dei centri della produzione, del commercio e della ricchezza **dalle città italiane a quelle dell'Europa nord-occidentale**; in secondo luogo si segnala anche la grande importanza dei **nuovi commerci a lunga percorrenza verso le Indie e l'America**, presupposto essenziale di questo mutamento nelle gerarchie geoeconomiche.

È all'esame di questi tre aspetti dell'universo socio-economico europeo che ci rivolgeremo ora, osservando in prima battuta le modalità della produzione agricola e il profilo del ceto che possiede la maggior parte delle terre, la nobiltà; passando poi alle trasformazioni nei sistemi di produzione industriale e artigianale e al mutare delle gerarchie geoeconomiche che li attraversa; e descrivendo, infine, morfologia ed effetti dei traffici marittimi a lunga percorrenza.

LAVORA SUL TESTO

Nei paragrafi **21/1-2**, cerchia con due colori i principali fattori demografici ed economici che indicano la ripresa del XVI secolo e la crisi del Seicento.

3/ La terra e il potere

In una certa misura il ciclo di espansione e crisi fra 1500 e 1650 tende a rendere più nette le differenze negli assetti produttivi e contrattuali che già in precedenza caratterizzavano le varie regioni agricole europee. Per rendere più leggibile questo quadro delle differenze rurali, distingueremo così le strutture contrattuali e produttive diffuse nelle campagne dell'Europa occidentale da quelle presenti nelle campagne dell'Europa meridionale e orientale.

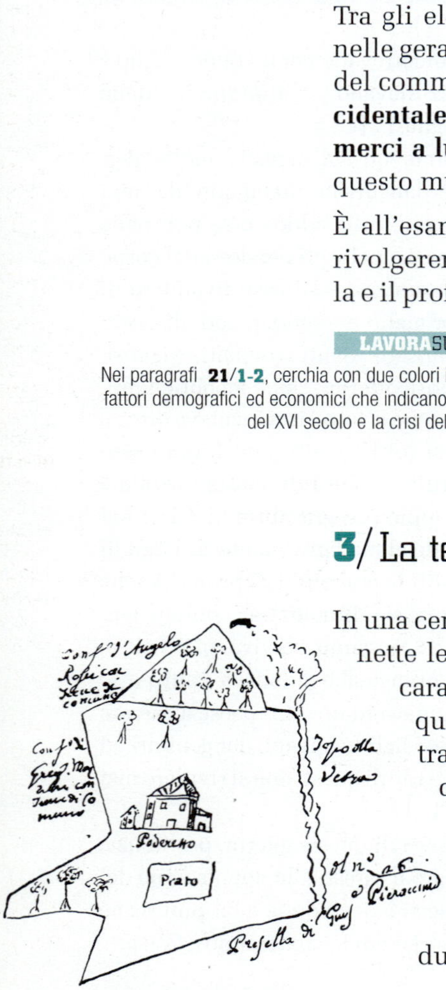

Schizzo di un podere toscano, Castel del Piano (Grosseto), XVIII sec.
Si vede bene, al centro del podere, di dimensioni contenute, la casa colonica nella quale vivono i mezzadri.

IN EUROPA OCCIDENTALE: LA GESTIONE DELLE TERRE IN AFFITTO ■ Nelle **campagne dell'Europa occidentale** il numero dei contadini è relativamente alto; lì le terre sono coltivate da **affittuari**, che prendono in affitto unità produttive più o meno ampie, parte di grandi tenute, spesso nobiliari:

a a seconda delle condizioni geologiche, questi affittuari possono disporre di unità piccole, che coltivano direttamente con i familiari e con un numero ridotto di altri agricoltori, come per esempio nell'Italia centrale, dove le terre si dividono in **poderi** affidati a contadini, i quali sottoscrivono contratti di **mezzadria** [▷ **7/3**];

b oppure possono ricevere in affitto **piccoli appezzamenti di terreno**, incastrati nelle strisce o negli appezzamenti dipendenti da altri proprietari e concessi ad altri affittuari; queste terre devono necessariamente essere coltivate di **comune accordo tra i vari affittuari**, altrimenti diventa quasi impossibile trarne produzioni significative;

c oppure possono anche disporre di **unità molto più grandi**, come nel caso di quegli affittuari che sottoscrivono **contratti di affitto a lunga durata** (anche una decina d'anni), impegnandosi a gestire proprietà di medie e talvolta grandi dimensioni (da 50-100 ettari in su). In alcuni casi questi affittuari subaffittano ad altri contadini, suddividendo la terra che hanno ricevuto in concessione. In altri casi (come nell'azienda «Molinazzo», descritta nella mappa riprodotta sotto) si comportano piuttosto come dei **manager** guidati da una mentalità capitalistica: gestiscono le **grandi tenute** affittate con un numero piuttosto alto di contadini, i quali sono compensati con salari in parte in natura e in parte molto più piccola in moneta; e pagano un affitto prevalentemente in denaro (che normalmente resta fisso per la durata del contratto) ai proprietari terrieri che hanno concesso loro le terre.

I **proprietari di queste aziende più grandi – nobili o ricchi borghesi** – vivono in città, dove ricoprono funzioni amministrative varie; sulle loro terre vanno raramente e spesso si affidano a un amministratore, cui delegano il controllo; solo se

Mappa della possessione «Molinazzo», XVIII sec.

Il terreno descritto nella mappa è di proprietà dell'Ospedale Maggiore di Milano e si trova nei pressi di Lodi; ha una notevole estensione (136 ettari), è completamente irrigato e ha il suo centro di attività nell'allevamento bovino, nella produzione di formaggi e nella coltivazione di grano. Al centro è posizionata la vasta cascina, cioè l'insieme di edifici che ospitano l'affittuario e la sua famiglia, un certo numero di famiglie di contadini stabilmente impiegati nell'azienda, le stalle, i granai, i depositi per gli attrezzi e i laboratori caseari.

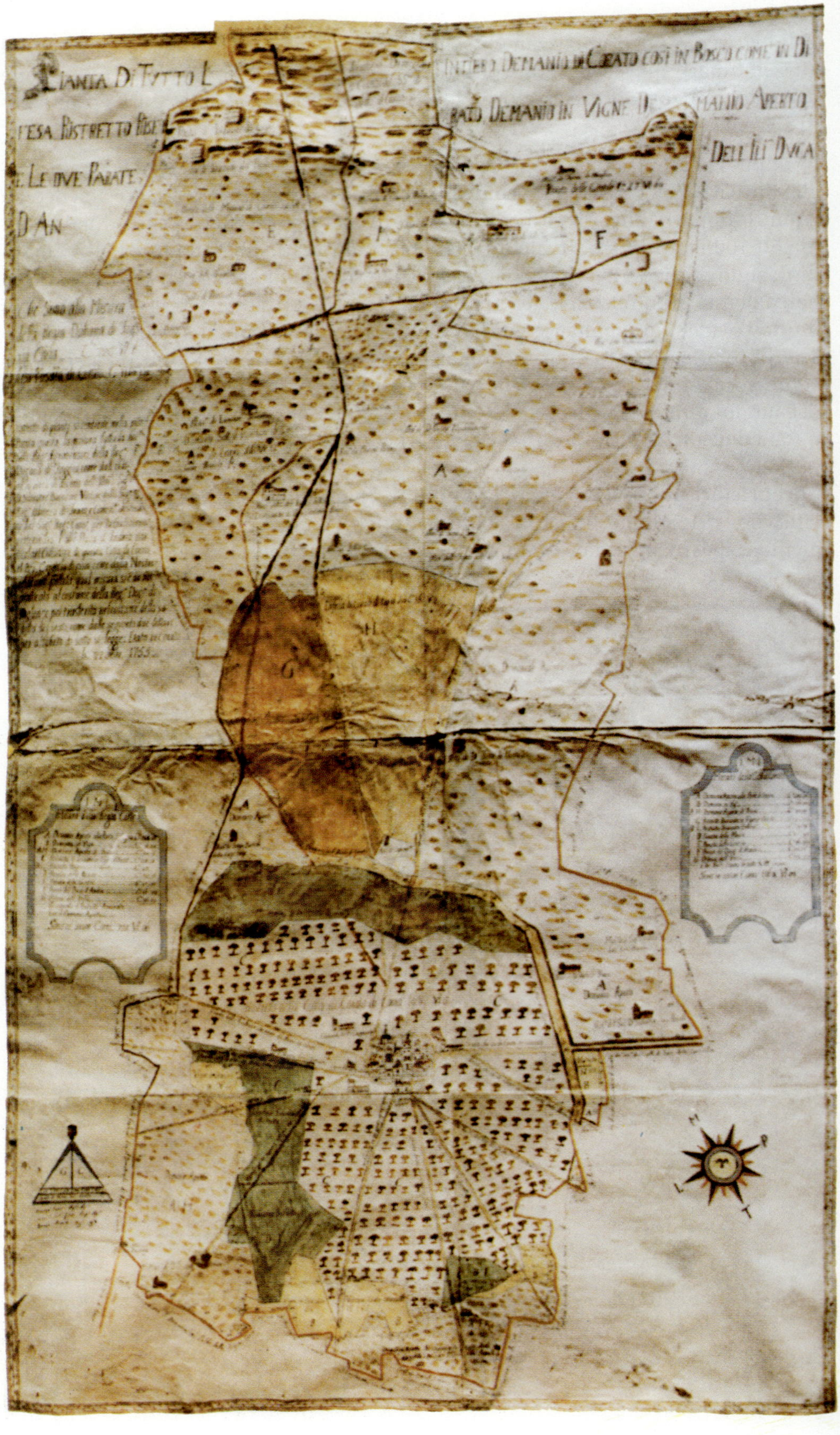

Mappa di Corato (Puglia), 1753

In basso si vede il centro di Corato (10.000 abitanti circa, all'inizio del Settecento), da cui partono, a raggiera, le strade che si inoltrano nella campagna. Tutt'intorno alla borgata rurale sono disegnate delle vigne o oliveti; capita spesso che le città agricole abbiano, nelle immediate vicinanze, zone destinate a coltivazioni specializzate e intensive. A nord si distinguono un grande bosco, probabile zona di "usi civici" (cioè di utilizzazione comunitaria da parte della popolazione), poi una vasta area di 5000 ettari, destinata a pascolo per il bestiame e a coltivazione cerealicola; l'area è sottoposta alla giurisdizione (e alla proprietà) della famiglia feudale dei Carafa d'Andria.

sulle proprietà possiedono una villa, allora vi si recano per rifugiarvisi con le loro famiglie quando il caldo estivo in città si fa soffocante; altrimenti, in genere, si disinteressano degli aspetti tecnici di ciò che accade sulle loro terre.

Non è così per gli **affittuari-manager**: siccome le proprietà che costoro hanno in gestione sono grandi, le quantità di prodotti agricoli che ne ricavano non sono impiegate per l'autoconsumo, bensì in gran parte vengono vendute a mercanti che si preoccupano di trasportarle e venderle sui mercati cittadini. Per questo gli affittuari sono particolarmente attenti a gestire le terre con efficienza, poiché il loro guadagno sta nel divario tra l'affitto che pagano (che resta fisso per tutta la durata del contratto) e ciò che riescono a ricavare dalla vendita dei prodotti, detratti i costi di produzione. **Per loro, dunque, è essenziale produrre quanto più possibile e ai costi più bassi; e questo spiega perché essi siano, in genere, interessati a nuove tecniche, nuovi attrezzi, nuovi modi di seminare e raccogliere** il grano, il riso, la patata o il mais; o a nuovi modi di allevare mucche e pecore, con le importanti ricadute di latte, formaggio e (la campagna è anche questo) di letame, preziosissimo per concimare le terre, rendendole, in tal modo, più fertili. Al tempo stesso, all'inizio del Seicento, si cerca di reagire alla discesa dei prezzi dei prodotti agricoli, migliorando la gestione colturale o cercando di diminuire i costi, **scaricando sui contadini il peso della crisi** (quindi, pagandoli meno): il che, come abbiamo visto, contribuisce a far scoppiare numerose rivolte rurali. Infine, i proprietari terrieri nobili godono di vari privilegi sulle terre: diritti di esigere pedaggi, di esigere *corvées* o di amministrare la giustizia; ma proprio nel corso del XVI e XVII secolo queste prerogative, e in particolare i diritti giurisdizionali, attraversano una fase di netto ridimensionamento, a favore dei tribunali e degli apparati amministrativi degli Stati.

IN EUROPA SUD-ORIENTALE: LA GRANDE PROPRIETÀ ■ Nell'**Europa meridionale e orientale** vige, invece, una diversa organizzazione produttiva, articolata intorno a grandissime proprietà terriere.

Nell'**Italia meridionale** le terre sono in mano a un numero limitato di proprietari, i quali possiedono aree di vasta estensione, su cui si incontrano rare e piuttosto grandi borgate rurali; in queste **città rurali** (*agro-towns*, secondo la definizione data dall'antropologo olandese Anton Blok) gli amministratori delle terre reclutano i contadini; ogni giorno costoro si muovono dalle borgate per recarsi sulle terre, che coltivano secondo tecniche produttive relativamente primitive; a sera, poi, fanno ritorno alle loro città rurali.

Si tratta del sistema dei **latifondi**, grandi proprietà terriere sottoposte a una coltivazione estensiva, ovvero una coltivazione che fa dipendere la quantità di prodotto agricolo vendibile dalla quantità di terra coltivata, più che dalla qualità delle tecniche impiegate.

NELL'EUROPA DELL'EST: IL SISTEMA DEL LAVORO SERVILE ■ Nell'**Europa dell'Est**, invece, i proprietari terrieri concedono alle famiglie contadine **piccoli appezzamenti di terreno**, che queste coltivano per ricavarne beni per l'**autoconsumo**; in cambio, i contadini non devono pagare un affitto, ma sono tenuti a compiere un certo numero di giornate di lavoro sulla parte di proprietà terriera che il signore riserva a se stesso e che amministra direttamente; solo che, tra Cinque e Seicento, queste ***corvées*** aumentano in modo assolutamente spropositato: in Ungheria, per esempio, un contadino deve riservare alle terre del proprietario sette giorni lavorativi su quattordici; il rapporto in Polonia è addirittura di dodici giorni su quattordici.

In tutta l'area, inoltre, dove più presto, dove più tardi, si introducono norme che tendono a legare ereditariamente le famiglie contadine alle proprietà signorili: si tratta della **servitù della gleba**; in questo caso i contadini non possono allontanarsi dalle terre senza autorizzazione dei proprietari e sono considerati alla stregua di "scorte vive" (nome che designa il bestiame di un'azienda agraria), e se il proprietario desidera vendere una sua proprietà, essi sono venduti all'acquirente insieme con la terra, gli edifici e il bestiame.

PERCHÉ TRIONFA IL SISTEMA SERVILE? ■ Quali sono le ragioni che spiegano questa particolare evoluzione? La diversa densità di popolazione è il fattore-chiave; nell'**Europa orientale** su grandi estensioni di terreno vive una popolazione contadina relativamente esigua: così, per esempio, nel 1600, su 100 milioni di abitanti che conta l'Europa, 75 sono a Occidente e 25 a Oriente: la sproporzione è chiara e si è accentuata nel corso della prima metà del Seicento.

Che cosa comporta tutto ciò? Se i proprietari terrieri dovessero pagare in natura o in denaro un numero ridotto di contadini impegnati su grandi estensioni di terreno, li pagherebbero comparativamente molto di più che nelle aree occidentali; i cereali, prodotti a costi più alti, e quindi anche venduti a prezzi più alti, troverebbero con maggiore difficoltà la via dei porti baltici, perché sarebbero meno concorrenziali sui mercati delle città tedesche, olandesi, inglesi. Il sistema del lavoro servile risolve il problema: **il costo del lavoro è inesistente e i cereali prodotti sulle tenute dell'Europa orientale possono essere venduti a prezzi enormemente concorrenziali**. E anzi, tanto maggiore è la domanda di prodotti agricoli che viene dalle città dell'Europa centro-occidentale (come accade nel corso del XVI secolo) quanto più i nobili proprietari dell'Est europeo ricorrono al sistema del lavoro servile, per produrre la maggior quantità di grano al più basso costo possibile, così da incassare il largo differenziale che si crea tra costi di produzione bassi e prezzi sul mercato alti e in crescita.

Foto aerea di Grammichele (Sicilia)
Grammichele è una grossa città agricola siciliana (Monti Iblei), fondata alla fine del XVII secolo dal feudatario locale, il principe Carlo Carafa Branciforte, per ospitare la popolazione del suo feudo, le cui abitazioni sono state distrutte dal terremoto del 1693. Ha una pianta esagonale e vie radiali che si inoltrano verso i latifondi circostanti.

LAVORO SERVILE E PERSISTENZA DELLE ISTITUZIONI FEUDALI ■ Tuttavia il lavoro servile necessita anche delle istituzioni feudali; i signori devono essere in grado di controllare, in tutti i modi possibili, contadini sottoposti a condizioni di vita e di lavoro terribili: e qui, sì, il disciplinamento ha caratteri di selvaggia efficienza.

È così che, tra Cinque e Seicento, nella Germania a est del fiume Elba, in Ungheria, in Polonia, in Lituania, le **istituzioni feudali** continuano ad avere un notevolissimo peso: ciò vuol dire che lì i **larghi poteri di giurisdizione feudale** (amministrazione locale, controllo della forza pubblica attraverso un corpo di armati dipendenti dal feudatario, amministrazione della giustizia di prima istanza, attraverso magistrati nominati personalmente dal feudatario e in alcune aree controllo pure del personale della Chiesa locale) non solo non vengono ridimensionati, ma vengono perfino rafforzati.

I nobili, con le loro **Diete**, le loro rappresentanze, riescono con maggiore efficacia a resistere alle esigenze e alle aspirazioni del potere regio e **difendono con successo la struttura amministrativa feudale**, organizzata in modo che un certo numero di funzioni pubbliche attive sul feudo siano – a tutti gli effetti – una privata proprietà del signore.

In alcuni casi la forza dei gruppi nobiliari è veramente enorme: in **Polonia** vi sono alcune famiglie nobili che possiedono tenute signorili le cui entrate superano quelle dell'intero bilancio statale e che possono permettersi di finanziare dei veri e propri consistenti corpi militari privati; si capisce, dunque, perché in Polonia la monarchia faccia tanta fatica ad affermarsi [▷ **12/2**].

È importante, infine, ricordare che, sebbene i sistemi produttivi siano diversi, anche nell'**Italia meridionale** in questo periodo le istituzioni feudali attraversano una fase di notevole potenziamento: si pensi che nella seconda metà del Cinquecento, nel Regno di Napoli, su 2.000.000 di abitanti delle campagne 1.500.000 circa sono soggetti a giurisdizioni feudali.

LAVORA SUL TESTO
Sottolinea nel testo, con colori diversi, le espressioni o le frasi che riassumono i caratteri principali delle tre regioni agricole europee.

4/ La cultura nobiliare

LA NATURA COMPOSITA DELLA NOBILTÀ SEICENTESCA ■ Un po' ovunque, e a prescindere dai vari sistemi contrattuali e produttivi, i veri detentori del potere economico, politico e sociale nelle campagne sono i **nobili** (che in media sono l'1-3% sul totale della popolazione dei vari Stati).

Tuttavia anche le nobiltà di quest'epoca sono un mondo complesso, come lo erano quelle dell'Europa tardomedievale [▷ **S**44]. I **titoli** che le qualificano sono molto vari, così come vari sono i loro livelli di ricchezza o le prerogative di cui possono godere. E così ci sono **nobiltà feudali**, come quelle che abbiamo appena visto all'opera nell'Est o nel Sud d'Europa; ci sono **patriziati urbani**, cioè famiglie nobili il cui principale privilegio consiste nel sedere negli organi di governo della città o dello Stato (esempi molto chiari di quest'ultimo tipo sono le famiglie incluse nei *Libri d'Oro* di Venezia o di Lucca, o di Genova, le uniche ammesse a ricoprire cariche politiche all'interno delle tre rispettive Repubbliche); ci sono **nobiltà di servizio**, che derivano la loro condizione dall'acquisto o dalla concessione di posizioni all'interno della burocrazia statale (come la *noblesse de robe* francese, > **20/1**, o i nobili funzionari russi, > **12/2**); e ci sono nobiltà particolari, come i ***Lords*** inglesi, enormemente ricchi e, soprattutto, dotati del possesso patrimoniale di un seggio nella camera alta del Parlamento (la Camera dei Lords, per l'appunto).

Ma in questa sconcertante varietà alcuni punti fermi possono essere ricordati per connotare meglio il fascino e il peso di questo gruppo sociale.

STRATEGIE DI DISTINZIONE ■ Nella maggior parte dei casi i nobili godono di **livelli di ricchezza** che sono perfino **difficilmente immaginabili** per la gran parte della popolazione europea; e non esitano a esibirla, facendo pesare in ogni modo la loro **superiorità**.

Un modo per rendere visibile la loro distanza dal resto della popolazione è l'inventare **strategie della distinzione**, ovvero sistemi simbolici che servono a manifestare il divario – economico, culturale, mentale – che le nobiltà sentono nei confronti degli altri ceti.

Una di queste strategie della distinzione è il **linguaggio della moda**: vestire abiti sontuosi e cambiarne costantemente fogge e colori, in un periodo in cui la grandissima maggioranza degli uomini e delle donne in Europa fanno fatica ad avere uno, due, forse tre vestiti, è una pratica che trasmette un messaggio di sicura efficacia.

E poi, ancor più clamorosamente, le strategie della distinzione trovano anche il modo di restare scolpite nella pietra: **eleganti palazzi di città e sontuose ville di campagna**, alle quali accedere con comode carrozze, sono segni che servono a marcare in modo inequivocabile le distanze sociali.

LIGNAGGIO E PATRIMONI ■ Per consolidare le loro posizioni i nobili cercano di mantenere compatte le proprietà e lo fanno adottando la soluzione della **primogenitura** (nelle forme del fedecommesso o del maggiorascato: >**17/3**).

Essi cercano inoltre un **fondamento al loro prestigio**, alla loro preminenza, del tutto indipendente dalla volontà del sovrano, e lo individuano in qualcosa che non si può acquisire né comprare: nel sangue, nella nascita, nell'antichità della stirpe, nella purezza del lignaggio. In altre parole, la nobiltà tende a configurarsi come una razza a parte e a tal fine non si esita a reclutare giuristi, trattatisti, artisti affinché elaborino **fantasiose genealogie** che fanno risalire la storia delle famiglie a un passato mitico: chi pretende di discendere da Enea, chi da Cesare, chi da re Artù, e via dicendo. Non si deve pensare che sia un espediente risibile: è invece un modo per sottolineare che **le qualità vere dei gruppi nobiliari passano attraverso la discendenza**, cioè che la linea della parentela è l'asse attraverso il quale si trasmettono le connaturate virtù del gentiluomo e della gentildonna.

Chiaro che connaturate, queste virtù, non lo sono affatto. Ma gli **ideologi della nobiltà** sostengono con calore questa tesi; si tratta, a ben guardare, di un modo per avvicinare le famiglie nobili alle qualità che le case regnanti possiedono e che anch'esse (e i loro ideologi) fanno derivare dalla linea di discendenza parentale.

CODICE, ETICA, COSTUME ■ Tra le altre qualità nobiliari ve ne sono di negative; una di queste è certamente il **tenersi alla larga dai lavori considerati bassi**, cioè il non svolgere mestieri (mercante, artigiano, contadino) che comportino il cosiddetto **"rischio di deroga"**, ossia la degradazione della condizione nobiliare. Persino le professioni di avvocato o di magistrato sono considerate deroganti, sicché l'unica fonte di reddito lecita per i nobili è costituita dalla rendita fondiaria.

Le qualità positive si concentrano soprattutto nell'idea dell'**onore**: valore immateriale, ma prezioso, riguarda il rapporto tra i sessi e la salvaguardia dei diversi ruoli. Gli uomini devono mostrarsi veramente tali per dar prova di saper difendere la purezza della propria linea di discendenza, quindi la purezza e la castità sessuale delle "proprie" donne (madre, sorelle, moglie, figlie), attraverso le quali passa il meccanismo della riproduzione.

Il **duello**, come abbiamo già visto, è lo strumento chiave per la **difesa dell'onore** [▷ **9/1**]: proprio perché la questione in gioco è la **capacità degli uomini di controllare la propria linea di discendenza**, ne deriva che il duello è una faccenda tra uomini. È una sorta di prova giudiziaria privata, sottratta alla giurisdizione dei tribunali pubblici, attraverso la quale colui che si sente offeso (per un qualunque plausibile motivo) da un suo pari grado può sfidarlo e combattere con lui.

L'abito rappresenta da sempre, nella storia della civiltà, un mezzo attraverso cui esprimere la propria condizione sociale. Il lusso, ostentato nelle stoffe e nei gioielli finemente lavorati, è un manifesto delle proprie possibilità economiche. In modo particolare per l'aristocrazia, l'abbigliamento visualizza un codice di distinzione e differenziazione anche all'interno della stessa sfera sociale. Gian Gerolamo Grumelli, esponente di rilievo dell'aristocrazia bergamasca, è ritratto dal Moroni (1525 ca.-1578) vestito secondo la moda del tempo, con un sontuoso abito ricamato di fili d'argento e con calze aderenti completate da nastri, che non solo svolgono la funzione pratica di giarrettiere, ma hanno soprattutto una funzione decorativa. Anche nel dipinto del Moretto (1498 ca.-1554) è evidente l'attenzione dell'artista alla descrizione dettagliata non solo della ricca cappa del conte in velluto e pelo di lince, ma anche dei preziosi tessuti dell'arredamento: il ritratto deve testimoniare tutti i segni del rango sociale e della potenza economica del committente.

◂ **Giovan Battista Moroni, *Ritratto di Gian Gerolamo Grumelli, detto Il cavaliere in rosa***, part., 1560
[Collezione Palazzo Moroni, Genova]

▸ **Moretto da Brescia, *Ritratto del Conte Sciarra Martinengo Cesaresco***, 1526
[National Gallery, Londra]

È essenziale che il duello avvenga con **un pari grado**: non sono ammessi duelli fra un nobile e un mercante, perché non è concepibile che un individuo socialmente inferiore possa mettere in discussione l'onore di un nobile. In questi casi ci possono essere delle risse o delle colluttazioni, ma non un duello, che è un rituale molto preciso e che impone dei passaggi obbligati: si devono scegliere alcuni testimoni (i padrini), il luogo, il tipo di arma, le modalità di svolgimento e, mentre si combatte, ci si deve attenere nel modo più rigoroso alle regole stabilite. Inoltre non importa veramente chi vinca il duello: l'importante è combatterlo e mostrare, in questo modo, di essere "veri uomini", coraggiosi, capaci di mettere a repentaglio la propria vita in qualunque momento della giornata, se la propria identità di gentiluomo viene messa in discussione.

Due aspetti della questione meritano ancora un commento:

a **il duello viene proibito dal concilio di Trento, dalle Chiese protestanti, da ogni Stato europeo dell'epoca** sulla base della considerazione che è un modo non etico e non legale di risolvere un litigio privato. Ma ciò nonostante, i secoli dal XVI al XVIII vanno considerati **"l'età d'oro del duello"**; le nobiltà, e sempre più spesso anche i più ambiziosi borghesi, vi fanno ricorso come a un segno di distinzione; se può capitare che le autorità di pubblica sicurezza o i giudici nei tribunali siano indulgenti nei confronti di due litiganti sorpresi a duellare, i sovrani e i loro collaboratori hanno chiara la necessità di porre un freno a questa pratica;

Longleat House, Wiltshire
Longleat House è una delle numerose costruzioni che, nel corso del Cinque-Seicento, i nobili inglesi fanno erigere in campagna dagli architetti più alla moda, per ospitare adeguatamente il re o la regina e la sua corte, e organizzare feste sfarzose.

b **l'adulterio continua a essere pratica piuttosto diffusa tra le case regnanti e i gruppi nobiliari**, come effetto dei matrimoni combinati, che uniscono due giovani i quali spesso non si amano e non si desiderano [▷ **17/3**]: ciò dovrebbe essere causa di innumerevoli duelli. Ma se l'adultero è il marito, il suo onore non viene affatto messo in discussione; se l'adultera è la moglie, l'importante è che il suo comportamento sia discreto e che gli amanti siano gentiluomini; se, dunque, la relazione adulterina non solleva dicerie o insulti, **in molti casi è semplicemente tollerata**.

LA GUERRA DEI «GENTILUOMINI» ■ C'è una stretta connessione fra l'onore, il duello e un altro valore chiave del mondo nobiliare, la **guerra**, tanto che fra i più attivi duellisti ci sono i militari (nobili e non nobili).

Ma, a parte ciò, i valori cavallereschi, il coraggio, le qualità militari, lo sprezzo del pericolo sono tutti argomenti apprezzatissimi dalle nobiltà europee; su di essi si scrivono intere biblioteche riempite di storie, drammi teatrali, manuali di tecnica, opere sostenute da una forte **valorizzazione della guerra come qualità positiva**. Naturalmente la guerra dev'essere combattuta "da gentiluomini", e ci si dimentica molto facilmente quali terribili macelli siano le guerre, quanti soprusi comportino e quanto dolore causino.

Ciò è il massimo **terreno d'incontro fra le nobiltà europee e i re, "signori della guerra"**, una coincidenza di valori forse più profonda di qualunque altra.

LA NOBILTÀ E I SOVRANI ■ Tuttavia, proprio per la loro ricchezza, il loro prestigio, le loro ambizioni le nobiltà intrattengono ovunque **rapporti estremamente ambivalenti con i sovrani**. Da un lato le autorità monarchiche vogliono limitare i poteri e i privilegi dei nobili (come di altri ceti), che considerano d'intralcio all'esercizio della propria autorità: quindi cercano di ridimensionare il peso delle assemblee cetuali; di ridurre i poteri feudali; di appoggiarsi ad altri gruppi sociali, per trovare funzionari e collaboratori nelle strutture dello Stato.

Ma, dall'altro, i monarchi non possono veramente fare a meno dei nobili: in quanto massimi proprietari terrieri sono il **perno del potere sociale**; il loro dissenso può tramutarsi in pericolosa ribellione aperta e quindi non va suscitato; in quanto dotati di risorse materiali e della formazione culturale e tecnica adeguata sono spesso necessari tra gli **ufficiali dell'esercito**.

LAVORA SUL TESTO
Cerchia nel testo cinque espressioni o parole-chiave che descrivano la cultura nobiliare tra Cinquecento e Seicento.

5/ L'artigianato, l'industria e il commercio

LA CRISI IN SPAGNA, FIANDRE E ITALIA ■ Fino al XV secolo le principali aree di produzione manifatturiera – soprattutto nel settore tessile – sono l'Italia, specie l'area centro-settentrionale, le Fiandre e la Spagna (in particolare le città di Toledo e Segovia); nel corso del XVI secolo sia le produzioni spagnole sia quelle fiamminghe, ostacolate da tensioni sociali e politiche e dalla guerra che dagli anni Sessanta del Cinquecento sconvolge le Fiandre, attraversano una fase di crisi, di cui possono approfittare le manifatture delle città italiane.

I tessuti che vengono dalle città italiane, soprattutto i panni di seta, sono di ottima qualità e hanno prezzi assai elevati: sono destinati, dunque, a una clientela ristretta e assai danarosa. Questa caratteristica della produzione tessile italiana deriva

le PAROLE della STORIA

corporazioni
Associazioni che compaiono nelle città italiane sin dal XII secolo [> **3/2**], per diffondersi poi in tutta Europa. Riuniscono gli artigiani, i lavoranti e i mercanti impegnati in uno stesso settore merceologico. Hanno organi di autogoverno, normalmente eletti dai membri della corporazione, che hanno lo scopo primario di controllare l'ammissione di nuovi membri all'esercizio dell'attività economica, e di monitorarne le caratteristiche. In alcuni casi le corporazioni svolgono anche un ruolo politico attivo nell'amministrazione cittadina.

da una scelta strategica degli imprenditori e dei mercanti; ma dipende anche da un vincolo istituzionale all'interno del quale essi si trovano a operare, cioè dal fatto che la produzione artigianale è disciplinata dal sistema delle **corporazioni**. Volendo stabilire dei solidi standard di qualità e volendo anche contenere le disuguaglianze di ricchezza tra i vari operatori del settore (artigiani, lavoranti, mercanti), le corporazioni delle città italiane emanano regolamenti che fissano rigidi limiti alla concorrenza e all'innovazione, determinando la qualità dei tessuti che possono essere prodotti così come il loro prezzo o il livello delle retribuzioni per i lavoranti.

L'EMERGERE DELLE INDUSTRIE TESSILI INGLESI E OLANDESI Tuttavia, nel corso del XVII secolo, anche le produzioni italiane attraversano una fase di gravissima crisi, mentre emergono con successo **nuovi distretti di produzione** tessile, localizzati soprattutto in **Inghilterra** e in **Olanda**.

Il mutamento dipende da **due fattori principali**:

Nicolaes Maes, *La tessitrice*, 1660
[Rijksmuseum, Amsterdam]
Il lavoro della filatura era spesso affidato agli anziani, in particolare alle donne.

a sebbene anche in Inghilterra e in Olanda le produzioni tessili situate nelle **città** siano disciplinate dalle **locali corporazioni**, esse non sono così potenti come quelle che, ormai da tre secoli, controllano le attività produttive nelle città italiane. Capita, così, che siano meno in grado di arginare un fenomeno animato da imprenditori più audaci e coraggiosi, che vogliono trovare il sistema di vendere di più e con maggiori profitti. Costoro, dunque, trovano una soluzione che, se era già in uso in epoca medievale, viene ora significativamente potenziata: ovvero comprano la materia prima, per esempio per produrre tessuti di lana, e la cedono a **famiglie contadine** le quali – a spese proprie, o su finanziamento di un imprenditore – si sono dotate di un filatoio o di un telaio; i membri della famiglia contadina che sono liberi dalla coltivazione si dedicano alla produzione di filati e di tessuti, i quali vengono poi ritirati dal **mercante-imprenditore**, che paga loro un compenso per l'attività svolta; il mercante-imprenditore si preoccupa poi di vendere, prevalentemente sui mercati urbani, i manufatti prodotti nelle case contadine.

Qual è il vantaggio di tutto questo sistema che alcuni storici hanno definito **protoindustriale**?

I mercanti-imprenditori che organizzano questi reticoli produttivi e commerciali rurali possono disinteressarsi dei regolamenti corporativi e possono **pagare meno i contadini-lavoranti** di quanto pagherebbero gli artigiani attivi in città; inoltre, possono **produrre tessuti di qualità inferiore** rispetto agli standard previsti dai regolamenti delle corporazioni, ma che costano molto meno e che per questo possono essere comprati anche dagli **strati sociali medio-bassi**, cioè da coloro che dispongono di redditi più contenuti: si tratta delle cosiddette ***new draperies*, 'nuovi tessuti'**. Inoltre hanno anche l'accortezza di colorare le pezze di tessuto con colori vivaci e attraenti, così da indurre all'acquisto anche gli acquirenti più ricchi e sofisticati;

b la nuova dinamicità delle produzioni inglesi o olandesi dipende pure dalla crescita dei redditi che si registra in quelle aree la quale, a sua volta, è il risultato dello **spostamento dei traffici commerciali marittimi** verso le nuove terre – l'America, le Indie. Effetto dell'enorme ampliamento delle correnti di traffico è che tra Cinquecento e Seicento **i porti atlantici diventano i luoghi principali degli scambi**; è lì che si accumulano nuove (e talora grandi) ricchezze; è lì che si spende di più; è lì che si rende dinamica l'attività economica, a beneficio di tutti quanti gli operatori dell'area, dagli armatori ai marinai, dai mercanti ai commercianti al dettaglio, dagli imprenditori agli artigiani. La **crescita della domanda**, direttamente proporzionale all'aumento dei redditi, spiega così la nuova vivacità delle produzioni manifatturiere che hanno luogo nelle città e nelle campagne dell'**Europa nord-occidentale**.

le PAROLE della STORIA

protoindustria
Nella seconda metà del Novecento lo storico americano Franklin Mendels e gli storici tedeschi Peter Kriedte, Hans Medick e Jürgen Schlumbohm hanno proposto di chiamare "protoindustria" il sistema di distribuzione del lavoro presso le unità familiari contadine, che altri storici hanno chiamato "industria rurale" o "industria a domicilio". Con il termine "protoindustria" Mendels e gli altri hanno voluto enfatizzare il carattere industriale assunto da questa organizzazione produttiva, nella quale un imprenditore mette il capitale, possiede la materia prima, a volte anche le macchine – filatoi o telai – e si preoccupa di produrre per il mercato. In secondo luogo essi hanno sostenuto che tale sistema produttivo avrebbe favorito il successivo sviluppo della produzione più propriamente industriale, concentrata cioè nelle fabbriche. Questa seconda ipotesi è però molto controversa ed è stata respinta da molti storici economici, che non vedono un nesso diretto fra lo sviluppo di industrie a domicilio e il successivo nascere di fabbriche industriali.

LAVORA SUL TESTO
Elabora sul quaderno una tabella a doppia entrata. Nelle colonne per Cinquecento e Seicento dovrai tener conto di: principali aree di produzione manifatturiera, cause del conflitto, tipo di clientela cui si rivolgono.

6/ I traffici commerciali via mare

IL SETTORE ECONOMICO PIÙ DINAMICO ■ L'importanza delle nuove produzioni a domicilio è indubbia. Tuttavia il settore economico di gran lunga più dinamico è appunto quello dei traffici a lunga percorrenza: è lì che si pongono le basi di un nuovo orizzonte economico e sociale (e nuovo non vuol dire necessariamente buono per tutti quelli che vi sono coinvolti).

Le **rotte mercantili** principali sono quelle **via mare**: sono **meno costose, più rapide e più sicure**. Le strade via terra, che si percorrono con i cavalli o con carri a trazione animale, non sono in buono stato, pullulano di banditi, sono interrotte da stazioni di posta (dove gli animali devono essere cambiati, se il viaggio è lungo) e da dogane dove ci si deve fermare per pagare il pedaggio al signore locale o all'autorità politica che lo richiedono.

Il mare è meglio. Relativamente meglio. I trasporti sono più rapidi; le quantità di merci trasportabili a bordo di un singolo convoglio sono di gran lunga maggiori che con i trasporti di terra. Per la verità sicurissimi non sono neanche i viaggi via mare, come vedremo a breve; e poi, arrivati ai porti, si devono comunque pagare i pedaggi per lo sbarco. Ma non c'è dubbio: il futuro è lì, sul mare.

IL CIRCUITO MEDITERRANEO-MARE DEL NORD-MAR BALTICO ■ Non su ogni mare, peraltro. Il **Mediterraneo**, nonostante Lepanto, resta uno spazio piuttosto insicuro; la presenza ottomana su tutte le coste sud-orientali e le incursioni dei pirati musulmani e cristiani non impediscono ma rendono meno facili le rotte mercantili.

Ciò non toglie, però, che le vivaci attività commerciali continuino a esservi. Nel corso del XVI e del XVII secolo, quando la tecnologia marittima olandese e inglese fa passi da gigante, si crea un **circuito integrato fra le merci** che partono dai porti del **Mediterraneo** in direzione dei **porti inglesi od olandesi** e quelle che – arrivando dal **Baltico** – vengono indirizzate verso i porti mediterranei (fra i quali si aggiunge adesso Livorno; > A69).

Dal Mediterraneo partono navi che trasportano seta tessuta, filata o grezza, uva passa, cotone, olio. Dai **porti del Mar Baltico** partono le merci provenienti dalla Russia,

Cristoforo Gaffuri (da un disegno di Jacopo Ligozzi), *Il porto di Livorno*, part., 1604

[Galleria degli Uffizi, Firenze]

All'inizio del XIV secolo Livorno è un piccolo porticciolo, dipendente dal Porto di Pisa. Nel XVI secolo, però, l'interramento del Porto di Pisa induce il granduca Cosimo I a riservare a Livorno esenzioni fiscali e privilegi commerciali, che ne fanno il porto fondamentale del Granducato. Il regolamento commerciale del 1565 lo rende un porto franco (libero, cioè, da pedaggi doganali), il che attira i convogli olandesi, inglesi, francesi che lo usano sia come tappa intermedia sulle lunghe percorrenze, sia come terminale per i traffici da e per l'Italia centrale.

dall'Europa dell'Est e dalla Scandinavia: le navi che salpano da Stettino, Danzica, Königsberg, Riga, Reval trasportano grandi quantitativi di cereali, prodotti nei latifondi signorili dell'Europa orientale e destinati ai densi mercati cittadini dell'Europa nord-occidentale (il 70-80% di questi cereali viene venduto nei Paesi Bassi).

E poi le navi che arrivano dai porti del Baltico trasportano il legname di cui è ricchissima la Scandinavia, prezioso per i cantieri navali olandesi, inglesi, francesi e mediterranei; e poi, ancora, pellicce da cui si ricavano mantelli o abiti foderati, merce ambita per chi se la può permettere; e, inoltre, metalli; e pesce seccato e salato, prodotto umile ma molto richiesto. Fra **Mare del Nord e Mar Baltico** il movimento, dunque, è intenso, e si capisce il grande interesse del Regno di Svezia per il controllo della zona e dei suoi porti, controllo che gli viene incessantemente conteso da Danimarca, Polonia-Lituania, Russia.

LE ROTTE OCEANICHE ■ Nel complesso l'importanza di questo circuito integrato **Mediterraneo-Mare del Nord-Mar Baltico** non può essere trascurata; ma non è qui che si aprono nuove prospettive.

Le rotte veramente rivoluzionarie sono quelle oceaniche: lì si pongono le premesse per la costruzione di circuiti commerciali globali, a lunga percorrenza, in grado di integrare funzionalmente aree economiche molto distanti e molto diverse fra loro.

Due di essi, almeno, sono già perfettamente visibili.

ATLANTE 69

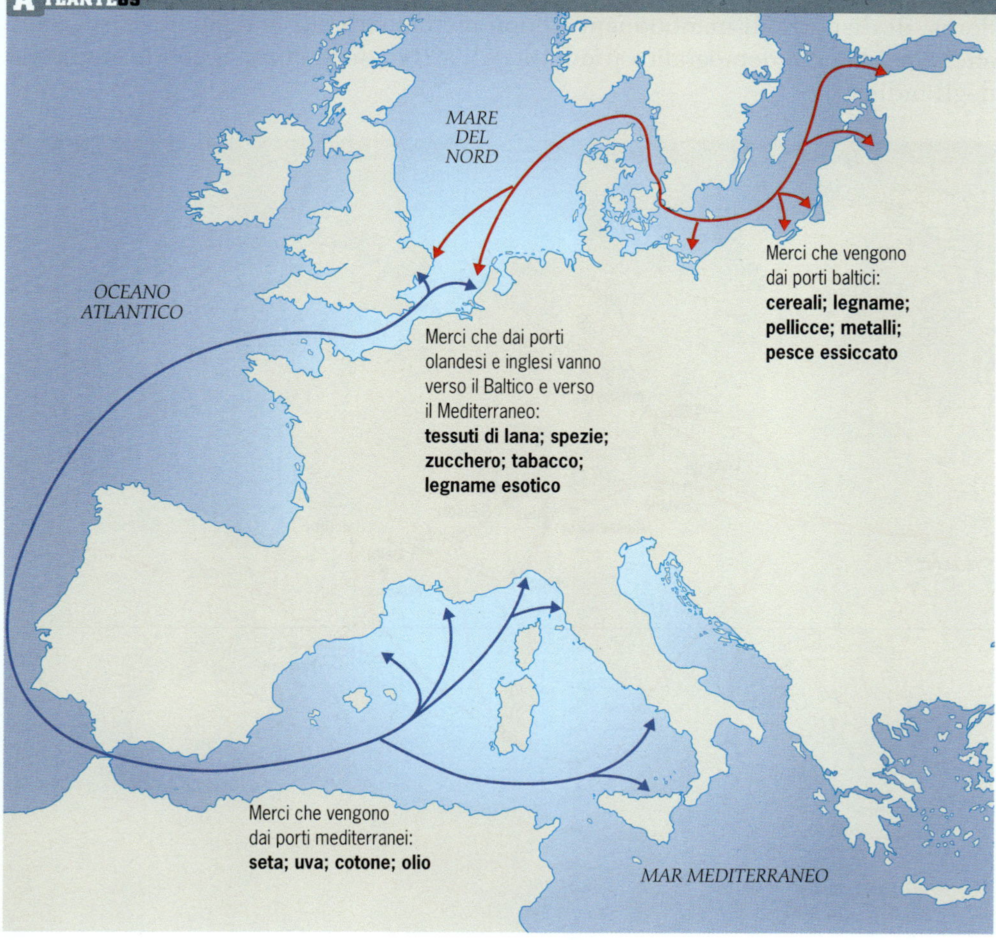

Circuito commerciale integrato Mediterraneo-Mare del Nord-Baltico, XVII sec.

In questo circuito porti come Londra e Amsterdam emergono non tanto come semplici scali, ma come centri direzionali, i cui operatori commerciali si occupano di reindirizzare le merci in arrivo dal Baltico e dal Mediterraneo verso nuove destinazioni.

le PAROLE della STORIA

piantagioni
Aziende agricole di vaste dimensioni, diffuse soprattutto in America, e organizzate intorno alla coltivazione di un unico prodotto – zucchero, tabacco, poi anche cacao o cotone – con il prevalente impiego di una manodopera composta da schiavi importati dall'Africa.

IL CIRCUITO ARGENTO-SPEZIE ■ Si tratta di un circuito commerciale che collega l'importazione di **metalli preziosi dall'America** in Europa e l'importazione delle **spezie dalle Indie Orientali**; si tratta di un circuito che prende vita nella seconda metà del Cinquecento e che all'inizio del Seicento è pienamente sviluppato [▷ A70].

Sui mercati delle Indie Orientali non sono bene accette merci europee; dunque per pagare le ambite spezie c'è bisogno di monete in metallo prezioso; e così una parte consistente del flusso di argento che arriva dall'America transita per la Spagna e il Portogallo, o per Anversa o Amsterdam, e poi prende la via delle Indie Orientali, a bordo delle navi che praticano quel tipo di commercio; il flusso è così significativo che una metà circa dell'argento americano va a finire in Estremo Oriente.

IL CIRCUITO EUROPA-COSTE OCCIDENTALI DELL'AFRICA-COSTE ORIENTALI DELL'AMERICA: IL COMMERCIO TRIANGOLARE ■ Dall'Europa le navi (portoghesi prima, olandesi e inglesi poi) trasportano tessuti, armi, prodotti artigianali che vengono venduti sui mercati africani della costa di Guinea.

I mercanti in cambio comprano gli schiavi neri che vengono portati e venduti sulla costa da schiavisti africani, perlopiù arabi. La vendita può avvenire a peso, o sulla base di rudimentali unità di misura (un giovane uomo vale due o tre uomini più anziani, e così via). Ad acquisto completato, gli schiavi (uomini, donne, bambini) vengono marchiati a fuoco, caricati sulle navi, stipati all'inverosimile, incatenati.

I convogli vengono indirizzati verso le coste del Brasile o ai Caraibi; lì gli schiavi vengono venduti ai responsabili delle **piantagioni** di zucchero o di tabacco, desiderosi di disporre di manodopera a buon mercato, di cui le regioni scarseggiano anche per la crisi demografica prodotta dall'arrivo degli europei con lo sterminio degli indios.

ATLANTE 70

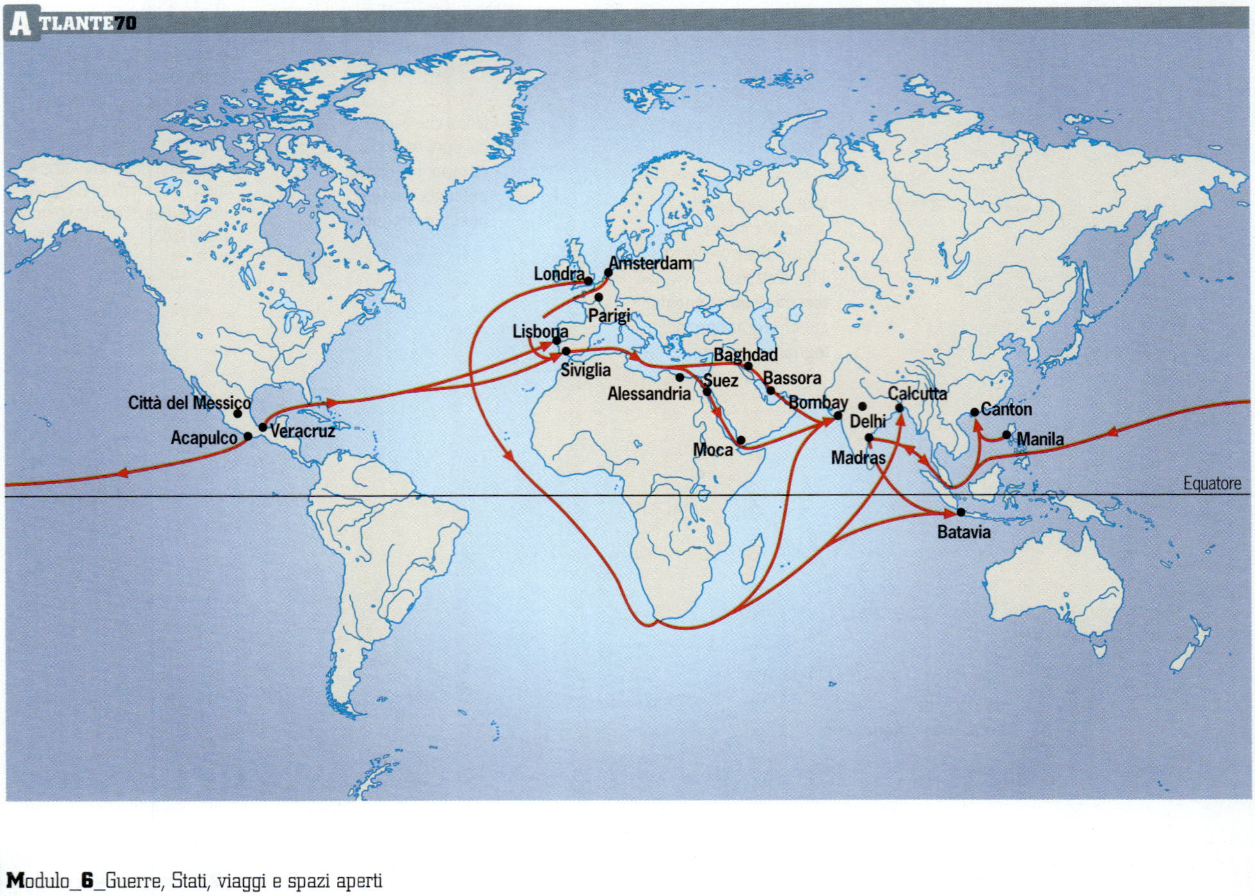

Il circuito argento-spezie, 1650-1750

I mercanti di schiavi, con ciò che ricavano dalla vendita della loro merce umana, acquistano prodotti coloniali (zucchero, tabacco, legname e altro ancora) che poi trasportano fino ad Amsterdam o a Londra o ad altri porti europei [▷A71].

IL TRAFFICO DEGLI SCHIAVI ■ Fino al 1640 il **commercio degli schiavi** dovrebbe essere, dal punto di vista legale, un monopolio dei mercanti portoghesi; essi tuttavia sono sopraffatti dal contrabbando di olandesi e inglesi. Gli olandesi, in particolare, a metà Seicento controllano di fatto questo tipo di traffico, essendo pure riusciti a costituirsi una base nei Caraibi (Curaçao, 1630-40) e a occupare una parte della costa del Brasile fra 1624 e 1654.

Si calcola che nel corso del Seicento gli schiavi portati in America siano stati all'incirca 1.300.000 e questo commercio sarà in crescita, sia dal punto di vista del numero di schiavi deportati, sia dal punto di vista dei profitti che se ne ricaveranno.

GRANDI PORTI IN CRISI ■ La trasformazione nella geografia dei commerci comporta un **mutamento anche nelle gerarchie economiche**.

Zone prospere nel tardo Medioevo cominciano ora ad avere difficoltà. **Venezia**, duramente ostacolata dalla presenza ottomana nel Mediterraneo orientale, non riesce più a controllare i traffici marittimi; inoltre, lo spostamento delle principali direttrici di traffico sulle rotte atlantiche, nelle quali i mercanti veneziani non riescono a inserirsi, marginalizza ulteriormente la città nel panorama economico dell'Europa di Cinque-Seicento; infine, la guerra dei Trent'anni blocca quasi completamente il flusso dei traffici di merci e metalli preziosi che arrivavano a

ATLANTE 71

Colonie e commerci: XVII-XVIII secolo

Venezia, per essere venduti sui mercati mediterranei. Di fronte a un **sommarsi di dinamiche così sfavorevoli** per il commercio veneziano, le élite cittadine cominciano a deviare i propri investimenti: sempre meno si investe nell'armamento della flotta commerciale e **sempre più ci si indirizza all'acquisto di proprietà terriere nell'entroterra veneto, o sulla costa dalmata**. Da lì si traggono le rendite che, se ben amministrate, consentono ancora la conservazione di un brillante tenore di vita e lì si costruiscono le splendide ville che tradiscono l'evidente desiderio di esibire una condizione ormai più nettamente nobiliare.

A **Genova** succede qualcosa di simile. Sul Mediterraneo i mercanti genovesi devono fare i conti con gli abili e agguerriti mercanti inglesi e olandesi, più determinati e certo non meno spregiudicati. Intanto le case bancarie cittadine (Pallavicino, Spinola, Grimaldi), che hanno prestato somme ingenti agli Asburgo di Spagna, risentono molto negativamente delle sospensioni dei pagamenti decretate dalla corona, schiacciata dalle spese militari cui si sottopone per un secolo e mezzo, e all'inizio del Seicento vedono declinare anche questa area di investimento, fruttuosa, ma pericolosa.

Un discorso simile dovrebbe farsi per **Siviglia** e **Lisbona**, porti i cui mercanti hanno letteralmente dominato i traffici a lunga distanza nel corso del Cinquecento e che ora, sia per le **difficoltà politiche della monarchia spagnola**, sia, soprattutto, per la scatenata **concorrenza lanciata dai mercanti olandesi e inglesi**, sono in netto svantaggio. In media, nel periodo 1600-4, tra Spagna e America si muovono ogni anno 55 navi; nel periodo 1640-50 sono diventate 25; nel 1670-80, 17; nel 1701-10, 8. Le navi portoghesi che tra 1601 e 1611 vanno in Oriente sono 69 all'anno; alla fine del secolo sono 23; nello stesso periodo, le navi della Compagnia olandese delle Indie Orientali sono già 76 nel 1602-10, per diventare 235 nel 1690-1700. E lo stesso avviene sulle rotte occidentali.

Quali sono le ragioni di questi mutamenti?

Villa Allegri-Arvedi, metà XVII sec.
[Cuzzano (Verona)]
Tra la fine del XV secolo e il XIX secolo, nell'entroterra veneto furono costruite più di cinquemila ville. Queste non erano soltanto residenze signorili, destinate all'ozio e agli svaghi, ma vere e proprie aziende agricole, situate al centro di ampie e fertili tenute. Questa nuova concezione della villa rurale doveva quindi conciliare due tipi di fabbricati, uno per l'abitazione del padrone, l'altro per governare e custodire l'azienda agricola.

PIRATERIA E CONTRABBANDO ■ La tradizionale posizione dominante della Spagna sulla direttrice di traffico che va dai Caraibi all'Europa è sottoposta a una concorrenza molto diretta. Un mezzo adottato in particolare dagli inglesi (e poi anche dagli olandesi) è la **pirateria** legalizzata: capitani come John Hawkins (1532-1595) o Francis Drake (1545-1595) ricevono da Elisabetta I di Inghilterra "lettere di corsa" che li autorizzano a tentare di attaccare le basi spagnole nei Caraibi o ad aggredire la *carrera de Indias*, ovvero la grande flotta spagnola che periodicamente porta carichi di argento e altre merci dall'America [▷ **19/3**]. Ciò costringe gli spagnoli a dotare i porti caraibici (fra cui i principali sono La Havana e Santo Domingo) di adeguate fortificazioni difensive e la *carrera* di navi da guerra di scorta: nel 1561, per esempio, la flotta spagnola che si muove dall'America è composta da quarantanove navi, di cui ben sei da guerra.

L'altro strumento di concorrenza è il commercio di **contrabbando**, che inglesi e olandesi svolgono nelle aree caraibiche spagnole o sulle coste brasiliane portoghesi.

IL DOMINIO OLANDESE SULLE ROTTE ORIENTALI ■ **Nel XVII secolo** il **monopolio commerciale portoghese** sulle rotte marittime dirette verso l'Asia viene **messo in discussione**. Dal tardo Cinquecento, infatti, su questa via marittima ai portoghesi si affiancano gli olandesi e gli inglesi. L'indipendenza dalla Spagna lancia economicamente la **Repubblica delle Province Unite**; mentre Anversa non riesce più a riprendersi dal terribile saccheggio che subisce nel 1576, **Amsterdam** la sostituisce diventando il porto di gran lunga più importante dell'area: così, per esempio, tra il 1610 e il 1620, delle 250 navi che partono ogni anno per l'Oriente la metà è olandese. Nel corso del XVII secolo agli olandesi si affiancano anche i mercanti inglesi.

Sia gli uni sia gli altri organizzano i rapporti commerciali con l'Estremo Oriente attraverso il sistema delle compagnie commerciali. Importante è la **Compagnia olandese delle Indie Orientali** (*Verenigde Oostindische Compagnie*), fondata nel 1602; a essa la Repubblica riconosce il monopolio dei commerci olandesi con

Hendrik Cornelisz Vroom, ***La nave De Hollandse Tuyn e altre navi della Compagnia delle Indie Occidentali dopo il ritorno dal Brasile***, 1605-40 ca.

le PAROLE della STORIA

Borsa
Luogo fisico nel quale, inizialmente, si tratta soprattutto lo scambio di merci e dove poi si scambiano anche titoli pubblici o privati, fra cui le azioni: queste sono documenti di valore unitario specifico, mediante il cui acquisto un privato contribuisce al finanziamento di un'impresa, ricavandone in cambio dei dividendi. Borse merci e Borse valori esistono nelle principali piazze commerciali sin dal XIV secolo. La Nuova Borsa di Amsterdam viene fondata nel 1608 e costituisce la più importante Borsa valori dell'epoca.

dividendo
È la quota derivata dal profitto di una società e corrisposta all'azionista in misura dell'investimento da lui effettuato: grosso modo, se il profitto di una società è pari a 100 e un investitore ha contribuito agli investimenti per il 10%, il suo dividendo sul profitto sarà pari a 10.

l'Oriente, ma anche il compito di controllare militarmente e amministrare le basi che è in grado di procurarsi (e in questo periodo le più importanti sono l'Isola Maurizio, nell'Oceano Indiano; Ceylon; Batavia, sull'isola di Giacarta; Formosa, l'attuale Taiwan; e Deshima, in Giappone). Pur avendo compiti amministrativi, la Compagnia non è un ente pubblico ma privato; anzi è una delle prime **società per azioni**: le azioni possono anche essere acquistate alla **Borsa** di Amsterdam dai risparmiatori che sperano di ricavarne dei **dividendi**. Coloro che acquistano azioni per grosse somme hanno voce in capitolo sulla formazione degli organi dirigenti della Compagnia.

Pure nel commercio triangolare Africa-Indie Occidentali-Europa gli olandesi si servono di una compagnia privilegiata, la **Compagnia olandese delle Indie Occidentali** (*Westindische Compagnie*). Anche a questa compagnia gli Stati generali della Repubblica delle Province Unite delegano funzioni pubbliche, come la nomina dei governatori, degli ufficiali militari, dei funzionari e dei giudici, che devono operare là dove la Compagnia stabilisce delle piazzeforti commerciali. Struttura simile ha la **Compagnia inglese delle Indie Orientali** (*East India Company*), costituitasi nel 1600 e dotata di scali e porti soprattutto in India, a Madras, Bombay e Calcutta.

I risultati ottenuti da queste Compagnie sono, in qualche caso, veramente eccezionali: la Compagnia inglese delle Indie Orientali tra il 1609 e il 1613 realizza profitti che oscillano fra un minimo del 221% e un massimo del 334% del capitale impiegato per allestire i convogli marittimi; fra il 1610 e il 1634, la Compagnia olandese delle Indie Orientali distribuisce dividendi che oscillano fra un minimo del 17% e un massimo del 132%.

LAVORA SUL TESTO
1. Cerchia, con colori diversi, i circuiti marittimi analizzati e collega a ciascuno di essi espressioni o frasi che sintetizzino le località interessate, le merci scambiate, i soggetti e le modalità dello scambio. **2.** Suddividi il testo in tre sottoparagrafi e assegna a ciascuno un titolo. **3.** Sottolinea nel testo le conseguenze della creazione di circuiti commerciali globali.

L'ESITO DELLE TRASFORMAZIONI ■ Nel Seicento **Olanda e Inghilterra stanno emergendo** come il cuore pulsante della nuova geografia economica mondiale; e si ricorderà che il mutamento nelle gerarchie dei traffici a lunga percorrenza è alla base dell'emergere delle nuove produzioni protoindustriali che in questi anni proprio in quelle aree si vanno diffondendo [▷ **S43**].

7/ Borghesi in ascesa

CHI SONO I BORGHESI? ■ Le nobiltà sono importanti. Però il loro posto nelle gerarchie sociali d'epoca moderna non è del tutto al sicuro: non ci sono solo i sovrani che tentano di limitarne le prerogative, ma anche i ricchi borghesi i quali ambiscono a esibire un tenore di vita che faccia concorrenza a quello delle nobiltà.

Ma chi sono i borghesi? Persone che pur non potendo esibire una lunga genealogia, né titoli nobiliari concessi in tempi più o meno antichi da qualche sovrano, sono tuttavia **ricchi, colti e in qualche caso anche capaci di occupare funzioni politicamente o amministrativamente importanti**. Talora vi sono borghesi che rivaleggiano perfino con le famiglie nobiliari, adottandone le strategie della distinzione [▷ **21/4**]. Capita per esempio che famiglie di ricchi mercanti, che hanno accumulato ingenti ricchezze, decidano di acquistare terre, costruirsi una villa in campagna, assumere abiti e atteggiamenti da nobili, per poi, al momento giusto, acquistare un titolo di nobiltà e magari ingaggiare un erudito che inventi la nobile genealogia familiare. Tra Cinquecento e Seicento il **fascino dei modelli nobiliari** di comportamento continua a condizionare la vita di ricchi imprenditori, di prosperi banchieri, di audaci mercanti.

UNA NUOVA MENTALITÀ ■ Ma non si tratta solo di un mutamento di gerarchie economiche: si tratta anche di un cambiamento di tipi sociali, evidente soprattutto nel caso olandese. I **mercanti olandesi** amano certamente le ricchezze, come i loro colleghi inglesi, portoghesi, spagnoli o italiani; e di certo amano esibirle. Ma qualcosa di nuovo in loro c'è e può spiegarsi con l'importante ruolo svolto dalla religione calvinista nel valorizzare l'etica del lavoro [▷ **15/7**]. Questi mercanti sono orgogliosi della loro attività; non la nascondono; non sentono il bisogno di precipitarsi ad acquistare vestiti, case, terre che consentano loro di scimmiottare l'aristocrazia; amano farsi ritrarre da pittori a cui commissionano quadri che mettono in evidenza chi sono, che cosa fanno e come hanno accumulato i loro soldi. Coraggio e orgoglio di sé: qui sta prendendo forma un soggetto sociale in grado di guardare il mondo senza complessi di inferiorità, a testa alta, con lo sguardo rivolto verso nuovi orizzonti.

BORGHESI ISTRUITI E COLTI ■ A fianco dei mercanti e degli imprenditori ci sono peraltro anche **altri borghesi** che si stanno facendo largo: gente che ha studiato nelle università europee; gente esperta di diritto o di medicina: **magistrati**, **avvocati**, **notai**, **dottori**. Uomini di scienza e sapienza, capaci di offrire i loro servizi a chi li può pagare. I **magistrati** hanno un ruolo di prim'ordine nei tribunali nei quali si amministra la giustizia; gli **avvocati** sono indispensabili se si deve essere difesi in una causa; i **notai** sono essenziali sia ai proprietari terrieri sia agli imprenditori che debbano scrivere dei contratti di affitto, di noleggio, di compravendita; i **medici**, non ancora circondati da un grandissimo prestigio in ragione dello statuto ancora non solidissimo delle loro conoscenze, sono tuttavia chiamati con trepidazione quando un familiare denuncia una qualche malattia.

Rembrandt, *Funzionari della corporazione dei drappieri di Amsterdam*, 1662 ca.

[Rijksmuseum, Amsterdam]

In questo quadro i funzionari della corporazione dei drappieri sono colti mentre stanno svolgendo il loro lavoro. In Olanda, come dovunque in Europa, le produzioni artigiane e industriali sono organizzate in corporazioni, cioè in associazioni dei produttori che si preoccupano di verificare le modalità di lavoro, la qualità di prodotti e le condizioni di mercato. Il compito dei cinque funzionari in primo piano (alle loro spalle c'è un impiegato della corporazione) è di verificare la qualità dei campioni di pannilana prodotti dagli aderenti alla corporazione. Il ritratto era destinato alla sala della corporazione in cui veniva compiuta l'operazione che vi è descritta. Ciò che c'è di straordinario, in questo dipinto, al di là della splendida qualità estetica, è il gesto, serio e orgoglioso, che connota i cinque mercanti i quali, in una sorta di posa fotografica, alzano lo sguardo per un momento dal loro lavoro per osservare chi li sta interpellando: è chiaro che non c'è alcuna vergogna, in loro; anzi, a renderli così compiaciuti e sicuri è, si direbbe, la consapevolezza del significato della funzione che stanno svolgendo.

UNA NUOVA ANSIA DI SAPERE ■ Spesso fra questi professionisti si incontrano anche uomini curiosi di conoscere le più aggiornate teorie filosofiche o scientifiche. E non solo tra loro: anche tra i nobili vi sono persone incuriosite dalle ricerche che studiosi di varia estrazione stanno compiendo in questi anni. Perché questa società così diseguale e talvolta così crudele è anche una società attraversata da una **nuova e irrequieta ansia di sapere**, non dissimile dall'inquietudine che spinge mercanti e marinai a solcare il mare per molti mesi, alla ricerca di avventure e ricchezze. Certo, per guardare verso il mare aperto – e le avventure, e le ricchezze che esso promette – ci vuole coraggio. Ma se è per questo, ci vuole coraggio anche a occuparsi di scienza e perfino per guardare le stelle. Può sembrare strano, ma è così: guardare le stelle tra Cinque e Seicento può rivelarsi un'attività assai pericolosa.

LAVORA SUL TESTO

1. Cerchia con colori diversi i mestieri svolti dai borghesi e le loro ambizioni. **2.** Crea una tabella che descriva la borghesia europea evidenziando i diversi "tipi" di borghese.

8/ Guardare lontano

LA "RIVOLUZIONE COPERNICANA" ■ Fino al XVI secolo nessuno ha messo in dubbio la correttezza della teoria *geocentrica*, formulata dallo scienziato greco Tolomeo (II secolo d.C.), secondo la quale il Sole e il sistema di pianeti che gli astronomi sono in grado di osservare ruotano tutti intorno alla Terra, che è il centro dell'Universo. Si tratta di una visione per molti versi rassicurante, poiché suggerisce un'assoluta centralità dell'essere umano nei complessi disegni del Creatore; ed è per questo che, sin dal XIII secolo, la teoria geocentrica è stata accettata ufficialmente dalla Chiesa, la quale l'ha riconosciuta perfettamente coerente con le indicazioni astronomiche desumibili dalla Bibbia. Si tratta anche di una visione che appare del tutto coerente con l'osservazione sensibile, poiché chi osserva dalla superficie terrestre il movimento degli astri ha effettivamente la sensazione di trovarsi sull'asse centrale di un complesso sistema di rotazione del Sole e dei pianeti.

La teoria tradizionale lascia tuttavia aperti molti problemi matematici che nascono quando gli astronomi tentano di effettuare calcoli precisi intorno alla traiettoria e al movimento dei pianeti basandosi sulla teoria tolemaica. È proprio lavorando sulle incongruenze di questa teoria che un astronomo e matematico polacco, **Niccolò Copernico** (1473-1543), formula una proposta teorica completamente diversa, che viene resa pubblica nel *De revolutionibus orbium coelestium* (*Sulla rotazione dei pianeti*), un libro edito nel 1543, anno della sua morte: Copernico vi sostiene che tutti i pianeti, Terra compresa, compiono un doppio moto rotatorio, su loro stessi e intorno al Sole, che è il vero centro del sistema.

La nuova teoria, detta *eliocentrica* (cioè centrata sul Sole), comporta un vero e proprio ***shock* culturale**, poiché contrasta con una tradizione filosofico-scientifica accettata da secoli, con la visione dell'Universo sostenuta dalla Chiesa e con il senso comune derivato dalla banale osservazione del movimento degli astri, tanto che si parla di **rivoluzione copernicana**. Altri scienziati, riesaminando i dati noti e osservando il moto dei pianeti sulla base dell'impostazione copernicana, adducono nuovi argomenti a sostegno della teoria eliocentrica. È così che, all'inizio del Seicento, l'astronomo tedesco **Johannes Kepler** (1571-1630) sostiene che la teoria copernicana ha la capacità di spiegare quelle che altrimenti apparirebbero come delle irregolarità nel movimento dei pianeti; inoltre Kepler propone una **correzione della proposta copernicana**, ipotizzando che le orbite dei pianeti intorno al Sole non siano circolari ma ellittiche e che la velocità di movimento di ciascun pianeta vari col variare della distanza dal Sole.

IL METODO SPERIMENTALE DI GALILEO GALILEI ■ Un importantissimo appoggio alla teoria *eliocentrica* viene dall'elaborazione teorica e dalle osservazioni empiriche compiute da **Galileo Galilei** (1564-1642), un **fisico e astronomo italiano** [▷ **20/7**]. Tuttavia il contributo di Galileo Galilei va oltre la pur importantissima disputa sui moti di rotazione dei pianeti, giungendo a porre le fondamenta di un **nuovo metodo di studio dei fenomeni fisici**.

Fino ai primi del XVII secolo le cognizioni e le osservazioni fisiche sono state ordinate in un modello teorico generale desunto da **Aristotele**, secondo il quale tutti i fenomeni naturali debbono essere classificati sulla base dell'esame e della valutazione delle loro qualità. Galilei ritiene fuorviante una simile impostazione e propone invece di **basare lo studio della natura sull'osservazione dei fenomeni** che egli ritiene possano essere misurati e descritti attraverso la determinazione di precise formule matematiche; **tali formule devono poi essere messe alla prova attraverso esercizi sperimentali**: cioè devono consentire allo scienziato di formulare previsioni sull'andamento di un fenomeno fisico, previsioni che vanno poi verificate attraverso l'osservazione empirica.

Già la costruzione di questo nuovo paradigma scientifico costituisce un'ulteriore, importante rivoluzione concettuale, paragonabile per importanza alla rivoluzione copernicana: in virtù dei successi pratici che è capace di conseguire, il **metodo sperimentale** messo a punto in forma teorica e applicata da Galilei si imporrà, sin dalla metà del XVII secolo, come la via maestra per lo studio dei fenomeni fisici e naturali.

Nella sua fondamentale opera del 1543, il *De revolutionibus orbium coelestium*, Copernico espose la teoria eliocentrica, che rivoluzionava la tradizionale tesi della terra come centro del cosmo. La proposta di Copernico suscitò sdegno e lotte accanite. Le si contrapponevano argomenti scientifici e religiosi, ma non mancavano argomenti che si richiamavano a quello che si riteneva il più evidente buonsenso; ancora cinquant'anni dopo la pubblicazione della teoria copernicana, Jean Bodin (che pure fu uno dei più grandi pensatori della sua epoca) poteva affermare: «Nessun uomo nel pieno possesso delle sue facoltà mentali, oppure dotato delle più elementari nozioni di fisica, potrà mai credere che la Terra, greve e tarda per il suo proprio peso e per la sua massa, si agiti su e giù attorno al suo centro e a quello del Sole; giacché alla minima scossa della Terra noi vedremmo crollare città e fortezze, paesi e montagne».

◂ **Strumenti astronomici usati al *Collegium Maius* al tempo in cui vi studiava Copernico**
[Collegium Maius, Cracovia]

▸ **La mappa copernicana dell'universo**
[da Andreas Cellarius, *Atlas coelestis seu Harmonia macrocosmica*, Amsterdam 1660, British Library, Londra]

IL TELESCOPIO E LE OSSERVAZIONI ASTRONOMICHE DI GALILEI ■ Ma il genio di Galilei si applica anche ad altre questioni, apparentemente più concrete, ma suscettibili di ulteriori straordinari sviluppi concettuali. Nel 1609 Galilei riceve dall'Olanda la notizia secondo cui si possono usare delle **combinazioni di lenti per far apparire vicini degli oggetti che in realtà sono lontani**. Lavorando su questa idea, in dieci mesi egli riesce a **mettere a punto il telescopio**, col quale è in grado di fare direttamente precise osservazioni di carattere astronomico.

Guarda le stelle e scopre la montuosità della Luna, le macchie solari, i satelliti di Giove, l'incredibile molteplicità di astri che forma la **Via Lattea**. Inoltre, osservando le **fasi di Venere**, paragonabili a quelle della Luna, Galilei ipotizza che i pianeti non abbiano luce propria, ma che la derivino dal Sole, mentre ruotano intorno a esso. Tutte queste osservazioni, oltre ad arricchire la gamma di conoscenze disponibili, lo convincono ulteriormente della fallacia delle teorie aristoteliche fin allora seguite: secondo l'impostazione tradizionale, infatti, i pianeti sono essenze perfette e incorruttibili, un enunciato evidentemente smentito dall'osservazione dell'irregolare superficie della Luna o dell'incostante attività rilevabile osservando il Sole. Stando così le cose, conclude Galilei **in opposizione al paradigma aristotelico**, la fisica terrestre e la fisica celeste non sono dimensioni distinte, ma regolate dalle medesime leggi e affrontabili entrambe attraverso l'applicazione del metodo sperimentale.

◀ **Galileo Galilei, *Disegni delle sei fasi della luna con i suoi crateri*,** novembre-dicembre 1609

[Ms Gal. 48, c. 28*f*; Biblioteca Nazionale Centrale, Firenze]

▶ **Due pagine dal *Sidereus Nuncius* di Galileo Galilei** (Venezia, 1610)

[Biblioteca Nazionale Centrale, Firenze]

Dopo aver fabbricato il proprio telescopio, fra il 1609 e l'anno successivo, Galilei si dedica all'osservazione della volta celeste e degli astri arrivando a conclusioni rivoluzionarie per l'epoca. Sulla superficie della Luna, fino ad allora ritenuta liscia, individua delle rugosità (montagne e crateri); comprende la relazione fra la Terra e la Luna e il moto della seconda intorno alla prima; identifica la Via Lattea e scopre quattro satelliti naturali intorno a Giove. Lo scienziato pisano realizza "in diretta" una serie di celeberrimi acquerelli della Luna nelle sue diverse fasi, disegni che costituiscono la prima raffigurazione realistica di questo pianeta e che servono da base per le incisioni che corredano la pubblicazione dal titolo *Sidereus Nuncius* con la quale Galileo divulga al mondo le sue scoperte.

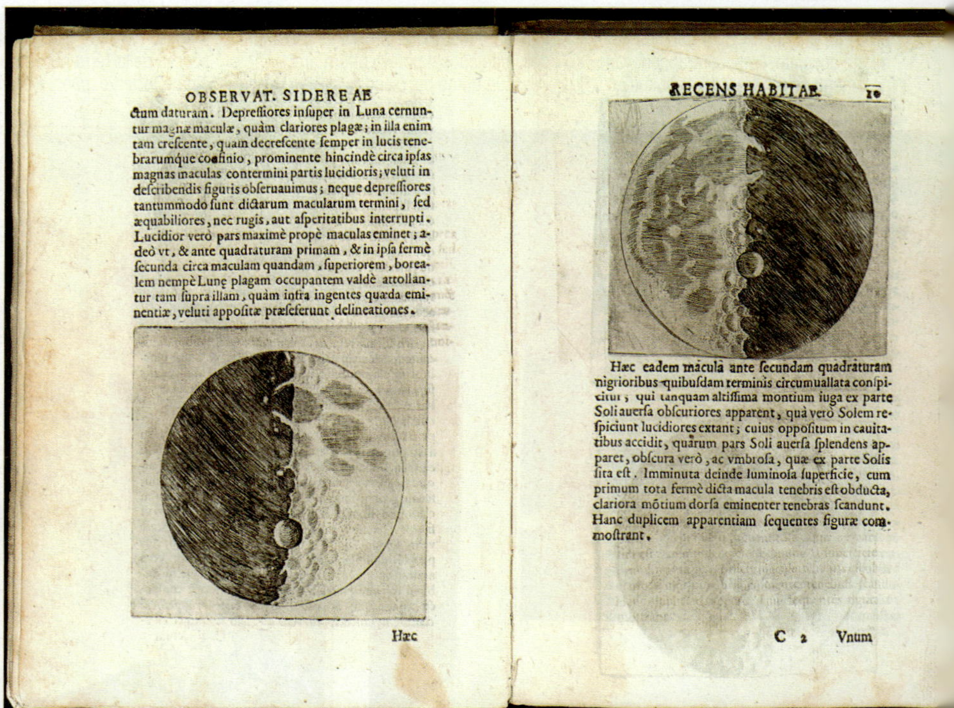

OBSERVAT. SIDEREAE

ctum daturam. Depreſſiores inſuper in Luna cernuntur magnæ maculæ, quàm clariores plagæ; in illa enim tam creſcente, quàm decreſcente ſemper in lucis tenebrarumque confinio, prominente hincindè circa ipſas magnas maculas contermini partis lucidioris; veluti in deſcribendis figuris obſeruauimus; neque depreſſiores tantummodo ſunt dictarum macularum termini, ſed æquabiliores, nec rugis, aut aſperitatibus interrupti. Lucidior verò pars maximè propè maculas eminet; adeò vt, & ante quadraturam primam, & in ipſa fermè ſecunda circa maculam quandam, ſuperiorem, borealem nempè Lunę plagam occupantem valdè attollantur tam ſupra illam, quàm infra ingentes quædam eminentiæ, veluti appoſitæ præſeferunt delineationes.

Hæc

RECENS HABITAE. 10

Hæc eadem macula ante ſecundam quadraturam nigrioribus quibuſdam terminis circumuallata conſpicitur; qui tanquam altiſſima montium iuga ex parte Soli auerſa obſcuriores apparent, quà verò Solem reſpiciunt lucidiores extant; cuius oppoſitum in cauitatibus accidit, quarum pars Soli auerſa ſplendens apparet, obſcura verò, ac vmbroſa, quæ ex parte Solis ſita eſt. Imminuta deinde luminoſa ſuperficie, cum primum tota fermè dicta macula tenebris eſt obducta, clariora mõtium dorſa eminenter tenebras ſcandunt. Hanc duplicem apparentiam ſequentes figuræ commoſtrant.

C 2 Vnum

UNA NUOVA FILOSOFIA RAZIONALISTA ■ Con questa impostazione Galilei arriva a concludere che l'intero «libro della natura» dev'essere considerato come un Universo governato da leggi le quali possono essere ridotte a rigorose formule matematiche.

Si tratta di un'impostazione alla quale dà sistematicità e rigore **René Descartes** (**Cartesio**, 1596-1650), in opere nelle quali si affrontano, da una prospettiva filosofica, i principali problemi logici e procedurali proposti dalla coeva riflessione scientifica (e tra esse, particolarmente importanti il *Discorso sul metodo*, 1637 e i *Principi di Filosofia*, 1640); e che viene ulteriormente sviluppata dallo scienziato inglese **Isaac Newton** (1642-1727) nei suoi *Principi matematici di filosofia naturale*, pubblicati nel 1687.

Descartes e Newton non percorrono la stessa via analitica: Descartes è un filosofo e ragiona prevalentemente in forma teorica; Newton è uno scienziato sperimentale il quale, fra le altre cose, riesce a formulare e a dimostrare la ***legge di gravità***: essa stabilisce che la forza che fa cadere i corpi al suolo è la stessa che obbliga un pianeta di dimensioni inferiori – la Luna, per esempio – a muoversi intorno a un altro di dimensioni maggiori, come la Terra.

Nondimeno, attraverso i loro autonomi percorsi intellettuali, sia Descartes sia Newton condividono una **visione razionalista e meccanicista** della natura e dell'Universo. Entrambi sostengono che la scienza non debba tanto chiedersi quale sia la "causa ultima", metafisica, che provoca un fenomeno fisico, quanto descrivere le modalità quantificabili ed empiricamente determinabili del fenomeno, traducendole in formule matematiche. Entrambi, inoltre, concordano nel considerare l'intero Universo come una sorta di meccanismo, una grande macchina composta di corpi che si muovono anch'essi sulla base di leggi matematiche.

UNA RIVOLUZIONE CULTURALE ■ Gesti e considerazioni come questi, che oggi ci sembrano semplici e banali, danno vita a una vera e propria **rivoluzione culturale**, ricca di **molteplici implicazioni**. Intanto valorizzano l'idea di una **ricerca analitica, sperimentale, razionale**, compiuta attraverso strumenti che consentano di meglio verificare le impressioni sensoriali (e di correggerle, quando sono sbagliate, come nel caso della sensazione che sia il Sole a muoversi intorno alla Terra). Inoltre mostrano l'infinità del cosmo e – questione assai spinosa, all'epoca – la **fallibilità delle Sacre Scritture**. È chiaro che elaborazioni scientifiche e concettuali di questo tipo siano pericolose in un periodo in cui l'ortodossia religiosa si fa principio rigoroso e opprimente.

GALILEI DAVANTI AL TRIBUNALE DELL'INQUISIZIONE ■ Galilei stesso ne fa, direttamente, le spese. Sin dal 1616 **la teoria eliocentrica copernicana viene condannata dalla Congregazione del Sant'Uffizio**, che la considera una dottrina eretica. Gli scienziati che se ne fanno sostenitori – e tra di essi anche Galileo Galilei – sono invitati ad abbandonare una strada che potrebbe concludersi con un processo davanti al tribunale dell'Inquisizione. Galilei, tuttavia, sulla base delle sue osservazioni al telescopio, si convince dell'assoluta validità della teoria copernicana e nel 1632 decide di pubblicare il *Dialogo sopra i massimi sistemi del mondo, copernicano e tolemaico*, un testo nel quale afferma, senza mezzi termini, che la teoria eliocentrica non è solo una vaga ipotesi, ma una corretta descrizione del moto degli astri, suffragata da osservazioni e prove precise. Il libro gli costa una denuncia e un processo davanti al tribunale dell'Inquisizione (1633); riconosciuto colpevole di diffusione di una dottrina eretica, **Galilei viene costretto a una pubblica abiura** (cioè alla pubblica negazione del valore della teoria da lui sostenuta) e alla carcerazione a vita, pena che egli può scontare nella sua villa di Arcetri, presso Firenze [> **20/7**].

LA VIVACITÀ CULTURALE DELLA SOCIETÀ OLANDESE ■ Nel Seicento possono esserci luoghi più accoglienti di Roma o dell'Italia per chi voglia sostenere teorie filosofiche o scientifiche d'avanguardia. Si guardino alcuni particolari tratti dalle informazioni che abbiamo appena discusso: il *Discorso* e i *Principi*, come molti altri **lavori di Cartesio**, sono **pubblicati in Olanda**; lui stesso vive lì per lunghi anni. Dall'Olanda arrivano le prime sperimentazioni sui cannocchiali, di cui ha notizia Galileo. E in Olanda, dopo che Galileo ha inventato il telescopio, si fanno ulteriori passi avanti nell'elaborazione di **strumenti ottici**: **Christiaan Huygens** (1629-1695), in

Jan Vermeer, *Veduta di Delft*, 1661
[Mauritshuis, L'Aja]

particolare, fisico e astronomo olandese, lavora a diversi problemi di ottica e, perfezionando le lenti per il telescopio, è in grado di intuire e descrivere l'esistenza dell'anello di asteroidi intorno a Saturno, che a lui, al momento dell'osservazione (1655), sembra un largo anello piatto.

Non è solo in Olanda che si trovano intellettuali e scienziati all'opera nell'adottare una concezione razionalista e meccanicista della natura e nel lavorare in modo sperimentale, con strumenti che consentano osservazioni e innovazioni applicative; ma sicuramente l'Olanda è fra i luoghi più ricettivi. La diffusione del protestantesimo vi favorisce la lettura individuale della Bibbia, una molla singolarmente potente per favorire l'alfabetizzazione. E dalla Bibbia si può passare ad altri libri; a molti altri libri, che possono essere comprati nelle **tante librerie** disseminate nelle città (nel 1600 ad Amsterdam ce ne sono 96; un secolo più tardi sono diventate 273).

La **libertà di coscienza**, che viene riconosciuta come un valore nella nuova Repubblica, consente di vedere le cose con occhi diversi. In fondo non è strano che un pittore geniale come **Jan Vermeer** (1632-1675) abbia deciso di rappresentarsi in due quadri gemelli, nei panni di un astronomo e nei panni di un geografo [▷**F47**].

UN ALTRO MODO DI GUARDARE IL MONDO: LA PITTURA DI PAESAGGIO ■ I quadri di Vermeer non sono eccezioni; altre opere coeve illustrano, pur con maggiori dettagli, il lavoro di astronomi o di geografi. È interessante che Vermeer possa aver voluto rappresentare sé stesso in quei particolari sembianti, come a suggerire che, nel suo lavoro di pittore, si sente di guardare il mondo con occhi non tanto diversi da quelli con i quali lo guardano i nuovi scienziati.

Ma questo è un atteggiamento che appartiene, in generale, alla pittura olandese tra Cinquecento e Seicento. C'è, in effetti, un aspetto della produzione pittorica che le due opere di Vermeer ci consentono di mettere in relazione con la rivoluzione scientifica, ed è la diffusione della **pittura di paesaggio**.

Prospera adesso in Olanda un ricco mercato di opere che rappresentano paesaggi nei quali **la figura umana non compare che in scala piccolissima, quando non è del tutto assente**. È anche questa una rivoluzione concettuale. Nella precedente tradizione pittorica occidentale il paesaggio non era un oggetto degno di essere valorizzato: poteva essere presente solo in relazione a figure sacre e ciò produceva una doppia risonanza, suggerendo, al tempo stesso, una sacralizzazione dell'ambiente e un'umanizzazione del sacro; oppure era in relazione all'opera dell'uomo, considerato il centro assoluto dell'esperienza, così come la Terra era considerata il centro dell'Universo (è quanto accade nella pittura rinascimentale).

Ora, in Olanda, qualcosa cambia. Vi sono ragioni sociologiche che possono spiegare la nascita di questa nuova dimensione visiva: la polemica iconoclasta protestante contro le immagini sacre conduce a una netta **diminuzione della richiesta di dipinti che narrino le storie bibliche**, il che lascia spazio ad altri generi: la ritrattistica, la natura morta, il paesaggio. Ma non si può fare a meno di notare che c'è qualcosa di più: un **primo disincanto del mondo**, il quale può essere osservato in quanto tale, senza che, necessariamente, il divino né l'umano debbano concorrere a dargli un senso.

Di nuovo, uno strano tradimento delle intenzioni originarie: l'iconoclastia protestante, che nasceva dal desiderio di concentrare le menti dei fedeli sulle pure verità della fede, finisce per aprire un varco che consente a quelle menti di correre verso nuovi orizzonti, spazi aperti, altri interrogativi.

LAVORA SUL TESTO

Cerchia i principali personaggi della cultura europea citati nel testo e sottolinea, per ciascuno di essi, una frase che evidenzi il suo contributo alla rivoluzione copernicana.

Jan Vermeer/*L'astronomo* e *Il geografo*

Straordinario pittore di interni, in diversi dei suoi quadri, Jan Vermeer (1632-1675) rappresenta stanze adornate con carte geografiche appese alle pareti. Questo suo interesse per nuovi modi di guardare al mondo è manifestato con intima partecipazione da questi due bellissimi quadri; come si vede, il personaggio ritratto ora nelle vesti di astronomo ora nelle vesti di geografo è lo stesso e molti studiosi hanno ritenuto di poter sostenere che i quadri non siano altro che due autoritratti. Se questa interpretazione può essere messa in dubbio, è certo l'interesse di Vermeer per le due discipline, tanto che la storica dell'arte Svetlana Alpers ha potuto persuasivamente avvicinare la pittura di Vermeer agli studi condotti da Kepler, che forse il pittore olandese può anche aver letto (S. Alpers, *Arte del descrivere. Scienza e pittura nel Seicento olandese*, 1983).

◀
Jan Vermeer, *L'astronomo*, 1668
[Musée du Louvre, Parigi]
▲
Jan Vermeer, *Il geografo*, 1669
[Städelsches Kunstinstitut, Francoforte sul Meno]

GUIDA ALLA **LETTURA**

1. Osserva con attenzione gli ambienti e il soggetto rappresentato, individua le differenze e spiega perché sono da mettersi in relazione con il mestiere dell'astronomo o con quello del geografo. **2.** Spiega in che modo le opere di Vermeer sono una testimonianza del clima e delle idee della rivoluzione scientifica.

SINTESI

ONLINE

SINTESI AUDIO

LEZIONE 9
Terra e nobiltà
TEST

LEZIONE 10
Commerci, nuove visioni e nuovi imperi
TEST

1/Popolazione e consumi: la ripresa cinquecentesca

Nel Cinquecento si registra una fase di ripresa economica e demografica favorita dalla diminuzione delle epidemie e delle carestie e dall'aumento della produzione agricola. L'aumento della popolazione determina inoltre una ripresa dei processi di urbanizzazione. Le città diventano i principali centri di consumo del tempo e stimolano una crescente domanda di beni alimentari, soprattutto cerealicoli, che incide sensibilmente sul paesaggio agrario: le terre abbandonate dopo la crisi del XIV secolo vengono rimesse a coltura e parte delle terre destinate al pascolo sono usate per la coltivazione di cereali. Nonostante ciò la domanda resta superiore all'offerta e si determina un incremento dei prezzi dei beni cerealicoli, alimentato anche dalla svalutazione del valore del denaro a causa dell'ingente arrivo di metalli preziosi dall'America.

2/Popolazione e consumi: la crisi del Seicento

L'equilibrio tra popolazione (in crescita) e risorse (disponibili in misura limitata) si rompe tra la fine del XVI e l'inizio del XVII secolo, quando si ripresenta il ciclo carestia-epidemia, aggravato dallo stato di guerra permanente che caratterizza l'Europa. Il risultato complessivo è il ristagno, e talvolta l'arretramento, della popolazione, che comporta la riduzione della domanda (con conseguente diminuzione dei prezzi delle merci) e l'aumento del divario nella distribuzione della popolazione tra le zone d'Europa più sviluppate (soprattutto nell'area occidentale) e quelle meridionali e orientali. La crisi trasforma anche le gerarchie geoeconomiche, spostando i centri della produzione e della ricchezza dalle città italiane a quelle dell'Europa nord-occidentale, e porta alla ribalta i commerci a lunga percorrenza verso le Indie e l'America.

3/La terra e il potere

Il ciclo di espansione e crisi dei secoli XVI e XVII ha effetti anche sugli assetti produttivi e contrattuali delle regioni agricole europee. Nell'Europa occidentale, dove il numero dei contadini è relativamente alto, le terre sono coltivate da affittuari che pagano al proprietario un canone annuo (prevalentemente in denaro). A seconda dell'estensione della terra ricevuta, possono coltivarla direttamente con i propri familiari (mezzadria), in comune con altri affittuari o affidarla ad altri contadini (pagati per lo più in natura), comportandosi come veri e propri manager, interessati a migliorare la gestione colturale per aumentare i ricavi. Nell'Europa meridionale, le terre sono in mano a un numero molto ristretto di proprietari e prevale la forma del latifondo, in cui la quantità di beni prodotta è più legata all'estensione della terra che alle tecniche impiegate. Nell'Europa dell'Est, dove il numero dei contadini è relativamente limitato, si rafforzano i vincoli che legano le famiglie contadine alle proprietà signorili, con l'aumento spropositato delle *corvées* e con l'istituzione della servitù della gleba. Per far funzionare questa modalità produttiva è necessario esercitare un controllo e un disciplinamento che solo le istituzioni feudali possono garantire: è anche per tale ragione che nell'Europa orientale stenteranno a costituirsi solide monarchie nazionali.

4/La cultura nobiliare

Tra Cinquecento e Seicento, la nobiltà appare come un universo molto vario in cui convivono nobili feudali, patriziati urbani, nobili di servizio accomunati tuttavia da alcuni tratti ben precisi: un livello di ricchezza molto elevato rispetto alla media della popolazione europea; un codice estetico (legato in primo luogo alla moda) che li distingue nettamente dagli altri ceti; uno stile di vita da cui è esclusa ogni attività lavorativa. Molto importante è anche il codice etico della nobiltà, fondato in particolare sull'idea dell'onore e sui valori cavallereschi legati al mondo della guerra. Ma il divario tra nobili e popolo non si ferma sul piano dei valori e dello stile di vita: esso riguarda prima di tutto il sangue, la stirpe (da qui l'elaborazione delle genealogie nobiliari), un patrimonio biologico e simbolico che non si può acquistare.

5/L'artigianato, l'industria e il commercio

Nel corso del XVI secolo si arricchiscono in particolare gli imprenditori e i mercanti delle città italiane, che producono tessuti di ottima qualità e di prezzo elevato; nel XVII secolo, invece, emerge un nuovo distretto di produzione tessile localizzato tra Olanda e Inghilterra dove si afferma la figura del mercante-imprenditore. Quest'ultimo acquista la materia prima, la fa lavorare dalle famiglie contadine (dotate di un telaio) e rivende i manufatti sui mercati urbani a un prezzo molto più basso dei panni prodotti dagli artigiani delle corporazioni.

6/I traffici commerciali via mare

Olanda e Inghilterra sono anche il cuore pulsante della nuova geografia economica mondiale: soprattutto dai porti olandesi e inglesi partono infatti le navi che raggiungono l'Oriente e l'America, organizzate in compagnie commerciali (Compagnia olandese delle Indie Orientali, *East India Company*, ecc.): queste ultime, pur essendo degli enti privati, quotati in Borsa, hanno compiti amministrativi nelle basi commerciali che sono in grado di procurarsi. Sui circuiti commerciali viaggiano argento, spezie, armi, tessuti ma anche schiavi, prelevati sulle coste africane e rivenduti in Brasile o nelle isole caraibiche dove vengono impiegati nelle piantagioni di zucchero e tabacco. La trasformazione della geografia dei commerci, che marginalizza centri commerciali come Venezia, Genova e le stesse Siviglia e Lisbona, si riflette anche nel mutamento sociale della figura del mercante (soprattutto nel caso olandese), caratterizzato sempre più da coraggio e orgoglio di sé.

7/Borghesi in ascesa

In quest'epoca numerosi borghesi, impegnati nelle attività commerciali, imprenditoriali o professionali, vivono una significativa ascesa economica e sociale. Essi infatti ambiscono a esibire un tenore di vita che faccia concorrenza a quello delle nobiltà e sono orgogliosi della propria attività lavorativa, tanto da farsi ritrarre in quadri che mettono in evidenza chi sono, che cosa fanno e come hanno accumulato i loro soldi. Tra loro si trovano anche uomini curiosi di conoscere le più aggiornate teorie filosofiche o scientifiche.

8/Guardare lontano

Il mutamento di prospettive economico-sociali si accompagna a una rivoluzione nei metodi scientifici. Attraverso gli studi di Copernico, Kepler e Galilei si impone la teoria eliocentrica, nonostante l'opposizione della Chiesa cattolica. Lo stesso Galilei formula i princìpi essenziali del nuovo metodo sperimentale, che viene ulteriormente elaborato da Descartes e da Newton.

VERSO le COMPETENZE

1 Inserisci nella tabella i dati relativi alla popolazione europea e costruisci il grafico corrispondente. Ottempera, quindi, alle consegne finali.

	1300-40	1400	1500	1600	1650
Popolazione totale (in milioni)	77.000.000	65.000.000			
Tasso di urbanizzazione (città con più di 2000 abitanti)	14,0	18,4	15,1	17,1	
Popolazione urbana (in milioni)					

a. Descrivi la tendenza generale della curva della popolazione nei secoli considerati.
b. La curva della popolazione urbana segue la medesima tendenza generale della popolazione totale? Per quali ragioni?
c. A quali fenomeni o processi storici corrispondono le variazioni demografiche che intercorrono nei periodi 1340-1400 e 1600-1650?

2 Completa gli schemi relativi ai processi economico-demografici in corso in Europa tra Cinquecento e Seicento, inserendo nelle caselle i numeri corrispondenti ai termini e alle espressioni elencate e ottempera alle consegne finali.

1. popolazione delle campagne **2.** mercati **3.** produzione agricola **4.** popolazione delle città **5.** consumo **6.** epidemie **7.** prezzi

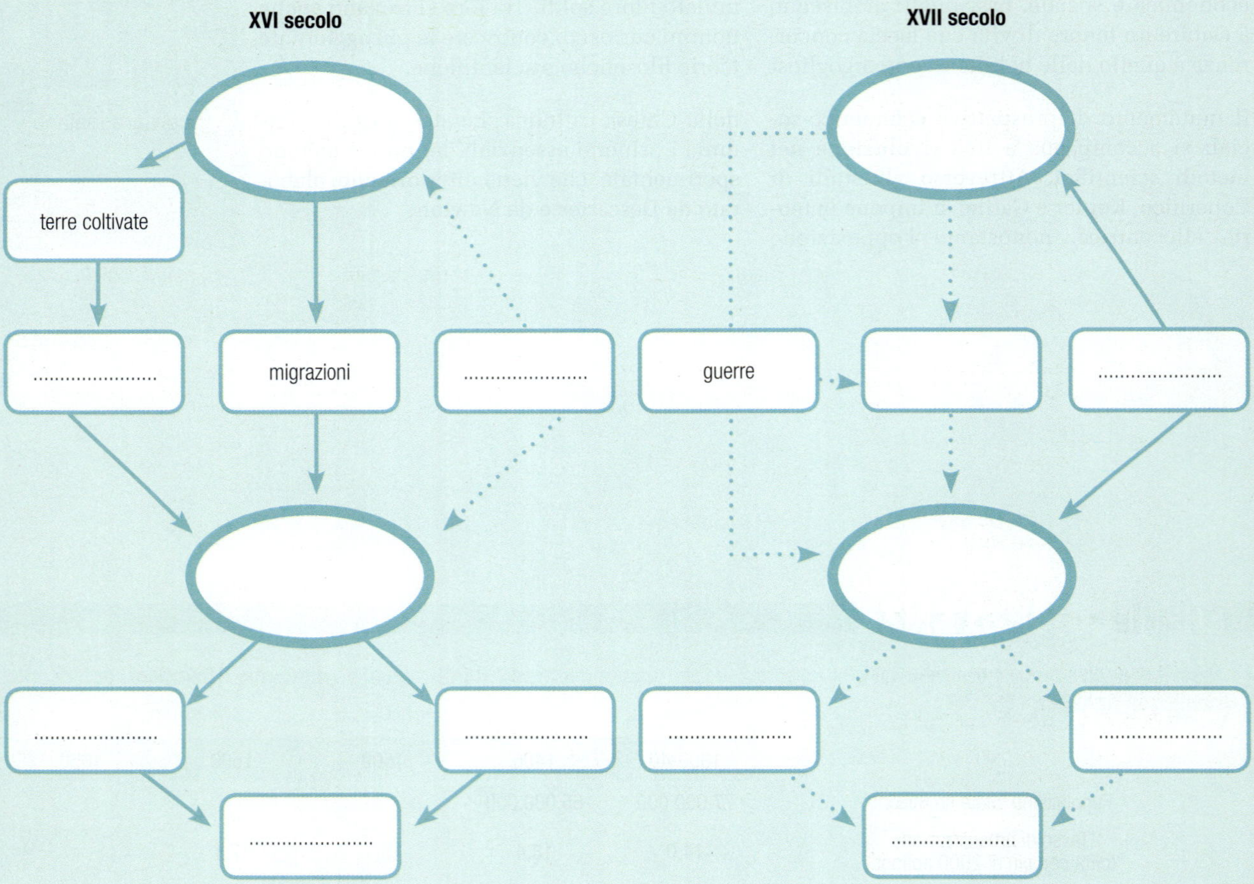

a. Spiega il significato dei due tratteggi diversi utilizzati per le frecce di collegamento.

b. Individua gli elementi comuni nei due schemi e osserva il cambiamento del loro andamento.

c. Spiega l'importanza degli elementi peculiari di ciascuno schema come fattori del processo analizzato.

d. Sulla base delle tue osservazioni, attribuisci un titolo a ciascuno degli schemi.

3 Segna l'opzione che ritieni corretta.

1. Il circuito commerciale argento-spezie...
   a. era interamente gestito dalle compagnie spagnole e portoghesi
   b. crebbe dopo la scoperta di nuovi giacimenti auriferi in Africa del Sud
   c. era condizionato dal disinteresse asiatico verso le merci europee
   d. fece affluire quasi tutto il metallo americano nelle città asiatiche

2. Durante il XVI secolo nel Mar Mediterraneo...
   a. la presenza di tutti i mercanti provenienti dagli Stati cristiani era interdetta dalle autorità dello Stato ottomano
   b. giungevano tessuti di seta, cotone e olio provenienti dalle aree economiche più sviluppate del Nord Europa
   c. si imposero mercanti olandesi e inglesi, che controllavano lunghe rotte fino ai porti oceanici nel Mare del Nord
   d. si sviluppò un circuito commerciale che separava definitivamente la sua economia da quella dell'Europa del Nord

3. La pratica della pirateria...
   a. fu utilizzata soprattutto dagli spagnoli nei Caraibi per arginare il potere crescente delle flotte commerciali olandesi e inglesi
   b. era particolarmente diffusa nei mari oceanici, ma risultava impraticabile in un mare piccolo e ben controllato come il Mediterraneo
   c. fu duramente ostacolata dalla nascente potenza navale inglese, che riuscì ad arrestare e processare i noti pirati Hawkins e Drake
   d. indusse i sovrani spagnoli a dotare le colonie in Centro America di fortificazioni militari e le *carreras* di navi da guerra di scorta

4. La *Verenigde Oostindische Compagnie*...
   a. controllava la produzione e il commercio di spezie nelle colonie olandesi delle Antille e delle Indie Occidentali
   b. nei suoi primi dieci anni di vita stentò a decollare, a causa dell'alto costo degli investimenti per la flotta
   c. era costituita dal capitale fornito da imprenditori, mercanti e azionisti ed esercitava funzioni politico-militari
   d. era uno strumento di coordinamento e controllo creato dalle nuove istituzioni repubblicane delle Province Unite

5. Nel commercio triangolare del XVII secolo tra Europa, Africa e Americhe...
   a. mercanti di differenti nazionalità trasferirono più di un milione di schiavi africani sulle coste del Centro e Sud America
   b. le Compagnie commerciali ebbero un ruolo minore, poiché gli scambi erano per lo più gestiti da trafficanti di schiavi arabi
   c. il ricavo della vendita di schiavi africani era reinvestito nell'acquisto di prodotti coloniali americani da rivendere in Africa
   d. i portoghesi realizzavano ingenti profitti grazie al monopolio legale nella vendita di schiavi da impiegare nelle piantagioni

6. Nel corso del XVII secolo il ceto mercantile della città di Venezia...
   a. acquistò aree nell'entroterra veneto e adottò una nuova condotta economica e culturale sul modello di quella aristocratica
   b. si sostituì alla consolidata funzione dei banchieri genovesi nel finanziamento delle ingenti spese della corona spagnola
   c. riuscì abilmente a sfruttare gli spazi commerciali lasciati aperti dalla crisi dell'economia tedesca devastata dalle guerre
   d. reagì alle difficoltà dovute alla minacciosa presenza ottomana creando nuovi porti commerciali sulle coste della Dalmazia

4 Completa la tabella relativa ai tre paesaggi agrari nell'Europa del Seicento con le informazioni richieste. Formula le tue ipotesi laddove il testo non fornisce informazioni dirette.

	Europa occidentale	Europa meridionale	Europa orientale
Quali territori o Stati comprende?			
Come è distribuita la proprietà della terra?			
Quali forme di contratto legano il conduttore al proprietario?			
A chi può essere affidata la conduzione delle attività agricole?			
Come influiscono le mentalità e gli interessi di proprietari e affittuari sull'attività agricola?			
Quali condizioni giuridiche e materiali sono riservate ai contadini?			
Dove vivono proprietari, affittuari e contadini?			
A chi è destinata la produzione agricola?			

5 **Completa la tabella relativa alle trasformazioni avvenute tra XVI e XVII secolo in Europa con le informazioni richieste, riassumendole se necessario in parole-chiave. Infine ottempera alle consegne finali.**

Ambiti di analisi	XVI secolo	XVII secolo
Produzione • settore economico prevalente • aree dell'Europa più avanzate nella produzione manifatturiera • modello produttivo manifatturiero		
Commercio • Stati che si impongono nel controllo delle rotte commerciali transoceaniche • capitali del commercio mondiale		
Cultura e scienza • confessione seguita negli Stati economicamente più avanzati • aree dell'Europa più avanzate sul piano scientifico-culturale • paradigma scientifico-culturale dominante		

a. Quali sono, per ciascun ambito di analisi, le persistenze e i mutamenti che ritieni più importanti?
b. Quali considerazioni puoi fare sulle connessioni tra gli ambiti della produzione, del commercio e della cultura scientifica?
c. Inventa brevi definizioni per periodizzare il XVI e il XVII secolo, adottando di volta in volta un punto di vista tra quelli suggeriti dagli ambiti.

6 **Immagina di dover scrivere una pagina di un manuale di storia destinato alla scuola media che illustri le trasformazioni del ceto nobiliare e di quello borghese europeo nel XVII secolo. La tua pagina deve contenere: un testo (max 30 righe) suddiviso in paragrafi, con relativi titoli; due immagini corredate di didascalia; due brevi schede (sul modello delle schede "Le parole della storia" contenute in questo manuale). Procedi ottemperando alla seguente scaletta di consegne.**

a. Seleziona le parti del testo e le immagini che contengono informazioni utili alla tua trattazione.
b. Costruisci una tabella di confronto tra i due ceti sociali, in cui raccoglierai attraverso parole-chiave le informazioni relative a: attività economiche e patrimoniali, stili di vita, interessi politici, atteggiamenti culturali.
c. Sulla base delle informazioni raccolte, compila la pagina in tutte le sue parti, tenendo in considerazione i destinatari del manuale.

Storiografia

S 39_Immaginari collettivi e nuove stagioni politiche nelle guerre del XVI secolo

Questo percorso storiografico si apre con un contributo del grande studioso **Fernand Braudel**, che mette in evidenza quanto la guerra sia una complessa interazione di forze interne alla società e non possa essere ridotta ad un semplice dominio delle responsabilità individuali. Prestando attenzione alle economie, agli Stati e alle civiltà, Braudel distingue due tipi di guerre, quelle «interne» e quelle «esterne», e ne analizza successioni, dinamiche e influenze reciproche. **Alessandro Barbero** ci guida invece nella ricostruzione dell'impatto emotivo e propagandistico che le guerre possono avere sulle società e si sofferma sullo specifico caso della battaglia di Lepanto. **Antonio Martelli**, infine, illustra il clamore che suscitò in tutta Europa la disfatta dell'Invincibile Armata di Filippo II, accolta come la fine di un'epoca sia dai protestanti che dai cattolici, anche se per motivi diversi.

Fernand Braudel/Un "cambio di direzione": dalla crociata alle guerre interne

[F. Braudel, *Civiltà e imperi del Mediterraneo nell'età di Filippo II* (1949), trad. it. di C. Pischedda, Einaudi, Torino 1986, vol. II, pp. 894-896]

Tra il XVI e il XVII secolo in Europa, come nel mondo arabo, lo spirito di crociata e di *jihad* fu rimpiazzato dal prevalere delle guerre interne. La cristianità mediterranea, spiega Fernand Braudel (1902-1985) in questa pagina, trovò nella Riforma il nuovo nemico da combattere. Il prevalere delle guerre protestanti ridusse la crociata ad un sogno sempre più anacronistico e arginò progressivamente la paura nei confronti dei turchi, lasciandola riemergere solo in prossimità dell'affievolirsi degli scontri interni. Da parte turca si registrò una congiuntura sincrona: dopo lo scontro con l'Europa, la passione religiosa si orientò verso altre direzioni, come il resto del mondo e l'interno dei confini dell'Impero.

Lungo il filo degli anni, a un periodo di guerre «esterne» succede un periodo di guerre «interne», in un ordine abbastanza chiaro. Non si tratta di un'orchestra perfetta, né di balletti regolati nel particolare. E tuttavia la successione è chiara: essa suggerisce prospettive in mezzo ad una storia confusa e che d'un tratto si illumina, senza soverchieria o illusione. Non si sfugge alla convinzione che congiunture ideologiche di segno contrario si affermino e poi si rimpiazzino. Dal lato della Cristianità, dove la documentazione è più ricca, la crociata, ossia la guerra esterna, impone il suo clima fin verso il 1670-75: essa è richiesta con maggiore o minore fervore, e già con sotterfugi, abilità, tepidezze, rifiuti: rifiuti di contribuenti in certi paesi, di teste fredde altrove. Ma la crociata non aveva avuto in ogni tempo i suoi fautori e i suoi disfattisti? Le note dissonanti nulla tolgono al fatto che un sentimento generale di religiosità combattiva attraversa la Cristianità del secolo XVI. In Spagna, ciò è ovvio. Ma anche in Francia, nonostante le accortezze e i compromessi della politica regia. In Ronsard[1] si potrebbero facilmente trovare tracce di questo spirito di crociata, tinto di ellenismo: salvare la Grecia, «occhio del mondo abitabile», e combattere per Cristo. [...] Il sentimento persiste anche nei paesi del Nord, passati o in procinto di passare al protestantesimo. In tutta la Germania si cantavano i *Turkenlieder*[2], venuti dai lontani campi di battaglia del Sud-est. Mentre chiedeva che la Germania si liberasse dallo sfruttamento romano, Ulrich von Hutten[3] reclamava che con il denaro ricuperato si rafforzasse il Reich e lo si ingrandisse a danno del Turco. Anche Lutero favorì sempre la guerra contro i signori di Costantinopoli; ad Anversa si parlava spesso di battersi con gli infedeli e, meglio ancora, in Inghilterra, dove ci si inquietava sempre per i successi cattolici in Mediterraneo, si gioiva delle sconfitte del Turco: Lepanto turbò e, a un tempo, colmò di gioia i cuori inglesi.

Ma Lepanto segnò una conclusione. Da molto tempo si sentiva giungere un'eclisse della crociata. Il clamore della vittoria del 1571 illuse: chi rievocherà l'isolamento di don Giovanni d'Austria, crociato in ritardo, come più tardi il nipote suo, don Sebastiano, l'eroe d'Alcázarquivir? Il loro sogno era ormai anacronistico. In parte, la ragione stava nel crescere della reazione cattolica contro la Riforma, a partire almeno dal 1550 [...]. La Cristianità mediterranea rinunciava a una guerra per farne un'altra: la sua passione religiosa aveva cambiato direzione.

A Roma, il capovolgimento si manifestò con gli inizi del pontificato di Gregorio XIII (1572-85), che s'iniziò, infatti, con un brusco attacco alla Germania protestante. Questo il grande compito del sommo pontefice, e non già quella Santa Lega moribonda, che egli aveva ereditata e che si sciolse nell'aprile 1573 per il tradimento dei Veneziani. [...] Tutta la politica romana si orienta verso il Nord, nel momento opportuno per il successo delle trattative ispano-turche. Nell'ambiente di Filippo II, più di una volta si temettero le conseguenze delle tregue annuali con il sultano, tra il 1578 e il 1581. Ma il Papato restò silenzioso. Ormai, il suo scopo era la lotta contro il Nord protestante. [...] Nulla di più naturale che, con questo brusco salto di vento dell'ultimo terzo del secolo XVI, l'idea della crociata contro l'Islam abbia perduto la sua forza. Nel 1581 la Chiesa di Spagna protestò non già contro l'abbandono della guerra turca, bensì soltanto contro il pagamento dell'imposta, ormai senza scopo. [...]

Eppure, dopo il 1600, con il diminuire d'intensità delle guerre protestanti e il lento ritorno alla pace dell'Europa cristiana, la vecchia idea della crociata riprese nuova vita sulle rive del Mediterraneo. [...] «Dopo il 1600 – nota uno storico – la turcofobia da cui era affetta l'opinione pubblica degenerò in vera mania». Scoppiò allora un fuoco d'artificio di progetti e di speranze, finché ancora una volta la guerra protestante, la guerra «interna», vi pose fine, nel 1618.

Queste spiegazioni d'insieme sono pressappoco irrefutabili, anche se non possiamo disporre di una cronologia minuta, che permetta di vedere se le passioni seguano o precedano – o come penso io, precedono e seguono – questi rovesciamenti, provocandoli, alimentandoli, poi bruciandosi nell'azione intrapresa. Ma una spiegazione che tenga conto soltanto dei belligeranti ha probabilità di essere del tutto insufficiente. Il nostro modo di ragionare da Occidentali resta abbastanza ridicolo. In effetti, anche l'altra metà del Mediterraneo fa e vive la sua storia. [...] Da parte turca vi furono fasi analoghe, congiunture sincrone. Il Cristiano abbandona la lotta, volge le spalle al Mediterraneo, ma il Turco fa altrettanto, e nello stesso momento; si interessa della frontiera di Ungheria, o della guerra marittima del Mare Interno, ma anche del Mar Rosso, dell'India, del Volga. [...] A seconda delle epoche, i centri di gravità e le linee di azione del Turco si spostano, in correlazione con le modalità di una guerra «mondiale». [...] Tutto è strettamente collegato in una storia bellicosa che va dallo stretto di Gibilterra o dai canali d'Olanda sino alla Siria o al Turkestan. E questa storia ha un solo ritmo, i suoi cambiamenti sono elettricamente i medesimi. A un certo punto, Cristiani e Musulmani si affrontano nel *Gihàd* e nella Crociata, poi si voltano le spalle per ritrovare i loro conflitti interni.

1. Pierre de Ronsard (1524-1585) fu un celebre poeta francese.
2. Canzoni popolari sui turchi.
3. Ulrich von Hutten (1488-1523), umanista e protestante tedesco, si pose a capo di una rivolta di cavalieri contro la Chiesa cattolica e depredò chiese e castelli in nome della Riforma. Per la facilità con cui faceva ricorso alla forza, Lutero stesso ne prese le distanze.

Alessandro Barbero/**Lepanto, una battaglia nell'immaginario emozionale dell'Occidente**

[A. Barbero, *Lepanto. La battaglia dei tre imperi*, Laterza, Roma-Bari 2010, pp. 617-619]

La battaglia di Lepanto non ebbe tanta importanza sul piano politico e militare quanto su quello propagandistico ed emozionale. È questo il tema affrontato da Alessandro Barbero (nato nel 1959) nel passo che presentiamo. L'idea che la battaglia del 1571 avesse salvato l'Occidente dalla minaccia turca si creò all'indomani della vittoria, quando i trascinanti entusiasmi che percorsero l'Europa trovarono espressione nelle forme più diverse: celebrazioni e *Te Deum* radunarono le folle festanti, mentre una vasta produzione artistica e letteraria narrò incessantemente i gloriosi momenti della vicenda. Al di là del Mediterraneo, l'Impero ottomano cercò di fornire una rappresentazione edulcorata della sconfitta per salvaguardare il suo onore militare e il prestigio del sultano.

La battaglia di Lepanto ebbe delle conseguenze, o non servì a niente? Sul piano politico e militare, è giusto concludere che ne ebbe ben poche, non foss'altro perché fu combattuta a ottobre. Se fosse stata combattuta a giugno, i vincitori avrebbero potuto sfruttare la vittoria conquistando castelli e piazzeforti costiere, suscitare rivolte in tutta la Grecia, e indebolire in modo significativo l'impero ottomano; così come stavano le cose, qualsiasi operazione venne rimandata alla primavera successiva, e al momento buono i turchi erano corsi ai ripari. Per lo stesso motivo ha ben poco senso ripetere che la battaglia salvò l'Occidente: anche se per miracolo avesse vinto, il *kapudan pascià*[1] avrebbe riguadagnato il porto e smobilitato la flotta. Chi ha constatato quanto tempo e quanta fatica fossero occorsi ai turchi per organizzare la conquista di Cipro, e quanto quella guerra combattuta a così poca distanza dai loro porti avesse messo a dura prova le risorse umane e materiali dell'impero, non può certo immaginare che la primavera seguente avrebbe portato al sultano chissà quali conquiste. [...]
Alla fine, l'importanza storica di Lepanto sta soprattutto nel suo enorme impatto emotivo e propagandistico. La notizia della vittoria venne accolta nelle capitali cattoliche con un entusiasmo senza precedenti, tanto più che arrivava dopo anni di frustrazioni e di fame. Le celebrazioni indette ovunque lasciarono un'impressione duratura su un pubblico che pure era abituato al contrasto fra la miseria della vita quotidiana e lo scialo sfarzoso dei festeggiamenti di Stato. [...]
Nei primi giorni quell'impatto fu orchestrato dalle autorità, a suon di Te Deum e rendimenti di grazie. Ma ben presto cominciò a vivere di vita propria, grazie alle energie del capitalismo e alle straordinarie potenzialità della stampa. [...] Nei mesi successivi venne pubblicata dagli stampatori europei una quantità sbalorditiva di instant books, relazioni, memorie, orazioni, poesie, canzoni e incisioni; un diluvio di carta stampata che proseguì negli anni seguenti facendo sì che in ogni angolo d'Europa, e specialmente dell'Europa cattolica, chiunque con pochissima spesa potesse procurarsi informazioni estremamente dettagliate sull'accaduto, e apprezzarne debitamente l'importanza. Col tempo, i palazzi pubblici e privati si riempirono di affreschi e di tavole che raffiguravano la battaglia, e di ritratti dei protagonisti raffigurati in armatura in mezzo a turchi in catene e stendardi catturati, mentre sullo sfondo bruciano le galere nemiche e in cielo la Vergine e gli angeli additano compiaciuti il risultato.
[...] Nell'impero ottomano la stampa non era consentita, e non esisteva un'arte figurativa pubblica, men che mai con fini didattici. La memoria di Lepanto rimase affidata, come nel Medioevo, al lavoro dei cronisti, che si sforzarono di costruire una narrazione accettabile per l'orgoglio collettivo. Certo, era stata una vicenda sfortunata. [...] Si cercò di spiegare la disfatta con l'incompetenza dei comandanti, e col fatto che la flotta era già quasi smobilitata quando fu costretta ad accettare la battaglia. Ma soprattutto si fissò l'attenzione sullo straordinario sforzo compiuto all'indomani della catastrofe. Si creò la tradizione secondo cui il sultano, con uno scatto d'orgoglio, aveva dato ordine di costruire esattamente lo stesso numero di galere che erano andate perdute. Si tramandò la frase che il Gran Visir Mehmet Pascià[2] avrebbe detto per rassicurare il sultano: «questo è uno Stato di tale potenza che se volesse potrebbe fabbricare una flotta con le ancore d'argento, il sartiame di seta e le vele di raso». Si descrisse con orgoglio lo smarrimento degli infedeli di fronte all'apparizione della nuova flotta: «essi non credevano che saremmo riusciti a costruire quelle navi, per non parlare delle ciurme necessarie per armarle. Quando videro una marina così perfetta, dissero: ecco una nazione tale che ha perduto così tante navi ed è riuscita a ricostruirne lo stesso numero in sei mesi». Ma se si confronta questa tradizione consolatoria, creata da pochi cronisti che si ricopiavano l'un l'altro, con l'immenso impatto che la produzione a stampa e le arti figurative ebbero in Europa, ci si rende conto che sotto il profilo dell'informazione e dell'opinione pubblica, assai più che per la qualità degli archibugi e dei cannoni, l'impero ottomano soffriva già, nei confronti dell'Occidente, di quel ritardo che un giorno lo avrebbe perduto.

1. Grande Ammiraglio della flotta ottomana.
2. Mehmet Pascià (1506-1579) divenne Gran Visir, cioè primo ministro, nel 1565.

Antonio Martelli/La disfatta dell'Invincibile Armata

[A. Martelli, *La disfatta dell'Invincibile Armada. La guerra anglo-spagnola e la campagna navale del 1588*, il Mulino, Bologna 2008, pp. 309-311]

In questo brano Antonio Martelli illustra come la disfatta dell'*Invencible Armada* di Filippo II suscitò emozioni contrastanti in tutta Europa. Dai cattolici accolta con costernazione come la disgregazione di ogni certezza, dai protestanti come il segno della giustezza delle proprie rivendicazioni, nel clima infuocato delle lotte religiose la disfatta del sovrano che più di ogni altro si era posto come difensore dichiarato della fede cattolica fu letta da tutti come il segnale della fine di un'epoca. Solo Filippo II sembrò non coglierne il significato simbolico, come dimostra il fatto che di lì a poco ripartì per nuove imprese contro l'Inghilterra.

La disfatta dell'Armada ebbe una conseguenza tanto immediata quanto destinata a proiettare la sua ombra nei decenni e anche nei secoli a venire: nel luglio e nell'agosto del 1588 il grande disegno di Filippo II sfumò per sempre. Per quanto vasto e potente fosse il suo impero, esso non era in grado di sconfiggere la piccola Inghilterra e di imporre la resa ai ribelli ed eretici fiamminghi. La percezione di quale fosse la vera portata dell'evento si propagò, dapprima con una certa lentezza e poi sempre più rapidamente e pervasivamente in tutta Europa. I protestanti ne furono resi euforici e galvanizzati nella loro determinazione di opporsi con tutte le loro forze all'idra cattolica. Forse Dio era protestante. I cattolici ne furono costernati, anzitutto e per ovvie ragioni quelli inglesi, o meglio quella parte dei cattolici inglesi che aveva anteposto la propria fede religiosa alla propria lealtà di sudditi della corona: poi anche quelli degli altri paesi. In tutti questi, a cominciare ovviamente dalla Spagna e dagli altri domini di Filippo II, si offrirono innumerevoli messe e preghiere in suffragio dei caduti nell'impresa e per implorare il perdono di Dio per quei peccati, benché ignoti, che avevano suscitato la sua collera, tanto da non indurlo a soccorrere le armi del re di Spagna in questa crociata.

Quanto ai sovrani cattolici, a cominciare dal papa Sisto V, non mancarono le loro attestazioni di rammarico e di solidarietà con Filippo per la sconfitta subita. È però praticamente certo che, quando furono sicuri di quanto era avvenuto e ne poterono valutare la portata, le loro riflessioni fossero ambivalenti. Poteva non dispiacere troppo che le affilate unghie della Spagna fossero state un tantino accorciate. Naturalmente, c'erano delle differenze. Sull'impero dal 1576 regnava Rodolfo II, impegnato a limitare i privilegi degli stati protestanti in Germania: questi dovette accogliere le notizie che provenivano da Madrid con sincero rammarico. Più o meno lo stesso valse per gli stati cattolici tedeschi, che dovevano affrontare da vicino la pressione protestante (anche se in realtà questa si era molto attenuata negli ultimi decenni). Invece, anche se i loro ambasciatori ebbero istruzioni di esprimere al re tutti i sentimenti della loro devozione, i piccoli stati italiani dovettero sotto sotto compiacersi che Filippo avesse incassato un colpo molto duro: la disfatta dell'Armada era per loro una buona notizia. Quanto al papa, il fatto di risparmiare un milione di ducati non poteva dispiacere a un amministratore rigoroso come Sisto V. Ovviamente, il massimo della soddisfazione fu provato a Parigi: anzi, Enrico III ritenne giunto infine il momento di sbarazzarsi di Enrico di Guisa, che infatti fece assassinare dalle sue guardie di lì a poco. Il re di Francia estese poi la sua vendetta per le umiliazioni subite al cardinale di Guisa, fratello di Enrico, che fu pure ucciso, e ad altri capi della Lega, che furono imprigionati. Enrico III se ne uscì infine con l'esclamazione: «Ora sì che sono re!»: in realtà le sue azioni finirono con il rinfocolare la ribellione dei cattolici all'autorità regia e il paese si trovò più che mai immerso nel conflitto di religione.

Lieti o sgomenti che fossero, sovrani e uomini politici in tutta Europa compresero rapidamente che un'epoca si era chiusa e che un'altra se ne apriva, gravida di incertezze. Solo un uomo mostrò di non comprenderlo o quanto meno di non accettarlo: Filippo II. Il suo fisico poteva essere duramente provato, il suo aspetto poteva essere invecchiato di parecchi anni in pochi mesi, egli poteva sentire che, come gli aveva preconizzato Alessandro Farnese, Dio si era infine stancato di fare miracoli per lui: ma il suo spirito restava indomito e la sua volontà incrollabile nel perseguire sempre lo stesso obiettivo. Le navi dell'Armada sopravvissute al disastro non erano quasi ancora tutte rientrate nei porti spagnoli che egli si era già messo instancabilmente al lavoro per progettare di nuovo e da capo l'impresa d'Inghilterra.

ANALIZZARE E COMPRENDERE

1 **Perché, secondo Braudel, «Lepanto segnò una conclusione»? Perché l'idea di crociata rinasce dopo il 1600 e tramonta in Europa dopo il 1618? Argomenta le tue risposte.**

2 **Quale fu il ruolo della stampa e dell'arte figurativa sottolineato da Barbero nel costruire la percezione dell'evento di Lepanto nel mondo occidentale e nell'Impero ottomano?**

3 **Quali sovrani, all'interno del mondo cattolico, accolsero con rammarico, secondo Martelli, la notizia della disfatta spagnola e quali invece ne furono soddisfatti e perché? E come reagì invece il grande sconfitto Filippo II?**

CONFRONTARE E RIELABORARE

4 **Basandoti sulle letture di Barbero e Martelli, descrivi, in un testo di max 20 righe, le reazioni di vincitori e vinti all'indomani della battaglia di Lepanto e della disfatta dell'Invincibile Armata, indicandone l'eventuale contrasto con la reale portata storica dei due eventi.**

5 **Nelle righe iniziali e finali del brano presentato, Fernand Braudel espone un'interpretazione generale di un lungo periodo storico, isolando i concetti di guerra interna e guerra esterna e cogliendo le dinamiche tra le diverse civiltà protagoniste della storia. Prova a sintetizzare le linee salienti delle teorie di Braudel in un testo di max 15 righe.**

S 40_Le guerre di religione

L'ondata di guerre di religione che colpì l'Europa nella seconda metà del XVI secolo è l'oggetto di questo percorso storiografico. Nel primo brano **Corrado Vivanti** pone l'accento sulla violenza che le caratterizzò. Ad eccezione della guerra delle Fiandre, che unì alle motivazioni religiose la rivendicazione patriottica dell'indipendenza da un paese straniero, le altre guerre di questo periodo furono perlopiù guerre intestine che colpirono i contemporanei per la loro crudeltà. Nel secondo brano **Francesco Benigno** illustra come proprio da questo contesto di violenza vennero fuori alcune posizioni estreme sulla natura del potere: da un lato i monarcomachi teorizzarono la lotta aperta contro un re ormai considerato illegittimo, dall'altro i *politiques* teorizzarono un potere regale senza limiti. Nel terzo brano, infine, **Henri Lapeyre** illustra come le divisioni interne portate all'estremo misero a dura prova la stabilità dello Stato francese, prima di tornare più forte di prima al volgere del secolo.

Corrado Vivanti/La violenza delle guerre di religione

[C. Vivanti, *Le guerre di religione nel Cinquecento*, Laterza, Roma-Bari 2007, pp. 3-5]

Gli eccessi di violenza che per quasi un secolo caratterizzarono le guerre di religione dalla seconda metà del Cinquecento sono al centro di questo brano di Corrado Vivanti (1928-2012). Nate tutte per motivi religiosi, oltre che politici, la guerra nelle Fiandre, le guerre di Francia e, infine, la guerra dei Trent'anni furono tutte guerre intestine caratterizzate dalla stessa ferocia e dallo stesso fanatismo. E anche quando con la pace di Vestfalia (1648) fu sancito il principio del *cuius regio eius religio*, la Santa Sede non abbandonò la sua posizione di totale intransigenza, rifiutandosi di ratificare il trattato.

Quando l'8 settembre 1572 il cardinale di Lorena, Carlo di Guisa, ricevette a Roma la notizia che nella notte di san Bartolomeo, fra il 23 e il 24 agosto, erano stati massacrati in Francia migliaia di riformati, in preda a viva emozione si presentò a papa Gregorio XIII e gli domandò: «Quale nuova desidererebbe la Santità Vostra più d'ogni altra?». La risposta fu: «Lo sterminio degli ugonotti per l'esaltazione della fede cattolica romana». Trionfante il porporato esclamò: «E lo sterminio loro portiamo alla Santità Vostra». [...] Il pontefice fece intonare un solenne Te Deum e ordinò processioni e festeggiamenti; diede inoltre disposizione perché venisse coniata una medaglia commemorativa e Vasari eternasse l'avvenimento in un affresco; tre giorni dopo proclamò un giubileo di ringraziamento. Ci colpisce questa reazione perché Gregorio XIII era noto per il carattere compassionevole e il senso della legalità che spesso lo avevano portato a contrastare il rude zelo e il rigore del suo predecessore Pio V. Stragi e assassini non sono più oggetto di abominio quando la fede religiosa arriva al fanatismo. [...]

È caratteristica delle guerre di religione la virulenza della contrapposizione fra le parti: di qui i feroci massacri, gli innumerevoli episodi di crudeltà, le uccisioni di personaggi eminenti. [...] Alcuni contemporanei reagirono con sdegno a tali misfatti. Così, un grande pensatore, Michel de Montaigne (1533-1592), in uno dei suoi *Saggi* sostiene, paradossalmente, che agli autori di tali atrocità sono da preferire i cannibali, i quali, almeno, mangiano i loro nemici dopo averli uccisi. [...]

Se guerre e carneficine causate da questioni religiose si erano verificate anche precedentemente (basti pensare ai tempi delle crociate) e gli eccessi di fanatismo avevano spesso provocato lutti e distruzioni, allo schiudersi dell'età moderna, con l'affermarsi della Riforma protestante, si apre in Europa una stagione di aspre lotte intestine che coinvolgono i seguaci dell'antico credo, fedeli alla dottrina del pontefice romano, e i «novatori», che hanno abbracciato le idee di Lutero o di Calvino. Si può pensare che i contemporanei provassero qualche ritegno a spiegare simili eccessi, perché, nell'esporre tali vicende, sembrano spesso desiderosi di velare l'origine religiosa di quegli scontri e di mettere in luce piuttosto altre cause, che mostrano interessi particolari, ritenuti meno nobili delle convinzioni di fede. [...] Così, Enrico Caterino Davila in *Dell'istoria delle guerre civili in Francia* (1630), nel narrare le lotte svoltesi nella seconda metà del Cinquecento fra cattolici e ugonotti, ne attribuisce principalmente l'origine alle mire ambiziose dei nobili protestanti o alla turbolenza delle plebi esagitate dalle nuove dottrine. Parimenti l'opera *Della guerra di Fiandra* (1632-1639) del cardinale Guido Bentivoglio, pur non tacendo la persecuzione degli «eretici», mette in risalto la brama di potere dei principi fiamminghi, ribelli al governo spagnolo. In questo caso, peraltro, è vero che l'elemento da cui

trae vigore quel conflitto è soprattutto l'ostilità nei confronti di un dominio al tempo stesso straniero e persecutore della diversità di religione; così la lotta degli insorti assume ben presto carattere patriottico e manifesta la volontà d'indipendenza di una nazionalità allora emergente nell'Europa moderna.
Con «guerre di religione» si indicano solitamente le lotte intestine francesi della seconda metà del Cinquecento, sebbene ancora nella prima metà del secolo successivo scoppino torbidi e conflitti provocati da contrasti di fede. La stessa guerra dei Trent'anni (1618-1648), che sconvolse gran parte d'Europa, ha inizio con la rivolta della Boemia per ragioni religiose, e alla fine la pace di Vestfalia (1648) sancirà la possibilità per gli Stati dell'Impero germanico di stabilire la religione da seguire, secondo la formula: *Cuius regio eius religio*, ossia i sudditi di una regione devono professare la religione del sovrano che possiede quel territorio. Per questo riconoscimento della legittimità del culto protestante (esteso adesso anche ai calvinisti) il trattato non sarà ratificato dalla Santa Sede, che eleverà la sua protesta con la bolla di Innocenzo X, *Zelo domus Dei*: in essa il papa esprime il suo «vivo dolore» perché «agli eretici... viene concessa la libera pratica della loro eresia in vari luoghi... e sono stati ammessi con i cattolici agli uffici e alle cariche pubbliche». Anche prima, del resto, la Chiesa di Roma era costantemente intervenuta per affermare la propria missione salvifica, identificata nella necessità di sostenere con tutte le armi l'ortodossia e di imporre agli Stati, per quanto possibile, di adempiere al loro dovere di istituzioni cristiane, eliminando dal proprio seno gli eretici.

Francesco Benigno/Monarcomachi e *politiques*

[F. Benigno, *L'età moderna. Dalla scoperta dell'America alla restaurazione*, Laterza, Roma-Bari 2007, pp. 113-115]

Nel violento clima delle guerre di religione per la prima volta venne messo in discussione il fondamento sacro del potere regale. Non solo si mise in dubbio la legittimità di questo o quel sovrano, ma, nel momento più aspro della lotta, per ben due volte in Francia si ricorse all'assassinio del re. Come spiega lo storico Francesco Benigno (nato nel 1955), si diffuse la convinzione che alla base del potere ci fosse un patto implicito tra il sovrano e i suoi sudditi, e se il primo fosse venuto meno al suo impegno di giustizia, i secondi avrebbero potuto non solo sottrarsi legittimamente alla sua autorità, ma anche arrivare a combatterlo apertamente. Contro tali posizioni si schierarono i *politiques*, che elaborarono invece una teoria che svincolava completamente l'autorità del sovrano dalle questioni religiose, ponendo così le basi per la teorizzazione di un potere davvero assoluto.

Durante e subito dopo il periodo delle guerre di religione, dunque, due sovrani francesi vengono, uno dopo l'altro, assassinati. Si tratta di una pratica estrema di lotta politica che è comprensibile solo nel clima di divisione e di feroce contrapposizione creato dalla spaccatura tra cattolici e protestanti. È come se la divisione religiosa avesse improvvisamente dissolto quell'aura sacrale che i sovrani avevano sempre teso a preservare intorno alla propria persona. Non più rappresentante di Dio in terra, un sovrano giudicato nemico della vera fede finisce per essere considerato, anzi, un pericolo per la comunità cristiana e di conseguenza la resistenza al suo potere e, al limite, anche la sua uccisione possono essere assimilate alla legittima difesa. Idee come queste iniziano a circolare in Francia e nei Paesi Bassi a seguito dell'esplodere dello scontro religioso. Si afferma il tema della liceità dell'uccisione di un sovrano eretico, teorizzata dalle dottrine che la storiografia ha definito [...] «monarcomache».
Si tratta infatti piuttosto del recupero della teoria politica greco-romana della tirannia. Secondo l'aristotelismo politico la monarchia tende naturalmente a degenerare in regime tirannico, che non è più un regime monarchico, ma un diverso ordinamento politico. Nell'asprezza dello scontro ideologico delle guerre di religione, le tesi della liceità dell'opposizione al potere costituito, dell'elusione dell'imperativo evangelico di ubbidire a Cesare, inizia a essere ammessa, nel caso almeno in cui Cesare cessi d'essere tale per trasformarsi in un Nerone. I primi a elaborare queste idee sono gli ugonotti francesi, non a caso proprio nel momento più drammatico della lotta religiosa, negli anni che precedono e, soprattutto, seguono il massacro della notte di San Bartolomeo. In particolare ebbe enorme diffusione un testo apparso anonimo nel 1576 e di controversa attribuzione: le *Vindiciae contra tyrannos*.
Per testi come le *Vindiciae* l'obbedienza al sovrano è condizionata al mantenimento di quella condotta ritenuta propria della regalità: si pretende che il re sia un re di grazia, che elargisca con prodigalità ai sudditi, e un re di giustizia, che ristabilisca cioè l'equilibrio armonico della società. Ma se un re, invece di essere prodigo, vessa i suoi sudditi, se piuttosto che mettere accordo tra le diverse parti del regno, si fa difensore di una contro le altre, egli non è più re, ma diviene tiranno, un usurpatore cui non è dovuta obbedienza. Anzi si viene affermando il diritto a resistere a questo re-tiranno, sovrano ingiusto e nemico della vera fede. [...]
È chiaro che impostazioni simili, che finiscono per condizionare la liber-

tà d'azione sovrana, vincolandola al rispetto di un patto implicito con i sudditi, minano il fondamento sacro dell'autorità regia, il suo ruolo di rappresentante terreno di Cristo. In particolare la possibilità dell'esistenza di un re eretico minaccia non marginalmente la tesi del fondamento di diritto divino della monarchia. In considerazione di ciò nella Francia delle guerre di religione, in ambienti vicini alla corte, si va elaborando una teoria politica che consente di sottrarre l'autorità sovrana allo scontro religioso. Gli uomini portatori di questa visione, e cioè alcuni personaggi che in un primo tempo sono vicini alle posizioni della reggente Caterina de' Medici, del tutto indifferente alle ragioni religiose del conflitto, e che si stringono poi attorno a Enrico di Borbone, prima e dopo la sua ascesa al trono, sono definiti *politiques*.

Quest'etichetta denota i sostenitori di un rafforzamento dell'autorità regia e della concessione di una certa libertà di culto come unico rimedio alla divisione ideologica religiosa. Tra essi, sicuramente il più influente Jean Bodin[1], la cui teoria della sovranità, esposta nei *Six livres de la république* (1576), ha un'enorme eco. Per Bodin la sovranità dello Stato è, per sua natura, unitaria, indivisibile e perpetua; essa inoltre non deve conoscere limiti, se non quelli che essa stessa si dà in ossequio alla legge naturale e a quella divina, al fine di realizzare un ordine equo e giusto. Al principe detentore della sovranità spetta pertanto una potestà «legibus soluta», cioè la pienezza del potere legislativo senza alcun vincolo rispetto ad altri poteri terreni, fermo restando il dovere di osservare le leggi divine e naturali, nonché quelle fondamentali del regno. Si apre così la strada alla teorizzazione del potere «assoluto» dei re. Il diritto di resistenza, e meno che meno quello di reazione contro i sovrani per legittima difesa, non sono ovviamente ammessi da Bodin.

1. Jean Bodin (1529-1596), filosofo e giurista francese, consigliere di Enrico III, fu uno dei massimi teorici dell'origine divina del potere regale.

Henri Lapeyre/Guerre di religione e Stato

[H. Lapeyre, *La Francia dei Valois e le guerre di religione*, in *La Storia. I grandi problemi dal Medioevo all'Età contemporanea*, a cura di N. Tranfaglia e M. Firpo, vol. V/3, *L'Età Moderna. Stati e società*, Utet, Torino 1986, pp. 140-141]

In questo passo Henri Lapeyre (1910-1984) ricostruisce il complesso quadro politico della Francia dilaniata dalle guerre di religione. Conflittualità politiche si sovrappongono a conflittualità religiose, in un crescendo di violenza che secondo l'autore mette a dura prova la stabilità stessa dello Stato. La debolezza della compagine politica di fronte a tutto ciò è ben esemplificata dalle pesanti difficoltà economiche che la Francia ebbe nella seconda metà del XVI secolo, con un debito pubblico altissimo e il tentativo di far fronte ad esso attraverso un prelievo fiscale aumentato a dismisura.

Se vi furono dei massacri da ambedue le parti, nessuno di questi ebbe la portata della notte di san Bartolomeo: se ne conosce la genesi, le spiegazioni imbarazzate che vennero fornite dalla corte, la confusione degli ordini dati in provincia. In poche parole, si può rilevare che a Parigi la plebe andò ben più in là di quelli che erano i desideri della corte e che in certe città di provincia fu sufficiente la sola notizia del massacro di Parigi per scatenare la violenza. A questo concetto di violenza possiamo ricollegare quello di tirannicidio: la teoria, già avanzata da molto tempo, faceva distinzione fra il tiranno che aveva usurpato il potere ed il tiranno che abusava delle proprie funzioni. I predicatori della Lega invitavano al tirannicidio, il che – in pratica – portò all'assassinio di Enrico III ed a numerosi attentati alla vita di Enrico IV, l'ultimo dei quali avvenne nel 1610 [...], molto tempo dopo che l'ordine era stato ristabilito. È necessario inoltre porre l'accento sulla forza insita nel sentimento nazionale, che esisteva già prima delle guerre di religione. I francesi erano legati al loro sovrano, erano convinti della loro superiorità e della bontà del regno, e questi concetti non erano esenti da tratti di xenofobia. Le guerre, interminabili, rafforzarono il sentimento nazionale. [...] Da parte protestante, non ci si astenne dal far leva sul patriottismo, da Condé a Giovanna d'Albret fino a Enrico IV che, nell'aprile del 1588, si rivolgeva a «tutti i buoni francesi, fedeli al re, amanti della patria e che seguivano con zelo i precetti delle buone leggi». Da parte cattolica per molto tempo non si considerò necessaria l'unità religiosa, ma i *politiques* fecero prevalere la necessità della sopravvivenza dello stato sulle divisioni di confessione ed Enrico IV fu il sovrano che meglio rappresentò il loro ideale, tanto che il patriottismo si sviluppò contemporaneamente al concetto di tolleranza.

Rimane da vedere in quale misura lo stato sia riuscito a sopravvivere in mezzo a tutti quei disordini. L'indebolimento del potere regio era evidente e venne dapprima sottolineato dagli interventi stranieri sul suolo nazionale: tedeschi, inglesi e svizzeri da parte protestante, spagnoli da parte cattolica. In seguito, per periodi di tempo più o meno lunghi, il sovrano non riuscì a controllare una gran parte del paese, come abbiamo potuto verificare per il Mezzogiorno protestante. Da un punto di vista più generale, occorre notare che un desiderio d'indipendenza animava i grandi signori, governatori delle province, quali i Guisa ed i Condé, Damville ed il duca d'Epemon che avevano l'appoggio degli Stati provinciali.

Infine nelle città si manifestò una certa tendenza all'autonomia, soprattutto al tempo della Lega, come nel caso di La Rochelle, città protestante, e di Saint-Malo, città cattolica, che mantennero una posizione neutrale. Un indice d'indebolimento dello stato è rappresentato dalla frequente convocazione degli Stati generali: nel 1560, nel 1561, nel 1576, nel 1588 e nel 1593.

Ma furono le questioni connesse con le finanze quelle che più dimostrarono le gravi debolezze dello stato. Già da molto tempo gli storici si sono dedicati a calcolare con metodi raffinati l'aumento teorico delle risorse statali. La *taille* sarebbe passata da 7 milioni di franchi nel 1576 a 18 milioni nel 1588, ed anche le imposte indirette sarebbero aumentate mentre numerosi sussidi provenivano dal clero, anche se le uscite erano più consistenti che nel passato. Il trionfo d'Enrico IV, ad esempio, ebbe un alto costo finanziario. Ma il fatto più saliente, come è stato dimostrato da M. Wolfe (1972), fu l'impossibilità per lo stato di poter disporre di tutte le risorse finanziarie che aveva previsto, dal momento che i ribelli, di parte protestante e cattolica, si erano appropriati dell'amministrazione e la utilizzavano a loro esclusivo vantaggio. Su questo aspetto del problema non disponiamo di cifre, poiché in occasione di ogni trattato il re dichiarava nulli gli atti posti in essere dai ribelli e gli archivi venivano bruciati. Qualche informazione più precisa si ha a proposito dell'indebitamento dello stato, che sarebbe passato da 41 milioni di franchi a 133 milioni nel 1588. I sovrani, fino alla morte di Enrico III, tentarono di porvi rimedio con ogni mezzo possibile, con emissioni di rendite municipali e prestiti sulla piazza di Lione ed in Italia, mentre sia i protestanti che Enrico IV fecero largo ricorso a prestiti inglesi, tedeschi e svizzeri, al punto che all'epoca in cui Sully divenne soprintendente alle finanze, i due debiti sommati diedero una cifra di 300 milioni.

Un bilancio delle guerre farebbe risaltare un accumulo di rovine: secondo quanto disse Pasquier, se una persona avesse dormito per 40 anni, al suo risveglio avrebbe visto «non la Francia ma il cadavere della Francia». La nostra esposizione dei fatti si arresta a questo punto, poiché il periodo successivo che va dal 1598 al 1610 appartiene già al XVII secolo e in quegli anni l'autorità regia verrà reintegrata in tutto il paese.

ANALIZZARE E COMPRENDERE

1 **In quale modo i contemporanei, come rileva Vivanti, si sforzarono di motivare la feroce violenza messa in atto nelle guerre di religione? Quale fu la reazione del papa all'applicazione, negli Stati dell'Impero germanico, del principio *Cuius regio eius religio* sancito dalla pace di Vestfalia? Argomenta le tue risposte.**

2 **A quali riflessioni del pensiero antico, come nota Benigno, si ispirava la monarcomachia e che cosa sostenevano le anonime *Vindiciae contra tyrannos*? Che cosa teorizzava invece Jean Bodin?**

3 **Quali erano, nella Francia della seconda metà del Cinquecento, i segni dell'indebolimento del potere regio indicati da Lapeyre? E quali erano le questioni negative connesse alla situazione finanziaria dello Stato?**

CONFRONTARE E RIELABORARE

4 **Riferendoti a ciò che hai letto nei brani di Vivanti, Benigno e Lapeyre e integrandolo con quanto hai studiato nel cap. 19, illustra in un testo di max 20 righe le conseguenze degli eccessi di fanatismo e violenza raggiunti dalla fede religiosa nella seconda metà del Cinquecento.**

S/41_Genere e potere

Questo percorso storiografico è aperto da un brano di **Merry E. Wiesner**. Nella sua analisi sulla condizione femminile nell'Europa dell'Età moderna, Wiesner propone alcune ipotesi sulla formazione di quel complesso di idee, leggi e pregiudizi che per secoli hanno ostacolato la presenza delle donne negli spazi del potere. Nel secondo estratto **Natalie Zemon Davis** rintraccia le peculiarità di genere (maschili e femminili) nei governi dei regimi monarchici di età moderna. Attraverso due esempi particolarmente significativi, è riportato alla luce lo «stile femminile» delle sovrane, di cui si analizzano due differenti varianti, ispirate l'una alla figura della vergine, l'altra a quella della madre. Infine, nel passo di **Arlette Farge**, l'attenzione si sposta sulla partecipazione femminile alle rivolte dell'Età moderna: questo fenomeno di contestazione è letto attraverso la ricostruzione dei mondi mentali e delle forme di comportamento.

Merry E. Wiesner/Il «patto famiglia/Stato» delegittima l'esercizio femminile del potere

[M.E. Wiesner, *Le donne nell'Europa moderna. 1500-1750* (2000), trad. it. di D. Aragno, Einaudi, Torino 2003, pp. 343, 345-346, 349-350]

Per Merry E. Wiesner uno dei motivi per i quali la presenza di donne negli spazi del potere non mancò di suscitare voci di critica, dubbi o condanne risiede nella progressiva assimilazione del nucleo familiare alla sfera politica. Molti *pamphlets* che circolarono in Europa a cavallo dei secoli XVI-XVII teorizzarono una fortunata equiparazione tra lo Stato e la famiglia, tra il sovrano e il marito/padre. Sulla base di queste analogie si ritenne che l'indiscussa autorità regale/maritale comportasse una completa subordinazione dei sudditi come della moglie e dei figli. Anzi, il potere del marito sulla moglie fu elevato a fondamento di ogni forma di associazione umana e venne rivestito di un carattere divino. La possibilità delle donne di esercitare il controllo della propria persona e dei propri beni ne risultò inevitabilmente compromessa.

Tra il Quattrocento e il Seicento comparvero in Europa testi di letteratura colta e popolare scritti da autori di entrambi i sessi che discutevano della natura della donna. A partire dal Cinquecento la disputa si estese alle donne che, soprattutto per esigenze dinastiche, svolsero il ruolo di consigliere di sovrani troppo giovani o regnarono in prima persona – come Isabella di Castiglia, Maria ed Elisabetta Tudor, Maria Stuart, Caterina de' Medici e Anna d'Austria. La questione dibattuta con veemenza, e talvolta con spirito malevolo, riguardava quella che oggi chiamiamo costruzione sociale del genere: il fatto di appartenere a una famiglia reale ed essere stata educata a governare autorizzava una donna a superare i limiti propri del suo sesso? Era giusto che ciò avvenisse? Oppure, in altri termini, qual era (o doveva essere) il fattore determinante della sua posizione e del suo ruolo sociale, il genere o il rango? [...] Il giurista e teorico politico francese Jean Bodin[1], nei *Sei libri della Repubblica* (1576), ritornava alle Scritture e alla legge di natura per contestare la presenza femminile nei luoghi di comando, ma aggiungeva un'altra motivazione cui si sarebbe ricorso assai di frequente nel Seicento: che lo Stato era come la famiglia, e che come nella famiglia il marito/padre aveva autorità e potere su tutti gli altri così lo Stato doveva essere sempre governato da un uomo. Robert Filmer[2] esasperò questo concetto nel *Patriarchia*, affermando che i sovrani derivavano l'autorità legale dal potere paterno di Adamo sanzionato per volere divino, proprio come tutti i padri. I re ricorrevano all'immagine simbolica del marito e del padre per giustificare il proprio potere: Giacomo I[3] dichiarava al parlamento: «Io sono il Marito, e l'intera isola è la mia legittima Consorte. [...] Per la legge di natura il re al momento dell'incoronazione diventa padre naturale di tutti i suoi sudditi. [...] Il Re è a tutti gli effetti *Parens patriae*, padre politico del suo popolo». Anche gli oppositori della monarchia ricorrevano a questo stereotipo: i membri della Fronda, termine con cui si designano le sollevazioni e le rivolte che sconvolsero la Francia nel Seicento, sostenevano nei loro *pamphlets* che il re non aveva diritto di governare poiché non era un buon padre.

L'analogia fra l'autorità del sovrano e quella del padre poteva anche funzionare in senso inverso, per accrescere il potere del capofamiglia. Proprio come i sudditi non avevano mai, o solo in rari casi, diritto di ribellarsi al sovrano, così donne e figli non potevano mettere in discussione l'autorità del marito/padre, che come quella del re derivava da Dio; la famiglia non era uno spazio privato, ma un microcosmo politico e in quanto tale faceva parte della sfera pubblica. Tale concetto era così sintetizzato da Jean Bodin: «[...] noi intendiamo occuparci, lasciando ai filosofi e ai teologi la trattazione dell'aspetto morale, solo dell'aspetto politico della questione; e quindi anche di quel potere del marito sulla moglie ch'è fonte e origine di ogni umana associazione».

Secondo molti studiosi e studiose, la Riforma protestante e i puritani inglesi accentuarono l'autorità paterna poiché attribuirono al capofamiglia una funzione di controllo della sfera religiosa maggiore di quanto non facessero i cattolici. Il fatto che i pastori protestanti fossero quasi tutti sposati significava che essi potevano ricorrere all'autorità ecclesiastica per affermare quella paterna e maritale: i preti erano mariti, e i mariti preti. Per gran parte di questi pensatori anche la madre aveva un ruolo nella vita religiosa e morale della famiglia, ma sempre subordinato a quello del padre. [...]

Il «patto famiglia/Stato» [...] ridusse in modo considerevole la possibilità delle donne di esercitare il controllo della propria persona e dei propri beni; il cambiamento delle leggi relative al matrimonio sarà uno dei primi obiettivi delle francesi che nel XIX e XX secolo si batteranno per i diritti delle donne.

Dal momento che nel Cinquecento e nel Seicento il potere del marito

1. Jean Bodin (1529-1596), filosofo e giurista francese, consigliere di Enrico III, fu uno dei massimi teorici dell'origine divina del potere regale.
2. Robert Filmer (1588-1653) fu un filosofo inglese sostenitore del diritto divino dei re.
3. Giacomo Stuart (1566-1625) fu il sovrano con cui si unirono le corone d'Inghilterra e di Scozia. Egli infatti divenne re d'Inghilterra con il nome di Giacomo I nel 1603, dopo la morte di Elisabetta I, mantenendo la corona di Scozia, che deteneva dal 1567 con il nome di Giacomo VI.

sulla moglie non fu quasi mai messo in discussione, il dibattito sui diritti civili non riguardò le donne, le quali, se sposate, non avevano autonomia giuridica e quindi neppure politica, al pari dei servi, degli apprendisti e degli affittuari. Perciò anche i più accaniti difensori delle donne, come Agrippa di Nettesheim[4], quando ne sostenevano l'uguaglianza o addirittura la superiorità, non suggerivano alcun modo concreto per garantir loro i diritti politici ed evitavano di parlare del matrimonio. Lo stesso vale per coloro che si schierarono a favore del governo delle regine.

4. Agrippa di Nettesheim fu un alchimista e filosofo tedesco vissuto tra il 1486 e il 1535.

Natalie Zemon Davis/La Regina-Vergine e la Regina-Madre: stili di governo a confronto

[N. Zemon Davis, *Donne e politica* (1991), in G. Duby e M. Perrot, *Storia delle donne in Occidente*, vol. III, *Dal Rinascimento all'età moderna*, a cura di N. Zemon Davis e A. Farge, Laterza, Roma-Bari 2002, pp. 204-207]

La ricerca di uno specifico «stile femminile» nel governo delle sovrane è al centro di questo confronto che Natalie Zemon Davis (nata nel 1928) imposta tra Elisabetta I d'Inghilterra e Caterina de' Medici. Entrambe misero a punto stratagemmi differenti contro i pregiudizi sulla debolezza e l'influenzabilità del governo delle donne. Elisabetta I fece della verginità il perno della sua autorappresentazione: ciò le permise di tenere un atteggiamento seduttivo e amoroso verso il suo popolo e i suoi cortigiani, ma le attirò contro pettegolezzi amari e maldicenze che le attribuivano amanti, figli illegittimi e presunte malformazioni fisiche. Agli antipodi, Caterina de' Medici si propose come vedova, reggente e soprattutto madre. Insistendo su valori quali la devozione e la cura filiale riuscì a preservare la monarchia cattolica pur in mezzo alle fazioni religiose in lotta fra loro; tuttavia, il suo "stile materno" la condannò per aver generato figli androgini e traditori.

In Inghilterra, le regine potevano governare con pieno diritto in assenza di un erede maschio della linea diretta. Il regno di Elisabetta I, come quelli di Enrico VIII[1] e di Edoardo VI[2], sono stati studiati a lungo per la loro politica in materia di religione, ordinamento civile, trasformazione economica ed espansione all'estero. Ad argomenti come questi la storia delle donne aggiunge la domanda sullo «stile di genere» adottato dai governanti (sia dai re che dalle regine) e le implicazioni di questo stile per la cultura politica e la stabilità dell'epoca. Quando Elisabetta salì al trono nel 1558, essa dovette far fronte all'usuale diffidenza per il governo delle donne – le donne sarebbero succubi dei loro favoriti maschi e sarebbero mutevoli e irrazionali – e all'eredità diretta della sua sorellastra Mary Tudor[3], che in effetti fu dominata dal marito, lo spagnolo Filippo II, e che dal suo corpo regale non aveva prodotto che una falsa gravidanza.

Gli stratagemmi di Elisabetta furono numerosi e recitati nel «Royal Progress» (come era chiamato l'ingresso regale in Inghilterra), nei ritratti della regina largamente diffusi e nel più angusto teatro della corte. Perfino mentre ricorreva ad un possibile matrimonio regale come tattica diplomatica, essa fu sempre per il suo popolo la Regina Vergine. Vestita con abiti severi riccamente ornati, carica di perle, il suo corpo era inaccessibile come se fosse stato coperto da un'armatura; quando era necessario la Regina Vergine appariva come una figura mascolina, capace di dare coraggio ai suoi soldati, ed era anche una figura iconica, una degna sostituzione dell'immagine cattolica della Vergine Maria. (Il fatto che il genetliaco di Elisabetta cadesse nel giorno della festa della natività di Maria certamente era di aiuto.) Come Regina Vergine, essa poteva anche affermare di essere amante, moglie e madre per il popolo d'Inghilterra e per i suoi cortigiani, poteva parlare con loro ed essere desiderata da loro con il linguaggio dell'amore.

Il regno di Elisabetta non fu senza malcontento e opposizione e la Regina Vergine provocò pettegolezzi senza fine che affermavano che essa aveva amanti e figli illegittimi o, al contrario, che aveva una malformazione fisica. Nel complesso, però, Elisabetta sviluppò uno stile di autocontrollo femminile che mantenne la sua autorità regale nel quadro del pensiero gerarchico del XVI secolo.

Dall'altra parte della Manica [...] vi erano ruoli politici a cui la regina di Francia era chiamata, altri che poteva assumere in quanto reggente, quando veniva nominata tale, e altri che poteva svolgere in modo informale come moglie e madre del re. Caterina de' Medici è, naturalmente, un esempio altissimo di esercizio di tutti questi poteri, dato che in campo familiare il suo obiettivo fu di tenere i propri figli sotto una giusta autorità, in campo politico quello di mantenere il dominio di una monarchia cattolica gallicana sopra gli Ugonotti e i Leghisti, e come regina quello di cercare di assicurare la pace tra le fazioni religiose in lotta. Essa in definitiva fallì questi obiettivi, come sappiamo, ma

1. Enrico VIII Tudor (1491-1547) fu re d'Inghilterra dal 1509 [▷ **12/1** e **15/8**].
2. Edoardo VI Tudor (1537-1553) fu incoronato re d'Inghilterra alla morte del padre, Enrico VIII [▷ **15/8**].
3. Mary Tudor (1516-1558) fu regina d'Inghilterra dal 1553 [▷ **15/8**].

lungo il percorso fece un uso sapiente di tutto l'arsenale politico, dalle sfilate regali alle entrate trionfali nelle città, alle danze regionali contadine, dagli editti di pacificazione agli ordini per l'esclusione dei protestanti dagli uffici, dalle alleanze matrimoniali alla complicità in spargimenti di sangue.

Lo «stile di genere» femminile che ella creò comportava in via assoluta il suo fallimento? Essa si immaginava come una pia vedova [...] e commissionò una tomba monumentale per il marito; pertanto non poteva avere un atteggiamento seduttivo verso il suo popolo, ma poteva almeno essere devota al loro ultimo re. Si immaginava come una donna che aveva dato dei re alla Francia, una madre che era stata presentata insieme con una statua d'oro di Cerere[4] al suo ingresso trionfale a Lione alcuni anni prima; ella poté, pertanto, porre la maternità al centro della sua regalità, facendone la fonte della sua protezione, della sua carità, della sua risoluta difesa dei figli maschi e della sua ricerca di ordine. Si immaginava come una Giunone[5] matriarcale, che presiedeva ai matrimoni che collegavano la Francia al Sacro Romano Impero e assicuravano la pace. All'ingresso trionfale a Parigi dopo il matrimonio di Carlo IX e di Elisabetta d'Austria[6] una statua con il volto di Caterina impugnava orgogliosamente una mappa della Gallia.

In questo può risiedere una parte delle sue difficoltà, in quanto la figura materna e il matriarcato erano immagini con una doppia valenza nel XVI secolo. Quando il delitto seguì la veglia matrimoniale, come accadde nel massacro del giorno di San Bartolomeo, la regina madre poté facilmente venir presentata dai suoi nemici come una strega (e una avvelenatrice italiana da cacciare), che aveva generato dei figli deboli, ingannatori e androgini come Enrico III[7].

4. Nel *pantheon* romano era la dea della terra e della fertilità.
5. Divinità romana protettrice del matrimonio e moglie di Giove.
6. Carlo IX di Valois (1550-1574) regnò sulla Francia dal 1560 [▷ **19/2**].
7. Enrico III (1551-1589) fu re di Francia dal 1574 [▷ **19/2**].

Arlette Farge/Donne in rivolta

[A. Farge, *Sovversive* (1991), in G. Duby e M. Perrot, *Storia delle donne in Occidente*, vol. III, *Dal Rinascimento all'età moderna*, a cura di N. Zemon Davis e A. Farge, Laterza, Roma-Bari 2002, pp. 490, 493-494, 497]

Nel saggio che qui presentiamo, Arlette Farge (nata nel 1941) analizza la violenza femminile nelle rivolte d'Età moderna da tre prospettive differenti. Anzitutto si sofferma sulle forme di quella partecipazione, fatta di grida di incitamento, di furenti proteste, ma anche di azioni di sabotaggio, di sassaiole, ferimenti e assassinii.
In un secondo momento Farge ricostruisce l'immaginario maschile sulla violenza femminile: l'esasperazione della crudeltà furibonda e sanguinaria delle donne e la compattezza dei loro movimenti disegnano uno spettacolo orribile della barbarie.
Infine, prestando attenzione alle motivazioni profonde che animavano le rivoltose, porta in evidenza, dietro a quei gesti violenti, il desiderio di un riconoscimento pubblico della loro azione e il gusto proibito di appropriarsi del potere.

Il posto occupato dalle donne nelle rivolte lo si può capire soltanto se si guarda al cuore di quel sistema che le aspira e le rigetta, e dove il giuoco delle immagini è tanto forte quanto quello dei fatti e dell'evidenza del suo agire. [...]

I comportamenti sediziosi, difficili da analizzare, costituiscono dei modi d'azione specifici dove il parossismo, la violenza e la collera hanno una loro grammatica e delle loro logiche. All'interno di queste logiche dove la folla talvolta scopre il senso di ciò che sta compiendo, uomini e donne svolgono ruoli diversi. Agiscono in comune per una stessa causa, ma si distinguono gli uni dalle altre, si vedono e si chiamano. Lo sguardo dell'uno indubbiamente agisce sull'azione da svolgere; il linguaggio femminile, la sua gestualità sono tanto l'opera delle donne che il prodotto della loro immagine.

Se riflettiamo sugli innumerevoli soprassalti emozionali che colgono per un breve istante soltanto un villaggio, un quartiere o anche un mestiere, o se prendiamo ad esempio una rivolta emblematica, facciamo presto ad accorgerci che la partecipazione delle donne avviene senza alcuna esitazione e rapidamente, come se esse entrino facilmente nell'onda di collera che le circonda. [...] Allegria, e anche eccitazione e incitamento: le donne – è diventato quasi uno stereotipo – incoraggiano gli uomini con la parola. La sommossa si preannuncia con il terrore delle grida che si odono lanciare; quanto alle parole, non si tratta d'ingiurie né di onomatopee come si è spesso detto, ma di frasi precise il cui senso spinge gli uomini avanti. Se non è raro intendere dalle loro bocche incoraggiamenti alla morte, grida contro il re, minacce sanguinose contro le autorità, troviamo anche parecchie frasi che vanno oltre la pura violenza verbale e appaiono come una critica del sistema. Gli incitamenti femminili costituiscono una presa di possesso della posta in giuoco nella città, per cui la comunità si batte: servono in qualche modo a spiegare l'ingiustizia, a bersagliare gli avversari, a esprimere le umiliazioni patite. [...]

Partite a mani nude per il combattimento, non ci mettono molto a scagliare pietre o a raccoglierle per passarle agli uomini. Suonano le campane a martello e sabotano i carriaggi carichi di grano; talvolta nascondono sotto le sottane coltelli o bastoni che sono svelte a risotterrare al primo sguardo delle autorità. Di loro, si parla come uno sciame di api, un turbine d'insetti, immagini ricorrenti che sottolineano evidentemente una specificità di gruppo e una caratteristica sessuale. L'accanimento, la smania collettiva, certi atti ripetuti, addirittura con insistenza, danno l'immagine di una comunità femminile solidale e agitata, cui è difficile resistere. [...]

Attiva nella sommossa, la donna lo è senza distinzioni, ma c'è di più: le favole, i racconti e le cronache la descrivono come furibonda, crudele e sanguinaria. Occorre, s'intende, stare attenti: questi testi sono tutti scritti da uomini, così che l'osservazione tenace e testarda della crudeltà femminile si trova ad essere forzatamente amplificata dalla memoria maschile. Ci possiamo anche domandare se lo spettacolo della barbarie, festa mortale da tener lontana il più possibile, oggetto che lo sguardo, affascinato, allontana e insieme contempla, non costituisca una particella talmente innominabile del gusto della morte che l'uomo la scarichi sull'«altra», l'estranea radicalmente altra, vale a dire sulla donna, apportatrice di progenie, di malizia e di sconvolgente agonia. Comunque sia, se donne, crudeltà e sangue a tratti si ritrovano compagni, bisogna tentare di capire. Crudele, forse, ma perché e come? Fare scorrere il sangue è una trasgressione suprema per coloro cui si proibisce di portare le armi e di dare la morte. Escluse dalle decisioni giudiziarie, civili e politiche, le donne mantengono con la rivolta e il sangue versato un legame momentaneo dove il potere di decidere appartiene a loro. Costrette abitualmente a fare da spettatrici della grande macchina politica, si collocano nella sommossa nel punto esatto dove più grande è la loro efficacia gestuale, quindi politica. E possono diventare tanto più crudeli quanto il loro ruolo sia pubblicamente riconosciuto, e atteso dalla collettività tutta intera. Qui gesti e sguardi sui gesti non s'intrecciano, ma nascono gli uni dagli altri: le donne fuori del loro posto tradizionale si appropriano dei gesti tradizionali che quel contesto si aspetta.

ANALIZZARE E COMPRENDERE

1 **Chi fu il primo teorico dell'analogia tra famiglia e Stato, marito/padre e re? Quali erano invece i principi sostenuti dai difensori delle donne, secondo Wiesner? Argomenta le tue risposte.**

2 **Quali diversi ruoli indicati da Zemon Davis assumeva, quando necessario, la figura della Regina Vergine incarnata da Elisabetta Tudor? Perché, secondo la storica, aver posto la maternità al centro della sua regalità poté contribuire alla rovina di Caterina de' Medici?**

3 **Perché e come, secondo Farge, durante le sommosse le donne diventavano crudeli e sanguinarie?**

CONFRONTARE E RIELABORARE

4 **Delinea, basandoti sulle analisi di Wiesner, Zemon Davis e Farge, la posizione della donna nell'Europa del Cinquecento e del Seicento e i modi in cui veniva percepita nel suo ruolo privato e pubblico ed esponi la tua ricostruzione in un testo di max 15 righe.**

S/42_La crisi del XVII secolo

Il tema della crisi del XVII secolo è in questo percorso storiografico affrontato da tre diversi punti di vista. Nel primo brano **Hugh Trevor-Roper** ricostruisce l'atmosfera di generale disfatta e di crisi che si diffuse tra gli uomini del tempo, che iniziarono a pensare che la fine del mondo fosse vicina. Nel secondo brano **Eric J. Hobsbawm** si concentra, invece, su due aspetti particolari: il calo demografico e la depressione economica che colpirono diffusamente l'Europa. Nel terzo brano, infine, **Francesco Benigno** scorge nel dilagare delle rivoluzioni e delle guerre di quegli anni un tratto di consonanza: tutte sono accomunate da una messa in discussione di uno Stato concepito come potere assoluto.

Hugh Trevor-Roper/La crisi generale

[H. Trevor-Roper, *Protestantesimo e trasformazione sociale* (1967), trad. it. di L. Trevisani, Laterza, Roma-Bari 1994, pp. 87-89]

Con questo brano Hugh Trevor-Roper (1914-2003) ci restituisce uno spaccato dell'atmosfera cupa che si respirava alla metà del Seicento, tale da rendere appropriata, secondo lo storico, la definizione di «crisi europea generale». Furono anni di rivoluzioni politiche e di guerre su tutti i fronti d'Europa, che si protrassero a lungo e sembrarono agli uomini del tempo allargarsi come per una sorta di contagio. Di fronte allo spettacolo della distruzione dilagante, poi, una paura generalizzata della fine del mondo si impossessò di tutti. Più che dovuta a circostanze fortuite, questa crisi generale ha per l'autore cause molto profonde.

I decenni centrali del XVII secolo furono per l'Europa un periodo di rivoluzioni. Queste ebbero un carattere diverso nei vari paesi e, se studiate isolatamente, sembrano nascere da cause particolari, locali; se tuttavia le consideriamo nel loro insieme, rivelano tanti caratteri comuni da apparirci quasi una rivoluzione generale. In Inghilterra vi fu la rivoluzione puritana che si prolungò per vent'anni, tra il 1640 e il 1660, ma il cui momento critico si concentra negli anni 1648-53. In quegli stessi anni vi fu anche in Francia una serie di rivolte note con il nome di Fronda, e nel 1650 nelle Province Unite dei Paesi Bassi vi fu un colpo di stato, o rivoluzione di palazzo, che diede vita a una nuova forma di governo. Contemporaneamente ai conflitti in Inghilterra, ne esplosero altri nell'impero spagnolo: nel 1640 si ebbero la rivolta della Catalogna, che fallì, e quella del Portogallo, che fu invece vittoriosa; nel 1641 anche in Andalusia vi fu una semi-rivolta, e nel 1647, infine, scoppiò l'insurrezione di Napoli, quella capeggiata da Masaniello. Agli osservatori coevi sembrò che la società stessa fosse in crisi, e che si trattasse di una crisi europea generale: «Questi sono giorni di sconvolgimento – affermò un predicatore inglese nel 1643 – e questo sconvolgimento è universale: Palatinato, Boemia, Germania, Catalogna, Portogallo, Irlanda, Inghilterra». I vari paesi d'Europa parevano essere null'altro che teatri diversi sui cui palcoscenici veniva rappresentata simultaneamente la stessa grande tragedia, anche se in lingue differenti e con varianti locali.

Quali furono le cause e i caratteri generali di questa crisi?

I contemporanei, se spingevano lo sguardo oltre le analogie puramente superficiali, tendevano a individuare in essa profonde ragioni spirituali. Che si trattasse di una crisi erano certi, e del resto l'avevano sentita arrivare da oltre dieci anni. Già nel 1618 si era cominciato a parlare della fine della società, o addirittura del mondo, e lo stato d'animo indefinibile di depressione che avvertiamo continuamente in quegli anni veniva giustificato a volte con nuove interpretazioni delle Sacre Scritture, a volte con nuovi fenomeni astronomici. In seguito alla scoperta di nuove stelle, e particolarmente dopo l'apparizione della cometa del 1618, il pensiero scientifico sembrò dar ragione ai profeti di sciagura, non meno delle teorie storiche. Fu in questo periodo che vennero di moda le teorie dei cicli storici e si predisse il declino e la caduta delle nazioni, non soltanto sulla base delle Sacre Scritture e dell'astrologia, ma anche su quella del trascorrere del tempo e dei processi organici di decadenza. I regni, affermò nel 1643 un predicatore puritano dopo aver accennato con discrezione all'influenza corroborante della cometa del 1618, durano un massimo di 500 o 600 anni, «e tutti voi sapete quanto tempo è trascorso dalla Conquista». Dall'alto del nostro razionalismo potremmo supporre che le nuove conquiste scientifiche screditassero i vaticini apocalittici delle Sacre Scritture, ma in realtà non fu così. È un fatto interessante ma innegabile che tra gli scienziati più progrediti del primo Seicento figuravano anche i più eruditi cultori di cabala biblica, e nelle mani di costoro scienza e religione concorrevano tra il 1640 e 1660 a indicare una data precisa per la disgregazione della società, per la fine del mondo.

Questo sfondo culturale è significativo, poiché dimostra che la crisi della metà del Seicento non giunse di sorpresa, in seguito ad avvenimenti improvvisi, ma aveva radici profonde ed era prevista, sia pure in modo vago, ancor prima che si verificassero gli eventi che la scatenarono. È indubbio che circostanze fortuite fecero sì che la rivoluzione fosse più lunga o più profonda in un paese, più breve o più superficiale in un altro. È anche indubbio che il carattere generale della rivoluzione fu dovuto in parte a un puro fenomeno di contagio: la moda della rivoluzione tende a diffondersi. Ma perché il contagio sia possibile è necessario che la vittima sia predisposta: un organismo sano o vaccinato rimane immune anche da un male molto diffuso.

Eric J. Hobsbawm/Calo demografico e depressione economica

[E.J. Hobsbawm, *La crisi del XVII secolo*, in *Crisi in Europa 1560-1660*, a cura di T. Aston, Giannini Editore, Napoli 1968, pp. 8-11]

Nell'ambito della crisi generale del XVII secolo, su due aspetti si concentra in questo passo Eric J. Hobsbawm (1917-2012): il calo demografico che colpì diffusamente l'Europa e la depressione economica. Riguardo al primo, i dati disponibili non sono globali, ma la tendenza generale sembra quella di un calo della popolazione in molti paesi, dovuta alle guerre ma anche ad una recrudescenza di epidemie e carestie. Per quanto riguarda la recessione economica, essa è legata soprattutto alla crisi degli scambi commerciali nelle due aree precedentemente più sviluppate, il Mediterraneo ed il Baltico, che da principali aree del commercio internazionale si ridussero a mari interni con traffici di beni perlopiù locali.

Gli scarsi dati concernenti la popolazione europea suggeriscono nella peggiore delle ipotesi un vero e proprio declino, nella migliore un livellarsi o appiattirsi della curva della popolazione dalla fine del XVI al XVIII secolo. Fatta eccezione per i Paesi Bassi, Norvegia e forse Svezia, Svizzera e qualche caso locale, non si segnalano altri aumenti significativi della popolazione. La Spagna era proverbiale per il suo spopolamento, l'Italia meridionale può averne sofferto, e le devastazioni di metà secolo in Germania e nell'est francese sono ben note. Per quanto il Pirenne ipotizzi un aumento della popolazione belga, i dati disponibili per il Brabante non sembrano confermarlo. La popolazione ungherese diminuisce, quella polacca anche di più. L'incremento della popolazione inglese probabilmente cadde notevolmente e può essere addirittura venuto meno del tutto dopo il 1630. [...] La mortalità fu senz'altro più alta che nel XVI o XVIII secolo. Nessun secolo, sin dal XIV, ha registrato più spaventoso record in fatto di epidemie e un recente lavoro ha dimostrato che i danni prodotti da esse non possono essere dissociati da quelli prodotti dalle carestie. Mentre poche capitali e città amministrative o centri del commercio e della finanza internazionale assurgevano a grande importanza, il numero delle grandi città che si erano sviluppate nel XVI secolo, rimase stabile e le piccole e medie città spesso decaddero. Tutto ciò vale, almeno in parte, anche per i paesi marittimi. [...]

Nel commercio la crisi fu più generale. Le due principali aree del commercio internazionale, il Mediterraneo e il Baltico, subirono profonde modificazioni e, forse un temporaneo declino nel volume dei traffici. Il Baltico, la colonia europea dei paesi occidentali a carattere urbano, mutò le sue fondamentali esportazioni di derrate alimentari in prodotti come il legname da costruzione, metalli ed attrezzature navali, mentre diminuì la sua tradizionale importazione di lane occidentali. Il volume dei traffici, calcolato in base ai pedaggi del Sund, raggiunse il suo acme nel 1590-1620, cadde nella prima decade posteriore al 1620 e, dopo qualche segno di ripresa, declinò in maniera catastrofica fino al 1650 (restando poi ad un livello di stagnazione fino al 1680 circa). Dopo il 1650 il Mediterraneo, come il Baltico, divenne un'area di scambio di beni locali, generalmente materie prime, con i manufatti atlantici e le merci orientali, ormai monopolizzate dalle potenze nord-occidentali. Dalla fine del secolo l'oriente fornì le sue spezie per la via del nord e non più dall'est. Il commercio francese col levante si ridusse alla metà tra il 1620 e il 1635, discese quasi a zero negli anni intorno al 1650 e non si riprese realmente se non dopo il 1670. Il traffico olandese col levante fu povera cosa dal 1617 fino al 1650 circa.

Francesco Benigno/I limiti della potenza sovrana

[F. Benigno, *Specchi della rivoluzione. Conflitto e identità politica nell'Europa moderna*, Donzelli, Roma 1999, pp. 289-292]

Francesco Benigno (nato nel 1955) individua in tutte le rivoluzioni del Seicento un tratto comune: la messa in discussione di uno specifico Stato sovrano. In altre parole, ovunque si assiste ad una radicalizzazione ideologica nella cui cornice il popolo si attiva politicamente per mettere in discussione la legittimità sovrana. Questo processo secondo l'autore è perfettamente esemplificato dalla rivoluzione di Masaniello, che da un lato vide una rapida radicalizzazione delle posizioni tra nobili e popolo, dall'altro l'irruzione sulla scena politica di gruppi sociali prima esclusi, dotati di una consapevolezza nuova del diritto dei cittadini alla libertà e all'autogoverno.

Non è un caso se la parola rivoluzione si sia affermata nel vocabolario europeo alla metà del Seicento. Il «sollevamento generale manifestatosi in quasi tutte le monarchie» negli anni quaranta ha fatto pensare i più non solo alla collera di Dio ma ai limiti della potenza sovrana. Contrariamente a un'opinione largamente condivisa, scettica sulla possibilità di individuare una qualche «unità di vedute tra Masaniello e Jan de Witt, tra Cromwell e il Cardinale di Retz», si è cercato qui di argomentare che una consonanza di fondo è possibile scorgerla. Che si può ripensare la cosiddetta «crisi del Seicento», in modo forse più circoscritto che un tempo ma ugualmente significativo, come una fase di messa in discussione di uno specifico modello di Stato monarchico, quello caratterizzato dalla presenza del favorito, alter ego del sovrano, e dalle procedure del «governo straordinario e di guerra». E che perciò gli anni quaranta sono stati testimoni non di una casuale combinazione di eventi insurrezionali, le cosiddette «sei rivoluzioni contemporanee», ma di un processo di allargamento e di interconnessione delle sfere pubbliche nazionali legato a processi di radicalizzazione ideologica accomunati dal rigetto di un certo modo di governare attraverso la «potenza assoluta».

In questo quadro si è scelto di approfondire [...] la rivoluzione di Masaniello [...], una vicenda segnata da una precoce polarizzazione del campo insurrezionale e dall'esclusione da esso di gran parte della classe dirigente. Il suo interesse nasce anzi proprio dall'essere il più eclatante esempio di spaccatura «orizzontale» di una società urbana di età moderna, la prima di tante «rivoluzioni degli scalzi». [...]

Nel caso della rivoluzione napoletana, la contrapposizione fra popolo e nobili, nata su un terreno tradizionale di lotta politica, ha innescato un processo di radicalizzazione ideologica e di assolutizzazione del campo popolare di cui Masaniello è stato il simbolo. Ne è derivata l'irruzione sulla scena politica di settori tradizionalmente emarginati, invocanti non solo il diritto all'esistenza organizzata come corpo ma anche alla voce pubblica. La profonda frattura che ha in quell'occasione separato il popolo dai patrizi, ha consentito così alla società insurrezionale di rompere con le abitudini di deferenza e di soggezione e di creare spazi per l'espressione politica di strati e gruppi tradizionalmente esclusi dalle scelte fondamentali della vita collettiva; un'esperienza politica di radicalizzazione popolare tanto forte da segnare indelebilmente la rivoluzione napoletana e da dare identità ad un intero gruppo sociale.

L'attivazione insurrezionale non riproduce semplicemente le solidarietà fazionali, ma le modifica; ne dipende ma allo stesso tempo, tende a trasformarne natura e orientamento. Ciò in relazione ad alcune dinamiche specifiche della politica in ambiente urbano che il libro ha teso a sottolineare. Si è cercato infatti di mostrare come, tanto a Parigi e Bordeaux quanto a Napoli, la rottura rivoluzionaria abbia molto a che vedere con l'accumulazione di discorsi sui confini e sui limiti del potere legittimo, nonché sulle forme e i modi dell'amministrazione pubblica. Una tradizione non specificatamente popolare, ma che si trasmette a sezioni dell'universo dei non privilegiati attraverso i discorsi e le pratiche della politica locale; e cioè mediante l'esperienza di gestione della comunità e l'esercizio dell'autogoverno.

È attraverso il discorso pubblico sulle forme e sui modi del governo locale che si è venuto sostanziando l'ideale della libertà civile come contrapposta alla servitù politica, riprendendo una visione classica della libertà individuale come inscindibile dalla libertà della comunità politica di cui si è parte. Questo corpo politico è idealmente lo «Stato libero», che in termini machiavelliani definisce quelle città «governate per loro arbitrio»; nei regimi monarchici tuttavia esso si identifica con la *universitas*, con la comunità urbana, e con le sue regole di autogoverno. E cioè con quell'insieme di diritti e di privilegi che sostanziano la cittadinanza e per i quali, come recita il motto, «l'aria della città rende liberi».

ANALIZZARE E COMPRENDERE

1 **Che cosa sostenevano le teorie dei cicli storici sorte nell'Europa del Seicento? Quale particolare rapporto si creò tra la scienza e la religione secondo Trevor-Roper e quali timori andò a rafforzare nell'immaginario collettivo della società del tempo?**

2 **Quali furono le cause con cui Hobsbawm spiega il calo demografico nell'Europa del Seicento? E come si modificarono le importazioni e le esportazioni di prodotti nel Mediterraneo e nel Baltico?**

3 **In quale passo del brano qui presentato Benigno collega l'ondata rivoluzionaria in Europa al dibattito teorico sui limiti del potere legittimo del re e le pratiche della politica locale? Individualo e, se ti aiuta, sottolinealo.**

CONFRONTARE E RIELABORARE

4 **Riassumi in un testo di max 15 righe i fattori salienti della crisi europea nel Seicento, avvalendoti delle riflessioni generali di Trevor-Roper e Benigno e delle analisi circostanziate di Hobsbawm. Puoi fare riferimento anche ai contenuti del par. 20/4.**

S/43_Il commercio marittimo tra traffici leciti e pirateria

Il nostro percorso storiografico si apre con un brano di **Maria Fusaro**, che si sofferma sui nuovi equilibri commerciali che si affermarono nel Mediterraneo durante il Seicento. Alla perdita dell'egemonia commerciale degli Stati italiani si accompagnò infatti l'emergere delle potenze atlantiche (Olanda e Inghilterra), che proprio dal Mediterraneo iniziarono a costruire un sistema economico internazionale. L'espansione inglese è approfondita da **Gigliola Pagano de Divitiis** nel secondo passo. Cercando di chiarire i tempi, le modalità e le ragioni che permisero all'Inghilterra di conquistare la leadership degli scambi marittimi, Pagano de Divitiis individua l'asse portante del commercio inglese nel triangolo Londra-Livorno-Mediterraneo. La pirateria infine è il tema centrale affrontato da **Robert C. Ritchie**, che ne indaga le diverse forme e i motivi della sua fortuna. Nel percorso che proponiamo, lo studioso nota come da arma segreta ed efficace delle potenze emergenti essa si trasformò progressivamente in un'attività indipendente, redditizia e individualistica.

Maria Fusaro/Olandesi e inglesi riorganizzano il traffico continentale

[M. Fusaro, *Reti commerciali e traffici globali in età moderna*, Laterza, Roma-Bari 2008, pp. 43-46]

L'arrivo degli olandesi nel Mediterraneo e la nascita del predominio marittimo inglese sono i due temi sviluppati da Maria Fusaro (nata nel 1970) in questo estratto. Se la presenza olandese risentì della lunga guerra combattuta dai Paesi Bassi per l'indipendenza dalla Spagna, gli inglesi riuscirono a gettare solide basi per il consolidamento successivo della loro potenza. Approfittando delle difficoltà in cui vennero a trovarsi Venezia e Anversa, si imposero infatti come principali garanti e intermediari dei traffici tra il Nord e il Sud d'Europa. Inoltre, sfruttando il conflitto tra l'Impero turco e la Spagna, gli inglesi non solo conclusero accordi preferenziali per rifornire gli ottomani dei materiali di cui necessitavano, ma ottennero anche l'appoggio logistico e commerciale per la guerra di corsa che stavano conducendo contro i vascelli spagnoli.

Le navi e i mercanti olandesi, e in misura minore anseatici, entrarono nel Mediterraneo a fine Cinquecento quando le carestie in quest'area resero assai redditizio importarvi il grano prodotto nella Confederazione polacco-lituana; grano abbondante, poco costoso e la cui commercializzazione controllavano già da tempo nel Baltico e nel Mare del Nord. La presenza di naviglio olandese nel Mediterraneo fino alla metà del Seicento rimase collegata alle varie fasi della lunga guerra (1568-1648) innescata dalla ribellione dei Paesi Bassi contro la corona spagnola: nei periodi di tregua il numero delle navi olandesi aumentava, nelle fasi acute del conflitto diminuiva. Nel 1612 le Province Unite ottennero capitolazioni [trattati] dall'impero ottomano, presso il quale i loro mercanti furono ben accetti come alleati naturali, in quanto nemici degli Asburgo. I mercanti delle Province Unite importavano nell'impero ottomano prodotti tessili e coloniali, mentre da lì esportavano mohair e pelo d'angora per le loro industrie tessili: si trattava di un traffico vivace ma che non fu mai fondamentale per entrambe le parti.

Ben diverse conseguenze per la zona ebbe l'arrivo degli inglesi. Le flotte di Stato veneziane avevano interrotto il collegamento regolare con il Nord Europa già nel 1533, tuttavia, fino allo scoppio del conflitto turco-veneziano (1566-1573), questa rotta commerciale era rimasta attiva sotto il controllo della Repubblica grazie al naviglio privato di proprietà di veneziani o di sudditi greci della Serenissima. Durante il conflitto però questi viaggi furono sospesi e alla cessazione delle attività belliche furono invece le navi inglesi a ristabilire il contatto diretto con il Mediterraneo. Quasi contemporaneamente, il sacco di Anversa da parte delle truppe imperiali (1576) segnò la fine del lungo periodo in cui la città fiamminga era stata il principale centro di ridistribuzione di prodotti tessili inglesi per l'Europa e per l'impero ottomano. Tutti questi avvenimenti provocarono una riorganizzazione generale del traffico fra Nord e Sud del continente. La crisi ormai evidente della marina veneziana, unita all'imperversare della pirateria causò un'impennata dei costi del commercio marittimo veneziano. Gli inglesi si trovarono nella felice posizione di poter conquistare assai velocemente non solo l'esclusiva del commercio diretto fra gli Stati della penisola italiana e il Nord Europa, ma anche

una fetta importante del commercio nel bacino mediterraneo che era stato precedentemente in mani veneziane.
La convergenza degli interessi politici e commerciali inglesi con quelli dell'impero ottomano si dimostrò da subito fondamentale per gettare le basi della supremazia inglese nei traffici del Mediterraneo: grazie alla comune ostilità verso gli spagnoli, gli inglesi riuscirono infatti a ottenere condizioni estremamente convenienti nelle capitolazioni con l'impero (1580), il cui governo era molto interessato alle forniture inglesi di materiale strategico, essenziali per il suo sforzo bellico contro la Spagna e le altre potenze cattoliche. La proibizione papale di vendere armi ai musulmani non era rispettata dall'Inghilterra protestante, quindi le navi inglesi, approfittando di tariffe doganali di grande favore (del 3% contro il 5% di francesi e veneziani), cominciarono subito a importare nell'impero ottomano stagno, piombo, acciaio come pure polvere da sparo e armi di ogni genere. Rilevante per la guerra da corsa inglese contro i vascelli spagnoli si dimostrò anche l'appoggio logistico fornito agli inglesi nei porti sotto il controllo ottomano – dall'Albania al Nord Africa – che garantì loro non solo basi di rifornimento, ma anche mercati ove vendere le merci di cui si impadronivano. [...]
La conquista di questi nuovi mercati fu quindi essenziale per lo sviluppo economico inglese dei secoli successivi. All'inizio del Settecento l'Inghilterra importava più del doppio ed esportava/riesportava più del quintuplo in area europea e mediterranea rispetto a quanto faceva in tutti gli altri continenti.

Gigliola Pagano de Divitiis/Livorno, base della navigazione inglese nel Mediterraneo

[G. Pagano de Divitiis, *Mercanti inglesi nell'Italia del Seicento. Navi, traffici, egemonie*, Marsilio, Venezia 1990, pp. 132-139]

Per tutto il Seicento Livorno fu lo scalo e il deposito principale per il commercio inglese nel Mediterraneo. L'ascesa del porto toscano fu agevolata da un insieme di fattori che Gigliola Pagano de Divitiis illustra nel passo che riportiamo. Oltre alla sua posizione geografica, che la collocava al centro delle principali rotte marittime, la politica liberale granducale giocò un ruolo di primo piano: facendo di Livorno un porto franco si garantirono maggiore libertà di movimento delle merci e bassi costi doganali. L'ammodernamento delle strutture portuali e il rilancio sul piano urbano e demografico della città la resero un centro efficiente, ospitale e accogliente. Gli ebrei divennero una delle comunità più numerose, ma la politica di amnistia abbracciata dal governo attirò anche molti banditi e pirati.

L'egemonia del porto toscano rispetto agli altri porti italiani cominciò a delinearsi chiaramente [...] fra il 1625 e il 1628, quando, a causa dei conflitti insorti con la Spagna e la Francia, l'Inghilterra vi concentrò la maggior parte dei suoi interessi commerciali. L'accentrarsi delle rotte su Livorno coincise con una serie di avvenimenti che portarono il porto labronico a liberarsi della dipendenza che lo aveva legato a Pisa, che era in effetti rimasta fino ad allora il centro mercantile lasciando a Livorno solo il ruolo di scalo. [...]
Nello stesso periodo la direttrice commerciale, che faceva di Genova il porto di Milano e della Lombardia, deviò verso Livorno. [...]
Livorno era favorita dalla sua locazione geografica sia nei confronti di Venezia e Ancona, in quanto si trovava più vicino alla rotta seguita dalle navi nordiche verso Levante, sia rispetto a Genova, poiché aveva una posizione equidistante dalle direttrici terrestri in partenza dall'Italia settentrionale verso il Nord-Europa, mentre le imbarcazioni dirette verso l'Italia meridionale, dov'erano poste le usuali fonti di approvvigionamento, salpando dal porto toscano dovevano affrontare un viaggio più breve. Lo sviluppo di Livorno più che ai vantaggi geografici era dovuto alla politica liberale dei suoi governanti, i quali, dichiarandolo porto franco, offrivano libertà di movimento alle merci e bassi costi doganali, cioè vantaggi sconosciuti sia a Genova che a Venezia. Le facilitazioni economiche erano tali, che era più conveniente scaricare le merci dirette in Veneto a Livorno che a Venezia. [...] L'abbassamento delle tariffe doganali, inoltre, diventava essenziale nei riguardi del traffico di transito, per sua natura volubile e particolarmente sensibile ai fattori congiunturali, quale si stava sempre più configurando il movimento che toccava i porti della penisola italiana, conseguentemente al declino delle industrie esportatrici. Probabilmente giovò alla Toscana avere il porto separato da Firenze, che era il centro industriale; l'unione delle due attività, portuale e industriale, in un unico luogo avrebbe potuto agire da elemento frenante rispetto alla libera circolazione delle merci. Il ritardo di Genova e Venezia in questo campo fu fatale alle loro attività portuali, che si videro inesorabilmente estromesse dai circuiti mondiali controllati da mercanti e armatori nordici. [...]
Livorno però non offriva agli inglesi solo vantaggi doganali, era anche il porto più moderno e attrezzato del Mediterraneo. A partire dal 1543-44, cioè da quando l'ultima nave aveva lasciato Porto Pisano e Livorno era diventato il porto della Toscana,

l'avveduta politica granducale aveva fatto di tutto per renderlo efficiente, fornendolo di tutte le strutture necessarie, come la dogana nuova, compiuta nel 1546, e l'arsenale, dello stesso periodo. Nel 1569 fu iniziata la costruzione di due nuovi moli, mentre la fortezza nuova fu edificata nel 1590 in soli cinque mesi e la darsena di alto fondo per i grandi velieri fu scavata con uguale celerità l'anno seguente.
Il complesso portuale labronico, inoltre, fu collegato all'Arno all'altezza di Pisa tramite il Canale dei navicelli, iniziato nel 1560. Quest'opera evitava alle merci dirette verso l'entroterra toscano, o viceversa, il difficile imbocco dell'Arno e, allo stesso tempo, faceva deviare le acque di alcune paludi, che rendevano malsana l'aria intorno a Livorno. [...]
Insieme al porto fu costruita anche una città nuova, ideata con una grande piazza d'armi rettangolare e con strade tagliate ad angolo retto. Per questa città «americana», si cercò di reclutare una popolazione eterogenea e priva di pregiudizi, «una umanità "americana" [...] in cui anche i più modesti potevano fare fortuna». I Medici cercarono, infatti, di attirare in tutti i modi a Livorno uomini, navi e capitali. Innanzi tutto avevano offerto ospitalità agli ebrei a partire da Cosimo[1], che nel febbraio del 1548 li aveva fatti venire «dalla Spagna e dal Portogallo, dove sapeva che erano perseguitati dall'Inquisizione ed erano mercanti ricchi e abili, concedendo loro, come essi stessi ammettono, privilegi più ampi che in qualsiasi altro luogo». [...]
Con la sicurezza di ottenere l'amnistia per i reati commessi in precedenza, tranne quello di lesa maestà, e la promessa di protezione, banditi e pirati vennero attirati a Livorno, che divenne il rifugio favorito dei corsari inglesi soprattutto dopo la pace anglo-spagnola del 1604.
Il Granduca si rivolgeva personalmente a loro per invitarli a stabilirsi nel suo nuovo porto. Nell'aprile del 1610 inviò a Palermo il capitano Lewkner Bosswell (o Bosfield), un gentiluomo del Kent al suo servizio, con una lettera di perdono sua [...] indirizzata al pirata Ward[2], per persuaderlo a entrare al servizio del granducato e diventare cattolico. Bosswell aveva con sé anche la lettera di perdono per altri pirati inglesi, come Lawson Denbow, che comandava una nave olandese, e il suo vice, Glafield, oltre che per un certo Sky. Furono ugualmente invitati a Livorno i pirati inglesi di Mamora, che si erano arricchiti depredando sia navi spagnole che di altre nazionalità, sotto il pretesto di offrire loro la possibilità di redimersi dalle malefatte commesse e di convertirsi al cattolicesimo. Non a caso il porto toscano divenne il più grande mercato di prede del Mediterraneo.

1. Cosimo I de' Medici (1519-1574), granduca di Toscana dal 1537.
2. John Ward (1553-1622), conosciuto anche come Jack Ward, fu uno dei pirati inglesi più attivi e noti dell'epoca.

Robert C. Ritchie/Polimorfismo e fortuna della pirateria

[R.C. Ritchie, *Capitan Kidd e la guerra contro i pirati* (1986), trad. it. di L. Stefani, Einaudi, Torino 1988, pp. 12-14, 18-21]

Nel XVII secolo la pirateria fu una pratica così diffusa che si articolò in forme, modalità e finalità differenti. Robert C. Ritchie distingue tre categorie prevalenti: la pirateria autorizzata, quella commerciale e i predoni d'alto mare. La pirateria autorizzata godeva dell'appoggio dei governi, era utilizzata come forma di guerra alternativa per colpire e indebolire uno Stato nemico e, anche se regolamentata attraverso specifiche autorizzazioni (chiamate "lettere di marca"), non esisteva un diritto internazionale codificato per perseguirla. La pirateria commerciale era praticata da comunità che ne facevano la loro principale fonte di sostentamento, ma anche da compagnie che volevano imporre il loro monopolio e da mercanti che faticavano ad inserirsi in un sistema commerciale sempre più complesso ed esteso. I predoni di mare, infine, erano avventurieri che facevano della pirateria una scelta di vita.

Alla fine del XVII secolo si potevano già distinguere vari tipi di pirateria: quella autorizzata, quella commerciale e quella dei razziatori indipendenti. Non si escludevano a vicenda e qualsiasi pirata, se lo avesse voluto, avrebbe potuto esercitarle tutte e tre nel corso della sua carriera. Poiché c'era sempre la possibilità che degli atti considerati legali in un periodo venissero condannati in seguito, queste distinzioni non devono venir considerate come categorie vere e proprie, bensì solamente come un mezzo per comprendere meglio il polimorfismo di quel fenomeno che chiamiamo pirateria.
S'intende per *pirateria autorizzata* l'insieme degli atti pirateschi che vengono riconosciuti come tali da tutti i sistemi di legge, ma che rimangono privi di punizione perché il governo responsabile trova vantaggioso ignorarli o addirittura divenirne segretamente il sostenitore. [...]
In Inghilterra, in Francia e nei Paesi Bassi l'opinione della maggioranza era di regola favorevole a chi aveva successo; inoltre le procedure legali nei confronti di chi infrangeva la legge fuori dei confini nazionali erano ancora appena abbozzate. Ma c'era qualche regola che bisognava rispettare. In tempo di guerra, per mezzo

di una lettera di marca veniva conferita a una nave da guerra, allestita a spese di privati, l'autorizzazione di attaccare il naviglio nemico; in tempo di pace, mediante una lettera di rappresaglia i mercanti erano autorizzati a rifarsi delle perdite subite a causa dei pirati. [...] Con la lettera di rappresaglia concessa dal sovrano, il querelante riceveva l'autorizzazione di derubare i sudditi del principe i cui sudditi lo avevano derubato per primi. Era un metodo d'indennizzo piuttosto primitivo, che dimostra l'inadeguatezza delle strutture su cui poggiavano le relazioni internazionali di quei tempi. Sia la lettera di marca che quella di rappresaglia offrivano ampie possibilità d'abuso. Raramente i corsari rispettavano le navi neutrali e s'impossessavano dei beni di chiunque commerciasse con il nemico, senza curarsi di quale fosse la relazione tra la loro vittima e il proprio sovrano. Anzi, era normale considerare un nemico chi non era in uno stato d'alleanza dichiarata con il proprio paese. C'erano anche i casi in cui dei corsari di professione cercavano d'entrare al servizio di un altro principe, se il loro sovrano aveva deciso di optare per la pace. [...]
Numerose altre attività venivano condotte senza la minima parvenza di legalità e tuttavia ottenevano un riconoscimento ufficiale o, per lo meno, si permetteva che passassero inosservate. Uno degli esempi più noti di questo fenomeno è la circumnavigazione del mondo che Sir Francis Drake, il più famoso degli Sparvieri del Mare, fece nel 1577-79. Questo viaggio segnò una tappa gloriosa nel campo della navigazione e fu, al tempo stesso, un'incredibile avventura e una grande operazione di pirateria. Dal momento che Drake era entrato nel Pacifico, dove gli Spagnoli sonnecchiavano nella tranquillità del «lago spagnolo», ogni sua mossa aveva avuto il solo scopo di arricchire se stesso, i suoi uomini e coloro che lo avevano finanziato. [...]
Non è facile dare una definizione della *pirateria commerciale*, benché sia possibile distinguere due vaste categorie. La prima fa capo ai mercanti che, al pari di certi funzionari del governo, investivano capitali in attività piratesche; costoro tuttavia disponevano di altre risorse. L'altra categoria era costituita da comunità che trovavano nella pirateria la loro fonte più importante di guadagno. Benché venga subito fatto di pensare alle antiche tradizioni delle genti del mare, c'era in realtà una grande differenza: le nuove comunità di pirati operavano entro un sistema di rotte commerciali che ormai si estendeva a tutto il mondo. L'espansione del commercio e del predominio dell'Europa comportava un aumento nel numero delle navi e la necessità di viaggi sempre più frequenti in porti sempre più numerosi. I nuovi stati non erano in grado di controllare in modo adeguato una rete di rotte commerciali così fitta rispetto a quella antica. Inoltre i mercanti dei neoimperi non potevano permettersi il lusso di entrare nel giro a poco a poco, seguendo regole prestabilite; al contrario, erano costretti a ricorrere a qualsiasi mezzo pur di conquistarsi un posto al sole. [...]
Le compagnie commerciali più importanti si servivano di qualsiasi mezzo per stabilire i loro monopoli. La Compagnia olandese delle Indie Orientali aveva commerciato e fatto razzie nelle Americhe per anni, tenendo sempre d'occhio il sistema dei viaggi a convoglio degli Spagnoli, per scoprire quando venivano effettuati e quali ne erano le debolezze. [...]
Un'altra forma di pirateria commerciale fu quella che fiorì ai margini delle zone di potere. Man mano che, nella loro ambizione di espandersi, i nuovi stati imperialistici acquistavano altre colonie e consolidavano la loro posizione nel Nuovo Mondo, venivano a crearsi delle comunità locali di mercanti, che erano costretti ad affrontare gravi difficoltà economiche. Essi facevano infatti parte di un sistema che li costringeva a dar via a basso prezzo i loro prodotti agricoli in cambio di manufatti molto costosi, e a pagare imposte di varia natura. Le conseguenze, per molti di loro, erano un bilancio deficitario e una mancanza cronica di denaro liquido. La soluzione di tali problemi doveva venir trovata nell'ambito stesso delle economie locali, ancora allo stato larvale e sensibili alle fluttuazioni, anche minime, dell'economia mondiale. [...]
Accanto ai governanti e ai mercanti che non disdegnavano metodi pirateschi in ogni recesso degli imperi, non tardò a entrare in scena un'altra categoria di uomini pronti al rischio: i *predoni d'alto mare*, Europei che percorrevano il mondo in cerca di ricchi bersagli e che diedero vita ad una forma nuova di pirateria. Comparvero in numero notevole nel Mediterraneo intorno al 1570 e all'inizio del secolo successivo avevano già raggiunto l'Atlantico. Trovarono la loro sede permanente ed un nuovo nome nei Caraibi dove, dopo il 1650, i bucanieri avevano assunto una grande importanza. In seguito si spinsero ben oltre l'America. La prima ondata lasciò i Caraibi verso il 1680, quando attraversarono l'Istmo di Panama o circumnavigarono l'America del Sud per razziare nel Pacifico. Una seconda ondata raggiunse le coste occidentali dell'Africa e, doppiato il Capo di Buona Speranza, entrò nell'Oceano Indiano. In questo periodo, chiamato l'età dell'oro della pirateria, essa veniva praticata in due forme diverse, che possono venir definite ladroneria organizzata e ladroneria improvvisata. Molti di questi uomini le praticavano entrambe, ma è ugualmente possibile fare una distinzione: i pirati che agivano secondo un piano prestabilito rimanevano vincolati ad un porto che serviva loro da base; quelli che operavano indipendentemente tagliavano ogni legame con la base e si mettevano in mare per un vagabondaggio che durava ininterrotto per mesi, e talvolta per anni.

ANALIZZARE E COMPRENDERE

1 **Come furono accolti olandesi e inglesi nel Mediterraneo dai turchi, secondo Fusaro, e perché? Argomenta la tua risposta.**

2 **Quali strategie, evidenziate da Pagano de Divitiis, realizzarono i granduchi di Toscana per rendere Livorno il porto più moderno ed efficiente del Mediterraneo? Quale politica attuarono verso gli ebrei e i pirati inglesi, e con quale pretesto ufficiale?**

3 **A quale straordinaria impresa, ricordata da Ritchie, è legato il nome del più celebre corsaro inglese, Sir Francis Drake? In quali mari si sviluppò l'espansione geografica dei predoni d'alto mare, dalla fine del Cinquecento a tutto il Seicento? Argomenta le tue risposte.**

CONFRONTARE E RIELABORARE

4 **Ricostruisci, in un testo di max 20 righe, la storia e la diffusione geografica della pirateria nell'Età moderna, basandoti sul brano di Ritchie qui proposto e integrandolo con le osservazioni di Fusaro e Pagano de Divitiis che possono esserti utili.**

S/44_La cultura nobiliare a inizio Seicento

Tra fine Cinquecento e inizio Seicento la nobiltà italiana iniziava ad avere dei connotati ben definiti. La progressiva chiusura dei ranghi dell'aristocrazia coincise con l'affermarsi di stili di vita e pratiche sociali che avevano una forte componente distintiva. In questo percorso proponiamo alcuni brani che ci permettono di individuare meglio questi connotati. Nel primo **Domenico Sella** fa una distinzione tra due tipi di nobiltà, quella feudale e quella urbana, inizialmente dotati di comportamenti e di valori rispettivamente diversi, ma che ben presto iniziarono un processo di imitazione reciproca e di fusione. Nel secondo **Renata Ago** si concentra su una particolare pratica distintiva dell'aristocrazia italiana, il collezionismo d'arte, che dietro l'amore per l'arte nascondeva complesse strategie di autocelebrazione. Nel terzo, infine, **Roberto Bizzocchi**, prende in esame un'altra pratica legata alla cultura nobiliare dell'epoca, la fioritura di opere genealogiche volte a testimoniare una discendenza illustre di nobili o sovrani. A metà strada tra pratica di promozione sociale e opera storica, le "genealogie illustri" permettono di indagare da una prospettiva particolare la cultura di inizio Seicento.

Domenico Sella/L'aristocrazia italiana

[D. Sella, *L'Italia del Seicento*, Laterza, Roma-Bari 2003, pp. 63-66]

Domenico Sella (1926-2012) riporta alla luce i caratteri dell'aristocrazia italiana tra Cinquecento e Seicento, individuando al suo interno due distinte tipologie: da un lato la nobiltà feudale, che faceva risalire la propria origine ad un lontano passato feudale, che continuava a coltivare i valori cavallereschi ed aveva il suo radicamento nelle campagne; dall'altro la nobiltà cittadina, nota come patriziato, che legava il proprio *status* soprattutto al ruolo di amministratori che detenevano da generazioni nel panorama municipale. Ben distinte per modi di vita e sfere di interessi, tra Cinquecento e Seicento le due nobiltà iniziarono un processo di fusione attraverso il fenomeno dei matrimoni misti e la tendenza del patriziato ad assumere sempre più gli atteggiamenti della nobiltà feudale.

In ogni Stato italiano l'aristocrazia comprendeva due gruppi distinti, ciascuno dei quali affermava di far parte del primo ordine della società. Uno dei due gruppi riconduceva le proprie origini a un passato feudale lontano e spesso mitico e insisteva sulle valorose gesta militari dei propri antenati e su qualche remota investitura imperiale per legittimare la propria posizione; continuava a coltivare le virtù cavalleresche o guerresche, e molti dei suoi membri facevano carriera negli eserciti del loro sovrano, fosse esso il re di Spagna, il duca di Savoia o la Repubblica di Venezia. La base del potere di questa nobiltà feudale o di spada era principalmente la campagna, dove si trovavano i feudi e dove i loro possessori godevano, oltre a una rendita a volte ingente di origine agricola, di un vario assortimento di diritti giudiziari e signorili sui contadini. L'altra aristocrazia ci è meglio nota come patriziato, anche se il termine non era di uso comune all'epoca. Le sue radici erano cittadine e le sue rivendicazioni di preminenza e di privilegio si fondavano sull'antichità dell'insediamento della famiglia in una città e, soprattutto, sul fatto che da alcune generazioni la famiglia aveva detenuto cariche municipali. La nobiltà feudale era particolarmente forte nel Regno di Napoli. I suoi «baroni», è vero, avevano perduto gran parte del loro autonomo potere politico, e l'abituale insubordinazione di fronte alla corona era stata in larga misura domata dopo che Napoli, all'inizio del Cinquecento, era divenuta parte di una grande e potente monarchia quale la Spagna. Ciò nonostante, con i loro enormi latifondi e con l'ampia autorità giudiziaria ed amministrativa di cui godevano sui contadini, i baroni continuavano a rappresentare una forza di primaria importanza nella società meridionale, una forza che neppure un monarca centralizzatore e deciso come Filippo II, dipendente com'era dalla loro lealtà per il reclutamento di ufficiali e soldati per il suo esercito e per il mantenimento di un minimo di ordine nelle campagne, poteva permettersi di inimicarsi. A Napoli, tuttavia, si era formata un'altra nobiltà, distinta dal baronaggio e piuttosto simile al patriziato del Nord e del Centro della penisola. Nota come «nobiltà di seggio» dal nome della sala in cui si riuniva per trattare questioni inerenti all'amministrazione della città, quest'aristocrazia cittadina aveva nelle proprie mani tutte le leve di comando del governo municipale ed era tra l'altro responsabile di un compito delicatissimo, l'approvvigionamento di una città di 300.000 abitanti. Anche le città minori («università») avevano i loro patriziati, che custodivano gelosamente il proprio antico diritto di dirigere l'amministrazione locale.

A Venezia il patriziato godeva di una posizione del tutto speciale, per non dire unica, poiché controllava non solo gli affari cittadini, ma anche quelli dell'intero Stato. I suoi membri (al numero di circa duemila) formavano una casta chiusa, ereditaria, e godevano dell'esclusivo privilegio di sedere nel Maggior Consiglio e di essere i soli a poter essere eletti a tutte le maggiori cariche di governo, da doge a senatore, da ambasciatore a magistrato, da governatore di una provincia a ufficiale dell'esercito o della marina. Nonostante il suo enorme potere all'interno e all'esterno della città di San Marco, tuttavia, il patriziato veneziano si atteggiava a élite urbana, si sarebbe quasi tentati di dire borghese. Senza titoli altisonanti, stemmi elaborati o diritti giudiziari sui contadini; senza lungo seguito di servitori, i nobili veneziani, che indossavano invariabilmente in pubblico un abito nero, apparivano in stridente contrasto con la nobiltà napoletana, sfarzosa e ostentatrice, che viveva circondata da «pompe e magnificenze» ed appariva sempre in pubblico con un seguito di «staffieri, paggi, maggiordomi, camerieri». Ma la Repubblica di Venezia aveva anche la sua nobiltà feudale, se non nella città di Venezia, certamente nei possedimenti di terraferma che aveva conquistato nel XIV e nel XV secolo. Ben lungi dal tentare di eliminarla, la repubblica l'aveva cooptata e si era guadagnata la sua lealtà riconoscendo e confermando i suoi diritti e le sue prerogative feudali sempre che non fossero in conflitto con le proprie leggi e con i propri indirizzi politici.

Il dualismo costituito dalla nobiltà feudale e dal patriziato urbano esisteva, pur con variazioni nel peso relativo dei due gruppi, praticamente in tutta la penisola, nello Stato Pontificio come nello Stato di Milano, nel Granducato di Toscana non meno che nel Ducato di Parma. Ovunque le due aristocrazie vivevano fianco a fianco, ognuna con la propria sfera d'influenza (la città per la prima, la campagna per l'altra). A partire dalla fine del Cinquecento, però, le differenze fra i due gruppi andarono gradualmente attenuandosi: il fenomeno fu agevolato dai matrimoni misti e dal fatto che le famiglie del patriziato investirono sempre più in terre ed arrivarono in tal modo a condividere gli interessi economici della nobiltà feudale. Membri delle élites cittadine iniziarono ad ostentare il titolo di «gentiluomo», fino ad allora riservato ai nobili di spada, e in una città dopo l'altra stabilirono misure rigorose che miravano a definire in modo sempre più restrittivo le modalità di accesso alle proprie file: una condizione di primaria importanza, seppure non indispensabile, era l'essere nati in una famiglia distintasi nella società cittadina, profondamente radicata nel passato della città e che aveva ricoperto delle cariche, nonché l'attestazione che nessun membro della famiglia nelle due o tre ultime generazioni avesse svolto «vili esercizi e arti meccaniche». Un processo di «chiusura aristocratica», in altre parole, prese l'avvio quando il patriziato tese a farsi più esclusivo e ad imitare la nobiltà feudale, assumendo da quest'ultima il concetto secondo cui la nobiltà è in primo luogo determinata dalla nascita piuttosto che dall'educazione e dal servizio prestato allo Stato.

Renata Ago/Il collezionismo tra splendore e magnificenza

[R. Ago, *Il gusto delle cose. Una storia degli oggetti nella Roma del Seicento*, Donzelli, Roma 2006, pp. 128-133]

Una delle pratiche distintive delle élite tra Cinquecento e Seicento è il collezionismo d'arte, di cui Renata Ago (nata nel 1947) ci illustra dinamiche, obiettivi e ragioni profonde. La spesa di cifre enormi per accumulare oggetti di valore portava implicitamente con sé una sorta di riprovazione morale, che molti collezionisti compensarono rendendo pubbliche le proprie collezioni private. A questa dinamica vanno ricondotti i nuclei originari della biblioteca Marciana di Venezia, della biblioteca Ambrosiana di Milano e della collezione di Palazzo Farnese a Roma. Ma accanto alle ragioni etiche, l'autrice mette in luce anche un intento di autocelebrazione e di promozione sociale del collezionista e del suo casato.

Una raccolta di oggetti preziosi era anche un modo per oggettivare lo splendore del suo proprietario, dare corpo e rendere visibile la sua capacità di usare al meglio le proprie ricchezze. E non solo. Accumulare cose di pregio, per materiale, fattura o invenzione, serviva a modellare e definire l'identità della persona che si lanciava in quest'impresa. [...] Raccogliere e conservare oggetti era dunque un modo per costruire un'immagine estetica di se stessi, raffinata, colta, e non semplicemente ricca.

Contemporaneamente, le collezioni avevano funzioni celebrative, [...] come le dichiarazioni di tanti [...] collezionisti non farebbero che confermare. Esse servivano a esaltare la fama di coloro che le avevano raccolte e a perpetuarne la memoria. C'era, in questa idea, qualcosa di sublime e al tempo stesso di colpevole, secondo quanto spiega lo stesso Giustiniani. Dopo aver messo insieme una delle più belle e ricche collezioni di statue e marmi antichi, questi aveva commissionato ad artisti famosi il disegno, l'incisione e la stampa di un volume di riproduzioni, che si sarebbe appunto intitolato *Galleria Giustiniana*. Sia l'una che l'altra impresa avevano naturalmente avuto un costo, e questo era stato così considerevole che in punto di morte era sembrato stravagante ed esagerato al loro stesso committente. [...]

Sottrarre risorse a usi più utili al prossimo è dunque un «peccato», un «mancamento» che va riscattato, possibilmente a carico di quelle stesse risorse. Eppure è proprio sull'immagine del «sacrificio» che si fonda il valore della collezione. L'idea che una raccolta implichi un impegno finanziario fuori dell'ordinario e che il collezionista non debba badare a spese è già presente nella *Vita di Niccolò V* di Vespasiano da Bisticci, là dove si racconta che, per costituire il primo nucleo della biblioteca Vaticana, il papa fece acquistare un'enorme quantità di libri «non guardando a pregio [prezzo] ignuno» e invitando «moltissimi uomini docti, et a compore opere di nuovo et a tradurre de libri che non ci fusino, dando loro grandissime provisioni». Tra la fine del Cinquecento e l'inizio del Seicento il tema è ripreso da Michele Mercati [...], Ciriaco Mattei [...], Vincenzo Giustiniani [...], Cassiano dal Pozzo [...], e tanti altri. [...]

Da un punto di vista soggettivo, il valore della collezione si misura dunque, prima di tutto, sulla quantità di tempo e di denaro che sono stati necessari a raccoglierla. Ma un'impresa fuori dell'ordinario, che implichi difficoltà e grandi spese, si impone anche agli occhi e all'opinione degli altri. [...]

L'idea di una sospensione nell'uso ordinario delle proprie risorse è quindi ben presente a tutti. [...] Di più, è proprio questa alterata destinazione del normale flusso del tempo e del denaro a fare della raccolta un bene prezioso, da trattare in maniera diversa dagli altri. Perché essa abbia valore è dunque necessario che si sia compiuto un «sacrificio», consistente appunto nella rinuncia agli altri possibili usi di quel tempo e di quel denaro. Questi altri possibili usi potrebbero essere più redditizi, in termini economici. Ma potrebbero essere anche più legittimi, in termini morali. In quanto compendio, almeno tendenziale, di tutta l'arte o di tutto il sapere, la collezione di per sé contiene elementi in grado di legittimare la distrazione di risorse rispetto ad «altro uso più utile al prossimo». Tuttavia una raccolta privata di oggetti preziosi resta pur sempre una forma di appropriazione individuale, di tesaurizzazione personale della ricchezza, che viola l'etica comunitaria della condivisione delle risorse. Guadagno e arricchimento sono infatti legittimi fintanto che vengono rimessi rapidamente in circolazione e quindi favoriscono l'arricchimento dell'intera comunità. [...] La raccolta di oggetti preziosi, al contrario, è pura accumulazione, totalmente estranea a qualsiasi principio di carità, e come tale è oggetto di riprovazione. Non a caso uno dei primi atti di Carlo Borromeo, all'indomani della sua conversione ascetica, consiste nel disfarsi delle sue collezioni vendendole o donandole a favore dei poveri.

Il sospetto di avarizia che dunque grava su qualsiasi forma di accumulazione privata deve essere riscattato attraverso forme di compensazione, capaci di restituire alla comunità almeno una parte di ciò che le è stato sottratto. Vincenzo Giustiniani sceglie di costituire una rendita a favore dei membri poveri del suo casato. [...] Se Giustiniani opta per forme parziali di compensazione, altri collezionisti, come Domenico Grimani nel 1523 o Federico Borromeo, quasi un secolo dopo, adottano soluzioni assai più radicali, donando le proprie collezioni alla città d'origine: come è noto, la biblioteca di Grimani costituirà il nucleo iniziale della Marciana di Venezia, e le collezioni di Borromeo daranno vita all'Ambrosiana di Milano. È in questo stesso contesto che si può situare anche il testamento del cardinale Alessandro Farnese, il quale nel 1587 dispone che sia le statue sia la biblioteca si debbano «conservare e custodire in perpetuo» a Roma, all'interno del palazzo Farnese, e ne vieta espressamente l'esportazione, insieme a qualsiasi altro tipo di alienazione: come aveva già sostenuto Pontano, l'uomo splendido acquista i begli oggetti di cui si circonda non solo per sé ma anche per «l'utile e la comodità del popolo tutto».

Una forma particolare di restituzione è poi costituita dall'apertura al pubblico di musei, gallerie, biblioteche e giardini privati. [...]

L'apertura delle collezioni al pubblico, la restituzione alla città di alcuni pezzi di particolare valore simbolico possono [...] essere viste come forme di compensazione nei confronti della comunità. Ma esse sono anche gli strumenti di una politica di promozione sociale del collezionista e del suo casato. Ponendosi a beneficio del pubblico lo splendore privato si trasforma infatti in magnificenza.

Roberto Bizzocchi/Genealogie illustri

[R. Bizzocchi, *Genealogie incredibili. Scritti di storia nell'Europa moderna*, il Mulino, Bologna 1995, pp. 81-83]

Tra Cinquecento e Seicento ci fu una fioritura senza precedenti di opere che si proponevano di ricostruire discendenze e genealogie illustri di sovrani, principi e nobili. In questo particolare genere letterario si cimentarono anche autori molto celebri. In un suggestivo saggio, Roberto Bizzocchi (nato nel 1953) dimostra che non è sempre possibile liquidarle come fantasiose imposture commissionate da potenti per inventarsi delle origini illustri. Vanno bensì interpretate come espressione di una particolare modalità di pensare e di scrivere la storia.
Nel seguente brano l'autore illustra le ragioni pratiche che comunque hanno sicuramente avuto un peso nella loro diffusione.

Nei secoli moderni esiste [...] un contesto in cui la ricerca di antenati illustri ha dei moventi molto concreti, e obbedisce a regole di verifica molto ragionevoli. È quello delle prove di nobiltà che si devono portare davanti agli ufficiali regi o ai commissari degli Ordini cavallereschi per ottenere patenti e ammissioni.

Mettiamo subito nel dovuto rilievo il fatto che questi due organismi istituzionali attuano politiche sociali ben diverse. Le monarchie moderne vogliono subordinare i grandi al controllo dello Stato, sottoporre l'orgoglio del sangue al vaglio di un'indagine burocratica, imporre alla nobiltà il sigillo dell'attestato regio. Sentiamo il francese Belleguise, un teorico dell'inchiesta promossa negli anni sessanta del Seicento da Colbert per la verifica dei titoli nobiliari:

«Ce n'est pas que la Noblesse n'ait un fondement réel: la vertu en étant la veritable source, la personne en qui elle est reconnuë porte en soi la cause essentielle et naturelle de cette illustre qualité. Mais cela seul ne lui suffit pas, il faut un aveu public de cette vertu, un sceau et une impression qui en laisse un témoignage authentique... c'est aussi à Sa Majesté seule à qui par les maximes du Royaume, il appartient d'annoblir»[1].

Di fronte a simili proposizioni dell'autorità dello Stato in materia di gerarchia, e quindi anche di mobilità sociale, c'è invece da parte dei grandi Ordini cavallereschi autonomi un'attitudine di più rigido esclusivismo, meglio corrispondente alla concezione che i nobili hanno del fondamento storico del loro privilegio. Registriamo il perdurare di questa concezione, ancora nella seconda metà del Settecento, nelle parole di Giandonato Rogadeo, un giurista molto legato all'Ordine di Malta:

«La nobilitazione per privilegio de Prencipe espresso è di rarissimo esempio. Anzi quella che espressamente dal Principe si concede non si ha in pregio, come cosa che additando il principio, toglie il pregio di quella vetustà, su cui si costruisce la prerogativa maggiore della nobiltà».

Tuttavia, in entrambi i casi, davanti al monarca o all'Ordine, si tratta di esibire prove documentarie e verificabili di un passato assai suscettibile di controllo. Con una decisione presa nel 1667, il re di Francia richiede, come ricorda Belleguise, l'attestazione di antenati cavalieri o scudieri a partire dal 1560: un secolo ben ricostruibile negli archivi. L'Ordine di Malta ha stabilito all'inizio del Seicento la pretesa di prove di nobiltà per 200 anni, un periodo che, nonostante a qualcuno paia eccessivo, viene da allora in poi sottoposto a esami sempre più puntigliosi sulla base delle carte pubbliche e private.

1. «Non è che la nobiltà non abbia un fondamento reale: poiché la virtù ne è la vera fonte, la persona virtuosa porta in sé la causa essenziale e naturale della nobiltà. Ma ciò da solo non basta, ci vuole un riconoscimento pubblico di questa virtù, un sigillo e un'impronta che ne lasci una testimonianza autentica... Così è solo a Sua Maestà che, secondo le massime del regno, spetta rendere nobili» [traduzione a cura dell'Autore].

ANALIZZARE E COMPRENDERE

1 **In quale Stato italiano era particolarmente forte la nobiltà feudale nel Seicento e chi erano, nella ricostruzione di Sella, i «baroni»? Da quali fattori era determinata la «nobiltà» secondo il concetto dei grandi feudatari?**

2 **Quale «sacrificio» è alla base dell'attività del collezionista, nell'analisi di Ago? Quali forme di compensazione egli dovrebbe attuare nei confronti della comunità per restituirle simbolicamente ciò che le ha sottratto e quale ne è la reale conseguenza?**

3 **Quali sono i moventi concreti della fioritura di genealogie illustri esposti da Bizzocchi?**

CONFRONTARE E RIELABORARE

4 **Prova a tracciare, in un testo di max 15 righe, il profilo ideologico e politico del ceto nobiliare nell'Italia del Seicento, evidenziando le differenze che intercorrevano tra il patriziato veneziano e la nobiltà napoletana.**

lePAROLEdellaSTORIA

Indice dei nomi

Avvertenza Sono in corsivo i numeri di pagina che rimandano alle didascalie delle immagini.

D

E

F

G

T

U

V

W

Y

Z